アメリカ合衆国	UNITED STATES OF AMERICA
ロサンゼルス	Los Angeles
メキシコ	MEXICO
ミッドウェー諸島 [アメリカ合衆国]	Midway Is.
ハワイ諸島 [アメリカ合衆国]	Hawaiian Is.
オアフ島	Oahu
マウイ島	Maui
ハワイ島	Hawaii
ジョンストン島 [アメリカ合衆国]	Johnston
レビヤ・ヒヘド諸島 [メキシコ]	Islas Revilla Gigedo
クリッパートン島 [フランス]	Clipperton I.
パルマイラ島 [アメリカ合衆国]	Palmyra
太平洋	PACIFIC OCEAN
キリチマチ島	Kiritimati I.
ハウランド島 [アメリカ合衆国]	Howland I.
ジャービス島 [アメリカ合衆国]	Jarvis I.
ライン諸島	Line Is.
赤道	
キリバス	KIRIBATI
フェニックス諸島	Phoenix Is.
ツバル諸島	Tuvalu Is.
フナフティ島	Funafuti
トケラウ諸島	Tokelau Is.
ミレニアム島	Millennium I.
マルキーズ諸島	Is. Marquises
ウォリスフツナ諸島 [フランス]	Wallis and Futuna Is.
サモア	SAMOA
ウポル島	Upolu
アメリカ領サモア	AMERICAN SAMOA
ナッソー島	Nassau
スワロー島	Suwarrow
クック諸島 [ニュージーランド]	Cook Is.
ソシエテ諸島	Is. de la Société
タヒチ島	Tahiti
フランス領ポリネシア	FRENCH POLYNESIA
トゥアモトゥ諸島	Tuamotu Arch.
ビティレブ島	Vit Levu
フィジー諸島	FIJI ISLANDS
トンガ	TONGA
トンガタプ島	Tongatapu
ニウエ島 [ニュージーランド]	Niue
ラロトンガ島	Rarotonga
トゥブアイ諸島	Tubuai Is.
マンガレバ島	Mangareva
ピトケアン島 [イギリス]	Pitcairn I.
南回帰線	
ラパヌイ島 (イースター島) [チリ]	Rapa Nui (Easter I.)
ケルマデク諸島 [ニュージーランド]	Kermadec Is.
日付変更線	
オークランド	...kland
ウェリントン	...llington
チャタム諸島 [ニュージーランド]	Chatham Is.
北回帰線	

JN301856

180° 170°W 160°W 150°W 140°W 130°W 120°W 110°W

1:65,000,000 0 1000 2000km

平凡社

[NEW EDITION] CYCLOPEDIA OF OCEANIA

[新版]オセアニアを知る事典

【監修】小林泉＋加藤めぐみ＋石川栄吉＋越智道雄＋百々佑利子

はじめに

　《オセアニアを知る事典》の初版が刊行されたのは今から20年前，1990年の夏であった。オセアニアといえばコアラやカンガルーの国オーストラリア，もう少し思いを膨らませれば，羊やラグビーのオールブラックスで知られるニュージーランド，そのあたりまではイメージできたかもしれない。だが，オーシャン（海）という語源からくるこの呼称地域オセアニアから，小さな島々の政治的胎動や独自文化の存在を連想する日本人は，そう多くはない時代だった。それでも平凡社編集部は，海に散在する島嶼諸国まで含めた地域全体を捉える総合事典の刊行を企画した。日本にとって，オセアニアが地域として注目される時が間近に迫っている国際社会の変化を，敏感に感じとっていたからであろう。

　そして刊行から10年，幸いにも編集部の狙いどおり，この間の日本人のオーストラリア，ニュージーランドへの関心は一層高まり，独立間もない島嶼諸国もまた，国際社会にあって著しい存在感を示すようになった。有り難いことに，この事典がたくさんの読者に支持された理由も，ここにあったのだろう。そこで2000年には，最新のデータに入れ替え，変化した事項への修正と補足を加えて〈新訂増補版〉を刊行した。

　それからさらに10年の歳月が過ぎた今，オセアニアは，太平洋とかアジア太平洋といった別称でも語られる国際関係上の関心事の中で，あるいは海洋の環境問題という新しい視点の中で，ますます注目される地域へと変貌を遂げてきたのである。これまでほとんどの日本人が聞いたこともなかったツバルやキリバスといった極小国家の名前が，頻繁にマスメディアに登場したり，日常会話で使われたりする事実にも，地域事情の変化が感じられる。そのことは同時に，他に類似書のない《オセアニアを知る事典》への期待度を一層高めている，と私には思えるのである。

　そこでこの度，この事典の新版を世に問うこととした。そもそもこの事典は，単語や語句，事項の解説にとどまらず，事柄，現象，事件，さらには国や地域の全体像についてしっかりと書き込んでいるところが特徴だといえるだろう。それは断片的な知識の積み上げだけに陥りやすい，事典という書籍の性格的弱点を補

いたいという観点からだった。個別事情について何でも知っている物知りが，必ずしも国や地域を理解しているとは限らないからだ。

それゆえ新版でも，旧版の特徴をそのまま継承して，従来にも増して書き込み部分の充実に努めた。現在視点によるオセアニアという対象を，全体像と細部項目の双方からくまなく描き出そうと試みたのである。その結果，旧版より80ページ分ほどの厚さを増した。

この新版も，石川栄吉，越智道雄，百々佑利子の各氏と私が，それぞれの得意分野を担当して監修した初版本をベースにしている。初版の完成度からして，全体のフレームを替える必要を感じなかったし，すべての項目のうち，歴史，自然・環境，基本文化などに関しては，従来のものをそのまま使用しても差し支えない記述が少なくなかったからである。

新版の編纂作業は，このように旧版の実績を十分に踏まえた上で取りかかった。もとよりこの作業は，編集部と監修者・執筆者との共同作業であったが，今回は加藤めぐみ氏と私とで新たな執筆者を編成し，追加と修正の新項目を選定しながら適材適所の方々に執筆を依頼した。とりわけ，ニュージーランドの項目再編には山岡道男氏，アボリジニ関連では窪田幸子氏の力強い協力を得た。また資料編の作成や最新データへの入れ換え作業にあたっては，太平洋諸島地域研究所の長戸結未氏の全面作業に負うところ大であった。そしてもちろん，各項目を担当されたそれぞれの執筆者の方々の尽力があってこそ，新版の完成にこぎ着けることができたのである。ここに記して感謝の意をあらわしたい。さらに，共に事典編纂作業に加わったすべての方々と一緒に，共同作業の完成を喜びたいと思う。

とはいえ，一度世に出た書籍の評価は，作り手から読み手の側に移ることになる。それゆえ本事典が，オセアニアに関心をもつ人々，地球的観点から地域を見ようとする人々に広く活用され，さらにそれら読者の方々の厳正なる評価に耐えうる作品になることを願うばかりである。

2010年5月　　　　　　　　　　　　　　　　　　　監修者代表　小林　泉

目次

はじめに ……………………………………………………………… 1
凡例 ………………………………………………………………… 4
総論——世界史の中のオセアニア …………………………………… 5

項目編［ア—ワ］ …………………………………………………… 21

［コラム］
オーストラリアの移民受け入れ論争 ………………………………… 42
オーストラリアの共和制移行問題 …………………………………… 66
オーストラリアの選挙制度 …………………………………………… 158
ニュージーランドの行財政改革 ……………………………………… 224
オセアニアにおける中国・台湾の援助合戦 ………………………… 241

［国名・地域編］
アメリカ領サモア ……………… 356	ニウエ ………………………… 408
オーストラリア ………………… 357	ニューカレドニア ……………… 410
北マリアナ諸島 ………………… 389	ニュージーランド ……………… 412
キリバス共和国 ………………… 392	バヌアツ ………………………… 426
クック諸島 ……………………… 394	パプアニューギニア …………… 429
サモア独立国 …………………… 396	パラオ共和国 …………………… 431
ソロモン諸島 …………………… 398	フィジー諸島共和国 …………… 434
ツバル …………………………… 401	フランス領ポリネシア ………… 437
トンガ …………………………… 403	マーシャル諸島共和国 ………… 438
ナウル …………………………… 406	ミクロネシア連邦 ……………… 440

［資料編］
各国便覧 ………………………… 444	在日外国公館/在外日本公館 … 470
オセアニア略年表 ……………… 446	オセアニア関連のURLリスト … 472
文献案内 ………………………… 455	世界遺産［オセアニア］ ……… 474

索引 …………………………………………………………………… 475
執筆者/図版・資料協力者一覧 ……………………………………… 491

凡例

1
本事典は，五十音順配列による［項目編］，オセアニアの20の国家・地域を概観した［国名・地域編］の2部構成をとる。また，オセアニア全体を概観する総論，最新の話題などを扱ったコラムを設け，巻末には［資料編］を付した。［資料編］は，各国便覧，オセアニア略年表，文献案内，在日外国公館/在外日本公館，オセアニア関連のURLリストなどからなる。

2
固有名詞や特殊な用語は，原則として項目名の見出し，および本文中でアルファベットによる原綴または転写などを併記した。

3
外国語のカタカナ表記については，現地音の尊重を前提としたが，日本で通用度の高い表記を参考にした場合もある。また，[v]音は原則としてヴと表記せず，バ行音を採用した。ただし，本事典の見返しの地図では，事典本文と異なる地名表記のものが含まれる。

4
直送り項目は，➡によって送り先を示した。
　　例：**ギルバート［諸島］➡キリバス**

5
参照すべき項目を示すために，本文中では該当する項目名に*印を付し，本文の末尾などでは➡のマークによって案内した。

総論——世界史の中のオセアニア

(1) オセアニアの先住民社会と欧米

［**オセアニアの人々**］ オセアニアの語源はオーシャン，すなわち海である。ここに無数の島々が散在する。19世紀，フランス人の探検家で地理学者のデュモン・デュルビールは，人類学的観点からこの地域を三区分し，おおむね日付変更線より右側を▶ポリネシア，左側で赤道より上を▶ミクロネシア，赤道の下を▶メラネシアと命名した。この三つのネシアとオーストラリア大陸を含めた地域をオセアニアと呼ぶ。

この地域の住民は，大昔に西側から幾波にもわたって移動してきた人たちである。最も古くは数万年前，まだ東南アジア地域とニューギニア島，オーストラリアなどが陸続きか浅瀬で繋がっていたころに渡ってきて，大陸やメラネシア地域に住み着いた。その後，いまから5,6000年前に，陸地部分がおおむね現在のようになってから，今度は別の人種が筏やカヌーに乗って島づたいに渡来し，ポリネシアやミクロネシアの島々に散っていった。このような西からの人類移動の波は，一度ならず何波もあったとされているが，この推測の正しさは，近年の考古学的研究でしだいに証明されつつある。

メラネシアならびにオーストラリア大陸に移動した第1世代は，肌の色が濃いオーストラロイドといわれる民族集団。一方，次世代以降に何度かにわたりポリネシアやミクロネシアに拡散していった人々は，日本人と同じルーツをもつモンゴロイドである。これらの民族的違いもさることながら，比較的大きな島の内陸部に定着したメラネシア人と小さな島々を渡り継いできたポリネシア人やミクロネシア人とでは，暮し方による民族的な特徴にも大きな差異が生じている。それゆえ，オセアニア人といっても，海とともに生きる海洋民族のイメージに当てはまるのはポリネシア人とミクロネシア人で，オーストラリア先住民アボリジニとメラネシアの内陸人は陸地民族といった方がいい。実際に，パプアニューギニアのような巨島には，海を知らない人々がたくさん暮らしていたのである。

大きな民族集団の分類では，オーストラロイドとモンゴロイドの2種類だが，詳細部分にまで踏み込むと，同じ民族集団でも形質的なバリエーションの豊富さが目にとまる。とりわけオーストラロイド人であるメラネシア人の変異は大きく，肌の色も濃い黒色から褐色まで，髪色も黒く縮れ毛からストレートの金髪まで，さらには背の高い民族から低い民族まで，実にいろいろな形質が出現している。これは，民族集団の異なるモンゴロイドとの混血事情による結果ではないかとする人類学者の説もある。

同じモンゴロイドながら，ポリネシア人はミクロネシア人に比べて均質的である。比較的色白で体軀が大きく，彫りの深い顔立ちが特徴で，大航海時代にヨーロッパ人が来島した当初は，ヨーロッパ系民族と同じコーカソイドに分類されたこともあった。大柄なので，トンガやサモアにラグビーの強豪チームがあるのは日本でも有名だし，曙，小錦，武蔵丸など，一時期は相撲界でたくさんのポリネシア人が活躍していたことも思い出される。

それに比べて，ミクロネシア人は幾分小柄で肌の色も褐色という共通性を有しながらも，幅広い民族的特徴を包含しており，

諸民族の混血化による諸島ごとの違いはポリネシアよりも顕著だ。これは，人口密集大陸に近いという地理性，あるいは島が小さいゆえに近隣からの影響を受けやすかった，という複合的理由が考えられるだろう。

とはいえ，先史時代にあったオセアニア人の活発な移動や交流の実績については，100年，1000年の単位でみたものであって，個々人の日常の暮しは，海で隔絶された小さな島世界であったり，あるいは険しい地形に阻まれたり，限定的な生活空間の中にあった。つまり，大海原にある小さな世界，これがオセアニア地域に住む人々の本来の姿だったのである。

[欧州人の来島と植民地] こうしたオセアニア世界が一変したのは，16世紀に始まるヨーロッパ人による大航海時代の到来がきっかけだった。まず，外界から島々にやってきたのは冒険航海者，続いて貿易業者やキリスト教伝道者たち。彼らの来島は，オセアニア人たちにとってきわめて刺激的だったが，まもなく悲劇へと変わる。それは，外から持ち込まれた疫病や性病が抵抗力のない島の人々を直撃して，多くの島民が死に追いやられたからだ。さらには，地元の文化・習慣を無視した過激なキリスト教の伝道活動に対して抵抗を試みたが，それを治めるための兵士が派遣され，結果として数知れずの人たちが殺された。こうした事故や事件で，人口が半減したり，全滅してしまったりした島があちこちに出現したのである。

たとえば，1521年にマゼランが発見したとされるマリアナ諸島には，グアムに5万人，サイパンその他の島々に4万人程度が居たと推定されるが，1690年代には諸島全体で5000人以下にまで激減したとのスペイン政府の記録が残っている。現在の諸島人口はスペイン人や近隣諸島人との混血や移民の流入によって20万人程度にまで回復，増加しているが，今や純粋のマリアナ人も伝統的な社会構造もこの諸島には残っていない。

こうした極端な被害に遭ったのは，ミクロネシアやポリネシアの島々だった。メラネシアがこの災難から逃れることができた理由は第1に，島々の地形が険しく，かつ深い密林に覆われていたため，外来者が容易に内部に踏み込めなかったこと。第2には，そうした地形ゆえに人々の生活単位が細分化されていたこと。つまり，村落や地域といった地域社会の形成が未だ成立していない未開社会だったから，白人たちが入り込む余地や動機がなかったのだ。

いずれにせよ，こうしてミクロネシアとポリネシアの島々は，大変貌を余儀なくされた。さらに，白人とのファースト・コンタクトから200年ほどが経過すると，今度は，宣教師や商人に加えて，ヨーロッパ諸国の官吏や兵士，それに伴う植民者たちが次々と各島に上陸しはじめ，海域には，捕鯨船群が頻繁に出没するようになった。時すなわち，ヨーロッパ列強による植民地獲得競争の時代だった。これにより島々は，また新たな変貌と悲劇に見舞われる。

太平洋進出の先陣を切ったのはスペイン，その後ポルトガル，オランダ，イギリスが続く。さらに19世紀に入ると，フランス，ドイツ，アメリカ，そして日本までもが参加して，島々の獲得競争と植民地化が展開されていった。領土拡張という明確な意志をもった列強の太平洋進出だっただけに，今度はメラネシアの島々もこの流れから逃れるわけにはいかず，20世紀初頭になると，太平洋の島嶼すべてが，どこかの列強の支配下に置かれてしまった。

[オセアニア現世界] こうして大航海時代以来の400～500年に及ぶ先進大国の島嶼関与が，オセアニアのありようをさまざまに変えていった。たとえば現在のフィジー諸島共和国には，先住民とインド人が総人口80万人をほぼ二分する割合で居住しているが，こうした状況を作り出した元は，サトウキビ・プランテーション開発のためにインドから労働移民を導入したイギリスの植民地行政だった。無尽蔵のニッケル鉱脈があるニューカレドニアは，大挙して住み着いたフランス人や彼らとの混血人が主流を占め，マイノリティー化した先住民は未だにフランスから独立を勝ち取れない。ポリネシア地域の最北に位置するハワイ諸島にいたっては，文化的にも政治的にも完全に取り込

まれ、アメリカの一州になってしまった。また、域内最大の陸地オーストラリア大陸とニュージーランドは、主としてイギリスからの移民による白人国家となり、西洋の飛び地としての存在感を示すにいたった。こうした欧米の活動が、地域イメージを固定化していったのだろう。オセアニアの語源からして、まずは海を連想するのが自然なのに、大方の日本人が真っ先にオーストラリアやニュージーランドを思い浮かべる理由もここにある。

ところがオセアニアの今日的実情は、従来イメージとはいささかかけ離れている。ヨーロッパから切り離された白人国家オーストラリア、ニュージーランドと、さまざまに欧米先進国の影響を受けながらも独特の伝統性の下で国家形成を試みようとする島嶼国家群という二つの異なる世界が、国際社会の注目と干渉を受けながら存在する。これが、現在のオセアニアなのである。

小林 泉

(2) 国際関係の中のオーストラリア

[オーストラリアにとってのアジア]　オーストラリアの歴史学者ブレイニーが《距離の暴虐》で述べたように、自らが政治・経済・文化・歴史といったあらゆる面で価値観を共有するヨーロッパ世界から隔絶されているという認識がオーストラリアの国家、社会形成に大きな影響を及ぼしてきた。そのオーストラリアとヨーロッパとのあいだに立ちはだかる障壁がアジアであり、さらに悪いことにはそのアジアが自国の安全を脅かす源泉となっていた。植民地時代の19世紀中頃、▶ゴールド・ラッシュを契機にアジア系の移民労働者が大量に流入したことで植民地社会は大きく動揺し、ヨーロッパとは異質なものを排除し、均質な白人社会を構築するための▶白豪主義運動が生まれた。この時期に生まれた黄禍論は、具体的な脅威の出現を通じてオーストラリア国内にアジアへの強い脅威認識を植え付けていくことになる。20世紀には、第2次世界大戦によって日本の潜在的脅威が現実のものとなり、本土が日本軍の攻撃に晒されただけでなく、戦争捕虜の多くが命を落とした。さらに第2次大戦後には、中華人民共和国の誕生、朝鮮戦争勃発と冷戦のアジアへの波及によって共産主義イデオロギーがオーストラリアの安全を脅かすものとなる。このように脅威は常にオーストラリアの北、アジアからやって来たのである。

[大国への依存——イギリスから米国へ]　脅威の源泉としてのアジアに隣接しながら、移民に頼らねばならない希薄な人口、そして島国大陸ゆえの広大な国土と長い国境線という現状は、オーストラリアに国防における脆弱さの意識をもたらした。依存防衛と表されることもある、大国に依存して国土の安全を確保する国防のありかたは、以上のような認識に基づくものである。

20世紀中葉までオーストラリアは宗主国イギリスに依存してきた。スーダン遠征(1885)、義和団事変(1900)、ボーア戦争(1899-1902)、第1次世界大戦(1914-1919)、第2次大戦(1939-1945)と、それぞれに派兵し、多くの犠牲を払ったのも、対英依存の代償でもあったといえよう。当時多くの新聞や政治家が、大英帝国の存続なくしてオーストラリアの存続もなしと語ったのは、親英感情の発露であると同時に、自国の防衛がイギリスに依存しているからであった。こうした対英協力は人的なものにとどまらず、イギリス極東艦隊に対する資金提供など財政的なものも含まれていた。

しかし20世紀初頭以降の日本の軍事的台頭とともに、オーストラリアはイギリスからの外交的自立を求め、依存の相手としては米国にしだいに期待を寄せるようになっていく。1902年の日英同盟の締結は、アジアの海にこれまで圧倒的な影響力を保持してきたイギリスの衰退を示すものであり、オーストラリアにとっては大きな衝撃であった。英本国と自治領諸国の対等な関係を認めた▶ウェストミンスター憲章(1931)をオーストラリアが42年になってようやく批准したのも、もはやパワーを失いつつあるイギリスへの依存から脱却し、高まる日本の脅威に独自かつ早急な対応をするために外交的自由を得なければならないという思惑があった。アジアにおける日本のプレゼンスの高まりは、オーストラリアとイギリス

を引き離し、独自外交の追求へとオーストラリアを駆り立てる契機となった。

そもそもイギリスがアジアの一国である日本と同盟関係を結ぶことは、白豪主義を掲げるオーストラリアにとっては都合の悪いものであった。オーストラリアが連邦移住制限法を導入しようとした際には、それによって日本との同盟交渉が行き詰まることを懸念したイギリスが、同法の制定を踏みとどまるようオーストラリア政府に圧力をかけている。また第1次大戦の戦後処理を扱ったベルサイユ講和会議(1919)では、日本の求める国際連盟規約への人種差別撤廃条項の挿入をめぐって英豪両国には摩擦が生じていた。

第2次大戦によって国防における対英依存は修正を余儀なくされる。マレー半島防衛戦の結果、英帝国の軍事的拠点シンガポールを失ったことは、まさにそれを象徴する出来事といえた。その一方で対日戦勝利に欠かせなかった米軍の存在は、大戦後の依存の相手として米国を想定する必要性を示唆していた。

米国へのオーストラリアの接近は、20世紀初頭から始まっていた。しかし米国は行動の自由が奪われることを嫌って、公式な形で太平洋地域の安全保障に関わることを一貫して忌避してきた。こうした米国の態度を変えたのが第2次大戦後のアジア冷戦の展開であり、その文脈における日本の戦略的重要性の変化であった。この変化に沿った米国の寛容な対日講和(ソフト・ピース)路線は、懲罰的講和(ハード・ピース)を求めるオーストラリアに強い反発を呼び起こす。日本への警戒心が消えないオーストラリアを安心させるため、米国はオーストラリア、ニュージーランドとの間で安全保障条約のＡＮＺＵＳ条約を締結する(1951)。オーストラリアは依存防衛の主たる相手をイギリスから米国へと転換させた。

[冷戦の開始とオーストラリア] 大戦後まもなく東南アジアは冷戦の最前線となった。冷戦はその言葉が示すとおり、熱戦に至らない状態であり、軍事的衝突に発展しない範囲内での米ソ間の政治的意志のぶつかり合いであった。それが一方では、米ソが支援する中小国間のいわゆる代理戦争として表れ、他方では政府の転覆を目的とした暴動や反乱の扇動、プロパガンダ作戦などの形で表れた。さらに死活的利益をめぐる米ソ両国の対立は、核戦争へエスカレートする危険を孕んでいるため、できる限り回避すべきものと捉えられ、むしろ死活的利益の関わらない周辺の地域や問題をめぐって双方が対立を繰り広げるという形をとった。東南アジアは、まさに米ソ双方の死活的利益が関わらない周辺地域であり、多数の新興独立国家からなる不安定な地域であった。

オーストラリアは、戦後、対米依存・対米同盟関係を外交の基軸としつつも、同時にイギリスとの協調関係も重視してきた。オーストラリアにとって、大国の関与なくして東南アジアの安定と秩序は考えられず、そのためにはイギリスの軍事プレゼンスは引き続き欠かせなかったからである。マレー半島を中心に広がるイギリスの影響力は依然として大きく、オーストラリアはイギリスの軍事プレゼンスを支えるべく、対英軍事協力を積極的に行ってきた。1950年中頃のオーストラリア軍のマレーシア駐留の決定も、まさにこうした背景からなされたものであった。

米国もオーストラリアの対英協力を強く望んでいた。戦後しばらくの間、米国は中東と並んで東南アジアをコモンウェルスの管轄と捉えており、これら地域の安全保障にはイギリスが主たる責任を果たすべきであると考えていた。そして、そのイギリスが単独で責任を果たせないのであれば、コモンウェルスの一員であるオーストラリアやニュージーランドがそれを支えるべきであった。

また、反植民地主義を掲げる米国は、これまでアジアに多くの植民地を保有してきたイギリスへの協力には慎重にならざるを得なかった。第2次大戦時、マウントバッテン率いる東南アジア司令部South East Asian Command(SEAC)を、米軍部がアジアのイギリスの植民地を救うSave England's Asian Colonies(SEAC)ためのものと批判していたように、戦後の米国内にも対英協力はイギリスの帝国権益の温存にたんに繋がるだけでは

ないかという懸念が強く存在していた。その一方で、冷戦戦略上はイギリスが引き続き東南アジアに関わることが望ましいと考えていたのであり、米国はオーストラリアを含めた太平洋地域の安全保障にコミットすることを通じて、オーストラリアの対英協力を後押ししたといえよう。

オーストラリアは、対米関係の文脈ではアジア冷戦への関与、対英関係の文脈ではマレー半島防衛への関与が期待された。対米協力では朝鮮戦争(1950-53)とベトナム戦争(1965-73)への参戦がその代表であり、オーストラリアは陸海空3軍の兵力を派遣した。オーストラリアの長期的観点からみれば、米国への支援の申し出は量的には些細なものかもしれないが、将来我々に100倍になって戻ってくる投資のようなものだとは、朝鮮戦争への派兵を訴えたスペンダー外相の言葉である。ベトナム戦争では、米国の他の多くの同盟国が軍事的関与を拒否するなか、オーストラリアは延べおよそ5万人の兵士を派遣し、多くの犠牲を払った。それは対米依存へのあまりにも大きな代償であった。

また、オーストラリアは戦後、国内数ヵ所に通信施設などの米軍事施設を建設し、対米軍事協力を緊密化させていった。さらに1957年の▼日豪通商協定の締結は、国民の間の根強い対日不信を乗り越え、両国の貿易促進に舵を切った点が高く評価されると同時に、鉄鉱石をはじめとするオーストラリアの資源が日本の戦後復興を支え、経済成長を通じて反共国家としての日本を支援するという点において、米国の冷戦戦略に寄与する決断でもあった。

対英協力では、マラヤ暴動(1948-60)とマレーシア紛争(インドネシア対決政策、1963-66)へ派兵し、マレー半島の防衛に関与する一方で、いわゆるコロンボ・プランを通じてアジア地域の社会・経済開発への貢献も行ってきた。

このように英米との協調が戦後オーストラリア外交の前提であったが、第2次大戦末期の45年7月に誕生した▼チフリー労働党政権は、▼エバット外相のもとで国際連合による国際政治の新たな枠組みを模索し、大国中心の国際政治運営へ挑戦を試みた。▼ウィットラム労働党政権(1972-75)も、英米がアジアから軍事力を撤退させ、オーストラリアの前提としてきた枠組みが消滅するなかで、共産圏や第3世界諸国との関係構築を目指したいわゆる自主外交を展開した。これらの背景には、大国中心の国際政治に翻弄されてきたオーストラリアの経験とそれに基づいた自立外交への強い志向があるといえる。ニュージーランドとの間で締結したいわゆるアンザック協定(キャンベラ協定、1944)も、第2次大戦に軍事的に貢献しながら、両国の意向が反映されないことへの不満が重要なきっかけとなっていた。同協定では戦後の南太平洋地域の安全保障について、オーストラリアならびにニュージーランドが主たる関心をもち、関わっていく権利を保有することを表明した。

このアンザック協定が土台となって47年には、南太平洋の地域協力機構としてSPC(南太平洋委員会)が誕生し、さらにそれが71年にはSPF(南太平洋フォーラム)へと発展した。SPF設立への重要な契機となったのが1960年代中頃に始まった南太平洋でのフランス核実験であった。フランスはこれまでサハラ砂漠で実施してきた核実験を、植民地アルジェリアの独立に伴い、南太平洋で行うようになっていた(フランス最後の核実験は1996年)。核の海と呼ばれた南太平洋では、イギリス、米国も核実験を行っていたこともあり、さらに米国、中国、ソ連のミサイルの発射実験場にもなっていた。これらを背景に南太平洋島嶼国の間には非核・反核運動が盛んになり、1985年のラロトンガ条約(▼南太平洋非核地帯条約)の締結へとつながっていった。またニュージーランドの▼ロンギ労働党政権は、国内の非核運動の高まりを背景に、核搭載可能な米艦船の寄港を拒否し、対米関係を悪化させた。これに対して米国はニュージーランドの安全保障関与を拒否するなど、アンザス危機と呼ばれる事態が生じた。これに対してオーストラリアは、米国による核の傘には影響を与えない範囲内でのみ非核の動きに関わるのにとどめ、非核をめぐってオーストラリアとニュージーランドではかなりの温度差がみら

れた。

　80年代前半のソ連による南太平洋諸国への外交攻勢は、オーストラリアが南太平洋地域に政治的関心をもつきっかけを作った。ソ連は85年にキリバス(1年後には失効)と、87年にはバヌアツと漁業協定を結び、さらにフィジー、ツバル、パプアニューギニアなどにも漁業交渉を申し入れているという報道がなされた。ソ連は漁業協定を通じて各国の港湾施設へ接近し、海軍の軍事施設建設に向けた布石を打っているのではないかという憶測を呼んだ。これに対して、オーストラリア政府はODA(政府開発援助)を増額させるなどの対抗策を講じた。また88年にはあらたな南太平洋政策を発表し、オーストラリアによる創造的なコミットメントと南太平洋諸国とのパートナーシップを唱えている。

[多文化主義オーストラリアへ]　すでに触れたように、1970年代に入り、アジアにおける英米の軍事プレゼンスを前提としたオーストラリア外交は修正を迫られることになる。イギリスは68年、東南アジアからの軍事的撤退を71年までに完了する意志を表明した(スエズ以東からの撤退)。また米国もベトナム戦争からの撤退を決断し、いわゆるグアム・ドクトリン(1969)ではグローバルな軍事関与の縮小を発表した。アジアにおける英米の軍事プレゼンスを支え、冷戦への具体的な貢献策であったオーストラリア軍の東南アジア駐留の意義(前進防衛戦略)が問われることになった。

　英米というアジアの保安官がいなくなり、取り残された補佐官のオーストラリアは保安官になる意志があるのか、とシンガポールの当時の首相リークアンユーは問いかけた。答えはNOであった。オーストラリアは英米に取って代わる軍事力を持ち備えていないばかりか、多極化・多様化する国際関係において軍事力の意味は相対的に低下していた。またアジアではナショナリズムの1つの表れとして、外国駐留軍・基地に対する反発が高まっていた。こうしたなかで、オーストラリアは、軍事力に頼らない、アジア諸国とのより包括的な関係構築を目指すようになっていく。冷戦末期からポスト冷戦時代に盛んに議論されたいわゆるミドルパワー外交も国際関係の質的変化に対応した外交原則と考えることができる。

　さらに英米のアジアからの撤退だけでなく、アジア諸国との経済的関係の深化も、オーストラリアが対アジア外交を再検討する契機を与えた。イギリスが1973年、EEC(欧州経済共同体)に加盟したことで、オーストラリアは経済面でも対英依存から脱却し、輸出の多角化を迫られた。その結果、日本を筆頭としたアジア諸国のめざましい経済成長を背景に、オーストラリアの貿易・金融に占めるアジアの比重が急速に高まった。その意味では、とある学者が指摘するように、脅威の源泉であったアジアは、機会創出の場として、オーストラリアにとっての位置づけを大きく変化させていったのである。

　こうしたなか、連邦国家誕生以来の国策である白豪主義政策は、アジアとの包括的関係を構築する上での大きな障害に他ならなかった。時のウィットラム政権は、白豪主義と決別し、異なる文化的背景をもつ人人が相互に尊重しあいながら共存を目指す"多文化主義社会の構築に向けた第一歩を踏んだ。続くフレーザー政権でのインドシナ"難民の積極的受け入れも、難民の流入に動揺する東南アジア各国に対する外交的配慮という色彩が強い。また1976年に締結された"日豪友好協力基本条約(通称NARA条約)は、日豪関係をたんなる経済関係にとどまらせず、文化・知的交流を含めた包括的な関係へ発展させようというオーストラリア側の意図があった。この条約にもとづいて、日豪両国の文化交流を促進する豪日交流基金が誕生している。

[オーストラリアのアジア外交]　ホーク(1983-91)ならびにキーティング(1991-96)の2つの労働党政権によってアジア外交が積極的に展開されたが、なかでもAPEC("アジア太平洋経済協力)会議は近年のオーストラリア外交の最大の成果と呼べるであろう。現在では非公式首脳会議が毎年開催され、アジア太平洋諸国の多国間フォーラムの重要な場を提供している。

　こうしたアジアへの接近は、国内にさま

ざまな形で反発を生み、ハワード保守系政権(1996-2007)ではアジア外交に対する揺り戻しがみられた。とくにアジア系移民受け入れをめぐっては国内論争が何度も巻き起こり、1984年の歴史学者ブレイニーによる移民制限論はその代表的なものである。ハワード政権はアジアとの一体化を意識した前政権の偏りを修正し、対米・対ヨーロッパ関係の再構築を目指した。2001年9月11日の米同時多発テロを契機とした国際テロとの戦いでも、ハワード政権はブッシュ米政権との協調を重視した。アフガニスタン戦争では、アンザス条約に基づく集団的自衛権の初の行使に踏み切り、イラク戦争では国内の強い反対にもかかわらず派兵を行った。オーストラリアはバリ島(インドネシア)でのテロ事件など、国際テロの標的となっており、対米協調のもとでの派兵の正当性を訴えた。

対米協調外交を重視したハワード政権に対して、2007年末に誕生したラッド労働党政権は、ホーク゠キーティング時代のようにアジア傾斜が予想された。世界経済ならびにオーストラリアの対外貿易における中国の存在感が急速に高まり、ラッド本人が中国語に堪能な親中派と評されていたこともあり、対米外交に対する揺り戻しがあるとみられていたのである。イラク戦争は誤りであったと断罪し、駐留オーストラリア軍の撤退を表明したことも、対米関係に冷ややかな証左であるとされていた。

しかし実際には、オーストラリアは対米同盟が外交の柱である点では一貫しており、アジアとの関係をどのように築くかは、この対米同盟という枠内で政権ごとに温度差があるにすぎない。事実、ラッド政権はイラク戦争を否定する一方で、アフガニスタンでのテロ戦争への積極的貢献を唱えており、この姿勢はオバマ米政権のそれとも一致している。一方でアジアとの関係を犠牲にした対米協調も、アジア太平洋国家であるオーストラリア外交の選択肢とはならない。対米関係と対アジア関係の均衡をとりながら、ラッド政権は現実的な外交を展開していくであろう。また日豪関係では、オーストラリアのアジア外交における日本の比重が低下するという懸念もささやかれた。中国の存在感が高まるなか、相対的に日本の地位が低下していることは否定できないが、戦後60年以上がたち、政治・経済・安全保障の各領域において価値観を共有するようになった日豪関係はむしろ安定期に入っているとみるべきである。今後オーストラリアは、米国、中国、日本といったアジア太平洋の大国と協力しながら、同地域ならびにグローバルな問題に積極的に関わって行くであろう。

永野 隆行

(3) 国際関係の中のニュージーランド

[存在感を示す独自の国作り] 日頃、オセアニアへのさしたる関心がない日本人は、ニュージーランドについて、オーストラリアの離れ、あるいは盲腸的存在ぐらいにイメージしているかもしれない。確かに両国は、広大な太平洋のただ中に浮かぶ、大小のイギリス飛び地であった。それぞれに独立国家を形成した今でも、両国民の行き来は自由であり、貿易障壁もなく、市場も完全に統合されている。羊や酪農国といった牧歌的イメージも重なる。安全保障に絡む国連活動においても、規模の違いがあるにせよ、豪・NZ軍の共同歩調は珍しくない。このような両国には、同じオセアニア国家の範疇で捉えてもいい一体性が、随所にみられるのだ。

しかし、もう一歩ニュージーランドに踏み入ると、意外にもオーストラリアの付属的存在とは全くいえない個性的な国家の素顔がみえる。そればかりか、この国は、わずか430万人の小国でありながら、これまでのさまざまな独自政策の展開で、今日まで多くの国々に影響を与え続けてきたユニークな国家だった。たとえば、世界に先駆けた社会福祉法や婦人参政権の制定はこの国の出来事であったし、労働組合主義や国民住宅への無利子貸付制度の導入も、100年前の政策としては極めて斬新だった。それゆえ19世紀末には、社会福祉発祥の地として頻繁にヨーロッパからの視察団を受入れるほどになっていた。人々はこの頃から、我々はオーストラリアとは違うという自負と自信を胸に、国家形成を進めていたので

ある。1901年のオーストラリア連邦の結成時、度重なる加盟勧誘に応じなかった理由は、こうした国民感情にあったといわれている。

近年の事例では、日本が大いに参考にした国営郵政事業の民営化政策がある。1987年に実施された郵便、貯金、通信の3部門の民営化事業は、いくつかの制度修正を加えながら20年が経過したが、その評価は成功と失敗に二分されている。それでも、社会改革の実験室といわれて、どこの国よりも早く斬新な社会改革の試みを続けてこれたのは、イギリス的伝統を踏まえながらも歴史や過去のしがらみに縛られない新しい国家の身軽さがあるからだろう。

そもそも、イギリスの犯罪者流刑地として始まったオーストラリアと、開拓移民として渡来して先住民・マオリとの折り合いを付けながら国づくりを進めてきたニュージーランドとでは、国家形成の過程そのものが異なる。さらに、資源豊富な乾燥大陸と緑豊かで地形・気候のバラエティーに富んだ島環境とでは、それぞれに違った情緒が育まれるのはむしろ当然だった。同じイギリスルーツでありながら、どこか大陸的でエネルギッシュな雰囲気を醸し出すオーストラリアと、ナイーブでもイギリス的矜持をしっかりと秘めたニュージーランド、この違いは両国を訪れた大方の人が感じるはずの相違点なのだ。

[国際社会の地位] 今日に続くイメージ、豊かな社会福祉国家としてのニュージーランドは、19世紀末にできあがった。この世紀の半ば、本国イギリスの経済不況を逃れるため、国の奨励事業によってスコットランド、アイルランド、イングランド各地から流入した労働移民らによる酪農業の成功が1890年頃になって一気に花開いたからだ。イギリスを中心に輸出される羊毛やチーズ、バターなどの酪農製品が、この国の人々を本国人以上に豊かにする源泉となった。

ニュージーランドが独自の社会政策や福祉行政を次々に打ち出すことができたのは、こうした経済的成功があったからで、これにより20世紀を迎えた彼らはますます自らを誇り、国民としての自信を深めていった。

1900年にアフリカで起こったボーア戦争、さらにはヨーロッパで勃発した第1次世界大戦においても、大英帝国の一員としてニュージーランド軍を派遣している。これらの貢献も、自らの誇りと南太平洋の英国としての自覚の発露だった。ニュージーランドが大英帝国の自治領として正式に承認されたのは1907年、しかしそのとき既に太平洋におけるイギリスの名代として、りっぱに一定の国際的認知を受けていたのである。

19世紀、大英帝国の海といわれた太平洋においても、ニュージーランドはオーストラリアとともにイギリスの名代としての役割を存分に果たしていた。クック諸島やニウエの併合、さらにはドイツ領だったサモアの占領などの宗主国的活動がそれで、こうした経緯がニュージーランドの今日におよぶ国際的な地位に繋がっている。APECやASEAN地域フォーラム（ARF）などのアジア太平洋の広域的な地域組織にあっても埋没しない存在感は、未だに残る南太平洋の英国意識による誇りゆえだろう。

[オセアニア国家としての役割] ニュージーランドが独自路線を歩んできたとはいえ、経済的にも精神的にも本国イギリスとの深い絆が前提だった。ところが1973年には国家のあり様を根本的に見直さざるをえなくなってしまった。この年、イギリスが欧州経済共同体（EEC）に加盟し、これまでどおりの一体的貿易関係の継続が難しくなったからだ。第1次オイルショックが起こったのもこの年。貿易量が一気に落ち込み、国際収支は大幅な赤字。この深刻な経済不況により、これまでの模範的な福祉社会が世界でもまれにみる補助金漬け、規制漬けの歪んだ社会に転落してしまった。

社会が不安に陥れば、これまで良好な関係性といわれていた先住民マオリと政府との関係にも影響が及ぶ。案の定、この年には平和共存のシンボルであったはずの・ワイタンギ条約への不信が、先住民サイドから一気に吹き出てきたのだった。国内にはマオリだけではなく、近隣島嶼から来た多くの太平洋島嶼人も抱えている。それだけに、これらの状況変化がニュージーランドをして、太平洋におけるイギリスの飛び地

意識からアジア・太平洋地域国家の一員になる覚悟を固めさせる大きなきっかけとなったのである。その姿勢はまた、ニュージーランドがオセアニアにおける小振りな先進国として、オーストラリアとは全く別の存在感を示し続ける理由の一つとなっているのである。

オセアニア諸国の中で、ひときわニュージーランドがその独自性と指導力を発揮した出来事は、1985年に域内諸国を束ねて実現させた南太平洋非核地帯条約(ラロトンガ条約)だった。さらにこの年、時の首相デービット・ロンギは、米軍核搭載艦のニュージーランド寄航を拒否。オーストラリア、ニュージーランド、アメリカの3国による太平洋安全保障条約(ANZUS)があるにもかかわらず、1951年以来続いてきたこの同盟を事実上停止させてしまったのである。これにはアメリカはもちろん、オーストラリア、イギリスも真摯な説得に努めたが、ロンギは頑として原則を曲げなかった。これが、太平洋の島嶼諸国がアメリカやオーストラリアとはひと味違った旧宗主国として、ニュージーランドへの信頼を寄せる理由の一つにもなった。

[島嶼諸国との関係] 太平洋の島嶼独立諸国に対しては、大雑把にメラネシアをオーストラリアが、ポリネシアをニュージーランドが、そしてミクロネシアをアメリカが、それぞれ面倒をみるという旧宗主国相互の実態的な援助協力の棲み分けができている。ニュージーランドがクック諸島とニウエを自由連合関係の国家として、二重国籍を認めているのも島嶼国援助の一環である。また、近隣ポリネシアからの移民約7％とマオリを合わせて人口の20％超のポリネシア人を有する現実も、ニュージーランドとポリネシア地域との関係の深さを示す指標になるだろう。

ニュージーランドとオーストラリアは、太平洋の島嶼諸国が組織する"太平洋諸島フォーラム(PIF)にも域内先進国として加盟し、地域貢献と援助協力を実施してきた。たとえば1980年には、PIF(当時は南太平洋フォーラム)年次会議において"南太平洋地域貿易経済協力協定(SPARTECA)を締結し、域内産品の無関税、無制限の市場開放を行った。これは島嶼諸国の産業開発、輸出振興を支援する試みだったが、90年代になってグローバル化経済の趨勢が特恵優遇措置から自由貿易の方向へ進むと、こんどは域内の自由貿易圏の形成に向けてSPARTECAに代えて太平洋経済緊急化協定(PACER)を締結(2001)し、域内経済協力体制を再構築した。また、地域貢献は経済分野だけでなく、地域安全保障の観点からも、紛争の続いたソロモン諸島へ治安維持の支援ミッションを派遣したり、軍事クーデタをたびたび起こすフィジーへのガバナンス介入なども試みている。健全なガバナンスの再構築や経済建設計画を立て直すために、PIF事務局を通じて島嶼各国にパシフィック・プランを作らせたのは2005年だった。これらの活動は、いずれもオーストラリアとの共同歩調であったが、両国とも地域先進国であり、旧宗主国としての責任と使命感からの行為であったろう。それゆえ両国は、域内島嶼諸国のビッグ・ブラザーであり、自らもその自覚で役割を演じてきたのである。

しかし島嶼諸国の側は、必ずしも親身に面倒をみてくれる有り難い兄貴分とは受けとっていない。時に高圧的で、押しつけがましい態度に、兄貴面した嫌な奴と憤慨し、反発する場面もしばしばなのである。これは主としてオーストラリアに対する感情なのだが、ニュージーランドとて、旧宗主国仲間としてオーストラリアと行動を共にするケースが多いだけに、その立場は微妙だ。オーストラリアほど大国ではないが、さりとてこれまでの誇り高き先進国としての立場を崩すことはできないからだ。

ニュージーランドを取り巻く国際状況の変化も著しい。この地域には日本が重要な援助国として参入してきているし、ニューカマーとして中国や台湾などの非宗主国系の援助攻勢が顕著な時代にもなった。それでもニュージーランドは、オセアニアの島嶼国家、そして地域の先進国・旧宗主国として、双方の国家的立場を維持していかなければならないのである。ゆえにこの小さな先進国は、これまでどおりの存在感をもち続けるために、ますます独自の国家政策

をもってその路線を突き進んで行くのであろう。

小林 泉

(4) 国際関係の中の太平洋島嶼諸国

[大国が活動するスペース] オセアニア，すなわち太平洋という海洋空間は16世紀頃に始まる大航海時代から太平洋戦争に至るまで，常に先進国による覇権行動の活動舞台であった。冒険とロマンの海，島々の発見ラッシュとカトリック布教。そして帝国主義時代には，先進諸国による利権と領土獲得競争の草刈場だった。登場した国々はスペイン，ポルトガル，イギリス，フランス，ドイツ，アメリカ，そして日本。さながらオリンピックのようでもあった。

第2次世界大戦後も朝鮮半島やインドシナ半島，さらにその沿岸地帯における軍事的・政治的緊張と対立は，しばしば世界の目を太平洋に引きつけた。戦後国際社会の体制が米ソ超大国の二極化構造から多極化へと移行していくなかにあっても，太平洋は依然として大国による覇権拡大主義の戦略行動地域だったのだ。さらにまた，このような伝統的な太平洋観に加えて，沿岸諸国におけるダイナミックな経済的発展もまた，今日的な太平洋の特徴として指摘できる。日本の発展に続くNIESと呼ばれる新興工業国の急成長，さらに開放後の中国経済の急進ぶりは，経済の重心を大西洋から太平洋へとシフトさせるに十分な要因となった。さらに，21世紀に突入してからの中国の勢いは，経済活動の膨張だけにとどまらず，政治的にも大きなプレゼンスを発揮しつつある。

このように太平洋は，これまで必ず諸国家の発展拡大エネルギーの展開スペースとして，その意義を認識されてきたといえる。つまり，そこにある海洋はさまざまなアクターがパフォーマンスを繰り広げる行動舞台だった。よって，そこに発生する諸問題を突き詰めると，アクターまたはアクター間の問題となって，太平洋自身の問題になることはほとんどなかったと言っていい。

そもそも太平洋が大西洋と異なるところは，地球面積の1/3を占める海域の広さのほかに，多くの付属海と散在する島嶼群があることだ。その地政学的特徴が，大国の戦略行動地域として価値を高めている。ベーリング海，オホーツク海，日本海，黄海，東シナ海等々の付属海とそれに付帯する海峡は，海洋戦略上の重要地域である。それゆえ，付属海とその周辺地域ばかりが注目される一方で，洋上に散在する島嶼群などに関わる政治・経済上の問題は，国際的関心事にはならなかった。画家"ゴーギャンや小説家"スティーブンソンらから連想するユートピア地帯としての趣味的関心はあったとしても，一般論からすれば，そこに人間が住む世界があることさえ気づかれない小さな存在だったと言っていい。陸地面積の狭小性と人口の希薄性を考えれば，島々を無視したところで何らの支障があるわけでもないのだから。

[海洋ナショナリズムの台頭] ところが1970年代に入ると，単純なスペースとしての太平洋観を改めなければならない変化の兆しが見えはじめる。それは島々の独立によって，新しい海洋ナショナリズムの台頭が起こってきたからだ。これらの新しい政治アクターは，国際社会の中で，日に日にその存在感を拡大していった。今世紀になって太平洋への進出著しい中国の政治的プレゼンスの高まりも，これら域内アクターとの絡みの中で発揮されているのである。

その海洋地域は，オセアニアと呼ばれる。ここには12の独立国と自治領，海外領を合わせて22の政治単位があり，それにオーストラリア，ニュージーランドが加わってオセアニア諸国が構成されている。独立国のうち9つがイギリス系，3つがアメリカ施政下の信託統治から独立した。それらは，闘争と流血によって勝ち取った独立ではなく，いずれも円満な独立だった。独立後もイギリス連邦にとどまった国々に対し，域内のビッグ・ブラザーであるオーストラリアとニュージーランドがイギリスの名代として細かい配慮を怠ることがなかった。そのため長い間，オセアニアはイギリス連邦の内海としてイメージされてきた。アメリカがアジア地域に面する西部太平洋のミクロネシア地域のみを重要視し，ポリネシア，メラネシアをあえて戦略的に配慮する必要を

感じてこなかったのは、そのためである。
　ところが80年代に入り、従来のオセアニア認識を一変させる事態が次々に起こった。これまでアメリカ・英連邦の手の内にあった平穏な島々が、海と空への自主権益を猛烈に主張しはじめたのだ。それは例えば、200カイリ専管水域権の主張、▶南太平洋非核地帯条約の締結、キリバスによるソ連との漁業協定、バヌアツのアメリカに先駆けての対ソ国交関係樹立、等々である。米ソ冷戦下で展開されたこれら一連の動きは、西側先進諸国にとって、もはや決して無視などできない存在となった。こうして主権国家群としての太平洋の島々が、国際的認知を勝ちとるに至ったのである。
　そして、冷戦構造が消滅した90年代に入っても、島嶼国家の存在感はいっそう増大した。例えばその1つに、200カイリ法の成立がある。これまでせいぜい寄港船の補給・休息地以上の役割しか果たせなかった小さな島々が、一躍海洋大国へと変貌。地球の四半球それぞれに領土をもつ環礁国家キリバス共和国は、総陸地面積が861km²にすぎないが、200カイリ専管水域では500万km²。この広さは西ヨーロッパの全陸地面積に相当する。陸地に見るべき資源をもたない島嶼諸国にとって、この海は最大の可能性を秘めた財産である。太平洋の22の政治単位は、陸地面積にしてみれば取るに足らない。だが、すべての専管水域を合計すれば、太平洋総面積1億8000万km²の半分強、オーストラリア大陸の10倍以上にもなる。これだけでも島嶼諸国が、太平洋に存在する主要なアクターである現実を物語っていよう。
　戦後の東西二極化体制のもと、1950年代から60年代にかけて第三の勢力として登場してきたのが、先進国からの経済的従属状態を脱出しようとする非同盟の新興国家群だった。これが、従来の列強支配による国際関係に新しい時代的潮流を出現させる出来事となり、南北問題の始まり、さらにその中からOPEC諸国に代表されるごとく資源大国群を生み出すことになった。そして70年代に、第三世界のニューフェースとして登場してきたのが、オセアニアの海洋大国だと言えるだろう。これらの国々は太平洋の国連とも呼ばれる▶太平洋諸島フォーラム（PIF）を組織し、域内団結を図りながら、海洋資源問題や域内経済開発等の問題で対外的な主張をますます強めてきたのである。
　2000年を前後して、域内12ヵ国はすべて国連に加盟。太平洋を共有する隣国日本にとっても、これら国家群との関係強化は必要不可欠事項となった。その第1の理由は、カツオ・マグロの好漁場であること。これは漁業国家を自認する日本人には納得がいくだろう。第2は、海上輸送路の確保。フランスから再生プルトニウムの輸送船が太平洋経由で日本に運ばれる計画が出たとき、島嶼諸国は一丸となって反対した。核にしろ石油にしろ、シーレーンを断たれれば日本経済の息の根は止まる。第3は、地域の安全保障だ。太平洋の安定は、アジアの安全、ひいては日本の安全保障に繋がる。第4は、先進国としての国際責任。ミクロネシアは第1次大戦から約30年間、日本の統治下にあった。ソロモンやパプアニューギニアなどのメラネシアは、先の大戦で日米が戦闘を繰り広げた場所だ。そうした歴史的関係からしても、経済大国である日本は、島々の建国に力を貸すべき立場にある。とはいえ、日本の外交当局が本気で島々の重要性を認識したのは、1996年に採択されたPIF（当時はSPF）での決議だった。その年日本は、国連安保理の非常任理事国入りをインドと争ったのだが、それに先立ちPIF諸国が年次総会で日本支持を表明したのである。この援護を受けて、日本はインドに競り勝った。国連決議の現行制度では、人口8億人のインドも1万人弱のナウルも1票であることに変わりない。このときのPIF諸国への謝意が、全首脳を日本に招いて会談する第1回▶太平洋島サミットの開催に繋がったのである。

［**独立国家群としての存在感**］　極小といえども国家群としての島嶼諸国は、もはや国際社会にはっきりと認知された。これに早くから注目していたのが台湾だ。71年に国連議席を中国に明渡して以降、諸外国との外交関係を次々に断ち切られていった台湾は、新たな国交樹立相手を島々に求めたからである。ところが冷戦が終了した90年代、一

つの中国論を掲げた中国がこれに割って入った。両政府の援助合戦により外交関係を取ったり取られたり，その戦いは熾烈を極めた。そして現在(2010年)，島嶼独立国12の内の外交関係勢力図は中国6，台湾6で全くの互角。むしろ不利要因を多く抱えた台湾が大いに健闘しているといえるかもしれない。2008年に親中派の馬英九政権が出現してから，両政府による援助合戦が幾分落ち着きを取り戻しているとも言えるが，この先の中台と島嶼諸国との関係は流動的だろう。

台湾の活動地域に中国が割り込むやり方は，まるでモグラ叩きのようにも見えるが，中国の島嶼地域重視は，必ずしも両政府の特殊な関係性を反映するだけの政治行動ではない。漁業資源や自国海域から続く海洋空間への勢力圏拡大を意図しているのは間違いないだろう。それゆえに日本はもちろん，アメリカもオーストラリアもEUも，中国の太平洋活動の動向に大きな関心を示し始めているのである。このところ国際社会による島嶼地域への関心が高まっている要因の1つは，ここにもある。太平洋の島嶼に，世界の趨勢を左右するほどの影響力があるはずがない。しかしこれら極小パワーは，キャスティングボードを握る少数政党のように，決してないがしろにできない国家群として存在しているのだ。太平洋は，今も昔も戦略の海なのである。　　小林　泉

(5) 国家・行政府のあり方と行方

[島嶼国家の独立]　現在のオセアニアを俯瞰すれば，域内先進国として鎮座するかつてイギリスの飛び地だったオーストラリアとニュージーランド，そして現代への適応を模索しながら国家建設をすすめる12の島嶼独立国，並びにまだ独立できないほぼ同数の小さな政治単位が見えてくる。個々にアプローチすれば，日本の1.25倍の国土面積を有するパプアニューギニアから僅か21km²のナウル共和国までさまざまだが，オセアニア全体論の中では島嶼諸国とか島嶼地域といった一括概念で語られる。というのも，そこには幾つもの地域的共通性があるからだ。

その第1は，独立への経緯にある。いずれも，独立という政治的地位を宗主国との激しい闘争によって勝ち得たわけではなく，地域議会と宗主国が協議を重ねた末の，言わば平和裡の独立だった。宗主国の都合で，無理矢理に国民国家の形にさせられたと言った方が適切かもしれない。1970年に独立したフィジーでも，74年のパプアニューギニアでも，地元議会が独立は時期尚早だと訴えていたのが何よりの証だ。

イギリスやオーストラリアが，本人の意向よりも自らの都合を優先させて植民地解放を進めたのは，民族の自決と人民の独立権を尊重して，太平洋植民地から撤退する決意をしたからだと言われる。が，本意は別のところにあった。植民地の拡大は国力を増強し国家威信を高めるはずだったが，60年に国連で植民地独立付与宣言が採択された後は，植民地保有はかえって威信低下を招く原因にすらなった。加えて太平洋の島嶼は，維持経費ばかりで経済的メリットはない。金がかかる上に，国際的評判も落ちるのであれば，一刻も早く植民地を手放した方が得策だったのだ。

ミクロネシアを抱えていたアメリカも，未だ自治独立に至らない地域を保護，支援し，自治または独立に向かって住民の漸進的発達を促進するという国連信託統治の目的に沿って島々を独立に導いた。その結果，1つのアメリカ領(北マリアナ諸島)と対米自由連合関係による3つの独立国(ミクロネシア連邦，マーシャル諸島共和国，パラオ共和国)とが生まれた。

これと全く異なる対島嶼姿勢をとったのは，もう1つの宗主国であるフランスだ。この国は，ニューカレドニアやタヒチ，ボラボラ島などが含まれる仏領ポリネシアを有しているが，いまだに独立を許容していない。伝統的に同化政策をとってきたフランスは，一般人の移民や彼らとの混血人種が多数出現するに至り，そこから生じるフランス人の財産保全や複合人種といったややこしい問題が障壁となって容易な独立への移行を阻んだ。また，全島無尽蔵のニッケル鉱で覆われているニューカレドニア島では，フランス系企業の経済問題も絡んで

いた。

このようにイギリスとフランスとでは、植民地経営に対する考え方や方法論がずいぶんと異なり、これが今日の島嶼地域の政治地位の相違に反映されている。バヌアツ共和国の独立までの経緯を見ると、両国の植民地に対する姿勢の違いがよく分かる。

独立前のニューヘブリデス諸島は英仏共同統治領だったが、領土を二分した行政がなされていたのではなく、イギリス方式とフランス方式が同じ島内に混在するという世界的にも珍しい統治形態だった。例えば、英語で教育するイギリス系の小学校の隣りにフランス語教育の小学校があった。使用する通貨も、オーストラリアドルと太平洋フランの2本立てで、ドルで切手を買えばエリザベス女王、フランならジスカールデスタン大統領の肖像入りといった具合だ。

このユニークな植民地がバヌアツ共和国として独立したのが1980年、アメリカ施政下から独立したミクロネシア3ヵ国を除けば、域内で最も遅い独立だった。というのも、フランス政府がニューヘブリデスの独立にあくまでも反対していたからだ。これを強力に説得し、独立への道筋をつけたのは地元の独立派住民ではなく、一方の共同統治者であるイギリス政府だったのだ。結局フランスは、イギリスの説得に応じたが、牧場経営や農園主としてこの諸島の産業を支えてきたフランス人住民は、最後まで抵抗姿勢を崩さなかった。独立すれば、土地や産業利権の返還を迫られ、それを避けるにはフランス国籍を返上してバヌアツ人になる必要があったからだ。

フランス人土地所有者が多く居住していた国内最大の島エスピリトゥサントでは、武器を取って抵抗する者さえ現れた。そればかりか、白人から土地を奪い返してエスピリトゥサントを分離独立させようとする反政府勢力が出現して組織的抵抗運動を起こしたため、事態はさらに複雑になった。そのため独立式典こそ、7月30日に首都ポートビラで平和裡に行われたものの、新政権が全国を完全掌握したのは、防衛協定により隣国から駆けつけたパプアニューギニア軍が、エスピリトゥサントの反政府勢力を制圧した1ヵ月後のことであった。

ともあれ、このように太平洋の島嶼独立国は、イギリス連邦かアメリカのどちらかから独立したために、いずれの独立国も英語を公用語とする国になった。これが、この地域にみられる第2の共通性である。

そして第3の共通性は、大方の国が植民地政府を模倣した行政府体制を作って、国家をスタートさせたこと。つまり、近代行政制度を導入し、この制度維持に必要な当面の財源を旧宗主国の援助で賄うという方式だった。いずれの国も近代化を推進し、できるだけ早く行政府維持のために経済自立を果たすことを第1目標に掲げていたのは、そのためだ。この独立のさせ方を、旧宗主国としての責任ある姿勢ととるか、西洋化あるいはグローバル化を押しつけた愚行ととるかは意見の分かれるところである。私自身は後者に近い。というのも、宗主国による西洋化の強要が、独立後の島々に伝統社会の急激な変化による社会混乱を招き、近代化を維持するための援助依存体質を出現させてしまったからだ。

こうして、太平洋には英語を使用し、旧宗主国と緊密な関係を保ちながら、近代化と経済的自立を第1の国家建設目標に掲げる類似体質の島嶼国家群が誕生したのである。

[国家財政と援助体質] では、独立後の経済自立はどうなったか？過去の30年間で、島嶼地域全体の実質的経済成長率は年間1％以下、人口増加率は3％を超えていた。これでは、国家建設の最優先目標だった援助体質からの脱却は果たせない。この現実を受けて、2000年にオーストラリアのダウナー外相は、これまでの島嶼国援助を見直し、今後のあり方を早急に再検討しなければならないと従来型援助の失敗を素直に認めた。

1986年、アメリカと援助協定を結んで独立したミクロネシア連邦(FSM)の場合も同様のケースである。15年の援助期間中に産業を興し、16年目以降は自力で行政府を維持するという計画で、政府はこの間に総額で3億ドル超の産業開発投資を行った。それでも、経済構造に基本的な変化は生じなかったのだ。そこでアメリカは、第2次援助

協定を結び、さらに20年間の援助を約束せざるをえなくなった。同様の方式で独立した隣国マーシャル諸島共和国もまた、第2次援助協定を結んだ。

それではなぜ、このような事態になるのか、島嶼世界にある伝統的な経済の構造を概観すれば理解されるだろう。そもそも太平洋の島嶼には、人々が暮らすための生態条件として良好な原初的豊かさがあった。大方の地域では、芋類やパンノキの実、バナナなどを生産する粗放農業、採取農業が中心の農耕社会が存在し、限られた土地を共有する伝統社会が形成されていた。植民地時代には、宗主国によってココヤシの植林やコーヒー、カカオ、サトウキビのプランテーション化がすすめられた地域もあり、そうした島では土地の供出が求められた。だが、全体的にみると島々の基本的な生産構造に大きな変化はなく、伝統社会の秩序は生き続けていたから、宗主国の住民への影響は、生産部門よりむしろ、キリスト教布教や教育の分野にあったと言っていい。

しかし、これを構造から変えようとするのが、宗主国が指導した国家建設だったのだ。伝統社会が独立して近代国家をつくる第一歩は、植民地行政府を引き継いで自ら運営することだが、政府の器だけ引き継いでも、行政機構を運営するだけの資金調達能力はない。芋やバナナなどの生産物を村長や酋長に献上して、そこから再配分する伝統秩序が成立していたが、これでは近代国家の政府は維持できない。それゆえ、自給自足形態の経済構造から貨幣が流通する産業社会への転換が必要となり、それが完成するまで宗主国からの援助が不可欠となったのである。

とはいっても、もともと島々は狭隘、辺境、人口希薄といった産業開発には不利な条件ばかりが揃っている。政治的に独立したからといって、そう易々産業社会に切り替わるわけではない。援助国のアメリカは、15年間で経済自立を達成できなかったミクロネシア連邦やマーシャル諸島共和国に対して、政府・国民の努力や意欲の不足を指摘した。だが私は、とりわけ極小島嶼国の経済問題は、個人的な能力や努力を遥かに超えた構造的な問題として捉えないかぎり、根本的な解決には至らないと考えている。さらに、伝統社会の豊かさを捨てさせ、大きなハンデを背負った産業社会への移行を進める先進諸国の援助行為が正しい道なのか、これを再検討すべきだと思う。域内では特殊な事例だが、経済破綻したナウル共和国のケースが、こうしたある種開発主義の危険な未来を暗示している。

[近代国家形態の再検討] これまで世界有数の金持ち国家を誇っていたナウルは、2003年に事実上のオーストラリア管理下に入った。面積わずかに21平方km²の単島国家は、全島を覆っていたリン鉱石の輸出収入で、約6000人の国民は税金なし、医療費、教育費無料という楽園生活を謳歌していた。リン鉱労働者やサービス業従事者は、ほとんどが近隣キリバスやツバル、そして中国からの外国人で、働くナウル人のほとんどが公務員。そんな金持ち国が、リン鉱石の枯渇によって一気に無収入状態に落ちこんだのだ。この時に備えて1968年の独立以来、有り余る余剰資金を使って外国の株式や海外不動産への投資を続けてきたのだが、それも政治腐敗、武家の商法、杜撰管理等々が祟って、ほぼすべての海外資産を失ってしまったのである。

既述のとおり、太平洋の島嶼は、原初的豊かさに支えられて、現金がなくとも生命を脅かされる貧困には陥らないことが特徴だった。しかしナウルは、食料はおろか水までも輸入する完全な貨幣経済社会に変貌しており、リン鉱採掘のために削りとられた国土にはタロイモもパンノキも育たない。それゆえ、政府の財布が空になれば即、国民は生存の危機に晒される。現在は、残存リン鉱石の再採掘によってかろうじて国家は存続しているが、これからどのように国家を再建していくのかは、国際的関心事でもある。

このナウルのケースは、島嶼国の開発ゴールを考える上で極めて示唆的だ。住民の生存を支えていた島本来の生産システムがなくなって、産業先進国を模した経済システムだけになったとき、果たして今の人々の生存レベルでの豊かな暮らしが守られる

のかどうか。とりわけ極小の島嶼国にあっては、産業開発そこが国家建設をすすめる際の唯一の方向性だとする開発至上主義が妥当なのか否か。これは旧宗主国や島嶼国リーダーばかりでなく、先進援助国、国際機関も含めて、物質的豊かさばかりを追求してきた人類全体に突きつけられた課題だと言っていい。

政治的独立というイベント的期間が終了し、その後の日常性の中で表面化してきた極小国の経済破綻やメラネシア諸国の民族紛争といった出来事は、島嶼地域が直面する厳しい現実の姿だった。そしてこの問題は、ひたすら国家形成に突き進んできた人々に、あらためて国家のあり方や国家とは何かを考えさせるきっかけになった。2000年以降、島嶼諸国の独立に深く関わってきたオーストラリアやアメリカでは、島嶼地域への従来型援助の理念や方法を再検討する動きが広がりはじめているが、それもこうした流れの一環だと考えていいだろう。

小林 泉

項目編
［ア―ワ］

あ

あいざわすすむ | 相沢進 | 1932-2006

トラック(チューク)諸島の日系大酋長として、日本でも名を知られた人物だった。トラック諸島トール島生れ。1918年にトラックに渡った神奈川県出身の相沢庄太郎を父に、トール島の酋長の娘リサを母にもつ日系人。第2次世界大戦末期に日本の教育を受けるため父の故郷に帰り、終戦後に湘南高校を卒業。会社勤めの後、50年にプロ野球の新設毎日オリオンズに投手として入団、その後高橋ユニオンズに移籍した。この時期、日本のプロ野球界は再編草創期で、球団の新設、合併、身売りなどが激しく、よって彼の所属球団もトンボ、大映などその年ごとに変わった。通算のプロ生活は4年間で、一軍成績は93試合8勝13敗。引退後は母の住むトラック諸島に帰った。野球人生としては輝かしい成績だったとはいえないが、帰島後は日本での幅広い人脈とスポーツで鍛えた体力を生かして諸島内1、2の実業家になった。出身が酋長家系だったことや、実業家の実力で出身地のトール島の福祉と教育の充実に貢献していたことから地域の伝統酋長に推挙され、長いあいだ酋長議会議長を務めた。名実ともに実力者だったが、周囲の推挙にもかかわらず、信条として政治への直接参加は避け、政治家にはならなかった。日本のメディアでもトラック諸島の大酋長としばしば紹介され、ミクロネシアと日本との交流事業にも尽力した。06年4月に来日して古巣球団ロッテ対ソフトバンク戦の始球式に元気に挑んだが、帰国したその翌月に亡くなった。 小林 泉

アイツタキ[島] | Aitutaki Island

クック諸島の南部群島にある島。主島▶ラロトンガ島から北に225km、南緯18°、西経159°に位置する。礁湖(ラグーン)をもつ火山島で、その美しい景観からクック諸島では主島ラロトンガに次ぐ観光客数を誇る。島の最高点は124m、総面積は18km²。ポリネシア人の到来は紀元900年頃と推定されている。ヨーロッパ人の来航は、1789年のウィリアム・ブライが最初。その後、クック諸島の中では最も早く1820年代にキリスト教への改宗が進み、19世紀中盤には多くの捕鯨船が訪れた。第2次世界大戦中に米軍補給基地として滑走路が整備された後、1950年代にはオークランドからタヒチに抜ける水上飛行機が経由した。人口は約2200人(2006)。 小川和美

アイバドール | Ibedul

パラオ諸島の最高位の大酋長の称号。酋長アイバドールは、パラオ諸島の現在の中心地コロール島を地盤にしていた。1783年にイギリス人船長▶ウィルソンの船がコロール付近で座礁した際に彼らと接触し、友好関係を築き、銃火器装備兵の応援を得たため、群雄割拠する当時のパラオ諸島にあって、たちまち最大勢力にのし上がった。その後、諸島北部を束ねたバベルダオブ島マルキョクの酋長▶アルクライが健闘し、諸島の南北で拮抗する二大勢力となった。以来、南部連合の頂点アイバドールと北部連合のアルクライの二大酋長制が成立し、この両家の名が大酋長位の称号となった。

現在の行政制度では民選の大統領が最高権力者だが、大酋長の権威は今日でも厳然と存在しており、これが権力分散化による社会混乱の一原因にもなっている。 小林 泉

アイランダー | Islander ➡パシフィック・アイランダー

アガニャ | Hagatna

西太平洋、アメリカ領のグアム島西岸、アガニャ湾に面する都市でグアム政庁の所在地。1998年、チャモロ語の発音により近くするために表記をAgañaからHagatnaに改定。人口1100(2000)。もとは▶チャモロ人によってつくられた村で、17世紀のスペイ

ン人宣教師サンビトレスの記録によれば，この地には大きな家屋50戸と，小さな家150戸があったという。両者は社会的に分離され，後者には低い身分の者が住んでいた。同島は1941年から3年間日本軍によって占領されたが，この間の日米両軍の戦闘と戦後の台風によって町は完全に破壊された。現在の都市は新しくつくられたもので，グアム島が観光地となるに伴い，その中心地としてにぎわいを見せている。市内にはスペイン時代を偲ばせる建造物も若干残されている。
青柳 真智子

あじあたいへいようけいざいきょうりょく
アジア太平洋経済協力
Asia Pacific Economic Cooperation

英語名の頭文字を取って通称APECと呼ばれる。農産物や資源エネルギーなどの1次産品が輸出の主力であるオーストラリアは，▶ケアンズグループを主導するなど，伝統的に無差別で開放的な国際経済体制の維持を重視してきた。1980年代後半に欧州と北米で経済統合が進み，世界市場の分割化に大きな危機感を抱いた▶ホーク労働党政権は，地域経済協力機関の設立を提案し，▶太平洋経済委員会や▶太平洋経済協力会議などを一緒につくり上げた実績のある日本，とくに通産省と密接に連携して周辺諸国に働きかけた。その結果，1989年キャンベラでAPEC設立の閣僚会議を開くに至った。その後継の▶キーティング首相も，地域協力に非常に熱心で，93年のシアトル会議で初の非公式首脳会談を開催するうえで大きく貢献した。APECはアジア・オセアニア・北米・中南米にまたがり，構成国の経済力の違いが大きく，文化的にも非常に多様であるため，欧州型の統合は目指さず，設立以来〈開かれた地域主義〉を旗印に地道な協議を重ねてきた。今日，東アジア首脳会議といった別の機関も誕生し，地域協力の新たな方向性が模索されている。
福嶋 輝彦

アダムソン | Robert Adamson | 1943-

オーストラリアの詩人。1960年代にアメリカ文化の影響を受け，リトル・マガジンを主な媒体として登場した〈68年世代〉を，C.バックマスターやM.ドランスフィールドと共に代表する。イギリス詩の枠組みを引き継いだ既成詩壇の定型依存を拒絶し，政治的自由と同一視するかたちで自由律を導入，個人の創造性を重視し，性的テーマも大胆に採り上げた。自らが生まれ育ったニューサウスウェールズ州ホークスベリー川流域の自然に取材し，〈近頃では／週末の／釣人たちは／音響測深機／などさげて／魂が何であるか／などとは／知りもしない／それでも彼らだって／怖れているのだ／どうかして／魂を失うことを〉(〈かわせみ〉)と自然への畏怖に触れつつ，個人の創造性に繋いでいくその作風は〈ネオ-ロマンティシズム〉とも呼ばれる。リトル・マガジンの編集・発行を通じて後の世代に影響を与え，アカデミズムとは別の基盤をもつオーストラリア詩の可能性を切り開いた貢献は大きい。詩集に《境を越える》(1975)，《ハート・クレインに手を振って》(1994)，《桑の葉》(2001)など。
湊 圭史

アップフィールド | Arthur William Upfield | 1888-1964

オーストラリアの推理作家。イギリス生れ。1911年オーストラリアに渡る。30余の作品群で，ナポレオン・ボナパルト(ボニー)というアボリジニ(アボリジナル)の母と白人の父とから生まれた混血警部を活躍させ，国内はもとより英米でも定評を得ている。27年処女作に手を染めるまでは，奥地を牧童(▶スワッグマン)として渡り歩いたので，作中世界には広大を極めた奥地の生活・風物が活写されており，それらの一部が事件の原因，捜査の手がかりなどにも巧みにとり入れられている。警部のボニーが最初に登場するのは《バラキー牧場ミステリー》(1929)であり，代表作には《ボニーと砂に消えた男》(1931)，《ボニーと風の絞殺魔》(1937)，《ボニーと警官殺し》(1955)などがある。
越智 道雄

アテニシだいがく | アテニシ大学
'Atenisi University

トンガ王国のトンガタプ島にある私立大学。創設者は現学長のフタ・ヘル氏。科学や民主主義も含めた古代ギリシャ哲学を教育理念とし，アテネにちなみ，トンガ語読みでアテニシと名付けた。1963年，夜学のアテニシ学園から始まり，アテニシ高校も創設，

75年には政府認定の大学を増設するに至った。アテニシ大学は当初、準学士号が取得できる2年間の課程のみであったが、80年から学士号のための4年制課程を開始し、91年に修士課程、96年には博士課程をも増設。学士の分野は自然科学と社会科学に分けられ、修士と博士では哲学、経済学、文学、音楽、人類学、社会学、心理学だけでなく、太平洋やトンガといった地域を専門とした分野もある。大学は伝統や祖先を重んじ、近代科学に対する批判的思想を促す特色をもつ。2学期制で、2010年の通年科目1科目あたりの学費は、トンガ人が約3万円程度で、外国人は4万円程度。教会との関連はなく、経営は授業料、資金調達活動、卒業生からの寄付金などに依存しているため、しばしば財政難に陥る。2008年時点で、高校、学園、大学の総生徒数は150人。アメリカ人やオーストラリア人の教員もいる。

長戸 結未

アデレード | Adelaide
オーストラリア、サウスオーストラリア州の州都で、同国第5の都市。都市圏人口114万6100(2006)。セントビンセント湾に面し、背後にマウントロフティ山脈がある。平均気温は最暖月(2月)23.2℃、最寒月(7月)11.3℃。年降水量は563mm。都市圏はアデレード市(人口1万7700)をはじめ19の地方自治体にまたがって広がる。都心部には開基以来の方格状の街路が緑地を配して残り、都心部の北西にアデレード港、北に計画的なニュータウン、エリザベスがある。州都としての政治経済の中心機能のほか、自動車工業など各種工業も発達している。アデレード大学(1876創立)、フリンダーズ大学(1965創立)がある。1960年以来隔年に国際的な芸術祭が開かれている。国際空港があり、シンガポールや国内の主要都市と連絡。1836年開基。市名は当時のイギリス王妃に由来する。

谷内 達

アドミラルティ[諸島] | Admiralty Islands
ニューギニア島の北東方、西南太平洋ビスマーク諸島に含まれ、ラバウルの北西約600kmに位置する。パプアニューギニア国マヌス州に属する。面積1943km²の火山島群で、主島▶マヌスをランブティオなどの16余りの小島が取り囲む。人口約4万300(2000)。中心はマヌス島北東岸のロレンガウ Lorengau。コプラが主産物で、ほかにココア、ゴムなども栽培され、漁業、林業も有望である。1616年、オランダの航海者▶スハウテンと▶ル・メールが発見。ドイツ、オーストラリア領を経て、第2次大戦中には日本軍が占領(1942-44)した。1975年、パプアニューギニアの一部として独立。

小林 繁樹

アナタハン[島] | Anatahan Island
西太平洋、マリアナ諸島の無人島。サイパン島の北120kmに位置する。面積3km²。島は東西に長い楕円形の死火山で、中央にクレーター、東西に標高それぞれ702m、774mの峰がある。太平洋戦争中、31名の日本兵と軍属が漂着し、そのまま日本の敗戦を知らずにこの島に残留、1951年にそのうちの19名と、同島に住んでいた日本人女性1名が帰国して話題となった。

青柳 真智子

アーネムランド | Arnhem Land
オーストラリア、ノーザンテリトリー北部、チモール海とカーペンタリア湾との間の半島部の中部・東部を指す地方名。面積約9万6000km²、人口約2万(2006)。そのほとんどがアボリジニ専用地区になっている。北東端の▶ゴーブでボーキサイト、東端の▶グルートアイランド島でマンガン鉱、西部のレンジャーでウラン鉱を採掘。アボリジニ専用地区での鉱産資源開発には、原則としてアボリジニの同意が必要とされる。地方名は1623年に来航したオランダ船名に由来する。

谷内 達

アーネムランド・アボリジニ |
Arnhem Land Aborigines
オーストラリア、ノーザンテリトリーの北部に位置するアボリジニ領アーネムランドを伝統的な土地領域とするアボリジニの総称。アーネムランドは、オーストラリア大陸の最北端の、東をカーペンタリア湾、北をアラフラ海、そして西をティモール海に囲まれた地域の東半分を占める。約2万人のアボリジニが、20あまりの地域的集団に分かれて居住する。代表的な集団はヨルング Yolngu、ブララ Burrarra、クニング Gunwinggu などである。それぞれの地域集団に形質的な違いはなく、言語体系、社会組織、

文化的慣習などの面において各集団の独自性がみられる。現在、かれらの多くがマニングリダ Maningrida やイルカラ Yirrkala などの近代的な設備の整った町で暮らし、一部は町周辺のアウトステーションと呼ばれる小集落で生活をする。

白人のアーネムランドへの本格的な入植は、20世紀前半に始まった。これは他の地域よりも遅く、またキリスト教を主体とする非暴力的な入植であった。さらに1931年にはアーネムランドは連邦政府によって保護区にも指定された。このような歴史的経緯のために、アーネムランドのアボリジニたちは混血が少なく、狩猟採集、儀礼、親族組織などの伝統的な生活文化を現在まで色濃く残す。たとえば、狩猟採集活動では、現在でもカンガルー、ウミガメ、ジュゴンなどの大型動物を狩猟したり、木の実や貝類などを採集したりするなど、かれらは典型的なアボリジニとしてイメージされる存在となっている。

また、アーネムランドのアボリジニたちはアボリジニの土地権運動において重要な役割を果たしてきた。1967年にはイルカラのヨルングの人たちが鉱山開発の中止を求めて、アボリジニとして初めての裁判を起こした。裁判はアボリジニ側の敗訴に終わるが、裁判所はアボリジニの土地権を審議するためのオーストラリアの法制度の不備を指摘し、これを受けて連邦政府は調査委員会を設置した。そして委員会の答申に基づき、1976年にオーストラリアで最初のアボリジニの土地権を認める法律アボリジニ土地権(ノーザンテリトリー)法が成立した。

1980年代以降、アーネムランドのアボリジニたちは美術工芸品の生産者として国内外にその名が知れ渡るようになった。なかでも彼らの神話を題材とする樹皮画は有名である。美術工芸品の生産はアボリジニの人たちにとって貴重な現金収入の機会の1つとして重要な意味を持つようになった。近年では、美術界で高い評価を受けて芸術家として認められ、活躍の場を広げる者も現われ始めている。→アボリジニ

川崎 和也

[美術] アーネムランドには▶アボリジニが描いた岩壁画や樹皮画が多くみられ、樹皮画は現在も描き続けられている。主題は神話にまつわるものが多く、何千年間も崇拝されてきた超越的な精霊を形象化したものである。様式的には人物や動物などを自然主義的に描いたものが多く、その点、抽象的な図形を主とするオーストラリア南部のものと対照的である。顔料は赤や黄のオーカーが主で、白は石灰石や焼いた貝殻から、黒は木炭やマンガン鉱から得られる。岩壁画は、自然のままの岩盤に描かれ、岩面が整えられることはない。

木村 重信

アピア | Apia
南太平洋のサモア独立国の首都。ウポル島の北岸中央に位置する同国唯一の都市。市街区域の人口は3万7200 (2006)。1959年より同国の正式な首都として位置づけられている。唯一の都市として、政府諸機関、各国大使館、国際機関、学校、図書館、病院、市場や商店などを兼ね備えており、交通の中心地でもある。アピア港は同国の国際貨客の大部分を取り扱っており、日本の援助で1990年代に港湾の整備や船舶の供与などが行われた。また、アピア漁港やサモア国立大学などの主要施設も日本の援助により整備された。経済活動の中心地としての発展は著しいものの、近代化に伴う国内他地域からの人口流入、土地不足、就職難、犯罪増加などの社会問題も次第に深刻化している。背後のバエア山の頂上には、《宝島》の作家▶スティーブンソンの墓がある。

西川 圭輔

アフ | ahu
中央および東ポリネシアの神殿広場(▶マラエ)に設けられた、神聖域である石積みのプラットフォームを指す。中央ポリネシア(南マルキーズ、トゥアモトゥ、ソシエテ、オーストラル)ではマラエの一端に設けられた石積みプラットフォームがアフと呼ばれるのに対し、東ポリネシア(北マルキーズ、イースター島)では祭祀場全体がアフと呼ばれる。アフの形状はほとんどが長方形であるが、一段のもの、複数段の雛壇式のもの、背もたれ用の立柱石を周囲に配したものなど、島によってその形状形式が異なる。▶イースター島のアフは時代によって形態が変化したことが明らかになっている。早期文化期(紀元後

400-1100)のアフが、四角く成形された石をきっちりと組み合わせて作られているのに対し、中期文化期(1100-1680)のアフはやや粗雑に作られ、巨石人像(モアイ)が上部に立てられた。また埋葬にアフが用いられはじめたのも中期からであった。

印東 道子

アボリジニ｜Aborigines

オーストラリア大陸の先住民はオーストラリア・アボリジニ Australian Aborigines、あるいはアボリジニ Aborigines、アボリジナル Aboriginals と呼ばれている。アボリジニとは、ラテン語の ab origine(最初からの)にもとづく原住民という意味の普通名詞である。彼らは、もともと約30万人600部族に分かれており、全体をまとめる名称がなかったため、固有名詞として使われるようになった。

[移住の歴史と世界観] オーストラリア・アボリジニの祖先は、少なくとも5万年前に、海面変動を利用し、ユーラシア大陸から東南アジア島嶼部を渡ってオーストラリア大陸にやってきたと考えられている。3万5000年前には、大陸の最南端のタスマニアにまで達し、5000年前頃には人口が増加し、居住域も大陸全土に拡大した。1788年にイギリスからの入植が始まる頃には、アボリジニは30万人から100万人の人口になり、多様な環境に適応した生活を送っていたと推定される。彼らは、言語の異なる約500の地域集団に分かれていた。

アボリジニは狩猟採集を生業とし、農耕や牧畜は行わなかった。自分の領域内を季節的に遊動する生活であったが、土地との絆は強かった。通常は、小集団に分かれて暮らし、時に多くの人が集まって儀礼が行われた。このような季節的な離合集散は彼らの生活の基本であった。彼らの世界観の中心的な概念は、ドリーミングとよばれる。これは、過去と現在と未来、そして生活のすべてを含みこむものである。世界の成り立ちについての創世神話が、ドリーミングの中心であるが、神話に登場する精霊、動植物、それらの行動、踊り、行われた場所など、すべてのことがドリーミングとされる。精霊が大地を形作り、植物、動物、人間で大地を満たし、社会生活を送るための法を人々に授けたと語られる。精霊たちは死んだ後も永遠の宇宙的な存在に姿を変え、精霊の空間に存在し続けていると考えられている。そのような存在全体、アボリジニ社会そのものがドリーミングなのである。

精霊は、現在も力と豊饒性の源であると信じられており、山野河海や動植物をはじめ自然の富を再生産している存在であり、彼らのためにアボリジニは儀礼を執り行う。景観に残る多様な特徴は、精霊が残したものと信じられており、聖地とされる。▶ウルルなどの聖地は、ドリーミングの精霊が現実的な世界を作り出す力があることの証拠なのである。神話の豊かな内容を表わす踊りや歌、それらを象徴する絵画や文様によって、人間の精神と肉体的空間がドリーミングというひとつの秩序にまとめあげられているといえる。

[社会生活―親族と宗教] アボリジニの社会生活を理解するには、かれらが親族や社会関係への責任と、宗教的責任の狭間にあるということを知る必要がある。彼らの基本的な社会集団は、領域とそこに含まれる聖地を所有し、宗教的責任も負う土地所有集団である。成員権は、父系によって決まる場合が多く、集団に属する成人男性は、聖地と儀礼具を世話し、適切な儀礼を執り行い、土地に働きかけて豊饒性を維持する責任を負うのである。土地は共有され、移譲されることはなく、領域の境界も厳密なものではなかった。土地とは、彼らにとってより精神的なものなのである。

アボリジニは、親族規則に従うことを重視する。彼らは、類別的な親族制度をもち、親族名称を拡張し、すべての人を親族とする。たとえば、父のような直系の親族の名称が、父の兄弟といった傍系親族にも使われる。父方の祖父の兄弟は祖父であり、その息子たちはすべて父となる。同様に母の姉妹も母と呼ばれ、母方の祖母の姉妹は祖母と呼ばれ、その娘たちはすべて母と呼ばれるように、親族名称も傍系の人々すべてに拡張される。それゆえ、アボリジニは親族組織の王国に暮らしているといわれるのである。日常生活のなかで関係する人々全員が親族名称で呼ばれるだけでなく、その

行動も親族関係として正しいものであることが期待される。親族名称は、行動への指針であり、性的親密さや冗談を交わす関係、慎みの関係、または完全な禁忌関係などを示すことになる。

　姻族もまた、血縁関係の親族とみなされ、親族名称で呼ばれる。兄弟―姉妹の関係は、禁忌とされる場合が多いが、最も顕著な禁忌関係は、男性と、その義理の母の間にみられる。禁忌は男性の実際の妻の母だけでなく、義理の母と類別される女性と少女すべてに対して適用される。婚姻は2人の親族集団を結ぶものである。一般的に、妻を受けた集団は、なんらかの支払いを行うことが期待される。婚約は一般的に幼児のときに行われ、生まれる以前に婚約をする場合もある。婚約後、妻を受ける側の集団からは、継続的に贈り物とサービスが提供され、その関係を確実なものとする。

　ほとんどの男性は一度に1人の妻しかもたないが、一夫多妻も多くみられる。一夫多妻の場合の妻の数は、平均的には2、3人であるが、地域によっては10人をこえる妻をもつ男性もいた。複数の妻をもつかどうかは、基本的には個人的な問題であるものの、女性の経済的貢献は大きく、妻が多ければそれだけ生活が安定することを意味したし、妻の数の多さが、男性の威信や政治的権力にもつながることであったことは確かである。全体的にいうと、夫の方が妻よりも大きな社会的権利をもっていたが、女性が際立って抑圧されていたとはいえない。

［**人生のサイクル**］　アボリジニの世界観では、ドリーミングの世界から精霊がやってきて、胎児に生命を与えるとされている。目に見えない精霊が胎内に入る場合と、精霊そのものが魚やカンガルーの姿になって狩猟され食べられることで生まれてくる場合とがある。彼らは両親と子どもの間の肉体的なつながりを認めているが、最も重要なのは、子どもの精霊がどこから来たかということである。精霊が母親の身体に入ったとされる場所と、そのときの出来事が、生まれた子どもにとって特別な場所とストーリーとなる。これは受胎のトーテミズムとも呼べるもので、個人と、特定の場所および神話的出来事をつなぎ、神話にかかわる形で、自分が生まれることになった契機についての具体的な説明が与えられる。このようにして、個人のアイデンティティは確実なものとなる。

　子どもは、生まれてからしばらくは、常に他の大人たちにも囲まれて育つ。他の人々を見習うことで、社会についての知識を得、参加しながら学ぶことで自分を取り巻く自然環境になじんでゆく。一般に大人は子どもに対して非常に寛大である。少女は、成熟を迎えると婚約していた夫と住むようになり、結婚した女と認められる。一方、少年は、成人儀礼によって大人になるための指導が始まり、宗教儀礼に参加し、土地所有集団のメンバーとして知識を増やしていく。成人儀礼に入る年齢は地域によって差があるが、多くの地域では割礼を伴い、象徴的な死と再生が行われる。儀礼の始まりには、少年の母親たちは大げさに泣き、その象徴的な死を嘆く。子どもたちは精霊に飲み込まれ、子どもとしての彼らは死に、儀礼の終わりに大人として吐き出されるのである。

　アボリジニにとって、死は肉体的な出来事であって、すべての終わりではない。精霊の力はドリーミングから現れ、子どもに命を与え、成人儀礼を通して人間に力を与え、そして最終的に死によってドリーミングに戻っていく。このように生と死は敵対するものとは考えられておらず、ドリーミングは肉体が滅びても命をつなぎ続ける存在と考えられている。

［**社会制度と技術**］　彼らの社会は、社会統制のための中央集権的な制度をもたない。社会階層はなく、平等的な精神が優越している。年齢と性別は社会的立場や役割を決める主要な要因となるが、とくに宗教的な場面において顕著である。たとえば、女性は聖なる秘密の儀礼活動から排除され、若者や成人男性は儀礼を重ねることによって、次第に儀礼の中心へと近づいていく。しかし、この社会は、知識について基本的に開放的というべきである。というのは、宗教的な知識をそれぞれが重ねることは出自や立場によって妨げられることはないからで

ある。

　逸脱行動は，しばしば深刻な紛争に発展する。集団によって審問が行われ，懲罰的な手段がとられる場合もあった。このような法と秩序の維持のための方法には地域によってかなり差がある。逸脱に対する懲罰的な行動については，一般に先例が求められ，先例に従って罰が受け入れられ，平和が回復されることになる。一般的には長老や重要な地位にある男たちが，非公式の集会で裁定を行った。

　アボリジニを長老主義であるというのは不正確であるが，社会的に重要な位置を占める男性はふつう年長者である。しかし必ずしも年齢や髪の白さによってその地位が保証されるとは限らず，個人的能力が重要であった。

　アボリジニは狩猟採集によって暮らしているため，自分の領域についての知識は綿密であり，泉の位置，動植物の種類と分布，天候などすべてに及び，地面を地図のように読むことができた。このような広大な土地の位置関係や資源についての知識は，儀礼を通して得られる神話的知識と密接にかかわっていた。したがって，このような世俗的で現実的な知識以上に宗教的知識を重視した。アボリジニはドリーミングの時代からの遺産を受けついでおり，動植物の豊饒性と再生産に責任を負うとともに，統制する力が与えられていると信じている。儀礼を行うことによって資源は豊富になり，社会生活が維持できるのである。年長の男性を中心に，すべての成人男性は，儀礼に参加し，法に従うことでこの重大な責任を果たさなければならなかった。

　アボリジニの物質文化は非常に限られたもので，男性は槍，そして地域によっては投槍器やブーメランを持ち運んだ。女性は，掘り棒，中央砂漠では，大型の深い木皿，北部では樹皮の籠，編み籠，網袋を持ち運んだ。それ以外に，多様な石器，楔，骨の針，糸つむぎ器などがあった。それ以外の道具は，必要な場所に置いておかれたり，即席に手近なものを使って作られたりすることが一般的で，多くの道具を持ち運ぶことはなかった。住居も簡単なもので，北部では樹皮の小屋，雨季には張り出した岩棚が使われるか，高床の小屋が作られた。砂漠地域では風除け（草や樹皮で覆った小枝を重ねたシェルター）が一般的であった。性別による労働の分業は明確で，男性と若者は大きな動物を狩猟し，女性は植物を採集し，トカゲなどの小動物を獲った。しかし，一方の性別の成人だけでも長期間生活することは可能で，両性とも成人は生きていくために必要な技術はすべて身につけていた。

　[芸術と信仰]　アボリジニは，現在あるすべてのものは，ドリーミングという神話的過去において決められたものと信じており，世界の継続を保証するためにするべきことは，儀礼を正しく行うことであった。自然の再生産は，ドリーミングに従った儀礼によってもたらされると考えられていたのである。ドリーミングの遺産は，変化のない伝統なのではなく，常に生き直され続けるとされていた。

　このような世界観の体系の中にあって，個人や集団はトーテム信仰によって自然や精霊の世界とつながっていた。トーテム信仰はアボリジニ社会において最も特徴的に発達している。トーテミズムは，宇宙を道徳的社会的秩序の表れとし，人間と自然はひとつの統一された全体であるとする世界観である。トーテミズムの重要性は，個人や集団の生と，社会の最も始原であるドリーミングの時代との絆をつなぎ，精霊の空間から現れる壮大な力と人々とをつなげることにある。トーテムとして選ばれる植物，動物，鉱物はそのものには宗教的重要さはないが，自分のトーテムであるものを食べない場合もあった。

　このような信仰を表す儀礼は，踊り，歌，音楽，彫刻，絵画など，多くの芸術表現が現れる場でもある。凝った踊りやマイム，歌の組み合わせが繰り返し披露される。歌には，精霊の秘密の旅の諸相を表す聖性の高いものもあり，日常の出来事を歌うもの，噂話を歌うものもある。楽器は北部ではデジャリドゥという木製の管楽器と拍子木があり，南部や中央砂漠では▶ブーメランや▶棍棒を打ち合わせる。南東オーストラリアでは，女性が皮を張った太鼓様のものを

叩いた．

芸術表現には，地域差があった．平たい石や板に模様が刻み込まれたチェリンガは，*中央砂漠アボリジニの広い範囲で典型的にみられる聖なる儀礼具である．中央砂漠地域の儀礼のための身体装飾と精緻な頭飾りは，羽根，血液，粘土を使って作られ，とくに傑出したものである．どの地域においても聖なる儀礼は多様な儀礼具を作る動機となるが，儀礼具は儀礼ごとの一回性のものである場合が多く，儀礼の終了後，埋められたり，放棄されたりした．

樹皮に顔料で絵を描く樹皮画は，もともとはアーネムランドの成人儀礼で新入者の教育のために使われていた．また，新入者の胸には，同様の繊細な絵が描かれる地域もあった．儀礼場には砂で大きな文様が作られた．とくに中央砂漠地域のものは土粘土や植物などを混ぜて抽象的なデザインが精巧に作られた．これらの文様が1970年代以降，新しい絵画スタイルの基礎となり，のちにアボリジニ芸術として注目されるようになった．

[接触と変化] 北海岸など，一部のアボリジニは，それ以前にも異民族との交流を経験していたが，1788年に始まるイギリスの入植は，それまでとは全く異なる接触であったといえる．アボリジニは自律性と土地を奪われ，従属と社会変化を強いられた．初期の接触は友好的であったといわれるが，アボリジニとの軋轢は次第に増加した．入植者はアボリジニを自然に寄生する動物程度のものとしか見ていなかったこともあり，暴力的な事件は頻発した．

野蛮な紛争は長く，1880年代まで続き，アボリジニは最終的には武力によって鎮圧された．この間に大量のアボリジニが殺害された．また，新しくもたらされた病気によっても多くのアボリジニの命が奪われた．直接の紛争によるよりも多くのアボリジニが病死したといわれている．

アボリジニたちは，*ブッシュに追いやられるか，キリスト教の伝道による文明化の影響のもと，小さな居留地で白人の管理のもとに生活をおくるか，牧場などで白人のために働くか，または白人の入植地の周縁部でスラムのような状況で自助的な暮らしをするかであった．南部を中心とする入植地域からアボリジニが消えていくスピードは非常に速いものがあったので，アボリジニは死に絶えるだろうと人々は考えた．

19世紀後半からは，次第に人道主義的関心が高まり，1860年代にビクトリア植民地をはじめ，各地でアボリジニの保護が進められるようになった．アボリジニは保護区に入れられ，衣食を与えられ，安らかな死の床 smooth their dying pillows を与えられることになった．しかし，これらの措置は，実際のところ，アボリジニの生活をこれまでよりも厳しい制限と統制にさらすものであった．彼らは土地から切り離され，狩猟採集もできなくなり，植民地の中で物質的にも文化的にも貧窮していった．さらに，保護の政策によって，混血の子どもを中心に，アボリジニの母親から強制的に引き離して教育する方針がとられるようになり，1960年代まで続けられた．これは，後述するように*盗まれた世代として社会問題になった．

現在では，伝統的な狩猟採集の生活様式は南部地域からは完全に消え去り，*都市アボリジニと呼ばれる人々が暮らす地域となっている．中央砂漠アボリジニと北部の*アーネムランド・アボリジニの場合でも，以前とまったく変わらぬ，狩猟採集による遊動の生活を送るアボリジニはもういない．しかし，親族関係や社会関係，儀礼，ドリーミングなどの価値観や行動様式などは独自なものであり，彼らの伝統は現在も修正されつつ生き続けているといえる．

[国家とアボリジニ] 第2次世界大戦後，オーストラリアは国家としてのあり方を大きく変えてきた．イギリスの太平洋地域からの撤退，大量の移民の必要性など，歴史的条件のなかで，*白豪主義のオーストラリアは*多文化主義のオーストラリアへと姿を変えることとなったのである．そのなかにあってアボリジニへの対応も次第に変化していった．

1960年代，アボリジニによって権利回復運動が展開され，土地権が主張されはじめた．*ノーザンテリトリーのグリンジ牧夫

●アボリジニ

岩壁画。いわゆるX線描法がみられる。ノーザンテリトリーのキープリバー国立公園

たちのストライキ、アーネムランドのイルカラでのボーキサイト鉱山採掘に反対する訴訟などがあいついでおきた。このような状況のなかで1972年に総選挙が行われ、アボリジニの土地権が重要な争点の一つとなり、アボリジニの権利拡大を公約した労働党政権が勝利した。こうして、1976年には、アボリジニ土地権（ノーザンテリトリー）法が成立し、ノーザンテリトリーのアボリジニの土地権が認められた。1967年の国民投票によってアボリジニは国勢調査の対象となり、憲法からはアボリジニに対する差別条項がとり除かれた。アボリジニ共同体への補助金の増額、アボリジニ省の創設などにより、アボリジニ関連予算は大幅に増額された。最低賃金法や失業保険も適用されるようになった。このように全体として、アボリジニの扱いは平等へと向かっていったのである。

1980年代にはさらにアボリジニの問題を解決しようとする機運が高まり、これまでの不正義についての見直しが行われるようになった。とくに、強制的な混血児の引き離し政策の結果としての盗まれた世代問題と、異常に高いアボリジニの拘留所内の死亡率についての拘留死問題は、大きな社会的注目を集め、王立委員会による調査が行われ、報告書が提出された。1991年には10年計画のアボリジニ和解委員会が立ち上げられ、オーストラリア全体がアボリジニの現状について理解し、先住民と国家とが和解することが達成目標とされた。また、全国的な土地権回復要求も続いていた。92年に高等裁判所によって下された″マボ判決にもとづき、翌年には″先住権原法が公布された。これにより、全国でアボリジニの土地権を含む先住権が認められる可能性が広がったのである。この裁定は革命的なものであり、アボリジニの将来に経済的基盤を与えることにつながると期待された。このように2001年の連邦成立100年に向けてオーストラリアの新しい国家のあり方の模索が試みられてきた。

このような動きの一方で、オーストラリアにはアボリジニへの否定的な感情も根強い。1990年代には、先住権原への制限条項の追加や、先住民委員会の解体など、アボリジニ政策の後退といってよいような、権利を制限する政策も展開された。2007年の総選挙で勝利した労働党ラッド政権は、翌年の最初の国会開催に先立ち、盗まれた世代に対する謝罪スピーチを行った。アボリジニとの和解は進展しつつあるようにみえるものの、1970年代から問題とされてきたアボリジニの生活指数の全体的な低さの問題は、いまだ解決されていない。平均余命をはじめとして、あらゆる社会的指数は、オーストラリアの平均を大きく下回り、成人病の蔓延、若者の退学、非行、家庭内暴力、飲酒、麻薬、自殺などの社会問題が山積みであり、社会福祉への高い依存とともに問題視されている。2007年には、ノーザンテリトリーのアボリジニの村に対して、警察による監視、禁酒、社会福祉金の用途制限などを含む緊急措置 emergency action がとられ、09年現在も議論が続いている。オーストラリアでは、アボリジニとの調和のとれた社会の実現にむけての模索が、現在進行形で続けられているのである。

窪田 幸子

[美術] アボリジニの非常に発達した神話

や信仰を如実に反映するのが，彼らの岩壁画(彩画，刻画)や樹皮画である。岩壁画の主題は世俗的なものもあるが多くは宗教的なもので，ウォンジナ Wondjina と呼ばれる降雨の神——口がなくて，頭のまわりに放射状の輪があり，胴体が縞状になっている——などが表される。岩壁画はオーストラリア全土に広く分布しているが，北部ではウォンジナなどの描出を伴う自然主義的様式が支配的で，南部では円，渦巻，波状線などによる幾何学的な線画が多い。奥行きの浅い洞窟や岩陰に描かれ，外からは見えない身体内部の内臓などを図式的に表す，いわゆるX線描法がみられる。この描法は樹皮画にも用いられる。樹皮画は北部の▶アーネム・ランドに広く分布し，現在も描き続けられている。いずれも神話にまつわる表現で，超越的な精霊を形象化したものである。たとえば，大昔の英雄で，オーストラリアに初めて到着したというジャンガウォ Dianggawo，人間と大ガラスの合体した半人半動物であるダインガンガン Daingan-ngan などが赤，黄，白，黒の4色で，木の枝を嚙んで作った筆で描かれる。

アボリジニの美術には以上のほか，丸彫の人像や，陰刻・彩色された祭儀棒・日常の道具がある。彫刻(人像)はアーネムランドやメルビル島に多く，昔の墓標から発展した伝統的なもの(前者)と，伝道教会の聖人像をかたどったもの(後者)とがみられ，両者は様式的にもかなり異なっている。
木村重信

アーミデール｜Armidale
オーストラリア，ニューサウスウェールズ州北東部の都市。人口1万9500(2006)。ニューカスルの北390km(道路距離)にあり，東部高地の高原に位置するニューイングランド地方の中心都市。経済・産業機能よりも，社会・文化機能が中心で，ニューイングランド大学(1954創立)をはじめ，教育・医療・文化施設が多い。1839年開基。名称は最初の入植者の出身地名に由来する。
谷内 達

アームストロング
Gillian May Armstrong｜1950-
オーストラリアの女性映画監督。メルボルン生れ。政府の文化政策として誕生した映画テレビ学校(AFTS)の初期卒業生の一人で，いくつかの短編作品の後，マイルス・フランクリンのベストセラー小説《わが青春の輝き My Brilliant Career》(1979)の映画化作品でデビュー。女性の自立の意欲をいとも女性らしい率直な視点でとらえて高い評価を得るとともに，興行面でも大成功を獲得した。続く若々しいロックミュージカル《スタートラック Starstruck》(1982)，アメリカに招かれて撮った《燃えつきるまで Mrs. Soffel》(1984)はともに名作と呼ぶべきもの。オーストラリアでは，《ハイタイド High Tide》(1987)，《Chez Nous の最後の日 The Last Days of Chez Nous》(1992)を撮った後，1997年に▶ケアリーのブッカー賞受賞小説の映画化《オスカーとルシンダ Oscar and Lucinda》，2006年にオーストラリアの女性デザイナー，フローレンス・ブロードハーストの生涯を描いた《アンフォールディング・フローレンス Unfolding Florence: The Many Lives of Florence Broadhurst》，08年に実在したハンガリー系アメリカ人奇術師にまつわる物語《奇術師フーディーニ〜妖しき幻想〜Death Defying Acts》を監督している。
山野浩一＋佐和田敬司

アラフラかい｜アラフラ海｜Arafura Sea
オーストラリアとインドネシアとの間にあり，オーストラリア北岸，ニューギニア島南西岸，アルー諸島，タニンバル諸島などに囲まれる海域。東西約1300km，南北約600km，面積約65万km²。大陸棚の浅い海域で，▶トレス海峡とともに航行の障害となる浅瀬が多い。名称は〈自由人〉(アルー諸島人を形容)を意味する古いポルトガル語に由来する。1931年から第2次世界大戦まで日本船が▶真珠貝を採取した(最盛時3840t, 1937)。戦後は53年(967t)から再開したが，大陸棚資源に対する主権をめぐってオーストラリアとの間に漁業紛争が生じたうえ，採取量も減少し，日本の企業による採取は62年に中止された。
谷内 達

アランダぞく｜アランダ族｜Aranda
オーストラリア，ノーザンテリトリーの乾燥地帯(年間雨量50〜100mm)に住む▶アボリジニの一部族。アランタ Aranta (Arunta) とも呼ぶ。19世紀末から人類学者の報告を通して

● 蟻塚

ノーザンテリトリーのカカドゥ国立公園

広く知られていた。五つの亜部族から成り，多少とも異なる慣習をそれぞれもっていた。かつて採集狩猟生活を送っていたので，自然に関する知識と体験は今日も示唆に富んでいる。使用したのは▶ブーメランと槍で，そのブーメランは投げた元の位置に戻らない種類のものである。かつては親族，結婚，出自は父系原理と母系原理とを交錯させつつ，南部では四分組織，南部以外では八分組織に基づき，一夫多妻，交叉いとこ婚が行われた。トーテミズム，および夢幻時代といわれる創世紀の祖先と結びつく祭祀・宗教生活は精緻を極めた。しかし20世紀後半以降の現代化は目覚ましく，その多くが都会に出たり，牧夫や肉体労働者となり，他方，各種の政府扶助金に依存する者も多く，かつての部族の統合と旧慣習は崩壊の一途をたどっている。　　　　　　鈴木二郎

アリイ |ari'i|ali'i

言語学的にこの語の原型は ariki であるが，ソシエテ諸島では k 音が脱落して ari'i となり，ハワイとサモアでも同じく k 音が脱落し，かつ r が l に変わって ali'i となった。マルキーズでは k 音は残ったが r 音が落ちて a'iki となり，ニュージーランドのマオリ人では eiki に変じている。

　アリイは，ポリネシアの伝統的な身分階層社会において，最高位の身分である酋長もしくはその近い親族を含めた貴族層を指す。アリイは創造神に出自すると信じられており，とくにその長子から長子へとたどる直系の長子は，アリイ・ヌイ(大酋長)と呼ばれて，酋長国に君臨した。彼は創造神から継承した絶大な▶マナ(超自然力)をその身に宿し，現人神とみなされて絶対的な宗教的威信を有しただけでなく，酋長国の国土，資源，生産，分配のいっさいを支配する俗的権力も握っていた。その権威と権力の源泉は創造神から継承したマナにあるので，その喪失を防ぐために，人民に対してばかりか，わが身の上にも各種の厳重なタブーを課していた。　　　　　　石川栄吉

アリススプリングズ | Alice Springs

オーストラリア大陸中央部，ノーザンテリトリー南部の中心都市。人口2万6200(2006)。マクドネル山脈東部の乾燥地帯に位置する。年降水量320mm。約1500km北のダーウィン，約1700km南のアデレードに道路・鉄道・航空路が通じている。大陸横断鉄道から分かれて北上する鉄道(1929年開通，1980年経路変更)の終点であったが，さらに北上してダーウィンに達する路線が2004年に開通した。ノーザンテリトリー南部各地を結ぶ地方航空路網の中心で，▶ウルル(エアーズロック)などへの観光の拠点にもなっている。1872年大陸縦断電信線の中継基地，88年開基，1933年旧称スチュアートを改称。現名称はもと電信基地の水源地名で，サウスオーストラリア郵政局長夫人の名に由来する。　谷内達

ありづか |蟻塚| ant hill | termitarium

シロアリ(ターマイト termite，イソプテラ Isoptera)の塚。ほぼ円錐形に土や消化した草木を排泄したものを積み上げ，分泌液で固着させ，固いものは靴先で蹴ったくらいではびくともしない。だが内部はもっと軟らかい。内部の通路は総延長100mに達するものもある。オーストラリア北部と中央部奥地の▶ブッシュにはとくに高いもの(*Nasutitermes triodidae* という草食種の場合，最高7m)が林立，奇観を呈する。女王，兵隊，働きアリの厳格な階級に分かれているのでシロアリと称されるが，アリではなくゴキブリの仲間。オーストラリアに180余種，パプアニューギニアにも多い。盲目で光，熱を嫌い，とくに磁石アリ *Amitermes meridionalis* と呼ばれる種類は，東西に幅広く，南北には磁針のように細長いくさび形の塚を作り，日中の光を極力避ける形をとる。磁石蟻塚は，ダーウィン南20kmのハワードスプリングズやヨーク

岬半島などに限られる。家屋に害を与えるので、害虫扱いされる。*Mastotermes darwiniensis* と呼ばれる種類はとくに原始的で、他地域では化石としてしか出土しない。　　越智 道雄

アール | Augustus Earle | 1793-1838
放浪画家。ロンドン生れ。父親はイギリス系アメリカ移民の画家。地中海、北アフリカ、アメリカ東部、南アメリカを放浪して絵を学ぶ。南大西洋のトリスタン・ダ・クーニャで生活中、オーストラリア行きの船に救出され、ニューサウスウェールズ初の石版師として画廊と美術学校を開いた。1827年ニュージーランドへ渡り、先住民マオリのテ・ファレウム首長の小屋に住んで、ヨーロッパ文明に接触し始めたマオリの生活（銃を使っての部族戦争、食人など）を描いた。《傷ついたホンギ首長と会見する画家》が有名。31年にはダーウィンらとビーグル号で航海。紀行文も著している。　　百々 佑利子

アルクライ | Reklai
パラオ諸島北部地域の大酋長の称号。バベルダオブ島のマルキョクを地盤とするアルクライは、群雄割拠するパラオの戦国時代にあって、最も勢力のある酋長家だった。だが、1783年に西洋人との接触で銃火器を入手したコロール島の酋長アイバドールの反撃をくらい、全諸島制覇の夢は果たせなかった。それでも北部地域での勢力は傑出していたため、全諸島的影響力を誇ったアイバドールの対抗勢力として北部地域を結集させ、北部大酋長の地位を保った。

パラオの16州は、それぞれがかつての酋長家の勢力範囲で、現在も各州に1人ずついる酋長は酋長評議会を組織し、大統領や議会に助言、提言する権利を憲法で認められている。大酋長についての憲法上の規定はないが、アルクライの称号はアイバドールとともに、住民の象徴的存在として厳然たる権威を保持している。　　小林 泉

アレン | Pamela Allen | 1934-
ニュージーランド、オークランド生れの絵本作家。エラン美術学校、オークランド教員養成カレッジを卒業し、高校やカレッジで美術教師を務めたのち、家族とともに移住したオーストラリアで絵本作家として活躍し始める。代表作《ボートがしずんだの、

だれのせい？》(1982)は、コミカルな表情と動きの水牛、馬、羊、豚、ネズミが登場する愉快な絵本。彼らが乗り込んだ小さなボートが沈んでしまったのだが、さてくだれのせい？〉と絵本は問う。物語の構成は昔話のそれであり、響きの楽しい言葉は耳に口に快く、読み聞かせ向きである。最小のものが最大の役割を負うが、これもまた昔話的であり、幼い読者が歓迎する設定である。本作はオーストラリア児童図書賞最優秀絵本賞を受け、翌年出版の《バーティとクマ》も同賞に輝き、史上初の2年連続受賞を達成した。《ボート》と《おとぼけマッギーさん》(1987)シリーズの邦訳がある。
　　今田 由香

アロハシャツ | aloha shirt
ハワイ諸島で男性の日常着として用いられている半袖、開襟シャツの一種。丈は短めで裾をズボンの外側に出して着るのが特徴。生地は主として木綿が使われ、熱帯植物などをモティーフにした大胆な色彩のプリント柄が多い。〈アロハ aloha〉とはハワイ語で〈愛〉や〈親切〉、挨拶のくようこそ〉〈さようなら〉を意味する。1950年代の日本でも夏のシャツ・スタイルに取り入れられ、リゾートウェアやホームウェア以外に一部の若者の間ではタウンウェアとしても用いられ、彼らは〈アロハ族〉と呼ばれた。
　　星野 醍醐郎

アンガウル［島］| Angaur Island
西太平洋、パラオ諸島南端に位置する隆起サンゴ礁の島。面積8km²、人口320(2005)。1909年ドイツがリン鉱採掘を開始し、日本の委任統治時代には南洋庁の官営事業として、後に南洋拓殖株式会社によってリン鉱採掘が行われた。その後も54年まで採掘されたが、現在は閉山している。太平洋戦争の激戦地で、44年9月17日米軍が上陸、約1ヵ月に及ぶ死闘の後、日本軍歩兵第59連隊の守備隊1250名全員が玉砕した（米軍の死傷者2500名）。　　青柳 真智子

アンガス | George French Angas | 1822-86
イギリス出身の画家。ニュージーランド先住民マオリがイギリス女王に土地の全権を移譲した直後の様子を描いた。オーストラリア経由で訪れ、滞在したのは3ヵ月だが、

その間に精力的に旅をし，北島タウポ湖近辺のマオリの集落を詳細にスケッチした．顔つきはヨーロッパ風だとの批判もあるが，マオリの風俗習慣や芸術はきわめて正確に描かれている．とくに白人との融和に努めた大首長で，アンガス自身も記録の中で立派なリーダーと賞賛するタマティ・ワカ・ネネの肖像画が名高い．帰国した後ロンドンで個展を開いた．《絵で観るニュージーランド人》《絵で観る南オーストラリア》の2冊が1847年に出版された．　　　　百々佑利子

アンザスじょうやく|ANZUS条約|
ANZUS Security Treaty

オーストラリア，ニュージーランド，アメリカ間の太平洋安全保障条約．3国の頭文字をとってアンザスという．1951年9月1日にサンフランシスコで締結され，翌年4月29日に発効，有効期間は無期限．ある国が武力攻撃を受けた場合，他の2国への共通の軍事的脅威であるとみなし，自国の憲法上の手続に従って共通の危険に対処することなどを定めている．この条約は，当初は第2次世界大戦において太平洋地域で交戦相手となった日本の軍国主義の復活を懸念したことから生まれてきたという面があるが，連合国と日本との間にサンフランシスコ講和条約が締結(1951年9月8日)され，アメリカによる対日占領が解除されたことに伴い，前後して締結された米比相互防衛条約(1951年8月30日)や日米安全保障条約(1951年9月8日)とともに，アメリカのアジア地域における反共軍事体制の一環としての意味が強まっていった．さらにオーストラリア，ニュージーランドにとって，軍事的パートナーがイギリスからアメリカへ転換することをも意味していた．対日防衛という意味合いは，しだいに薄れていった．

この条約は，1985年にニュージーランドに寄港しようとしたアメリカの核搭載艦(USS-Buchanan)が入港を拒否されたことに伴って麻痺状態となり，翌年アメリカはNZに対する条約上の義務履行を停止すると発表した．以来，ANZUS条約はアメリカとオーストラリアの間でのみ有効なものとなっている．2001年この条約にもとづく集団自衛権の発動を決定，オーストラリア軍はアフガニスタン紛争に参加し，03年のイラク攻撃にも軍を派遣している．ニュージーランドとアメリカとの間の軍事的協力関係の冷え込みは，政治・経済にも影響を与えているのではないかとニュージーランド国内で時折取り沙汰されている．近年では，05年にアメリカとオーストラリアとの間で自由貿易協定が発効した際にも，ニュージーランドが協定締結の交渉相手にすらなりえないのは，ANZUS条約が大きな障壁となっているのではないかということが国内各紙で報道された．　　　　西川圭輔

アンザック|ANZAC

オーストラリア・ニュージーランド軍団 Australian and New Zealand Army Corps の略称．厳密には第1次大戦中の1915年4月25日，トルコのガリポリ(ゲリボル)半島上陸作戦に参加した将兵を指し，広義には第1次大戦以降の戦争参加者(近年ではイラク戦争)も含む．毎年4月25日は両国ともアンザック・デーとして公休日で，従来は第1次大戦に従軍した老兵を中心に各戦闘参加部隊単位で隊旗を押したてて行進したが，2005年に最後の生残り兵が死去している．そのため，近年では第2次大戦の従軍兵が行進の中心になっている．日常活動はRSL(復員兵連盟)が行うが，この組織とアンザック戦没者記念碑は両国のどんな片田舎にもあり，右翼的心情の結節点となっている．第1次大戦当時人口500万弱にすぎなかったオーストラリアが実に8万もの戦死者を出してはるか離れた〈母国〉のために戦った裏には，アジア最南端の白人国として白豪主義を掲げ，国民精神を結像させる象徴をアジア以外に求めようとした病理が潜んでいた．第2次大戦後，イギリス系やアイルランド系以外の移民が増え始めると，アンザックのように戦う，という威勢のよさは過去のものとなり，ベトナム反戦運動が高まった1960年代には，一時アンザック・デーの存廃についてさえも議論された．この頃発表されたアラン・シーモアの戯曲《一年のこの一日》(1960)では，アンザック・デーが人生に挫折したイギリス系・アイルランド系白人の不満のはけ口になってきたありさまが詳しく描かれている．1970年代以降，アン

ザック・デーに参加する人々が再び増え始め、現在に至るまで、オーストラリアにおけるナショナリズム高揚の中心的な役割を担ってきている。 ⇨**ナショナリズム**

越智 道雄＋村上 雄一

アンザック・デー |ANZAC Day

オーストラリア、ニュージーランドなどの記念日。オーストラリアでは全国各地のRSL（退役軍人連盟）が主催して、各地の戦争記念碑前での夜明けの礼拝、退役軍人のパレードが行われる。午前中は国旗が半旗掲揚で、国立戦争記念館では連邦総督、政府および野党代表、豪軍司令官、関係各国要人などが参列して、大規模な追悼式典が開催されている。また、昨今では先住民の戦死者の顕彰も行われており、国立戦争記念館の裏にある記念碑前では、別個に追悼式が行われている。なおRSLは1916年に発足した復員兵連盟 Returned Sailors and Soldiers Imperial League of Australia を前身とし、各州に組織を拡大し、65年には Returned Services League of Australia (RSL) に名称が変更された。当時入会資格は復員兵に限られていたが、その後軍に兵士として所属した経験があれば可能となり、かつ女性の入会も認めるようになって、1990年に現在の退役軍人連盟 Returned and Services League of Australia Limited となった。

1915年4月25日未明、′ANZAC軍は英・仏軍とともに、トルコのダーダネルス海峡の入り口のガリポリ半島への上陸作戦を決行した。豪軍は約6万人を派兵したが、撤退までの8ヵ月間に2万8000人もの死傷者を出して作戦は失敗に終わった。翌16年に上陸作戦決行日はアンザック・デーと命名され、帰還兵のパレードを含むさまざまな行事が行われた。当初は、戦死者を追悼するとともに、戦闘が続く中で愛国心を高揚させ、志願兵を募る機会として利用された。夜明けの礼拝は27年にシドニーの記念碑前で行われたのが最初である。第2次世界大戦後は、過去のすべての戦争での豪軍の戦死者を追悼するため、国内外の戦争記念碑や戦没者墓地で式典が行われるようになった。1970年代から80年代前半は、ベトナム戦争批判を反映してその存在意義が議論されたが、今日では多くの若者や子供たちの参加もみられ、年々参加者数が増えて国民的行事となっている。日本では、保土ヶ谷にある英連邦軍戦没者墓地内の豪軍墓地とNZ軍墓地で、豪・NZ大使が交互に主催して毎年追悼式が開催されている。なお、オーストラリアでは州毎に祝日が制定されているが、アンザック・デーは全国共通の4つの祝日の1つ(他はオーストラリア・デー、クリスマス、元日)である。

鎌田 真弓

アンティポディーズ[諸島]
Antipodes Islands

ニュージーランド南島から南東に820kmに位置し、アンティポティーズ(対蹠点)の島名が示すように、イギリス(グリニッジ天文台)からみて地球の反対側の地点にあたる。無人島であるが、シュレーダーペンギンやイワトビペンギンなど貴重な鳥類や昆虫が生息している。そのため、周辺のスネアーズ諸島・バウンティ諸島・オークランド諸島・キャンベル諸島とともに〈ニュージーランド亜南極諸島〉として、1998年に世界遺産(自然遺産)に登録された。

菊地 俊夫

アーン・マレイじけん |アーン・マレイ事件|The Ern Malley Hoax

架空の詩人の作品が引き起こした文学事件。1944年、シドニー大出身の保守派詩人J.マコーリーとH.スチュワートは、急逝した無名の労働者詩人アーン・マレイの遺稿と称する詩17篇を《暗くなりゆく黄道》という総題のもとにでっちあげ、オーストラリアのモダニズム運動の中心であったアデレードの《怒れるペンギンたち》誌に送りつけた。編集者M.ハリスは一読驚嘆して全篇を掲載するが、すぐに新聞紙上でマレイは存在しないことが明らかにされた。その後マレイ作品を猥褻文書とする裁判にハリスが出廷するなど、繰り返し全国規模のニュースとなり、オーストラリア文学史上最大のスキャンダルとなる。今日では文学作品としての評価も高く、コラージュの手法が駆使され、シュールリアリズム的な無意識の探求を読み込むことが可能なマレイの詩は、真にモダニズム的価値のある唯一のオーストラリア詩としてオーストラリア現代詩の原点とされることもある。近年のアンソロジ

● 石手斧

砥石でていねいに磨きあげてつくる。ニューギニア島。

ーにはしばしばマレイが現実の詩人と同列に主要詩人として掲載され，P.ケアリーによる長編小説《偽ものである我が人生》(2004)のモデルとなるなど大きな影響力をもつに至っている。　　　　　　　　　湊 圭史

いしきね｜石杵

オセアニア諸島民の主食であるタロイモやパン果を搗きつぶす手杵で，おもに石製，サンゴ石灰岩製であるが，まれにシャコガイ製のものもある。ポイを作るのに使われることから，ポイ・パウンダーとも呼ばれる。東部ポリネシアと中央および東部ミクロネシアに分布し，凸レンズ状底面を共通の特徴とし，握りの頭部の形態には地域差がみられる。ハワイでは調理したタロイモをつぶしてペースト状にしたものをポイと呼び，石杵はポイを作るのにもっぱら使われる。これに対しマルキーズやタヒチ，中央ミクロネシアでは，調理したあとの発酵パン果を軟らかいペースト状にする際に，裾の大きく広がったポイ・パウンダーを用いる。重さは約500gの軽いものから4kgもあるものまであり，男性が使う場合がほとんどである。考古学的には，底面の大きいものは比較的後期に使われだしたことがわかっており，マルキーズでは紀元後14世紀以後使われだした。それ以前のパウンダーは，裾の広がりが狭く円筒状に近いものが使われていた。　　　　　　　　印東 道子

いしちょうな｜石手斧

日本考古学では石製切断具は両刃も片刃もともに石斧と呼んでいるが，オセアニア考古学では一般に前者を石斧 stone axe，後者を石手斧 stone adze と区別している。オセアニアには石斧はほとんどなく，磨製石手斧が普通である。

ラピタ文化に伴う石手斧は，断面が楕円形，平凸形，方形，レンズ状であるが側面が平らになっているもの，などである。最後のタイプの石手斧はニューギニアからフィジーまで分布している。このタイプの石手斧とレンズ状および楕円形の石手斧は，トンガ，フィジーなどでは3000年の歴史がある。これらのタイプの石手斧は，トンガは別にしてポリネシアに入ると消滅する。つまり，サモアでは断面が正方形と平凸形のタイプのみ残存して，その他のタイプは消滅する。しかし，サモアではこれに代わって《ポリネシアの三角形石手斧》が新たに登場する。サモアで石手斧が形態的変化を生じるのは，ここから石材が安山岩から玄武岩になるからである。このように石手斧の形態は石材の種類および製作技法に左右されることがある。

ハワイの後期の石手斧は断面が正方形や長方形の有柄石手斧で代表されるが，初期のものは断面が平凸形，台形，逆三角形で，形態的にはマルキーズやソシエテのものと同じである。後期になると断面が正方形や長方形という単一の形態になるのは，石手斧製作の専門家の出現と関係があるとの説もある。しかし，ニュージーランドにおける後期の石手斧の形態的単一化は，機能的変化によるといわれている。

ミクロネシアではマリアナ諸島を除き石手斧はほとんど使用されず，もっぱらシャコガイ手斧が盛んに製作されていたことは，ここの先史文化がサンゴ礁島的色彩の強いものであったことを示唆している。　高山 純

いしひみ｜石干見

サンゴ礁海域の浅瀬，すなわち礁原やラグーン(礁湖)内に，サンゴ石灰岩や岩石を積み上げて造成した囲い状の建造物。原理的には，潮汐の干満現象や日周期リズムに応じて移動するサンゴ礁魚類を捕獲するための石積みであり，定置漁具の一種である。構造物の形状は，矢印形，馬蹄形，T字形などを基本型とし，さらに複雑な構造のものもある。いずれも，満潮時には冠水し，干潮時には最奥部の少し深い部分を除いて空気中に露出する。魚は干潮時に最奥部や水たまりにひそんでいるところを捕獲され

る。その際、大型の筌、小型のたも網やすくい網、やすなどが補助として用いられる。オセアニア各地に広く分布し、最大規模のものがトレス海峡諸島に残存する。波浪で破壊されやすく、不断の修復が必要である。ハワイ諸島では、石干見の原理を応用した池でボラやサバヒーの養殖が行われてきた。石干見にはふつう所有権が設定される。
秋道 智彌

イースター[島] | Easter Island

南太平洋、ポリネシア東端にある島。南緯27°08′、西経109°26′に位置する絶海の孤島である。1722年、オランダ人 "ロッヘフェーンが復活祭の日に発見したことにより命名された。70年スペイン領とされ、1888年以来チリ領となった。チリにおいてはスペイン語でパスクア Pascua 島、ポリネシア系の島民はラパヌイ Rapa Nui 島とよぶ。植生にとぼしい火山島で、草原が卓越している。面積約120km²。人口3791(2002)のうち在来の島民が約6割、ヨーロッパ系ないし混血のチリ人が約4割である。人口のほとんどは、唯一の町であるハンガロア Hanga Roa に居住する。サンチアゴおよびタヒチとは定期航空便によって結ばれている。全島がチリの国立公園に指定されており、島の収入の第1位は観光収益で、第2位が牧羊業である。

[**島民の原郷**] 観光客を引きつけている巨石像や石造の祭壇等の遺跡は、南米から移住した先住民が建造したとする "ヘイエルダールらの説もあるが、現在の学界では否定されている。島民の祖先たちの言語、文化、社会組織、栽培作物などは、他のポリネシア人と共通するものである。考古学的調査によると、マルキーズ諸島方面からピトケアン諸島を経由して移住してきたポリネシア人が島民の祖先と考えられる。植民の年代は、従来4〜5世紀頃とされてきたが、近年の放射性炭素年代測定によれば、11〜12世紀だという。伝説によれば、ホッマッアという名の首長に率いられて、作物を積みこんだ船で移住してきたとされる。伝統的栽培作物のおもなものは、タロイモ、ヤムイモ、サツマイモ、インドクワズイモ、サトウキビ、バナナであり、飼養する動物は

● イースター[島]

モアイ。製造地から建立地までモアイは自ら歩いたと伝えられる。

鶏だけであった。サツマイモの存在は、ポリネシア人が島々と南米との間を往復航海した証拠として考えられている。他のポリネシア社会と同様、貴族、神官、戦士、召使と農夫の4階級からなる階層社会が成立し、ホッマァアの血統を引く貴族階級が村々の首長であり、その上に王がいたといわれる。伝承を信用すれば、王は "タブーや "マナに守られた神聖王としての性格が強い。

[**モアイから鳥人へ**] "アフとよばれる石造の祭壇遺跡が約300発見されている。アフは中央および東ポリネシアで "マラエとよばれる長方形に石を配置した儀礼用の祭壇に起源するものと考えられる。11〜12世紀になるとモアイとよばれる石像が島内各地で作製されるようになる。モアイは、マラエの上に置かれた木製の祖先像を石でつくるようになったものと考えられる。11世紀になると、ラノ・ララク火口壁の凝灰岩を玄武岩製の打製握斧で彫刻した高さ5〜7mの巨大なモアイがつくられる。モアイは製造地から、遠いときには十数kmの距離を運搬され、アフの上に、ときには数体が建立され、モアイの頭部にはプカオとよばれる火山岩製の帽子状のものがのせられた。

モアイが盛んにつくられた12〜15世紀に

は，島の人口は1万人前後に達したものと推定されている。16〜17世紀になると，過剰人口のため自然生態系が破壊され，森林の消滅にともなう土壌流出などに原因する食糧不足がおこり，村ごとの内戦が繰り返されるようになり，モアイの製作は中止され，敵の村のモアイを引き倒すことが行われた。内戦期に実力をもつようになった戦士の階級は，貴族階級の祖先像であるモアイの崇拝にかえて，鳥の頭と人間の胴体をもち，島の最高神であるマケマケ神の化身であるとされる鳥人の信仰にともなう儀礼を行うようになった(•鳥人カルト)。鳥人儀礼の中心地オロンゴ岬には，鳥人を岩に刻線で彫刻したもの，儀礼用家屋などの遺跡が残されている。鳥人儀礼にともなう呪文を木版に刻んだ絵文字ロンゴロンゴが製作されたが，この文字は未解読である。

内戦期に人口の減少が始まったが，その後白人と接触，島民はペルーのリン鉱石採掘のための奴隷狩りの対象とされたり，天然痘や肺結核が蔓延したりして，人口は激減し，1877年には最低の111人になった。その結果文化の伝承が絶え，この島が謎の文化の地とされるようになったのである。現在の島民は，白人，タヒチ島民，中国人などとの混血がほとんどで，純粋のポリネシア人はほとんどいない。

石毛 直道＋飯高 伸五

イースト・ウェスト・センター
East-West Center

1960年にアメリカ議会によって設置された非営利の教育・研究機関。ハワイ州ホノルルのマノアにある州立ハワイ大学キャンパスの隣接地に本部事務局がある。設立目的は，共同の研究・調査等を通じて，イースト(東)＝アジア・太平洋と，ウェスト(西)＝アメリカとの相互理解と協力関係を促進することである。この目的を達成するために，文化・交流，人口，環境・政策，資源・システムの四つの研究所が設置されており，そのほかに特別な研究組織としてく太平洋諸島開発プログラム(PIDP)〉が設けられている。財源はアメリカ連邦政府の年次予算によって賄われているが，それ以外にアジア太平洋諸国からの資金援助，および私的な財団，企業，個人等からの資金援助もある。守備範囲とする地域は，イラン以東アメリカまでのアジア・太平洋地域である。

矢崎 幸生

イヌ｜犬

オセアニアの犬は2種類に大別される。オーストラリアに生息する•ディンゴと呼ばれる野犬と，オセアニア諸島民の飼う家犬とである。ディンゴがいつごろオーストラリアに渡ったかは明らかでないが，先住民がアジアから渡ったときに家畜として連れてきたものが，のちに野生化したと考えられている。約9000年前にはディンゴがオーストラリアに渡っていたとする説もあるが，確実な出土例は約3000年前のものである。

オセアニアの島々の犬は，小型で長い胴部と短い足をもち，立った耳ととがった鼻をもっていた。東南アジアに生息するパーリア犬 Canis familiaris をその祖とする説が一般的である。原始犬に共通した特徴で低くうなるだけであったが，ヨーロッパ人が持ち込んだ犬からすぐにほえることを学んだ。これらの犬はニューギニア高地の野生化した犬($C. hallstromi$)を除いてすべて家畜犬であったが，狩猟用に用いられたのはニュージーランドにおいてのみであった。他の島々では主として葬礼や結婚などの饗宴に関連して供犠され，食用に供された。歯や骨は装身具や•釣針等を作るのに用いられ，毛皮はニュージーランドでマント様の外套の材料とされた。他方，ハワイやソシエテなどポリネシアの島々では，犬が女性のペットとしてその母乳で育てられることもあり，その場合は食されずに人間と同様に埋葬される。一般には犬は豚と同様にタロイモやパンの実，ココナッツ等の植物食を与えられる。例外としてトゥアモトゥの犬は自分で魚を礁湖で捕って食べる。

イースター島やニューカレドニア，サンタクルーズには犬が存在しなかったが，発掘調査によってマルキーズやトンガ，ニューヘブリデス，マリアナ諸島，ヌクオロ環礁などでは，かつて犬が飼われた時期があることが明らかになっている。環礁などの限られた自然環境では人間との共存が難しくて，生存が途絶えたことが考えられている。

印東 道子

●移民
1840年代の移民船のなかの様子．

イヒマエラ｜Witi Ihimaera｜1944-
ニュージーランドを代表するマオリ作家．北島ギズボーン出身．8人兄弟の長子．ビクトリア大学卒業後，1972年に外務省に入省．キャンベラ，ニューヨーク，ワシントン勤務を経て，90年よりオークランド大学英文学部で教鞭をとる．短編集《ポウナム，ポウナム》(1972)は，マオリ作家により初めて出版された本であり，それまで白人作家に独占されてきたニュージーランドの文壇に新風を吹き込んだ．東海岸の小村ワイトゥヒを舞台にした《タンギ(葬儀)》(1973)，《ファナウ(家族)》(1974)に描出されたアロハ(愛)が息づくマオリ・コミュニティの暖かさは多くの読者の共感を得たが，イヒマエラ自身が盲目的な伝統回帰ではなく，時代に即した新たな伝統の創造を模索していることは，マオリの伝統的な家父長制社会を批判した《クジラの島の少女》(1987，映画化2003)からも明らかである．《女族長》(1986)ではマオリの視点からオーストラリア史を捉えなおして，白人中心主義の歴史観に異を唱え，《叔父の物語》(2000)では同性愛嫌悪を批判し，《人間の縄》(2005)では多文化共生のモデルを提示した．2006年にはニュージーランド大使館の招聘で来日し，東京，大阪，弘前で講演を行った．　　澤田 真一

いみん｜移民
前半でプランテーションなどにおける労働力としての主としてアジア系移民の問題をとりあげ，後半ではイギリス系の移民国家として出発し，現在では多民族国家となっているオーストラリアについて言及する．

［労働力としての移民］　オセアニア地域への近代移民は，ヨーロッパ人の進出，プランテーション経営に伴って始まった．▶サトウキビ(甘蔗)耕作をはじめとする各種の産業は，原住民以外に大量の労働力を必要とし，それに応じて，中国人や日本人，インド人などのアジア系移民が組織的に移住した．アジア系移民とは別に，廉価な労働力の供給先として太平洋諸島からの年季労働者の徴集(奴隷的な労働者としての原住民の徴集．▶ブラックバーディングと呼ばれる)が行われた．

ヨーロッパ人やアジア人が大量に移入したオーストラリアやニュージーランドはもとより，フィジーのサトウキビ耕作地へのインド人移民や，ハワイのサトウキビ耕作地への中国人，日本人，フィリピン人移民にみられるように，アジア人はオセアニアの各地に大量に移住した．アジア系移民のなかで最初の組織的移民がみられるのは中国人移民で，オーストラリアへは，1851年にビクトリア州で金鉱が発見されるとその数は急増した．島嶼地域への中国人移民は，52年のハワイへのサトウキビ耕作労働移民の約300人をはじめとして，65年にタヒチ島へ綿花栽培労働者として最初の1016人が，89年にはドイツ領ニューギニアに，1902年にはドイツ領サモアに農園労働者としてそれぞれ移民した．農業労働移民以外にも，リン鉱石採掘労働者として06年ナウル島に，20年オーシャン島に中国人移民が移住した．

日本人移民とオセアニア地域とのかかわ

りは,1868年(明治元年)ハワイ元年者移民に始まる。日本人153人が駐日ハワイ総領事ユージーン・バン・リードの斡旋で,契約期間3年のサトウキビ耕作出稼ぎ移民としてハワイ王国に移民した。サトウキビ耕作地での過酷な労働に,翌69年に上野景範移民召還使節がハワイに派遣され,42人の召還と残留者の待遇改善がはかられた。元年者に先立ってグアム島へ出稼ぎ人42人が移住したが,失敗に終わっている。日本人の海外集団移民が本格化するのは85年に始まるハワイ官約移民の実現以後のことである。官約移民は,日本とハワイ王国との間で締結された〈日本人移民ハワイ渡航約定書〉および〈日布渡航条約〉にもとづく政府間取決めによってハワイに渡航した移民で,85年から94年の間に,26回にわたって2万2069人が移民した。官約移民廃止後は,民間の移民会社による私約移民(契約移民)時代を迎え,アメリカのハワイ併合に伴うアメリカ移民法の適用で,契約移民が禁止される1900年までに4万208人が移民した。ハワイ契約移民の取扱いでは,移民大手5社(森岡真,海外渡航株式会社,熊本移民合資会社,日本移民合資会社,東京移民合資会社)が圧倒的優位を占めた。1900年の契約移民禁止以後は自由移民時代に入り,08年に新規移民を禁止する日米紳士協約が締結されるまでに6万8326人が自由移民としてハワイに移住した。新規の移民が禁止されてからは,写真花嫁や家族の呼寄せ移民時代となり,24年の移民排斥法施行までに6万2277人が移住した。

オーストラリアへの日本人移民は,1883年にトレス海峡の*真珠貝採取人として37人が木曜島に送られたのが始まりである。88年にはクイーンズランドのサトウキビ耕作者として100人が渡ったが,移民会社による組織的なものとしては,92年日本吉佐移民会社の手による試験的な50人を皮切りに,計13回にわたって2101人がクイーンズランドのサトウキビ耕作地に契約移民として移住した。

ハワイ以外の島嶼地域へは,1892年ニューカレドニアにニッケル鉱山の労働者として最初の日本人600人が送り出された。94年にはフィジー諸島に305人がサトウキビ耕作者として渡ったが,赤痢や脚気,熱病のため悲惨な結果に終わり,第2回以降の移民は実現しなかった。

華僑(中国人移民)と並んでアジアの大規模な移民として知られるインド人移民(印僑)は,19世紀以降イギリスのインド支配とともに飛躍的に増加した。近代西欧諸国の植民地開発,プランテーション経営,奴隷制の廃止に,年季契約移民の供給源として,インド人移民は大きな役割を果たした。インド政府は移民を奨励するとともに,その一方で移民の利益保護にも努め,弊害の多い年季契約移民制度を廃止した。インド系移民の多い地域では,移民の出身地・言語・宗教・カーストの違いによって移民先でのコミュニティの形成に差異がみられ,インド人移民社会の特色となっている。

*フィジーへのインド人移民は,1879年イギリス人経営のサトウキビ農園に5年契約の年季契約労働者として移民した463人(488人など人数に異説)に始まる。1879年から1916年までに移民した累計は6万人を超えるとされる。だがその中には,年季契約労働者以外の自由移民も混じっていたので,フィジーに住む現在のインド系住民を一概に年季契約労働者の子孫だというわけにもいかない。フィジーが独立した1970年当時,インド人の割合は総人口約70万人の51%,さらに,経済的にも先住フィジー人に対して圧倒的な優位性を保っていた。これが南太平洋の〈小インド〉と呼ばれる所以である。だが,この移民インド人の子孫が優位を占める社会が独立後の政治的不安要因となって,87年にインド系優位の政権が誕生した直後に軍事クーデタを引き起こすことになる。この事件が最大の切っ掛けとなり,インド人の富裕層やインテリ階層によるカナダやオーストラリアへの移住が急増した。インド人の海外移住願望は今も続いており,結果としてインド人とフィジー人の人口割合は44%と51%(2008)に逆転し,先住フィジー人優位の社会が出現した。　島岡宏+小林泉

[**多民族国家オーストラリア**] オーストラリアは,建国そのものがイギリス本国からの囚人移送によって成立した移民国家である。以来,経済発展,安全保障など,国の生存

権すべてがこの基本的事実に根ざしている。その結果、4万年前からオーストラリアに住みついていたといわれる先住民族アボリジニが先祖伝来の土地を奪われ、白人優越主義のもと同化政策の波に飲み込まれ、歴史から取り残されてしまったという事実にも十分配慮しなければならない。

1788-1830年のオーストラリアへの移民総数は7万7000人、うち6万3000人が囚人によって構成されていた。入植初期の自由移民はごく限られていたが、土地の無償供与制度の導入、渡航費補助という二本柱の優遇策が確立されたため、自由移民が軌道にのりはじめた。1830年代には強制移住者44％に対して自由移民の比率が56％と過半数を超え、40年には70％に達した。続いて、バサースト、バララトにおける金の発見(1851)がゴールドラッシュによる大量移民を誘発した。51年から10年間に全世界から60万人に及ぶ移民が殺到している。民族構成は圧倒的にイギリス人が多かったが、それでもアイルランド人が4分の1、スコットランド人が7分の1を占めていた。サウスオーストラリアには1850年までに1万人に及ぶドイツの自由移民が入植し、これが現在のバロッサ渓谷におけるオーストラリア・ワイン醸造業の創立につながる。

国としての統一ある移民政策が確立したのは、連邦制が発足した1901年以降である。それ以前は各植民地がそれぞれの経済的理由で独自の移民誘致を実施していた。ただ、いずれの植民地においても共通していえることは、次のような暗黙の了解をしていたことである。一つは、〈イギリス人を中心とした新しいイギリス〉という基本方針である。したがってアイルランド人、スコットランド人の構成比率もまた、イギリス本国のそれを踏襲していた。第2には、自己資金をもち農業に従事する移民を優先的に迎え入れることがオーストラリアの経済的自立を打ち立てる最善の道であると信じていたことである。しかし建前はどうであれ、移民の大半はイギリスの大都市からの移住者であった。その結果、彼らはオーストラリアの都会に定着し、都会向け労働力を提供することとなった。

1901年の連邦制発足当時の調査によれば、総人口377万、うち77％はオーストラリア生れである。非ヨーロッパ系民族としては、特殊な職場の労働力源として、南太平洋のカナカ族、アフガニスタン人、インド人などが局地的に流入してきている。中国人はゴールドラッシュを契機にかなりの数が流入した(当時で3万人弱と推定される)。アフガニスタン人は、大陸内部を横断する交通網のエースとしてラクダの導入が図られ、その操作、扱いに慣れているという理由で雇用された。カナカ族は、クイーンズランド州のプランテーションにおける労働力の主要な供給源であった。しかし、彼らはヨーロッパ人とまったく違う生活態度、風習をもち、ヨーロッパ人と同化せず、またときに勤勉あるいは怠惰という理由で疎外されはじめた。こうした白人側の不満あるいは差別化が背景となり、連邦制発足とともに非白人を対象とした移民制限法が発効した(いわゆる白豪主義政策)。以来、72年のウィットラム首相による移民差別撤廃宣言まで、これがこの国の基本方針となった。

その間、世界的な民族自立運動の高まりとともに、実態はともかく表面的には何度か移民制限法は緩和されてきた。ことに1920年から30年にかけての地中海沿岸、南ヨーロッパからの移民の積極的受入れは、のちの多文化主義をはぐくむ源流となった。オーストラリア政府はカラブリア、シチリア、カタロニア、ベネチアなどを中心にイタリア人、ギリシア人に移民を奨励し、彼らはメルボルン、シドニーといった大都市の郊外に定着した。同時に、同郷、血縁を頼って一定の地域に集中する(チェーン・マイグレーション)彼らの傾向がエスニック社会を構成する契機となった。

第2次世界大戦は、あらためてオーストラリアの国家安全保障上の脆弱性を認識させることとなった。とくに日本の拡張・南進政策は日本に対する脅威を増幅させ、国防上の見地から人口を急増させる政策が採用された。〈2％コンセプト〉のモットーのもと、出生による自然増1％、移民による人口増1％が合言葉となった。同時に、第2次大戦は世界各地に新しい政治・経済秩序の波

コラム オーストラリアの移民受け入れ論争

1980年代以降，オーストラリア政府が多文化主義政策を本格的に導入する一方で，それに対する反動的な動き，いわゆるホワイト・バックラッシュが移民受け入れ論争という形で表面化するようになった。

メルボルン大学の歴史学部教授のジェフリー・ブレイニーは，1984年，講演やメディアを通じてアジア系移民受け入れの制限と多文化主義の見直しを求める発言を行い，国内に大論争を巻き起こした。その後も，88年に当時のジョン・ハワード自由党党首がアジア系移民の抑制措置を求める発言を行い，全国的な論争へと発展している。また，クイーンズランド郊外でファストフード店を営んでいたポーリン・ハンソンは，96年の連邦議会選挙に立候補し，多文化主義や先住民族政策に異を唱え，とくに低所得者層からの支持を得て勝利を収めた。初の議会演説でも，アジア系移民の受け入れや先住民保護政策に反対する主張を展開し，それに関してハワード首相が賛同するかのような主旨の発言をしたことがきっかけで，議会の内外で移民論争が盛んになった。

なお，ハンソンは，97年にワン・ネーション党を立ち上げて活動を全国規模へ拡大することを試みるが，党内不和や行き過ぎた主張が国内外の世論の批判を浴び，自らも98年の選挙で落選し，いわゆるハンソン論争といわれた反アジア的な人種差別論議は沈静化した。

永野 隆行

をもたらし，多くの国で革命，動乱が発生した。そのため多くの政治的*難民が生まれ，オーストラリア政府は人道的見地から難民救助計画を積極的に推進，1947年から51年にかけて50万人に及ぶ移民を受け入れた。

1972年ウィットラム労働党政権が誕生するや，国籍や出身地，人種，宗教などによる移民制限，国籍取得上の差別が相次いで撤廃された。ウィットラムを引き継いだフレーザー自由党政権はさらに一歩踏み込み，インドシナ難民の積極的受入れ，南アフリカ共和国のアパルトヘイト政策に対する公然の非難といった前向き姿勢に転じた。移民政策を包括的に見直した〈ガリバー勧告〉を78年に採択したことで，オーストラリアはその長い伝統的かつ差別的な移民政策を切り捨て，初めてより統合的・包括的な多文化主義に向けて歩み出したといえよう。第2次大戦後から現在まで，約200ヵ国から約700万人の移民（約70万人の難民を含む）が到着しており，彼らはそれ以前の移民に比して〈新しいオーストラリア人〉と呼ばれる。移民政策ならびに移民申請基準もすべて明文化され，移民不許可となった者には再審制度の道が開かれるようになった。

この決定に至るまでには，人種差別に対する国際世論の高まり，第2次大戦後長く続いた東西対立関係の崩壊，防衛に対する国民意識の変化，アジア NIES 諸国の目ざましい経済発展，それに比較してのオーストラリアの経済的地位の低下・立遅れ，各エスニック集団の経済的地位の強化とそれに伴う発言力の強化など，国内外のもろもろの要因が作用している。

移民プログラムは技能移民 skilled と家族移民 family からなり，計画的に受け入れ枠が設定される。近年の特徴としては，移民のオーストラリア経済への貢献度が一層重視されるなか，技能移民が奨励される一方で，家族移民の条件がより厳しくなっている。そのため，1997年以降，技能移民と家族移民の数が逆転し，前者が後者を大きく上回るようになっている。また，これまでの移民政策は基本的に永住を前提とされていたのに対して，最近では短期での外国人労働者受け入れ枠も登場している。

技能移民はいくつかのカテゴリーに細分化され，教育や技能，ビジネス上の業績や資産などを審査し，オーストラリアの国益

に資する期待度の高い人材や必要とされる技能を有する人材の確保が最優先される。カテゴリーによっては、ポイント・システムが採用されている。これは、英語力やオーストラリアにおける教育歴、職業経験、年齢、さらには配偶者の能力などの項目ごとに点数を設定し、それらの総合点が一定の基準を超える人材を優先的に受け入れるためのしくみである。家族移民の方は、オーストラリアに居住する血縁関係者がスポンサーとなることが前提とされ、移民希望者が高齢である場合などは、移住後2年間に公的なあらゆる社会保障サービスを受けないという確約の保証がスポンサーに課される。

2008年度に受け入れた移住者総数(難民と、移民プログラムの枠外で入国が可能なニュージーランド人を含む)は約15万8000人で、出身国は多い順に、ニュージーランド(約16%)、イギリス(約14%)、インド(約11%)、中国(約10%)と続く。このうち技能移民は7万人弱、家族移民は4万人強となっており、両カテゴリーとも半数以上が、かつての白豪主義時代に移住を拒否されたアジア系で占められている。　　　　　　　　　　　堀 武昭+飯笹 佐代子

いれずみ|入墨

入墨を意味する英語 tatoo がタヒチ語に由来するように、ポリネシア人の入墨は古くから有名であった。皮膚の色が黒いメラネシア人があまり入墨をしないのに対し、彼らより明るい皮膚をしたポリネシア人とミクロネシア人は盛んにこれを行った。入墨用の器具も方法もマオリを除けばどこでもだいたい同じであった。顔料は煤や木炭を水で墨汁のように薄めて作った。入墨用器具は、木製の柄に先端をとがらせた人骨や鳥骨や亀の甲羅を櫛のような形にして取り付けたくのみ(鑿)のようなものである。しかし、マオリは先端が櫛状でなく刃のようになったのみを使用したので、入墨の方法は突き刺すのではなく切り裂く方法であった。入墨は非常な苦痛が伴い、傷が癒えないで死ぬこともあった。ポリネシアで入墨を最も盛んに行ったのはマルキーズ人で、体全体が真っ黒に見えるほどであった。マーシャル諸島民の場合と同じように、ここ

●入墨
入墨を施したマオリの首長ホンギ・ヒカ(1777ころ-1828)。

でも酋長は平民より精巧な入墨をしたのであるが、酋長も平民も戦闘で味方の目印用に種族の文様を入墨した。しかし女性は結婚前に右手にするだけであった。

フィジーでは入墨がないと死後あの世で罰せられると女性のみが入墨をしたが、トンガとサモアでは男性だけが行った。

なお、ラピタ式土器の施文の仕方や文様などからみて、オセアニアの入墨は3000年の歴史があると推定されている。　高山 純

いわたよしお|岩田喜雄
1889-1984(明治22-昭和59)

社団法人日本ミクロネシア協会の設立者。千葉県流山市出身。京華中学、千葉県立園芸専門学校(現千葉大農学部)卒。戦前は一貫してインドネシア、マレーシア、ミクロネシアで南方農業開発事業に従事した。1918年にドイツ領ミクロネシアを占領した日本軍の要請で、約700人の労働者とともにポンペイ、コスラエに渡り、熱帯農業の開発調査を手がけ、各島に熱帯植物研究所を設立するなど、島の農業基盤を整備した。第2次大戦後は、昭和ゴム株式会社社長として財界活動を行う一方、吉田内閣の賠償審議会委員就任をきっかけに、国際協力事業団の前身であるアジア協会、アジア会館などを次々に創設し、日本の国際協力事業の基礎を築いた。74年に日本ミクロネシア協会を設立、76年にはニューカレドニアのヌーメアで開かれた南太平洋委員会年次総会に日本人で初めてオブザーバー出席して演

説するなど，戦後とだえていた日本と太平洋島嶼地域との交流に先鞭をつけた．
小林 泉

インバカーギル |Invercargill

ニュージーランド南島の最南端部にある都市．人口5万1300(2005)．サウスランド地方の中心都市で，食品加工，製材・木工，毛織物，機械などの工業がある．27km南にある南島最南端の町ブラフが外港で，冷凍肉・木材・羊毛を輸出している．1856年に▶ダニーディン同様スコットランド人によって開かれ，平坦な町並みに石造りのスコットランド風の歴史的建造物が残る．地元ではインバーゴとスコッティッシュ訛りで呼ばれる．▶スチュアート島への玄関口でもある．町の名は初代地方長官カーギルに由来する．埼玉県熊谷市と姉妹都市提携(1993)．
新井 正彦

ウィアー |Peter Weir|1944-

オーストラリア出身の映画監督．シドニー生れ．初期の代表作《ピクニック at ハンギングロック》(1975)は，白人が歴史的に抱いている奥地への畏怖に根ざしたく▶ブッシュでの神隠〉を描き，70年代オーストラリア映画のルネサンスを，荒々しいオッカー映画から芸術映画に転換させる役割を果たした．《誓い》(1981)は，80年代初頭の，自国の歴史や神話に材を求めたオーストラリア映画の代表的作品に位置づけられる．志願して▶ANZACグンプの一員となった二人の若いアスリートの運命を，反戦的なトーンで描いた．また，チャールズ・ショーベル監督の名作《四万の騎兵》(1940)から多くのイメージを借りていることも知られている．素材となる▶ガリポリの事件は，同時代の戦意高揚映画をのぞけば，オーストラリア映画で描かれることはほとんどなかったため，《誓い》は事実上初めて劇映画でこのオーストラリアの建国神話が描かれたことになる．

オーストラリア時代には他にザ・ラストウェーブ(1977)，《危険な年》(1982)などの佳作がある．アメリカに拠点を移してからは，《グリーン・カード》《トゥルーマン・ショー》などの作品を監督した．
佐和田 敬司

ウィットラム |Edward Gough Whitlam| 1916-

オーストラリアの政治家，首相(1972-75)．弁護士として活躍した後，1952年労働党連邦下院議員に当選．67年に党首となって党組織改革を断行し，72年 It's Time のスローガンの下23年ぶりに政権を恢復した．ベトナム撤退，徴兵廃止，中国承認など外交政策を転換し，国民健康保険制度，高等教育の無料化，無差別的移民政策・先住民への土地返還の開始，人種差別禁止法など社会民主主義的政策を実施した．関税の一律25％引き下げにより経済改革にも先鞭をつけ，首相在任は短いがその後に大きな影響を残す．上院で過半数に満たないことに苦しみ，74年は両院解散選挙と特別合同議会で乗り切ったが，石油危機による経済の悪化に加え閣僚のスキャンダルが続き，75年再び野党が上院で経常支出法案の採決を拒むく憲政危機〉が発生．11月11日カー総督に解任され，直後の両院解散選挙で大敗，77年にも再び大敗し，引退した．1975年のインドネシアによる東ティモールへの武力侵攻黙認が汚点となっている．
杉田 弘也

ウィリアムズ |John Williams|1796-1839

イギリスの宣教師．ロンドンに生まれる．1816年，▶ロンドン伝道協会の宣教師となり，翌年，南太平洋に派遣される．18年，ソシエテ諸島のフアヒネ島に礼拝所，学校を建て，砂糖栽培の技術を伝える．印刷所を作り，現地語の聖書，教科書を発行．22年，クック諸島，23年，ラロトンガ島を訪問．聖書の一部をラロトンガ語に訳す．30年，伝道船くメッセンジャー・オブ・ピース号〉に乗って，タヒチからトンガ，サモアを訪問．彼はくポリネシア人への使徒〉と呼ばれ，教育，工業，経済生活の向上に尽力した．著書である《伝道事業》には当時の貴重な民族学的情報が記されている．ニューヘブリデス諸島南部のエロマンガ島で，イギリス船員たちの残虐行為への報復として原住民に殺害された．
矢野 將

ウィリアムソン |David Williamson|1942-

オーストラリアの劇作家，映画脚本家．国内で最も興行的成功をもたらす作家という評価が定着している．メルボルンに生まれ，

メルボルン大学，モナッシュ大学で学んだ。1970年に小劇場ラ・ママに参加し，そこから派生したオーストラリアン・パフォーミング・グループ(APG)の主要な劇作家の一人となった。この時代の戯曲に，オーストラリア人の下品で粗野な類型を誇張した《ストークが来る》，《引っ越し屋》，《ドンのパーティ》などがある。1980年代以降になると，それ以前の小劇場的暴力性や猥雑さが消え，質の高い風習喜劇的要素が多くの観客の心を摑むようになった。1995年の代表作《デッド・ホワイト・メイルズ》では，シェイクスピアに対するジェンダー，ポストコロニアル批評が盛んな英文学研究の世界を笑いのめす。映画の脚本作品としては，《ストーク》，《北への旅》など自作戯曲の映画版，1980年代の《誓い》，《ファーラップ》，最も新しい《バリボー》(2009)など，話題作の多くを手がけている。

佐和田 敬司

ウィルソン｜Henry Wilson｜生没年不詳
イギリス東インド会社のアンテロープ号の船長。1783年8月10日，アンテロープ号はパラオ諸島コロール島付近で座礁し，ウィルソン一行は近くの無人島に一時上陸した。翌日コロール島からカヌーで現れた8人の男たちのなかに，漂流の末パラオに住みついたマレー語を話す者がおり，ウィルソン一行の言語学者と会話が成立したことから，両者は友好関係をもつに至った。当時パラオは各村が勢力争いをする群雄割拠の時代だった。折しも，北部諸島を掌握した▶アルクライ酋長は全諸島制覇に向けて南下しつつあった。そこで，コロールの酋長▶アイバドールはウィルソンに戦闘への加勢を要請し，その銃火器を使って大勝利した。ウィルソンらが船を修繕して島を去るとき，5挺のマスケット銃や火薬を残したため，コロールは諸島最大の勢力となった。後に他の村にも西洋人が入り，コロールの絶対優位は続かなかったが，ウィルソンの来島が契機で南のアイバドール，北のアルクライによる今日の二大酋長制が成立した。

小林 泉

ウィンティ｜Paias Wingti｜1950-
パプアニューギニアの政治家。1985-88年，1992-94年同国首相。ハイランド出身。パプアニューギニア大学で経済学と政治学を専攻。在学中から学生運動のリーダーとなり，77年に行われたパプアニューギニア独立後初の総選挙でパング党から立候補して当選する。82年から▶ソマレ内閣のもとで副首相を務めるが，85年パング党を離れ，他の支持議員とともに新政党の人民民主運動 People's Democratic Movement(PDM)を組織し，党首となった。▶チャン元首相の協力を得て，同年，ソマレ内閣不信任案を提出し，僅差でソマレ首相を退陣に追い込み，自ら首相となった。ウィンティ政権は当時34歳という若い首相の誕生とともに，パプアニューギニアにおける初のハイランド出身の首相という意味がある。88年に連立政権の話合いが決裂し，内閣不信任案が可決され，野党にまわっていたパング党の▶ナマリウ政権が誕生するとともに首相の座を降りた。その後，92年に再び首相の座に返り咲き，ブーゲンビル問題に対応したが，94年にチャン氏からその座を追われた。2007年の選挙では国会議員の職も失った。▶ブーゲンビル[島]

豊田 由貴夫

ウィントン｜Tim Winton｜1960-
オーストラリアの小説家。西オーストラリア工科専門学校(現カーティン大学)で創作を学ぶ。少年の原罪的意識とアイデンティティ模索を描いた最初の小説が1981年にオーストラリアン・ボーゲル文学賞を受賞，82年に《海を泳ぐもの》として出版され，以降作家としての地位を確立する。84年には《浅瀬》でマイルズフランクリン賞を受賞，その後92年にパースを舞台に2家族の戦後の生活を描いた《クラウド・ストリート》で二度目の，2002年に男女の精神的零落と再生を描いた《ダート・ミュージック》で三度目，09年には処女作に通じるテーマの《ブレス》で四度目の受賞を果たす。作品の多くが西オーストラリアの沿岸と町を背景にしており，作家自身もその文学と土地との確固とした結びつきを認めている。児童文学作品も多く《ロッキー・レナード》シリーズは2007年にテレビ化されている。海洋・沿岸の環境保護に熱心なことで知られ，2006年の《ブレティン》誌上で《100人の最も影響力のあるオーストラリア人》の一人に選ば

れている。　　　　　　　加藤めぐみ

ウエキ | Minoru Ueki | 1931-

現駐日パラオ共和国特命全権大使(2009~)。母はコロール島出身のパラオ人。父は愛知県出身のパラオへの初期移住者のひとりで，マラカル島で木材業などを営んでいたが，1937年に逝去。4人兄弟姉妹の2番目。日本人子弟が通学したコロール小学校に学び，42年パラオ中学校に入学。第2次世界大戦後の引き揚げ船で亡き父の同僚とともに日本に渡り，佐賀の伊万里で旧制中学2年に転入，卒業後の47年にパラオに帰還した。その後，グアム，フィジー，ハワイで医学の専門教育を受け，ミクロネシア各地で医者として勤務，73年にはハワイ大学で公衆衛生の修士号を取得した。政治家としてのキャリアも豊富で，1958年にコロール評議会評議員に選出，その2年後にパラオ地区評議会評議員に任命されたのを皮切りに，66年にパラオ地区議会議員，69年にミクロネシア議会議員，89年に第三期パラオ国会上院議員に選出された。パラオの未来政体検討委員会では副議長を務め，保健省大臣を務めた経験もある。パラオ観光業の創始者でもあり，1960年代には民間人で初めてホテル経営に着手，現在では観光会社とダイビングショップ合計2社のオーナー。パラオ観光協会理事長で，パラオ環境保全協会理事として環境保全意識の育成，持続可能な開発の必要性を提唱する。また，1960年代以来，日系人のアソシエーションであるパラオ・サクラ会の会長を務め，慰霊団の受入体制の整備，慰霊碑建立の援助などに尽力。コロール州ガルミズ地区とアイミリーキ州イムル地区の酋長称号を保持している。　　　　　　　飯高伸五

ウェーク［島］| Wake Island

ハワイとグアムのちょうど真ん中あたりに存在する孤島。北緯19°18′，東経166°35′。3つの小さな無人島からなる環礁で，陸地面積6.5km²。1568年のスペイン人航海者メンダーニャの報告によってヨーロッパに知れわたり，1796年に来航したイギリス人船長ウィリアム・ウェークの名にちなんで島名が付けられた。1899年にアメリカ領となり，その40年後には海軍・空軍の基地とされ，太平洋戦争中(1941年12月~45年9月)は大鳥島という名の日本領になった。大戦後は再びアメリカ領となり，1974年以降は米軍の緊急着陸地としても使用されたが，近隣諸島から移住する者はいなかった。2006年8月，台風12号(または国際名IOKE：イオケ)にともなって全空軍関係者らが避難した。暴風雨による被害が膨大であったため，9月に米空軍から災害復興隊が派遣され，08年7月時点，75人の隊員が空港整備や基本的機能の回復に従事している。　　長戸結未

ウェークフィールド |
Edward Gibbon Wakefield | 1796-1862

イギリスの経済学者で植民地政治家。1834年に南部オーストラリア植民のための協会を組織。次いで〈ニュージーランド会社〉をロンドンで組織，その経営にあたった。イギリス政府ははじめ協力を拒否したが，彼は39年独力で先住民から土地を購入し，〈トーリー号〉を派遣して植民者を送り込んだ。しかもフランスがこの島の領有を企てるに及んで，イギリス政府もこれをニューサウスウェールズ植民地の一部として公認した。49年，現地のカンタベリーに国教会を設立，54年にはニュージーランド総督の特別顧問となる。このような実践を踏まえて，近代的な植民理論を完成した彼は，さらにそこから独特の経済理論を展開した。とくに，植民地の経験から，賃金労働者がいなければ資本は資本として機能しないことなどを強調，また本国における資本主義の諸矛盾を植民地の拡大によって解決することを主張した。主著は《イギリスとアメリカ》(1833)。　　　　　川北稔

ウェスタンオーストラリア［州］|
Western Australia

オーストラリア西部の州。面積252万9900km²，人口205万9000(2006)。州都はパース。州の大半は砂漠あるいは半乾燥地帯で，年降水量500mm未満の土地が88%を占める。人口の83%が南西部のパースを中心とする狭い地域(州面積の1%)に集中し，州都だけで74%を占めている。他州に比べ最も鉱業に特化した州で，鉱業生産額は全国の47%(2003)を占める。とくに鉄鉱石(全国生産量の98%)，ボーキサイト(同68%)，天然ガス(同74%)など

の産出州として重要．鉄鉱石，天然ガスの主要産地は北西部の*ピルバラ地方，ボーキサイトは南西部のダーリング・レンジ地区である．鉱産物輸出を中心に日本との結びつきも強い．1829年に自由植民地として発足したが，50-68年に流刑植民地となった．90年に再び自治植民地となり，90年代のゴールドラッシュを経て，1901年の連邦結成により州となった．　　　　　　谷内 達

ウェスト|Morris Langlo West|1916-99
オーストラリアの読物作家．メルボルン郊外セントキルダ生れ．1934-39年ド・ラ・サール会系の学校で教鞭をとるが，入信を拒んで退職．空軍で暗号係，ヒューズ首相の秘書，ラジオ・プロダクション経営と職を変え，その間，筆名を変えながら小説を書く．処女作《ポケットの中の月》(1945)は信仰の挫折を扱った自伝的作品だったが，55年からおもにイタリアに住みつき，57年ナポリのスラムを活写したノンフィクション《太陽の子》で国際的脚光を浴びた．信仰を主題にした《悪魔の弁護士》(1959)で60年にハイネマン賞ほか三つの賞を獲得，国際作家としての地歩を築いた．以後オーストラリアにこだわらず，ベトナム戦争を背景とした《大使》(1965)，アラブ・イスラエル紛争を背景とする《バベルの塔》(1968)など，時局的主題をとり入れた作品を発表，それらが世界の動きを予言する形になり，それが評判を呼んで，ヒット作をとばし続けている．長くオーストリア，イタリア，イギリス，アメリカなどに住んだが，1980年に故国に帰り，全オーストラリア書籍審議会会長を引き受けるなど，離国に終止符を打った．その後もバチカン三部作の最終作《ラザラス》(1990)や政治経済小説《サーカスの演技主任》(1991)などの小説や戯曲を発表し続けた．遺作となった宗教小説《最後の告白》は2000年に編集の手を経て出版された．
　　　　　　　　　　　　越智 道雄＋加藤 めぐみ

ウェストミンスターけんしょう|ウェストミンスター憲章|Statute of Westminster
1931年イギリス本国と自治領との関係を規定した法律．自治領諸国は，第1次世界大戦中軍事協力を通して本国に対する地位を向上させ，両者の関係は植民地的従属関係から対等な立場で結合する連邦体制へと発展しつつあった．こうした変容を反映し，帝国会議は1926年に，〈本国と自治領はそれぞれ地位の平等な自治社会であり，王冠に対する共通の忠誠により自由に連合している〉と定義したバルフォア報告を採択し，30年には自治領総督を象徴的存在とする決議を行った．ウェストミンスター憲章は，これらの決定を翌31年イギリス議会が立法化したもので，イギリス連邦の根本を規定した．これにより，自治領(カナダ，オーストラリア，ニュージーランド，南アフリカ連邦，アイルランド自由国，ニューファンドランド)は，本国議会に対し完全な自主的立法権を獲得した．
　　　　　　　　　　　　　　　　池田 清

ウェズリーはでんどうだん|ウェズリー派伝道団
太平洋地域におけるメソディスト・ウェズリー派伝道団の布教はトンガに始まる．トンガは1797年*ロンドン伝道協会から派遣された数人の宣教師による布教が試みられたが，内戦などによって成功をみなかった．トンガから帰った宣教師の一人がオーストラリアで宣教の再開を熱心に要望したため，イギリスのウェズリー派はそれに応じて1822年一人の宣教師をトンガに派遣した．布教は困難を極めたが，26年以後強化され，カノクポル王家の数人がキリスト教を受け入れたことにより，しだいに地歩を築くことに成功した．そのうちの一人タウファアファウが後にトンガ全土を統一してトゥポウ1世となったことは，トンガにおけるウェズリー派の地位を確固たるものとした．宣教師の*ベーカーはトゥポウ1世の助言者として，トンガ王国の憲法の起草や近代的政府の樹立に貢献した．今日トンガ国民は熱心なキリスト教徒で，安息日は厳しく守られている．　　　　　　　　　青柳 真智子

ウェーパ|Weipa
オーストラリア，クイーンズランド州北部の鉱山町．人口3030(2006)．ヨーク岬半島北西岸に位置し，大規模なボーキサイト鉱床の開発に伴って1956年に建設された．いわゆるカンパニー・タウンで，住民の大部分が鉱業関係者で占められる．採掘されたボーキサイト(年産約1200万t)は，その大半が

同州の*グラッドストンの精錬所へ移出される。　　　　　　　　　　　　　谷内 達

ウェリントン | Wellington
ニュージーランドの首都で，同国第2の都市。人口37万3400(2007)。北島の最南端，クック海峡に臨むニコルソン湾に面する。クック海峡を渡る強風が吹きつけるため〈風の街ウェリントン Windy Wellington〉と呼ばれている。平均気温は最暖月(1月)16.9℃，最寒月(7月)8.9℃。年降水量は1249mm。ニコルソン湾西岸のウェリントン市，北岸のハットシティ(ロウアーハット)市，その北東のアッパーハット市，ウェリントン市の北のポリルア市の4市でウェリントン大都市圏を形成している。同国の地理的中心地に位置するため，1865年にオークランドから首都が移転されて以後，政治・文化の中心都市として発展。ウェリントン国際空港があり，シドニー，メルボルン，ブリズベーンなどの他，国内各都市と連絡。ウェリントン港はコンテナ・ターミナル(1971完成)をもつ同国第2の貿易港で，天然の良港として知られる。南島北端のピクトン港との間をフェリー連絡船が結んでいる。市内中心部には国会議事堂，南半球最大の木造建築である旧政府庁舎(1876建築)，ビクトリア大学(1897創設)，国立博物館テ・パパ，文学者キャサリン・マンスフィールド生家，この国唯一の路面ケーブルカーなどがある。マオリ神話では10世紀にポリネシア人クペがウェリントンを発見したと伝えられ，1773年ジェームズ・クック，1826年イギリス船が来航。39年ニュージーランド会社が入植地に選定し，40年から入植。市名は，入植事業の後援者名ウェリントン公爵に由来する。大阪府堺市と姉妹都市提携(1994)。
　　　　　　　　　　　　　　新井正彦

ウェント | Albert Wendt | 1939-
ドイツ系サモア人の作家，詩人，学者。西サモア生れ。オセアニアを題材とした文芸は，イギリスの*モームや*スティーブンソンらの作品が知られるが，1960年代に入ってオセアニアの作家による作品が誕生しはじめた。その代表的作家といわれるウェントは，ニュージーランドのビクトリア大学で学士，修士を取得。70年にサモアカレッジの校長に就任，同時に文筆活動を始める。72年の《Comes the revolution》に続いて，翌73年には最初の長編小説《Sons for Return Home》を発表(のちにニュージーランドで映画化)。74年から*南太平洋大学教授，76年から同大学西サモア分校校長。81年再び同大学本校へ戻り，88年からはニュージーランドのオークランド大学で教鞭を執った。99年からはハワイ大学客員教授。夫人はニュージーランド人。作品は，国外に住むサモア人の伝統の重圧に対する苦悩，変容するサモア社会と人々との関係など，今日的な問題を題材としているものが多い。ほかに《Leaves for the Bayan Tree》(1979)などがある。2001年には文学への貢献を称えられ，NZ の勲章である Companion of the Order of New Zealand を受章した。　大塚栄子＋西川圭輔

ウォーカー | Kathleen Jean Mary Walker →
ウジェルー

ウォガウォガ | Wagga Wagga
オーストラリア，ニューサウスウェールズ州南部の地方中心都市。人口5万5200(2006)。シドニーの西南西480km(道路距離)，マランビジー川左岸にある。アデレードへの道路，メルボルンへの鉄道が通る。東部の高地西斜面からリベリナ地方にかけては羊や小麦の集散地で，農業専門学校，農業試験場があり，軽工業が行われる。1849年開基。名称はカラスの鳴声を意味するアボリジニ語に由来する。　　　　　　　　　谷内 達

ウォリス[諸島] | Wallis Islands
南太平洋のフィジーの北東約400kmに位置するフランス領の諸島。フランス語ではワリー諸島 Îles Wallis。面積60km²の小火山島ウベアとこれを囲む19個の無人の小サンゴ礁島とからなる。人口9731(2008)。行政上は南西約200kmにあるフトゥナ，アロフィの両火山島(総面積94km²)と一体となっている。主都はウベア島東岸のマトゥウトゥ。住民はポリネシア人で，タロイモ，キャッサバ，バナナ，パンノキなどの自給農業を営み，現在すべてカトリック教徒である。最初のヨーロッパ人来航者は1767年のイギリス人サミュエル・ウォリスで，島名はこれにちなむ。1887年フランス保護領となり，1961年にフランス海外領土となった。　石川栄吉

ウォリス｜Samuel Wallis｜1728-95

イギリスの海軍軍人，世界周航者．▶バイロンの航海の後，古代ギリシア人の空想したく南方大陸〉と太平洋の南緯20°付近の陸地を探検調査．1766年，ウォリス指揮のもとドルフィン号はスワロー号を伴いプリマスを出港．マゼラン海峡を経て太平洋に入るが，僚船スワロー号を見失い，ウォリスの乗るドルフィン号は単独で北西に向かう．バイロンよりも南のコースをとり，トゥアモトゥ諸島中部を通過し，67年6月18日，タヒチ島に達し，マタバイ湾に投錨．初めは人々と敵対していたが，その後のタヒチ人と乗組員との親しい交流は，ヨーロッパの人々にエロティックな南海の楽園イメージを与えることになる．1ヵ月間の滞在後，西に航行．北方に針路を変えウベア島を発見．テニアン島，バタビア，喜望峰を経て，68年5月に帰国．　　　　　　　　　矢野　將

ウォルシング・マティルダ｜〈ウォルシング・マティルダ〉｜Waltzing Matilda

代表的オーストラリア民謡で，準国歌として歌われている．この国で最も有名なバラッド詩人，A. B.バンジョー・▶パタソンが1895年クイーンズランド州ウィントン近くのダグワース牧場で(一説には草競馬で)牧場主から，▶スワッグマンの羊泥棒が牧場主と騎馬警官に追い詰められてビラボング(河跡湖の一種)に飛び込んで溺死した話を聞いて，自ら歌詞を作り，同町のホテルで披露，たちまち全国に広がった．原曲はスコットランドのバラッド《クライギエリアのみごとな木》．題名はくスワッグ(身の回り品を布でくるんだ荷物)を運ぶ，つまりわらじをはく〉の意味であるが，この題名は，ほかにドイツ起源説など諸説紛々で定説がない．アメリカに比べて土地のやせたこの国では，大土地所有が農業成功の決め手で，▶スクオッター(大牧場主)の寡占体制下に，▶セレクター(小農)とスワッグマンが辛酸をなめた．その鬱屈をみごとに捉えたこの歌は，国内はもとより，ボーア戦争，第1次・第2次世界大戦などに出征したオーストラリア兵士が盛んに歌ったことによって，世界にこの国の存在を知らしめた．1973年の新国歌選定コンテストでは，現国歌《オーストラリアよ，健やかに行け》がこの歌に辛勝した．　越智道雄

●ウォンバット

雌の育児囊から子どもが顔を出している．育児囊は雌の体の後のほうについており，子どもはこのなかに約半年入っている．

ウォンバット｜wombat

齧歯類に似た歯をもつ穴居性の有袋類．有袋目ウォンバット科 Phascolomidae に属する哺乳類の総称で，ヒメウォンバット Vombatus ursinus, ケバナウォンバット Lasiorhinus latifrons の2種がある．オーストラリア南東部とタスマニア島に分布する．体長70～120cmで尾は痕跡的．ずんぐりとした体，短くがんじょうな四肢，強力なかぎづめは穴掘りに適する．歯根がなく，終生のび続ける門歯は大きくがんじょうで，植物などをかじるのに適する．丘陵や砂地にすみ，繁殖期以外は単独で生活する．日中は地中に掘った，ときに長さ30m以上に達する巣穴で眠る．夜に巣穴を出て，踏みなれた道を通って採食に出かけ草や根を食べる．動きは意外とすばやく，また，人にもよくなれる．雌は5～7月に1子を生む．子は半年間育児囊で育てられる．両種とも数が非常に減少しており，とくにケバナウォンバットは絶滅が心配される．　　　今泉吉晴

[神話]　愛きょうのあるこの動物は，アボリジニの間では意外にも不倫の象徴として登場する．ヤマネコのジューテークとエミューのウェジは夫婦で，前者は毎日狩りに出ていき，後者は木の根などを掘りに出かけた．だがウェジがねぐらに残っていたある日，ウォンバットのウァルドゥーが彼女に言い寄り，両者は不倫を犯す．ジューテークが帰ってくる前に，ウァルドゥーはウェジの体に▶コロボリー用の貴重な赤い泥

●ウコン

絵具ムルドゥルを塗って去った。帰ってきた夫は妻の姿を怪しみ、ウァルドゥーの足跡を発見、妻に焚き火の用意を命じた。そしてやにわに燃え盛る火の中へ妻を投げ込んだ。しかし妻は空へ逃れ、天の川の暗部ウェジ・モールになった。だが焚き火を逃れる寸前に両腕を焼かれたので、以後エミューの翼は小さくなり、空を飛べなくなった。またウァルドゥーに塗られた泥絵具の色が、羽の色になるのである。一方ジューテークは、妻が空へ駆けあがったとたん激しい恐怖に襲われ、穴に逃げ込んだ。以後ヤマネコは穴を巣にするようになった。ジューテークは執拗にウァルドゥーの跡をつけまわしたが、相手は仲間を集めて逆にジューテークを何度も槍で突き刺したので、ヤマネコは以後その槍傷跡が白い斑点として残った。しかしジューテークもウァルドゥーの背中をしたたか打ち据えたので、以後ウォンバットの背中は平らになってしまったのである。 越智 道雄

ウコン|鬱金

ショウガ科の多年草で、学名は *Curcuma longa* L. 。根茎からは黄色の臭いの強い成分が採取される。一般にはターメリック turmeric の名で香辛料として知られている。オセアニアでは自然性のものが利用され、ココナッツミルクと混ぜて調味料にするところもあるが、食物としては多用されない。むしろ、皮膚に対する薬用効果から、身体の塗油に用いる。黄色の顔料としても重要である。タヒチで▶樹皮布(タパ)を赤と(ウコンなどで)黄色で彩色するのは、首長層の特権だった。火山島にしか生育せず、採取量も限られていることから経済的価値も高く、ティコピアではウコンの顔料は、カツオ漁のかぎ針、カヌーとともに最も価値の高い財産とされた。チューク環礁周辺では島々のあいだの交易でウコンが一種の貨幣として使われた。さらに、ウコンの薬用効果、強い臭い、鮮やかな黄色といった特徴が宗教的にも用途を広げ、たとえばトンガでは、分娩したばかりの産婦と新生児の身体にウコンの塗油を施したほか、親族集団が保持する社の祭具類はウコンで黄色に彩色されており、またウコンは鯨の歯とともに神を象徴する神器の一つに数えられもした。
清水 昭俊

ウサギ|兎

ウサギはオーストラリアへ入植者が持ち込み、以後野生化して最大の害獣の一つになった。第1船団の入植(1788)時点で持ち込まれていたが、とくに1850年代ビクトリア植民地に持ち込まれた地中海種が猛烈な勢いで繁殖、30年以内でマランビジー川流域に、さらに6年後にクイーンズランドに広がり、牧草を食い荒らし、牧畜に甚大な被害を及ぼしたばかりか、植物を根こそぎにして土壌の荒廃を招いた。ウェスタンオーストラリアはサウスオーストラリアとの境からインド洋沿岸まで長大なウサギよけフェンスを張りめぐらして対抗したが、完成以前に侵入され、用をなさず、笑いものになった。1880年代には細菌戦術も試みられたが成功せず、1950年代に▶連邦科学産業研究機構がカ(後にノミ)を媒介に使ってウサギだけを殺すウイルスで粘液腫症という病気を人工的にウサギに伝染させ、壊滅的打撃を与えた。現実には、この方法と毒餌をミックスさせるやり方が効果的とされている。ニュージーランドではオーストラリアよりも兎肉を食べ、毛皮を輸出していたが、1938年には排除に踏み切った。▶アップフィールドの《骨差しの呪い》(1938)には、フェンスに追い詰められたウサギの大群が何十フィートもの高さにまで押し重なり、圧死するすさまじい光景が描かれている。 越智 道雄

ウシ|牛

1788年に第1船団がオーストラリアへ運んできた雄牛2頭と雌牛5頭が、この国最初の牛だった。▶オーバーランダーたちの活躍

で、1880年代には北部まで牛が広がった。ダーウィン近くに1873年にできたアレグザンドラ牧場は、1966年分割されるまでは1万7000km²弱の面積を擁し、専用飛行場と学校を有し、アルトア式掘抜井戸で水を得る、世界最大の牧場だった。E．ニコルらの開発した冷凍技術で1879年イギリスへ最初の肉が輸出されると、牧牛は飛躍的発展を迎えた。ブラマウシを輸入、北部の厳しい風土に強い混血種が作られたが、同時にウシダニも入ってきて、1890年代に猛威をふるった。

1970年代に入ると、牛の生産量が飛躍的に伸び、1976年時点でこの国の牛の数は3350万頭弱(その90%が食肉用)を記録したが、その後減少に転じた。89年から再び増加し始め、2002年には2790万頭に達した。02－03年の歴史的な旱魃のため、頭数は一時減少したが、その後は徐々に増加傾向にある。06年時点でアメリカが9700万頭に対し、オーストラリアは2840万頭で、この生産頭数は世界の2%にすぎない。ただオーストラリアはビーフの輸出量では世界市場の15%を賄い、ブラジルについで世界第2位である。最大の輸出先は日本であり、06年には総生産量の約40%を輸出している。特に米国でBSEが発生した04年以降、日本の輸入牛肉の80%以上がオーストラリア産を占めている。08－09年のオーストラリア国民の1人当りの年間ビーフ消費量は32.5kgで、日本の3倍近いが、一頃と比べると半減しており、オーストラリア人の食生活の変化や健康志向の高まりを示している。州別生産頭数ではクイーンズランド州が最も多く、06年時点で総生産頭数の約4割を生産している。逆に世界最大級の牧場が数多くあるノーザンテリトリーは、牧草が少ないので生産量はわずか5.8%である。1981年時点で牧場総数は17万5760あったが、2007年時点では8万6650まで減少している。これには、21世紀に入って記録的な干ばつが立て続けに起きたことも大きく影響している。飼育は放牧が大半だが、牧草を育てられる降雨量の多い地域のほうが、当然生産量が多い。近年ではとくに霜降り肉を好む日本市場向けに、穀物肥育牛が増えている。1991年には和牛が導入され、近年では《Wagyu》として主にレストランや食肉専門店に出荷されている。

〈越智道雄＋村上雄一〉

ウジェルー | Oodgeroo Noonuccal | 1920-93
オーストラリアの詩人。1988年建国二百年祭に抗議し英語名キャス・ウォーカーを捨て、以降はウジェルーと名乗る。クイーンズランド州ストラドブローク島のヌヌクル族に生まれ、自然の中で育った。64年にアボリジニによる初の詩集《私たちは行く》を出版し、広く読まれるが、政治色の強さに文学界では評価が分かれた。続く《夜明けは近い》(1966)もベストセラーとなった。《私の同胞》(1970)では〈過去がすっかり消えてしまったとは誰にも言わせない。／今とは時間のほんの少しのかけらにすぎない／私を造り上げた種族の長い歳月に比べれば〉(〈過去〉)と、先住民の誇りを歌いあげ、作家としての地位を確立。政治面でも70年に創設された全国部族評議会の議長となった。後、故郷ストラドブローク島で教育のためのキャンプの運営に尽力し、物語集《ストラドブローク夢幻時代》(1972)や劇《虹蛇》(1990)などで、アボリジニ文化の紹介につとめた。

〈湊 圭史〉

うちなんよう | 内南洋
一般的に日本の南方の海域、熱帯海域を総称する〈南洋〉のうち、外南洋と対比しての呼称。第1次大戦後の1920年、国際連盟規約第22条に基づき、〈赤道以北太平洋旧独逸領諸島委任統治条項〉によって国際連盟から日本に統治を委任された、旧ドイツ領のマリアナ諸島、東西カロリン諸島、マーシャル諸島を内南洋と呼んだ。この地域の委任方式はC式委任統治(日本領の一部として統治することを国際連盟から委任されたものであるが、住民には日本国籍も独立の国籍も与えられない)であった。外南洋は、この内南洋の外側に広がる海域を指した。公式の名称ではなく、現在ではほとんど使用されなくなっている。

〈島岡 宏〉

ウドウド | udoudo
パラオ人の使用している伝統的財貨の総称。ウドウドには多くの種類があり、材質で分類すれば、①クルダイツ(陶土製)ではブラク(黄色)とムンガンガウ(赤色)の2種、②ガラ

ス製では多色と透明の2種があり，また形状で分類すれば，①バハル(舟形)，②球形，玉子形，その他である．これらは紐を通して女性の首にかけるが，バハルは長さ7〜8cm以上あり，最も高価なものはクルダイツのバハルで，身分の高い女性しか身につけることはできなかった．現在ではアメリカ・ドルで6000ドル以上といわれる．ウドウドはパラオ人にとってきわめて重要な価値を有するもので，人生儀礼のさまざまな機会に，夫方集団から妻方集団に贈られる．そのため女性はロレラ・ウドウド(財貨の来る道)といわれる．かつて女性は裕福な男性と結婚することによって，あるいは制度的売春を行うことによって，自己の親族集団にウドウドをもたらすよう期待された．

青柳 真智子

ウマ｜馬

1788年に第1船団は喜望峰から7頭の馬をオーストラリアへ運んできた．以後，輸入されたオランダ，スペイン，アラブ，イギリスのサラブレッドなどを交配させて，1830年代までにはウェーラー(ニューサウスウェールズのなまり)というオーストラリア独特の馬種が生まれていた．跳び馬，跳ね馬と呼ばれ，荒涼たるオーストラリア奥地の旅に耐えうるスタミナの持主だったから，第1次大戦ではおもに中東戦線に12万頭も派遣され，うち軽量馬は騎兵用として，果敢な突撃と白兵戦で抜群の勇猛さを発揮したヘンリー・ショーベル少将麾下の〈ANZAC騎兵師団〉とともに駆け，各地で勝利をもたらした．また重量馬は大砲などのひき馬として活躍した．

だが1919年の252万7000頭(野生馬は除く)をピークとして，馬は減少の一途をたどり，50年に105万7000頭，70年には45万頭に落ちる．その過程でウェーラーは事実上死滅し，血統台帳も残されていず，幻の馬となったが，71年〈オーストラリアン・ストックホース〉(牧畜用の乗馬)として公認された馬種は，軽量ウェーラーから開発されたものである．

今日牧畜では車が多用されるが，平坦でない放牧地での家畜寄せ集めには，馬は不可欠である．輸出馬の大半は競走馬である．

農耕や運送用には1850年代までは去勢牛が主流だったが，駅馬車の導入から馬が主流に転じ，ひき馬の需要が激増，クライズデール種その他をかけ合わせて混血種が作られた．しかし第1次大戦ころにはトラクターの登場で激減した．また小柄なポニーは1830年代ティモール島から輸入され，奥地への入植や探検に活用された．その後，チモール馬にウェールズ産，シェトランド産，ハンガリー産やアラブ産をかけ合わせ，オーストラリア独特のポニーが誕生した．近年ではポニー・クラブ(1967年時点で500クラブ，会員3万人)ができて，多少の需要はある．今日では，1950年代にアメリカから輸入されたクオーター・ホース(4分の1マイルまでの短距離用競走馬)が人気が高い．

越智 道雄

ウム｜umu

料理に際し，土器等の容器を使わない場合，直火以外には，焼け石に材料を接して火を通す方法がある．ミクロネシア人の多くやポリネシア人は，現在の地域に移住してきた当初は土器をもっていたにもかかわらず，急速にその技術を失ってしまった．それと同時に，彼らの間では，この焼け石を用いる調理法が多用されていた．ウムとは，これら地域の多くでこの調理法を示す語である．

まず焚火をして小石ないしこぶし大の石を焼き，この石と，皮をむいたイモ類，バナナ，パンの実などの主食類，豚，魚介類等の素材をともに穴(浅いものも深いものもある)に入れ，水を振りかけてから，上からバナナの葉等の覆いをしてでき上がるのを待つ．崩れやすいものは前もって，葉に編み込んだりくるんだり，また味付けのココナッツミルクでまぶしたり，といった加工がなされる．手間はかかるが，一度に多くの食物を調理するのに適した方法である．メラネシアや土器を失わなかったミクロネシアの東部などでも，この調理法は用いられることがある．

山本 真鳥

ウラニウム｜uranium

オーストラリアにおけるウラニウムの生産量は，2008-09会計年度で1万311t．カナダに次いで世界第2位であり，埋蔵量では世界最大のシェア(24％)をもつ．現在稼働中

のウラニウム鉱山は，サウスオーストラリア州のオリンピック・ダムとビバリー，ノーザンテリトリーのレインジャーの3ヵ所であるが，ハニームーンとフォーマイルの2ヵ所(いずれもサウスオーストラリア)での開発が認可されている．

オーストラリアにおけるウラニウム開発は，資源開発対環境保護あるいは先住民族の権利保護という問題をはらむことから，きわめて政治性が強い．ホーク政権初期，労働党は，資源開発促進を求める右派・中道左派と，核開発に反対する左派との妥協の産物として，当時稼働中の3鉱山に限定して開発を認める政策を採った．保守勢力はこの3鉱山政策を廃止する立場であったが，ウラニウム価格の低迷や地元先住民族の強い反対でジャビルカ鉱山の開発計画が中止に追い込まれるなど，3鉱山体制が続いていた．

労働党は，2007年の労働党全国党大会において3鉱山政策を放棄した．現環境大臣のピーター・ギャレットは，ロックグループミッドナイトオイルのリーダーとしてウラニウム開発に強く反対し，1984年の総選挙では核軍縮党を率いて上院議員に立候補して善戦した経歴をもつが，内閣の一員として政府の方針を支持し，新たな鉱山開発を承認する立場にある．現在では，ウラニウム価格の回復，気候変動対策としての原子力発電への注目などから，オーストラリアのウラニウム開発は速度を増している．とくにウラニウム産出量の多いサウスオーストラリア州の経済は，これまで主力の製造業が長期低落傾向にあることから他州に比べて不振であったが，ウラニウムによる活況が期待される．

ウラニウム大国のオーストラリアであるが，石炭や天然ガスなどの化石資源が豊富であり，太陽光・風力・地熱など代替エネルギーの潜在性もあるため，原子力開発はシドニー南郊のルーカスハイツに小型の実験用原子炉をもつのみである．1960年代末，ゴートン政権は核兵器所有まで視野に入れた原子力開発を推進し，ジャービスベイ(ニューサウスウェールズ州内だが，海軍基地があり，連邦が管轄する首都地域の一部)に原子力発電所用地を確保したが，地元の強い反対運動にあって頓挫した(跡地は現在ブーデリー国立公園内のマリーズビーチの広大な駐車場となっている)．ウラニウム産出国の責任および川下産業育成から，原子力廃棄物の国際的処理場をオーストラリア国内に誘致する動きもあるが，反対は強い．

1955年から1963年にかけて，イギリスはサウスオーストラリア州マラリンガで核実験を行った．付近一帯の土地の大部分は85年に伝統的な先住民の所有者に返還されたが，核実験による汚染の除去と現状復帰は2009年にようやく完了し，最終的な引渡しが12月に行われた．

〈杉田弘也〉

ウルダネータ│Andrés de Urdaneta│1508-68

スペインの航海者，従軍司祭．ギプスコア県ビリャフランカに生まれ，メキシコ市に没．1525年から11年間航海に携わり，航海術と天文学の知識を習得した．後にヌエバ・エスパーニャ副王領(現在のメキシコ)に渡る．64年11月，ウルダネータはレガスピとともにフィリピンへの遠征隊を率いナビダードを発ち，65年4月27日にフィリピンのセブ島に到着．それまで，東洋からメキシコへの太平洋横断航路は発見されていなかったが，同年6月1日帰国のため，北緯35°まで北上し，北太平洋の大圏航路をとり，4ヵ月後の10月8日無事アカプルコ(ナビダード)に帰還した．このマニラとメキシコのアカプルコ間の航路は秘密とされ，18世紀までこの貿易路を通って東洋の富がメキシコ経由でスペインに運ばれた．

〈矢野將〉

ウルル│Uluru

オーストラリア，ノーザンテリトリー，アリススプリングズ南西440km(道路距離)にある岩山で，アボリジニの聖地．旧名はエアーズロック．比高335m(標高868m)，周囲10kmの残丘で，西30kmの岩山群カタジュタ(旧名オルガ山，標高1069m)とともに国立公園に指定され，世界複合遺産に登録されている．太陽の移動につれて刻々と色が変わる．アリススプリングズから航空路・道路が通じる．山名はアボリジニ語であり，地元の人の姓にも使われているが，意味は不詳．エアーズロックは，旧サウスオーストラリ

● **ウルル**
オーストラリア中央部の広大な原野にとり残されたような世界最大の一枚岩。遠方の岩山はオルガ山。

ア植民地の首相名に由来する。　　　谷内 達
ウロンゴング|Wollongong
オーストラリア，ニューサウスウェールズ州，シドニーの南83kmにある同州第3の都市で，イラワラ地方の中心都市。都市圏人口27万8000(2006)。都市圏はウロンゴング市(人口19万4600)をはじめ三つの地方自治体にまたがって広がる。炭田をひかえ(1849年採掘開始)，同国の代表的な重化学工業都市で，特に中心産業の鉄鋼業(1928開始)は同国最大(年産粗鋼400万t)。このほか銅精錬や化学など各種工業が発達する。ポートケンブラが工業・港湾地区で，石炭および鉄鋼製品を輸・移出する。ウロンゴング大学(1962創立)がある。1816年開基。市名はヨーロッパ人来航時の驚きと不安を意味するアボリジニ語に由来するとされるが，異説も多い。
　　　　　　　　　　　　　　　　谷内 達

エア[湖]|Lake Eyre
オーストラリア，サウスオーストラリア州にある同国最大の塩湖。現地名はカティタンダ。南北二つに分かれ，総面積が9500km²。通常は干上がっており，水面が見られた記録は過去数回しかない。そのうち1950年に大洪水により約8000km²に達したのが最大で，53年に消失した。ほぼ全域が海面下にあって，オーストラリア大陸の最低点(-15m)がある。ダイアマンティナ川やクーパー川などの終点で，トレンズ湖とともに広大な内陸流域の中心。経済的価値はないが科学的調査の対象となっている。湖床は固く平坦で，ヘリコプターの着陸や自動車走行ができる。湖名は発見者名に由来する。
　　　　　　　　　　　　　　　　谷内 達

エア|Edward John Eyre|1815-1901
イギリスの探検家。1833年イギリスからオーストラリアに来，羊のオーバーランダーを経て牧羊場を経営。さらに牧場用地を求めてアデレード北の奥地に遠征，荒涼たる土地しか見つからなかったが，39年大塩湖トレンズ湖，40年この国最大の塩湖(後にエア湖と命名された)を発見。41年牧童頭とアボリジニ牧童3人を連れて，グレートオーストラリア湾沿岸をウェスタンオーストラリアのオルバニーまで探検した。途中アボリジニ牧童2人が牧童頭を殺害，食糧を奪って遁走したが，エアと残った牧童はフランスの捕鯨船に救われ，目的を遂げた。44年オーストラリアを去り，ニュージーランド，西インド諸島などで植民地行政に携わり，ジャマイカ総督時代の65年，現地人の反乱に遭遇，鎮圧の過酷さゆえに解任となり，イギリスに召還されたが，危うく懲罰は免れた。オーストラリアではアボリジニ保護官として人望があったので，意外な展開と受け取られている。　　　　　越智 道雄

エアーズ・ロック|Ayers Rock|→ウルル
エキスパトリエイト|expatriate
エキスパトリエイトは南太平洋諸国で，行政，経営，技術，教育などの分野における外国人専門家を指す言葉として用いられている。エキスパトリエイトが歴史的に果してきた役割は，①植民地から独立国への移行に伴う法体系，行政制度の整備を行い，②政治・経済・社会的自立を進めていくうえで旧宗主国との関係を円滑化することであった。エキスパトリエイトはそのほとんどがヨーロッパ系であり，エキスパトリエイ

トの受入れは援助と密接な関係をもっていることが多い。そうしたこともあって、現地国政府における彼らの比重や政治的影響力はきわめて大きい。そのことが意識されだして、最近ではこれらの諸国で、エキスパトリエイト削減の動きが出てきた。しかし、国ごとに経済情勢、知的水準、民族意識などが違うところから、この動きには各国で差がある。　　　　　　　　　野畑 健太郎

エクスクルージョニスト |Exclusionist|
➡エマンシピスト

エグモント[山]|Mount Egmont
ニュージーランド北島西部に位置し、標高2518mの休火山。クックがイギリスのエグモント卿にちなんで命名したが、マオリ名はタラナキ山と称し、1986年に国土地理局は2つの名称を正式に認めて併記するようになった。山容は円錐形をした成層火山で、富士山に似ており、映画《ラストサムライ》のロケ地にもなっている。山を中心に原生林が広がっているため、エグモント国立公園(1900)に指定されている。また、山麓地帯はニュージーランドを代表するジャージー牛の酪農地域になっている。　　菊地 俊夫

エスキャップ|ESCAP
国際連合アジア太平洋経済社会委員会 United Nations Economic and Social Commission for Asia and the Pacific の略称。国連の主要機関である経済社会理事会の下部機関。地域経済委員会の一つで、1947年3月設立され、はじめアジア極東経済委員会(ECAFEエカフェ、Economic Commission for Asia and the Far East の略称)と呼ばれていたのを、74年に ESCAP と改称したのは、太平洋諸島が加盟したこと、および経済問題とならんで社会開発を重視するためである。ESCAP の本来の目的は、アジアの戦後復興であったが、最近ではアジア太平洋地域諸国の経済発展、地域内諸国間および他の地域との経済協力の促進のために統計や情報の収集、調査研究および経済社会理事会や関係各国への勧告を行うことをおもな任務とする。ESCAP 加盟国は域内39(うち準加盟国8)、域外5の計44ヵ国であり、日本は1954年から正式に加盟している。組織は①最高意思決定機関である総会、②総会の下部機関としての常設委員会、③常駐代表諮問委員会、④事務局からなる。総会は毎年1回、加盟国、準加盟国よりの代表、非加盟国および国連専門機関などよりのオブザーバー参加の下に開催される。常設委員会は産業・住宅・技術、天然資源、貿易、海運・運輸通信、農業開発、開発計画、人口、統計、社会開発の9常設委員会からなる。事務局はタイのバンコクに置かれ、事務局長以下、約550名の職員からなる。
　　　　　　　　　　　　　　　香西 茂

エスター・グレンしょう|エスター・グレン賞|
The Esther Glen Award
ニュージーランドの児童文学賞。ジャーナリスト、編集者、児童文学作家として、ニュージーランドの児童文学の発展に寄与したアリス・エスター・グレンの功績を称え、1945年に創設された。*ニュージーランド・ポスト 児童およびヤングアダルト文学賞と並び、国内外の注目を集める児童文学賞。ニュージーランド・アオテアロア図書館情報協会(LIANZA)が運営し、前年度に出版された、ニュージーランド国民もしくはニュージーランド在住の作家による0歳から15歳向けの児童書およびヤングアダルト文学の新刊の中で、最も優れた作品にメダルと賞金が贈られる。2009年時点の最多受賞者はマーガレット・*マーヒーで、1970、73、83、85、93、2001年度の計6回受賞した。
　　　　　　　　　　　　　　　今田 由香

エスニック・ラジオ|ethnic radios
移民コミュニティ向けに放送を行っているラジオ局の総称。オーストラリアが多文化社会を目指そうとする1970年代中ごろ、メルボルンで開局されたのが最初といわれる。153のラジオ局がおよそ週7500時間の非英語放送を行う。エスニック・プレス、エスニック・ラジオ、エスニック・テレビを総称してエスニック・メディアと呼び、移民コミュニティを支える重要な柱の一つとなっている。オーストラリアの場合には、多言語放送専門の*SBS(特別放送サービス)が運営しているラジオ局やコミュニティ・ラジオ局 community radio などが含まれる。このうちコミュニティ・ラジオ局は、1992年の放送法でいうところのコミュニティ放送の一つで、オーストラリア通信・メディア管

理局 Australian Communications and Media Authority (ACMA) がコミュニティ・グループや教育機関に免許を交付し, 移民に向けた放送のために運営されている小規模な非営利局である.
〔永野 隆行〕

エスビーエス | SBS
多言語放送専門の特別放送サービス Special Broadcasting Service の略称. オーストラリアの多文化社会化に向けた取り組みとして, 放送法に基づいて1978年1月1日に設立された公共事業体. ＊ABC (オーストラリア放送協会) と商業局がいわゆる不特定層対象に英語で放送しているのに対して, SBS は多言語による移民向けに放送を実施. ラジオは1975年, シドニー (2EA) とメルボルン (3EA) の2つの局で試験放送を行い, 3年後に本放送を開始した. 現在では各州都や主要都市で聴取可能, 取り扱う言語数は68に及ぶ. 80年に始まったテレビ放送は国内通信衛星〈オーサット〉と中継局を使って, オーストラリア全土およそ95%をカバーしている. 2001年1月にはデジタル放送も始まった. 主財源は国庫交付金 (80%) と広告収入, コマーシャルは1992年以来認められるようになった.
〔永野 隆行〕

エスピリトゥサント〔島〕 |
Espíritu Santo Island
南西太平洋, ニューヘブリデス諸島 (バヌアツ共和国) 最大の島. 面積3947km². 人口は周辺属島を含め約4万 (2009). 1606年スペインの探検家＊キロスが到達, 〈聖霊の地〉を意味するエスピリトゥサントと名づけた. 南東端のルガンビルは人口約1万 (2009) をかかえ, 北部行政区の主都で, 政治・経済の中心である. 島の大部分, とりわけ島の西半分は地形が険しい (最高峰タブウェマサナ山, 1879m). この島には牧場が多く, 牛肉を日本やオーストラリアなどにも輸出している. その他にはコプラやカバが主産業となっているが, ほとんどのメラネシア系住民は今なお農漁業や家畜による自給自足の生活を送っている.
〔石井 眞夫〕

エニウェトクかんしょう | エニウェトク環礁 |
Eniwetok Atoll
マーシャル諸島ラリック列島北部の環礁. 円周80kmのラグーンとその周囲のおよそ40の礁島からなり, 島の面積は合計6km2以下である. 人口は820人 (1990). ブラウン環礁とも呼ばれ, 太平洋戦争前の日本委任統治領下ではポナペ庁に属していた. 第2次世界大戦時は, 日本陸軍の防衛のための航空基地が建設され, 1944年2月には米国との間で激しい戦いが行われた. 米軍の占領後, 1948年から62年まで核実験が行われ, 住民はウジェラン環礁に強制移住させられた. 1970年代以降, 米国政府は汚染された土壌などの除去を開始し, 住民が島に戻り始めている.
〔黒崎 岳大〕

エバット | Herbert Vere Evatt | 1894-1965
オーストラリアの政治家. ニューサウスウェールズ州ハンター地域に生まれ, 名門公立高校を経てシドニー大学法学部卒業. 1930年オーストラリア史上最年少の最高裁判所判事となる. 40年判事を辞し, 労働党から連邦議会入りし, ＊カーティン政権の法務兼外務大臣として, 8年続く＊労働党政権の主要閣僚となる. 国際連合の創立に際して, 安全保障理事会に対して総会の地位を高めることに尽力し, 48-49年には総会議長. 51年, ＊チフリーの死後労働党党首となり, 54年総選挙では過半数を超える得票を得ながら惜敗した. ＊メンジーズ政権による共産党非合法化の試みの阻止に成功したが, 党内カトリック系反共グループの分裂を招き, 神経を病んで失意のうちに引退した.
〔杉田 弘也〕

エバンズ | Gareth John Evans | 1944-
オーストラリアの政治家. メルボルンに生まれ, メルボルン大学・オックスフォード大学で法律を学び, 弁護士となる. 1980年に労働党上院議員に選出され, 83年に＊ホーク政権が誕生すると, 法相などを歴任するが, 88年に外務貿易相に抜擢されてから頭角を現す. ＊アジア太平洋経済協力の設立を導き, さらにアジア太平洋地域協力を加速すべく, 91年のカンボジア和平仲介にも精力的に貢献し, 国連カンボジア暫定統治機構 (UNTAC) の軍事部門の司令官の職を豪国軍の将官が務め, その指揮下で日本の平和維持活動参加に道が開かれた. また, 労働党外交の伝統を受け継いで, 国連での軍縮外交にも力を入れ, 化学兵器禁止条約

や包括的核実験禁止条約の成立への原動力となった。99年に政界引退後、2000年からは紛争解決を目指す国際NGOである国際危機グループ（ICG）の議長に就任した。08年には後輩のラッド首相が提唱した、核不拡散・核軍縮に関する国際委員会に加わり、川口順子元外相とともに共同議長も務めている。

福嶋 輝彦

エービーシー | ABC

オーストラリアの公共放送機関で、正式名称はオーストラリア放送公社 Australian Broadcasting Corporation。Auntyの愛称で知られる。テレビ、ラジオ局のほか各州に交響楽団を所有するオーストラリアで最も重要な文化機関の一つ。1929年に設立され、32年から83年の間は国営であり、83年に公社化されて現在に至る。受信料を徴収しているBBCやNHKと異なり、ABCの予算は、関連商品やABCショップス（小売店）の売り上げを除けば、すべて政府の一般会計によってまかなわれている。2009-10会計年度の予算は年間約11億4000万ドル。ABCの経営安定のため、政府からの予算額は、単年ではなく3年単位で決定されている。

ラジオ局として開局したABCは、テレビ放送を1956年、オンラインサービスを95年に開始した。ラジオは、ローカル局ネットワークのほか、ラジオナショナル、クラシックFM、トリプルJ（若者向けFM局）、ニュースラジオ（議会会期中は議会中継）をもち、またデジタル・ラジオ放送も行っている。テレビは、通常の地上波のほかデジタル放送を2波行っている。国際放送は、主にアジア・太平洋地域向けに、短波ラジオ放送と外務貿易省の予算からテレビ放送が行われている。

オンラインサービスの充実は目を見張るものがある。インターネットによって国外でもリアルタイムでラジオが聴取できるほか、ABCが誇るラジオ番組のAM、PM、テレビ番組の7.30リポートやフォー・コーナーズといった時事番組は、番組終了後間をおかずに視聴でき、速記録が掲載される。ABCのマーク・スコット社長は、ニューズ社のルパート・マードック会長によるオンラインコンテンツ閲覧の有料化の動きを没落する古い帝国の手法と強く批判した。

公共放送としてニュースや時事番組が充実しているが、時の政府に対して批判的な立場をとることが多いため、とくに保守勢力から左寄りという批判が聞かれる。特筆できる番組としては、Bananas in PajamasやWigglesのような関連商品も成功したスターを生み出した子ども向け番組、オーストラリア的ユーモアが全開のFrontline、Roy & HG、Chaser's War on Everythingといったコメディ番組、ラッセル・クロウ、ナオミ・ワッツ、ケイト・ブランシェット、デイビッド・ウェナムらの飛躍台となったBrides of Christ、Sea Changeなどの自社製作のドラマがある。

杉田 弘也

エファテ[島] | Efate Island

南西太平洋、ニューヘブリデス諸島中部の島。面積915km²。小規模のシェパードShepherd諸島とともにシェファShefa州を構成し、同州の人口は約7万（2009）。バヌアツ共和国の首都ポートビラがあり、同国の政治・経済・文化の中心。住民の大半を占めるメラネシア人は農業にも従事するが、旧植民地宗主国のイギリス、フランス系に加え、中国、ベトナム系移民も多く、おもにプランテーション経営と商業に従事する。主産物はコプラだが、近年は観光が重要になっている。

石井 真夫

エマンシピスト | emancipist

オーストラリアで、刑期を満了したのちもオーストラリアに残留した元流刑囚をいう。また、流刑囚を両親にもつ法律家・政治家ウェントワース William C. Wentworth（1790-1872）を頭首に、元流刑囚の平等な権利獲得運動を展開した圧力団体の呼称でもある。1788年の入植開始から流刑囚受入れ打切りの1868年までに、約17万5000の流刑囚がオーストラリアに送られた。彼らは入植地建設の公共事業のほか、個人の家庭に無償で貸し出されるなど、開拓初期の中心労働力となった。服役は一般に苛酷を極め、脱走してブッシュレーンジャー（追いはぎ）になったり、アイルランド政治犯中心の反乱（カースルヒル蜂起、1804年）なども発生し、重犯者は流刑地の中の流刑地バンディーメンズランド（タスマニア島の旧称）その他に送ら

●エミュー

れた。しかし、満期出獄者はもとより仮出獄者にも、刑期終了時に一定の土地が下付されたので、彼らのあいだに成功者が現れると、多数派を構成する彼らに完全な公民権を与えることに対する不安と抵抗が自由移民や軍の将校たちのあいだに起こってきた。この反対者たちはウェントワースによってエクスクルーシビスト exclusivist（エクスクルージョニスト exclusionist）と呼ばれ、▶マッカーサーを頭領とした。両勢力の対立は、エマンシピストの弁護士G.クロスリーが初代最高裁判事によって出廷を2年間にわたって拒否された例が典型的に示している。

歴代の総督はおおむねエマンシピストに協調的で、とくに5代目の▶マックオリーはすすんでクロスリーや、似たような迫害を受けた医師W.レッドファーンらをはじめ高い地位に登用し、自宅を中心とした社交会にも招いたので、エクスクルーシビストの反発は一層強まった。1821年に提出されたエマンシピスト側の請願書によれば、自由移民の成人1558名に対して元流刑囚は7556名、後者の所有土地面積は前者の3倍にすぎなかった。この数字を根拠に彼らは土地の取得、保持、譲渡に関する不平等を撤回させた。1840年にニューサウスウェールズ植民地が流刑囚受入れを中止して後は、エマンシピストの呼称は用いられなくなった。

越智 道雄

エミュー | emu ; *Dromaius novaehollandiae*

ダチョウ目エミュー科 Dromaiidae の鳥。大型の走鳥類で、現生の鳥ではダチョウに次いで2番目に大きい。全長約2m、頭高1.5～1.8m、体重36～54kg。体は暗灰褐色の粗い毛状の羽毛で覆われ、顔と頸側は羽毛がほとんどなく、青色の皮膚が裸出する。くちばしは短く、やや平たい。翼は退化して小さく、飛ぶことはできない。あしゆびは3本。足はじょうぶで、時速40～50kmで走ることができ、また泳ぎもじょうずである。オーストラリアとタスマニアに分布したが、オーストラリア東部の人口密集地帯とタスマニアでは絶滅した。しかし、西部オーストラリアでは現在でもかなりたくさんいる。開けた荒地や低木草原にすみ、繁殖期以外は小群で生活している。留鳥で、渡りはしないが、水をもとめて移動することがある。食性は一般に植物食で、各種の種子、葉、草、根などを食べ、とくに果実を好む。しかし、バッタや毛虫や甲虫類もかなり食べている。繁殖は通常秋・冬期（3～8月）が多い。雌雄は同色だが、鳴声が異なる。巣は地面のくぼみに葉や小枝を敷いてつくり、非常にうまく隠してある。卵は暗緑色で、1腹の卵数は7～12個。抱卵期間は58～61日であるが、その間雄がほとんど巣にいて卵を抱き続ける。雛は孵化後数日で巣を離れ、雌雄で雛の世話をする。大型の鳥としては成鳥になるのは早く、2年目から繁殖を始める。

エミューの肉は牛肉に似ているといわれ、植民の初期には開拓民の重要な食料となった。また脂肪はランプの油として利用され、卵はオムレツにして食べた。開拓が進むと、この鳥は畑をふみ荒らし、穀物を食べ、柵を倒し、羊のための水を盗むという理由で、害鳥として駆逐されることになった。とくに1932年には、エミュー退治に軍隊が出動し、〈エミュー戦争〉をひき起こした。この戦争はエミューが分散したので完全な失敗に終わり、防柵をはりめぐらして畑を守ることになったが、60年代になってもエミューの殺害には奨励金が支払われていた。現在ではエミューのための保護区が設けられている。動物園でもよく飼われ、容易に繁殖する。エミューにいちばん縁が近いのはヒクイドリである。両者はよく似ているが、

ヒクイドリは頭上に角質の突起をもっている。なお、エミュー科にはもう1種、カンガルー島およびキング島のクロエミュー *D. minor* がいたが、この鳥は1800年代の初めに絶滅した。　　　　　　　　　　森岡弘之

[神話] この走鳥類の起源譚は大半が空を飛べなくなる話だが、背中のこぶの起源譚もある。〈ワライカワセミ〉の項でも触れたように、エミューはゴウシュウヅルのブロルガと仲が悪い。この話でも両者は同じビラボング(池)に仲よく住んでいたのに、ある日喧嘩をするはめになる。腹をすかしたエミューがブロルガの種つき石(採取した種子をついて粉にする石)を、意地汚く呑み込んでしまう。エミューの仕業と見たブロルガが難詰したので喧嘩になり、エミューはヤムイモ掘りの棒でブロルガの頭を強打、血がどっと噴き出した。以後ゴウシュウヅルの頭は赤くなる。相手が気の毒になったエミューが罪を認め詫びると、ブロルガは相手の背中を叩いて種つき石を吐き出させた。しかしブロルガに打たれたエミューの背中は、以後こぶになった。エミューが空を飛べなくなる話は、〈ウォンバット〉の項のように翼を焼かれたことが原因になるものが多いが、次のような例もある。グレートオーストラリア湾沿岸よりやや奥地に住んでいたエミューのウィニィは石器の槍と投げ棒、海辺に住んでいたハトのカルバインはアカエイの毒刺をつけた槍とブーメランを武器に、とことん戦った。その結果カルバインのブーメランがウィニィの両腕を半分切り落とした。カルバインは相手に、〈お前は一生空を飛べず、地上を走りまわるはめになったぞ〉と勝ち誇った。

逆に北オーストラリアにはもっともらしい原因譚ではなく、最初からエミューの属性を与えられた人間の老婆が、食い意地が張っていたために部族の子どもらを養う義務を怠り、自分の食欲を満たそうとした罰としてエミューに変身させられる話がある。この場合、老婆は最初から与えられていた属性の本体であるエミューに戻ることで、同時に部族社会の義務からも解放される点で、実に珍しい例といえる。またこの鳥は〈ウォンバット〉の項のウェジや、次の2例のように〈わがままな女性〉の役でよく登場する。エミューのカライアは七île鳥の姉キパラをねたみ、食糧難を理由に自分のひな2匹を殺したと見せかけ、姉にも同じことをさせる。だまされたと知ったキパラは、翼を切り捨てたとみせかけて〈体が軽くなってさばさばした〉と喜んでみせた。まんまとひっかかったカライアは、自分の翼を切り落としてしまう。別の話ではカンガルーの夫、ボラーにあきたりないエミューの妻ディネワンは夫に夜のない世界へ連れていけとだだをこねる。そこへ向かう途中、下生えでこすれて足がこぶだらけになる。エミューの醜い足の起源である。ボラーは妻に急がされて、離魂術によって東のはてに飛び、夜のカーテンをひきあけ、昼をもたらした。〈ワライカワセミ〉の項と同じく、エミューは間接的に太陽をもたらすきっかけになっている。　　　　　越智道雄

エリス｜William Ellis｜1794-1872
イギリスの宣教師。1817年から25年にかけて、▶ロンドン伝道協会によってタヒチ、ハワイに派遣される。17年、エリスはタヒチに着くとまず、タヒチ語を習得。ポリネシア人を劣ったものとして一方的に改宗させようとしたそれまでの宣教師とは異なり、エリスはポリネシア人を対等に扱った。彼は人々との密接な対話を通して、彼らの能力は人間として劣っていないことを明らかにし、キリスト教とポリネシアの伝統的宗教概念の相違などを人々と議論した。彼らの生活、文化、社会、組織、信仰を記録した〈ポリネシア調査報告〉はヨーロッパ文化と接触し、変容するポリネシアの貴重な記録である。52年から65年までは、マダガスカルへ宗教団の責任者として派遣された。
　　　　　　　　　　矢野將

オアフ[島]｜Oahu
アメリカ合衆国ハワイ州の島。ハワイ諸島のなかで経済的に最も重要で、人口90万5034(2008推定。州総人口の70%)、面積1531km²(ハワイ諸島中第3位)。火山性の島だが、活火山はない。南東〜北西方向に2列の山脈が走り、その間に標高250〜300mの平原が広がる。サンゴ礁に恵まれ、南東沿岸部には州都ホノルル、ワイキキ海岸、ダイヤモンド

ヘッドがあり，観光業が発達する．サトウキビ，パイナップルを中心とした農業も重要．日本人が多く移住した所で，南岸部には1941年の日本軍の急襲で有名なパールハーバー(真珠湾)がある．
矢ヶ崎 典隆

おいこみりょう｜追込漁
水中の魚類や動物をさまざまな方法で威嚇して，大型の網に追い込む大規模な漁法．とくにミクロネシア，ポリネシアのサンゴ礁島で発達している．全長，数十～数百mに達する大型の網が用いられる．網ではなく，ココヤシの葉を10本以上も長くつないだロープを使う地域もある．対象は，潮汐の干満に応じてサンゴ礁海域の浅瀬と深みを移動する魚類，産卵や索餌のため群れをなす魚(たとえばトビウオやボラ)，イルカ，リーフに索餌にきたウミガメなどである．魚を網の中心部に追い詰める際に，カヌー上から，あるいは遊泳しながら，長い棒やロープにつけた石の錘で水面や海底をたたいて音を出したり，ココヤシの葉製ロープで威嚇する方法がとられる．追込漁はふつう，性，年齢の別なく参加して行われる集団漁であり，祭りや儀礼といった特別の場合に行われることが多い．また，リーダーの采配や漁場選択上の判断が漁獲に大きく影響する．
秋道 智彌

おうこく｜王国
ヨーロッパ人進出前のオセアニア地域には，国家的統一がみられたところはほとんどない．白人来島時のメラネシアでは人々の生活集団は30人から最大でも500人程度．その形態は高地と低地では異なるものの各部族は散在しており，いまだ原始形態を示していた．ポリネシア，ミクロネシアでは定着型生活形態であったため位階制社会が発達し，酋長を頂点とする共同体秩序が形成されていた．だが，各部族間の生活環境が類似するため，部族間抗争で一方の絶対優位性が発揮されることはなく，王国といえるほどの広範囲の統一が果たせないままであった．ゆえに，島々は国家形成の経験を経ぬままに植民地化されてしまい，やがて宗主国の統治の枠組みの中で，今日の独立国家を誕生させることになる．

そうしたなかで，唯一の例外がトンガ王国である．トンガは10世紀ころにはすでに，ほぼ現在の領土範囲が統一されており，王国の力はフィジー諸島にまで影響力を及ぼしていた．王国は15世紀にトゥイ・トンガ，トゥイ・ハアタカラウアの2王家に分かれ，17世紀初めに後者からトゥイ・カノクポル王家が分かれて二人王，三人王の制度を創設したため，その後王位の正統性をめぐる内乱が起こったが，1845年にトゥポウ1世の手で統一された．また各王家間で婚姻がなされ，現王位トゥポウ4世で血統的にも3王家の統一が成った．

トンガ王国は進出したヨーロッパ諸国からも独立国と認められ，1862年には憲法を制定し，立憲君主制の宣言も行った．また，1900年から70年の独立まで，アメリカ，フランス，ドイツなどの侵略を防ぐため，イギリスの保護領となったが，内政的には一度も主権を放棄することはなかった．

オセアニアのもう一つの王国として，19世紀初頭にハワイ諸島に出現したハワイ王国(カメハメハ王朝)を挙げることがある．だがこれは，利権拡大をもくろむヨーロッパ諸勢力の思惑のなかで白人の武力支援を得て成した全島制覇であり，純粋にハワイの伝統性のなかから成立しえた王国ではなかった．1895年，時の女王がアメリカへの併合を望み，自ら王政を廃したのはそのためである．
広野 好彦＋小林 泉

オーエンスタンリー［山脈］｜
Owen Stanley Range
パプアニューギニア南東の半島部を北西より南東に走り，首都ポートモレスビーの背後にそびえる急峻な山脈．中新世の造山運動によりできたとされ，西はニューギニア中央高地へ，東はしだいに高度を減じルイジアード諸島へとそれぞれ連なる．最高峰はビクトリア山(4073m)で，このほかにもアルバートエドワード山をはじめ3000～4000m級の雪を頂く高峰をもつ．
石井 真夫

オオコウモリ｜大蝙蝠｜fruit bat；flying fox
翼手目大翼手亜目オオコウモリ科Pteropodidaeに属する哺乳類の総称．果食または花粉食で吻が細く，眼が大きな顔がキツネに似ている．オオコウモリ亜科，シタナガオオコウモリ亜科，テングフルーツオオコ

ウモリ亜科，オナシフルーツコウモリ亜科に大別され，44属173種からなる。形態，大きさ，生息場所，食物とも変化に富む。現生種はアフリカ，アジア，オーストラリア，メラネシア，ミクロネシア，ポリネシアなどの亜熱帯，熱帯に分布するが，イタリアの中部漸新世から化石が発見されている。

　大きさはシタナガオオコウモリ亜科に属するシコニクテリス属 *Syconycteris* の頭胴長5cm前後，前腕長4〜5cm，翼開張25cm前後の小さなものから，オオコウモリ亜科に属するオオコウモリ属 *Pteropus* のジャワオオコウモリの頭胴長40cm前後，前腕長23cm，翼開張1.4〜1.5mの大きなものまである。耳介の基部は筒状で，小翼手亜目の多くに見られる耳珠，迎珠を欠き，顔に鼻葉などの付属葉がない。多くは前肢の第1,2指にかぎづめをもち，尾がないかまたは痕跡的で，腿間膜などの発達が悪く，翼は幅広い。眼窩が広く，後眼窩突起が顕著である。臼歯や前臼歯の歯冠部が低く，臼状で，かむ面には縦溝があり，果食，花粉食に適応した形態をもつ。

　多くのものは，熟した果物の果汁，果肉（食べるときに種子，皮，繊維を吐きだす），花のみつを食べるが，シタナガオオコウモリ類は長くのびる舌で花粉をなめる。これらの食物は栄養価が高く，消化がよく，他の植物食のある哺乳類のように消化にバクテリアの力をかりる必要がなく，したがって消化器官も小さい。また，テングフルーツコウモリ類やルーセットコウモリ類は昆虫も食べる。ルーセットコウモリ類以外は視覚や嗅覚をたよりに採食し，果物の熟すのに応じて移動する。多くは大きな木の枝に，単独または小群をつくってすむが，ルーセットコウモリ類のように洞窟に1万頭にも及ぶ大群をつくるものもある。日中はねぐらにいて，夕刻または夜，ときに日中もねぐらを離れ，活動する。大型のオオコウモリ属のものは，ねぐらから15kmほどのところまで食物を探しにいく。冬眠はしない。繁殖期は種や生息地で異なり，閉眼で有毛の1〜2子を年1回生む。バナナなどの農園ではオオコウモリ類による被害がはなはだしい。

〔吉行 瑞子〕

オキーフ | David Dean O'keefe | 1825-1901

アイルランド系アメリカ人事業家。1871年，船員として乗り組んでいた船がヤップ沖で難破し，ヤップ島にたどりついた。そのころヤップでは*石貨が重用されていたが，石貨用の石材はヤップにはなく，400km南のパラオ諸島にカヌーで渡り，そこの石で作っていた。島に持ち帰るまでの困難の度合が石貨の価値を決めていた。これに着目したオキーフは香港に渡り，中国人パートナーとともに石の切断機をパラオに運び込み，パラオでヤップ用の石貨を量産した。その石貨でオキーフはコプラや*ナマコを買い付け，一躍大金持ちになった。その後もヤップのトミル湾の小島に豪邸を建て，周辺諸島にも拡大した交易やヤシのプランテーションなど盛大な事業を行ったが，1901年ドイツ人行政官との間で争いを起こし，島を脱出する際，台風に遭遇して船とともに消息を絶った。彼の死後，その石貨には困難の歴史が何もないことに気づいたヤップ人はオキーフ石貨を貨幣とは認めなくなった。

〔小林 泉〕

オクテディ | Ok Tedi

パプアニューギニアのウェスタン州，スター山脈地域にある同国最大の金，銅の鉱山。同名の川がそばにあることからこの名がついた。1968年に発見され，76年から本格的な調査が開始され，その操業のため81年にオクテディ鉱業会社が設立された。これは，オーストラリアのブロークンヒル・プロプライエタリー（BHP）が30%，アメリカのアモコ（Amoco）が30%，西ドイツの3社による合弁企業が20%，パプアニューギニア政府が20%を出資して成立した。オクテディ鉱山は金と銅の鉱床としては世界最大規模とされていたが，きわめて奥地にあり，陸路によるアクセスが難しいことなどから，その採掘が疑問視されていた。途中，政府の政権交代，地滑り事故などがあったが，84年から採掘が行われるようになった。2004年までに，約280万トンの銅が採掘され，1985年からの5年間で約5万トンの金が採掘された。オクテディ鉱山からの輸出額は，2007年の時点でパプアニューギニアの全輸出額

の約1/4にあたる。しかし，1999年，鉱物の残渣がこの地域を流れるフライ川に流出し，下流域の環境が破壊されていることがわかった。鉱山は2012年に閉山する予定となり，これまでの鉱山の利益から，下流域の住民への対応がとられることになった。

豊田 由貴夫

オークランド[諸島]｜Auckland Islands

ニュージーランド南島のブラフ港から南465kmにある火山性の無人諸島。1806年に捕鯨船船長によって発見され，オークランド卿にちなんで命名された。捕鯨基地を建設しようと試みられたが，起伏の激しい沿岸地形や周辺の激しい潮流により断念した。また，マオリを移住させて農業を定着させようとしたが，それもうまくいかなかった。現在では，貴重な固有種の動物や植物が多く生息するため，ニュージーランド亜南極諸島の一部として世界遺産(自然遺産)に1998年に登録されている。

菊地 俊夫

オークランド｜Auckland

ニュージーランド最大の都市。人口126万0900(2007)。北島北部，ノースランド半島の基部にあり，中心部はワイテマタ湾とマヌカウ湾にはさまれた狭い地峡部(幅13km)に位置する。両湾とも港湾として利用される。ワイテマタ湾にはオークランド・ハーバー・ブリッジ(長さ1.15km，1959年建設，69年拡張)がかかり，湾内に国内随一のヨットハーバーがある。休日には大小のヨットレースが開催され〈帆の街 City of Sails〉と呼ばれるほどマリンスポーツが盛ん。平均気温は最暖月(1月)19.3℃，最寒月(7月)10.8℃。年降水量は1236mm。オークランド市をはじめ北のノースショア市，南のワイタケレ市，マヌカウ市などの4つの市政地域と3つの行政地域からオークランド大都市圏を形成する商都である。マオリの人口が多く，太平洋島嶼出身者を含めて1都市のポリネシア系住民の人口(約28万)としては世界最大。この国第1の工業都市で，都心から約30km南のグレンブルックにある鉄鋼業(1969開始)をはじめ各種の工業が発達。世界主要都市と結ぶオークランド国際空港は東京，大阪からの直行便も降り立つ空の玄関口であり，中心部にある駅ターミナルは国内の幹線鉄道および長距離バスの起点である。港はコンテナー・ターミナルをもち，この国第1の貿易港である。中心部にはオークランド大学(1883創立)，マオリ関係や戦争関連資料の展示のある戦争記念博物館(1929開設)，スカイタワー(328m，南半球第1，1997建設)などがある。また市内にはマオリのパ(砦)として用いられたいくつかの火山丘があり絶好の展望台になっている。1840年ホブソン総督がマオリに対する戦略的位置に着目して建設し，65年まで首都。市名はインド総督オークランド伯に由来する。福岡市(1986)，東京都品川区(1993)と姉妹都市提携。

新井 正彦

オージー｜Aussie

オーストラリア人やオーストラリアのものを指す際にしばしば用いられる言葉。ニュージーランドの▶キーウイと同様に，とくに初期に移住したヨーロッパ系の住民によって好んで用いられる傾向があり，オーストラリア人，オーストラリア系というアイデンティティを示す意味合いもある。Ozという略称も用いられる。日本でもオージービーフなどの名前でよく知られている。

西川 圭輔

オーシャン[島]｜Ocean Island

中部太平洋の赤道直下の島。キリバス共和国に属する。面積5km²，人口301(2005)。1804年にイギリスのオーシャン号が発見した。現地名はバナバ Banaba 島もしくはパノパ Paanopa 島。▶ナウル島，▶マカテア島とともに，リン鉱の島として有名。リン鉱石は1900年にイギリス人アルバート・エリスが発見，彼が属する太平洋諸島会社が採掘を始めた。その後，英国リン鉱コミッションが独占的に事業を受けついだ。太平洋戦争後，ミクロネシア系住民であるオーシャン島民はリン鉱開発のために，フィジー諸島のラビ島に強制移住させられた。

石森 秀三

オーストラリアアルプス｜Australian Alps

オーストラリア南東部の山地で▶グレートディバイディング(大分水嶺)山脈の一部。ニューサウスウェールズ州南東部の同国最高峰▶コジアスコ山(2228m)を中心とするスノーウー山地，あるいはコジアスコ国立公園の範囲を主として指し，広義にはビクトリ

●**オーストラリア・デー**
入植200年を祝う1988年のオーストラリア・デー。再現された200年前の船団がシドニーのファーム・コーブ(入江)に錨を下ろす。背景はハーバー・ブリッジとオペラ・ハウス。

ア州北東部のボゴング山(1986m)やフェザートップ山(1922m)などを含む。樹木限界(1800m)を超える高地にはお花畑や氷河地形が見られる。冬は3～6ヵ月間雪におおわれ,スキー・リゾートとして知られる。年降水量は同国としてはきわめて多く(3000mm以上),西へ流れるマレー水系と東へ流れるスノーウー川との水源地帯となっているが,多くが東側に流出するため,スノーウー山地水力開発事業により,多くのダム,貯水池,導水トンネルが建設され,スノーウー川の水をマレー水系側に分流し,発電・灌漑に利用している。建設基地であった東麓のクーマ(キャンベラの南100km)が観光基地。

谷内達

オーストラリア・カウンシル
Australia Council

オーストラリア文化・芸術の振興に関する施策を助言し,助成金を通じて実行する政府機関。正式名称は,Australia Council for the Arts。1968年ゴートン政権が,オーストラリア芸術助成のために首相府内の機関として設立したオーストラリアン・カウンシルが前身。73年ウィットラム政権の下で独立機関となり,75年政府ではなく議会に対して説明責任を負う,より独自性の強い法定機関statutory authorityとなった。オーストラリア独自の芸術の振興には公的助成が不可欠であるという考えが設立の背景にある。現在,分野別に先住民芸術,舞踊,文芸,主要舞台芸術,音楽,演劇,視覚芸術の7局,およびコミュニティレベルでの芸術活動を促進するコミュニティ共同委員会と,既存の分野枠に収まらない芸術を支援する芸術際部Inter-Arts Officeの9部局を持つ。2009-10会計年度の予算額は,約1億8200万豪ドルである。なお映画に関しては,1975年オーストラリア映画委員会Australian Film Commissionとして別組織化され,同委員会は2008年オーストラリア映画財政公社Film Finance Corporation Australia,オーストラリア映画公社Film Australiaと合併し,スクリーン・オーストラリアとなった。

杉田弘也

オーストラリアしょご|オーストラリア諸語|
Australian

オーストラリアの先住民▶アボリジニの言語。約200年前,白人到来のときに先住民語は200以上もあったが,今日話されているのは40～50である。系統についてはさまざまな説があるが,確かなことはわかっていない。これら言語の大部分では母音はa,i,uの三つしかない。名詞と人称代名詞は格語尾をもち,動詞もまた語尾で活用を示す。名詞には数の区別がないが,人称代名詞は単数(1人),両数(2人),複数(3人以上)を区別する。敬語に似たく敬遠語〉とでも称すべき語法があり,例えば男が自分の妻の母に関する話題を話すとき(男は妻の母に直接話しかけることは許されない)や自分の妻の父と話すときに使われる。▷タスマニア語

角田太作

オーストラリア・デー|Australia Day
1787年5月13日,11隻からなる第1次流刑船団がイギリスのポーツマス港を離れ,テ

●オーストラリアン・フットボール

ビクトリア・フットボール・リーグの試合。

ラ・アウストラリス〈未知なる南の大陸〉と呼ばれてきた新植民地に向けて出発した。船団は過酷な長い航海を克服し、初代総督となるフィリップ船団司令のもと、88年1月26日にシドニーに上陸した。オーストラリア・デーはこの日を記念して制度化された祝日。1818年マックオリー総督のもとで初めて公式の〈アニバーサリー・デー〉が祝われた。連邦運動が盛んになる90年代以降、オーストラリア出生者協会(ANA)が普及活動をした結果、各植民地(州)でも祝うようになったが、ビクトリア州では〈ANAデー〉という名称が用いられるなどした。1930年代以降、オーストラリア・デーとして全国的に統一されていったが、それが達成されたのは46年であった。88年には建国200年ということで、国を挙げての祝典行事が繰り広げられた一方、先住民及びその支援者たちは〈侵略〉の日として〈白いオーストラリアには黒い歴史がある〉などのスローガンのもと、抗議運動を行った。またこの日には、帰化が認められた移民への市民権授与式も行われる。94年にはすべての州・特別地域で祝日となり、先住民族をも包摂するオーストラリア・ネーションを祝う日として、全国的に祭典が行われるようになっている。

堀 武昭＋村上 雄一

オーストラリアろうどうくみあいひょうぎかい｜オーストラリア労働組合評議会｜
Australian Council of Trade Unions

オーストラリア労働運動の頂上団体。略称ACTU。1927年にメルボルンで結成され、現在も同地に本部を置く。当時はブルーカラー労働者組合の頂上団体だったが、81年ホワイトカラー労働者組合の頂上団体と公務員系組合の頂上団体が合同し、名実ともにオーストラリアを代表する団体となった。現在傘下には42の産業別組合があり、労働党に集団加入している。最近は、教員組合出身のジェニー・ジョージ、シャラン・バロウ、看護師連盟出身のジェッド・カーニーと3代続けて女性が議長を務めている。労働運動の議会部門として生まれた労働党に対して大きな影響力を持ち、ホーク(1969-80)、クリーン(1985-90)、ファーガスン(1990-96)、ジョージ(1996-2000)の4人の議長が連邦議会入りを果たしている。首相を務めたホークのほか、クリーンとファーガスンは主要閣僚を務めている。また、2007年には2000年以来書記長を務めたコンベイも連邦議会入りし、閣僚となった。政策面では、ホーク・キーティング政権時代(1983-96)、政府との間で〈物価・賃金協定〉(アコード)を結び、労働党政権の経済改革におけるパートナーとなった。当時のケルティ書記長は、キーティングと親交が強く、中央銀行の理事にも指名されるなど大きな影響力をもった。労働運動に敵対的なハワード政権下、ACTUは政権による海運組合(MUA)つぶしの試みをきっかけに起きた港湾争議を勝利に導き、また2005年以降ハワード政権打倒の一大キャンペーンを成功させた。

杉田 弘也

オーストラリアン・フットボール｜Australian Football

正式にはオーストラリアン・ルールズ・フットボールという。オーストラリア独特のフットボールで、サッカーの約1.5倍もの広さの楕円形のクリケットグラウンドなどで、1チーム18人で競われる。別名オージールールズ。グラウンドの両端に、4本のポールが等間隔で立っており、ラグビーボールよりも小さめの楕円球を攻撃側がキックし

て，中央の2本のポールの間に，バウンドであれノーバウンドであれ直接蹴り入れればゴールとなって6点，ゴールに入る前に守備側がボールに触れたり，外れて左右の外側のポールとの間に入ると，ビハインドといって1点が加算され，1クォーター正味20分の4クォーター制で，これらの合計点で勝負が決まる．15m以上のキックをノーバウンドでキャッチすると，マークと認定されその場でフリーキックが与えられる．ゴール前フリーキック6点のチャンスをめぐって，蹴り上げられた長いパントキックに対して，攻守入り乱れて長身の選手がジャンプして，敵味方の背中や肩越しに舞い上がりマークを決める場面は，オージールールズ最大の見所となる．こぼれ落ちたボールは，不規則に転がる楕円球を物ともせず，小回りの利く選手がトップスピードで拾い去る．ボールを進めるには，キックのほかにハンドパスを用いてもよいが，投げるのは反則でパンチして渡さねばならない．オフサイドの反則がなく，どの方向にもキックとパスが許されるため，ゲームはきわめてスピーディーに展開する．

19世紀半ばのメルボルンが発祥とされるオージールールズは，ビクトリアを中心に大陸中西部の州で元来盛んで，*ラグビー主流の東海岸ではあまり人気がなかった．1897年に設立されたメルボルン市を中心とするビクトリア・フットボール・リーグ(VFL)が，他州の優れた選手たちも集めてトップリーグとして長く君臨してきた．メルボルン・クリケットグラウンドで戦われるリーグの決勝戦には，毎年10万人以上の観客がつめかけるほどの熱狂ぶりである．1980年代にはVFLの全国展開が始まり，シドニーとブリズベーンに新しいチームが誕生した．同時に真のチャンピオンはどの州か勝負をつけようという機運も出てきて，名選手を数多く輩出してきたサウスオーストラリア・ウェスタンオーストラリアからも，各州2チームずつがリーグ新規参入を果たしている．こうしてVFLは1989年にオーストラリアンフットボール・リーグAFLと改称され，現在は全18チーム，うち10チームがビクトリアという構成となっている．2001年から06年までの6年間はビクトリア州以外のチームが連続して優勝するという，まさに全国リーグへの成長を象徴する展開となった．当初は成績不振が続いたブリズベーンとシドニーのチームも優勝を経験しただけでなく，リーグによる熱心なPR活動や優れた選手養成システムが功を奏して，かつては不毛の地とみなされていたニューサウスウェールズとクイーンズランドでも，オージールールズは着実に根付き，今日では州内2つ目のチームの新設が検討されている．

福嶋 輝彦

オーストラル[諸島]|Îles Australes

南太平洋，フランス領ポリネシアに属する島群．ソシエテ諸島の南の南緯21°45′〜28°，西経143°30′〜155°の間に散在するルルトゥ，トゥブアイ，リマタラ，ライババエ，ラパの5個の火山島と，無人の3島とからなる．陸地総面積約174km²，人口6669(2007)．たいていの島は肥沃で，ココヤシ，パンノキ，バナナ，タロイモ，オレンジ，コーヒー，バニラを産し，豚，牛などとともにタヒチに移出している．1769年以後徐々にヨーロッパ人の知見に入り，1880年から1900年にかけて，全諸島がフランス領とされた．

石川 栄吉

オーストロネシアごぞく|オーストロネシア語族|Austronesian

〈南島語族〉の意．アウストロネシア語族とも表記し，マレー・ポリネシア語族Malayo-Polynesianとも呼ばれる．西はマダガスカル島(マラガシ語)から東はイースター島(ラパヌイ語)まで，北は台湾(高山族諸語)およびハワイ島(ハワイ語)から南はニュージーランド(マオリ語)に及ぶ広大な地域で話される諸言語を含む語族であるが，オーストラリアとニューギニアの大部分は非オーストロネシア系の言語(*オーストラリア諸語，*パプア諸語)である．正確な言語数は不明だが，おそらく800〜1000にのぼるものと推定され，言語数と地域的広がりの点では世界最大の語族である．

[分類と故地] オーストロネシア語族は，通常，大別して西部語派(インドネシア語派あるいはヘスペロネシア語派ともいう)と東部語派(オセアニア語派ともいう)の二つに分類されるが，

コラム｜オーストラリアの共和制移行問題

オーストラリアは、イギリス国王をオーストラリア国王として元首に抱く立憲君主制をとっており、国王の代理として置かれている連邦総督は、連邦憲法に従えば、立法・行政に独裁的な権限を有している。憲法上は内閣も首相も存在しておらず、オーストラリアの議院内閣制は、憲法上の慣習によって支えられているのである。ただし、実際は憲政上の慣習に従い内閣の助言によってのみ権限を行使する。

共和制運動は、オーストラリアの元首をイギリス国王からオーストラリア人の大統領に代えることでイギリスとの間の憲法上のつながりを断ち切ることを求めるものである。この運動は、1850年代プレスビテリアン教会の牧師で急進的民主政治家ジョン・ダンモア・ラングの主張にみられるように植民地時代から存在していた。19世紀後半の共和制運動を主導したのは、オーストラリア・ナショナリズムを掲げて1880年に創刊された文芸誌《ブレティン》であり、同誌で活躍したオーストラリアを代表する詩人ヘンリー・ローソンが最初に発表した詩は〈A Song of the Republic〉である。ブレティン誌を中心としたナショナリズムと共和制運動は、白豪主義に対してイギリスが積極的な支持を与えなかったことが一因とされていた（ローソンの詩がレイシズムであるという批判はよくみられる）。第1次世界大戦を経て大英帝国への忠誠とオーストラリア・ナショナリズムが両立するとみられるようになり、カトリック教徒が圧倒的なアイルランド系オーストラリア人が運動の主体となると、ブレティン誌が保守化したように、主流派オーストラリア人の中で共和制への支持は低下した。

共和制論争が再燃したのは、ウィットラム政権下であった。1973年英国がEECに加入し、オーストラリアの産物・製品が英国へ優先的に輸出されることが不可能になったこともあるが、大きなきっかけは75年のカー総督によるウィットラム政権の解任だった。国王の代理によって下院で信任を得ている政府が解任されたことは、労働党支持者を中心にオーストラリアの政治体制、憲法や二院制のあり方について再考する機会を与えた。92年、キーティング首相は、議会論戦中に共和制問題を提起し、共和制主義者として知られる実業家マルカム・ターンブルを委員長とする共和制諮問委員会を発足させた。ターンブル委員会は、93年、現行憲法から国王への言及を削除し、総督を大統領に置き換え、大統領は連邦上下院2/3の議決で選出する超党派指名モデルを答申した。ターンブルは、その後民間団体であるオーストラリア共和制運動を組織し、その議長として共和制を推進した後、自由党の連邦議員となり、党首も務めた（2008-09）。

共和制移行で意見が一致している労働党とは異なり、保守側は賛否の意見が同居しているため、共和制移行反対派も交えた共和制国民会議を召集し、その結果で国民投票の実施を決めるという立場をとった。この方針に沿って、1996年に誕生したハワード政権は、半数が選挙によって選ばれ、残りは政府が指名した152人の代表によって構成される共和制移行国民会議を98年2月に開催した。2週間にわたる会議の結果、共和制移行に関してははっきりとした過半数の支持があった（賛成89，反対52，棄権11）が、モデルに関しては超党派指名モデルが最多の支持を集めた（賛成73，反対57，棄権22）ものの、はっきりとした過半数とはいえなかった。この場合、まず数通りの選択肢から最終的な国民投票にかけるモデルを選ぶ予備投票を行う2段階方式を決定事項とすべきだった。しかしハワードは、超党派指名モデルが有効投票の過半数を得たとして、この方式を憲法改正の国民投票にかけると決定した。この決定の背後には、超党派指名モデルに不服な大統領直接選挙派

の共和主義者たちが，君主制支持派とともに国民投票で反対するという君主制支持派ハワードの読みがあった。そのとおり，99年11月の国民投票で改正賛成が多数を得たのは，首都地域のみという結果となった。

　2007年に発足したラッド政権は，共和制移行の是非をまず問い，そこで賛成の結果が得られればモデルを検討して実際の改正案を国民投票に付すという2段階方式を提案しているが，共和制実現を急いでいるようすはない。2000～03年ごろ50％を超えていた世論調査での共和制への支持は，不支持を5～10ポイントリードしているものの，近年は45％程度に低下している。エリザベス2世存命中の共和制移行はないとする見方が定着しているが，それは言い換えれば国王が代われば君主制維持への支持が大きく減少するだろうことを示している。オーストラリアの元首は，オーストラリア国王とはいうものの，国際的にはイギリス国王であり，オーストラリアの利益とイギリスの利益が一致しない場合にオーストラリアの利益を優先させるとは考えがたい。また，特定の家系に生まれた特定の宗派(英国国教会)の信者でなければ元首となれず，しかも男性継承権者が優位であることは，平等主義(fair-go, egalitarianism)を最重視する多文化主義社会になじまない。いずれ共和制は不可避であるとの考えは，君主制支持派にも浸透している。

　1975年の憲政危機，98-99年の国民会議と国民投票での議論が示したのは，総督であれ大統領であれ，儀礼的な元首が留保権限(reserve power)を行使して政府を解任できる現行憲法を根本的に見直すことの必要性である。大統領が権限を行使できるのはあくまで首相・内閣の助言に基づくと明記した上で，全国民の直接選挙で大統領を選出するやり方が，共和制実現に最も近い手段のように思われる。

　キーティングは共和制移行とともに国旗の改変も俎上に載せた。オーストラリアの国旗は，紺地の旗の左上部にイギリス国旗，その下部に連邦の星，右側に南十字星を配したデザインである。最重要部に旧宗主国の国旗がデザインされているのは時代錯誤的であり，ニュージーランド国旗と紛らわしい上，先住民族との和解を求める多文化主義社会である現代オーストラリア社会を象徴できない。さらに，オーストラリアが関係を強化しなければならない東南アジアにおいて，いまだに植民地気分から抜け出せないオーストラリアという印象を固定化し，経済上の不利益につながるという思考も背景にある。新たなデザインのコンペティションも行われているが，国旗変更への支持は共和制への支持よりも低迷している。カナダのように広い国民の支持が得られるデザインがこれまで現れていないことがその原因と思われる。

杉田 弘也

台湾の高山族諸語をそれらに対立する第3の語派と認めるか否か，そして西部語派と東部語派の地理的な境界線は西イリアンのどのあたりにあるのか，についてはいまだに議論が多く，結論を得るにいたっていない。古くはオーストロネシア語族をインドネシア語派，メラネシア語派，ポリネシア語派に三大別する学者もいたが，現在では後2者は東部語派の下位区分にすぎないものと考えられている。オーストロネシア諸語を話す人口のほとんどは西部語派に属し(2005年統計で約2億3000万人)，東部語派諸語の話し手はわずかにその0.6％(約130万人)にすぎない。

　オーストロネシア語族の故地は，1889年オランダのケルン H. Kern によってインドシナ半島北東部沿岸であったろうと推定され，多くの学者によって支持されているが，アメリカのダイエン I. Dyen は，オーストロネシア諸語の現在における分布状態から推測し，ニューギニアが故地であった可能性を示唆している(1956,65)。

[他語族との関係]　オーストリアのW. シュミットは，オーストロネシア語族とオースト

ロアジア語族が親縁関係にあったとし，両者を合わせてオーストリック語族なる名称を与えたが，科学的に証明されたわけではない。近年アメリカのベネディクト P. K. Benedict は，オーストロネシア語族がコーチシナや海南島の非漢系の言語(カダイ諸語と呼ばれる)を介してタイ諸語と親縁関係があるとし，オーストロ・タイ語族を提唱しているが，いまだ定説とはなっていない。

[祖語の再構] 音韻・文法ともに，東部語派よりは西部語派の方がはるかに複雑な体系を持っており，いわば古形を保っている。一般的に言えば，東部語派は著しい簡単化を蒙っており，したがって共時的にも通時的にも研究が比較的容易であるが，西部語派にあっては各言語間の差が甚だしく，研究者の数が少ないこともあって，研究が遅れている。オーストロネシア祖語の再構はドイツのデンプウォルフ O. Dempwolff によって一応の集大成を見たが(1934-38)，その再構は音韻と語彙の分野にとどまる。その後の研究は主としてダイエンやブラスト R. Blust らによってデンプウォルフの再構に修正を加えるという形で進められている。文法の再構は現在のところやっとその端緒についたばかりの段階である。

　　　　　　　　　　　　　　　　土田 滋

オセアニア | Oceania

アジア大陸と南・北アメリカ大陸の属島を除いた，太平洋諸島とオーストラリア大陸(属島を含む)とを合わせた範囲をオセアニア(大洋州)と呼ぶ。太平洋の大半を含むのでその範囲は広大であるが，陸地総面積は900万km²にたりず，しかもその86%をオーストラリア大陸だけで占めている。これに島々のうちで抜群に大きなニューギニアとニュージーランドとを加えると98%となる。残りの数千を数える島々の総面積はわずか18万km²にすぎない。

大陸を除いたオセアニアの島々の世界は，通常地理学的および人類学的観点からメラネシア，ポリネシア，ミクロネシアの3地域に区分される。メラネシア(ギリシア語で〈黒い島々〉の意。住民の皮膚の色が黒いことによる)は赤道以南のほぼ180°の経線以西の島々をさし，ニューギニアから南東方向に伸びるビスマーク，ソロモン，サンタクルーズ，ニューヘブリデス(バヌアツ)，ローヤルティ，ニューカレドニア，フィジーなどの諸島を含む。ポリネシア(同じく〈多数の島々〉の意)は，ほぼ180°の経線以東の，北はハワイ，南西はニュージーランド，南東はイースター島を三つの頂点として描かれる，1辺およそ8000kmの巨大な三角形(ポリネシアン・トライアングルと呼びならわされている)に含まれる島々をさす。上記の3頂点に当たるもののほか，サモア，トンガ，ウォリス，エリス(ツバル)，フェニックス，トケラウ，クック，ライン，ソシエテ，オーストラル(トゥブアイ)，トゥアモトゥ，マンガレバ(ガンビエ)，マルキーズ(マルケサス)の諸島がある。ミクロネシア(〈小さな島々〉の意)はほぼ赤道をはさんでメラネシアの北側にあたり，マリアナ，カロリン，マーシャル，ギルバート(キリバス)の諸島を含む。

【自然】

[地形，気候] 現在のオセアニアの自然環境は，乾燥した大陸と湿潤な島々という二つのタイプに大別することができる。オーストラリア大陸は〈乾燥大陸〉の名にふさわしく，年降水量500mm以下で草原や砂漠となっている土地が，大陸全体の約3/5を占めている。降水はほぼ同心円形の分布を示し，内陸中央の砂漠から外側へ向かって漸増する。650mm以上の年降水量をもつのは，北部のアーネムランドとヨーク岬半島，南西オーストラリアおよび東部地方だけである。降水量に応じて独特の植生の型が形成され，比較的降水の多い東部にユーカリ樹林，西部には広葉樹林，そして高温多雨の北部には熱帯雨林がみられる。これらの植生は内陸に向かうにつれてしだいに姿を消し，サバンナからステップを経て砂漠に変わっていく。地形は概して低平であるが，大陸の約3/5の面積を占める西部の台地，標高150m以下の内陸の沈降盆地，および東部高地と海岸平野の3地形区に分けられる。

オセアニアの島々は，地質学的にいわゆる陸島と洋島とに分けられる。太平洋の西縁に近いミクロネシアのマリアナ諸島とメラネシアの大半の島々およびポリネシアのニュージーランドは陸島で，第三紀末の環太平洋造山帯の活動によって形成されたも

のである．概して島が大きく，地質，地形ともに複雑で，埋蔵地下資源の種類も多い．これに対して，大陸から遠くへだたったミクロネシアの大部分と，ニュージーランドを除くポリネシアの島々は洋島である．洋島は火山島，環礁および隆起サンゴ礁に分けられる．

火山島は深海底から溶岩として押し出された玄武岩質の島である．ハワイのマウナケア山のように標高4206mにも達するものもあるが，一般に2000mを超えるものはまれである．しかし，高度に比して島の面積が小さいため，地形は急峻で平地に乏しい．ただし，次に述べる環礁と異なって水は豊富であり，とくに風化の進んだ古い火山島では玄武岩質の肥沃な土壌に恵まれて，植物の繁茂がきわめて旺盛である．ポリネシアのサモア，南部クック，ソシエテ，オーストラル，マルキーズ，ハワイなどの諸島は，ほとんどすべてこのような火山島からできている．

環礁は中央にラグーン（礁湖）をいだく低平な円環状のサンゴ礁の島で，標高5mを超えることはまれである．サンゴ質のため水と土壌に乏しく，したがって植生も貧困である．しかし，サンゴ礁に囲まれたラグーンは波静かな漁場をなすばかりでなく，船舶にとって絶好の泊地や避難所を提供し，このため，カロリン諸島のチューク諸島がかつての日本海軍の基地とされたような例もある．ラグーンは直径1kmほどの小さなものから，世界最大といわれるマーシャル諸島のクワジャリン環礁のそれのように琵琶湖の2倍半のものまである．このような環礁は，ミクロネシアのマーシャル，ギルバートの両諸島と，ポリネシアのエリス，フェニックス，トケラウ，ライン，北部クック，およびトゥアモトゥの諸島に発達が著しい．

隆起サンゴ礁は環礁が十数mから数十m隆起したものである．単調ではあるが険しい断崖の海岸線をめぐらし，島の中央部にかつてのラグーンが凹地となって名ごりをとどめることが多い．この凹地に海鳥の糞が長年月の間にいわゆるグアノ・リン鉱石として厚く堆積していることもある．ミクロネシアのナウル島やオーシャン島がそうしたリン鉱石を産する隆起サンゴ礁である．

オセアニアの島々は，温帯に属するニュージーランドとイースター島とを除いて熱帯に属し，年間を通じて高温(年平均21～27℃)である．ここはまた貿易風帯でもあり，南半球では南東貿易風，北半球では北東貿易風がそれぞれ卓越風となって雨をもたらす．降水量は火山島の場合には風上側に多い．東太平洋では赤道に沿って寡雨帯が走り，ポリネシアのマルキーズ諸島がこれに入る．低平な環礁も熱帯低気圧に見舞われないかぎり雨が少なく，年降水量300mm以下ということもまれでない．赤道付近の西太平洋に発生する熱帯低気圧は，北半球では北西に，南半球では南東に向かって進み，進路上の島々に多量の雨をもたらすばかりか，しばしば甚大な損害を与える．一般に高温多雨であるため，植物の生育が旺盛で，熱帯性の自然林がよく茂り，とくにニューギニアをはじめとするメラネシアの島々では濃密な熱帯雨林が大地を広くおおい，また海岸をマングローブ林が縁どることも多い．ただし，さきにも述べたように，土壌と水の乏しい環礁の場合には植生が貧困である．

石川栄吉

[地史と生物相]　地質構造区分からオセアニアを分けると，①オーストラリアを中心とした大陸域，②ニューギニア，ニューカレドニア，ニュージーランド等を含む列島域，③広く大洋中に散在するサンゴ島，火山島，ギョーなど各群島・諸島からなる洋島域の三つに大別される．この3区分はそれぞれ地史的な背景をもつ．

①オーストラリアとその東岸の大堡礁(グレートバリア・リーフ)や北側のアラフラ海域を含めた広いサフル陸棚地域などは，古い先カンブリア時代の楯状地を境にし，主として先カンブリア時代～古生代の地殻変動を通じて成長してきた地域である．中生代終りごろにこの陸塊はゴンドワナ大陸から分離したあと，海洋底の拡大等の運動に伴って現在のような形や構造をとることになった．現生の動植物相は，このような履歴を反映させて，その他の大陸とはきわだって異なった特徴がある．たとえばユーカリの大繁

栄，真獣類の不在（後に人類がもちこんだものは除く）とそれを補う形での有袋類の著しい分化と発展，シンサンカクガイの残存，といった証左が挙げられる。楯状地の古期岩層中には，しばしば大規模の鉄鉱床を胚胎し，世界でも有数の鉄資源産地となっている。
②列島型の島々とその周辺の小島群は，古生代から中生代にかけての造山運動により，日本列島とほぼ似た発達史をたどっている。三畳紀の二枚貝やその後のアンモナイト類などの化石も発見されているし，蛇紋岩など超塩基性岩類の分布も広い。ニューカレドニアのニッケル鉱床は，このような岩石の一部をなすものであり，日本へも多く輸出されている。ニューギニア，ニューカレドニア両島はともに現生生物相はオーストラリアのそれに近く，飛べない鳥のカグーや，カンガルーをはじめとする有袋類，ダチョウの仲間，ユーカリ類などによって特徴づけられている。
③洋島のほとんどは，形成が白亜紀以降という新しさのため，オーストラリア型の生物相からはむしろ独立的であり，海流の影響を強くうけて分布するサンゴ類をはじめとする海洋生物を除くと地域性が著しい。洋島の基本型はギョー型の海底火山であり，とりわけサンゴ礁のよく発達している島々は，ダーウィン・ライズと呼ばれる広い海底の盛上り部分に集中していて，中生代後期から新生代にかけて起こったグローバルな地殻変動の一つのタイプとみられる。これらの洋島の生物相の特徴としては，島ごとの変異が大きいことや外敵が少ないために飛べない鳥の多いことがあげられる。

オセアニア近辺の海流系は，基本的には赤道に沿う西方流とその反流，ならびに陸塊に阻止されて反転する北上流（黒潮）や南下流（東オーストラリア沿岸流）からなっていて，海洋生物分布を大きく規制している。サフル陸棚やジャワ海は現在の水深がほぼ200mより浅く，第四紀の海面低下期には陸化していたと考えられる。また，オセアニアの列島型島や洋島群の近くにはトンガ海溝をはじめいくつかの海溝系が存在し，大洋底地殻の移動と関連して著しい高低差をもつ地形を構成している。オセアニア全般の海底の形成史は東や北太平洋のそれに比べて複雑であり，地球科学的解析がややおくれている。

オセアニアの地下資源は，多くが海洋島であるため全体的に乏しい。しかし，ニューカレドニアのように，超塩基性岩類が広く露出しているところでは，ニッケル鉱を多量に産出する。グアノ型の堆積性リン鉱石はサンゴ礁型の小島にみられるが，産出量は減少してきている。海洋資源，とりわけ沿岸生物資源には恵まれているが，漁法や組織が不十分であるため，公海資源の方がより多く利用されている。　　　　浜田隆士

【住民】　オセアニアの存在がヨーロッパ人の知見に入るのは16世紀以降のことであるが，そのはるか以前からオセアニアの大陸と島々には人が住みついていた。彼らの来歴，とくに東のアメリカ，西のアジア両大陸から隔絶したポリネシアの諸島民の起源については，彼らが〈発見〉されてこのかた多くの論議を呼んできた。失われた大陸の生残りの子孫であるとする説，南アメリカ大陸から渡来したとする説など，さまざまの仮説が出されてきたが，今日ではポリネシア人を含めてオセアニアの土着の人々の祖先が，すべて東南アジアから移動してきたことが明らかにされている。ただし，その移動の時期は地域によってかなり異なる。
①アボリジニ　オーストラリアの先住民であるアボリジニの祖先は，今から約5万年前，更新世末の最終氷期（ウルム氷期）に東南アジアからこの大陸へ移動してきたものである。当時は海退期にあたり，海面が現在よりも50m以上低下してオーストラリア，ニューギニア，タスマニアは陸続きとなり，サフル大陸を形成していた。また，インドネシアのジャワ，スマトラ，ボルネオもアジア大陸と地続きになって，スンダ陸棚を形成していた。以後，およそ1万5000年前に再び海面が上昇を始めるまでの間に，サフルとスンダの間のウォーレシアと呼ばれる島嶼群を渡って，アボリジニの祖先が渡来したものと考えられる。かれらは，オーストラロイドに区分されてきたが，近年では地域集団ととらえられ，サフル人という呼称が提唱されている。これまでにオース

●オセアニア｜図オセアニア地域の民族移動

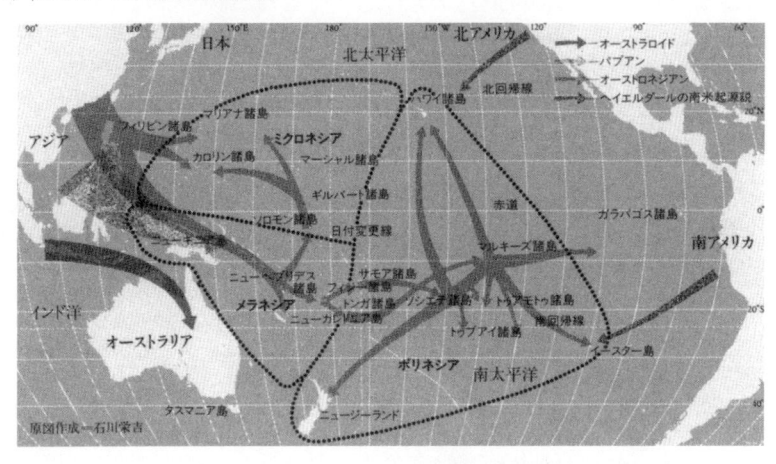

トラリアで出土した最古の化石人骨は、ニューサウスウェールズ州西部のマンゴ湖近傍から出土した女性人骨で、およそ4万年前のものとされている。概して中等度の身長、波状毛、突出した眉上弓、くぼんだ目、広鼻、厚い唇、長頭、赤褐色ないしチョコレート色の皮膚、多毛性などを身体形質上の特徴とする。1876年をもって純血種が絶滅したタスマニア先住民もその同類である。アボリジニの言語は約300、方言も数えると約600グループに分かれていたが、これらはオーストラリア諸語と呼ばれ、文法や音韻において大きな共通性が見出される。しかし、パプア、メラネシア、東南アジアなど、周縁地域の諸言語との間にはこれまでのところ親縁関係が立証されていない。ヨーロッパ人の入植(1788)以前のアボリジニは、旧石器時代さながらの採集・狩猟民であった。彼らは平均30人ほどの小集団ごとに、伝統的に定まった広大な領域内を食糧を求めて放浪の生活を送っていた。物質生活は貧困であったが、二重単系出自に基づく複雑な社会組織をつくり、トーテミズムとして知られる宗教観念を発達させていた。

②パプア人とメラネシア人　メラネシアの住民は一般に黒色の皮膚と渦状毛もしくは縮毛を特徴とするところから、従来アフリカ黒人と同類のニグロイドに分類されがちであったが、オーストラリアのアボリジニと同じオーストラロイドに属するとされるようになった。概してニューギニア内陸部住民が暗褐色の皮膚、渦状毛、鉤鼻、多毛であるのに対して、他のメラネシアの島々の住民は、黒色皮膚、縮毛、広鼻で体毛も少ない。身長は一般に中等度であるが、ニューギニア高地の一部には男子の平均身長150cm以下の低身グループもみられる。ただし、小地域ごとに割拠して長年月の孤立を続けたことと、後来のモンゴロイド集団との混血の程度とによって、現在の身体特徴にはかなりの地域差が認められる。言語学の観点からは、メラネシアの住民は、パプア諸語を話すパプア人とオーストロネシア語を話す狭義のメラネシア人とに分類される。サフル大陸に渡った旧石器時代人は、パプア諸語ないし非オーストロネシア諸語と呼ばれる雑多な諸言語を話す人々で、3万年前頃にはニューギニアの離島やソロモン諸島に到達していたと推定される。パプア諸語の系統関係は明らかではないが、現在は一部の沿岸部を除くニューギニア島の大部分とビズマーク諸島およびソロモン諸島の一部とに用いられている。その後、3300年前頃には、モンゴロイド集団が東南アジア島嶼部からメラネシアへと拡散していっ

た。パプア諸語以外のメラネシアの島々の言語は、▶モンゴロイド集団がもたらしたオーストロネシア語族に属する諸言語である。この間およびその後に先住のオーストラロイドとさまざまの程度に混血し、現在みるメラネシアの住民の形質をつくりあげた。メラネシアの住民はタロ、ヤムなどのイモ類とバナナ、パンノキ、ココヤシ、サゴヤシなどの樹木作物を栽培する原始農耕民であった。ニューギニア高地では既に約9000年前にイモの栽培や豚の飼育が行われていた。農耕技術はもちろん東南アジアからもたらされたものであるが、穀物と金属器は伝わらなかった。彼らは村をつくって定住生活を営んだが、その規模は小さく、村を超える政治社会はほとんど形成されることがなかった。原始的平等が支配的で、一部の地域を除いては身分も階級も未分化であった。現在、▶ビッグマンと呼ばれる政治的リーダーは、儀礼的交換における財の操作を通じて、地位や名声を獲得する。親族関係を規定する出自原理は父系もしくは母系であることが多く、祖先崇拝とこれに関連するさまざまの儀礼が行われていた。生物・無生物を問わず万物に宿る超自然力〈▶マナ〉の観念が発達し、その獲得を目的として首狩りや食人が行われることもあった。マナの観念はメラネシアにかぎらず、ポリネシア、ミクロネシアにも広く認められる太平洋諸島民の基本的宗教観念である。

③ポリネシア人 ポリネシア人は褐色の皮膚に黒色の波状毛をそなえ、高身でかつ肥満型への傾向を示し、眼瞼にはときとして軽微な蒙古皺襞があらわれる。モンゴロイド集団に属するが、オーストラロイド要素も混じえている。これはポリネシア人の祖先がメラネシアを経由して渡来したことを意味する。彼らがメラネシア南東端のフィジー諸島からポリネシア西部のトンガ諸島とサモア諸島とに植民した時期は、前1000年ころであった。その後、サモアから後300年までに東部ポリネシアのマルキーズ諸島に移り、さらにここを基点としてハワイに7世紀ころ、イースター島に12世紀ころに植民が行われた。マルキーズとほぼ同じ頃に植民されたと思われるソシエテ諸島から

は、12世紀ころにニュージーランドへ、そして13、14世紀にはハワイへも移動がなされた。このようにしてポリネシアの島々は、ヨーロッパ人がそこに姿をあらわすまでに、ほとんどもれなく人の住むところとなっていたのである。ポリネシア人の言語はメラネシア諸語と同じくオーストロネシア語族に属し、生業形態も基本的にメラネシア人のそれと異ならないが、社会組織は身分階層制が発達し、一部に▶首長国の形成もみられた。出自は父系に傾いた選系である。マナと並んで▶タブーの観念が発達し、これが身分制の一つの支柱をなしていた。身分制はまた、神話によっても合理化されていた。

④ミクロネシア人 ミクロネシア人はモンゴロイド集団に属し、東部ほどポリネシア人に近く、西部ほどフィリピンもしくはインドネシア人に近い。中・東部カロリン諸島とマーシャル諸島およびギルバート諸島は、核ミクロネシアの名で総称され、これら諸島の言語はメラネシア諸語およびポリネシア諸語とともにオーストロネシア語族の東部群を構成する。言語学の研究成果によれば、核ミクロネシアへの植民は、約3000年以上前にメラネシアのソロモン諸島およびニューヘブリデス諸島の北部から、マーシャル諸島およびギルバート諸島へとなされ、その後西へと進みヤップやパラオの離島にまで拡散していった。しかし、考古学的にみれば、マーシャル、チューク、ポンペイなどで人の居住が確認できるのは約2000年前である。この人びとは同じ頃にメラネシアを経てポリネシアに流入した人びとと、おそらくは同系であったと思われる。これに対して、マリアナ諸島とカロリン諸島西部のパラオ諸島とを含む西部ミクロネシアの言語は、インドネシア語などと同じくオーストロネシア語族の西部群に属する。西部ミクロネシアは前1500～1200年頃にフィリピン方面から植民された。また、ポンペイ島の南方に位置するヌクオロとカピンガマランギでは、ミクロネシアでは唯一ポリネシア語が話されている。これは、後1300年頃にポリネシアから小集団が移住したことによる。ミクロネシアの文化は総じてポ

リネシアに近く，身分階層制の発達も広く認められるが，出自はポリネシアと異なって母系をたどることが多い．

石川栄吉＋飯高伸五

【先史文化】　オセアニアにおける考古学の歴史は比較的浅く，オーストラリア，ニュージーランドを除いてはおもに地上に残存する石造遺跡の調査を主体とするものであった．本格的な発掘による考古学調査は第2次大戦以後のことであるが，特に1960年代以降，オーストラリア国立大学によるメラネシアの調査，ホノルルのビショップ博物館によるポリネシアの調査は大きな成果をあげている．ミクロネシアでは，マリアナ諸島で戦後早くから日本やアメリカの考古学者の調査が始まったが，中央および東部ミクロネシアの発掘調査はだいぶ遅れ，東海大学，ビショップ博物館，オレゴン大学の学者らによって1970年代になって活発となった．近年のオセアニア考古学では，ラピタ遺跡の発掘が進展し，オーストロネシア集団の拡散の詳細が明らかになってきた．また，年代測定法の進歩とともに，ハワイ，イースター島，ニュージーランドなどポリネシア周縁部への人の拡散の歴史は，これまでより約400年後に修正された．一方で，ミクロネシアでは新たな遺跡の発掘により，人の居住年代がこれまでより約1000年前に修正された．

　更新世の氷河の形成とともに海退が始まって，海水面は現在よりも最高時で100～150mも低くなり，ニューギニア，オーストラリア，タスマニアは陸続きとなった．同時にジャワ，ボルネオなど東南アジアの島々の一部もアジア大陸と陸続きとなったが，ニューギニアおよびオーストラリアと東南アジアとの間には海域が残り，動植物の東方への移動をはばんだことは，ウォーレス線が存在することで知られている．人間がこの海域を渡る技術をもつまでには長年月を要し，東南アジアからニューギニアやオーストラリアに達することができたのは約5万年前であった．更新世後期にさかのぼる遺跡は，オーストラリアの北部から南部にかけて発見されているが，約4万年の古さをもつニューサウスウェールズ州のマンゴ湖遺跡は礫核とスクレーパーを主体とする石器文化をもっていた．ニューギニアの高地からは更新世後期の遺跡がいくつか発見されているが，沿岸地域からの発見はなく，これは後代の解氷期の海進によって当時の沿岸は海面下に沈んでしまったのが原因と思われる．中央州の高地にあるコシペ遺跡は2万7000年をさかのぼる年代を示し，粗製の打製分銅形剝片石器が下層から，局部磨製石斧が上層から出土している．ニューギニアでは約9000年前ころには根菜農耕が始まったが，東南アジア原産と考えられる豚の骨の発見も報告されている．南部ハイランド州のクック湿地遺跡は，排水施設がある初期農耕の遺跡で，タロイモやヤムイモの栽培が行われたことがわかっている．ニューギニアとオーストラリアは6500〜8000年前ころには海進により現在みるように海で隔てられて，それぞれ特徴的な歴史・文化をもつことになる．現在のアボリジニとニューギニアおよびソロモン諸島，ビズマーク諸島の一部に分布する複雑多種のパプア語族とは，それぞれ更新世後期の文化を基に分化したものであろうといわれている．

　前1300年頃には，東南アジア島嶼部からオーストロネシア語を話す，磨製の石手斧 (せきしゅふ)，石のみ，釣針，それに土器，根菜農業の知識をもった海洋民族が続々とニューギニア沿岸，ビズマーク諸島，ソロモン諸島方面に浸透しはじめた．これらの集団は＜海のモンゴロイド＞とも呼ばれ，前1000年ころには遠くメラネシアのフィジー，さらにはポリネシアのトンガ，サモア諸島にまで達した．彼らはラピタ式土器文化をもち，海上交易を行っていた．フィジーにおいてはラピタ式土器以後，沈線文と敲打文 (こうだもん) をもつ二つの土器文化が続くが，その影響はトンガやサモアには及ばず，この両諸島のラピタ系土器文化は後300年ころには消滅している．前500年から後300年ころにかけて，いわゆるポリネシア文化の基礎が形成されたものと考えられ，昔から唱えられていたインドネシアをポリネシア文化の起源とする説は書きかえなければならない．後300年前後には，サモアから東ポリネシアのマルキーズ諸島への移住を行っ

● オセアニア
左―太平洋探検に用いられた帆船。17世紀前半。
右―オランダ人ホンディウスの描いた地図(1588)。中央の島がニューギニア,その南の大陸がオーストラリア。

たが,土器の製作技術を失ったこれらの人々が,その後マルキーズおよび他の東ポリネシアで土器を製作した形跡はみられない。最近,南マルキーズのヒバオア島,南クックのアティウ島,マウケ島から少数の土器片が発見されているが,これは,西ポリネシアからこれらの地域に人の流着のあったことを示しているものと思われる。

一方,ミクロネシアにおいては,マリアナ諸島(グアム島を含む)で前1500年ころに文化の発祥が認められる。前ラッテ期と後ラッテ期の二つの文化期があるが,ラッテとは椀状の頭部をもつサンゴ柱で,通常数個ずつ2列に並んで発見され,おそらく家屋の床の支柱であったと思われる。前ラッテ期には,ラッテはなく,東南アジア,フィリピンと関係があると思われる沈線文を石灰で埋めた文様をもつ土器や赤色土器が出土し,石や貝製の手斧,貝製の釣針,装身具などを伴う。後850年ころから始まる後ラッテ期には,ラッテが制作され,無文土器文化が伴う。西カロリンのヤップ島やパラオ諸島からは有文の前ラッテ期の土器は発見されていない。ミクロネシアの土器文化の分布の東限はポンペイ島およびコスラエ島まで達している。チューク諸島では無文土器を主体とする紀元前後までさかのぼる遺跡も発見されている。マリアナの土器は中央フィリピン出土の土器との類縁性が指摘されているが,ポンペイ,コスラエ,チュークの土器はマリアナの土器とは形態などが異なり,むしろ無文化したラピタ土器との類縁性が認められる。

篠遠 喜彦＋飯高伸五

【歴史】
[ヨーロッパ人の来航から植民地へ] オセアニアがヨーロッパ人によって〈発見〉されたのは,16世紀の大航海時代であった。マゼランがスペインから西回りで南米を経由し,1521年にグアム島に到着したのは,香料諸島への最短航路を求めるポルトガル,スペインの競争の副産物である。1560年代に,スペインはマニラとアカプルコを結ぶガレオン船貿易航路を確立した。そして,1580年にスペインはポルトガルを併合,北太平洋の覇権を確立したかにみえたが,その地位は直ちにオランダに脅かされる。他方,探検は*キリスト教布教の情熱にも裏づけられていた。イエズス会は異教徒改宗事業をマリアナ諸島で始めたが,成功しなかった。強引な改宗策が島民の反感を買い,宣教師は殺害され,スペインはその報復として島民を大量虐殺したからである。

17世紀末にイギリスの航海士*ダンピアの《新世界周航記》が出版され,またフランス人探検家ブーゲンビルがルソーの説いた

タヒチの〈高貴な野蛮人〉について述べたことにより、南海の風俗や自然に関する興味がヨーロッパの知識人の間で高まり、太平洋の調査航海の新時代の幕が開いた。クック、ラ・ペルーズらに代表されるイギリス、フランスを中心とする探検隊はオセアニアに航海し、現地名におかまいなく命名を行った。その後18世紀末になり、ヨーロッパでは民間の海外伝道熱が高揚した。▶ロンドン伝道協会は先頭を切ってタヒチ、トンガに伝道し、プロテスタントの教義が普及した。なお1788年1月20日、イギリス人海軍将校アーサー・フィリップはニューサウスウェールズ植民地に流刑船団を率いて上陸した。〈オーストラリア史〉の始まりである。

 1870-71年の普仏戦争後はドイツも加わり、列国間でオセアニアの再分割が行われた。19世紀の最後の25年間には、フィジー、タヒチ、ハワイの3国が消滅し、トンガ王国だけがイギリスの保護下で自治政府を維持した。列国がこの地域に植民地を求めた理由はさまざまである。流刑植民地あるいは移住の地を求めたこと、経済的理由、戦略上の理由、あるいは他国の占領予防のためなどであろう。白人の経済活動に関しては、19世紀後半を境にして変動がみられる。それまで盛んであった捕鯨や白檀の採取から、熱帯農産物栽培、鉱物資源採掘、牧畜などの定住性の強い産業に移行する。その結果、外国人の土地の買占めが起こった。またアジアからのクーリーや身売り同然の▶移民、他の島嶼からの半奴隷的労働力が流入し、伝統社会は大きな変容を受ける。このため新しい宗教運動が生じた。たとえばメラネシアでは、▶カーゴ・カルトが頻発した。救世主が大量の積荷とともに到来するというのである。キリスト教の教義の影響とともに、富と権力の象徴である郵船会社の影響が指摘されている。カーゴ・カルトは場合によっては、反体制イデオロギーとしても機能した。

 第1次世界大戦の結果、ドイツは太平洋植民地を失い、それらは国際連盟の委任統治領として、オーストラリア、ニュージーランド、日本に移管された。第2次世界大戦では、オセアニアは戦場となった。太平洋諸島の住民、とくにミクロネシアの人々は戦争に巻き込まれて多くの被害を受けた。戦後においても、オセアニアの島嶼は原爆や水爆の実験場とされ、あるいは軍事基地とされた。
〈広野 好彦〉

[独立達成] 有史以来のオセアニアは、欧米の植民地として存在し続けたが、1931年の▶ウェストミンスター憲章制定により、オーストラリアとニュージーランドは法的な完全独立達成に向かった。しかし、この二つは、どちらもイギリスからの分離国家であって、これが直ちにオセアニアの脱植民地化とはならなかった。この地域に独立や自治の動きが出始めるのは、国連で植民地独立付与宣言が採択された1960年以降のことだ。この宣言を受けて60年代は、アフリカに独立国が次々と誕生していったが、オセアニアにおける最初の独立は1962年の西サモア(現サモア)、次いで68年のナウル共和国、70年にはトンガ王国、フィジーが続いた。最後の独立は94年のパラオで、現在(2009)の域内島嶼独立国は12ヵ国を数える。域内にはその他に10ほどの政治単位が存在しており、半独立的な政治地位にあるクック諸島、ニウエや近年自治体制を強めている仏領のニューカレドニア、フレンチポリネシアがあるものの、今のところは独立国家を目指す政治的動きはみられない。
〈小林 泉〉

【神話】 オセアニア地域の人種・民族移動は数千年以前に始まり、いくつかの移動の波がみられる。移動が比較的新しく外部との接触が少なかったポリネシアは他の地域にくらべ文化的に均質であるが、ポリネシア以外の地域では島および群島が長時間にわたり孤立したことで、各地域はそれぞれ独自の異なった文化スタイルを発達させ、社会構造、文化、神話のテーマなどの変化はささいなものでなく、一つの島の中でも同じ神話や伝説の変異形がある。オセアニア神話は文化系統や独自の発展による相違から多様だが、祖先に共通な要素を持つ神話も見いだせる。

①ミクロネシアとポリネシア 東部ミクロネシアやポリネシアには創造神による天地

創造の話があり，ナウルでは原初の存在は空気と海とアレオプ・エナプという老齢のクモであった。ある日のことアレオプ・エナプは大シャコ貝をみつけ，このシャコ貝から天と地を創造する。また，ギルバート諸島ではナレアウ神が天と地の分離を用意し，ウナギによって天が持ちあげられる。中部ポリネシアでは▶タンガロア神により天地がつくられる。ニュージーランドのマオリ人では，天と地は▶ランギとパパと呼ばれる生き物であると考えられている。ランギとパパはしっかりと抱きあっていたため，その子どもたちは2人の間の暗くて狭い空間を自由に移動することも，見ることもできなかった。風と嵐の神であるタウィリ・マテアを除く子どもたちは両親を分離させることに賛成し，森の神タネ神が天地分離を成就する。このランギとパパは天地創造の開始点であり，その子どもたちから動物，植物，自然物質，人間にいたる創造があり，話の進行は系譜に沿って語られる。海中から島を釣り上げるマウイ神話は太平洋地域に広く分布し，西カロリン諸島ではモチクチクが土地を釣り上げる。ポリネシアではこのマウイ神話は，天を持ち上げる，太陽に綱をつけ動きをゆっくりさせる，最初の犬をつくる，人間に死をもたらす，など数多くのテーマをもつ。このマウイ神話は階層制社会であるポリネシアでは首長層に属する神話ではなく，平民に一般的な話である。ミクロネシアやポリネシアではカヌーや魚獲りのテーマが神話や伝説に頻繁にあらわれ，これら地域は本質的に島文化であることを物語っている。年長者と年少者の対立は重要なテーマであり，ミクロネシアではルクの対立者である醜い悪意を持ったオロファトまたはヤラファスは年少者であり，火や悪事を人間にもたらす。またポリネシアの▶マウイやタハキも年少者であり，兄弟の争いとしてあらわれる。ミクロネシアでは地位の低い主人公が超自然力を持つスピリットの援助により富を得ることで地位や名声を獲得するが，ポリネシア社会では祖先から受け継がれる▶マナはしばしば長子に相続されるように，系譜が重視され，主人公の地位や影響力は系譜中の位置によって決定されている。

②メラネシア　メラネシア地域は多数の地域社会や言語集団からなり，パプアニューギニアだけでも700を超える言語がある。この地域の神話は多様で流動的であり，状況に応じて変化し，地域社会に特有のものが数多くあるが，いくつかの共通のテーマを見いだすことは可能である。近親者を殺害することで文化が始まったとする神話は広く分布し，パプアニューギニアのオロカイバ族ではトトイマという半人半豚の人食いの父親を子供が殺すことで現在の社会が始まる。このトトイマの話と類似のシド（キワイ族）やソソム（マリンド・アニム族）などの文化英雄は豊饒と死を説明し，農業や親族規範を人間にもたらす。祖先のこれら文化英雄は一般に男のヘビであると考えられているが，ニューギニアのセピック地方，ソロモン諸島，ニューヘブリデスなどではこの祖先のヘビは女である。また，兄弟姉妹の近親相姦によって人間に豊饒がもたらされるなど，これら最初の創造は日常の慣習とは逆の行為であり，現在の秩序は現実の逆転した行為から創造されたものであるとみられている。死や不幸の説明は神話時代に祖先が犯した間違いにより生じたものであるとされる。宇宙の創造はあまり語られないテーマであるが，太陽などの宇宙存在は人格化されており，通常，道徳の維持者とみなされ儀礼対象となっている。神話は力の源泉であり，特定の集団の始まりを説明するだけでなく，集団を維持し，存続させるのにこの力がいかに必要であるかを説明する。この神話的思考方法は，今日のヨーロッパ人の持つ富と地位の獲得をめざす▶カーゴ・カルトの中にもあらわれ，伝統的テーマと宣教師から学んだ聖書の話とを結合させた新しい神話をつくる。パプアニューギニアのマダン地区では造物主はドドまたはアヌツ，キリストはアヌツの息子であるキリボブまたはマヌプとされている。このキリボブはカヌー，彫刻を，マヌプは恋の呪術，妖術，戦争をつくった文化英雄でもある。

　　　　　　　　　　　　　　　　　矢野 將

【美術】　アジア大陸から島づたいに移住してきた諸民族は，互いに孤立していたため，

各地に多様な文化が複雑に錯綜して展開した。そのためオセアニア美術はきわめて多様な地方様式をみせている。オセアニアにおける最も古い文化はオーストラリアにみられる。オーストラリアの先住民であるアボリジニの美術としては，凹刻，彩色を施した祭儀棒や日常の道具，▸アーネムランドを中心とする北部オーストラリアの樹皮絵画と岩面画が注目される。岩面画は年代も古く，北部に限らず大陸にあまねく分布しているが，現在の住民やその祖先との関係は明らかではない。▸ポリネシア人の美術は地域が広範であるにもかかわらず，全域にわたって一様性を示している。この地域には発達した木彫がみられ，なかでもニュージーランドの▸マオリの精巧な透し彫，浮彫が注目される。ポリネシアでは土器や織物の製作をせず仮面もつくらないが，衣料や敷物に使われるタパ(▸樹皮布)に技術的にすぐれたものがみられる。ほとんど小さな環礁からなるミクロネシアは造形芸術に乏しい(▸ミクロネシア人)。東部にポリネシア西部のものと共通する様式の木彫像がみられ，西部にはインドネシアからの影響を示す家屋建築や織物がある。以上の地域と比較して，▸メラネシア人の造形芸術はとりわけ豊富で，祖先崇拝，秘密結社，トーテム信仰などにもとづく美術が発達した(▸ニューギニア島)。すなわち，さまざまな仮面をはじめ，神像，トーテム像，楽器，武具，土器，また祭儀用大建築に施される彫刻や絵画などに，幻想的でダイナミックな造形がみられる。
福本 繁樹

【音楽，舞踊】 広大な海洋の中の島という自然条件のもと，オセアニアの大半の地域では楽器の種類が限られているので，伝統芸能は手近な身体そのものを活用した声楽と舞踊の表現において，ユニークな多様性を示している。このことはポリネシアとミクロネシアで顕著である。

[声楽] 声楽についていえば，日常の話し言葉の抑揚を強調し，音階音よりも滑音(グリッサンド)を多用した朗唱(たとえばハワイの無伴奏独唱歌オリ)やリズミカルな叫び(マオリの激しい舞踊▸ハカに伴う発音)ないしつぶやき(パラオの風刺歌ダラン)を一方の極端とすれば，他端には和声的な合唱(ポリネシアの大半)や音色，音高を声部ごとに区別した多声部唱法(パラオの踊り歌や葬送歌)がある。合唱では平行歌唱がとりわけ多く，8度(オクターブ)，6度，3度，4度，5度によるものが，ヨーロッパの影響としてではなくポリネシアの伝統として行われてきたし，ミクロネシアでは2度平行歌唱さえきかれる。

こうした声楽技法を駆使するための歌詞は，日常語とは異なる(しばしば古代的で歌い手自身にも意味不明の)語彙や押韻を工夫した詩型に基づいているのが通例である。歌詞内容としては，代々伝えられてきた航海術，漁労やカヌー製作の技術(中央カロリン諸島)，先祖がもと住んでいた島のようすと移住後の系譜，慈愛に満ち手腕にたけた指導者の偉業(ハワイ，トンガ，パラオなど)，親子や異性間の愛などが多く扱われている。こうした主題に基づいて女性が1人ないし集団で作詞する場合が多く，ジャンルにより伝統的に厳密に規範化された旋律型にあてはめてうたわれる。おもなジャンルとしては，子守歌，遊び歌，集会歌，恋歌，風刺歌，踊り歌，儀礼歌，葬送歌，哀悼歌がほぼ全域にあり，音楽が生活の一部となっていることがうかがえる。

[楽器] 大きな島の多いメラネシアでは比較的楽器の種類が多く，その一部がミクロネシアとポリネシアに流出・導入されたと推察されている。たとえば，オセアニアを代表するスリット・ドラム(割れ目太鼓，▸割れ目木鼓)はミクロネシアを除いてほぼ全域で大小さまざまのものが分布しており，遠くへの信号発信具として(セピック川流域のガラム)あるいは舞踊伴奏のリズム楽器として(タヒチのトエレ)活用されている。膜鳴楽器としての▸太鼓は，メラネシアとミクロネシア東部で筒形ないし砂時計形の片面太鼓を手でかかえて奏するのに対し，ポリネシアでは鍋形ないし筒形の片面締太鼓を床に立てて奏する違いが目立つ。後者の形態をアジア的なものとみなすことも可能で，他の楽器についてもフィリピン経由でオセアニアに入ってきたと思われるものがある。口琴がその例で，カロリン諸島各地での薄い竹板製のものは明らかに東南アジア起源

であり、メラネシアの竹筒口琴やポリネシアの木製口琴とは系統が異なる。笛の類は、口で吹くもの、鼻で吹くもの(ノーズ・フルート)いずれもオセアニア全域に分布している。

ほかにメラネシアの擦り木やうなり木(ブル・ロアラー)、ミクロネシアの棒踊用の打奏棒、ポリネシアの楽弓、メラネシアのオカリナ(容器形フルート)が挙げられる。また広義の楽器としてイースター島の共鳴体つきの石板(踏みつけて鳴らす)や、ポナペのサカウ(カバ酒)を木の根からたたき出す儀礼のための玄武岩の台(グループで搗き鳴らしてポリリズムとなる)などがある。

楽器を伝達ないし音楽の表現手段として利用するときの意味づけのしかたは、必ずしもオセアニア全体で一様ではない。ミクロネシアでは楽器の音を畏怖する傾向があり、したがって器楽的な演奏の場が極端に少ないのに対して、メラネシアでは娯楽的にも(フィジーの搗奏竹筒によるにぎやかな合奏)また儀礼的にも(ニューギニアで祖先に見立てられ神聖視される笛の重奏や、ソロモン諸島のパンパイプの合奏)、楽器が純器楽用に使われる機会が多い。ポリネシアはいわばその中間で、歌や踊りの伴奏として積極的に応用され、ハワイの石のカスタネット(イリイリ)やガンビエ諸島の太鼓(パウ)がその例である。

このように、楽器の種類が少ない反面、類似の楽器でも島ごとに微妙に異なる材料やつくりが観察される。材料はその土地の植物相、動物相に依存することが多く、たとえば太鼓の膜面としてポリネシアではサメなどの魚の皮、ミクロネシアではサメの胃袋やうきぶくろや皮、メラネシアではこれらに加えてトカゲやクスクス、まれには蛇皮、ワニの腹皮、豚の腹皮などが使われる。しかし常に自給自足するのではなく、隣接ないし遠隔の他の共同体から輸入することも行われ、これがとくに盛んなのは、ニューギニアの海岸部と山地の諸部族の間の交易である。

発音のための手段としては上記のような声と楽器に限らず、舞踊の動きと関連した身体部分にも工夫がこらされているのがオセアニアの特徴である。両手を打ち合わせる手拍子、横列配置の群舞では隣の人の手と打ち合わせることも含めて、さらに膝、ももの内側と外側、胸、腕、腕を曲げた時のひじのくぼみなどを手でたたき、その手の形も平手とくぼめた掌を区別して使い分けたりする。こうした身体打奏は、リズム、音色配列、舞踊振付といった観点からパターン化されて、りっぱな音楽舞踊の語法となっている。

[**舞踊**] オセアニア舞踊の一般的な類型は、立踊、座踊、扇踊、棒踊のように身体姿勢や小道具を基準にして区別され、それぞれのジャンルで身体の動きがソロや群舞の形態に応じて様式化されている。たとえば航海に関する踊りでは、カヌーをこぐ動作を舞踊化した優美な前後運動がみられるし、自然をたたえる踊りでは花や鳥を写実的に手の動きで描写する。こうした当振りによる舞踊表現はとくにポリネシアで顕著であり、最初に作られた詩に対して踊り(動作)を補足的につけるという点で、日本舞踊と共通する一面が認められる。しかし、実際の身体運動にはポリネシア的なおおらかさがあり、腕や手首のゆるやかな円運動(トンガ)、指先や腰のゆったりとした動き(ハワイのフラ)、激しい腰の動き(現代のタヒチ)、つき出した掌をふるわせたり舌を出して形相をかえる戦闘踊(マオリ)といったように、各地で独特の様式が確立している。ミクロネシアでは当振的な表現に加えて、棒踊(ポーンペイ、ヤップ)や扇踊(マーシャル諸島)により、幾何学的な軌跡を空間に描くことにより抽象的な美を求める傾向がうかがえる。ポリネシア、ミクロネシアを通じて、舞踊は来客や貴人に見せるための意味をもたされており、特別の舞台、広場、建物などが用意されていて、舞踊は固定された空間の中で提示される。

これとは対照的にメラネシアの舞踊は、見せるためのものというより、共同体の特定の構成員(性別、年齢集団別、血縁集団別)がいっしょに参加して儀式を執行するという性格が強い。そして、成人式などの通過儀礼において、ある場所から別の場所へと移動する過程での身体運動が様式化されて舞踊となっていることが多い。

これまで述べたような伝統音楽・舞踊は、

純粋の形で現在に至るまで伝承されている例は，ニューギニア内陸部やメラネシア島嶼部の一部を除けばまれであり，大半はむしろヨーロッパ的な要素と結びついて新しい芸能文化を開花させてきた．その典型となるのが▶ハワイアン・ミュージックである．ウクレレやギターは他の地域でも積極的に導入され，現代的な要求に呼応した汎太平洋的なポピュラー音楽として統合されつつある．舞踊についても，島ごとの伝統的要素を部分的に強調しながらも，汎太平洋的な統一をはかる傾向が認められる． 山口 修

オセアニアていこくこうそう｜オセアニア帝国構想

オーストラリア連邦結成に際し，ニュージーランドも連邦に加え，南太平洋全域をオーストラレイジア帝国とすることを夢見た考え．クイーンズランド植民地によるニューギニアの併合(1883年)は，その一環であった．19世紀末から連邦結成当初にかけてオーストラリアは，すでにフランスが入植を開始していたニューヘブリデス(現在の▶バヌアツ)をオーストラリアの植民地にするべくイギリスに対して要求したが，イギリスは同地をフランスとの共同植民地とすることで満足した．イギリスは，とくに▶ブラックバーディングと称された，南太平洋島嶼の人々(当時はカナカとして知られたが，蔑称であり，現在はサウスシー・アイランダーズと呼ばれる)をクイーンズランドのサトウキビ農場の労働者として強制的に連行してくることへの嫌悪から，この構想には乗り気でなかったといわれる．帝国構想の背後には，フランスやドイツ，アメリカなどライバル国の帝国主義的拡大に備えることがあった一方，▶白豪主義にもつながる社会進化論に基づく人種優越主義的思考があったと考えられる．また，バーンズ・フィルプ社など南太平洋を市場としていたオーストラリア資本の要望を無視することはできない．▶ディーキンや▶ヒューズは，太平洋のモンロー宣言を主張したが，帝国構想の重要な一部であったニュージーランドは，オーストラリア連邦に加わることを拒み，構想は立ち消えとなった． 杉田 弘也

オーバーランダー｜overlander

オーストラリアの未開の土地を横断して長大な距離にわたって羊や牛を追っていく牧童．彼らのはしりは，1836年シドニー周辺から新植民地ポートフィリップ(1837年からメルボルンと呼ぶ)へ牛を追ったジョン・ガーディナーとジョゼフ・ハウドン．後者は38年シドニー〜メルボルン経由で，カンガルーの肉しかなかった新開のアデレード植民地へ初めて牛を輸送．40年にはパトリック・レズリーがクイーンズランド・ルートを開き，63年にはジャーディーン兄弟がヨーク岬半島ルートを開いた．80年代ナサニエル・ブキャナンがクイーンズランド経由でノーザンテリトリー・ルートを切り開き，90年代デューラック一族(デームの称号をもつ女流作家メアリー(1913-1994)を生む)の手でウェスタンオーストラリア州キンバリーへのルートが開かれ，オーバーランダーによる大陸全域の開拓が完了した．以後は今日に至るまで，北部奥地からメルボルン他への搬送がおもな仕事になる．羊は一度に2万〜3万頭規模の搬送が普通なので，途中の牧草を食い荒らし，牧場主との紛争が絶えないため，ストック・ルート(家畜搬送ルート)が設けられ，厳しい条件が課せられるようになった．10フィート近いカンガルー革の鞭を振るって家畜を追うオーバーランダーは，アメリカに比べておとなしいこの国の開拓エートス，▶メートシップでは珍しい，壮大かつ豪壮な側面を代表し，幾多の民謡に歌われた．バズ・ラーマン監督の《オーストラリア》(2008)では俳優ヒュー・ジャックマンが荒くれ者のオーバーランダー役を好演している．

越智 道雄＋村上 雄一

オパール｜opals

オーストラリアは世界のオパール市場の90％以上を占めている．1991年の産出額は約1億オーストラリア・ドルを超える．主要産出地はライトニングリッジ(ニューサウスウェールズ州)，▶クーバーペディ，ミンタビーとアンダムーカ(サウスオーストラリア州)，クイルピー(クイーンズランド州)で，ライトニング・リッジとミンタビーで世界の黒オパールの99％以上を産出している．黒オパールは高価なので，黒オパールが生成されたときと

●オールブラックス

試合前に行うウォークライ。マオリに伝統的な踊りと歌が一体となったもので、ハカと呼ばれるものの一つ。

同じ条件を人工的に作り出して培養した人工黒オパールが製造・販売されている。アンダムーカでは白オパールのほかに青みを帯びたオパールもとれる。いずれも乾燥した奥地にあるが、観光客をひきつけ、さらには原石採取(フォシッキングfossicking)の趣味をもつ人々も頻繁に出かけてくる。後者は宝石細工クラブを作り、現地で採取してきた原石を自前のカットと研磨設備で仕上げた作品を、オーストラリアで毎年開かれる国際宝石細工大会に出品して、腕を競い合う。産出地は至る所に竪坑が掘られ、一面アリの穴のようにみえるが、クーバーペディなどでは、車の中で日中40℃を超える暑熱を避けて住民がオパール採掘を終えた廃坑を住まいに改造して住み着いているし、観光客用のモーテルも廃坑に作られている。オパールの採掘と売買にはイタリア系が多く従事してきたが、アジアからのバイヤーではタイ人が多い。不測の事態に備えて、彼らは市場では武装している。

オパールは1849年、ドイツ人地質学者がサウスオーストラリアで最初に発見した。だがオパール・ラッシュは89年、ジョージ・フーリーらがホワイトクリフス(ニューサウスウェールズ州)で地上に転がっているオパールを発見したとき起こった。ライトニングリッジでは87年に発見されたのに採掘が遅れ、1903年に始まった。11-12年クーバーペディで少量発見され、その後15年に大量の鉱脈が発見されて再びラッシュが起こった。近年ではブルドーザーその他機械がとり入れられ、廃坑になっていた所も採掘が再開されている。最大のオパールは56年クーバーペディでとれたオリンピック・オーストラリス。69年アンダムーカでとれた〈砂漠の炎〉は100万オーストラリア・ドルで売れた。

越智 道雄

オマイ | Omai | 生没年不詳

ソシエテ諸島のライアテア島に生まれる。イギリスを訪れた最初のポリネシア人。1773年、クックの第2回航海のとき、通訳を務める。クックの僚船アドベンチャー号に乗り、74年イギリスを訪問。未開社会賛美論者のいう〈高貴な野蛮人〉として人々はオマイを歓呼して迎えた。オマイは上流社会の習慣からは多少はずれていたが、弓矢やナイフ、フォークなどを器用に扱い、品格のある人物だったので、印象も好ましく、ロンドンの人気者となった。著名人のパトロンを得たオマイは豪華なカントリー・ハウスに住み、ジョージ3世に謁見した。76年、クックの第3回航海のとき、タヒチに戻る。オマイに対する人々の反応は冷淡か無関心であったという。

矢野 將

オールブラックス | All Blacks

ニュージーランドの〝ラグビーのナショナルチームの通称。全身黒色のジャージーに同国のシンボルである〝シルバー・ファーンの葉を描いたエンブレムを胸につけ、試合前に先住民マオリ人の戦いの儀式〝ハカを踊ることで広く知られている。オールブラックスの通称は、1905年に代表チームがイギリス遠征し、勝利を重ねたときに始まる。

ニュージーランドで自分の親族がオールブラックスの一員に選抜されるのは，非常に名誉なことといわれる．実際にテストマッチでの戦績は世界最高で，すべての相手に勝ち越しており，オールブラックスから勝利をあげたことのあるチームもわずか7チームに留まっている．ワラビーズの通称で呼ばれる強豪オーストラリア代表との間にも，毎年ブレディスローカップ争奪戦を繰り広げているが，歴代通算6割以上の勝率を誇っている．その中で最大のライバルはスプリングボクスと呼ばれる南アフリカ代表で，勝ち越してはいるものの，ほぼ五分の戦績となっている．そのため，オールブラックス対スプリングボクスこそラグビーの真の世界一決定戦として，南アフリカがアパルトヘイトを理由に国際社会から排除されていた1970-80年代でも，オールブラックスはスプリングボクスと試合を強行することがあった．このときには，ニュージーランドとしては珍しいことに，国内外で激しい非難を浴びせられた．アパルトヘイトが終焉すると，スプリングボクスの国際試合復帰への道が開け，1996年からはオールブラックス・ワラビーズとの世界最高レベルといわれる南半球三カ国対抗選手権(Tri-Nations Series)が毎年行われている．この3国の実力は世界的にも図抜けており，ワールドカップでも，ニュージーランドが1987年，オーストラリアが1991，99年，南アフリカが1995，2007年と，過去6大会のうち5回も3国で優勝を独占してきた．しかし，オールブラックスは，1987年のワールドカップ優勝以降，度々優勝候補の筆頭にあげられながら，その後1度も優勝に至っていない．2007年の大会では初めてベスト4に残ることもできず，国内では落胆が広がった．11年にはニュージーランドで再びワールドカップが開催されるため，国民の期待は大きく高まっている．なお，日本代表は1995年のワールドカップ予選でオールブラックスと対戦し，驚くに値しないが17-145の圧倒的スコアで惨敗している．とはいえ，1968年に日本代表が独自のサインプレーを初めて駆使して，23歳以下のニュージーランド代表であるジュニアオールブラックスを敵地で破るという大殊勲を上げていることは特筆されてよいだろう．

福嶋 輝彦＋西川 圭輔

オルベリー│Albury

オーストラリア，ニューサウスウェールズ州南部の地方中心都市．人口4万8600(2006)．ビクトリア州との州境をなすマレー川に面し，シドニー～メルボルン間の道路・鉄道の渡河地点となっている．対岸のウォドンガ(人口3万4500)と事実上連合都市を形成している(都市圏人口10万800)．1839年の開基で，市名はイギリス地名(オルドベリー)に由来する．

谷内 達

オレンジ│Orange

オーストラリア，ニューサウスウェールズ州，シドニーの西北西265km(道路距離)にある都市．人口3万7000(2006)．果樹，混合農業，肉用羊地帯の中心地で，とくにサクランボで知られる．電気機器工業や各種の軽工業が発達．近くの金鉱(オファー)のゴールドラッシュ(1851)をきっかけに発展．市名はイギリス皇族(後のオランダ王家)名に由来する．

谷内 達

オロ│Oro

ソシエテ諸島とその近隣にだけ知られている神．創造神▶タンガロア(タアロア)の息子と語られ，残忍な戦の神であるとともに，平和時には収穫や豊饒の神として崇拝されていた．オロ神はウラと呼ばれる赤色の羽根で作られた房のシンボルで表され，この房の所有者は戦に無敵であると信じられていた．ソシエテ諸島を統一したタヒチのポマレもオロを守護神とし，戦のとき，オロの神殿に殺害者の死体が集められ，オロ神に捧げられた．オロ崇拝の中心地はライアテア島のオポア村タプタプアテア神殿であり，アレオイと呼ばれる宗教結社がオロ神のための崇拝活動を行っていた．このアレオイはソシエテ諸島各地に布教活動を行い，世界の豊饒のために歌や踊りをオロ神に捧げていた．

矢野 將

オンブズマン│ombudsman

ニュージーランドのオンブズマン(議会に所属する行政監察委員)制度は，1962年ホリオーク首相のもとで創設された．創設直後68年までオンブズマンの機能は，政府および関

連機関の行う行政処分に対する苦情申立てを調査することであった。しかし68年には，オンブズマンは病院委員会および教育委員会の行う処分に対する申立てをも所管するようになった。さらに75年制定の法により，オンブズマンはすべての地方政府の行った処分に対する申立てをも扱うようになった。

また，82年の公的情報に関する法律，および87年の地方政府の公的情報に関する法律により，情報公開に関する不服申立ても受け付けることになった。また，2000年の内部告発者保護法により，内部告発の通報先の1つにも指定された。　　　地引 嘉博＋和田 明子

か

かいようおんどさはつでん｜海洋温度差発電

海水温度差発電ともいう。太陽によって暖められた海洋表層の温水と、深海の冷水との温度差を利用して行う発電。冷たくミネラル分の多い深層水を汲み上げることにより、付帯的に、安価な空調設備、養殖、水耕栽培、海水淡水化なども副産物として可能であるとされており、CO_2を排出せず、資源枯渇の恐れもないため、21世紀の新エネルギーとして脚光を浴びている。しかしながら、温度差発電は、原理的には19世紀後半から可能性が指摘され、いくつかの実験的プロジェクトも行われているものの、発電コストが高く、商用レベルでの稼働には未だ成功していない。設備コストの削減と熱交換器の改善が実用化のカギを握っており、アメリカ、日本、インドなどで研究が進んでいる。日本では、1994年に佐賀大学の上原春男教授が新たな熱交換システムとして〈ウエハラサイクル〉を発表し、実用化への一歩を踏み出した。

海洋温度差発電の設置に適した熱帯海洋にある太平洋島嶼地域は、この技術に高い関心を寄せている。パラオをはじめ各国の首脳たちからは、水フォーラムや島サミットなどの場で、日本の技術による実用化への期待感が表明されている。　　　　小川 和美

かいようほう｜海洋法

海洋法という場合、一般には1982年4月に採択された国連海洋法条約を指す。海洋の利用については、従来国際慣習法によって規制され、その主要な原則として、公海自由の原則が認められていた。しかし、1958年に第1次国連海洋法会議が開催され、領海、公海、漁業保存、大陸棚に関する領海法4条約が採択され、海洋の利用が国際条約により規制されることになった。60年には領海幅をめぐって第2次会議が開かれたが、合意には至らなかった。その後73年から82年にかけて第3次会議が開かれ、毎回150ヵ国前後が参加して審議した結果、公海自由の原則を再検討し、先進国による海洋分割を防ぎ、海洋資源を公平に分配するとの立場から国連海洋法条約が成立した。82年12月10日、ジャマイカのモンテゴ・ベイで最終議定書署名会議が開かれて条約文が確定し、条約本体に117ヵ国が署名した（日本は83年2月7日に署名）。

海洋法条約は本文320条と九つの付属書からなり、海洋の規制に関する事項を包括的に扱っている。領海の幅は12カイリ以内とし、領海における無害通航権が認められた。国際海峡においては通過通航制度が設けられ、南太平洋の島嶼国のような群島国家には群島水域が認められ、群島国家の主権が及ぶと規定された。沿岸国は200カイリまでの排他的経済水域を設定し、同水域における生物・非生物資源に対する主権的権利が認められた。大陸棚についてもその意味が明確に規定された。深海底については人類共同の財産と規定され、その開発方法についても定められている。その他、海洋環境の保護、科学調査等の問題も扱われており、海洋全般に関する国際的法秩序の基礎となる条約である。　　　矢崎 幸生

カウアイ[島]｜Kauai

アメリカ合衆国ハワイ州北西部の島。火山性の円形の島で、ハワイ諸島で4番目に大きく、面積1421km²。カワイキニ山とワイアレアレ山がそびえ、長期間の浸食作用により深い河谷が形成されている。山がちではあるが、肥沃な土壌に恵まれ、サトウキビ、米、パイナップルなどの農業が発達する。1778年ジェームズ・クックがハワイ諸島の中で最初に上陸したのがこの島。西側のニーハウ島とともにカウアイ郡を構成し、人口6万3689（2008推定）。主要都市はリフエLihue。　　　　矢ヶ崎 典隆

●カウリマツ

良質の材木は1850年代ニュージーランドの主要輸出品であった。

カウラ｜Cowra
オーストラリア，ニューサウスウェールズ州の都市。人口8430(2006)。シドニーの西318km(道路距離)，キャンベラの北184km，ラクラン川に沿って位置する。灌漑農業を含む周辺の肥沃な農業地帯の中心地。著名な小麦の品種改良の実績で知られる農事試験場がある。1846年開基。市名は岩を意味するアボリジニ語に由来する。第2次大戦中ここに日本兵捕虜収容所があり，集団脱走事件（1944年8月5日）で知られる。　　谷内 達

かうらほりょしゅうようじょ｜カウラ捕虜収容所｜
Cowra Prisoner of War Camp
シドニーの西北320kmにある，第2次世界大戦時のオーストラリア軍が管理する戦争捕虜収容所。正式名称はカウラ第12戦争捕虜収容所。1941年の設置当初はイタリア人とドイツ人の捕虜が収容されていた。東南アジア各地の戦線で捕らえられた多くの日本兵もこの収容所に移送された。捕虜であることを恥とする一部日本兵の呼びかけで44年8月5日，1000人を超える日本軍捕虜による集団脱走が図られた。この事件によって日本兵231名，オーストラリア警備兵4名が死亡している。60年代に入り，現地のオーストラリア市民らによって日本人墓地の整備が進められ，カウラ以外で死亡した日本人も含めて522人が葬られている。捕虜となった日本兵は偽名を使っていたため，その多くが未だに個人を特定できていない。この事件を扱った作品としてオーストラリア人作家ハリー・ゴードンによる《生きて虜囚の辱めを受けず》がある。　永野隆行

カウリマツ｜kauri pine；New Zealand kauri；*Agathis australe*（Lamb.）Salisb.
裸子植物ナンヨウスギ科の常緑の高木。樹高50m，直径6mの巨木も知られているが，通常は大きくなっても高さ40m，直径4mほどである。ニュージーランド北島の北部に分布するが，良質の木材であるため，マオリ人やヨーロッパ人植民者によって大量に伐採され，現在は自然林は多くはない。葉は厚い革質で長楕円形，平行脈を有し，日本にもあるナギの葉に似ているが，球果はナギとは異なり円球形である。樹脂（カウリコパール）を生産し，カウリマツの林があったところには化石化した樹脂が発見される。樹脂はマオリ人が燃料に利用し，煤は入墨に用いた。またこの属の樹は一般にコパールノキと呼ばれ，樹脂は家具などの塗料にも利用される。フィジー群島にも1種が分布し，ニューギニアからマレーシアに数種が分布している。　堀田 満

かがくてきのうぎょう｜科学的農業
1920年代ニュージーランドで発展した高収益農法をいう。ニュージーランドは1840年の建国以来，農業を基幹産業として発展したが，第1次世界大戦後の1920年代になると，利用可能な土地はほとんど開拓しつくされ，農地の拡大による外延的発展は困難となった。このため単位面積当りの農業生産性を向上させることが国家的課題となり，大規模な機械使用からさらに一歩を進めて，適切な肥料と品種改良による単位面積当りの収量の増加が図られた。科学の利用によるこうした生産性の高い農業を科学的農業といい，ニュージーランド農業の指導原理となった。1920年代のマッセー内閣時代以降，農事試験場の設置，普及員による指導，融資による肥料や機械の購入の容易化など

により，科学的農業の振興が図られてきた．1929年パーマストンノースにつくられた農科大学は，科学的農業への貢献者の名をとってマッセー大学と命名された． 地引 嘉博

科学的農業は，今日，オセアニアの島嶼国，とくにトンガやサモアなどポリネシア諸国でも受け入れられ，普及員がこれら諸国との経済協力の一環として指導を続けている．またマッセー大学とならんで南島の農業系大学の伝統をもつリンカーン大学でも，世界各地の留学生を受け入れて指導を続けている．近年のニュージランド農業は，化学合成物質や農薬，肥料，遺伝子組み換え品を使用しないような，農業の持続可能性を試行錯誤している．すなわち，有機農法を導入してエコロジーや土壌学の科学的理解に基づいて地球環境に配慮した農業を展開し，先進国や消費国から好評を得ている．これは，一見すると科学的農業の否定のようにみえるが，より高次元の農業を指向しているといえる．広い意味では科学的農業の範疇に含めることもできよう．
岡田 良徳

カーク|Norman Kirk|1923-74

ニュージーランドの政治家．クライストチャーチ郊外のワイマテに生まれる．幼少時から労働に従事するかたわら労働党に加入，傑出した組織力により頭角を現す．30歳でカイアポイ市長，4年後に国会議員，1965年には労働党党首に選出される．72年，労働党内閣の成立に伴い首相となったが，74年，静脈瘤の手術後の経過が悪く，心臓発作で死亡．20ヵ月の首相在職中は外交案件にもっぱら力を注ぎ，ベトナムからのニュージーランド兵の撤兵，中国の承認，南アフリカ共和国のラグビーチーム，スプリングボックスのニュージーランド訪問許可の取消し，南太平洋ムルロア環礁におけるフランスの水爆実験に対する抗議などを行った． 地引 嘉博

カーゴ・カルト|cargo cult

1880年代から今日にいたるまで，主としてニューギニアおよびメラネシアの各地で起こった千年王国主義的宗教運動．〈積荷崇拝〉と訳す．これらの地方では，19世紀後半になってから，イギリス，ドイツなどによって本格的に植民地化が進められた．植民地体制が整うに従って，現地の人々は社会的，経済的，政治的に劣位におかれ，抑圧された．このような状況のなかで，各地にカリスマ的予言者が現れ，神々を信仰することによって至福の世界が到来すると予言し，宗教運動を組織した．

これらの宗教運動に共通する特徴は，カーゴの獲得を至上の目標にした点である．カーゴとは，英語で白人が船などでもたらす〈積荷〉のことであり，積荷は現地の人々にとっては羨望の的であった．そのためカーゴという語はこれらの地方の共通語であるピジン英語にとり入れられ，〈外来の物品〉を総称する語彙となった．ニューギニアの人々は，カーゴは人間が自らの努力で勝手につくりだせるものではなく，神々のみがつくりだせると信じた．そして，白人がカーゴを独占できるのは，神々が自分たち現地民のもとに送り届けてくれるカーゴを途中で横取りしているためとみなした．そこで，神々に対して熱狂的に祈りを捧げることによって，自分たちのもとにカーゴが確実に届けられると信じたのである．人々は予言者の言葉に従って，カーゴを満載した船を迎えるために埠頭を建設したり，倉庫を造って，カーゴを待望した．ある地方では，カーゴを待望するあまり，すべての伝統的な物品を破壊し，神々が授けてくれるはずの新しい物品を狂信的に待ちこがれるところもあった．このように，白人が優位にあるのはカーゴを独占しているためと考え，カーゴを自分たちの手に取り戻すことによって，至福の世界が到来すると信じた点で，カーゴ・カルトは千年王国運動の一種とみなすことができる． 石森 秀三

カジノキ

クワ(桑)科コウゾ属の植物 *Broussonetia papyrifera* (L) Vent．西南日本に野生化して存在する．クワ科の植物は皮部が強靭なため繊維植物として利用された．カジノキは太平洋地域では樹皮布の原料として広く栽培されている．トンガの事例から樹皮布の作り方を説明すると，①カジノキの伐採(植付け後約1年から使用可能)，②乾燥(束にした幹を1〜2週間木陰で乾かす)，③樹皮をはぐ，

●カジノキ

④樹皮の外皮をはがす(残った内皮が樹皮布の材料となる),⑤内皮をしばらく水につけ,軟らかくしてから木槌でたたき伸ばす,⑥乾燥,⑦何枚かの布を糊でつなぎ合わせる,⑧模様づけ,である.樹皮布はかつて織物を知らなかった島々では,衣服として,寝具として利用された.環礁はカジノキの生育に適さないため,栽培は行われていない.また地域によってはパンノキ,バンヤンなどの樹皮が同様の目的のために利用されているが,カジノキほど良質の樹皮布は作れない.
〔青柳 真智子〕

ガダルカナル[島]|Guadalcanal Island

ソロモン諸島の首都▼ホニアラを含む面積5336km²の陸島.人口約8万4000(2005).母系制をとる社会が多い.第2次世界大戦後にホニアラが首都になって以来,ソロモンにおける政治・経済の中心である.島全体は厚い熱帯雨林に覆われ,中央部には2000m級の山々が連なり,島の南北間の往来を妨げてきた.島の南部沿岸地域一帯では年間降雨量が5000mmに達することから,一般にウェザーコーストと呼ばれる.1568年にスペイン人の探検家▼メンダーニャが同島に到達し,ヨーロッパ世界に知られるようになった.島名はメンダーニャ配下の第一発見者の出身地,スペイン南部ワディアルカナルにちなむ.

人口の約65%がホニアラを中心とする北部沿岸部に居住する.南東部マラウ地域の人々は17~19世紀の間に近隣の▼マライタ島南部から移住してきた人々の子孫で,現在でも〈マライタ人〉としてのアイデンティティをもつ.生業は主に焼畑耕作による根茎類や緑黄色野菜などの栽培である.それらは自給用だけでなく,ホニアラや近隣の青空市場でも販売される.島内にはアブラヤシ油生産・輸出会社のプランテーションや金鉱,商業伐採地のほか,リゾート観光地もある.第2次世界大戦における日米の激戦地は戦跡観光のスポットになっている.ウェザーコースト地域の広い範囲では,1956年以降,同地域出身者による一種の伝統回帰運動(モロ運動)が活発化した.これは,島の歴史や伝統的慣習に対する理解を通じて島民の文化的アイデンティティを確立し,島民自身が島の資源を主体的に利用して現金収入につなげ,現在の生活状態を改善することを目的とするものであった.その思想は,98年末にガダルカナル島民と同島に居住するマライタ島出身者との間で勃発した国内紛争(エスニック・テンション)においても,ガダルカナル側武装集団の主張に盛り込まれた.その紛争はガダルカナル島民の主体的な開発参加が同島における主要課題であることを浮き彫りにした.
〔関根 久雄〕

カーティン|John Curtin|1885-1945

オーストラリアの政治家,首相(1941-45).アイルランド移民の長男.▼労働党左派議員フランク・アンスティの影響で社会主義に傾倒し,労組役員・反戦運動家として活動後,ウェスタンオーストラリア州で労組機関紙編集長となる.1928年総選挙で当選し,35年に労働党党首.このとき30年近い飲酒癖を断った.40年の総選挙で保守政権を少数政権に追い込むと,41年10月無所属2議員が労働党に支持を切り換えた結果,首相となった.第2次世界大戦中,日本軍が迫ると,カーティンは〈英国との伝統的なつながりについて何の痛みもなくアメリカに期待する〉と国民に告げ,チャーチルの反対を押し切って,中東戦線から陸軍第

● カヌー

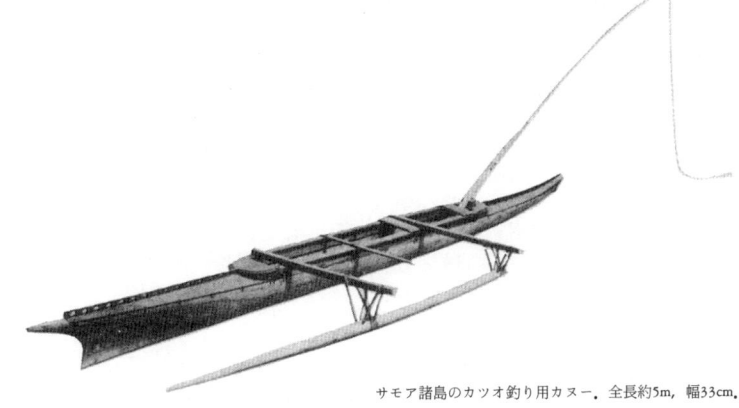

サモア諸島のカツオ釣り用カヌー。全長約5m、幅33cm。

6師団、第7師団を本国に召還した。シンガポール陥落後、日本軍の爆撃を受けるなど危機が迫る中、カーティンはフィリピンを脱出したダグラス・マッカーサーに軍事をゆだね、戦時体制の確立と士気高揚に努めた。この間、所得税徴税権限の州から連邦への移管や、寡婦年金、葬儀給付、失業・疾病給付制度の導入が行われた。戦争遂行はカーティンの心身を蝕み、1945年7月5日死去したが、〈最悪のとき darkest hour〉を勝利に導き、またその誠実な人柄から、史上最高の首相と評価されている。　　　　杉田 弘也

カナカぞく | カナカ族 | Kanaka

カナカは、ポリネシア語で〈人〉あるいは〈男〉を意味するタガタを語源とする。ハワイ語では音韻変化により、tがkとなるため、これがカナカとなる。しばしば太平洋の島々の住民をこの名でよぶことがあるが、あくまでも俗称であり、特定の島の住民やグループを指すものではない。　　青柳 真智子

ガニラウ | Ratu Sir Penaia Ganilau | 1918-93

フィジーの初代大統領。フィジーでも有数の高位の酋長家系に生まれ、クイーン・ビクトリア・スクールを卒業後、植民地政府に勤務(1937-41)し、太平洋戦争中は軍役に服する。その後オックスフォード大学で行政管理を学び、帰国後は48年に地域行政官となったが、再び53年からはマラヤで従軍し、56年に中佐に昇進して退役した。その間の傑出した指揮によりDSO(勲章)を与えられる。政治家としての経歴は、57年の立法評議会議員の任命に始まり、その後、フィジー人に選挙権が認められた63年の第1回の立法評議会議員選挙で当選、独立に備えた内閣が形成された67年にはフィジー人および地方政府担当大臣として入閣、70年の独立後は上院議員に任命され、内務・土地および天然資源大臣、通信・公共事業・観光大臣を歴任し、73年には下院議員選挙に出馬して当選。73-77年には首相代行を務めるとともに、その間、内務大臣(75-83年)、フィジー人および地方開発担当大臣(77-83年)を歴任し、83年には第3代総督に就任した。87年5月の▶ランブカ中佐によるクーデタの際は、総督の地位を退くことなく、憲法を擁護し民主制復帰に努めたが、同年9月のランブカによる2度目のクーデタによりフィジーが共和制に移行したことで総督職がなくなった。しかし、12月にはフィジー共和国の初代大統領に就任した。その暫定文民政府のもとで、90年に新憲法が成立、92年には新憲法下で初の下院議員選挙でランブカが当選し、首相に就任した。92年には体調不良により大統領職務の多くを副大統領のカミセセ・マラに委ねたが、93年に死去するまで大統領職にあった。　　東 裕

カヌー | canoe

丸太をくりぬいたり、木や竹などの骨組に獣皮や樹皮をはりつけた舟。語源は、カリ

ブ海のハイチ島の原住民の舟canoaに由来する．木から造られるカヌーは，形態的な特徴から四つの型に分けられる．最も単純な型は，1本の丸太をくりぬき船体とする丸木舟（くり舟）である．丸木舟は，日本では縄文時代から使用されており，ヨーロッパでも先史時代から全域にわたって用いられていた．現在それらの地域では，ほぼ板張り舟（構造船）にとって代わられてしまったが，アフリカ，インド，東南アジア，ニューギニア，南アメリカなどでは，おもに河川交通や漁労に大きな位置を占めている．舟を安定させるため舷側に竹をつけたりするが，ミャンマーのメルギー諸島の漂海民モーケン族は，船幅の広い丸木舟を造って住居にしている．その製法は，大木から10m前後の船体をくりぬき，その中に水を入れて舷側を火で暖めながら船腹を広げ，横木をわたして固定する．2番目の型は，船体の片側にアウトリガーoutriggerをつけたカヌーである．これはマダガスカル島からインド，マレー西海岸，インドネシアの一部を経てオセアニア全域に分布する．船体に平行して1本の浮き木がおかれる．これはカヌーの浮力を増すためでなく，バランスを保つためである．大型の帆走カヌーは，アウトリガーを風上側において前進する．V字型で左右非対称形の船体，船首，船尾同形を特徴とするミクロネシア，中央カロリン諸島のカヌーは，今日でも800kmにおよぶ航海を行っている．3番目の型は，船体の両側にアウトリガーのあるカヌーで，フィリピンとインドネシアに集中し，マダガスカル島やアフリカ東岸にも分布する．このカヌーは安定性に優れるが，方向転換などの操船や外洋での高い波に対して弱点があり，沿岸部や礁湖内の航行に限定される．4番目は，2そうの丸木舟を並べてつなぎ，甲板をつけた双胴船catamaran ship（カタマラン船）である．これは19世紀までポリネシアとメラネシアの一部で使用されていた．小型のものは外洋での漁労用や他島への航海用であるが，ポリネシアの全長20〜30mのものは，戦艦や王の即位式のさいの御座船として使われた．この規模のカヌーになると20tの積載量があり，多くの人間や家畜のほか多量の食料運搬が可能で，古代ポリネシア人の民族移動に使われたと推定されている．大型のカヌーは1本の丸太だけで造ることは不可能で，船底部に舷側板や船首，船尾を接合して紐で固縛する縫合船の構造をもつ．とくにニュージーランドやソロモン諸島の戦闘用カヌー，モルッカ諸島のオレンバイ，台湾のヤミ族のチヌリクランなどは肋材を備えており，板張り船の構造に近い．中央カロリン諸島では今日でも，伝統的知識を修得した船大工の指揮のもとに，斧と手斧だけで10mものカヌーが建造されている．その諸工程には，カヌーのスピードと安定性を神に祈願する呪術的儀礼が伴っている．

須藤健一

ガーノー | Ross Garnaut | 1946-

オーストラリアの経済学者．オーストラリア国立大学で博士号を取得し，同大学太平洋・アジア高等研究所経済学教授．2009年からメルボルン大学教授．1983-85年ホーク政権の上級経済顧問，1985-88年中国大使．1989年，ホーク政権の諮問を受けてオーストラリアと北東アジアの興隆 Australia and the Northeast Asian Ascendency を著す．オーストラリア経済の将来が北東アジア，とくに中国にあるとして，関税と産業保護の撤廃を骨子としたオーストラリア経済の構造改革を提唱した．これを受けホーク政権は，1990年一部産業を除き関税を全廃するという新産業政策を発表した．オーストラリアの歴代政権が目指す日本や中国との自由貿易協定締結は，ガーノー報告にその理論的基盤がある．ホークからはホーク政権の経済改革の協同設計者と讃えられた．2007年，ラッド労働党党首からオーストラリア経済に対する気候変動の影響と，中・長期的な政策の立案を諮問された．その成果はガーノー気候変動報告 Garnaut Climate Change Review として08年9月に公表され，ラッド政権が導入を目指す排出量取引制度の基礎となった．

杉田弘也

カバ | kava

西太平洋一帯で広く栽培されているコショウ科の植物．*Piper methysticum Forst.* カヴァとも記される．3m程の高さに成長する．その根を絞って水に溶かし飲用される．含ま

れるメチスチシンの効果により口内がしびれ，鎮静効果をもたらすが，乱用すると中毒となる。一般的にカバといわれるが，ヤンゴーナ（フィジー），アバ（サモア），アワ（ハワイ），サカウ（ポンペイ）などと呼ばれる。3000年ほど前にバヌアツ北部で栽培されるようになり，バヌアツから東はフィジーを経て，ポリネシア地域（ニュージーランド，イースター島，ツバル，ツアモツを除く）に移植され，もう一つは，ポンペイとコスラエのミクロネシア地域から，南方のニューギニアの離島，ニューギニア北部のマダン付近の海岸部から南部のパプアニューギニアとイリアンジャヤの境界付近にまで広がったものと考えられている。今日ではあまり飲用されなくなった地域もあるが，バヌアツ，フィジー，サモア，およびトンガでは，伝統的な作法に従って歓迎の儀式などに用いられるほか，日常的にも主として男性の間で飲用される。カバの根や粉末が販売されているほか，都市部にはカバ・バーもある。近年，カバの鎮静効果が注目され，ヨーロッパやアメリカにも輸出されるようになり，バヌアツやフィジーでは外貨獲得のための輸出用農産品ともなっている。　　　　　　　　　東裕

カピンガマランギ[島]
Kapingamarangi Island

カロリン諸島の最南端に位置する環礁。北緯1°02′，東経154°30′。33の島が連なる環礁の陸地総面積は1.12km²で，そのうちのウェルア島とトウホー島の2つに約500人（2007）のポリネシア系の人々が住み，定住者のいない他の島々も，ココナツやパンの実の採取，イモ類の栽培に利用されている。この環礁は，隣のヌクオロ島と同様にミクロネシア連邦ポンペイ州に属しているが，ポリネシアの飛び地として知られ，住民も文化もポリネシア系である。ポンペイ本島のコロニアに隣接するポンラケット集落は，通称カピンガマランギ村と呼ばれる。1916～18年に長びく干ばつから逃れるため90人がポンペイ島に避難し，そのまま住みついた。現在は，400人超の人口になって，周辺とは異なる文化を残したまま暮らしている。彼らは生来の手先の器用さから手工芸品作りを得意としてきたが，この村も木彫

り，貝細工，その他，ポンペイの手工芸品のほとんどを作り出す生産工場になっている。　　　　　　　　　　　　　長戸結未

カブア│Amata Kabua│1928-96

マーシャル諸島共和国の初代大統領。マーシャル諸島ジャルート（ヤルート）島生れ。父はラリック列島の伝統的大酋長（イローヲジラプラブ）の一人（ただし生物学上の父親は日本人），母は*マジュロ環礁の伝統的酋長（レローヲジ）家の出身であり，自らも両環礁を支配する大酋長であった。米国による教育政策の下でハワイ大学に留学。英語，日本語のほか，スペイン語にも精通していた。同大学卒業後，教師を経て，1950年代にマーシャル諸島酋長会議の書記に就任。ミクロネシア議会ではマーシャル選出の上院議員ならびに議長を歴任。79年の自治政府発足後の第1回総選挙で初代大統領に選出され，以後5期（任期4年）連続で同職を務める。近代的政治体制と伝統的地位の権威を握ってリーダーシップを発揮する一方，政敵となる議員には若手官僚を対抗馬として送り込み，当選後は積極的に閣僚に徴用して，議会の大半を与党にしながら政権の安定に努め，国家開発を積極的に進めていった。また，米国と*自由連合協定を締結した86年の独立以降は，日本との関係重視や中国との国交樹立，国連加盟（1991）など多方面外交を展開しようとしたが，96年11月ハワイで倒れ，翌月急死した。　　　　　　　　　黒崎岳大

カーペンタリアわん│カーペンタリア湾│
Gulf of Carpentaria

オーストラリア大陸北岸，ヨーク岬半島とアーネムランドとの間にある浅い大きな湾。東西約500km，南北約650km，面積約31万km²，最大水深79m。南東岸のカルンバを中心に1960年代からエビ漁が進展。古くからインドネシア人がナマコ漁に来航しており，1606年オランダ人*ヤンス，23年オランダ人J.カルステンスが来航。湾名はオランダ東インド会社総督名に由来する。　　　谷内達

カマテップ│kamadipw

ポンペイ（ポナペ）語で〈儀式〉の意味。ミクロネシア連邦のポンペイでは酋長就任，階位昇進，婚姻，葬儀，客人歓迎などには伝統的な作法に基づいた儀式が行われるが，こ

●カメハメハ[大王]

れをカマテップという。また，儀式にはほとんど宴会が伴うので，宴席のことを指す場合もある。カマテップは，その大小が主催者の権力誇示または酋長への忠誠心を計るバロメーターになるので，ポンペイ人にとってはきわめて重要なものとなる。招待された者は，それぞれブタ，イヌ，ニワトリ，イモ類，魚貝類，シャカオ(ポリネシアでは▶カバといい，コショウ科のカバの木の根を砕き，水を混ぜて絞った汁で，鎮静作用がある)などを持参し，女たちは料理作りにも協力する。料理はその場で食べるもののほか，儀式作法に基づいて参加者に再配分される。何日も続くカマテップでは，ブタの日，イモの日，シャカオだけの日など，儀式によって飲食物が定められることもある。　　小林 泉

カメハメハ[大王]｜Kamehameha Nui｜1758-1819

ハワイ王国カメハメハ王朝の始祖。ハワイ島のコハラで酋長の家系に生まれ，同島とマウイ島のハナ地方を支配する大酋長で伯父に当たるカラニオプウの庇護のもとに育った。1778年キャプテン・クックがヨーロッパ人として初めてハワイ諸島に来航しており，カラニオプウに随行してクックに会っている。82年のカラニオプウの死後，内戦状態となったハワイ島を90年までに平定し，さらに遠征の兵を他の島々に送り，95年までにマウイ，カホオラウェ，ラナイ，モロカイ，オアフの各島を征服した。北のカウアイ，ニイハウの両島が服属し，ハワイ諸島の統一が完成するのは1810年のことであるが，通常1795年をカメハメハ王朝成立の年とする。カメハメハがハワイ諸島の統一に成功したことの陰には，ジョン・ヤング，アイザック・デービスという2人のイギリス人の助力と，フェア・アメリカン号という砲装をした洋式帆船の力があった。王国の統治に当たってカメハメハは知事職制をとり，配下の勲功のあった酋長やヤングのような信頼できる外国人をこれに任じて各島の政治をゆだねる一方，自身はその上に絶対君主として君臨した。来航する外国船から港湾税を徴収し，当時のハワイの重要産物である▶白檀(びゃくだん)の貿易を政府の独占とすることなどによって財源を確保し，王国の基礎の確立に努めた。欧米の文明を積極的に導入する一方，宗教と日常的な生活慣習に関しては頑固なまでに伝統主義者であり，カメハメハの治世は，文明化へ向けて始動しつつも，なお伝統文化が生活を支配した時代であった。　　石川 栄吉

カメハメハ[3世]｜Kamehameha Ⅲ｜1814-54

ハワイ王国カメハメハ王朝第3代の国王。▶カメハメハ大王の息子で，前王カメハメハ2世の弟に当たる。前王の死去に伴って即位し，その治世(1825-54)はほぼ30年にわたり，ハワイ王国歴代諸王の中で最も長い。ハワイが立憲王国となり，代議制の国会が開設されたのは彼の治世においてである。1840年に憲法を発布し，45年には首都をホノルルに定めた。立法，行政，司法の諸制度を整備して近代国家の体裁を整え，従来国王の独占にゆだねられていた土地所有の権利を人民一般に解放したく大マヘレ〉(マヘレはハワイ語で〈分割〉の意)を断行したのも彼である。当時盛況をきわめた太平洋捕鯨の機運に応じて，ハワイの捕鯨関連産業を振興し，王国の経済的基盤を固める一方，対外的にも英・米・仏の列強からハワイ王国の承認をとりつけるなどの事績を残した。　　石川 栄吉

かめん｜仮面

仮面は，オセアニアではメラネシア地域で顕著にみられる。とりわけ，ニューギニアのセピック川流域・ヒューオン湾・パプア湾，

●仮面

左―ニューギニア島,セピック川中流域の仮面。精霊の家に安置された。
中―ニューブリテン島,バイニング族の仮面。曲げた木枠に樹皮布を縫いつけてある。大きな目やくちばしは鳥を表わす。
右―カロリン諸島東部のモートロック諸島の仮面。舞踏の際に用いられたり,精霊の家に安置された。

ニューブリテン,ニューアイルランド,ニューヘブリデス,ニューカレドニアなどの仮面がよく知られている。木材から作られることが多いが,籐,樹皮布,亀の甲,粘土などで作られることもある。一般的に仮面は人が顔に着けるものであるが,家屋などに取り付けられることもある。

仮面が盛んに作られるメラネシアでは,人々の世界は数多くの目に見えぬ霊によって取り囲まれていて,これらの霊の加護なしには平穏な生活を営むことはできないと考えられていた。仮面は,祖先の霊や他のさまざまな精霊を表現するものであり,神聖なものとみなされた。人間が仮面を着けると,顔が隠れてその人ではなくなり,仮面が表す精霊や祖先そのものへと変身することができると考えられた。仮面を着けた者はさまざまな儀礼において出現した。普通では目に見えない霊たちと交わるために,仮面は欠かすことのできない手段であった。

仮面は人間の顔を基本とするが,祖先の霊や精霊を表すものであるから,人間とは異なる超自然的存在であることを示すさまざまな特徴が付け加えられるのが普通である。こうした特徴は,①過剰(顔のある部分を強調したり増殖する。たとえば,目を大きく描いて誇張したり,実際よりも多く描く),②欠如(顔のある部分を消去したり簡略化する),③各部分の位置をずらしたり,ゆがめたりする,④本来かけはなれた部分を混淆させる(たとえば,人の顔に鳥のくちばしをつける),などの方法によって示された。このようにして作られた仮面は,グロテスクという要素をもち,見る者に恐怖感を抱かせることになる。

メラネシア以外のオセアニアの地域には,仮面はほとんどみられない。ミクロネシアにおいては,チューク離島のモートロック諸島の仮面が知られているだけである。オーストラリア大陸でも,北東部のヨーク岬地方などごく一部の地域にしか存在せず,それはニューギニアからの影響と考えられている。ポリネシアでも,変身の道具としての仮面は,西洋との接触以前に存在したという明確な証拠はない。ポリネシアに仮面が欠如している理由は明らかではないが,いくつかの仮説が提出されている。その一つは,ポリネシアはマナの観念がとくに発達した地域であり,普通の人が聖なる存在を示す仮面を着けると高いマナに触れることになり危険であったからというもので

● **カモノハシ**

ある。また，発達した宗教組織をもつポリネシアでは神々と人間の間を媒介する者として祭司が存在したので，神々が仮面仮装者の形をとって人々の前に現れる必要がなかったのだとする考え方もある。　中山和芳

カモノハシ |鴨嘴|platypus：*Ornithorhy nchus anatinus*

爬虫類の特徴をとどめもつ単孔目カモノハシ科の水生哺乳類。オーストラリア東部とタスマニア島に分布する。ハリモグラとともに，鳥や爬虫類のように総排出孔をもち，卵生だが，体毛があって哺乳するという点では哺乳類の特徴をもつ。系統関係は不明な点が多いが，有胎盤類や有袋類とはまったく別の進化の道をたどったものと思われる。

1798年に，オーストラリアからインド経由で大英博物館に到着した剝製が，動物学会に知られた最初のカモノハシである。この剝製は，カモのようなくちばしをもち，獣の毛皮をもつという矛盾した特徴のために，まがいものではないかという指摘を含めて，大きな論争を巻き起こした。1802年には，医学者のE.ホームが完全な標本を解剖して，卵生である可能性を明らかにし，論争は卵を産む哺乳類の存否へと移った。84年，W.カルドウェルが1卵を産んだ直後の雌を解剖して，体内からもう1卵を発見するにおよんでようやくカモノハシが卵生の哺乳類であることが確認された。

体長30～45cm，尾長10～15cm，体重0.5～2kg。体色は背側が焦茶色，腹側が灰白色または黄褐色，体は細長く平たい。口吻はアヒルに似たくちばし状をなし，青灰色のやわらかい裸出した皮膚で覆われる。尾はビーバーのように平たく太い。手足にはつめと水かきが発達する。雄は後肢の内側のかかとの近くに角質のけづめをもつ。けづめはその上部にある毒腺と接続しており，雄どうしの闘争や敵や獲物への攻撃の際に武器として使われると思われている。体温は平均32.2℃と低く，周囲の温度にもある程度影響される。

川や湖に生息し，土手に長さ5～9mの巣穴を掘ってすむ。おもに早朝と夕方巣穴から出て，泳いだり潜水したりして，水生昆虫の幼虫，ザリガニ，ミミズ，オタマジャクシなどの水生小動物を食べる。泳ぐ際には，頭の側面の溝の中にある目と耳は閉じられるので使えず，先端に鋭い感覚器をもつ口嘴_{こうし}で獲物をさがし出してとらえる。泳ぎは巧みだが，長くは潜水できず，たびたび水面に浮かび出て呼吸し，また水中でとらえてはお袋にためた獲物をそしゃくする。成獣は歯をもたず，角質板で食物を砕く。7～11月の繁殖期には雄は雌の尾をしっかり抱いて，円を描くような求愛行動を行う。雌は巣穴の奥に草，葉などで巣をつくり，交尾後約12～14日で，通常直径1.3cmのやわらかい卵を2～3個産み，7～10日間あたためる。雌は乳頭をもたず，孵化_{ふか}した子は雌の腹部のしわからしみ出す乳をなめる。子は約4ヵ月で離乳し，2年半で成熟する。寿命は約10年。　今泉吉晴

[神話]　この奇妙な動物をめぐるアボリジニ神話は，大半が以下のような由来譚である。むかしカモの一家がビラボング(池)に住んでいたが，水魔ムローカを恐れて，ねぐらを離れることができなかった。ところが一羽の若い雌ガモだけがねぐらを離れ，雄のミズネズミに後足に生えた鋭い槍のような爪で押さえ込まれて捕まる。昼間はミズネズミに監視され，夜はムローカを恐れて，雌ガモは逃げられず，数週間ミズネズミの巣で暮らした。そしてある暑い日，暑熱に負けたミズネズミが昼寝しているすきを狙って，仲間のいる池へ逃げ帰った。やがて産卵期がきて，たくさんのひながかえったが，例の雌ガモのひなを見て，仲間のカモたちは仰天した。くちばしとみずかきのある足は確かにカモだったが，体に羽毛がなく，逆にミズネズミの体毛で覆われているではないか。しかもみずかきのある足は，4本もある！　おまけに後足にはミズネズミの爪みたいな鋭いとげが生えていた。

明らかにカモとミズネズミとの混血児なのだ。仲間からいびられた母ガモは、池を遠く離れてひなたちを育てた。このひなたちが、ガイダリ、つまりカモノハシ族の祖先となったのである。

越智 道雄

カラカウア|David Kalakaua|1836-91

ハワイ王国第7代目の王。▶ルナリロ王の死に伴い、1874年に選出された。寵臣ウォルター・ギブソンに操られ、権力をほしいままにして政治の乱脈を招いた結果、87年のクーデタによる新憲法の制定で、王権を著しく制限されることとなった。しかし、この間1875年には王国の多年の願望であったアメリカとの通商互恵条約が結ばれ、無関税貿易によって製糖業の盛況をきたし、ハワイ経済に空前の繁栄をもたらした。その反面、労働力の不足が深刻化し、海外からの労働移民(▶移民)の流入も盛んとなった。彼は白人勢力との対抗のために太平洋諸民族の連帯構想を抱き、ギルバート、ニューヘブリデス、サモアにそのための使節を派遣し、また独立王国ハワイの存在を広く世界にアピールするために、即位から9年後の83年に盛大な戴冠式を挙行した。よかれあしかれ、カラカウアは民族主義者であり、愛国者であった。クーデタ後、病を得てカリフォルニアに転地療養を試みたが、91年にサンフランシスコで失意のうちに永眠した。

石川 栄吉

ガリポリ|Gallipoli

トルコ西部、ダーダネルス海峡入口の半島。トルコ語ではゲリボル Gelibolu。第1次大戦でイギリスの軍事相ウィンストン・チャーチルは、連合軍艦隊をマルマラ海に入り込ませ、一挙にコンスタンティノープル(現イスタンブール)を陥落させ、長駆黒海に侵入、ロシアへの補給路を確保する壮大な作戦を立てた。そのためダーダネルス海峡を奪取する必要が生じ、▶ANZACアンザック軍が上陸作戦の中核に選ばれ、1915年4月25日未明上陸を敢行したが、暗闇の中で流され、見当違いの狭い砂浜からすぐ100mの丘がそそり立つアンザック入江に上陸してしまう。狭い地域に1万6000の将兵がひしめき、待ち構えていたトルコ軍の銃撃で、25日1日で2000人の死者が出た。ANZAC軍は狭い地

●ガリポリ

ガリポリ半島とダーダネルス海峡を描いて志願兵を募るポスター。

域にアリの巣のように塹壕を掘りめぐらし(このため、穴掘り digger が ANZAC 兵の別称になった)、手榴弾が投げ合えるほどの至近距離でトルコ軍と8月まで対峙、イギリス軍との連携作戦で打開を図って失敗、再び一挙にオーストラリア兵2000人を失った。12月成功裏に撤退できたが、連合軍将兵3万3000人が戦死、うちオーストラリア兵だけで8587人が死に、チャーチルの重大な作戦ミスとされた。当時、オーストラリアでは、この敗戦が異様なまでに国民感情を高揚させ、以後4月25日はアンザック・デーとしてナショナリズムの結節点になり続け、またピーター・▶ウィアー監督の《誓い Gallipoli》(1981)など、さまざまな映画、小説などに繰り返し描かれ続けてきた。

越智 道雄

カルグーリーボールダー|Kalgoorlie-Boulder

オーストラリア、ウェスタンオーストラリア州、パースの東北東約600km(道路距離)にある鉱業都市。隣接する二つの金鉱町が一体となっている。人口3万200(2006)。大陸横断の鉄道・道路が通り、パースからの長距離送水管(1903建設)で水を供給。1890年代以来の代表的金鉱都市で、1980年半ばから再び金の採掘が活発となり、人口が増加

してきている。また1960年代以降開発されたカンバルダ Kambalda（南53km）にニッケルの精錬所がある。

谷内 達

ガルピリル | David Gulpilil | 1953-

アボリジニの俳優。ノーザンテリトリーで生れ、マニングリダ近郊で育った。15歳の時、伝統舞踊の能力を買われて、英国映画《素晴らしき冒険旅行》(1971)のキャストに選ばれる。以降、《少年と海》(1976)、《ザ・ラストウェーブ》(1977)、《クロコダイル・ダンディー》(1986)などに出演し、1987年にオーストラリアン・メダルを受賞。《トラッカー》(2002)で主演をつとめ、権威あるオーストラリア映画協会賞(AFI賞)において、アボリジニ男性初となる主演男優賞を受賞した。《裸足の1500マイル》(2002)、《オーストラリア》(2008)など近年の話題作でも、重要な役を演じている。また、2004年のアデレード・フェスティバルでは、自らの半生を描いた《ガルピリル》という一人芝居に出演した。70年代初頭から今日まで息の長いキャリアを誇り、〈映画スター〉と呼ぶにふさわしい最初のアボリジニ俳優といえる。

佐和田 敬司

カロリン [諸島] | Caroline Islands

ミクロネシアの中央部、おおむね東経130～164°、北緯0～11°の海域に点在する島々。火山島、環礁島、隆起サンゴ島などがある。北はマリアナ諸島、南はニューギニアとソロモン諸島、東はマーシャル諸島、西はフィリピン諸島などに囲まれる。主な島々は西から順に、▶パラオ諸島、▶ヤップ島と東方の離島、▶チューク諸島、▶ポンペイ島と周囲の離島、▶コスラエ島などがある。大小あわせて800以上の島々から構成されるが、そのほとんどが無人島。海洋性の気候で、年間平均気温は26～27℃。雨期と乾期があるが、一般的に多雨で、とくにポーンペイ島では年間降水量が4800mmに達する。台風の発生地帯でもあり、甚大な被害を受けた離島民が他島へ移住した例も多い。

ミクロネシアへの人々の拡散はいくつかの時期に異なる方向から行われたため、不明な点もあるが、パラオ、ヤップ、チューク、ポンペイ、コスラエなどすべての火山島からは土器が出土しており、少なくとも約2000年前には全域に人が定住していたことがわかる。花粉分析によれば、パラオとヤップではその1000年以上前から人が定住していたという。言語学上からすれば、約3500年前にインドネシア系オーストロネシア語がフィリピン方面からパラオに植民され、約2000年前には核ミクロネシア語が東メラネシアからマーシャルおよびギルバート諸島を経て、ポンペイ、チューク、ヤップ離島、パラオ離島に植民され、また約700年前にはポリネシア語がポンペイ南方の▶ヌクアロファ島と▶カピンガマランギ島に植民されたという。

在来の生業は、▶タロイモや▶ヤムイモの栽培と、沖合やラグーンでの漁撈など。ジェンダーによる分業がみられ、イモの栽培は主として女性が行う。▶ココ椰子、▶バナナ、▶パンノキなども栽培され、豚や犬といった家畜の飼育も行われた。嗜好品としては、ポンペイでは▶カバが飲まれ、それ以外の地域では▶ビンロウの実がかまれる。社会組織の面では母系制が広く認められるが、父との子の関係も相続などの局面で顕在化する。ヤップ島は二重単系制である。伝統的な政治システムとして▶酋長制が発達しているが、ひとりの権力者を中心とする一元的な政体は形成されなかった。広範な海域を包摂する交易・貢納関係を発達させたヤップ、威信経済に基づく5つの酋長国から成るポンペイ、▶アイバドールと▶アルクライを軸に諸村落が二分されるパラオ、酋長制が親族間の序列の域を出ないチュークなど、政治権力がおよぶ範囲、その強度は地域ごとにさまざまである。

1686年にスペイン総督レカーノが、時のスペイン国王カルロス2世にちなんで▶グアム以南の島々をカロリン諸島と呼んだのが名前の由来。1886年、ローマ法王の裁定でスペイン領と承認されたが、99年には米西戦争でスペインが敗北、ドイツ統治下に入った。1914年から45年までは日本統治下に置かれ、太平洋戦争後は太平洋諸島信託統治領の主要部分を構成、1986年にはヤップ州、チューク州、ポンペイ州、コスラエ州から成るミクロネシア連邦が、94年にはパラオ諸島と南西の離島から成るパラオ共和

国が誕生した。両国の合計人口は約13万人(2005)。合計陸地面積は約1200km²で、その半分以上はカロリン諸島で第1、2位の面積を誇る火山島のポンペイ島(334km²)とバベルダオブ島(331km²)で占められる。　飯高伸五

かんがい |灌漑

降水量が少なくしかも不安定なオーストラリアでは、灌漑による水資源利用がきわめて重要である。オーストラリアにおける本格的な灌漑事業は、マレー川下流のミルデュラ(ビクトリア州)およびレンマーク(サウスオーストラリア州)におけるチャフィー兄弟による灌漑事業(1887)に始まり、ビクトリア州北西部のウィメラマリー地区(1887開始)、ニューサウスウェールズ州南部のマランビジー川流域(1900開始)、ウェスタンオーストラリア州南西部のハービー川流域(1916開始)などでの灌漑事業、マレー川流域の水資源利用に関するニューサウスウェールズ、ビクトリア、サウスオーストラリア3州によるマレー川委員会の設立(1917)などを経て、各地に灌漑事業が普及していった。

オーストラリアの灌漑用水利用量は、河川利用と地下水利用とを合わせて年間108億m³(2005)で、総水資源利用量の58%にあたる。これは日本の灌漑用水利用量の5分の1足らずであるが、人口比では日本より相対的に多いといえる。用途別にみると、利用量の最も多いのは牧草用で、約⅓を占め、穀物用がこれに次ぐ。ただし牧草・穀物用の灌漑は、稲作を除くと、粗放的な土地利用への水分の補給といった程度のもので、日本的感覚での集約農業的な灌漑のイメージからはほど遠いし、牧草地面積に占める灌漑面積の割合はわずか0.3%、穀物作付面積(稲作を除く)に占める灌漑面積の割合も1.8%で、いずれもきわめて小さい。これに対して、かんきつ類、ブドウなどをはじめとする果実・野菜類や、サトウキビ、綿花などのための灌漑は、利用の絶対量はそれほど多くはないが、作付面積に占める割合は果実・野菜類では90%、サトウキビでは53%、綿花では96%と大きく、景観的にも日本的感覚での灌漑のイメージに近い。オーストラリアでも、灌漑というときには、狭義にはこれらの作物用のものを指すことが少なくない。

オーストラリアの灌漑事業は二つの問題点を抱えている。第1は経済的問題で、ダムや用水路などの建設に巨費を投じる割には経済効果が十分でないケースがみられることである。ウェスタンオーストラリア州北部のオード川流域の灌漑事業は、この点での代表的な失敗例といわれている。第2は環境的・技術的問題で、河川利用、地下水利用ともに灌漑事業の進展により、かえって塩害問題、すなわち水の塩分濃度が許容水準を超えて上昇し、作物や土壌に悪影響を与える問題が深刻化してきていることである。　谷内達

カンガルー[島] |Kangaroo Island

オーストラリア、サウスオーストラリア州の島。アデレードの南西沖約120km、フリンダーズ山脈の延長にあたる丘陵性の島。面積4409km²、人口4450(2006)。中心都市はキングズコート(人口1690)。西部にフリンダーズ・チェース国立公園があって野生動物を保護しており、経済的にはおもに観光と農業に依存する。第2次大戦後、土地改良が進んだ。アデレードとともにサウスオーストラリア最初(1836)の入植地。　谷内達

カンガルー |kangaroo

有袋目カンガルー科Macropodidaeに属する哺乳類の総称。よく発達した後半身に太く長い尾を備えた独特の体型をもつ。上半身はほっそりしていて前肢は小さい。カンガルー科は、カンガルー、ネズミカンガルー、ニオイネズミカンガルーの3亜科に分けられ、狭義には、カンガルーはカンガルー亜科カンガルー属に含まれる大型のアカカンガルー、オオカンガルー、それにワラルーを指す。

オーストラリア、タスマニア、ニューギニアに分布し、砂漠に生息する種から森林の樹上にすむ種(キノボリカンガルー類)まで約55種がある。最小の種は、体長25〜40cmのネズミカンガルー、最大の種は、有袋類中最大で体長160cmを超えるアカカンガルー、オオカンガルーである。いずれの種も、発達した後肢でジャンプしながら移動し、木や草の葉などの植物質を主食とする。走行中のバランス器官である太い尾は、休息

● **カンガルー**
左―アカクビワラビー
中―ネズミカンガルー
右―アカカンガルー

時に後肢とともに体を支える役割もある。下腹部の育児嚢の中には四つの乳頭がある。門歯は，上あごに3対，下あごに1対で植物をはみとるのに適し，前臼歯と臼歯は，植物の葉をすりつぶすのに適した臼型をしており，上下各4～6対ある。セルロースを分解するバクテリアを胃と小腸内にもち反芻を行う種もある。水なしで長期間耐える能力をもつ点ではヒツジなどの有胎盤類の草食獣よりも優れた生活能力をもっている。繁殖期は一定せず，雌は大型の種の場合，妊娠期間が33日で，体長2.5cm，体重約1.3gのごく小さな1子を生む。子は赤裸の未熟な状態で生まれるが，前肢だけはよく発達しており，それを使って自力で母親の腹面をはいのぼり，育児嚢に入って乳頭に吸いつく。初め子は乳頭に吸いついたまま過ごす。約235日育児嚢内にとどまるが，後半は顔を出したり，外に出ることもある。雌は出産後ただちに交尾し，再び妊娠するが，子宮内の胚の発育は一時的に抑制され，育児嚢内の子が独立したときに再び発育を開始する。このために，雌は絶えず子を育てる準備を完了していることになり，産子数の少なさを補っている。また，水が不足するなど環境条件が悪い場合にも，胚の発育は抑制され，よくなると発育を開始する。したがって良好な条件を巧みに生かして繁殖することができる。

[種類] オーストラリア内陸の草原に生息する最大種のアカカンガルーは，雄の体長166cm，尾長107cmに達する。雌はやや小さい。開けた草原を後肢を使ったジャンプで走り，時速48kmに達する。草を常食とする。ふつう十数頭の群れで生活し，夜間牧場内にも侵入して草を食べ，この際，門歯を使って牧草の根もとまではみとってしまうために，しばしば害獣として駆除される。オオカンガルーは，アカカンガルーとほぼ同大の大型種で，オーストラリア東部の森林にすみ，木の葉を好んで食べる。かつては1000頭を超える大群が見られたといわれるが，現在では大きくても50頭程度の群れしか見られない。ワラルー類は，前2種よりもやや小さく，体長120cm，尾長85cm程度で，オーストラリア南東部の荒れ地にすむ。後肢がやや短く，荒れ地を歩くのに適している。ケナガワラルー，アカワラルーなどがある。▶ワラビーは，ワラルーよりもいっそう体の小さなカンガルー類の総称で，体長45～105cm，尾長33～75cm。アカクビワラビー，オグロワラビー，エレガントワラビーなどがある。カンガルー類中もっとも原始的なニオイネズミカンガルー類には約10種が知られており，後肢があまり発達しないため四足歩行することが多い。砂漠に巣穴を掘ってすむ種もある。

今泉 吉晴

[神話] この動物の由来譚には以下のようなものがある。カンガルーのボラーは，最初は四つんばいで地上を歩いていた。ある夜，人間たちがコロボリーの祭で踊り狂うさまを目撃，たまりかねて踊りの輪に飛び入り，四つんばいで踊りだすが，いつのまにか人間のまねをして後足と太いしっぽだけで踊りだす。しばし踊りを中断して見と

れていた人間の男たちが、女たちがブーメランなどでたたいていたポッサムの毛皮を硬く巻いた打楽器（〈クスクス〉の項参照）を尻につけ、ボラーのしっぽの代用として踊りに加わった。ボラーは新しい踊りを人間に紹介、彼らのトーテム動物に祭りあげられたが、同時に彼は以後、後足としっぽでしか走れなくなる。この大陸で最も多い動物だけに、カンガルーをめぐるアボリジニ神話は非常に多い。その駿足ぶりから、夫のもとを逃げ出し、その追跡を逃れるためティーツリー（フトモモ科の小高木）の切株に隠れた妻が、彼に発見され、切株ともどもカンガルーに変身して逃げきる話もある。この話は同時に、極端な女性差別社会としてのアボリジニ社会を象徴してもいる。またその食糧としての重要さから、成獣となったカンガルーだけを捕食することを許可するトーテム動物として人間たちを支配、タブーを犯して未成獣を捕食した部族を壊滅させる恐ろしい霊獣カンガルー（ジャンガ・ヨンガー）の伝説もある。さらには、カンガルーが再生の象徴としての月神ミーカから、すべての動物が死後再生してくる保証を引き出すきっかけをつくる話もある。その延長として、ボラー（カンガルー）が夜を排除して昼をもたらす魔力を与えられている例もある。そしてアボリジニの間に残る巨大カンガルーの記憶は、〈クスクス〉の項で述べたクペレーに典型的に表れている。

越智 道雄

かんしょうこっか｜環礁国家｜Atoll State｜Atoll Nation

国土が環礁atollで形成されている国家。世界に4ヵ国あり、インド洋のモルジブを除くマーシャル諸島、キリバス、ツバルの3ヵ国は太平洋にある。国土が珊瑚礁に由来するため、標高が低く（1〜2m程度）、面積が狭小で、土壌もやせ、農業をはじめ産業開発上不利な条件下にある。近年、気候変動による国土水没の危機で世界的な注目を浴びている。なかでもツバルは世界で最も気候変動の影響を受けている国として、すでに国土の一部がたびたび浸水に見舞われている様子が日本のマスコミでもしばしば取り上げられ、気候変動問題の象徴的な存在となっている。環礁国家では、海面上昇による水没の危機以前に、飲料水を雨水に依存していることから、気候変動の影響と考えられている干ばつによる飲料水不足、狭小な国土での急激な人口増加とそれによる生活廃棄物の急増がもたらしている生活環境の悪化、といった目前の環境問題がよりいっそう深刻の度を増しつつあり、援助供与国を含めた取組が求められる喫緊の課題となっている。

東 裕

カンタスこうくう｜カンタス航空［会社］｜Qantas Airways Ltd.

シドニーに本拠地を置くオーストラリアの航空会社。航空会社コードはQF。政府が100％株式を保有する国営会社としてスタートしたが、1995年に民営化された。国際線では世界の航空会社の十指に入り、国内線とあわせて年間3万人を超える乗客を運んでいる。オーストラリア、ニュージーランド、南太平洋諸島、東南アジア、ヨーロッパを中心に中東、北米の主要都市、および南米のブエノスアイレスへの路線網をもち、38ヵ国150以上の都市に就航している。日本へは1952年から乗り入れている。1920年にクイーンズランド・ノーザンテリトリー航空サービス会社 Queensland and Northern Territory Aerial Service Ltd. として創設され、カンタス航空の名称もこの頭文字に由来している。同航空の株式一部を一時保有していた英国航空とアメリカン航空が主導するエアラインネットワーク〈スター・アライアンス〉に加盟している。カンタス・グループとしての従業員数は約3万6000名、所有航空機は224機、B747型機などボーイング社製が中心であったが、A380-800型機の大量導入を決定し、エアバス社の保有機数を増やしている。

2004年、子会社としてメルボルンを本拠とする格安航空会社ジェットスター航空を設立した。同航空は当初、国内線のみの運航であったが、06年にはアジア各都市への就航を開始した。日本にも07年、関西国際空港へ就航し、日本人観光客を意識してケアンズ、ゴールドコースト、シドニーと成田、関空を結ぶ路線を運航している。所有航空機はA320型機33機、A321型機5機、A330型機6機、従業員数700名。その他ジ

●キーウィ
タテジマキーウィ

ェットスターグループとして，シンガポールのジェットスター・アジア航空ならびにバリュー・エア(2社ともカンタス航空が株式の49％所有)，ベトナムのジェットスター・パシフィック航空(カンタス航空が株式の27％所有)がある．

永野 隆行

カントン[島]｜Canton：Kanton

ホノルルとニューカレドニアのヌーメアとのほぼ中間に位置する．キリバス共和国の▶フェニックス諸島の主島．長径11km，最大幅5kmの礁湖を抱く環礁．陸地面積9km²．島名は1854年にここで難破したアメリカの捕鯨船の名に由来する．無人島であったが，1881-91年，イギリスのリン鉱石会社の手で▶グアノが採掘された．1939年以降キリバス独立の79年まで，東南東約60kmのエンダーベリー島とともに英・米共同統治下にあり，太平洋戦争中はアメリカの空軍基地，大戦後の1960年代初期にアメリカの宇宙船追跡ステーション，そして70年には対弾道弾ミサイル追跡ステーションが置かれた．

石川 栄吉

1980年に全ての基地が廃止され，キリバス人7名，サモア人1名であった人口はその後増加し続けたが，95年の83名をピークに減少し始め，2005年には行政関係者とその家族の41名のみとなった．07年時点でフェニックス諸島で唯一の有人島である．

長戸 結未

キーウィ｜kiwi

ダチョウ目キーウィ科 Apterygidae に属する鳥の総称．この科はニュージーランド特産の3種よりなる．3種とも形態は似ていて，タテジマキーウィ *Apteryx australis* は南北両島とスチュアート島に，オオマダラキーウィ *A. haastii* とコマダラキーウィ *A. owenii* はそれぞれ南島に分布する(コマダラキーウィは半化石が北島から産出)．全長48～84cm，体重1.35～4kg．羽毛は毛状で粗く，羽色は褐色ないし灰色に縦斑か横斑がある．くちばしは細長く，少し下に湾曲し，口角には長い口ひげがある．翼は退化して，飛ぶことはできない．尾羽もない．足はじょうぶで，あしゆびは4本ある．早く走るが，バランスが悪く，よたよたしている．よく茂った森林にすみ，単独かつがいで生活している．非常に臆病な鳥で，昼間は朽木の下や地下の穴に身を潜め，夜かくれがを出て餌をあさる．眼はいくぶん退化しており，嗅覚，触覚，聴覚はよく発達している．とくに鼻孔はくちばしの先端近くに位置し，口ひげとともに餌をさぐり出すのに役だつといわれている．食物は主として土中にすむ昆虫やその幼虫類とミミズであるが，地上の種子や柔らかい根もよく食べる．採食場には地面にくちばしをさし込んだ穴が無数にあいている．雌雄は同色だが，雌のほうが大きい．夜間雄は鋭い声でキー・ウィーと鳴き，雌はクルルと鳴く．kiwi はマオリ人の呼んでいた名だが，もともとは鳴声に由来するらしい．巣は根の下や地下につくられた穴の奥に若干の草や葉を敷いてつくられ，1腹1～2個(まれに3個)の卵を産む．卵は光沢のある白色で，タテジマキーウィでは長径13.5cm，重量450gの大きさがある．これは雌の体重の1/3にあたり，親との比較では鳥卵の中でいちばん大きい．産卵期は7～2月．抱卵期間は75～77日，雄だけで抱卵する．生まれた雛は約1週間食物をとらずに巣にとどまり，その後雄に連れられて自分で餌をあさる．成長はかなりおそく，成鳥になるのに5～6年を要するといわれている．その個体数は，乱獲や原生林の農地化や移入されたイタチ，イヌ，ネコ，オポッサムなどの影響で，非常に減少した．走鳥類の中では非常に特殊な位置を占め，類縁関係ははっきりわかっていない．

森岡 弘之

キーウィは第1次世界大戦期にニュージーランド兵を指す言葉として使用され始め，その後ニュージーランド人一般を指す語として定着した．現在では親しみのある愛称

として，ニュージーランド人 New Zealander と同義でキーウィ Kiwi が使用されている。また，ニュージーランドの象徴として，コイン，切手，主要産物の商標などに登場する。

〔原田 真見〕

キキ | Albert Maori Kiki | 1931-
パプアニューギニアの政治家，実業家。ガルフ州のオロコロに生まれる。ロンドン・ミッショナリー・スクールを卒業後，1951年，フィジー医学校に学び，帰国後，公衆衛生・福祉関係の行政官，パトロール・オフィサーなどを歴任する。63年に発足した行政官養成学校 Administrative College に入学し，65年，ソマレ，その他同校の卒業生らとともにパング党を組織し，その事務局幹部となる。68年の総選挙では落選したが，パング党の中心として党を指導し，その後72年の総選挙で当選，土地開発大臣・外務通産大臣に任命された。75年，パプアニューギニアが独立した際はソマレ内閣のもとで外務大臣，そしてその後副大臣を務めた。77年，総選挙で落選してから政界を離れ，実業家として活動を始める。著書に《キキ自伝——未開と文明のはざまで》がある。パプアニューギニアでは最も早く本格的な高等教育を受けた人物として有名であり，パプアニューギニア独立を率いた一人として知られる。

〔豊田 由貴夫〕

ギズボーン | Gisborne
ニュージーランド北島の東岸，ポバティ湾に面した国内最東端の港湾都市，漁港。人口4万4500 (2006)。集約的な牧羊・酪農地帯を後背地に持ち，食品加工などの関連工業がある。豊かな気候条件による良質なワインの産地である。1769年10月9日，ヨーロッパ人として初めてジェームズ・クックがこの地に上陸したが，住民との小競り合いの結果，求める水や食料などの必要物資が得られなかったため，湾を〈貧困の湾 Poverty Bay〉と命名した。市内にはクックの像，上陸記念碑がある。世界的オペラ歌手であるキリ・テ・カナワの出身地。石川県野々市町と姉妹都市提携(1990)。

〔新井 正彦〕

キーティング | Paul Keating | 1944-
オーストラリアの政治家，首相 (1991-96)。シドニー郊外のバンクスタウンで生まれ育つ。義務教育終了後シドニー市役所に勤務。ニューサウスウェールズ州労働党の〈巨人〉ジャック・ラング（大恐慌期の州首相）の薫陶を受け，労働党青年部で頭角を現すと，1969年ブラックスランド選挙区から連邦議員となる。ウィットラム政権末期に短期間閣僚を経験。ホーク政権誕生とともに財務大臣に就任，ホークの右腕として経済改革を断行した。91年12月，深刻な不況時にホークを追い落として首相に就任，〈ワン・ネーション〉と名づけた公共投資政策と野党の政策に対する激しい攻撃で，93年総選挙で番狂わせ的な勝利を挙げた。労働市場の規制緩和，全国的競争制度や退職年金保障拠出制度の導入などの経済改革を進めると同時に，先住民に対する入植者の責任を認め，連邦最高裁判所のマボ判決を受けて先住権原法の成立に尽力し，共和制移行を政治過程にあげ，APEC首脳会議の実現に奔走した。しかし，失業率の高止まりと金利の上昇傾向のなか1996年総選挙で大敗し，引退する。マーラーの交響曲とフランスのアンティーク時計の蒐集が趣味という一般からややかけ離れた側面をもっており，数々の率直な発言や政策に対する評価とともに，毀誉褒貶が激しい。

〔杉田 弘也〕

キニーリー | Thomas Keneally | 1935-
オーストラリアの作家。カトリック僧職を目指すものの断念，教職についたのち，1960年代後半から作品を発表し始める。宗教教育の影響は作品にも投影され，《聖霊に万歳三唱》(1968) では教会内の政治闘争と神学論争をテーマにした。先住民と白人の混血で犯罪者となった青年をモデルにした《ジミー・ブラックスミスの歌》(1972) ではオーストラリア社会の人種と帰属の問題を扱う。その作品の舞台や歴史的背景はオーストラリアに留まらず，ナチス・ドイツからユダヤ人を救った実在人物を描いた1982年の《シンドラーの箱舟》はブッカー賞を受賞，《シンドラーのリスト》として映画化された。近年はアイルランド系移民についての《グレイト・シェイム》(1998) や初期の囚人移送についての《盗人の連邦》(2005) などの歴史的ノンフィクション，また太平洋戦争がオーストラリア社会にもたらした影響につい

●キャッサバ
下左―イモ

て描いた《オーストラリアの天使》(2002)，《寡婦と英雄》(2007)などの長編小説がある。熱心な共和制擁護者としても知られる。

加藤 めぐみ

ギボンズ |Yutaka Gibbons|1944-

パラオの二大酋長のひとりで，コロール州の第1位酋長の称号▶アイバドールの現継承者。母方がアイバドールを輩出するイディッド氏族で，妹のグロリア・サリー・ギボンズはアイバドールと対になる女性酋長ビルンの現継承者，弟のジョニー・ギボンズは元コロール州知事。1944年に生まれ，パラオのセブンスデイ・アドベンチスト教会学校，グアムの大学を卒業後，アメリカ陸軍に入隊，ドイツとアメリカに赴任した経験がある。1973年，弱冠29才で母方オジの後を継いでアイバドールとなった。異例の若さでの称号継承であったが，前アイバドールの姉妹の長男であり，かつ当時のビルンの養子であったため，イディッド氏族の女性年長者に推薦され，酋長会議ガラメケティで承認された。国家形成期には，国政における酋長の政治権力の確立に奔走した。現行体制では大統領の諮問機関である全国酋長評議会の構成員に留まるが，▶マルキョクの▶アルクライと並び国家式典に列席するなど，その政治的権威は保たれている。コロール州においては，マカティー地区とイケラウ地区の他の酋長とともに，州議会の法案を最終的に承認する権限をもっている。1988年，96年には，大統領選に立候補したが，いずれも落選した。これはパラオの人々が伝統政治と近代政治を区別しており，大酋長の出馬は不自然と考えているためである。99年には第1回ミクロネシア酋長会議のホストとして，現アルクライのラファエル・バオ・ギルマンとともに中心的な役割を果たした。コロール州イディッド区に狛犬の門柱と日本式の家屋を構えていることでも知られている。

飯高 伸五

キャッサバ |cassava| *Manihot esculenta* Crantz.

熱帯アメリカ原産の地下にいもを形成するトウダイグサ科のやや木本性の植物。現在は熱帯域で広く栽培される重要な食用作物。和名はイモノキ。キャッサバというのが一般的だが，地域によってはマニオク manioc，タピオカ tapioca とも呼ばれ，その名が日本名としても使われることがある。

[形状] 白色の乳液を有する草本状の低木で高さは3mに達し，上部でよく分枝する。地下には根が肥大したいもを形成する。葉は10～20cmの葉柄があり，葉身は深く3～7掌状深裂し，各小葉片は長倒卵形から披針形で先端はとがり，長さ8～20cm，ほぼ無毛だが葉裏の葉脈上にはこまかい毛を有する。花は通常，枝端の総状花序につき，花弁はなく雌雄異花である。萼片はつりがね状で5裂し，緑色。果実は蒴果で，3室に各1個の種子がある。

[利用] いもは細長いダリアの球根のような形状をし，長さは通常30～80cm，直径5～10cmになる。薄い外皮は明るい灰褐色で，肉質部は通常，白色，時に黄色をおびている。中心部には繊維が多いが，ゆでるとやや硬い粉質で，甘みのないサツマイモのようでくせがなく，デンプンを20～30%含むが，タンパク質やビタミン類はほとんど含有していない。単位面積あたりの収量が高く1haあたり約10tになり，乾燥にも強いし，約30cmほどに短く切った茎を畑につきさすだけで繁殖させることができるし，土質も選ばないので，全世界の熱帯で重要な主食デンプン源植物となった。しかしキャッサバには，青酸配糖体が多少とも含有され，その含有量の高いものは有毒で，毒抜きをしないと食用にならない。毒抜きは，加熱やつきくだいて水洗，あるいは液汁をしぼることによって行われることが多い。

オセアニアでは，主として無毒の品種群の品種が栽培されているが，有毒の品種群のほうが乾燥に耐え，また収量が多いとい

うことで栽培されることもある。トンガでは、食用には無毒品種が利用されるが、樹皮布(タパ)用の糊には有毒品種群が使われ、有毒品種は樹皮布の虫害を防ぐとされている。

キャッサバは通常、甘味品種群 sweet cassava と苦味品種群 bitter cassava に大別され、前者は無毒、後者は有毒とされ、時には有毒な苦味品種群は別種 M. utilissima Pohl. の名で呼ばれるが、毒性は段階的に各品種ごとに異なり、はっきりと毒性から類別はできない。キャッサバは多様に分化した栽培品種群を有するが、植物学的には単一の種と考えられる。

キャッサバのいもは、収穫すると腐敗が早く、貯蔵性がほとんどないため、生いもの形では遠くに輸送できない。しかし、いもをすりつぶして水洗し沈殿させると良質のデンプンがとれ、それを天日あるいは火熱で乾燥すれば、長距離の輸送が可能になる。熱帯域ではこのタピオカデンプンの工業的生産が重要になっている。さらにタピオカデンプンを乾燥しきるまえに容器の中でかきまぜ振盪して小さなタピオカデンプンの団子を作り、それを加熱すると、半透明の調理に使うタピオカ・パールができる。またいもを薄切りにして乾燥したタピオカ・フレーク、それを粉末にしたものも重要である。

キャッサバのデンプンはアルコール発酵やアセトン発酵の原料としても重要で、ガソリンの代用として、ブラジルではタピオカデンプンから製造されたアルコールが、ガソリンに混用されて利用されはじめている。さらに甘味品種群キャッサバの若芽や新葉は、熱帯域では重要な野菜の一つとして広く利用されている。

[起源と来歴] キャッサバの原産地は A. P. ド・カンドルや N. I. バビロフによってブラジルとされたが、最近の民族植物学的な研究の成果も加えると、ブラジルは第2の分化の中心で、甘味品種は古くから中央アメリカで栽培されているので、中央アメリカあるいは南アメリカ北部が原産地と考えられるようになった。16世紀にはポルトガル人が持ちあるいたが、アフリカや東南アジアで広く栽培されるようになったのは19世紀になってからであり、旧世界の熱帯では比較的新しい作物である。　　　　　堀田 満

キャブラマタ | Cabramatta

オーストラリア、シドニー西郊30余kmにある人口約2万人の町(2006年現在)。シドニー都心付近の南にあるチャイナタウン、ディクソンストリートに対して、第2のチャイナタウンを形成。ロサンゼルス東郊のモンタレー・パークと同じく、インドシナ難民の流入で急激に第2チャイナタウンになった。1880年代にイギリス系移民の労働者が住み着いたが、第2次大戦後はクロアチア、セルビア、マケドニア系など東欧移民が流入、さらにインドシナ難民が大挙入ってきた。この地区の商店の半分以上がインドシナ系の経営になる。他地域と同じく、彼らは商店のほかにホテル、不動産獲得から金融業に手を広げつつある。初期流入者は故国では中流以上の中国系が大半で、インドシナ華僑協会(1981設立)、中国系オーストラリア人相互扶助会(同)などの本部がある。2006年の国勢調査では、オーストラリア生まれが28%に対し、ベトナム生まれが31%となっており、国内最大のベトナム人コミュニティーを形成している。1980年代半ばにはベトナム系のエビ漁船オーナー、プオン・ゴがアジア系では初めて近くのフェアフィールドの市議に選ばれ、インドシナ系進出の象徴として耳目を集めたが、94年9月におきたニューサウスウェールズ州議員ジョン・ニューマン暗殺事件の犯人の1人として2001年に無期懲役の有罪判決を受けた。
　　　　　越智 道雄・村上 雄一

キャベンディシュ | Thomas Cavendish | 1560-92

イギリスの航海者。キャンディシュ Candish ともいう。1585年リチャード・グレンビルの航海に加わり北アメリカのバージニアに渡る。86年 F. ドレークにならって3隻の船でプリマスを出航、マゼラン海峡を回って世界周航に成功、88年帰国。途中カリフォルニア沖で2人の日本青年を助けて同行する。91年彼らを伴い再度東方を目指したが、翌年マゼラン海峡近くで僚船と離れ、南大西洋に没。　　　　　越智 武臣

キャンベラ｜Canberra

オーストラリアの首都。シドニーの南西300km（道路距離）の高原（標高約600m）に位置する。人口33万3900（2006）。オーストラリアンキャピタルテリトリー（準州）の北東部にある。いわゆる計画都市として知られ、1911年の設計コンクール当選案を原案に13年に建設が開始され、27年国会議事堂完成をもって正式に首都となった。しかし都市建設の歩みはきわめて遅く、建設が本格化したのは58年以後であり、人造湖の完成や、連邦政府機能の大部分のメルボルンからの移転は、60年代に入ってからであった。また、原計画（人口2万5000規模）は何回も手直しされ、将来人口100万を想定した新計画のもとに、旧市街地のような幾何学的パターンにこだわらず、居住環境を重視した新市街地の建設が進められている。新国会議事堂（1988完成）、連邦政府機関、各国大使館、オーストラリア国立大学などがある。市街地は隣接するニューサウスウェールズ州のクインビヤンに連なっていて、キャンベラークインビヤン都市圏（人口38万1400）を形成している。オーストラリアンキャピタルテリトリー（面積2358km²、人口33万4200）は、1911年以来連邦政府直轄地区であったが、89年から行政の地方自治化が進み、実質的に州と同等の地位を得ている。都市名は乳房（都心部の東と西にある二つの丘を指す）を意味するアボリジニ語に由来するという説が有力であるが、集会場所を意味するという説もある。

谷内 達

キラウエア［山］｜Kilauea

ハワイ島南東部の活火山。標高1247m。体積約700km³。海底部分を含めると1万9000km³。マウナ・ロア山腹上、南東にある楯状火山。ソレアイト質カンラン石玄武岩のおもに厚さ数m以下の溶岩流よりなる。山頂に約2km×3kmのキラウエア型カルデラがあり、その南西部に活火口ハレマウマウHalemaumauがある。噴火は山頂部のほか、山頂から南西と東に延びて海底に達するリフト帯から起こる。東北東―西南西方向の割れ目からの噴火が多い。1983年から2008年までの合計噴出量は3.38km³。

中村一明

キリストきょう｜キリスト教

太平洋諸島におけるキリスト教は、まず16～17世紀にスペイン人探検家とともにやってきたが、さほど根づかなかった。本格的な布教活動は、1797年3月に*ロンドン伝道協会の一団がタヒチ島に上陸したときに始まる。1815年に同島のポマレ2世が改宗し、神学校が開かれた。その卒業者がソシエテ諸島からトゥアモトゥ諸島、オーストラル諸島、さらにクック諸島（1820年代）へとキリスト教を広めた。次いでクック諸島にも学校がつくられた。そこからはサモアへ布教され（1830年代）、ここにも学校が設立された。クック諸島やサモア出身の教師は1840年ころまでにローヤルティ諸島や現バヌアツ（ニューヘブリデス諸島）へと伝え、またサモア人教師は1840-70年ころに現在のツバルやキリバス、トケラウ諸島へと伝えた。ロンドン伝道協会では初期から多くの教師が太平洋諸島の住民であった。

ニューギニアの旧イギリス領では、1870年にロンドン伝道協会の宣教師に率いられたローヤルティ諸島出身の教師がトレス海峡の島々で、翌年にはサモア人教師が本土の南西海岸部で布教を始めた。この時期までにニューギニアでの布教活動がなかったわけではないが、ロンドン伝道協会が最初の永続的な地歩を築いた。旧オランダ領では、1855年以来プロテスタント系の宣教団が活動してはいたが、基地が開設されたのは1908年になってからであった。

トンガやフィジーでは1820-30年代に*ウェズリー派伝道団（メソジスト）が、ハワイでは同時期にカルバン派が活動を開始した。ミクロネシアでは、スペイン人がもたらし、マリアナ諸島で受容されていたカトリックが、そこから東方へと広まったのに対し、プロテスタントはおもにハワイ経由で伝道された。

キリスト教各派は、太平洋諸島へ学校教育と医療を持ち込み、西欧的な価値観の移植を推進した。住民にとって、鋼鉄製の道具や文字などをもたらしたキリスト教は物質的な豊かさや秘儀的な力のシンボルであった。少数の地域を除き、キリスト教との最初の出会い以後、抵抗がなかったわけで

はないが，わずか数十年という相対的には短期間のうちにほとんどの住民がキリスト教を受け入れ，しかもその受け入れ方は熱狂的でさえあった。それはまたキリスト教が太平洋諸島の人々によって解釈され，土着化する過程でもあったが，他の非ヨーロッパ世界にしばしば現れたシンクレティズムはむしろみられない。しかしながら同時に，キリスト教は，商品経済の侵入，植民地支配とともに，苛烈な▶千年王国運動が群発する重要なきっかけを提供した。

今日，従来キリスト教が担った社会的役割に変化が生じている。教育や医療の事業はしだいに各国政府や行政が担当するようになってきたし，成功への道がキリスト教だけではなくなったため，高等教育を受けた都市居住者や頻繁に移動する者には宗教離れがみられる。しかし，全般にキリスト教の地位は依然として高く，重要な社会的・政治的勢力である。他方，19世紀後半および1960-70年代にもたらされた原理主義的な諸セクトは，現在もその勢いをむしろ伸ばしつつある。

瀬川 真平

キリストきょうふじんきんしゅどうめい｜キリスト教婦人禁酒同盟｜
Women's Christian Temperance Union

19世紀後半のニュージーランド社会で重要な役割を果たした婦人団体。19世紀後半，国家建設期のニュージーランドでは，その労働が厳しいこともあって男子労働者の間では飲酒の風習が盛んであった。しかし同時に，これは家庭にさまざまな悲劇をもたらした。こうした状況のもとで飲酒に反対する女性の立場から1885年に結成されたこの同盟は，19世紀後半のニュージーランド社会に大きな影響を及ぼした。また，この同盟は婦人参政権獲得運動の先頭に立った。そして自由党セドン首相のもとで1893年，婦人参政権法案を成立させ，ニュージーランドは世界で初めて婦人参政権を実現した国となった。また同年には，それぞれの地方区が酒類の販売を存続，減少，禁止のいずれにすべきかについて，3年ごとの投票で決定できる法案が成立した。

地引 嘉博

ギルバート［諸島］｜Gilbert Islands ➡キリバス

キロス｜Pedro Fernández de Quirós｜1565-1615

スペインの航海者，探検家。ポルトガルに生まれる。▶メンダーニャの第2回探検に航海士として参加。メンダーニャの死後，サンタクルーズ諸島からの撤退を指揮し，マニラを経由して大圏航路によってメキシコに帰る。彼は古代ギリシア人の空想した〈南方大陸〉を信じ，そこに新しいエルサレムを築き，原住民を改宗させ，キリスト教徒と平和に生活する神の国の建設を夢みていた。彼の願いは受け入れられ，1605年，▶トレスを副官とした3隻の艦隊を指揮し，ペルーのカヤオ港を出帆。ソロモン諸島，サンタクルーズ諸島に向かったが，メンダーニャよりも南のコースをとり，トゥアモトゥ諸島南部を通過し，ニューヘブリデス諸島の一つの島に着き，エスピリトゥサント（聖霊の地の意）と名づける。このころから彼は不審な行動をとり，数週間後には乗組員を残してメキシコへ帰った。14年，再びスペインから船と資金を得て，ペルーへの帰途，パナマで没する。

矢野 將

キンギタンガ｜Kīngitanga

マオリ王擁立運動のこと。▶ワイタンギ条約締結後，白人入植者数の激増に対処するために，マオリの慣習を無視した強引な土地の買い入れが行われた。生活の基盤である土地を失うことで伝統的なマオリ社会が崩壊してしまうことを危惧した北島の首長たちは，土地不売同盟を組み，女王を擁するイギリスにならってマオリ王を立てることでこれに対抗しようとした。1858年に初代王となったポタタウは，領域内の土地をタプ（神聖不可侵）と宣言することで土地のさらなる喪失を阻止しようとしたが，第2代王タフィアオの治世に▶ニュージーランド土地戦争に敗北し，キング・カントリーに退却。ワイカト，タラナキの土地は没収された。現在でもキンギタンガは継続しており，王には象徴的な役割が付与されている。1994年に，6代目にして初の女王であったテ・アタイランギカアフと政府との間で過去の土地没収問題についての和解が成立した。現王は，2006年に即位した第7代王トゥヘイティア。

澤田 真一

キングズフォード・スミス | Charles Edward Kingsford Smith | 1897-1935

オーストラリアの先駆的飛行士．ブリズベーン生れ．18歳で第1次大戦に参戦，後にイギリス空軍で訓練を受ける．1921年自国最初の航空会社ウェストオーストラリア航空の6人の飛行士の一人になり，2年間勤務．27年6月18〜27日C.T.P.ウルムとオーストラリア一周飛行．28年アメリカ人飛行士H.ライアンズらとサザン・クロス号で83時間11分かけて世界初のアメリカ〜オーストラリア飛行．29年オーストラリア〜イギリス飛行を敢行して遭難，捜索隊員に死者が出た．同年6月ウルムらと12日18時間の新記録でオーストラリア〜イギリス飛行達成．さらに30年10月イギリス〜ダーウィン間を9日22.5時間で単独飛行．同年オーストラリア南東部で旅客運送を始めたが，事故で31年中止．同年7月仲間1人とロンドン〜オーストラリア間で最初の航空便を開始．その他幾多の冒険飛行の後，35年11月仲間の1人とイギリス〜オーストラリア飛行の途次，ミャンマー辺りで行方を絶った．旧世界からの絶望的な隔離，国内の広大さなど〈距離の暴虐〉を克服したヒーローとして，この国独特の意義をもつ人物であり，シドニー国際空港には彼の名が冠せられている．

越智 道雄

キンセラ | John Kinsella | 1963-

オーストラリアの詩人．パース郊外で育ち，西オーストラリア大学を中退後，旅行と作家たちとの文通により独学．《夜のオウムたち》(1989)で詩壇デビュー，アメリカのランゲッジ・ポエトリーの実験性に影響を受けつつ，田園詩に現代的陰影を盛り込むことでオーストラリアの文化的記憶を喚起するスタイルで注目される．1990年に文芸誌《ソルト》を創刊，同名の出版社を設立して国際的に展開(現在の本拠は英国)．コスモポリタニズムと地域性，実験性と伝統的形式といった相矛盾した要素を，抒情性とそれを混乱させるような実験を混在させる手法で大胆に融和し，前衛と伝統の区分を解体．他作者とのコラボレーションを積極的に試み，詩作以外でも戯曲や短編小説を執筆，さらに環境問題，反核運動，菜食主義にかかわるなど，自由で幅広い活動は単純な要約を許さない．西オーストラリア在住ながら，国際的に詩人・批評家・編集者として活躍する．

湊 圭史

キンバリーだいち | キンバリー台地 | Kimberley Plateau

オーストラリア，ウェスタンオーストラリア州北部にあり，砂岩，玄武岩から成る山地や台地の総称．ブルームからウィンダムに至るキンバリー地方(面積約37万4600km², 人口3万3000．2006)と同義に用いられることも多い．主産業は肉牛の放牧で，沿岸では真珠養殖も見られる．名称はイギリス植民地大臣に由来する．

谷内 達

グアノ | guano

熱帯の海岸や島に野生する海鳥の糞尿が堆積したもの．名称は南米ペルーのグアナイシロハラヒメウ(現地名グアナイguanay)という鳥の名に由来．ペルー沖の島でとれるものはとくに有名で，ペルーグアノとして19世紀中ごろより濃厚窒素質肥料として世界市場に盛んに輸出された．グアノには窒素質グアノとリン酸質グアノの2種類がある．窒素質グアノは降雨量の少ない乾燥地に海鳥糞が堆積したもので，ほとんど分解されずに乾燥したため窒素に富む．成分は窒素13〜16%，リン酸8〜11%，カリウム1.5〜2.5%である．良質のグアノほど有機態窒素が多く，その大部分は尿酸態窒素である．リン酸は大部分リン酸三カルシウム$Ca_3(PO_4)_2$の形態で，一部はリン酸カリウムやリン酸アンモニウムになっている．成分が多様なため速効かつ遅効的肥料となる．リン酸質グアノは，降雨量の多い高温地帯でサンゴ礁上に堆積したもので，有機物の分解が進行し，窒素の大部分が失われている．成分は窒素0.5〜2%，リン酸10〜30%，カリウムはほとんど含まない．

熊澤 喜久雄

グアム [島] | Guam

▶マリアナ諸島の最南端，北緯13°，東経144°に位置するミクロネシア最大の島．陸地面積549km²．南部には火山活動でできた安山岩質の山々が連なり，最高峰は海抜405mのラムラム山．北部は隆起サンゴ礁でできた平原で，現在では住宅のほか飛行場や農場が建設されている．乾期は12月から6

月、雨期は7月から11月で、年間降水量は2000〜2500mm。雨期には南西風が吹き、しばしば台風の通過地点となる。先住民は▶チャモロ人。ヨーロッパ人との接触以前には、3万5000人ほどがグアムに居住していたと推定される。

グアム島は、1521年に▶マゼランがマリアナ諸島を発見した際に上陸した島といわれる。1668年にはジェズイット教団が布教活動を開始、17世紀末にはマリアナ諸島のほぼすべてのチャモロ人の強制移住先となった。メキシコのアカプルコとフィリピンのマニラを結ぶガレオン船交易の中継地として、スペイン統治の中心地となり、カトリックの影響を強く受けたチャモロ文化が形成された。1898年の米西戦争後にアメリカ領となり、1930年代には市民権獲得運動が起こっている。1941年12月には日本軍が占領したが、1944年8月に米軍が奪還、日本本土爆撃の拠点となった。50年にグアム自治法が制定されると、アメリカの非併合領となり、1899年以降に生まれた住民に市民権が与えられた。しかし、大統領選挙権、連邦議会の議席は付与されていない。1970年代以降は、軍用地における先住民の土地権をめぐる議論を端緒に、チャモロ人の自決権を求める運動が高まっている。1969年には▶北マリアナ諸島との連合案が住民投票によって否決、1980年代には自治領（コモンウェルス）への移行の法案も提出されたが、アメリカ側に、チャモロ人のみの住民投票権の条項などが連邦憲法の規定に反するとして拒否された。現体制において、行政の最高責任者は選出される知事で、議会は定数15名の一院制。

通貨は米ドル。公用語は英語とチャモロ語。総人口は15万4805人（2000）。民族集団別の構成は、チャモロ人が5万7297人、19世紀以降に移住したカロリニアン（▶カロリン諸島系の住民）が123人、その他の太平洋島嶼民が1万1619人、フィリピン人をはじめとするアジア系住民が5万329人である。基幹産業は観光業で、タモン湾に面したビーチにはホテルが林立する。2008年の年間訪問者は114万449人、出身国別にみると日本、アメリカ本土、韓国が上位を占める。アメリカ軍の極東戦略の拠点として、海軍軍港のアプラ、空軍基地のアンダーソンなど、軍用地が多くある。現在沖縄に駐留する第三海兵機動展開部隊の約8000人とその家族は、2014年までにグアムに移転される予定で、近年では不動産価格が高騰している。

〔飯高 伸五〕

クイーンズランド[州] | Queensland

オーストラリア北東部の州。面積173万600km²、人口2409万1500（2006）。州都は▶ブリズベーン。海岸から内陸に向かって降水量が減少し、年降水量500mm未満の土地が49%を占める。人口の85%がケアンズから▶ゴールドコーストに至る狭い東海岸（州面積の6%）に集中するが、州都の占める割合（44%）はあまり高くなく、地方中心都市が東海岸に沿って発達している。他州に比べて農業・鉱業に特化し、とくに牛肉、サトウキビ、石炭、銅、ボーキサイトの重要な産出州である。これら農鉱産物の輸出により日本との関係も深い。また▶グレートバリア・リーフやゴールドコーストに多くの観光客が訪れる。1824年に当時のニューサウスウェールズ植民地に属する流刑植民地、39年に自由植民地となり、59年に分離独立してクイーンズランド自治植民地となった。1901年の連邦結成により伴い州となった。州名はビクトリア女王に由来する。

〔谷内 達〕

クエジェリン[島] | kwajalein Island | →クワジャリン環礁

クスクス | cuscus

有袋目クスクス科クスクス属 *Phalanger* の哺乳類の総称。別名ユビムスビ。丸い頭に夜行性動物特有の大きな目をもち、外観は原猿に似ている。ニューギニアの熱帯林を中心にオーストラリア北東部、セレベス島などにブチクスクス、ハイイロクスクスなど約10種がすむ。体の大きさはネコ大あるいはそれ以下で、体長32〜65cm、尾長24〜61cm。毛は羊毛状で、種あるいは性別によって、赤色、黄色、灰緑色、黒色など哺乳類中もっとも色彩に富む体色をしている。樹上生活者で、後肢の第1指が他の指と向かい合う対向性を示し、木の枝をしっかりとつかむことができ、また、ものに巻きつけることのできる尾をもつなど、木の上で

●**クスクス**
ブチクスクス

の行動に適した形質を備えている。動作はゆっくりとしていて，この点でも原猿に似る。主食は果実，昆虫，木の葉など。休息時には木の茂みの中に座り込んで何時間も動かない。雌は育児嚢をもち，1産1子らしい。
今泉 吉晴

[神話]　クスクス属，およびクスクス科に近いリングテール科，ブーラミス科，フクロモモンガ科の動物をポッサム possum と総称しているが，この小動物は，アボリジニの手軽な食糧だったと同時に，その柔らかい毛皮が儀式の重要な小道具にもなった。以下はその由来を語る神話である。

　昔ヤマネコのジャルブは，ポッサムのラングールの柔らかい毛皮がうらやましくて仕方がなかった。そして自分の硬く短い毛をのろった。いくら撚り合わせても短い紐しか作れないのだ。ところがラングールは毛をペーパーバーク(フトモモ科コバノブラッシノキ属の樹木)の樹皮にのせて灰を混ぜ，火かき棒で打ちたたいていっそう柔らかくし，祭儀用のヘッドバンド，腕輪，帯のほかに，毛を固く巻いて打楽器までも作った。ついにジャルブは嫉妬のあまりラングールと火かき棒でたたき合いをはじめた。だがラングールの火かき棒は丈夫なブーンデルングの木でできていたので，それで打たれたジャルブの毛はいっそう硬く短くなり，紐さえ作れなくなった。一方，ジャルブの火かき棒はジャガルの木でできていたので，それで打たれたラングールの毛はいっそう柔らかくなった。以後，どの部族も儀式にはポッサムの毛を使うようになった。この2匹の動物をめぐる話には，次のようなものもある。ピラとインタという若者がクペレーという巨大カンガルーを退治する決意をしたのに，たがいの槍の穂先を手入れしていなかったことで喧嘩し，ピラは鼻がへしゃげ，インタはピラの槍に刺されて傷だらけになる。そこへクペレーが襲ってきたので，激闘の末相手を倒し，その腹を裂いて食われていた仲間たちを助け出し，ピラは鼻のへしゃげたポッサム，インタは無数の槍傷跡が白毛になったヤマネコに変身する。この変身はクペレー退治の勇気をたたえる名誉の変身とされている。
越智 道雄

クック[諸島] | Cook Islands

南緯8～23°，西経156～167°の南太平洋上に位置する島群。マニヒキ，プカプカなど6つの珊瑚島からなる北部諸島と，多くが火山島の南部諸島からなる。南部諸島には主島▶ラロトンガ島をはじめ9つの島があり，人口の大半が住む。陸地総面積は240km²。人口は1万9569人(2006年国勢調査)。住民は9割以上がポリネシア人で，言語をはじめ文化的にはニュージーランドのマオリやタヒチ人に近い(ただし，プカプカ島はサモア系)。ニュージーランドと自由連合関係にあり，往来の自由が保障されているため，ニュージーランドへの移住者が多く，2006年現在でクック諸島人5万8000人がニュージーランドに住んでいる。美しい自然と温暖な気候に恵まれ，ラロトンガ島を中心に年間9万人ほどの観光客が訪れる。近年では北部マニヒキ島を中心に黒真珠の養殖も盛んになっている。クック諸島の名は，1770年代に3度来航したイギリス人キャプテン・クックに由来する。
小川 和美

クック[山] | Mount Cook

ニュージーランド南島中央部，サザンアルプスの最高峰で，標高3764m。ジェームス・クックにちなんで命名されたが，正式にはマオリ名のアオラキ Aoraki(〈雲の峰〉の意)と併記される。山の東斜面にはこの国最大のタスマン氷河(長さ29km，幅9km)がある。クック山を中心とした自然地域は，マウント

●クック|図クックの海洋探検

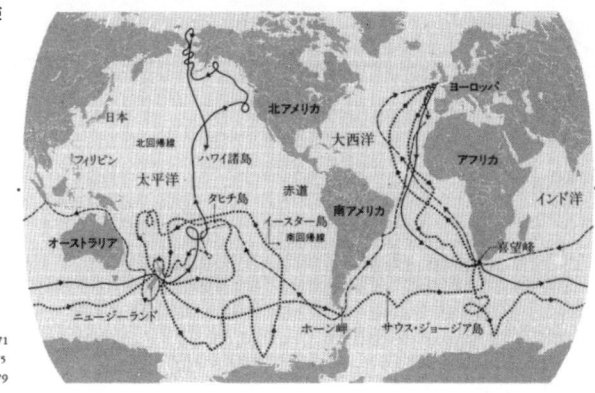

------→ 1回目の航海 1768-71
━━━━→ 2回目の航海 1772-75
••••••→ 3回目の航海 1776-79

クック国立公園に指定(1953)されており、樹木限界を越えた場所ではマウントクックリリーなどの貴重な高山植物を観察することができる。1990年には、近隣の国立公園と合わせて世界遺産(自然遺産)にも登録された。
〈菊地 俊夫〉

クック|James Cook|1728-79
イギリスの探検航海者。太平洋の地理的全貌は彼によってほぼ明らかにされた。通称キャプテン・クック。ヨークシャーに生まれ、1746年に見習水夫となったのち、55年に海軍に身を投じた。63-67年、ニューファンドランド島の沿岸測量に従事し、その成果によって海軍軍人としてのみならず、科学者としての高い評価をえた。その後、ローヤル・ソサエティの要請により3回にわたって太平洋の探検航海を試みた。第1回航海(1768-71)では、タヒチ島で金星の太陽面通過を観測したのち、ニュージーランドの沿岸を測量し、またオーストラリア東岸を〈発見〉した。第2回航海(1772-75)は、当時、その存在を信じられていた〈テラ・アウストラリス(南方大陸)〉の探索を使命として南氷洋を航海し、またこれまで誤り知られていた太平洋の島々を地図上に正確に記入した。第3回航海(1776-79)は、北大西洋と北太平洋を連絡する北西航路の探索を目的とし、これには成功しなかったが、ハワイ諸島を〈発見〉した。しかし79年2月14日、島民との争いにより、ハワイ島西岸のケアラケクア湾で戦死した。3回の太平洋航海を通じてクックは多くの島を〈発見〉もしくは〈再発見〉し、南方大陸と北西航路の迷信を打破した。また、多くの貴重な民族学的・博物学的な資料を収集して学界に大きな貢献をした。通算10年におよぶ航海中、当時の船乗りを悩ませた壊血病での死者を1人も出さなかったことも、特筆されるべきクックの功績である。
〈石川 栄吉〉

クックかいきょう|クック海峡|Cook Strait
ニュージーランドの北島と南島の間にあり、南太平洋とタスマン海を結ぶ海峡。この海峡を最初に通過したのはタスマンであったが、海と誤認した。海峡を最初に確認したのはクックであり、彼にちなんで海峡名がつけられた。海峡の最も狭い部分は23kmであるが、北島の首都ウェリントンと南島のピクトンを結んで海峡を渡る航路97kmが設定され、約3時間で結ぶフェリーが航行している。海峡では捕鯨がかつて盛んであったが、現在では保護され、頭数の回復がみられる。
〈菊地 俊夫〉

クーバーペディ|Coober Pedy
オーストラリア、サウスオーストラリア州中央部、アデレードとアリススプリングズとの中間にある町。人口2000(2006)。同国有数のオパール産地で、その発見は1916年にさかのぼる。60年代以降人口が急増したが、1996年以降は減少してきている。住居のみならず郵便局や教会も地下につくられているが、これは高温など厳しい砂漠的自然条件への対応のためといわれる。名称

はく〈白人の穴〉を意味するアボリジニ語に由来する。

谷内 達

クペ | Kupe

ニュージーランドの先住民族であるマオリに伝わる伝承上の人物で，ニュージーランドの発見者といわれる。クペはマオリの故郷から海路ニュージーランドに渡来したが，ここにとどまることなく故郷に帰ったとされる。実際，マオリの先祖は14世紀中ごろ，東ポリネシア，すなわちタヒチ島周辺のソシエテ諸島，あるいはクック諸島あたりからニュージーランドにやって来たものと推定される。その最初は嵐でカヌーが流されるなどの予期せぬ事情によったものとみられるが，こうしてニュージーランドを見つけたのがクペにあたる人物であったのではないかと思われる。

地引 嘉博

クラ | kula

ニューギニア島南東岸に隣接する諸島群で見られる儀礼的贈物交換の体系。クラ交易ともいう。人類学者▶マリノフスキーが最初に記述し，本来文字を持たない社会の交換や交易の例として知られる。クラはトロブリアンド，アムフレット各諸島，ダントルカストー諸島のドブ語使用地域，トゥベトゥベやミシマ島，ウッドラーク諸島などの，広範囲にわたる慣習や言語の異なる部族社会を閉じた環とし，その圏内を時計回りに赤色の貝の首飾り(ソウラバ)，逆方向に白い貝の腕輪(ムワリ)の，2種類の装身具が贈物として，リレーのバトン，あるいは優勝旗のように回り続けることを特徴とする。これらは財物であるが1〜2年以上は保有せず，より早く次の相手に贈らねばならない。しかし所有とは与えることであるこの地では，一時的保有で名声を得る。クラは男が行い，その社会的地位により相手の数は異なるが，一度クラ仲間になると贈物と奉仕の相互交換を伴う特殊な絆を保つ終生の関係となる。特に海を隔てたクラ仲間は，かつては食人の風もあった地域を含む不安で危険な土地での保護者となる。島内でのたえまない小規模なクラに比べ，島外との定期的なクラは大規模となり，集団で航海するため，カヌーの建造から活動は始まる。しかもクラは生活の最も重大な関心事の一つなので，神話に根ざし，伝統的法に支えられ，呪術的儀礼にとりまかれる。クラの贈物は訪問先で受けるのが原則である。したがって例えば，首飾を与えておいた者はその相手を訪ねた際，首飾に見合う腕輪を等価の返礼としてもらう。クラでは財物の交換のほかに相手が望む品物も贈り，さらには市場原理に基づく交易も伴って，生活必需品の入手をはかる。このようにしてクラは経済活動のみならず贈物の交換を通して威信の獲得にかかわり，個人や集団間の社会関係を確立させ，平和を生み出すという文化的・政治的・社会的役割も果たす。クラは非西欧社会にことに特徴的である社会関係，経済的交換，旅，儀礼，呪術，社会統合などの精緻化した複合なのである。

小林 繁樹

クライストチャーチ | Christchurch

ニュージーランド第3の都市。南島では最大。人口37万2500(2007)。国内最大で肥沃なカンタベリー平野の農牧業地帯の中心都市として，また工業都市として発展し，農産加工のほか第2次世界大戦後は重工業を含む各種工業が発達。国際空港があり，オーストラリア主要都市やフィジーの他，東京とも直行便が結ばれ，南島の観光拠点ともなっている。11km南東のリトルトン港は外港の役割を担い，主要貿易港の一つである。街のシンボルともいえる英国国教会の大聖堂(1904完成)が建つスクエアを中心に東西南北に街が広がる。〈庭園の街 Garden City〉の名にふさわしく，桜並木が美しい広大なハグレー公園(約182㎡)が中心部にあり，毎年ガーデンコンテストが開催されるほど美しい庭と緑豊かな街並みを有する観光都市でもある。中心部にはトラム(路面電車)が走り，カンタベリー博物館(1867建築)，アートセンター(旧カンタベリー大学校舎)，カンタベリー大学(1873創立)などがある。市名は初期の創設指導者ジョン・ゴッドレーの母校名〈オックスフォード大学クライストチャーチ・カレッジ〉に由来する。1843年に入植が始まったが，本格的な入植はゴッドレーが組織したカンタベリー協会の移民による1850年。岡山県倉敷市と姉妹都市提携(1973)。

新井 正彦

クラーク｜Helen Clark｜1950-
ニュージーランドの女性政治家。オークランド大学で政治学を専攻，同大で教鞭もとる。在学中に労働党に入党，1981年にオークランドのマウントアルバート選挙区から出馬，国会議員初当選。87年からの▶ロンギ労働党政権で自然保護大臣，住宅大臣，保健大臣，労働大臣を歴任。89年からの▶パーマー労働党政権では副首相に就任。90年に首相に就任したムーアが90年と93年の総選挙に連続して敗れると，副党首のクラークが党首に選出された。党首として初めて挑んだ96年の総選挙ではボルジャー国民党に敗れたが，99年の総選挙では女性のシップリー首相率いる国民党に勝利し，首相に就任した。2008年までの3期9年で，1980～90年代に断行された行財政改革路線を修正するためのさまざまな政策を実行した。2008年の総選挙でキー国民党に敗北，党首を辞任した。09年には国会議員も辞し，国連開発計画総裁に就任した。夫は，大学教授のデイビス Peter Davis。　　　　　　和田明子

グーラゴング｜Evonne Fay Goolagong｜1951-
オーストラリアの女子テニス選手。ニューサウスウェールズ州リベリーナ地方の田舎町バレーラン近くで，混血アボリジニの両親（父は羊の毛刈り職人）から生まれた。娘に教育の機会を求めて，両親は町唯一のアボリジニ家族としてバレーランに転居。11歳から白人の保護者にテニスの手ほどきを受け，19歳のときに1971年のウィンブルドンでのシングルス決勝で同じオーストラリアのマーガレット・コートを下して優勝すると，一躍国内外で注目を浴びるに至った。83年に引退するまで，4大大会のシングルスで全仏1回，全英2回，全豪4回の優勝を飾り，アボリジニの女性アスリートとして当時最高の成績を残した。華麗なプレーぶりから〈サンシャイン・スーパーガール〉と賞讃され，通算獲得賞金は150万豪ドルに達した。白人と結婚して，コーリー Cawley と姓が改まり，アメリカに移住し，最初の子どもを出産した。その後育児と故障でしばらくツアーから遠ざかっていたが，80年にはウィンブルドンのシングルス決勝でクリス・エバートを破って優勝しただけでなく，母親として66年ぶりに全英のタイトルを手にした選手となり，世界を驚かせた。以後オーストラリアの女子で，4大大会のシングルスを制した選手は今日に至るまで出ていない。当時のテニス界は圧倒的に白人主体である中で，アボリジニとしての政治意識は希薄で，プロのテニス選手であることに徹し，アパルトヘイトの南アフリカのツアーにも参加して物議を醸すこともあったし，父親が事故で急死した際も葬儀に帰らなかった。しかし，91年に夫と2人の子どもと家族そろってオーストラリアに帰った後は，アボリジニのスポーツ育成に熱心に取り組み，今日に至っている。　越智道雄＋福嶋輝彦

グラッドストン｜Gladstone
オーストラリア，クイーンズランド州中部の工業・港湾都市。人口4万5700(2006)。ブリズベーンの北西530km(道路距離)にあり，1960年代以来の鉱業開発に伴い急成長した。モウラやブラックウォーターなどの炭田を後背地に持ち，石炭輸出港および火力発電所がある。またアルミナおよびアルミニウムの精錬所があり，同州北部の▶ウェーパ産のボーキサイトを精錬する。1854年開基。市名は植民地大臣の名に由来する。　谷内達

クリアリー｜Jon Stephen Cleary｜1917-
オーストラリアの推理作家。シドニーの貧しい家に生まれ，種々の仕事を転々，第2次世界大戦で爆撃機の砲手(中東戦線)，軍事記録課員(＝ニューギニア戦線)を務め，終戦直後に戦時中の経験をつづった小説を発表，執筆活動に入った。人物や事件の描写をひき締めるためにぴしりと警句を使う癖が独特の文体を作り，固定読者が多い。長く欧米に住み，世界各地を旅するので，作品の舞台はめったに故国にとることはないが，数少ないその種の作品ではこの国の典型的な移動農場労働者一家を描いた《サンダウナーズ》(1952)が有名であり，シドニーの刑事スコービー・マローンを主人公にした《悪女が笑うとき》(1970)などが傑作。推理小説ではバチカンの宝物盗みの一味を描いた《法王庁の身代金》(1974)で75年度アメリカ探偵作家クラブ最優秀長編賞〉を受賞。多作でいずれも評判がいいが，とくにボリビア

● **クリケット**
1886年7月，ロンドンにおけるイングランド対オーストラリア戦．試合はイングランドの勝ち．

のインディオに荷担，教会の意向に背いて彼らの戦線に加わるアメリカ人カトリック僧を描いた《解放者たち》(1971)は，今日の〈解放の神学〉派を先どりした傑作．小説のほかに戯曲やラジオ，テレビの台本も書く．1995年にはネッドケリー賞推理小説部門功労賞を受賞．
　　　　　　　　　　　　　　　越智 道雄

グリーグ|James Greig|1936-86
戦後ニュージーランドの代表的な陶芸家．日本とのかかわりが深い．若いころ，浜田庄司，バーナード・リーチの流れを学びながら，同時に西洋哲学に傾倒した．1978年に念願の訪日を果たし，京都の河井寛次郎に魅せられ，東西の奥深いレベルでの融合を彼の民芸運動にみた．韓国，タイ等も歩き，仏教の無私の思想にひかれた．東洋的なるものと，個に中心を置く西洋的なるものとのユニークな調和を河井の作品から学んだ．82年から翌年にかけて国際交流基金の助成を得て修業し，以来しばしば日本で個展を開いた．作品は皿や花器などの小さなものから大きな装飾品まであるが，哲学と芸術，科学と宗教，真実と美の一致を目ざしながら，自然世界を直観と想像力で力強くとらえている．愛する京都で個展を開く準備が整った夜，心臓麻痺で急死した．夫人は画家で，グリーグの愛したマタワラを舞台に絵本を描いている．
　　　　　　　　　　　　　　　百々 佑利子

クリケット|cricket
クリケットは，オーストラリア，ニュージーランドで広く行われており，とくにオーストラリアでは最も人気の高いサマースポーツである．オーストラリアではウィンタースポーツも盛んではあるものの，州によって人気のフットボールの種類が異なるのに対し，クリケットは全国にまたがって人気が高いことから，真のナショナルスポーツともいわれている．実際，最も重要な国対抗試合であるテストマッチが母国イングランドとの間で最初に戦われたのが1877年と，6植民地がオーストラリア連邦という国家を形成する20年以上も前のことであった．82年のロンドンでのテストマッチでは，オーストラリアが初めて敵地でシリーズ勝利を果たした．地元の新聞ではこの屈辱について，イングランドのクリケットは死んだ，遺体は火葬に付し，灰はオーストラリアに持ち去られる，という記事が掲載された．以後イングランド対オーストラリアのテストマッチは，アッシュズ(Ashes)・シリーズと呼ばれるようになり，今日までクリケットの名勝負が繰り拡げられてきた．アッシュズは2年に1回持ち回りで行われ，2009年の時点で通算成績は，オーストラリア132勝，イングランド99勝，90引き分け．

　オーストラリアはクリケットの主導国として，これまで数多くの名選手を輩出してきたが，ブラッドマン Don Bradman の存在だけは見逃すわけにはいくまい．主として1930年代に活躍した打者であるが，特筆すべきはブラッドマンのテストマッチでの生涯平均得点が99.9にも達していることであ

る。この記録は今でも破られていないどころか、歴代2位の平均得点が60点台という数字がブラッドマンの偉大さを物語っている。野球でいえば、生涯平均打率が4割近いと思ってもらってよいだろう。

　オーストラリアのクリケットは1970年代に大きな転機を迎え、それが今日に至るクリケット界全体にも及ぶ大きな変化をもたらした。メディア王'パッカーは、オーストラリアを中心に各国の中心選手約50人と契約を結び、1977年に公式のテストマッチとは別個に自前の国際試合ワールドシリーズクリケット（WSC）を主催した。保守的なオーストラリアのクリケット協会はパッカーと契約した選手をテストマッチから排除するという報復的措置に出たものの、78-79年にはWSCの方が、試合の内容が秀でており、観客数も視聴率も高かった。そして、主力の多くをパッカーに引き抜かれたオーストラリア公式チームが地元のアッシーズで、イングランドに1勝5敗でシリーズ完敗を喫するという事態を前に、パッカーとクリケット協会の間で和解が成立した。以後、オーストラリアだけでなく、世界のクリケットでも、1試合の投球数を制限したワンデーマッチが主流となっていった。ワンデーマッチは、通常午後から夜にかけて1イニング表裏だけの合計スコアで競われ、選手もそれまでの伝統的な白一色上下のユニホームに代わって、各チーム色別で背中に選手名も記したカラーユニホームでプレーし、試合がスピードアップされ、スリリングな展開が多くなるために、女性や子供など初心者でもわかりやすくなっていた。これによって、クリケット人気は一時期の下降線状態を脱し、今日ではさらに投球数を制限することによって、打者に大きな当たりを狙うように仕向け、スペクタクルに富んだ20-20マッチが人気を博してきている。ワンデーマッチの採用は、有力国を1ヵ所に集めて競うワールドカップの実施を可能にした。ここでもオーストラリアは、1987年、99年、2003年、07年と世界最多の4回の優勝を遂げている。今日のワンデーや20-20の人気の一方で、5日間で競われ投球数制限が緩い伝統のテストマッチも、玄人好みの作戦・用兵の妙がたまらないとして、熱心なファンの間では依然根強い人気を誇っている。

福嶋 輝彦

クリスマス[島]｜Christmas Island
中部太平洋、キリバス共和国のライン諸島中の環礁(北緯1°, 西経157°)。キリバス語ではKiritimatiとつづる。周囲約160kmにおよぶ、純粋のサンゴ礁島としては世界最大。面積388km², 人口5115(2005)。1777年にキャプテン・クックにより初めて欧人の知見に入った。当時、島に多数の住居址はあったものの、無人であった。島名は、クックがここでクリスマスを過ごしたことによる。1888年イギリス領となった。19世紀半ば以降'グアノが採掘され、20世紀に入ってからは'ココヤシのプランテーションが始まった。1957-58年にイギリスの、62年にはアメリカの、それぞれ核実験場とされた。キリバス独立後は、漁業および観光の拠点として同国の経済開発の切り札として期待されている。空路ホノルルおよびフィジーのナンディと結ばれているが、たびたび運休状態になっている。

石川 栄吉＋小川 和美

グルートアイランド[島]｜Groote Eylandt
オーストラリア、ノーザンテリトリー北部、カーペンタリア湾の島。面積2533km², 人口1540(2006)。アーネムランド・アボリジニ専用地区の一部。中心都市はアルヤングラ(人口960)。この国最大のマンガンの露天掘り鉱山があり、アボリジニとの長い交渉の末1966年採掘開始。生産量248万t(2003)。島名はオランダ語で〈大きい島〉を意味し、'タスマンが命名。

谷内 達

グレー｜George Grey｜1812-98
イギリス植民地の総督、政治家。サウスオーストラリア総督を務めた後、植民者と先住民マオリの衝突の未だ絶えなかった揺籃期のニュージーランドにおいて総督を務める(1845-53)。ケープ植民地総督・南アフリカ高等弁務官の任を経て、再び1861から68年の間ニュージーランド総督。その後も国会議員としてニュージーランドの政治に関わる。とくにまだ独立議会のなかった最初の総督在任期間において、グレイはマオリ語を習得し、'マオリの農業の促進や病院・教育の充実を図るなど、マオリの生活環境

の改善(またはヨーロッパ化)に尽力し、マオリ指導者の間で〈マナ(=尊厳)〉を確立した。その政治手腕はしばしば専制的ともいえるほど強引なものではあったが、グレイの現実的かつ強力なリーダーシップの下、二つの文化の協調や福祉国家といった、現在のニュージーランド国家の〈かたち〉につながる基礎が築かれた。

原田 真見

グレートアーテジアンぼんち｜グレートアーテジアン盆地｜Great Artesian Basin

オーストラリア大陸の中東部にある広大な鑽井盆地で、大鑽井盆地ともいう。同国の数多い鑽井盆地の中で最も広い。面積約170万km²。オーストラリア大陸の三大地形区分の一つである中央低地の北部を占め、▶エア湖内陸流域と▶ダーリング川流域との大部分を包含する。古生層の地向斜の上に中生層が堆積した堆積盆地で、さらにその上に中央部では第三紀層が堆積しており、地表はほとんど平坦である。〈盆地〉とは地体構造上の(つまり地下の)特徴を示す呼称であって、日本で盆地というときのような、地表の地形あるいは地方を示す意味はもたない。地表の景観は平原というべきであり、地方名としてはチャネルカントリーなどのように部分的に別の地名が定着している。地下の不透水層にはさまれた透水層(とくにジュラ紀から白亜紀の砂岩)に、東部高地の降水によって涵養された被圧地下水(鑽井水)がたまっており、数千本の掘抜井戸によってくみ上げて牧畜用に利用される。塩分濃度が高く、農業用には適さない。この地下水利用は1879年に始まり、1915年に頂点に達したが、その後利用量が減少してきており、自噴井が減ってきている。グレートアーテジアン盆地の地下水は他に水資源の得られない乾燥地域の重要な水資源ではあるが、地下水涵養量(年間約2億m³)は、降水量に換算すると0.1mmに相当するにすぎず、シドニー近郊のダムの貯水量の1/6程度である。また自噴井に依存する羊の頭数は全国のわずか4%(2005)である。

谷内 達

グレートディバイディングさんみゃく｜グレートディバイディング山脈｜Great Dividing Range

オーストラリア大陸東部に南北にのびる山脈。大分水嶺山脈ともいう。古生層が中生代から第三紀にかけて隆起したもので、同大陸の三大地形区分の一つである東部高地を形成する。ヨーク岬(クイーンズランド州北端)からグランピアン山地(ビクトリア州西部)に至る1〜数列の大小の分水界からなる。降水量分布への影響など、一定の重要性はあるが、名称は実際の山容に比べていささか誇大である。平均標高はわずか900m前後で、1000m以上の高地は▶オーストラリアアルプスやニューイングランド山脈など一部に限られ、大部分では高さ数百mの山地、丘陵、台地が断続的に連なるにすぎない。東斜面の方が急傾斜で、深い谷や急崖が一部に発達しているが、交通上の障害となるほどではない。西斜面はゆるやかで、平原的景観との区別は事実上困難である。

谷内 達

グレートバリア・リーフ｜Great Barrier Reef

オーストラリア大陸北東部、クイーンズランド州東岸の沖合、南緯10〜24°に連なる世界最大のサンゴ礁(長さ約2000km)およびその海域(面積約34万km²)。大堡礁と訳される。約1万5000年前から形成され、サンゴ層の厚さは最大152mに達する。大小700の島が散在するが、すべてがサンゴ島なのではなく、かつての本土の一部が沈降してできた島を含む。サンゴ礁は一般に北部ほど本土に近く、南部ほど本土から遠ざかる。約350種にのぼるサンゴをはじめ、世界最大の貝(シャコガイ)を含む多種多様な魚介類や鳥類が生息し、グレートバリア・リーフ海洋公園に指定され、世界自然遺産にも登録されている。しかし、河川からの土砂などの流入、オニヒトデによるサンゴの被害や、漁業活動、観光開発などに伴う環境汚染のおそれも問題となっており、ゾーン別に観光や漁業などの活動を規制している。

オーストラリアの代表的な観光地で、年間200万人(2008)以上の観光客が訪れる。宿泊施設のある島は15あるが、このうちサンゴ島は3島のみで、とくにグリーン島(ケアンズ沖合)やヘロン島(グラッドストン沖合)などが知られている。本土側の主要都市からの船、ヘリコプター、周遊観光クルーズの便

がある。 谷内 達

グレニーグルズ・アグリーメント
Gleneagles Agreement
1977年にイギリス連邦諸国間で結ばれた取決め。南アフリカ共和国のアパルトヘイトと闘うため、南アとのスポーツ交流をやめることを申し合わせたもので、ニュージーランドの対南ア政策に重要な影響を及ぼしている。ニュージーランドの対南ア政策は一般的には西側諸国のそれと変わらないが、ニュージーランド代表のラグビーチームである'オールブラックスが世界最強チームとして、南アのラグビーチームのスプリングボックスを好敵手とすることから、反アパルトヘイト政策はスポーツの分野には拡大されるべきではないという議論が高まり、政府はしばしば国際世論との間で板挟みとなる。そうした際にニュージーランド政府はグレニーグルズ・アグリーメントを援用して、南アとのスポーツ交流をやめさせる例が多い。しかしそれにもかかわらず、オールブラックスの南ア訪問希望、スプリングボックスのニュージーランド訪問希望が表面化するたびに大きな騒動が起こることが多い。 地引 嘉博

グレープナー|Fritz Graebner|1877-1934
ドイツの民族学者。文化圏説の提唱者として知られる。ベルリンに生れ、はじめヨーロッパ中世史を専攻、のち民族学に転じ、ベルリン、ケルンの民族学博物館に勤務した。1904年、オセアニアにおけるさまざまな文化要素の分布状態から、そこにおける数個の文化圏と文化層を設定し、それによってオセアニア文化史および民族移動史を再構成した《オセアニアにおける文化圏と文化層》。09年、彼は《メラネシアの弓文化》において、オセアニアにおける文化複合を全世界的に適用しようとしたが、これは失敗に終わった。彼のオセアニア文化史の構想には批判が多いが、すぐれた着想も多く、その歴史民族学の方法論を《民族学の方法》(1911)として公にした。 大林 太良

クワジャリンかんしょう|クワジャリン環礁|
Kwajalein Atoll
マーシャル諸島ラリック列島中央部にある世界最大の環礁。クワジャリン島、クエジェリン島ともいう。礁湖面積約1600Km²、島面積16km²。1944年、米軍は日本から同環礁を占領すると、弾道ミサイル防衛試験場を設置するなど軍事目的に使用する。同環礁南端の最大の島であるクワジャリン島と北部のロイ=ナムル島には現在でも米軍関係者以外の居住はできない。同環礁居住のマーシャル人のほとんどは、クワジャリン島のすぐ隣のイバイ島に住み、米軍基地で働くために連絡船で移動している。なお、イバイ島は0.3km²の面積に1万2000人が住んでおり、〈太平洋のスラム〉と呼ばれている。 黒崎 岳大

ケアリー|Peter Carey|1943-
オーストラリアの小説家。ビクトリア州バッカスマーシュ生れ。モナシュ大理学部在学中、現在は戯曲家のバリー・オークリー、やはり現在は小説家のモリス・ルーリーらと知り合い、創作にめざめ中退。広告会社でコピーを書き、コピーライター上がりの作家の嚆矢となる。作家として成功したあとも広告会社を共同経営していた。カウンターカルチャーの共生的雰囲気の中で育ったため、巨大なエゴが育たず、最初は寓意的な短編専門だったが、1980年代から長編に転じ、《イリホワッカー(ぺてん師)》(1985)でマイルズ・フランクリン賞、《オスカーとルシンダ》(1988)でイギリスのブッカー賞を受賞。一方では高度管理社会による人間感情の無機化、他方ではアボリジニはじめ強烈な民族主義を主張するエスニック文学の台頭に挟まれて、作中世界や文体から感情を削除、いっさいを寓意化させることから出発したカウンターカルチャー世代の旗手として、《歴史に現れた肥大漢》(1974)、《戦争犯罪》(1979)などの短編でその傾向を徹底させた。しかし長編では〈物語〉の流れを回復、それを無機的世界の中へ豊かに流れ込ませ、新しい地平を切り開いた。1989年よりニューヨークに在住、現在は離国作家であるが、オーストラリアとの繋がり、ことに歴史的背景を常に意識している。史実に題材をとった《ケリー・ギャングの真実の歴史》(2000)は二度目のブッカー賞を受賞、オーストラリアのみならず英語圏文学での評価を不動にした。 越智 道雄+加藤 めぐみ

ケアンズ | Cairns

オーストラリア，クイーンズランド州北東岸の都市。人口13万1600(2006)。海岸のサトウキビ地帯，背後のアサートン台地，前面の゛グレートバリア・リーフをひかえた同州最北部の地方中心都市。港から粗糖を輸・移出する。州都ブリズベーンに航空路，鉄道，道路が通じる。国際空港があり，東京，名古屋，大阪への定期便もある。熱帯気候でとくに冬に同国南部から避寒客が訪れる。1876年開基。市名はクイーンズランド総督名に由来する。
〔谷内 達〕

ケアンズグループ | Cairns Group

1986年にオーストラリアの提唱によって設立された中小農業輸出国の国際的連合グループ。当時GATTの関税一括引き下げ交渉，ウルグアイラウンドが始まろうとしていたが，GATTでは農産物保護の問題は長らく先送りにされてきただけでなく，主要農業輸出国であるアメリカとECは，農産物輸出補助金制度の撤廃に難色をみせ，他の輸出国は農産物価格の下落に大きな被害を受けていた。この状況を憂えた゛ホーク労働党政権は，アルゼンチン，ブラジル，カナダ，チリ，ニュージーランド，インドネシア，マレーシア，タイといった国に呼びかけて，ケアンズグループの結成を導いた。同グループは，中小輸出国の利益を擁護するため，農産物貿易における無差別原則をウルグアイラウンドで強力に提唱し，最終的には消費国が前年の消費量の一定割合を輸入することを約束するミニマムアクセスの原則を認めさせる，という大きな成果をもたらした。その後同グループは，GATTを継承したWTO(世界貿易機構)のドーハラウンドでも，補助金の撤廃や関税の削減などを唱えて，今日でも農産物貿易における障壁の縮小を追求している。
〔福嶋 輝彦〕

けいば | 競馬

オーストラリア最初の競馬は，流刑植民地開拓が軌道に乗ってきた1810年という早い段階に，シドニーのハイドパークで行われたとされている。このときの競馬は，総督が兵士や囚人の余暇・娯楽のために開催したといわれている。競馬は，初期の植民地ではクリケットや狩猟と並ぶスポーツで，当時比較的資力のある将校たちなどは，日常生活での必要に備える意味もあり，進んで馬を飼い，競馬や狩猟に繰り出していった。当時の圧倒的な男社会では，流刑囚や刑期終了者などの下層階級にとっても，競馬は飲酒とギャンブルという自分たちの楽しみにうってつけの娯楽で，全国に急速に広まっていった。

競馬の一般社会での定着を典型的に現わしているのが，1861年に始まり今日まで続いているメルボルン・カップである。毎年11月の第1火曜日に開催されるレース当日は，ビクトリア州ではなんと祝日である。この日のメルボルンっ子の競馬への熱狂の様子は，外国人の目には異様な没頭にさえ見えたという。メルボルンに対抗意識を抱くシドニーでも，州を挙げての賭博への耽溺と揶揄する向きもあった。しかし，結局オーストラリア人の競馬好き，ギャンブル好きは国民的性向であり，今ではメルボルン・カップの日は，全国の場外馬券売り場には長蛇の列ができるだけでなく，職場などでも私製の馬券代わりのクジが回ってきて，遊び気分でクジを1口買って，皆でグラスを片手にTVでレースを観戦しながら盛り上がる。会場のフレミントン競馬場では，老若男女が思い思いのファッションに身を包み，まさに1年に1度の祭典の雰囲気を醸し出している。近年では，2003年から05年までマッカイビーディーバが史上初の3連覇を果たし，゛ファー・ラップに比肩する名馬とたたえられた。翌06年にはデルタブルースとポップロックという日本馬がワンツーフィニッシュを飾るという快挙を成し遂げている。

馬券は昔から市内のTAB(場外馬券売場)オフィスで入手できたが，今日ではネットで簡単に購入できるだけでなく，フットボールからクリケットに至るまで，ありとあらゆるスポーツが賭けの対象となっている。オーストラリア人は人口1人当たりのギャンブルへの支出が世界一ともいわれており，メルボルン・カップの収益金が記録を更新していくのを前に，ギャンブルの行き過ぎに歯止めをかけるべきとの声も強く，反ギャンブルを公約に掲げて当選する議員も出

てきている。

福嶋 輝彦

ケニロレア |Sir Peter Kenilorea|1943-

ソロモン諸島の政治家，初代首相，国会議長。マライタ島南部アレアレ地域のタカタカ村出身。中等教育をホニアラにあるジョージ6世校で受ける(1956-63)。その後ニュージーランドのアードモア教員養成校(1964-67)などで学んだ後，母校のジョージ6世校で教鞭をとる(1968-70)。1971年に財務局秘書補佐官に就任したのを皮切りに，イザベル地区行政官(1972-73)，マライタ地区行政官(1973)，土地局職員(1973)，内閣秘書官補および主席大臣秘書官(1974)，東部地区統括官(1975)などを歴任し，1976年に自治政府主席大臣に就任。77年には独立憲法起草の責任者としてロンドンに赴く。78年にソロモン諸島の独立とともに首相に就任。80年再任。81年に反マライタ勢力の結集により内閣総辞職に追い込まれるも，84年に首相に返り咲く。しかし，86年にソロモン諸島中部を襲ったサイクロン被害に対する外国からの救援物資を出身地域に横流ししたという嫌疑により辞任。後任のアレブア政権(1986-89)では副首相兼外相を務める。南太平洋フォーラム漁業機関(FFA)総裁(1991-94)，ソロモン諸島国会議長(2001-)などを歴任。1982年にイギリス王室よりKBEの称号を受ける。

関根 久雄

ケリー |Ned Kelly|1855-80

19世紀のオーストラリアに続出した*ブッシュレーンジャー(追剝)の一人。本名はエドワード Edward。アイルランド人流刑囚の息子だったため最初から色眼鏡で見られていたうえ，オーストラリア開拓史特有の大牧場主(*スクオッター)と貧しい小農場主(*セレクター)，移動労働者(*スワッグマン)との対立にまきこまれ，家族ともども家畜泥棒として頻繁に逮捕された。1878年母親まで逮捕されるに及んでビクトリア州北東のウォンバット山中にこもり，いわゆる〈ケリー・ギャング〉を結成，警官殺害，銀行襲撃など一連の犯行を重ねたが，80年6月，警官隊と銃撃戦の末，負傷して逮捕され，11月メルボルンで絞首刑にされた。権力に対する彼の反抗は，当時から不屈の意思，自立，社会的弱者への共鳴などを人々に想起させ，多くの小説，戯曲，映画において民衆のヒーローとして描かれてきた。日本でも夭折したヒース・レジャー(1979-2008)主演の映画《ケリー ザ・ギャング》(2003)のDVD版，ブッカー賞作家ピーター・ケアリーの小説《ケリー・ギャングの真実の歴史》(2000。邦訳2003)が紹介されている。

越智 道雄＋村上 雄一

ケルマデク [諸島] |Kermadec Islands

ニュージーランド北島から北東約1000kmの南太平洋に位置するニュージーランド領の火山性島嶼群。太平洋プレートがインド－オーストラリアプレートに沈み込むケルマデク海溝に沿って火山が分布し，地震が多い。14世紀頃にポリネシア人が移り住むようになったが，1788年にイギリス船が発見した頃は無人島であった。島名は1793年に島を訪れたフランス遠征隊の船長にちなんでいる。現在，ラウル島に気象観測所や通信所，および自然保護省のステーションがあるが，定住人口はない。

菊地 俊夫

げんごじじょう |言語事情

太平洋諸島の言語事情は，三つのレベルに大別して考えることができる。

第1のレベルは，各人の母語である。部族や地方，島によって異なるこれらの言語は，太平洋諸島全体では約1200に及び，平均すると一言語につき5000人以下の話し手しかいないというように，きわめて多様性に富んでいる。一国内はおろか一島内においても互いの母語が異なる状況も決して珍しくない。

第2のレベルは，一国内で共通語として使われている非英語，もしくは非フランス語の言語である。サモアやトンガなどの場合，第1と第2のレベルは一致しているが，一国内にさまざまな母語を話す人が存在する場合，コミュニケーションの手段として，土着言語と外来言語の混成から新しく形成された言語を使用していることがある。それがパプアニューギニア，ソロモン諸島，バヌアツで使われている*ピジン英語である。これらの地域では，母語の異なる者同士の結婚によって，ピジン英語が母語に転化する例も少なくない。

第3のレベルは，外来言語，すなわち英語もしくはフランス語である。長く欧米諸

●コアラ

国の植民地であった歴史を反映して，両言語は，教育やコミュニケーション等あらゆる分野に浸透しており，ほとんどの国で独立後も公用語として使用されている．ニューカレドニアやミクロネシア連邦などでは，第2のレベルが存在しておらず，第3のレベルをもって共通語としている．太平洋諸島全体のコミュニケーションの手段としては，英語ないしフランス語が通用しているのは言うまでもない．

このように言語事情が重層的な太平洋諸島の場合，ふつう2言語あるいは3言語を使い分けなくてはならない．なかでも前述のように，外来言語が占める地位は高いといえるが，本来の話し言葉から書き言葉へと発展してきた第2のレベルの言語の比重も増してきている． 〈小柏 葉子〉

ケンドル｜(Thomas) Henry Kendall｜1839-82

オーストラリアの詩人．ニューサウスウェールズ州南部沿岸のウラデュラ近郊の農場に双子の弟として生まれる．貧しいが文学的教養の高い両親の影響で詩人として早熟し，1869年新聞に作品が掲載される．支援者にも恵まれ，詩集《詩と歌》(1862)を出版，売り上げは伸びなかったが，国内のみならず，英国でも高い評価を受けた．《オーストラリアの森を詠む歌草》(1869)所収の詩〈コクカンモズヒタキ〉が代表作．政治批評や風刺詩などにも手を染めるが，貧困とアルコール依存症に苦しみ，71年には精神病院に収容．その後もかつての支援者を攻撃する詩を出版するなど，不安定な生活を続けた．主に英国と共通する自然風景をとり上げて現実を超越する意味を追求するロマン主義的傾向が注目されてきたが，近年では，古典や聖書に取材した物語詩やアボリジニをモチーフとした作品などが多面的に再評価され始めている．チャールズ・ハーパー，アダム・リンジー・ゴードンと並んで植民地時代のオーストラリア詩を代表する． 〈湊 圭史〉

コアラ｜koala｜*Phascolarctos cinereus*

オーストラリア固有の樹上生有袋類．ユーカリ類の一部の木の葉しか食べない特異な食性をもつことで知られている．コモリグマ，あるいはフクログマともいう．クマに似た体に，大きな丸い頭をもち，耳には長い毛が密生する．有袋目クスクス科の哺乳類．体長60〜85cm，体重は雄で平均10.4kg，雌で8.2kg．最高15kg．尾は痕跡的．体色は背側が灰色，腹側は白で，毛は羊毛状に密生する．腹部の育児嚢は下方に開口し，中に2個の乳頭がある．前足の第1，2指は他の3指と対向し，後足の第1指も他の4指と対向しており，木の枝などを握り，樹上で体を保持するのに適している．

オーストラリア南東部のユーカリの森林に生息し，300種を超えるユーカリ類のうち，特定の12種のユーカリの成葉だけを食べる(したがって，コアラの飼育にはユーカリの植樹が前提になる)．夜行性で巣はつくらず，昼は木のまたなどで眠り，夜間樹上で採食する．動きは鈍くほとんど木から降りることはない．特殊化した食性と，そのゆったりとした生活ぶりは南アメリカのナマケモノによく似ているといえる．堅く繊維分の多い木の葉を消化するため，盲腸は1.8〜2.5mもの長さに発達している．また離乳時の幼獣は，葉を消化する能力をもたないため，母親の肛門に口をつけて，半ば消化された緑便を食べるという離乳の中間段階を1ヵ月ほど必要とする．ふつう単独でテリトリーをつくって生活し，繁殖期には1頭の雄が複数の雌とともに過ごす．雌は27〜35日の妊娠期間の後，0.36gのごく小さな子を出産．子は6〜7ヵ月育児嚢で育てられ

る。さらに約6ヵ月間母親に背負われてくらし、3〜4年で成熟する。森林が破壊されたためと優美な毛皮を取るための乱獲がたたって生息数は大幅に減少したが、現在は保護されている。

今泉 吉晴

[神話] コアラをめぐるアボリジニの神話には、この動物の長大な腸を橋に利用して人間がオーストラリアに渡来した話と、コアラが水を独り占めする話が中心になる。後者はコアラの水摂取量の少なさをよく観察し、それをうらやましく思った結果生まれた話である。冷遇された人間の子どもが、復讐のため地上の水を全部袋につめて、高い木に登りコアラになってしまった話(後で人間が木を伐り倒すと、切口から水があふれ出て池になった)、また干ばつのとき、まだしっぽがあったコアラがしっぽで木にぶら下がって木のうろから水を飲んでいるところを、コトドリに見つかり、後者が木に火をつけ、水は木から流れ出て池をつくり、他の動物は渇きをいやしたが、コアラはしっぽが焼け落ちてしまった話などは共通項が多い。やはり干ばつのとき、キノボリカンガルーとコアラが地面を掘って水を探す。しかしコアラはこっそり水探しを怠け、キノボリカンガルーが掘り当てたとき真っ先に水に飛び込んだので、怒ったキノボリカンガルーにしっぽを嚙み切られた話は、この動物の生態を表現している。不毛の土地に来た人間たちが、〈空の種〉をブーメランでたたき落とす話では、ダイダニというコアラ男がその力強い肩でみごとたたき落しに成功するが、これはコアラの発達した肩の筋肉の特徴をよくとらえた話である。

越智 道雄

こうがっこう|公学校

ミクロネシア、旧南洋群島で日本の統治時代に島の子どもたちのために設立された小学校。この地の小学校教育はすでに海軍占領時代から海軍守備隊の手によって行われていた。当初この学校は小学校と呼ばれていたが、後に島民学校となり、1922年南洋庁の管轄下に入って公学校と名を変えた。公学校の修業年限は3年、南洋庁の支庁の所在地にある主要公学校には、その上に2年の補修科が併設された。入学年齢は8歳以上で、授業料は徴収しなかった。南洋庁はまた教科書、学用品などを給付、貸与するほか、状況に応じて衣服、食料を与えたり、トラコーマ(トラホーム)などを官費で治療するなどして公教育の普及を図った。教科目は修身、国語、算術、理科、手工、唱歌、体操で、男子には農業、女子には家事を課した。最も力を入れたのは国語教育で、1学年で片仮名、2年で平仮名、3年では漢字交りの口語文が読み書きできるようになることを目標としていた。

青柳 真智子

こうくう|航空

国土の広いオーストラリアは1920年代から航空機を交通手段として使用しており、また南太平洋地域においては島嶼国が多いため第2次世界大戦後は航空交通の発達が著しい。オーストラリアでも、他国と同様に航空自由化、さらには経済低迷によって航空業界の再編が進んだ結果、シドニーに本拠地を置くカンタス航空を中心とするカンタス・グループが航空運営の主翼を担い、英バージン・グループが格安航空会社バージン・ブルーで豪民間航空市場に参入し、カンタスに対抗する構図となっている。カンタス航空は1920年に設立され、67年に現社名になった。世界の国際線航空会社の十指に入り、路線網はニュージーランド、南太平洋、東南アジア、ヨーロッパ、中近東、北米の主要都市および南米。所有航空機はボーイング社の機材が134機で最も多いが、2000年以降はエアバス機の積極的な導入を進めている。同社グループ全体の従業員はおよそ3万6000名。

1990年代初頭までは、カンタス航空のほか、国内定期運航社としてメルボルンに本拠を置くオーストラリア航空、オーストラリア・アンセット航空の3社が共存してきた。オーストラリア航空は1946年、メルボルンとシドニーを結ぶトランス・オーストラリア航空として運航を開始。49年にはカンタス航空の国内路線を引き継ぎ、オーストラリア航空が国内路線、カンタス航空が国際路線を運航するという棲み分けが行われていた。路線は全州都と主要地方都市相互間を運航し、地方都市からの支線は88年にオーストラリア航空出資により設立されたオーストラリア地域航空会社が運航して

きた。しかし92年にはカンタス航空に買収され、路線はすべて同航空に統合された。

オーストラリア・アンセット航空は1936年の設立で、一時はオーストラリア最大の国内線運航会社にまで成長した。ニュージーランド航空が1989年、50％の株式を取得、さらにニューズ・コーポレーションから残りの50％の株式も買収して、2000年に完全子会社化した。しかし競争激化や景気低迷によって経営難が続くなか、カンタス航空による買収交渉も頓挫し、2001年9月にはすべての運航が突如停止、政府の債務保証によって一部の国内線の運航が再開されたものの、02年にはすべての活動を停止した。

既存の航空会社が整理統合される一方で、格安航空分野が拡大している。国内路線を中心に事業展開を進めるものの、2000万の人口規模では限界があり、各社は国際路線への拡大を進める。英国バージン・アトランティック航空が2000年、バージン・ブルーの社名で国内路線に参入。本拠地はブリズベーン。その後オーストラリアとニュージーランド、クック諸島、フィジー、トンガ、バヌアツを結ぶパシフィック・ブルー、サモアと結ぶポリネシアン・ブルーを設立。また07年にはVオーストラリアの設立を発表、シドニーとロサンゼルス、プーケットを結ぶ国際線を就航させた。バージン・ブルー・グループの所有航空機は、B737型機78機、B777型機3機、エンブラエル小型ジェット機2機など、従業員数5952名。またカンタス航空も2004年、ジェットスター航空を設立して格安航空路線市場に参入、国内路線だけでなく、シンガポールとベトナムを拠点にアジア路線の拡充を進めている。

ニュージーランドを代表する航空会社は1939年設立のエア・ニュージーランド。本拠地はオークランド。オーストラリアとの航空路線を運営するためにタスマン・エンパイア航空として発足、65年に現社名になった。89年に国営から民営に移行したが、2001年に経営不振で再国有化され、75％の株式をニュージーランド政府が保有する。主要路線は国際線ではオーストラリア、東南アジア、南太平洋、アメリカ、カナダ、ヨーロッパ、国内線では27都市を結ぶ。所有航空機はB747型機7機、B767型機5機、B737型機15機、A320型機12機ほか、従業員数およそ1万名。ユナイテッド航空やシンガポール航空らが運営する〈スター・アライアンス〉のメンバー。

アンセット・ニュージーランドは、オークランドに本拠を置く1985年設立の国内定期航空会社であった。オーストラリアのアンセット航空の傘下にあったが、2000年に同社がエア・ニュージーランドの完全子会社となる一方、アンセット・ニュージーランドはタスマン・パシフィック航空に売却された。その後も経営は振るわず、豪カンタス航空とフランチャイズ契約を結んでカンタス・ニュージーランド航空として運航を続けていたが、01年4月に経営破綻した。

南太平洋地域で最も古い航空会社の一つエア・パシフィックは、1947年設立のフィジーの国際定期航空会社で、71年まではフィジー航空と称していた。現在はフィジー政府が51％、カンタス航空が46％の株式を保有し、カンタス航空が地上業務全般で運航を支援している。路線網は南太平洋を中心にオセアニアの主要都市を結び、東京にも乗り入れている。所有航空機はB747型機2機（シンガポール航空からのリース）、B737型機3機ほか、グループ全体の従業員数は959名。

サモアの国営航空会社ポリネシア航空は1959年に設立、フィジー、トンガ、パゴパゴ、クック諸島、オークランド、シドニー、ロサンゼルスなどへ定期便を運航していた。しかし2005年にサモア政府と豪バージン・ブルー航空が合弁で設立したポリネシアン・ブルーに国際路線の大部分（シドニー、ブリズベーン、オークランド路線）を移管させたことで事業が大幅に縮小、国内線を中心にトンガ、ババウ、ニウエなどの近距離の島嶼間路線のみを運航している。所有航空機はデハビランド・エアクラフトのツイン・オッター2機とブリテン・ノーマン社のBN-1アイランダー2機。

エア・ミクロネシアは、アメリカの国連信託統治領内の定期航空輸送を担うべく1968年に運航を開始した。現社名はコンチネンタル・ミクロネシア航空で、米コンチネンタル航空の完全子会社。グアムを拠点に、

日本，ミクロネシア，ポリネシア，ハワイ，東南アジア，オーストラリア各都市を結ぶ。所有航空機はB737型機とB767型機13機(すべてコンチネンタル航空所有)，従業員1230名。

　ナウル共和国の国営航空会社エア・ナウルは1970年設立され，中部太平洋を中心にオセアニアの主要都市，グアム，日本などへ運航していた。しかし経営状況の悪化を受けて2005年，旅客機がオーストラリア最高裁の決定により差し押さえとなり，運航の一時停止に追い込まれた。その後，台湾の援助により航空機を購入，06年にアワー航空に改称し，運航を再開した。ブリズベーン─ホニアラ─ナウル─タラワを結ぶB737型機2機を所有。

　タヒチ・ヌイ航空は仏領ポリネシア政府が筆頭株主。パペーテからパリ，ロサンゼルス，東京，シドニー，オークランドの5都市に運航している。所有航空機はA320-300型機5機，従業員844名。　　永野隆行

ゴーギャン |Paul Gauguin|1848-1903

フランスの画家。パリ生れ。父は新聞記者だったが，妻の親戚のいるペルーへ妻子を伴って渡航する途中，客死。ゴーギャンはペルーのリマで幼年時代を送る。のち帰国。船員，次いで株式仲買人となり，デンマークの女性メットと結婚，5人の子をもうける。35歳から画業に専念。最初，印象派，とくにピサロの影響を受けるが，1888年，ブルターニュのポンタベンで描いた《天使と闘うヤコブ》を境に，平面的な画面構成，平塗りの原色を中心とした総合主義と呼ばれる画風を確立する。南フランス，アルルでの，ゴッホの発狂に終わった彼との共同生活のあと，ヨーロッパを嫌悪し，原始を求め，妻子と別れ，91年単身タヒチに渡る。最初，主都パペーテに住むが，西欧化されたこの町を嫌い，マタイエア地区に家を借り，マオリ人の娘とともに暮らした。そして《市場にて》《死霊は見守る》など数多くの名作を描いた。この滞在中の記録は，のち《ノア・ノア》(1901)として公表される。

　93年，いったん帰国するが，95年，今度は永住を決意して再びタヒチへ渡る。しかしこの第2次滞在は，貧困に病気が重なり，タヒチは楽園どころか，地獄の相さえ呈し

●ゴーギャン

《マンゴの花をもつタヒチの女》(1899)。ニューヨーク，メトロポリタン美術館。

た。この時期の作品は，《母性》その他にみられるように，深化しているかわり，やや沈鬱である。97年，長い間音信不通だった妻から最愛の娘アリーヌの死の知らせが届く。彼は自殺を決意し，遺言のつもりで大作《われらはどこから来たのか，何者なのか，どこへゆくのか》を描き，服毒するが未遂に終わる。

　1900年，パリの画商ボラールと契約が成立，それをしおに，マルキーズ諸島のヒバオア島に移る。しかしこの平和な美しい島で彼が目にしたのは，フランスの官憲の島民に対する怖るべき横暴さだった。その官憲を向うにまわし，島民に味方して抗争中，急死した。　　岡谷公二

こくみんとう|国民党|
New Zealand National Party

ニュージーランドの二大政党の一つ。対する▸労働党に比べて一般的に保守政党とみられているが，実際には双方とも国民政党で，その支持層，政策などに特別な相違があるわけではない。19世紀末から20世紀初めにかけて隆盛を誇った▸自由党(1920年代に統一党と改名)と，農民層を母体として1909年に結成され第1次大戦の前後，長期間に

わたって政権をとった革新党が1936年に合併してできたもの。結成後13年間は野党の地位にあったが、49年以後は84年に至るまで、短い期間を除いてほとんど政権の座にあった。とくに1960年から72年まで▸ホリオーク首相のもとに繁栄の時代をもたらした。これに比べると75年から84年までの▸マルドゥーン首相の時代は経済的困難の時代であり、これから脱しきれないままに84年の総選挙では労働党に政権を譲った。

地引 嘉博

　1990年の総選挙で政権を奪還したボルジャー首相は、労働党政権下で始まっていた行財政改革路線をさらに推し進めた。比例代表制下ではじめて行われた96年の総選挙では、ニュージーランド・ファースト党と連立政権を組んだが、97年の党首交代によりシップリーが首相の座に就く(ニュージーランド・ファースト党との連立は解消)。シップリーはニュージーランド初の女性首相となるが、99年の総選挙で改革路線の修正を唱えた同じく女性のクラーク労働党に敗れた。2008年の総選挙では9年ぶりに労働党に勝利し、キー首相が誕生した。

和田 明子

こくみんとう│国民党│
National Party of Australia

オーストラリアの政党。正称はオーストラリア国民党。1910年代後半、既存の政党では地方の利益を代表していないと感じた牧畜業者・農民たちが州単位の政党を結成。1920年〈地方党〉の名の下に結集した。1980年代初めに地方党から国民地方党を経て国民党に改名。現在の▸自由党に連なる政党のジュニア・パートナーとしてほぼ一貫して野党であっても保守連立を組む。州レベルでは、現在サウスオーストラリア州で労働党と連立政権を組んでいる。クイーンズランド州では国民党がシニア・パートナーであり、2008年国民党主導で合同し自由国民党を結成している。国民党は、地方人口の減少や自由党の地方部への進出により長期低落傾向にある。1975年に127議席中23議席を誇っていた同党の下院議席数は、2007年には150議席中9議席にまで減少した。自由党との政策上の差別化を図らなければ存在意義はないといえよう。自由党に吸収されれば、地方に基盤を置く新党の台頭か、地方での無所属議員躍進の可能性が高い。

杉田 弘也

こくりつこうえん│国立公園│

オーストラリアおよびニュージーランドの国立公園は、▸自然保護が主目的であり、各種の自然保護地区とともに、観光開発、経済開発が厳しく制限されている。

　オーストラリアの国立公園の歴史は、シドニーの南にある現在のローヤル国立公園にあたる地区の指定(1879)にさかのぼる。単一の山や峡谷だけで1地区として指定され面積が10km²に満たない狭いものから、広範囲の山岳地帯や大平原が一括して指定され数千km²に達する広大なものまで、大小合わせて552の国立公園がある(2008)。オーストラリアでは各州が国立公園に準ずるさまざまな自然保護地区を独自に指定しており、国立公園も含めて、州によって定義、名称や地区数はさまざまである。たとえば、クイーンズランド州では国立公園の数が262、その他の地区も193でともに多いが、サウスオーストラリア州では国立公園の数が26と少ないのに対してその他の地区は200以上あり、またウェスタンオーストラリアも国立公園の数が63であるのに対してその他の地区は広義には800以上ある。国立公園のうち、▸ブルーマウンテンズ国立公園(=ニューサウスウェールズ州)、パヌルル国立公園(ウェスタンオーストラリア州)が世界自然遺産に、カカドゥ国立公園、▸ウルル−カタ・ジュタ国立公園(ともにノーザンテリトリー)が世界複合遺産にそれぞれ登録されている。また国立公園に準ずる▸グレートバリア・リーフ海洋公園は世界自然遺産に登録されている。

　ニュージーランドの国立公園の歴史は、マオリ指導者から政府へのトンガリロ、ヌガウルホエ、ルアペフの3火山の寄贈(1887)にさかのぼり、同地区は1894年に正式に同国最初の▸トンガリロ国立公園となった。北島にエグモント国立公園など4、南島にアオラキーマウント・クック国立公園など10、合計14の国立公園があり(2008)、そのほかに各種の保護地区(合計3500余り)が指定されている。国立公園のうち、アオラキー

マウント・クック，ウェストランド―タイ・ポウティニ，フィヨードランドの3国立公園を含むテ・ワヒポウナム―南西ニュージーランド地区が世界自然遺産に，トンガリロ国立公園が世界複合遺産にそれぞれ登録されている。　　　　　　　　　　〈谷内 達〉

こくりつしかくしんさきょく|国立資格審査局|
New Zealand Qualifications Authority
ニュージーランドの教育関連機関。略称はNZQA。1989年の教育法制定に基づき1990年に設立された。質の高い教育水準を保つため，個人や教育機関の資格審査を提供したり，国の教育大綱に基づき学校教育から職業的技能に及ぶ多様な資格の基準をレベル別に定めたりする公的機関。主な役割には，後期中等教育(日本の高校1〜3年生に相当)における教科別統一試験 National Certificate of Educational Achievement (NCEA) の実施や成績管理，あるいは，大学やポリテクニクにおける教育レベルの保持，語学学校や職業専門学校など私立教育機関における教育内容の審査・保証などがある。また永住権の申請においては，申請者がもつ海外の技能や教育資格をニュージーランドの基準と照合し，評価する。その他，国が定める全ての資格に関する枠組み National Qualifications Framework を調整・改善し，資格取得者の登録や成績についてのデータベースを管理する。通常，レベル3〜4で中等教育修了・大学入学可，技能においては就職可能とされる。大学卒(学士)はレベル7である。運営は教育大臣の任命する理事会が当り，そのメンバーは産業界・教育界・地域社会などの代表で構成される。　　〈一言哲也〉

ココア|cocoa
ココアの原料となるカカオ(カカオノキ)はアオギリ科に属し，南アメリカのオリノコ，アマゾン両川沿岸およびトリニダード島が原産地。熱帯の海抜600m程度までの地域で生育する。収穫されたカカオの実は発酵・乾燥の後，ココアバターやココアの粉末に加工される。太平洋地域では，パプアニューギニア(世界生産額10位，2007)，ソロモン諸島(22位)，サモア(40位)，フィジー(57位)，トンガ(59位)，バヌアツ(74位)で生産されているが，これらの生産量を合わせても約5万5000t で，世界の総生産量(約374万t，2007/2008推計)に占める割合はわずか1.5%程度に過ぎない。しかし，太平洋島嶼諸国にとっては外貨獲得のための貴重な輸出用商品作物の一つであり，2007年の各国の農業生産物価額に占めるココアの順位および生産額は，パプアニューギニア(14位，3640万ドル)，ソロモン諸島(6位，410万ドル)，バヌアツ(9位，85万ドル)，サモア(13位，41万ドル)となっている。近年の太平洋地域各国の生産量(単位1000t)の変化(1997/98→2007/08)をみると，パプアニューギニア(28.0→48.8)の生産量の伸びだけが際だっている。他の諸国は生産技術やマーケティング面での課題，および気候不順やサイクロン被害などによる生産の低迷や減少がみられるが，もともとココア生産に適した地理的環境にあり，今後の産業開発の進展によるココア産業の発展が期待される。　　　　　〈東 裕〉

ココス[諸島]|Cocos Islands
インド洋上，パースの北西2768kmにあるオーストラリア領のサンゴ礁島群。別名キーリング Keeling 諸島。面積14km²，人口600(2007)。島名のとおりココヤシが自生する。主島はホーム島。住民の多くはマレー系でココヤシ栽培に従事。空港がウェスト島にあり，航空路がパースに通じる。インド洋上の数少ない気象観測地点としても重要。1609年イギリス人キーリングが発見し，1857年イギリス領，1955年以来オーストラリア領。1827年以来スコットランド系農園主クルーニーズ・ロス家の私的管理下にあったが，1975年以来改革が進み，78年政府が土地を買い取り，79年地方自治体が成立，前近代的支配に終止符が打たれた。84年の国連管理下の住民投票の結果，引き続きオーストラリア領にとどまることになり，現在に至っている。　　　　　〈谷内 達〉

ココヤシ|ココ椰子|
coconut palm: *Cocos nucifera* L.
世界各地の熱帯の海浜や河口地域に栽培される代表的なヤシ科の高木。ココナッツともいう。品種は多い。栽培の歴史は古く，原産地や伝播の歴史はつまびらかでない。インドへは3000年前にすでに渡来していた

●ココヤシ

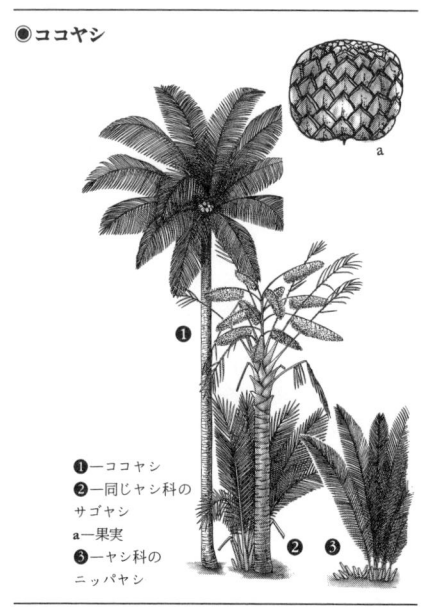

❶—ココヤシ
❷—同じヤシ科の
　　サゴヤシ
a—果実
❸—ヤシ科の
　　ニッパヤシ

といわれる。中国の記録によると，290-307年ころ中国南部やアンナンで栽培されていた。樹高30mに達し，通常は単幹で直立する。頂部に長さ5～7mの壮大な羽状葉を群生し，幹上には輪状の葉痕を残す。葉腋から花序を出し，分枝した花穂の基部に1～数個の雌花を，上部に多数の雄花をつける。おしべは6本，子房は3室からなり，通常そのうちの1室のみが成熟する。果実は直径10～35cm，成熟につれ緑，黄，橙黄から灰褐色となるが，品種により色調の変化は異なる。中果皮は繊維状，内果皮は堅く厚い殻となり，3個の発芽孔がある。繁殖は実生による。3～6ヵ月で発芽し，7～8年から収穫，1樹当り年間40～80個の果実が得られる。

［利用］　ココヤシの果実は，その成熟の過程でいろいろに利用されている。半成熟果の胚乳は，液状の胚乳液と内果皮に接した部分のゼラチン状の脂肪層とに分化し，胚乳液は飲用に，脂肪層は食用にされる。成熟するにつれて胚乳液の量は減り，固化した胚乳と脂肪層が厚く硬くなる。これを削り具でけずり，しぼったのがココナッツミルク coconut milk で，あらゆる食物の調味料として熱帯では多用される。また，この脂肪層をはぎ取って乾燥したのが，工業的な脂肪原料として重要なコプラ copra である。コプラはマーガリン，セッケン，ろうそく，ダイナマイトなどを作る油脂原料となる。なお，半成熟果の胚乳液は植物生長物質に富むため，植物の組織培養実験にしばしば用いられる。発芽が始まると，胚乳液の部分は油脂分に富むスポンジ状に変化し，これもやはり食用になる。花房を切り，切口からしみ出る甘い樹液は飲用とされる。またそれを発酵させたものはヤシ酒や酢となる。ヤシ酒はとくにミクロネシアで重要な嗜好品である。食物として以外にも，中果皮の繊維はヤシロープや燃料に，内果皮の殻はスプーン，飾りなどの日用品になる。葉は編料となり，籠，敷物，屋根ふきや壁材となる。若芽の柔らかい部分はココナットキャベツと呼ばれ野菜にされることがある。

　フィリピン，インドネシア，オセアニア地域で大規模なプランテーション栽培がおこなわれていて，重要な現金収入源となっている。このように原住民の生活に重要なココヤシは，コプラが商品化されることもあって個人の所有とされることが多い。

星川　清親＋秋道　智彌

コジアスコ[山]|Mount Kosciusko
オーストラリア南東部，▶オーストラリアアルプスにある同国の最高峰。標高2228m。氷河地形および高山景観が見られ，周辺一帯はコジアスコ国立公園に指定。とくに冬は山麓のスキー場で賑わう。地形はなだらかで夏には頂上付近まで自動車で登れる。マレー水系の主要な水源地帯。山名は1840年にポーランド人が隣の峰(現，タウンゼンド峰)に登頂し，同峰を祖国の英雄コシチューシュコにちなみ命名した。　　　谷内　達

コスラエ[島]|Kosrae Island
西太平洋カロリン諸島東端の火山島。東経163°06′，北緯5°19′。南洋群島として日本の委任統治下にあったときはクサイ Kusaie と呼ばれた。アメリカの国連信託統治領になってからは，ポンペイ地区の一部に組み込まれていたが，1977年に名称を Kusaie から Kosrae に変更して独立地区となり，86年

の独立とともにミクロネシア連邦4州のうちの一つを構成する。現地の発音に近づけてコシャエとされることもある。熱帯雨林に覆われた単島には600mを超す山峰がうねり、住民は海岸部のわずかな平地に暮らしてきた。人口9686(2008)。

かつてこの島には、全島を支配下に治める王を頂点とする位階性社会が形成されており、周辺諸島に比べてひときわ高い文化レベルを誇っていた。王の居住跡と思われるレロ遺跡は、ポンペイの▶ナン・マドール遺跡とほぼ同様の玄武岩による城壁遺跡だが、その建造はポンペイより古いといわれている。西洋の進出がみられた16世紀以降、この島は山稜から流れ出る清水が豊富であったため、水補給地として貿易船や捕鯨船が頻繁に訪れる重要な寄港地となっていた。他のカロリン諸島と同様にスペイン、ドイツ、日本、アメリカの支配を受けたが、アメリカ系の禁欲的キリスト教会派が入り込んでから島社会は一変し、現在では伝統的な社会構造が完全に崩壊して、敬虔なクリスチャンの島となっている。 <small>小林 泉</small>

コツェブー | Otto von Kotzebue | 1787-1846
ロシアの航海者、探検家。世界周航3回。クルーゼンシテルンのロシア最初の世界周航に参加(1803-06)。1815年、北極海を横断する北東航路を発見するため、探検隊を指揮し、ホーン岬を経て太平洋に入り、カロリン諸島の数島を発見。アメリカ西岸を北上し、アラスカ沿岸を測量し、コツェブー湾を発見。帰路、ハワイ諸島を経て北太平洋を航行した後、グアム、マニラ、喜望峰回りで18年帰国。23年、アレクサンドル1世の命により、第3回目の探検に出発。ホーン岬を経て、トゥアモトゥ諸島、ソシエテ諸島、サモア諸島、カムチャツカ半島、ハワイ諸島を調査し、26年帰国。彼の乗ったルーリック号は180トン・20人乗組みの小さな船であったが、少数の科学者たちを乗せ、多くの地理学・博物学・民族学上の発見を行った。 <small>矢野 將</small>

コップえきばしゃかいしゃ | コップ駅馬車会社
1853年アメリカ人フリーマン・コップがオーストラリアのメルボルンで仲間と興した、郵便物と旅客を運ぶ駅馬車会社。時あたかも▶ゴールドラッシュの最中で、鉱夫を金鉱地に運ぶ路線で当て、さらにマレー川沿いのスウォンヒルまで路線を伸ばし、56年コップの引退で解散した。だが58年操業開始のビクトリア駅馬車会社、そしてシドニーに設立され、61年アメリカ人事業家ジェームズ・ラザフォードのてこ入れで前者を買収したロードソン=ワグナー社は、いずれも社名は違っても商標はコップ駅馬車の名で営業を続けた。ラザフォードはバサーストに本社を置き、ニューサウスウェールズ内に路線を拡大したが、資本面では62年ビクトリア路線と縁を切った。しかし馬車は相変わらず〈シドニー・コップ〉と呼ばれた。65年彼はブリズベーンにクイーンズランド支社を作った。オーストラリアはもとよりニュージーランドでも、コップの名称が使われ、アメリカのウェルズ=ファーゴ社以上に駅馬車の代名詞になったが、1924年クイーンズランド奥地の路線走行を最後に幕を閉じた。 <small>越智道雄</small>

コトヌーきょうてい | コトヌー協定 | Cotonou agreement
1975年、当時のEC(9ヵ国)は、ACP諸国(アフリカ、カリブ海、太平洋)46ヵ国に対する経済協力協定をトーゴのロメで結んだ。このロメ協定は、その後4回の見直しを重ねながら四半世紀続き、2000年2月に終了。これに替わって新たな経済協力関係を目指してEU(15ヵ国)とACP諸国(79ヵ国)が、2000年6月にベナン共和国のコトヌーで調印したのがコトヌー協定である。期間は20年とされている。ロメ協定の最大の特徴は、ACP諸国の産業育成のために輸出産品の買い取りを保証する価格安定化制度(STABEX)を設けていたことだ。しかし、新協定では、非互恵的貿易関係を断念し、WTOルールへの合致を目指した内容に改められた。社会開発、産業育成、貿易振興などの広い分野での協力活動が約束される一方、グッドガバナンスや人権擁護といった政治、人道面での腐敗や不正に対しても、援助側が介入すると明記されているのがコトヌー協定の特徴といえる。 <small>小林 泉</small>

こにしきやそきち | 小錦八十吉 | 1963-
アメリカ、ハワイ州オアフ島出身の大相撲

力士．本名サレバ・アティサノエ．同じくハワイ出身の元関脇高見山に誘われて高砂部屋に入門．1982年名古屋場所で初土俵，84年名古屋場所で入幕した．230kg余りの巨体をいかした突き，押しを得意とし，87年夏場所後に外国人力士として初の大関昇進を果たした．89年九州場所では幕内優勝を飾ったが，これは高見山(1972年名古屋場所)に次いで外国人力士としては2人目．97年引退．
庄司雅雄

コーハイ | kowhai | fourwing sophora
Sophora microphylla Ait.
S. prostrata Buchan. *S. tetraptere* Mill.

マメ科の小高木あるいは灌木で，大きくなると樹高は10mを超える．3種に分類されるが，相互に近縁で同じ種とされていたこともある．日本のエンジュと同じ属であり，春に黄色の花を咲かせて美しい．ニュージーランドでは低地から山地の林縁や野原に普通にみられ，また観賞用に公園や庭で栽培もされる．材は明るい褐色で重くて堅いが，柔軟性があり，木製の機械，家具などに利用される．イギリスやハワイには観賞用の花木として導入され栽培されている．
堀田 満

コーヒー | coffee
コーヒーの原料となるコーヒーノキは，アカネ科の低木．コーヒーの語源は，アラビアコーヒーノキの原産地，エチオピアのカーファ Kaffa に由来するという．太平洋地域でのコーヒーの生産は，ニューカレドニアに入植したフランス人がコーヒー豆を栽培しフランス企業に販売したのが始まりで，英領植民地下のフィジーでも1880年代に栽培が試みられている．現在，パプアニューギニア(世界生産額17位，2007)をはじめ，トンガ(72位)，バヌアツ(74位)，フィジー(同)，サモア(76位)，ニューカレドニア，フランス領ポリネシアなどでコーヒー豆の栽培が行われ，外貨獲得のための貴重な商品作物の一つとなっている．なかでも，パプアニューギニアでは国内農業生産物価額でコーヒー豆は7位(6160万ドル，2007)を占め，標高600mまでの低地ではロブスタ種，標高1000-2000mの高地ではアラビカ種が生産されている．パプアニューギニアのコーヒー豆生産の主たる担い手は，企業経営による大規模なプランテーションではなく，村落の小規模農家であり，各農家は20本から500～600本の木を栽培し，そこで生産されるコーヒー豆はパプアニューギニアの輸出作物価額の70％以上を占めている．一方，20～100haあるいはそれを上回る農地での大規模経営のプランテーション栽培も461ヵ所で行われているが，最大規模の12ヵ所のプランテーションのうち6ヵ所は，国内の村落または個人の資本によるものである．パプアニューギニアでは，全人口のおよそ1/3に相当する200万人近くがコーヒー産業に従事していると推定され，外貨獲得により国民生活の向上に寄与していることから緑色の金 green gold ともいわれる．
東 裕

ゴーブ | Gove
オーストラリア，ノーザンテリトリー北部，アーネムランド北東端のボーキサイト鉱山．都市名，空港名はナランバイ(人口4110．2006)．同国の代表的なボーキサイト産地の一つで，1972年採掘開始．アルミナ精錬所がある．ボーキサイト生産量は約600万t(2003)で，アルミナ精錬所(年産190万t)がある．ローヤルティ(鉱区使用料)は特別の基金制度を通じてアボリジニに還元される．
谷内 達

コモンウェルスぶんがく | コモンウェルス文学
旧イギリス領植民地(アメリカを除く)の英語で書かれた文学の総称．アフリカ諸国，オーストラリア，カナダ，インド，マレーシア，シンガポール，ニュージーランド，スリランカ，西インド諸島，パキスタン，バングラデシュなど広範な地域にまたがるため，旧宗主国による政治・経済・文化支配の影響という一点を除いて，相互の関連や影響は薄い．したがって実質的な文学ブロックを形成するというより，かなり便宜的な文学区分であり，この分野の研究が盛んになり始めたのがEC問題でイギリスが孤立していた1960年代であるのも，あながち偶然とはいえない．研究の拠点がイギリスのリーズ大学であり，機関誌《コモンウェルス文学ジャーナル》(1966創刊)の発行がオックスフォード大学出版局である点も，ゆるやかなく文化連邦〉形成という，旧大英帝国の残光を背負った文化統治の臭みを感じさ

●ゴールドラッシュ
ディガー（金掘人）が選鉱鍋，選鉱器を使って金鉱を洗っている。

せる。しかし，オーストラリアなどの英語を国語とする国ですら，強烈な文化ナショナリズムのつきあげがみられる。ましてアフリカやアジアの自国語文学作家たちから，〈英語の構造的暴力〉による自国文化支配への痛烈な反発が叫ばれるのは当然である。実質的な文学ブロックとしては，コモンウェルス文学はすでに第三世界文学，脱植民地文学やオーストラリアなどの英語圏文学に城を明け渡した観がある。　　越智 道雄

コルー | koru
ニュージーランドの先住民東ポリネシア系マオリが伝えてきた渦巻模様のデザインで，カヌーのへさきの柱や家の壁など大きな建造物や，骨箱や水を汲み出す道具など小さな物に施された彫刻に頻繁に使われている。コルーはマオリ語で，先端が丸まっている，柔らかいシダの若芽のことである。これから伸びようとする若芽は，〈継続的な生長〉を象徴する。ニュージーランドに自生するシダは種類も多く，小さなシダから大木のようなシダまである。葉の裏が白っぽい緑の*シルバー・ファーンは，国のシンボルである。モティーフとしてのコルーは，ニュージーランドに移住したマオリ人が周囲にふんだんにあるシダからヒントを得て発達させた。南北両島に広く使われている意匠だが，一重の単純な渦巻の連続から，中心から互いに逆方向に走り出す二重の渦巻，さらに一度渦巻の中心で方向を変えて外に流れ出す渦巻などがあり，製作者はさまざまの渦巻模様を考案して競い合ったという。コルーの名はポリネシア系の子弟が多く通学する小学校（オークランド市）に，意匠は1940年からニュージーランド航空のマークに採用されている。　　百々 佑利子

ゴールドコースト | Gold Coast
オーストラリア，クイーンズランド州南東端にある同州第2の都市。市域人口50万7400（2006）。市域の一部は北隣のブリズベーン都市圏に含まれるが，大部分は南のニューサウスウェールズ州側のトウィードヘッズ（人口5万9400）に連なって南北約40kmの細長いゴールドコースト－トウィード都市圏（人口56万5300）を形成している。サーファーズ・パラダイスなどの海浜リゾートが連なり，観光都市として急成長している。行政中心地はサウスポート，空港はクーランガッタにある。　　谷内 達

ゴールドラッシュ | gold rush
金鉱の発見によって多数の人が急激に集中し，人口の増大，農業・商業・交通・都市の発達を生じる現象をいう。

［オーストラリア］　オーストラリアではすでに1823年に金が発見されていたが，流刑囚の反乱を恐れた為政者が発表を抑えていた。しかし40年代に流刑囚受入れがほぼ終了し，48年のカリフォルニア・ゴールドラッシュに刺激されて，ただでさえ少ない人口の流出を食い止めるために逆に金発見奨励策に転じた。51年にカリフォルニア帰りの*ハーグレーブズがシドニー西北西約260kmの

地点で金を発見すると，それによる人口流出で市の機能が停止しかけたメルボルンは同市周辺の金鉱発見に賞金を出し，その結果，同じ年のうちに*バララトをはじめとする当時世界最大の産金地帯が発見された。国家としての基礎ができていたアメリカに比べると，まだ植民地の集合体にすぎなかったオーストラリアにとって，ゴールドラッシュは政治・経済面に広範かつ深刻な影響を与えた。1851年に約43万だった人口は10年後に115万弱に達し，第1次・2次産業，港湾，道路，鉄道などが発達した。社会問題のうち最大のものは，金鉱夫の反乱(*ユリーカ砦の反乱)と中国人鉱夫に対する暴動(*ラミング・フラットの暴動)であるが，ここにも大牧場主(*スクオッター)支配体制への反抗と，その一方で反抗者たち自身，後の*白豪主義に繋がっていく人種差別的病理に冒されていた矛盾が露呈された。なお，産金量のピークは1903年で，以後は下降線をたどった。

越智 道雄＋村上 雄一

[ニュージーランド] 19世紀中葉，環太平洋地域のゴールドラッシュは1848年のカリフォルニア，51年のオーストラリアに続いて，61年にニュージーランドの南島オタゴ地方に起こり，1860年代を通して続いた。それ以前からニュージーランドの各地で金が見つかったという断片的な事実はあったが，1861年にカリフォルニアとオーストラリアの金鉱に経験をもつガブリエル・リードがオタゴ地方のダニーディン近くで大量の金を発見したことから本格的なゴールドラッシュが始まった。ニュージーランドの国中から，またオーストラリアやヨーロッパからも多数がかけつけ，これによりオタゴ地方の人口は1年間に1万2000から2万7000へ，次の年には6万へと急増し，1860年代を通し20万人がオタゴ地方に移住した。最初の1年間で20万オンスの金が採取されたが，金を掘りあてた者で財を築いた者はほとんどなく，商人，飲食店など周辺部に吸収されたといわれている。しかし，このために南島は19世紀後半，たいへんな活況を呈した。これは現在のニュージーランド経済が北島を中心として営まれており，南島は過疎地的な観光地化していることからは想像もできないことといわれる。またゴールドラッシュ期には経済的活況とも関連して多くの人材がニュージーランドに移住してきており，そのなかから*フォーゲル，*セドンらの大政治家が輩出した。

地引 嘉博

コロニア | Kolonia

カロリン諸島ポンペイ(ポナペ)島北部，内海に面する平坦部に立地する州都。近年の人口集中で，推定居住者は1万人超(2008)。1886年，カロリン諸島の領有権を宣言したスペインは，ここにポンペイ統治の拠点を置いた。公式にはサンチャゴ・デ・ラセンシオン Santiago de l'Ascension と命名したが，ラ・コロニア La Colonia とも通称された。99年以降のドイツ統治時代はコロニー Kolonie と呼ばれ，ミクロネシア統治の中心拠点となり，ここからトラック(チューク)やマーシャル諸島のヤルート(ジャルート)などへと結ばれる交通拠点としても発展した。1914年以降の日本統治時代においても，ポナペ管区の中心地として発展を遂げ，900超のビル，1万数千人余の日本人人口を擁する大都市になった。第2次世界大戦中，この島での戦闘はなかったが，米軍の空襲により街は灰燼に帰した。

アメリカによる国連信託統治時代になっても行政・商業の中心地であったが，日本統治時代の面影は全く残っていない。1979年に自治政府として発足したミクロネシア連邦の首都もここに置かれた。同連邦独立後の89年，新庁舎建設により首都が内陸部のパリキールに移されたが，コロニアは現在も州都であり，商業・文化すべての中心地になっている。なお，同連邦のヤップ州の州都もまたコロニアと呼ぶが，こちらは Colonia と綴り，使い分けている。

小林 泉

コロボリー | corroboree

*アボリジニの神聖かつ秘密の儀式で，音楽のほかに踊りや演劇的な所作を伴うことが多い。神聖ではなく遊びの要素の強いものもあり，一部ではこれをガンボルグ gunborg とかニンジ・ニンジ ninji-ninji という。歌，ブーメランや木の棒などを叩く音，ディジェリドゥ(木製管楽器の一種)を吹く音，"しっしっ"という歯擦音，踊手の叫び声の中で，踊りは夜間行われる。演じられる主

題は，伝統的または最近の日常の出来事（動植物の生態，自然現象の動き，闘い，性行為や悪ふざけ，白人文化への関心や抵抗など）を象徴するものであり，すぐれた民間伝承であった．本来は各部族の聖地と結びついていたが，他部族に伝播，混淆する過程で世俗化し，元の姿をあいまいにしたものが多い．現代化，世俗化に伴う部族統合の崩壊につれて，昔ながらの伝統を伝える本格的なコロボリーは今日めったに行われない．アボリジニの多くは騒々しい現代音楽と踊りのパーティを好み，これをコロボリーと呼んだりしている．

鈴木二郎

コロラレカ｜Kororareka
ニュージーランド北島の北端に近いアイランズ湾に面した町で，ニュージーランドへの初期移住時代の中心地．町の名は〈甘い(reka)ペンギン(korora)〉を意味するマオリ語に由来する．現在のラッセル Russel の旧名．1800年代初頭，荒々しい捕鯨船員が集まり，ホテルや売春宿が建ち並ぶ港として栄えたが，その猥雑な雰囲気から〈太平洋の地獄〉と呼ばれた．現在は当時の古い歴史的建造物が多く残る静かな落ち着いた町となっており，ベイ・オブ・アイランズ Bay of Islands 地方観光の一中心地である．1769年にイギリス人探検家ジェームズ・クックがニュージーランドを再発見したときから，1840年にイギリス政府が先住民族であるマオリ人と▶ワイタンギ条約を結んで本格的な植民活動を始めるころまでの70年間に，ニュージーランドに渡来し移り住む者は次第に増えたが，彼らの居住の中心地がコロラレカであった．国内最古の教会であるクライスト教会(1836年建築)，国内最古のローマカトリック様式の建物である宣教師住宅ポンパリエ・ハウス(1841年建築)などが現存する．

新井正彦

コロール[島]｜Koror Island
パラオ諸島の中部に位置する島．北東には火山島の▶バベルダオブ島が連なり，南西には多数の無人島(ロックアイランド)，そして隆起サンゴ島の▶ペリリュー島，▶アンガウル島が連なる．地質は安山岩および石灰岩からなる．総陸地面積は約8km²．最高峰は海抜約140m．約80mのアルミズの高台の山腹にある段状の地形は，村落跡といわれている．バベルダオブ島との間の海峡には，1977年にK-B(Koror-Babeldaob)ブリッジが架けられたが，96年に崩落，その後は日本の無償資金援助で日本-パラオ友好橋が建設された．隣接するアラカベサン島，マラカル島とも橋で結ばれている．▶マルキョクとならんで伝統的政体の中心地で，イディド地区にはパラオの二大酋長のひとり，▶アイバドールの屋敷がある．同時に，近代史における行政の中心地でもあり，日本統治下には南洋庁の所在地となり，2006年まではパラオ共和国の首都が置かれた．これに伴い，コロールには村落部の人口が集中し，都市化が進んだ．現在でも，首都機能の多くを保持しており，ベラウ国立博物館，パラオ高校，パラオ・コミュニティー・カレッジなどの教育文化施設のほか，各州の出張所，政府関係の役所の所在地となっている．▶南洋神社，パラオ病院，南洋庁パラオ支庁など日本時代の建築跡も一部残されており，ガラカマイ地区には日本人墓地がある．

飯高伸五

コロンバンガラ[島]｜Kolombangara Island
西南太平洋，ソロモン諸島の西部州にある円形の火山島．面積680km²．住民はメラネシア人で，非オーストロネシア語族系の言語を話す．人口は5620(1999)．諸島中最も森林資源に恵まれ，1967年以降，開発が進められている．植林も進行中である．島内で石積みの階段状テラスが発見されたが，おそらく灌漑によるタロイモの集約的栽培に使われたものとされる．島の南部にあるクラ湾は良好な漁場．

秋道智彌

コロンボけいかく｜コロンボ計画｜
Colombo Plan
南アジア，東南アジア地域を対象とした地域経済協力機構．1950年1月，スリランカのコロンボで開催されたイギリス連邦外相会議において設立された．当初から構成国は英連邦諸国に限定せず，インドネシアやタイなども援助の対象に含めて，今日まで教育・技術援助を中心とした経済協力を地道に進めてきた．設立当時のオーストラリアの保守連立政権は，第2次世界大戦後も宗主国イギリスへの強い郷愁を抱いていた

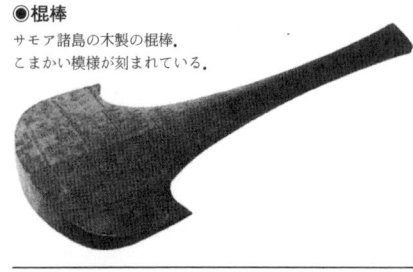

●棍棒
サモア諸島の木製の棍棒。こまかい模様が刻まれている。

が，近隣諸国への共産主義波及防止という観点に加えて，アジアと隣接する地理的環境に正面から向き合わねばならないとして，計画を積極的に推進し，とくに地域からの留学生受け入れに実績を上げてきた。当時の根強い反日感情にもかかわらず，オーストラリアは54年には日本のコロンボ計画加入も後押しし，日本の戦後初の対外援助につながった。

福嶋 輝彦

こんぼう｜棍棒

棒状の狩猟具および武器。棍棒（クラブ club）は世界に広く分布するが，造作は文化によって異なる。アフリカのブッシュマンでは，野ウサギに投げつける狩猟具として手ごろな木の棒にほんの少し加工して用いる。アラスカのエスキモーでは，セイウチのペニスの骨を取り出し，魚の頭をたたきつぶすのに用いることがある。このような採集狩猟民における加工の単純な棍棒は，生業の用具であり，武器としての用途はない。

大昔の人類や未開発民族についての想像画やカリカチュアに棍棒がつきもののようになっていて，棍棒には原始性や野蛮性の象徴といった役割が与えられている。しかし，ひじょうに原始的といわれるアンダマン島人や東南アジアのネグリトなどの採集狩猟民に棍棒がなく，オセアニアの島々で棍棒がさかんに作られていることをみると，棍棒の発達は技術とか生態学的条件ではなく，むしろ文化的背景の所産と考えねばならない。すなわち，戦争が領土の拡張とか戦士の威信や地位の向上など，重要な社会的意味をもつようになると，武器としての，あるいは威信の象徴として洗練された意匠をもつ棍棒が出現してくるのであろう。ヨーロッパでは鉄の普及後，もっぱら破壊力をたかめる，機能本位の発達が著しく，したがってより効果的な武器の出現とともに，棍棒は消えていく。これに対してオセアニアでは，棍棒に実用以外の価値も付与したのではないかと思われる。ニューギニアの星形に磨いた石をつけたもの，オーストラリアの先を少し太くしたものなどはむしろ実用性から説明できようが，先端の形に意匠をこらすミクロネシアやメラネシアの棍棒には実用性と芸術性の調和がある。ギルバート諸島ではサメの歯や小さな巻貝をはめた特殊な棍棒がみられる。サモア，ニュージーランドなどポリネシアでは，先端をやや幅広くし，表面にこまかに彫刻を施す。これらは製作者の意図も実用よりも形態と装飾のほうにあったのではなかろうか。新大陸では，北アメリカ東部のイロコイ族の棍棒，インカ帝国の星形石製棍棒頭に実用的な性格がみられ，アマゾン川流域のパノ語系諸族にみられる櫂の形をした重い棍棒では，彫刻や彩色が施され，実用性を超えた意味があったようである。なお，トランプのクラブも棍棒を表し，鋤を表すスペードとともに，タロットにその起源をもつ。

大貫 良夫

さ

サイパン[島] | Saipan Island

マリアナ諸島にある島。北緯15°，東経145°。安山岩質の火山島の周囲に，隆起サンゴ礁が発達している。総陸地面積120km²の¼程度が南北に伸びる山々で，最高峰は海抜381mのタポッチョ山。北部は沿岸にテラス，東部は半島地帯，南部は高原地帯，西部はラグーンに面した海岸が広がる。南西のチャランピアオにはマリアナ諸島最古の遺跡がある。出土品の貝や土器片から，人間の定住は約3500年前に遡り，ラグーンの海洋資源が人々の食生活を支えていたと考えられる。16世紀のヨーロッパ人による発見当時には，▶チャモロ人が居住していた。当時のサイパンには大型船が碇泊できる立地がなかったが，近海でスペイン船が座礁することもあった。1698年にチャモロ人の反乱があったが，鎮圧され，▶グアムへの強制移住が行われ，無人島となった。再定住がなされたのは1815年，台風被害を受けた中央▶カロリン諸島の人々が移住したときで，その後19世紀を通じて同地から移住してきた人々はカロリニアンと呼ばれる。19世紀後半から20世紀初頭にはグアムとロタのチャモロ人が再定住している。

製糖業が導入された日本統治期には，▶南洋興発株式会社の事業の中心地となり，現地人をはるかに凌駕する日本人が移住した。サイパン支庁が設置されたガラパンには，日本人の商店が建ち並び，都市化が進んだ。島内にはサトウキビを運搬するための鉄道が敷設され，南洋群島では唯一の実業学校，高等女学校が建設された。また，タナパグには港が整備され，ラグーンの外側には大型船が碇泊する錨地もつくられた。現在でも，彩帆(サイパン)神社跡，▶松江春次の像など，日本統治期の遺物が残っている。太平洋戦争末期の1944年6月15日に米軍が上陸すると，日本軍の守備隊約3万人が玉砕したほか，民間人の犠牲者を多く出した。日本人が身を投げた北端の崖は，バンザイ・クリフと呼ばれている。2005年6月には，天皇が慰霊碑や戦跡を訪問した。

アメリカ統治下の1962年には，高等弁務官の司令部がグアムから移転され，統治の中心地として発展した。現在もアメリカ自治領(コモンウェルス)の▶北マリアナ諸島の首都が置かれている。基幹産業は観光業と縫製業。ガラパンやススペを中心に西海岸にはホテルが林立しているが，1990年代後半以降，観光客は減少傾向にあり，2005年には日本航空が定期直行便を廃止した。総人口は6万2392人(2000)。アジア系労働者の流入が顕著で，先住民チャモロ人の人口数1万1644は，フィリピン人の1万6280，中国人の1万5040に次いで第3番目。　　飯高伸五

サウスオーストラリア[州] |
South Australia

オーストラリア中南部の州。面積98万3500km²，人口156万8200(2006)。州都は▶アデレード。州の大半が乾燥地域で，年降水量500mm未満の土地が98％を占める。人口の84％が南東部のアデレード周辺の狭い地域(州面積の1％)に集中し，州都だけで73％を占める。農業では小麦と羊毛のほかにブドウ栽培とワイン醸造(バロッサ地方)が知られている。鉱業ではウラン鉱とオパールの生産量がいずれも全国の約½を占める。また州の北東部で採掘される天然ガスがパイプラインでアデレードやシドニーに送られる。工業ではアデレードの自動車，▶ワイアラの鉄鋼，▶ポートピリーの鉛精錬が重要である。1836年，サウスオーストラリア植民会社によりカンガルー島およびアデレードへの入植が始まり，56年に自治植民地となった。オーストラリアで流刑植民地としての歴史をもたない唯一の州である。1901年の連邦結成により州となった。　　谷内達

サウスパシフィック・ゲームズ｜South Pacific Games　➡パシフィック・ゲームズ

サウソール｜Ivan Southall｜1921-2008
オーストラリアのヤングアダルト小説作家。メルボルン生れ。14歳で学業を中途で切り上げ、同市の《ヘラルド》紙で働き、1942年イギリス空軍に入隊、イギリス沿岸哨戒のかたわら、同年早くも大人向け短編《夜明けから》を発表。44年ロンドンの空軍本部で歴史記録課に配属された。46年メルボルンに帰り、50年代を通してアルバイトをしながら、勇敢な飛行士の主人公サイモン・ブラックが世界各地で活躍する子ども向けシリーズを9作発表。62年の《ヒルズ・エンド》からはがらりと作風を変え、新しいジャンルである本格的ヤングアダルト小説の世界を切り開いた。《燃えるアッシュ・ロード》(1965)、《風船をあげろ》(1968)、《フィンの愚行》(1969)ほか数多くの作品で、思春期の読者に対して手加減をせず、火災などの外在的苦境、不具や精神薄弱などの内在的苦境に置かれた彼らの不安をサスペンスにあふれた行動を通して描き、大人の助けなしに彼らが窮地を脱して成長のきっかけをつかむ経緯を主題にしたので、開拓期以来のこの国の自助意識に訴え、国内はもとより海外でも有名になった。幾度も年度最高傑作賞に選ばれ、71年にはイギリスのカーネギー賞、81年にはオーストラリア勲章、2003年にはドロムキーン・メダルを受けた。大人向けのノンフィクションも書いている。
越智 道雄

サゴヤシ｜sago palm｜*Metroxylon*
通常、栽培するヤシ科の高木で、マレーシア熱帯低地の湿地に生える。若木は地下茎から多数出るので、純林をつくりやすい。若いときは茎はごく短く、ニッパヤシに似ている。茎は直立し、高さ7〜15m、直径30〜60cm。サゴデンプンをとるために栽培されるのはホンサゴ *M. sagus* Rottb. とトゲサゴ *M. rumphii* Mart. である。トゲサゴは葉鞘や中肋に長いとげがあるのでホンサゴと区別されるが、同一種とする人もある。ふつう10年から15年生ぐらいになると、茎の先端に長さ約3〜5mにもなる複羽状に分岐した円錐状の花序を出して、淡紅色の花をつける。しかし開花結実すると、茎の髄が乾いて枯れてしまう。それでサゴデンプンは開花直前の、デンプンを多量に貯蔵している茎を切り倒し、髄を粉砕して水洗し採集する。1本の木から300〜500kgのデンプンがとれる。ニューギニア、モルッカ諸島の原産で、ニューギニアの原住民はこのデンプンを主食としている。葉は、屋根ふき材や壁材、あるいはバスケット等の編材として多用される。
初島 住彦

ザコンバウ｜Seru Cakobau｜1817?-82
フィジーにおける歴史上最大の首長。より正確にはザコムバウと表記する。1837年追放されていた父タノアのクーデタの成功と、ブー・ニ・バル Vu ni valu（戦いの祖の称号）への復位に大いに功績があった。それ以来、彼はザコムバウ（ムバウ Bau 島の悪 ca）と呼ばれるようになった。53年父の死の1年後、ブー・ニ・バルに即位した。レワ地域を統治する首長ンレケティと長年ベラータ地域をめぐって壮絶な戦いを続け、ザコンバウがキリスト教に改宗した54年に一応の停戦状態に入り、翌年ンレケティが病死した後は、ザコンバウが実質的にフィジーを制覇することとなった。キリスト教に彼が改宗するとともに、彼の臣民もすべて改宗したことから、キリスト教はザコンバウの宗教だといわれた。自らくフィジー王 Tui Viti 〉と名乗り、アメリカ合衆国と教会襲撃への賠償問題でこじれて78年イギリスに助けを求め、その植民地となる条約を結んだときにも〈Tui Viti 〉と署名をした。
橋本 和也

サザランドたき｜サザランド滝｜
Sutherland Falls
ニュージーランド南島の南東部、フィヨルド地方にある滝。ミルフォードサウンドとテアナウ湖を結ぶミルフォードトラック（世界で最も美しいといわれる散策道）を歩くことで見られる。落差は580mとニュージーランド最大で、3段になって流れ落ちる。滝名はミルフォード・トラックを最初に探検し、滝を発見したスコットランド人のドナルド・サザランドにちなんでつけられた。現在、ミルフォード・トラックは自然保護のため入山制限しており、滝を訪れる観光客は多くない。
菊地 俊夫

サージソン｜Frank Sargeson｜1903-82

ニュージーランドの作家。本名はN.F.デイビ。北島ワイカトに生まれた。オークランドで法律を学んだ後、1926年ヨーロッパ放浪の旅に出、新世界への帰属感を強めて28年帰国し、著作活動に入った。相棒mateや兄弟palや先住民マオリとの連帯意識に支えられた開拓社会の生活を、風刺に満ちたニュージーランド英語で描いた。旧世界や既成社会の価値観を獄舎になぞらえ、そこからの脱出行を自分の人生と見なした。タフで孤独な旅人の背景にあるのは、牧歌的な風景と新興社会特有のひずんだ人間関係である。短編集《あの夏》(1946)、小説《夢に見た》(1949)、回想録《一度で十分》(1973)などがあって、《無断立入禁止》(1964)は1965年K.マンスフィールド短編賞を受賞した。

百々佑利子

さっかじょせいきん｜作家助成金｜
Literary Fund

ニュージーランド政府は、執筆活動、出版、読書普及、ニュージーランド文学の研究を促進する目的で助成金制度を設けている。とくに1946年に制定された作家助成金は、図書館の貸出利用分を個人購入を妨げた損金とみなし、作家への弁償にも使われる。また8大学(すべて国立)のなかでビクトリア大学、オークランド大学、カンタベリー大学は著述家フェローシップを設けている。この基金は、大学のある街に移り住んで何の義務もなしに著述に専念できる額を支給する。ウィティ・イヒマエラはフェローシップを得た1年間は本業の外交官を休職したし、モーリス・ジーは助成金でビクトリア大学のある首都ウェリントンに移った。オタゴ大学は、文学(ロバート・バーンズ基金)のほか、絵画と彫刻、音楽の部門も助成する。半官半民および民間の基金と賞には次のものがある。クリエイティブ・ニュージーランド・マイケル・キング作家助成金、トッド作家助成金、➡ニュージーランド・ポスト児童およびヤングアダルト文学賞、モンタナ・ニュージーランド文学賞、➡エスター・グレン賞、ラッセル・クラーク賞、BNZキャサリン・マンスフィールド文学賞、ルイス・ジョンソン作家助成金、ブルース・メーソン戯曲賞等。➡パブリック・レンディング・ライト

今田 由香

サツマイモ｜薩摩芋｜
sweet potato: *Ipomoea batatas* (L.) Lam.

カンショ(甘藷)、リュウキュウイモ(琉球藷)、カライモ(唐薯)ともいう。肥大した根を食用やデンプン原料とするために栽培されるヒルガオ科の多年草。

[形状] 茎はつる性で地面をはい、緑・紫・褐色などで、よく枝分れする。ふつう1～6mに伸び、断面は丸く、直径3～10mm。葉は互生し、葉柄は長さ5～30cm、葉身は縦横10cm前後の心臓形だが、縁に切れ込みのある品種もある。茎葉を切ると白い乳液が出る。葉の付けねから根を出し、その一部は地中で肥大しいも(塊根)となる。塊根の形状は品種によって異なり、紡錘形、円筒形、球形などがあり、表面の色も紫・紅・黄白色などがあり、大きさも多様である。花は、温帯地域では晩秋にまれにしか咲かないが、亜熱帯や熱帯地域ではふつうに開花する。花は葉の付けねから伸び出た柄に4～5花ずつつく。アサガオに似た紅・淡紅色の漏斗状花で、直径約5cm。果実は球形の蒴果で直径約1cm、中に1～4個の黒色の種子がはいる。

[起源と伝播] サツマイモの野生種は知られていないが、染色体数は体細胞で90本ある。大部分のヒルガオ属の野生種染色体数は30本であるので、六倍体と考えられる。サツマイモは野生六倍体種から起源したと推定されるが、そのような野生祖先種の一つとして根が肥大しないイポメア・トリフィダ *I. trifida* G. Don が中央アメリカ(メキシコ)で発見されている。しかし、この種はいもができないだけでなく、つる性の茎は他物に巻きつくなどの特徴があり、サツマイモとは異なっている。またサツマイモに近縁な他の野生種(*I. littoralis* Bl. ($2n=60$)、*I. leucantha* Jacq. ($2n=30$))も中央アメリカに野生している。

サツマイモは中央アメリカ熱帯域では古くから主食として栽培され、南アメリカ域にも前2000年ころには導入されていたらしい。またポリネシアにもコロンブスの新大陸発見以前から栽培されていて、新大陸と

旧世界の交流がコロンブス以前にもあった証拠とされている。ニュージーランドのマオリやニューギニア高地原住民にとっては重要な主食とされていた。しかし熱帯太平洋の島々で古くから栽培されていたサツマイモは、果実が海流によって伝播されたもので、人間の移動とは関係がないという意見もある。

星川 清親

サトウキビ

イネ科に属する多年性草本。甘蔗ともいう。紀元前1万5000～8000年にオセアニアや熱帯アジアに広まった、人類最古の作物の一つである。原産地は諸説あるが、ニューギニア、あるいは広くオセアニアといわれている。

太平洋諸島ではハワイが生産地として有名で、規模も最大である。ハワイへのサトウキビの伝来は古く、紀元600年ころポリネシア人の手によるといわれる。製糖は1802年に開始されたが、本格的な製糖事業は20世紀半ば過ぎになってからのことである。第2次大戦後の砂糖生産は年間100万t以上の実績をあげているが、最近では開発途上国の低価格品に押され、ハワイの製糖事業は衰退しつつある。これに対しフィジーでは、19世紀後半からインド人を入植させてサトウキビの大プランテーション事業が展開された。その作付面積はかつて約6万9000haあったが、2007-08年度には約5万3000haまで減少し、それに伴い、年間約50万tあった粗糖生産量も、近年では年間約30万～35万tにまで減少している。輸出総額に占める割合は高く、フィジーの外貨獲得に大きく貢献している。サトウキビ生産は、自然条件、とくにサイクロンや干ばつの被害を受けやすい。2007-08年度は、悪天候の影響などから、サトウキビの生産量は前年の32.5万tから24.9万tへと23.3%減少した。

野畑 健太郎＋村上 雄一

オーストラリアは世界でも有数のサトウキビ生産国であり、サトウキビ産業は歴史的にも大きな意義をもっている。オーストラリアでは年間470万～510万tの粗糖が生産されるが、その95%はクイーンズランド州が中心。年に約400万tの粗糖が輸出されるが、そのほとんどが韓国、インドネシア、日本、マレーシア、台湾、イラン向けである(2005-06年度)。かつて消費量の大幅減退、過剰生産から価格が低迷し、国内経済に占める貢献度は減少しつつあったが、バイオ燃料の需要増加や中国やインドなど発展途上国における需要増加などにより、近年の輸出金額は比較的堅調に推移している。オーストラリアにおけるサトウキビ栽培は1860年から70年にかけて、クイーンズランド州でプランテーション方式による大規模生産に成功したことで、一大生産国としての地位を不動のものにした。プランテーション栽培は大量の労働者を必要とし、それが南太平洋諸島からの"カナカ族の大量移住へとつながった。日本からも90年代を中心に契約労働者が入植したことがあり、多いときには2000人近くが働いていた。

堀 武昭＋村上 雄一

サーフィン | surfing

優美な海岸線に恵まれたオーストラリアに発達したビーチ・カルチャーの中核をなす競技。おぼれかけた者を救助するサーフィンは、1880年代に太平洋諸島人トミー・タナがシドニー北の海水浴場マンリーで初めて披露した。1906年シドニー南の海水浴場ボンダイに最初の救助クラブが結成され、以後州内各地にクラブが生まれ、救助訓練が施され、15年からは州大会が開かれた。救助器具は1907年導入されたサーフ・リールが主役で、救助者はリールから繰り出される軽量だが丈夫なロープの端を接合したカンバス地のベルトを身につけて、救助に向かう。リールはビーチの隊員が繰り出すが、全長500mに及ぶ。海上に出た隊員が溺れかけている者をつかまえたとたん、ビーチでは一斉にリールを巻きとり始める。その他、サーフボード、サーフスキー、最近では無線を駆使してヘリコプターや特殊救助艇も活躍する。54年にはボンダイに全国64クラブとニュージーランドのクラブが集合、エリザベス女王を迎えてサーフィン大会を繰り広げた。56年のメルボルン・オリンピックではビクトリア州トーカイにハワイ、南アフリカ共和国、イギリスその他の選手も参加、さらに大規模な大会が展開された。

純粋に娯楽用のサーフィンはハワイとアメリカが本場だったが、1915年に紹介され、63年にオーストラリア・サーフィン協会ができた。63年ハワイのマカハ国際大会で優勝したバーナード・チビ助・ファレリーBernard 'Midget' Farrelly が、おびただしいオーストラリア人国際サーフィン・スターの草分けになる。そして最初の本格的国際大会が64年マンリーで開かれ、ここでも男子はファレリー、女子はフィリス・オドネルといずれもオーストラリア人が優勝をさらった。

越智 道雄

サーフ・ライフセービング
surf life saving

オーストラリアのサーフ・ライフセービング、海難救助は、世界最高級の技術と組織力を誇っている。サーフ・ライフセーバーは、山火事 bushfire と戦う地方の消防団員 country fire fighter と並んで、人命救助のために危険も省みず自然に立ち向かうという点で、現代のオーストラリアの伝説的存在としてコミュニティの尊敬の的となっている。100年以上の歴史をもち、今日全国300以上のビーチのライフセービング・クラブを束ねる組織が、サーフ・ライフセービング・オーストラリア(SLSA)であり、救助員資格や教育プログラムを詳細に定め、かつ技術の進歩や自然環境の変化などに合わせて常時改訂作業に取り組んできた。最低限の資格でも、泳力・体力・救助技術・心肺蘇生技術・判断能力など多岐に渡って高度な能力を求められる。1980年代には、オーストラリア政府の文化交流機関である豪日交流基金の主導により、日本に対するライフセービング技術の研修や救助員交流プログラムが始まった。その結果、日本のライフセービングにオーストラリア流の技術や救助器具が導入されるようになり、日本のライフセービングは技術的にも組織的にも格段にレベルを上げた。

オーストラリアのサーフ・ライフセービングの名物年中行事がチャンピオンシップで、全国から6000人ものセーバーたちが集い、日頃研鑽した体力やセービング技術を競う。ハイライトは、アイアンマン・アイアンウーマン・レースで、毎周回砂浜のランを織り交ぜながら沖合のブイをスキー(救助用のカヤック)・スイム・サーフボードのパドルで1回ずつ合計3回周回する。この過酷なレースの勝者は国民の英雄的存在である。

福嶋 輝彦

サベッジ | Michael Joseph Savage |
1872-1940

ニュージーランドの政治家。アイルランドからの移住者の子としてオーストラリアに生れ、幼時にして母親と3人の兄妹を病気で亡くし、13歳のときから労働に従事した。1907年、同志であるパディ・ウェッブのあとを追ってニュージーランドに渡来し、労働運動、社会主義運動に参加。ホーランド、フレーザーらとともに16年の"労働党の結成に尽力し、19年に書記長、23年に副党首。1919年以降国会議員。35年からの第1次労働党内閣で首相に就任。1938年には全国民を対象とする、実質的に世界で最初の包括的な社会保障法を誕生させ、労働・福祉施策の拡充、保護貿易、積極的金融政策などの経済改革に取り組んだ。生涯独身で通し、在職中、癌に倒れた。

地引 嘉博 + 武田 真理子

サモア[諸島] | Samoan Islands

南太平洋上の、南緯13～14°、西経169～173°に位置する13の島々からなり、東西480kmに及ぶ。フィジーより約800km、トンガより約530km、ニュージーランドより2900km、ハワイより4000kmの距離に位置する。陸地面積は3030km²、人口は約25万人。全地域同一の言語(サモア語)・文化圏であるが、植民地化の歴史の影響で、東側はアメリカ領サモア、西側はサモア独立国となっている。西洋人により発見された初期にはサモア諸島は Navigators' Islands と名付けられていた時期があった。

サモア諸島最大の島はサバイイ島(1718km²)であり、2番目のウポル島(1125km²)と合わせて諸島全体の約94%を占める。これらの島はサモア独立国にあり、ともに火山性の島である。アメリカ領サモア最大の島は、136km²のトゥトゥイラ島と極端に小さいが、サモア諸島全体で3番目に大きい火山性の島である。サモア諸島最高峰はサバイイ島のシリシリ山(1858m)。気候は熱帯性であり、11～4月は雨期となる。この時期にはサイ

クロンも頻繁に襲来する。1990, 91年にサモア独立国を襲ったサイクロン(オファ Ofa およびバル Val)により同国経済は甚大な被害を受けた。また，サモア諸島は地震の影響も受けやすい地域に位置しており，最近では2009年9月29日に沖合で発生したマグニチュード8.0の大規模地震により，アメリカ領サモア，サモア独立国双方において多数の死者が発生した。
西川 圭輔

サリー | Lazarus Salii | 1936-88
パラオ諸島▶アンガウル島出身の政治家。チュークのザビエル高校に学び，最初期の奨学生としてハワイ大学に入学，政治科学を専攻し，優秀な成績で学士号を取得した。1965年に設立されたミクロネシア議会に，太平洋諸島信託統治領パラオ地区代表として選出され，〈ミクロネシアの将来的な政体に関する委員会〉の議長を努めた。1970年，同委員会は，人々の自決権の確保を理由に，信託統治領をアメリカ自治領(コモンウェルス)とする案を拒否した。パラオがミクロネシア連邦から離脱すると，アメリカとの▶自由連合協定の締結を推進するコンパクト派の中核人物となった。1980年には最初の大統領選に出馬，落選はしたが，アメリカ式の選挙キャンペーンを初めて導入し，注目を集めた。初代大統領▶レメリク暗殺後の選挙では，在外投票で差をつけて現職副大統領に勝利し，1985年10月に2代目の公選大統領となった。しかし，88年8月，銃で頭を撃ち抜かれ，死亡しているのが自宅で発見された。公式には自殺と発表されたが，当時のパラオでは自由連合協定の批准をめぐる政治的対立が激化し，また自身が汚職疑惑で聴取中だったこともあり，その死の真相は闇に包まれている。アンガウル島には，彼の政治的な功績を称え，像が建造されている。
飯髙 伸五

サローテ | Salote | 1900-65
トンガ王国女王。正称はサローテ・マフィレオ・ピロレブ・トゥポウ3世。在位1918-65年。トンガ内乱を統一したトゥポウ1世の孫で，トゥポウ2世の娘。トンガ王朝3系統の一つトゥイ・カノクポル王家21代。18歳で即位し，卓越した政治力と国民からの厚い信頼のうえに立って，1900年以来イギリスの保護下にあったトンガの自治回復に努める。枢密院のメンバーに蔵相と首席判事を除いてはトンガ人を任命，実質的自治の道を歩む。24年，長年対立していたキリスト教会をウェズリー派トンガ自由教会に統一。53年，イギリスのエリザベス女王戴冠式に列席。58年，イギリスと新友好条約を締結(70年友好条約廃棄，独立)。65年，ニュージーランドで死去。
島岡 宏

サンクリストバル[島] | San Cristóbal Island
ソロモン諸島の南東部にあるマキラウラワ州の主島。面積3090km², 人口約5万人(2005)。ソロモンでは一般にマキラ Makira が島の呼称として使われる。住民はメラネシア人で，島内にはオーストロネシア語系7言語がある。住民の約⅔は島北部沿岸地域に居住する。ソロモン諸島におけるカトリック教会の布教拠点の一つ。キリスト教への改宗(19世紀末)以前には，人々は海やサメ，マグロ，グンカンドリなどに対する信仰をもち，現在も伝統聖域にはそれらを象った木彫り像などが安置される。生業は主に焼畑耕作による根茎類や緑黄色野菜などの栽培，沿岸部における小規模漁撈である。島全体が熱帯雨林に覆われ，1990年代には外資系企業による商業伐採が盛んに行われた。
関根 久雄

さんごしょう | サンゴ(珊瑚)礁
サンゴ礁は，サンゴ虫などの生物の遺骸が集積してできた石灰質の岩礁である。サンゴ虫が生息する所は水温が高くてきれいに澄んだ海水のある浅い海に限られるので，サンゴ礁の発達は熱帯，亜熱帯の特定の地域に限られる。

サンゴ礁は多くの種類に分類できるが，基本的には裾礁，堡礁，環礁の3種類に分類される。第1の裾礁は，陸地に接しているものである。太平洋諸島には火山島のまわりに形成されているものが多い。第2の堡礁は，陸地からやや離れた沖合にあるものである。多くは小さな火山島のまわりの断続的な環状のもので，陸地と堡礁との間の内海は礁湖(ラグーン)と呼ばれる。なおオーストラリアの▶グレートバリア・リーフ(大堡礁)はきわめて大規模なもので，大陸との間の内海は一般に礁湖とは呼ばれない。

また細かく見ると，堡礁だけでなく小規模な裾礁などさまざまなタイプのサンゴ礁を含んでいる。第3の環礁は，サンゴ礁だけが断続的に環状に連なり，内側が礁湖となっているものである。太平洋諸島には小規模な環礁が多数ある。なおナウル島やニウエ島などのように，隆起によって内側の礁湖が消滅して一続きのまとまった島になることがある。これは隆起サンゴ礁の一つで，隆起環礁と呼ばれる。

これらのさまざまなサンゴ礁の成因については，沈降説と氷河制約説とがある。沈降説では，陸地の沈降によって裾礁から堡礁へ，そして環礁へと発達・変化したと考える。これに対して氷河制約説では，そのような発達段階によるのではなく，氷期，間氷期の海面の変動と水温の変化という条件の違いに応じて，それぞれ別個に形成されたと考える。

太平洋諸島の島々は，一般に陸島と洋島とに分けられる。陸島はメラネシアの大部分やマリアナ諸島などで，大陸縁辺の比較的大きな島である。洋島はミクロネシアやポリネシアの大部分の島々で，大陸とは関係のない孤立した小さな島々である。これらの洋島はさらにサモア諸島，ソシエテ諸島，トンガ諸島などをはじめとする火山島と，多くのサンゴ島(環礁や隆起環礁)とに分けられる。

多くの陸島や火山島には裾礁や堡礁としてサンゴ礁があり，観光資源として，また堡礁の場合は礁湖が安全な漁場および船舶の停泊地として利用されているが，人間生活は基本的に陸島や火山島それ自体の豊かな水，植生，土壌に依存している。これに対して環礁や隆起環礁では，人間生活は全面的にサンゴ礁に依存していて，観光資源，漁場，停泊地として利用できる一方で，水と植生に乏しく土壌も貧弱であるというサンゴ礁の特質のために，居住環境が著しく制約されている。このため環礁では，不利な居住環境に順応した独自の社会生活の伝統が形成される。また環礁同士の相互依存関係や火山島への依存・従属関係の例も少なくない。 谷内 達

[サンゴ礁の生物] 造礁サンゴ類の肉質部には，褐虫藻 Zooxanthella と呼ばれる藻類が共生しており，サンゴ礁海域では，貧弱な植物プランクトンよりも，基礎生産において重要な役割を担っている。多くの造礁サンゴ類は，動物プランクトンを食べるほかに，褐虫藻が光合成でつくり出した有機物が体外に溶出したものを利用しており，褐虫藻にはその生活基盤を提供している。この共生藻の光合成のために，サンゴ類は光を必要とし，そのためサンゴの成育は，十分な光の届く浅い海に限られる。

サンゴ礁は，石灰質の骨格をもつ動物(主としてイシサンゴ類)と，石灰藻類(緑藻，紅藻，ラン藻など)が，複雑な構造物をつくりあげており，多くの動植物に生活の場を提供している。造礁サンゴ類は，太平洋西部の熱帯メラネシア海域(フィリピン-ニューギニアとオーストラリアのグレートバリア・リーフ)に最も多くの種類がみられ(約400種)，紅海がそれにつづく。太平洋東部や大西洋(カリブ海など)では，種類は少ない(約70種)。サンゴ礁を構成する生物には，ほかに海綿類，コケムシ類，八放サンゴ類(ソフトコーラル)などがある。一方，ブダイ類，フグ類などの魚やウニ類は，直接サンゴや石灰藻をかじりとる。また，穿孔性のカイメンや二枚貝，ホシムシ，多毛類などの無脊椎動物は，サンゴの骨格に無数の通路を掘り，ウニ類などは，サンゴを削ってすみかをつくる。これら動物の作用と波の作用で，サンゴ塊は常に破壊されつづけている。この破壊と成長によって，サンゴ礁は多数の穴，クレバスなどをつくり，豊富な生物が生活するすみ場所を提供している。このため，海のいろいろな環境の中で，最も豊富な種類と複雑な種間関係をもった生物群集をもっている。

サンゴ礁にすむ魚類は，原色の派手な色や模様をもつものが多い。この原因として，サンゴ礁そのものが多彩であるので，捕食者に対するカムフラージュのため，魚たちも多彩に目だつ模様になったと考えられてきた。しかし，これら目だった色をもつ魚はサンゴ群体のまわりで単独で生活し，なわばりをもつ種が多いことから，むしろ同じ種内の信号として派手な色や模様をもっ

ていると思われる。また，有毒な魚類でも色彩の派手なものが多いのは，捕食者(天敵)に有毒性を誇示する〈警告色〉と考えられる。

サンゴ礁は約4億年前のシルル紀から知られている。サンゴ礁の生物群集は地球上でも最も長い歴史をもっているため，そこにすむ生物同士の結びつきには，特殊なもの，高度に発達したものが多数みられる。その中で特に著しいものは，異なった生物間の共生である。褐虫藻は，サンゴ以外にも，シャコガイやカイメン，クラゲなどとも共生している。また，サンゴイソギンチャクとクマノミの共生も有名である。その他，サンゴ類，ソフトコーラル，イソギンチャク，カイメン，ウニ，海藻などサンゴ礁のほとんどすべての付着性の生物には，1種以上の生物の共生がある。また，魚類を掃除するものとして有名なホンソメワケベラやオトヒメエビなども，掃除される魚との間に長い共存生活の歴史をもっている。

1960-70年ごろ，オニヒトデがオーストラリアのグレートバリア・リーフをはじめ，太平洋の熱帯の多くのサンゴ礁で大発生した。原因は，いまだにはっきりしていないが，オニヒトデも本来サンゴ礁にすむ生物の一員であって，数十年に1度くらいはこのような大発生を繰り返しているとする説もある。しかし，人類による海洋の汚染，天敵であるホラガイの大量採取，異常気象などが原因で，オニヒトデの大発生を招いたとする説も根強い。

向井 宏

サンタイザベル[島]｜Santa Isabel Island

ソロモン諸島国イザベル州の主島。面積4136 km^2，人口約2万3000人(2005)。太平洋プレートとオーストラリア・プレートとの一衝突で隆起し，形成された。島の90％は熱帯雨林で覆われる。島名は，1568年に島を訪れたスペイン人探検家▶メンダーニャによって，当時のスペイン女王の名から命名された。島民はすべてキリスト教徒であり，そのうちの97％がメラネシア教会(英国国教会系)に属する。また住民は3つの母系親族集団とそれらから派生した分節集団のいずれかに属する。主に焼畑耕作や漁撈を中心とする自給自足的な生業活動に大幅に依存した生活を営む。1990年代以降，熱帯林の伐採やニッケル鉱採掘などの開発事業が島内数ヵ所で計画され，一部が実施されてきた。

関根 久雄

サンタクルーズ[諸島]｜Santa Cruz Islands

ソロモン諸島国の首都▶ホニアラから東へ約600kmの海域にある島々。人口は約2万3000人(2005)。総陸地面積は926km^2で，その全域がソロモン諸島国のテモツ州に属する。ネンドー(サンタクルーズ)島，ティナクラ島，バニコロ島などの同諸島西部にある火山島，リーフ諸島とその周辺の隆起サンゴ礁島，東部に点在する小規模の火山島(▶ティコピア島，アヌタ島など)の3つに分類できる。言語はパプア語系であるが，リーフ諸島の一部とティコピア島，アヌタ島はポリネシア語系である。ティコピア島の人々は，約1200km離れたオントンジャバ環礁の人々と出自を共有すると伝えられている。

伝統的にアウトリガー付きカヌーを用いた遠洋航海術に長けており，サンタクルーズ諸島内だけでなく，700km以上離れた▶レンネル島など遠方の島々にまで広がる交易ネットワークを形成していた。また，ミツスイという赤い小鳥の羽を使ったコイル状の羽毛貨は，この地域だけに見られる婚資用の伝統的貨幣として知られる。

関根 久雄

サントのはんらん｜サントの反乱

1980年のバヌアツ独立に際し，サント島(エスピリトゥサント島)をバヌアツから分離し，ベマラナ共和国を樹立しようとした民族運動。1960年代にサント島で始まった民族運動(ナグリアメルと称する)の一環。1906年以降英仏共同統治下にあったニューヘブリデス諸島(現バヌアツ)では，英語で教育を受けた島民とフランス語で教育を受けた島民に二分されていた。70年代の主要政党設立のなかで，英語系バヌアアク党主導の独立に危惧を抱いたナグリアメルやサント島フランス人入植者たちは，サント島の分離独立運動を展開し，バヌアツ独立直前の80年5月，警察官らを人質にベマラナ共和国暫定政府の樹立を宣言した。しかし7月30日，首都ポートビラ(エファテ島)では予定どおり独立式典が行われた。8月中旬，バヌアツ新政府の要請で防衛条約に基づき，パプアニュ

ーギニア軍がサント島のルガンビルに進駐し，9月1日，ジミー・スティーブンスをリーダーとするナグリアメル運動の本拠バナフォ（ルガンビルの北方）を占領，スティーブンス以下を逮捕するにいたって反乱は鎮圧され，ナグリアメル運動は消滅した。

〔島岡 宏〕

ジー｜Maurice Gough Gee｜1931-
ニュージーランドで20世紀後半から21世紀初めにかけて活躍している作家。北島のファカタネに生まれ，オークランド大学卒業後，教師や図書館司書をしながら短編を書いていたが，1975年からネルソンで作家活動に専念する。88年にビクトリア大学で"作家助成金を得て首都ウェリントンに移った。長編《プラム》(1978)はイギリスのジェームズ・テート・ブラック・メモリアル小説賞を受賞。続いて《メグ》《独りの生存者》を書く。二つの大戦を生き延びたニュージーランドの家族の内面史を描くこの三部作で，ジーは国際的に読者を得た。核兵器をもつ現代の問題を若者向けのファンタジーに描いた《惑星Oの冒険》ほか，テレビ映画化された作品も複数ある。

〔百々 佑利子〕

シーイーアール｜CER
オーストラリア・ニュージーランド経済緊密化貿易協定 Australia-New Zealand Closer Economic Relations Trade Agreement（ANZCERTA）の略。1965年に締結されたニュージーランド・オーストラリア自由貿易協定を含む一連の特恵貿易取り決めの結果，両国間貿易の80％についてはすでに80年代初頭までに関税，数量規制が撤廃されていた。両国間の貿易自由化をさらに包括的に進める試みがCER（83年発効）である。CERにより，原産地規則を満たす製品の2国間貿易は88年に自由化された。また輸入数量規制も95年までに撤廃され，すべての輸出補助金も廃止されている。自由化の対象外とされたのは，主に安全保障や犯罪・騒乱防止に関わる少数品目のみである。協定発効後，継続的に見直し作業が行われ，その結果CERは当初に比べ2国間自由化の包括性を著しく高めている。物品貿易の自由化に加え，89年にはサービス貿易の自由化も行われ，90年代には税関・検疫手続の簡素化，製品基準調和・相互認証，競争政策の調和，商法・税制の調和，職業資格の相互認証などの措置が次々と導入された。一般的な自由貿易協定に比べて複雑だった原産地規則も2007年に改定され，より簡素なものに変更されている。

〔岡本 次郎〕

シェパード｜Kate Sheppard｜1847-1934
女性参政権運動の指導者。21歳のときイギリスからニュージーランドに移住。熱心なクリスチャンとして禁酒運動に関わる。1885年にアメリカからもたらされた"キリスト教婦人禁酒同盟がニュージーランドで結成された際の設立メンバーの1人である。禁酒運動を進めるなかで，女性たちは自分たちの声を政治に反映させるには参政権が必要であることを痛感し，87年に参政権部会を立ち上げ，シェパードはその長として女性たちの参政権運動を率いていくこととなる。パンフレットの執筆や講演会の企画などさまざまな手段を講じて女性参政権の実現を社会に訴えていった。とくに参政権部会が展開した署名運動によって，最終的に成人女性人口の約1/3に相当する数の署名が集められ，参政権を求める女性たちの声が国会に届けられた。93年，国政レベルでは世界で初めて女性参政権がニュージーランドに実現する。96年ニュージーランド初の全国規模の女性組織である全国女性会議が結成されると，シェパードは初代会長に選出され，その後も女性をめぐる問題に取り組み続けた。ニュージーランドにおける第一波フェミニズムのまとまりと盛り上がりは，シェパードの穏やかな人柄とカリスマ的なリーダーシップに負うところが大きい。現在，ニュージーランドの10ドル紙幣にその肖像が描かれている。

〔原田 真見〕

しぜんほご｜自然保護
オーストラリアおよびニュージーランドは，日本人の感覚からは豊かな自然が残されているようにみえるが，開拓の歴史を通じて森林が大幅に減少し，耕地，牧草地に変えられてきたのをはじめ，自然景観は大きな影響を受けてきた。両国とも"国立公園や自然保護地区の指定とその管理をはじめとして，残された自然景観および野生動植物の保護に努めている。オーストラリアで世

界遺産として登録されている17地区(2008)のうち，11地区が自然遺産，4地区が複合遺産である．またニュージーランドで世界遺産として登録されている3地区のうち，2地区が自然遺産，1地区が複合遺産である．しかし，開発と自然保護との関係をめぐる問題が各地にみられる．

たとえばオーストラリアのタスマニア南西部の山岳地帯は，19世紀以来の鉱産資源，森林資源および水資源の開発によって自然景観や野生動植物が減少してきているが，オーストラリアのなかでもとくに自然が残されている地域の一つで，1982年にはタスマニア原生地域の名で世界複合遺産に登録された．この地域は水資源が豊富で，当時はすでにいくつもの水力発電用のダム，人工湖があり，さらに大型ダム建設が計画されていたが，自然保護の立場からの反対が強く，世界遺産登録による自然保護の方針が優先されて，新規ダム建設計画は83年に中止された．

オーストラリアでは森林伐採により天然林が減少してきている．たとえばニューサウスウェールズ南部およびタスマニアでは，日本向けのウッドチップのための皆伐方式による伐採によって，森林の減少とそれに伴う土壌浸食などの環境悪化が問題となっている．さらにオーストラリア固有の天然の森林植生の一つである雨林は，開拓の歴史を通じて4分の1に減ったといわれているが，大陸東海岸各地およびタスマニアに部分的に残された貴重な雨林も，資源としての価値が高いために伐採されており，開発と自然保護との立場が対立している．

オーストラリアの各地の海岸には砂丘，低湿地，入江，マングローブなどの自然景観および自然生態系が残されていて，これらの保護への関心が高まってきている．しかしこれらの海岸では，直接的には砂丘でのミネラル・サンド(ルチル，ジルコンなど)の採掘や海浜リゾート開発などにより，また間接的には上流からの土砂や廃水の流入などにより，自然生態系が破壊され，自然景観が失われてきている．これらの対策としては，ミネラル・サンド採掘の禁止あるいは採掘後の景観復元の義務化，自然保護地区の指定あるいは指定範囲の拡大などの事例がみられるが，人口増加と経済発展の影響を直接受けやすく，自然生態系の保護は容易ではない．
〈谷内 達〉

シドニー│Sydney

オーストラリア南東部，ニューサウスウェールズ州の州都で，同国最古・最大の都市．都市圏人口428万4400(2006)．平均気温は最暖月(2月)22.9℃，最寒月(7月)12.2℃，年降水量は1132mm．都市圏はポートジャクソン湾の南岸に位置するシドニー市(人口16万4500)を中心に43の地方自治体にまたがって広がり，都市圏の面積は南関東4都県の約9割に達する．シドニーの歴史は1788年同国最初の入植地として始まり，当時のイギリス内務大臣にちなんで命名された．1810年代にマックオリー総督により市街地が本格的に建設され，当時の建物の一部が今も都心部に残っている．20世紀初め以来同国最大の都市となり，今日に至っている．2000年にオリンピックが開催された．

メルボルンとならんでこの国の産業・交通・文化の中心都市である．同国最大の商工業都市で，内外の金融機関や，各種の工業が集まっている．港湾は都心部に接する地区(シドニー港)と南部のボタニー湾にあり，州の輸入のほとんどを取り扱うとともに，石炭，肉類，羊毛などを輸出する．ボタニー湾北岸のシドニー(キングズフォード・スミス)空港は同国最大の国際空港で，東京，大阪への定期便もある．文化面では大小四つのホールをもつシドニー・オペラ・ハウス(1973完成)をはじめ，オーストラリア博物館，タロンガ動物園，図書館，美術館がある．またシドニー大学(1850創立，同国最古)，ニューサウスウェールズ大学(1948創立)，マックオリー大学(1966創立)がある．三つの国立公園に囲まれ，東岸のボンダイビーチ，マンリービーチなどは海水浴，ヨット，サーフィンなどで知られている．ポートジャクソン湾でへだてられた北部と南部とは橋と旅客フェリーで結ばれるが，とくに都心部に直結するシドニー・ハーバー・ブリッジ(1932開通)は朝夕混雑する．
〈谷内 達〉

[**シドニー・オペラ・ハウス**] シドニーコーブのベネロングポイントに建つ．設計は国際的

に公募、1957年1月、32ヵ国から集まった設計図から、支柱なしで白い帆をかたどった屋根を考えたデンマーク人ヨエルン・ウッツォンのものが選ばれた。59年工事開始、だが州政府との対立その他で66年ウッツォンが辞めた。以後、工事は建物、屋根、内装の3段階に分け、別々の会社に請け負わせ、実に16年後に完成する。前代未聞の帆型無支柱の屋根はホニブルック社が請け負ったが、資材つり上げには高さ最高46mの特製クレーンを使い、この段階は67年完成した。帆もしくは貝殻型屋根の総重量21万t、帆の最高部分は67mで、隣の名所ハーバー・ブリッジの渡る部分より9m弱高い。内部は2700人収容のコンサート・ホール、1550人収容のオペラ劇場など1000室に近い。資金はオペラ・ハウス宝くじで調達したが、所定予算額700万オーストラリア・ドルを1億1500万オーストラリア・ドル超過した。73年10月エリザベス女王臨席のもとに開場した。▶クリアリーの《悪女が笑う時》は、建築途上のオペラ・ハウスが事件現場で、建築をめぐる裏話がおもしろく披露されている。2007年に世界遺産に登録された。

[**シドニー・ハーバー・ブリッジ**] シドニー南岸のドーズポイントと北岸のミルソンズポイントをつなぐシングル・アーチ型の橋。この型の橋では1932年の完成時点世界最長だった。入植後間もない19世紀初めからシドニーの南北をつなぐ橋の建設が求められていたが、1922年建設が決定され、26年イギリスのドーマン・ロング社設計・施工、主任技師 J. J. C. ブラッドフィールドで工事開始、総工費1000万ポンドをかけて32年完成。開橋式では州首相 J. T. ラングより前に、同首相を〈アカ〉呼ばわりしていたファシスト準軍事組織〈ニュー・ガード〉の一員デ・グルートが騎馬で乱入、サーベルを振るってテープをカットする珍事が起きた。橋は現在、上流側から2電車線、8車線、1歩道だが、もとは4電車線、6車線だった。長さはアーチ部分503m、進入路も入れると3.9km。アーチ最高部135m、灰色花コウ岩の橋脚塔の高さ87m、船舶通用の橋下空間は高さ52m。使用されたリベット600万本のうち最大のものは長さ39cm、重さ3.5kg。都心に入る車だけ通過料を徴収、出ていく車は無料。交通量の増加に伴い1992年には地下トンネルが完成している。2000年シドニー・オリンピックでは、マラソンコースの一部として利用され、金メダルを獲得した高橋尚子選手も疾走した。また、ハーバー・ブリッジを登るアトラクションには毎年多くの観光客が参加している。

[**ボンダイ Bondi**] 美麗な海岸線に恵まれたオーストラリアを代表する▶サーフィン用ビーチ。アボリジニ語で〈波の響き〉の意味。シドニー都心からわずか8kmにあり、1906年に人命救助用のサーフィン部隊がここで発祥したことで知られる。それだけ海水浴場としては危険で、たとえば1938年2月6日約250人が引波にさらわれたが、救助隊70人の大活躍で溺死5人に食い止めた(ブラック・サンデー事件)。最高の救助器具サーフ・リールで最初に救助されたのは、のちの名パイロットである▶キングズフォード・スミス(当時14歳)だった。救助隊とサーファーがこのビーチの硬軟両極端を代表するが、最近ではますます軟派の流行や文化の展示場となり、観光客はこのビーチでこの国の風俗の最先端に接することができるようになった。

越智 道雄+村上 雄一

ジャクソン |Peter Jackson|1961-
ニュージーランドを代表する映画監督。1961年ウェリントン郊外のプケルアベイで生まれ、8歳の誕生日に贈られた8ミリカメラがきっかけで映像の世界に魅せられる。高校時代に友人と企画・撮影を始め、政府の資金援助を得て4年がかりで最初の作品《バッド・テイスト》(1987)を完成。カンヌ映画祭に出品し、カルト作品として注目を集めた。1990年代に入ると、ニュージーランドで実際に起きた女子高校生による母親の殺人事件を《ヘブンリー・クリーチャーズ》(1994、邦題:乙女の祈り)で描き、カルトからシリアスまで幅広い題材を扱える監督であることを示した。その後、ハリウッド・スターのマイケル・J・フォックスを主演に据えたホラー・コメディ《ザ・フライトナーズ》(1996、邦題:さまよう魂たち)でハリウッド映画デビューを果たし、この際の人脈が縁で英国人作家トールキンのファンタジー大作《指輪物

語》を原作とする《ザ・ロード・オブ・ザ・リングス》3部作(1999～2001)を手掛けることとなる。このうち最終作は2004年のアカデミー賞で史上3作目となる11冠の最多最優秀賞受賞を成し遂げ、ジャクソン自身も監督賞と脚本賞を受賞した。また、この映画がニュージーランドにもたらした経済的効果(映画産業における外貨流入や映画のロケ地を訪れる外国人観光客の増加など)の大きさから、ジャクソンは当時〈ニュージーランドで最も影響力のある人物〉と評されることにもなった。多くの優秀なニュージーランド人監督・俳優がチャンスを求めてハリウッドや英国・豪州に活動拠点を移すなかで、ジャクソンは3部作の歴史的な成功後もウェリントンに留まっており、ハリウッド作品をリメイクした《キング・コング》(2005)や、殺害された少女が彼女の死を悼む家族や友人を天国から見つめる姿を描いたシリアス・ドラマ《ザ・ラブリー・ボーンズ》(2009)などの作品を製作している。

堀 千珠

ジャッド | Gerrit Parmel Judd | 1803-73

ニューヨーク生れのアメリカ人で、ハワイ王国の政治家。1828年医療使節としてホノルルに来着したが、3年後政界に転じ、43年以降外務、大蔵、内務の各大臣職を歴任、事実上の総理として権力を振るった。しかし、その政策はハワイのアメリカ化を進めるものとして多くの島民の反発を招き、53年の天然痘の流行の責を負わされて辞職を余儀なくされた。晩年は医療活動に戻るとともに、リン鉱石の貿易や砂糖産業にも手を染め、一時はかなりの財をなしたが、アメリカの南北戦争後に襲った砂糖産業の没落で、落魄のうちにホノルルで生涯を閉じた。

石川 栄吉

シャープ | Alfred Sharpe | 1830-1912

植民地時代のニュージーランドを描いた画家の多くは、写真の代用として記録を残す目的で絵の修業をした軍人だった。シャープは数少ない民間人画家の一人である。イギリスで生まれ、バーケンヘッド・スクール・オブ・アートで建築を学んだらしいが、話が不自由だったため、ニュージーランドに渡った時期等は確かでない。1870年代後期から、オークランド付近の風景を生き生きと水彩で描いた。彼の残した絵によって、開拓初期の北島の地勢がよくわかる。81年からオークランド・ソサエティ・オブ・アーツの初代委員の一人になった。87年頃から最愛の妻が病み、傷心のままオーストラリアに渡った。

百々 佑利子

ジャルートかんしょう | ジャルート環礁
Jaluit Atoll

マーシャル諸島共和国ラリック列島南部の環礁。ヤルート島ともいう。陸地の面積は11km²で、ラグーンは690 km²ある。人口は1699人(1999)。1885年にマーシャル諸島がドイツの保護領になり、コプラ貿易の拠点としてヤルート会社を設立した。日本統治時代は、南洋庁のヤルート支庁が置かれ、同環礁のジャボール Jabor はヤルート支庁の中心地であった。環礁の東に位置するイミエジ Imiej 島には日本軍の基地があった。

黒崎 岳大

しゅうちょうせい | 酋長制
chieftainship | chiefdom

オセアニアの酋長制は、近代の政治・行政制度の流入以前に形成された社会リーダーの出現システムをさしていう。近年、主として日本の文化人類学界では、酋長を首長と呼び変えることが多くなった。それは、酋長には蛮族の長という蔑視の語感があって不適切という主張があるからのようだ。しかし、近代政治・行政制度のリーダーも首長と表現するため両者の区別がつかない。ここでは蔑視感などないことを前提に従来の用語を用いる。

　一人ないし二人の個人が、システム化された制度に則って政治的統合の中心、すなわち社会集団のリーダーとなるのが酋長制である。こうした体制は、定着性社会集団が階層・位階制社会を作り出していく際の伝統性の中で生まれた。これと異なるのが▶ビッグマンで、伝統が形成されにくい、主として移動性の高い社会集団や極めて小さな社会集団に出現するリーダーの形である。前者が上級家系の中から世襲的にその地位を継ぐのに対し、後者は親族原理によらず個人的能力によってその地位につくことになる。こうした酋長制は、アフリカや東南アジアの一部地域にもあったが、オセ

アニアではポリネシアとミクロネシアに酋長制が発達し、メラネシアではビッグマンが一般的であった。この差異は、主として生活基盤となる生産形態が定着性か移動性かの違いから生じたものである。同じメラネシアにありながらトロブリアンド諸島などの島嶼部やフィジーでは酋長制が発達した。トロブリアンドなどは島嶼部であるがゆえにポリネシア・ミクロネシアに類似し、フィジーの場合は平坦部の定着性住民に対してトンガ方面から流入する文化的影響が大きかったものと思われる。

オセアニアの酋長制を概観すると、全体としての共通性と、地域あるいは島ごとの異質性が混在している。共通性としてあげられるのは、厳格な儀礼法をともなう階層分化、階層維持の婚姻システム、酋長を中心とする再分配経済、酋長の神聖な▶マナ(霊力的)の観念などである。酋長あるいは酋長階層は富の搾取階級ではなく、生産物や共有財産を再配分し、平等利用するための差配的役割を果たした。また、宗教的マナや社会的名誉の価値を操作するシンボリックな存在としての支配体制だった。つまり、物理的に君臨する権力支配ではなく、畏敬の念を基盤にした権威支配であったと理解していい。とはいえ、ヨーロッパ人到来以前にすでに王制を形成していたトンガやハワイ、タヒチ、さらにミクロネシアのコスラエ(コシャエ)など、強力な宗教的マナや武力的パワーによって搾取的な支配体制に到達していたところもあった。

地域や島による異質性は、階層形成システムのバリエーションである。身分・地位の継承が、親族集団の中の父系か母系か、あるいはその双方系出自で行われるかに分かれる。フィジーやヤップは父系出自が厳格であるが、サモアなどポリネシアには双系出自で可能なところも少なくない。ヤップを除く大半のミクロネシアやトロブリアンド諸島は母系の一方に傾斜している。また、母系基盤を下にした位階構造という共通性を持ちながらも、諸島ごと、島ごとといっていいほど酋長位継承に関する具体的な手順や儀礼形態に違いがみられるのもオセアニアの特徴だろう。

小林 泉

じゅうとう|自由党|Liberal Party
19世紀後半ニュージーランドに誕生した初めての政党。ニュージーランドに中央議会が開設されたのは1854年のことであるが、1880年代までこれは主として大土地所有者の代表者で占められており、真の政党政治は行われなかった。1840年代から50年代にかけてのニュージーランド創設期に総督を務めてこの国の政治制度の基礎を築いた▶グレーは晩年に議員となり、自由党をつくって議会政治を志した。1880年代、工業の発展を契機として階級が分化したことを背景に議会の中の自由主義者がこの自由党に結集し、1890年以来20世紀初めまで自由党の全盛時代をもたらした。自由党は商工業経営者、工場労働者、中小規模農民の利益を代表したが、実際には特定の階級に基礎を置かない国民政党であり、諸種の社会立法を行い、福祉国家の端緒をつくった。1912年革新党に政権を譲り、20年代には統一党と名を変え、36年の保守再編成により革新党と合併して▶国民党となった。

地引 嘉博

じゅうとう|自由党|Liberal Party of Australia
オーストラリアの政党。正称はオーストラリア自由党。1944年に▶メンジーズが分裂状態にあった保守勢力を再結集して結成されたが、その起源は1909年の保護貿易派と自由貿易派の合同に遡る。自由党には、したがってビクトリア州を中心とした保護貿易派の流れを汲む社会自由主義勢力(▶ディーキン派、Wets、穏健派などと呼ばれる)と、ニューサウスウェールズを中心とし自由貿易派を起源とする経済自由主義勢力(リード派、Dries、保守派などと呼ばれる)の二つの流れが存在する。1980年代初めまでは前者が主流であったが、こんにちでは後者が圧倒的な優位に立っている。支持基盤は、メンジーズが〈忘れられた人々 forgotten people〉と呼んだ組織化されない都市の中産階級、とくに中小企業経営者であり、年代別では中高年齢層である。結局のところその存在意義は、労働党に対する対抗軸を形成し、政権を維持することにあるようだ。主要なリーダーとしては、メンジーズ、▶フレーザー、▶ハワードが挙げられる。

杉田 弘也

じゆうパプアうんどう｜自由パプア運動

ニューギニア島の西半分のイリアンジャヤ地域（現パプア州）においてインドネシアからの独立を目標とする組織。インドネシア政府からはテロリスト組織とされている。自由パプア運動のインドネシア語〈Operasi Papua Merdeka〉を略してOPMとも呼ばれる。イリアンジャヤはかつてオランダの植民地であったが、1945年インドネシアの独立によりオランダとインドネシアの対立が続き、63年、アメリカの調停によりインドネシア政府に行政権が移った。しかし、インドネシアとは異なる民族が住み、文化的にはむしろパプアニューギニアに近いイリアンジャヤではこのころから民族主義の動きが強まり、自由パプア運動が組織された。武装勢力をもち、インドネシア軍と対立しており、71年7月には西パプア政府の樹立を宣言している。パプアニューギニアとインドネシアは79年12月に国境協定を締結したが、OPMとインドネシア軍との武力紛争のために、パプア州の住民がパプアニューギニアへ逃亡するようになり、両国間の政治問題となっている。インドネシア政府がパプア州に他州の住民を多量に移住させたことから、OPMの影響は弱まっているが、パプア州の一部の住民には現在でも支持されており、オランダなど国外でも活動を行っている。

豊田 由貴夫

じゆうれんごうきょうてい｜自由連合協定
Compact of Free Association

ミクロネシア諸国がアメリカと結んだ協定。第2次大戦後アメリカ施政下の国連信託統治領となったミクロネシア（太平洋諸島信託統治領）は、将来の政治的地位を巡る政治交渉のなかで4つに分裂した。そのうちの▶北マリアナ諸島はアメリカ帰属を望んだが、他は▶ミクロネシア連邦、▶マーシャル諸島共和国、▶パラオ共和国として独立国となる選択をした。その独立の際にアメリカとの間でそれぞれ個別に締結された。

同協定によれば、ミクロネシア3国政府は独自憲法のもとに主権を有するが、防衛と安全保障については、アメリカが全面的な権限と責任を負うことになっている。同時にアメリカは3国に対して、経済的自立を達成させるために15年間にわたって財政援助を行うことと定め、その後は財政援助や細部取り決めに関して再度話し合うとされた。アメリカが示した協定の基本条件は3国とも同じだが、▶クワジャリン環礁にミサイル試射基地があるマーシャルと、将来の基地使用計画を有していたパラオに対しては、これに関する付帯別協定を結んだ。その中に、アメリカがパラオの一定の土地および海域の軍事利用権を50年間確保するという内容が含まれていた。ただし、同協定自体に有効期限はなく、どちらか一方が協定継続を望まなくなれば、いつでも自由に協定を解消できることになっている。これが〈自由連合〉の名称の由来である。マーシャル諸島は1986年10月21日、ミクロネシア連邦は同年11月3日、パラオは94年10月1日、それぞれ信託統治領を脱却して同協定が発効し、アメリカとの自由連合関係の下に独立した。マーシャル諸島、ミクロネシア連邦では、2001年に15年間と定めた財政援助期間が終了したが、2年の再交渉期間を経て新たな20年間の財政援助の取り決めが行われた。これが〈第2次財政援助協定〉で、俗にいわれるミクロネシアのコンパクトマネーとは、この財政援助金を指している。2009年に財政援助期間が終了したパラオでは、他2国と同様に、第2次の援助協定を成立させるため、アメリカと交渉を始め、10年1月に第2次援助協定を成立させた。

〈自由連合〉という関係は、自治国▶クック諸島と▶ニウエがニュージーランドと結んでいる国家間関係でもある。この両自治国は▶太平洋諸島フォーラム（PIF）の正規メンバーだが、現状では国連も日本も独立国として認知していない。それは自国憲法において独立主権を謳っていないことが最大の理由だと思われるが、近年、そうした判断を変えようとする国際政治の動きもみえ始めている。

小林 泉

しゅくじつ｜祝日

[オーストラリア]　オーストラリアの祝日には、全国共通の祝日だけでなく、州により日付の異なるものや州独自のものもあり、複雑である。また日付を固定せず曜日で決

めているものが少なくなく，月曜日が祝日となることが多いので，しばしば土曜日から月曜日までの3連休がある．

全国共通の祝日は，元日(1月1日)，1788年の最初の船団の上陸の記念日にあたる▶オーストラリア・デー(1月26日または直後の月曜日)，グッド・フライデー(イースター直前の金曜日)，イースター・マンデー(イースター直後の月曜日)，第1次大戦に由来する戦没者慰霊日の▶アンザック・デー(4月25日．オーストラリア・ニュージーランド軍団(▶ANZACグンダン)がガリポリに上陸した記念日)，クリスマス(12月25日)である．ほとんどの州に共通の祝日には，ボクシング・デー(クリスマスの翌日12月26日で贈物をする．ただしサウスオーストラリアを除く)，女王誕生日(6月第1または第2月曜日，ただしウェスタンオーストラリアは10月第2月曜日)がある．またすべての州にはレーバー・デーまたはエイト・アワーズ・デーと呼ばれる8時間労働制定の記念日があり，またサウスオーストラリアおよびウェスタンオーストラリアには植民地発足の記念日があるが，それぞれ日付は州の歴史に応じて異なる．このほか▶競馬の開催に伴う祝日として，ビクトリアにはメルボルン・カップ・デー(11月第1火曜日)，サウスオーストラリアにはアデレード・カップ・デー(5月第3月曜日)がある．

谷内 達

[ニュージーランド] ニュージーランドの祝日には，オーストラリアと共通のものが少なくない．日が決まっているものには，新年(1月1,2日)，ニュージーランド・デー(2月6日．イギリス女王とマオリ首長との間で▶ワイタンギ条約が締結された1840年2月6日の記念日)，アンザック・デー(4月25日)，クリスマス(12月25日)，ボクシング・デー(12月26日)．日が一定しないものには，グッド・フライデー，イースター・マンデー，女王誕生日，レーバー・デー(10月の第4月曜日で，日曜日と続けて休日になる．季節は春で，北半球のメー・デーに相当する)．

このほかに祝日というわけではないが，働く者はみな，出勤日15日間を含む3週間の休暇をとることが義務づけられている．出産した，あるいは5歳以下の養子をもらった親は，12ヵ月までは休みをとることができる．

百々 佑利子

●樹皮布

フィジー，ナムカ島．

じゅひふ｜樹皮布

樹皮の内側の木質部から作る紙状の布である．樹皮を採取する原木はカジノキ，パンノキ，イチジクなどおもにクワ科の植物で，その他，シュロ，ツリーハイビスカスも素材となる．これらの植物の幹の表皮をとり除いた黄白色の内皮をはぎとる．製法は比較的簡単で，まずはがしたものを水につけてしなやかにするが，まれに煮る地域もある．次に木の台の上に置き，木づちでたたいて好みの厚さに平均的に伸ばす．後は広げて日に乾かすだけである．大きな長い布が必要な場合には，継ぎ目を重ねて強くたたけばいくらでも継いでゆくことができる．にかわづけして大きな布にすることもある．インドネシア，ポリネシア，中央および赤道アフリカの熱帯森林地帯に分布する．最も美しくよく知られているものはポリネシアの〈タパ tapa〉と呼ばれる樹皮布である．品質がよく，木版や型紙，手描きなどの手法を用いて，茶や黄褐色また黒の植物性染料で幾何学的文様を染める．衣料として用いるほか，覆布，敷布，包布その他装飾用としても用いられる．欠点としては雨にもろく，しなやかさを欠くことである．丈夫でないために使い捨てにされ，多量に必要となる．ポリネシアやインドネシアでは，

とくにタパ用のクワ科の植物が栽培される。

鍵谷 明子

ショアズール[島]|Choiseul Island|→チョイスル[島]

ジョカージのはんらん|ジョカージの反乱

ドイツ統治下のミクロネシアで、1910年にポンペイ島ジョカージ地区の住民がドイツ政庁に対して起こした反乱。ドイツ統治は1899年に始まり、ココヤシなどの栽培を中心とした産業開発が積極的に進められた。そのとき、伝統的土地制度(土地はすべて酋長が支配)は開発の障害になると考えられた。産業開発には住民の労働力が必要であるが、住民を実際に動かすことのできるのは酋長であり、その支配権力の源泉は土地支配であった。そこで労働力確保のため、酋長の権力を弱めることを意図して、ドイツ政庁は土地制度の改革を提案した。この提案は、住民の土地私有化と、それによって土地支配力を失う酋長に対する(公務員としての)俸給支払いを内容とした。この提案に、ポンペイ島南部地域の住民は賛成したが、ジョカージの住民は反対した。そのころ、この提案をしたドイツ政庁に対しては、弾圧的姿勢のため住民の反感が生まれていた。こうしたなかで、道路工事に強制就労させられたジョカージの住民が、ことごとく鞭打たれるという事件が起こった。この事件をきっかけに、1910年10月、ジョカージの住民は武装蜂起し、知事や道路工事技師たちを殺害した。ドイツ側は、軍艦やメラネシア人から成る討伐隊を派遣し、鎮圧作戦を行った。翌11年2月22日に作戦は終了し、2日後の24日に主謀者15人が銃殺された。その後、住民の大部分のヤップ島やパラオへの強制移住・強制労働という措置がとられた。

野畑 健太郎

しょくじ|食事

オセアニアにおける食事文化を考察する場合、まずオーストラリア、ニュージーランドと、島嶼部とに大別して考えることができる。ここではこの二つの地域に分けて(前者ではオーストラリアを例にとって)概観する。

[オーストラリア] 他の英語圏植民地と同じく、オーストラリア白人も、マカダミア・ナッツ(クイーンズランド州などで栽培)や白身の淡水魚バラマンディなどを除いては、アボリジニの食物を自分たちの食生活にほとんどとり入れなかった。開拓のごく初期にはカンガルーやエミューを食したが、ウサギが輸入されるとそれが初期の主食になった。穀類はごく初期にはトウモロコシだったが、やがて小麦になり、イースト抜き、ふくらし粉だけまぜた、野営用オーブンで焼くダンパーというパンにして食べた。その後、羊や牛が食肉の主役になり、1880年最初の冷凍船がロンドンに自国産の食肉を輸出してからは、生産量が急上昇、肉が安価になり、以来この国の人間は世界最大の肉消費量を誇っている。この点だけは初期の料理評論家も、イギリスに比べてこの国では〈日に3度肉が食べられる！〉と唯一の長所にあげている。ただしビーフ、マトン、ラムが主で、ポーク、チキン、魚の消費量は低い。

調理法は第2次世界大戦までは、すべてイギリス風だった。この国の料理の単調さは週7日毎日ビーフとメリケン粉だけでやりくりするほどだったが、これはこの国の入植者がおもに都市住民で、貧しい材料をおいしく調理する小作農出身者が少なく、イギリスの小作農独自の食文化が根づかなかったためだ。また19世紀末に工場生産の安価なストーブが出回るまでは、煉瓦のかまどすら少なく、たき火で煮炊きしたという。シドニーなど都市部には、19世紀半ばからフランス料理店、世紀末にイタリア料理店が登場、さらに工場が食品を生産、少数ながら料理手引書も発行され、食生活の洗練に貢献したが、やはり第2次大戦までは大規模な変化は起こらなかった。ゴールドラッシュ時点で到来した中国人たちは野菜を栽培、市場に出荷したが、白人たちが中国料理に親しみだすのも戦後だ。またマレー川流域などに灌漑地域を開拓、第1次世界大戦の復員兵たちに果樹を栽培させた。

第2次大戦後、南欧、東欧、中東、アジア、南米などから移民・難民が到来、イタリア、ギリシア、レバノン、中国、ベトナム、インドネシア、日本、その他いわゆるエスニック食品や料理店が、とくに1960年代のカウンターカルチャーによる正統・非

正統の区別・差別を撤廃する気運に乗って,旧来のオーストラリア人の間にも浸透し,この国の食生活は一挙に多様化した。その前に1950年代から,世界的インフレの進行で共稼ぎが増え,外食またはテイク・アウェイ(アメリカのテイク・アウト)料理の摂取が急増した(1984年と87年の比較では,ファストフード摂取88%増,テイク・アウェイ摂取41%増,野菜・果実摂取20%増)。とくにランチはほとんどこれで,オフィス街の街路空間での放縦な摂取光景があたりまえになった。ファストフード産業はアメリカ系チェーンに圧倒されてはいるが,オーストラリアが独自に開発したファストフードでは豊富な漁業資源を背景にした〈フィッシュ・アンド・チップス〉とくミートパイ〉がある。その他の変化としては,パン,マトン,バター,紅茶の摂取が減り,シリアル(朝食用)とチキン(安価になったため),マーガリンとチーズ,コーヒーの摂取が増えた。また,かんきつ類とそのジュースの消費量が増えた。栄養面では栄養過多で,成人約22%,子ども5%が肥満に悩み,糖尿病や心疾患などにかかりやすくなっている。ビタミン関係はアボリジニなど一部の貧困層以外問題なく,全体には繊維質が不足している。だが近年では粗野なテイク・アウェイ・スタイルが飽きられ,最近までは特別な階層しか利用しなかったぜいたくなレストランでの食事が,普通の階層の間でも流行になってきた。つまりレストランが食事だけでなく,会合を楽しむ場所としても利用されはじめたのだ。傾向的にはメルボルンが豪華な大レストランが多いのに対して,シドニーは小さなビストロ風が中心だが,先鞭をつけたのはイタリアやフランス料理店だった。この国の食生活は,戦後の多様化を経て,ついに成熟に向かいはじめ,近年では日本風の回転すし屋など,アジア系料理店も急増している。

最後にワイン産業とビール産業についてみてみると,前者はオーストラリア最大の産地リバーランドやバロッサバリーを有するサウスオーストラリア州が全体の約半分を生産するが,ニューサウスウェールズ州のハンターバリー,ビクトリア州のヤラバリーの他にも,ウェスタンオーストラリア州やタスマニア州にも重要な葡萄の産地が多数ある。世界第6位の生産量(約14億l, 2005年)を誇り,年間約7億lのワインを輸出している(世界第4位,05年)。代表的な品種はシラーズ種である。近年,〈イーグルホーク〉や〈イエローテイル〉など,日本でも手軽にオーストラリア産ワインが手に入るようになった。またオーストラリア人1人が年間約108lを消費(世界第5位,05年)するビールは,フォスターズ(ビクトリア州),サウス・オーストラリアン(サウスオーストラリア州),カスケード(タスマニア州),キャッスルメイン(クイーンズランド州),スワン(ウェスタンオーストラリア州)などの大会社が無数の〈地ビール〉会社を統合してきたが,近年ではキティー・オグレィディーズ,ロード・ネルソン,シャラーズなど〈ブティック・ビール〉と呼ばれる小会社の製品も出回っており,この国の食生活は多様な成熟に向かいはじめている。

〈越智 道雄+村上 雄一〉

[島嶼部] 島嶼部の食事を構成する食物群を,植物性食物,動物性食物,飲料・調味料・嗜好品に分けてみる。植物性食物には,▶タロイモ,▶ヤムイモ,▶サツマイモ,▶バナナなどの栄養繁殖作物,▶サゴヤシ,▶パンノキ,▶ココヤシ,▶パンダヌスなどの樹木栽培作物,その他の野菜・蔬菜類,果実・種子・髄を利用する野生・栽培植物が含まれる。かつてグアムでは例外的に米が栽培された。一方,動物性食物には,魚介類やタコ,イカ,ウミガメ,ジュゴンなどの水生動物,野ブタ,有袋類,爬虫類,鳥類,昆虫類などの陸上動物,家畜(▶豚,▶鶏,▶犬)が含まれる。

飲料としては,水とココヤシ果汁が重要。調味料には,ココヤシの胚乳をしぼって得られるココナッツミルクや塩,ショウガなどがある。塩は海岸部では塩水や海藻から摂取され,内陸部ではナトリウム塩,カリウム塩に富む植物の灰を使うところがある。嗜好品には,コショウ科植物の▶カバ,アレカヤシの種子をキンマの葉や石灰と嚙む▶ベテル・チューイング,ココヤシの花序からとれる樹液を自然発酵させたヤシ酒がある。これらの食物群の多くは,東南アジア大陸部・島嶼部,あるいはニューギニアで

栽培化された．家畜も民族移動の際に海を越えて運ばれた．

島嶼部の食事は，いくつかの地域類型に区分できる．①ポリネシア，ミクロネシアの低平なサンゴ礁島：タロイモ Cyrtosperma，パンノキやパンダヌスの実と，魚介類，ココヤシ．②ポリネシア，ミクロネシア，メラネシアの火山島：タロイモ Colocasia，ヤムイモ，サツマイモ，料理バナナなどと，海岸部では魚介類とココヤシとの，内陸部では小規模な狩猟・採集物との組合せ．③ニューギニアの低湿地：サゴヤシを中心にタロイモ Colocasia，料理バナナなどと，野生動物，淡水魚類．④ニューギニア高地：タロイモに代わり，栽培が容易で収量も多いサツマイモと，野菜類，野生植物．いずれの場合も，動物性食物への依存度は一般に低く，家畜も儀礼や祭りなどの特別な場合に屠殺されるのがふつう．

食物の調理方法としては，直火焼きのほか，石蒸しが広範囲に分布する．これはサンゴ礁やこぶし大の石を真っ赤に焼き，この上に葉で包んだイモ類，魚，獣肉などを並べ，上からバナナやタロイモの葉，樹皮，土で覆って蒸焼きにする方法である．ふつう▶ウム料理と呼ばれ，ポリネシアの▶ポイ，バヌアツのラプラプなどの料理がよく知られている．煮炊き，薫製用に土器を使用する地域が，ニューギニア海岸部やメラネシア，ミクロネシアとポリネシアの一部にある．調理道具には，このほか大型の貝鍋や木製容器，竹筒，貝製の皮むき，ココヤシの実削り器，木杵，▶石杵，木製包丁，杓子，火ばさみなどがある．保存食として，パンノキの実は地下に保存して自然発酵させ，水洗い後，加熱して利用する（ポリネシア，ミクロネシア，およびマルキーズ諸島のマー）．石蒸しにしたパンダヌスの果実は，天日乾燥して保存する（東ミクロネシアのモーカン）．サゴヤシのデンプンは，採集後，葉に包んで放置するか，土器に入れて泥中に保存する（ニューギニア）．いずれも数ヵ月から数年保存可能である．魚介類は薫製，塩蔵，乾燥されるが，保存は短期間．魚の生食も行われる．

調理のための炊事棟を居住棟とは別にもつ地域が，ミクロネシア，ポリネシアとメラネシアの一部に分布する．調理は女性が中心に行うが，肉の解体は男の仕事である．大規模なウム料理の準備は男女共同で行われる．日常の食事は朝夕2回がふつうで，食べる際は手を用いる．各種の儀礼や祭りの際には大規模な共食の宴会が催される．カミや霊への供物として特別な食物を準備し，数百頭の豚や犬を犠牲にすることがあった．捕虜や奴隷の人肉を食する習慣もあった．

米，小麦粉，魚・コンビーフの缶詰，酒，砂糖などの輸入食品の導入は，従来の食事内容を変容させただけでなく，人々の健康（肥満，虫歯，高血圧症，アルコール依存症）に深刻な影響を与えつつある．

秋道 智彌

しょくじん｜食人

物理的に極限的な状況あるいは精神的に異常な状態においてではなく，ある社会（文化）において正常かつ合法的な行為として人間を食する行為としての食人（anthropophagy，カニバリズム cannibalism）は，世界各地から報告されてきた．オセアニアにおいては，18世紀の後半にキャプテン・クックの探検隊が〈人肉をむさぼり食う〉ニュージーランドのマオリ人の食人についての見聞を報告し，19世紀にはキリスト教伝道師になったラロトンガ島出身のポリネシア人タウンガが〈日常茶飯事〉としてのニューカレドニアの食人を報告している．こうした報告では当該住民の人肉嗜好が強調され，この嗜好にとりつかれたフィジーのある首長は872人以上を食べ，石を並べてその数を計算していたという報告さえある．専門の人類学者，たとえば1920-30年代のニューギニアで先駆的なフィールドワークを行ったマーガレット・▶ミードも〈食人族〉ムンドグモール族について報告し，1970年代のニューギニアのクライ族に関する民族誌にもくこの部族の成人のほとんどが，炉の上の棚に人間の手足がくすぶっているのを目にしたことがある（自分自身で人間の肉を食べたことはないにしても）〉と述べられている．食人は敵を食する外食人と身内を食する内食人に分けられ，動機としては通常呪術的・宗教的理由が想定されるが，マルキーズのように生存上の

理由からの食人もある。アメリカの人類学者マーシャル・サーリンズによると、フィジーの食人の起源に関する神話は、同時に彼らの文化の起源に関する神話であり、また元来は外来者である首長の支配を基礎づける神話でもある。ドイツの民族学者A.イェンゼンは、食人を含む首狩り、▶人身供犠などの儀礼的な殺害を、原古の殺害が人々の生、とりわけ有用植物の発生を基礎づけるという神話から解釈している。しかしながら、W.アレンズが検討したように、問題は人類学者の報告を含め食人に関する報告のほとんどはうわさの報告にすぎないという点で、食人慣行の実態は必ずしも明らかとはいえない。
山下晋司

ショーベル|Charles Chauvel|1897-1959
映画監督。オーストラリアで、サイレント映画、トーキー映画、カラー映画という三つの時代を通じて活躍した唯一の監督。ハリウッドで映画製作を学び、アメリカのマーケットで通用するオーストラリア映画を制作することを目標に据えた。《四万の騎兵》(1940)は、戦争で物資が不足する中、戦意高揚のために作られた作品で、第1次世界大戦に参戦したオーストラリア騎馬軍団の、華々しいベールシェバ攻略作戦を含む活躍を描き、▶ウィアー監督《誓い》にも多大な影響を与えた。もう一つの代表作《ジェダ》(1955)は、オーストラリアで初めてのカラー映画であるという点でランドマークであるだけでなく、アボリジニを主演に据えたという点でも、画期的な作品だった。白人の養女として育ったアボリジニの少女ジェダが、成長して自らのアボリジニ性に目覚めるが、不幸な末路を迎えるという物語は、今日浮上したく▶盗まれた世代〉の問題を予見していたといえるが、アボリジニへの偏見を助長しかねない描き方など、時代の限界もみえる。ショーベルは、後にハリウッドスターとなるエロル・フリンなど、自身の作品で多くの才能を発掘した功績でも知られている。
佐和田敬司

ジョンストン[島]|Johnston Island
中部太平洋、ホノルルの西南西約1130km、北緯16°44′、西経169°17′にある周囲約25kmのアメリカ領の環礁。島名は1807年イギリ

●**シルバー・ファーン**

オールブラックスのユニフォームの胸に描かれたシルバー・ファーンの葉。

ス人のJ.ジョンストン艦長が初めて上陸したことによる。58年アメリカ合衆国とハワイ王国に併合され、以後1880年代後半までリン鉱石が採掘された。1934年アメリカ海軍の管轄下に置かれ、48年にアメリカ空軍に管轄権が移された。1950年代および60年代は核実験場として使用された。化学兵器の貯蔵基地として知られる。
石川栄吉+斉藤尚文

シルバー・ファーン|
silver fern: *Cyathea dealbata*
ニュージーランドの木生シダの一種(マオリ名pongo)。この種はニュージーランドに広く分布する大型の木生シダで、茎は高さ数m以上になる。大型の葉の裏は粉状の白色になる。茎の髄にはデンプンが含有されており、マオリは食用に利用していた。しかしその利用は救荒食以上のものにはなっていなかった。同じように茎の髄からデンプンが採取された木生シダに、オーストラリア東部に分布する *Cyathea medullaris*(black-stemmed tree fern)や *C. australis*(Australian tree fern)が記録されている。また、ニューカレドニアの *C. viellardii* の葉柄基部から採取される粘液質も食用にされたという。ニュージーランドではシルバー・ファーンの葉をデザイン化したものがシンボルとしてマントの記章、輸出品の商標、軍隊の記章などの公的な記章に用いられ、ラグビーの▶オールブラックスのユニフォームの胸にも描かれている。
堀田満

ジロング｜Geelong

オーストラリア，ビクトリア州中部，メルボルンの南西にある同州第2の都市。人口16万7800(2006)。ポートフィリップ湾に面した工業・港湾都市で，1925年以来の歴史をもつ自動車工業のほか，とくに第2次世界大戦後の発展がめざましく，石油精製，アルミニウム精錬などが立地し，港は同国有数の小麦輸出港である。ディーキン大学(1977創立)がある。1838年開基，名称は〈仲間の場所〉の意のアボリジニ語による。

谷内 達

シンクビッグけいかく｜シンク・ビッグ計画

ニュージーランドで1970年代後半から80年代前半にかけて，国民党"マルドゥーン政権のもとで推進された大規模な工業開発計画。ニュージーランドは70年代，石油危機，イギリスのEC加盟による伝統的輸出市場の喪失，輸出農産品の交易条件の悪化などにより，60年代の経済的繁栄から一転してインフレ，失業率増大，国際収支困難のトリレンマに陥ったが，75年に政権を獲得したマルドゥーン首相は，こうした経済不況からの脱却の切札として，エネルギー開発計画を中心とする大規模工業開発計画を推進した。これをシンク・ビッグ Think Big 計画と呼んだのは〈大きなことを考えよう〉という政治的スローガンの意味ももたせるため。北島西岸タラナキ地方の天然ガス田を利用しての合成ガソリン工場，メタノール工場，尿素肥料工場の建設，オークランド北方150kmのマースデン・ポイントの石油精製工場の拡張，南島南端ティワイ・ポイントのアルミ精錬工場の拡張計画などからなり，1930年代からのニュージーランドの工業化の努力の延長線上に立つものであるとともに，石油危機に触発されたエネルギー自立計画の試みでもあった。

地引 嘉博

シンクレア｜Keith Sinclair｜1922-93

ニュージーランドの歴史家，詩人。代表的な著作《ニュージーランド史——南海の英国から太平洋国家へ》(初版1959)は1988年に4回目の増補・改訂版が出た。1840年の"ワイタンギ条約から始まる近代国家ニュージーランドの150年の歩みを，太平洋地域の一員としての市民権を得る努力の日々と位置づける。また，19世紀後半の"ニュージーランド土地戦争を，従来理解されていたようなマオリと白人との争いではなくて，近代経済の発展途上における土地戦争という視点から考察した《マオリ戦争の起源》(1957)，詩集《抱擁の時》(1963)ほか多くの著作がある。オークランド大学名誉教授であった。

百々 佑利子

シンジュガイ｜真珠貝

太平洋海域の熱帯・亜熱帯地域で産出されるおもな天然シンジュガイは，アコヤガイ，クロチョウガイ，タヒチクロチョウガイ，シロチョウガイである。シンジュガイの採集は，1874年にオーストラリアのヨーク岬の北，アラフラ海の"木曜島に渡航した日本人漁夫によって開始された。本格的な採集，加工，養殖は，1937-38年に，当時日本の委任統治下にあった南洋群島のパラオ諸島コロール島(南洋庁所在地)に設立された，"南洋拓殖株式会社などを大株主とする民間会社(海洋殖産，太洋真珠，日本真珠)によってであった。アラフラ海に分布するシロチョウガイは最も大きな真珠貝で，南洋玉と呼ばれた南洋真珠の母貝として知られた。

大沼 久夫

真珠貝といわれるのは，淡水に住むイケチョウガイやカラスガイも含めて30種類程度。貝殻そのものをボタンやアクセサリーなど加工品の原材料として使用することもあるが，やはり主たるその有用性は真珠を作ることだ。本来日本で真珠といえばアコヤガイを母貝としたものだったが，後にこれより大きな玉をつくる南洋産のシロチョウガイやクロチョウガイが養殖用の母貝として重用されるようになった。現在では，シロチョウガイを使った真珠養殖がオーストラリアやインドネシアで盛んだ。また，タヒチやクック諸島ではクロチョウガイによる黒真珠の養殖に成功しており，これらは俗称タヒチ真珠とも呼ばれて日本に輸入されている。近年，ミクロネシア連邦のポンペイ島やパラオでも黒真珠の養殖試験が始まったが，これら南洋真珠事業のほとんどが，日本企業や日本人技術者によって行われている。

小林 泉

シンシン | singsing

西南太平洋のメラネシア，特にパプアニューギニアでよく使われる，主として踊りなどを指す*ピジン英語。以下のように多様な意味で用いられる。①踊り（しばしば饗宴を伴う）が中心になる祭りを指し，歌いながら踊るのが普通であるが，踊りにコーラスを伴うこともある。②呪文，歌，吟唱，儀礼的聖歌を指す。③体を揺り動かしたり，揺り振る動作などを指す。メラネシアの伝統社会ではシンシンはレクリエーションというより，むしろ儀礼的な意味合いが強い。部族間の交易や儀礼上の訪問，豚祭，独立後では建物の落成式，国賓の歓迎，首相の地方訪問時などに大がかりなシンシンが行われる。踊りの多くは男性が中心で，鳥の色鮮やかな羽毛で頭を飾り，黄・白・赤の顔料を顔や身体に塗る伝統的ないでたちに弓矢を携えたり，縦長の太鼓を叩いて士気を高揚させる。老人を除く部族の成人男子が参加する。他部族との競争ともなると興奮状態になり，喧嘩口論がおきることもある。後の饗宴には全員が出る。　　〔畑中 幸子〕

じんしんくぎ | 人身供犠

かつてタヒチで人身供犠が行われていたことは，キャプテン・クックの第3回目の太平洋探検（1777）において〈実見〉され，その供犠の光景はJ.ウェバーによる絵によって残されている。人身供犠をめぐるクックの問答記録によると，タヒチでは身代りのブタなどを有する貴族は殺害されず，〈悪人〉が殺されるという点が強調されている。この点はかつてのハワイの王国においても同様で，犠牲者はなんらかの〈罪人〉であった。オセアニアでは一般に，人身供犠の犠牲者は，罪人，奴隷，戦争における捕虜や外来者である。ところで，タヒチの人身供犠に関する報告を残したクックは，奇しくも1779年2月14日にハワイで殺害されている。この事件を近年検討したアメリカの人類学者マーシャル・サーリンズによると，クックの到来はハワイの人々にとって年祭（マカヒキ）に戻ってくる歳神であり，農耕神であり，また伝説の王であるロノの再来として映ったのであって，そうした神話的・儀礼的コンテクストにおいてこの殺害事件が起こったのだという。つまり，クックは結果的に自らが〈死にゆく神〉としてハワイの人身供犠儀礼を演じるはめになったわけである。殺害された犠牲者が食される場合，人身供犠は*食人と重なる。ドイツの民族学者A.イェンゼンによれば，首狩り，人身供犠，食人といった儀礼的な殺害は，赤道を中心に広がる彼のいう〈初期栽培民文化〉においては，原古の殺害が人々の生，とりわけ有用植物の発生を基礎づけるという神話（彼が調査したインドネシアのセラム島の神話に出てくる殺害された女神の名にちなんで〈ハイヌベレ神話〉と呼ばれる）から解釈され，理解されるという。いわば死（殺害）が生をもたらすという考え方である。オセアニアの人身供犠も，こうした儀礼的殺害という文化の複合体の一つとしてとらえることもできよう。　　〔山下 晋司〕

しんたくききん | 信託基金 | Trust Fund

信託基金は，一般に一定の資金をファンド化し，一般預金以上の利益を確保すべく，金融市場で運用する資金形態をいう。太平洋島嶼地域では，国や住民組織などの公的機関が，安定財源確保を目的として採用してきた。過去に設立された信託基金のうち，リン鉱石収入を原資としたナウル，バナバ（オーシャン島），アンガウルの信託基金は，不透明な運用や支出によって失敗に終わっているが，同じくリン鉱石収入を原資としたキリバス平衡準備基金，自由連合協定盟約金や海外援助を主な原資としたパラオ信託基金と*ツバル信託基金は，厳格なファンド運用によりおおむね安定して資産を拡大し，これら3国の国家財政基盤としての地位を築いている。こうした成功事例から，経済基盤の脆弱な小島嶼国においては，国家財政を安定させる手段の1つとして評価されており，第2次自由連合協定締結に伴って，マーシャル諸島とミクロネシア連邦にも新たに信託基金が設立されている。
　　〔小川 和美〕

ずがいすうはい | 頭蓋崇拝

人間の身体のうち頭部に呪術的・宗教的な力が宿るとされ，なんらかの儀礼的な取扱いの対象になることは世界に広くみられる。オセアニアでは，おもに葬制と首狩り慣行との関連においてこれが問題になる。とく

にニューギニアとメラネシアでは，複葬における2次葬の際に，遺骨を取り出し，儀礼を行い，とくに頭骨を保存する慣行が広くみられる。保存の場所は，親族の墓地，洞穴，聖地，男子小屋，魚の形をした箱とさまざまで，頭骨は再度埋葬されることもある。ニューヘブリデス諸島のマレクラ島では首長の頭蓋は，木像の首にとりつけられ，儀礼が行われ，特別の小屋に保存される。他方，首狩りはおもにソロモン諸島より北および西のメラネシアとニューギニアを中心にみられ，家屋の新築，船の新造，葬儀，あるいはイニシエーション（*成人式）の際に行われた。ニュージーランドのマオリの首狩りはかつて有名であったが，もたらされた敵の首級にはみごとな入墨が施され，ミイラにして保存された。こうした首級は珍品としてヨーロッパ人商人によって売買され，19世紀のマオリでは〈首狩り産業〉が興隆したほどであった。　　山下晋司

スクオッター｜squatter
元来は，オーストラリアのニューサウスウェールズ植民地の官有地への不法入植者をいう。貧しい元流刑囚などが，盗んだ家畜をこの不法占拠地内で飼育した。しかし1829年に同植民地内に19の郡が設定され，これらの土地以外への入植が禁じられると，富裕な牧畜業者も郡内の土地だけでは狭すぎるために，郡の境界を越えて官有地を不法占拠した。35年には植民地議会議員のほぼ全員がスクオッターとなってしまい，スクオッターの呼称は40年ころから一転して植民地の上流階級を指すようになった。36年に19郡以外の土地の占拠が年10ポンドの名義料で合法化され，47年に14年間の賃借りと土地購入権が認められると，スクオッターは粗末だった住居を豪邸に建てかえ，永住の決意を示した。
歴代の植民地政府は小農層育成に力をいれ，種々の土地政策（1850-60年代にセレクション selection と呼ばれる小区画農地を1エーカーわずか1ポンドで払い下げるなど）でスクオッターの勢力削減を図ろうとした。しかしスクオッターはダミーを使って水源のあるセレクションを押さえるなどして対抗し，*セレクターと呼ばれた小農層と激しく対立した。

困窮したセレクター層からの*ブッシュレンジャー（追いはぎ）の大量発生は，この対立の副産物である。
20世紀前半になると，農産物の国際市場を牛耳るベスティ社などの国際食肉資本がスクオッターにとって代わり，大きく彼らの力をそいだ。態勢を立て直すため，スクオッターたちは1910年代から政治意識を強め，小農層もとりこんだ農民政党，地方党（現*国民党）を結成し，30年代からは保守の自由党と連携して，労働党と対抗してきた。なお今日では，スクオッターをパストラリスト pastralist と呼ぶことが多い。　越智道雄

スクール・ジャーナル｜school journal
ニュージーランドの初等教育に使われる冊子形式の読み物。1905年に教科書を作るという提案が国会でなされ，当時南島で教育に携わっていたジョージ・ホグベンらが始めた。1907年に政府が発行し始め，数年して国定教科書発行の試みもあったが，地方の教育委員会が中央支配を好まず，ジャーナルの継続と学校図書館予算の増額が代案として定着した。現在は教育省から委託されてラーニング・メディア社が発行し，各学校に無料配布する。初等教育を4段階に分け，第1段階(7-8歳向け)，第2段階(8-9歳向け)，第3段階(9-11歳向け)，第4段階(11-13歳向け)の4種類が作られ，それぞれ年3-5冊の新刊が発行される。初等教育向けの教材は他にも出版されているが，スクール・ジャーナルのシェアは高く，年間総発行部数は75万部にのぼる。テーマは自然，科学，健康，道徳，文学，地理，歴史，歌，または知識など多彩であり，執筆者はその分野の専門家でレベルは高い。創刊から100年の歴史のなかで，マーガレット・*マーヒーやジョイ・カウリー，ラッセル・クラークなど，その後国際的に認められる作家や画家を輩出してきた。あくまで読物に徹し，教科書的な指導や設問などはない。教室で使用するものについては，何百冊もあるなかから選ばなければならないため，教師間の教材研究が盛んである。　今田由香

スケプシ｜Frederick Alan Schepisi｜1939-
オーストラリア出身の映画監督。シュピシとも。メルボルン生れ。全寮制カトリック

学校の抑圧的な生活を描いた《悪魔の遊び場》(1976)で、▶ウィアーとともに70年代オーストラリア芸術映画の双璧をなす。《虐殺の儀式》(1978)は、アボリジニと白人のどちらにもなれず破滅していく混血青年の苦悩を描いたトマス・キニーリーの小説の映画化で、アボリジニを主演に抜擢したのは▶ショーベル監督《ジェダ》(1955)以来のことだった。ハリウッド進出後、オーストラリアに戻って撮った《クライ・イン・ザ・ダーク》(1988)は、1980年に▶ウルルで白人の赤ん坊がディンゴにさらわれたとされる〈チェンバレン事件〉の顛末を映画化した。子どもが▶ブッシュへと消えてしまうという、オーストラリア独特のフォークロアの映像化は、ウィアーの《ピクニック at ハンギングロック》、レイチェル・パーキンズの《ワン・ナイト・ザ・ムーン》と並んで、オーストラリア映画の一つの系譜をなしており、文化史上重要な作品である。その後はアメリカでの活動に戻ったが、2008年、20年ぶりにオーストラリアで映画を撮ると発表され、話題となった。

佐和田 敬司

スコット｜Kim Scott｜1957-
オーストラリアの作家。先住民 Noongar 族に属す。ウェスタンオーストラリアで教育を受け、海外や先住民コミュニティでの英語教師を含むさまざまな職に就く。やがて家族の調査を始め、これが処女作《真のくに》(1993)と《ベナン―心の底から》(1999)の基盤となる。この2作は20世紀初頭にオーストラリア政府が行った同化政策と、混血が進み肌の色が薄い先住民系の人々が直面する自己規定と帰属の問題を扱っている。白人入植以後、▶アボリジニという民族集団の定義がいかに外から押し付けられ、作り上げられ、操作の対象になったかというアボリジニ側からみた歴史を描き、オーストラリア政府の政策を強く糾弾する内容となっている。また小説の他にも詩や短編、記事を多く出版している。教育問題にも関心が深く、▶オーストラリア・カウンシルの先住民委員会をはじめ、地域から国まで多くのレベルで教育、芸術活動に積極的に関与している。《ベナン》は1999年のウェスタンオーストラリア首相賞、2000年の▶マイルズ・フランクリン賞を受賞した。

加藤 めぐみ

すずきつねのり｜鈴木経勲｜
1853-1938（嘉永6-昭和13）
探検家、ジャーナリスト。経勲は一般に〈ケイクン〉と読まれることが多い。江戸浅草に幕臣の三男として生まれ、維新後静岡に移る。病に倒れた父の治療費捻出にラッコ密猟船に乗り組む。この体験をもとに密猟取締り対策を外務省に提出したのがきっかけで、外務省に入る。84年漂着日本船乗組員殺害事件調査に外務官吏としてマーシャル諸島に派遣される。86年外務省を退官し、井上馨から与えられた帆船忠信丸でハワイ諸島のリシアンスキー島、ライン諸島のクリスマス島などを探検。海軍省に無人島のリシアンスキー島などの占領を建議。89年軍艦金剛の遠洋練習航海に同乗、ハワイ、サモア、フィジーなどを訪問、見聞を官吏時代のマーシャルでの体験とあわせて、92年《南洋探検実記》に著す。90年▶田口卯吉の主宰する南島商会による天祐丸ミクロネシア貿易巡航に同行、その記録を93年《南島巡航記》にまとめる。93年には南洋各地の風物を記した《南洋風物誌》も刊行した。日清戦争に従軍記者として参加。戦後、陸軍陸地測量部嘱託となり満州各地の調査に従事。社会事業などに携わって余生を送り、85歳の誕生日の前日、東京下谷の自宅で死去。

島岡 宏

スタート｜Charles Sturt｜1795-1869
イギリスの探検家。インドに生まれ、イギリスのハロー校卒。アメリカ独立戦争にイギリス軍側で参戦するなど軍務についた後、1827年流刑囚輸送を担当、オーストラリアのシドニーに来た。大陸中央に巨大な内海があるという探検家ジョン・オクスリーの説を疑い、28年からマックオーリー、マランビジーなどの河川をさかのぼる探検を開始。29年捕鯨ボートなどを解体して陸路を進み、沼地などで組み立てて使う方式でマランビジー川をさかのぼり、マレー川との合流点から南極海に注ぐ河口に達した。88日、3200kmに及ぶこの探検の後、1831年2月ノーフォーク島駐屯地に司令官として派遣された。10月にシドニーに戻るが、体

●スチュアート

1860年4月22日，オーストラリア大陸の地理的中心に到達し，イギリスの国旗を立てるスチュアート

調不良のため急遽イギリスへ送還された。航海中にほとんど視力を失い，32年に帰国。しかし，34年再びオーストラリアを訪れ，小規模な探検を続けた後，44年マレー，ダーリング両川をさかのぼり，途中干ばつで半年ほど動きがとれなくなりながら，さらに大陸中央部東の荒地に分け入り，18ヵ月後の46年アデレードに生還した。オーストラリアで生涯を終えるつもりでいたが，子供たちの将来のために53年に帰国。55年にビクトリア，58年にクイーンズランド植民地総督の地位を希望したが，容れられなかった。

越智道雄＋村上俊一

スチュアート[島]｜Stewart Island

ニュージーランド南島の南30kmに位置するニュージーランドで3番目に大きな島。マオリ名は，オーロラ現象に由来するラキウラ（空が赤く燃える場所）。島の面積は1746km²で，その85％がラキウラ国立公園に指定され，太古からの多雨林やそこに生息する生物が保護されている。ヨーロッパ人が発見し，居住する以前からマオリが漁業のために居住していた。1809年に島であることを確認したスチュアートにちなんで命名され，ヨーロッパ人も居住するようになった。2006年現在の人口は402で，観光が主要な経済活動である。

菊地俊夫

スチュアート｜John McDouall Stuart｜1815-66

オーストラリアの探検家。スコットランド生れ。1839年オーストラリアに到着，サウスオーストラリア植民地で土地測量技師を務め，44年 *スタート探検隊に地図作成者として参加。以後自前の探検を始め，60年同植民地政府の懸賞金2000ポンド獲得をめざし，大陸縦断の途につく。2度の挫折の後，61年第3次探検に出発，62年7月ついに後のダーウィンよりやや西の海を視界にとらえた。彼よりはるかに膨大な装備で，もっと楽なルートで進みながら挫折したバーク＝ウィルズ隊の探検とは同時期だったために，たいへんな評判になった。以後スチュアートのルートに縦断電信線が敷設され，さらにダーウィンまでスチュアート・ハイウェー，部分的に南北鉄道が建設された。だがスチュアートはこの探検で消耗しつくし，ロンドンで死んだ。

越智道雄

スティック・チャート｜stick chart

ココヤシの葉柄と貝殻を結びあわせてつくった海図。太平洋，ミクロネシアのマーシャル諸島の人々は，かつて海面のうねりの諸現象に習熟し，それらをもとにして独自の優れた航海術を編み出したことで知られる。彼らは海のうねりが島に衝突した後に変化することを経験的に知り，それによって目的の島の位置を探りあてた。このような航海術の基本的な考え方を具象化したものがスティック・チャートであり，貝殻が島々の位置関係を示し，ココヤシの葉柄がうねりの方向を示している。

これらの海図は実際の航海に携行されるものではなく，若者に航海術を教える際の教材として用いられた。しかし，マーシャル諸島がドイツや日本などによって植民地化されたのに伴い，*カヌーによる遠洋航海が禁止され，伝統的航海術は急速に廃れ，スティック・チャートも過去の遺物となった。

石森秀三

スティーブンソン｜Robert Louis Stevenson｜1850-94

イギリスの小説家。スコットランドのエジンバラで灯台技師の子として生まれた。幼少のときから病弱で，大学卒業後は転地療養のためヨーロッパ各地を放浪旅行し，その体験を紀行文やエッセーに書いた。フランスで年上の人妻ファニー・オズボーンを

愛し，彼女を追って彼女の故国アメリカに渡り，異郷での病気と貧困の生活と闘い，ついに離婚した彼女と1880年に結婚した。その後イギリス，アメリカを転々とし，88年からヨットで太平洋の島々をめぐり，ハワイのホノルルに一時滞在，90年には南太平洋のサモア島に定住，島民から〈お話おじさん〉と呼ばれ，この地で44歳の短いが劇的な生涯を終えた。

彼の一生がロマンティックで多彩であったように，その作品は短い生涯にしては驚くほど多産でロマンスの香気あふれるものであった。小説の代表作は《宝島》(1883)，《ジキル博士とハイド氏》(1886)であるが，そのほかに詩作品，エッセー，伝記(短い吉田松陰伝もある)なども多い。サモア島から書いた手紙は95年に公刊された。子どものころから文章作法の修業に努めただけあって，彼の文体は模範的といわれる。彼の作品は日本でも愛読されているが，小説家中島敦はとくに彼を愛し，《光と風と夢》(1942)という伝記を書いている。 〈小池 滋〉

ステッド | Christina Stead | 1902-83

オーストラリアの小説家。父は著名な博物学者デービッド。1921年シドニー教員養成カレッジ卒，教職につくが，24年退職。28年イギリスに渡り，銀行員と結婚，以後の41年間はおもにパリ，戦時中はアメリカ，イギリスで暮らし，故国に帰らなかった。故国を舞台にした作品は《シドニーの7人の貧しい男たち》(1934)と《愛のためだけに》(1944)のみだが，たとえばアメリカを舞台にした最高傑作《子供好きな男》(1940)などは，暴君だった父親とそのもとで辛い思いで暮らした自分や兄弟のシドニー時代の経験を素材にしている。74年完全に帰国，故国で死を迎えた。資質的には▶ホワイトをしのぐ，国際的なレベルでもトップクラスに位置する作家である。このようなスケールの作家をオーストラリアが離国に追いやっていた時期があったことが悔やまれる。
〈越智道雄〉

ストリートン | Arthur Ernest Streeton | 1867-1943

オーストラリアの画家。ビクトリア州ジロング生れ。ナショナル・ギャラリー・スクー

●スティック・チャート

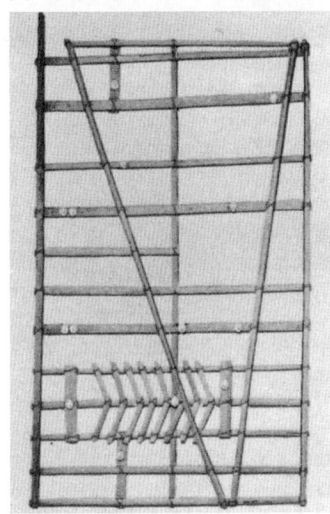

マーシャル諸島。複製。

ルで学んだ後，ロバーツ，マッカビンらと合流してメルボルン郊外のハイデルバーグ・キャンプに参加し，ハイデルバーグ派としては最も早くから認められ，最も幅広い人気を獲得した。典型的なハイデルバーグ派というべき黄色と青色を基調とした風景画を数多く手がけ，直観的な光彩をそのままキャンバスに再現しており，きわめてさわやかな印象を与える作風が多くの人々の支持を集めたのだろう。1909年にはパリ・サロン金賞を受賞して国際的にも早い時期に評価されている。文字どおり黄金色に輝く牧草を描いた《ゴールデン・サマー》(1889)が代表作。
〈山野浩一〉

スバ | Suva

南太平洋，フィジーの首都。同国の主島ビティレブ島南東にあるスバ半島の西側に位置する。人口7万4481(2007)。初期にはオバラウ島のレブカがフィジーの中心地で，多数のヨーロッパ人が居住していたが，1882年にイギリス植民地の主都がスバに移転した。良港のためフィジーの海の玄関となり，また南太平洋における商工業の中心地として栄えている。▶南太平洋大学があり，周辺の太平洋諸国の学術上の中心としての役

割も果たしている。人口のうえでは商業などに従事するインド人が最も多く、ついでフィジー人が多いが、そのほかにもヨーロッパ人、中国人、太平洋諸島の人々など、きわめて多種の民族が住んでいる。雨量が多く、年間3000mmに達する。　　　小川正恭

スハウテン｜Willem Cornelius Schouten｜?-1625

オランダの航海者。1616年南アメリカ最南端のホーン岬を迂回して太平洋に至る航路を発見した。当時アフリカ南端の喜望峰と南アメリカ南端のマゼラン海峡の通行権はオランダ東インド会社が握っており、他のオランダ人には通過の自由がなかった。太平洋貿易参入をめざすアムステルダムの商人イサーク・ル・メールは、太平洋への第3の航路発見のため、名高い航海者であったスハウテンを船長とし、自分の息子ヤコブ・ル・メールを隊長とする探検隊を1615年にオランダから出発させた。彼らはホーン岬通過後、トゥアモトゥ諸島、トンガ諸島、ニューギニア北岸を経て太平洋を横断した。ホーン岬の名はスハウテンの生地ホールンにちなんだ名で、またニューギニア北岸には彼の〈発見〉になるスハウテン（スクーテン）諸島がある。　　　石川栄吉＋斉藤尚文

スペインチャモロせんそう｜スペイン・チャモロ戦争

グアム島を中心としたマリアナ諸島で、1672年から95年にかけて統治者のスペイン人と、被征服者である先住民の〝チャモロ人との間で断続的に戦われた戦闘。スペインは1565年にグアムの領有宣言をしたものの、17世紀半ば過ぎまで直接統治はしなかった。1662年にサンビトレス Diego Luis de Sanvitores 神父(1627-72)が初めてグアムを訪れて、チャモロ人をキリスト教化する決意を固め、宣教の許可を得た後の68年、イエズス会の長として再びグアムに来て精力的な宣教活動を開始した。しかし、このような布教活動に対して住民は次第に反抗心をもつようになり、70年に最初の反乱が起こった。この反乱は同年末には鎮圧されたが、72年にサンビトレス神父らが殺されたことが直接のきっかけとなって戦争が始まった。戦争とはいうものの実態はスペイン軍に対する住民の反乱であり、しかもそれは事前の周到な準備もなく未組織のまま行われたものであった。したがって、当然のことではあるが、軍隊としての基本的な訓練を受け優秀な武器を有するスペイン軍を打倒することはできなかった。95年7月、反乱は最終的に鎮圧され、マリアナ諸島はスペインに名実ともに支配されることになった。また、先住民に対するカトリック教化も達成されたが、23年間にわたって断続的に続いた戦争に加え、伝染病や自然災害等により、当初5万～10万人はいたと推定される先住民の人口は戦争の終わった95年には、5000人以下に減少してしまった。　　　矢崎幸生

スレサー｜Kenneth Adolphe Slessor｜1901-71

オーストラリアの詩人。ジャーナリストとして勤めながら、1910年代末より《ブレティン》誌などにヨーロッパ大陸的なロマン主義―象徴主義が濃厚な詩を発表。思想家・芸術家ノーマン・リンズィーとその息子ジャックの知己を得て文芸誌《ビジョン》創刊(1923)に参画し、初期詩篇にはリンズィーの提唱した生気論の思想と高踏主義の影響が顕著であるが、次第にシドニーの街頭風景を取り込んだくつろいだ作風へと変化していく。《カッコーの国》(1932)に収められた代表作〈ドビン船長〉や〈クック船長の5つのビジョン〉では史的実話をとり込んだ語りの手法を開拓。さらにライト・バース調の短詩を多数発表するなど多彩な活躍をみせる。《5つの鐘》(1939)の表題作は友人の挿絵画家に捧げた挽歌で、現在でもスレサーのみならず、オーストラリア詩の代表作として挙げられる。39年以降はジャーナリストとしての執筆活動は続けるが、〈砂浜での埋葬〉(1944)などを除いては文学的な詩からは脚を洗う。オーストラリア詩にモダンな感覚を導入したことで高く評価されている。　　　湊圭史

スワッグマン｜swagman

オーストラリアの渡り牧童。女性の渡り牧童はスワッギー swaggie という。スワッグとは身の回り品を毛布にくるみ、さらに防水布で巻いて両端を縛った荷物で、スワッグマンはこれを背負い、水袋、弁当入れの

砂糖袋，湯沸し（ビリーbilly）をぶら下げ，徒歩で，ときには犬を連れて，牧場や農場を渡り歩いた。馬すらもてないほど貧しかった。なかには，わざと日没に牧場へ転がり込み，一宿一飯にありつき，翌朝仕事もせずに発っていく手合いもいた。牧場側が追い返すと，放火も辞さなかったので，サンダウナー sundowner（日の入り野郎）と毛嫌いされた。とくに猫の手も借りたい羊の毛刈りシーズンが終わると，サンダウナーが増え，1晩に一つの牧場へ46人も押しかけた例がある。しかし，総体的に正直者が多く，羊の毛刈り職人，フェンス作り，貯水池作りなどの職人もいた。このため，carry a swag や hump the bluey（青色の毛布）や come a-waltzin' Matilda などは，〈わらじをはく〉を意味する。

　土地がやせたこの国では大農経営しか成立しなかったために，少数の大牧場主とさらに少数の小農場主，そして膨大なスワッグマンに分かれた。この国の準国歌《ウォルシング・マティルダ》はスワッグマンの大牧場主への抵抗の歌である。彼らの間に広がった下積み者たちのエートス，▶メートシップは，1890年代の第1次文化興隆期に▶ローソン，▶パタソンらによって盛んに形象化された。ローソンなどは自らスワッグマンだったこともある。20世紀に入ってからは，1930年代の大不況で膨大な都市住民がスワッグマンになって，奥地へ流出した。彼らは事実上の乞食で，いくつかの地域に救済センターが設けられ，食事と軽い仕事を与えられたが，2度続けて同じセンターの厄介にはなれなかった。この時期は女性スワッギーも多く，手押し車に荷物を積んで旅をした。
越智道雄

せいじんしき｜成人式

人の一生のさまざまな段階で実施される通過儀礼の一種で，子どもから成人への移行を社会的に認知する儀礼。成年式ともいい，少女の場合には成女式ともいう。

　成人式にはさまざまな形態があるが，以下の二つのタイプに分けることができる。一つは，男子結社などの成人からなる集団があって，成人式を終えた者がその集団に加入するもので，この場合，成人式は集団の成員権の変更を強調するものとなる。もう一つは，成人式を終えた者が明確な集団を形成することがない場合で，成人式は，子どもから一人前の大人への個人の地位の変更を強調するものとなる。さらに，前者では成人式が秘儀的性格をもつ傾向があるのに対し，後者では公開されるという相違がある。しかし，どちらも思春期に行われるので，儀礼の構造と機能の点で共通することが多い。このため，両者は明確に区別される別個の儀礼とするよりも，連続体の上の両極を占める理念型とするのが適当と考えられる。

　たとえば，ニューギニアのヒューオン湾沿岸に住むブサマ族では，男子の成人式は以下のように行われる。15から24歳くらいの若者が一緒に成人式を受けるが，彼らは，介添人に背負われて，森の中に特別に準備された小屋に連れていかれる。途中の道で，年長者たちに黒曜石をつけた棒やイラクサで殴られ，若者は血まみれになる。彼らは小屋に隔離されて，たたかれたり，睡眠を妨げられたり，煙で窒息しそうにされたりといった多くの試練を受ける。わずかな食物しか与えられず，のどの渇きをいやすためにはサトウキビをかじることしか許されない。後見人が若者に親族員の責任や年長者に対する義務を教え込む。隔離されて数ヵ月たつと，うなり木が鳴らされるなか，地下に住む巨大なワニの形をした超自然的存在の怪物が呼び寄せられる。女性や子どもには，怪物は若者を飲み込んで吐き出すと言われている。若者には怪物の声がうなり木であることが教えられ，この秘密をもらさないことを誓わされる。その後，怪物を表す低く細長い小屋で，ペニスの切開儀礼が行われる。それから，一連の大きな饗宴がもたれる。若者は川で儀礼的な水浴を行い，はなばなしく飾り立てて村に帰ってくる。

　このように，成人式を受ける少年たちは，これまでなれ親しんでいた女性や子どもの世界から引き離され，隔離された世界の中で，さまざまな試練や教えを受ける。そして，最後に一人前の男として村に戻ってくる。すなわち，成人式では，民俗学者のフ

●石貨
ヤップ島.

ァン・ヘネップが述べる，分離，過渡，統合という通過儀礼一般の図式がきわめて象徴的に演じられ，子どもとしての個人は一度死に，新たに生まれ変わった存在として社会に復帰するという，死と再生の観念が表現されることが多い．また，成人式の行われる神聖な時間には，神や祖霊を表す▶仮面仮装をした者が出現することがある．
〔中山 和芳〕

せきふ｜石斧 ▶石手斧(いしちょうな)

せっか｜石貨
西太平洋，ミクロネシアのヤップ島で使用されている，中央に穴をあけた円板状の石製の貴重品．石は南西約500kmのパラオ諸島マラカル島に産出する結晶石灰石である．直径20cmのものから，直径4m，重さ5tのものまである．パラオから筏で運ぶため，運搬に危険なだけでなく，石を切り出してこの形をつくるのに非常に手数がかかる．その大きさ(指距で測る)，石質，色合いによって価値が定まる．このように貴重なものであるから，一つ一つに名前があり，歴史がある．1880年以後，ヨーロッパ人などが帆船で石貨を運ぶようになって非常に大きなものができた．石貨は真珠貝製の▶貝貨など他の貴重品と合わせて使用される．通過儀礼に際して男側と女側との間でなされる儀礼的交換，集会所や男子小屋の落成式などにともなう村落間の分配と交換，紛争の和解や贖罪，カヌーや家屋の建造に対する謝礼，呪師に対する献供など，社会生活のあらゆる側面で流通している．これらの石貨，貝貨はマチーフと呼ばれ，文明国の貨幣(米ドル)とは別のカテゴリーとみなされ，後者はサルピーという．
〔牛島 巌〕

セドン｜Richard John Seddon｜1845-1906
ニュージーランドの政治家．イギリスの生れで，18歳のときにオーストラリア，3年後にニュージーランドに移住．南島のホキティカで商業に従事する一方，地方政治家として名をあげ，クマラ市長を経て1879年国会議員に当選．以後没するまで27年間国会議員．1893年から1906年まで13年間，▶自由党を率いて首相．この間，工場法の制定により工場労働者の労働時間，休暇，最低賃金制について定め，婦人の低賃金労働を禁止し，船員の労働条件を改善し，労働争議調停仲裁法を制定するなど，労働者の保護立法を進めた．また土地改革を進めて小農の土地購入を容易にし，老齢年金法などの制定により福祉国家の端緒をつくった．
〔地引 嘉博〕

セピック［川］｜Sepik
パプアニューギニア第2の大河．延長1126km．インドネシア国境に近いニューギニア中央高地テレフォミン付近を水源とし，はじめ北西流，国境沿いに北流し，南緯4°付近からは中央高地北側のセピック盆地を東流，ウェワクの東80km付近でビスマーク海に注ぐ．川の大部分は遡行可能で，特に中流から下流は高度差がほとんどなく，広大な氾濫原を蛇行しながら流れる．チャンブリ湖をはじめ多くの湖沼をもち，12〜1月の雨季には付近は大湿原と化する．セピック地方の住民は儀礼用家屋やカヌー，仮面などに独特の彫刻や絵画をもち，これら工芸品はニューギニア芸術の最も優れたもののひとつである．
〔石井 真夫〕

セレクター｜selector
オーストラリアの小農場主．1850年代の▶ゴールドラッシュによる急激な人口増加で採金活動を断念，オーストラリアに定住を決意した者が増えた．彼らに土地を提供するには，それまでに完了していた▶スクオッターによる農地独占を打開しなければならず，各植民地政府は土地法を制定，小

区画の農地 selection を1エーカー1ポンドという格安の値段で希望者に払い下げ入植させた。土地法の前提は，スクォッター側が借地権の期限切れになった土地を返還したものを活用することにあった。ところがスクォッターは土地役人と測量技師を抱き込み，ダミーのセレクターを立てて借りていた土地の権利を更新していった（dummying）。また彼らは水利を独占できる核となる土地をあらかじめ入手しておき，それを知らずに入植してきたセレクターに土地を放棄させるように仕向けた（peacocking）。またセレクターらはセレクション入手の元手しかなく，以後の農場経営資金は借金だったから，干ばつやブッシュファイアで一挙に破産に追い込まれた。彼らの間からネッド・ケリーなどの▶ブッシュレーンジャーが登場したゆえんである。彼らの辛酸は，▶ローソンの短編《入植》やスティール・ラッドの《おれたちの農場で》（1899）に典型的に描かれている。

越智 道雄

せんじゅうけんげんぽう｜先住権原法｜Native Title Act 1993

1992年の▶マボ判決 Mabo Decision を受けてオーストラリア連邦政府が制定した法律。先住権原とは，特定の土地に関してイギリスによる入植以前からの居住と生活を根拠とする権利を指すが，その認定や保護，消滅などについて定めたもの。先住権原の認定には特定の先住民族集団が特定の土地との永続的な繋がりを証明することが求められ，私有地や農園では消滅したとされた。96年のウィック判決では，牧場借地においても先住権原は存続し得るとされ，オーストラリア国内で物議をかもした。これを受けて，98年に保守系連立政権は先住権原修正法 Native Title Amendment Act 1998を成立させて認定手続きを難しくしたが，2001年にはクローカー島判決 Crooker Island Decision により海域における先住権原の存在が確認され，06年にはニューンガー判決 Noongar Decision によりパースの都市圏においても先住権原の存在が認定されている。先住権原自体，なお発展中の概念であるといえる。

山内 由理子

せんじゅうみんせいさく｜先住民政策

オーストラリアでは，入植当初，植民地政府は，先住民との友好を保つよう英本国からの指示を受けており，抑圧的な政策を企図していたわけではなかった。しかし，入植そのものが先住民の土地所有を法的に有効なものと認めないという無主地 Terra Nullius を前提としており，開拓に伴う土地の収奪は必然であったし，強制移住や虐殺あるいは入植者がもち込んだ伝染病によって先住民社会は崩壊していった。急激に入植が進んだビクトリア植民地では1850年代までに▶アボリジニの人口は入植当初の15％まで激減し，タスマニア植民地では1876年にオイスターベイに収容されていたトゥルガニーニが死亡してタスマニアのアボリジニは絶滅したといわれた（今日では絶滅説は否定されている）。

連邦結成後も先住民政策は州政府の管轄で，先住民保護法は州によって異なったが，保護・隔離あるいは同化・雇用の枠組みが制度化されていった点は共通している。1930年代までは保護・隔離政策が一般的で，先住民は管理と慈善事業の対象とされて，ミッションや居留区 settlement，保留区 reserve に隔離されていた。一方，入植地域の拡大とともに混血化が進み，優生学的に先住民族の抹消を促進するため，混血児は親から強制的に隔離をして教会や政府の施設で養育するという親子強制隔離政策がとられ，多くの▶盗まれた世代を生んだ。また，先住民の飲酒は違法で，夜は町への立入りが禁止され，就労や結婚も政府の許可を必要とし，賃金ではなく，小麦・砂糖・紅茶・衣類・毛布といった配給物資が報酬で，大半は自由を束縛された困窮生活を強いられていた。とくに内陸部や北部の牧場での待遇は劣悪で，慢性的な飢餓状態に置かれた集団もあった。

1937年，先住民問題の解決のために連邦と州政府の原住民担当局代表者による初の全国レベルの会議が開催され，同化政策が提案された。その後，戦時体制下では先住民政策に進展はなかったが，従軍や軍宿営地の雑役夫としての雇用などによって主流社会との接触が増え，意図せずして同化が

コラム｜オーストラリアの選挙制度

オーストラリアは，民主的選挙制度の世界的な先駆者であり，植民地によっては1850年代から下院選挙での男子普通選挙が導入された。同様に1850年代，世界に先駆けて導入され，今日では常識となっているものに秘密投票制度があり，オーストラリア式投票ともいわれている。女性の参政権に関しては，投票権こそニュージーランド(1893)に世界初の座を譲ったが，立候補権もある参政権ということでは，サウスオーストラリア植民地(1894)が世界初である。現在，18歳以上のオーストラリア国民，および1984年の連邦選挙法改正以前からオーストラリアに永住し選挙人名簿に登録している英国国民が，上下両院の選挙権および被選挙権を有している。

オーストラリアでは，選挙は国民の権利であるとともに義務としても扱われている。強制投票制度は，1915年にクイーンズランド州で導入され，連邦では25年から採用されている。この制度の下では，有権者が選挙人としての登録を行い，選挙時には投票の手続きを行うことが義務とされている。もし登録を怠れば50ドルの罰金，投票手続きを正当な理由なく怠れば20ドルの罰金が科せられる。この制度により投票率は95％近い。同様の制度は，ベルギー，ルクセンブルク，ブラジル，アルゼンチン，エクアドルなどで採用されている。強制投票制度を連邦総選挙へ導入したのは保守側であるが，今日では労働党がこの制度の恩恵を得ているとして，自由党の一部から廃止を主張する声も聞かれる。

オーストラリアの多くの選挙では，候補者に優先順位を付けて投票し，当選に必要な最低得票数に達する候補者が出るまで得票の少ない候補者の票を優先順位に応じて振り分けていく投票制度が採られている。連邦下院選挙のように小選挙区制を採用していれば，必要とされるのは過半数の得票である。この投票制度は，1910年代に反労働党勢力が二分されたため，労働党が漁夫の利を得ることを防ぐために考案された。各政党や候補者は，投票日に支持者に対して投票ガイド(how-to-vote-card)を配布している。少数政党への票が死票にはならないが，投票用紙のどこかで労働党か保守連合のいずれかという選択を迫られ，2大政党制の維持・強化につながっている。

オーストラリアでは，郵便投票や事前投票が充実している。奥地のアボリジニ居留地では，移動投票所が巡回する。郵便投票の場合，投票日以前に投函されていれば投票日から13日以内に到着したものまで有効となるため，得票数の差が小さな選挙区の場合，議席の確定に1週間以上かかることも珍しくない。1990年の総選挙のように僅差の選挙区が多い上に獲得議席も拮抗している場合，どちらが勝利したかが判明するのに1週間以上かかることもある。

杉田 弘也

促進されることになった。51年にポール・ハズラック特別地域担当連邦大臣の主導で開催された先住民政策の担当者会議以降は，先住民を福祉の対象として混血と純血とにかかわらず同化を進める同化政策が主流となった。各州は先住民に対する差別的な法律を廃止し，先住民支援策は福祉政策の枠組の中に組込まれ，教会が運営するミッションも閉鎖されていった。最後までアボリジニ保護法を堅持していたクイーンズランド州も，56年に同化政策への移行を発表し，65年の新法の成立とともに，原住民局長に与えられていたアボリジニに対する親権も放棄された。しかし，同化主義のかけ声の下で，1950年代から60年代には以前にもまして多くの子供たちが親から引き離され，施設での養育を強制されたことは特筆に値する。

他方、先住民による権利回復運動も活発化した。オーストラリア南東部地域の保留地やミッションで育ったアボリジニのリーダーを中心に、教会関係者や知識人の支援を得て、1930年代に権利回復運動が始まった。また、戦時中の従軍・就労体験は、賃金報酬の要求など労働者としての権利要求へと繋がっていった。

1959年にはすべての先住民が老齢年金、出産手当などの連邦政府給付金の対象となり、62年にはすべての先住民に連邦議会の選挙権が認められた。65年には最低賃金が保障されることになった。67年の国民投票による憲法改正によって、先住民に関する特別法の立法権限を連邦議会に付与すること、また人口統計に先住民も含むことが決まった。この憲法改正が先住民の市民権回復をもたらしたわけではないが、アボリジニの市民権のためにといった憲法改正のキャンペーンが功を奏してか、先住民の指導者や社会運動家を含め、そうした言説は今日に至るまでオーストラリア国民に広く浸透している。

また1960年代は、ボーキサイト鉱山開発の差し止めを求めたイルカラ訴訟や、ウェーブヒル牧場からの退去によるグリンジ・アボリジニの土地返還要求、アウトステーション運動など、オーストラリア北部の先住民による土地権要求が活発化し、1970年代の土地権の承認や居住区の自治という政策転換を導くことになった。1976年にノーザンテリトリーアボリジニ土地権利法(連邦法)が成立し、さまざまな制約があるものの、各州においても先住民共同体による土地管理を保障する法制度が整備されていった。1973年ウィットラム労働党政権は、アボリジニ問題担当省を新設し自主決定政策を発表して、先住民組織による共同体自治の支援や雇用対策のための連邦予算を確保した。先住民代表による政策助言のための委員会も組織され、先住民の政治・社会参加も進んだ。90年には先住民族委員会(ATSIC)が設立され、選挙で選出された先住民評議員が先住民関連予算の配分や政策決定に関与することが可能となった。

公式文書による先住民族の承認に関しては、条約Treatyの是非が論議を呼び、1999年の国民投票では憲法前文変更による言及も問われたが、いずれも実現していない。またアボリジニの拘留死に関する調査委員会報告書(1991)の勧告を受けて和解評議会が設立され、和解宣言の草案が作成されたものの、ハワード政権下での採択は見送られ、2000年にオーストラリア宣言〈和解に向けて〉が発表されるにとどまった。

1992年、"マボ判決"といわれる最高裁判所の司法判断によって無主地の教義は否定され、93年には"先住権原法(連邦法)"が成立した。これによって先住民共同体の慣習法にもとづく土地管理・土地利用に法的根拠が与えられ、先住権原認定の手続きが明文化された。さらに96年、いわゆるウィック判決で最高裁判所は牧場借地においても先住権原が認められ得るという司法判断を下したために、先住権原認定の申請対象地域が大幅に拡大されて国内の混乱が加速化した。こうした動きに抗して98年には先住権原修正法が成立し、先住権原の認定条件が厳しくなり、利害関係者との地域協定が増加した。一方、2001年には最高裁判所の司法判断で海域に関しても先住権原が認められ、07年にはオーストラリア北部の海底の基線内での土地所有を認める判決が連邦裁判所によって下されるなど、先住権は水域でも認められるようになった。

こうした先住民族の権利保障のための法制度の整備は、"多文化主義の導入"と並行しており、オーストラリア社会での多様な出自の移民の包摂が先住民族にも及んだともいえる。したがって、多文化主義批判にみられるホワイト・バックラッシュ(反動、揺り戻し)は先住民政策にも現れた。ブレイニー教授による黒い喪章史観批判以降、オーストラリアの植民地化の歴史解釈をめぐる歴史論争history warsが先鋭化し、ハンソン論争では先住民優遇策も俎上に上り、ハワード政権は先住民政策の主流化を進めた。先住民族との和解も失速し、2005年にはATSICが解体された。07年に連邦政府は人種差別禁止法(連邦法)を一時停止して、先住民共同体での飲酒禁止、子供の健康診断の義務化、教育や生活必需品の確保など養育義

●センネンボク

務を果たしていない親に対しては社会保障給付金の一部(あるいは全額)凍結などを定めたノーザンテリトリー緊急対策を導入，政府の介入を強めた。

　2007年11月に政権を獲得したラッド労働党政府は，選挙公約どおり前政権が反対票を投じた先住民族の権利に関する国連宣言に署名し，08年2月には連邦議会でオーストラリアの先住諸民族に対する謝罪決議を採択し，盗まれた世代に対する公的謝罪を行った。しかしながら先住民に対する政府の介入姿勢には大きな変化はみられていない。

鎌田 真弓

せんねんおうこくうんどう|千年王国運動|
▶キリスト教において，終末に際しキリストが再臨し，1000年間統治するという〈千年王国〉が信じられたが，政治的・経済的・社会的に抑圧された人々がこの千年王国思想の影響下に起こした自己救済的な宗教運動が千年王国運動である。

　ヨーロッパ以外の各地域の諸民族のあいだでも，千年王国運動が頻発している。これらの地域における千年王国運動の特徴の一つは，ヨーロッパ列強による植民地支配が原因となって運動が起こっている点である。ヨーロッパ文明との出会いによって伝統文化が崩れ，そのうえに植民地支配によって政治的・経済的・社会的に抑圧された状況のもとで，予言者が現れ，千年王国運動が組織されている。たとえば，ニュージーランドの先住民族マオリのあいだでも，いくつかの千年王国運動が起こっている。ニュージーランドは1840年にイギリスの植民地となったが，マオリが植民地化に強く反対し，戦闘的な抵抗をくりひろげた。このような危機的状況のなかで，テ・ウア・ハウメネという予言者が現れ，ハウハウ運動と呼ばれる千年王国運動を組織した。この運動は基本的には旧約聖書の影響のもとにひき起こされており，マオリはユダヤ民族と同一視され，神の選民と説かれた。予言者テ・ウアはみずからをモーセの再来とみなし，ニュージーランドが新しいカナンの地であり，ここにおいてこの世の終末と天国の到来が実現されると予言した。また，この運動では，イギリス人との接触によって喪失した伝統的な文化要素——たとえば，食人肉の習慣など——が復活されており，その意味では土着主義運動としての性格もあわせもっているといえる。メラネシアにおける"カーゴ・カルト"なども千年王国運動とみなすことができる。

石森 秀三

センネンボク|千年木|
Cordyline terminalis Kunth
リュウゼツラン科の常緑低木で，マレーシア，ポリネシア，オーストラリア北東部などに広く栽培分布する。ハワイなどで，フラダンスの腰みのに用いられる。ひじょうに変異が多く，葉の色，形の変化したものが観葉鉢物として栽培される。幼苗期を観賞するので，花を見ることはあまりない。銅緑色にピンクから赤紫色の斑が入るアイチアカ(愛知赤) cv. Aichiaka はじょうぶで，よく普及している。葉が小さく，密生し，濃緑色にピンク～赤紫色の斑が入るレッド・エッジ cv. Red Edge もミニチュア種として人気がある。クリスタル cv. Crystal は新品種で，黄緑斑が多く入り，赤紫色も混ざって美しい。

　センネンボク属 *Cordyline* は約15種ほど広く熱帯に分布し，それらのうちコルディリーネ・ストリクタ *C. stricta* Endl. は葉が長さ30～50cmの濃緑色披針形で，じょうぶで草姿がよいので，青ドラの通称で親しまれている。ニオイシュラン *C. australis* Hook. f.(英名 ti (palm), tuft tree, cabbage tree)は耐寒性があり，庭園樹木として栽植される。挿木，取木でふやすが，根茎挿が効率がよい。冬は5～8℃以上に保つ。ハダニとカイガラムシが発生しやすい。センネンボク属の英名は dracaea であり，ドラセナ属 *Dracaena* と混

同されやすい。ドラセナ属は、多肉質の地下茎がなく、根は黄色、子房3室で各室1種子のことが多いが、センネンボク属は、多肉質の地下茎があり、根は白色、子房は3室だが各室6〜15個の種子を含むので区別される。センネンボク属の多くは、葉に葉柄があるが、ドラセナ属では無柄のものが多い。
高林 成年

せんりゃくてきしんたくとうちりょう
戦略的信託統治領

第2次大戦後、国連憲章に基づき11の地域が国際信託統治制度のもとに置かれた。しかし新たに設けられた信託統治領のうち、アメリカの施政下に置かれた太平洋諸島信託統治領(ミクロネシア)だけは、戦略的信託統治領とされた。戦略的信託統治領と他の信託統治領との違いは、国連の任務に関する点にある。戦略的信託統治領については安全保障理事会がその任務を行うことになっている(国連憲章83条)が、他の信託統治領については総会が行うことになっている(85条)。このことは、戦略的信託統治領に関する諸決定には、安全保障理事会常任理事国の拒否権が認められることを意味し、施政国であるアメリカの意向に反するような決定はできない仕組みになっている。戦略的信託統治制度の採用は、アメリカが第2次大戦で、多くの犠牲を払って確保したミクロネシアを、安全保障上の立場から自国の勢力圏内にとどめておくための一つの便法であったといえる。
矢崎 幸生

ソコマヌ | Ati George Sokomanu | 1937-

バヌアツの政治家、初代大統領。エファテ島の酋長家系に生まれる。教員、植民地政府行政官を経て、76年に独立推進派のバヌアク党から政界入り。80年の独立直前のニューヘブリデス時代に副首席大臣兼内務大臣となり、独立後の国会で初代大統領に選出され、カルコア Kalkoa からソコマヌに改名した。84年の任期終了後の総選挙で再び国会議員に当選し、国会で大統領に再選され、89年の任期満了までその職にあった。88年12月に不和を伝えられていたバヌアク党のリニ首相を解任し、国会を解散するとともに、88年7月に国会を追放された甥のソペを暫定政府首相に擁立した。しかし、最高裁判所はソコマヌの行為を違憲と判断、ソコマヌとソペは治安部隊に逮捕された。89年3月、ソコマヌは職権濫用で禁固6年の判決を受けたが、控訴裁判所はその判決を破棄し、4月に釈放された。93年1月から95年1月には太平洋共同体(当時の南太平洋委員会SPC)の事務局長を務めた。この時の経験から平和構築の重要性に関心をもつようになり、バヌアツ赤十字総裁として、バヌアツの平和教育と平和構築に貢献してきた。
東 裕

ソシエテ[諸島] | Îles de la Société

中部南太平洋にあるフランス領ポリネシアの主要諸島。英語名はソサエティ諸島 Society Islands。1769年にタヒチ島を訪れたキャプテン・クックが、航海のスポンサーであるイギリス王立協会(ローヤル・ソサエティ)にちなんで命名したといわれる。総面積4000 km^2 に及ぶフランス領ポリネシアは五つの島群で構成されるが、その中で最大のものがソシエテ諸島である。面積1535 km^2、人口23万469(2007)。サンゴ礁に囲まれた火山島が多い。諸島はさらに東部の風上群島 Îles du Vent(ウィンドワード群島)と西部の風下群島 Îles Sous le Vent(リーワード群島)の二つのグループに分けられる。フランス領ポリネシアの主都パペエテがある諸島中最大のタヒチ島やモオレア Moorea 島、マイアオ Maiao 島、テティアロア Tetiaroa 島、メヘティア Mehetia 島が風上群島に属し、風下群島には太平洋で最も美しいといわれるボラボラ Bora Bora 島のほか、ライアテア Raiatea 島、フアヒネ Huahine 島、マウピティ Maupiti 島といくつかの環礁が含まれる。

現在の考古学的知見によれば、これらの島々の住民の祖先は700年ころマルキーズ諸島から渡来したポリネシア人であり、彼らはここからさらにクック諸島、ニュージーランド、ハワイなど東ポリネシアの多くの島々へ植民した。マウピティ島で発掘された釣針や石斧やペンダントは、ニュージーランドのモア・ハンター期のマオリの工芸品と類似しているとされる。フアヒネ島ではマオリ・スタイルの武器である鯨骨製のパトゥが発見された。メヘティア島はかつてタヒチからトゥアモトゥ諸島へ向かう

交易カヌーの風待ちに利用された。トゥアモトゥ語ではこの島はメケトゥ Meketu と呼ばれる。ヒロという英雄の伝説はよく知られており、彼の2人の息子がライアテアとボラボラの王になったという。ボラボラで作られるカヌーの美しさは高く評価されている。ライアテアは石造の古い神殿（▶マラエ）や祭りが残されていることで有名である。

石川 栄吉＋斉藤 尚文

ソマレ｜Michael Thomas Somare｜1936-

パプアニューギニアの政治家。1975-80, 82-85, 2007年以後、同国首相。セピック川河口のムリック地域出身であるが、父親の職業の関係でラバウルで出生。ウェワクの学校教員、また同地域のラジオ放送局のジャーナリストを経て、行政官養成学校 Administrative College で教育を受け、1965年に同校の同窓生とともにパング党 Pangu Pati を組織し、その指導者となる。68年のパプアニューギニア地域の議員選挙に当選してから政治家として活動を始める。72年の自治政府設置とともにその首席閣僚となり、75年のパプアニューギニア独立とともに初代首相となる。80年に▶チャン政権の誕生により、首相の座を降りたが、82年選挙でのパング党の勝利とともに再び首相に返り咲いた。85年に元副首相▶ウィンティを中心とする内閣不信任決議が可決され、首相の座を降りた。88年、パング党の▶ナマリウが首相となるとともに外務大臣となる。97年にパング党の党首の座を追われてから国家連合党に移籍し、2007年の選挙の後、三度目の首相の座に返り咲いた。国民から〈酋長 chief〉の愛称で親しまれ、著書に自伝《サナ》がある。

豊田 由貴夫

ソロモン［諸島］｜Solomon Islands

南緯5°〜13°、東経155°〜170°5′付近の海域にある陸島、火山島、隆起サンゴ礁、環礁によって構成される島群。独立国としてのソロモン諸島に、パプアニューギニア領▶ブーゲンビル島とブカ島を含めた名称。最大の島はブーゲンビル島で9318km²、最高地点は同島のバルビ山2715mである。気候は高温多湿であり、日中の平均気温は年間を通して30℃前後。季節は4月後半〜11月までの乾季と12月〜4月までの雨季に分かれる。年間降水量は3200〜3500mmで、雨季にはサイクロンが同諸島付近を通過する。太平洋プレートとオーストラリア・プレートとの境界に位置するため、比較的地震も多い。2007年4月にはソロモン諸島西部のソロモン海を震源とする地震による津波が付近の島々を襲い、甚大な被害をもたらした。陸島は厚い熱帯雨林に覆われ、高木・中木からなる常緑広葉樹、ヤシ科植物、ツル植物が繁茂し、日常生活における有用材も豊富である。生物地理的にはオーストラリア区アウストロマレー亜区に属し、フクロネズミのような有袋類やコウモリ、食虫コウモリなどが生息する。犬、鶏、豚は東南アジア原産で、人間が持ち込んで繁殖したものである。鳥類はオウム、ワシ、タカ、ミツスイ、グンカンドリなどがみられ、大型の鳥を神聖視する地域もある。陸島では地下資源が豊かであり、サンタイザベル島のニッケル、ガダルカナル島の金などは商業的採掘の過程にある。

関根 久雄

ソロモンしょとうちいきしえんミッション｜ソロモン諸島地域支援ミッション｜Regional Assistance Mission in Solomon Islands

2003年7月、破綻国家の様相を呈していたソロモン諸島の治安と法秩序の回復、政府機能の回復・強化、経済の回復・成長の支援を主な目的として、オーストラリアの軍・警察を中心に組織された派遣団。略称はRAMSI。当時のソロモン諸島は、1998-99年のガダルカナル島民とマライタ島民の間での民族紛争がエスカレートし、2000年6月には、警察官と武装組織マライタ・イーグルスが連携して国の武器庫を襲撃、首相を追放して事実上のクーデタを実行した。犯罪が多発して法と秩序が崩壊、GDPは1978年の独立時の半分に低下し、財政は破綻して国家サービスの提供もできず、国家機能が麻痺していた。

　オーストラリアは、自国への混乱の影響の排除、域内大国としての責任、対ソロモン諸島政策の反省から、介入に踏み切った。ただし、RAMSI派遣は、03年4月のソロモン諸島のケマケザ首相の要請にもとづき、その後▶太平洋諸島フォーラム (PIF) 外相会

議での全員一致の承認，そしてソロモン諸島国会での満場一致の賛成による派遣団の権限・免責立法の成立を背景に行われた。派遣団は総勢2225人で，オーストラリアの他，ニュージーランド，パプアニューギニア，トンガ，フィジーの警察官・軍人・行政官で構成され，うち軍人が約1500人，警察官325人であった。06年段階で，約3600丁の銃が回収され，法と秩序が回復し，政府歳入は02年の3倍に増加し，経済も回復した。活動期間は5-10年間の予定で，ソロモン諸島の国家再建と発展を目指し，長期的なプログラムを実施している。　　東 裕

ソロモンほうこく｜ソロモン報告

国連の信託統治領であるミクロネシアにおいてアメリカはどのような方針で統治すべきか，をケネディ大統領の諮問に応えてまとめた報告書。1963年5月，ハーバード大学ビジネス・スクールのソロモン Anthony Solomon 教授を団長とする調査団が設置され，ミクロネシアにおいて経済，社会，教育，政治の発達状況等について調査活動が行われた。この調査結果に基づき，アメリカ政府が今後ミクロネシアに対してとるべき政策について，大統領に勧告した。その内容は，ミクロネシア人が独立への意識に目覚める前に住民投票を行い，ミクロネシアを恒久的なアメリカ領土として確保するための政治工作を行うべきであるというものである。報告書は秘密文書とされていたが，71年にその内容がミクロネシアの学生運動家によって暴露された。　　矢崎 幸生

ソーン・バーズ｜《ソーン・バーズ》｜
The Thorn Birds

オーストラリアの《風と共に去りぬ》に当たる壮大なロマンス小説。1977年刊行。作者はコリーン・マカラック Colleen McCullough (1937-)。男性中心の新世界では女性ロマンスが書かれにくいという背景からも，アメリカとオースラリアの二つの超ベストセラーは意義深い。ニューサウスウェールズ州奥地の巨大牧場ドローエダを中心に，莫大な鉱物資源で財を築いた親戚にひきとられたクリアリー一族の物語で，一族唯一の娘メガンとド・ブリカサード神父との禁断の恋，そして神父がドローエダに君臨するメガンの伯母，未亡人メアリー・カーソンの邪恋を利用する形で莫大な遺産をバチカンに寄付させた手柄と，時の教皇のひきで枢機卿に出世するドラマが第一部。2人の不倫の息子デーンの神韻縹渺たる資質，そして彼の夭折，メガンと夫ルーク(容貌だけは神父に酷似)の娘ジャスティンと西ドイツ閣僚との恋，さらに神父のバチカンでの政治的苦闘を描くのが第二部。オーストラリアの▶メートシップと妻帯禁止のカトリック僧の世界という，ともに男性中心的エートスを合体させた主題が，拡散的な筋の展開を見事に共鳴させ，さらには鉱物資源依存，海外依存(西ドイツ閣僚は本来なら日本閣僚とすべきだった)など，オーストラリアの精神風土を浮かび上がらせることにも成功している。　　越智 道雄

た

●太鼓

ニューギニア島、セピック川流域．

たいこ｜太鼓｜drum

膜鳴音響器の総称であるが，ときには木鼓，銅鼓，竹筒鼓などの体鳴楽器を含む場合がある。ほとんどの場合，手や桴_{ばち}，紐に付けられた玉で打奏するが，特殊例としてブラジルのクイーカのように，膜面中央に設けられた突起を手や布切れで擦奏するものがある。用途としては音楽，信号用のほか，北方シャーマンが憑依に際して打奏するなど，宗教目的にも用いられる。

太平洋地域における分布は，ポンペイ（ポナペ）島およびマーシャル諸島を除くミクロネシアの大部分とポリネシア，メラネシアの一部，台湾原住民にこれを欠き，必ずしも普遍的ではない。

メラネシアのパプアニューギニアには片手で持ち，もう一方の手で打奏するクンドゥがあり，名称はマレーシアやインドネシアの両面太鼓クンダンに似るが，形式には相当の差異がある。クンドゥは胴の中間がくびれた細長い片面太鼓で，膜の素材は通常ヘビやトカゲの皮を用い，膜面に蜜蠟のかたまりを付着させて音高の調節を図っている。

中央ポリネシアのタヒチ周辺では，古くからサメの皮を張った立型の片面太鼓パフがあり，手でたたくが，マルキーズ諸島にはこれの高さ2.5m以上のものがあり，パフ・アナアナと呼ばれている。集会場の石壇近くに置き，演奏者は壇上に立ち，手掌で打奏する。また高さ50cmほどのものはファアテテと呼ばれ，2本の細い桴で打つ。このほか，横置きの両面太鼓タリパラウは1本の頭付き桴で打つが，これはもともと西洋のバスドラムを応用したものにすぎない。ハワイには長短2種のパフがあり，高さ50cmほどの短いものパフ・フラは舞踊の音楽用，1m以上の長いものパフ・ヘイアウは神域での儀式用にと使い分けられていた。膜はいずれもサメ皮である。特異なものとしては，半割りにしたヤシ殻にサメ皮を張り，膝の上にくくりつけて打奏するプーニウがある。サメ皮の太鼓はクック諸島ではパウ・マンゴと呼ばれ，タヒチのものと同じである。ニュージーランドのマオリは太鼓をもたないが，厚い木板に楕円形の穴をあけ，つるしてたたく信号用音響器にパフの名を残している。

ミクロネシアのポンペイ島とマーシャル諸島の太鼓には，魚の消化管や膀胱が振動膜として用いられていることが報告されている。　→割れ目木鼓　　　　　　　小出光

だいさんせいぼんち｜大鑽井盆地｜Great Artesian Basin ➡グレートアーテジアン盆地

だいぶんすいれいさんみゃく｜大分水嶺山脈｜Great Dividing Range ➡グレートディバイディング山脈

たいへいよう｜太平洋｜Pacific Ocean

アジア，オーストラリア，南極，南北アメリカの各大陸に囲まれた，世界最大の海洋．面積約1億8000万km^{2}で，全地表の1/3，全海洋の1/2，全陸地の1.2倍を占める．容積約7億2000万km^3，平均水深約4000m．最深部はマリアナ海溝の1万0924±10mである．おもな付属海は西岸沿いにあり，ベーリング海，オホーツク海，日本海，黄海，東シナ海，南シナ海，セレベス海，ジャワ海，アラフラ海，サンゴ海，タスマン海などである．

[海水の特徴] 降水量と河川水の流入量の和が海面からの蒸発量を上回る大洋は太平洋だけであり，海水の塩分は低い．このため，深層まで沈んでいくほどの重い水が表層でつくられないから，大西洋に見られるような大規模な対流は存在しない．太平洋の深層に広がるのは北大西洋北部と南極海の表層から深層へ沈降した水である．太平洋にたどりつくまでにまわりの水とまじりあうから，沈降時の高塩分，低温という特徴は太平洋の深層ではほぼ失われている．海水が表層から沈降して大気との接触を絶たれると酸素は生物によって消費される一方である．消費量は生物活動に左右されるが，溶存酸素量はおおざっぱにいえば時間とともに減っていくから，溶けている酸素の量も大西洋やインド洋の深層に比べると少ない．深層の水の年齢(表層から沈降したあとの年数)を炭素の同位体^{14}Cを使って求めると，大西洋では数百年となるが太平洋では1000年以上になり，北太平洋では2000年以上になる．太平洋の深層を満たしている水は世界で最も古い水である．古いだけによくまじりあっているので，水温，塩分，酸素などの空間変化は大西洋の深層よりもずっと小さい．したがって深層の水の平均の動きも弱い．日本海や地中海など縁海を除けば，太平洋は面積，体積とも大西洋の約2倍もあって陸地の影響が小さいため，表層でも太平洋のほうが大西洋よりも変化が小さい．深層の水温は太平洋が大西洋よりも高いが，大洋全体での平均水温は太平洋が3.36℃，大西洋が3.73℃で太平洋のほうが低い．全海洋の平均水温は3.52℃である．

[海流] 北半球の表層では赤道から中緯度にかけては時計の針と同じ向きの循環，高緯度では逆向きの循環が卓越する．南半球では高緯度を除けば赤道に関して北半球とほぼ対称な循環となる．赤道では南赤道海流が西に流れるが，その直下，深さ50～150mをほぼ南緯1°から北緯1°にわたって東向きに流れる赤道潜流がある．南赤道海流の北を(北)赤道反流が東へ，そのさらに北側を北赤道海流が西へ流れる．北赤道海流の一部は黒潮へつながる．黒潮の流量は毎秒約6000万tとされており，南極環流，湾流についで世界第3位の流量となっている．時計の針と同じ向きの循環の一部としてカリフォルニア海流が南下する．その流量は毎秒1500万tである．北赤道海流の毎秒の流量は約4500万t，赤道反流が約2500万t，赤道潜流が約4000万tとされている．

黒潮の水は暖かいから大気は下から暖められて不安定(下層の空気が軽い)になり，上昇気流が生じやすく，雲ができやすい．一方，カリフォルニア海流の水は冷たいから大気は下から冷やされて安定し，上昇気流は起きにくい．雲は少なく雨は降らず，晴天の日が多くなる．一例をあげると，水戸とサンフランシスコはほぼ同じ緯度にあるが，サンフランシスコの降水量は水戸(1341mm/年)の1/3あまりにすぎない．赤道では西向きに吹く貿易風のため，表層海水の発散が起きて下層から冷たい水が昇ってくる．赤道での表面水温はその北側や南側よりも低い．下層の水温は深さが同じなら赤道西部が東部よりも高いし，東部で表層に湧昇した水が南赤道海流に乗って西へ運ばれる間に太陽放射によって暖められるから，赤道西部の表面水温は東部よりも高く，その差は5℃を超える．湧昇に伴って下層の栄養塩が表層に供給されるので，赤道海域の生物生産性は高い．

[台風] 赤道海流も西へ流れる間に太陽放射によって暖められ，大気を下から強く熱し，上昇気流を発達させる．暖かい海水から盛んに蒸発した水蒸気は上昇気流に乗って上へ運ばれ，冷やされて水に戻る．水に戻る際に潜熱(水1gについて約580cal)を大気に与える．また，海面と大気との間の摩擦が

小さいので海上の大気は陸上の大気よりも動きやすい。これらが西太平洋で熱帯低気圧(台風)が発生する原因の一部になっている。この海域で発生する台風は1年に25～30個で，世界中で発生する熱帯低気圧の半数に近い。日本沿岸や南シナ海や東シナ海を熱帯低気圧や温帯低気圧が通ると高潮が起きることがある。日本を襲った大きな高潮の高さは3m前後である。

[津波] ほかの海に比べて太平洋で多いのは津波である。津波は海底地震のほか海底火山の爆発や核爆発実験や地すべりでも起きる。三陸地方には20mを超える津波がたびたび押し寄せた。外洋を伝搬する波の減衰は弱いので津波は遠くへ届く。1960年にチリ沖で起きた津波の高さは1万7000kmも離れた日本沿岸でも6mを超えた。

[潮汐] オホーツク海やニューギニア東方などを除くと半日周期の潮汐が大きい。大潮での平均潮差(大潮差)は日本沿岸では1mくらいの所が多いが，アンカレジやチリ南部では10m近くに達する。1日周期の大潮差はニューギニアでは5m近くに達する所もあるが，1mたらずの所が多い。　　高野 健三

[生物] 太平洋の沿岸浅海生物相は，赤道の南北に熱帯から亜寒帯までの各海洋生物気候帯がほぼ緯度と平行に見られる点で，大西洋と同様である。しかし，銚子からカリフォルニア北部に及ぶ北太平洋生物地理区〉の亜寒帯・冷温帯性の生物群を除いては，東西両岸にはまったく違った生物相が存在する点で，大西洋とは著しく異なる。奄美大島以南オーストラリア北半部までの，東はハワイやポリネシアに至る低緯度西太平洋海域には〈インド・西太平洋海洋生物地理区〉に属する熱帯性生物相が見られるが，他方，東太平洋の熱帯性海域には，むしろ大西洋の西インドの種類に類縁の深い特異な生物相が存在する。そこで，西太平洋区の東端と南北アメリカ大陸沿岸との間に，〈東太平洋障害 East Pacific barrier〉と呼ばれる分布の断絶が想定され，海流による海産生物の幼生の運搬がこの2海域を隔てる長大な距離によって阻止されるからであるとされたが，近年ではアメリカ大陸沿いの沿岸水の存在も要因の一つと考えられるようになった。

太平洋の広さは生物生産量の分布にも反映される。大きな陸塊に接する縁辺部は表層の植物プランクトンによる基礎生産量が高く(炭素にして>250mg/m²・日)，大洋としては富栄養域となり，その沖合の幅の狭い海域が帯状に中栄養域(炭素にして100～250mg/m²・日)となっているが，さらに沖合の中央部が貧栄養域(炭素にして<100mg/m²・日)となっていて大西洋やインド洋の場合より広い面積を占める。ただし赤道に沿う海域では，南アメリカの北西隅から舌状に中栄養域が真西に向かって延び，貧栄養域を分断する。太平洋底は5000～6000mの深度でほぼ平坦な大洋底をなし，ベントス(底生生物)の生物量(現存量)も，縁辺部に高生物量富栄養域(1.0g/m²以上)，沖合帯状部に中生物量域(0.05～1.0g/m²)があり，中央部が貧栄養域(0.05～0.01g/m²)となるばかりでなく赤道域に中生物量域が張り出す点でも，表層の基礎生産量の分布によく一致している。

太平洋の深海には日本海溝など多くの海溝が存在するが，オセアニアにはマリアナ，ソロモン，ニューヘブリデス，トンガ・ケルマデクの諸海溝がある。ベントスの生物量は水深の増加に反比例して減少するのが原則である。海溝は陸岸に沿って位置するため，高い表層生産量に加えて陸上の生物生産物(陸上植物の遺骸)も流入し，6000～1万mに及ぶ大深度の割には生物量も高い。ところが，マリアナ海溝のように周辺に大きな陸地のない所では，原則どおりに生物量が低くなっている。また海溝の生物相は周囲の大洋底のそれとは異なるが，さらに各個の海溝が地理的に隔離されているため，種の分化を生じ海溝ごとに特有な固有種が見られる。

地質時代の中生代の初期のころまで存在していた〈パンゲア〉と呼ばれる一塊の超大陸が，分裂し移動した結果，白亜紀ころには南アメリカ，アフリカ，南極大陸，インド，オーストラリア，ニュージーランド，ニューギニアなどが，〈ゴンドワナ大陸〉として他の部分から分かれた。その後さらに分裂と移動が進み，インドはアジア大陸に衝突し，オーストラリア，ニュージーラン

ド，ニューギニアがほぼ現在の位置に到着したのは新生代の中新世（約1500万年前）であるとされる。そこでこれらの地域の陸上の動植物相はゴンドワナ大陸に由来するものが多く，ブナ科植物のミナミブナ類，オサムシ科の昆虫ミナミチビゴミムシ類や，原始的な半翅類のペロリディウム科の昆虫など，南アメリカの南端部との共通要素が見られる。またユスリカ科の昆虫の3亜科の分岐論的な系統分類学の結果でも，オーストラリア，ニュージーランドは南アメリカとの関係のほうが南アフリカよりも近いとされている。オーストラリアはさまざまに適応放散した有袋類で有名であるが，世界の他の地域では，現在南アメリカのみにオポッサム科の有袋類が広く分布し，一部は北アメリカに侵入している。

これに対して同じオセアニア地域内でも，ミクロネシア，ポリネシアのサンゴ礁からなる島嶼は，元来はハワイ島のような海底火山による島に端を発し，その後に火山活動の停止とともに沈降して，沈降速度に見合うだけのサンゴの成長がある場合には，火山島をめぐる裾礁から，堡礁環礁（アトール）となった。第2次大戦後エニウェトク環礁の深さ1287mに達するボーリングにより，地質学的に古い時代の火山の基盤岩を掘り当て，ダーウィンの沈降説が立証された。これらの島嶼の海陸の動植物相は，オーストラリアやニュージーランドのものとまったく異なり，むしろ海を渡って散布された東南アジア系の生物相に関連の深いものである。

大陸移動は，全地球表面が六つのプレートに分かれ，プレートの一部が特定の場所で割れ目を生じ，海洋底が新生し拡大することに原動力がある。現在深海底であるこのような場所に，地下のマグマが上昇し，海底に浸み込んだ海水が熱せられ，400℃前後の熱水として噴出している。その周囲には熱水中の硫化物が沈積して硫黄細菌（バクテリア）が繁殖し，この細菌を餌としたり体内に共生させて栄養源とする，一般の光合成に依存する生態系とは著しく異なる〈化学合成〉生態系の特異な生物群集が存在している。1970年代後半に南北アメリカ大陸西岸沖合の数ヵ所に発見されたが，近年，日本近海の沖縄トラフのほかに，オセアニア海域ではマリアナ諸島西側のマリアナ・トラフや北フィジー海盆でも熱水噴出口に伴う深海の化学合成生態系の生物群が見いだされた。

堀越 増興

【探検史，航海史】 1513年，スペインの武将▶バルボアは黄金郷を求めてパナマ地峡に入り，ある山の頂から大海原を望見した。こうしてバルボアは，太平洋を見た最初のヨーロッパ人となった。やがて始まる太平洋の探検航海の時代においても，黄金郷の探索は主要な目的の一つであった。もう一つの重要な目的は東洋産香料の貿易路確保であった。ポルトガルはアフリカ喜望峰回りの航路を開拓し，1521年にはモルッカ諸島にまで進出した。対抗上スペインは，西回りで太平洋を渡って東インドへ接近する必要があった。こうしてスペインが太平洋探検史の幕を開けることになった。

太平洋横断と世界一周航海を最初に達成したのはマゼランである。彼はポルトガル人だったが，スペイン国王カルロス1世の援助でトリニダード号を旗艦とする艦隊を組み，1519年セビリャを出帆した。マゼラン海峡を通過して太平洋に出たのは20年暮れ，そして21年3月に太平洋を横断してマリアナ諸島のグアム島に着いた。この間，食料と水の欠乏，病気に悩まされたが，海は静かだったので静穏な海El Mar Pacífico（太平洋）と名づけられた。しかし彼の最期は，太平洋探検史の波乱の予告となった。グアム島民の盗みに悩まされた一行は民家とカヌーを焼き，数名の島民を殺して西航を続けフィリピンに到った。マゼランは4月27日マクタン島での島民との戦いで戦死した。

メキシコのアカプルコから北東貿易風に乗ってフィリピンのマニラへ西航し，マニラからはいったん北上してのち偏西風に乗ってカリフォルニアに達するというガレオン船貿易路を開拓したのは，▶レガスピと▶ウルダネータである。スペイン王フェリペ2世にフィリピン占領とキリスト教の布教，およびフィリピンから新大陸への航路の発見を命ぜられた2人は，1564年メキシ

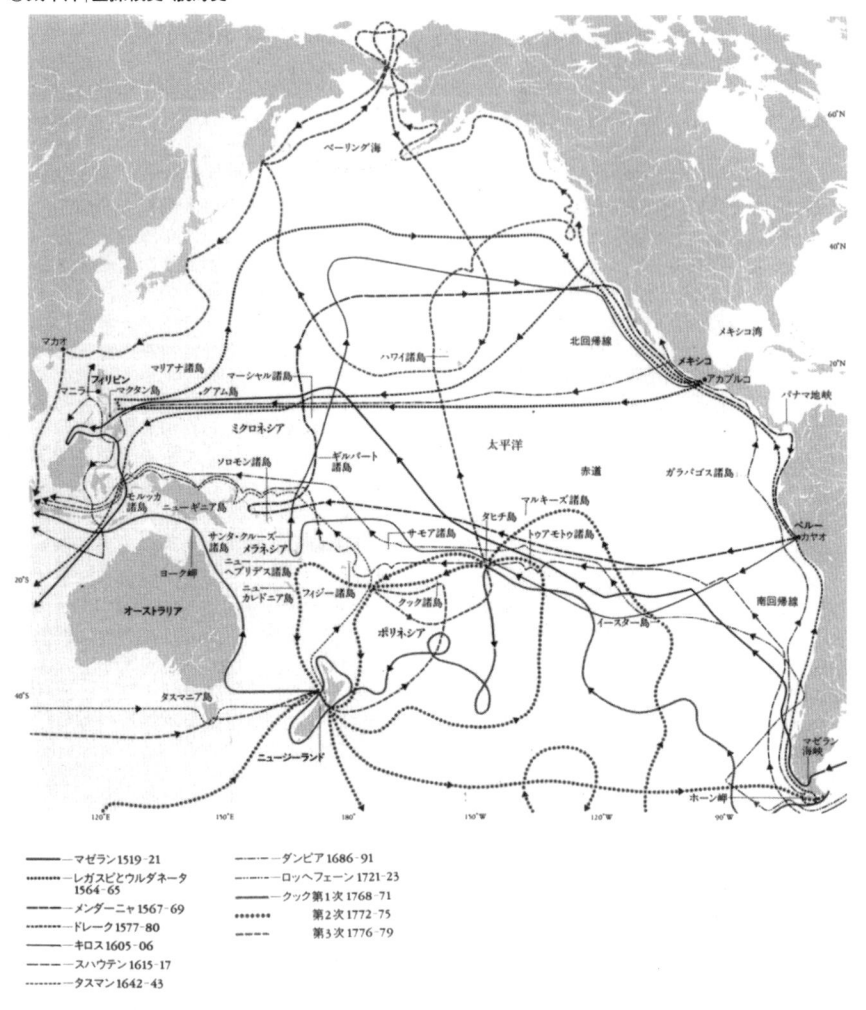

● 太平洋｜圆探検史・航海史

凡例：
- マゼラン 1519-21
- レガスピとウルダネータ 1564-65
- メンダーニャ 1567-69
- ドレーク 1577-80
- キロス 1605-06
- スハウテン 1615-17
- タスマン 1642-43
- ダンピア 1686-91
- ロッヘフェーン 1721-23
- クック第1次 1768-71
- 第2次 1772-75
- 第3次 1776-79

コからフィリピンへ渡った。そしてウルダネータが65年メキシコへ東航したのである。これに続く▶メンダーニャと▶キロスの航海は，古代ギリシア人の空想した〈テラ・アウストラリス・インコグニタ Terra Australis Incognita (知られざる南方大陸)〉の発見を目的としていた。1567年メンダーニャはペルーを発ち，68年ソロモン諸島を発見した。その諸島名はソロモン王が黄金を得たという旧約聖書の物語にちなんだもので，黄金郷発見への意欲をうかがわせる。95年メンダーニャは，ソロモン諸島に植民地を建設するため移民を乗せて再度旅立った。しかしソロモン諸島を再発見することができないまま，98年にペルーへ戻った。この航海の途上，マルキーズ諸島とサンタクルーズ諸島を発見したが，メンダーニャ自身はサンタクルーズ諸島で死亡した。メンダーニャ

の2回目の航海に同行したキロスは1605年に再度ペルーから出帆し，トゥアモトゥ諸島などのポリネシアの島々を発見したのち，06年ニューヘブリデス諸島に到った。キロスはそのうちの一島が南方大陸であると信じた。

17世紀にはオランダ人が太平洋で活躍した。1605年▶ヤンスはニューギニア島を探検したが，ニューギニアとオーストラリアのヨーク岬半島が陸続きだと誤認し，両者間の海峡初航海の栄誉を▶トレスに譲ることになった。16年▶ハルトフはオーストラリア大陸西岸へのインド洋航路を発見して大陸西岸探検の端緒をつくり，▶タスマンは大陸南岸を東進した。また▶スハウテンは16年南アメリカ最南端のホーン岬迂回航路を発見した。さらに▶ロッヘフェーンは1722年イースター島を発見した。

この間，イギリスの海賊も活動していた。1577-80年史上2度目の世界周航を達成した▶F.ドレークは海賊として有名だが，18世紀の科学的探検時代の先駆者▶ダンピアもこうした海賊の一人だった。イギリスとフランスの航海者たちが科学的探検時代に活躍したが，代表は▶J.クックである。金星の太陽面通過観測のために1769年にタヒチ島を訪れてから，79年までの間にクックは3回の探検航海を実施した。この間，多くの島々を発見し正確な地図を作成したばかりでなく，貴重な記録を残して後世の研究に役だて，壊血病の予防法を開発するなど，すばらしい成果を収めた。太平洋の住民にも理解を示したクックだったが，79年ハワイで住民の怒りを買い殺された。

石川栄吉＋斉藤尚文

たいへいようかんきょうきょうどうたい｜太平洋環境共同体｜Pacific Environment Community

2009年5月に北海道占冠村トマムで開催された第5回▶太平洋島サミットで，麻生太郎首相が提唱した地域連帯の構想。21世紀に入り，気候変動問題に連動して環境に関わる諸問題が人類共通の課題として急浮上してきたが，これらをテーマに議論を重ねながら日本が太平洋島嶼諸国との連帯を強化していこうというもの。当面は，共有する海洋資源やゴミ処理，気候変動への対応問題が焦点となるが，これらがやがて共同体ユニットに発展することを目指している。

小林泉

たいへいようきょうどうたい｜太平洋共同体｜Pacific Community

第2次大戦終了後の1947年に，太平洋島嶼地域に植民地をもつイギリス，アメリカ，フランス，オランダ，オーストラリア，ニュージーランドの6ヵ国が，植民地の経済・社会開発，福祉向上を目的とする協議機関として南太平洋委員会 South Pacific Commission (SPC) を創設した。その後，域内島嶼の独立や自治化にともない，島嶼政府も順次，正・準加盟国として参加し，現在は上記の5旧宗主国（オランダは1975年に脱退）に加え，12独立国，10自治政府の計27政治単位が構成メンバーになっている。島嶼政府が加盟していったことで，▶太平洋芸術祭や▶パシフィック・ゲームズの開催など，地域の連帯化を図るための組織としても機能してきた。本部は仏領ニューカレドニアのヌメアに置かれ，加盟国の持ち回りによる年1回の閣僚級定期会議が開催されている。討議内容は本来の目的にそって，政治問題は扱わないことが原則。しかし，これに物足りなさを感じた独立島嶼諸国は，71年に政治問題も自由に討議できる島嶼国中心の▶南太平洋フォーラムを創設した。現在は，この域内二つの国際組織が共同で各種のプログラムを実施している。

北半球に位置する島嶼諸国の出現により，地域国際組織の名称として〈南太平洋〉を使わない傾向がすすむ中，この組織も1998年に〈太平洋共同体〉へと名称変更した。しかし，使い慣れた略語SPCをなくすことの不都合から，本部組織を Secretariat of the Pacific Community とし，通称SPCが引き続き使用されている。

小林泉

たいへいようけいざいいいんかい｜太平洋経済委員会｜Pacific Basin Economic Council

略称PBEC（ピーベック）。1963年に設立された日豪経済合同委員会で，太平洋地域に経済協力ならびに開発のための太平洋地域機構を設立する必要性があるという合意がなされ，これを受けて1967年にオーストラリア，ニ

ュージーランド，日本の正式代表およびアメリカからのオブザーバー参加により，PBEC が発足した。その後，アメリカとカナダも正式加盟し，先進5ヵ国の経済人・財界組織として翌年に第1回総会がシドニーにて開催された。太平洋地域内各国間の実業界相互の協力を促進することにより，各国間の経済関係を強化し，地域全体の経済的・社会的発展に寄与することを目的とする。PBEC には，その後，地域内の発展途上国の参加希望をうけて，韓国，台湾，さらに中南米諸国，ASEAN 諸国，香港が相次いで正式メンバー，地域メンバーとなり，現在の加盟国数は20ヵ国に上る。各加盟国には国内委員会が設けられていたが，2004年これらの国内委員会の廃止が決定され，全ての加盟企業メンバーが直接 PBEC 本部に所属する形態へと変更された。日本委員会も08年3月をもって解散された。本部は香港に設置。総会は毎年加盟国間で持ち回りで開催されていたが，組織形態が変更されてからは香港で開催されることが多くなっている。　　　　　　　　　　　　西川 圭輔

たいへいようけいざいきょうりょくかいぎ|太平洋経済協力会議|Pacific Economic Cooperation Council

略称PECC^{ペック}。1979年に故大平正芳首相が提唱した〈環太平洋構想〉を契機として，80年9月に日豪首脳間の合意によって第1回太平洋協力に関する国際セミナーがキャンベラで開かれた。PECC はこのセミナーを母体とし，太平洋地域における協力関係を推進することを目的に，各国経済界，学界，政府の3者から構成される組織である。国際事務局は1990年にシンガポールに設置され，総会は2007年より毎年25の国・地域のメンバーによる持ち回りで開催されている（それまではほぼ18ヵ月おきに開催）。各メンバー国では，3者構成による国内委員会（各委員は個人資格で参加）があり，日本委員会（JANCPEC）は110名程度の委員・顧問を有する組織となっている。APEC（ ゛アジア太平洋経済協力）閣僚会議には，公式オブザーバーとして参加しているほか，PECC 内の各タスクフォースにおける研究成果を APEC に提供している。

西川 圭輔

たいへいようげいじゅつさい|太平洋芸術祭|Pacific Arts Festival

太平洋島嶼地域住民の相互連帯と友好の促進を，それぞれの伝統文化の交流をもって進めることを目的にした4年に一度の地域イベント。南太平洋委員会（゛太平洋共同体）が提唱して，第1回は1972年にフィジーのスバで開催された。10日から2週間ほどの祭り開催期間中は，域内各地域から集まったグループが，それぞれの島や部族の伝統的舞踏や歌を複数の会場で延々と繰り広げる。芸術度を競い合うのではなく，自文化を披露し合いながら交流を深めるという趣旨のため，基本的に参加制限はない。2008年にアメリカ領サモアで開催された第10回大会の参加者総数は2000名を超えたが，その中には同じ太平洋島嶼民として台湾からのパフォーマー80名も混じっていた。次回12年がソロモン，その次の16年がグアムと開催地が決まっている。

小林 泉

たいへいようしまサミット|太平洋島サミット

日本が゛太平洋諸島フォーラム（PIF）諸国の首脳を日本に招いて開催する国際首脳会議。正式には〈日本・PIF 首脳会議〉という。1997年10月，橋本龍太郎首相の招待に応じたオーストラリア，ニュージーランドを含む16ヵ国・地域の全首脳が集まって，第1回会合が東京で実施された。その後，宮崎，沖縄，沖縄，北海道と開催地を変えて3年ごとに開催されている。この会議は，1993年以降5年ごとに行われてきたアフリカ開発会議（TICAD）と比較されることが多い。だが，これが国連，世界銀行との共同開催の会合なのに対し，太平洋島サミットは，日本政府単独のイニシアティブによって行われる定期会合としてユニークかつ重要な外交イベントになっている。

小林 泉

たいへいようしょとうフォーラム|太平洋諸島フォーラム|Pacific Islands Forum

1971年にフィジーの゛マラ首相の提唱により，南太平洋の独立諸国による協議機関として発足。名称は南太平洋フォーラム South Pacific Forum (SPF) で，南太平洋の島嶼国サミットでもあった。旧宗主国が主導する南太平洋委員会（゛太平洋共同体）に対し，島嶼国側の主体性を堅持しながら地域の結束を図

ることを目的としていたが，域内国として先進国であるオーストラリア，ニュージーランドも正式メンバーとして加盟した。発足当初は，ムルロア環礁でのフランスの核実験や日本の核廃棄物海洋投棄計画を非難したり，フランス領ニューカレドニアの独立支援声明を出すなど，政治討議が重要な課題になることが多かったが，本来のねらいは域内間の経済協力を強化・発展させるという域内共通利益の追求にある。

現在の構成国は14ヵ国と，2自治政府（クック諸島，ニウエ）。これまでオブザーバー参加だった仏領ポリネシアとニューカレドニアが，将来の正式加盟に備えて2006年に準メンバーになった。北半球のミクロネシア諸国が加盟してからは，域内組織・機関の名称からできるだけ〈南太平洋〉を取り除いていこうという空気が高まり，2002年の年次会議で〈太平洋諸島フォーラム〉(PIF)への名称変更を決議，1年の猶予期間を経て03年から現名称がスタートした。年次首脳会議に続いて域外国対話会が行われるようになったが，1989年以来，日本も毎年閣僚級が参加し，政策対話をしている。本部事務局は，フィジーのスバに置かれている。

小林 泉

たいへいようしょとうフォーラムぎょぎょうきかん｜太平洋諸島フォーラム漁業機関｜Pacific Islands Folum Fisheries Agency

1979年に設立された地域漁業機関。当時の南太平洋フォーラム（˚太平洋諸島フォーラム）によって，域内諸国の200カイリ排他的経済水域における持続可能なマグロ資源管理による利益享受のための地域協力促進を目的として，南太平洋フォーラム漁業機関として発足した。略称FFA。ソロモン諸島のホニアラに本部を置き，現在および将来のマグロ漁業の管理と発展のため，加盟17国・地域（オーストラリア・ニュージーランド・パラオ・ミクロネシア連邦・マーシャル諸島・ナウル・キリバス・パプアニューギニア・ソロモン諸島・バヌアツ・フィジー諸島・ツバル・サモア・トンガの14国およびクック諸島・ニウエ・トケラウの3地域）は，各国・地域の漁業管理能力および加盟国・地域の連帯強化を図っている。将来にわたる持続可能なマグロ資源管理を主たる目的としている。

その他に，マグロの漁獲・加工・市場開発による雇用創出・収入確保，ならびに違法操業防止のために監視を行い，各国政府の定める漁業開発・管理法令を遵守する漁業者が利益を確保できるよう取り組んでいる。

東 裕

たいへいようしょとうフォーラムじむきょく｜太平洋諸島フォーラム事務局｜Pacific Islands Forum Secretariat

1973年4月の第4回南太平洋フォーラム(SPF)首脳会議において，加盟国間の貿易・経済開発・運輸通信・観光などについて，加盟国間の協力を推進することを目的として設立された地域国際機関で，南太平洋経済協力機関という。略称SPEC。オーストラリア，クック諸島，フィジー，ナウル，ニュージーランド，トンガ，西サモアを設立メンバーとし，その後，87年末までにニウエ，パプアニューギニア，キリバス，ソロモン諸島，ツバル，バヌアツ，ミクロネシア連邦，マーシャル諸島共和国が加盟した。南太平洋フォーラムの総会事務局兼執行機関の役割を果たしてきたが，88年に南太平洋フォーラム事務局South Pacific Forum Secretariatと改称され，さらに2000年に南太平洋フォーラムが˚太平洋諸島フォーラム Pacific Islands Forum (PIF) と名称変更されたため，現在は太平洋諸島フォーラム事務局(PIFS)となっている。同事務局は，現在16ヵ国・地域が加盟するPIFの総会および事務レベル委員会の実施機関として，域内政策の立案と域内協力の強化・促進を図っている。事務局は，フィジーの首都スバにあるが，フィジーの政治的混乱等の理由により，サモアへの事務局移転を求める声も一部にある。

東 裕

たいへいようせんそう｜太平洋戦争

[太平洋島嶼部における戦線] 1941年12月8日，日本軍はマレー半島に上陸し，またハワイの真珠湾を奇襲し，太平洋戦争の幕が切って落とされた。日本軍は，第1段作戦として，南方進攻を志向したが，目的は蘭印（オランダ領東インド，ほぼ現在のインドネシア）の石油資源等の獲得と，米英の重要基地であるシンガポール，マニラ，香港，グアム島，ウェーク島を奪取することで，長期自給作

戦に資することであった。開戦後およそ3ヵ月でその目的をほぼ完遂し、西太平洋から東インド洋にかけての広大な区域の制海・制空権を手中にした。その後、日本軍により目的とされたのが、ニューギニアのポートモレスビー攻撃と、ニューカレドニア、フィジー、サモア攻略である。前者は、連合国軍によるラバウル（1942年1月23日、日本軍が占領）、トラック（チューク）の日本軍空爆の中継点であったからである。後者は、アメリカ軍へのオーストラリアからの補給路を分断することを目的としていた。しかし、42年5月の珊瑚海海戦において、日本艦隊の進攻がアメリカ艦隊により初めて止められ、海路によるポートモレスビー攻略は中止された。さらに同年6月5日、日本艦隊はアメリカ艦隊との早期決戦を求め、ミッドウェーで対戦するが、空母4隻と練度の高いパイロットを大量に失って逆に大打撃を受けた。これが太平洋戦争の転機となった。

連合軍は、南東太平洋から二正面作戦で反撃を始めた（カートホイール作戦）。ニミッツ将軍麾下の軍は、ソロモン諸島をガダルカナル島方面へ、マッカーサー将軍はニューギニアをフィリピンの方向に北進した。ところで日本軍は、42年6月ガダルカナル島に上陸し、飛行場建設を始めていたが、8月7日連合軍が上陸し、本格的に反攻を開始した。ここにソロモン諸島争奪戦が展開された。両陣営とも敵の輸送船団を破壊すべく航空力と艦隊を用いた。しかし大規模な数回の海戦を含む約4ヵ月にわたる激しい消耗戦ののちに、12月31日、日本はガダルカナル島の放棄を決定せざるをえなかった。また日本軍は42年7月から8月にかけてニューギニアのブナとゴナに上陸し、陸路ポートモレスビー攻略を目ざしたが、地形の困難と糧食不足に悩まされ、結局撤退命令を受けて引き返した。物量で勝る連合軍の反攻は続き、43年5月29日、北方ではアリューシャン列島のアッツ島で日本守備隊が〈玉砕〉し、7月29日キスカ島からは撤収した。南方では、ニミッツ将軍の進路が優先され、連合軍はソロモン諸島を一歩一歩攻め上ったが、ラバウルを迂回して、中部太平洋に向かい、11月24日にはマーシャル諸島への足掛りにするためにギルバート諸島のマキン、タラワを膨大な火力をもって攻略した。そしてクワジャリン、ルオット環礁を手始めに44年4月までにはマーシャル諸島を自己の掌中に入れた。44年2月17日、18日には、〈太平洋のジブラルタル〉と称されたトラック島を空襲し、日本の基地にきわめて大きな被害を与え、基地としての機能を奪った。

すでに43年9月30日、日本は自国の防衛のため千島列島から、小笠原、内南洋（中西部）、西部ニューギニア、スンダ、ビルマの線を〈絶対国防圏〉としていたが、こののちに小笠原、マリアナ、カロリン諸島を〈死守決死戦〉と決め直した。しかし連合軍は、44年6月6日マリアナ諸島攻略を開始し、15日サイパン島に上陸した。日本艦隊は、このマリアナ沖においてアメリカ艦隊と対戦したが、航空戦では〈七面鳥撃ち〉と称されるほどの壊滅的打撃を受け、海戦でも空母を3隻失い、西太平洋の制海権を完全に喪失した。そして7月7日サイパンの日本軍は、1万の住民とともに全滅した。サイパンが連合国に占領されたことにより日本本土が直接に新式戦略爆撃機B29の空襲にさらされることになった。さらに8月3日にはテニアン島、11日にはグアム島が占領された。

他方、マッカーサー将軍の熱望により連合軍はフィリピンにも向かい、10月20日レイテ島に上陸を始める。日本海軍もレイテ湾に進み、連合国軍の上陸を阻止しようとするが、結局突入を果たせなかった。レイテの戦闘は12月中旬までに終わり、45年1月9日連合軍は、ルソン島リンガエン湾に上陸、3月3日マニラが陥落した。ニミッツ麾下の連合軍は2月19日に硫黄島に上陸し、激しい戦闘ののちに3月17日には硫黄島守備隊が玉砕した。連合軍はさらに4月1日、沖縄西海岸に上陸した。数多くの島民を巻き込んだ激戦ののちに、6月23日沖縄は陥落する。しかし8月15日に日本が降伏するまでには、広島と長崎とへの原爆投下と、ソ連の参戦がなお必要であった。　広野 好彦

[オーストラリアの太平洋戦争]　日本軍によるマレー半島攻略とシンガポールの陥落（1942

年2月15日)とともに，英帝国のアジアでの防衛戦略は崩壊，オーストラリアは国防の危機に陥った。豪軍は，第2次世界大戦勃発とともにヨーロッパ，北アフリカ，中東に派遣されていたが，豪政府は日本軍に抗戦するために陸軍第6・第7師団を地中海地域から召還した。また，1942年1月，連合国はABDA(米・英・蘭・豪)連合軍司令部を設置し，蘭印(オランダ領東インド，ほぼ現在のインドネシア)へ増援部隊を送ったが，3月蘭印は日本軍に占領された。日本軍は，42年2月19日のダーウィン爆撃に始まり，ブルームやタウンズビルなど，オーストラリア北部への空襲を開始した。2月19日の2回のダーウィンへの爆撃では，米豪海軍および港湾労働者など約300名が死亡した。43年11月までの間にダーウィンへの爆撃総数は64回に及ぶ。

1942年5月31日夜半，日本軍特殊潜航艇3隻がシドニー湾に進入し，ガーデンアイランド海軍基地への攻撃を試みた。3隻のうち1隻は防潜網が絡まって自爆，別の1隻は豪軍の爆雷攻撃で沈んだが，もう1隻は魚雷発射後に湾外に脱出，行方がわからなくなった。魚雷を受けた宿泊船カタバル号は沈没，21名の豪・英国人水兵が死亡した。オーストラリアの中心都市へのこの攻撃は豪国民に衝撃を与えた。日本軍は豪本土侵略を意図していなかったが，豪国民にはその可能性を想起させたからである。2隻の潜航艇は沈没直後に引き上げられ，日本兵4人の遺体は回収されて海軍葬が行われた後，遺灰は日本に送還された。

東部ニューギニアは，日豪両軍の激戦地域となった。開戦当時，パプアはオーストラリア領，ニューギニアは国際連盟委任統治領で，とくにニューギニアには装備の貧弱な民兵組織しかなく，ニューギニア防衛軍の増強はオーストラリアにとって急務であった。42年3月，フィリピンを撤退したマッカーサー将軍がオーストラリアに到着，対日攻略戦(いわゆる蛙飛び作戦)を開始，米軍とともに豪軍はニューギニアの日本軍を壊滅させていった。豪軍は日本軍の掃討作戦mopping upを担当し，米軍とともにニューギニアの日本軍を壊滅させていった。42年

5月珊瑚海海戦の結果，海路によるポートモレスビー攻略を諦めた日本軍は，ニューギニア北岸からオーエンスタンレー山脈を越えてポートモレスビーを目指し，ココダやイスラバを占領，9月にはポートモレスビーまで45キロという地点まで達したものの，撤退を余儀なくされた。この間ココダ道 Kokoda Trail では激しい戦闘となり，日豪両軍に多くの犠牲者を出した。なお，ニューギニア戦で戦死した日本兵の大半は病死あるいは餓死であった。現地人は補給物資運搬や建設などの労務のために日豪両軍に徴用されていたが，オーストラリアでは豪軍の傷病兵を搬出する姿が報道されて〈縮れ毛の天使 Fuzzy Wuzzy Angels〉と賞賛された。

太平洋戦争では，約2万2000人の豪兵が日本軍捕虜となり，7700人が死亡した。泰緬鉄道建設では1万3000人の豪兵のうち2600人，アンボン収容所では528人のうち408人，サンダカン収容所にいたっては逃亡した6人を除いた全員が死亡し，豪国民の対日感情を悪化させた。また日本軍による虐殺事件としては，バンカ島事件——シンガポールから撤退する豪看護婦らを乗せた船がスマトラ島東部で日本軍の攻撃を受けて沈没，看護婦22名と民間人30数名がバンカ島に辿り着いたが，通報を受けて到着した日本兵に射殺され，看護婦1名のみが奇跡的に生き残った事件，トル・プランテーション事件——日本軍がラバウルを攻略後，捕虜となった数千人の豪兵・ヨーロッパ系民間人のうち約150人を殺害した事件，ラハ事件——アンボンのラハ飛行場占領時に200～300人の捕虜を殺害した事件などが知られる。

一方，豪軍の捕虜となった日本兵・軍属・商船員(台湾・朝鮮の出身者を含む)は約2800人で，そのうち1100人がニューサウスウェールズ州の〝カウラ捕虜収容所に収容された。1943年1月に最初の日本人捕虜が到着，44年8月5日に集団脱走事件が発生した。約1000人の捕虜が参加したこの事件で，日本人死亡者が234人，負傷者が108人となり，脱走は失敗に終わった。豪兵・守備隊員も5人が死亡，4人が負傷した。生き残った捕虜は

分離されて、ニューサウスウェールズのヘイ収容所とビクトリアのマーチンソン収容所に送られた。戦後、地元のRSL（復員兵連盟）が隣接する豪軍人墓地の手入れのさいに、脱走事件の死者の集団墓地の定期的な清掃と管理作業を行っていた。64年日豪政府の合意によってカウラに日本人墓地が造られ、79年には日本庭園が開設、日本との和解の象徴となっている。

開戦とともに豪在住の日本人および日系人も収容されて、サウスオーストラリア州のラブデー収容所、ビクトリア州のタツラ収容所、ヘイ収容所などに収容された。こうした民間人捕虜収容所には、オーストラリア周辺の英・仏・蘭領地域で抑留された日本人（台湾・朝鮮の出身者も含む）も収容され、最大時で約4300人に及んだが、大半は戦中・戦後に強制送還となった。戦後オーストラリアでの在留許可が下りたのは141人のみであった。また、戦争中オーストラリアで抑留中に死亡した民間日本人の墓もカウラに移転された。

戦後の戦犯裁判では、オーストラリアは日本に対して厳しい姿勢で臨んだ。極東国際軍事裁判（いわゆる東京裁判）では天皇の訴追を求め、B・C級戦犯裁判でも捕虜虐待が厳しく追及され、294件の裁判で949人が有罪、153人が死刑判決を受けた。1942年12月豪兵捕虜がシンガポールから直江津収容所に移送されたが、43年の3月までに60人が病死した。戦犯裁判では収容所員15人が責任を問われ、8人が死刑となった。

対日占領軍は米軍が中心(43万人)であったが、1万2000人の豪軍も英連邦軍(3万7000人)として駐留した。豪軍は反宥和政策をとり、日本人女性との交際を禁じていた。それでも豪兵と結婚した日本人女性は、白豪主義と反日感情の壁を乗り越えて、豪軍の駐留が終わった1956年11月までに約650人の戦争花嫁として渡豪した。

対日講和後、日豪は西側諸国として、また重要な貿易相手国として急速に関係を修復し、太平洋戦争が関係進展のうえで阻害要因となったことはない。しかしながら、国民の認識においては、日豪で明らかな非対称性がみられる。オーストラリアでは、太平洋戦争の記憶は常に掘り起こされ、▶アンザック・デーの追悼式などを通して太平洋戦争は国家的体験として再確認されており、昨今ではますます豪国民の関心が高まっているようにみえる。中でもココダ道の戦闘は豪国民にとって太平洋戦争の象徴であり、ガリポリと同様にココダ道へのツアーが人気を集めている。

2006年11月、行方不明となっていた日本軍特殊潜航艇が、シドニー北部沿岸でダイバーによって発見された。潜航艇の2人の乗組員に対して、07年8月6日、シドニー湾の豪海軍基地で日豪の関係者が参列して追悼式が行われた。なお、1942年の攻撃直後に引き上げられた2隻の艇は1隻に復元されて、戦後キャンベラの国立戦争記念館で展示されてきた。また、68年には戦死した松尾敬宇大尉の82歳の母親が訪豪し、豪側に暖かく迎えられて、2国間の和解を象徴する出来事となっている。

2008年6月、豪連邦政府は9月の第1水曜日をオーストラリア戦記念日 Battle for Australia Day に制定すると発表した。1942年から43年にかけての豪本土防衛を記念するもので、ダーウィン爆撃、珊瑚海海戦、ミルン湾戦とココダ戦を含むパプアニューギニア戦を対象としている。第2次大戦の中でも特定の戦線のみを追悼・顕彰するこの日の制定に対しては、有識者や退役軍人の間でも賛否があるが、国防に寄与した豪兵を顕彰するという昨今のオーストラリアのナショナリズムの現れであるといえよう。08、09年は、アデレードとダーウィンを除く州都やいくつかの地方都市でオーストラリア戦記念日の追悼式典が行われた。一方、ダーウィンでは、終戦直後から毎年2月19日にダーウィン爆撃の追悼式典が開催されている。

鎌田真弓

たいりくおうだんてつどう｜大陸横断鉄道

オーストラリア大陸を横断してシドニーとウェスタンオーストラリアの州都パース間3961kmを結ぶ列車〈インディアン・パシフィック〉は、1970年3月1日パースからシドニーへの便、翌日シドニーからパースへの便が出てスタート、初年度で約2万9000人の乗客を運んだ。ニューサウスウェールズ、

サウスオーストラリア，ウェスタンオーストラリア各州鉄道に連邦鉄道が参加，最後の組織はポートピリー～カルグーリー間を管轄する。

オーストラリアの鉄道は，1850年代の建設初期に際しておもにアイルランド人技師が広軌道を推薦して退職，後任のスコットランド人技師が標準軌道を推薦して起きた混乱や，1860年代以降は建設費の安い狭軌道が多く採用されるようになり，各州の線路軌道が異なる結果になった。この大陸横断便は，全国一律の軌道に統一する動きの勝利を意味したわけだが，統一の動きは1912年に開始，実現まで約60年かかったことになる。アデレードだけが頑強に調整を拒んでいたが，これも今では右に倣った。軌道統一がなされなかった当時5回も乗換えを余儀なくされ，8～10日を要したシドニー～パース間の貨物便が3日半に，また客車便は80時間が65時間に短縮された。この経緯は，この国の州権の強大さの表れというより，アメリカのように東部から西部に突進する生理的衝動が，この国のエートスに欠けていたことに起因している。⇨大陸縦断鉄道

越智 道雄＋村上 雄一

たいりくじゅうだんてつどう｜大陸縦断鉄道

サウスオーストラリアの州都アデレードとノーザンテリトリーの主都ダーウィン間2979kmを結ぶ，世界で唯一つの大陸縦断鉄道。1929年8月，アデレードとスチュワート(現アリススプリングズ)間に，アフガニスタン人ラクダ使いにちなみ名付けられた列車〈アフガン・エクスプレス〉(後に〈ガ・ガン〉と呼ばれる)の運行が開始された。当初は狭軌道であったが，1975年に始まった新ルートの敷設に伴い標準軌道に変更され，1980年に豪華寝台列車の運行が開始された。2003年ようやくダーウィンまで開通，翌年2月1日，1kmを超える長さの43両編成の一番列車がアデレードを出発，同3日夕方ダーウィンへと到着した。

村上 雄一

ダーウィン｜Darwin

オーストラリア，ノーザンテリトリー(準州)の州都。人口11万4400(2006)。平均気温は最暖月(11月)29.7℃，最寒月(7月)24.9℃，年降水量は1827mmで，5～10月が乾季となる熱帯サバンナ気候である。同国北部の交通・通信の拠点で，港湾および国際空港があり，2004年にアリススプリングズ～ダーウィン間の鉄道が開通した。1839年，ビーグル号のストークスが来航し，科学者ダーウィンにちなみ命名した。69年に入植され，パーマストン Palmerston と名付けられたが，1911年に公式にダーウィンと改称された。1872年にアデレードとの間に陸上電信線を敷設。第2次世界大戦中は連合軍の拠点となり，日本軍の空襲を受けた(1942)。1974年にはサイクロンにより大きな被害を受けた。

谷内 達

タウポ[湖]｜Lake Taupo

ニュージーランド北島の中央部に位置するオセアニア最大の淡水湖。面積616km²，最大水深189m，周囲長193km。181年の噴火によって形成されたカルデラ湖。周辺では現在も火山活動が活発で，温泉や地熱発電所がある。ニュージーランドの最長河川の▶ワイカト川がここから毎秒230tの水量で，フカ滝(落差は10m程度)となって流れ出る。湖にはヒメマスが生息し，マス釣りの格好の場所として周知され，世界中から釣り人が訪れる。湖の名はマオリの族長タウポヌイアテアに由来する。湖北東岸にタウポの町がある。

菊地 俊夫

タウンズビル｜Townsville

オーストラリア，クイーンズランド州北東岸にある同州第3の都市。人口15万3000(2006)。州北部の中心都市で，後背地は海岸部のサトウキビ地帯だけでなく，奥地の肉牛地帯や鉱山都市▶マウントアイザを含む。食肉加工，銅精錬が行われ，港から粗糖，鉛・亜鉛鉱石，精錬銅などを輸移出する。ジェームズ・クック大学(1970創立)がある。1864年開基，名称は入植の企画・後援者R.タウンズに由来する。

谷内 達

たかみやまだいごろう｜高見山大五郎｜1944-

アメリカ，ハワイ州マウイ島出身の大相撲力士。本名渡辺大五郎。1980年に日本に帰化する前の名前はジェシー・クハウルア。64年来日して高砂部屋に入門し，同年春場所初土俵。68年初場所で入幕し，72年名古屋場所では外国人力士として初優勝。最高位は関脇で，幕内在位97場所，同出場1430

回の記録が示すように長期間幕内力士として活躍し，大相撲の国際化に貢献した。84年夏場所引退後は年寄東関を襲名。2009年，日本相撲協会定年引退。
　　　　　　　　　　　　　　　　　　庄司 雅雄

たぐちうきち｜田口卯吉｜
1855-1905（安政2-明治38）
明治期の経済学者。号は鼎軒。江戸の幕臣の子に生まれる。当初医学を志すが，大蔵省に出仕，翻訳局に勤める。1877年に《日本開化小史》全6巻の刊行を開始。78年には《自由交易日本経済論》を著した。以後，著述と翻訳に専念。79年には《東京経済雑誌》を創刊し，自由主義の立場から政府の保護主義を批判する。歴史に関しても，雑誌《史海》を刊行し，《群書類従》を翻刻，《国史大系》を編纂する。他方，東京府会議員，衆議院議員を歴任。また士族授産のため南洋進出にも関心を示し，90年3月《東京経済雑誌》での〈南洋経略論〉を皮切りに，12月まで南洋キャンペーンを張る。同年，東京府から士族授産金の寄託を受けて南島商会を設立し，自ら帆船天祐丸に乗り組んでミクロネシア諸島との交易に従事した。日本とミクロネシアとの本格的な貿易の始まりとされる。しかし田口が士族授産金を私しているとの誹謗中傷が激しくなり，南島商会は翌年，士族総代会に引き渡された。その後，田口の南洋進出への関心は薄れていった。
　　　　　　　　　　　　　　　　　　広野 好彦

ダグラス｜Roger Douglas｜1938-
ニュージーランドの政治家。労働党議員を祖父および父として生まれる。オークランド大学卒業後会計士を務めるかたわら，労働党オークランド地区会長として活躍。1969年国会議員初当選。72-75年労働党内閣で入閣，放送，住宅，関税等を担当。放送関係の施策には第2チャンネル増設による競争原理の導入，放送協会の四分割等，のちの行財政改革の萌芽がすでにみられる。76-84年の労働党の野党時代には党の古い体質改善のために働いた。84年労働党の総選挙勝利でロンギ政権が成立するや蔵相となり，経済改革，行政改革の中心人物として活躍した。88年蔵相を辞め，その後，警察・税関担当相。90年の総選挙に出馬せずいったんは国会議員を辞するが，94年に最右のACT党を創設，2008年の総選挙では同党の候補者となり，18年ぶりに国会議員となる。
　　　　　　　　　　　　　　地引 嘉博＋和田 明子

たこぎょほう｜凧漁法
木の葉で作った凧を揚げて魚をとる漁法。サゴヤシの細長い葉をひごでつないだ長方形または逆三角形の凧(ソロモン諸島，バンクス諸島)や，パンノキの葉にココヤシの葉柄を水平に何本もわたして補強した凧(カロリン諸島)が用いられる。大きさは縦70～80cm，横30～40cmくらい。凧には2本の糸がつけられ，一方は人間が操作するためのもので，もう1本は海面に垂らす釣糸である。釣糸の先に餌としてクモの巣を丸めたものやサメ皮をしばりつける。カヌー上で凧を揚げると，凧の動きとともに餌が動く。海面近くを遊泳する大型のダツが餌を索餌すると，その口吻にクモの巣やサメ皮がからみつく仕掛けになっている。対象がダツに限定され，しかも釣針を用いない特殊な釣り漁である。オセアニアでは，メラネシア，ミクロネシアに広く分布するが，現在はあまり用いられない。卓越する貿易風を利用して凧を揚げるので，漁は季節的。
　　　　　　　　　　　　　　　　　　秋道 智彌

タコつりばり｜タコ釣針
サンゴ礁の浅瀬でタコを釣るための擬餌針。錘の石に大型タカラガイの背面部分の貝殻片をとりつけ，ココヤシ繊維製ひもで固定したものが典型例。ハワイのものは，石とタカラガイ1個分を木の軸の両側にとりつけてある。これを海中に垂らして上下に動かし，餌に飛びついたタコを引き上げてとる。トンガのマカ・フェケ(タコ石の意味)を含む西ポリネシアのものには針のかかりがないが，東ポリネシア，マリアナ，マーシャルなどのものには，かかりがある。タコがネズミに仇討ちをするというモティーフの説話に依拠して，釣針もネズミの形に似せて作られたとする西ポリネシア起源説がある。しかし，類似の説話自体はインド洋・太平洋地域に広くみられる一方，東ポリネシアでは説話が欠落し，説話と漁具の分布は必ずしも一致しない。ハワイでは，夫である石と妻のタカラガイが海で踊るさまに魅せられてタコが飛びつくという説明がなされる。
　　　　　　　　　　　　　　　　　　秋道 智彌

タシロイモ | *Tacca leontopetaloides* (L.) O. Kunz. (= *T. pinnatifida* Farst. et Forst. f.)

地下に球茎を有し，外見はコンニャクに類似したタシロイモ科の多年草。球茎は扁球形で直径10〜30cmになり，2〜数枚の葉を根生する。葉は円柱形の長さ30cm〜1mの長い葉柄を有し，葉身は3裂しさらに各裂片は多裂してコンニャクの葉に似る。花茎は葉よりも高く，頂端に緑色あるいは帯暗紫色の大きな苞を数枚〜10枚つけ，その中に散状に花を多数つける。花は3〜5cmの花柄を有し，子房下位でらっぱ状になり，開花時には垂れ下がる。また苞間より10cmほど長い不稔花起源の糸状体を生じ，垂下して奇妙である。大きな球茎は15〜20%のデンプンを含むが，生芋は苦くて有毒なため，そのままでは食用にできない。すりつぶし水で洗い，有毒成分を流して集められたデンプンを利用する。

かつてはアフリカ，インドから太平洋諸島に広く栽培されていて，19世紀中ごろにはハワイやフィジーからハワイアン・アロールート，あるいはフィジアン・アロールートの名でタシロイモデンプンが多量に輸出されていたこともあるし，小笠原でも栽培されていたことがある。現在ではトンガ諸島のタパ布作りの糊など，ごく特殊な目的に栽培されているにすぎず，各地で野生化した状態で見られる。乾燥に強く，サンゴ礁の島でもよく生育したので，太平洋諸島では背の低い収量の多いもの，花が緑色のもの，暗紫色のもの，苞が幅広いものなどいくつかの品種が分化していた。原産地は，はっきりしないが，インドと推定されている。 堀田 満

●タシロイモ

タスマニア[州] | Tasmania

オーストラリア南東部の州。面積6万8400km²，人口48万9900(2006)。オーストラリア大陸の南にあるタスマニア島(面積6万4400km²)を中心にキング島，フリンダーズ島などを含む。州都は▶ホバート。タスマニア島の大半は山地，高原で，低地は北岸と南東岸に限られる。同国としては降水量が多く，年降水量800mm以上の地域が7割に達する。中央部の高地には氷河によってできた湖が多く，水力発電などに利用される。西部の山地では鉛・亜鉛・銀(ローズベリー)，銅(マウントライエル)などの鉱産資源が開発されている。産業としては，鉱業のほかに，水力発電を背景としたアルミニウム・亜鉛の精錬，豊かな森林資源を基盤とした林業および製紙，酪農・リンゴを代表とする農業に特色がある。国内の移入先としてはビクトリア州，海外輸出先としては鉱産物を中心に日本と最も関係が深い。

1642年，オランダ人▶タスマンが来航してファンディーメンスラントと命名し，1798年にG.バスおよびM.フリンダーズが島であることを確認した。1803年イギリスの流刑地として入植が開始され，53年に流刑植民地としての歴史を閉じた。56年に責任内閣制を伴う自治植民地となり，名称もすでに1820年代から通用していたタスマニアに正式に改称した。1901年の連邦結成により州となった。 谷内 達

タスマニア・アボリジニ | Tasmanian Aborigines

オーストラリア南東のタスマニア島の先住民。約1万年間大陸から隔絶されていたため，大陸のアボリジニとは形質，言語，文化が異なる。ヨーロッパ人による入植以前は，9つの部族に分かれ，季節に応じた遊動を繰り返しながら狩猟採集生活を送っていた。各部族はさらに5〜15の社会集団(バンド)に分かれていた。婚姻形態は，少数の例外を除き，単婚制(一夫一婦制)が一般的であったといわれている。狩猟採集生活では，女性は植物性の食料や貝殻の収集，ポッサ

● タスマニアデビル

ムなどの小型動物の狩猟を行い，男は武器の製造や狩猟を行うという役割分担があった．割礼はない．言語は5つのグループに分かれ，母音はa, i, uの3つしかなく，d, f, h, v, s, zの子音をもたない．

ヨーロッパ人による入植開始時(1803年)の人口は3000人～5000人であったが，白人による大虐殺と白人がもちこんだ性病などの病気の感染によってその数は激減する．1830年の大規模な原住民掃討作戦(ブラック・ウォーと呼ばれた)以降，残存する約300人は，北東岸のフリンダーズ島の居留地に強制収容された．その後，47年までに生存者は約45人まで減少し，彼らは▶ホバートに移送される．1876年に最後に残った純血の女性トゥルガニニが死亡したため，タスマニア先住民は絶滅したといわれてきた．しかし，強制収容をまぬがれた混血のタスマニア先住民は北海岸各地に残留し，今日タスマニア先住民を自認する人は約1万人に上る(1999)．

タスマニアでは1960年代から本格的な先住民復権運動が始まり，とりわけ1972年に連邦政府の資金援助を受けて設立された，タスマニア先住民族センター Tasmanian Aboriginal Centre (TAC) は，先住民の文化遺産の所有権や聖地の管理をめぐる運動や土地権回復運動において重要な役割を果たしている．タスマニア州政府は，先住民からの土地権に関する政治交渉を拒否し続けてきたが，88年についに土地権交渉に同意する．1994年以降一部の土地の返還が始まり，95年には38km²の土地権が先住民に譲渡されている．▷アボリジニ

栗田 梨津子

タスマニアご|**タスマニア語**|Tasmanian
現在は死語となっているオーストラリア南方タスマニア島の先住民の言語(群)．他の言語との親族関係・系統関係は不明である．

タスマニア島の先住民には約16の部族があったといわれるが，1803年の白人の到来・植民以後，殺戮などで激減し，純粋の先住民は76年に絶滅した．現存する記録が貧弱であるため，彼らの言語の音韻・文法等はほとんど何もわからない．ただ，音韻はオーストラリア大陸の先住民語(▶オーストラリア諸語)となんらかの共通点があるといわれる．

角田 太作

タスマニアデビル
Tasmanian devil|*Sarcophilus harrisii*
別名フクロアナグマ．有袋目フクロネコ科の哺乳類．体つきがクマに似て，がっしりとしたタスマニア島固有の動物．体色は黒褐色ないし黒色で，前胸部にクマのそれに似た三日月状の白斑がある．クマよりはるかに小さく，体長52～80cm，尾長23～30cm，体重4.1～11.8kg．森林，草原，山地，海岸とタスマニアのほとんどあらゆる環境にすむ．夜行性で，日中は岩穴，木の洞，ウォンバットの巣穴，茂みなどで眠り，夜間おもに味覚でカエル，ザリガニ，鳥，ネズミなどをさぐりだして捕食する．ワラビーやアナウサギなどの哺乳類も食べるが，動作に敏しょうさを欠くため，生きた獲物を捕獲するのは困難で屍肉をあさる．かつて，▶フクロオオカミが生存していた時代には，その後ろにつき，彼らが食べ残した獲物をちょうどハイエナのようにがんじょうな歯を使って食べた腐肉食者であったと推測される．交尾期は3月．雌は妊娠期間31日で2～4子を産む．他の有袋類同様，誕生時の子はきわめて小さく，体重0.18～0.29g．育児嚢で約105日間育てられる．飼育下での寿命は8年．

1800年代には各地にふつうに棲息していたが，1900年代に入るとおそらくフクロオオカミの絶滅も一因となって激減し，絶滅する心配もでた．しかし，近年回復傾向が認められ，多くの地域でふつうに見られるようになった．これは牧場から出る屍肉の増加によるらしい．オーストラリア大陸には現在生息していないが，先住民アボリジニの貝塚から骨が発見されており，それほど古くない時代に絶滅したらしい．

今泉 吉晴

タスマン[山]|Mount Tasman

ニュージーランド南島の中央部にあり、サザンアルプスを構成する主峰。クック山に次いで2番目に高い山で(標高3498m)、クック山のすぐ北に連なる。氷雪に覆われた険しい山容の登山路が整備されてないことなど、ニュージーランドで最も登頂が難しい山の1つといわれている。クック山との間にタスマン氷河があり、スキープレーン(スキーが着いた小型飛行機)やヘリコプターで離着陸して観光することができる。周辺は貴重な高山植物や動物が生息するため、マウントクック国立公園に指定されている。

菊地 俊夫

タスマン|Abel Janszoon Tasman|1603-59

オランダの航海者。17世紀最大の探検航海者と評される。東インド会社に入って1633年にバタビア(現、ジャカルタ)に赴いてから、太平洋の航海を数回実施した。そのうちでも名高いのは、42年から43年にかけてヘームスケルク号とゼーハーン号を率いての航海である。東インド総督ファン・ディーメンに新交易地開拓と南アメリカへの安全迅速な航路発見を命じられたタスマンは、1642年にバタビアを出帆、オーストラリア南岸を東航して〝タスマニア島を《発見》し、ファンディーメンスラントと命名した。さらに東進を続けてニュージーランド南島に到達し、当時その存在が信じられていた〈南方大陸〉の一部と考えた。その後、トンガ諸島、フィジー諸島を《発見》し、ニューギニア北岸を回ってバタビアに戻った。途中ソロモン諸島北方の大環礁に立ち寄り、オントン・ジャワと名付けた。彼の航海日誌は詳細で、英語版とオランダ語版が出版され、高く評価されている。

石川 栄吉+斉藤 尚文

ターナー|George Turner|1916-97

オーストラリアのサイエンス・フィクション(SF)作家。メルボルン生れ。《Young Man of Talent》(1959)で作家としてデビュー。《The Cupboard under the Stair》(1962)でマイルス・フランクリン賞受賞。1970年代に入ってSFへの関心を強め、三部作《Beloved Son》(1978、ディトマー賞)、《Vaneglory》(1981)、《Yesterday's Men》(1982、ディトマー賞)で世界のSF界に知られるようになる。《Beloved Son》は滅亡寸前の地球できわめてストイックに生きる人々の世界観を丹念にとらえた力作。《The Sea and Summer》(1987)でアーサー・C.クラーク賞およびコモンウェルス文学賞などを受賞。長編、短編小説を書く傍ら《SFコメンタリー》など多くの批評誌で視野の広い批評を行い、オーストラリア若手作家の作品を集めた《The View from the Edge》(1977)などを編集。最近作は短編集《A Pursuit of Miracles》(1990)。

山野 浩一

ダニーディン|Dunedin

ニュージーランド南島の南東岸にある同国第5の都市。人口11万5200(2007)。細長いオタゴ湾の湾奥に位置し、南島南東部オタゴ地方の中心都市・港湾都市。各種軽工業が立地し、港から羊毛をはじめとする農畜産物を輸出する。市内中心部のオクタゴンと呼ばれる八角形の広場を中心に街が広がっている。中心部は湾奥の海岸部および埋立地にあるが、市街地は背後の丘陵地にまで及ぶ起伏に富んだ坂の街である。街外れのボールドウィン・ストリートは、世界で最も傾斜のきつい坂道としてギネスブックにも認定されている。1848年にスコットランドからの移民が入植して築かれ、60年代にオタゴ地方の〝ゴールドラッシュにより急成長、一時期は同国最大の都市となった。新聞(オタゴ・デイリータイムズ、1861)、大学(オタゴ大学、1869)などが同国で最初に創設された都市としても知られる。町の名はスコットランドの中心都市エジンバラのケルト古称であるダンエデン Don Edin に由来する。国内最古の大学であるオタゴ大学の本校舎(1878)に代表されるように、ファーストチャーチ(1873)、オタゴ男子高校校舎(1884)、ダニーディン駅舎(1906)などのスコットランド風歴史的建造物や美術館・博物館が多いことでも有名。北海道小樽市と姉妹都市(1980)。

新井 正彦

ダニーディンごう|ダニーディン号

ニュージーランドからイギリスに食肉を生鮮状態で初めて運んだ冷凍船。1840年の建国以来ニュージーランドでは酪農、とくに牧羊が盛んとなったが、そのうち羊毛だけが輸出され、肉は輸出が困難なため、もっ

ばら国内消費にあてられていた。しかし多くの研究と実験の結果、食肉を冷凍して輸出し、生鮮食肉と同じ状態でヨーロッパ市場に供することが可能となった。1882年2月、ダニーディン近郊のチャルマーズ港を出港したダニーディンDunedin号は、3521頭分のマトン、449頭分のラム、21頭分の豚肉を積んで98日後にロンドンに着き、それらが新鮮な状態で保存され、味も変わっていないことを証明した。当時ニュージーランドの羊肉の生産量は国内需要をはるかに超えており、一方イギリスは産業革命を終わって多量の食肉輸入を必要としていたことから、冷凍船の発明を契機としてニュージーランドの酪農業は革命的な発展を遂げることとなった。

地引 嘉博

タネ | Tane

ポリネシアの偉大な神の一人。かつてはポリネシア全地域に知られ、崇拝されていた。世界の始まりである神々の宇宙は男性原理と女性原理からなると考えられているが、タネ神は男性原理の象徴であり、光の神として知られる。マオリでは、両親である天と大地を分離した神の一人であり、今日のような光の世界を創造した。タネは森や鳥を造ったとされ、森の主であり、大地を豊かにする力を有する。また、人間の創造者であり、タネは大地の体の一部である土から女性を造り、その女性と神々から人間が生まれた。ハワイではカネと呼ばれ、ロノ(ˋロンゴ)、ク(トゥ)と並ぶ世界の創造主である。多くの地域で木の彫刻、カヌー、家などを造る木工職人の守護神であり、木を扱う仕事の前には供物や呪文が捧げられた。

矢野 將

タバイ | Ieremia Tabai | 1949-

キリバスの政治家、初代大統領。キリバスのノノウチに生まれる。タラワで初等教育を受け、その後ニュージーランドのクライストチャーチにあるセント・アンドリュース・カレッジを経て、ウェリントンのビクトリア大学を72年に卒業。キリバス財務省勤務(73-74年)の後、74年に議員に当選。独立前の78年3月に首席大臣に選出され、79年7月の独立とともに29歳の若さで初代大統領に就任した。オーシャン諸島のリン鉱石の枯渇後、水産資源を除いて資源に恵まれず産業に乏しい環礁国家キリバスの経済的自立を図るため、85年に南太平洋の島嶼国の中で初めてソ連と漁業協定を結び、注目を浴びた。大統領として独立後のキリバスの指導者として国民の支持を集め、大統領3選を果たし、90年まで3期12年間大統領職にあった。憲法に定める4選禁止規定により大統領職を退いた後も、国会議員として政界にあった。93年から6年間、南太平洋フォーラム(SPF)の事務局長を務め、南太平洋地域の発展にも貢献した。その後、キリバスに戻り、98年9月の国会議員選挙で故郷のノノウチ島の選挙区から立候補して当選を果たし、キリバス政界で活躍した。

東 裕

タヒチ[島] | Tahiti Island

中部南太平洋にあるフランス領ポリネシアに属するソシエテ諸島中、最大の島。面積1042km², 人口17万9892(2007)。ひょうたん形をした火山島で、大きい方はタヒチヌイ、小さい方はタヒチイチまたはタイアラプ(半島)と呼ばれ、狭い地峡でつながっている。集落は海岸に沿って並び、標高2000m以上の山と深い谷におおわれた内陸部は人を寄せつけない。島の中心地パペエテはフランス領ポリネシアの行政、経済、交通の中心でもある。

タヒチ島の〈発見者〉はドルフィン号を指揮するイギリス海軍のウォリス大尉で1767年のことであったが、翌年フランスのブーゲンビルもこの島を訪れ、第一発見者だと信じた。69年から4度島を訪れたキャプテン・クックは、島民についてすぐれた記録を書き残した。島の人々はパンノキ、ココヤシ、バナナ、ヤムイモ、タロイモ、サツマイモを栽培し、豚、犬、鶏を飼い、パンダナスの葉でふいた地床家屋に住んでいた。当時のタヒチ社会は厳しい階層社会であり、血なまぐさい戦闘も珍しくなかった。しかしヨーロッパ人たちはこうした側面には注目せず、タヒチ社会を自由で平等で友愛に満ちた、性的束縛のない社会だと理想化した。この理想社会にあこがれて、船を脱走した水夫や水兵が住みつき、火器やアルコールや性病を広めた。このため、クック来

訪時12万人をこえていたと推定される島の人口は，18世紀末には1万5000人，1930年代には9000人にまで減少した。〈理想郷〉の汚染は急速で，最初の訪問からわずか8年後，1777年に3度目の訪問をしたクックが住民の生活の荒廃を嘆いたほどであった。

当時タヒチ島では，各地区に割拠する大小の首長たちの間で抗争が繰り返され，全島を支配する権力を欠いていたが，この状態に終止符を打ち，全島の政治的統一に貢献したのは，バウンティ号の反乱者たちである。'ブライに率いられたバウンティ号は，西インド諸島に運ぶパンノキの苗木を入手する目的で1788年にタヒチを訪れ，5ヵ月間滞在した。この間の規律の乱れと島の女性たちの魅力が，タヒチ出港後トンガ諸島沖で89年に発生した反乱の原因とされる。反乱者たちは船を奪ってタヒチへ戻り，リーダーのフレッチャー・クリスチャンら9名とタヒチ島民18名がピトケアン島へ去ったのちも，16名はタヒチに残った。そして彼らは首長の一人トゥの傭兵として，全島統一抗争に大きな役割を果たした。タヒチに残った反乱者たちは，91年パンドーラ号のエドワーズによって捕らえられたが，その直後にトゥが全島の武力統一を達成し，ポマレ王を名のった。

ヨーロッパの火器で戦力を向上させたとはいうものの，'ポマレ王朝の軍隊がヨーロッパの国々の敵でないことはいうまでもない。統一を果たしたポマレ王朝の次の課題は，ヨーロッパの国々とのかけひきであった。白人文明はまず，キリスト教伝道団という形で侵入をはかった。西半球の領有を主張するスペインは，1774年フランシスコ会の手で伝道を始めたが，成果は上がらず，2年で挫折した。97年に布教活動を始めた'ロンドン伝道協会も，初め成果を上げることができなかったが，1815年にポマレ2世が改宗してからキリスト教は急速に広まった。ロンドン伝道協会の指導が島民たちに行き渡ったので，1836年にやってきたフランスのカトリック教会の宣教師は追い払われてしまった。この一件は，勢力拡張をめざすフランス政府に絶好の口実を与えた。フランスの支配を望まなかった女王ポマレ4世は，イギリスのビクトリア女王に保護を求めたが聞き入れられず，47年ポマレ女王はついにフランスの保護下に入ることを認めた。この時，ポマレ王朝の勢力下にあるとされた周辺の島々も保護領となった。80年にポマレ5世が退位してタヒチはフランスの植民地になり，1847年に支配下に入ることを免れたライアテア島などリーワード（風下）諸島の島々も，次々とフランス領ポリネシアに加えられていった。→フランス領ポリネシア　　　石川栄吉＋斉藤尚文

タブー | taboo : tabu

ある人物や事物を見たり，これに触れたりすることを〈禁忌〉し〈禁制〉とすることを意味するが，より広くは，道徳的・儀礼的な規範や，非合理的な要素に基づく社会慣例により禁じられている種々の行為をいう。タブーはポリネシア語のtabuまたはtapuに由来する。taは〈徴しるづける〉，bu(pu)は〈はっきりと（強く）〉を意味するから，tabu(tapu)は〈強くはっきりと徴づけられた〉の意味をもつ。この語は18世紀末にキャプテン・クックによりヨーロッパに紹介された。

タブーは，ある人物や事物は普通の人間にとって危険な超自然的力（'マナ）または性質をもつという観念と，これを見たり，これに触れたりなど禁を犯せば，なんらかの超自然的な罰（狩猟・漁労の失敗，病気，近親者の死など）が加えられるという観念から成り立っている。オセアニアでは全域にわたり，タブー観念と行為の展開がみられる。かつて王や首長など高い地位にある者は強大な力をもつとされ，タブー視された。タヒチの王は，歩いた土地がすべてタブーになるという理由から，王宮を出ると人の肩から肩に移されて巡行した。ニュージーランドの首長は，不用になった毛布を深い谷に捨てた。路傍に捨てて知らずにこれを拾った者が，罰により病気になることを恐れたからである。トンガにおける最大の罪は，王とその近親者の体または身に着いていたものに触れること，王の前で飲食すること，王の手のついたものを食べることであった。ハワイではタブーを破った者が死刑に処された例もある。このようにタブーは王の地位や特殊な事物に深くかかわっており，社

会秩序の維持・存続を強化する機能をもっている。オセアニアのタブーは近代化やキリスト教の伝播により大きく変化したが、しかし重要な社会諸関係を乱すような行為はタブーにより禁忌されるなど、その役割は依然として大きい。　　　　　佐々木宏幹

たぶんかしゅぎ｜多文化主義｜multiculturalism
多文化主義とは、一つの国家ないしは社会において、複数の文化の存在を是とし、文化的な差異を尊重しつつ、多文化の共存がもたらすプラス面を積極的に評価しようとする主張・政策・運動を指す。この語は北米に起源をもつとされ、今では世界的に注目を集めるようになっている。

オーストラリアは、カナダと同様に1970年代の初期、多文化主義を国是に掲げて、いち早く従来の同化主義的な社会統合理念を見直し、'移民の文化的多様性に留意した新たな共存への取り組みに着手した。それは、イタリア系やギリシア系を中心とする非英語圏出身の移民労働者が増加するなかで、同化政策がもはや有効性をもちえないという認識に基づくものであった。こうした認識を促すうえで、定住に際して直面する福祉や教育、医療面などにおける不利益を是正するために、移民による権利運動がアングロ・ケルト系労働者との協力のもとで展開されていったことの影響は大きい。それゆえに、初期の多文化主義政策は、移民労働者の権利擁護を考慮した定住政策ならびに福祉政策としての意味合いが強かった。それ以降、同政策は移民の言語・文化の維持から、第2言語としての英語学習の提供、社会・政治参加の促進、受け入れ社会の啓蒙を含むより広い領域にわたる政策として展開されていく。なかでも多文化・多言語の公共放送局'SBSは、オーストラリアの代表的な多文化主義政策の一つとして注目されることが多い。

ホーク労働党政権下の1989年には、その後の多文化主義政策の基本理念となる多文化オーストラリアのためのナショナル・アジェンダ National Agenda for a Multicultural Australia が公表され、文化的アイデンティティ cultural identity, 社会正義 social justice, 経済的効率性 economic efficiency の三大原則が明示された。文化的アイデンティティとは、自由民主主義理念の範囲内で言語や宗教など個人独自の文化を表明、維持する権利を尊重することを意味する。のちに政策の重点は、移民の文化的維持から、すべてのオーストラリア人を対象とした文化間の相互理解に移っていく。社会正義のもとでは、人種、エスニシティ、文化、宗教、言語、性差ならびに出生地による差別を撤廃し、待遇と機会における平等の達成が目指される。ホーク・キーティング両労働党時代は、アクセス&平等 Access & Equity 戦略のもとに、言語・文化的ハンディにかかわりなく平等に公共サービスにアクセスする権利の推進が重点課題とされた。経済的効率性は、多様性から最大限の利益を引き出そうとする発想であり、当初は人材を有効に活用するために、移民が海外で取得した資格の認定や、職場での英語研修を含む各種プログラムの提供などが奨励された。同時に経済のグローバル化を背景に、同国の国際的競争力の向上に資する人材活用の面が重視されるようになっていく。アジア太平洋地域の市場を開拓して貿易を促進するために、とりわけ注目されたのが一部のアジア系移民の言語能力やビジネスの手腕であった。

時代の推移とともに、総じて多文化主義政策の重点は、当初の移民に対する福祉政策から、経済的見地からの文化的多様性（移民のもつ文化的資源）の有効活用へと移ってきている。それは福祉国家の衰退とネオリベラリズムの台頭に呼応したものであり、こうした傾向に一層の拍車をかけたのが、1996年に労働党から政権交代した自由・国民連合の'ハワード政権である。ハワードは、前政権時代の多文化主義政策を担ってきた中枢的な機関である総理府多文化局 Office of Multicultural Affairs の廃止や、関連予算の大幅な削減を実施する一方で、生産性と競争力を高める最も価値ある資源としての多文化主義の側面をいっそう奨励した。同時に、多文化主義がマイノリティを優遇し、国民を分裂に導くという批判（これは彼自身が繰り返してきた批判でもある）に応えて、文化的権利よりも各人が負うべき国民とし

ての義務や，オーストラリア的価値の共有を強調した。

多文化主義が，しばしば社会分裂の不安要因としてみなされるのは，それが移民への実際的な政策対応にとどまらず，オーストラリアのナショナル・アイデンティティを表象するものだからである。1997年に，多文化主義を声高に批判して政界に登場したポーリン・ハンソン（翌年ワン・ネーション党を発足）が予想以上の支持を得たのは，多文化の称揚によって英国的ないしはアングロ・ケルト的な文化や価値観の優位がゆらぐことに対する人々の懸念を代弁していたことにもよるといえる。2007年末に就任した労働党ラッド政権下で，少なくとも09年時点では前政権の多文化主義政策から目立った変更はないように見受けられる。ただし，多文化主義 multiculturalism という語は避けられ，代わって文化的多様性 cultural diversity の語が使われているのが特徴的である。なお，ここでは連邦レベルのみを紹介したが，オーストラリアの多文化主義を理解するためには，各州や自治体レベルでの取り組みをみていくことも必要である。

多文化主義の導入以降，それは常に論争の的であり続け，また時代の要請によって内実も変容してきている。同政策が前提としてきた，文化を固定的で境界をもつものとする本質主義的な文化概念をどう乗り越えていくのかなど，課題も少なくない。しかしながら，文化的差異を尊重しながら，いかに平等を達成していくのか，また社会統合を維持していくのかという政策課題は，それを多文化主義と呼ぶか否かにかかわらず，今後も重要であり続けることは間違いないだろう。オーストラリアの試みや実践は，他国にとっても多くの示唆を含んでいる。
〔飯笹佐代子〕

タマテ｜Tamate

メラネシアのニューヘブリデス北部の，バンクス諸島やトレス諸島の死者の霊，ならびに男子秘密結社。結社へ加入するには年齢は何歳でもよいが，豚や"貝貨などの財を支払い，さらに，イラクサを並べたトンネルを通ったり，熱い灰の上に立ったり，長期間体を洗わず隔離されるなどの試練を受けなければならない。タマテ結社は多数存在し，各人はふつう，いくつもの結社に加わっている。結社の集会所は叢林にあり，女性や子どもが近づくことは厳しく禁じられている。

結社員は，時を定めて集会所で儀礼を行い，死者の霊を表す仮面をかぶり，体をすっぽりとヤシの葉でおおった扮装で，人々の前に姿を現し，非結社員をおどす。タマテは祖先崇拝を中心とする宗教的結社であるが，結社のメンバーの財産を保護し，慣習に違反した者を罰するなどの社会統制的役割も果たしている。
〔中山和芳〕

たみんぞくしゃかい｜多民族社会

オーストラリアは，先住民（族）である"アボリジニと"トレス海峡諸島民に加えて，多様な文化的背景をもつ"移民によって成り立つ多民族社会である。とくに第2次世界大戦以降，イギリスやアイルランド以外の国々からも積極的に移民を受け入れ，現在までに到着した移民は，およそ200ヵ国からの約700万にのぼる。同国に居住する約2000万の人口のうち，5人に1人以上が外国生まれである。

2006年の国勢調査によると，外国生れは約440万人で，出身国は多い順に，イギリス（外国生れ人口の19%），ニュージーランド（9%），続いて中国とイタリア（ともに5%），ベトナム（4%）となっている（なお，日本出身者は3万人ほどで1%に満たない）。かれらのおよそ⅓は，シドニーに集中している。家庭で話されている英語以外の言語は400もあり，イタリア語（総人口の1.6%），ギリシア語（1.3%），広東語（1.2%）の順に多い。宗教については，キリスト教系が64%を占め，依然として優勢であるが，割合は減ってきており，他方で，仏教（2.1%），イスラム（1.7%），ヒンドゥー（0.7%）が増加傾向にある。ユダヤ教は0.4％ほどである。

移民は，歴史的にさまざまな面でオーストラリア社会に大きく貢献してきている。かつて非イギリス系3大移民といえば，ドイツ系，イタリア系，ギリシア系であった。植民地獲得競争に出遅れたドイツとイタリアは，いち早くアメリカに大量の移民を送り込んだが，オーストラリアに来たドイツ

系は宗教紛争を逃れたルター派であった。2度の大戦では敵性国民として迫害を受けたが，サウスオーストラリアのバロッサバリーなどこの国のワイン産業を一手に支えてきた。また，画家コンラッド・マーテンス，ハンス・ヘイゼン，作家クリストファー・コッシュらの芸術家を輩出している。イタリア系は母国の統一が遅れただけに，出身地別の結束が非常に強く，〈連鎖移民〉と呼ばれる身内を呼び寄せる形の移民で人口が膨張した。とくに大都市のレストランやブティックで次々と新しい変化をこの国にもたらしている。

ギリシア系は第2次大戦後，もっとも急速に増えた民族集団である。母語・文化保持に最も熱心で，ギリシア語新聞を10余紙発行している。同時に政治活動とエスニック文学の生産にも積極的である。また非常に勤倹力行型なので，オーストラリアは第1次大戦中，出征兵士の留守に彼らの仕事を奪うおそれがあるとして一時ギリシア系の移住を禁じたほどであった。メルボルンに最も多く集中し，アテネに次いで人口が多いといわれている。

ユダヤ系移民の大半は前居住国の反ユダヤ主義を逃れてきた人々であるが，歴史的にさかのぼると，流刑囚を満載したく第1船団〉に8名が乗せられていたという。ナチス・ドイツからの亡命者を含む1938-71年の移民は3万8600名と，意外に少ない。しかし，オーストラリアではとくに公的な差別を受けなかったこともあり，政治，医学，法律分野での貢献度が目立っている。近年，アジア系を含む非ヨーロッパ系移民が増加していることに伴い，彼らの活躍の場も広がりつつある。

1970年代以降，オーストラリア政府は▶多文化主義を導入して，移民の文化の尊重にもとづく諸策を推進するようになり，その一環として，さまざまなエスニック組織やその活動を公的に支援してきた。それらの組織は，文化活動や福祉，反差別運動などを通じて，移民のオーストラリア社会への定住や統合に一定の役割を果たしてきている。しかし他方で，エスニックな文化を固定的なものとみなす多文化主義政策の前提に対して，文化の固有性のみ奨励することによってエスニック集団のゲットー化を招きかねないとか，現実の文化融合のダイナミズムを反映していないなどの批判もなされるようになっている。

実際に，移民一世代と次世代以降の文化，アイデンティティ観には変化がみられる。さらに，2006年の国勢調査によると，総人口の28%が複数の異なる出自を引き継いでいるとされ，エスニシティの境界じたい流動化している。出自文化の異なる者どうしの結婚，すなわち通婚は，宗教的な違いが依然として壁となっている面があるにしろ，今後いっそう増えていくものと予想され，文化融合に拍車をかけることになるだろう。

多文化化が進むなか，その多様性をできる限り社会の活力や経済的利益に結びつけることが，オーストラリア政府の関心事となっている。さまざまな文化的背景をもつ人材によってこそもたらされ得る革新的なアイディアや創造性，異文化間の接触や融合による創造的な芸術文化の展開などが期待され，奨励されている。

他方で，多民族が一緒に暮らす上での摩擦も生じている。たとえば，旧ユーゴスラビアの分裂時にはユーゴ系移民の間にも民族対立の緊張がもち込まれた。また9.11同時多発テロ事件の後には，アラブ系やイスラム系住民への中傷や差別行為が増加した。しかし，概して致命的な対立にまでは至っていない。このことは，連邦や地域レベルの人権擁護機関やエスニック団体，活動家などによる働きかけや努力はいうにおよばず，多文化主義という理念が国是として掲げられ，そのための諸政策が積極的に推進されてきたことにも負っている。

多様な民族がいかに協調しながら共存できるのか。同時に，諸文化の接触と融合がどのような新たな創造をもたらすのか。多民族社会オーストラリアは，これらについて多くの示唆を与えてくれる実験場でもある。

越智 道雄＋飯笹 佐代子

タラワ［島］| Tarawa Island

中部太平洋，キリバス共和国の首都の置かれている島。ギルバート諸島中部の環礁で，赤道近くに位置し，数多くのサンゴ礁島か

らなる．総面積23km²，人口4万5989(2005)．1892年イギリスの保護領となり，1916年には植民地となった．41年12月，日本軍はギルバート諸島を占領し，タラワ島に要塞を築いたが，43年11月に5日間にわたる大激戦の末，アメリカ海兵隊によって攻略された．79年7月にギルバート諸島がキリバス共和国として独立し，その首都となった．政治，経済などの中心地として，新興国家のすべての重要な機能を担っている．以前はナウル共和国の航空会社がナウル，タラワ島，マジュロ島間を結んでいたが，それらの便は2007年以降廃止され，現在はフィジーとの航空路が唯一となっている．

石森 秀三

ダーリング[川] | Darling River

オーストラリア南東部にある同国最長の川．長さ2736km．東部高地に発する多くの支流を合わせ，▶バークを経て南西流し，ミルデュラの西で▶マレー川に合流する．マレー・ダーリング水系の主要河川の一つであるが，年間を通じて地表流の見られるのはバーク付近など一部にすぎず，本流の大半は季節河川，支流のほとんどは間欠河川である．上流部の支流ではナモイ川流域の綿作のように灌漑が見られる．また下流のメニンディー貯水池(1960完成)の水は牧畜用の灌漑に利用されるとともに，▶ブロークンヒル(110km余り北西にある鉱山都市)に送水される．1829年▶スタートが調査．名称はニューサウスウェールズ総督名に由来する．

谷内 達

タルガイずがいこつ | タルガイ頭蓋骨

1886年ころ，オーストラリアのクイーンズランドのタルガイ・ステーションで工事中，押しつぶされた若い人の頭蓋骨が発見された．発見者からこれを譲り受けた男は，1896年，シドニーのオーストラリア博物館に売ろうとして，買い取らなければイギリスへ送ってしまうと脅迫した．そこで1914年，シドニー大学はこれを購入した．このタルガイ頭蓋骨は石化し，独特な色の無機質で覆われていて，非常に古い時代の骨の印象を与えた．しかも形態的にも非常に原始的で，現代のアボリジニ(オーストラリア先住民)とは違っていた．1960年代になって人類学者マッキントッシュは，最初の発見者の子孫に会い，この頭蓋骨の発見された場所と層位を確かめることに成功し，付近で得られた放射性炭素の測定から紀元前8800年ころのものと推定した．しかし，その後，頭蓋骨を完璧にきれいにしてみると，別の色が現れたので，遺跡の再調査がなされ，これは少なくとも紀元前1万年にさかのぼると訂正された．ともあれ，これはオーストラリアで発見された最初のいわゆる〈化石〉頭蓋骨なのである．

高山 純

タロイモ | taro

●タロイモ

太平洋のポリネシア地域では，主食として栽培しているサトイモや，それに類似のサトイモ科植物をタロと一般的に呼んでいる．それからサトイモ類を英語でtaroと呼ぶようになり，さらにその呼び方が日本にもち込まれ，〈タロイモ〉という総称名が，南方系の栽培サトイモ類に使用されるようになった．この太平洋諸島のタロは，作物としては日本でも栽培されているサトイモをもともとは指すものであるが，南アメリカから新しくもち込まれたヤウテアも，サトイモに似ているため，現地でもタロと呼ばれることが多い．しかし，食用にされているサトイモ科のクワズイモ類，キルトスペルマ類，コンニャク類などは，同じようにいもを食用にする作物であっても，現地ではタロと呼ばないことが多い．日本語のタロイモの概念はすこぶる広義で，南方の根栽農耕文化圏で栽植されるコンニャク類を除くサトイモ科植物のなかで，地下茎を食用

としているものをひっくるめて指していることが多いので，南太平洋でのタロという呼名とは同一概念ではない．この〈タロイモ〉のなかで最も重要なものは，東南アジア大陸部で起源したとされるサトイモである．日本を含めた東アジア温帯系のサトイモの品種群は三倍体で，子いもを利用するものが多いが，東南アジアからポリネシアにかけては，基本的に二倍体で親いも利用型の品種群が主体となっており，なかには長いストロンを伸ばし，地下のいもは小さく，地上部の葉柄や葉身を野菜として利用するのが主たる目的になっている品種もある．クワズイモ類では，やはり東南アジア起源のインドクワズイモ *Alocasia macrorrhiza* Schott（英名 giant taro）がトンガやサモアで主食用に栽植される．この種はかつては広く食用にされていたが，現在は逃げ出して野生になったものが，東南アジアからポリネシアまで広く見られる．東南アジア島嶼部からメラネシアにみられるキルトスペルマ類 *Cyrtosperma* spp.（英名 swamp taro）も，ミクロネシアやメラネシアの一部で食用にされ，英名のように湿地で栽培されている．そのほか，スキスマトグロッティス類 *Schismatoglottis* spp. も，えぐみがあまりないため食用にされる種があるが，重要ではないし，オセアニアでは西部地域にみられるのみである．中南米原産のヤウテア類 *Xanthosoma* spp.（英名 yautia）は，サトイモよりも乾燥に強く，現在では熱帯域に広く栽培される種 *X. sagittifolia* Schott があり，サトイモ以上に重要な熱帯のいも作物となっているが，系譜的にいえば，東南アジア起源の根栽農耕文化に伴われるタロイモとは異なったもので，タロイモとは区別すべきものである．しかし外見的には，サトイモ以外の〈タロイモ〉よりはずっとサトイモに似ていて，多くの民族学的調査報告書ではサトイモに混同されている．

語源的には問題はあっても，栽培いも類のうちヤマノイモ科のそれを▶ヤムイモと総称し，対比的にサトイモ科のものをタロイモとするのは，多数の種をまとめて呼ぶ名として便利である． 堀田 満

サトイモとヤウテアは，アジア，アフリカ，南アメリカの熱帯降雨林地帯や，オセアニア島嶼部に住む根栽農耕民の主要作物である．サトイモは，インド東部からインドシナ地域が原産地と推定される．食用種として最も重要視され，その栽培分布域も広い．焼畑耕作地や湿地に栽培し，植えつけてから1年で生長し，周年，収穫が可能である．キルトスペルマは，湿地で栽培され，収穫までに3〜4年を要する．いもは，黄色みを帯び，大きなものになると直径20 cm，長さ50cmにもなる．クワズイモ類は，えぐみが強烈なため，ふつう水さらしなどの毒抜き加工を終えたうえで救荒食として利用される．しかし，ポリネシアのトンガやサモアで栽培されているインドクワズイモは，いもにえぐみが少なく，乾燥に強く，主食として重要視されている．

太平洋諸島では，タロイモの栽培は女性のしごととされている．一度，いも田を開墾すれば，大きな労力をかけずに毎年一定量の収穫を確保できるからである．農具は，木の棒をとがらせただけの掘棒で十分である．

タロイモの料理法は，土器などの煮沸具で煮たり，地炉で石蒸しにする．いもを丸ごと食べてもよいが，石杵でつぶしてペースト状にした▶ポイ料理がポリネシアでは代表的な食べ方であった．

東南アジアで起源したサトイモは，東は太平洋の島々へ，西はアフリカの熱帯地域に伝播した．しかし，東南アジアの熱帯降雨林地帯（マレー半島，インドネシア島嶼部）では，オカボやアワなどの穀類がおもに栽培されるようになり，主食に占めるタロイモの割合は低い．また中南米原産のヤウテア類は，16世紀以後にアフリカや太平洋諸島に導入されたが，生育がよく，収量も多く，味もよいため，現在ではこれらの地域でサトイモより多く栽培されるようになった．

須藤健一

タンガロア｜Tangaroa

ポリネシア各地でタネ・トゥ・ロンゴと並び，神話や宗教儀礼上で重要な位置を占める神．中部・西部ポリネシアでは最も重要な神であり，タヒチやサモアでは無限の空間にただ一人住む創造神タンガロアが天，地，人

●男子集会所
集会所での首長たちの会合．サモア諸島．

間等を造ったと語られる．その他の地域では神々の中に重要な地位を占めるが，創造神として語られることはない．ハワイでは悪，不幸の神で，大ダコとしてあらわれる．ニュージーランドでは天と地の息子たちの一人で，海の生物やトカゲはタンガロアの息子である．またポリネシア各地で海の神として漁師に崇拝され，マルキーズでは漁場の近くにあるタンガロアの社に魚を奉納する習わしがあった．　　　　　　　矢野 將

だんししゅうかいじょ｜**男子集会所**
男子集会所ないし男子舎屋 men's house は世界各地で見いだすことができる．一般に男子のみが利用する建物で，女子はそこから排除されるためこの名前がつけられた．地域によっては舎屋と集会の場が別のところもあるが，オセアニアでは基本的には舎屋が集会所でもある．

ミクロネシアの中央カロリン群島にしばしばみられるカヌー小屋は，カヌーを収納する建物としてだけではなく，集会所，儀礼の場，若者や客人の宿泊所として用いられ，男子のみが使用し女子は排除されるという点においても男子集会所と考えることができる．またヤップでは，村の集会所とは別に若者のための舎屋が建てられ，未婚の男子が食事，労働，宿泊に利用するほか，既婚男子をも含めた会合にも利用されている．

一方メラネシアでは，通常一つの村落に比較的大きな男子集会所が一つあり，村落生活の中核をなしている．ニューギニアでは，男子は集会所で1日の多くの時間を過ごし，集会，食事，休息などに利用している．聖物が納められたり，儀礼で重要な役割を演じるのも，この男子集会所である．ニューヘブリデス諸島北部では，男子集会所は位階を伴う階梯制の存在と密接に結びついている．そこでは，男子は規定の価値，数の豚を殺したうえで，さらに規定の支払いを行って階梯を一つずつ登っていくが，かつては男子集会所の中には階梯に対応した炉が設けられてあり，それぞれの階梯の者はそれ用の炉でしか食事をすることができなかったといわれている．集会所の最も奥は神聖な場所とされ，最上階梯に到達した男子たちの占有する場でもある．原則として女子は集会所に立ち入ることが許されていないが，こうした社会のなかには，女子も一定の支払いを済ませれば入ることができる社会もある．そのほか，バンクス諸島やソロモン諸島，ニューブリテン島などにはかつて男子の▷秘密結社が存在しており，そこでは，男子集会所はこの結社と結びついて重要な役割を演じていた．
　　　　　　　　　　　　　　吉岡 政徳

ダントルカストー[諸島]｜
D'Entrecasteaux Islands
南西太平洋，ニューギニア島南東端の北に位置する島群．パプアニューギニア国ミルンベイ州に属し，グッドイナフ，ファーガソン，ノーマンビーの3島を中心に，ドブ島のほか多数の島からなる．面積約3300km²，人口6万3307(2000)．山がちで，特に諸島

中最大のファーガソン島には死火山が多く、塩分を含んだ湖、温泉、間欠泉などもあり、景観の美しいドブ島と合わせて観光・保養地化している。一般にマッシム人と呼ばれる島民はヤムイモを多く栽培している。コプラを産し、金、ニッケルも発見されている。1793年、フランス人▶ダントルカストーにより発見された。　　　　　　　　　小林繁樹

ダントルカストー |Joseph-Antoine Raymond Bruny D'Entrecasteaux| 1739-93

フランスの海軍軍人。▶ラ・ペルーズ探検隊の捜索と太平洋の探検航海のため1791年から93年に、太平洋各地を調査。93年6月ルイジアード諸島の北端に達し、未知の諸島に遭遇。南部の大きな諸島に彼の名をとって▶ダントルカストー諸島、北部の諸島をトロブリアンド諸島と命名した。ソロモン諸島調査のため、西ソロモン諸島の南岸に沿って航行し、モノ島、ショートランド島を経て、ブーゲンビル島の西岸やブカ島を測量。かつて、▶ブーゲンビルが南から望見した山並みは大陸の海岸線ではなく、島のつながりであることを発見。彼はラ・ペルーズの捜索には失敗したが、ソロモン諸島が南方大陸でないことを明らかにした。93年探検の途中没する。　　　　　　矢野 將

タンナ[島] |Tanna Island

南西太平洋、バヌアツ共和国南部にある火山島。面積549km²、人口約2万(2007)。標高183mと規模は小さいが活火山のヤスール山が南東部にあり、火口まで海岸から歩いて1時間で達する。この火山と野生の馬が有名で、観光客も多く、町はないが観光客用の店や宿泊所があり、首都のポートビラとの間に毎日飛行機が往復している。比較的過ごしやすい気候で、雨がよく降る。住民はメラネシア人で、伝統的世界が根強く残っている。タンナ島で忘れてならないのは、▶カーゴ・カルトの一つ、ジョン・フラム運動である。この運動は原住民の宗教運動で、1940-41年に始まり、アメリカ人が豊富な物資とともにやってきてから急速に高まった。信者たちは、いつの日かジョン・フラムという人物がやってきて、キリスト教やヨーロッパの影響からメラネシア人を救い、大量の物資(缶詰、タバコ、トラック、冷蔵庫など)をもたらしてくれると信じていた。現在も一部の人々の間で続いているが、バヌアツの独立と相まって、政治運動の色彩も強くなっている。　　　　　　　　　　吉岡政徳

ダンピア |William Dampier| 1652-1715

イギリスの航海士・著述家。カリブ海および極東海域で私掠船に乗り込み、オーストラリア北西岸、スマトラを経て母国に帰った。この間の航海と冒険の記録は《新世界周航記》(1697)、《航海とその記録》(1699)として刊行され、知識人の南海への博物学的関心を高めた。イギリス海軍はこの著作を高く評価し、ダンピアにオーストラリア周辺の探検を命じた。1699-1700年の航海で、オーストラリア東岸に至ることはできなかったが、彼の名が与えられたダンピア海峡を通過して、ニューブリテン島とニューアイルランド島とがオーストラリア大陸と陸続きではないことを明らかにした。
　　　　　　　　　　　　石川栄吉＋斉藤尚文

チバウ |Jean-Marie Tjibaou| 1936-89

フランス領ニューカレドニアの独立を推進するカナク社会主義民族解放戦線(FLNKS)の初代議長。主都ヌーメアのカトリック神学校に学んだ後、フランスの大学で社会学を学んだ。1970年代初めに帰国し神父となったが、77年、領土議会選挙にカレドニア同盟から出馬し当選、政治の道に入った。79年に選挙を契機に形成された独立推進派5政党による独立戦線のリーダーとなり、独立推進派の勢力結集に努めた。82年、フランスのミッテラン社会党政権による改革で、行政府にあたる領土評議会の副議長に就任。83年にフランス政府から示された自治案が満足のいくものではなかったことから、84年、独立戦線中の4政党からなり武力闘争色を強めたFLNKSを組織、初代議長となった。88年、紆余曲折の末、独立の是非を問う住民投票実施まで10年の期間をおく歴史的合意〉にフランス政府、独立反対派代表ラフラールとともに調印。だが翌89年、合意を妥協として非難する同じメラネシア人によって暗殺された。　　　　小柏葉子

チフリー |Joseph Benedict Chifley| 1885-1951

オーストラリアの政治家、首相(1945-49)。

ニューサウスウェールズ州バサースト出身．十分な教育を受けられなかったが，熱心な読書で補った．15歳で州鉄道に入社し，機関士となる．1928年連邦議会入りし，スカリン政権の国防大臣となるが，1931年落選．35年ライオンズ保守政権によって銀行・金融特別調査委員会の労働党代表に任命され，金融制度と政府の役割について理解を深めた．40年に議員に復帰．ʼカーティン政権で財務兼戦後復興担当大臣を務め，カーティンの死後首相（兼財務大臣）となった．46年労働党として初の再選を果たし，社会保障に関する連邦権限について憲法改正に成功した．国産車の生産や，大量移民政策の開始でも知られる．

しかし，銀行国有化案が保守側を再活性化し，共産党の影響下にある炭鉱組合のストにも悩まされ，スト破りのため軍隊を動員した．1949年の総選挙でʼメンジーズに破れ，51年労働党首在職のまま死去．〈労働党の目的は《丘の上の灯》〉との名言で知られる． 杉田弘也

チャタム[諸島]｜Chatham Islands
ニュージーランド南島の東1000kmの南太平洋上にある火山性の島嶼群で，ニュージーランドの特別領（独自の議会をもつ）．10の島があり，島の総面積は963km²で，人間が居住するのはチャタム島やピット島など3つである．2006年現在の人口は609で，そのほとんどはマオリである．主島のチャタム島は火山噴火の隆起で形成され，ラグーンが点在しており，土地条件は良くない．そのため，羊や肉牛の放牧，および漁業が主要な経済活動である．島名は1791年に来航したイギリスの司令官の船名にちなんでつけられた． 菊地俊夫

チャフィーきょうだい｜チャフィー兄弟
カナダ生れの灌漑技術者，実業家で，オーストラリアのʼ灌漑事業の先駆者．兄はジョージ George Chaffey（1848-1932），弟はウィリアム William Chaffey（1856-1926）．カリフォルニアで灌漑事業やかんきつ類栽培などに従事していたが，1886年にビクトリア植民地議会議員ʼディーキン（後の連邦首相）に招かれてカリフォルニアからオーストラリアにやって来て，マレー川下流のミルデュラ（ビクトリア北西部）およびレンマーク（サウスオーストラリア南東部）で，両植民地政府との協定による会社組織でオーストラリア最初の本格的な灌漑事業および関連する農地開発事業を開始した．灌漑事業は技術的には成功したが，1890年代の恐慌による経営上の失敗で会社は95年に解散し，灌漑事業は植民地政府に引き継がれた．兄ジョージはカリフォルニアに帰ったが，弟ウィリアムはミルデュラにとどまって農業開発に尽くし，後に町長にもなった． 谷内達

チャモロじん｜チャモロ人｜Chamorro
マリアナ諸島の先住民．チャモロ語はオーストロネシア語族のマレー・ポリネシア諸語に属する．マリアナ諸島各地に見られるʼラッテと呼ばれる石柱群は，古代チャモロ文化の遺跡である．ヨーロッパとの接触以前の人口は約5万人と推定されるが，16世紀のスペイン人との接触以降，人口が激減し，固有の酋長制度や母系出自集団は解体され，18世紀初頭の時点で総人口は約3500人にまで落ち込んだ．スペイン統治下では，労働者として導入されたメキシコ人やフィリピン人との混血が進み，言語や文化の面ではスペイン化が進んだ．1898年の米西戦争後，チャモロ人は米領ʼグアムと，ドイツ次いで日本が統治した他のマリアナ諸島とに分断された．グアムのチャモロ人は，1950年にアメリカ市民権を獲得している．日本統治領では，日本人移住者への不動産賃貸売買，コプラを原料とした石鹸の製造などに携わるチャモロ人もおり，日本人から進歩的な人々と評されたが，日本国籍は与えられなかった．さまざまな宗主国による支配を受けてきたチャモロ人は，1970年代以降，世界的な先住民運動の高まりに呼応して，文化復興運動をおこし，従属的な政治的地位の是正と自決権獲得の主張，チャモロ語や先住民芸術の再評価などを行っている． 飯高伸五

チャン｜Julius Chan｜1939-
パプアニューギニアの政治家．1980-82年，1994-97年同国首相．ニューアイルランド州でニューギニア人の母と中国人の父との間に生まれる．オーストラリアのクイーンズランド州で高校，大学を出，パプアニュ

ーギニアで実業家としての道を歩みはじめる。1967年に全住民グループ All People's Group という地方政党に加わり、68年の選挙で当選して政界に進出し、議会の副議長となる。70年に人民進歩党 People's Progressive Party (PPP) を組織し、自らその党首となった。77年から ゛ソマレ内閣のもとで副首相を務めたが、その後、ソマレ内閣に批判的となり、80年、内閣不信任動議を提出。この可決により首相となり、82年に再びソマレ内閣が成立するまで首相を務める。また、85-88年の ゛ウィンティ内閣では副首相を務めた。94年に再び首相となったが、97年ブーゲンビル紛争の鎮圧のために海外から傭兵を雇おうとして国民の反感を買い、首相の座を降りた。同年の選挙で国会議員の職も失ったが、2007年の選挙で国会議員に返り咲いた。→ブーゲンビル[島] 　豊田 由貴夫

ちゅうおうさばくアボリジニ｜中央砂漠アボリジニ｜Central Desert Aborigines

オーストラリア大陸の7割以上を占める砂漠地帯に暮らしてきた諸民族。砂漠地帯は、年間降雨量125〜300mm、鉄分を含んだ赤土に岩丘が露出した風景が続く。アカシアやユーカリを優占種とする灌木地帯が広大な領域を占めるので、そこに棲む動物も群生することなく散在していた。そこには紀元前約3万年前から人々が暮らしてきた痕跡があり、この200年の記録からみても、複数の旱魃と洪水があったことが示されている。また、西欧からアングロサクソン系の諸民族が大陸に到着して麻疹やインフルエンザを流行させる前から、北海岸部でのアジアやメラネシアの人々との交流の痕跡があり、それとともに天然痘などが中央砂漠アボリジニの人々を襲ったと推定されている。中央砂漠アボリジニの起源神話や儀礼には、こうした長期にわたる歴史的変化を反映した特徴が複数みられる。

こうした中央砂漠地帯に、1850年代頃からアングロサクソン系の探検隊が進出、70年代頃からは牧畜業者も移住するようになることで、動植物の生態環境はさらに大きく変化した。80年代からのキリスト教の布教者や鉱業者などの移入にともなって、アボリジニの生活は急速な変化を強いられ、無賃牧場労働者などとなっていった。第2次世界大戦後の1950年代には、南部砂漠地帯から先住民を強制移住させた上で、核実験が行われたが、移住に際して見過ごされた人々の中には被爆した者も出た。60年代末に国民投票でアボリジニがオーストラリア国民として認められてから社会的地位が変わり始めると、アボリジニのうち北部のグリンジ民族は自らの土地への帰還という社会運動を起こした。70年代には中央部のアランタ民族も中央砂漠地帯のアリススプリングズで都市運動を展開し、76年に ゛ノーザンテリトリーにアボリジニ土地権法が成立し、アボリジニの信託領が認められることとなった。

80年代には、アングロサクソン系の文化に接したアボリジニが独自の文化を形成するようになった。西部のルリチャ民族を中心として点描様式のアボリジニ美術が創出され、アボリジニ音楽(カラード・ストーン、ワルンピ・バンドなど)がアボリジニのラジオ局を通じて広まっていった。こうした活動の拠点となったのが中央砂漠地帯の都市アリススプリングズで、高等教育、病院、スーパーマーケット、ラグビー、あるいは飲酒などさまざまな機会をアボリジニに提供した。都市の便益を求めて、アボリジニ信託領から親族をつたって都市辺縁部のキャンプに一時滞在する人々がいる一方、飲酒や特定集団外の異性と性関係をもつことなどから暴力沙汰が増え、それを嫌ってアボリジニ信託領へと戻る人々もいた。

現在、中央砂漠アボリジニは、アングロサクソン系諸民族とくらべて、失業率、識字率、犯罪率、自殺率、平均寿命などで格差が縮まっていないが、アングロサクソン系諸民族との混交者や英語習熟者を中心にメディア産業などを展開させるといった動きもみられる。゛ウルル(エアーズロック)を象徴的な中心とする中央砂漠地帯アボリジニは、アボリジニ・アイデンティティの構築の重要な一部を担うとともに、主流オーストラリアとの相応しい関係を模索している。
→アボリジニ 　飯嶋 秀治

チューク[環礁]｜Chuuk Atoll

ミクロネシアのカロリン諸島にある火山島

群．直径64km，周囲約200kmの大環礁内に大小100ほどの島々が散在しているが，そのうちの20ほどが有人島．陸地面積は合計約95km²だが，環礁外の諸島とともにミクロネシア連邦のチューク州を構成しており，州全体の陸地面積は127km²，人口は5万4000 (2008)．以前は環礁内の島々をトラック諸島，州名もトラックだったが，1989年に州憲法を制定した際にすべてチュークに改めた．州都が置かれる島も日本時代は〈春島〉，アメリカ時代は〈モエン〉だったが，現在は〈ウエノ〉と呼称が変更されている．

この諸島は1528年にスペイン人アルバロ・サーベドラに〈発見〉され，1824年のデュモン・ドゥビルの探検で島勢が明らかになった．島々の住民は，今から2000年ほど遡る頃に，東部メラネシアからマーシャル諸島を経由して移住してきたとされている．他のカロリン諸島と同様に，スペイン，ドイツ，日本，アメリカの統治を経て，1986年に▶ミクロネシア連邦の一州として独立．日本時代の最盛期である43年頃は，地元人8500人を遥かに凌駕する3万7000人もの日本人が居住していたため，この諸島には日本人の血を引く日系人の割合が多い．また，この環礁は，44年2月の米軍空襲によって壊滅的打撃を被るまで，日本の太平洋連合艦隊の中核基地であった．そのため，ラグーンの下には60を超える日本艦船が沈んでおり，遺骨も完全には回収されないまま今に至っている． 小林 泉

チョイスル[島] | Choiseul Island

西南太平洋，ソロモン諸島北西部にある島．日本ではチョイセル島，ショアズール島，ショワズール島とも記される．長さ144km，最大幅32kmの細長い島で，山がちである．面積3210km²，人口2万8 (1999)．島の中央部に最高峰(1067m)がある．1767年，フランス人▶ブーゲンビルが到達，当時の外相名にちなんで命名された．かつて人々は他島からの首狩り襲撃を回避するため内陸山地に住んでいたが，現在は平和裡に海岸部で80以上の集落に分散して居住している．社会は双系制． 秋道 智彌

ちょうじんカルト | 鳥人カルト

東ポリネシアのイースター島で19世紀半ば

●鳥人カルト
岩に刻まれた鳥人．イースター島．オロンゴ村．

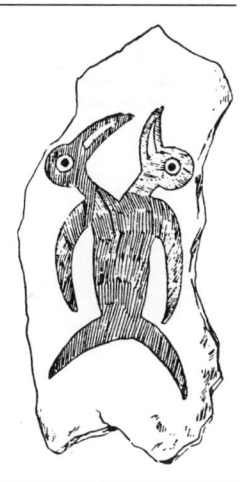

まで行われた社会的，経済的，呪術・宗教的祭礼．毎年8月から10月にかけて同島南西沖のモトゥヌイ小島に産卵にくるクロアジサシの卵を最初に手に入れようと，各部族の長はホプと呼ばれる特別の召使を小島に送って競い合う．勝者には鳥人のタイトル〈タンガタ・マヌ〉が与えられ，1年間▶タブーとなって，鳥人となった者は特別の小屋に住み，同島の宗教的儀式をつかさどる．これはイースター島の創造神マケマケの化身とみなされるためである．1年たつと卵の効力は喪失し，鳥人のタブーは解ける．鳥人になった者の葬式には，各部族の長やそれまで鳥人になった者が参列し，死者の足指にゆわえた10羽の雄鶏を解き放つ．島の南西のオロンゴ村には，多数の卵を握った鳥人像が岩に刻まれており，この儀礼がオロンゴ村を中心として盛んに行われたことを示している．

海鳥およびその卵を中心とするこのような祭礼に類似したものは，他のポリネシアの島には見いだされないが，鳥人像はハワイやマルキーズ諸島，ニュージーランドなどで壁画や彫刻に描かれている．さらに西方のソロモン諸島，ニューギニア，フィリピン，インドなどにも鳥人概念が見いだされ，人間が卵から生まれたという卵生説話との関連が示唆されている． 印東 道子

●彫像
左——ニューギニア島,セピック川中流域.
中——ロンゴ神の像.ラロトンガ島.
右——パラオ諸島.

ちょうぞう｜彫像

オセアニアでは,超自然的存在を目に見える形に表現するために,多くの彫像が製作されている.様式化されたアフリカの民族芸術と比べると,オセアニアの場合は一般的に想像力を駆使した自在な造形と多彩な装飾という特徴をもつといわれている.

オセアニアのなかでも,とくにメラネシアは民族芸術の宝庫といわれ,仮面や祖霊像などのほかにも,カヌーの舟首や家の柱などにも彫刻が施されている.ニューギニアのセピック川流域一帯の彫像は,細長く表現された顔や長くのびた鼻などの共通した造形的特徴をもつが,場所によって少しずつ異なるスタイルをもつ.セピック川下流域では,鼻が異常に長くとがっていて,顔全体や体にまで達しているのが特徴であるが,中流では,長い鼻梁,眉毛と口の間の隈取り,目の強調,円や曲線文様の多用という特徴をもつ.やはりニューギニアのヒューオン湾地域では,三角形の目,長方形のかどばった顔がすぐに胴体へとつながり首がないなどの特徴をもつ.ニューアイルランドの彫像は非常に精巧な透彫を特徴とし,マランガン形式と呼ばれている.

一般的にポリネシアの彫像は,平面的で,マナの存在する場所である頭の大きさが誇張され,膝を曲げて立っているという特徴がある.イースター島にはモアイと呼ばれる巨大な石像がある.ニュージーランドのマオリは,建物にも神話的存在を彫刻し,それらの顔や身体に独特の曲線模様を施している.

メラネシアやポリネシアと比べると,ミクロネシアではカロリン諸島の西部,オーストラリアでは北部のヨーク岬地方やアーネムランドなど,一部の地域において彫像が作られる.アーネムランドの祖先像のほとんどは足を開いて直立しずん胴,顔は逆三角形で顎がとがっているという特徴をもつ.また,彫像には幾何学的な線が多用される.

中山和芳

ちんぎんびょうどうほう｜賃金平等法

ニュージーランドで1972年に制定された法律.類似の職種に従事する労働者に対して,性別などによって賃金の差別を行うことを禁ずる内容.世界で初めて女性参政権が実現をみた1890年代から,ニュージーランドの女性活動家たちは平等賃金の理念を謳ってきたが,公的な部門に限って法が制定さ

れたのが1960年, 女性の地位向上に関して内外からの要望が強まるなかで私的部門にも平等賃金の原則が適用されるようになるにはさらに12年を待たなければならなかった。しかし, 賃金に関して性別による差別が禁止されたとはいえ,〈類似の職種〉の解釈の幅や, 家庭との両立に伴う女性の労働時間・期間の制限などといった要因により, いまだ収入面での男女平等が実現しているとはいいがたい。2005年のデータでは, 女性の収入は平均して男性の収入の8割程度に留まっている。

原田 真見

ツシタラ | tusitala

サモア語で口承伝承者を意味する。近代人は文化遺産を受け伝える道具や媒体に, 文字や映像といった伝達手段を用いるのが通例である。しかし, 文字の使用がみられない古代において, あるいは文字文化社会の出現がヨーロッパ人の来島以降といえる太平洋諸島地域においては, 伝承はもっぱら口承による形をとった。口承伝承には, 制度的行為, 信仰, 慣習, 神話, 伝説, 歌謡, 舞踊などがあり, 地域によって類似のものがある一方, 形態に違いのあることも多い。口承伝承が次代に伝えられるとき, 必ずしもそのまま伝承されるとは限らず, ときには変形されることも少なくない。神話が口承伝承として語られる社会では, 歴史事実さえも神話の世界の中に生き, オセアニアの歴史も口承伝承によって明らかになる。伝承を受け取り伝える力は個人によって異なり, 伝承を自己の社会的文化遺産として積極的に保持する者が, ツシタラとなりうる。

島岡 宏

ツチボタル

グローワーム glow worm とも呼ばれ, 光を放つウジムシのこと。本来は地面に生息するホタル科の甲虫で翅が退化した雌成虫や幼虫を指すが, キノコバエ類の幼虫にもしりが青白く光るものがあり, これらの虫もグローワームと呼ばれる。ニュージーランドのワイトモ洞窟に生息するホソキノコバエ科 Bolitophilidae のヒカリキノコバエ *Arachnocampa Luminosa* は観光資源として保護されている。学名の Arachno はクモ, campa はウジムシを意味する。幼虫は湿度の高い洞窟の天井にクモの巣のようなすみかを作り, 粘液の連なった玉すだれのような糸を何本も垂れ下げ, 光に飛来した虫が粘糸に付着すると, たぐり寄せて食べる。幼虫は長さ8mmくらいの大きさに成長し, すみかで蛹となる。成虫は洞窟の湿った壁に産卵する。ヒカリキノコバエ属 *Arachnocampa* はオーストラリア大陸やタスマニア島からは別種が知られるが, いずれも洞窟や廃坑にすみついている。

林 長閑

ツバルしんたくききん | ツバル信託基金

国家収入源に乏しいツバル政府の財政安定化を目的に, 1987年に設立された信託基金。主な拠出国はオーストラリア, ニュージーランド, ツバル, およびイギリスで, 韓国と, UNDP(国連開発計画)を経由した形で日本も約70万豪ドルを拠出している。基金は主にオーストラリア市場で運用されている。出資額にオーストラリアの物価上昇率を加味した維持価額を設定, 投資益などによって基金純額がこれを上回ると, 上回った分だけ別勘定に移され, そこから必要に応じてツバルの一般財政に組みこまれる形をとっている。このため基本財産を取り崩すことはできない。また主要拠出国のオーストラリア, ニュージーランドおよびツバル代表からなる信託基金諮問委員会が半年ごとに実情報告書を作成し, 透明性を確保している。

同基金は, 設立以来おおむね順調にツバル財政に貢献してきたが, 2008年のリーマンショックに端を発した証券市場の暴落により, 大きな損失を計上した。2009年3月末現在で基金残額は8492万豪ドルとなり, 維持価額を25万豪ドルも下回る状況となっている。ツバル政府は, 今後数年は信託基金からの利益分配は見込めないと予想しており, 小島嶼国もまた国際経済情勢に大きく翻弄されることが改めて浮き彫りになった。

小川 和美

つりばり | 釣針

オセアニア地域の釣針は, その形態と素材, 製作・使用方法, 対象となる水産動物の種類などの点で, たいへん多様性に富む。釣針は形式上, 単式釣針, 結合式釣針(軸とかかりを組み合わせたもの), 擬餌針, ゴージ(棒

状・くの字形のひっかけ具)などに区分され、そのすべてがオセアニア地域にみられる。釣針は、木、骨、ベッコウ、貝、石などの素材から、サンゴ(研磨用)、サメ・エイの皮(やすり用)、石・貝(穿孔用ドリル)などの道具により製作された。釣糸にはココヤシの外皮やクワ科植物の樹皮からとった繊維が使用された。植物繊維や鳥の羽を擬餌針につける工夫もなされた。▶タコ釣針にはタカラガイの貝殻片が使われた。対象魚種は多種多様で、淡水魚、沿岸魚から、外洋の表層魚(マグロ、カツオ、トビウオ)、深海のバラムツまでが含まれる。釣針の大きさは、ポリネシアの木製サメ釣り用の大きなものから(長さ30cm)、ソロモン諸島のシンジュガイ製メアジ用釣針やカロリン諸島におけるココヤシ殻製トビウオ用ゴージ(いずれも約1cm)まで変異がある。ニューギニア内陸部では、とげのある枝や甲虫の脚が釣針として用いられる。

釣針の分布や形式の研究は、オセアニアの住民がいかに海洋環境へ技術的によく適応したかを明らかにするだけでなく、民族の移動ルートやその編年を知るうえで重要である。釣針は単なる道具としてだけあったのではない。人々は釣針に宗教的な観念をもち、あるいは特別な価値を与えた。たとえば、ソロモン諸島のティコピア島では、カツオ釣りの擬餌針は▶マナという超自然力をもつとされ、首長だけが保有できた。ハワイでは人骨製の針に、魚を引き寄せる特別な力があると考えられており、他人の墓を暴いてまでして人骨を手に入れることもあった。クック諸島のプカプカ環礁では、釣針は父系で継承される財産であり、男性原理の象徴として死者とともに埋葬された。

秋道 智彌

テアナウ[湖]|Lake Te Anau

ニュージーランド南島の南西部にある湖。面積344km²、最大水深266m、同国で2番目に大きい。氷河の浸食で形成されたため(氷河湖)、湖の形状は細長く(南北65km)、3つの大きなフィヨルド(入江)がある。湖名はマオリ語で〈渦巻く水の洞窟〉を意味し、そのもとになったテ・アナウ洞窟が西岸にある。周辺には絶滅の危機にあるタカエなどの鳥類や貴重な動植物が生息しているため、フィヨルドランド国立公園に指定され、世界遺産テ・ワヒポウナムにも登録されている。ミルフォード・トラックの起点にもなる。

菊地 俊夫

テ・アラワ|Te Arawa

ニュージーランドの先住民▶マオリのなかでも最も有力な部族の一つ。北島のロトルア付近に住む。マオリはポリネシア系で、彼らの間に伝わる伝承によれば、▶クペなる人物が海路ニュージーランドを発見し、帰郷後ニュージーランドへの航路を仲間に教え、これに従っていくつかの部族がカヌーでニュージーランドに渡ってきたといわれているが、テ・アラワはタイヌイ、アオテア、タキチム、トコマルなどの部族名とともにそのころから存在した部族の名前とみられる。実際、マオリの先祖は12世紀ころ、東ポリネシア、すなわちタヒチ島周辺のソシエテ諸島、あるいは現在ニュージーランド領であるクック諸島辺りからニュージーランドにやってきたものであり、その始まりは大挙しての移住ではなく、嵐でカヌーが流されるなどの予期せぬ事情によったものと考えられている。

地引 嘉博

ディーキン|Alfred Deakin|1856-1919

オーストラリアの政治家、首相(1903-04, 05-08, 09-10)。メルボルン生れ。有力新聞エイジ紙の社主デイビッド・サイムの後援でビクトリア植民地の議員となり、連邦実現に力を注いだ。連邦議会では、リベラルグループである保護貿易派を率い、初代バートン内閣の法務大臣を務め、バートンが連邦最高裁判所判事となった後、2代目首相に就任した。当時は、保護貿易派、保守グループの自由貿易派、▶労働党の3勢力が拮抗しており、ディーキンは労働党の閣外協力を得て、▶白豪主義、産業保護、強制仲裁制度など、20世紀後半までオーストラリアの根幹となる政策を実行した。1909年、労働党の単独政権に直面すると、保護貿易派と自由貿易派を結集して▶自由党を設立し、2大政党制への道を開いた。こんにちでも自由党のリベラル派をDeakiniteとも呼ぶ。連邦初期の傑出した政治家であり、首相でありながら匿名でロンドンの新聞に自

国の政治評論を書いていたことでも知られる。
〈杉田 弘也〉

ティコピア[島]｜Tikopia Island
西南太平洋, ソロモン諸島東部の離島。南緯12°15′, 東経168°45′に位置する。人口1300(1999)。アヌタ, オントンジャバ, レンネル, ベロナなどの島々とともに, メラネシア地域における辺縁ポリネシア Polynesian Outliers を形成する。5km×3kmの卵形をした古い火山島で, 標高366mの噴火口をもつ。島の周囲はサンゴ礁に囲まれ, 南部には湖がある。住民は長身, 明褐色の肌をしたポリネシア人で, 南東と北西の海岸部に集中して居住する。主食はタロイモ, ヤムイモ, バナナで, サゴヤシも重要である。動物タンパク質源は海に大きく依存する。ポリネシアに典型的な父系社会であり, 夫方居住様式をとる。氏族間での外婚制はない。島には首長と平民との身分制が発達している。四つの氏族があり, それぞれ1人の首長をもち, さらにそのなかから1人の大首長が決められており, 全体として政治的・宗教的な階層社会を形成している。祖先霊や神に対する信仰とともに, タプ tapu とよばれる観念が発達している。タプは一方で首長や神の聖性をあらわすとともに, 禁忌・禁止をもあらわす。伝統的に成人は刺青をし, ▶樹皮布をまとい, ヤシの葉でふいた家屋に居住していた。イギリスの社会人類学者▶ファースが1928-29年と59年に集中的な野外調査を行い, すぐれた民族誌を残している。
〈秋道 智彌〉

ディンゴ｜dingo；warrigal；*Canis dingo*
オーストラリアに野生するイヌに似た哺乳類で, 食肉目イヌ科に属する。約9000年前, アボリジニがアジアから渡ったときに, 家畜として連れていたものが, のちに野生化したともいわれ, ニューギニアのパプアディンゴ *C. hallstromi* も同じような起源であるという説が強い。体長117～124cm, 尾長30～33cm, 肩高50cm, 体重10～20kg。体つきは家畜のイヌに似るが, 吻が長く, 裂肉歯(上の第4前臼歯と下の第1臼歯)が巨大で, 犬歯は長く細い。体毛は短く, ふつう茶色がかった黄色だが, 白から黒まで多様である。足と尾の先はしばしば白い。単独

●ディンゴ

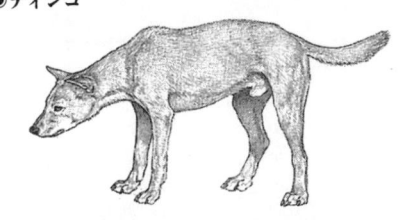

か小さな家族群でくらし, 狩りの方法は他のイヌ類同様, 獲物(カンガルー, ワラビーときにはヒツジやウシも)を長距離追いかけて相手を疲れさせてからとらえる。交尾期は冬で, 妊娠期間約63日の後に1産1～8子を生む。子は巣穴で生まれ, 約2ヵ月間そこで授乳される。オーストラリア本島で肉食性有袋類の▶タスマニアデビルや▶フクロオオカミが絶滅したのは, 本種との競合のためであろうといわれる。
〈今泉 忠明〉

[神話] この不思議な動物のことはヘンリー・G.ラモンドの《魔の犬ディンゴ》に詳しい。さてアボリジニのディンゴについての話は, カンガルーに匹敵するほど多い。夜牧場を襲い, 一気に数十頭の羊を殺戮してまわるこの動物は牧場主の憎悪の的だが, その魔性が白人渡来以前からアボリジニにも恐れられたのか, まず不気味なディンゴの話が多い。グーガラヤという子さらい女の霊につき従う白い霊ディンゴ, ニエルグーの泉を守り, 規則を破ってその水を飲んだ者にだけ聞こえる遠吠えとなって相手を呪殺する霊ディンゴ, ジャンガ・ドゥエルダ, 月神バールーがディンゴとして連れ歩くが, 実はヘビである3頭のディンゴ, そして〈ワトル〉の項で触れたウルルでマラ族を全滅させた霊ディンゴ, クルプンニャ, 人間を呑み込んでは吐き出し再生させる魔犬ディンゴ, エリンチャ等々。逆にその魔力を奪われる話は, ヨーク岬半島に残る巨大ディンゴ, ガイアの物語だ。ガイアはイナゴ族の女エルギンに飼われ, 人間を餌として捕らえてくる。ある日ガイアの留守にチュクチュク(モズガラス)族の兄弟がエルギンのねぐらを通り過ぎた。エルギンは帰ってきたガイアに後を追わせた。兄弟は逃げに逃げ, 巨大な地峡部にガイアを誘い込み,

槍を何本も打ち込んで、ついにこの巨獣を仕留めた。人々が死骸に群がり、切断して食べた。ガイアの霊はエルギンのねぐらに戻り、自分をこういう運命に追いやった相手の鼻を噛み切った。以後イナゴの鼻はなくなる。兄弟はエルギンも殺した。モズガラスはガイアを仕留めた槍のような鋭いくちばしをもつようになった。一方、魔法医師のウッドバールは、食べ残しの骨と皮をつなぎあわせて、今日いるような大きさのディンゴを雄雌2頭こしらえ、命を吹き込み、人間を殺さない家畜にした。アボリジニの家畜化してからのディンゴの話では、当然ディンゴが完全な善玉かつ被害者になる。ディンゴ族の男ムンバンとカピリが砂漠の地下水〈ニルゴの泉〉を見つけた功績で、ディンゴを狩るのはタブーになったのに、それをある男が破ってディンゴの子どもを殺したので、母ディンゴに殺された話がある。またディンゴが間抜けになる話では、不死身のヤマネコから〈試しに自分を殺してみろ〉といわれ、相手の首をはねるが、空からよみがえってきたネコに逆に首をはねられ、不死身になる機会を失うディンゴの話がある。さらに間抜けなディンゴの話としては、6頭の雌を独占していた老ディンゴが、1頭ずつではかなわないので連帯した若い雄ディンゴたちにまんまと雌たちを奪われる話もある。

越智道雄

でかせぎ｜出稼ぎ

オセアニアの島嶼諸国における出稼ぎ現象。これは島嶼の特殊性を表すもので、人口流出〈出〉、人口流入〈入〉ともに社会問題となっている。〈出〉の面をみると、サモアやトンガなどのポリネシア諸国から、オーストラリア、ニュージーランドを中心にするイギリス連邦の国々およびアメリカ領サモア、ハワイへと向かう出稼ぎ者が多い。アメリカと〝自由連合協定を結んだミクロネシア3国は、アメリカへの出入りが自由なので、まず米領グアムやハワイ、さらにはアメリカ本土へと職を求めて渡るケースが一般的だ。ニュージーランドと自由連合関係にあるクック、ニウエなどの極小島嶼では出稼ぎというより、むしろ永久的職を求めて移住する傾向が強く、島全体の人口が減少しているところもある。島を出る者の個人的な動機はさまざまだが、全体的傾向にみるその原因は、①自給バランスを超えた人口増加、②援助やキリスト教会により近代的学校教育を受けて進学した者が、国内では知識・技能に見合った仕事を見つけにくい、③消費物質への憧れや近代化への適応のために現金収入を必要とする、といったことである。

トンガ憲法には、16歳以上の成人男子に対しては国王から8.26エーカーの農地が与えられる規定があるが、現実には土地面積が人口増に追いつかず、土地はもらえない。そのため、とりわけ高学歴者は島を離れることになる。サモアでも高等教育を受けた者の島内定着率は低い。いずれも、欧米の植民地支配の結果起こった社会変容により、従来の生産体系の中では抱えきれない人間を出現させ、それが出稼ぎ現象となった。そして注目すべきは、この出稼者の存在が島嶼国経済を支える重要な要因となっていることである。

トンガでは、2006年の海外出稼ぎ者からの本国送金額は1億4600万ドル。これは同じ年のGDP値の6割に相当する。ここに、主として消費物資からなる大幅な輸入超過を、本国送金と海外援助が補っているという、オセアニア島嶼経済の典型事例をみることができる。

一方、〈入〉の面からみる出稼ぎ現象も、島嶼国には大きな影響を及ぼしている。1978年、信託統治領からアメリカの自治領になった北マリアナ諸島では、この30年で1万5000人から8万人へと人口が増えた。これは自然増ではなく、おもにフィリピン、中国、スリランカ、さらには近隣のミクロネシア諸島からの出稼ぎ労働者の流入である。このためマリアナ人はマイノリティーになってしまった。観光開発に力を入れる人口2万人程度のパラオでも、アメリカに出るパラオ人がいる一方で、フィリピン人や中国人の流入が著しく、北マリアナのサイパンの二の舞を心配する声が上がっている。

そもそもサイパン島が試みた観光開発は、住民の雇用機会を増やし、所得を増大させることが目的だった。その計画は順調で、

期待以上の成果を上げつつ20年が経過したが，肝心の雇用機会の多くは外国人労働者に奪われ，富を手にしたのは一部の土地所有者と外国人資本家だけだった。さらにその後の10年は，主として日本からの資本や観光客に依存して成立していた観光業が一気にはじけたため，構造的不況に陥ってしまった。そして，大量流入していた外国人労働者らは，地元社会とさまざまな摩擦を引き起こす存在にもなったのである。

また，華僑の空白地域といわれていた太平洋島嶼にも，今世紀に入って中国人の進出が目立ちはじめ，これも島嶼社会に波紋を投げかけている。パプアニューギニアでもマーシャルでも，小さな店でがむしゃらに働く中国人たちが，昔ながらの街景色を変えているからだ。夜遅くまで開いていて，品揃えもサービスも良い。こんな商店の出現に，地元の店はどんどん潰れていく。2006年のトンガでは，民主化運動に端を発して市街地での暴動が起こったが，この時に中国人経営の店やレストランだけが放火や略奪の標的にされた。こうした事件が起きても不思議ではない雰囲気は，他の島々にも拡がっている。

島嶼諸国の人口移動は，基本人口が少ないだけに国家への影響が大きく，それだけ深刻な課題である。この移民問題は，島嶼諸国にとって今後ますます重要な事項となるであろう。

小林 泉

テ・カナワ│Kiri Janette Te Kanawa│1944-

マオリのソプラノ・オペラ歌手。ニュージーランドの北島ギズボーン出身で，養母はアイルランド系，養父は北島のテ・カナワ部族に属するマオリ。マオリの鋭い音楽的な感性に恵まれ，オークランドのセント・メアリーズ・カレッジ在学中は，シスター・メアリー・レオに指導を受け(1959-65)，その間，国内，オーストラリアのコンクールで優勝するなど，声楽家としての頭角を現していく。1965年に奨学生としてロンドン・オペラ・センターに入学し，ベラ・ローザ，ジェイムズ・ロバートソンに師事する。68年のデビュー以後イギリスを拠点に，メトロポリタン歌劇場，スカラ座，シドニーオペラハウスなど世界中の名だたる歌劇場での公演を成功させ，世界的なオペラ歌手としての名声を確立する。81年にチャールズ皇太子とダイアナ妃の結婚式では，イギリス連邦を代表してセント・ポール寺院で聖歌を歌った。デーム Dame の称号をもつキリ・テ・カナワのレパートリーは，モーツァルト，ベルディ，プッチーニなどのほか，イギリス民謡，ウェストサイド・ストーリーなど幅広い。彼女の著書《長い白い雲》(1989)は故郷テ・クイティに伝わるマオリ部族伝説の再話集である。21世紀に入ってから，キリ・テ・カナワ基金を設立するなど後進の育成につとめる。2009年に引退を表明し，翌10年の最後の舞台でリヒャルト・シュトラウスを歌う予定である。

百々 佑利子＋澤田 真一

テニアン[島]│Tinian Island

マリアナ諸島にある島。北緯14°，東経145°。北東約5kmに▶サイパン島，南西約9kmにアーギガン島がある。隆起サンゴ礁の島で，主成分は石灰岩。陸地面積は101km²で，マリアナ諸島ではグアム，サイパンに次いで広い。マリアナ諸島の各地に見られる石柱遺跡▶ラッテのうち，高さ5.76mにおよぶ最大のものがあり，▶チャモロ人酋長家にちなんで〈タガの家〉と呼ばれている。1695年には，スペイン統治によって，すべてのチャモロ人が▶グアムへ強制移住させられたため，無人島となり，野生化した牛や豚が繁殖した。19世紀初頭にはグアムからの再定住や，カロリニアン(▶カロリン諸島系の住民)の入植が行われたが，人口はわずかであった。日本統治期には製糖業が導入され，1930年の時点で5271人の日本人が移住していた。太平洋戦争期には平坦な立地を利用して飛行場が建設されるなど，軍事化が進んだ。1944年8月に米軍が上陸，日本軍の守備隊約8000人が玉砕し，民間人も犠牲になった。広島，長崎に原爆を投下したB29爆撃機エノラ・ゲイはテニアンから飛び立った。現在は，▶北マリアナ諸島(アメリカの自治領)の一部を構成し，人口は3540人(2000)。牧畜業のほか，観光開発も行われ，1998年にはカジノ付きのリゾートホテルがオープンした。

飯高 伸五

●デビルズ・マーブルズ

アボリジニの伝説では虹蛇の卵だという。

デ・ヒーア|Rolf de Heer|1951-
オーストラリアの映画監督。オランダに生まれ、8歳でシドニーに移住。オーストラリア映画テレビラジオ学校(AFTRS)で学ぶ。幼少より母に監禁され35歳にして初めて外界に出た男のブラックコメディ《バッド・ボーイ・バビー》(1993)、障害者の性を扱った《ダンス・ミー・トゥー・マイ・ソング》(1998)など、90年代は賛否両論を巻き起こす問題作で知られた。2000年代にはいってからアボリジニを主題にした映画を連続して監督し、《トラッカー》(2002)はアボリジニの殺人犯を追って奥地に赴くアボリジニのトラッカーを主人公にした物語で、主役をガルピリルが演じた。《十艘のカヌー》(2006)は、ガルピリルを語り手に迎え、オーストラリア映画史上初めてとなる全編アボリジニの言語(マンダルピング語)の作品となった。1930年代にアーネムランドを調査した人類学者ドナルド・トムソンが遺したアボリジニの伝統的習俗の写真を映像の中で完全に再現するなど、かつてない圧倒的なオーセンティシティ(真実性)で、アボリジニの部族社会の途切れなく循環する過去と現在を表現した。
佐和田 敬司

デービス|Jack Davis|1917-2000
アボリジニの劇作家、詩人。パースに生まれ、鉱山の町ヤーループに移った。初等教育だけで終え、14歳の時、ムーアリバー・セツルメントに移り、ここで初めてニューンガ(ウェスタンオーストラリア南西部のアボリジニ)の言葉を学んだ。ストックマン(牧牛の番をする仕事)として働きながら、ウェスタンオーストラリアの部族社会と関わりをもち、複数のアボリジニの言語や文化を学んだ。その後、アボリジニ権利運動に没入、有名な〈テント大使館〉(1972年、アボリジニの人々が主権を訴えるために、国会議事堂前に〈大使館〉と称してテントを建てた運動)の活動にも参加した。その後、61歳で初めて戯曲を執筆した。代表作に、差別に負けずたくましく生きるアボリジニ家族と、失われつつある伝統をつなぎ止めている祖父の物語《ドリーマーズ》(1982)、自身の経験に基づき、ムーアリバー・セツルメントで暮らしながら白人への抵抗を続ける家族の物語《ノー・シュガー》(1986)がある。2000年の没後も、アボリジニ演劇の若き旗手ウェズリー・イノックが《ドリーマーズ》を再演したり、デービスの母と姉たちの物語が《アリワ！》という作品として舞台化されて話題になったりするなど、今日もアボリジニ演劇の象徴として大きな存在感を示している。
佐和田 敬司

デビルズ・マーブルズ|Devils Marbles
オーストラリアのノーザンテリトリー中部にある花コウ岩の露岩群。ダーウィンとアリススプリングズを結ぶ幹線道路沿い(テナント・クリークの南約100km)にあり、自然保護地区に指定されている。花コウ岩が乾燥と昼夜の温度差による長い間の自然風化により直径数十cm〜数mの多数の丸みのある巨礫となって散在し、多くが積み重なっていて奇観を呈する。アボリジニの伝説によれば、虹蛇の卵であるとされている。
谷内 達

テ・フィーティ|Te Whiti|1830-1907
19世紀後半におけるニュージーランドの先住民マオリの代表的指導者の一人。当時のニュージーランドでは1840年前後から急増したイギリス人入植者と先住民マオリとの間に土地争いが頻発し、1860年から72年にかけてイギリスとマオリとの間にニュージーランド土地戦争が戦われた。いちおう戦争が終わったあともマオリと入植者ないし政府との間の争いは続いたが、パリハカ地方のマオリを率いたテ・フィーティは土地をめぐる争いにいっさい暴力を使わない非暴力主義を唱えた。彼はカリスマ性を備えた指導者で、独特の宗教をもち、ニュー

ジーランドのガンジーとさえいわれているが、その運動は必ずしも成功しなかった。

地引 嘉博

デミデンコじけん｜デミデンコ事件
オーストラリア文壇での作家詐称事件。ウクライナ系移民の娘ヘレン・デミデンコと称した弱冠22歳の女性作家が、第2次世界大戦前後のウクライナにおける共産主義による社会的・文化的崩壊やドイツ侵攻、ユダヤ系迫害の歴史を負ってオーストラリアに移民した家族の歴史の聞き語りを、《署名した手》という小説にして1994年に出版、マイルズ・フランクリン賞をはじめ多くの賞を受けた。その後、作品中の反ユダヤ的表現やウクライナの歴史描写に批判や疑問の声が上がり、やがて作者がウクライナとは関係のないイギリス移民の両親をもつオーストラリア生れのヘレン・ダービル(1971-)であることが発覚する。作品に正統性を付加するための策略による詐称だったが、オーストラリア文学において多文化文学、マイノリティ文学というジャンルができ、移民作家の文化的背景や歴史的体験談がもてはやされた時期でもあり、作者の民族性やアイデンティティと作品の関係、歴史の語り手の正統性など、さまざまな問題を提起することになった。

加藤 めぐみ

デュプティ・トゥアル｜Abel Aubert Dupetit Thouars｜1793-1864
フランスの海軍提督。1837年、科学アカデミーが派遣した科学的探検と太平洋諸島訪問のため、フリゲート艦ベヌス号で世界周航を目ざす。ハワイ、イースター島、ソシエテ諸島、ニュージーランド、マルキーズ諸島を訪れ、39年帰国。帰国後、海軍少将となる。彼は政府にマルキーズ諸島、ソシエテ諸島の領有を進言したが、当時のソシエテ諸島はイギリスの宣教師プリチャードが女王ポマレ4世に強い影響力をもっていたため、フランスのカトリック宣教団は屈辱的な扱いを受ける繰返しであった。デュプティ・トゥアルは41年にマルキーズ諸島を占領。翌年、住民側の武力対決に、彼は分遣隊を上陸させてタヒチ島を制圧した後、タヒチ、マルキーズ諸島をフランスの保護領とした。1837-39年の世界周航記が出版されている。

矢野 將

ドイツたいへいようしょくみんち｜ドイツ太平洋植民地
19世紀の終りに、ヨーロッパ列国による世界再分割競争がアフリカから太平洋諸島にも及んだ。ドイツ帝国は普仏戦争後、1871年にプロイセンが中心となって国内統一を完成した。当初ドイツは自国に対する〈諸国連合の悪夢〉を避けるためにも、ヨーロッパ内の勢力均衡策に専念し、領土的野心のないことを明言していた。しかし他の列国の活動に刺激された民間の帝国主義熱に押されて、目をアフリカや太平洋諸島に向けた。後者においては、84年にビズマルク諸島を保護領にし、翌年ニューギニア北東部の主権を獲得し、マーシャルとナウルを領有した。さらに、90年に宰相ビスマルクが失脚し、ウィルヘルム2世が親政を開始するとともにドイツは積極的な〈世界政策〉に乗り出し、それを裏づけるために大規模で長期的な海軍拡張計画を実施しはじめた。98年には清から海軍基地として膠州湾を99年間租借した。ミクロネシアでは1860年代以来ドイツ人のコプラ貿易が盛んであったが、ドイツは99年に米西戦争に敗れたスペインから、それまでの懸案であったマリアナ(グアムを除く)、カロリン、パラオ諸島を購入した。そして同年、サモア諸島をイギリスの犠牲においてアメリカと分割し、西半分を得た。

しかし1914年に勃発した第1次大戦が状況を一変させた。オーストラリア軍が北東部ニューギニアを、ニュージーランド軍は西サモア、日本軍はカロリン、マリアナ、パラオ、マーシャル諸島をそれぞれ占領した。ドイツ敗北の結果、占領国はそれぞれの占領地域や島嶼を国際連盟の委任統治領として支配し、ドイツ太平洋植民地は30年で幕を閉じた。

広野 好彦

トゥアモトゥ[諸島]｜Archipel des Tuamotu
南太平洋タヒチ島の東方海域に広がる約80の島々からなる諸島。フランス領ポリネシアに属する。そのほとんどが環礁であり、火山島はない。総面積約850km²、人口1万5862人(2002年、ガンビエ諸島を含む)。諸島内には、1990年代まで約200回もの核実験が

行われて世界的に有名な▶ムルロア(モルロア)環礁、太平洋三大リン鉱産地の1つとして知られた▶マカテア島(1966年閉山)、黒真珠養殖で知られる▶マニヒ環礁、世界で2番目に大きな環礁で、スキューバダイビングで人気の▶ランギロア環礁などがある。また、多くの▶マラエ(石造の宗教遺跡)があり、考古学上の関心を集めている。　　　　小川 和美

トゥイ・トンガ｜Tu'i Tonga

ポリネシアのトンガ王国の王朝。第1代トゥイ・トンガは天神▶タンガロアの子孫とも伝えられ、系譜から逆算するとほぼ10世紀半ばに在位していたことになる。代々のトゥイ・トンガの力は強大で、その墓であるピラミッド型の石造建造物▶ランギは、今日もいくつか残されており、その威容をしのばせる。巨大な石の門ハアモンガは、第11代トゥイ・トンガによって建造されたと伝えられる。

トゥイ・トンガの最も重要な儀礼は、ヤムイモの収穫儀礼イナシであった。これは毎年、早生のヤムイモがとれはじめる10月ころ行われ、トンガ全土から美しく飾られたヤムイモがトゥイ・トンガに献上される。儀礼は、その年のヤムイモの収穫を感謝し、同時に現在生育中の他種のヤムイモの豊作を祈念するために、トゥイ・トンガを通じてヤムイモを神々に捧げることを目的としていた。

トゥイ・トンガは人々から畏敬されていたが、トンガ国内における彼の地位は最高ではない。西ポリネシアの一般的兄弟姉妹の慣行に従って、姉妹は彼より上位である。なかでもトゥイ・トンガの長姉はトゥイ・トンガ・フェフィネ(女性トゥイ・トンガの意)と呼ばれ、トゥイ・トンガの即位と同時に位に就く。彼女の娘タマハはさらに高位で、トゥイ・トンガはタマハを姉妹以上に敬わなければならない。

第24代トゥイ・トンガのとき(1470年ころ)、弟がトゥイ・ハアタカラウアとなり、前者は聖なる王、後者は俗事をつかさどる王となった。また1600年ころトゥイ・ハアタカラウアからトゥイ・カノクポルが分かれ、三つの王朝が鼎立するようになったが、この第3の王朝がしだいに強大になっていく。19世紀前半トンガ全土に内戦が続いた。これを収拾したのが第19代トゥイ・カノクポルであり、彼が名実ともにトンガの王となったため、トゥイ・トンガ王朝は第39代の死によって消滅した。　　　青柳 真智子

トゥウンバ｜Toowoomba

オーストラリア、クイーンズランド州南東部、ブリズベーンの西128km(道路距離)にある都市。人口12万1900(2006)。ダーリングダウンズ地方を後背地とする地方中心都市で、同地方の東端、グレートディバイディング(大分水嶺)山脈の鞍部に位置し、道路、鉄道が集中する。農畜産加工(製粉、醸造)や農機具製造などの農業関連産業が発達している。1849年入植、名称はアボリジニ語に由来するが、意味は諸説あり不明。　　谷内 達

ドゥクドゥク｜Dukduk

ニューブリテン島やニューアイルランド島の死者の霊、ならびにそれに基づいて結成された男性のみの▶秘密結社。ドゥクドゥク結社は、有力者の所有する女性の霊の仮面であるトゥブアン(またはトゥンブアン)を中心に組織されている。トゥブアンはドゥクドゥクの母と考えられている。毎年結社のメンバーは、森の中の秘密の場所に集まって、ドゥクドゥクの仮面を作製する。仮面は木の枠に樹皮布をはった円錐形のもので、彩色される。この際、結社への入社式も行われて、ドゥクドゥクは人間が扮していることが少年たちに教えられ、この秘密を他言しないことを誓わされる。トゥブアンとドゥクドゥクの仮面を着け、体を草でおおった仮面仮装者は人々の前に現れ、秘密をもらしたり、争いを起こした者などを罰し、豚などの財を出させる。ドゥクドゥク結社は社会秩序を維持する役割も果たしている。その後、仮面仮装者は秘密の場所に戻り、ドゥクドゥクの仮面は壊される。ドゥクドゥクは毎年生まれ、そして死ぬと考えられている。　　　　　　　　　中山 和芳

とうしょかんコミュニケーション｜島嶼間コミュニケーション

広大な太平洋に散在する島嶼間のコミュニケーションは、従来きわめて困難であった。1965年にクック諸島が自治政府を樹立したときに政府の通信手段はテレックス1台だ

けであったし，現在でも離島部では各戸に電話はなく，限られた無線電話を利用しているところも多い。こうした状況で活躍してきたのは中波ラジオ放送で，1970年代から80年代にかけては，〈次の船で薬を送る〉〈娘が明日首都に向かうから出迎えを〉といったメッセージがラジオ放送で飛び交っていた。

近年の通信技術の発達は，こうした状況を大幅に改善してきている。衛星を使った通信網の整備は，離島部でも電話回線を利用した双方向の会話を可能とし，また国によっては離島部でもテレビの衛星放送を受信できるようになってきた。さらに不安定な衛星回線よりも高速で確実な通信インフラとして，光ファイバーを使った海底ケーブルの敷設も進み，2008年にはハワイから米領サモアを経由してサモアに延び，09年にはハワイからグアムへの海底ケーブルがミクロネシア連邦とマーシャル諸島を経由することになった。こうして中部太平洋の一部をのぞくと，大洋州全域が光ファイバー海底ケーブルで繋がることとなった。1990年代に普及したファックス通信は，現在ではインターネットに凌駕されつつあり，政府職員は電子メールを使って内外と通信するとともに，携帯電話の所持は各国のビジネスマンの間では常識化してきている。他方，高速回線によって動画やデータの交換が可能な首都圏住民と，依然として無線やラジオ放送頼りの辺境住民との間には大きな情報格差が生じており，こうした格差是正の取り組みが模索されている。　小川和美

とうしょけいざい│島嶼経済

島嶼とは大小の島々の意味である。太平洋の洋島民は海上に出ている小さな大地に散在して住んでいる。支配する経済水域は広大だが，アクセスは容易でなく，そのことが島嶼地域の経済的特徴を生み出している。規模の経済は追求できず，距離と規模の制約において島嶼経済は特徴をもつ。交易相手との距離の遠い洋島社会において，食糧の途絶は飢餓の到来を意味する。生活に必要な基本物資を島内で確保することの意義は大きく，島嶼社会の安定的発展の基盤となる。自給自足の経済構造(現物経済)を基礎とする社会では，経済活動の中心は食糧の確保にある。生産の安定性は地質，地形，作物，生産の組織，生産基盤などによって異なる。自給(現物)確保の生産体制では，交易は過小生産の不足補充を主眼とし，余裕がある限りにおいてのみ交易によって他に供与しても，再生産が可能な範囲では損失をもたらさない。

現代世界の消費文化，情報化社会の波は洋島民にも容赦なく押し寄せている。市場経済構造への転換は，有限性，変動性，他律性の大きい基幹産業しかもたない島嶼地域においては容易なことではない。競争の論理の前では，洋島共通の必需生産物たる現物(自給)経済商品は交易商品として不利に作用する。隔絶性，環海性，狭小性といった島嶼性に特徴づけられた島嶼国の市場経済は構造上での悩みをもつ。洋島民が先進国並みの消費生活，現金生活を始めるとすれば，生産財の獲得に遠隔島嶼ゆえの物価増嵩分など追加費用負担の宿命がつきまとう。したがって，先進国民以上の現金収入の道が必要となり，いきおい経済援助へと向かうことになる。慢性化する高額な援助への依存の構造化は島嶼国自らの経済の方向性を制約しかねない。むしろ島嶼地域の自然，歴史，風土を背景に，現物(自給)経済を前提とした互恵社会のルールのなかで，永続性の高い，安定ある自律的かつ創造的な発展，開発の構図の確立が不可欠となる。　島岡宏

トゥトゥイラ[島]│Tutuila Island

南太平洋，ポリネシアのアメリカ領サモアの主島。面積135km²，人口5万7600(2002)。山がちの火山島で，平野部は少ない。天然の良港パゴパゴ湾にかつてはアメリカ海軍の軍港があって栄えたが，第2次大戦後に海軍は撤退し，現在は魚の缶詰工場をもつ遠洋漁業の基地となっている。人々の生活は伝統的大家族制に基づいているが，もはや自給自足というよりは現金収入に多く依存しており，隣の西サモアに比べて西欧化が著しい。　山本真鳥

トゥポウ│Tupou

トンガ王国の現在の王家名称。この国に王政が誕生したのは10世紀頃といわれている

が，その長い歴史の中で3つの王朝が存在した。始まりはトゥイ・トンガ王朝で，1865年まで39代続いた。1470年頃，この王朝の第24代目が弟にトゥイ・ハア・タカラウア王を名乗らせ，聖的・宗教的職務以外の世俗的・政治的職務を分担させたため，やがて実質的権力を握ったタカラウア王が自らも王朝を築くことになる。さらに1610年頃，第6代タカラウア王が息子にトゥイ・カノクポルという王位を与え，*トンガタプ島の西半分を統治させた。これによりトンガには，*トゥイ・トンガ，トゥイ・ハア・タカラウア，トゥイ・カノクポルの3王朝が併存することとなった。

17世紀に入り，西洋人との接触が始まると，文明の利器やキリスト教の流入により国内での新たな勢力争いが激化した。この戦いに敗れて勢力を失ったタカラウア王朝は，第16代目が死亡するとともに途絶えた。

カノクポル王家のタウファアハウは，1822年から布教が始まったウェズリアン系キリスト教の教えがトンガの平和と近代化に必要だと考え，1834年に自らも洗礼を受けた。そして，国王である叔父の死により第19代トゥイ・カノクポル王に就任すると，キリスト教を国教とし，酋長と平民の両方からの代表で構成する議会を設立させた。トゥイ・トンガ王や酋長の中には改宗に反対する者が少なくなかったが，この王は抵抗勢力をことごとく押さえ込んで国家統一を果たし，新体制を機に王名もジョージ・トゥポウに改称した。こうして誕生したのがトゥポウ1世である。現国王はトゥポウ5世。

→トンガ[歴史]

長戸 結未

トケラウ[諸島]|Tokelau Islands

南太平洋に位置するニュージーランド領の島嶼群であり，3つの環礁からなる。トケラウ諸島には空港はなく，3つの環礁への交通アクセスは双胴船の連絡便のみである。総面積は10km²で，その大部分は海抜高度が低く，地球温暖化による海面上昇でサンゴ礁の水没が懸念されている。2004年現在の人口は1405で，大部分はポリネシア系トケラウ人である。言語はトケラウ語(サモア語に近い)と英語が公用語で，トケラウはトケラウ語で北風を意味する。トケラウ諸島における主要な経済活動はコプラなどを生産する農業と漁業であるが，いずれも自給的である。そのため，ニュージーランドへの出稼ぎ労働により国の経済や国民の生活が支えられている。ニュージーランドとの結びつきを維持しながら，ある程度の自治権を得るため，自由連合制への移行が地域の課題となっており，その是非を問うための住民投票が2006年と2007年に実施されたが，成立に必要な⅔の得票を得られず，否決された。

菊地 俊夫

としアボリジニ|都市アボリジニ|
Aboriginal people in the city

オーストラリア大陸の先住民アボリジニのうち，オーストラリアの都市部に居住している人々。2006年の統計では，アボリジニ総人口の約30%が開発の進んだ主要都市部に居住している。その大半はオーストラリア大陸の南東部・南西部の出身である。大陸北部や中央・西砂漠といった辺境と異なり，南東部・南西部は1788年のイギリスによる入植開始以降，激しい植民地化の波にさらされ，アボリジニの生活も大きな変化を余儀なくされた。現在アボリジニの総人口の60%以上が南東部・南西部の居住者であるが，彼らは英語を日常言語とし，目立った儀礼や複雑な婚姻規則などもみられない。さらに，白人との混血も多いため外見からもアボリジニと判別できない者もいる。そのため，非アボリジニからは往々にして，辺境の伝統指向型コミュニティに住むアボリジニに比べて，真のアボリジニではない，文化を失った人々とみなされてきた。しかし，彼ら自身は，拡大家族への忠誠心や激しい差別の経験などによりアボリジニとしての強い自覚をもっていることが多い。アボリジニの都市への流入は19世紀の終わりにはすでに記録があり，また，現在の都市部に白人入植以前より居住していた人々の子孫が残存しているケースもあるが，第2次世界大戦以降に著しく流入が加速した。さまざまな地域からのアボリジニが集まる都市環境は，1920-30年代，1960-70年代には汎アボリジニ主義を掲げるアボリジニ人権回復運動の揺籃地となり，ウィリアム・クーパーやチャールズ・パーキンズなど著

名な指導者の活動基盤となった。ことに1960年代に始まる運動は辺境のアボリジニによる土地権回復運動と結びつき，アボリジニのための土地権法制定，センサスへの包括，アボリジナル・リーガル・サービスなど，さまざまな組織の開設などに結びついた。しかし，彼らを真のアボリジニではないとみなす動きは根強く，土地との伝統的関係に焦点をあわせる▶先住権原法や，辺境のアボリジニの美術に比べて都市アボリジニの美術への評価の低さなどにそれは表われている。これに対して，近年，彼らの中でも白人入植以前の祖先の言語を学んだり，ダンスや美術の復興を目指したりする動きが広がっている。　▷アボリジニ　　　　山内由理子

とちしょゆうせい｜土地所有制

南太平洋地域において伝統的な土地所有の概念はland tenureという英語で表されるが，それは近代法上の土地所有の概念とは著しく異なっている。このland tenureの概念には，土地に対するかかわり方に焦点を合わせ，土地利用，あるいは土地所有などの権利が考えられる。このようなさまざまなかかわり方を一括して，〈保有tenure〉という訳語が当てられることがある。しかし，土地は利用されて初めて価値が出てくるとみられ，所有権は土地利用を通して認められる。こうした点から，land tenureは広く土地使用の権利とでもいうべき概念だとする理解がなされる。

たとえば，一つの土地に対して，ある人はココヤシを植える権利を有し，その人の兄弟はココヤシの木から実を収穫する権利を有する。他の人には，その土地のココヤシの木々の間にタロイモを栽培する権利が認められる。その地域の部族長は，その土地に対する管轄権を保有し，それには土地使用禁止権が含まれることもある。また，部族全体が土地の利用方法や貸与について決定権を有する場合もある。land tenure概念に基礎づけられた土地制度は，このように諸種の共同体的・伝統的諸権利関係が交錯してかなり複雑である。こうした複雑さをいっそう助長するのが，国々の間の違いである。その著しいもののいくつかを次に述べよう。フィジーにおけるland tenureは，今日▶マタンガリ（またはマタガリ）と呼ばれる社会集団の土地所有として法制化されている。法制化は，1874年のフィジーのイギリス植民地化とともに植民地政府により設けられたネーティブ・ランド委員会 Native Land Commissionの長年の努力の結晶である。この委員会は，土地所有（保有）に関する伝統的慣習を制度化し，また土地の境界を確定した。現在フィジーの土地は，所有（保有）の形態に応じて，（ロトゥマ島民所有地を除き）3種類に分かれる。すなわち，①〈共同体保有地〉（1905年のネーティブ・ランド条例によってNative Landと呼称されるようになり，全国土面積の約83%を占める），②〈自由売買地〉（全土の約8%を占め，この土地だけが売買可能），③〈政府所有地〉（全土の約9%）である。土着フィジー人の〈共同体保有地〉については，個人の所有権は認められない。〈共同体保有地〉といわれるように，この土地の所有権はマタンガリと呼ばれる社会集団にあるのである。マタンガリは土着フィジー人からなり，出生と同時に父親の属するマタンガリの構成員として登録される。〈共同体保有地〉では，土地所有権はそれぞれのマタンガリに固定され，（政府に対するほかは）委譲したり売却したりすることはできない。そうしたこともあって，非フィジー系住民に対する土地の賃貸については規制が厳しい。トンガでは，土地は本来国王の資産で，国王はその土地を貴族や部族長に授与し，世襲させうる。ただし，土地の売買は違法で，憲法と土地法に基づく賃貸のみが許される（憲法第104条）。

南太平洋地域では，以上のように伝統的土地所有制と近代法の権利関係とが重複し，実際の土地所有制は錯綜している。

野畑健太郎

どちゃくしゅぎうんどう｜土着主義運動
nativistic movement

西欧列強による植民地支配を受けた諸民族が，列強のもたらした新しい文化要素を排除して，民族固有の文化要素を復活させようとする運動。列強による植民地支配は，アジア，アフリカ，アメリカ，オセアニアの諸民族を政治的，経済的，社会的に抑圧したばかりでなく，西欧文明の影響のもとで伝統文化の変容を促進した。このような

危機的状況のなかで，列強の支配に抵抗する土着主義運動が各地で起こった。

たとえば，ニュージーランドは1840年にイギリスと結んだ*ワイタンギ条約によりその植民地となったが，数多くのマオリが植民地化に反対し，戦闘的な抵抗を繰り返した。そのような危機的状況のなかで，テ・ウア・ハウメネという予言者があらわれ，ハウハウ運動という土着主義運動を組織した。彼はこの世の終末と天国の到来を予言し，マオリを抑圧するイギリス人がすべて放逐されるのを説いた。そのうえ，テ・ウアは信者に，イギリス人との戦闘において〈ハウ！　ハウ！〉と叫んで突撃すれば，たとえ銃弾にあたっても死ぬことがないと説いた。〈ハウ〉という言葉は多義であるが，宗教的には生命力の意である。また，彼はイギリス人との接触によって喪失した伝統文化の復活につとめた。たとえば，イギリス人の宣教師によって禁じられた食人肉習俗を復活させ，戦闘で殺したイギリス人の人肉を食べることによって霊力が得られると説いた。イギリス人を排斥するために，土着の文化要素を復活させて運動の中核にすえたという意味で，これを土着主義運動とみなすことができる。それとともに，天国の到来を祈願したという意味において，*千年王国運動としての性格もあわせもっている。このほか，メラネシアの*カーゴ・カルトやアメリカ・インディアンのゴースト・ダンスなども，土着主義運動とみなすことができる。アメリカの文化人類学者ウォレス Anthony Wallace は，これらの土着主義運動をより包括的な概念である〈再活性化運動 revitalization movement〉としてとらえなおすことを提案している。再活性化運動とは，なんらかの形で危機的状況に陥った人々が，みずからの文化を再活性化させて，より満足のいく文化を形成するためにおこなう組織的行動のことである。ウォレスは，望ましくない外来の文化を排除したり，外国人を排斥しようとするのが土着主義であり，外来の文化との接触によって喪失した伝統文化を回復しようとするのが復古主義であると定義したうえで，運動のプロセスにおいてはこれらの二つの要素がしばしば混在しており，それらを一括して再活性化運動としてとらえなおすほうが妥当であるとしている。

石森秀三

ドッド|Lynley Dodd|1941-

ニュージーランド，ロトルア出身の絵本作家，絵本画家。エラン美術学校で彫刻を学んだ後，オークランド教師養成カレッジに進学し，卒業後はクイーンズ・マーガレット・カレッジで数年間美術教師を務めた。子育てをしながら，フリーのイラストレーターとして活躍し始め，1973年《わたしの猫は，箱にかくれるのが好き》（文(イブ・サットン)で絵本画家としてデビューし，*エスター・グレン賞（1975年度）に輝いた。ドッドの名を一躍有名にしたのは，物語も手がけた《もしゃもしゃマクレリー　おさんぽにゆく》(1983)である。耳に舌に快い韻を踏んだ文章によるほどよい緊張感のある物語，子どもと同じ低い視点で描かれた黒インクとグアッシュによる品の良い，しかし親しみやすい雰囲気の絵は，幼い読者とその親たちから絶賛された。翌年には《もしゃもしゃマクレリー　ねことおっかけっこ》を出版し，現在も続編の刊行が続く，国民的な人気を誇る絵本シリーズが生まれた。日本でも2004年より〈マクレリーシリーズ〉の出版が始まった。

今田由香

ドッドソンきょうだい|ドッドソン兄弟|
Patrick Dodson|1947-
Michael Dodson|1950-

兄弟ともに1990年代以降を代表するアボリジニ活動家。ウェスタンオーストラリア州ブルーム出身。兄パトリック（パット）は，オーストラリアの先住民として初めてのカトリックの牧師であり，1989年〈留置所でのアボリジニの死に関する特別調査委員会〉の委員，91年からは新たに設けられた〈アボリジニとの和解のための委員会〉の議長となる。豊かなひげを蓄えた風貌と尊厳ある人柄から〈和解運動の父〉と呼ばれた。*ハワード首相が1997年の和解大会において〈*盗まれた世代〉への謝罪を拒んだことから，〈和解のための委員会〉議長を辞任。弟マイクル（ミック）は，モーナッシュ大学法学部卒業。オーストラリアの先住民として初めて大学の法学部を卒業した。1993年か

ら98年まで人権機会均等委員会の先住民社会的公正担当委員を務め、同委員会のロナルド・ウィルスン委員長とともに〈盗まれた世代〉に関する報告書《Bringing Them Home》を執筆した。現在オーストラリア国立大学の先住民学研究所長であり、2009年の〈最も活躍したオーストラリア人〉に選ばれた。
杉田 弘也

ドライズデール | Russell Drysdale | 1912-81
オーストラリアの画家。両親のイギリス滞在中に生まれた。オーストラリアの名門パブリック・スクール、ジローン・グラマー・スクール卒業。1932年、目の治療で入院中に描いたスケッチを、この国の代表的な芸術一家リンゼー家のダリルに認められ、彼に紹介された画家ジョージ・ベルに師事した。38年ロンドンとパリで絵の勉強をし、画家として立つことを決意した。50年ロンドンで最初の個展を開いて以後、海外でも頻繁に個展を開催した。クレヨン、インキ、墨など安価な素材で強烈なコントラストを出し、おもに干ばつで痛めつけられたオーストラリア奥地、その風土に適応する苦痛のためか不自然なまでに細長く引きのばされた体型の人物群を描いた。代表作に《ウサギ獲りとその家族》(1938)や《羊追いの女房》(1945)がある。また56年キャンピング・カーでオーストラリア中央部と西部をまわって描いたシリーズが傑出している。
越智 道雄

トラック[諸島] | Truk Islands | →チューク[環礁]

トランター | John Ernest Tranter | 1943-
オーストラリアの詩人。1960年代にアメリカ文化の影響を強く受け、自己表現を前面に押し出す傾向の強い〈68年世代〉の一員として、▶アダムソンらと同時期に登場しながら、表現主体としての作者の絶対視を大胆に退ける、より実験的なアプローチを押し進めた。〈私たちの信念は悲しくも現実的で私たちの肉体へ／戻っていく、ドリンクのワゴンの後ろの微笑み、／彼女の白い拳に、そして飛行機は百フィート／落下する〉(〈ルフトハンザ〉)という詩のように、刻々と変化する現代の生活環境を描き出すことを試みた。また言語の外部世界への言及性よりも他テクストへの連関性(間テクスト性)を重視する作風も開拓、後のポストモダン詩、現代オーストラリア詩の一面であるコスモポリタンな流れの先駆けとなる。近年もコンピューターで自動生成する文を用いた詩作や、ウェブ雑誌《ジャケット》の編集・発行など、世界の前衛詩の先端と連携しながら独自の活動を続ける。詩集に《赤の映画》(1972)、《天国のフロア》(1992)、《都市の神話》(2006)など多数。
湊 圭史

ドール | Sanford Ballard Dole | 1844-1926
▶ハワイ王国滅亡からアメリカに併合されるまでのハワイの激動期に活躍した法律家、政治家。アメリカ人プロテスタント宣教師の子としてホノルルに生まれた。1866年にアメリカに渡って、マサチューセッツ州ウィリアムズ・カレッジで法律を学び、68年に弁護士資格を得てハワイに戻った。改革派の一員として84年と86年にハワイ議会に選出され、87年王権縮小運動のリーダーになると、▶カラカウア王(在位1874-91)に新憲法を認めさせ、さらに王の任命を得て最高裁判事になった。93年カラカウアの妹の▶リリウオカラニ女王(在位1891-93)がアメリカの圧力で退位させられ、ドールはアメリカへの併合を目ざす臨時政府の大統領となった。女王復位をアメリカが計るとこれを内政干渉だとして拒否し、翌94年に成立したハワイ共和国の大統領に就任した。98年アメリカのハワイ統治法案起草に参加し、1900年正式にアメリカに併合されるとハワイ准州初代知事になった。1903年からはハワイ連邦地方裁判所判事を2期務めた。
石川 栄吉+斉藤 尚文

ドレーク | Francis Drake | 1545?-95
イギリスの海軍提督。イギリス最初の世界周航者。少年のころから船に乗り、20歳にはギニアに航海。ジョン・ホーキンズのもとでメキシコ湾に遠征したが、もうけた金をスペインに奪われる。1570年エリザベス女王から復讐の許可を得て、72年、西インド諸島でスペインを攻撃するため出航。各地で海賊行為を働いた後、パナマ地峡を越え、イギリス人として初めて太平洋を見る。77年、マゼラン海峡を通過して南太平洋への航海を行うため5隻の小型船で出航。マ

ゼラン海峡を通過したのは彼の船だけであった。チリ、ペルー沿岸を航行し、スペイン船や沿岸の町を襲撃し、金品を略奪。アメリカ沿岸に沿って北緯48°まで北上し、大西洋への水路発見を目ざしたが失敗。その地に上陸し、アルビオンと命名し、イギリス領とする。79年9月末、モルッカへ向け太平洋を横断し、翌年3月ジャワに到着。喜望峰を経て、11月に帰国。88年スペインが侵攻すると艦隊副司令官として、敵艦隊を撃破。94年、ホーキンズとともに西インド諸島のスペイン都市を攻撃するため出撃するが、95年1月船上で没。　矢野 將

トレス|Luis Váez de Torres

17世紀初めころ、太平洋で活躍したスペインの航海者。生没年不詳。オーストラリア大陸北端のヨーク岬とニューギニア島南岸との間の海峡を、1606年初めて航行したことで知られる。この海峡は彼にちなんでトレス海峡と命名された。黄金郷があると信じられた幻の南方大陸探索に向かったキロスの船隊から分かれたトレスが、フィリピンに回航する途上のことであった。残された航海記録によると、彼はオーストラリア大陸北岸を視認していたが、それを海峡に多数存在する島の一つと考え、大陸の一部とは気づかなかったようである。

石川 栄吉＋斉藤 尚文

トレスかいきょう|トレス海峡|Torres Strait

オーストラリア大陸北東部のヨーク岬半島とニューギニア島南岸との間の海峡。最も狭い所では幅が150km。トレス海峡諸島の島が散在し、潮流と浅瀬のために、古くから航行の難所として知られている。トレス海峡諸島はオーストラリア領であるが、島民にはパプアニューギニア人との共通点が見られる。1606年にスペイン人トレスが初めて通過し、ニューギニア島とオーストラリア大陸が地続きでないことを確認した。

谷内 達

トレスかいきょうしょとうみん|トレス海峡諸島民|Torres Strait Islanders

オーストラリアの北端、ヨーク岬半島とパプアニューギニア南西海岸の間に位置するトレス海峡諸島の先住民。2006年の統計では、約5万3300人のトレス海峡諸島民がいるが、トレス海峡コミュニティとされるトレス海峡の17の島々とヨーク岬半島先端のコミュニティに居住するのは、そのうち15％ほどで、残りはオーストラリア大陸部に居住している。オーストラリア大陸の先住民アボリジニとは異なり、言語や文化、慣習の点ではメラネシア系に属する。現在のトレス海峡諸島では、植民地以前からの言語として東部諸島のミリアム Meriam Mir、中央部・西部のカララガウヤ Kala Lagaw Ya、カラカワウヤ Kala Kawaw Ya のほか、トレス海峡クレオールと英語が話されている。

トレス海峡諸島に人が居住し始めたのは少なくとも2500年前といわれており、イギリスによるオーストラリア植民地化以前は、父系の氏族組織を社会組織の基盤とし、漁労活動や農業に携わり、島々の間やパプアニューギニア、ヨーク岬半島とカヌー、海産物などの交易に従事していた。オーストラリア植民地化初期には、トレス海峡を通る白人の船ともタバコや鉄具などの取引が行われていたようであるが、19世紀後半になるとトレス海峡諸島にキリスト教が到来し、また、真珠貝産業の展開により、白人やアジア人、南太平洋系などの移住者が大量に流入して、混血が進行した。1879年にはトレス海峡諸島はクイーンズランド州に併合され、トレス海峡諸島民も州政府の先住民政策により、居留地の設置などさまざまな行動規制の下におかれた。この植民地統治は実質1980年代まで続き、しだいに従来の慣習はキリスト教や移住者の持ち込んだ慣習などと融合してトレス海峡諸島独特の伝統 Ailan Kastom を作り出した。1992年には東部のダーンリー島出身のエディ・マボらによりオーストラリアで初めて先住権原 Native Title が勝ち取られ、オーストラリア植民地化のイデオロギーの根幹であった無主の地という前提が覆された。その後トレス海峡諸島の各地で先住権原が認められ、94年には連邦政府管轄下のトレス海峡地域局 Torres Strait Regional Authority が設置されて自治の拡大が目指されているが、漁労活動以外の産業の不在や、オーストラリア大陸への移住者との齟齬など課題も多い。

山内 由理子

トロブリアンド[諸島]｜Trobriand Islands

南西太平洋，ニューギニア島南東端の北沖合に位置し，パプアニューギニア国のミルンベイ州に属する島群。四つの平たんなサンゴ島と周辺の環礁など40以上の島からなる。人口4万9590(2000)。島名は18世紀末に▶ダントルカストーの率いた探検隊の一士官の名前に由来する。主島はキリウィナ島。地勢は最も高い所が標高30mのサンゴ崖で，ほかは海面と大差のない低い島々である。土壌が肥えているためヤムイモ，タロイモなど根茎類の栽培に適し，菜園農業で国内におけるモデルになっている。島嶼群であるため人口の移動が激しい。この地が有名になったのは，1915-18年に調査を行った人類学者▶マリノフスキーの業績に負う。住民は容貌，気質ともにメラネシア人よりもむしろポリネシア人に似ているとされてきた。自給農業のかたわら漁業も盛んで，魚の取引は経済，儀礼の両面で古くから重要である。住民は木彫，籠編みにすぐれた技能をもち，副業として成功している。

村の建物は二重の同心円を描いて配置され，内円に属する建物はヤムイモの貯蔵庫で，外円に住居群が並ぶ。中央の広場は▶シンシン(踊り)と饗宴など催しの場である。村は100人以下で，いずれかの氏族(クラン)または分氏族(サブクラン)に属する。出自は母系である。島嶼群を中心に広い海域を圏内とする儀礼的交換の風習▶クラがある。クラは威信の象徴のみならず，散在して住む人々に地域社会を意識させるため続いてきた。学校，病院，地方評議会があり，近代化の進むなかでも固有の文化が根強い。

畑中 幸子

ドーン｜Ken Done｜1940-

オーストラリアの画家。シドニー生れ。ナショナル・アート・スクールに学び，ニューヨークとロンドンでアートディレクター。シドニーに戻ってからも長く広告の仕事を続け，当初はデザイナー，イラストレーターとして評価されていった。やがて広告用としてではなく，作品として絵に取り組むようになり，1980年になって初めて個展を開いた。原色を使ったシンプルで鮮明な作風がオーストラリアの未来的なイメージにマッチして，88年のオーストラリア200年祭のさまざまな装飾デザインに登用され，一躍世界的に知られるようになる。とくにアメリカと日本で大きな人気を集め，一時日本の若者のファッションに欠かせない存在となった。日本では雑誌《Hanako》の表紙絵でも大きな人気を呼んだ。2000年のシドニー・オリンピックでは公式ロゴをデザインした。

山野 浩一

トンガタプ[島]｜Tongatapu Island

トンガ王国最大の島で，首都▶ヌクアロファがある。島内にある64の村は7つの行政地区に分けて管理され，周辺の極小諸島とともにトンガタプ諸島を構成している。面積は257km²，これは国内の他の島々を合わせた総面積とほぼ等しい。人口は約7万2000人(2006)。島々によって人口の増減がみられるが，トンガタプ全体の人口は継続して増加しており，今では国内総人口の7割を占める。なかでも島の中央北部に位置する首都付近の人口増加は著しい。島は平坦な隆起サンゴ礁。東部には古都のムアや▶ランギという王族の墓が数多く残存しているほか，3本の巨石で作られた鳥居のような建物▶ハアモンガ・ア・マウイもある。この遺跡は13世紀頃に建造されたと推測されるが，その方法や目的などは不明。首都から約35km南に位置するファアモツ空港は，離島や，フィジー，ニュージーランドへ飛ぶ空の玄関口になっている。

長戸 結未

トンガリロこくりつこうえん｜トンガリロ国立公園｜Tongariro National Park

ニュージーランド北島の中央部における山岳地帯の自然環境を保護するため，1894年に同国ではじめて設定された国立公園。ルアペフ山(2797m)，ナウルホエ山(2291m)，トンガリロ山(1967m)などをめぐるトレッキングコースは，トンガリロ・クロッシングと呼ばれて人気がある。また，それらの山々はマオリの信仰の対象であり，マオリ文化との結びつきが強い。この地域の土地をマオリが政府に寄付したことが国立公園の契機。1990年には自然と文化を対象とする世界遺産(複合遺産)として登録された。

菊地 俊夫

な

ナウラ | Louis Nowra | 1950-
オーストラリアの劇作家。メルボルンに生まれ，ラトローブ大学に学んだが，途中退学している。ニューサウスウェールズでヒッピー生活を送った後，メルボルンに戻り，1970年代から小劇場ラ・ママで戯曲を書き始める。代表作は，1980年代オーストラリア演劇の最高峰《ゴールデン・エイジ》(1985)で，第2次世界大戦前夜，タスマニアの奥地で，19世紀以来完全に外界から隔絶され，異様な言語習俗をもちながら暮らしてきた人々が発見され，社会に戻されるが適合できず，1人また1人と不幸な末路を迎える。その姿は，オーストラリア近代史におけるアボリジニのメタファーとなっている。そのほかの代表作は，アボリジニの土地が植民地化される歴史を描いてポストコロニアル戯曲として評価の高い《島の中》(1980)，精神病院でオペラを上演しようとする患者たちの狂騒と友情を描いたコメディ《コシ》(1984)，母の葬式をあげるために故郷に戻ってきたアボリジニ三姉妹の人間模様を描いた《レイディアンス》(1993)など。後者2作は映画化もされ，成功した。　　　　佐和田敬司

ナウルちほうせいふひょうぎかい | ナウル地方政府評議会
ナウル人の意思を行政に反映させるべく，信託統治政府によって1951年に設置された機関。Nauru Local Government Council（NLGC）。主席酋長だったデ・ロバートが議長を務め，独立後は政府から独立してリン鉱石採掘による資金を掌握したことで，デ・ロバート派の牙城として反対勢力を牽制する役割を果たした。1992年にドゥヰヨゴ大統領により国内自治への諮問機関に権限を限定したナウル島評議会（Nauru Island Council）に改称改組された。　　　　小川和美

ナウル・リンこうこうしゃ | ナウル・リン鉱公社
ナウルにおけるリン鉱石採掘事業を行ってきた国営公社。NPC：Nauru Phosphate Corporation。ナウルは独立に際して，それまで採掘を行ってきたイギリス・リン鉱委員会（BPC）から2100万豪ドルですべての権利を買収し，1970年からは同国営公社が採掘事業を引き継いだ。同公社は，最盛時には年間240万tに近いリン鉱石を産出して，1980年代まではナウルの潤沢な国家財政を支えたが，資源枯渇に伴って90年代以降は苦しい経営状況に陥った。今世紀に入ると賃金すら支払えない状態になり，労働者を送り込んでいた隣国のキリバスやツバルとの国際問題を引き起こした。2005年，国家再建の一環として，ナウル政府は同公社を解散し，新たにナウル共和国リン鉱公社 Republic of Nauru Phosphate Corporation（通称RONPhos）を設立，豪州企業と契約してリン鉱石の2次採掘事業を開始した。ナウル政府は2次採掘によって1300〜2000万tのリン鉱石生産が可能と考えており，採掘量も2005年を底に回復してきている。　　　　小川和美

なかはままんじろう | 中浜万次郎
1827-98（文政10-明治31）
幕末の土佐の漁師，のち英語学者。ジョン万次郎ともいう。幡多郡中浜の浦（現，高知県土佐清水市）の漁師の子に生まれる。1841年（天保12）正月5日，出漁中に4人の仲間と遭難し，13日に太平洋上の無人島である鳥島に漂着。半年後アメリカの捕鯨船ジョン・ハウランド号に助けられ，仲間4人が上陸したハワイを経てニューベドフォードに伴われた。船長の好意で学校教育を受け，卒業後職に就いたことが，帰国後の活躍を支えた。50年（嘉永3）メキシコを出発し，琉球，鹿児島を経て土佐に帰着したのは52年7月であった。この万次郎を藩命で調べたのが画家の河田小竜であり，その口述をまとめたのが《漂巽紀略》である。その後土佐藩や幕府などに登用され，英語を講じ，

外交文書の翻訳や通訳などの仕事を通じて，日本に英語を広めるため開拓者的役割を果たした．明治政府の下で開成学校教授となるが，病弱のため引退．なお子息東一郎の《中浜万次郎伝》(1936)が，その業績をよくまとめている．

池田 敬正

ナカムラ | Kuniwo Nakamura | 1943-

パラオ共和国独立時の大統領．1943年，パラオ諸島のペリリュー島出身の母と，三重県出身の船大工の日本人移住者との間に生まれる．8人兄弟姉妹の7番目．太平洋戦争中はバベルダオブ島で疎開生活を送った．大戦後は一家で日本に引き揚げたが，東京での生活苦から程なくパラオに帰還．父親はパラオへの永住を許可され，船大工の仕事のほかアンガウル島でのリン鉱採掘などに従事し，1970年にコロールで逝去．ナカムラ・クニヲはパラオでの初等・中等教育を経て，1963年にグアムのタモン高校を卒業，67年にハワイ大学で経営学の学士号を取得，帰国直後にミクロネシア議会議員に立候補し，落選．1970年代末まで続くパラオの2政党体制では，兄のトシヲとともに進歩党に属し，ローマン・メトゥールらが率いる自由党と対抗した．70年代にはミクロネシア議会議員を2期務め，78年にはパラオ憲法制定会議のメンバー，翌年にはパラオ地区議会議員，81年からは2期連続でパラオ国会上院議員となった．89年から副大統領，93年からは2期連続で8年間，大統領を務めた．大統領在任中は，アメリカとの*自由連合協定の締結をめぐる国内政治の混迷に決着をつけ，94年10月にパラオを独立国家とした．また，日本-パラオ友好橋やバベルダオブ島周回幹線道路(コンパクトロード)の建設に着手するなど，協定による援助金や日本のODAによりインフラ整備を進めた．95年にはグアム大学から名誉法学博士号を授与された．三重県との文化交流事業にも尽力．政治や司法の分野で活躍した兄も多く，故マモルは1981年にパラオ最高裁判所の初代判事長に任命．故トシヲはミクロネシア議会，パラオ憲法制定会議，パラオ地区議会などの議員に多数選出．ダイジロウは前駐日パラオ共和国特命全権大使．

飯高 伸五

ナカヤマ | Toshiwo Nakayama | 1931-2007

ミクロネシア連邦初代大統領．チューク(旧トラック)州ウルウル環礁出身．神奈川県横浜市出身の父正実は，南進志向華やかな1918年に商社員としてトラック諸島に渡り，現地に駐在．酋長の娘マルガレッタと結婚して6男，1女をもうけた．第2次世界大戦の敗戦に伴い正実は日本に帰還させられたが，子どもたちは母と共にトラックに残り，成長した．3男として生まれたトシオは，ハワイ大学卒業後，帰島して高校の数学教師になったが，傑出した人望により地区議員に押され，1965年にミクロネシア議会が発足してからは議員，そして上院議長を務めた．79年，ミクロネシア連邦自治政府が発足した際には連邦議会議員に当選し，議会で初代大統領に選出され，87年まで2期8年間同職にあった．アメリカとの粘り強い交渉で独立を勝ち取り，域内にあっては独自性の強い各諸島を4州にまとめ上げるなど，連邦成立まで中心的な役割を果たした．大統領引退後は政界からも身を引き，故郷トラック諸島に戻り，民間銀行の顧問職を引き受けながら地域経済の発展に尽力した．2006年7月，体調を崩してハワイの病院で76年の生涯を閉じた．正実の6男でトシオの弟にあたるマサオ・ナカヤマは，87年から初代駐日大使として6年間東京に在住し，現在は国連大使．

小林 泉

ナショナリズム | nationalism

[オーストラリア] 入植によって国民国家となったオーストラリアのナショナリズムは対英関係を軸に醸成されてきたといえる．第2次世界大戦までは，大英帝国との一体化(親英)とオーストラリアとしての独自性の追求(反英)という相反するベクトルを内包してきた．極論すれば，前者を支えたのが資本家の多いイギリス系移民であり，後者はカトリックで労働者層が多いアイルランド系移民であったが，いずれも非英国系(とくにアジア系)移民を排除して同質的な社会を指向し，アングロ・ケルティックというオーストラリア特有の集団意識と*白豪主義を生み出した．この2つのベクトルが一致したのが，ガリポリに象徴される第1次大戦であった．大英帝国のために英兵以

上に勇敢に闘う〝ANZAC兵の姿は，連邦結成(1901)から間もない若いオーストラリアの姿と重なり，ナショナリズムを大いに高揚させた。

第2次大戦後，対外関係ではアジア太平洋国家化を指向し，大量移民政策によって非英国系移民が増加してオーストラリア社会の多民族・多文化化が進むなかで，ナショナリズムの主軸は英国からの自立へと変容した。さらに，先住民族の権利回復の動きは国家の存在基盤そのものを問い直すことになった。1970年代には新国歌と新国旗の策定や共和制への移行が現実味を帯び，白豪主義に代わって〝多文化主義が国民統合の理念となった。労働者層を代表して白豪政策を支持してきた労働党も，移民の出自による差別を廃止し，移民・難民の定住支援を行う多文化政策支持へと転じた。とくにキーティング首相は英国植民地時代の遺制からの脱却に熱心で，国旗改訂や共和制移行，先住民族との和解，戦争体験のオーストラリア化を推進した。

新国歌は1972年以降の選考作業を経て，84年に'Advance Australia Fair'(ドッズ・マコーミック作詞・作曲，1878年シドニーで初演，1901年連邦結成式典でも合唱され，後に歌詞に数ヵ所修正が加えられた)が正式に国歌として宣言された。国旗は連邦結成に際してコンペで選考されたものであるが，81年にAusflagが組織され，入植200周年やシドニー・オリンピックなどの機会を捉えて国旗改訂を求めるキャンペーンを展開した。92年に労働党政府は国旗改訂を提案したが，RSL(退役軍人連盟)などの保守派の強い反対にあって断念した。今日では国旗掲揚の場が増えて国民の愛着が強まっているせいか，国旗改訂への関心は低くなっている。共和制は植民地期から議論されてきた政治課題で，保守派とされる《〝ブレティン》誌も当初は共和制の推進派であった。1975年の憲政危機(連邦総督によるウィットラム労働党内閣解任事件)は共和制論議を活発化させ，91年には労働党が共和制への移行を綱領に唱い，キーティング労働党政府は憲法改正のための国民投票に向けて準備を開始した。93年には市民権(シティズンシップ)授与の際の宣誓は女王への忠誠からオーストラリアと国民への忠誠に変更された。一方，96年に政権に返り咲いた保守系連立政府のハワード首相は立憲君主制の支持派で，その巧みな戦略もあって，98年の国民会議では共和制賛成派が過半数であったにもかかわらず，共和制派は大統領直接選挙派と連邦議会による間接選挙派に分断され，99年の国民投票の結果，共和制移行は否決された。

1988年入植100周年から2001年連邦結成100周年までの約10年間は，国民意識の再定義と新たな国家シンボルの模索の時期であったといえる。2000年の儀礼Corroboree 2000が開催されてオーストラリア宣言〈和解に向けて〉が発表され，シドニー・オリンピックではオーストラリア社会での先住民族の中核的存在が世界に向けて発信された。また，先住民族の文化はオーストラリアのシンボル的存在として利用されている。〝オーストラリア・デーも入植開始の記念日としてではなく，オーストラリア国民の祭典へと意義を変えつつある。また，戦争体験は以前にもまして国民意識の醸成に利用されている。国家のために身を投じたオーストラリア兵を象徴して，1993年には国立戦争記念館に無名兵士の墓が造られ(第1次大戦で戦死したオーストラリア兵の遺体をヨーロッパから移送して埋葬)，〝アンザック・デーはそうした兵を顕彰する国民的行事として定着し，年々参加者が増加している。保守派の先鋒でもあったRSLも女性や先住民の入会を認め，アンザック精神の継承者として自己規定している。昨今のオーストラリアにおけるナショナリズムには，英帝国による植民地化の歴史もさまざまな出自をもつ国民の存在も包摂して創り出された，他に類のないネイションとしての21世紀のオーストラリア像が投影されているといえる。

鎌田 真弓

[ニュージーランド] 現代ニュージーランドは1840年，イギリスが先住民〝マオリの代表と〝ワイタンギ条約を結ぶことにより二民族国家として出発したが，ナショナリズムの意識は当初からきわめて希薄であった。これはニュージーランドに移住してきた人々の多くがイギリス人，しかもかなりの有資

産者層に属したため，自らをイギリス人，しかも〈育ちの良いイギリス人〉と考え，イギリスとは別のところにアイデンティティを求める必要がなかったからである。この傾向は，ニュージーランドの経済が貿易，投資などでイギリスと密接不可分なものとして発展したこと，政治制度・文化などもイギリスからもたらされたものの上に築かれたことによってますます増幅され，基本的には第2次世界大戦まで続いた。この間，先住民のマオリの方は，当初はイギリス人移住者を迎えいれ，1860年代には移住者と▶ニュージーランド土地戦争を戦ったが，マオリ自身が多くの部族に分かれていたうえに，ヨーロッパに誕生したナショナリズムがまだこの地に伝わっていなかったこともあって，ナショナリズムの覚醒と呼びうるものはみられなかった。そしてニュージーランド土地戦争後は，とくに19世紀末以来の自由党政権のもとでマオリ保護策がとられたため，マオリのナショナリズムは〈マオリの誇り〉という穏健な方向に発展した。

　ニュージーランドに初めてナショナリズムらしきものが芽生えるのは，第2次大戦前後に，国の防衛を従来のようにイギリスに依存することが困難となったころからである。思想的には1930年代に労働党内の反体制論者であったジョン・リーが，これを明確なかたちで表現した。すなわち，リーは従来の伝統論者がイギリスとの協調を第一に考えたのに対し，ニュージーランドのためのニュージーランドを唱え，1920年代から独自の国防力整備を主張し，経済大恐慌にあたってもイギリス経済体制からの脱却が緊要であるとした。国防，経済の面でのリーの主張は第2次大戦の前後から現実のものとなったが，彼のナショナリズムの思想は労働党の中でさえ容れられなかった。

　第2次大戦後は，イギリスの軍事力の太平洋地域からの撤退もあり，もはや，かつてのようにイギリスにアイデンティティを求める傾向は強くない。またマオリ人口の増加，マオリとの混血の進行，南太平洋の▶パシフィック・アイランダーの移住などとあいまって，新しいニュージーランド人のアイデンティティを探る試みが文学などで盛んである。しかしそれにもかかわらず，ニュージーランドのナショナリズムは決して強いとはいえない。ニュージーランド出身の科学者，芸術家なども，とくにニュージーランド人であることを自他ともに意識せずに世界的な名声を得ている場合が多く，その意味ではニュージーランド人は根っからの国際人，コスモポリタンであるともいえよう。ニュージーランドは，その歴史的条件から最もナショナリズムが希薄に終わった国といえる。

〈地引 嘉博〉

[太平洋諸島]　1970年10月に独立し国連加盟を果たしたフィジーの▶マラ首相は，その年の国連総会の演説で〈▶パシフィック・ウェー〉という言葉を使った。これは太平洋諸島の地域的アイデンティティを表す概念で，のちに欧米のやり方に対する〈太平洋流〉という意味で，しばしば使われる言葉となった。サモアにはファア・サモアという言葉がある。サモア人の方法，サモア流といったほどの意味だが，マラはこれを英語表現で一般化し，太平洋人全体のナショナリズムの高揚を目ざそうとする政治的な意図を込めていたようである。

　島嶼独立諸国は，いずれも対宗主国との平和的関係のなかで独立を果たしていったが，島嶼国家としてのナショナリズムは年を追うごとに強まっていった。1971年に始まった南太平洋フォーラム(SPF，▶太平洋諸島フォーラム)の存在がその好例だろう。域内には島嶼地域を統治する先進諸国が1947年に組織した南太平洋委員会(SPC，▶太平洋共同体)があり，地域協力や経済・社会の向上を目ざした協議および事業が実施されてきている。現在ではすべての独立国がSPC構成国となっているが，島嶼諸国はあくまで旧宗主国の影響を排除した主体的機構の存在を求めてSPFの組織を強化していった。政治問題には関与しないSPCに対し，SPFは南太平洋非核地帯条約(▶南太平洋地域環境計画)の締結やフランス領ニューカレドニアの独立支持表明など，欧米先進国に対する太平洋人としてのナショナリズムを高めながら，小国家の存在を強力にアピールしてきたのである。

人口500万を超すパプアニューギニアから1万人前後のナウルやツバルまで、島嶼諸国の実態はさまざまである。しかし、植民地とされてから独立までの経緯や文明圏からの地理的隔絶性といった国家条件の類似性は、国々の連帯感をつくり出すのに十分な要因になっていた。ところが、こうした地域ナショナリズムはあくまで大国に対する弱者の団結であり、建国途上であるがゆえに強調される性質のものだともいえる。よって、地域の連帯化がこれから強化されていく傾向にあるとは必ずしもいえない。現に比較的大きなメラネシア諸国と小さなポリネシア諸国では国家建設路線の違いによって、しばしば意見対立が目立つようになっている。

一方、政府や政治指導者から一般人へと目を転じれば、太平洋人に国民としてのナショナリズムが芽生えているとはいいがたい。太平洋ではトンガを除き、独自の国家形成がなされた歴史はなく、宗主国の圧政に対し独立を求めて住民が団結して戦った歴史もない。そのうえ、700以上の部族がいるといわれるパプアニューギニアや、領土が日付変更線を挟んで4000kmも離れたキリバスの典型事例にみられるように、自給自足で暮らす大半の人々にとって、植民地統治の結果できた国境の内側を一国家としてイメージしにくい実情があるからだろう。それが部族主義や地域対立となって、地方分離化や分離独立の動きになって現れる。この地域が国家単位で交流する▶太平洋芸術祭や▶パシフィック・ゲームズの開催に力を入れているのは、地域の連帯と国民意識の育成が国家形成の基本になると考えているからである。
小林 泉

ナショナル・トラスト｜national trust

自然景観や歴史的建造物などを公共の利益のために保護することを目的とする非営利的組織。

オーストラリアにおいてはニューサウスウェールズ州(1945設立)が最初で、その後1963年までに各州に設立され、オーストラリア・ナショナル・トラスト評議会(1965設立)が連絡、調整にあたっている。政府の財政的援助はあるが、基本的には多くの賛助会員、ボランティア、専門家の協力に支えられた市民団体である。おもな事業内容は、基礎的資料として保護すべき対象をリストアップすること、保護のための立法を促進しこれに協力すること、啓蒙・教育・専門的助言に努めること、そして重要な歴史的建造物などを買い取り、維持・公開することなどである。リストアップは約1万3000ヵ所、買い取って維持している施設は280ヵ所で、そのうち180ヵ所が一般公開されている(2008)。
谷内 達

ナータ｜Apirana Ngata｜1874-1950

マオリの政治家。ンガータともいう。ギズボーン北部のテ・アラロア出身。ナティ・ポロウ族に属する。父の意思をくみ、テ・アウテ・カレッジで西洋の教育を受けて優秀な成績をおさめ、カンタベリー、オークランドの二大学から学位を取得する。初の大卒のマオリとして弁護士となるも、青年マオリ党の指導的なメンバーとして同胞の社会・経済状況改善のための政治活動を続け、1905年に東部地区マオリ議員に選出される。以後38年間、国会議員職にとどまり、うち1909～12、1928～34の二期間はマオリ問題担当大臣を務めた。マオリ社会の近代化を衛生、教育の面から推し進め、土地開発などを通じてのマオリの地位向上を図るのと並行してマオリ文化の保護にも尽力し、歌集《ナ・モテアテア》(1929)の出版や伝統的なマオリ集会所の建築にも携わった。
澤田 真一

ナッシュ｜Walter Nash｜1882-1968

ニュージーランドの政治家、外交家。イギリスのバーミンガム近くに生れ、少年時代より労働に従事するかたわら、独学で社会主義理論を学んだ。27歳のとき、妻と長男を連れてニュージーランドに移住、商業を営みながら教会活動、次いで▶労働党の活動に従事。1929年の初当選以降、終世国会議員を務めた。35年成立の労働党内閣で蔵相。41年の太平洋戦争勃発後、新しく軍事同盟国となったアメリカに公使として駐在した。50年のフレーザー没後、労働党党首となり、57-60年の労働党政権で首相。国際平和維持のための努力をニュージーランド外交の基本に据えて活躍した。
地引 嘉博

ナマコ|海鼠

ナマコ綱 Holothuroidea に属する海生動物の総称．形がキュウリに似ていることから英語では sea cucumber(海のキュウリ)と呼ばれるが，太平洋で取引されるときはもっぱら bêche-de-mer(海の鋤)の名で知られている．インド洋および太平洋の温帯，熱帯の海底に生息する．浅海にも深海にもいるが，生息状況から採取するには浅瀬が適している．ナマコを塩水で煮て乾燥させたものはイリコと呼ばれるが，これは中国料理では珍重され，江戸時代には日本からも輸出を行っており，また18世紀以前にも中国の船がインドネシア諸島やニューギニアの沿岸をナマコを求めて航海したほどである．

太平洋のナマコ採取で有名なのはフィジーである．18世紀終りころから，太平洋で活躍した欧米の商船はおもに中国貿易に携わっていたが，中国からの絹，茶，陶器の代価とすべく，太平洋の白檀，真珠，海産物等を入手しようとした．フィジーでは白檀交易が19世紀に入るころに始まっているが，1815年までには採り過ぎにより枯渇してしまった．その後を受けたのがナマコ採取である．およそ10年後にはナマコ取りの船が盛んに来航するようになった．ナマコをまず浅瀬で採取し，その後砂抜きしたり，ぬめりをとったり，内臓を出したりした後，塩水で煮てから燻蒸乾燥する，というのが工程である．採取のための設備は簡単だが，そのために土地を必要とし，また多くの現地人労働者を雇用してそれを監督しなくてはならず，地域の首長と良い関係を結べるか否かが事業の成否に大きくかかわり，またそのためのトラブルも多く発生した．その仲介役として，ビーチコーマー(現地化した白人)も活躍した．後にフィジー王となる主要な首長の一人ザコンバウが1852年に帆船を2隻手に入れた際，ナマコで支払いをしようとしたことは有名である．太平洋ではほかに，ニューカレドニアとバヌアツがナマコ採取でよく知られた．

山本 真鳥

ナマジラ|Albert Namatjira|1902-59

オーストラリアの画家．アボリジニのアランダ族出身．中央部のハーマンズバーグ伝道所に生まれ，牧童となり，のちに民芸品をつくって売った．1934年水彩画家レックス・バタービーが同伝道所に立ち寄り，ナマジラに絵具と画用紙を与えたのがきっかけで弟子入りし，38年メルボルンで個展を開いた．以後，全国に知られ，高く評価された．オーストラリア中央部の風景を紫を多用した水彩画に仕上げる画風は，彼の息子とその他の亜流を生み，アランダ派と呼ばれて今日に至っている．白人の手法で民族文化を表現した先駆者として，57年に同胞より10年早く市民権を授与された．しかし，これが白人の法と部族の掟との板挟みになるきっかけを生み，禁酒法に縛られていた同胞に酒を提供したとがで懲役6ヵ月の刑を受け，仮出獄後まもなく居留地で没した．

越智 道雄

ナマリウ|Rabbie Langanai Namaliu|1947-

パプアニューギニアの政治家．1988-92年同国首相．ニューブリテン州のココボに生まれる．1970年，パプアニューギニア大学を卒業(英語・歴史学専攻)．その後，カナダのビクトリア大学で歴史・政治学を専攻，72年に修士号を取得する．帰国後，パプアニューギニア大学で歴史学の講師を務めるが，74年からソマレ首相の私設秘書を務め，パング党員としてパプアニューギニアの独立に貢献する．イーストニューブリテン州コミッショナー，公務員委員会議長，総理府首席調査官などを経て，82年の第2次ソマレ内閣のもとで外務貿易大臣に任命される．88年にソマレに代わってパング党党首となり，ウィンティを首相とする連立内閣が不信任決議により総辞職した後，首相となり，92年まで務める．その後，選挙で落選をしたが，2002年から06年まで外務大臣．パプアニューギニアの首相としてはきわめて高い学歴をもつことで有名である．

豊田 由貴夫

なんしんろん|南進論

日本が南方(東南アジア，ミクロネシア方面など)に発展することを主張する一連の議論．朝鮮，満州への発展に関与する北進論としばしば対比される．ただ近代日本においては，北進論が基本的に主流であり，南進論は長い間傍系にすぎなかった．南進論の系譜を

●ナン・マドール
隣接するポンペイ島から運んだ柱状玄武岩を幾段にも水平に積み重ねている．

たどれば，明治初年の榎本武揚の士族授産のための南方進出に至る．その後，志賀重昂《南洋時事》(1887)，▶田口卯吉《南洋経略論》(1890)，▶鈴木経勲《南島巡航記》(1893)，竹越与三郎《南国記》(1910)などが著されたが，南方への関心は偶然で一過性のものにすぎなかった．第1次大戦の結果，日本が赤道以北の▶ドイツ太平洋植民地を占領し，戦後も国際連盟の委任統治領として統治したことが事情を変え，日本の貿易相手，投資先，移民先として，経済的な意味において日本人の関心を以前よりは系統的に引きつけるようになった．しかし南進論が国策と結びつき，空前のブームを迎えたのは，1935年以降である．その嚆矢は36年8月に広田内閣が，海軍の意向を汲んで〈国策の基準〉に漸進的平和的南進を北進とともに組み込んだことである．40年代に入ると，石油，鉄鉱石などの資源獲得のため南進論が強まり，それまでの日本，満州，中国の経済ブロックに南方が包含され，にわかに〈大東亜共栄圏〉が形成された．40年9月には北部仏印，41年7月には南部仏印進駐が実行され，太平洋戦争勃発の重要な要因となった．
広野 好彦

ナンディ｜Nadi

フィジー，ビティレブ本島西部にある都市．人口1万5220(1986)．国際空港をもち，年間25万人(1986)を超す観光客を迎えるフィジー観光にとっての中心的な都市である．町の中心街にはインド系住民の経営する土産物店が並び，ホテル協会に登録している64のホテルの21%はこの都市にある．近郊の美しいサンゴ礁や砂浜をもった海岸や小島のホテルを含めると，62%以上がこの都市を中心として存在している．ビティレブ本島西部のこの地は快晴率が100%に近いといわれ，空港からも近く観光に最適な地域である．ほかにサトウキビ栽培や松の植林が盛んに行われ，フィジー経済にとって最も外貨を稼ぐ重要な地域である．
橋本 和也

ナン・マドール｜Nan Madol

オセアニア最大の巨石遺跡．西太平洋，ミクロネシアのポンペイ(ポナペ)島に隣接するテムウェン島沿岸のサンゴ礁上に構築された92個の人工島にある．整然と配置された人工島は水路によって結ばれている．高さ1～2m，広さ370～8400m²の人工島は，周囲にポンペイ島から運んだ柱状玄武岩を積み，内側をサンゴ礫や砂で埋め立てている．最大の遺跡はナンドワスで，高さ4～7mの巨大な柱石を積み重ねた二重の郭壁があり，中央に石室をもつ壮大な建造物である．伝承によれば，ここはポンペイ島の政治，宗教の中心地として13～15世紀ころに栄えたのち，西欧文明との接触以前に廃虚と化した．遺跡全体は，宗教をつかさどる僧侶たちの住んだ東部と支配者階級の住んだ西部とに区分されていた．20世紀初めドイツの探検隊が調査測量を行ったのち，1970年末から80年末にかけて行われたオレゴン大学のウィリアム・エアーズらによる何回かのナン・マドールおよびその周辺本土の発掘調査により，多量の土器も発見され，ナン・

マドール遺跡の発達とポンペイ島ひいては中央ミクロネシア文化との関係が解明されつつある。
篠遠 喜彦

ナンマルキ | Nahnmwarki

ポンペイ(ポナペ)島の伝統的位階制度における最高位者の称号である。ポンペイには古くから五つの独立した村落があり、それぞれに大酋長ナンマルキがいて支配していた。その時々の勢力争いにより村落間の序列がさまざまに入れ換わったが、現在ではマタラニウム、ウー、キチー、ナット、ジョカージの各村の順で大酋長の格式が高い。また、ナンマルキと系統の異なる氏族の最高位にナンケン Nahnken という称号がある。これは参謀格酋長または副酋長として位置づけられているため、二系統酋長制といわれることもある。下位身分の者は功労や年齢によって昇進するが、最高位の酋長身分は二系統とも母系により継承される。伝統社会の崩壊傾向のなかで酋長の権力と権威はかつてほど絶大ではなくなったが、村の実生活では依然として影響力は大きい。行政機構上ではポンペイ最高位の州知事職も、島内祭事では酋長よりも下位身分となる。
小林 泉

なんみん | 難民

難民の受け入れは、現在のオーストラリアでは'移民政策のなかの人道 humanitarian プログラムとして位置づけられている。この人道プログラムは、国連の難民条約に基づいて認定される難民枠と、それ以外にオーストラリアと何らかのつながりをもっていることを前提に、政府が独自の判断で受け入れる特別人道枠(両者とも海外で認定された後に入国)、およびボートピープルを含むその他のカテゴリーからなる。ボートピープルとは、庇護申請を目的に船舶によってオーストラリア領土への上陸を試みる難民を指す。難民の受け入れ総数は、年におよそ1万2000人から1万5000人程度で、うち難民枠と特別人道枠は、ともに3000人から5000人程度となっている。

歴史を振り返ると、オーストラリアは難民に対してむしろ積極的に門戸を開いてきた。70年代に至るまで、難民は潜在的な移民労働力とみなされていたからである。しかし、'白豪主義のもとで、その受け入れはヨーロッパ系に限定されていた。第2次世界大戦後にヨーロッパから大量に難民を受け入れたときも、かれらに期待されたのは、減少し始めた英国系移民の代替としてオーストラリアの経済復興を担うことであった。

難民問題に関してオーストラリア政府に新たな政策対応を迫り、その受け入れ政策の体系化・構築を促す契機となったのは、1970年代後半におけるインドシナ難民の発生である。ベトナム戦争を契機としたインドシナ半島の動乱によって、ベトナム、ラオス、カンボジアから逃れてきた難民は、非ヨーロッパ系であること、労働力の受け入れというよりは人道的な配慮が求められたこと、さらには同国にとって初のボートピープルへの対応を迫られたこと、という3つの要素が重なったため、政府にとって大きな挑戦となった。オーストラリアのベトナム参戦にともなう贖罪感や、アジア諸国との関係等を背景に、国内、国際的な政治力学の中で政策上の紆余曲折を経ながら、1976年以降、約18万人のインドシナ難民を受け入れている。

同国にとって最初のボートピープルは、1976年にダーウィンに漂着した5人のベトナム人であった。以降、89年までの間に、インドシナからの庇護申請者を中心とする約2000人が同国に上陸した。その後、ボートピープルの数は年によって変化しながら、98年に入って増加傾向をみせ、99年度および2000年度には、それぞれ4000人超が到着した。その多くが、アフガニスタンやイラク、イランの政情不安から逃れ、インドネシアの港から人身密輸業者の手配する船で航海してきた人びとであった。

初期のインドシナ難民への対応を除いて、オーストラリア政府はボートピープルを阻止するための対策を強化してきた。なかでも、長期にわたる劣悪な環境での幼児も含めた強制収容措置は、国連人権委員会などからも懸念の対象とされた。そうしたなか、ボートピープルに対する強硬路線を象徴的に内外に知らしめ、国際問題としても注目を浴びたのが、タンパ号事件である。2001

年8月末，ジャワ島とオーストラリア領土であるクリスマス島の間の公海上で，沈没寸前の漂流船からノルウェーの貨物船タンパ号によって，400名を超える主としてアフガニスタン出身の庇護申請者が救助された。かれらはクリスマス島への上陸を強く希望したが，オーストラリア政府は軍精鋭部隊まで投入した実力行使によって断固，上陸を阻むとともに，かれらを強制的に軍艦に収容してナウルに移送した。これはボートピープルを一切オーストラリア領土に上陸させることなく太平洋の第三国に移送し，そこで難民審査を行う▶パシフィック・ソリューションと呼ばれる措置の，最初の事例となった。

タンパ号事件の後，9.11同時多発テロ事件の影響も受けて，ビザの制限や国境の管理，警護などが一層厳格化されたこともあり，ボートピープルの数は激減した。他方で，航海途中の沈没によって多数の庇護申請者が犠牲となる悲劇も起こっている。なお，最近になって，イリヤンジャラやスリランカなどからのボートピープルが増え始めており，野党は，現ラッド政権が強制収容などの前政権の政策を緩和したことによって招いた事態として批判を強めている。

ニュージーランドは，UNHCR（国連難民高等弁務官事務所）の要請に基づき，年に750人の割り当て枠で難民を受け入れている。加えて，庇護審査による個別の受け入れも行っている。タンパ号事件の際には，即座に131名の庇護申請者を受け入れ，1名を除いて難民認定し，同国の永住権を付与した。

飯笹 佐代子

なんよういにんとうちりょう ｜南洋委任統治領

日本が第1次世界大戦で獲得した植民地。ミクロネシアの赤道以北，マリアナ，カロリン，マーシャル（グアム島を除く）3諸島を含み，バベルダオブ島（パラオ本島）をはじめ1400余の小島群からなる。総面積約2100km²。住民は当時カナカ人，チャモロ人など約5万。19世紀末以来ドイツ領（グアム島はアメリカ領）であったが，第1次大戦に参戦した日本は，これらの諸島を占領し，1914年臨時南洋群島防備隊を置いて軍政をしいた。19年パリ講和会議はドイツの旧植民地を国際連盟の委任統治領として主要戦勝国に再分割することを決め，南洋諸島の統治権はベルサイユ条約で日本に与えられた。日本は同諸島を自国領土の構成部分として自国法によって統治できるが，軍事施設の設置その他は禁止されていた（C式委任統治）。このうちヤップ島についてはアメリカなどの異議があったが，22年に妥結，同年防備隊を廃して南洋庁が設置され（パラオ諸島コロール島），民政に移行した。南洋庁は旧来の部落首長を村吏に起用して行政を行う一方，移民の奨励，産業の振興，教育の普及などを図った。主産業はコプラの生産，サトウキビの栽培，鰹節製造，リン（燐）鉱業（パラオ諸島アンガウル島）などであった。1921年東洋拓殖株式会社の投資で▶南洋興発株式会社が設立され，近代的製糖・アルコール製造業を開始した。リン鉱は初め官営で採掘され，南洋庁の財政を支えた（1936年から▶南洋拓殖株式会社に移管）。日本人も急増して35年には約5万2000人となり，在来住民数を上回った。1933年日本は国際連盟を脱退したが，統治は継続され，35年連盟もそれを承認した。日中戦争期にはアメリカに対抗するため海軍の軍事基地が置かれ，太平洋戦争末期には主戦場の一つとなった。44年7月にはマリアナ諸島のサイパン島が陥落し，これが東条英機内閣退陣の一因になった。以後同島は日本本土空襲の基地となった。戦後47年に国際連合の信託統治領としてアメリカが受託した。現在は▶北マリアナ諸島，▶マーシャル諸島共和国，▶ミクロネシア連邦，▶パラオ共和国に分かれている。

岡部 牧夫

なんようこうはつかぶしきがいしゃ ｜南洋興発株式会社

日本の委任統治時代における製糖産業を中核としたミクロネシア最大の企業。1920年，第1次大戦後の財界恐慌で，委任統治下のサイパン，テニアンでは製糖事業を行っていた西村拓殖株式会社と南洋殖産株式会社が倒産し，1000人もの日本からの労働移民が窮地に瀕していた。この時期，▶松江春次は，移民救済の必要と南洋の製糖業の有望性を訴えていた。そこで政府は松江に製

糖業の再建を依頼。21年，政府が事業資金を融資し，南洋興発がサイパンに創立された。23年にサイパンの製糖工場が稼働するが，当初は害虫や干ばつ，東京に置かれた製品の砂糖が関東大震災で焼失する等，苦しいスタートを切り，松江への非難も高まったが，3年目以降，事業はめざましい成長を遂げた。その後35年までにテニアン，ロタにも製糖・酒精工場が建設され，南洋最大の企業へと発展した。南洋庁財政は赤字続きだったが，事業が完全に軌道に乗った後は，南洋興発の納める出港税のおかげで，黒字へと転化した。32年の南洋庁歳入は482万円，そのうち309万円を南洋興発からの出港税が占めた。会社は製糖業からの利益を他の資源開発に向け，域内で鉱業，農林水産業を興し，外南洋にも進出した。42年に南洋貿易株式会社との合併で事業分野を拡大し，社員5万人を擁する20社ものコンツェルンを形成した。しかし，日米関係の悪化に伴い，南洋事業全体にかげりが出はじめ，さらに第2次大戦で事業施設は壊滅状態となり，戦後，閉鎖令が出された。
大塚 栄子

なんようじんじゃ｜南洋神社

1940年，パラオ諸島▶コロール島のアルミズの高台に建立された神社。社格は天照大神を奉祀する官幣大社。皇紀2600年にあたる同年2月11日の紀元節に拓務省から創立の告示が出され，11月1日に鎮座祭が行われた。朝鮮神宮や台湾神社と並ぶ外地鎮護の神社で，戦時体制のなかでは，当時8万人を超えた南洋群島在留邦人の精神的支柱と位置づけられた。戦局の悪化とともに神体は▶バベルダオブ島に移転されたが，社殿は米軍の空爆をうけ，破壊された。石灯籠や石段など当時の遺物は一部残存している。社殿の跡地(現在はパラオ人の私有地)を訪問する日本人も多く，現在では小規模な社殿や記念碑が新たに建造されている。
飯高 伸五

なんようたくしょくかぶしきがいしゃ｜南洋拓殖株式会社

日本統治下の南洋群島で資源の開発を目的に設立された国策会社。満州事変後，軍国主義の道を歩みはじめた日本は，戦略的物資調達のため南方資源の開発に目を向けていた。1936年11月，南洋拓殖株式会社令により同社は設立され，その業務目的は拓殖事業の経営と拓殖資金の供給であった。また同社は，設立にあたり南洋庁経営のリン鉱事業の現物出資を受けた。本店をコロールに置き，直営事業としてアンガウル，ファイスなどのリン鉱採掘，ならびにパラオ，ポンペイ(ポナペ)などの農場経営，水産事業も行った。資金供給事業は，日本人一般，拓殖事業を営む会社への貸付け，ならびに株式，社債の引受け，取得などであった。同社は多くの関連会社を設立，運営し，南洋群島の経済開発を進め，リン鉱収入で南洋庁財政を▶南洋興発株式会社の製糖業とともに支えた。しかし，経営基盤が確立される前に事業地は第2次大戦の戦場と化し，戦後，閉鎖指定機関となった。
大塚 栄子

にしサモア｜西サモア｜Western Samoa｜➡サモア

にしたいへいようこうとうべんむかん｜西太平洋高等弁務官

1877年イギリス政府により西太平洋高等弁務官が創設され，フィジー総督がこの職を兼ねた。目的は，南西太平洋に在住するイギリス国民になんらかの法的支配を及ぼすことであった。この地域には絶え間なく欧米人が流入し，土着の権威による秩序維持が困難となって，一種の無法状態が生じていたからである。欧米人が島民をプランテーションの労働力として売買すること(▶ブラックバーディング)はその一例である。当初の管轄領域は，東経143°までのニューギニア，ソロモン諸島，ニューヘブリデス諸島，トンガ，サモア，ギルバート諸島，エリス諸島，フェニックス諸島，ピトケアン島，ライン諸島である。1893年には外国人や，イギリスの保護下に入った島民にも管轄が広げられた。そして高等弁務官は裁判に加えて，保健衛生や徴税の機能を果たすようになった。19世紀末までにはニューギニアとサモアが管轄から除かれ，1952年にはフィジーとピトケアンが除かれた。そして翌年，本部がソロモンのホニアラに移された。主要な諸島が独立に向かったため，74年に廃止された。
広野 好彦

にじのせんしごうばくはじけん｜虹の戦士号爆破事件

ニュージーランドのオークランド港に停泊中の国際的環境保護団体グリーン・ピースの活動家を乗せた虹の戦士号が，1985年7月10日夜，爆破沈没され，カメラマンが死亡した事件。虹の戦士号は，南太平洋ムルロア環礁でフランスが度重なる国際的抗議を無視して続けている核実験に抗議するため，現地に赴く途中であった。ニュージーランド捜査当局の調査により，犯罪を計画実行したのはフランス国防省対外治安総局(DGSE)であることが明らかとなった。新婚夫婦をよそおってニュージーランドに滞在し，犯罪を助けたDGSEのマフォール少佐とプリウール大尉は逮捕されて起訴事実を認め，フランスのエルニュ国防相は辞任したが，実行犯たちは逃走した。南太平洋におけるフランスのイメージは，原住民に対する過酷な扱いなどにより昔からよくなかったが，核実験強行に加え，この事件を起こしたことで決定的に悪化した。

地引 嘉博

1989年，グリーン・ピースは撃沈された船の名を受け継いだ虹の戦士Ⅱ世号を就航させ，95年に再び他の船とともにフランスの南太平洋での核実験に対する抗議活動を行った。フランス政府はムルロア環礁での核実験を中止しなかったが，それ以後の核実験を行わないことを約束した。2004年5月，再びニュージーランドのオークランド港を訪れた虹の戦士号は，マストにフランス国旗を掲げ，和解の意を示した。

澤邉 みさ子

にじへび｜虹蛇｜rainbow serpent

オーストラリアのアボリジニ神話では荒ぶる霊に当たり，天と水源をつなぐ存在とされた。とくにノーザンテリトリー上空を飛べば，蛇行するクリークは蛇に酷似しており，高い岩山からそれを見届けたアボリジニは，蛇が重要なタンパク質源であることとの関連から，容易に蛇を命の源である水と結びつけた。極度に乾燥した奥地では，天空と地上を往復する虹蛇から，自然界に水を提供してくれるルートを知らされることが，部族の魔術師として認められる基本条件だった。虹蛇神話の発生は，後氷河期(9000～7000年前)に海面が上昇，沿岸平野が水没した大事件と関係があるとみられている。たとえばノーザンテリトリーのカカドゥ国立公園は，その時期山岳地帯から河口地帯に変わったが，公園内の洞窟壁画に角(または耳)をもつ虹蛇の絵が描かれている。これは同時に虹蛇信仰の古さをも示している。▶アーネムランド北部に残るワワラグ姉妹の神話では，姉妹が連れている巨大な錦蛇が，モンスーンをもたらし，荒地を潤す。虹蛇を荒ぶる神として最高度に劇化したのが，▶ハーバートの《かわいそうな私の国》である。

最近では居留地内のウラニウム採掘に反対するアボリジニは，ウラニウムを地の下に閉じ込めた虹蛇に見立て，これを地上にとり出す危険性を訴えている。水とウラニウムはともに重要なエネルギー源だし，危険度の点でも共通点は多いが，神話の趣旨は激変している。

越智 道雄

にちごうあんぽきょうどうせんげん｜日豪安保共同宣言

2007年に合意された安全保障協力の強化を約した文書。冷戦後のオーストラリアは，インドネシアなどアジアの近隣諸国との間に安全保障協力協定を追求する姿勢をみせた。90年代から日豪の防衛交流・対話が進んでいたこともあり，小泉政権がアフガニスタン，イラクと自衛隊を派遣して，安保協力の余地が広がったとみるや，かねてから対米同盟強化の一環として日豪協力の促進に熱心だった▶ハワード首相は2005年に，撤退するオランダ軍に代わって，豪軍を増派してサマーワに展開する自衛隊イラク復興支援部隊の護衛に当たらせることを申し出た。現地で両国部隊が密接に連携して汗を流し合う姿に，機が熟したとみたハワードがさらに2国間安保協力協定の締結を提案した結果，06年にはすでに日米豪3国戦略対話を立ち上げていたこともあり，日米豪印4ヵ国での連携という構想を抱いていた安倍晋三首相との間で，共同宣言に合意した。同宣言は，両国が自由や民主主義といった価値を共有していることを謳いあげ，共同訓練の実施やテロ・大量破壊兵器拡散防止など非伝統的分野での安保協力の促進

を約している。この文書を経て、日豪外相・防衛相による、いわゆる2＋2会談も定期的に開かれるようになった。日本にとって、安全保障に関する取り決めを交わしたり、2＋2会談を開催している国は、アメリカ以外にはオーストラリアしかない。　福嶋　輝彦

にちごうつうしょうきょうてい｜日豪通商協定

1957年に調印された戦後日豪経済関係の発展の礎となった協定。戦時中からの激しい反日感情に加えて、工場主や労働組合は戦前のような繊維など安価な日本製品の流入を強く警戒していたから、戦後のオーストラリアは日本からの輸入に厳しい制限を課していた。そのため、55年に日本がGATTに加入しても、その35条の規定を援用して、依然、対日貿易差別を続けていた。しかし、最大の顧客国であるイギリス市場が頭打ちの一方で、外貨不足に悩む日本で羊毛や小麦の輸出が戦前ほどの圧倒的なシェアを確保できないことに危機感を覚えたオーストラリア政府は、日本に対して本格的な通商協定交渉を提案した。農産物の市場アクセス保証と緊急輸入制限の発動権を求める豪州側に対し、日本側も粘り強く交渉を重ねた結果、貿易における最恵国待遇や無差別原則といった画期的な規定を協定に盛り込むことができただけでなく、英仏など他のGATT35条対日援用国への外交的効果も大きかった。協定後は、日本の政府や繊維業界が集中豪雨的輸出を未然に防止するよう努め、豪州側も緊急制限措置の恣意的な発動を控えたので、日豪官界・財界間の相互信頼は高まり、この基盤の上に60年代の日豪資源貿易が開花した。　福嶋　輝彦

にちごうゆうこうきょうりょくきほんじょうやく｜日豪友好協力基本条約

1976年に調印された、経済交流における無差別原則などを確認した条約。オーストラリアでは、Nippon Australia Relations Agreementの頭文字を取って、〈ナラ条約〉と呼ばれることがある。▷ウイットラム労働党政権は、新たに〈より独立した〉外交を展開するうえで、対日関係をその中核に据えようとした。そこで、▷日豪通商協定交渉の頃から友好通商航海条約の締結を望んできた日本の要望に応える形で交渉を開始した。日本側は、資源ナショナリズム的外資規制などの障害を極小化すべく、移住や投資における最恵国待遇を要求したが、英米との伝統的関係に固執する豪州側はこれに強い難色をみせた。結局、次の▷フレーザー政権下で、無差別原則を規定するものの、既存の待遇には遡及しないという但し書きを添える形で、交渉は妥結した。この条約で、両国は互いに重要なパートナーとして関係を続けていくことを確認し、同じ時期に豪日交流基金が設立され、文化交流も重視されるようになり、それまで貿易に特化していた日豪関係が、80年代に向けて多様化していく転換点になった。　福嶋　輝彦

にっけいじん｜日系人

オセアニアへの日本人▷移民は、1868年(明治元年)のハワイへの労働移民から始まり、その後はオーストラリア、ニューカレドニア、フィジーにも労働移民が送られた。だが、これら移民事業が成功して移民派遣の回を重ねたのはハワイだけ。移民者およびその子孫たちが地元に定着して日本人社会を形成したのもハワイだけだった。現在はさまざまに混血化が進んでいるとはいえ、2000年の国勢調査によると、ハワイ州では、日系だと答えた者が21％。その後、本土からの白人流入やアジア系の増加により、日系人の割合が相対的に小さくなっているといわれるが、依然として日系集団が一番大きい。

1914年の占領以降、45年まで日本が委任統治したミクロネシアにも日系人が多い。日本の統治下にあった40年(昭和15年)には、地元民人口5万1106人に対し、8万4478人の官民日本人が居住していた。45年の第2次世界大戦敗戦により、すべての日本人は強制退去させられたが、地元民との結婚でできた2世、3世の多くが残留した。ミクロネシアは母系制社会のため母方家系への同化傾向が強く、彼らが日本人社会を形成することはなかったが、日本人の血を受け継ぐ日系人としての割合は、全域平均で20％程度と推測され、チューク、パラオ、マーシャルは平均以上、マリアナ、ヤップは平均以下の日系人出現割合である(小林泉調査)。

日本が統治したミクロネシアは四つに分裂して一つのアメリカ領、三つの独立国となったが、これまで独立国のいずれからも日系の大統領が誕生している。　　　小林　泉

ニューアイルランド[島]
New Ireland Island

南西太平洋、パプアニューギニア国の島。ニューギニア島の北東方、北西から南東に全長320kmにわたって細長く横たわる。面積約8700km²、人口11万8148(周辺の島を含む。2006)。周辺の島々とともにニューアイルランド州を形成している。同州の州都は北西端にあるカビエン。島の南東部は塊状岩の山塊よりなり、最大幅50kmに及ぶロッセル山脈(最高点2108m)が海岸近くまで迫っている。北西部は平均幅11kmの比較的低地であるが、大きな川はなく、隆起サンゴ石灰岩よりなり、高さ1000m以下のシュライニッツ山脈を形成している。島のかなりの部分、とくに東岸は耕地となっており、ココヤシ、ココアの国内でも重要な産地である。島の南東端はフランス版〈南海泡沫事件〉の舞台となった所で、フランス人マルキ・ド・レイが19世紀後半にポートブレトンに植民地をつくったが失敗している。

住民はメラネシア人で、農村部では伝統的な生活が続けられている。北西部一帯では母系の外婚半族がみられ、人々は母系クランに所属する。男たちは結婚すると妻の村に住み、重要なできごとがあると自分の生まれた村に出向き、死後はそこに埋葬される、というのが昔からの慣習である。この地域で興味深いのはマランガンと呼ばれる▶彫像である。これは死者のために同じクランの成員が作るもので、人間の形はしているが、グロテスクな様相のもの、死んだ親族を数人複雑に彫り込んだ楯のようなもの、とさまざまの種類がある。この彫像は人が死んだとき、約1年後に作られることも、男子の割礼のとき作られることもある。マランガン儀礼はそうした機会に行われた。マランガンを製作する過程は秘密で、儀礼が終わると破壊される。儀礼のクライマックスは、仮面と衣装を身につけた壮大な踊りとなり、最後は乱交にまで至ったと報告されている。　　　　　　吉岡　政徳

ニューカスル | Newcastle

オーストラリア、ニューサウスウェールズ州東岸にある同州第2の都市。都市圏人口51万7500(2006)。都市圏はニューカスル市(人口14万9100)をはじめ五つの地方自治体にまたがって広がる。人口26万3500(1987)。ハンター川の河口に位置し、同流域の農牧地帯および炭田を控えた工業都市で、とくに鉄鋼業(1915開始)や鉛・亜鉛・アルミニウムの精錬などで知られる。同国有数の港をもち、石炭、小麦、鉄鋼を輸出する。ニューカスル大学(1965創立)がある。1804年開基。都市名はイギリスの同名の都市に由来する。
谷内　達

ニューカム | John David Newcombe | 1944-

オーストラリアの男子テニス選手。ロッド・▶レーバーと並び称される名選手。若くから頭角を現し、1961年オーストラリアのジュニア・チャンピオンとなる。以後、世界中の大きなタイトルをほとんど掌中にし、67年にはウィンブルドンのシングルスで優勝、その名を世界に知られる。プロとアマチュアとの区別が厳しかった当時、積極的にその不合理を主張し、72年にはウィンブルドンへの出場を禁止される。おもな成績としては次のものがある。1973年、75年全豪シングルス優勝。1965年、67年、71年、73年、76年同ダブルス優勝。1967年、70年、71年全英シングルス優勝。1965年、66年、68年、69年、70年、74年同ダブルス優勝。1967年、73年全米シングルス優勝、1971年、73年同ダブルス優勝。1967年、69年、73年全仏ダブルス優勝。現役引退後、青少年のスポーツ育成に情熱を注ぐとともに、スポーツ解説者としても活躍。また、アメリカのテキサスでテニス学校を経営、その縁でジョージ・W・ブッシュ前大統領とも親交をもつ。　堀　武昭＋福嶋　輝彦

ニューギニア[島] | New Guinea Island

オーストラリアの北に横たわる世界第2の大島。赤道直下から南緯11°にかけての熱帯圏にあり、全長2400km、最大幅720kmで、総面積は77万1900km²。人口625万6087(2000)。東経141°を境に西半部はインドネシアのイリアンジャヤ州であり、東半部は周辺の島々とともにパプアニューギニア国を形成して

いる。島は恐竜のような形をし、西端の頭部、チェンドラワシ(ドベライ)半島から胴体部を経て東端の尾部、オーエンスタンリー半島にいたる。この頭部から尾部にかけ、島の中央を環太平洋造山帯の一環をなす大山脈群が走り、延長2500kmに及ぶ大分水嶺を形成している。この山脈群は胴体部に入ると急に険しくなり、スディルマン山脈、ビズマーク山脈などを経て尾部のオーエン・スタンリー山脈へといたる。標高3000〜5000mの山々が肩を並べ、なかには氷河をいただく山もある。とくにイリアンジャヤのスディルマン山脈では4880mを超える高峰が11も連なり、ニューギニア島の最高峰ジャヤ山(5093m)がひときわ高くそびえ立っている。島の北岸には比較的低い海岸山脈群が走り、ニューブリテン島北岸を経てブーゲンビル島に達する火山帯の一部を形成している。島の南部は大陸的性格をもった大平原地帯で、水深わずか70m未満のアラフラ海を挟んでオーストラリア大陸につながっているため、本質的にはこの大陸の最北端とみなされている。したがってニューギニア島の動物相はオーストラリアのそれと類似しており、単孔類、有袋類が見られるほか、きわめて多種の熱帯の動物が生息しており、とくにニューギニア島特産のゴクラクチョウは有名である。熱帯性気候で降雨量は多く、年間平均2000〜3000mmの雨が降る。最も降雨量の多い所は、南東岸のパプア湾に面したキコリで5080mm。西半部のマンベラモ川、ディグル川、東半部のセピック川、ラム川、フライ川など大河も多く、その流域は密林に覆われ、低湿地の広大な三角州平野を蛇行しながらゆっくりと流れている。

ニューギニア島は1526年にポルトガル人メネゼス Jorge de Menezes がヨーロッパ人として初めて上陸し、パプアと名づけた。続いて45年スペイン人オルティス・デ・レテス Iñigo Ortiz de Retes は、その住民がアフリカのギニアの人々に似ていることから島をニューギニアと命名した。住民は主として"パプア人"と"メラネシア人"であるが、その混血の歴史は長く、現在は両者を区別することが困難である。イリアンジャヤの州都ジャヤプラやパプアニューギニアの首都ポートモレスビーなどの都市部を除けば、人々は伝統的な生活を続けている。島全体で1000を超える異なる言語が話されており、部族単位で独自の文化をつくりあげている。ポリネシアなどにみられる世襲的な首長制は少なく、富を蓄積しそれを人々に分け与えることで自らの指導者としての地位を保つ"ビッグマン"と呼ばれる人々が、伝統的な政治的リーダーである。　　　　　吉岡 政徳

[ニューギニア島の部族美術] ニューギニア島では数多くの部族が密林にはばまれて互いに孤立し、それぞれ独自の文化を築きあげてきた。ニューギニア島の部族美術は、祖先崇拝や精霊信仰などに基づいて発達したもので、一般に幻想性と躍動性を特徴とするが、部族によって多様な地方様式をみせている。北西部では、大きな頭をもち蹲踞の姿勢を示す、この地方独特の小型の木彫祖霊像(〈コルワール korwar〉と呼ぶ)がみられる。その前面に突き出た短いあごがカンボジアのクメール美術にみられる人像のあごに似ていることが指摘され、コルワールの西方起源説が唱えられたが、クメール美術特有の頭飾がみられないなどの理由で、現在では否定されている。北部のセンタニ Sentani 湖付近の木彫には独特の渦巻文様がみられる。文様は家屋の装飾、太鼓、鉤、木皿などに施されるもので、中心がS字形ではじまり、規則正しい繰返しや厳密な相称形が用いられ、また凹刻部分が白く塗られる。このモティーフはベトナムのドンソン文化に由来すると指摘されている。北東部のセピック川流域にはニューギニア島で最も多様な様式がみられる。すなわち、精霊の家の破風、仮面、神像、祭具、楽器、武具、土器などに精力的に彫刻や彩色が施され、素材、大きさ、モティーフ、装飾法、制作技術なども多岐にわたっている。このような造形は、数多くの文化様式が混合したものと考えられるが、なかでも、大きな円形の目、透し彫による曲線のモティーフ、レリーフや線刻によるらせん文、装飾面の規則的な分割など、アジア大陸の金属器時代の様式とされている特徴が顕著である。一方、多くの彫像にみられる強調された垂

直線，目の上に突き出た横一文字の眉丘の表現など，さらに古い新石器時代オーストロネシア様式も認められる。そのほか，東部のヒュオン湾岸地方では繊細で鋭角的な刻文を特徴とする木彫が，島南端のトレス海峡地方ではウミガメの甲羅を取り付けた仮面や被り物がみられる。同島の部族美術は一般に，人物のほか，ワニと鳥を主要モティーフとする。 ⇒メラネシア　福本繁樹

ニューサウスウェールズ[州]｜New South Wales

オーストラリア南東部の州。面積80万600km²，人口681万7200(2006)。州都は▶シドニー。年降水量は海岸部(1000mm以上)から北西部の内陸(200mm以下)へと順次減少する。土地利用も海岸部の集約的な酪農・園芸農業地帯から東部高地の集約的牧羊地帯，東部高地西斜面から内陸平原にかけての小麦・羊地帯，さらに内陸の粗放的牧羊地帯へと推移する。人口の85％が東海岸の狭い地域(州面積の11％)に集中し，シドニー，▶ニューカスル，▶ウロンゴングの三大都市圏が75％，シドニーだけで63％を占める。人口，経済活動規模の点でこの国最大の州で，ニューカスルおよびウロンゴングの鉄鋼業をはじめ金属・機械・化学工業が発達している。農業における小麦と羊毛，鉱業における石炭，鉛・亜鉛も全国的に重要である。石炭，羊毛，鉄鋼，小麦などを輸出する。

1770年に▶クックが大陸東岸の領有を宣言するとともにニューサウスウェールズと命名，88年に東経135°以東の全域がニューサウスウェールズ植民地となり，その後，他の植民地(現，タスマニア，ビクトリア，クインズランド)が順次分離して現在の領域に近づいた。88年シドニーへの流刑地としての入植の後，1810年ころから内陸の開拓が進み，55年に自治植民地となった。1901年の連邦結成によって州となり，11年に首都設置のため連邦政府直轄地区(オーストラリアンキャピタルテリトリー)を分離した。　谷内達

ニュージョージア[島]｜New Georgia Island

西南太平洋，ソロモン諸島西部，ニュージョージア諸島最大の島。長さ約80km，最大幅48km。人口約1万6000(1999)。住民はメラネシア系で，言語はオーストロネシア語に属する。住民の多くは南西部のロビアナ礁湖周辺に集中する。南東部のマロボ礁湖は世界最大の礁湖。北西部のノロには水産会社の漁業基地と水産加工工場がある。南部のムンダ周辺や東部マロボ礁湖地域ではツーリズムの振興がややみられる。

関根久雄

ニュージーランドかいしゃ｜ニュージーランド会社｜New Zealand Company

1938年にイギリスで設立された，ニュージーランドへの初期入植に関わる組織。イギリス人で植民事業者であるエドワード・▶ウェークフィールドが理想的な植民地を建設しようと，ロンドンで会社を設立した。翌39年にはトーリー号をニュージーランドに向けて出航させ，土地の買い付けに当たらせた。39年8月，トーリー号はポートニコルソン(現ウェリントン湾)に到着。マオリの首長たちと交渉し，銃・火薬・実弾の他，毛布などの日用品と交換に，約2000万エーカー(約8万940km²)の土地を購入した。現在のウェリントンを中心に，タラナキからクック海峡を挟んだネルソンまでの広大なエリアである。平行してイギリス本国では移民募集が開始され，会社はニュージーランドを新しいエデンと謳い，魅力ある新天地としてポスターやパンフレットで紹介して移民を募った。最初の移民船オーロラ号がポートニコルソンに着いたのは40年1月である。移民船での渡航は約4ヵ月におよび，その長き苦難の航海の様子はダニーディンにあるオタゴ初期入植者博物館に再現されている。植民事業として，ウェリントンの他，ワンガヌイ(1840)，ニュープリマス(1841)，ネルソン(1842)の4都市と，オタゴ，カンタベリー地方への入植に深く関わったが，58年に財政破綻をきたし解散した。　新井正彦

ニュージーランドとちせんそう｜ニュージーランド土地戦争｜New Zealand Land Wars

ニュージーランドの北島で19世紀後半に起きた一連の武力紛争。ニュージーランド戦争，マオリ戦争とも称される。1840年代以降，イギリスの植民地化が本格化するようになり，50年代には植民地政府やヨーロッパ系入植者の間で，土地の需要がさらに高まった。この状況に危機感を抱いた北島の

● **ニュージーランド土地戦争**
降伏してマスケット銃を差し出す，北島タウランガ地方のマオリ．

諸部族は，1858年にポータタウ・テ・フェロフェロを初代〈マオリ王〉として擁立し，〈マオリ王運動〉を組織した．1860年には，北島西部のタラナキで，土地売却を拒むウィレム・キーンギ・テ・ランギターケらとイギリス軍との間で紛争が勃発した．このタラナキ紛争はマオリ王運動に参加するマオリが加勢したこともあって拡大したが，61年に休戦に至った．同年2期目の総督に就任したジョージ・グレイは，土地の堅持を主張するマオリ王運動がイギリスの主権を脅かしているとして，その中心地ワイカトに侵入した．このワイカト紛争は，結果的に，イギリス軍・植民地政府軍の約1万2000人と政府側に加勢したマオリ約1000人からなる連合軍と，約4000人のマオリ王側のマオリ軍を動員し，一連のニュージーランド土地戦争の中で最も規模の大きいものとなった．マオリ王側のマオリ軍は，人数や装備の上で劣勢ながら善戦したが，64年には政府側の連合軍の優勢が明らかとなった．このような過酷な状況を背景に，同時代にはマオリの間で複数の新興宗教的運動が勃興し，テ・コオティティーやトコワルなどの宗教的指導者によって先導された戦闘行為が政府側の連合軍を悩ませた．しかしニュージーランド土地戦争は，72年に政府側がマオリ側を制圧して終結した．この間の死者数はマオリが約2000人，イギリス人が約1000人といわれる．植民地政府により反乱民とされた部族は，その制裁として広大な土地を没収された．戦争がマオリに与えた経済的・政治的・文化的ダメージは大きく，戦後も後を引いた．

深山 直子

ニュージーランドのうみんくみあい｜ニュージーランド農民組合

ニュージーランドでは1880年代に工業が発展し，労働者階級が誕生した．そして彼らの要望は1890年代に政権をとった▶自由党によって実現された．自由党はまた小農をも保護したが，こうした状況のもとで1899年，中産農民層，酪農経営者を中心として結成されたのがニュージーランド農民組合である．その中核は北島のタラナキ地方とワイカト地方の中産農民であり，目的とするところは土地保有の保証，自由貿易，基礎的インフラストラクチャーの整備，一般の労働組合および社会主義者の脅威からの防衛などであり，とくに農地の租借権を進めて政府から土地を原価で購入すること，保護関税制度を廃止することを強く希望した．ニュージーランド農民組合は1911年以後，革新党を支持し，1910年代から20年代にかけて革新党に全盛時代をもたらし，革新党の▶マッセー首相は▶科学的農業を振興することにより，その期待にこたえた．

地引 嘉博

ニュージーランド・ポストじどうおよびヤングアダルトぶんがくしょう｜ニュージーランド・ポスト児童およびヤングアダルト文学賞｜The New Zealand Post Book Awards for Children & Young Adults

1990年に創設されたニュージーランドの児童文学賞．97年に〈AIM 児童文学賞〉から

コラム｜ニュージーランドの行財政改革

ニュージーランドは，1970年代のオイル・ショックや主要輸出国イギリスのEC加盟などをきっかけに危機的状況に陥った。その経済・財政を立て直すため，1984年の総選挙で誕生したロンギ労働党政権は，当時の財務省の提言を受けて，広範囲におよぶ行財政改革に着手した。84〜87年の政権第1期には，税制改革や各種補助金の廃止など，民間経済への介入をできる限りなくすことを目的とした経済改革を中心に実施した。87〜90年の政権第2期には，行政に民間の原理を導入するいわゆるニュー・パブリック・マネジメントと呼ばれる行政改革を中心に実施した。従来の労働党支持層からの支持を失った労働党は，90年の総選挙で敗退した。それに代わった国民党のボルジャー新首相は労働党政権が手をつけられなかったソーシャル・ポリシー分野の改革をも実行するに至った。これらの改革により，ニュージーランドは行財政改革先進国の異名をとるようになる。99年の総選挙では，15年にわたって続いた小さな政府路線からの脱却を訴えたクラーク労働党政権が勝利し，従来の改革を一部修正するさまざまな政策を実施した。こうした改革の流れは，イギリスにおける改革の流れ，すなわち79年からのサッチャー首相による改革，そして97年からのブレア首相による改革の一部修正といった流れに沿うものである。

和田明子

〈ニュージーランド・ポスト児童文学賞〉に変更され，さらに2004年に現在の名称になる。現在は郵便事業を行うニュージーランド・ポスト社が主催し，出版流通の団体であるブックセラーズ・ニュージーランドが運営する。ヤングアダルト文学，幼年文学，絵本，ノンフィクションの4部門からなり，各5冊の候補作から部門賞が選出され，さらに，全部門のなかで最も優れた作品に〈年間最優秀児童文学賞〉が贈られる。なおこの他に，20冊の候補作から子どもたちが投票で選ぶ〈子どもたちが選んだ文学賞〉と，画家もしくは作家のデビュー作を対象にした〈最優秀新人作品賞〉を設ける。いずれの賞も毎年5月開催の〈子どもの本の祭典〉で受賞作品が決定する。

今田由香

ニューブリテン［島］｜New Britain Island
南西太平洋，パプアニューギニア国の島。ニューギニア島の東方に浮かぶビズマーク諸島中最大の島。三日月形をしており，長さ約600km，最大幅約80km，面積約3万7700km²，人口40万4873(2000)。険しい山々が連なり，多くの火山がある。気候は熱帯性で雨も多い。1700年に▶W.ダンピアにより西欧に紹介され，ドイツの保護領を経て第1次大戦後オーストラリアの委任統治領となった。第2次大戦中は一時日本軍に占領され，日本軍とアメリカ・オーストラリア連合軍との戦場となった。戦後はオーストラリアの信託統治領を経て，1975年独立したパプアニューギニアに属し，島の東部は東ニューブリテン州(州都ココポ)，西部は西ニューブリテン州(州都キンベ)を構成している。第2次大戦中，日本軍の前進基地であったラバウルは，良港としても有名で，南太平洋の交通で重要な役割を演じている。このラバウルの位置する島の北東部のガゼレ半島には，パプアニューギニア国内でも屈指のココ椰子のプランテーションがある。そのためラバウルとキンベ近郊には，それぞれ大規模なコプラ粉砕所，ヤシ油加工工場があり，パプアニューギニアの輸出産業に貢献している。島の東部はココアの重要な生産地でもある。

島民はメラネシア系で，都市部に住む人々を除けば，主としてタロイモ，バナナなどの農耕に従事している。彼らが西欧と接触する以前にもっていた独自な文化のなかでは，▶ドゥックドゥックやインギエットと呼ばれる秘密結社が有名である。これは男子だ

けの結社で，妖怪の衣装を身にまとった結社のメンバーが，加入希望者たちをむちで打って恐怖を与えたのち，衣装を脱いで自分が人間であることを教える，といったユニークな儀礼を伴っていた．この儀礼を経た者が結社のメンバーとなり，結社の種々の秘密を共有するのであるが，こういった制度も，キリスト教，貨幣経済の浸透した今日では姿を消している．

吉岡 政徳

ニュープリマス｜New Plymouth

ニュージーランド北島中央部の西岸，北タラナキ湾に開けた都市．人口6万9300(2007)．同国の代表的な酪農地帯であるタラナキ地方の中心都市で，農産加工業が発達し，港から酪製品を輸出する．映画《ラストサムライ》の撮影場所として有名になったタラナキ山（別名エグモント山，北島第2）にも近く，観光基地となっている．近郊のカプニ天然ガス油田と沖合のマウイ油田という豊富なエネルギー資源をもち，それらを利用した火力発電所がある．1841年に入植が開始され，60年に起きたマオリとのタラナキ戦争（▶ニュージーランド土地戦争）を経て，70年代は近隣の油田に基づく石油化学工業の急成長，80年代から酪農により発展した．静岡県三島市と姉妹都市提携(1991)．

新井 正彦

ニューヘブリデス［諸島］｜New Hebrides｜
→バヌアツ

ニールセン｜John Shaw Neilsen｜1872-1942

オーストラリアの詩人．ナショナリズム色の濃かった《▶ブレティン》誌に拠りながらも，実体験にもとづく深い個人性をもった瞑想的抒情詩を残し，後の世代の▶ライトや▶ホープらに影響を与えた．ブッシュ労働者であり，バラッド作者であった父に習って詩作を始め，8歳にして詩を発表する早熟さをみせた．▶ブッシュで肉体労働をして家計を支えながら雑誌への投稿を続け，批評家A.G.スティーブンスに認められて詩集《春の心》(1919)を出版，文壇で注目される．後半生は友人らの援助を受けて作品を出版しつつ，労働者としてメルボルン，ブリスベン，シドニーと都市間を転々とした．スティーブンスらが印象付けた素朴な歌い手というイメージで語られることが多かったが，近年では，代表作〈オレンジの木〉で〈幼い少女がそばに立っていた．私には／彼女の幼い目が見たものが見えなかった．／――灯りよ，と少女は言った，空にあるのじゃなくて／オレンジの木のどこかに住んでいるの〉と始まる謎めいた会話を通して示されるような実存への問いが注目され，ニーチェ哲学の影響が指摘されるなど，教養と技術を兼ね備えつつ独自の抒情を生み出した詩人として再評価されている．

湊 圭史

ニワトリ｜鶏

鶏は豚や犬とともに，ヨーロッパ人渡来以前のオセアニアの伝統的家畜であった．小型で美しい羽毛をもつオセアニアの鶏は，*Gallus gallus* に分類され，東南アジアに生息する野鶏をその祖とする．ヨーロッパ人渡来時のオセアニアのほとんどの島々で飼われていたが，マンガレバ，トケラウ，北部クック諸島，ニュージーランドなどには存在しなかった．イースター島では鶏が唯一の家畜であったため，他人に夜中に盗まれるのを恐れて長方形の石積みの鶏小屋で飼われた．これは長さ7.3m，幅3.3m，高さ1.8mで，鶏は2本の細長いトンネルをくぐって中央部に出入りする．オセアニアの他の島々では半野生の状態で野放しにされ，ときどきココナッツやサゴヤシなどが飼料として与えられる程度であった．鶏が主要な食料とみなされていた島は少なく，儀礼等に際して豚や犬が供犠されるときに，ともに供される程度であった．また，その卵はやぶの中に産み落とされるため，ほとんど食用とされることはなかった．例外的に鶏が儀礼において重要な役割を果たしていたのはイースター島であった．ここでは生前に鳥人のタイトルをもったことのある者（タンガタ・マヌ）の葬儀において，死者の両足に雄鶏が5羽ずつ結びつけられる．鳥人専用の特別の埋葬用▶アフの上で他のタンガタ・マヌによって解き放たれるこれらの鶏は，死者の息子に与えられる．

　鶏は食用とされたほかには闘鶏に用いられ，ハワイ，ソシエテ，トゥアモトゥなどのポリネシアの島々で盛んに行われていた．これはおもに若い男性の楽しみとして行われ，それぞれに訓練した雄鶏を持ち寄って

勝負を楽しんだ。闘鶏はミクロネシアでも行われたが、ヨーロッパ人がこの地域に持ち込んだ可能性も考えられている。その他の鶏の利用としては、その羽毛の装飾的利用が挙げられる。ニューギニアでは食料の総量に占める鶏肉の割合はほんのわずかで、もっぱらその美しい羽毛が男性の儀礼に用いる頭飾りを作るのに使われた。　　印東道子

ヌクアロファ | Nukualofa

トンガ王国の首都。トンガタプ島の中央北部にある。人口は2万3658(2006)で、国内総人口の2〜3割を占める。行政区分であるコロフォオウ地区とコロモトゥア地区から成る。王宮、省庁、議事堂、大使館だけでなく、主要な銀行、ホテル、レストラン、港、市場、▶アテニシ大学、トンガ高校、▶サローテ女王の記念文化ホール、教会、民間クリニックなどがあり、政治・経済・文化・教育など全ての分野の中心地である。そのため首都への人口集中の傾向がみられ、1956年から2006年までの50年間に国民人口は2倍になったが、ヌクアロファの人口は3倍増であった。また、近年中国人による小売業経営も急速に進み、中心街に中国系の商店やレストランが目立っている。これらの中国系ビジネスは、2006年11月、一部のトンガ人が民主化への願いや経済不況への不満から放火や破壊行為を行ったさいに、蛮行の標的となった。この暴動で唯一の映画館を含む多くの建物が被害に遭い、現在はアジア開発銀行や中国からの融資によって復興建設が進んでいる。　　長戸結未

ぬすまれたせだい | 盗まれた世代 |
Stolen　Generation

1860-1960年代、オーストラリア政府の先住民族(アボリジニならびに▶トレス海峡諸島民)の隔離・同化政策によって、親元から強制的に引き離されて教会施設や白人家庭のもとで養育された、先住民族と白人の混血児の子どもたちを指す。Stolen Childrenとも呼ぶ。〈盗まれた世代〉の存在が国民に広く知られるようになったのは、1990年代に入ってからのことである。人権と機会均等に関する委員会による実態調査が行われ、1997年にその報告書が公表された。この調査によって1割から3割の子どもたちが強制的に隔離されたことが判明したが、正確な規模や実態はわかっていない。彼らの多くがアイデンティティの喪失など、いまだ心に深い傷を負っているといわれている。ケビン・ラッド首相は2008年2月の連邦議会演説で、〈盗まれた世代〉に対して政府として初の公式謝罪を行った。2002年劇場公開のオーストラリア映画《裸足の1500マイル(原題Rabit Proof Fence)》は、1930年代の西オーストラリアを舞台に、親元から引き離された▶アボリジニの混血児がウサギよけフェンスを頼りに2400キロの道程を経て母親との再会を果たす物語である。またアボリジニ画家エミリー・ウングワレーもこの〈盗まれた世代〉の1人。　　永野隆行

ヌーメア | Nouméa

南西太平洋、フランス領ニューカレドニアの主都。ニューカレドニア島南岸にある。人口9万1386(2004)。1854年以来フランス人により町づくりがなされ、美しい町並みから南海の小パリと呼ばれる。陸・海の交通の要所で、〈南太平洋の十字路〉という別名もある。フランス人、メラネシア人を中心にさまざまな人々が行きかう小さな国際都市である。ニッケル産業を背景に、町は南太平洋の島で最も産業化されていながら美しい風景をもち、観光客であふれている。しかし非西欧社会における西欧的近代都市という複雑な性格をもっており、農村部からの大量の人口流入に伴い、失業、労働意欲の低下などの問題が出てきている。　　吉岡政徳

ネーピア | Napier

ニュージーランド北島の東岸、ホーク湾に面した都市。人口5万6400(2005)。ホークスベイ Hawke's Bay 地方の中心都市で、近くのヘイスティングズ(人口7万1400)とともに連合都市として扱われることがある。ホークスベイ一帯は温暖な気候に恵まれ、良質なワインの一大産地となっている。木材、羊毛、水産加工(缶詰)の集散地・積み出し港として知られる。後背地はパイン材の植林地帯で、日本の製紙企業との合弁による製材・パルプ工場がある。1931年2月3日に発生したマグニチュード7.8の大地震でほぼ全壊した町の復興に、当時流行していたアー

ル・デコ様式を取り入れ，今でも数多く残るアール・デコ調の建物がこの町の美しい独特な景観を形作っている。北海道苫小牧市と姉妹都市提携(1980)．

〈新井 正彦〉

ネルソン | Nelson

ニュージーランド南島の北岸，タズマン湾に面した都市。人口4万5700(2005)。国内で最も日照時間が長く，その温暖な気候を活かしたワイン，リンゴ，タバコ，ホップなどの生産で知られる同島北部の農牧地帯の中心都市で，港湾・漁港がある。1842年に移民が入り込んだが，マオリとの争い(ワイラウ事件)を経て，入植は57年の▶ゴールドラッシュから本格的に始まった。同地のネルソン・カレッジの卒業生，チャールズ・ジョン・モンローがロンドン留学帰国後，ラグビーを故郷ネルソンに紹介したのが同国のラグビーの発祥とされ，市内には国内で初のラグビーゲームが行われたスポーツフィールドに記念碑が建つ。この地は同国の中心に位置し，町を見下ろす小高い山頂に〈NZの中心点 The Centre of New Zealand〉のモニュメントがある。100ドル紙幣に肖像画が印刷されているノーベル化学賞受賞者のアーネスト・▶ラザフォードはネルソンの出身。京都府宮津市と姉妹都市提携(1976)．

〈新井 正彦〉

ノーザンテリトリー | Northern Territory

オーストラリア北部の連邦直轄地域で，北部特別地域，北部地方とも表記される。面積134万9100km²，人口21万700(2006)。▶アボリジニが人口の約⅓を占める。州都はダーウィン。主産業は牧畜と鉱業。牧畜の中心は肉牛飼育で，とくに第2次世界大戦後の道路および食肉加工施設への投資により進展した。主要鉱産物は▶ゴーブのボーキサイトおよびアルミナ，▶グルートアイランド島のマンガン鉱，レンジャーのウラン鉱などである。1911年以来連邦政府直轄地区であったが，78年から行政の地方自治化が進み，実質的に州と同等の地位を得ている．

〈谷内 達〉

ノーフォーク[島] | Norfolk Island

南太平洋南西部，シドニーの北東約1700kmにあるオーストラリア領の島。面積35km²，人口約2110(2006)。土地は肥沃であるが食料自給には不十分で，経済的には観光収入に依存する。シドニー，ブリズベーン，メルボルン，ニューカスル，オークランドから航空の便がある。1774年に▶クックが発見し，88年にシドニーとともに流刑植民地として入植が行われた。1856年に▶ピトケアン島からバウンティ号の反乱者の子孫が移住した．

〈谷内 達〉

ノーラン | Sidney Nolan | 1917-92

オーストラリアの画家。メルボルン郊外カールトン生れ。デザインを学んだあと帽子メーカーに勤務し，前衛芸術家パトロンとして有名なリード夫妻，アルバート・タッカー，アーサー・ボイドなどの画家の知己を得て，シュールリアリズムや表現主義のモダニズム芸術に触れる。さまざまな素材・手法で実験を繰り返し，1940年には初の個展を開くが，第2次世界大戦時に徴兵されて滞在したビクトリア州西部の小麦地帯の漠然とした風景に感化され，抽象性の高い作風からオーストラリアの風景が主体となる具象画へと転換した。詩作も行い，前衛詩誌《怒れるペンギンたち》や▶ホワイトの著作の表紙を担当するなど，絵画以外のジャンルとも交流。45-47年に集中して描いたネッド・▶ケリーをモチーフとする連作は，神話的素材を通して風土の荒々しさと第2次大戦の暴力の記憶を反映させることに成功，オーストラリア絵画の代表作とされる．

〈湊 圭史〉

は

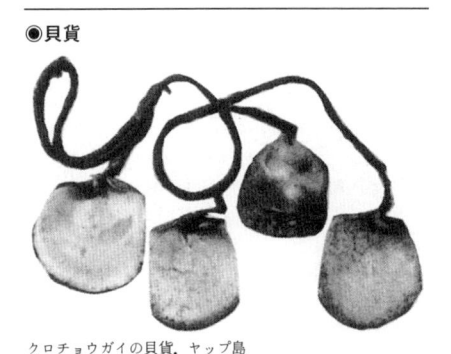

● 貝貨

クロチョウガイの貝貨。ヤップ島

ハアモンガ・ア・マウイ | Ha'amonga-a-Maui

トンガ諸島の主島，トンガタプ島の北東部ハハケに建てられた，高さ5m，横6mの巨石三石塔。12世紀ころ，トゥイ・トンガ王朝第11代のトゥイ・タトゥイが建てたと伝えられている。直立した2本のサンゴ石灰岩製の石柱の，頂面に切られた深い溝に横石がはめこまれ，鳥居状を呈している。直立した2本の柱はトゥイ・トンガの2人の息子を表し，横石は2人の結束を表している。重さがそれぞれ30〜40tもある3本の石柱を組み合わせたこのような巨石建造物を作るには，強大な統率力と莫大な労働力が必要である。このことは，当時のトンガ社会が発達した社会組織をもち，強大な権力がトゥイ・トンガに与えられていたことを示唆している。

ハアモンガ・ア・マウイの用途が何であるかはよくわかっていないが，暦を決定するための天体観測に用いられたとする説が有力である。

印東道子

ばいか | 貝貨

貝殻製の貨幣。貝貨はオセアニア地域，とくにメラネシアではかりしれないほどの重要性をもち，商品交換の手段としての意味をはるかに超えた社会的交換手段として機能している。このような貴重品としての貝貨は，①ある社会関係，例えば結婚，秘密結社への入信，部族間の政治同盟を生みだすために，②社会関係のなかの不和を解消するために，例えば祖先への寄進として，あるいは殺人や侮辱に対する償いとして，③上位の社会的地位を創出したり象徴化したりするために，例えばポトラッチの贈与物として，あるいは重要人物，首長，王が蓄積し再分配する奢侈品として，みせびらかしたり，贈ったり，再分配したりする物品にほかならない。ロッセル島の赤貝製首飾，トロブリアンド諸島で行われるクラ価値物としての赤貝製首飾と白貝製腕輪，ソロモン諸島のカキの貝殻製首飾，ヤップ島の真珠貝貨などオセアニアの島々で広く見られ，北アメリカのイロコイ諸族，アルゴンキン諸族でも貝製数珠玉を多数紐に通した貝貨が知られている。

牛島巖

バイニマラマ | Josaia Voreqe Bainimarama; Frank Bainimarama | 1954-

フィジーの軍人・政治家。1954年，フィジーの酋長家系に生まれる。75年にフィジー海軍に入って順調に昇進を遂げ，99年3月にフィジー共和国軍司令官に就任。2000年5月1日にジョージ・スペイトらが実行した文民クーデタの中で，マラ大統領辞任を受けて行政権を掌握，約1ヵ月半で事態を収拾し，元銀行家のライセニア・ガラセを暫定首相とする暫定文民政権を樹立して権限を移譲した。06年5月，総選挙でガラセ首相率いる統一フィジー党(SDL)が過半数の議席を獲得し，01年9月に続き第2次ガラセ内閣が組織されたが，00年の文民クーデタに関与し有罪となった者の恩赦を定める〈和解法案〉や漁業権などの伝統的権利を先住民系に返還する民族主義的な〈ゴリゴリ法案〉を国会に提出したことに反発，法案の引き下げを要求し，06年12月5日に〈浄化作

戦〉と呼ぶクーデタを実行，ガラセ政権を放逐して行政権を掌握した．1ヵ月後の07年1月5日にイロイロ大統領に行政権を返還，同大統領によって暫定首相に任命された．バイニマラマ暫定政権は，民主制復帰に向けく平和と変化のための人民憲章〉（＝人民憲章）を作成し，民族区別のない民主的で公平なフィジー実現に向けた改革を掲げた．09年4月9日，暫定政権の合法性を否定する控訴裁判決を受けてイロイロ大統領が憲法を破棄し，新体制を確立，11日にバイニマラマは首相に任命された．国際的な批判や制裁を受けながらも，バイニマラマ首相は，おそくとも14年9月までに民主政に復帰するとして，〈人民憲章〉に掲げた改革の実現に取り組んでいる．　　　　　　　　東 裕

ハイビスカス｜hibiscus：rose mallow

ヒビスカスともいう．一般にハイビスカスと呼ばれている植物はブッソウゲを指すが，これはもともと雑種植物であるために変異に富み，近年ハワイでの交雑種を含めて呼ばれるようになり，さらに類似のフヨウ属*Hibiscus*植物を漠然と指すこともあって，きわめて複雑なアオイ科の園芸種群の総称ともなっている．

ブッソウゲ*H. rose-sinensis* L.（英名 rose of China, Chinese hibiscus）は，きわめて変異に富むが，一般的には高さ2～5mに達する熱帯性低木で，全株無毛ときに有毛，葉は広卵形から狭卵形あるいは楕円形で先端はとがる．花は戸外では夏～秋に咲くが，温室では温度が高ければ周年開花する．花は小さいものでは直径5cm，大きいものでは20cmに及び，らっぱ状または杯状に開き，花柱は突出する．花が垂れるもの，横向きのもの，上向きのものなど変化に富む．花色は白，桃，紅，黄，橙黄色などさまざまである．通常，不稔性で結実しないことが多い．ブッソウゲは原産地が不明であるが，インド洋諸島で発生した雑種植物であるとの説もある．

フウリンブッソウゲ*H. schizopetalus* Hook. fil.（英名 fringed hibiscus, cut-petaled hibiscus, coral hibiscus）はザンジバル島原産のブッソウゲの近縁種で，花は小さく，長い花柄を有し，風鈴のように垂下して咲く特徴がある．

●ハイビスカス
ブッソウゲ

ヒメブッソウゲ*Malvaviscuseus orboreus* Cav. はフヨウ属とは別属の植物で，中南米原産の観賞用低木である．花は小さく，直径2～3cm，赤花で，花弁は開かない．この属の植物は，花柱の上部で10本に分岐し，果実は液果を結ぶなどの点がフヨウ属とは異なる．

ハイビスカスと総称されるフヨウ属には他にも草本で観賞用に栽植される種や交配種が多数ある．　　　　　　　　立花 吉茂

バイロン｜John Byron｜1723-86

イギリス海軍軍人．世界周航者．詩人バイロンの祖父．1740-44年，アンソンの世界周航に参加．イギリス最初の太平洋探検の指揮者として，64年6月21日，船底を銅装にした新型のドルフィン号を指揮してダウンズを出帆．イギリスの南太平洋進出計画としてバイロンが受けていた命令は，太平洋の通過と南方大陸の発見であった．南大西洋を数週間調査した後，マゼラン海峡通過に7週間と2日かけ，太平洋に入る．65年6月7日，トゥアモトゥ諸島北部のナプカ島とテポト島を発見．6月21日，北部クック諸島のプカプカ島，さらにトケラウ諸島のアタフ島を発見．マリアナのテニアン島に行き，喜望峰まわりで66年，イギリスに帰る．航海記が出版されている．　　矢野 將

ハウス・タンバラン｜Haus Tambaran

ニューギニアのセピック川流域地帯の祭祀用家屋．タンバランはピジン英語で精霊を意味し，〈精霊の家 spirit house〉とも呼ば

●**ハウス・タンバラン**
左―内部を装飾する樹皮絵。X線描法で精霊を描いている。ニューギニア島，セピック川流域。
右―切妻部分には守護霊〈ヤボン〉が，高くそり上がった棟の先端にはワシを背にする女性像が表現されている。ニューギニア島，セピック川流域。

れる。たとえば，平原地帯に住むアラペシュ族のハウス・タンバランは，大きなものでは高さが20m以上もあり，切妻型の屋根をもつ壮大な建物である。正面の壁面はサゴから作った樹皮布でできていて，多くの精霊の顔が赤・オレンジ・黄・黒・白などの鮮やかな色彩で描かれている。ハウス・タンバランの内部は聖なる空間であり，壁に沿って数多くの彩色された精霊の像が並んでおり，精霊の声を表すとされる大きな横笛がいくつも安置されている。

一般的にハウス・タンバランは女性，とくに母親を象徴するものとされ，その暗い内部は胎内と考えられている。▶成人式を終えた者のみが精霊の像が並ぶハウス・タンバランの内部に入ることができ，女性がここに立ち入ることは禁じられている。
中山和芳

ハカ | haka
ニュージーランド先住民マオリの伝統的な踊りと歌が一体になったもの。決まった所作があり，リズミカルである。足を踏み鳴らす激しい男のハカと，優雅な若い女性のハカがある。いずれもリーダーに率いられた集団によって演じられる。最も有名なハカは〈カ・マテ，カ・マテ，カ・オラ，カ・オラ，……(死だ，死だ，生だ，生だ)〉で始まる。その昔，テ・ラウパラハという勇猛な戦闘隊長が敵の追跡を逃れて，サツマイモの貯蔵穴に隠れた。暗い穴から登って太陽の下に出たとき，暗闇(死)と光(生)との対比に感動して歌ったという。世界最強のラグビーチーム，▶オールブラックスが，全ニュージーランド代表チームとして1888年に結成され，イギリスなどに遠征したときに，試合ごとにこのカ・マテを披露して喝采を得た。大戦の際も，マオリ人兵士を含む出陣式には日，独，伊の国名を織り込んだハカが制作された。伝承によれば，無風の暑い大気の中に感じられる微妙な動きを表現する踊りがハカの起源である。
百々佑利子

バーク | Bourke
オーストラリア南東部，ニューサウスウェールズ州北西部の町。人口2560(2006)。ダーリング川左岸に位置し，1880～90年代に河港の町としてにぎわった。粗放な牧羊地帯の拠点で道路が各地に通じ，空港もある。かつてはシドニーからの鉄道の終点であったが，バークの線路が1989年に洪水被害を受けたあと復興工事がされていないため，その路線は一つ前の駅までとなってしまった。しばしば〈バークの奥 Back of Bourke〉という表現が内陸の奥地を指して用いられ，辺地の町の典型例として扱われる。1829年に▶スタートが到達した。名称はニューサウスウェールズ総督名に由来する。
谷内達

バーク | Robert Burke | 1821-61
オーストラリアの探検家。アイルランド生

れ．彼の率いた探検隊が初めてオーストラリア大陸を南から北に縦断した．警察署長をしていたが，1860年王立ビクトリア協会企画の大陸縦断探検に隊長として参加した．一行は総員18人，ラクダ25頭などでメルボルンを同年8月出発した．大陸中央部のクーパーズ・クリークに補給基地を設営して留守部隊を置き，バークは副隊長のウィルズWilliam Wills (1834-61．イギリス生れの測量士) ら計4人でさらに北上した．61年2月，樹林に阻まれて海は見えなかったもののカーペンタリア湾岸に到達，帰路についた．しかし帰りが遅れたため，留守部隊は補給基地をすでに引き払っており，一行はバークも含め3名が死亡，この探検で総勢7名の犠牲を出した．探検のようすはジャーナリストA.ムアヘッドの《恐るべき空白》(1966. 邦訳1979) に詳しい．　　　越智 道雄＋村上 雄一

はくごうしゅぎ｜白豪主義｜
White Australia Policy

オーストラリアにおける白人優先政策．19世紀半ばからの ゴールドラッシュ時の中国人鉱夫流入，19世紀後半のクイーンズランド植民地のサトウキビ農園における太平洋諸島のカナカ族の導入 (ブラックバーディング) で，白人労働者は警戒心を強め，各植民地単位で中国人やカナカ族の移民制限法を成立させた．この動きは1901年のオーストラリア連邦成立とともに，全国的な移民制限法 (アジア人とは銘打たない点に注意) として拡大された．アメリカ独立戦争のような建国の神話をもたなかったオーストラリアにとって，白豪主義は国家創設の理念とされた．具体的には非白人の移住希望者に書取りテストを課して振り落とし，肌の色は絶対に表の理由としなかった．英語に堪能な非白人の場合は，どんなヨーロッパ系言語でテストしてもよかったので，必ず落とされる仕組みであった．世界総人口の半分が集中するアジアへの慢性的な恐れがあり，また，ただでさえ狭い労働市場へ低賃金で働く他人種が流入することは，労働条件の低下，ひいては国家経済を破綻させかねないと，革新的なはずの労働党が真っ先に白豪主義を標榜し，1960年代まで党綱領に掲げ続けた．移民制限立法成立以前に市民権を取得

●白豪主義

クイーンズランド植民地の白人労働者がアジア人労働者の流入を阻止せんとしている様子を風刺した1897年の漫画．

していた非白人は，土地所有，雇用，営業，社会保障，選挙権などさまざまな点で差別をうけた．また国内では，先住民の移動を制限し，子供たちを親元から強制的に隔離し，施設で同化教育を行うなど，後にく 盗まれた世代>Stolen Generationsと呼ばれる一連の問題を引き起こす施策を行った．

　第2次大戦後，アジアの反共国家との交渉，60年代のブラック・アフリカの台頭，日本を始めとするアジア諸国との貿易拡大もあって，白豪主義は徐々に弱まった．1958年には書取りテストが廃止され，73年に非白人移住への差別は除去された．とくに75年以降のインドシナ難民の大量受入れは，若干の摩擦をひき起こしつつあるものの，新しい国是となったくゆとりのある多民族社会政策>を実現に近づけた．今日では白豪主義という言葉に，多くのオーストラリアの白人は強い反発を示している．⇒移民：多民族社会　　　越智 道雄＋村上 雄一

ハーグレーブズ｜
Edward Hammond Hargraves｜1816-91

オーストラリアの ゴールドラッシュの引

金を引いた人物。イギリスのハンプシャー生れ。1832年オーストラリアに到着、49年カリフォルニア・ゴールドラッシュに参加、成果なく18ヵ月後オーストラリアに戻ったが、地形の類似からオーストラリアにも金が出ると確信、ニューサウスウェールズ政府の懸賞獲得をめざして金を探した。51年2月バサースト近くのルイスポンド・クリークとサマーヒル・クリークで金を発見、5月の新聞報道でゴールドラッシュのきっかけとなった。賞金1万ポンド、黄金採掘許可権を握る黄金コミッショナーのポストも入手、54年にはビクトリア女王に拝謁した。ただし、彼の雇っていた男が実際の発見者だと主張、両者の子孫がいまだに対立している。ハーグレーブズは以後ウェスタンオーストラリアとタスマニアに金探しに派遣されたが、不首尾に終わった。　　　越智 道雄

ハグレルガム｜John Haglelgam｜1949-

ミクロネシア連邦第2代大統領。ヤップ州ユーリピック出身。1974年ハワイ大学で文学士号を取得し、帰島して25歳の若さでミクロネシア議会の最年少議員に初当選した。75年、アメリカのオレゴン州ウィラメット大学法律大学院で学び、77年にハワイ大学に戻り、文学修士号を取得。同77年にはミクロネシア憲法会議議員に選出され、79年のミクロネシア連邦自治政府発足に伴う議会選挙では、ヤップ選出のペトラス・タンが副大統領に就任したため、その補欠選挙に出馬して同議会議員となった。83-87年は院内総務を務めるなど、つねに若手リーダーとしての役割を果たし、初代大統領(▶ナカヤマ)の任期満了を受け、87年5月、第5次連邦議会で大統領に選出された。86年11月のアメリカとの自由連合移行後は、新興国ゆえ、外交にも力を入れ、昭和天皇の大喪の礼への出席が公式の初訪日であった。1期4年の大統領職を終えて2期目を目指したが、大統領候補資格となる4年制議員選挙に落選して政界を引退。その後は現在まで、ミクロネシア・カレッジの教授を務めている。　　　小林 泉

パーケハー｜Pākehā

ニュージーランドにおけるヨーロッパ系住民を示すマオリ語単語。〈非マオリ〉〈白人〉という意味が含まれる。神話・伝承に出てくる色の白い人間に似た生きもの、パーケハケハあるいはパケパケハーを語源とするという説が強い。近年は他称としてのみならず自称として使用されることもあり、英語会話内でも頻繁に使用されるマオリ語単語のひとつである。　　　深山 直子

パゴパゴ｜Pago Pago

ポリネシアに属するアメリカ領サモアの首都。人口は約4100(2000)。本来は▶トゥトゥイラ島の南東に位置するパゴパゴ湾の最奥の港にある村の名であった。山に囲まれ、自然豊かな湾は寄港地としても最適で、1899年にアメリカが海軍基地の建設目的でアメリカ領サモアを領有。第2次世界大戦中は軍港として使用され繁栄したが、1951年に軍が撤退。その後は重要な遠洋漁業の拠点とし、アメリカ資本であるスターキスト社のマグロ缶詰工場が湾岸北部に設立された。

現在は、ファガトゴなど湾岸沿いの他の村にも及んで行政・司法機関、商業、宿泊施設、飲食街、病院、図書館などが整備され、それら一帯をパゴパゴと呼ぶようになった。この地区は行政上、マオプタシ Ma'oputasi と呼ばれ、人口は約1万7000(2000)。主な産業はマグロの缶詰工場と観光であるが、湾内の汚染は激しい。▶S.モームがこの地を舞台に書いた短編小説《雨》は有名である。2009年9月、サモア諸島付近を震源とする大地震が発生。パゴパゴではこの地震の約40分後に1メートル57センチの津波が観測され、高台までのほとんどの家屋が波にのまれた。この地だけでも30名以上が命を失い、町や村は壊滅的な被害を受けた。これに対しアメリカは、復興活動支援を約束。　　　長戸 結未

バサースト｜Bathurst

オーストラリア南東部、ニューサウスウェールズ州中部の都市。人口3万2200(2006)。シドニーから道路、鉄道で約210km西の東部高地西斜面に位置し、牧羊をはじめとする農業地帯の中心都市。内陸開拓の端緒となった最古の内陸都市(1815開基)で、1836年には科学者ダーウィンが来訪した。名称はイギリスの植民地大臣の名に由来する。

谷内 達

パシフィック・アイランダー
Pacific Islander

ニュージーランドに居住する太平洋島嶼系住民の総称。第2次世界大戦後に就業・就学機会を求めて急増し，2006年時点では約27万人，国家人口の6.6%を占めるに至っている。主要なエスニック・グループを構成するのは，多い方から順にサモア人，クック諸島マオリ，トンガ人，ニウエ人，フィジー人，トケラウ人，ツバル人で，主にポリネシア系住民である。人口の約2/3はオークランド地方に，さらにその約半数は当地方南部に位置するマヌカウ市に居住している。国内では就業率や所得という点で相対的に劣位にあるが，祖国の親族に送金することは一般的である。現代では人口の半数はニュージーランド生れの移民第2・第3世代で，言語をはじめとする各エスニック・グループ固有の伝統文化の維持が課題となる一方で，パシフィック・アイランダーとしての新たなアイデンティティ形成や文化創造もみられる。なお，ニュージーランド・マオリは先住民であり，歴史的経緯および政治的・法的・社会的地位が異なるため，一般にこのカテゴリーには含まれないが，双方には文化的類似性も多い。　　　　　深山直子

パシフィック・ウェー｜Pacific Way

フィジーの首相・大統領を経験したカミセセ・マラの造語で，太平洋島嶼国の文化的独自性を表現する言葉。1970年10月，フィジー独立時の国連総会演説で，マラ首相は，太平洋島嶼国に共通する平和裡の穏やかな独立国家への移行を〈パシフィック・ウェー〉と表現した。演説中の1ヵ所だけで使われたこの言葉が，急速に太平洋島嶼地域一帯に浸透した。その背景には，当時次々と独立国が誕生していった島嶼地域で，域内諸国の統合のシンボルを求める要求が高まり，はからずもこの言葉がその要求に合致し，人々の心理的・政治的必要を満足させたことがあった。すなわち，①島嶼国共通の利益を国際政治上で実現するための地域統合概念として，②島嶼国の人々が自尊心をもって自立の気概を高める拠り所として，この言葉が広く受容されたのである。その後，2001年2月に大阪で開催された国際シンポジウムの席上，マラは〈パシフィック・ウェー〉とは〈太平洋流の物事のやり方 the way doing things〉であると定義し，小さな島嶼国で限られた資源を分かち合いながら生きていく中で形成された生き方・物事の処理方式であり，島嶼国の生活の諸局面に見出されると語った。グローバリゼーションの中で，太平洋島嶼国の文化的独自性と島嶼国の連帯を示す象徴として，そして伝統文化と調和した独自の近代化路線への主張を含んだ概念として，今もなお〈パシフィック・ウェー〉に大きな役割が期待されている。　　　　　東裕

パシフィック・ゲームズ｜Pacific Games

独立国，自治国，自治領など，域内のすべての政治単位が参加する太平洋版オリンピック。1959年に開かれた南太平洋委員会（〉太平洋共同体）の第4回定例会議で，南太平洋諸島民相互の友好と連帯をスポーツを通じて深める事業の創設が提案され，63年フィジーのスバで第1回大会が開催された。当初は3年ごとであったが，その後4年に一度の開催に変更された。81年からは，中間年にパシフィック・ミニ・ゲームズが行われることになった。発足時はサウスパシフィック・ゲームズであったが，北半球の国，地域からの参加が増えたこと，さらに主催母体となった南太平洋委員会が1998年に〈太平洋共同体〉に名称変更したことを機に，この競技大会の名称もパシフィック・ゲームズに改められた。2007年にサモアのアピアで開催された第13回大会には，域内22の政治単位が参加してメダルを争った。次回の11年大会はニューカレドニアのヌメアでの開催が決まっているが，15年大会には組織委員会に5ヵ国が開催申請を申し出ている。　　　　　小林泉

パシフィック・ソリューション｜Pacific Solution

オーストラリアにやってくる大量の不法入国者や密航者を，一時的に南太平洋諸国に受け入れさせて，その見返りとして多額の経済援助を供与するという解決方法。1990年代末以降，オーストラリアには年間3000人以上の不法入国者，密航者が押し寄せており，政治問題化していた。2001年9月，

ノルウェー船籍の貨物船〈タンパ号〉の収容するアフガニスタン難民434人がオーストラリアに対して庇護を求めた。当時のハワード政権は、オーストラリア領クリスマス島に向かう同船に対して、海軍を出動させて入国を阻止するなど、受け入れをあくまで拒否する姿勢を貫いた。洋上でタンパ号が立ち往生する事態(タンパ号事件)を受けて、政府は難民の審査と収容をナウルが引き受けることで同国政府と合意に達したと発表した。危機的な経済状況にあるナウルは、難民審査・収容施設を建設する見返りとしてオーストラリアから多額の経済援助を受けることとなった。こうした不法入国者問題への対処をパシフィック・ソリューションと呼び、人道援助団体などからは批判を浴びたが、難民の受け入れを明確に拒否する政府の姿勢は世論の支持を受けた。しかし07年に誕生したケビン・ラッド労働党政権は、人道的見地から南太平洋諸国の難民審査・収容施設の閉鎖を決定した。　　　永野隆行

パース | Perth

オーストラリア南西部、ウェスタンオーストラリア州の州都。都市圏人口151万9500(2006)で、この国第4位。州の南西部、ダーリング山脈を背後にし、インド洋に面したスワン川河口付近に位置する。平均気温は最暖月(2月)24.9℃、最寒月(7月)13.1℃、年降水量は745mm。都市圏は都心部のあるパース市(人口1万2400)をはじめ30の地方自治体にまたがって広がる。ウェスタンオーストラリア大学(1913創立)、マードック大学(1974創立)、カーティン工科大学(1987創立)がある。国際空港をもち、国内主要都市やシンガポール、東京など海外各地に連絡する。市街地西部、スワン川河口のフリマントル Fremantle は港湾・工業地区で、州の輸入量の大半を取り扱う。その南のクウィナナ Kwinana 地区は製鉄、アルミ精錬、石油精製などの重化学工業地帯である。1829年自由入植地として開基、流刑者導入期(1850-68)を経て、90年代のゴールドラッシュや1960年代以降の鉱産資源開発を背景に急成長してきた。名称はイギリス植民地大臣の出身地名に由来する。　　　谷内達

バスかいきょう | バス海峡 | Bass Strait

オーストラリア大陸とタスマニア島の間の海峡。幅240km前後、水深60〜100m。大陸と島とは陸続きであったが、氷期以後の海進によって沈降し海峡となった。大陸東端のギプスランド沖合に海底油田があり、原油、天然ガスを採掘している。原油生産量はオーストラリアの1/4余りを占める。1798年に G. バスおよび M. フリンダーズが航行し、大陸とタスマニア島とが陸続きでなく海峡が存在することを確認した。　　　谷内達

バズビー | James Busby | 1800-71

ニュージーランドに派遣されたイギリス政府の現地代理。ニュージーランドへのイギリスからの移住者が増えつつあった1830年代、7年間(1833-40)にわたって現地代理を務めた。当時はイギリス政府がニュージーランドの先住民マオリの代表と〝ワイタンギ条約(1840)を結ぶ以前の時代であったため、イギリス政府にとってニュージーランドの法的地位は不明確であった。このためバズビーの任務も権限も不明確であり、彼にはイギリス人を監督する権限もマオリと交渉する権限も与えられていなかった。ニュージーランドにおける不祥事の頻発と政府の無策を非難する世論への対策として派遣されていたということができる。　　　地引嘉博

バーズビル・トラック | Birdsville Track

オーストラリア、クイーンズランド州南西部の大畜産地帯チャネル地方から同州バーズビルを経て、探検家スタートの発見したサウスオーストラリア州北東部のストーニー砂漠を横切り、同州マリーに至る有名な悪路(約520km)。スタートは1845年この地域のすさまじい荒地ぶりに、およそ地表にこれをしのぐものがあるとは到底思えない、と言った。1880年代から世界最大級の牧場がいくつも周辺に集中、この道筋は家畜追いのルートに、バーズビルは家畜の寄せ集め場所になり、そこから家畜追い(ドローバー)がそれらをマリーの鉄道駅に追って、都市に搬送する手順だった。地上のものいっさいを焼き焦がす日差し、皮膚を刺す砂嵐、洪水、草不足と疲労で死んでいく家畜と、想像を絶するこの家畜追いのすさまじさは、

この国の最も男性的な勇壮さを象徴するものだった。政府が40kmごとにアルトア式掘抜き井戸を作らなかったら、干ばつ時の通行は不可能だった。1970年代に普通の車でも通行できるようになったが、警察に申告する必要がある。
越智 道雄

パタソン|Andrew Barton 'Banjo' Paterson|1864-1941

オーストラリアのブッシュ・バラッドを代表する詩人。ニューサウスウェールズ州オレンジの近郊に生まれ、牧場とブッシュを生活の場として育つ。シドニー・グラマースクールで学び、事務弁護士となる。ナショナリズム高揚に伴って人気を博した《▶ブレティン》誌上に発表した〈オーバフローのクランシー〉(1889)や〈スノーウィ川から来た男〉(1890)でブッシュを理想化して歌いあげるスタイルを確立。同じく《ブレティン》誌に拠っていた▶ローソンからブッシュの貧困に生きる個人を書けていないと批判を受けるが、楽天的でユーモアに満ちた作風は〈バンジョー〉の愛称とともに読者に広く支持された。国際的ジャーナリストとしても活動の場を広げ、《A.B.パターソン詩歌集》(1921)が2万部を売り上げるなど、人気作家として晩年まで活躍した。彼が作詞を施した〈▶ウォルシング・マティルダ〉(1895)は国歌の候補にも挙げられる。
湊 圭史

パッカー|Kerry Francis Bullmore Packer|1937-2005

▶マードックと並ぶオーストラリアのメディア王。《ブレティン》や《ウィメンズウィークリー》などの雑誌やシドニーの大衆紙《デイリーテレグラフ》、チャンネル9のTV系列などを保有するPBL社の領袖フランク・パッカーの次男として生まれる。幼少時の病気や芳しくない学業成績から、父から新聞社の下積みから働くことを命じられた。しかし、1972年の選挙戦中に政権を奪取することになる労働党不支持の報道方針を強行しようとするフランクに抗議して兄がPBL社から離れると、代わって後継候補となり、74年の父の死後同社の経営権を握る。フランクに対して《デイリーテレグラフ》のマードックへの売却を進言したように、早くからケリーは新聞よりもTV事業に大きな関心を抱いていた。当時オーストラリアのTV業界は、アメリカからの輸入番組が多く伸び悩んでいたが、父譲りのスポーツ好きのケリーは、75年にはカラー放送が始まったこともあり、視聴者を惹きつける格好のローカルコンテンツとしてスポーツ番組に注目した。そこで、多額の資金を用意して、オーストラリア放送協会▶ABCが独占していた▶クリケットのホーム・テストマッチの放映権を、チャンネル9に売却するようクリケット協会にもちかけた。ところが、まったく素気ない拒絶に反発したケリーは、オーストラリアほか各国の主力選手と秘かに契約して、独自のクリケット国際試合の興業を行うという前代未聞の思い切った行動に出た。父譲りのギャンブル好きで、内外でカジノ経営にも手を広げた。圧巻はチャンネル9の系列の売買で、87年に10億豪ドル余りという記録的な価格でアラン・ボンドに売り渡した。ボンドは83年のアメリカズ杯▶ヨットレース奪取のスポンサーとなり、当時台頭著しかった富豪であるが、ボンドの経営が傾き始めた3年後、ケリーはわずか2億5000万豪ドルで買い戻した。80年代には当時の労働党政権の首脳陣との個人的親交を通じて、政府のメディア規制を自社に有利に誘導しているのではないかと噂されたり、脱税容疑で取り調べを受けたり、ケリーは良くも悪くも世間の注目を惹く存在であった。90年代には健康を害したこともあり、90年代半ばから事業の経営を長男のジェームズに任せるようになるが、グループの総帥として晩年まで存在感を保ち続けた。死後はニューサウスウェールズ州主催のお別れの会がシドニー・オペラハウスで行われ、各界の錚々たる著名人が参列した。
福嶋 輝彦

バック|Peter Henry Buck; Te Rangi Hiroa|1877-1951

ニュージーランドの人類学者。ハワイの▶ビショップ博物館館長(1936-51)。アイルランド系の父と▶マオリのナティ・ムツンガ部族の母を両親にもつ。▶パーケハーとマオリ二つの文化に育まれた生い立ちが、後に医師・政治家そして人類学者としてのバック独自の視座を形成した。オタゴ大学医

学部卒業後初のマオリ医師として同胞の医療に従事し，マオリ青年党の国会議員として教育や保健衛生の改善につとめた。第1次世界大戦には軍医として参加，帰国後は保健省のマオリ公衆衛生局長として，インフルエンザの大流行に対処した。バックの関心は医療分野に留まらず，マオリの移住に関する論文を発表したのをきっかけにビショップ博物館の研究員に招かれ，太平洋のポリネシア諸民族の人類学的調査と研究をハワイやイェール大学で行い，この分野において世界的な名声を得る。ポリネシアの歴史，生活，信仰などに関するすぐれた論文60編，著作14冊がある。主著に《偉大なる航海者たち Vikings of the Sunrise》(1938)がある。

百々佑利子＋原田真見

バッファロー | buffalo

アメリカのバッファローと違い，オーストラリアでは1820年代にノーザンテリトリーのポートエシントンなどの初期入植地にティモール島から食肉用，家畜用に持ち込まれたスイギュウ Bubalus buffelus が，入植地の放棄で野生化したものを指す。1880年代以降は，巨大なので（角の差渡し2m，皮だけで64kgというのもいた）スポーツ用，また皮がじょうぶなので皮革用と，それだけのために狩猟対象とされ，1885-1965年で38万頭が殺された。1959年からは肉を家畜飼料用に，アジアへは食肉用に，提供しはじめた。1960年代からダーウィン南200kmのバンバンスプリングズなどで4000余頭を飼育するなど，家畜化の実験がはじまった。その結果，野生のバッファローの肉は，普通の食肉より黒ずんでいるが，家畜化すると普通の牛肉と変わらないことがわかった。先祖が北オーストラリアのまずい草で育って粗食に強く，寄生虫や病気にも強いうえに，子牛の段階で家畜化すればおとなしくもなるので，従来の家畜牛より効率がよくなる可能性も出てきた。1970年代からサウスオーストラリアやビクトリアの屠殺場で食肉化され，国内市場はもとより，アジア，ヨーロッパ，西インド諸島に少量ずつ輸出されている。

越智道雄

バトラー | Dorothy Butler | 1925-

ニュージーランドの児童文学者。北島オークランド市に育ち，オークランド大学卒業後，8人の子どもを育てながら，保育園での読み聞かせや児童書の販売や評論活動に携わった。40代後半に書店をもち付属の施設読書センターで子どもたちに読書指導を行った。また重度の身体障害をもつ孫娘クシュラが親しんだ本とめざましい成長の詳細な記録《クシュラの奇跡》(1979)を，障害児を支える人々への助けにとの目的で出版した。これらの活動に対し1980年にエリノア・ファージョン賞（イギリスの読書普及賞）を受賞した。その後，名著《赤ちゃんの本棚》《5歳から8歳まで》を書き，この2冊は欧米で幼い子どもの養育にかかわる人々の必読の書となる。国際交流基金等の招きで2度来日し全国で講演会が開かれ，本と子どもへの熱烈な思いを語った。アメリカ，オーストラリアほかフィジーなど南太平洋地域での読書指導も活発に行っている。自伝 There Was a Time(1999)の続編 All This and a Bookshop Too(2009)には，英米の児童文学者との交流，日本における講演，開拓者一家の絆の強さが描かれている。

百々佑利子

バナナ | banana

単子葉植物バショウ科の果実を食用とする大型の多年草。和名はバショウ（芭蕉）に似るので，ミバショウ（実芭蕉）という。東南アジア原産で，現在は熱帯域に広まった。果物用品種のプランテーション栽培が盛んであるが，料理用バナナで代表されるように，主食としても重要な作物である。

高さ1.5〜5mの葉柄がまき重なった偽茎の頂部から潤大な葉を四方に広げる。大型のため樹木とまちがえられるが，偽茎は多孔質で木質化せず，草である。偽茎の頂部から花茎を抽出垂下させ，基部には2列に並んだ雌花群（花房）が，先端部にはやはり2列に並んだ雄花群が段状につき，基部から順次開花する。果実は，ごく一部のものを除き種子がなく，形はやや曲がった円柱形であるが，短いもの，長いもの，角笛状のものなどいろいろである。肉質が熟すと軟らかくなるとともに糖度があがって甘くなるものは果物用に，未熟あるいは熟してもあまり甘くならないものは料理用に利用

される。このムサ節に分類される栽培バナナは種子なしという性質をもちながら多様に分化した品種群で、東南アジア地域で複雑な過程を経て育成されたものである。すなわち、果物用バナナの大部分は、野生の種子を有するムサ・アクミナタ Musa acuminata Colla（インド東部から西部マレーシア地域に野生分布）から、まず種子なしでも果実がなる二倍体品種群として育成され（少数品種がオセアニアにも栽培されるが重要でない）、さらに三倍体化して種子なしになった品種が育成され、現在ではこの三倍体群が果物用バナナとしてもっとも広く栽培されている。オセアニアのこの果物用バナナの品種群は19世紀に入ってから導入され、多くの品種が栽培されている。他方、料理用バナナ品種群 M.×paradisiaca L.（英名plantain）は雑種起源で、ムサ・アクミナタとリュウキュウイトバショウ M. balbisiana Colla（東南アジアからミクロネシア、ポリネシア西部まで野生分布）とが交雑し、三倍体あるいは四倍体になったものである。この雑種三倍体は料理用のみならず、果物用にも利用される品種があるが、じょうぶで食用バナナのなかでもっとも耐寒性があり、九州南部でも栽植可能な品種がある。また東南アジアから太平洋諸島で多くの品種が分化して、食用としても重要なものはこの雑種品種群である。オセアニアでも多くの品種が栽培されており、なかには果実が成熟してもほとんど糖化せず、料理をするとジャガイモのような品種さえある。

バナナは、果実が食用になるだけでなく、雄花序や若芽は野菜とされ、根茎は家畜の飼料に利用される。リュウキュウイトバショウのように偽茎から繊維をとり出して芭蕉布やマットを編んだり、潤大な葉は食料品を包むのに広く利用されているし、巻きタバコの巻紙代用にもされる。

野生のバナナの種は東南アジアからニューギニアに30種以上も知られ、ヒメバショウ M. coccinea Andr. のように花の美しいものは観賞に用いられ、また種子のデンプン質の胚乳や若芽、花序が食用にされる種も多い。南太平洋域には東南アジア起源のバナナとは異なり、オーストラリムサ節の種が栽培化されたフェイバナナ M. fehi Bert. ex Vieill. が地方的に栽植されている。直立した果軸に大きな果実がつくので、東南アジア系のバナナからすぐに区別できる。かつてはオセアニア各地で栽培されたが、現在ではごく限られた地域で残存的に栽培されているだけである。

堀田 満

バニップ | bunyip

▶アボリジニの伝説に出てくる沼地に生息する怪物、悪霊。おもに19世紀前半、大陸南東部とタスマニアで初期入植者たちが、アボリジニがこの怪物の名を口にするのを耳にしはじめた。川をさかのぼってきたアザラシ、夜間沼地に足をとられて悲鳴を上げる牛などから、この怪物のイメージができあがったのではないかといわれている。白人側の目撃談も多く、有名な探検家ハミルトン・ヒュームはマナティーかカバに似ていたと報告している。また南オーストラリアでは〈モールゲワンケ〉という〈赤いかつらを被った人魚〉の目撃談もある。アボリジニ側の目撃談である程度共通するのは、頭が鳥、目が異様な光を放ち、胴がワニ、有毛で、人間の女を好物とし、すさまじいほえ声を上げる。陸上では直立歩行し、高さは約13フィートに達する。卵はエミューのそれの倍はあるが、味はまずい。だがアボリジニが描いた絵では、カバに酷似している。1846年ころビクトリア州西のティン

ブーン湖で直径10インチの巨大な膝骨の化石が発見され、アボリジニがバニップのものと断定した事実がある。彼らの伝説では、善霊ビアミに対立する悪霊に相当する。

越智 道雄

バヌアレブ［島］|Vanua Levu Island
南太平洋、フィジーで2番目に大きい火山性の島。面積5556km²、人口13万5961(2007)。南東部に深い湾入があり、デケティ川が比較的大きな流域をなして北西部を流れ、一部流域で稲作が行われている。標高1000m近くの山が長く連なる中央山地の北側は、乾燥しているが、島の中心地のランバサ(ラバサ)がある。周辺一帯はサトウキビの栽培が盛んで、精製工場もあり、港は積出しで活気がある。ここではインド人が大多数を占めている。島の南側にはサブサブの町があり、付近ではココヤシの栽培が行われている。かつては欧米の商人らが、白檀を求めて西部のブア地方に、次いでナマコを求めて北部のマズアタ地方に多数来ていた。

小川 正恭

バーネット|Frank Macfarlane Burnet|1899-1985
オーストラリアの医学者、免疫学者。メルボルン大学で学位を得た(1923)のち、ロンドン大学に留学。母国に帰ってメルボルン大学教授となる(1944)。動物ウイルスやバクテリオファージの研究から免疫機構の研究に進み、抗体の生体内生産について、クローン選択説を唱えた(1957)。単一の特異的抗原を生ずる各クローンが抗原に刺激されて増殖するというもので、それまでの鋳型説を否定する革新的なものであった。この業績により、P.B.メダワーとともにノーベル医学生理学賞を受けた(1960)。名著《クローン選択説》(1959)ほか免疫学に関する啓蒙書、文明論など数多くの著作がある。

長野 敬

ハーバート|Xavier Herbert|1901-84
オーストラリアの小説家。ウェスタンオーストラリア州生れ。メルボルン大学薬学部中退。病院に勤務後、放浪の末1927年に北オーストラリアのダーウィンに至り、その風土にとりつかれる。30年イギリスに渡り、反英感情を抱くが、後に妻となるユダヤ系女性サイディ・ノードンと知りあい、処女長編《キャプリコーニア》(1938)を仕上げた。この作品は、アジアへの門戸にあたるダーウィン周辺を舞台に、アボリジニと白人との混血児の運命を、骨太なユーモアにあふれた文体で描いて大成功を収め、数ヵ国語に翻訳された。この作品によってオーストラリア小説は初めて外面的リアリズムの制約から脱皮したといえる。その後4作を発表したあと、1975年に同じ主題を、第2次世界大戦前後の国際情勢を背景により大きなスケールで展開した超大河小説《かわいそうな私の国 Poor Fellow My Country》として発表し、国内に大きな反響を呼んだ。彼自身は白人だが、戸籍上の父親と実父が違うという複雑な出生の秘密を、主要作品では、白人男性とアボリジニ女性との不倫の結果生まれた混血児の運命という虚構に仮託したことが最近わかった。妻のアイデンティティであるユダヤ系とアボリジニとは、彼のなかでイギリス系中心の自国に対決する重要な要因になった。

越智 道雄

パパランギ|Papalagi
サモア語で白人外国人のこと。Papalagiと綴ってパパランギと発音する。トンガ語では略されてパランギ Palangi という。ランギ lagi は天空を意味し、サモア人たちはヨーロッパ系白人＝文明人を、空を突き破って現れた人＝パパランギと呼んだ。文化的渡鳥としての役割を果たしたビーチコーマーもパパランギであった。1920年に出版された西サモア、ウポル島ティアビア生れの酋長ツイアビの演説集《Der Papalagi》(1981年に出版された日本語版書名は《パパラギ》となっている)は、ヨーロッパ各地に大きな反響を呼んだという。ツイアビの指摘は洋島人からの文明批判である。しかもそれは、1910年代に異文化、文明＝パパランギを体験した洋島人の警鐘にとどまらず、現在、さらには21世紀以降においての人間存在にかかわる視点をも内包している。オイル・ショック以降再びドイツや日本などで注目されたのはむしろ当然であったといえる。

島岡 宏

パプアしょご|パプア諸語|Papuan
東側は独立国パプアニューギニア、西側はインドネシア共和国イリアンジャヤ州から

構成されるニューギニア島を中心に，インドネシアのハルマヘラ島北部，ティモール島東部，またニューギニア島北東のニューアイルランド島，ニューブリテン島，ブーゲンビル島の一部およびソロモン諸島のいくつかの島で話される言語の総称。言語の総数は数百，話し手の数は300万人に達すると推定されている。パプアという名称はその形質的特徴である〈髪のちぢれた〉を意味するマレー語 pepuah をヨーロッパの航海者が用いたとする説が有力である。ただし現在，インドネシア側ではこの名称は蔑称であるとして好まれない。また〈ちぢれ毛〉という形質的特徴をもつのはパプア諸語の話し手に限られるわけでなく，ニューギニア島周辺からメラネシアにかけてのオーストロネシア語系諸語の特徴でもある点に注意する必要がある。パプア諸語は言語系統的に▶オーストロネシア語族に属さないという意味で，非オーストロネシア諸語 Non-Austronesian（略して NAN）といわれることもある。しかしパプア諸語は，ごく一部を除き比較言語学的な手続きによってその言語間の系統関係の証明がまだできていない。現在の分類法は，もっぱら語彙統計学的方法にもとづき基礎語彙の何％を共有するかによって決められる。たとえばワーム Stephen A. Wurm は12％を共有すれば分類学的概念の〈門 phylum〉を形成するとして，ニューギニア島を東西に横断する〈トランスニューギニア大言語門〉ほか，〈西パプア言語門〉〈セピック・ラム言語門〉〈トッリチェッリ言語門〉〈東パプア言語門〉，その他いくつかの小言語門を立てた。パプア諸語の言語的特徴は一様ではないが，すべてに共通する点として語順は主語―目的語―述語となり，周辺のオーストロネシア語族の言語のなかでもトバティ語，ビリアウ語，モトゥ語などはこの語順の影響を被って本来の主語―述語―目的語の語順をパプア型に変えてしまった。

崎山 理

パプアじん｜パプア人｜Papuan

ニューギニア島の高地に住む人々を指す場合と，パプアニューギニアの旧イギリス領（ニューギニア島の南東部）に住む人々を指す場合がある。高地に住む人々は，言語的にはパプア諸語グループと呼ばれ，約3万年前にアジア大陸から太平洋に向かって移動してきた集団である。これらの人々は，後にやはりアジアからやって来た▶オーストロネシア語族が進出してくると，高地に追いやられた。一般にニューギニア高地人と呼ばれ，他の▶メラネシア地域の住民とは，身長が低いなど身体的に特徴が異なる。1960年に行われた考古学調査の成果によると，高地の渓谷に約1万年前にヒトが住んでいたことが明らかとなった。海岸地域との間に熱帯雨林地域があり，地形的に移動が困難であったことから高地のパプア人は，周辺の地域との接触が少なく，第2次世界大戦後にようやく，オーストラリア行政府と接触するようになった。その後，道路や航空路線が整備されて近代化が進むようになるが，海岸地域などと比較すると近代化の影響はまだ大きくない。

パプア諸語には約300の言語が含まれ，それぞれの言語の話者数も，数百から数十万人とさまざまである。パプア人社会は男性が威信の獲得，富の蓄積を競う社会であり，中央集権化された政治組織がないことが特徴である。さまざまな儀礼が発達しており，その儀礼の多くには▶シンシンが伴う。リーダーシップは世襲ではなく，戦闘や部族間の交易によって社会的地位を高めた者が周囲から認められて▶ビッグマン（ピジン英語で首長の意）と呼ばれるリーダーとなる。民族間の取引関係を通じて通婚関係や同盟が成立していたが，紛争はしばしば武力抗争にまで発展した。富を示すものとして，▶貝貨，▶豚が一般的であった。技術の発達は遅れており，一般に階層分化も社会分業も未発達であった。呪術が部族間や部族内で問題を起こしていた。彼らは根茎類（サツマイモ，ヤムイモ，タロイモ，キャッサバなど）を栽培する自給農民であるが，主として女性が農耕に従事する。主食のサツマイモは約300〜350年前にポルトガル人あるいはマレー人によって海岸地方にもたらされ内陸部に達したものとされ，これが高地の人口を増加させ，社会を変えたといわれる。1960年代には換金作物の茶，コーヒーが高地にも導入されて栽培に成功し，国の経済

発展に一役買っている。

　75年ニューギニア島東半分とその周辺の島々は、パプアニューギニアとして独立したが、同国の人口である約650万人(2008年推計)のうち約⅔がパプア人であるといわれている。またインドネシアのパプア州でも100万人近くのパプア人がいると推察されるが、正確な数は不明である。パプア人が住む高地地域では、西欧文化との接触が新しいため、土着文化と西欧文化とが共存している。

豊田 由貴夫

パプアニューギニアだいがく｜パプアニューギニア大学｜University of Papua New Guinea

パプアニューギニア国に二つある大学のうち、最初に設立された大学。オーストラリア政府による慎重な検討の末、1965年に設立が決定され、翌年2月に最初の学生を受け入れた。69年に首都ポートモレスビーの官庁街ワイガニの近くに主要な施設が完成した。もう一つの大学はラエにあり、73年に工業大学University of Technologyという名称になった。パプアニューギニア大学は全寮制で、大部分の学生が奨学金を受け、休暇の際の帰省費、文具書籍代、小遣いまで支給されている。キャンパスには、パプアニューギニアに関する文献を収集している図書館、劇場、書店、銀行、郵便局などがあり、人材の育成機関としてばかりでなく、市民のための文化施設、パプアニューギニア研究のセンターとしての機能も果たしている。しかし、深刻な財政難や、パプアニューギニア人教員の数をなかなか増やすことができないといった問題も抱えている。

斉藤 尚文

パブリック・レンディング・ライト｜Public Lending Right

オーストラリアやニュージーランドで、自作の本が公立図書館で貸し出された回数に応じて、一定率の金額を原著者その他が受け取る権利。権利者の幅は広く、著者、翻訳者、挿絵画家、出版者、編集者にまで及ぶ。オーストラリアの場合、1975年連邦政府の基金で発足し、しばらくは▶オーストラリア・カウンシル内に設けられた常設委員会によって運営されていた。80年に内相が任命するパブリック・レンディング・ライト委員会に権限が委譲された。委員会の構成は、作家、出版社、図書館の代表と、オーストラリア・カウンシル文学芸術局、国立図書館、法務省、統計局などが任命した委員からなる。2009年11月現在は環境・国家遺産・芸術省の管轄下にあり、そこで委員会が召集されている。ニュージーランドでは国立図書館の管轄。英米など英語圏全体に読者を期待できるとはいうものの、現実にはオーストラリアやニュージーランドの作家の作品の読者層は狭く、印税収入が少ないので、図書館は作品の売行きを阻害するものと受け取られた。したがって図書館からの貸出しを一種の購買行為に見立て、印税に代わるものを徴収するという概念が、この権利の基礎になっている。読者市場の狭い国での文化保持・育成の苦肉の策といえる。→作家助成金

越智 道雄

パペエテ｜Papeete

中部南太平洋、タヒチ島の北西岸に位置する港市。タヒチを含むフランス領ポリネシアの主都で、政治・経済・文化の中心地。土着のポリネシア人のほか、ヨーロッパ人や中国人も住み、人口は2万6294(2007)。市域をこえて市街地は東はピラエ、西は1960年に開設された国際空港のあるファアアまで広がっているが、この地域全体とその近郊を含めれば、人口は8万人に達する。初期のヨーロッパ人航海者たちは島の北西端のマタバイ湾に投錨していたが、西風にさらされるため、年間を通じて安全なパペエテが島の中心として発展することになった。クルック師が最初の伝道基地を設けたのは1818年のことであった。

石川 栄吉＋斉藤 尚文

バベルダオブ[島]｜Babeldaob Island

▶パラオ諸島にある火山島。南北に約45km伸び、東西に最長で約18kmの幅がある。総陸地面積は約331km²。ミクロネシアでは▶グアム島、▶ポンペイ島に次いで3番目に広く、パラオ諸島の総陸地面積の約7割を占める。最高峰はガラスマオ州のガルエルース山で、海抜約230m。バベルダオブ島の山腹にはパンダヌスや雑草のみの階段状のテラスが散見されるが、ここには約600年前から1200年前にパラオ人の居住地があ

コラム｜オセアニアにおける中国・台湾の援助合戦

21世紀に入ってからの島嶼地域では，中国と台湾による激しい外交のつば競り合いが演じられた。これらの動きは島嶼国間の相互関係にもさまざまな影響を与え，団結を誇っていた地域内の結束にも乱れを生じさせている。

一つの中国論によって，1971年に国連議席を追われた台湾は，新たな外交関係樹立の相手を求めて独立相次ぐ太平洋に進出した。熱帯農業の開発や技術援助といった国際協力を進めながら，国際的認知度の低い島嶼国との関係を深めていったのである。ところが，冷戦が終了した90年代に入ると，中国がこれに割って入った。台湾の主権国家としての活動を封じ込めるという動機が，まずもって先行していたのだろう。中国は，島嶼国にはない政府庁舎，スタジアム，大統領ならびに政府高官の公邸等々，次々にその国におけるシンボリックな建築物を供与していった。一方台湾は，要求された建築物はもちろん，債務の肩代わりやプロジェクト遂行のための借款などで対抗した。これら中台の活動は，既存の援助諸国からは小切手外交だという不快感が発せられたが，島嶼国の政治家たちにはスピード感があり，煩雑な手続きもいらない援助として好意的に受入れられた。

しかし，この両国の援助攻勢が，島嶼指導者たちの新たな対立や派閥を作り出し，政治を不安定化させる要因にもなった。たとえば，ナウルは，台湾から中国へ，そしてまた台湾へと外交関係を何度も変更した。パプアニューギニアやバヌアツでは，首相や大統領が外交関係相手を急遽変更すると宣言して議会の不信任を買った。こうした類の事件があちこちで起こり，国内政局ばかりでなく域内諸国間でも，中国支持と台湾支持に分裂したのである。現時点(2010年)での外交関係の中台勢力図は，中国6(パプアニューギニア，フィジー，バヌアツ，トンガ，サモア，ミクロネシア連邦)に対して，台湾6(パラオ，マーシャル，キリバス，ツバル，ナウル，ソロモン)の互角だが，この均衡状態も先行きは全く流動的だとみるべきだろう。

2008年，台湾に親中国派の馬政権が発足したことで，激烈な援助合戦はひとまず収束したとする見方がある。しかし，中国の島嶼地域への進出攻勢は，必ずしも中台関係の特殊性を反映していただけではなく，漁業資源や自国海域から続く海洋空間への勢力圏拡大を意図していたと考えてまちがいない。そうであれば，台湾の今後の動きがどうであれ，中国のプレゼンスはこれからもますます島嶼地域内で高まっていくことになるだろう。

〔小林 泉〕

ったと推定される。海岸にはマングローブの植生帯も豊かで，村落にはタロイモの栽培に適した水路と低湿地がある。周囲には堡礁が発達しており，リーフ域内で行われる漁撈は在来の主要な生業。現在ではシャコ貝の養殖なども行われている。日本統治期にはパラオ本島とも呼ばれ，瑞穂村，大和村，朝日村，清水村など，日本人移住者の入植村や農業試験場が建設され，パイナップルやマニラ麻など外来の作物が栽培された。また，東海岸のガラスマオ州，アルモノグイ州には，赤褐色の粘土質の土壌にボーキサイトの鉱床があり，日本統治期には採掘が行われた。アイライ州には国際飛行場があり，南に隣接するコロール島とは，日本の無償資金援助によって建設された大橋梁で結ばれている。2006年にはコロールからマルキョクに首都が移転し，翌年には全島を周回する幹線道路(コンパクトロード)が完成した。

〔飯高 伸五〕

パーマー｜Geoffrey Palmer｜1942-

ニュージーランドの政治家。パルマーとも。南島の北端ネルソンに生まれ，ネルソン・カレッジ卒業後，アメリカのシカゴ大学で

法律学を専攻。アメリカの大学およびウェリントンのビクトリア大学で教壇に立つ。1979年労働党から国会議員に立候補し当選。84年以降の▶ロンギ労働党政権において副首相として入閣、法相、環境相を兼任。ロンギ内閣は主として▶ダグラス蔵相のもとで一連の経済改革を行ったが、パーマーは選挙区、投票制度の見直しなど政治改革に腕を振るった。ロンギ首相とダグラス蔵相の対立には中立的立場をとり、党内のとりまとめに努めた。89年8月、ロンギ首相が辞任したのに伴い後任の首相となる。翌年9月に離任、国会議員も辞職し、ビクトリア大学に復帰。
〔地引 嘉博〕

パーマストンノース｜Palmerston North
ニュージーランド北島南部の都市。ウェリントンの北東140km（道路距離）、マナワトゥ平野の東部、マナワトゥ川右岸に位置する。人口7万5500（2006）。マナワトゥ平野の農牧地帯を後背地とした農産物の集散地で、食品加工、繊維、機械などの各種工業が行われる。マッセー大学はじめ専門学校や研究所があり、空港（国内線）がある。また、1990年には日本の学校法人により設立されたニュージーランド初となる私立大学インターナショナル・パシフィック大学（IPC）が開学した。1866年の開基で、名称はイギリスの首相名に由来する。
〔谷内 達＋西川 圭輔〕

ハマーズリーさんち｜ハマーズリー山地｜Hamersley Range
オーストラリア西部、ウェスタンオーストラリア州北西部、▶ピルバラ地方にある高原状の山地。フォーテスキュー川とアシュバートン川との間を北西から南東に約260kmにわたってのび、川が峡谷をきざむ。中央部では標高1000mをこえ、州の最高峰ミハリー山（1251m）がある。先カンブリア層の岩石からなり、大規模な鉄鉱山がある。名称は、調査の後援者であった海軍省高官の名に由来。
〔谷内 達〕

ハミルトン｜Hamilton
ニュージーランド北島北部にある同国第4の都市。オークランドの南南東約110km（道路距離）、ワイカト川中流に臨む。人口12万9200（2006）。酪農を中心とした北島の代表的な農牧地帯の中心都市、北島第3の工業都市で、食品工業はじめ各種工業が発達し、空港（国内線）、ワイカト大学がある。1864年に築かれた軍事拠点を起源とし、名称はマオリとの戦いで戦死した軍人名に由来する。
〔谷内 達〕

バーメイン｜Balmain
オーストラリア、シドニーの都心部、ポートジャクソン湾南海岸の西郊にある岬で、1795年外科医ウィリアム・バーメインが入植した。その後1851年文学好きな弁護士で当時この国最大の蔵書を持っていたN.D.ステンハウスが、詩人ハーパーや▶ケンドルを中心に文芸サロンを開くなど、芸術家の町になった。作家ノーマン・リンゼー、政治家ヘンリー・パークスらが住み、詩人バークロフト・ボークや美術評論家バーナード・スミスが生まれた。その後労働者も住み着き、芸術家の卵たちとの奇妙な共存が起こる。

とくに1960-70年代にカウンターカルチャー芸術家たちがどっと住み着き、サンフランシスコのヘイト＝アシュベリーとニューヨークのグリニチ・ビレッジを合わせたような、ヒッピー芸術家たちの都市コロニーになった。シドニーではほかにパディントン、グリーブなど、メルボルンではカールトンなど多くの都市コロニーが生まれたが、バーメインはその最高のメッカだった。70年代には《ネーション・レビュー》紙に、新人詩人ケビン・ハートとアラン・グールドが変名で《バーメイン讃歌》という風刺詩を連載するなど、この〈芸術ゲットー〉が全国に喧伝され、新しい時代の息吹を吸いにオーストラリアはもとよりニュージーランドその他からもこの町に芸術家の卵が押し寄せた。

特異なカウンターカルチャー文芸雑誌《タブロイド・ストーリー》を刊行、この国のカウンターカルチャー文学を率いたフランク・ムアハウスは祖母ゆかりのこの町に1970年に住み着き、週刊誌《ブレティン》に連載したカウンターカルチャー芸術家たちの生態報告《ル・ゲトー・ド・バルマン（ザ・ゲットー・オブ・バーメイン）》や《ミステリーとロマンス物語》（1970）など、おびただしい短編集でこの町をオーストラリアのカウンターカルチャーのメッカとして描きあげた。ム

アハウスとともに《タブロイド・ストーリー》で新人発掘に努め、カウンターカルチャー文学を率いたマイケル・ワイルディングはコーブ・ストリートの家で《短編小説大使館》(1975)を書き、ウォーフ・ロードのシドニー湾に面したコンクリートうち放しの家で《パシフィック・ハイウェイ》(1982)ほかの作品群を書いた。彼らの営為で登場した新人たちで、この町に住んだ作家たちには、劇作家デービッド・ウィリアムソン、ピーター・ケナ、小説家ピーター・ケアリー、マリー・ベール、詩人ロバート・アダムソン、ナイジェル・ロバーツ、評論家ブライアン・キアナンら、今日のオーストラリア文壇を担う者たちが多い。彼らは80年代に〈ステンハウス・サークル〉をつくり、バーチグローブ・ロードのリバビュー・ホテルに会合、この芸術ゲットーの伝統を偲んでいる。ただしステンハウスらが集まったキャロリン・ストリートのウォータービュー・ハウスはとり壊されてもはやない。

越智 道雄

パラオ[諸島]|Palau Islands

ミクロネシアの西カロリン諸島の西端にある島々。東経134〜135°、北緯6〜9°。西はフィリピン海、東は北太平洋に臨む。総陸地面積は約450km²。年平均気温は27〜28℃、年間降水量は約3800mm。5月から11月が雨期で南西風が卓越し、12月から4月は乾期で北東風が卓越する。サンゴ礁が広くみられ、北部には環礁、中央部には堡礁が発達している。有人島は、北部のカヤンゲル島、火山島のバベルダオブ島、その南に近接するコロール島、マラカル島、アラカベサン島、そして南部の隆起サンゴ島のペリリュー島およびアンガウル島。コロール島とペリリュー島の間には、ロックアイランドと呼ばれる無人島が多くあり、観光地として有名。多数の小島から成るセブンティ・アイランド、海底に白い泥が沈殿しているミルキーウェイ、タコクラゲが群生しているジェリーフィッシュ・レイクなどの名所がある。

パラオ諸島からは、マリアナ諸島で作られていた赤色土器ではなく、メラネシアとの類縁性の高い土器が出土していることから、人の定住は約2000年前と推定される。

パラオ人の遺伝子上の特徴は、アジア起源のものとメラネシアのオーストライドのものとが混合していることで、モンゴロイド集団がパラオ諸島に定住した後に、メラネシア人と混交したと推定される。パラオ語はオーストロネシア語族に属する。アンガウル島の南西約330kmから約530kmの海域には、プルアナ、メリル、ソンソロル、トビの4離島が点在するが、ここにはパラオ諸島とは社会文化的に異なる人々が居住していた。離島民は20世紀初頭の台風被害を契機に、ほとんどがパラオ諸島に移住した。

飯高 伸五

パラオねったいせいぶつけんきゅうじょ
パラオ熱帯生物研究所

日本の委任統治時代、パラオ諸島コロール島のアラバケツに設置されていた研究所。開設は1934年で、主として海水やサンゴ礁などの研究を行った。常駐の研究員は置かず、若手研究者が派遣され、数ヵ月ないし数年で交代した。この研究所が活動を行っていた約10年間に29人が渡島した。第2次大戦の開始にともなって、海軍はマカッサルに総合研究所を建設し、パラオ熱帯生物研究所はその研究所の環境科学部として編入されることになったが、戦局の悪化により43年閉鎖された。研究所の紀要も8冊を刊行したのみであった。

青柳 真智子

バララト|Ballarat

オーストラリア南東部、ビクトリア州中西部の都市。人口8万8400(2006)。同州第3の都市で、州中西部の農業地帯の中心都市。1851年の金鉱発見により金鉱都市として急成長し、54年のユリーカ砦の反乱(金採掘人の反乱)で知られ、記念碑がある。金鉱の衰退後は商工業を中心に発展している。市内には金鉱都市時代の建物が保存・復元されている。都市名は野営地を意味するアボリジニ語に由来する。

谷内 達

ハリモグラ|針土竜

short-nosed echidna; *Tachyglossus aculeatus*

単孔目ハリモグラ科の哺乳類。モグラの名はつくが、モグラの仲間(食虫目)ではない。前足で地面を掘り、長い舌でアリ、シロアリその他の昆虫をなめとって食べる生活は、貧歯目のアリクイに似ているが、姿はハリ

●ハリモグラ

ネズミに似て，顔面の一部と腹面を除く全身を毛の変化したとげで覆う．とげは基部が黄色で，先端部はふつう黒色．吻が著しく細長く，前足がモグラのそれのように大きく，土を掘るのに適する．カモノハシとともに卵生の原始的な哺乳類として知られる．体長35～53cm，尾長9cm前後，体重2.5～6kg．オーストラリア，タスマニア，ニューギニアに分布し，森林や草原にも見られるが乾燥した岩石地に多く，単独でくらす．夜行性．

雌は，7～8月に下腹部の育児嚢に直径1.5cmほどの卵を1個産み，9～27日間，体温で暖めて孵化させる．乳首はなく，子は母親の腹面にしみだしてくる乳をなめとって飲む．これらの特徴のほか，体温が外気の変化に応じて変化し，変温性に近いことなど，ハリモグラは，哺乳類としては例外的な原始性をとどめており，注目される．ニューギニアには，本種のほか，ナガハシハリモグラ Zaglossus bruijni（英名 long-nosed echidna）など3種の近縁種がすむ． 今泉 吉晴

[神話] 北オーストラリアのイーンベリ地方のグンウィング族には，次のようなハリモグラとカメの話が伝わっている．ある日ハリモグラのウンガルベックは，隣に住むカメのナルマに子どもの世話を頼んで餌をとりに出た．ウンガルベックの帰りがあまり遅いので，腹をすかしたナルマはハリモグラの子どもを食べてしまった．ねぐらに戻って一部始終を知ったウンガルベックは，ナルマと喧嘩になった．まずハリモグラはカメに重い石を投げつけたが，それがカメの背中に命中して甲羅になった．一方ナルマは竹槍を何本もウンガルベックに投げつけ，それが相手の体にぶすぶす突き刺さって，ハリモグラの鋭い刺毛になった．それから両者は長時間話し合い，カメは池か川に住み，ハリモグラは岩の多い土地に住んで，二度と顔を合わさないことにした．
越智 道雄

ハルトフ | Dirck Hartog | 1580-1621
17世紀オランダの航海者．記録が確認できるオーストラリア西岸に初めて上陸したヨーロッパ人．史料では名前の綴り方は一定していないが，オーストラリア史では〈ダーク・ハートグ Dirck Hartog〉として知られるようになった．オランダ東インド会社はインド諸国の富を得るために，いっそう容易で儲けのいい航路を欲しがっていた．そのため，1615年，オランダ東インド会社は喜望峰から1000オランダマイル（約7500km）余り東に進み，それからバタビア（現ジャカルタ）に向けて北に向かうルートをとるよう船長たちに命じた．16年1月23日ハルトフを船長とするエーンドラハト号はオランダを出航，風が不安定であることと経度を正しく計算できなかったため，同年10月25日オーストラリア西海岸シャーク湾沖の島（現ダークハートグ島）に達し，そこに彼の名前を記したプレートを残した．その後もオーストラリア西海岸には何度かオランダ人が到達したが，乾燥した不毛の海岸にオランダ東インド会社は興味を示さなかった．
矢野 將＋村上 雄一

バルボア | Vasco Núñez de Balboa | 1475?-1519
スペイン人コンキスタドール（新大陸征服者）．1500年コロンビア沿岸の探検に参加し，のちイスパニオラ島でエンコミエンダを受領．10年エンシソ Fernández de Enciso の率いる遠征に加わりパナマ地方に向かい，ダリエンに新大陸最初の都市を建設．エンシソをスペインへ追放して実質的な指揮権を掌握．その後，金を求めてパナマ地峡を横断し，13年9月25日，〈南の海（マール・デル・スール）〉つまり太平洋を発見．のち，カスティリャ・デ・オロ（ダリエン）の総督ペドラリアス・ダビラ Pedrarias Dávila と反目し，19年初頭斬首された．
染田 秀藤

ハワイ[諸島] | Hawaiian Islands
太平洋中央部に位置し，アメリカ合衆国ハワイ州を構成する諸島．面積1万1641km²．火山性およびサンゴ礁の島々で，西北西～

東南東方向に，2400km²にわたってのびる。主要8島は，東から▶ハワイ島，▶マウイ島，カホーラウェ島，ラナイ島，モロカイ島，▶オアフ島，▶カウアイ島，ニーハウ島で，同諸島東端部を占め，その他124の小島が西方に点在する。最大の島はハワイ島で，最高峰は同島の▶マウナケア山（4206m）。ハワイ火山国立公園，ハレアカラ国立公園などがある。海洋性気候で，年間9ヵ月は貿易風の影響を強く受け，植物の種類は豊富である。ポリネシア人が住んでいたが，1778年キャプテン・クックが上陸，1795年から1893年までカメハメハ王朝の▶ハワイ王国が統治していた。1898年アメリカ領に併合，1959年50番目の州となった。太平洋の十字路にあたるため交通・軍事上重要であり，サトウキビ，パイナップルを中心とする農業，漁業，観光業が主要な産業をなす。多文化の混住は人口構成の大きな特色である。ハワイという名称は，伝説ではポリネシアの西方にあるとされる，ポリネシア人の祖国▶ハワイキに由来する。　　　　矢ヶ崎 典隆

ハワイ［島］| Hawaii Island

アメリカ合衆国ハワイ州の島。ハワイ諸島南東端部に位置する同諸島中最大（面積1万0414km²）の島で，〈ビッグ・アイランド〉とも呼ばれる。人口17万5784（2008推定）。ハワイ郡をなし，郡都・最大都市は東岸の▶ヒロ。ほぼ三角形の火山島で，ハワイ火山国立公園には，活火山▶キラウエア山がある。最高峰は▶マウナ・ケア山で，標高4206m。サトウキビやコーヒーの栽培，牧畜業が盛んで，観光客が多く訪れる。　　　　矢ヶ崎 典隆

ハワイ［州］| Hawaii

太平洋中央部にあるアメリカ合衆国の州。略称Ha.。▶ハワイ王国の没落後，1898年にアメリカ領，1900年に準州となり，59年に連邦加入，50番目の州となった。面積1万6705km²で，四国よりやや狭い。人口128万8198（2008推定）。州都・最大都市ホノルル（オアフ島）。八つの主要な島（ハワイ，マウイ，カホーラウェ，ラナイ，モロカイ，オアフ，カウアイ，ニーハウ）と120以上の小島からなる▶ハワイ諸島（北西端のミッドウェー島は含まない）が北回帰線をはさんで全長約2400kmにわたって連なる。狭義のハワイ諸島は，そのうち主要な八つの島の範囲である。ハワイ島南端のカラエ岬（〈南岬〉の意）は北緯18°56′でアメリカ合衆国（海外領土を除く）の最南端にあたる。これら8島は火山性で，南にあるものほど新しく，ハワイ島の▶マウナ・ロア山や▶キラウエア山は活火山として有名。最高峰はハワイ島の▶マウナケア山（4206m）で，山頂部では冬に積雪があり，スキーも可能である。海岸には随所に溶岩の岩石海岸やサンゴ礁が見られ，常夏の強い太陽光線と相まって，美しい海岸景観を展開する。北東貿易風の卓越する熱帯にあるため，火山の北東斜面は熱帯雨林気候となっており，カウアイ島のワイアレアレ山頂では年降水量1万1445mmを記録しており，世界最多雨地の一つといわれる。しかし，風下の南西斜面は乾燥し，サバンナ気候で快適である。ホノルルで記録された最低気温は13.3℃，最高気温は31.1℃，年平均気温23.3℃。列島北西部のリシアンスキー島やライサン島は海鳥の宝庫である。

一年中穏やかな気候に恵まれた島々は〈太平洋の十字路〉と形容される位置にあって，先住民であるポリネシア系をはじめ，アジア系，白人系などさまざまな要素が混交した文化をはぐくみ，その独特の異国情緒が多くの観光客を魅了している。別名〈アロハ・ステート Aloha State〉と称され，歓迎・別離のあいさつや愛情の表現にも用いられるハワイ語の〈アロハ〉ということばが，住民の気風を象徴している。1778年にキャプテン・クックが目撃した▶サーフィン，渡来した宣教師が女性の腰みのを改めさせるために考案したムームー，サトウキビのプランテーションで働いたポルトガルの労働者が持ちこんだ民俗楽器マシェーテ（ギターの類）が原形となったウクレレを用いる▶ハワイアン・ミュージック（ちなみに，《アロハ・オエ》〈あなたに愛を〉〈さようなら〉の意）はハワイ王国最後の女王▶リリウオカラニ女王自身の作詞になる）や明るい原色の▶アロハシャツなど，ハワイが生みだしたものの多くが，ハワイ文化の性格を物語っている。

現在，ハワイ経済の主柱は観光である。合衆国本土，日本，西ヨーロッパなどから1年間に州人口を超える観光客が訪れ，海

浜でのレクリエーション，壮大な火山景観，豊富な熱帯植物をはじめ，芸能や食事を楽しんでいる。ホノルル，ワイキキ海岸をはじめ，ハワイ火山，ハレアカラ両国立公園が観光の中心である。一方，アメリカの軍事戦略上の要衝であるハワイには，パールハーバー（真珠湾）をはじめ各地に巨大な海軍，空軍などの基地が配置され，オアフ島には全太平洋地域の総司令部がある。連邦政府の軍事費はハワイ経済にとって観光に次ぐ大きな収入源となっている。農業では，サトウキビ，パイナップルなどがプランテーションで栽培されるほか，ハワイ島では大規模な牛の放牧がみられる。サトウキビを原料とする製糖業は19世紀半ばからハワイ王国の経済を支える主産業で，中国，日本，ポルトガル，朝鮮などからの移民労働者が白人の経営するプランテーションの労働に従事した。また1900年代初頭から缶詰の企業化が始まったパイナップルの栽培は，生産高の90％が3社のプランテーションで独占され，機械化された栽培技術によって，世界最大のパイナップル生産地に成長した。また，先住民の主食である▶ポイの原料になるタロイモも栽培されている。

ハワイはアメリカ合衆国で白人が過半数を占めない唯一の州である。混血が盛んなため正確な統計は得られないが，2000年，白人系が24.3％で日系人（16.7％）を上回っている。しかし，アジア系は日系人のほかフィリピン系（14.1％），中国系（4.7％），朝鮮系などがあり，アジア系全体では白人を上回っている。先住民のポリネシア系（6.6％）はその大半が混血である。全米50州のうち日系人が最も多い州で，政治，経済，文化の各方面で活躍している。1868年に日本移民の第1陣が到着し，85-94年には日本とハワイ王国との政府間契約による約2万9000人の官約移民が入植した。当初は出稼ぎ意識をもち，一世には日本への帰属感が根強く保たれた。1941年，日本海軍の真珠湾奇襲攻撃で排日感情は頂点に達した。しかし，ヨーロッパ戦線での二世部隊の犠牲的奮戦が，今日の各界進出にいたる新たな社会的評価の基礎となった。74年には初の日系人知事が選出された。また，観光施設などへの日本からの資本進出も盛んである。

観光開発による環境汚染，生活物資を本土に依存することからくるアラスカに次ぐ物価高，民有地の9割が10ほどの企業などに独占されていることや相次ぐ日本企業・個人によるホテル・土地・住宅買収が招く不動産価格の上昇，好不況に影響されやすい観光産業の不安定さ，本土からの移住者による人口急増の圧力などが現在のハワイ社会の抱えている問題として指摘することができる。なお，ハワイ大学および付属の▶イースト・ウェスト・センター，▶ビショップ博物館は東西文化，太平洋圏文化の研究・教育機関として知られる。　　　　　正井 泰夫

[伝統音楽]　ハワイ伝統文化において音楽が文芸，舞踊と結合した形で行われてきた点では他のポリネシア諸島と共通しているが，ポリネシアの中では例外的に楽器の種類が多い。ヤシの丸太をくりぬきサメ皮を張った片面太鼓パフ pahu，ヤシ殻に魚皮を張り膝に結びつける片面太鼓プーニウ pūniu，巨大なひょうたんをマットの上で搗奏したり，指や手のひらで打奏するイプ 'ipu などは舞踊▶フラ hula の伴奏楽器として基本的である。おもに踊り手自身が採物として手に持つ音具としては，2本の硬い木片を打ち合わせるカラアウ kala'au，小さなひょうたんやヤシ殻の中に小石，種子を入れた羽毛飾つきがらがらとしてのウリーウリー 'ulī'ulī，竹筒を櫛のように細く裂いたささら竹を身体に打ちつけるプーイリ pū'ili，2対の平らな石を両手に持ってカスタネットのように打ち合わせるイリイリ 'ili'ili がそれぞれ特有の音色により変化に富んだ音響世界をつくり出す。

こうした楽器の伴奏による歌唱メレ mele，また無伴奏の朗唱風歌唱オリ oli においては，自然知識，社会生活，恋愛，宗教に関連した歌詞が，ビブラートやグリッサンドの多用により表現力を与えられ，ひいては宇宙的な力すなわち▶マナを発揮すると考えられていた。多民族社会への移行とともに伝統音楽・舞踊は本来の社会機能から離れはしたものの，パフォーマンスの伝承はある程度進行し，とくに1970年代にはハワイアン・ルネサンス運動に乗って復興されてい

る。　　　　　　　　　　　　　　　　山口 修

ハワイアン・ミュージック
Hawaiian music

ハワイ諸島の民俗音楽を基盤にしながらも，欧米の要素が大幅に加わって作り上げられたポピュラー音楽。一般に〈ハワイアン〉などとも呼称する。本来の原住民族による音楽は無伴奏の歌オリ，踊りのフラなどだったとされるが，原形そのままを今日聞くことは不可能である。フラという言葉は現在も使われるが，内実はまったく別のものと変わっている。

外来音楽はまず19世紀に主としてアメリカ人宣教師が持ち込んだキリスト教の賛美歌で，これにより西洋式のメロディとハーモニーがハワイ人の音楽感覚を大きく変えた。さらに牛飼いの指導のため招かれたメキシコ人がギターを，船乗りのポルトガル人が小型ギターのウクレレを，ハワイ人に教えた。もともと土着の楽器は打楽器のみだったが，ハワイ人は弦楽器を消化し，1890年代にはスティール・ギター（弦の上を棒などで押さえ，それをスライドさせて演奏する）やスラック・キー・ギター（開放弦が和音をなすよう調弦し，楽器のなまの響きを生かすフィンガー・ピッキング奏法で演奏する）といったハワイ独自のギター・スタイルを作り出した。19世紀の最後の約30年間は，カメハメハ王朝の王族たちを中心に，より本格的な西洋音楽の受容が進展した時期で，ドイツから招かれた音楽指導者ヘンリー・バーガー Henry Berger(1844-1929)が王立軍楽隊の楽士養成や王族たちへのピアノ教授などを行った。その結果として，リリウオカラニ女王など王家から優れた音楽家が出た。同女王は《アロハ・オエ Aloha ʻOe》の作曲者として知られる。この時期にハワイ音楽の古典形式が成立したとみてよいだろう。

20世紀に入ると，アメリカに併合されたこともあってハワイの観光地化が急速に進むとともに，ハワイの音楽家もアメリカ本土を訪れるようになり，ジャズやダンス音楽の影響はハワイ音楽に強く入り込んできた。1914年にパナマ運河が開通し，翌年サンフランシスコで太平洋万博が開催されると，ハワイ音楽への関心が広まり，アメリカ各地の大都市のデパートの楽器売場でウクレレがよく売れたり，ヒット・ソングやハリウッド映画にハワイにちなむものが現れたりした。ハワイアンの演奏の標準的な様式とされる，スティール・ギター，ギター，ウクレレ，ベースといった弦楽器を弾きながらソロ・ボーカルとコーラスを兼ねる形も，ほぼ1920年前後に定型化したようだ。なおリード・ボーカルは男性であってもかなり高い声域を使う例が多く，しかもファルセットを挿入してセンチメンタルな感覚を強調する方法がよく使われる。1930年代前半に，スティール・ギターに電気増幅装置をつけて音量を拡大しかつ音色に変化をつけることが考案され，スティール・ギターはハワイ音楽以外（たとえばアメリカ本土のカントリー音楽）にも用いられるなど，ポピュラーな存在となった。この1930年代を中心とする第1次大戦と第2次大戦の間の時期，SPレコードによってハワイ音楽は世界で親しまれたが，なかでもスティール・ギター奏者ソル・ホーピイ Sol Hoopii(1902-53)はいまでも世界での評価が高い。

第2次大戦後の1950-60年代，アメリカの経済的繁栄のなかでハワイの観光地化はさらに進み，ハワイ音楽はほとんどアメリカの商業主義のなかに埋没してしまう。一方でそれへの反省も起こり，アメリカのフォークソング運動に刺激されたフォーク感覚のハワイアンが若者に支持され，スラック・キー・ギター奏者ギャビー・パヒヌイ Gabby Pahinui(1921-80)が尊敬を集めるといった現象もみられた。しかし，観光に重点を置くという根本条件が変わらないかぎり，ほんとうの意味での民族意識に支えられた独自の音楽の新しい動きが盛り上がるといった状況を迎えるのは難しいようだ。⇒ハワイ[州]

中村とうよう

ハワイおうこく｜ハワイ王国

19世紀にハワイ諸島を統一したカメハメハ王朝のこと。ポリネシア人は何千kmもの海を渡ってハワイに移住したが，その第1波は500年ごろマルキーズ（マルケサス）諸島から，第2波はタヒチ島からの大移動で13世紀ごろであった。タヒチ同様ハワイにも階層社会が形成されて貴族と平民に分かれ，

平民が神の子孫とされる貴族と結婚することはできなかった。ハワイはいくつかの首長国に分かれ、それぞれにアリイ・アイモクと呼ばれる大首長が君臨していた。1778年3度目の探検航海の途上、J.クックはハワイを訪れ、彼のスポンサーの一人サンドウィッチ伯爵の名にちなんで諸島をサンドウィッチ諸島と命名した。翌年再訪したクックは、ボートを島民に盗まれたため大首長の一人を人質にしようとして、逆に殺されてしまった。指揮官を失ったクック隊は報復のために島民10名を殺し、150軒の家を焼き払って島を去った。当時ハワイの総人口は30万人に達し、数人の大首長によって分割統治されていた。

やがて、ハワイに来る捕鯨船などから銃砲火器を入手したカメハメハが勢力を拡張していった。彼は1810年までに各島をつぎつぎに屈服させてハワイ統一を完成し、カメハメハ王朝を樹立した。▶カメハメハ大王は平民の地位を改善し、貴族や司祭の権利を制限した。カメハメハ2世以降の後継者たちも伝統的な神々の礼拝を禁じ、礼拝所を破壊するなどの手段で司祭階級の権力を奪い、王朝の安定に努めた。しかし、カメハメハ王朝は外部からの圧力に悩まされ続け、生き残るためにはアメリカ、イギリス、そしてフランスなどの外国勢力との均衡をはかるしかなかった。▶カメハメハ3世時代の1840年には、最初の憲法である立憲君主制憲法の制定に成功した。しかし、このころから本格化したアメリカのサトウキビ業者の入植などにより事態は困難の度を増し、サトウキビ業者たちはアメリカへの併合を推進する中心勢力になっていった。またハワイ人は農園労働者などとして移住してきた中国人や日本人などに職を奪われたうえ、外来者の持ち込んだ悪疫によって人口も激減し、独立の基盤を失ってしまった。93年▶リリウオカラニ女王がアメリカの圧力で退位させられてハワイ王国は倒れ、翌94年▶ドールを大統領とする共和国が誕生した。98年にはアメリカ領となり、1900年にドールが初代総督に就任した。アイゼンハワー大統領がハワイを50番目の州にする宣言を発したのは、59年8月21日のことである。

石川 栄吉＋斉藤 尚文

ハワイキ｜Hawaiki

ポリネシア人の原郷。ポリネシア各地に残る伝説ではハワイキは大海原のかなたにあり、そこから祖先が来たと語られる。マオリによると、ハワイキにはアティアと呼ばれる広大な大地が広がり、その内陸部には雪を頂いた高い山とトヒンガと呼ばれる大河が流れており、そこに住む人々の風俗習慣はマオリと同じであり、大寺院があるという。多くの場合、ハワイキは西方にあり、カヌーで往復することができると思われている。ハワイでは、▶タネ神の秘密の地とか、タネ神の聖なる水の地と呼ばれ、この地は楽園であり、命の水があること、人が再びそこに到達することができると語られている。かつて、S.P.スミスを代表とする多くの研究者がこのハワイキ伝説を手がかりに、ポリネシア人の移動経路を予想した。

矢野 將

ハワード｜John Winston Howard｜1939-

オーストラリアの政治家、首相（1996-2007）。シドニー出身。父は自動車整備工場経営。1974年連邦議員。▶フレーザー政権の中小企業・消費者問題担当大臣、財務大臣。1983年選挙後▶自由党副党首。党首となったピーコックとのライバル関係は、長期にわたって政権から遠ざける一因となった。85年党首となるが、クイーンズランド州首相の連邦進出の野望に足を取られ、88年のアジア移民制限発言を一因として党首の座を失った。95年党首に復帰し、翌年の総選挙で大勝、念願の首相となる。96年の全国的な銃規制実施のほか、2000年のGST（消費税）導入、財政再建など経済運営に定評があるが、先住民・多文化主義攻撃への対応遅れ、先住民族への謝罪拒否、強硬な難民政策など人種問題で論争を呼ぶ。アメリカ・ブッシュ大統領の盟友としてイラク侵略に積極的に加担し、京都議定書を批准しなかった（ブレア英元首相、ウリベ・コロンビア大統領とともにブッシュ政権最後の大統領自由勲章を受章）。労使関係がライフワークで、04年選挙で上院の過半数も得ると、きわめて労働側に厳しい労使関係政策を導入した。これが命取りとなって07年総選挙で敗北、自らも議席を

失った．君主制擁護に熱心で，〈自由党史上もっとも保守的〉と自らを評したこともある．
　　　　　　　　　　　　　　　　杉田 弘也

はんかくうんどう｜反核運動
ニュージーランドは，その特殊な地理的位置，環境保全意識の強さ，長年にわたるフランスのムルロア環礁での核実験強行に対する反感などから反核意識が強く，反核運動は国民運動に近い性格をもっている．1973年，労働党カーク政権のもとでフランスに対する核実験中止を呼びかけたが，これが拒否されたため，海軍軍艦オタゴにコールマン移住相が乗船し，実験水域周辺に抗議の示威運動を行った．さらにこの問題をオーストラリアと共同で国際司法裁判所に提訴した．75年，国連総会で南太平洋における非核地帯設置を支持する決議が採択された．84年の選挙で労働党が勝利しロンギ政権が成立すると，ANZUS条約加盟のアメリカの艦船および航空機が核兵器を搭載してニュージーランドに寄港することを拒否した．このためアメリカとの関係が悪化し，アメリカは，ニュージーランド政府要人が訪米した場合も，アメリカ政府要人は会談を拒絶するという政策をとり続けてきたが，世界的な緊張緩和を背景として90年初め，この措置を撤廃した．なおこの直後，国民党も労働党と同様，核入港拒否の政策をとることを発表した．
　　　　　　　　　　　　　　　　地引 嘉博

　1987年，労働党ロンギ政権によって〈非核地帯・軍縮・軍備管理法〉(非核法)が成立した．この法律によってニュージーランドでは核爆発装置および廃棄物を製造・実験・貯蔵することが禁止され，外国の艦船，飛行機などの来訪に際しては，ニュージーランド政府自らが核積載の有無を確認することを義務付けている．さらに原子力推進の艦船のニュージーランドへの来訪も禁止された．95年，フランスと中国が核実験を再開した際，当時の首相ジム・ボルジャーはフランスにいるニュージーランド大使を召還した．またニュージーランド国内ではフランス製品のボイコット運動が繰り広げられた．
　　　　　　　　　　　　　　　　澤邉 みさ子

ハンギ｜hangi
マオリ伝統の野外料理．地面に穴を掘り，その中に赤くなるまで熱した石とともに，豚，鳥，羊などの肉と，さつま芋やじゃが芋，人参，かぼちゃ，玉ねぎ，キャベツなどの野菜を水に濡らしたシダの葉に包んで，あるいはカゴや布袋に詰めて入れ，数時間をかけて蒸し焼きにしたもの．⇒ウム
　　　　　　　　　　　　　　　　今田 由香

バンクス[諸島]｜Banks Islands
南西太平洋，バヌアツ共和国を形づくるニューヘブリデス諸島北部に位置する火山性の島群．より小さなトレスTorres諸島とともにトルバTorba州を構成し，同州の人口は1万291(2009)．おもな島は中央に直径6kmにわたる火口湖をもつガウア島，バヌアラバ島，ウレパラパラ島，モタ島，メレラバ島である．ガウア島，バヌアラバ島の両火山は1965年に大噴火を起こした．住民はメラネシア人で，かつては▶タマテと呼ばれる男子の▶秘密結社があった．この結社に属する男たちは全身を扮装で覆い隠し，死者の霊として女や子どもたちの前に現れては，おどかしたり物を壊したりした．現在はキリスト教化が進み，こうした結社は姿を消した．
　　　　　　　　　　　　　　　　吉岡 政徳

バンクス｜Joseph Banks｜1743-1820
イギリスの博物学者．自然誌家．さしたる科学上の業績はないが，父からの莫大な遺産をもとにした，科学研究(とくに自然誌)のオルガナイザー，パトロンとして知られる．オックスフォード大学に入るが，学位をとらずに卒業．少年期より植物研究に志し，そのため青年時代に幾度か探検旅行に出かける．キャプテン・クックの第1回航海(1768-71)に，植物学者ソランダー D. C. Solander，画家などを引き連れて参加した．オーストラリアなどから，ヨーロッパ人にとって未知の動植物を多数採集して帰還し，一躍名声を博した．ローヤル・ソサエティの会長を長く務め(1778-1820)，独裁的，保守的ではあったが，ローヤル・ソサエティの地位を国内外において高めるのに貢献し，イギリス科学界をリードした．時の国王ジョージ3世の科学顧問でもあった．純粋な学問的関心にとどまらず，植民地経営における植物研究の重要性も認識していた．ロンドン西郊のキュー植物園を充実させ，世界中

●瘢痕文身．

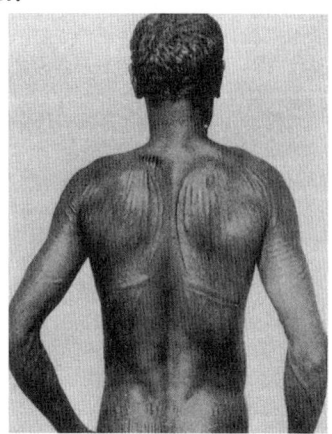

オーストラリア北西部，キンバリー大地に住むアボリジニ瘢痕文身

から収集した植物の研究センターとした。輸入品であった茶をインドで栽培することなど，具体的な提言もした。またタヒチからパンノキを西インド諸島に移植することを計画したが，これは有名なバウンティ号の反乱で頓挫した。メリノー種の羊をスペインからイギリスに輸入したこともよく知られている。アメリカの独立後，オーストラリアのボタニー湾一帯を囚人植民地とすることを提唱し，それが実現された後も援助を続けた。　　　　　　　　下坂英

バンクーバー｜George Vancouver｜1758-98
イギリスの探検家，航海者，海軍軍人。世界周航者。▶クックの第2回，3回の航海に参加。1781年から83年には西インド諸島へ航海。91年，カナダのヌートカ地域をスペインから奪取するためと北緯30°以北の海岸の調査のため，新造船ディスカバリー号を指揮し，出航。クックの教えに従い喜望峰を経て，オーストラリア南西岸を調査。ニュージーランドでクックのやり残したダスキー湾を調査後，ハワイ，マルキーズ，ソシエテ諸島を航行し，ラパ島を発見。92年にはヌートカに行き，沿岸を調査し，バンクーバー島を発見。次の2年間は，サンフランシスコから太平洋岸に沿って北上し，沿岸を測量調査。その結果，彼は北アメリカ大陸を横断して北極海の南方水域に至る航路を否定した。95年，ホーン岬を回り，帰国。3巻の航海記がある。　　矢野將

はんこんぶんしん｜瘢痕文身｜
scarification；cicatrization
皮膚に切込みを入れたり，焼灼して，その傷跡がケロイド状に盛り上がることを利用して身体に文様を描く慣習をいう。身体装飾の一種と考えられるが，身体彩色の場合とは異なり，描かれた文様が一生消えないという点に特色がある。通例，身体変工の一技法と分類される。身体変工の中で，皮膚に傷をつけ文様を描くものは文身と総称され，文身はさらに傷跡の盛上がりを利用する瘢痕文身と，色料を用いる刺痕文身，すなわち▶入墨に下位区分される。一般に，比較的肌の色の濃い民族は瘢痕文身を，肌の色の薄い民族が刺痕文身を行うとされる。実際，アフリカや，東南アジアのネグリト，メラネシア人，アボリジニ，南アメリカのインディアンなどの黒い肌をした民族の間で，瘢痕文身の慣習が見られる。これは，肌の色の濃い民族の場合，色料を用いた刺痕文身では文様が目だたないからだと考えられている。

皮膚に切込みを入れる道具としてはナイフ状のものや針状のものが用いられ，フリントや石英などの石器，コウモリの骨などの骨角器，その他ガラス，金属など，その材質は多岐にわたる。焼灼による瘢痕文身では，炭や木の燃えさしが用いられる。このほか特殊な方法として，粘着性の強い植物の細片を皮膚に貼り付け，それをはがすことによって皮膚の表面をいっしょにはぎ取るという場合もある。傷跡にはしばしば灰や砂，鳥の羽毛などをすり込み，傷跡が早く治りすぎて盛り上がらないことを防ぐ。また，鎮痛の目的で灰などをすり込む場合もある。傷跡が盛り上がるのを助けるために，その周りをひもや布でしばることも行われる。瘢痕文身が施される部位は，顔面，胸部，腹部，背中，陰部，腕，足などであり，あらゆる皮膚面に施される可能性があるが，瘢痕文身の持つ意味に従って各民族ごとにどの部位に瘢痕文身を施すかが決まっている。また，描かれる文様も民族ごと

に異なっており，一般に，抽象的，幾何学的なものが多い．

瘢痕文身は▶成人式儀礼の一部として行われるのが一般的である．切込みや焼灼に伴う苦痛に耐えて初めて，社会の正式な成員として承認される．そして，瘢痕文身の文様が成人としての社会的地位の指標となる．その文様が所属する部族を表す指標としての社会的機能を果たすという場合もある．瘢痕文身の審美的，装飾的側面が強調されることも多く，この場合には，男らしさ，女らしさなど，異性を引き付ける魅力を強めるものとして考えられている．また，呪術・宗教的な目的から瘢痕文身が行われることもあり，瘢痕文身を施された者は邪悪な超自然的諸力，たとえば病気などからみずからを守ることができるとされる．このように瘢痕文身の目的や意味は民族ごとに異なり，一様ではない．　　　　　栗田博之

バンジージャンプ

数十メートルのビルや橋の上から，ゴムの命綱をつけて飛び降りるスポーツ，あるいはアトラクション．ニュージーランド人のA. J. Hackett が1987年にパリのエッフェル塔でジャンプしてから，スリリングなアトラクションとして世界中に広まった．バンジーとはニュージーランドのスラングでゴム紐のこと．だが，これはバヌアツの▶ペンテコスト島の伝統行事ナゴールに原型がある．本家のナゴールとは，20～30mの高さに組んだ木材の櫓の上から，地面すれすれまでの長さの蔓を足首に巻き付けて頭から飛び降りるというもの．英語ではタワー・ジャンピングと呼ばれ，植民地時代から知られていた．ヤムイモの豊作祈願が始まりとされ，歌や踊りの祭りの中で，男たちは勇気の証しとして次々にジャンプする．また，少年たちには通過儀礼の一種ともなり，これを経験してはじめて一人前の男と認められた．　　　　　　　　　　　　　小林 泉

パンダヌス | Pandanus

インドから太平洋にかけての熱帯地域に生育するタコノキ科の常緑高木．気根が多くてタコの足のように見えることから，和名ではタコノキと呼ばれる．野生種，栽培種を含め数種ある．繊維を多く含んだ糖質分の多いパイナップルに似た堅果と，硬くて細長い葉がもっぱら利用されるが，種により役立つ部分は異なる．荒れ地や塩分にも強いために，植生の少ない太平洋の環礁では重要な作物である．ここでは学名を *Pandanus tectorius* と呼ばれる種の，赤い堅果や若芽，幼気根が食用に用いられ，主要食物はこれとココヤシのみという地域もある．航海にはこの実を粉にした携帯保存食が欠かせなかった．また，葉を利用する種はポリネシアやミクロネシアでは重要で，乾燥させて帆やマット，衣類を編むのに用いた．パンダヌス製品のなかには，糸のように細く裂いた繊維を用い，まるで織物のように精巧なものもある．メラネシアではニューギニアの標高3000mまでの山岳地域で，やはり食用として利用されている．学名を *P. julianettii* および *P. brosimus* という栽培種ないし野生種がそれで，収穫の効率もよい．脂肪と糖分を多く含んだ堅果は収穫に際しては生食されるが，多くは乾燥保存される．ココヤシを産しない山岳地域では，低地でのココヤシの役割をパンダヌスの実が果たしているといえる．　　　　　　　山本真鳥

パンダバーグ | Bundaberg

オーストラリア東部，クイーンズランド州南東部，ブリズベーンの北約400km (道路距離) にある都市．人口6万3300 (2006)．バーネット川の河口近くの右岸に位置し，周辺のサトウキビ栽培地帯を後背地とした地方中心都市，港湾都市．粗糖輸出港で，専用積込施設をもつ．製糖工場 (1882建設) やサトウキビ栽培用農業機械工場がある．1866年入植．名称は調査者に対するアボリジニの呼び名に由来する．　　　　　　　　谷内 達

パンノキ | breadfruit

Artocarpus communis J. R. et G. Forst.
無核品種の果肉を料理するといも類に似ており，オセアニアの島々で広く主食とされているのでパンノキと呼ばれる．クワ科の常緑樹で30m以上の高木となる．雌雄同株であるが，花は単性である．雄花は多数集まって長さ20cmほどの棍棒状の花序をつくり，雌花は球形の集合花序を形成する．果実は直径20～30cmの球状で2～4kgに達する．成熟すると果面は黄色となる．可食部

●パンの木
下一果実(無核)

は花托と花被部分に相当し、多量のデンプンを含み、乳白色で、粘りと特有の香気がある。有核果は果肉が粗で利用されず、種子をクリのように用いるか、未熟果を野菜とする。ニューギニアからミクロネシア地域の原産である。熱帯の人々の常食に多用され、現在は世界各地で栽培されている。果実をそのまま火中で焼くか、果肉部分のみを煮て食べる。穴を掘りバナナの葉で器をつくり、果肉部分を踏み込んで発酵させると、貯蔵性のあるみそ状の食品となり、主食として重用される。乾果として貯蔵食品にしたり、酒、砂糖漬も作られる。材は建築、ボート製造に、繊維の強い樹皮はロープや布に、ゴム質の乳液はすきま詰め用にと広く利用される有用樹である。　　岸本 修

バンフィールド | Edmund James Banfield | 1852-1923

オーストラリア、グレートバリア・リーフの孤島ダンク島で生涯を終えた隠者。イギリスのリバプール生れ。幼時、家族とオーストラリアに来た。父親が新聞を発行したので新聞記者となるが、神経症を患い、1897年ダンク島を借り受け、耳の遠い妻とそこで暮らしはじめた。そこでの生活を元の勤務先のブリズベーンの新聞に書いたものを《渚の生活》(原題《ビーチコーマーの告白》)(1908)などの作品にまとめて発表、広く海外にも知られ、彼の生き方に倣おうとする追随者がひきもきらなかった。アメリカのヘンリー・ソーローに匹敵するが、バンフィールドには彼のような政治的主張は弱く、その分だけアボリジニはじめ自然の生活に溶け込み、26年の長期にわたる島の生活を享受できた(ソーローの森の生活は2年余にすぎず、インディアンとの接触もなかった)。　　越智道雄

ハンフリーズ | Barry Humphries | 1934-

オーストラリアの俳優、コメディアン、作家。メルボルンに生まれ、メルボルン大学で学ぶ。劇団の俳優だった1955年から、〈アベレージ(月並み)〉という語をもじった名を持つキャラクター、エドナ・エバレッジを演じるようになる。〈メルボルン郊外の平凡な主婦でありながら、世界で最も有名な女性でもある〉という設定のエドナは、オーストラリア社会に対する鋭い風刺で、60年代以降、オーストラリアとイギリスの舞台やテレビのワンマンショーで人気を集める。また、ハンフリーズが1963年から74年までイギリスの雑誌で連載した漫画からは、エドナの甥っ子バリー・マッケンジーというキャラクターが誕生した。彼を主人公に1972年に"ベレスフォード監督が撮った《バリー・マッケンジーの冒険》でも、ハンフリーズはエドナおばさんを演じた。今日、エドナ・エバレッジの、時代を経るごとにどんどん派手になっていった眼鏡は、オーストラリアの文化的記号の一つと見なされている。　　佐和田敬司

ピアソン | Noel Pearson | 1965-

オーストラリアのアボリジニ活動家、弁護士。クイーンズランド州ヨーク岬半島のクックタウン出身。シドニー大学法学部卒業。1993年、"キーティング政権による"先住権原法制定の際、先住民代表の主要メンバーとして政府との交渉の中心となり一躍知られるようになる。"ハワード政権による謝罪の拒否や先住的土地権政策を激しく非難していたが、先住民社会の福祉依存、アルコールや薬物依存の問題、家庭内暴力や年少者への性的虐待の問題に目を向けるようになり、2007年ハワード政権が行ったノーザンテリトリーの先住民コミュニティへの民生介入を強く支持した。〈現代オーストラリアにおける最も重要な政治思想家〉と評されており、キーティング元首相は〈アボリジニのリーダーではなく、リーダーになれ〉と励ましたといわれている。連邦議会進出のうわさもあり、もっとも注目され

る若手政治活動家の一人である。　　杉田弘也

ビーエッチピー・ビリトン［会社］| BHP Billiton Ltd.

2001年にオーストラリア・BHP社(Broken Hill Proprietary, 1885年設立)とイギリス・ビリトン社(1860年設立)の合併により誕生した世界最大の鉱産資源関連多国籍企業。BHP Billiton Ltd.(本社メルボルン)とBHP Billiton Plc.(本社ロンドン)の二元上場会社構成となっているが、経営は同一の取締役会および最高経営責任者のもとで行われている。旧BHP社は、ニューサウスウェールズ州ブロークンヒルでの銀、鉛、亜鉛を皮切りに、オーストラリア国内外で石炭、鉄鉱石、銅、ダイヤモンド、石油・天然ガスなどの探査、採掘、販売や、鉄鋼、アルミニウムその他の金属生産、販売を手掛けてきた。旧ビリトン社は、1860年にオランダ領東インド・ビリトン島(現インドネシア・ベリトゥン島)の錫鉱採掘権を獲得したのに始まり、世界各地でボーキサイト、クロム、マンガン、石炭、ニッケル、チタン、銅などの採掘、販売およびアルミニウム、鉄鋼、合金鉄、卑金属などの生産、販売を行ってきた。合併後のBHPビリトン社は世界25ヵ国、100ヵ所以上で操業し、合計4万人以上を雇用している。2009年度の売上高は502億米ドル(鉄鉱石20%、原料炭16%、石油・天然ガス14%、卑金属[銅、鉛、亜鉛など]14%、燃料炭13%など)、純利益は107億米ドル。　　岡本次郎

ビキニかんしょう | ビキニ環礁 | Bikini Atoll

マーシャル諸島ラリック列島北西部の環礁。約30の礁島からなり、総面積約5km²。1944年、米軍は日本から同環礁を占領すると、ビキニと近隣の▶エニウェトク環礁を原爆実験場に指定し、1946年7月ビキニで第1回目の実験を行った。以後、58年まで核実験が実施され、とくに54年の水爆実験では、隣のロンゲラップ環礁住民および実験区域外を航行中の日本漁船第五福竜丸が水爆の灰を浴びて被爆するという事件も起きた。この間、ビキニ住民は、ロンゲリク島からクワジャリン島へ移動させられ、現在多くはキリ島および▶マジュロ環礁内のエジット島に移住している。実験による放射能汚染は短期の滞在では問題のないレベルになっており、一時は住民の帰還の動きもあったが、現在はむしろダイビングスポットとして観光開発を進めている。　　黒崎岳大

ビクトリア［州］| Victoria

オーストラリア南東部の州。面積22万7400km²、人口512万8300(2006)。州都は▶メルボルン。東西にのびるグレートディバイディング(大分水嶺)山脈を境に、北側は▶マレー川流域の低地、南側は低い丘陵地帯と海岸低地である。州面積の63%が年降水量500mm以上で、土地利用も比較的集約的である。北部のマレー川流域では小麦や羊を中心に、肉牛飼育や灌漑による果樹栽培もみられる。山地では林業のほか西部で牧羊が発達し、南部では酪農、園芸が中心である。人口の84%が南部(州面積の30%)に集中し、州都だけで73%を占める。人口、経済規模の点でニューサウスウェールズ州とならぶこの国の中心州であり、自動車、繊維、衣料品をはじめ各種工業が発達している。農業の代表は酪農で、乳牛頭数は全国の約⅔を占める。また▶バス海峡(ギプスランド沖合)の原油、天然ガスは全国的に重要であり、ラトローブ地方の褐炭資源が発電に利用されている。羊毛、肉、穀物、酪製品、石油製品などを輸出する。1836年にニューサウスウェールズの一部として発足し、51年に分離して自治植民地となった。1850年代のゴールドラッシュとその後の農業開拓により発展し、1901年の連邦結成により州となった。州名はビクトリア女王に由来する。
　　谷内達

ビケタワ宣言 | Biketawa Declaration

南太平洋地域の安全保障の枠組みを定めた決議。2000年10月にキリバスで開催された第31回▶太平洋諸島フォーラム(PIF)において採択された。1980年代以降、太平洋諸国でクーデターや民族紛争が発生する中で、PIF域内の大国であるオーストラリアとニュージーランドが中心となり、域内の新たな安全保障の枠組みを構築することを宣言し、以後軍隊・警察の派遣を含む援助および軍事的介入が可能になった。域内諸国への援助や介入をする場合には、当事国からの要請ならびにPIFでの承認が必要となる。同宣言の適用された例としては、ソロモン

諸島派のRAMSIの派遣やナウルへのPRANの派遣があり、いずれの場合も紛争予防や拡大を抑止するのに成功した。
　　　　　　　　　　　　　　　　　黒崎 岳大

ひじかたひさかつ｜土方久功｜
1900-77（明治33-昭和52）

詩人、画家、彫刻家、民俗誌家。東京小石川林町に生まれる。1924年、東京美術学校彫塑科を卒業、詩や彫刻の創作に没頭する。29年、南洋に《原始の美》を求め、また民俗学的な関心も手伝って、単身パラオに渡る。以後10余年、パラオ島、サタワル（サテワヌ）島を中心に南洋諸島で島の人々と生活を共にしながら、絵画、木彫などの創作活動に励む。同時に、現地の民族芸術の調査や民族学的調査を行う。41年、カロリン、マーシャルの島々を巡航し、各島の社会組織などの調査にあたる。42年に帰国、この年に《パラオの神話伝説》、翌年に《流木》を出版。第2次大戦後は、彫刻と水彩画を中心に、詩集や随筆を創作。また、《サテワヌ島民話》（1953）、《文化の果てに》（1953）やサタワル、パラオ関係の論文を相次いで発表する。その記述内容と収集資料は質的に優れており、関連研究分野で高い評価を受けている。
　　　　　　　　　　　　　　　　　野畑 健太郎

ビショップ｜Gavin Bishop｜1946-

ニュージーランドの絵本作家、絵本画家。ヨーロッパ系移民の子孫である父と、マオリの名門部族出身の母の長男として、インバーカーギルに生まれる。カンタベリー大学美術学部で、ラッセル・クラークとルディ・ゴパスに師事し、その後カンタベリー教員養成カレッジに進学して美術教師となる。教職に就きながら絵本を描き始め、《マギンティー夫人とおかしな植物》（1981）でデビューし、ラッセル・クラーク賞を受賞した。翌年発表の《ミスター・フォックス》で、ニュージーランド年間最優秀絵本賞、第4回野間国際絵本原画コンクール・グランプリに輝く。黒インクと水彩による彩色に加え、近年はモノプリント版画の技法にも挑戦し、魔術的ともいえる迫力のある美しさに溢れた絵を生み出す。物語は創作もあるが、自身のルーツであるマオリの伝承や、欧州昔話の再話に定評がある。2008年に自伝《ピアノロック》を出版した。日本では《きつねおくさまのごけっこん》（1994）、《こうさぎのうみ》（1997）が翻訳出版された。
　　　　　　　　　　　　　　　　　今田 由香

ビショップはくぶつかん｜ビショップ博物館｜Bishop Museum

正式はバーニス・パウアヒ・ビショップ博物館 Bernice Pauahi Bishop Museum。アメリカ、ハワイ州ホノルルにある私立の博物館で、パウアヒ王女（1831-84）の追悼記念として夫のチャールズ・ビショップ（1822-1915）によって1889年に創立された。1988年よりハワイ州政府から財政の一部の援助を受けられるようになった。王女の相続したカメハメハ王朝の遺産を主要な収集品として設立されたが、その後研究部門による太平洋地域からの人類学、考古学、動・植物学の収集品および出版された報告書により、世界に知られる博物館となっている。また日系移民はじめハワイへのアジア系移民に関する資料も豊富である。10万点を超える民族・歴史関係資料を有し、自然科学部門では植物学、昆虫学、魚類学、貝類学各部があり、1900万点余りの標本が常時世界中の研究者に利用されている。
　　　　　　　　　　　　　　　　　篠遠 喜彦

ピジンえいご｜ピジン英語｜Pidgin English

パプアニューギニア、ソロモン諸島、バヌアツ共和国などで共通語として使用されている言語。言語学上のピジンの概念はどの言語集団の母語でもなく、組織的な訓練を経ることなく広まった共通語を示すが、ピジン英語はその典型的な例である。学術的にネオ・メラネシアン Neo-Melanesian（新メラネシア語）と呼ばれたり、パプアニューギニアではピジン英語そのものによる名称からトク・ピシン Tok Pisin と呼ばれたり、またとくにバヌアツではビスラマ Bislama と呼ばれる。メラネシア地域に白人が進出した19世紀後半ころから、白人と現地人との会話、とくにプランテーションでの会話から発達し、その労働者が現地に帰ってからこれを広めるという過程を経て、メラネシア地域に広がっていった。英語と現地語の混成した独自の文法をもち、語彙としては英語からの借用が大部分であるが、ほかにドイツ語、ラバウル付近の現地語なども含まれる。現在では言語の異なる部族間の有力

なコミュニケーション手段となっている。

▷言語事情　　　　　　　　　　　豊田 由貴夫

ビスマーク[諸島] | Bismarck Archipelago

南西太平洋，ニューギニア島北東に位置する，パプアニューギニア領の島群。ニューブリテン島，ニューアイルランド島を中心に，アドミラルティ諸島など約200の島からなる。面積4万9640km²，人口56万6610 (2000)。山がちで火山が多く，地震もよく発生する。北西の季節風と南東の貿易風が吹いて雨量も多く，諸島の大部分は低地雨林地帯となっている。島民はタロイモ，サツマイモなどを栽培し，魚もとる。コプラ，ココア，コーヒーなどが生産され，林業，漁業も盛んになりつつある。主要都市はニューブリテン島のラバウル，ニューアイルランド島のカビエンなどで，特にラバウルは商業，産業，交通の要地である。1616年にオランダ人に発見され，1700年にイギリス人▶ダンピアがニューブリテン島を調査した。ドイツ，オーストラリア領を経て，1975年独立したパプアニューギニア国の一部となる。第2次大戦中，日本軍が一部を占領した。　　　　　　　　　　　小林 繁樹

ビスマーク[山脈] | Bismarck Range

ニューギニア島の中央を東西に貫く大山脈群の東部の一角を占める山脈で，南東端は島の最東端のオーエンスタンリー山脈へとつながる。パプアニューギニアの分水嶺の一つを形成し，3000mをこえる高峰がいくつもそびえ立つ。なかでもパプアニューギニアの最高峰ウィルヘルム山(4697m)やハーゲン山(3778m)はよく知られている。

吉岡 政徳

ビーチコーマー | beachcomber

ビーチコーマーという言葉は，辞書的には①(浜に打ち寄せる)大波，寄せ波，②波止場をうろつく白人浮浪者，を意味する。しかし，太平洋諸島で用いるビーチコーマーの意味は，一般的な辞書的解釈では説明しきれない，むしろ島にとけ込んで太平洋諸島の発展に寄与した文化的渡鳥とでもいうべき白人のことを指している。ヨーロッパ人が太平洋に到来するようになった16世紀以降，難破船の生存者などのように必ずしも本人の自発的意志とはかかわりなく島々に住みつき，故郷で身につけた文化や技術を島の人々に伝え，島の伝統的社会に文化的変革をもたらす役割を演じた白人外国人のことである。▶パパランギもビーチコーマーであった。ハワイのカメハメハ，タヒチのトゥ，トンガのフィナウ，フィジーのナウリボウは，土着王国の建設にビーチコーマーの力を積極的に利用した。彼らの役割はキリスト教伝道者や商人たちの到来によって終りを告げた。

島岡 宏

物資生産力のなかった入植初期のオーストラリアにもビーチコーマーが存在した。この蔑称を一種の敬称に変えたのは▶バンフィールドである。彼は新世界開拓という巨大な欲望解放思潮に歯止めをかける欲望抑制の手本として，自らビーチコーマーを名乗り，この国の隠遁者，1960年代のカウンターカルチャーで高く評価されはじめたドロップアウトの原形像を示した。ふつう隠遁行為は山谷に分け入る形で示されるが，美麗な海岸線に恵まれたオーストラリアでは，海岸をさ迷う形で表現される。この言葉には，乞食行為(漂着物資と原住民からの施しで暮らす)が自然没入と観照，自然の中でのサバイバル，そして征服白人の贖罪の変形としての原住民依存などによって浄化される道筋が示されている。

越智 道雄

ビッグマン | big-man

メラネシア地域，とくにニューギニア中央高地，ソロモン諸島，ニューヘブリデス諸島などにみられる伝統的な政治的リーダーのこと。

ビッグマンという地位は，▶酋長制における酋長の地位のように世襲的に継承されるものではなく，個人の能力と努力によって獲得される基本的には1代限りの地位である。しかもそれは，その地位にさえ就けばそれに付随した権力を行使することができるという性質をもつものではない。リーダーとしての個人的な力が持続する限りにおいて彼はビッグマンであるが，そうした力が衰えると同時に彼はビッグマンとはみなされなくなるのである。個人的な力の源泉の一つは富であり，ビッグマンを目ざす者はまず▶豚などの財を蓄える。そして，たとえば豚を必要としている人々に援助の

●ヒツジ
左—オーストラリアン・メリノー種．
右—コリデール種．ニュージーランド南島原産で，気候風土への適応性が強い．

手を差し伸べる．つまり豚を贈与するのである．この行為は贈与を受けた者の側に負債感を生み出すが，彼はこの負債感を利用して自らの政治的発言や行動への支持をとりつけていく．このようにして自らの支持者を増加させ，その集団のリーダーとなっていった者がビッグマンと呼ばれるようになるのである．

彼は支持者の利益となるように行動する必要がある．そのためには，豚などの財を調達する能力，人々を説得する巧みな弁舌能力，紛争をうまく調停する能力などが要求される．支持者の範囲は通常村落レベルを超えるものではないため，各村落のビッグマンが対峙する地方分権の体制ができあがるが，村落を超えて影響力を発揮しようとするビッグマンも現れる．彼は同じような野心をもつ他のビッグマンと競合関係に入るが，ニューギニア高地では，こうした競合はビッグマン同士の儀礼的交換の場に集約して現れる．この交換でより多く相手に贈与した者が名声を高め，自らの支持者集団を超えて影響力を広めていくのである．ニューヘブリデス北部では，こうした儀礼的交換は位階を伴う階梯制と結びつき，階梯を登りつめたものが政治的リーダーとなる．

吉岡 政德

ヒツジ|羊

[オーストラリアの羊産業] オーストラリアの羊産業は，1787年オーストラリアへの入植の途次，フィリップ総督が南アフリカ喜望峰で羊を入手し，オーストラリアに持ち込んだのが始まりである．以来，入植する将校，役人が個人飼育のために何頭かずつ持ち込んだが，商業化するには至らなかった．今日の繁栄の基礎をつくったのは，時の政府の要請で2人の海軍士官が，1796年やはり喜望峰から持ち込んだスペイン産メリノー種に始まる．そもそも牧羊の目的は食肉が主で，羊毛は二の次であったが，▶マッカーサーが将来の発展はむしろ羊毛にあると見抜き，このメリノー種を買い取ったときに今日の繁栄が約束されたといえる．もちろんヨーロッパにおけるナポレオン戦争による羊毛需要の高まりと価格の高騰，長いこと大陸内部への進入を拒んできた自然の大山嶺ブルー山脈を越える進入路の発見と牧羊可能な広大な土地の入手という歴史の偶然も大きく寄与している．

羊産業は，かつてのようなオーストラリア経済を支える中心的機能や勢いは失われつつも，1980年代にあっても依然として基幹産業の一つであった．頭数では世界で飼育されている羊の約20％を占めており，1987年当時は1億4900万頭(ニュージーランドは6400万頭)．75％はメリノー種で，全輸出額に占める羊毛の比率は約10％となっている．世界市況に依存するため価格変動が大きく，1970年には最低価格維持制度が発足した．

品質改良，生産の合理化，伝染病・寄生虫の防疫などに努め，その分野では世界でも最先端にある．とくに▶連邦科学産業研究機構(CSIRO)を通じての生化学的遺伝子研究は有名である．牧草を食いちらす▶ウサギの駆除剤の導入，土地改良，▶灌漑設備の拡充，新しい牧草の導入，肥料の改良などあらゆる手を尽くしているが，依然として避けられないのが長期にわたる干ばつで

あり，過去何回か大被害を経験している。19世紀末に襲った干ばつ(1895-1903)では飼育頭数が半減するほどであった。1911-16年および1942-46年に襲った干ばつでは全体の¼が犠牲になった。

品質改良の面でもその進歩は著しい。1830年代には，1頭当りの羊毛の収量はわずか1kg平均にすぎなかったのが，1980年代には平均で5kgをしのぐほどになっている。飼育頭数が漸減しているにもかかわらず生産量が減少しない理由がここにある。また脂付きの少ない品種(したがって洗上げ後の収量も多い)も開発されている。その後，食肉用の需要の高まりもあって，毛肉兼用種の人気が高まりつつあり，メリノー種一辺倒からようやく多品種飼育型に移りつつある。また技術改革により生きた羊を大量かつ低廉に輸送できるようになったことから，イスラム国への生きた羊の輸出が行われている。
〈堀 武昭〉

オーストラリアでは，1970年のピーク時に約1億8000万頭の羊が飼育され，2006年には約9300万頭であった。これは中国についで世界第2位である。この国にとって羊産業は，とくに開発の初期にはく羊の背に乗って経済発展した〉といわれるほど歴史的に重要な産業であった。その後は，天然資源が発見され，〈宝物の上で羊を飼っている〉ともいわれるが，今日の豪州経済の中で占める重要性は鉱物資源や小麦などに比べて相対的に小さくなってきているのは否定できない。灌漑設備や土地改良が進んだ結果，牧場が小麦など穀物生産の農地に転用され，羊毛生産は減少傾向にある。羊の種類も多くなって多様化が進行した。羊毛用から最近のラム肉需要の高まりにより，サフォークなど食肉用の肉用種が増えている。
〈岡田 良徳〉

[ニュージーランドの羊産業]　1773年5月，キャプテン・クックがニュージーランドに寄港した際に羊が持ち込まれた。しかし繁殖には失敗，新たな供給は1834年まで待たねばならなかった。ただオーストラリアと違う点は，商業化するのに大した時間を要しなかったことで，44年にはすでに2万7000kgの羊毛をイギリスに輸出している。82年には画期的な船上凍結方法が▶ダニーディン号によって導入され，食肉としての輸出の道が開拓された。ニュージーランドの気候風土が毛用のメリノー種に合わず，早くから毛肉兼用種を飼うようになったことも大きな原因であるが，こうした積極的な姿勢がその後の羊産業の特徴において，オーストラリアとニュージーランドが大きく違う要因となっている。オーストラリアではメリノー種が75%近くを占めているのに対し，ニュージーランドではロムニー種およびその雑種が70%を占めている。これは，ニュージーランドがオーストラリアに先駆けて初めから毛肉兼用種に力を注いできたことの結果である。ニュージーランドの羊毛は粗くて太い梳毛用のものが大半で，絨毯，室内装飾，毛布，手編み用毛糸に使用され，オーストラリア製羊毛とそれほどの競合関係にない。
〈堀 武昭〉

1980年代の後半からの経済改革に伴い，羊産業に対する補助金の削減があり，飼育頭数は減少傾向にある。羊の飼育頭数は，1982年のピーク時には約7000万頭であったが，2008年では約3400万頭ほどである。牧畜業の傾向としては，対米用牛肉が拡大したため，牧場も肉牛・乳牛用に灌漑施設が整備され，夏季の散水と牧草作業も増大した。また，より利益率の高い酪農の比率が高まり，羊肉・羊毛よりは牛肉，さらにはそれより酪農に重点が移っている。食肉加工の工場も閉鎖される可能性が高まっている。しかし，移行は緩やかで依然としてこの国の主要産業であることに変わりはない。羊肉の輸出相手国は，英国，ドイツ，米国，フランス，ベルギー，カナダ，オランダ，日本などである。従来，毛肉兼用主であるロムニー種が主流であったが，最近では，肉が多く，早く生育するという理由で，サフォーク種やサウスダウン種などの品種が飼育されている。
〈岡田 良徳〉

[羊毛公社]　両国の羊毛産業育成に忘れてならないのは，羊毛公社(The New Zealand Wool BoardおよびThe Australian Wool Corporation)の果たしてきた貢献であろう。公社の本来の目的は，価格変動の大きい羊毛の価格を安定させ，かつ生産者にとって最も高い見返り

を確保することである。そのために入札制度，最低価格保障と備蓄など，制度面での改善に力が注がれている。最近は世界における販路拡張のための広報活動，市場調査および予測研究，流通，輸送，保管等の効率改善などにも力を入れている。　　堀　武昭

　両国の公社は，それぞれ大きな役割を果たしたが，1990年代には転換点に差しかかった。ニュージーランドでは，農家に対する賦課金の徴収をめぐって改革が行われた。その結果，ウール・ボード解体会社 Wool Board Disestablishment Company Ltd. が2004年まで処理を担当した。公社の民営化により，現在はミート・ボードの改組された Meat & Wool New Zealand がその役割を果たしている。豪州でも1993年に羊毛産業再建案が出され，羊毛公社の民営化が行われた。1993年から2000年までは羊毛研究推進機構（AWRAP）が移行の機関となり，2001年に豪州羊毛サービス会社 Australian Wool Service Ltd. が設立された。この会社は子会社として The Woolmark Company Pty Ltd. と Australian Wool Innovation Pty Ltd. を有している。　　岡田　良徳

ビティレブ［島］|Viti Levu Island
南太平洋，フィジー最大の島。面積1万0429km²，人口66万1997(2007)。最高峰トマニービ山(1324m)をはじめ多くの山がある島の中央部は広大な高地をなし，レワ川，シガトカ（シンガトカ）川など多数の川が流れ出している。住民の80％は河口の平野部に住む。島の北西部は雨量が少なく乾燥し，観光客の多い国際空港のある▶ナンディや，砂糖の積出港でフィジー第2の町ラウトカなどの町がある。首都▶スバや国内あるいは近くの島嶼諸国と結ぶ空港のあるナウソリなどのある南東部は雨量が多い。バー，シガトカ，タブアなどの町もあり，それぞれフィジーの商工業の中心となっている。
　　小川　正恭

ピトケアン［島］|Pitcairn Island
南太平洋，タヒチ島の南東約2160kmに位置するポリネシア東部の孤島。イギリス領。1767年キャプテン・カートレットのスワロー号が無人のこの島を〈発見〉し，発見した少尉候補生の名前がつけられた。考古学的な証拠から先住民がいたのは明らかであるが，彼らがどこから来てどこへ去ったのかは不明である。けわしい崖に囲まれた長さ3km，幅1.5km，人口約50人(2009)のこの島が有名なのは，住民たちの出自の特異性のためで，彼らの大部分はバウンティ号の反乱を起こした水夫たちとタヒチ島の女性たちとの子孫である。1789年トンガ諸島沖合で，バウンティ号の航海士フレッチャー・クリスチャンらは司令官▶ブライと反乱にくみさぬ士官たちをボートに乗せて追放し，バウンティ号の乗取りに成功した。反乱者たちはタヒチ島に引き返したが，やがて彼らのうちの9名とポリネシア人女性11名，男性6名および少女1名はタヒチを去り，90年無人島であったピトケアンにたどり着いた。ののち，ピトケアン島は1808年にアメリカ船が来るまで外界との交渉をもたなかった。しかしこの間，仲間割れからほとんどの男が殺され，1800年には男1人，女9人，子ども19人になっていた。1825年イギリスの調査隊が国王の恩赦をたずさえて島を訪れ，87年イギリス議会は島に対する植民地条令を可決した。　　石川　栄吉＋斉藤　尚文

ヒバオア［島］|Île Hiva Oa
中部南太平洋，フランスの海外領土マルキーズ（マルケサス）諸島の中で最大の島。面積200km²，人口1986(2007)。山がちの火山島で，南岸と南西岸には高さ150～300mにおよぶ断崖が切り立ち，島の最高峰テメティウ山は標高が約1200mある。ラジオ放送局，病院などがある島の中心アトゥオナには，1904年からフランスのマルキーズ統治の本拠が置かれていたが，40年代にヌクヒバ島のタイオハエに移された。画家▶ゴーギャンはここで亡くなった。　　石川　栄吉＋斉藤　尚文

ヒバード|Jack Hibberd|1940-
オーストラリアの劇作家，詩人，演出家，医師。メルボルン大学医学部を卒業。小劇場ラ・ママ，のちのオーストラリアン・パフォーミング・グループ（APG）の創設者の一人であり，1977年に離脱するまで同劇団の中心的劇作家であった。1969年の《ディンブーラ》は田舎町の結婚式に参加した人々の下品な振る舞いを描いた喜劇だが，当時前衛劇でみられた観客参加劇の手法を取り入

れて，観客が結婚式の招待客になる趣向がうけ，その後長くオーストラリア各地のシアター・レストランの人気演目となった。そのほか，19世紀後半の同名のメロドラマをモチーフにしたジョン・ロメリルとの共作《素晴らしきメルボルン》(1970)，荒野の小屋に住む世捨て人モンク・オニールの一人語り《想像力を広げて》(1972)などがある。1970年代半ばから〈民衆演劇〉の創出を目指して，オーストラリアの偉人を主題にした連作戯曲を発表。1980年代後半から一時筆を折り，医業を再開したが，1996年に戯曲《スラム・ダンク》を書き下ろしたことが話題になった。
佐和田 敬司

ひみつけっしゃ│秘密結社

成員のみがある種の秘密を保持することに基づいて結成された社会集団。ただし，秘密とされる事柄はさまざまで，・仮面や呪術・宗教的儀礼が秘密であることが多いが，結社の成員であること自体が秘密であることもある。メラネシアのニューヘブリデス諸島のマレクラ島のように，女性だけの秘密結社がまれに存在することもあるが，ほとんどの場合，結社は女性を排除して男性のみで構成されている。秘密結社で一般に女性が排除されるのは，仮面やさまざまな秘儀は神聖なもので男性の領域に属するものとされ，女性や子どもは不浄なもの，俗なるものと考えられているからである。非結社員がこうした秘密に近づくことは，その者だけでなく，社会全体に危険を及ぼすと考えられている。男子秘密結社には，すべての男性が加入するものから，自由意志によって加入するものまである。

秘密結社に加入するためには，叢林などの隔離された場所で，死と再生を象徴する・成人式の儀礼を受けなければならない。若者は，割礼・鞭打ちなどの肉体的苦痛を伴う試練を受け，一人前の大人となるための教育を受ける。神，祖霊，死者などを表す仮面仮装者が出現して，それは結社員が扮装しているのだという秘密が開示される。このように聖なる世界のさまざまな秘密を共有することにより，結社員の一体感が強調され，非結社員とは明確に区別される。

仮面仮装者は，群れをなしたり行列をつくり，笛やうなり木によって怪音を発しながら，ときおり村に現れる。彼らは，村から離れた森や船に乗って海上からやってくることが多く，一般的に，かなたの世界から来訪すると信じられている。仮面仮装者は，奇怪な踊りを踊り，作物の生育を予祝し，人々から供応や贈物を受けたりする。また，女性や子どもを脅し，非結社員の非行に対して制裁を加え，罰として財を取り上げたりもする。このように秘密結社は，儀礼を遂行し，知識の伝達を行うとともに，社会の秩序を維持するという機能も果たしている。メラネシアの・ドゥクドゥクや・タマテなどがよく知られた秘密結社の例である。

男子秘密結社の制度がどのような社会的背景のもとで成立したのかについては，はっきりとはわからないが，以下のような説がある。①年齢階層社会が成立し，加入者に啓示される秘儀も段階的に増加して，秘密も階層化されたことで秘密結社が成立した。②後から移住して来た人々が，先住民に対して自分たちの宗教的・儀礼的秘密を保持するために組織した。③母系社会から父系社会へ移行する前段階として，女性支配に対する男性の反抗が男子秘密結社を成立させた。
中山 和芳

ビャクダン│白檀│sandalwood│Santalum album

ビャクダン科に属する熱帯の常緑高木。木芯に芳香があり，中国では古くから香木として好まれた。太平洋諸島では一部で天然の白檀を産した。18世紀終りころから，太平洋で活躍した欧米の商船はおもに中国貿易に携わっていたが，中国からの絹，茶，陶器の代りとして欧米の産品にあまり人気がないことがわかると，太平洋の白檀，真珠，海産物等に目を向けた。すなわち，太平洋でまず雑貨類と交換にそうした産品を手に入れ，中国で交換し，中国の産品を今度は欧米に持っていくという三角貿易を行ったのである。白檀交易が行われたのは，フィジー，マルキーズ，ハワイ，ニューカレドニア，バヌアツ(ニューヘブリデス)の島々であった。島民の側からも，文明社会のもたらす工業製品や火器への需要は大きく，この交易は歓迎されたが，乱伐ゆえに19世

●ビャクダン

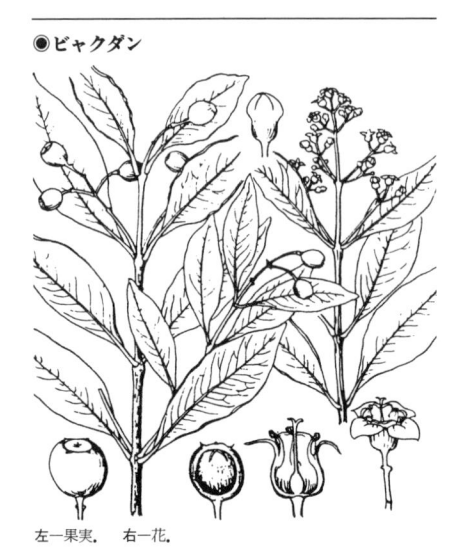

左－果実．右－花．

紀初めからおよそ50年で枯渇してしまった。
　18世紀末に白檀交易の始まったハワイでは，この交易は初めカメハメハ大王により，後には他の首長も含む首長層によって独占され，ビーズからビリヤード台に至る多彩な商品ないしはドル現金と交換された。首長のステータス・シンボルとして珍重されるこうした白人の持物を得るために，白檀交易はしだいにエスカレートし，乱伐が進むにつれ採取のための労働も厳しいものとなり，将来とれるはずの白檀をかたに借金する事態にまで及んだ。白檀の枯渇した後，ハワイは捕鯨船の基地となり，さらにプランテーション農業が始まるが，白檀交易はその前段階として現金経済を導入し，首長社会を変容させる役割を担っていたといえる。一方，バヌアツのタンナ島とエロマンガ島では，悪徳商人が白檀を手に入れるのに多くのトラブルを起こしていたために，その直後に来島した宣教師が虐殺されるという事態を招いている。　　　　　山本 真鳥

ヒューズ｜William Hughes｜1864-1952
オーストラリアの政治家，首相(1915-23)。ウェールズ出身の両親をもち，1884年オーストラリアに移住。▶労働党政治に関与し植民地議会議員となり，波止場労働者組合を結成して労働運動にも影響力をもつ。連邦結成とともに連邦議会に転じ，第1次世界大戦中の1915年，フィッシャーから引き継ぎ，首相となった。兵士から圧倒的な人気を得たが，徴兵の国外派兵を可能にするため2度国民投票を行い，敗れた。1度目の敗北のとき，ヒューズと24名が労働党を離党。▶自由党に合流して国民党 Nationalist Party を結成し，首相にとどまった。労働党では最悪の裏切り者とされている。ベルサイユ講和会議では，赤道以南の旧ドイツ領を自国の委任統治領として獲得し，日本提案の国際連盟憲章への人種平等条項を葬り去った。23年，新たに結成された地方党の拒否にあって首相の座をブルースに譲ったが，保守政党の重鎮であり続けた。52年議員在職中に死亡，51年7ヵ月という史上最長の議員在職期間を誇る。　　　　　杉田 弘也

ヒューム｜Keri Hulme｜1947-
ニュージーランド南島生れの女流作家。先住民マオリ(カイ・タフ部族)とイギリス系の血をひく。肉体労働のアルバイトで暮らしながら書き続け，1975年に《義手と触覚》でK.マンスフィールド短編賞を受賞した。長編《ザ・ボーン・ピープル》を15年かかって書いたが，造語や難解な表現に編集者からクレームがついたため，膨大な原稿をセメントで固めて石段にしようとした。しかし女性運動のグループの私費出版の形で刊行された(1984)。翌年イギリスのブッカー・マッコネル文学賞を受賞し，あらためて英米から出版された。ボーン・ピープルとは，高位にある人間の骨に▶マナ(威厳)が備わると信ずるなど，骨を特別に位置づける文化を伝承するマオリを指す。物語はマオリ系の孤高の女流画家と病んだ白人と海から来た子どもをめぐって展開する。マオリ文化と海とポリネシア神話を愛するヒュームの真髄が生んだ小説である。　　　　　百々 佑利子

ヒョウタン｜瓢箪｜*Lagenaria siceraria*
ヒョウタン(ウリ科)は，先史時代にアジア，太平洋，アメリカに広まっていた真の栽培植物としては唯一のものである。根茎栽培が一般的とされるオセアニアの栽培植物のなかでは，唯一種子増殖をする。起源は明らかにアフリカで，まず海を伝って自然に広まったものと考えられる。東ポリネシア

ではもっぱら容器として用いられ、外面には各文化特有の文様を刻んだものも多い。たとえばハワイの伝統的物質文化には、水入れ、食器などの容器や、船のあか汲み、絵具皿、釣針や釣糸の容器、祭壇のねずみ返し、太鼓、ガラガラ、笛など、ヒョウタンが多用されている。さらにまた変わった使い方では、ニューギニア高地の一部で用いられるヒョウタン製の▶ペニス・ケースがある。また若い実が食用になることも重要である。温帯のニュージーランドではココヤシ、バナナ、パンノキは生育せず、タロイモ、ヤムイモのほかにヒョウタンが、マオリ人がここに持ち込んだ栽培植物としてもっぱら利用された。　　　　　山本 真鳥

ヒラリー│Edmund Percival Hillary│
1919-2008

ニュージーランドの登山家。オークランドに生まれ、養蜂業を営む。第2次世界大戦中より登山を行い、戦後ヨーロッパ、ヒマラヤで活躍し、1953年イギリスのエベレスト隊に参加。シェルパ族のテンジン・ノルゲイとともに初登頂者となり、サーの称号を授与された。その後、南極大陸横断やヒマラヤ科学調査隊長となり、60年代以降、自らが設立したヒマラヤ・トラストを通じ、ネパールの学校・病院建設に尽力した。現在トラストは、観光化によって森林伐採の進んだ同地域における植林活動や、文化の保護など、活動の幅を広げている。2008年、88歳で死去。国葬が執り行われた。著書に《ハイ・アドベンチャー》(邦訳名《わがエベレスト》)などがある。
　　　　　徳久 球雄＋原田 真見

ピルバラ│Pilbara

オーストラリア西部、ウェスタンオーストラリア州北西部の地方名。人口4万4300(2006)。この国の代表的鉄鉱石産地で、1960年代以降六つの鉱山が開かれ、4本の鉄道と三つの港湾が建設された。鉄鉱石および塩の大半は、▶ポートヘッドランドやダンピアから日本や中国などに輸出される。また1984年以来、沖合で原油、天然ガスが採掘されており、原油は全国の約½、天然ガスは約¾を占めている。入植は1860年代にさかのぼり、80年代のゴールドラッシュでその名が知られるようになった。
　　　　　谷内 達

ヒルマーほうこく│ヒルマー報告

▶キーティング政権の諮問を受けたニューサウスウェールズ大学のフレッド・ヒルマー教授を委員長とした独立委員会が、1993年政府に提出した経済改革に関する報告書。この報告に基づくキーティング政権の全国競争政策は、ホーク・キーティング政権による構造改革の集大成といえる。1980～90年代のオーストラリア経済は、ホーク・キーティング政権によってグローバル化と大幅な規制緩和が行われた。しかし、経済改革の網をすり抜けて残存した、電気・ガス・水道といったユーティリティの各州単位の地域独占、小麦・牛乳・卵など農産物の独占買い上げ機構による価格維持、医師・弁護士・会計士など容易に新規参入を認めない一部専門職などが高コスト体質を維持し、経済成長の足かせとなっていた。ヒルマー委員会は、①オーストラリア国内のすべての商取引を、その経営形態にかかわらず連邦商取引法 Trade Practices Act の適用下に置く、②自然独占的性格の強い企業がその立場を濫用しないような規制体制を構築する、③競争を妨げるような法や規制を維持する場合は、それによる公共の利益が競争の減少によるコストを上回ることを確保する、④州営企業が民間企業と競争する場合、政治的に不当な優位を得ることのないよう競争的中立性を確保する、⑤商取引委員会 Trade Practices Commission の機能を拡大する、を中核とした答申を行った。この全国的競争政策は、1995年4月のオーストラリア政府間会議で承認され、同年6月キーティング政権により競争政策改革法として立法化された。商取引委員会は価格監視委員会と合併し、オーストラリア競争・消費者委員会 Australian Competition and Consumer Commission (ACCC) に改組された。

ヒルマー報告に基づく全国競争政策は、オーストラリア経済の生産性向上に大きく貢献し、1990年代後半以降のオーストラリアの経済成長を支えた。その一方、とくに農産物買い上げ機構の解体は農村社会を不安に陥れ、1996年から98年にかけて極右勢力としてオーストラリア政治を席巻したポーリン・ハンソンとワン・ネーション党の台

●ビンロウ

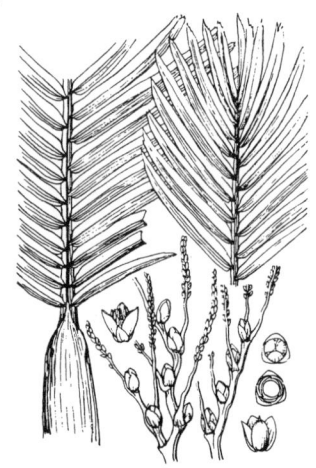

杉田 弘也

頭にもつながった。

ヒロ｜Hilo
アメリカ合衆国ハワイ州，ハワイ島東岸の都市。人口4万759(2000)。同島の商業中心地で，ヒロ湾に臨む良港を有する。かつては捕鯨基地として重要であったが，現在はサトウキビ地帯の中心として砂糖の積出しや，ランの出荷で知られる。ハワイ火山国立公園などの観光・保養地への玄関としても重要。ハワイ大学の分校がある。ライマン・ハウス博物館には捕鯨時代の展示品が多い。市名は〈新月〉の意。

矢ヶ崎 典隆

ヒングストン｜James Hingston｜1830-1902
オーストラリアの紀行作家。1830年ロンドン生れ，52年ビクトリアに渡る。77年から約2年間メルボルン〈アーガス〉紙に日本を含む一連の海外旅行記を送り，後にくオーストラリア人，海外へ The Australian Abroad〉として79年に出版。彼はサンフランシスコから旅行を始め，日本を訪れた後，中国，コーチシナ（現在のベトナム最南部地域），マレーシア，スンダ列島およびジャワへと旅を続けた。それから，オーストラリアのノーザンテリトリーからニュージーランドまで南下，その後，セイロン，インド，エジプト，パレスチナおよびシリヤまで旅を続けている。〈オーストラリア人，海外へ〉は当初全二巻の上製本として，ロンドンで1879年に出版され，オーストラリアで好評を博し，85年にはメルボルンの出版社が廉価版を出した。彼は，日本横断の観光を試みた初めてのオーストラリア人だったようで，東京，横浜，京都，大阪，神戸，そして長崎を訪れた。この本で最も興味深く重要な側面は，オーストラリア人の旅行先として，日本を〈極〉東の国としてではなく，欧米からの行き帰りに訪れることができる国として紹介した点であろう。彼が日本人や日本に魅了されたことは明らかで，西洋諸国が産業革命の始まりと資本主義の進展とともに失い始めた古き良き生活様式を日本は未だに保持していると賞賛している。一方で日本の西洋化には懐疑的で，西洋の技術と文化の導入が日本人の気質と伝統的芸術に悪影響をもたらすのではないかと危惧していた。

村上 雄一

ビンロウ｜betelnut palm｜areca nut palm｜
Areca catechu L.

栽培されるヤシ科の高木で，高さ20mに達し，幹は青竹のようである。葉は羽状複葉で長さ1.2mぐらい。肉穂花序は最下葉鞘の基部の下から出てやや下垂する。雌雄同株で，花序の分枝の基部に雌花を，先の方に雄花をつける。果実はふつう卵形で橙色に熟し，長さ3〜5cm，なかに1個の核がある。インドまたはマレーシアの原産で，東アジアの熱帯に広く栽培されている。ビンロウの果実は日本で薬用，染料とするため，奈良時代の756年（天平勝宝8）ころにすでに輸入された記録がある。ビンロウの果実，つまり檳榔子をかむときは，果実を未熟のとき採集して繊維質の外皮をのぞき，胚乳を縦に2あるいは4分割し，これに石灰をまぶし，これをキンマの葉で包んで少しずつかじる（*ベテル・チューイング）。これをかむと麻酔的な効果により爽快な気分になるが，これを常用すると口の中から唇まで真っ赤になる。また果実はアレコリン arecolin をはじめ，数種のアルカロイドを含有しており，薬用としても利用される。

この属 *Areca* は約15種が東南アジアからニューギニア，オーストラリア北部に分布し，ビンロウや他の種も観賞用に栽植される。

初島 住彦

ファース | Sir Raymond Firth | 1901-2002

イギリスの社会人類学者。▶マリノフスキー、ラドクリフ・ブラウン以降のイギリス社会人類学を代表する一人であり、太平洋のポリネシア文化に属するティコピア島の研究で知られている。ニュージーランドで生まれ、オークランド大学で経済学を修めたが、イギリスのロンドン・スクール・オブ・エコノミックスに留学し、そこでマリノフスキーに出会い、社会人類学を学ぶようになった。1928年から29年にかけてティコピア島でフィールドワークを行い、帰国した後36年に《われら、ティコピア島人》を刊行し、以後次々と同島の社会と文化に関する著作を発表した。また他の地域(マレー半島)の研究や理論的著作も多いが、その特徴は、一つの社会・文化 Tikopia のほとんどあらゆる面に関して報告と分析を行う、というオール・ラウンド・プレーヤー的学風にあり、そのような学者の最後の一人といえる。1973年に英国王室より KBE の称号を授与された。2002年2月22日に100歳で逝去。　　船曳 建夫

ファニング［島］| Fanning Island

中部太平洋、ライン諸島北部にある環礁。周囲50km、陸地面積35km²、人口2539(2005)。島名は1798年ベッツィー号でこの島を発見したファニング Edmund Fanning にちなむが、キリバスではタブアエラン Tabuaeran と呼ばれている。1888年イギリスに併合されたが、現在はギルバート、フェニックス両諸島などとともにキリバス共和国(1979独立)を構成する。1983年までシドニーに本拠を置くバーンズ・フィルプ社の子会社がこの島の大部分を所有し、ココヤシを栽培していた。　　石川 栄吉＋斉藤 尚文

ファーフィ | Joseph Furphy | 1843-1912

オーストラリアの小説家。ビクトリア州リベリナ地方のヤラグレン生れ。▶ブロッキーはじめ奥地特有の仕事に携わってから、兄弟の一人が経営する鋳鉄工場で20年働き、その間にトム・コリンズ Tom Collins の筆名で《ブレティン》誌に寄稿、同時に《これが人生さ》(1903)を書きはじめた。特定の筋はなく、下級役人の主人公が奥地で遭遇したブロッキーなどの新世界独特の人物や事件を、シェークスピアを含む旧世界の人生の英和と諦観に照らして解釈し、位置づけて納得する形で話が進んでいく特殊な形態の作品。1890年代の第1次文化興隆期の柱の一人。最初の原稿は大幅に短縮され、その分は死後《リグビーのロマンス》(1921)と《ブルン・ブルンとブロルガ》(1948)として刊行された。ほかに《ジョゼフ・ファーフィ詩集》(1916)。1905年ウェスタンオーストラリアのフリーマントルで鋳鉄工場をはじめ、そこで没した。　　越智 道雄

ファー・ラップ | Phar Lap | 1927-32

オーストラリア史上最高の英雄的存在の競争馬。ニュージーランド生れで誰も目をかけず破格の安値でオーストラリアに買われてきたファー・ラップは、相性の良い厩務員とコンビを組むと、馬体が大きいため重いハンデを負わされながらも、破竹の連勝を始める。1930年の10月には1週間に4レースも走ったうえで全勝を飾り、あまりに勝ちすぎるためか、銃で狙われるほどであった。その数日後のメルボルン・カップの日には警官の護衛つきでパドックに現れ、非常に重いハンデを負いながら3馬身差で圧勝した。当時世界恐慌の真っただ中で、労働者の4人に1人が失業という暗い世相の下で、草の根出身のファー・ラップは庶民の希望の星として、たとえ馬であってもオーストラリアっ子のハートをつかんで離さなかった。31年に入っても快進撃は続き、32年にはアメリカに遠征し、慣れない条件下でも緒戦のメキシコでの巨額賞金レースに圧勝した。こうしてファー・ラップは鳴り物入りでサンフランシスコ入りを果たすが、そこで突如体調を崩し急死してしまった。英雄の悲劇的な最後に、オーストラリアのファンの多くは、アメリカ人による暗殺を疑った。その遺体は南半球に戻され、骨格がウェリントン博物館に、剝製がメルボルン博物館に安置されている。生涯51レースに出走して、37勝を上げた。　　福嶋 輝彦

ファンガレイ | Whangarei

ニュージーランド北島北部の港湾都市。オークランドの北にのびる半島の中部東岸、ファンガレイ湾の湾奥に位置する。人口7万4500(2006)。近隣のマースデンポイントにはこの国唯一の石油精製所があり、原油

輸入、石油製品移出を一手に取り扱っている。ガラス、セメント、肥料、製材などの工業もある。1840年代に木材伐採のため入植したのが起源で、名称はマオリ語に由来。

谷内 達

フィジーいがっこう|フィジー医学校|
Fiji School of Medicine

英領植民地時代の1885年、スバ医学校として創立。フィジーの首都スバにあるフードレス、タマブラの2つのキャンパスのほか、ビチレブ島西部のラウトカにもキャンパスがあり、現在約1500人の学生が学んでいる。医学部(6年制)、健康科学部、公衆衛生・一次医療学部、歯学部(5年制)の4学部と大学院から成る。フィジー以外の太平洋島嶼国からの学生も多く、南太平洋地域の医学教育に大きく貢献してきた。卒業生には、フィジーの首相・大統領を経験したカミセセ・マラ、ババンドラ元フィジー首相、プアプア元ツバル首相などもいる。現在、フィジー医学校、フィジー科学技術学校、フィジー高等教育短大、フィジー看護学校、フィジー農業短大、およびラウトカ教員養成短大の6校を合併して、フィジー国立大学 Fiji National University を設置する計画が進行している。実現すれば、南太平洋大学、フィジー大学 University of Fiji に次ぐフィジーで三番目の大学となる。

東 裕

ふうしゃ|風車|

オーストラリアの乾燥地帯で家畜用の地下水を汲み上げる掘抜き井戸(フランスのアルトア地方で開発されたのでアルトア式井戸という)の動力に使う。アメリカにおいてとともに奥地の風物詩を形づくっているが、アメリカの風車よりはるかに大きい。地下水は水を通さない二つの岩盤層に挟まれた多孔性の岩盤層にたまっており、不浸透岩盤層が含水層を包み込んでいる場合は、地下が高圧なので掘抜き井戸を掘るだけで地上に噴出してくる。だが包み込んでいない場合は、汲み上げる動力が要り、風車の出番となる。高圧のため、また地底から上昇する間に、水はたいてい熱湯になる。弱アルカリ性なので人間や植物には適さず、飲用は家畜に限り、人間はそれ以外の用途に用いる。かりに植物に適しても灌漑用には量が足り

ない。大陸の⅓が地下水層で、最大の〈大地下水層〉は170万km²、クイーンズランド、ニューサウスウェールズ、サウスオーストラリア、ノーザンテリトリーにまたがる世界最大のものの一つ。ここは最初の2州にまたがるグレートディバイディング山脈から取り込んだ水が、壮大な地下水脈を通して西部の巨大な乾燥地帯の地下に浸透していく構造をもっている。全国で風車を要しない井戸1万8000、風車のある井戸が20万を超える。最も深い井戸は2000mに達するが、普通は1000m以下。地下水の管理は、1961年につくられた、各州を代表する地質学者と水資源保存専門家からなる〈地下水保持会議〉が担当している。

越智 道雄

フェザーストンじけん|フェザーストン事件|

1943年2月25日、ウェリントンの北方約60kmに位置するフェザーストン収容所において、捕虜たちの暴動により日本兵48人、ニュージーランド兵1人が死亡した事件。フェザーストンに収容された日本兵捕虜の大半はガダルカナル島の戦いで米軍捕虜となった兵士たちであり、事件の真相は明らかにされていない。犠牲者の遺骨は行方不明のままであるが、かつて収容所があった場所には慰霊碑が建立され、日本とニュージーランド両国の関係者が訪れている。

武田 真理子

フェニックス[諸島]|Phoenix Islands

中部太平洋、トケラウ諸島北方に位置する島群。8個の島からなる。面積約30km²。イギリスとアメリカの共同管理下に置かれた2島を除きイギリス領であったが、1979年7月ギルバート諸島などとともにキリバス共和国として独立した。19世紀後半にリン鉱石が採掘されたが採りつくされ、現在はカントン島にしか住民がいない。

石川 栄吉+斉藤 尚文

フォーブス|John Forbes|1950-98

オーストラリアの詩人。アダムソンら〈68年世代〉の活動の後に登場した〈73年世代〉を代表する。アダムソンらのロマンティシズムとも、トランターの実験性とも異なるスタンスで、田園詩やオードといった古い詩型式を独特の距離感をもって採用するなど、詩作行為を対象化しつつ、詩を立ち

●フクロオオカミ

上げる自己言及性に特色がある。〈それ[オーストラリアの国家モデル]はトム・ロバーツの/《連邦議会の始まり》みたいに/機能するべきだろう、僕らの国家は/ぎこちないアカデミックな機械みたいなものだから〉(〈ビーチにて―建国二百周年記念の詩〉)といった詩行に示された社会へのアイロニーを込めた視線は、▶スレサーや▶ホープらを想起させる。早逝したが、詩行為を冷静に対象化しつつ現在的事象を取り込んでゆくスタイルは▶キンセラを代表とするオーストラリア詩の主流へと受け継がれている。詩集に《熱帯のスキー》(1976)、《ビーチにて》(1977)、《湿気》(1998)など。　　　湊 圭史

フォンテラ[会社]|
Fonterra Cooperative Group Ltd.
ニュージーランド最大の酪農共同組合系乳業会社。現在、世界の五大乳業会社のうち第4位を占める乳製品製造会社である。1960年代に牛乳生産農家が各地で出資して協同組合を設立し、工場を運営した。1960年の協同組合の数は約180、工場は約270であったが、1980年には、競争と整理統合が進み、組合数が32、工場が89になったといわれる。さらに、84年から経済改革により、協同組合間の競争が激化して合併や統合が進行した。2001年7月にNew Zealand Dairy GroupとKiwi Cooperative Groupが合併し、当時、酪農製品の一元的管理統制を行う政府窓口であった酪農ボードNew Zealand dairy Boardも10月にフォンテラに統合されることになった。こうしてフォンテラ社は国内乳製品の95%を生産販売する大企業となった。国内ばかりでなく世界市場でも競争力を高め、海外企業とも連携・合弁事業を展開しつつある。北米では、ネスレ社との原料乳製品供給提携、Dairy Farmers of America社との合弁事業など、また、豪州やEU、中国でも事業を展開した。その主力ブランドは、牛乳・チーズ・バターではAnchor、アイスクリームではTip top、牛乳・ヨーグルトではAnlene、粉ミルクではAnmum、チーズではMainlandなどである。　　岡田 良徳

プカプカ[島]|**Pukapuka Atoll**
クック諸島の北部群島にある環礁。主島▶ラロトンガ島の西北約1100kmに位置する。住民はクック諸島中唯一サモア語に近い言語を話し、サモア方面から来航したものと推定されている。西洋人としては、1595年にメンダーニャがクック諸島の中では最も早く望見している。島は3つの珊瑚島からなり、上陸の困難さから危険の島Danger Islandの異名がある。2005年2月にサイクロン・パーシーが襲来、大きな被害をだした。人口は507人(2006)。　　小川 和美

フクロオオカミ|袋狼|**thylacine**|
Tasmanian wolf|*Thylacinus cynocephalus*
絶滅したと考えられるタスマニア産の肉食性の有袋目フクロネコ科の哺乳類。別名タスマニアオオカミ、タスマニアタイガー。イヌ類に似た姿は生物進化における収れん現象の最も際だった例とされる。長い犬歯のある口吻部、指行性の四肢など、体のつくりは全体にイヌに酷似し、わずかに基部の太い尾に外観上有袋類の特色を見ることができる。後方にひらく育児嚢には四つの乳頭がある。体毛は短く、黄褐色の地に13～19本の黒茶色の横縞がある。体長100～130cm、尾長50～65cm、肩高60cm前後。タスマニアには1800年代の終わりころまでは比較的多く奨励金をかけて駆除が行われていたが、1900年代に入って急激に減少

●ブーゲンビレア
テリハイカダカズラ

し，33年に最後の個体が捕獲されている．化石の証拠からオーストラリアとニューギニアにも，少なくとも1万年くらい前までは生息したものと推定される．単独生活をし，カンガルー，ワラビー，トカゲ類などを捕食した．人がヒツジを持ち込んでからは，しばしばこれを襲うことがあり，駆除される原因となった．交尾期には雌雄がつがいをつくってともに生活し，1産2～4子，子は約3ヵ月間育児嚢で育てられたといわれる．⇒有袋類　　　　　　　今泉 吉晴

ブーゲンビル[島]｜Bougainville Island
パプアニューギニア国の北ソロモン州にある島．南西太平洋のソロモン諸島北西端に位置する．面積約9900km²，人口18万1321（周辺の島を含む．1999）．東岸に同州の州都アラワ Arawa がある．火山島で，バルビ山（2745m．島の最高峰）とバガナ山（2000m）の二つの活火山をもつ．1768年に，フランス人▶ブーゲンビルが〈発見〉した．自然地理的，また文化的に島はソロモン諸島に属するが，同諸島の中・南部の島々がイギリス領を経てソロモン諸島国として独立したのに対し，同島はドイツ領であったため，オーストラリア信託統治領を経て現在にいたっている．パプアニューギニアが1975年に独立する直前，島民は分離独立を主張したが，島の豊富な鉱物資源，とくに銅をめぐる利益がからまってその主張は受け入れられなかった．ブーゲンビルをめぐるこうした問題は現在でも存続している．銅は島の南部，内陸のパングナで1972年から本格的に産出され始めた．州都アラワは銅山会社と政府によって建設された海岸の銅鉱採掘基地である．パングナの銅鉱はパイプを通して海岸のロロホに送られ，精選鉱としてそこから日本，ドイツなどに輸出される．金，銀をも含有するこの鉱石は，ニューギニア本島・西部州の▶オクテディから採掘される金鉱石，銅鉱石とともに，パプアニューギニアの経済を支えている．　　　　　　　吉岡 政徳

ブーゲンビル｜
Louis Antoine de Bougainville｜1729-1811
フランスの航海者，数学者，軍人．ブーガンビルとも記す．パリに生まれ，20代前半で数学者として名声を博し，ローヤル・ソサエティ（ロンドン王立協会）の会員となった．1756年にカナダへ行き，副官としてイギリスとの戦争に加わった．戦後は自費で南大西洋のフォークランド諸島に入植地を建設したが，67年にスペインに譲り渡すことになり，この代償としてフランス初の太平洋探検隊の隊長のポストを得た．1766-69年ブドゥーズ号でフランス人としては初の世界一周を果たした彼は，ソロモン諸島北西端の島とその南側の海峡にその名をとどめている．ディドロ《ブーガンビル航海記補遺》の種本ともなった彼の《世界周航記》は1771年に出版（翌年英訳）され，注目を集めた．　　　　　　石川 栄吉＋斉藤 尚文

ブーゲンビレア｜*Bougainvillea*
南アメリカ原産で10種あまりあるオシロイバナ科のつる性常緑木本植物．熱帯地方で広く栽培されている．紫色，赤色，橙色，黄色，白色などの花（実際は花序の苞葉）が樹上一面に咲き乱れるさまは壮観である．温室でもよく作られており，最近は，夏の鉢物花木として多く利用されるようになった．熱帯では生垣，刈込み作り，壁面作り，また棚作りなどにも利用される．幹はややつる状をなし，他のものに絡みついてよじのぼり，高いものでは十数mにも達する．葉は卵形または楕円状披針形で，互生してつく．葉腋から出る花序には花弁のように見える3枚の大きな苞葉があり，その内側に筒状で見ばえのしない小さな花が2～3個つく．苞葉は開花後も長く残り，美しい．
　ブーゲンビレアは原種のイカダカズラ *B. spectabilis* Willd., テリハイカダカズラ *B. glabra*

Choisy, それに *B. perviana* Humb. et Bonpl. などとの種間交配によって育成されたものの総称で, 多数の園芸品種があり, 最近では前記の原種とともに, 交配品種 *B.* × *buttiana* Holttum ed Standley も多く栽培されるようになった。なかでも交配品種のミセス・バット Mrs. Butt は苞葉が深紅色で大きく, 花も多くつき, 樹勢も強いので広く栽培される。イカダカズラは生育が旺盛でよく伸び, 枝に多数の先の曲がったとげがあり, 葉は大きくて厚く綿毛がある。苞葉は大きく深桃色。テリハイカダカズラは葉などにほとんど毛がなく, 苞葉の色は赤色または紫色で, 次々に開花する性質があり, 栽培品種も多い。変種のサンデリアーナ var. *sanderiana* の苞葉はすみれ色で花つきがよく, 寒さにも比較的に強く, 作りやすい。鉢物に適する。新梢の充実したものを挿木して繁殖する。
　　　　　　　　　　　　　　　古里 和夫

ブタ｜豚

豚は犬とともにヨーロッパ人渡来以前のオセアニアの伝統的家畜動物であった。オセアニアにはこれら2種類の動物の祖となる野生のものは存在せず, 人間によって東南アジアからオセアニアへ家畜として持ち込まれた。生物学的には *Sus scrofa* に分類される。ニューギニアやメラネシアの一部で野生の豚が生息するが, これらは家畜であったものが逃げ出して野生化したものである。オーストラリアからは豚がかつて生息していた証拠は現在のところ見つかっておらず, アボリジニは豚をもっていなかった。オセアニアの最古の豚はニューギニア高地から発掘され, 年代は今から約1万年前のものである。他のメラネシア地域へはラピタ文化複合の一要素として, 紀元前約1000年ころにオーストロネシア人によって持ち込まれた。人々がさらに東方のポリネシアの島々へ移動するのにともなって, 豚もこれらの島々へ持ち込まれた。しかし, その分布は一様ではなく, ヨーロッパ人渡来時に豚が存在したミクロネシアの島は皆無であったし, ポリネシアでもイースター島, トゥアモトゥ, ニュージーランド等では豚は知られていなかった。一方, ある期間豚が存在した後, なんらかの理由によって全滅した島もあることが考古学の発掘が進むにつれてわかってきている。ミクロネシアのベラウはその一例である。

　豚は主としてココナッツをはじめとする植物性飼料で養われ, 子犬と同様に子豚に女の乳が与えられることもいくつかの島々で行われていた。オセアニア社会における豚の経済的価値は非常に高く, 出生, 結婚, 死亡などの通過儀礼の諸段階や, 病気, 家の建築, 宗教的儀礼などに際して贈与されたり屠られたりした。つまり, 日常生活において単に食用として殺されることはほとんどなく, もっぱら儀礼などに伴って供犠され, 分配されたのである。殺された豚は石蒸焼き料理(ﾟｳﾑ)などで料理され, 食された。
　　　　　　　　　　　　　　　印東 道子

ブッシュ｜bush

オーストラリアでは①ユーカリその他の疎林, ②奥地, 田舎, の両義がある。語源は南アフリカで〈奥地〉の意味に使われるオランダ語 bosch に由来。オーストラリアでは①に関連のある woods や forest, ②と同義の countryside はまず使われず, すべてブッシュで表現される。とくに巨大な熱帯雨林までブッシュですませるのは, 英米人には違和感を抱かせる。この定義のあいまいさは, 一説には初期の流刑囚が大半は都市住民で, 農業や自然を表す用語にうとかったためらしい。ともかく都市郊外の疎林も壮大な本物の奥地もブッシュではさすがに具合が悪く, 後者には outback という言葉もできた。だがふつう〈奥地〉は inland だから, ここで, out と in の混乱が生じ, ついに out in the bush で決着をつけた。また混乱は back と beyond でも起こり, back o' Beyond という言い方もできた。本物の奥地を指す言葉はほかにも Back o' Bourke, West o' Sun-set, Never Never など数多い。このことはオーストラリア人の間で奥地が統制のとれない混沌と意識されてきたことを示している。またその〈混沌〉と4万年にわたってみごとに共存してきたアボリジニの食文化, 生活様式から学ぶ意欲がほとんどなかったことが, 島大陸の豊かな実質をブッシュというぞんざいな言葉で足れりとする投げやりな姿勢につながった。

それだけに逆にブッシュは，ソ連のシベリア，南米の密林，アフリカの砂漠などに匹敵する精神的みそぎの場所に格上げされた。どの国でも，さいはては容易に流刑地とみそぎの場の二重用途を与えられてきたのだ。オーストラリアにおいて格上げを担当したのは，①ブッシュマンと呼ばれた奥地住まいの白人たち，②都市文化をイギリス文化の二番煎じとみて，ブッシュマンらをオーストラリア的アイデンティティの権化として形象化した▶ローソンや▶ハーバートらの作家たち，そして③▶バンフィールドや彼の後継者である1960年代カウンターカルチャー・コミューンの活動家たちだった。バーナード・オダウドやジンディウォロバクス運動の作家たちのように，自らは壮烈な奥地体験もなく，観念だけでブッシュを持ち上げる者もいた。ブッシュマンとローソンたちは，ともに〈素材〉と〈表現者〉として，1890年代の第1次文化興隆期を支え，〈本物のオーストラリア人〉の鮮烈なイメージを残した。ハーバートが〈かわいそうな私の国〉で描いたロバ馬車の御者ビリー・ブルー，共産党員の機関士パット・ハナフォードは，ブッシュマンの20世紀的権化といえる。
越智 道雄

ブッシュレーンジャー｜bushranger
オーストラリアの追剝強盗。言葉としては1805年《シドニー・ガゼット》紙で初めて使われ，10年には初めて賞金がかけられた。初期にはおもに最重罪犯が収容されたタスマニア流刑地を脱走した囚人が，生き延びる唯一の手段として強盗を働いた。強盗行為は，アメリカのようにホールドアップといわず，ベイルアップといった。この時期のブッシュレーンジャーの典型は，民謡《植民地の暴れん坊》で有名なジャック・ドナホウである。また最大の事件は，30年に50人ものブッシュレーンジャーがバサースト付近で警察を襲ったときで，シドニーから軍隊が派遣され，10人が処刑，ブッシュレーンジング法ができた。そのため下火になったが，▶ゴールドラッシュでタスマニア流刑地からの脱走犯が増え，事件が多発した。

1860年代に入ると，新しい徒党が登場した。やせた土地のために大農経営しか成立せず，▶スクォッターの土地寡占が進んだのを是正すべく，植民地政府は小農▶セレクターを育成しようとしたが，彼らは過酷な自然とスクォッターの締めつけで極貧の境涯に落ち，その息子らがブッシュレーンジャーになりはじめた。61年フランク・ガーディナー一味のユーゴウラでの黄金輸送馬車襲撃以後，80年のネッド・ケリー処刑までに，ベン・ホール，ジョニー・ギルバート，狂犬モーガン，キャプテン・サンダーボルト，キャプテン・ムーンライトら約300人が，おもにニューサウスウェールズとビクトリア両植民地の境界付近で強盗を働いた。彼らは官憲とぐるになったスクォッターへのセレクターや▶スワッグマンらの反感に支えられ，いわば〈人民の海を泳ぐ魚〉になっていたから，警察・検察側は逮捕はもとより証言や陪審員すら得られず，仕方なく陪審抜きの特別裁判で断罪した。そのためにケリー一味のように，反イギリス的共和制派の英雄とみられるブッシュレーンジャーまでいた。ケリー一味の銀行襲撃(1879)で重罪犯捕縛法を施行，ある植民地で強盗を行って別の植民地へ逃れた犯人は，別の植民地でも逮捕できることになり，ブッシュレーンジャーは聖域を奪われた。しかし，彼らはほとんどすべてビクトリアとニューサウスウェールズ植民地内に限られていた。
越智 道雄

フナフティ［環礁］Funafuti Atoll
太平洋中部の独立国▶ツバルの首都が置かれている環礁。約30の小島が連なる環礁陸地の総面積は3km²，人口5300(2008)。その中の最大陸地フォンガファレ島(88ha)は，地球温暖化の影響による海面上昇で沈みつつある島として，今世紀に入って一躍世界中の注目を集めた。床下あるいは床上まで浸水するメディアの映像は衝撃的だったが，水浸しの原因は海面上昇というより，沼地の不完全な埋め立てや居住人口の極度の増大による環境破壊が主たる原因であることが2008年の日本政府の精緻な調査で判明した。

1892年にイギリスがこの環礁を植民地にした直後の報告書資料によると，この島は

大半がマングローブ林で覆われた沼地で，200人程度が住んでいた。1942年9月，アメリカがここに1000名超の海兵隊を送り込んで5週間で滑走路を建設し，日本との戦争に備えた。独立国になってこの島に首都が置かれたのは，飛行場があるからだった。いま，わずか東京ドーム19個分に相当する広さの島には，政府庁舎から，警察，病院，ホテル，港など，国家機能のすべてが集中している。

小林 泉

ブーメラン | boomerang

アボリジニの用いたく〉の字形の木製飛道具。一端を持って回転を与えながら投げるもので，鳥や小動物の狩猟や，戦闘に用いられた。長さ30～90cmほどで，かなり直線に近いものから，鋭角的なものまである。投げた後，旋回して投げ手のもとに戻る種類と戻って来ない種類がある。戻って来ない種類のものは，南北アメリカのインディアンやインド南部などにもみられた。

栗田 博之

フラ | hula

ハワイ諸島の伝統的な踊りとその音楽。起源は非常に古く，初めは宗教儀式として，神殿で男性だけが踊っていたが，やがて女性にも許され，1778年にJ.クックがハワイに来たころには，女性による優雅なフラの踊りの型が完成していた。古典フラは大きく分けて2種あり，太鼓の伴奏で踊る宗教的なフラ・パフ hula pahu と，イプ（ひょうたん）の伴奏で踊る語り物的なフラ・アーラアパパ hula 'āla'apapa であった。踊りは胸部を固定し，手，腰，足，そして表情ごとに目を優雅に動かして，太陽，鳥，海などの自然を描写的に表現するパントマイムの要素をもつ。音楽はゆったりバウンスするリズムにのった詠唱的な歌に打楽器（太鼓もしくはイプ）がつくのが古典的な形で，この歌をメレ・フラ mele hula という。

1820年以降アメリカからキリスト教の宣教師が来島し，フラを不道徳的なものと曲解して禁止，その後19世紀末期に再興されてモダン・フラの時代を迎えるが，商業主義に毒された俗悪な腰振り踊りがフラあるいはフラ・ダンスと呼ばれた例が多く，フラに対する誤解は今なお払拭されていない。

● ブーメラン

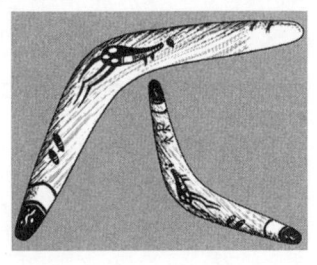

中村 とうよう

フライ [川] | Fly River

ニューギニア島最大の川。全長1040km。島の中央を走る大山脈群に源を発し，島の南部の大沖積平野を蛇行しながらゆっくりと流れてパプア湾に注ぐ。河口と800km上流とはわずか20mの高度差しかなく，12月から3月にかけての雨季にはしばしば広範囲にわたってはんらんする。河口の広大な三角州はマングローブの茂る低湿地帯であり，また密林におおわれた流域にはさまざまな熱帯の野生動物が生息している。特にオーストラリアとの関係が深く，単孔類や有袋類もみられる。川の名前は1842年に河口を発見したブラックウッドが乗っていたイギリス船フライ号にちなむ。

吉岡 政徳

ブライ | William Bligh | 1754-1817

イギリス海軍軍人。クックの第2回航海に参加。1787年，バウンティ号の艦長となり，奴隷の食料用としてパンノキの苗木を西インド諸島に運ぶためタヒチに向かう。苗木の生育のため6ヵ月余りタヒチに滞在するが，乗組員たちはタヒチの文化や気候，女性との交遊から，それまでの価値観に疑問をもつ。89年4月4日，一行はタヒチを出航し，ティモール島へ向かうが，彼の短気と専横的な行為により，4月28日一部の乗組員が反乱を起こし，彼は18人の乗員とともに長さ7m余りのボートに乗せられ追放される（バウンティ号の反乱）。地図をもたなかったにもかかわらず，ボートはブライの卓越した技術と勇気で航海を続け，6月14日にチモール島に着く。ブライほか2人は90年帰国。91年，再び苗木を運ぶためタヒチに向かい，93年1月ジャマイカに到着。1805

年オーストラリアのニューサウスウェールズの総督となるが，08年に反乱（ラム反乱と呼ぶ．ラムの項を参照）に遭い，翌年追放されて帰国．
矢野 將

フライング・ドクター・サービス｜Flying Doctor Service

正式にはローヤル・フライング・ドクター・サービスと呼ぶ．オーストラリアでアウトバックと呼ばれる遠隔地に住む人に医療サービスを行う機構で，各地に飛行場と診察所をもつ基地があり，必要に応じて飛行機で往診したり，無線で処方措置をとっている．機構の運営は各州がそれぞれの独立組織をもち，独自に実施している．1928年，長老派の牧師ジョン・フリン（1880-1951）によって創設された．彼の動機は，医療サービスの行き届かない僻地の人に対して支払い能力のいかんにかかわらず迅速な医療を施すことにあった．現在は歯科にまでサービスが拡大されつつある．
堀 武昭

ブラックバーディング｜blackbirding

本人の意志を無視した奴隷売買をブラックバーディングと呼ぶ．19世紀半ばすぎ，植民者による大土地所有に伴い，太平洋地域でもプランテーション農業が開始されると，大量の労働力が必要となったが，白人は無論のこと自給自足経済にあった現地人は，多くの場合賃労働には不向きであった．そこでハワイやフィジーへは太平洋の外から日本人，中国人，フィリピン人，インド人などの年季契約労働者が迎え入れられた．

一方，少ないながらも，太平洋諸島間で労働者を年季契約で調達したケースがある．メラネシアのソロモン諸島，バヌアツ（ニューヘブリデス）やローヤルティ諸島から，サモア（ココヤシ——かっこ内は主産業を示す），フィジー（サトウキビ），ニューカレドニア（鉱山），オーストラリアのクイーンズランド（綿）へという労働人口の流れがそれで，労働力徴集をもっぱらに行う船が活躍した．しかし年季契約といっても，実際には文字が読めず言葉もわからず，賃労働の意味も不明の人々を連れて行くのであるから，多くのトラブルが生じた．なかには，半ば強制的に契約書に×や記号等で署名させたケースも多く，また，もの珍しげに白人の船に乗り込んだ人々をそのまま出帆して誘拐したり，島の首長を人質にとってその身代りに多数の壮年男子を無理やり連行したケースも多い．こうしたブラックバーディングと正式の契約との境界は判然とはしていない．植民地政府はいちおうブラックバーディング反対の立場をとりながら，植民地経営の都合上，あまり厳しい取締りは行わず，20世紀初めにクイーンズランドが契約労働者の入国を禁じるまで，最終的な解決には至らなかった．ブラックバーディングを含む労働力徴集で移動させられたメラネシア人の総数は10万人と推計されている．その後，外地残留のメラネシア人のほとんどは漸次帰還した．

一方，少数ながら，1860年代に奴隷制廃止のギャップを埋めるべく，南米のペルーへポリネシアからの労働力徴集が行われた．総数で3600人余りと推計されるが，その多くはだまされたり誘拐されたポリネシア人で，まさにブラックバーディングであった．国際世論の批判を浴びて中止となったが，船旅や慣れない労働に大半の人々が命を落としたのであった．
山本真鳥

プランケット・ソサエティ｜Plunket Society

100年以上の歴史をもつ，ニュージーランド最大の育児支援組織．1907年，高い乳児死亡率を憂慮したダニーデンの医師トルビー・キングによって設立された．当初は母子健康促進協会と命名されたが，この協会を援助したプランケット総督夫人の名をとってプランケット・ソサエティと呼ばれるようになる．新生児や乳児専門の病院の設立，専門の教育と訓練を受けたプランケット看護婦による訪問育児指導といった，当時としては革新的な取り組みは社会の支持を得て，その活動は瞬く間に全国に広がった．徐々に都市化・核家族化が進みつつあったニュージーランド社会において，若い母親たちにはプランケット看護婦による訪問指導が支えとなった一方で，その厳格な育児方針が精神的な重圧ともなったことが後年指摘されている．近年はより柔軟なメソッドの導入に加え，チャイルド・シートのレンタル事業や24時間対応の電話育児相談など，その活動の幅を広げている．長年

の実績を背景に現在では政府援助も受けているが、基本的には多くのボランティアによってその経営や活動が支えられているのがこの組織の特徴である。　　　原田真見

ブランシェット｜Cate Blanchett｜1969-

オーストラリアの俳優。メルボルン郊外に生まれ、メルボルン大学で学んだ後、国立演劇学校(NIDA)を卒業した。1990年代前半には、ティモシー・デイリー作《カフカ・ダンス》、スティーブン・スーウェル作《盲目の巨人が踊っている》などのオーストラリア作品や、デビッド・マメットの《オレアナ》への出演で、舞台女優として頭角を現す。1997年に▶ケアリー原作の映画《オスカーとルシンダ》で、オーストラリア映画協会賞(AFI賞)最優秀主演女優賞を受け、映画俳優としても認められる。アメリカ映画《エリザベス》におけるエリザベス1世は当たり役となり、ブランシェットを主演に2007年に続編も作られた。《アビエーター》(2004)でアカデミー賞助演女優賞受賞。ハリウッドでの活躍の傍らオーストラリアでも《リトルフィッシュ》(2005)など低予算の映画に出演している。また、2008年に夫アンドリュー・アプトンとともにシドニー・シアター・カンパニーの芸術監督に就任、同劇団の舞台にも立ち、演出も行っている。また2005年シドニーのクロナラビーチでの人種暴動の際には真っ先に現地に赴いて和解を訴えたり、豪政府主催文化芸術会議の委員長に就任したりするなど、オーストラリアを代表する知性派の表現者として、社会的活動を続けている。　　　佐和田敬司

ブランビー｜brumby

オーストラリアの牧場から逃げて野生化した馬で、アメリカのブロンコ、ムスタングに相当。シートンの名作《だく足ムスタング》にあるように、野生馬は牧場の馬をさらい、人跡未踏の奥地に逃げ込み、捕まらないので、牧場主から害獣とみなされ、殺されている。だが同時に〈山谷の王者〉として敬意の的にもなった。▶パタソンの最高傑作《スノーウィ川から来た男》には、オーストラリア・アルプスを背景にした壮大なブランビー追跡の模様が描かれている。牧場の馬でもしつけのできない馬は、軽蔑的にブランビーと呼ばれる。語源は、〈野生の〉を意味する、クイーンズランドのアボリジニの言葉バルーンビー、あるいは荒馬馴らしで有名な初期入植者ジェームズ・ブランビー少佐と、諸説ある。射殺のほかに追い詰めたり、わなで捕らえたりするが、前者は家畜置場のゲートを要にして1辺約5kmに及ぶ巨大なV字形を構成するようにキャラガ地を木や杭にかけ渡し(ウィングズと呼ぶ)、馴らした馬をブランビーに紛れ込ませて誘導させながらゲートへ追い込む。わなは水の少ない乾季を狙って水飲み場への途中に架設の囲込み場所を作り、そこへ追い込む。　　　越智道雄

ブリズベーン｜Brisbane

オーストラリア東部、クイーンズランド州の州都。都市圏人口は182万400(2006)で、この国第3位。州南東部のモアトン湾に面したブリズベーン川の河口付近に位置する。平均気温は最暖月(1月)25.2℃、最寒月(7月)15.1℃、年降水量は1194mm。都市圏はブリズベーン市(人口99万2200)など9の地方自治体にまたがる。州都としての都市機能が集中し、後背地はニューサウスウェールズ州北東部にも及んでいる。国際空港があり、東京、大阪への定期便もある。クイーンズランド大学(1909創立)、グリフィス大学(1975創立)がある。都心部はブリズベーン川北岸にあり、官庁、企業、公共施設が集中する。都心部から河口までの両岸が港湾地区である。都心部の西南西にあるイプスウィッチは炭田で知られている。1824年流刑入植地として始まり、42年自由入植地となった。名称は植民地総督名に由来する。　　　谷内達

プリチャード｜Katharine Susannah Prichard｜1883-1969

オーストラリアの小説家。新聞経営者を父にフィジーに生まれ、3歳でオーストラリアへ。南メルボルン・カレッジ卒。《▶ブレティン》誌などに寄稿、《メルボルン・ヘラルド》のロンドン特派員になる。1929年発表した長編《クーナードゥー》は、ウェスタンオーストラリア奥地の牧場を舞台に白人男性とアボリジニ女性との関係を描いた最初の作品。代表作はウェスタンオーストラリアの木材搬出の牛車を駆る▶ブロッキー

らを描いた《働く雄牛たち》(1926)。その他カルグーリー金鉱地を素材にした三部作など、ウェスタンオーストラリアへの思い入れが強い。生涯、共産党員として下積みの人々への共感を貫いたが、そのため作品に思想臭・教訓臭が強く、この国に多い社会主義リアリズム系作家の代表となった。

越智 道雄

フリーマン | Catherine Astrid Salome Freeman | 1973-
オーストラリアの女子中短距離陸上選手。通称キャシー・フリーマン。クリーンズランド州マカーイ生まれ。10代のときに義父の勧めで陸上を始める。1990年若干16歳のときにオークランドのコモンウェルス大会で100m×4リレーのメンバーとして優勝し、アボリジニとして初の大会金メダリストとなる。92年にはバルセロナ大会に出場を果たし、アボリジニとして初のオリンピック代表選手となった。94年バンクーバーのコモンウェルス大会では200mと400mで金メダリストとなり、勝利後豪国旗とアボリジニ旗を持って場内を周回したために、保守派からスポーツの場に政治を持ち込む不適切な行為と批判を受けたが、当時労働党政権がアボリジニとの〈和解〉の重要性を強く呼びかけていたせいか、国民の多くはあまり気に留めなかった。その後競技を400mに絞り、96年アトランタ・オリンピックでは銀メダルに終わったが、97年・99年の世界選手権では続けて金メダルを獲得し、2000年シドニー・オリンピックでは優勝候補の最右翼とみられていた。ところが、96年に交代した保守政権が〈和解〉に背を向けるような姿勢を取り続けていたため、フリーマンはアボリジニ活動家の一部から政府への抗議のためオリンピック参加をボイコットすべきとの圧力をかけられた。結局彼女は開会式で聖火リレーの最終ランナーとして登場しただけでなく、400mでも圧倒的な強さで優勝を飾り、豪国旗とアボリジニ旗の両方を身にまとってビクトリーランを行い、多くのアボリジニを勇気づけた。国際オリンピック委員会(IOC)は五輪関連施設での政治的示威行為を禁止していたが、当時のIOC会長は自国旗と自分の出身地の旗を持つこととは自然として粋なはからいをみせた。アボリジニとしては、アトランタ大会の女子ホッケー代表のノバ・ペリスニーボーンに続く、2人目のオリンピック金メダリスト。2004年にレースから引退。

福嶋 輝彦

ブルー[山脈] | Blue Mountains
オーストラリア南東部、ニューサウスウェールズ州のシドニー西郊の山地で、グレートディバイディング(大分水嶺)山脈の一部。おおむね台地状(最高点1093m)で、とくに東側には急崖を伴う深い峡谷が発達する。1789年以来この急崖を越える試みが失敗を重ねた後、1813年にブラックスランド一行が尾根筋のルートを開発して西側への横断に成功した。尾根筋にシドニーから西方の内陸へ向かう幹線道路、鉄道が通る。峡谷景観を中心とした観光地として知られる。中心都市はカトゥーンバで、他の町と連合してブルーマウンテンズ Blue Mountains 市(人口7万6100、2006)を構成する。名称はシドニーからこの山地が青く見えることによるという。

谷内 達

フレーザー | Dawn Fraser | 1937-
オーストラリアが生んだ最も傑出した女性水泳選手。女性選手として世界で初めて100m自由形で1分の壁を破った(1962年に59秒5)。メルボルン(1956)、ローマ(1960)、東京(1964)と、オーストラリア人では唯一、3回連続してオリンピックで金メダルに輝く。オーストラリア全国水泳大会で優勝すること29回、世界記録を更新すること27回の記録ももつ。1960年代には1時間に3回世界記録を更新、オーストラリア水泳王国を世界に広く知らしめる。引退後はおもに青少年スイマーの育成に尽力してきた。1988年から91年まで、ニューサウスウェールズ州の州議会議員も務め、スポーツ界の発展に貢献した。

堀 武昭

フレーザー | John Malcolm Fraser | 1930-
オーストラリアの政治家、首相(1975-83)。ビクトリア州の裕福な家に生まれ、オックスフォード大学を卒業。1955年連邦下院議員となり、陸軍大臣、国防大臣などを経て75年自由党党首となる。上院での優位を利用して*ウィットラム政権と対決し、カー総督による政権解任とそれに続く両院解散

選挙という非常手段によって政権を奪った。特異な政権就任から超保守派との印象を与えたが、"多文化主義、先住民の権利、アジア重視の外交政策など、実はウィットラム政権の継承者という性格が強い。人種問題に熱心で、ベトナム難民の大量受け入れを決断するとともに、南アフリカや旧ローデシアの人種隔離政策を厳しく批判し、サッチャー英首相や自由党内部の反対を押し切って英連邦による経済制裁を主導した。83年の総選挙で敗れ、政治から引退。1990年代初めウィットラムと和解し、現在では家族ぐるみの交友関係にあると報じられている。"ハワード保守政権の外交、難民、多文化、先住民政策などを激しく非難し、ベトナム戦争が過ちであったと認めた。
〔杉田弘也〕

プレストン|Margaret Preston|1883-1963
オーストラリアで最も人気の高い木版画家。アデレードの生れ。アデレードのデザイン学校からメルボルンのナショナル・ギャラリー・スクールに移り、1903年にヨーロッパへ留学。13年ころから再びオーストラリアに定住するようになり、静物や風景を扱った木版画を多く発表しはじめる。19年に著名なビジネスマンのウィリアム・プレストンと結婚。37年パリ国際展覧会の銀賞を獲得し、このころから世界的に評価され、オーストラリアでも人気を得るが、どちらかといえば室内装飾画的な人気であった。やがてアボリジニ絵画への関心を強め、アボリジニの生活を描いた作品も次々と発表。63年に自由で豊かでフランクな80年の生涯を閉じた。晩年になって芸術絵画としても高い評価を得ている。
〔山野浩一〕

ブレティン|《ブレティン》|The Bulletin
オーストラリアの代表的週刊誌。J.F.アーチバルドが1880年創刊。オーストラリア国粋主義を唱え、自前の文化創出をめざして1890年代の第1次文化興隆期出現の一翼を担った。アジアの脅威に対抗すべく各植民地が連邦を形成することを主張したが("白豪主義 Australia for Australia は同誌のモットーで、1960年代までその旨が誌面に印刷されていた)、政体は共和制、教育からの宗教分離を唱え、イギリス王室を露骨に批判するという、偏狭さとリベラルさが交錯していた。とくに表紙を濃いピンクで刷った文芸特集号〈レッド・ページ〉は、"ローソン、"パタソンその他、この国の文化ナショナリズムを担う作家たちの養成に貢献した。編集方針で文体の簡潔さを強く求め、作家たちの書き方に甚大な影響を与えた。1901年のオーストラリア連邦形成後は保守化したが、文芸主体は維持した。

62年《デーリー・テレグラフ》紙などを出すオーストラリア合同プレスに身売りしてからは、文芸部門は甚だしく後退、総合週刊誌に変貌した。1990年代半ばには10万部ほどあった発行数が2007年には半数近くまで落ち込み、08年1月には刊行が停止された。
〔越智道雄〕

ブレナン|Christopher John Brennan|1870-1932
オーストラリアの詩人。シドニーのアイルランド系の家庭に生まれる。カトリック式教育を受けるが、法律を学ぶためシドニー大へ進学し、信仰の代わりとなる絶対普遍的価値を求めて哲学に没頭。1892年にベルリン大に留学するが、ステファン・マラルメとの文通が始まるなど詩への興味が高まり、哲学の学位をあきらめて94年に帰国。ドイツロマン主義とフランス象徴詩に影響された個人的かつ普遍性を追求する詩は難解とされ、女性的存在を介して原初への回帰を希求する姿勢は思想的背景を熟知しないと読み込むことは困難である。"メートシップを核とするナショナリズム文学の盛隆のなかで、主要詩集《詩[1913]》(1914)はほぼ無視に近い扱いを受け、"ホープやジェイムズ・マコーリーらによって再評価の機運が高まったのは第2次世界大戦後であった。評論にも力を注ぎ、19世紀から同時代にかけてのヨーロッパの詩や思想を紹介した業績は大きい。
〔湊圭史〕

フレーム|Janet Frame|1924-2004
ニュージーランドの女流作家。南島ダニーディンのスコットランド系の家庭に生まれた。多感な少女時代に家族の水死などによって内に沈潜するようになった。水への恐怖をからめた処女作(短編)《干潟》を、イギリスの出版社に、作者は南太平洋の小島の

プリンセスであると偽って送り，雑誌に掲載された。ニュージーランド文学界の大御所▶サージソンに才能を認められ，短編集《干潟ほか》が1951年に出版された後，相次いで《ふくろうは鳴く》(1957)，《貯水池》(1966)や自伝三部作《エンジェル・アット・マイ・テーブル》(映画化)他を書き，アメリカなどで多くの読者を得た。精神を病み，長期療養したが，退院後も心が休まる病院で働きながら執筆を続けた。ノーベル文学賞候補として話題にもなった。邦訳は短編《冬の庭》がある。
百々佑利子

ブロークンヒル | Broken Hill
オーストラリア南東部，ニューサウスウェールズ州西部の鉱業都市。人口2万100(2006)。この国有数の非鉄金属鉱山(1883発見)があり，鉛，亜鉛，銀鉱石を採掘し，▶ポートピリーおよび▶ニューカスルへ鉄道輸送する。都市運営における鉱山労働者組合の影響力が強いことでも知られる。名称はアボリジニ語地名の英訳。
谷内 達

ブロッキー | bullocky
オーストラリアで牛車の御者を指す。ふつう16〜18頭の牛を御して，奥地の牧場，町，鉱山などに物資を運び，帰りに羊毛，農産物，丸太，鉱物などを持ち帰った。▶オーバーランダーが切り開き，▶スクオッターや家畜追い(ドローバー)が入植した後，彼らを都市に連結させつつ，開拓を助けた。奥地の人々には重要な情報源だったので，ほら話など話術に優れていたが，牛を駆るときの口調から，すさまじい口汚さが伝説になっている。赤シャツ，モールスキンのズボン，キャベツツリー(シュロの1種)の葉で編んだ帽子，そして5mを超える長い鞭がトレードマークだった。最初の街道はブロッキー・トラックだったから，今日のハイウェーにはその跡を忠実にたどるものもある。牛車の1日の行程は20kmだったので，その間隔で掘建て小屋の酒場が建ち，それが町に育っていった。牛はスイギュウとの混血も使ったが，1チームの牛は毛色，サイズ，力，御しやすさで粒がそろっていることが条件だった。19世紀後半からは馬やラクダに取って代わられたが，おもに丸太の搬出には後々まで使われた。派手な性格のブロッキーは作家にとっては絶好の素材なので，▶ファーフィの傑作《これが人生さ》その他，ブロッキーを描いた作品はずいぶん多い。
越智 道雄

プロトゥ | Pulotu
ポリネシアの神々や祖先が住み，首長層に属する死者の魂の行く所。多くの場合，西方にあるといわれるが，キリスト教の影響で天国，エデンの園のように語られる。サモアのサバイイ島の西にあるファレアルポ村には，海岸近くの岩場に二つの円形の穴があり，そこは死者の魂が入って行く所と考えられている。大きい穴は首長の魂が入る所で，その先にはプロトゥと呼ばれる極楽があり，小さいほうの穴は平民の魂が入る所でタコ神が支配する地獄であるという。トンガでは，神々が住む所であり，そこから▶タンガロア神の命令で祖先が来たとされる。プロトゥには命の水があり，そのそばには神々の命を伝えるアカウレアというしゃべる木がある。そこは死亡した首長層の人々の魂が行く所であるが，平民は魂をもたないため存在をやめるとされている。
矢野 將

ぶんかたげんしゅぎ | 文化多元主義 | multiculturalism | ▶多文化主義

ヘイアウ | heia'u
ハワイの宗教遺跡。その形態は実に多様で，地域的にはある程度の類似性が認められるが，今もって型式分類ができていない。その原因は，構築の責任者である僧侶が多くのヘイアウを参考にしたうえで，新しい設計をしたことによるらしい。

ハワイ島マウナケア山頂にある敷石に立石を配した小型のもの，石壇上に石像を並べたネッカー島のものなどは早期の型式を示し，後期になるにしたがい規模が大きくなる。長方形で周壁をもつもの，周壁のないもの，段丘上に造られたものなどがある。低い祭壇の前や周壁上に神像をたて，祭壇近くに神託を授ける塔，供物用の台，儀式用器物収納小屋をもつのが基本的型式であるが，現在は残存する礎石や柱穴が認められるにすぎない。大酋長たちの建てたルアキニ級のヘイアウでは人身御供も行われた。ハワイ島コナにカメハメハ1世が建てたア

●ヘイアウ
カネアキ・ヘイアウの復元図．オアフ島マカハ．

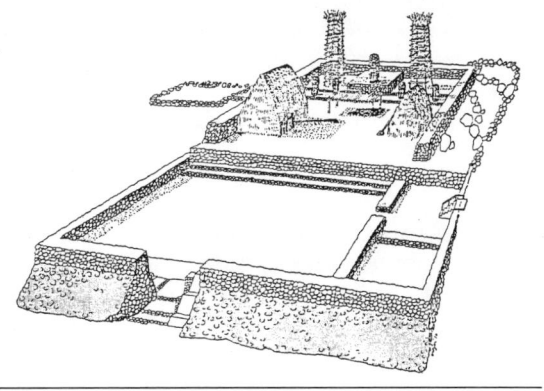

フエナ・ヘイアウは完全に復元されている．
篠遠 喜彦

ヘイエルダール |Thor Heyerdahl|
1914-2002

ノルウェーの人類学者，探検家．はじめ動物学を専攻し，南太平洋の海洋生物研究のためにポリネシアのマルキーズ諸島に渡ったが，ここでポリネシア人の祖先は南アメリカに由来するのではないかという着想を得た．その可能性を検証する目的で，1947年に5名の仲間とともに，コン・ティキ号と名付けたバルサ材の筏で，ペルーのカヤオからトゥアモトゥ諸島のラロイア環礁まで8300km，102日間の漂流実験を試みた．南アメリカのプレ・インカの巨石文化がイースター島その他のポリネシアの巨石文化に類似することをはじめ，南アメリカのインディオあるいは北アメリカ北西岸インディアンとポリネシア人の，双方の文化にいくつかの類似点がみられること，さらに貿易風が東から西への航海を容易ならしめていることなどが，ヘイエルダールの仮説の根拠となっている．しかし彼の論証には牽強付会の点が多く，ポリネシア人の源流を東南アジアに求める学界の定説を覆すにはいたっていない．ヘイエルダールはその後，古代エジプトから南アメリカへの人類移動の仮説を立て，70年に葦舟ラー号による大西洋横断の漂流実験を試みてこれに成功したが，この場合にも彼の主張には無理が多く，学界の認めるところとはなっていない．学界では認められぬものの，文才に富み，

●ヘイエルダール

コン・ティキ号

その著書《コン・ティキ号探検記》(1950)，《アク・アク》(1958)は世界的ベストセラーとなり，彼の知名度を高めた．
石川 栄吉

ベーカー |Sharley Baker|生没年不詳

イギリスの"ウェズリー派伝道団の宣教師．トンガの初代首相．1799年以来，トンガ全土は内戦と混乱が続いていたが，1852年，ジョージ・トゥポウ1世はトンガタプで起こったフランス人宣教師によるトゥイ・トンガの反乱を鎮め，全土を統一，トゥポウ1世=プロテスタント体制を確立した．平和になると宣教師たちは政治活動を始め，王に近代的な制度をつくることを勧めた．憲法・議会制度がつくられると，引退したウェズリー派の宣教師であるベーカーが首相となり，やっかいな仕事は彼の手に委ねら

れた。友好国はドイツ, イギリス, アメリカ合衆国とされた。ベーカーは王にシドニーのウェズリー派団体との関係を断つことを勧め, 国家教会を設立。90年, ベーカーは首相の任を解かれた。その後, イングランド自由教会という新しいセクトをつくるために帰国。著書に《トンガ・英語辞書》がある。
矢野 將

ベーツ｜Daisy Mary Bates｜1861-1951
オーストラリアの社会福祉家, 作家。アイルランド生れ。生年は1859年とも, 1863年ともいう。1884年結核療養のためオーストラリアに来, 大牧場主と結婚。94年ロンドンで記者になり, 《タイムズ》特派員としてウェスタンオーストラリアのアボリジニ虐待を取材に戻ってきた。虐待の事実はなかったが, 彼らが白人の無知と無関心の中に放置されているのを目撃, 夫の死後ウェスタンオーストラリアの広大な牧場を切り回しながら, 1903年から植民地政府の依頼でアボリジニのある部族の調査に取り組んだ。12年牧場を処分, アボリジニと暮らしはじめ, ついには100余の部族語に通じ, 彼らからはカバーリ(祖母)と呼ばれて慕われた。また外の世界でも, イギリス皇太子がその現場に彼女を訪ねるほど有名になった。《アボリジニの滅亡》(1935)などの著書もある。
越智 道雄

ベテル・チューイング｜betel chewing
ヤシ科のアレカヤシ, 通称ビンロウジュ Areca catechu の種子(ベテル・ナット)の核と石灰を, コショウ科のつる性植物キンマ Piper betle の葉で包み, これを口の中で噛む習慣をベテル・チューイングと呼ぶ。噛んでいると口中が朱赤色になり, これを唾液とともに吐く。チョウジ, カーダモンなどの香料を加えることもある。ベテル・ナットはアルカロイドを含み, 興奮性の麻酔作用があり, 紀元前よりインド, 東南アジア, オセアニアの各地で咬嚼料masticatoryとして広く栽培・利用されてきた。ベテル・ナットは日常の嗜好品としてだけでなく, 来客の接待, 結婚式の交換財, 祖霊崇拝儀礼の供物, 悪霊払い, 厄よけといった社会的・宗教的目的にも使われる。ベテル・ナットを砕いたり, 石灰を入れるのに種々の器具が使われる。南太平洋では麻酔性飲料▶カバを飲む地域がベテル・チューイングを行う地域と一部, 重なる。
秋道 智彌

ペニス・ケース
男性性器にかぶせる筒状の保護具。全裸もしくはそれに近い状態で生活している熱帯の原住民に発達しており, 最小単位の服飾とも見られる。彼らの多くは, 衣服は発達していない場合でも装飾本能は強く, ペニス・ケースも性器の保護と同時に, 装飾の機能をももっている。アマゾン・オリノコ川流域の採集狩猟民, オーストラリア中央および北部のアボリジニ, アフリカのスーダン地方の原住民, 一部のメラネシア人などに見受けられる。素材はさまざまで, 植物の茎や葉, 竹, ヒョウタン, 貝殻, 獣皮, 樹皮などが用いられている。それに鳥の羽やビーズ, 中には人間の髪の房などが装飾を目的としてとりつけられることも多く, 誇示される傾向も強い。
鍵谷 明子

ベララベラ[島]｜Vella Lavella Island
西南太平洋, ソロモン諸島西部州, ニュージョージア島群の西端, コロンバンガラ島の北西21kmに位置する火山島。別名ビルアMbilua島。面積670km², 人口9200(1999)。いくつもの休火山, 温泉があり, 熱帯雨林におおわれる。住民はメラネシア人で, 言語は非オーストロネシア語族系(パプア語)に属する。かつては他島からの首狩り襲撃を避けるため, 山頂部や山間に集落があった。白人との接触を通じて海岸低地へ移動した。
秋道 智彌

ペリリュー[島]｜Peleliu Island
パラオ諸島の南部にある島。東経134°, 北緯6～7°。パラオ大堡礁の最南端に位置する隆起サンゴ島で, 主成分は石灰岩。総陸地面積は13km²。南西約10kmには▶アンガウル島がある。北東約40kmにある▶コロール島との間には, ロックアイランドと呼ばれる無人島が点在する。ペリリュー州の人口は約700人で, コロール州, アイライ州に次いでパラオ共和国では3番目(2005)。日本統治下の1933年からは▶南洋興発株式会社のもとでリン鉱採掘が行われ, 日本人移住者や鉱山労働者が入植した。1940年代には飛行場の建設が行われ, 軍事化が進んだ。

1944年9月に米軍が上陸すると，太平洋戦争の最も過酷な戦場となり，日本兵から1万人以上の死者，米兵から約1800人の死者と8000人以上の負傷者を出した。これにより，5集落から構成されていたパラオ人の村落は完全に破壊され，大戦後は北部の海岸沿いへの集住が進んだ。現在では，日米双方の慰霊碑が随所に建設されており，アメリカの国立公園部局による広域公園化も構想されている。2004年には，パラオ共和国大統領，アメリカの退役軍人，日本の元軍人・軍属らの列席のもと，ペリリュー戦60周年式典が行われた。
〔飯高伸五〕

ベレスフォード|Bruce Beresford|1940-
オーストラリア出身の映画監督，オペラ演出家。シドニー生れ。1970年代初頭に復興したばかりのオーストラリア映画産業を象徴する映画監督で，1970年代半ばまでのオッカー映画（下品で粗野な類型的オーストラリア人が登場する）ブームを牽引して，バリー・ハンフリーズの漫画から生まれた《バリー・マッケンジーの冒険》（1972），デビッド・ウィリアムソン原作の《ドンのパーティ》（1976）を撮った。80年代初頭になると，映画界には自国のルーツを探すナショナリズム傾向が生まれるが，ベレスフォードは，ボーア戦争時に英国のスケープゴートにされ処刑されたオーストラリア将校の物語《英雄モラント》を撮ってブームを盛り上げた。その後ハリウッドに拠点を移し，《ドライビング Miss デイジー》（1989）でアカデミー賞4部門を獲得した。また1990年代からアメリカやオーストラリアで，オペラの演出にも携わっている。
〔佐和田敬司〕

ベロナ[島]|Bellona Island
南西太平洋，ソロモン諸島のガダルカナル島の南方約164kmにある隆起環礁。長楕円形をなし，面積は約20km²。人口757（1999）。北西端部をのぞき，標高60〜80mの丘陵が島の外側をとり囲み，旧礁湖である内陸は細長く，平坦な盆地を形成する。気候は一年を通して高温多湿で，昼の年間平均気温は30℃をこえる。4月から11月にかけて南東貿易風，12月から3月にかけて北西ないし西風が吹く。年間雨量は3000mm以上になる。島民はフトゥナ語に近い西ポリネシア語を用い，西ポリネシアのウベアから到来したという起源説話をもつ。隣接するレンネル島の住民と系譜関係を共有し，文化的に共通点をもつ。ヤムイモ，バナナ，サツマイモなどの焼畑耕作が見られる。
〔近森正〕

ベンディゴ|Bendigo
オーストラリア南東部，ビクトリア州中西部，メルボルンの北西方にある都市。人口8万5100（2006）。農牧地帯の地方中心都市で，この国有数の家畜市場がある。1851年の金鉱発見により"バララトとならぶ代表的な金鉱都市として急成長し，金鉱衰退後も地方中心都市として発展してきた。金鉱都市時代以来の建物や並木が残り，路面電車が走る。旧称はサンドハースト Sandhurstであったが，金鉱発見以前からの通称はベンディゴまたはベンディゴクリーク（地元のボクサーのニックネームに由来）であり，91年に現名称に改称した。
〔谷内達〕

ペンテコスト[島]|Pentecost Island
南西太平洋，バヌアツ共和国を形づくるニューヘブリデス諸島の島。ラガ Raga 島ともよばれる。全長61km，最大幅12kmの細長い島で，面積438km²。人口1万1000（1986推定）。言語的に北部，中部，南部と三つの地域に分けられる。南部に行くにしたがって標高が高くなる（最高点は934m）。現在のバヌアツ首相の生地である北部は，バヌアツの中でも最も洗練された地域の一つで，重要人物を輩出している。ほとんどキリスト教徒で教育レベルが高いが，伝統文化にも強い愛着をもち，中でも豚を殺す儀式は人々の生活での最大の関心事である。中部から南部の西海岸にかけて道路は比較的よく発達しているが，東側は南東貿易風を直接受けて海は常に荒れており，険しい南部の山にさえぎられて孤立している。この南部の東側に頑強にキリスト教を拒み，伝統文化の中で生活しているブンラプ村の人々がいる。彼らは，元来は農耕儀礼である飛降りの儀式によって知られている。村人は高さ20m以上の丸太で組んだ塔をつくり，若者が塔の頂上から地上めがけて飛び降りる。足首には塔の高さより少し短めのつるが結びつけてあり，頭が地上にたたきつけられ

る直前につるが張り，若者はもんどりうって地面に着地する．男らしさを誇るこの儀式は，▶ペニス・ケースやグラス・スカートを身につけた伝統的ないでたちと相まって多くの観光客を引きつけているが，儀式を見るには村人に見物料を払わねばならない．

吉岡 政徳

ポイ | poi

▶タロイモを▶石杵で搗き混ぜてペースト状にしたハワイの伝統的主食．▶ウム（石蒸焼き用地炉）で調理されたタロイモは貝のナイフで皮をむかれ，熱いうちにポイ作り専用の木皿の上で石杵で搗きつぶされる．家族用に作るものは，少量の水を加えながら，さらに柔らかいペースト状に搗きのばされる．できたてのものは子どもたちにも与えられるが，数日たって発酵し酸っぱくなったポイは大人たちに好まれる．発酵の進んだポイには新たに作ったポイを混ぜて食用する．

ポイという名称は東ポリネシアの島々で主として使われ，タロイモのほかにパンの実，地下貯蔵された発酵パン果などを石杵で搗き混ぜた料理がポイやポポイと呼ばれている．サモアでは，バナナをつぶしてココナッツミルクと混ぜたものがポイと呼ばれる．つまりポイは，ある特定の材料の名前が他の材料にも拡大使用されたのではなく，石や木杵で搗きつぶしてプディング状にした料理をポイと呼んだのであろうと考えられている．

印東 道子

ポイ・ダンス | poi dance

ニュージーランド先住民東ポリネシア系マオリの若い女性による伝統的な歌と踊り．▶ハカの一種．ポイ（まり）を使う．ポイは，ニュージーランド原産のフラックス（亜麻）の繊維を巻きつけた軽い糸まりで，同じフラックスの長いひもがついている．踊り手たちは，糸の先端を右手に持ち，手首の微妙な回転と左手のあしらいを利用して，空にまりを舞わせる．あるいは肩やわき腹や太ももにぶつけ，その弾みで高く跳ばせる．名手になると，複数の糸まりを自在にあやつる．カヌーで長い航海をする間，疲れたこぎ手たちを慰め励ますために女たちが踊ったという．踊り手に制限のある狭いカヌーの中で，ポイに大きな動きを託した．ポイ・ダンスは優雅でのびやかだが，もともと身内を観衆として発達したため，歌詞のテーマは，部族を訪れた客の話や不幸な結婚に泣く女の話など卑近なものが多い．現在は小学校の体育の時間に女子にのみ教えられているが，これは女性の踊りというマオリ文化の伝統を守るためである．

百々 佑利子

ホィットラム | E. G. Whitlam ➡ウイットラム

ぼうえきふう | 貿易風 | trade wind

緯度30°付近にある亜熱帯高圧帯から西向きの成分をもって赤道に向かって吹くほぼ定常的な風で熱帯東風とも呼ばれている．北半球では北東の風，南半球では南東の風となっている．緯度30°から5°くらいの低緯度地方の地表において観測されるが，とくに海洋上で卓越する．貿易風帯では一般に下降気流が卓越するため，2〜3kmの高度に気温の逆転層が現れ，これより上では大気は乾燥している．この逆転は亜熱帯高気圧の南東部で顕著で，南西部は南東部ほどではない．貿易風と大陸上の気温の高い気団との間につくる前線を貿易風前線という．

貿易風という名称は英語の trade wind の訳語であるが，trade の本来の意味は〈道〉〈通り道〉であることから，繰り返し往復よく知られている航路のことになり，転じて，このようなことが可能になるほど，一定の方向に吹く風のことを trade wind と呼ぶようになったものである．したがって貿易風よりは岡田武松によって一時用いられた〈恒信風〉の方が適当で，フランス語の alizé やドイツ語の Passat にも適合する．

花房 竜男

ぼうけんだんきち | 冒険ダン吉

1933年6月から満6年間にわたり《少年倶楽部》に連載された島田啓三作の漫画．1967年に講談社から復刻版が出ている．当時の南進風潮を背景に，先行していた〈のらくろ〉とともに子どもたちの絶大なる人気を誇った．南の島に渡ったダン吉少年が，現地人や動物たちを従えて冒険しながら王様になり，学校や病院，銀行を作って島の発展に貢献していくという物語．第2次世界大戦後になって，ダン吉の活動舞台がミクロネシアであったとか，明治期にチューク

に渡った「森小弁をモデルにした作品であると紹介されることがよくあった。しかし，実際のモデル地やイメージした実在の人物がいたのではなく，子ども心の空想と想像を掻き立てて書いた作品だと作者自身が述べている。とはいえ，ダン吉の活動に自らの夢やロマンを重ね合わせて渡島した日本人青年が少なくなかった。その意味でミクロネシアは，冒険ダン吉たちの島々といえるかもしれない。
小林 泉

ポウナム | pounamu
英語でグリーンストーンといわれる緑色の軟玉のマオリ名である。ニュージーランド南島西海岸のアラフラ地域の川岸に産する。深い緑色で透明度の高いものから白濁しているものまである。ポウナムのペンダント（護符）やイアリングは，位の高い者しか装用できなかった。キャプテン・クックが訪れたときに大首長から贈られたという大きなポウナムのペンダントは大英博物館にあったが，近年になってニュージーランドが返却を求め，今はオークランド博物館にある。先住民マオリの武器はおもにポウナムで作った平たい「棍棒で，これでたたき殺されるのが最も名誉ある死とされた。ヨーロッパ人の渡来後，銃殺刑を言い渡されたとき，ポウナムで処刑してほしいと嘆願したマオリもいた。現在，ポウナム製品はマオリ文化の過去の象徴として，おもに観光客用に売られている。マオリ伝説では，幻の故郷「ハワイキにいた首長ナフェがポウナムの石に嫉妬した妻に島を追われ，ニュージーランドにたどりついて石をアラフラの土地に隠したという。
百々 佑利子

ホーガン | Paul Hogan | 1940-
オーストラリアの映画俳優，脚本家，コメディアン。ニューサウスウェールズ州北端のライトニングリッジ生れ。芸能界に入る以前は，シドニー・ハーバーブリッジの塗装などさまざまな職業を経験した。そのオッカー（下品で粗野でおおらかな典型的オーストラリア人）らしいユーモアで，テレビ番組《ポール・ホーガン・ショー》がオーストラリアとイギリスで人気となり，またアメリカにおけるオーストラリア観光のコマーシャルのキャラクターとして活躍した。1986年に主演をつとめ，脚本を共同執筆した映画《クロコダイル・ダンディー》は，アボリジニに育てられたブッシュマンが，ニューヨークへ行って巻き起こす騒動を描いたコメディで，史上最も高い興行成績を記録したオーストラリア映画となった。2001年までに2本の続編が作られている。2000年のシドニーオリンピック閉会式では，オーストラリアの文化的アイコンを表す山車の一つとして，クロコダイル・ダンディーの扮装で登場している。
佐和田 敬司

ホキティカ | Hokitika
ニュージーランド南島中部西岸の町。人口3078（2006）。周辺はサザンアルプスを背後にひかえた狭い海岸平野で，酪農が主産業である。サザンアルプスを越えて東岸のクライストチャーチに道路，鉄道が通じ，空港があるが，港湾はない。現在は小さな地方町にすぎないが，1860年代のゴールドラッシュにはオーストラリアから人口が流入し，5万に達したことがある。1864年の開基で，名称はマオリ語に由来する。
谷内 達

ホーク | Robert James Lee Hawke | 1929-
オーストラリアの政治家，首相（1983-91）。サウスオーストラリア州で生まれ，ウェスタンオーストラリア大学卒業後，ローズ奨学金を得てオックスフォード大学で学び，このときビール早飲みの世界記録を打ち立てる。帰国後「オーストラリア労働組合評議会（ACTU）の専従研究員，1970年には議長となる。ストライキを最後の場面で調停することで国民の人気を博し，1980年にビクトリア州ウィルズ選挙区から連邦議会入り。83年，議会解散の日に党首に就任し，〈コンセンサス〉をスローガンに勝利した。首相就任直後，全国経済サミットを開催して経済政策に広範な合意を取り付ける。ACTUと労使関係の政労合意であるアコードを結び，オーストラリアドルの変動相場制移行から始まるオーストラリア経済の構造改革を実行した。これは労働党の伝統に合致しないという非難を浴びたが，こんにちの好調なオーストラリア経済の基礎を築いたといえる。また「アジア太平洋経済協力を提案した。91年12月，経済状況の悪化と野党の新政策に十分対応できず，「キーティン

グに首相の座を奪われて政治から引退。シドニーの高級住宅地に住み，1995年長年連れ添った妻ヘイズルと離婚して，ホークの伝記作者ブランチ・ダルピュジェイと再婚して話題となった。
杉田 弘也

ホクレアごう｜ホクレア号｜Hokule'a
タヒチ～ハワイ間の実験航海に用いられたダブル・カヌー（双胴船）の名。全長18m, 2枚の逆三角帆をもつ。ホクレアとは牛飼座一等星，または〈歓喜の星〉を意味するハワイ語。ポリネシア人の民族移動が数百km以上離れた島嶼間での遠洋航海を通じて達成されたことを実証するために，ハワイ大学のベン・R. フィニー教授らが中心となってハワイ・マウイ島～タヒチ島間の約5000kmに及ぶ実験航海が1976年5～6月に実施され，35日間に及ぶ航海の末に成功した。航海には，乗員15人とともに，古代ポリネシア人が運んだとされるココヤシ，タロイモなどの食糧，犬1匹，豚1頭，鶏2羽が乗せられた。ミクロネシアのサタワル島で最後の伝統的な航海術修得者とされるピウス・ピアイルクがナビゲーターとして操船指導にあたった。その際，ミクロネシアで用いられる航海術のさまざまな知識が活用された。
秋道 智彌

ボーゲル｜Julius Vogel｜1835-99
ニュージーランドの国家創設期の政治家，財政家。裕福なユダヤ人商人の子としてロンドンに生れたが，幼少時に父母を亡くして極貧の生活に陥る。17歳のときオーストラリアに移住して種々の職業を転々とし，約10年後にニュージーランドに移住した。ダニーディンでニュージーランド初の日刊紙を発行した後，1863年国会議員に当選。69年蔵相，73-75年および76年首相。1870年代ニュージーランド土地戦争後の国家開発を計画，遂行した。これによりニュージーランド全土にわたり道路，橋梁，鉄道，港湾，通信施設などが建設され，のちの経済社会発展の基礎がつくられた。イギリスからの借款導入にも敏腕をふるった。
地引 嘉博

ポーター｜Hal Porter｜1911-84
オーストラリアの小説家。メルボルン生れ。ビクトリア州南東部のギップスランド地方の町ベアンズデールで育つ。おもに教職に就き，創作活動を続けた。第2次世界大戦後は自国の日本駐留軍軍属子弟の教師として1949-50年呉などに滞在，帰国後ベアンズデールなどで図書館勤務の後，61年から執筆生活に入る。なお日本には67年と80年にも訪れた。経験の多面性をとらえようと，内包性の高い合成語句を多用するバロック調の独特の文体だが，ホワイトのように静的でなく，語句と背後の意味が踊り狂う印象がある。短編（代表作は《独り者の子供たち》1962）と自伝（代表作は《鋳鉄製手すりのバルコニーの見張り人》1963）で知られるが，彼の中心的関心領域ではないまでも，日本ものは，短編集《ミスター・バタフライ他新しい日本の物語》(1970)，長編では《一撮みの小銭》(1958)，戯曲《教授》(1966)，日本論《俳優たち》(1968)と数多い。
越智 道雄

ポートビラ｜Port Vila
南西太平洋，バヌアツ共和国の首都。人口3万3700(2009)。エファテ島の南西部，静かな入江にある良港。町の北方に国際空港がある。海岸に面したヒギンソン通り周辺に郵便局，銀行，商社，商店，官庁が集中し，山手は閑静な住宅街となっている。中心街の通りには早朝から朝市が立ち，近隣の村から野菜などを売りにくる。交通機関はタクシーとバスであるが，バスは小型ですべて個人経営であり，客の希望で自由に路線を変える。住民の約8％は白人で，国語のビスラマ語のほかに英語，フランス語が話されており，中国人，日本人，ベトナム人の商店も多い。免税店が軒を連ね，観光客が多い。
吉岡 政徳

ポートピリー｜Port Pirie
オーストラリア南部，サウスオーストラリア州南東部の港湾都市。アデレードの北約200kmのスペンサー湾北部東岸にある。人口1万3600(2006)。ブロークンヒル（約350km北東）で採掘された鉛・亜鉛鉱石の積出港で，大きな鉛精錬所(1889開始)がある。周辺の農業地帯の小麦なども輸出している。1848年の開基で，名称は最初の移住船の名に由来する。
谷内 達

ポートヘッドランド｜Port Hedland
オーストラリア西部，ウェスタンオースト

ラリア州北西部，▸ピルバラ地方の中心都市。人口1万3000(2006)。19世紀以来の小さな港町であったが，1960年代に鉱山鉄道，専用港湾が建設され，南約350kmにあるマウントニューマンなど三つの鉱山からの輸出港として急成長した。1863年の開基で，名称は最初の白人来航者名に由来する。

谷内 達

ポートモレスビー｜Port Moresby

パプアニューギニア国の首都。ニューギニア島の南東岸にあり，首都特別地区を形成している。人口25万4158(2000)。1873年にジョン・モレスビーが港を発見，命名した。静かな港町であったが，1945年以後，行政の中心として急速に発展し，隣接する丘陵の方へと広がった。オーエンスタンリー山脈の山影に入るため，国中で最も降水量の少ない地域となっている(年平均降水量1195mm)。近代的な物資はほとんどすべて手に入り，町にはさまざまな民族が行きかい，東部の官庁街はビルが林立する。官庁街にある▸パプアニューギニア大学は特に南太平洋新興独立国の人々にとって，国の指導的役職につくためのエリートコースの最頂点にある。官庁街のさらに東にジャクソンズ国際空港があり，シドニー，マニラ，シンガポールなどとの定期便がある。

吉岡 政徳

ホニアラ｜Honiara

ソロモン諸島国の首都。ガダルカナル島北岸に位置する。面積22km²で，大半が国有地。人口約7万人(2005)。太平洋戦争における日米の激戦地として知られる。地名は，街の中心部にあるクルス岬から西約400kmの範囲がナホニアラ〈北東風の吹く場所〉と呼ばれていたことに由来する。ホニアラには，ソロモン諸島国の立法，行政，司法にかかわる公的諸機関が集中するだけでなく，華人が経営する小規模店舗やスーパーマーケットなどが建ち並ぶ商業の中心地でもあり，ソロモン諸島で唯一の都市的空間である。

太平洋戦争前には，マタニコ村という地元住民の村とその村の住民が親族集団単位で所有する熱帯林，白人が経営するココヤシ農園が広がるだけの土地であった。ホニアラの都市化は，大戦後イギリス植民地政府が，米軍が戦争中にホニアラ東部ルンガ地区に建設したバラックを庁舎として利用し行政を再開したことに始まる。1959年に行われた人口調査によると，ホニアラ人口のうち約80％がメラネシア系，ポリネシア系，キリバス系住民であり，彼らの大半は就業の機会を求めて出身村を出てきた独身もしくは単身赴任の男性(未熟練労働者)であった。人々が地方の村落から就業や就学，あるいは近代的な雰囲気を味わうためにホニアラへ移動し，再び村落へ還流する現象は，78年の独立以後の時代においても一般的である。しかし，ソロモン諸島における賃金労働の多くはホニアラに集中するものの，その機会は極めて乏しい。就業・就学の機会に恵まれず，同郷人の家に寄生し，無目的にホニアラに滞在し続ける若者をマライタ島の言葉でマスタ・リウと呼ぶ。彼らの中には刑事事件をおこす者もいて，彼らの存在が社会問題として扱われてきた。

関根 久雄

ホノルル｜Honolulu

アメリカ合衆国ハワイ州，オアフ島南岸にある州都で最大都市。人口37万5571(2007推定)，大都市域人口90万5034(2008推定)。ホノルルとはハワイのポリネシア語で〈保護された湾〉という意味。1794年にイギリス船がここに白人として初めて到着したときには，ポリネシア人の小さな村があるにすぎなかった。その後港町として発展し，太平洋の捕鯨基地ともなった。1820年にはニューイングランドのプロテスタントの宣教師が布教を開始した。50年，カメハメハ3世の代に▸ハワイ王国の首都となった。19世紀後半にはパイナップル，サトウキビの栽培が発展して，多数の▸移民労働者が集まった。ハワイは98年，アメリカ合衆国領となったが，その後もホノルルは中心都市として発展し，1959年のハワイ州成立とともに州都となった。まさにホノルルはハワイの顔であり，中心である。港湾機能はかなり後退したが，航空交通の要点としての役割は絶大で，太平洋中部最大の拠点となっている。西方のパールハーバー(真珠湾)の軍港もこの戦略的位置から重要視されている。常夏の気候とワイキキ海岸に見られるような美しい熱帯景観に魅せられて，世界

各国とりわけ合衆国本土と日本からの観光客が集まる．住民はヨーロッパ系，日系，ポリネシア系，フィリピン系，ヒスパニック系，黒人系など多様であり，日本語もかなり通用している．文化施設には，ハワイ大学マノア校のキャンパス内にある東西比較文化の研究で知られる▶イースト・ウェスト・センター，太平洋圏文化のコレクションで知られる▶ビショップ博物館やポリネシア文化センターなどがあり，多くの人をひきつけている．

正井 泰夫

ホバート | Hobart

オーストラリア南東部，タスマニア州の州都．都市圏人口20万5600(2006)．タスマニア島南東部，ダーウェント川河口付近に位置する．平均気温は最暖月(2月)17.4℃，最寒月(7月)8.5℃，年降水量が576mm．都市圏はホバート市(人口4万9600)をはじめ六つの地方自治体を含む．ダーウェント川右岸の都心部，港湾地区を中心に市街地は空港のある左岸にも広がり，両岸をタスマン橋が結ぶ．都心部には議事堂(1834建設)，タスマニア大学(1890創立)などがある．良港と島の豊かな電力を背景にリスドンでの亜鉛精錬などが発達し，港から亜鉛，チップ，紙・パルプ，リンゴなどを輸・移出する．シドニーに次ぎこの国で第2に古い都市(1804開基)である．名称はイギリス植民地大臣の名に由来する．

谷内 達

ホープ | Alec Derwent Hope | 1907-2000

オーストラリアの詩人．ニューサウスウェールズ州クーマで牧師の家庭に生まれるが，タスマニアに移住．幼少期は家庭で両親からラテン語を含めた古典的教育を受けた．奨学生としてシドニー大で英文学と哲学を学び，1929年からオックスフォード大に留学，帰国後は教員などをしつつ学業を続ける．45年にメルボルン大講師，51年にはキャンベラ大(現在のオーストラリア国立大)の英文学教授．熟練した詩人，辛辣な批評家として，長く文芸誌の常連寄稿者であったが，詩集出版は1955年の《漂う島々》と遅かった．自由律やモダニズムを認めず，ロマン主義的人間像を探求する保守性と，性的テーマを大っぴらに扱ってみせる大胆さとをもち合わせており，ヨーロッパ文明に憧憬を抱きつつ，くこの未開の緑もない赤い丘が勇気を奮って／荒地に，学識ある疑いを，あちらで／文明などと呼ばれている文化的猿のお喋りを／逃れる精神を生み出すのではと希望するのだ〉〈オーストラリア〉)と自国文化の不毛を表現として昇華したところに真価があった．古典や神話を取り入れて風刺と哲学の洞察をともに表す手腕は，▶ライトらと共に50年代からのオーストラリア詩の興隆の中で重要な役割を担い，第2次世界大戦後オーストラリアの代表的知識人に数えられる．

湊 圭史

ホブソン | William Hobson | 1793-1842

ニュージーランドにイギリスが派遣した初代総督．アイルランドの生れで，幼い頃より海軍に仕えた．オーストラリアで総督を務めていたホブソンは1840年2月，命を受けてニュージーランドに赴任，先住民マオリの代表との間で▶ワイタンギ条約を締結し，ニュージーランドをイギリスの植民地とした．それまで置かれていた現地代理▶バズビーに代わって初代総督として駐在したが，マオリ，移住者側の双方からの土地問題についての絶え間ない訴えのなかで憔悴し，42年に在任2年にして死亡した．2代目総督としてロバート・フィツロイが任命されたが成功せず，初期植民地行政の成功は45年の▶グレーの任命を待たねばならなかった．

地引 嘉博

ポフツカワ | pohutukawa ;
Christmas tree (of New Zealand) ;
Metrosideros tomentosa A. Rich.

フトモモ科の常緑の高木で，大きくなると高さ20mにまでなる．葉は深い緑色であるが，裏には白色の毛を密生する．日本でも温暖な地域に栽植されるブラシノキ *Callistemon* に近縁で，緋赤色の花がクリスマスのころに開くのでくクリスマスノキ〉の名で呼ばれる．ポフツカワはマオリ語名．ニュージーランド北島の東海岸や内陸の火山地域に生育し，良く枝分れしてこんもりとした樹形をつくる．観賞用に栽培され，材は濃い赤色で堅くて重く，耐朽性があるので造船や重構造材に利用されるが，大きな柱や板はとれない．

堀田 満

ポマレおうちょう | ポマレ王朝

フランス領ポリネシアのタヒチに存在した王朝。タヒチにはヨーロッパ人の来訪以前は、いくつかの首長国があり、互いに戦闘を繰り返していた。ポマレ Pomare（1745ころ-1803）はタヒチ島北東部のポリオヌウ地区の首長であったが、ライアテア、ボラボラ、フアヒネの首長たちとも同盟を結んでいたようである。彼の領土の一画であったマタバイ湾にたまたまヨーロッパ人らが入港するようになったことが、ポマレを有利に導いた。彼らからの贈物、とくに銃器が威力を発揮したためである。ポマレは1798年到着したロンドン伝道協会の宣教師を友好的に遇したが、彼自身は改宗することなく1803年死亡した。

父の跡を継いだポマレ2世（1774-1821）は、伝統的な宗教を捨ててキリスト教を受容することを決意し、1812年洗礼を受けた。ポマレが彼に反対する他の首長らとの戦いに勝ち、タヒチ全土を統一するのは15年のことである。彼はこれまでタブーとされていた食物を食べ、神像を破壊した。またマラエの代りに壮大な教会堂を建設した。しかし彼の死の原因は度を過ぎた飲酒のためだと伝えられている。幼くして位に就いたポマレ3世（1820-27）は、在位わずか6年で死亡するが、この間ロンドン伝道協会は政治上の事柄にも影響力をもつようになった。

ポマレ4世（1813-77）は3世の姉で、1827年即位したが、彼女の在位中の最大の事件はタヒチがフランスに併合されたことである。布教のため訪れたカトリック僧らが拒否されたことに抗議して、38年タヒチを訪れたフランス海軍は、60門の大砲をパペエテに向け、賠償金を要求し、傷つけられたフランスの名誉を回復するよう求めた。女王は賠償金の支払いに応じる一方、イギリスのビクトリア女王に保護を懇請するが、他地域の植民地経営に忙殺されていたイギリスはこれを拒否した。この間フランスは強引に女王や有力首長らに、タヒチが同国の保護国となる条約に署名するよう迫った。47年女王は最終的にその条約を承認したが、ライアテア島に逃れ、フランスは女王支持者を一掃した。女王の死後ポマレ5世（1839-91）が継いだが、フランスはこの地を保護領から正規の植民地としたため、退位を説得され、80年それに応じた。条件は1年に6万フランの年金と生涯王のタイトル保持の許可であった。こうしてポマレ王朝は5代約90年で幕を閉じた。

〈青柳 真智子〉

ボラボラ[島] | Bora Bora

フランス領ポリネシアのソシエテ諸島にある火山島。タヒチ島の北西270kmに位置し、タヒチ島から直行で約50分。島は一周約32km、総面積40km²で、人口約8900（2007）。中央にオテマヌ山（727m）をいただき、周囲をリーフに囲まれたその景観は、南太平洋随一とも称される。太平洋戦争中はアメリカ軍の補給基地となり、このとき建設された空港は、1960年代まで仏領ポリネシア唯一の国際空港だった。ボラボラ空港はリーフ上に建設されており、ボートでラグーンを横切って本島に渡る演出も観光客には人気がある。中心は島の西側にあるバイパエ村で、南側を中心に島全体にリゾートホテルが点在しており、とくに〈水上コテージ〉は有名。

〈小川 和美〉

ホリオーク | Keith Jacka Holyoake | 1904-83

ニュージーランドの政治家。パーマストン近くの農家に生まれ、少年のときから農場で働く。農業団体役員を経て1932年、ニュージーランド史上最年少の国会議員となる。49年成立のホーランド国民党内閣で副首相兼農業相。57年9月ホーランド首相が病気で辞職したあと短期間ながら首相となり、60年から72年まで12年間4期にわたって国民党を率いて首相を務めた。彼の政権のもとでニュージーランドは経済的にも社会的にも繁栄の絶頂に立ったが、その後半には貿易の交易条件の悪化など、のちの経済困難の萌芽がみられた。政治家としてコンセンサスの政治を唱えた。

〈地引 嘉博〉

ポリネシア | Polynesia

太平洋の島々のうち、北はハワイ、南はニュージーランド、東はイースター島を頂点とする一辺がおよそ8000kmの巨大な三角形に含まれる島々の総称。ポリネシアという言葉は、元来ギリシア語で〈多数の島々〉を意味する。陸地総面積は29万km²余りであるが、ニュージーランドを除く島嶼部の

面積は2万5800km²にすぎない。地質学的には，オーストラリア大陸プレートの前縁にあたるニュージーランド，ケルマデック諸島，トンガ諸島と，太平洋プレート上のハワイ，マルキーズ諸島，ソシエテ諸島など数多くの諸島からなる。前者は水成岩と深成岩，変成岩，安山岩などの火山岩からなり，地殻活動が活発で地震も多い環太平洋造山帯上の陸島である。これに対して後者は玄武岩からなる洋島の火山島である。東太平洋海嶺から北西方向への太平洋プレートの移動に伴う海洋底の沈みこみに応じ，太平洋プレート上の火山島は北西方向にゆくにしたがい沈降が大きく，水没した火山島の表面を覆うサンゴ層の厚さは，エリス諸島のフナフティ島で305m，ミクロネシアのマーシャル諸島のビキニ島で780mにもおよぶ。これら海洋底の移動に伴う火山島の沈降に対し，ニウエ島やタヒチ東方のマカテア島など，若干の島々では数十mの隆起がみられる。太平洋の洋島の多くはサンゴ礁からできているが，サンゴ虫は海水温度18℃以下か，水面下およそ40m以深のところでは生息できない。そのため冷水塊の上昇しているところではサンゴの発達が悪い。熱帯海域であるにもかかわらず寒流のペルー（フンボルト）海流が洗うマルキーズ諸島やこれより東方の島々にサンゴ礁がみられないのはこのためである。

地質学的な区別に対し，高島（火山島）と低平なサンゴ礁島および隆起サンゴ礁の区別は生態学的に重要な意味をもつ。低平なサンゴ礁島は高さが5mを越えることはまれであり，基盤が保水性の悪い石灰岩であることから，植物の成育には適さない。地下水は普通塩分を含むため，植生はココヤシやタコノキの仲間などの耐塩性の植物に限られる。同じく隆起サンゴ礁も浸透性の強いサンゴ岩を基盤とするため土壌の水分は乏しく，耐乾性の植物に限られる。これらのサンゴ礁島は飲料水を天水に頼っている。これに対し，高島は水が豊富であり，火山性母岩の風化が進んだ古い火山島は肥沃な土壌にも恵まれ，植物の繁茂も盛んである。

ポリネシアの島々はニュージーランドが温帯圏に属するほかは，すべて熱帯もしくは亜熱帯に位置し，気温は南北両端の島を除き均質であり，年較差は小さい。一般に雨は赤道の北側では6〜10月に，南側では11〜4月に多いが，季節的にも，地理的分布においても多様である。北半球ではハワイ諸島，南半球ではイースター島のある東太平洋上の亜熱帯高圧帯から赤道沿いの無風帯へ向けて吹き出す貿易風は，地球の自転により北半球では北東風，南半球では南東風となる。このため高い火山島の風上にあたる東斜面には雨が多く，風下は雨が少ない。しかし，低いサンゴ礁の島は貿易風による降雨は少なく，スコール性のにわか雨に頼るのみである。赤道無風帯は風向の一定しない微風を特徴とするが，二つの貿易風の衝突による熱帯前線のため，スコール以外の降雨量も多い。しかし，無風帯は赤道以南には現れず，低温のペルー海流，南赤道海流に面したマルキーズ諸島やクリスマス島，フェニックス諸島，モルデン島などでは雨量はきわめて少なく，植物は貧弱である。また熱帯低気圧の発達したハリケーンが，樹木作物や建物に被害を与えることもあり，その場合，とくに低いサンゴ礁島は致命的打撃を受ける。

ポリネシアの動植物は大洋での孤立によりそれほど豊富でなく，とくに脊椎動物は小さなトカゲ類と，人間の移動に伴ってもたらされたネズミやコウモリだけである。ヘビ類はサモア諸島にみられるが，それ以東には生息しない。また，マラリアを媒介するハマダラカもポリネシアにみられない。東ポリネシアの鳥類はグンカンドリ，アホウドリ，ウミツバメ，アジサシなどの海鳥であり，島に植物の種子を運んだり，排泄物の堆積がリン灰分の豊かなグアノをもたらした。鉱物資源はマカテア島のリン鉱石（1966年採掘中止）だけであったが，最近，海洋底のマンガン団塊や熱水鉱床が注目され始めている。

このポリネシアが世界史に現れるのは，16世紀末スペインの航海者メンダーニャが南方大陸の探検の途中，マルキーズ諸島を発見したことによる。その後，東周りでやってきたヨーロッパ人はタヒチの人々を見て，王，貴族，平民，僧侶などを見いだ

●ポリネシア人
左―マオリの食糧貯蔵庫の入口の扉の枠．
中―戦いの神クカイリモクの像．ハワイ諸島．
右―ティキ．マルキーズ諸島．

した．このポリネシア人に対してもったイメージは，古代のイギリスやヘブライの民に匹敵する失われた文明の発見であった．18世紀に入り，キャプテン・クックの3回にわたる航海によって南太平洋の地理学的発見競争も終りに向かう．その後，各地に宣教師の来島が始まり，旅行家，貿易商人，各国政府の役人などが続き，19世紀末にはポリネシアはイギリス，アメリカ，フランス，ドイツ，チリの植民地となる．1962年に西サモアが独立したのを最初に，トンガ(1970)，ツバル(1978)が独立した．また，ハワイはアメリカの州となり，クック諸島とニウエがニュージーランドとの自由連合国となった．しかし，現在もフランスの核実験場があるなど，現金収入の乏しい太平洋の島々は宗主国からの援助なしに独立することは困難な状態にある．⇒ポリネシア

石川栄吉＋矢野 將

ポリネシアじん｜ポリネシア人｜Polynesian
▶ポリネシアの島々，メラネシアのティコピア島，レンネル島，フィジー島，ミクロネシアのカピンガマランギ島，ヌクオロ島など，太平洋地域に住む海洋民の総称．
[**民族的特徴**] ポリネシアの諸言語は，イースター島からインドネシアをへて，アフリカ東岸のマダガスカル島までの広い範囲に分布するオーストロネシア諸語に属し，ミクロネシアやメラネシア東部の諸言語と密接な関係がある．これまでポリネシア人の起源については，高度文明をもつインドや中近東からの移住，ムー大陸の生残り，南米からの移住などさまざまな説があったが，現在の考古学・言語学的研究では，オーストロネシア諸語を話す人々が東南アジアから東方へ移動を開始し，紀元前1000年ころには西部ポリネシアのトンガ・サモア地域に移住し，原ポリネシア文化を形成したことが明らかにされた．そこに1000年余り滞在した後，紀元後300年東部ポリネシアのマルキーズ諸島に移住し，そこを起点にイースター島(1200年)，ハワイ諸島(700年)，ソシエテ諸島(300～600年)に移住した．さらにソシエテ諸島からクック諸島をへて，ニュージーランド(1200年)に移住したと考えられている．ヨーロッパ人と接触する以前のポリネシア人は形質，言語，文化において，地方的な偏差はあるが比較的等質な身体特徴をもっていた．人々は概して高身長で太い骨格をもち，頭骨や体支骨の形態にも類似性が認められる．また，強い肥満傾向があり，皮膚は褐色あるいは濃褐色，頭髪は黒い波状毛である．こうしたユニークな身体特徴は，寒冷気候が潜在する海洋上での生活への適応，人々の早熟な生育と過度な成長パタンの存在との関連から検討さ

れている。ヨーロッパ人との接触後は，病気による人口減少が顕著にみられ，植民地期以降は，白人やアジア系移民との混血も進んだ。

[社会組織] ポリネシア人の伝統的社会は階層制社会であり，出生によって首長層と平民層に分けられる。個人の集団への帰属は，父方か母方どちらか一方の集団を選択することができる選系出自集団であるが，一般的には父方が重視される。首長層のメンバーは出生順に順位づけが行われ，順位に応じて社会的地位が異なり，第一子が最も地位が高い。この原理を用いると，それまで順位関係になかった首長たちの間に順位づけを拡大することが可能であり，最も古い祖先の第一子の子孫を頂点とするラメージと呼ばれる大集団をつくることができる。島の政治権力は首長たちがにぎり，村や小地域を支配する小首長，その小首長たちの上に大地域を支配する首長，さらにその上に〈王〉と記録されてきた特別に力のある大首長が島々を統括する。首長への平民からのさまざまな品物や労働力の提供は親族の義務的慣習であり，プレゼントされた品物は首長の個人的消費に充てるのではなく再分配の形で生産者に還元された。首長層の人々は神々を祖先としており，数十世代から百世代を超えた系譜をもち，死後の魂は▶プロトっと呼ばれる世界に行く。サモア，ウベア，フトゥナなどでは出自による上下関係がなく，個人の能力によって地位が決まるため，上のような大集団を形成しない。

小さなサンゴ礁の島と大きな火山島の生態的相違は，社会組織や文化の違いを生み出した。ポリネシア人の生産単位は家族であるが，二つの異なるタイプの島では，剰余物を分配するときに異なった働きをする。前者は個人的に剰余物を利用できるが，後者ではラメージ・システムによってコントロールされており，首長を中心とした組織に生産単位である家族が組み込まれている。とくに，火山島の海岸部と山間部のように資源が異なる所では，これらを統合するために階層性の強い社会がつくられ，村を越えた政治単位が形成された。火山島で人口の多かったハワイでは農業技術が発達し，山間部の水の豊富な所では棚田にタロイモ，乾燥地にはヤムイモがつくられ，海でとれた海産物と山の農産物が交換されていた。また，農産物の余剰のある地域では分業組織がみられ，カヌー職人や宗教職などの専門職を生んだ。この政治単位は常に対立関係にあり，しばしば戦争が行われていた。イースター島の長耳族とホツマツア族の戦いに代表されるように，島や諸島を二分する戦争が伝説としてポリネシア各地に語られている。島を二分する対立は一つに統合されることはなかったが，ハワイ諸島のカメハメハ，ソシエテ諸島のポマレ，トンガ諸島のジョージ・トゥポウ1世などによる各諸島の統一はヨーロッパ人の強力な軍事援助のもとで行われた。

首長の権威は伝統的な宗教観念と結合しており，力の源泉であり，首長の肉体に宿る▶マナは祖先の神から受け継ぐ。首長の相続は第一子が優先されるが，場合によっては，政治的な権威と宗教的な権威が第一子と第二子に分散されていた。多くの場合，後継者は男子が好まれたが，タヒチのプレアやハワイの▶リリウオカラニのように女性が継ぐことも少なくなかった。トンガやサモアでは兄弟に対し姉妹が霊的に優位とされ，女性が特権をもち，尊敬されていた。宗教的▶タブーに加えて首長に対するタブーは厳しく，強いマナをもつ偉大な首長と平民が接触することは禁止されていた。とくにタヒチでは首長があまりにも神聖であるため，彼の入った住居，用いた家具，食べたり飲んだりした品物にだれも触れてはならなかった。また，彼の踏んだ地面でさえも神聖なものとなるため，首長は特別な運搬人の肩にかつがれ移動した。さまざまなタブーへの違反は神の怒りを発動し，病気や死の危険を招くため守られなければならなかった。

ヨーロッパ人との接触後は，▶白檀交易によって在来の再分配経済が変化し，タブーの観念に支えられていた首長と平民，男性と女性の分離も崩れていった。また，病気による人口減少やキリスト教への改宗，首長制を廃止し各国の植民地となるなど，急激な変化によって伝統的ポリネシア社会

が存続することは困難であったが，トンガ諸島とサモア諸島では近代化した世襲的な首長が現在も支配力を保持している。近年，ポリネシア各地で田舎から都市に人口が集中しているが，その原因は人口の増大，現金収入への関心，都市の魅力などである。しかし，大多数は小さな島であるため，農業用の土地が少なく，また地場産業が零細なため過剰人口を吸収できず，経済的な動機でアメリカやニュージーランドに向かう▶出稼ぎや▶移民が増している。海外移民，かれらからの送金，諸外国からの援助，それを分配する官僚制に特徴づけられる地域経済は，MIRAB経済と呼ばれる。

[生活，文化] ヨーロッパ人と接触するまでのポリネシア人は金属器を知らず，石器や貝殻などの原始的道具のみを使用し，文字をもたず，土器や機織りも知らなかった。しかしながら道具の素朴さにもかかわらず，技術は精妙であり，イースター島のモアイ像，タヒチの高さ10mを超える階段状ピラミッド，トンガの鳥居状の巨石建造物など，数々のポリネシア独自の工夫がみられた。ポリネシアでは漁労と農耕が生活の基盤であるが，太平洋での長距離航海に耐えるアウトリガー・カヌーや全長数十mにおよぶダブル・カヌーには幾何学紋様の精巧な彫刻や彩色がほどこされていた。またカヌーの製作だけでなく，航海に関する知識が非常に発達しており，各島の天頂を通過する星，波のうねり，海の色，雲のでき方，海鳥の飛び方などによって各島の位置を知った。漁法の発達は多岐にわたり，弓矢や投槍による漁法から，やな，漁網，釣針，毒などによる漁法があった。環礁は人々に日々の食事に必要な魚貝類を供給し，貝や亀は装飾品や釣針などの原料とされた。そのほかカニ，エビ，ナマコなどが食事に供された。環礁の外側の海にはカツオやマグロが豊かであり，釣漁の対象とされ，芸術的ともいえる精巧な釣針がつくられた。危険な外洋でのサメ獲りや鯨獲り，サーフィンは個人の名声を高め，鯨の歯は首長の権威の象徴とみなされた。地位の高い人々は真珠のネックレスや羽毛などで身体を飾る特権があった。

ポリネシア各地で▶入墨の慣習があり，マルキーズ諸島やニュージーランドのマオリなどでは全身に芸術性の高い幾何学紋様が描かれた。土器がないため，料理は主として材料を葉にくるみ地炉で蒸焼きにする▶ウム料理であった。東南アジアから連れてきた家畜は▶犬，▶鶏，▶豚であったが，祭礼のとき以外豚肉を食することはまれであった。家は一般に開放的であり，壁のあるものとないものがあった。農作物はタロイモ，ヤムイモ，バナナ，ココヤシ，パンノキ，サツマイモなどであった。とくにタロイモの栽培はさまざまな環境条件に応じた工夫がみられ，水の豊富な所では棚田や灌漑施設がつくられ，水の乏しい低いサンゴ礁の島では海面下に溝を掘って堆肥が入れられていた。衣服はクワ科植物の内皮をたたきのばしたタパと呼ばれる▶樹皮布が織布の代りに用いられ，すぐれた品質をもっていた。ポリネシアではアルコール性飲料は知られなかったが，コショウ科の植物からつくられた▶カバは麻酔性があり，首長の会合などのとき特別な作法で飲まれた。

これら伝統的生活もヨーロッパ人との接触以降，大きく変化した。18世紀以降は首長層を媒介として各地で組織的な改宗が行われ，宣教師は現地人の服装やセクシャリティに大きく介入した。現在ではポリネシア人の大部分はキリスト教徒であり，教会活動は重要な社会関係を構成している。近代化にともなう生活様式の変化も大きく，草ぶき屋根からトタン屋根へ，石蒸しから鍋へ，タパから織布へと変わり，食物も缶詰などが好まれている。1970年代以降，ハワイなどで盛んになった先住民運動では，在来の言語や文化遺産が再評価され，環境問題や土地問題に対する人々の関心も高まっている。→オセアニア

石川 栄吉＋矢野 將＋飯高 伸五

[美術] ポリネシアの美術は全域にわたって一様性を示している。それは，ポリネシアへの民族移動や文化の伝播が比較的新しく，過程も複雑でなかったことや，舟造りと航海に長じた住民が，諸島間の交通を盛んに行ったためであろう。しかし地域が広範なだけに，各諸島の美術それぞれに独自

の特殊化がみられる。また，ポリネシア東端に孤立するイースター島には，巨石人像のモアイ Moai など独特の造形がみられる。

ポリネシアでは，一般に木彫が発達し，神像，家屋，カヌー，儀斧，戦闘用棍棒，食器，櫛などに念入りな彫刻がみられる。なかでも注目すべきは，ニュージーランドの▶マオリのきわめて精巧な透し彫，浮彫の技術で，家屋の戸口の枠や窓の楣などに，渦巻文などの抽象文様で豊かに装飾された神像が彫刻される。ハワイ諸島にもすぐれた美術がみられる。代表的なものは，大きな目と大きくゆがんだ口をもつ戦いの神の像で，木彫や鮮やかな羽毛をはりめぐらした蔓の編細工などで表現される。そのほかにティキ Tiki と呼ばれる小型彫像は，ポリネシア各地でみられる。ティキは，中央ポリネシアでは神を表し，マルキーズ諸島では男性像の様式的な表現をみせる。トンガ諸島，サモア諸島，タヒチ島などでは造形作品がきわめて乏しい。しかしこれらの諸島ではタパ（▶樹皮布）の技術が発達している。タパには島により独自の文様があり，手描きやさまざまな版画の手法がみられる。とりわけハワイ諸島のタパは文様が繊細で色彩が豊富である。多くの地域ではすでにタパがつくられていないが，ポリネシア西部では今日なお盛んにつくられている。なおポリネシアでは土器や織物を製作しないが，土器に関してはマルキーズ諸島，サモア諸島，トンガ諸島などで古い土器の破片が多く発掘されている。　　　　　福本 繁樹

[音楽] ポリネシアの文化領域は東部と西部に分けられるが，全体的に統一感が強いため，音楽の内部構造，文化的関連において，本質的に共通の特徴がみられる。たとえば，ヤシ殻，竹，木，石を利用した楽器が踊手自身によって奏され，しかも歌を同時に歌う演奏形態を基本とし，声の表現はなめらかな曲線的音高変化，大きなビブラート，多声合唱を特徴としている。この伝統は，ギターやウクレレの導入とキリスト教化に伴いハワイアン，フラダンス，賛美歌などの新しい表現形態のなかに積極的に取り入れられ，汎太平洋的な様式を形成することに役立てられた。そしてこれが観光産業の重要な一端を担っている。最近では，より純粋な伝統様式を復興させる気運も高まっていて，学校教育や社会行事にも組み入れられ，さらに新しい様式を模索しているのが現状である。　　　　　　　　山口 修

ポリネシアン・チェストナッツ
Polynesian chestnut｜*Inocarpus edulis*

タヒチアン・チェストナッツとも呼ばれる。栗の1種で，その名に反して，実際にはインドネシア，メラネシアからポリネシア，ミクロネシアにまで分布している。野生でも育つが，村や畑にも植えられ，ポリネシアではしばしば境界を示すのに用いられている。主要食物ではないが，ゆでたり，▶ウムで蒸焼きにしたりして食用に供される。またポリネシアの一部では，生の実をすりおろして，ココナッツの果肉やココナッツ・クリームに混ぜて蒸焼きにしたり，またゆでた実をつぶしてココナッツで味つけした菓子を作る。ポリネシアおよびミクロネシアの一部では，余った実を土に埋めて保存することもある。メラネシアでは普通加熱して食しているが，ソロモン諸島では，ポリネシアの影響から，つぶして発酵させたパンの実にこれを混ぜた料理を作ることもある。　　　　　　　　山本 真鳥

ホワイト｜Patrick White｜1912-90

オーストラリアの小説家，劇作家。シドニー南西の大牧場主の子として，両親の旅先のロンドンで生まれた。ケンブリッジ大学卒。第2次世界大戦でイギリス軍情報部勤務中，知り合ったギリシア人男性と共同生活に入り，長期に及んだ。1948年に20年余の欧米生活を打ち切って帰国，シドニー南郊に住んだ。〈精神の白夜の国〉オーストラリアの人間であることは，ホワイトの作家としての運命を決定した。彼自身の倨傲とマッチしたヘレニズム的な高みから，自国の精神的卑俗さを凍りついた憎悪で切り刻む文体は，▶ローソンを中心とする，共同体意識に貫かれたこの国の文学潮流ではとらえられなかった孤立者の内面の神秘に光をあてた。73年この国初のノーベル文学賞を受賞した。代表的長編小説に《人間の樹》(1955)，《ヴォス》(1957．邦訳あり)，《完璧な曼荼羅》(1966)，《生体解剖人》(1970)，《台

風の目》(1973),《トワイボーンの場合》(1979),戯曲の代表作に《四つの戯曲》(1965)がある。自伝《ひび割れた鏡》(1980)は同性愛の告白が衝撃を与えた。

〈越智 道雄〉

ホンギ・ヒカ | Hongi Hika | 1777ごろ-1828

ニュージーランドへのヨーロッパからの移住者がしだいに増えていった19世紀前半,先住民族▶マオリの混乱を体現した人物。ホンギ・ヒカは有力な部族の酋長で,1820年,牧師ケンドールに連れられてロンドンに赴き,ケンブリッジ大学リー教授のマオリ語研究を助けた。翌年,彼はニュージーランドに帰る途中,イギリスでもらったすべての贈物をシドニーで銃に換え,帰国後,仇敵関係にあった他の部族のマオリ数千人を射殺した。ヨーロッパ人のもたらした銃を用いてマオリが相互に殺戮を繰り返すことは19世紀前半のニュージーランドでよく起こったが,ホンギ・ヒカはその極端な例である。

〈地引 嘉博〉

ポンペイ[島] | Pohnpei Island

ミクロネシアのカロリン諸島東部の火山島。面積は334.19km²で,カロリン諸島では最大,ミクロネシア全域ではグアム島に次ぐ大きさ。島には600mを超す山稜が幾つも重なり,年平均降水量4800mm以上の世界でも有数の多雨気候で,全島が熱帯雨林に覆われた豊かな植生を有している。内海にはマングローブ林が連続して繁茂しており,島の外側は発達した堡礁が囲んでいるため内海は広くかつ穏やかである。

この島の南東部には▶ナン・マドールと呼ばれる巨石遺跡が残っている。今日に残るその遺構は,幅0.5km,長さ1.4km,面積70haの浅瀬上に築いた92の人工島から成るオセアニア最大の海上都市遺跡だ。なかでも玄武岩の柱状石を組み上げた高さ8mに及ぶ二重の城壁に囲まれた城塞ナンドワスはこの遺跡の象徴的存在で,ポンペイの貴重な観光名所になっている。伝説によれば,かつてシャウ・テレウル王朝の拠点の地であったが,コスラエ島から遠征して来たイショケレケルによって滅ぼされたと伝えられる。1830年代頃より欧米の捕鯨船や宣教師を乗せた船が,豊かな水源を求めて頻繁に来航するようになった。その頃の島は,複数の部族酋長らが群雄割拠する時代だったが,各部族には,土地の生産活動に連動した母系制を基盤とする位階性社会が成立しており,精緻な礼儀作法と複雑な敬語体系が発達していた。この伝統社会は,本島をマタラニーム,ウー,キチー,ナット,ジョカージの五つに分ける地区となって今に引き継がれ,近代国家制度のなかで共存している。おそらくこの島が,ミクロネシアの主要島の中で伝統社会の形が最も良く残存しているといえそうだ。

1886年,スペインが他のカロリン諸島の島々とともに領有を宣言。それ以降ドイツ(1899-1914),日本(1914-45)の統治を経て,アメリカが統治する国連信託統治領のポナペ行政区となった。信託統治領の政治独立が準備される中で,1979年にヤップ地区,トラック(チューク)地区,コスラエ地区とともに▶ミクロネシア連邦を結成し,将来の独立に向けて自治政府を発足させた。自治政府内の各地区は州となり,84年にはくポナペ〉の呼称を〈ポンペイ〉にあらためて,連邦国家の首都をここに置いた。86年の独立後は,連邦政府と州政府の二つが置かれる同連邦の中心島となり,周囲の離島モキル,ピンガラップ,ヌクオロ,ガチック,カピンガマランギを含めて,人口7万4685(2009)の国内最大の州となった。

〈小林 泉〉

ま

マイルズ・フランクリンしょう｜マイルズ・フランクリン賞

オーストラリア女性作家の先達で《わが青春の輝き》(1901)の作者マイルズ・フランクリン(1879-1954)により創設され，その財産を基金とした文学賞。オーストラリアでもっとも権威ある文学賞の1つで，前年に出版された小説または戯曲が対象。フランクリンの遺志により，オーストラリア社会，生活のさまざまな側面を描いている優れた作品に授与される。1957年の第1回目の受賞者および作品はパトリック・ホワイトの《ボス》だった。2008年の賞金額は4万2000豪ドル。作品におけるオーストラリアらしさを重要視するため，フランク・ムアハウスの《グランド・デイズ》(1993)のように卓越した作品でも，ヨーロッパを舞台としているため審査の対象とならなかった。また▶デミデンコ事件では詐称した作家に授与してしまい，多文化社会の文学におけるマイノリティ作家の正統性と文学批評について審査員の判断基準が問題となった。

加藤 めぐみ

マウイ［島］｜Maui Island

アメリカ合衆国ハワイ州南東部の火山島。面積1886km²で，ハワイ諸島中2番目に大きい。人口14万3691(2008推定)。地峡を境に西部と東部に区分され，西部にはプウ・ククイ山，東部にはハレアカラ国立公園を構成するハレアカラ山(3055m)がそびえる。観光・保養地として知られるほか，サトウキビやパイナップルのプランテーションが多い。中心都市はカフルイ，ワイルク，ラハイナ。島名はポリネシアの神人に由来する。

矢ヶ崎 典隆

マウイ｜Maui

ポリネシアで最も人気のある伝説のヒーロー。マウイの話はポリネシア全地域で語られており，島を釣り上げる，神から火を盗む，天を持ち上げる，犬を造る，太陽に綱をつける，人間の死の起源などを主要テーマとするが，彼の行った偉業は数千ともいわれ，各地にさまざまな話が残っている。多くの場合，マウイは文化英雄やトリックスターとして神々の造った世界を改革する半神半人のヒーローと語られるが，神官，予言者などの人間と語られる場合もある。首長のもっている神々を始祖とする系譜にもマウイは現れ，首長層の祖先の一人になっている。マウイ伝説がよく発達しているのは中部ポリネシア，ニュージーランドであり，マウイ・サイクルと呼ばれる話の形式がとられ，マウイの出生の秘密から始まり，数々の偉業を経て，死に至って終わる。

矢野 將

マウうんどう｜マウ運動

サモア諸島で起こった反植民地主義運動。1899年にサモア諸島は東西に分割され，西サモアはドイツ領となったが，その統治政策は伝統的政治システムとはさまざまな齟齬を生じ，反対する首長たちは反政府集会を行った。彼らの運動はマウ（異議申立て）と呼ばれた。1909年にこれら首長は捕らえられ，サイパン島へと島流しされた。これでいったん鎮静したかにみえたマウ運動は，第1次大戦の後に西サモアがニュージーランドの国際連盟委任統治領となってから，アピアの商業セクターを握る混血サモア人や有力首長のリーダーシップのもとで再燃する。示威行動は数々の弾圧を受け，リーダーの一部は国外追放になるが，西サモア全体を巻き込む不服従運動へと発展し，ニュージーランド人や国際世論に訴える辛抱強い運動へと展開する。35年のニュージーランドの総選挙の結果，労働党内閣が成立したためにようやく事態は好転し，独立の方向で問題が検討されることとなった。アメリカ領の東サモアでもマウ運動は存在し

たが，西サモアほどの運動の高まりと目覚ましい成功はなかった。
山本 真鳥

マウナケア[山] | Mauna Kea
アメリカ合衆国ハワイ州，ハワイ島中北部の休火山。標高4205mで，ハワイ諸島の最高峰である。山頂部は雪におおわれることが多く，山名は〈白い山〉を意味する。海底からの高さは9600mにも及ぶ楯状火山で，火山体自体の高さは世界最高。上部にはワイアウ湖などの氷河湖やモレーンがみられる。スキーや狩猟などの観光地として知られ，山麓斜面ではコーヒー栽培が行われる。
矢ヶ崎 典隆

マウナロア[山] | Mauna Loa
アメリカ合衆国ハワイ州，ハワイ島中南部の楯状火山。標高4169m。山名は〈長い山〉を意味する。ハワイ火山国立公園に属する活火山で，北にマウナケア山，東にキラウエア山がそびえる。19世紀より数年ごとに爆発を繰り返している。山頂のモクアウェオウェオ・クレーターは，周囲8km，深さ150～180mにおよぶ楕円形のカルデラで，小規模な噴火は火口内で起こる。溶岩流の粘性は小さい。
矢ヶ崎 典隆

マウントアイザ | Mount Isa
オーストラリア北東部，クイーンズランド州北西部にある鉱業都市。人口2万1100(2006)。この国の代表的な非鉄金属鉱山(1923発見)があり，銅・鉛・亜鉛・銀鉱石を採掘し，銅の一次製錬を行う。銅鉱石の産出量は全国の約3/4，鉛鉱は約8割，亜鉛鉱は約1/3を占める。鉱産物は鉄道で東約1000kmの▶タウンズビルに輸送する。幹線航空路・道路が通り，州北西部の地方中心都市でもある。名称は鉱床発見者の妹の名に由来する。
谷内 達

マウントハーゲン | Mount Hagen
パプアニューギニアの西部高地州の州都。人口2万7782(2000)。国内線の空港があり，ニューギニア島東海岸にある都市ラエからハイウェーが通じる。同州特産の紅茶，コーヒー，殺虫剤の原料(標高1800m以上の所に生育するジョチュウギクの一種からとる)などは町あるいは町の近くにある工場に集められ，製品化される。
吉岡 政徳

●マオリ
祖先像，全身に入墨が施されている。

マオリ | Māori
ニュージーランドのポリネシア系先住民。〈普通の〉〈自然な〉〈通常の〉を意味する〈マオリ〉という形容詞が，ヨーロッパ人が到来した後にニュージーランドの先住民の総称として使用されるようになった。部族の自律性が高いこともあって，それ以前には集合的な自称は存在しなかった。なお，ポリネシア各地でマオリあるいはマオヒといった言葉が現地住民を指すため，厳密には〈ニュージーランド・マオリ〉と称するべきである。

マオリの祖先は，13世紀以降に，東ポリネシアからカヌーで段階的に〈アオテアロア(白い雲のたなびく地)〉，すなわち現ニュージーランドに到来したと考えられている。到来した集団はそれぞれ各地に領域を有するようになり，船団部族，部族，準部族，拡大家族からなる四層の分節的な部族社会を発達させた。一般に，拡大家族は世帯，準部族は集落および日常的な生業活動の単位，部族は必要に応じて凝集性を高める政治的集団，船団部族はアオテアロアに同一の船団でやってきたと伝承される理念的集団だったといわれる。生業は採集狩猟・漁撈，簡易な農耕で，首長，平民，奴隷からなる階層的社会を特徴とした。

18世紀末になってヨーロッパ人が到来し，1840年にはイギリス女王と諸首長の間で▶ワイタンギ条約が締結された。それ以降，イギリスによる植民地化が本格化し，その

過程でマオリは土地，社会組織，マオリ語を始めとする有形・無形の文化を収奪された。19世紀後半には北島で土地を巡って，マオリとイギリス軍・植民地政府軍の間で▶ニュージーランド土地戦争が起きている。マオリ人口はヨーロッパ人到来以前には20万人にも上ったといわれるが，新しくもち込まれた伝染病，劣悪な生活環境，ニュージーランド土地戦争などの影響で，20世紀初頭には5万人に満たないところまで落ち込んだ。その後，マオリ政治家の活躍もあってマオリ人口は回復に向かったが，伝統的な生活様式は大きく変質し，その多くがヨーロッパ系住民のもとで低賃金労働に従事することを余儀なくされた。

1960年代末から70年代にかけて，▶マオリ復興運動が高揚した。その結果政府は二文化主義のもとでワイタンギ条約を尊重した先住民政策を実施するようになった。1980年代以降マオリは，主に法的・政治的手段を通じて，土地，漁業活動，自然資源利用等に対する多様な権利を回復し，あるいは補償を獲得するに至っている。この過程で，部族や準部族の再組織化が進みつつある。また20世紀後半には，マオリ語やマオリ固有の芸術・工芸の復興も急速に進んだ。曲線的な模様が特徴的な木，骨，ヒスイを素材とした彫刻（ファカイロ）や入墨（モコ），マオランという植物や鳥の羽などを用いた織物・編物（ラランガ），舞踊（ハカ）や歌唱（ワイアタ）といった分野では，伝統が維持・継承されると同時に，新しいデザインや技術が活発に創造されている。

2006年時点のマオリ人口は約57万人で，ニュージーランド人口の約15％を占めており，増加傾向にある。その9割近くが北島に，また8割以上が都市部に居住している。所得や教育といった点で未だに相対的には劣位にあるが，その状況は年々改善されている。なお，国会ではマオリ議席が7席確保されており，マオリはマオリ議席を決めるマオリ選挙区で投票するか，一般選挙区で投票するか選択できるという参政制度を採っている。 深山 直子

［美術］ マオリの美術は，ポリネシアのなかでもとくに豊富である。親族の集会所などの建築やカヌーの彫刻装飾，神像や手斧などあらゆるものに施される厚浮彫は，その巧妙な木彫技術と豊かな曲線文様の装飾によって，マオリ彫刻の顕著な特色をなしている。渦巻（らせん）などの抽象文様は，点の列や線による浮文や刻文，あるいは透し彫によって表され，重量感ある神像の表現ときわだった対照を示す。彫刻の多くは記念物や装飾となるものであるが，礼拝の対象となる木彫の男性小像もみられる。マオリ彫刻の曲線文様に関しては，メラネシアにみられる曲線文様との直接的な関係が否定され，中国の東周の青銅彫刻に由来すると指摘されている。マオリの社会には今日なお伝統的な木彫作品が伝えられ，村落に飾られている。 福本 繁樹

マオリごじてん |《マオリ語辞典》

19世紀初めにニュージーランドに渡来した宣教師ウィリアム・ウィリアムズが編纂した《ニュージーランドの言語と簡略文法》(1844)をもとにして，息子ウィリアム・レオナードが3版と4版(1871, 92)を，さらに孫のハーバート・ウィリアムが大がかりな改訂をして5版を出した(1917)。3代のイギリス人宣教師一家が作ったこの辞書のマオリ人による見直しが1966年から始まり，オークランド大学マオリ語科教授B.ビッグズとオークランド博物館研究員P.ジョーンズが中心になって71年に第7版を出版した。例文は広範な地域のマオリ伝承から集められ，発音，解釈などがより正確になったが，第5版をもとにしたものとして，H.W.ウィリアムズの辞典となっている。 百々 佑利子

まおりせんそう |マオリ戦争|▶ニュージーランド土地戦争

マオリふっこううんどう |マオリ復興運動

ニュージーランドにおける，先住民マオリの権利回復や文化復興を目指す一連の運動。イギリスがニュージーランドの植民地化を開始して以降，マオリは有形・無形の文化を収奪された。その間マオリは多様な抵抗や運動を試みてきたものの，政治的・法的・経済的・文化的・社会的劣位に追いやられざるを得なかった。19世紀末から20世紀初頭にかけて，複数のマオリ政治家が誕生し，その状況を改善しようと腐心したが，実質

的な同化政策が継続するなかで，根本的な解決には至らなかった。1960年末から70年代にかけて，世界的な公民権運動やマイノリティ運動の高揚を背景に，土地の奪還，マオリ語の復権，▶ワイタンギ条約の尊重等を訴える組織的な運動が全国各地で高揚した。この結果，政府は二文化主義を国家の基本方針と位置付けて，先住民政策を大きく転換した。そして1975年には，マオリがワイタンギ条約を法的根拠に政府の植民地主義的収奪を訴求できる司法機関，▶ワイタンギ審判所が創設された。これ以降，マオリは主に法的・政治的手段を通じて，土地，漁業活動，自然資源の利用等に対する多様な権利を回復し，あるいは補償を獲得するに至っている。それに並行して，マオリ語，伝統的工芸・芸術の再活性化も目覚ましい。このような状況を〈マオリ・ルネッサンス〉と称することもある。
　　　　　　　　　　　　　　　深山 直子

マカーイ | Mackay
オーストラリア北東部，クイーンズランド州中部東岸にある港湾都市，地方中心都市。人口7万7500 (2006)。この国の代表的なサトウキビ栽培地帯を後背地にもち，主要な粗糖輸出港の一つで，この国最大の専用積込施設をもつ。またサトウキビ関係の研究所，試験場がある。▶グレートバリア・リーフの観光拠点の一つである。南約20kmにあるヘイポイント Hay Point 港は1971年に開港した石炭輸出専用港で，グニエラ，ピークダウンズなどの炭鉱から専用鉄道で運ばれてきた石炭を日本などに輸出する。1862年開基。名称は探検者名に由来する。
　　　　　　　　　　　　　　　谷内 達

マカテア [島] | Île Makatea
フランス領ポリネシアの▶トゥアモトゥ諸島中にある隆起サンゴ礁の島。南緯15°度49′，西経148°16′。島は勾玉状で，北西から南東にかけて長さ8km，幅最大4.5km，総面積28km²である。はじめてこの島を訪れたヨーロッパ人は，1722年オランダ人航海者の▶ロッヘフェーン Jacob Roggeveen である。20世紀初頭にリン鉱石が発見され，▶ナウル島，▶オーシャン島と並ぶリン鉱石産地として，1908年から66年まで計950万tを産出した。かつては2000人以上が住み，日本人も働いていたが，高台の鉱区近くに形成されたバイテパウア村は閉山後廃墟となり，現在の島の人口は100人にも満たない。
　　　　　　　　　　　　　　　小川 和美

マキンかんしょう | マキン環礁 | Makin Atoll
キリバス共和国，ギルバート諸島北部の環礁。面積12km²。人口は全体で4000人近いとみられ，うち約2000人が住むブタリタリ村は首都▶タラワ以外ではキリバス最大の集落である。19世紀末からイギリスの植民地であったが，太平洋戦争開戦直後に日本軍が無血占領し，環礁内に水上機の基地を建設した。1943年，日米間での激戦の末，米軍が同環礁を奪い返し，第2次大戦終了まで基地として利用した。現在はコプラの生産地となっている。
　　　　　　　　　　　　　　　黒崎 岳大

マークス | Alexander Marks | 1838-1919
オーストラリアにおける初の日本名誉領事。1838年米国で生まれ，貿易商の父親とともにオーストラリアへ移り，シドニーで数年間暮らす。その後，マニラやサンフランシスコなどに移住，49年再びシドニーに戻り，最終的にはメルボルンに住居を構えた。58年香港へ渡り貿易商の仕事を確立，その翌年，兄弟とともに横浜に移った。72年横浜とマニラを結ぶ貿易船ジュリア号 Julia が遭難，マークスは兄弟を失い，同年メルボルンへ戻った。79年12月，彼は志願してビクトリアの日本名誉領事に任命されたが，それは横浜滞在中に日本人から受けた親切に報いるためにも，オーストラリアに来る日本人を保護するのは自分の義務であると彼が考えたからであった。85年彼の管轄権は，クイーンズランド，ニューサウスウェールズ，タスマニアまで拡大され，89年にはサウスオーストラリアも加わった。85年1月には自ら志願して木曜島へ渡り，日本人潜水夫の労働条件を調査。99年にマークスに会った日本人は，〈大男で，完璧で丁寧な日本語を話すので，まるで同郷の者のように感じた〉と述べている。1902年退職。彼はオーストラリアと日本の間の初期外交関係において重要な役割を果たし，彼が日本へ送った膨大な数の通信文書は，今でも日本外務省外交資料館に保管され，その一部は〈日本外交文書〉にも収録されており，当

●マゼラン

マゼランが世界一周に用いたビットリア号.

時の日豪関係を知るための貴重な史料となっている.
　　　　　　　　　　　　　　　　　村上雄一

マーシャル[諸島]｜Marshall Islands

オーストラリアとハワイの中間，赤道のすぐ北，日付変更線のすぐ西に位置する。29の環礁，5つの島からなり，北緯5°～15°，東経162°～173°にわたる。同諸島は，約150 kmを隔てて南北にのびる2つの島列からなり，東側をラタック Ratak 諸島(日の出の意)，西側をラリック Ralik 諸島(日没の意)と呼ぶ。諸島の環礁は，約3000年前までに，火山島の周りに珊瑚や▶有孔虫などが砂を作ることによって小さな新たな島が形成され，その後中央の火山島が沈降した結果，周囲の島々のみが残ったものであると考えられている。各島には，山や川もなく，いずれも標高2～3m程度の低平な島である。そのため，地球温暖化に伴う海面上昇での水没の危険性が心配されている。海洋性熱帯気候で，高温かつ湿潤である。年間平均気温は27℃，1年を通じてほぼ一定であり，貿易風が吹いている。南部地域ほど降水量が多く，北部環礁では1月から3月の乾期にはほとんど雨が降らない。熱帯植物が豊富なほか，ココヤシの木はどの環礁にもみられ，食用として，またはヤシ油で作られるコプラは重要な輸出品として住民に利用されている。また海洋生物の宝庫でもあり，マンタ・レイ，イルカ，サメの群れがみられるほか，絶滅が心配されるウミガメの棲息地でもある。
　　　　　　　　　　　　　　　　　黒崎岳大

マジュロかんしょう｜マジュロ環礁
Majuro Atoll

マーシャル諸島ラタック列島南部の環礁で，現在のマーシャル諸島共和国の首都。約60のサンゴ礁島からなる。面積10km²，人口2万3000人。第2次世界大戦前までは，マーシャル諸島の行政の中心は▶ジャルート(ヤルート)環礁に置かれ，マジュロはコプラの生産地として有名な離島にすぎなかった。第2次世界大戦で米軍がマジュロを占領すると，同環礁内のローラ地区に進駐した。その後，米国政府は同環礁の伝統的首長であったアマタ・カブアと協力し，マーシャル諸島の行政府の中心とするべく，現在デラップ，ウリガ，ダリットと呼ばれる市街地を中心として開発を進めた。また，ハワイ－グアム間の航空路や，航路の要衝として空港や漁港が整備され，マーシャル諸島の政治，経済の中心として発展した結果，他の環礁や周辺の国々からの移住もあり，人口の増加も著しい。
　　　　　　　　　　　　　　　　　黒崎岳大

マゼラン｜Fernão de Magalhães｜1480-1521

最初の世界周航者。マゼラン Magellan は英語名で，ポルトガル語ではマガリャンイス。ポルトガルのオポルト付近に生まれたが，その出自などについては不明な点が多い。1505年 F. アルメイダの艦隊に参加してインドに向かい，09年には D.L. デ・セケイラの艦隊に加わってマラッカを訪れている。12年に本国に帰国したが，報酬について王室に対し不満を抱き，翌年モロッコ遠征に参加した際には戦利品を不法に取得したかどで訴えられた。おそらくこうした不満のために彼は17年にスペインに移り，かねてからの持論であった西回りでトルデシーリャス条約で定められたスペインの海域のみを通過して香料諸島に到達する航海を提案した。そしてスペイン国王と契約を結び，19年9月20日5隻の船隊(総員237名)を率いてサンルカル・デ・バラメダ港を出帆した。一行はマゼラン海峡の通過(1520年11月28日)，南太平洋の横断という偉業を成し遂げ，21年3月17日フィリピンのサマール島の南にあるオモンオン島に上陸した。一行はさらにセブに向かい，住民を服従させようとしたが失敗し，4月27日マゼランはマクタン島

で交戦中にラプ・ラプによって殺された。一行はそのまま香料諸島に向かい、そこで香料を積荷したのち、スペインに直行し、22年9月6日生存者18名がサンルカル港に到着した。この世界周航によって地球は球形であることや、日付に1日の差の生ずることが実証された。

生田滋

マタイ｜matai

サモア諸島の社会組織において，大家族の家長にあたる称号保持者のこと。アイガと呼ばれる親族集団が，特定の村に宅地，耕地と複数の継承されるマタイ称号名をもっている。アイガは実際にはいくつかの大家族に分かれていることが多く，アイガの最高位マタイは各大家族に宅地，耕地を分け，ふさわしい人にマタイの称号名を与える。マタイは家族の労働力を適宜配分し，家族の生産と消費を管理し，また行動を監督する。マタイ称号の継承には確たる原理は存在せず，アイガ出身者の子孫はすべて潜在的な継承権をもち，とくにアイガの最高位マタイを選出する際には，サモア中から関係者が何百人も集まり相談して決める。新しく選出されたマタイは称号就任式を行い，集まった同じ村の他のアイガや近隣の村々のマタイたちに食物やお土産等をふるまうのが習慣とされている。近年，称号名の継承は土地・称号裁判所により厳しく管理されている。また西サモアでは，まだ普通選挙は成立しておらず，マタイのみが選挙権・被選挙権を保持しているために，最近では選挙対策ゆえにマタイ称号保持者は人口に比して増加の一途をたどり，社会問題となっている。

山本真鳥

マタンガリ｜matagali

フィジーの伝統的共同体組織の一単位。同一地域内に居住する父系制拡大家族イ・トカトカ2ないし5家族によって構成され，成員数は約50〜300人である。一つの村には通常，二つないし四つのマタンガリが存在し，フィジー全土では約6600のマタンガリが存在する。マタンガリは，憲法によって譲渡が禁止されているフィジー人所有の土地（フィジーの総土地面積の約83%を占める）を共同所有している。マタンガリの所有権は，土地のみならず，水域にも及んでおり，フィジー人にとってマタンガリは重要な経済基盤の役割を果たしている。またマタンガリは，フィジーの伝統的酋長制度の末端的単位でもある。マタンガリの長は酋長位階の最下位に位置し，その上のより高位の酋長の命令系統下にある。こうしたところからマタンガリが集票マシンとして働くことも多くあり，フィジー政治の根底としての機能も果たしている。

小柏葉子

マーチング・ルール｜Marching Rule

第2次大戦後，当時イギリスの植民地であったソロモン諸島のマライタ島を中心に起こった〝土着主義運動。正しくはマーシナ・ルール。マーシナ Maasina というのはマライタの言葉で〝兄弟〟のことであり，ソロモン諸島の人々が兄弟のように団結して生活し行動するための規律という意味をもつ。運動は，大戦中に駐留したアメリカ軍が再びやってきて豊富な物資をもたらしてくれるという〝カーゴ・カルト的信仰にも彩られていたが，基本的には宗教的運動というより島民の政治的・経済的自立を目ざした運動であった。戦争でコプラ産業が壊滅したことにより賃労働者は行き場がなくなったが，彼らの不満をも吸収する形で運動は広がっていった。マライタでは，島民自身の手で島全体をまとめる自治行政組織がつくり上げられ，独自の管理体制，経済体制が整えられた。この運動は，統治政府の弾圧を受けながらも，結局は島民の手による合法的な議会などを設立する結果を生んだ。

吉岡政徳

まつえはるじ｜松江春次｜

1876-1954（明治9-昭和29）

〝南洋興発株式会社社長。会津若松出身。東京高等工業学校卒業後，大日本製糖に入社。社命で渡米し，1905年にルイジアナ大学（砂糖科）で理学修士号を取得。帰国後，日本で初めて角砂糖の製品化に成功した。その後，台湾の製糖事業に加わるが，南洋を製糖業の有望地として注目するとともに，過剰人口の送り先として重要視した。1920年，第1次大戦後の反動不況で，日本委任統治下のサイパン，テニアンで製糖会社が倒産し，1000人もの日本人移民が飢餓状態にあったとき，移民救済と南洋有望論を説

く松江は，政府の要請により製糖業再建のため，翌21年に南洋興発を設立した．設立当初は苦難が続くが，3年目以降，めざましい発展を遂げ，事業を成功させた．南洋興発は南洋庁歳入に大きく貢献し，製糖業を中心に農林水産業，交易等20社に及ぶコンツェルンを形成した．戦後，閉鎖を命じられたが，サイパンのガラパン公園に松江の偉業をたたえる〈シュガーキング像〉が建てられた．

　　　　　　　　　　　　　　　　大塚 栄子

まつおかしずお |松岡静雄|
1878-1936(明治11-昭和11)

海軍大佐．国学，言語学者．兵庫県神東郡田原村辻川に生まれる．民俗学者柳田国男の弟，画家松岡映丘の兄．1895年海軍兵学校に入学，99年海軍少尉，その後海軍大佐に昇官．1914年の第1次大戦には，連合陸戦隊を率いて南洋群島に出動し，カロリン諸島の主島ポンペイ(ポナペ)島に上陸．ジョージ，ウ，ナット，ロンキチの各地を巡視して民情を観察，島民の懐柔に努める．この観察に基づいて《ポナペ開拓論》を草する．18年，健康の悪化により〈依願予備役〉に編入．退官後，日蘭通交調査会理事に就任．24年，病体のため退任．以後，言語学や民族誌の研究に従事．南洋庁から提供された豊富な現地資料とドイツ文献とに基づいて，南洋群島民族の実態を多面的に考察．《太平洋民族誌》《チャモロ語の研究》《ミクロネシア民族誌》《ヤップ語の研究》《中央カロリン語の研究》《パラウ語の研究》など，著書が多数ある．

　　　　　　　　　　　　　　　　野畑 健太郎

マッカーサー |John Macarthur| 1767?-1834

オーストラリアの初期入植時代における代表的指導者，建国者の一人．軍人，政治家，牧羊場経営者，事業家としても知られる．イギリスのデボンシャー(現デボン)に生まれ，1790年ニューサウスウェールズ軍団の一員としてオーストラリアに到着以後，その傲慢な性格ゆえに歴代総督と対立した一方，無償交付された100エーカーの土地を無償の囚人労働を用いて開墾することを皮切りに，最も有力な農場経営者の一人となる．1803年英国に一時帰国した際，持ち帰った羊毛サンプルが高く評価され，軍団からの除隊，およびカムデン卿から無償で5000エーカーの土地交付を約束された．イギリスで得た後ろ盾を背景に，さらなる最良の土地獲得や貿易業にも乗り出す．1808年1月には，ニューサウスウェールズ植民地総督であった▶ブライを追放することになった〈ラム酒の反乱〉(ラムの項を参照)を実質上指導し，新たに設けられた植民地長官に就任，同年7月まで事実上植民地を支配した．波乱の多い人生の中でも最大の功績は，シドニー郊外のカムデンに広大な農場を経営，メリノー種羊の商業化に成功，羊毛産業の基礎をつくりあげたことにあろう．1832年ニューサウスウェールズ立法評議員を〈発狂した〉という理由でバーク総督から解任され，2年後，自分の農場で死去．

　　　　　　　　　　　　　堀 武昭＋村上 雄一

マックオリー |Lachlan Macquarie|
1762-1824

イギリス領ニューサウスウェールズ植民地(現，オーストラリア)第5代総督(1810-21)．〈戦艦バウンティ号の反乱〉で有名な▶ブライ総督が襲われた1808年の〈ラム酒の反乱 Rum Rebellion〉(当時蒸留酒はすべて▶ラムと呼ばれ，このラムは通貨の役割すら果たしていたが，植民地政府がラムの密貿易を厳しく取り締まろうとしたことに対する反乱)の後始末にあたった．一貫して元流刑囚(▶エマンシピスト)を優遇，植民地行政の各方面に彼らを登用したため，エマンシピストとエクスクルージョニストの対立の端緒を作った．ブルー山脈越えの道路建設や，種々の公共事業を起こし，ニューサウスウェールズ銀行を17年に開行(頭取には元流刑囚の医師を任命)し，ラムを代用通貨とする経済体制を打破した．先住民に対しては文明化政策を採用し，先住民学校の設立や年に一度交流会を開催するなどしたが，他方では反抗する者を罰した．ラム反乱の主謀者でエクスクルージョニストの頭領でもある▶マッカーサーらの憎悪を買い，本国政府に讒訴されて失脚した．

　　　　　　　　　　　　越智 道昭＋村上 雄一

マッセー |William Massey| 1856-1925

ニュージーランドの政治家．北アイルランドに生れ，14歳のとき，両親のあとを追ってニュージーランドに移住．農業に従事するかたわら種々の農業団体の役員として活

躍，その推薦により1896年国会議員に当選．1912年，革新党を率いて首相となり，没するまでの13年間首相であった．この間，第1次世界大戦にはイギリスを助けて参戦し，大軍をヨーロッパに派遣した．また大戦後の困難な時期に国政を指導した．1920年代にニュージーランドの農業は農地拡大の制約などにより外延的発展が望めなくなったが，彼は大規模な機械使用，肥料，品種改良などによる"科学的農業の発展に努めた．

地引 嘉博

マードック | James Murdoch | 1856-1921

オーストラリアで最初の日本語教授，歴史家，古典学者．全三巻からなる〈日本史〉を執筆．1856年スコットランドで生まれる．家は裕福ではなく，11歳頃までほとんど学校教育を受けていなかったが，その後，非凡な才能が認められ，オールド・アバディーン・グラマースクールに送られ，75年には奨学金を受けてアバディーン大学に進学．79年に古典で修士号を取得，最初はオックスフォード大学に進んだが，すぐにドイツのゲッティンゲン大学に編入，そこでサンスクリット語を習得し，後にパリのソルボンヌ大学に進んだ．このような学歴から，〈ラテンやギリシア文学の素晴らしい知識はおろか，サンスクリット語にも明るく，その一方でフランス語やドイツ語を十分話したり書いたりできる，最も聡明な古典学者の一人〉といわれた．24歳のときギリシア語教授の助手としてアバディーン大学に戻るが，クイーンズランドの新設メリバラ・グラマースクールの教頭として請われ，81年に来豪．85年彼は学校を解雇され，ついでブリスベン・グラマースクールで教鞭をとったが，依願退職し，ジャーナリズムの道へと進んだ．88年，オーストラリア向けの中国人クーリー売買を調査するため，東アジアおよび東南アジアへと出発．香港と広東での調査の後，日本へ向かい，約3ヵ月滞在した．日本人とその国に魅せられ，89年日本に戻り，旧制第一高等学校で西洋史を教える職を得た．その時の教え子に夏目漱石がいる．93年に短期間日本を離れた以外，94年から97年まで金沢の旧制第四高等学校で英語を教え，後には高等商業学校（現一橋大学）で経済史を教えている．99年彼は日本人女性の岡田竹子と結婚，それから2年後，鹿児島の旧制第七高等学校に移り，そこで1903年〈日本史〉の第一巻を，元教え子の山縣五十雄の助力を得て完成させた．来日後も外国語習得熱は衰えず，16～17世紀に来日したイエズス会およびドミニコ修道会の文書を読むために，スペイン語やポルトガル語を習得した．さらに古典日本語も習得したが，彼が日本語を真剣に学び始めたのは50歳になってからだといわれている．10年に〈日本史〉第二巻を出版したが，この時は日本人助手に頼る必要はなかった．17年オーストラリアに戻り，キャンベラ郊外のダントルーンにあった王立陸軍仕官学校およびシドニー大学で日本語を教え，オーストラリアで初の日本語教授になった．21年癌のため死去，〈日本史〉最終巻は26年に出版された．彼の〈日本史〉は〈先駆的な書であり，1950年代後半まで権威ある書であった〉という．

村上 雄一

マードック | Rupert Murdoch | 1931-

メディア王．ヘラルド・ウィークリー・タイムズ社のキース・マードック社主の息子としてメルボルンに生まれ，オックスフォード大学を卒業．父の死後唯一残されたアデレードの夕刊紙《ニューズ》を皮切りに，全国紙《オーストラリアン》を1964年に創刊．さらに英国の《タイムズ》紙や《サン》紙を買収した．オーストラリアでは既存のメディアグループを敵視した"ホーク政権の政策にも助けられ，ヘラルド・ウィークリー・タイムズ社を買収，ニューズ社は同国のプリントメディアの大半を占めるにいたった．米国では，ハリウッドの〈20世紀FOX〉，タブロイド紙の《ニューヨークポスト》の取得に加え，〈FOXテレビ〉を創設，アメリカ市民でなければテレビ局を所有できないためオーストラリア国籍を放棄してアメリカ市民となった．最近では《ウォールストリートジャーナル》紙を入手し，全世界で130を超える新聞を所有している．日本では，TV朝日株をソフトバンクとともに所有したことがある．自ら所有するメディアの編集方針に介入することで有名であり，その論説は右寄りであることが多い．FOXテレビが

オバマ政権批判の急先鋒であり，《オーストラリアン》紙がラッド政権に批判的であることは偶然ではない。最近では，オンラインコンテンツの有料化を表明し，激しいグーグル社批判を行っている。なおニューズ社は，長らくアデレードに本社を残し，株主総会もアデレードで行われていたが，2005年から米国デラウェア州へ移った。

杉田 弘也

マドルルー | Mudrooroo | 1938-

オーストラリアの小説家，詩人，批評家。コリン・ジョンソンの名前で《ヤマネコの墜落》(1965) を出版し，〈アボリジニ初の小説家〉となる。本人もアボリジニ系であると主張し，マドルルー・ナロジン，マドルルー・ニュンガーを名乗ったが，親族の調査によりアボリジニではなく，アフリカ系アメリカ人の血を引くことが判明，そのアボリジニ性をめぐって議論が盛んである。自伝的な〈ヤマネコ〉3部作に対して，《ゴースト・ドリーミングの所有者》(1991) などではマジックリアリズムをとり入れて植民地化を語るなど多様な手法を使い分ける。詩人として《ジャッキーのソング・サイクル》(1987)，戯曲家として《マドルルー／ミュラー・プロジェクト》(1993) を出版するなど活躍。批評でも，評論集《周縁から書く――オーストラリアの現代先住民文学の研究》(1990) などで〈アボリジニ性〉を軸とした攻撃的な論を展開，オーストラリア・アボリジニ文学およびオーストラリア文学全般に与えた影響は計り知れない。2001年からはオーストラリアを離れてインドに居留，仏教を研究・実践している。

湊 圭史

マナ | mana

メラネシアの土語〈マナ〉に由来し，非人格的な超自然力，またはときとして人格，非人格に関係なく超自然力一般をさすのに広く用いられるにいたった用語。マナは1891年にコドリントン R. H. Codrington の著作《メラネシア人》によって紹介され，学界に大きな影響を与えた。この語が世界の諸宗教のもつ本質的な性格〈超自然力〉を説明し，理解するのに有効な内容を蔵しているとみなされたからである。マナは神や死霊，祖霊，人間をはじめ，人工物，自然環境や河川，岩石などの自然物に含まれている力であるが，必ずしもそれらに固有の存在ではなく，物から物へと移転しうるとされる。ある戦士が敵を倒せたのは，槍に強力なマナがあったからとされ，酋長がりっぱに役割を果たせるのは，マナを多く所有しているからとされる。したがって人々は強力なマナを獲得するためにさまざまの努力をする。宗教者が超自然力を得るために種々の修行をすることは各地に見られるが，これもマナ観念と関係づけて理解することができよう。

佐々木 宏幹

マニックス | Daniel Mannix | 1864-1963

オーストラリアの宗教家，カトリック大司教。アイルランドのコーク県出身，1890年カトリックの牧師となり，神学者，教育者としての地位を確立した後，1912年メルボルン大司教補佐としてオーストラリアに渡り，17年大司教に任ぜられ，以後46年間その座にある。第1次世界大戦を〈あさましい貿易戦争〉と評し，ヒューズ政権による徴兵の海外派兵を可能にするための国民投票に対し，アイルランド系カトリック教徒を中心とした反対運動を率いた。このとき労働党は1度目の分裂を経験した。強硬な反共産主義者で，40年代信奉者であるイタリア系カトリック教徒の政治活動家 B. A. サンタマリアを使って労働運動内部にくカトリック社会研究運動〉(ムーブメント) を組織させる。ムーブメントは労働党内にも勢力を増していったが，54年エバットにより除名された。除名された労働党員は民主労働党を結成し，この労働党にとって3度目の大分裂は，その後20年近く労働党を政権から遠ざけることとなった。

杉田 弘也

マニヒ [島] | Manihi

フランス領ポリネシアのトゥアモトゥ諸島北部にある環礁島。南緯14°，西経146°。タヒチ島から北東へ約500kmに位置する。人口818(2007)。南西から北東に向けて長径約28km，幅約8kmの楕円形を形作って小島が連なる。総面積13km²。真珠貝の産地として名高く，18世紀前半にはヨーロッパ人が真珠を求めて来航している。またポリネシア黒真珠発祥の地としても知られる。ダイバーにはマンタ・ポイントとして人気が

あり、フランス領ポリネシアの離島リゾートのひとつでもある。　　　　　小川和美

マヌア［諸島］|Manua Islands
南太平洋、アメリカ領サモアに属する火山島群。タウ島、オロセガ島、オフ島よりなる。総面積57km²、人口1379(2007)。主島はタウ島(面積44km²、人口1300)で、標高約1000mの山がある。肥沃な土壌に恵まれ、島民はタロイモ、パンノキ、バナナ、ココヤシを栽培し、ココヤシから取るコプラの生産・販売で現金収入を得る。現在、多くの人びとがハワイやアメリカ本土に移住している。1722年オランダの航海者によって発見され、1899年アメリカの保護下に置かれた。1911年アメリカの正式な領土となる。　須藤健一

マヌス［島］|Manus Island
南西太平洋、ニューギニア島北東に位置するアドミラルティ諸島の主島で、パプアニューギニア国マヌス州に属する。面積約1640km²、人口約3万5000(2000)。島の中央部は山地、東西両岸は隆起サンゴ礁からなる。11〜3月に北西季節風が、5〜10月に南東貿易風が吹き、年間を通して多雨である。東部の二次林や草原地帯を除くと、他は低地雨林地帯となっている。中心は北東岸のロレンガウ。コプラが主産物でココア、ゴムなども作られ、漁業、林業も有望である。1616年オランダ人¹スハウテンと¹ル・メールがヨーロッパ人として初めて発見したといわれるが、これより1世紀以上前にポルトガル人が訪れているようである。島民はメラネシア人で、モアヌス(マヌス)、ウシアイ、マタンケール(マタンコール)の3集団に分かれている。伝統的にはモアヌス人は海岸や潟に杭上家屋を設け、カヌーを足とする漁労、交易航海民であり、ウシアイ人は内陸に住む農耕民である。マタンケール人はこれらの間にあって海岸部や内陸に居住し、漁労と農耕を行う。海上交通路をおさえるモアヌス人は、魚との交換でサゴヤシのデンプンやタロイモなどの食料品を入手し、また周辺の島々からの産物も加えた商業活動を行う。しかし近年この3者は混合しつつある。島民は勤勉で教育水準も高いので、役人、教師、警察官、船員、各種技術者として国中で活躍している。　小林繁樹

マーヒー|Margaret Mahy|1936-
ニュージーランドの児童文学者。北島ファカタネに生まれ、オークランド大学で哲学やフランス語を学んだ後、1980年までクライストチャーチ市立図書館の児童室に勤務しながら、¹スクール・ジャーナルにおもに幼い子ども向けの短編を書き続ける。その後、作家活動に専念し、ヤングアダルト向けの長編小説《足音がやってくる》(1982)、《めざめれば魔女》(1984)などを出版、たて続けにカーネギー・メダル(イギリスの児童文学賞)を受賞する。豊かな表現力、鋭いユーモアのセンスが優れた作品を数多く生み出した。大人向けの小説も手掛け、NZペン・クラブの重鎮としても活躍する。著作は170冊を超え、邦訳も多い。現在も毎年新刊を発表しており、2009年には子ども向けの歴史書《すばらしきアオテアロア:マーガレット・マーヒーが語るニュージーランドの歴史》を出版した。子どもの本に対する功績を称えて、1991年にニュージーランド児童文学慈善団体、ストーリーラインズはくマーガレット・マーヒー賞》を創設し、2006年に国際児童図書評議会(IBBY)は国際アンデルセン賞作家賞を授与した。1989年にはニュージーランド文化基金の派遣で日本を訪問し、全国で講演会が開かれた。　今田由香

マボはんけつ|マボ判決|Mabo Decision
1992年にトレス海峡諸島のマリー島のコイキ(エディ)・マボらがクイーンズランド州政府を相手取って起こした訴訟に関して、オーストラリアの連邦高等裁判所High Courtが下した判決。オーストラリア先住民のイギリスによる入植以前からの慣習法に基づく特定の土地への権利・権益をオーストラリアのコモン・ローcommon lawは認めるとし(先住権原)、オーストラリア植民地化の根幹にあった無主地terra nulliusの法的虚構を覆した。この判決を受けて、93年にオーストラリア連邦政府は¹先住権原法Native Title Act 1993を制定した。　山内由理子

ママロニ|Solomon Mamaloni|1943-2000
ソロモン諸島の政治家。サンクリストバル島(マキラ島)出身。キング・ジョージ6世校で中等教育を受けた後、ニュージーランドのテ・アウテ・カレッジに進学。1966年に卒業

後，イギリス保護領ソロモン諸島政府の行政官となる．70年に統治評議会の議員に選出され，政界入りを果たす．74年に採択された新憲法の下で統治評議会から改組された立法評議会で初の首席大臣に任命され，76年1月1日からの内政自治へとソロモン諸島を導いた．76年に首席大臣に再選されず，立法評議会議員を辞職したが，ソロモン諸島独立（78年）後の80年の総選挙で議員に復帰，首相に選出され，84年までその職にあった．その後，89-93年，および94-97年にも首相を務めた．3回の首相在任中には，ブーゲンビル問題でのパプアニューギニアとの関係悪化，木材伐採をめぐる汚職，国家財政の破綻寸前までの赤字化などの問題もあったが，ソロモン諸島の近代国家化の立役者として，ソロモン諸島国民に記憶される存在であることはまちがいない．⇒ブーゲンビル［島］

東裕

マラ｜Ratu Sir Kamisese Mara｜1920-2004
政治家．フィジーの独立や近代化，発展のみならず，南太平洋地域の統合・発展にも多大の貢献の足跡を残した．フィジー西部のラウ諸島ラケンバの高位酋長の家系に生まれ，幼少時より帝王学を授けられる．フィジー医学校からオタゴ大学医学部に学び，医師を志すが，最高位酋長ラツー・スクナの命により将来の政治指導者たるべくイギリスに留学し，オックスフォード大学で植民地行政や経済学などを学ぶ．1950年に帰国して地方行政官となるが，53年には植民地下の立法評議会議員，59年には行政評議会委員，64年には大酋長会議委員に任命される．66年，フィジー人を支持基盤とする同盟党 Alliance Party を結成して党首に就任，独立国家への移行に貢献した．70年のフィジー独立時に首相を務め，同年10月の国連総会演説で"パシフィック・ウェー Pacific Way"を提唱した．以後，長く首相と外相を兼任し，内政のみならず外交面でも手腕をふるった．87年4月の総選挙で敗北し一時下野したが，5月の"ランブカ中佐による軍事クーデタ後の暫定政権の閣僚となり，9月の再度のクーデタによる共和制移行後のフィジー共和国の首相に就任．92年6月総選挙で民主制に復帰するまでその職にあった．92年6月には副大統領，大統領代行に選出され，93年12月には"ガニラウ大統領の死去に伴って大統領に就任，2000年5月の文民クーデタで大統領職から退いた．その自伝"The Pacific Way: A Memoir"(1997)は《パシフィック・ウェイ フィジー大統領回顧録》（慶應義塾大学出版会，2000年）として邦訳されている．

東裕

マライタ［島］｜Malaita Island
ソロモン諸島中部にある陸島．面積約4000 km²．人口約14万人(2005)．島内にはオーストロネシア語系の9言語がある．南に隣接するマラマシケ（小マライタ）島，東方約160 km にあるシカイアナ環礁（スチュワート諸島），北西約360km にあるオントンジャバ環礁とともにソロモン諸島のマライタ州を形成する．島北西部に州都アウキがあり，地方行政や商業活動などの中心的役割を担う．アウキでは1年に230日前後の雨が降り，年間降水量は3000mmを越える．焼畑によるイモなどの根菜類の栽培や沿岸漁撈を中心とする自給自足的な生業活動に従事する者が多いが，日常生活の中で現金を必要とする機会は増しており，就労機会を求めて島を一時的に出て行く者も多い．アウキの南約10kmにあるランガランガ・ラグーンは貝貨製作の場として広く知られる．貝貨は婚資や紛争調停時の賠償金として，あるいは豚や土地などの財を購入する際に用いられる．

マライタ島は，1927年にマライタ島中部クワイオ地域で発生したイギリス人行政官殺害事件や，太平洋戦争後にアレアレ地域出身者を中心に始められたマーシナ・ルール（"マーチング・ルール）と呼ばれる反イギリス統治運動のような，ソロモン諸島の近代史のいくつかの重要な事件に関係してきた．また2000年には，1998年末から続いていたマライタ島民と近隣のガダルカナル島民との間の紛争に関連して，マライタ島民により組織された武装集団が首都でクーデター騒動を起こし，当時の首相を失脚させる事件が発生した．これによって，2003年頃まで首都やガダルカナル島，マライタ島における治安は悪化し，外国からの援助や投資が途絶し，国家・国民経済を逼迫させる事態（エスニック・テンション）を招いた．

関根久雄

マラエ│marae

南太平洋, フランス領ポリネシアのソシエテ諸島, トゥアモトゥ諸島, オーストラル諸島など中央ポリネシアの宗教遺跡. 単なる立石遺跡から壮大な石積みの遺跡までを含み, 宗教的儀式を行う聖域であった. ソシエテ諸島の風上群島, 風下群島では, かなり異なった形態をもった規模の大きい祭祀場が西欧文化接触直前まで建造された. 風上群島のものは石垣を長方形に築き, その一方の端に石積みの上部にいくほど小さくなる3段の聖壇を置き, 前に3基の立石, 内庭にも立石を配しているが, これらは儀式の際, 神やすでに死亡した酋長らの霊魂の宿る所であった. 風下群島では石垣はなく, サンゴの岩板を並列した長方形の聖壇をもち, 敷石の前庭のあるものが多く, 立石も認められる. マラエの規模には建造者の権力の強さが反映したと思われる. 時代によって型式の変化が認められるが, 近年のファヒネ島の調査によると, マラエの発達は風下群島から風上群島へと移行し, 後期において上記の特徴的な形式がおのおのの群島で発達したようである. 篠遠 喜彦

●マラエ

ソシエテ諸島風下群島ライアテア島のタプタプアテア・マラエ.

アボリジナル口承詩の形式を採り入れるなど, 高度な技巧とオーストラリアの地域性を結びつけることに成功, 76年の《選詩集:話し言葉の共和国》でオーストラリアを代表する詩人としての地位を確立し, 以後多数の文学賞を獲得. 故郷のニューサウスウェールズ州バンヤに居を定め, 《人間以下の肉体労働者の詩》(1996)がベストセラーとなるなど, 田園詩人としてのイメージで一般にも親しまれており, 国際的評価も高く, ノーベル文学賞候補にも名前が繰り返しあがる. 政治的発言でも物議をかもし, 1999年には憲法序文の原案を起草したことでも有名. 湊 圭史

マランビジー[川]│Murrumbidgee River

オーストラリア南東部, ニューサウスウェールズ州南部の川. スノーウィー山地(グレートディバイディング山脈の一部)に発し, 西流してラクラン川などの支流を合わせ, ▶マレー川に合流する. 長さ1579km. 中・下流のマランビジー灌漑地区(面積18万ha)はこの国の代表的な灌漑農業地域で, 米, 小麦, 果樹などが栽培される. 1829年に▶スタートが調査した. 名称は大きな水を意味するアボリジニ語に由来する. 谷内 達

マリー│Les(Leslie) Allan Murray│1938-

オーストラリアの詩人. 1957年よりシドニー大に奨学生として在籍, ドイツ語をはじめ中国語, スペイン語など多言語を身につけ, 学生出版物の編集を通して作家・詩人と知り合う. 鬱病に陥るが, 62年の結婚とカトリック受洗により精神の安定を得て, オーストラリア国立大学で通訳の仕事につく. 65年, ジョフリー・リーマンと共著で詩集《ヒイラギの木》を出版. イギリス滞在後, 詩人として生計を立てることを決意.

マリアナ[諸島]│Mariana Islands

西太平洋の北半球, 東経144〜146°, 北緯13〜20°の間に位置する15の島々. 北には小笠原諸島があり, 西はフィリピン海, 東は北西太平洋が広がる. マリアナ海溝に平行する火山帯の一部を成し, ▶アナタハン島以北の北部の島々は活動中の火山島である. ファラリョンデメディニラ島以南の南部の島々は活動停止中の火山や, 隆起サンゴ島からなる. 年間降水量は2000mm程度. 台風の発生地帯でもある. 年平均気温は26〜27℃. 貿易風のほか, モンスーンの影響も受ける. 人の定住は約3500年前と推定され, この地域からミクロネシア最古の土器が出土した. この▶マリアナ赤色土器は, 中央フィリピンのマスバテ出土の土器と類縁性を持つことから, モンゴロイド集団が拡散したと考えられている. 現住人口

は，ミクロネシア最大の▶グアム島のほか，▶サイパン島，▶テニアン島，ロタ島といった南部の島々に居住している．先住民の▶チャモロ人のほか，他の太平洋島嶼民やアジア系住民も多い．火山活動の影響で，北部の島々は無人島か，わずか数名が居住する程度である． 飯高 伸五

マリアナかいこう｜マリアナ海溝
Mariana trench

小笠原諸島の母島南東方(北緯25°付近)からヤップ島北東方(北緯12°付近)に至る三日月状の海溝．海溝底は一般に深く，水深9000mを超える所も多い．とくに，グアム島の南で海溝がほぼ東西に走る部分は深く，水深1万m以上の部分が1950年代にイギリスのチャレンジャー(8世)号やソ連のビチャージ号によって発見され，チャレンジャー海淵と呼ばれて世界最深部とされていた．しかし，1983年に海上保安庁水路部の調査船〈拓洋〉による精密調査の結果，最深部はこれまでの報告と少し違って，北緯11°22′24″，東経142°35′30″にあり，水深は1万0924±10mであることがわかった．

海溝沿いの浅い地震活動は日本海溝ほど激しくなく，巨大地震は知られていない．深発地震面は海溝軸からマリアナ島弧付近までは約10度のゆるい傾斜をもつが，その下で突然急傾斜となり，鉛直に近い所もある．この面に沿って太平洋プレートがフィリピンプレートの下に沈み込んでいると考えられる．海溝の陸側斜面には堆積物は薄く，比較的古い島弧深部の岩石が露出している所もある．太平洋プレートの沈み込みにつれてマリアナ島弧側の海溝斜面はけずられ，沈降していると考えられ，このような沈み込みをマリアナ型と呼んで，ペルー・チリ海溝や南海トラフのように陸側斜面が押し上げられ，海溝堆積物が付加されつつあるチリ型沈み込みと区別することがある． 小林 和男

マリアナせきしょくどき｜マリアナ赤色土器

マリアナ諸島の最古の土器で，紀元前1500年ころから紀元後800年ころまで使用されていた．この土器の特徴は，主として表面に赤色のスリップ(土器の表面に塗るための精製された粘土)が施されていることである．スリップされた表面はしばしば光沢がある．この種の優秀品はサイパンからのものに多い．口縁は外反し，底部は平らである．土器の練土の中の混合物(ペイスト)としては小さく打ち砕いた貝殻やサンゴが使用されている．同じ特徴をもつ土器はヤップ諸島のみならずチューク諸島のフェーファン島からも発掘されている．ポンペイ(ポナペ)島発見の土器も，この系統のものである可能性が強い．一般にマリアナ赤色土器は系統的にはフィリピン赤色土器に由来すると考えられているのであるが，フィリピンにはこの種の混合物をもつ土器はない．また，マリアナ赤色土器には石灰の粉で文様を施した変種もある．同じような土器はフィリピンにあるが，メラネシアの▶ラピタ式土器にもみられる． 高山 純

マリエトア｜malietoa

サモア諸島社会の最高位首長称号の一つ．サモア諸島のウポル島を三つに区分する政治領域のうち，中央のトゥアマサガ地方に属する．東西のアトゥア地方やアアナ地方の最高位称号に比べて新興勢力ではあるが，1830年に初めて▶ロンドン伝道協会の宣教師が訪れたときには諸島最大の勢力を保持していた．宣教師をいち早く受け入れたマリエトア・バイイヌポーは，マヌア諸島を除く全サモアを支配する資格となる，トゥイアトゥア，トゥイアアナ，ガトアイテレ，タマソアリイの4称号も手中に収めてサモア王となったが，41年の彼の死後，4称号は分散してしまい，統一王朝成立には至らず，長期にわたり政情不安が続いた．とはいえ，マリエトア称号がサモア近現代史のなかで果たした役割は大きく，西サモアが1962年に独立する際には，当時のトゥプア=タマセセ称号保持者とともにマリエトア・タヌマフィリ2世が共同の終身元首の位に就き，前者の死後単独で現在もその地位を維持している． 山本 真鳥

マリナー｜William Mariner｜1790ころ-1860

イギリスの水夫．1805年，マリナーはポルト・プランス号でイギリスを出航．06年，トンガのハアパイ群島リフカ島で，船が島民に襲われ乗組員は皆殺しとなるが，15歳の少年であったマリナーだけが難を逃れた．

ババウ諸島のフィナウ島の大首長の保護下で10年まで過ごし、帆船フェーバー・ライト号のフィスク船長に助けられ、帰国。彼は文字を書くことができなかったが、彼の体験に興味をもったジョン・マーティンがマリナーの体験記を編集し、《トンガ諸島民記》を出版した。当時、この本はポリネシアを体験したことのない教養人の興味をひき、内容の真偽について話題の書となった。これまでの報告書は教養人の手になるものであったが、水夫であったマリナーの視点による貴重な記録である。　　矢野　將

マリノフスキー
Bronislaw Kasper Malinowski│1884-1942
ポーランド出身のイギリスの社会人類学者。20世紀前半、社会・文化人類学の誕生、その基礎の確立に中心的役割を果たした。宣教師、行政官、商人などが記録した間接資料によって非ヨーロッパ社会の文化、歴史を再構成していたそれまでの民族学の方法ではなく、研究者自身の調査による直接資料に基づいて、対象社会の慣習規則や諸現象を相互の機能的連関において理解しようとする社会・文化人類学の成立は、彼の力にあずかるところが大きい。

彼はオーストリア帝国領であったポーランドのクラクフ市に生まれ、クラクフ大学では物理学の博士号を取得したが、そのころフレーザーの《金枝篇》に強い影響を受け、1910年イギリスに渡る。そしてロンドン・スクール・オブ・エコノミックスに入学、ウェスターマークやC.G.セリグマンの指導のもとですでに着手していたアボリジニに関する研究を行った。しかし研究者としての真価が発揮されたのは、14年から18年にかけて行ったニューギニア東部のトロブリアンド諸島における調査によってである。彼がこのときに行った、一人の調査者が長期にわたって、現地語を用い、当該社会の生活に加わりながら観察を行う(参与観察 participant observation)、という調査法は、現在に至るまで人類学の野外調査の範型となっている。この調査からロンドンに戻った彼は、その調査資料に基づき、トロブリアンド諸島民の▶クラと呼ばれる儀礼的交換(《西太平洋の遠洋航海者》1922)、性をめぐる慣習、農耕等の呪術、法と慣習などに関し次々と著作を刊行し、また前述のロンドン・スクールで人類学を講じ、27年には同大学の最初の社会人類学教授となった。その後38年にアメリカに渡るまでのほぼ20年間、イギリスの社会人類学は彼を中心として動いたといえる。

同時期のライバルであるラドクリフ・ブラウンと比べると、同じ構造機能主義といっても心理的解釈への傾きが強く、厳密性と整合性に欠けていたことは否定できない。また、トロブリアンド諸島民を未開民族一般として安易に普遍化する傾向や、晩年の文化理論に見られる心理主義的還元は多くの学者の批判するところである。しかし人類学の転回点において、調査・分析の方法に見せた独創と、研究対象とした社会、文化に対する受容と理解の深さは、彼を今日の社会・文化人類学の創始者の一人とするに足るものである。　　船曳 建夫

マルキーズ[諸島]│Îles Marquises
英語ではマルケサス諸島 Marquesas Islandsという。南太平洋、フランス領ポリネシアに属する島群。タヒチ島の北東約1500kmに位置し、ヌクヒバ、ウアプー、ヒバオア、タフアタ、ファトゥヒバ島など10余りの島からなる。総面積127km²、人口9281(2007)。島はいずれも玄武岩を主とする火山島であり、標高1000m内外の壮年期の地形で、平地はほとんどみられない。熱帯にもかかわらず、沿岸を洗うペルー寒流のためにサンゴ礁の発達が弱く、激しい海食作用を受けている。

1595年スペイン人▶メンダーニャが〈発見〉し、植民地獲得競争の結果1842年にフランス領と宣言された。諸島の人口はヨーロッパ人が接触した当時10万とも20万ともいわれたが、これは誇張としても、1813年の5万と推定された数値を正しいものとすると、1921年には約2000という極端な減少をみせた。その後1960年代には5000を超えるまでになったが、この人口減少は、18世紀末この諸島に捕鯨業の基地がつくられたことに始まる。捕鯨漁夫たちによる原住民への略奪、暴行、虐殺のほか、奴隷商人による原住民の拉致(▶ブラックバーディング)と、

それまで知られなかった病気(風邪,天然痘,性病),アルコール,麻薬,銃火器などがその原因であった。

マルキーズ諸島は近年の考古学的調査の示すところによると,西ポリネシアのサモアを出発したポリネシア人の祖先たちが3〜6世紀頃,最初に東ポリネシアに到着した島であり,ここを基点として,7世紀にはハワイおよびピトケアン諸島,11〜12世紀にはイースター島,そしてソシエテ,クック諸島を経由して,12世紀にはニュージーランドへの植民がなされた。島の原住民の*入墨は頭の先からつま先にいたるまで全身に幾何学模様を彫り込んでいた。また*食人や一妻多夫婚などの慣行があったが,熱心なキリスト教宣教師による教化の結果,食人の慣習はやみ,現在は一夫一婦婚に基づく核家族化が進行している。画家*ゴーギャンはタヒチの文明化に失望し,ヒバオア島で生涯を閉じ,*H.メルビルの小説《タイピー》はヌクヒバ島を舞台としている。

石川 栄吉＋矢野 將

マルキョク | Melekeok

パラオ諸島*バベルダオブ島の中央部東海岸に位置する村落。19世紀末には丘陵地帯に散在する7集落からなっていたが,日本統治期後期からアメリカ統治期初期にかけて海岸沿いへの移動と集住が進んだ。海岸沿いの居住区の一部は〈新しい村〉と呼ばれている。日本統治期には公学校,巡査派出所,村役場があったほか,南洋貿易や*南洋興発株式会社の事業地もあった。現在はパラオ共和国を構成する16州のひとつで,同国の新首都が置かれている。パラオ共和国憲法には,憲法発効から10年以内に,暫定首都のコロールからバベルダオブ島への遷都を行うと明記されていたが,新首都の建設はこれよりも遅れ,1990年代末以降,バベルダオブ島周回幹線道路(コンパクトロード)の建設と平行して進められた。海岸から内陸へ約1kmの丘陵には,台湾からの借款により大統領府,国会議事堂,最高裁判所などが新築され,2006年10月に落成式が行われた。遷都以前の人口は2000年に239人,2005年に391人と増加傾向にあった。遷都後は新首都に車で通勤する者も多い。マルキョクを代表する酋長*アルクライは,コロールを代表する酋長*アイバドールとならんでパラオの二大酋長のひとりで,大統領の諮問機関である全国酋長評議会の構成員。現行の州憲法では,州政の最高責任者はアルクライおよび知事。州議会の議席16のうち,アルクライを含む酋長が10,選出される議員および知事は6。州内にはミクロネシア最大の自然湖ガルドックがあり,周囲は保護区に指定されている。

飯高 伸五

マルドゥーン | Robert David Muldoon | 1921-92

ニュージーランドの政治家。オークランドに生まれ,第2次大戦に応召。終戦後ロンドンで会計学を学び,帰国後,会計士事務所を開くかたわら,*国民党に入党して政治活動を始める。1960年国会議員に当選,63年大蔵政務次官,66年大蔵副大臣,74年国民党党首となる。75年から84年まで国民党を率いて首相。農産品の交易条件の低下,イギリスのEC加盟による伝統的輸出市場の喪失,石油危機等によるニュージーランド経済の苦境を乗り切るため,大規模工業開発計画(*シンク・ビッグ計画)を推進した。負けん気の強い大型保守政治家として一世を風靡したが,84年総選挙に敗れ,労働党に政権を譲った。その後も議員としての活動を続けたが,91年に政界を引退した。引退直後に病に陥り,翌92年に70歳で他界した。

地引 嘉博

マルーフ | David Malouf | 1934-

オーストラリアの作家。父方の家族は1880年代にレバノンから,母方の家族は東洋系ユダヤ人家系でイギリスから1913年に,それぞれオーストラリアに移民している。そのような背景からオーストラリアの多文化社会を反映する作家としてのレッテルを貼られやすいが,本人はそれを厭い,その詩作や小説の背景としてのオーストラリアの内部―書かれた歴史の内側―を描くことを志す。ブリズベンに育ち,初期の作品《ジョノ》(1975)やエッセイ集《エドモンドストーン通り12番地》(1985)にはその自伝的要素が色濃く出ている。多作で多様なテーマを扱っており,《グレート・ワールド》(1990)では太平洋戦争中日本軍に囚われていた2人

の元捕虜の戦後を通してオーストラリア社会の変化を描き出した。多くの賞を受賞し、ブッカー賞の候補にもなった《バビロンを思い出す》(1993)は、1850年代のクイーンズランド北部を舞台に、地理的・社会的周縁にあるヨーロッパ系移民の孤立感、他者である先住民への恐れ、その間に立つ者の帰属とアイデンティティの問題を扱っている。離国作家として、オーストラリア以外にイギリスやイタリアで長く執筆活動を行っており、海外での評価も高い。

加藤 めぐみ

マレー[川] | Murray River

オーストラリア大陸南東部の川。スノーウィー山地(▶グレートディバイディング山脈の一部)に発し、ニューサウスウェールズ州とビクトリア州との州境を西流してサウスオーストラリア州南東部のエンカウンター湾に注ぐ。長さ2520km。▶ダーリング川、▶マランビジー川などとともにマレー・ダーリング水系(流域面積106万km²)を構成する。中流のリベリナ Riverina 地方はこの国の代表的な農業地帯である。スノーウー山地水力開発事業による貯水池で多くの灌漑地区が発達し、とくにミルデュラ(ビクトリア州北西部)やレンマーク(サウスオーストラリア州南東部)の周辺は果樹栽培などで知られる。流域が3州にまたがるので、3州間で水の利用協定が結ばれている。1824年にヒュームらが上流部を発見、30年▶スタートが下流部を調査し、イギリス植民地相 G. マレーにちなみ命名した。19世紀後半には河川交通に利用されていた。

谷内 達

マレクラ[島] | Malekula Island

南西太平洋、バヌアツ共和国で2番目に大きな島。マラクラ Malakula 島ともいう。面積2023km²、人口約3万6000(2009)。住民はメラネシア人で、かつては内陸部に住んでいた人々も現在はほとんど海岸部に移り住んでおり、ヨーロッパ人との接触の歴史は古い。内陸部はうっそうとした森林地帯で、現在でも約250人の、キリスト教を拒否している人々が住んでいる。このうち南部の人々はスモール・ナンバスと呼ばれている。ナンバスとは▶ピジン英語で▶ペニス・ケースのことであり、ヨーロッパ人のココヤシ農園主が男たちのつけているバナナの葉で作ったペニス・ケースを見て、彼らをスモール・ナンバスと呼んだ。北部の人々はこれに対してビッグ・ナンバスと呼ばれており、男たちのつけているパンダナスの葉を赤く染めて作った大きなふさのようなペニス・ケースがその名の由来である。彼らは100人余りでアモク村に住んでおり、他のマレクラ島民とは異なり▶カバを飲む習慣があり、割礼を行う。

また同性愛が社会的に承認されており、同性愛者は政治的に高い地位につくことができる。スモール・ナンバスは死者の頭骨を利用して死者に似せた像を作ることで知られている。また女性は、木の棒を歯にあて、その上を石でたたくことにより抜歯するという試練を経た後、妻の座を手にすることができる。豚を殺す儀式も行われ、人々はそれによってみずからの地位を上げていく。

吉岡 政徳

マレースミス | Joanna Murray-Smith | 1962-

オーストラリアの劇作家。新作がコンスタントに主要劇団で上演され、▶ウィリアムソンと並ぶ人気作家である。メルボルンに生まれ、メルボルン大学在学中から学生演劇に加わり、1990年、《アトランタ》が劇団プレイボックスで初演されてから、高く評価されるようになった。代表作《ラブ・チャイルド》(1993)は、娘を捨てた母と、母を捜し当てた娘の和解の過程、そして異なる世代に属し、異なる社会認識をもった二人の女の衝突を、力強く、繊細に描いた物語。ブロードウェイやロンドン、日本の文学座と演劇集団円でも上演された《オナー》(1995)は、文芸評論家の夫が若い女性編集者と不倫に陥ったとき、作家としてのキャリアを捧げて夫を支えてきた主人公が自らの生き方について向かい合うことを迫られるという設定。夫の成功を自らの幸福と考える価値観が、新しい世代の女性たちによって粉々にされたとき、それを信じて生きてきた中年女性はどう生きるのか、という命題は、非常に良くできた《世代論》となっており、マレースミスのその後の主要テーマにもなっている。

佐和田 敬司

マンガレバ［諸島］| Îles Mangareva

南太平洋，フランス領ポリネシアのトゥアモトゥ諸島の南東端に位置し，大きな堡礁内のマンガレバ，タラバイ，アウケナ，アカマルの4火山島と，その南東約40kmのテモエ環礁とからなる。フランス語名のガンビエ諸島 Îles Gambier としても知られる。陸地総面積29km²，人口1641（2007）。住民はポリネシア人で，パンノキ，バナナ，タロイモなどの自給農業を営む。かつて2000人以上の人口を数えたが，1834年に来島したラバール神父が島民を使役して巨大な石造の聖堂を建立し，この苦役によって島民の死亡があいつぎ，人口が一挙に激減した。建坪でパリのノートル・ダム大聖堂をもしのぐこの聖堂は，マンガレバ島のリキテアになお現存している。

石川栄吉

マンジマップ | Manjimup

オーストラリア南西部，ウェスタンオーストラリア州南西部の町。人口4240（2006）。パースから南へ300km余り（道路距離），ダーリング山脈の南端部に位置し，道路，鉄道が通ずる。周辺では酪農，ジャガイモ栽培などの農牧業が営まれるが，主産業は林業で，カリ，マリ，ジャラなどユーカリ属を中心とする森林が伐採され，チップとなって北方のバンベリー港から日本へ輸出されているが，伐採による環境への影響が生じている。

谷内達

マンスフィールド | Katherine Mansfield | 1888-1923

イギリスの女流作家。本名ビーチャム Kathleen Mansfield Beauchamp。ニュージーランドの裕福な実業家の娘として生まれ，本国にあこがれて強引に渡英。いくつかの情事と自己中心的なきわめて不幸な結婚を経験。1912年文学青年の貧しいオックスフォード大学生 J. M. マリーと同棲（正式結婚は1918年）。彼の編集する《リズム》誌や《アシニアム》誌に，鋭いきわめて主観的なエッセー，書評を載せるかたわら，《序曲》(1918)，《幸福》(1920)，《園遊会》(1922)，《鳩の巣》(1923) などの短編集を続々発表。なかでも《序曲》などの，幼時経験を心の動きそのままに語る鮮烈，透明な作品群が最も優れている。これらの作品は，第1次大戦中の弟レズリーの事故死を契機として，故郷と幼年時代の再発見から生まれた。早くから結核に悩み34歳でパリ近郊で客死。マリーの編集した《日記》(1927)や書簡集(1928)は彼女の純粋な作風と文学的生涯を語っている。

鈴木建三

マンスフィールドの名を冠したニュージーランドにおける最初の文学賞に，BNZキャサリン・マンスフィールド・アワードと，ニュージーランド・ポスト・マンスフィールド・プライズがある。前者は，1959年ニュージーランド女性作家協会の協力を得，父ハロルド・ビーチャムのニュージーランド銀行がスポンサーとなってスタートした。すぐれた創作を讃えるだけでなく，若手作家への奨励にも貢献している。後者は，マンスフィールドが居住していたフランスのメントンにある部屋で6ヶ月以上滞在・執筆する費用が授与される。本賞の旧名はキャサリン・マンスフィールド・メントン・フェローシップである。

百々佑利子

ミクルーホ・マクライ | Nikolai Nikolaevich Miklukho-Maklai | 1846-88

ロシアの人類学者，民族学者，探検家。ノブゴロド県で鉄道技師の子として生まれる。ペテルブルグへ移り，学生運動参加により大学から追放された後，ヨーロッパに遊学した。ドイツのイェーナ大学で動物学者E.ヘッケルに師事，当時の進化論的傾向のなかで動物学を学んだ。1871年からニューギニア北東アストロラーブ湾岸に単身入って調査を行ったのをはじめとして，当時世界で最も未開と考えられていたニューギニアに3年近く住み込み，さらに南ミクロネシア，北メラネシア，オーストラリア，東南アジア等と生涯の大半を調査で送り，人類学的に貴重なフィールドノートを残し多くの資料を収集した。けたはずれにスケールの大きな個性，強固でヒューマンな精神の持主だった彼は，進化論を実証するなかで当時の西ヨーロッパで主流だった人種主義を批判，また，ドイツのニューギニア侵略に抗議しビスマルクに電報を送ったことでも有名。ソ連科学アカデミー付属民族学研究所は彼の名前を冠している。

坂内徳明

ミクロネシア | Micronesia

西太平洋, 赤道のほぼ北, 南緯3°～北緯20°, 東経130°～180°の海域に散在する島々の総称。▶マリアナ諸島,▶カロリン諸島,▶マーシャル諸島, ギルバート諸島(▶キリバス)と▶ナウル島などの島より構成され, 島の総数は約2100, 総面積は2851km^2である。このうち人が居住する島は130にすぎず, 人口は約56万6000(2009)。島は火山島, 環礁島, 隆起サンゴ礁島よりなり, 最大の島▶グアム島でも541km^2, 小さな島になると1km^2に満たない。このような地形的特徴からこの地域は, ギリシア語のミクロス mikros (小さい)とネソス nēsos(島)にちなんでミクロネシア(小さい島々)と名づけられた。熱帯に位置するこの地域の気候は, 平均気温28℃前後で年間を通じてあまり変わらず, 年降水量は火山島を除き約500mm, 北東からの▶貿易風が卓越し, 乾季と雨季の差が顕著でない。西カロリンの海域で発生する熱帯低気圧は, 台風へと発達し日本などを襲う。比較的均質な自然環境下にある島々も, 政治・経済面ではグアム島, ナウル島とそれ以外の島とで大きな差異がみられる。グアムは1899年以来アメリカ領になり, アメリカ軍基地や観光地として経済的に自立している。ナウルは1968年に独立し, リン鉱石の輸出で安定した経済基盤を確立していたが, 今世紀に入り資源が枯渇し, 一気に被援助国になった。カロリン, マーシャル, ギルバートの諸島はコプラの生産以外に産業が発達しておらず, アメリカやイギリスの経済援助に依存している。そこでの主要な栽培植物はタロイモ, ココヤシ, パンノキ, バナナで, ヤップ島やポナペ島ではヤムイモが加わる。最近では米の輸入によって米食への変化もみられるが, それらの作物が主食となっている。島の人々による豊富な漁業資源の開発は進まず, 小規模な漁労活動に基づく漁獲も日常的に消費される程度である。200カイリ領海内での外国漁船の入漁料収入が最大の国家財政源になっている。

ミクロネシアの島々は1521年のマゼランによるグアム島発見以来, 18世紀末までにほとんどの島の存在が明らかになった。マリアナ, カロリン, マーシャルの諸島はヨーロッパ人による発見以来, スペイン, ドイツ, 日本そしてアメリカの統治下に置かれてきた。日本は第1次世界大戦中にそれらの島を占領し, 戦後は▶南洋委任統治領として治めた。最盛期には10万人もの日本人が進出し, 漁業, 鉱業, 農業の開発に従事した。とくにサイパンやテニアンでのサトウキビ栽培と砂糖生産は経済的支柱であった。第2次世界大戦後はアメリカの信託統治領となり, 現在4ブロックに分かれて新しい国家を建設中である。1976年にグアムを除くマリアナ諸島は▶北マリアナ諸島の名のもとにアメリカの自治領になった。パラオ諸島は▶パラオ(ベラウ)共和国, ヤップ, チューク, ポンペイ, コスラエは▶ミクロネシア連邦, そしてマーシャル諸島は▶マーシャル諸島共和国と国名を決め, 86年にそれぞれアメリカと▶自由連合協定に調印し, 信託統治を終了させ, 独立した。またギルバート諸島は1892年から続いたイギリス植民地の地位を離れ, 1979年にキリバス共和国の名のもとにイギリス連邦加盟の独立国となった。→ミクロネシア人　須藤健一

ミクロネシア・ゲームズ | Micronesian Games

国連信託統治領ミクロネシアのスポーツ大会。1969年に域内住民の連帯と友好を築くことを目的にサイパン島で開催された。その後しばらく途切れていたが, 90年に再開し, その後は4年ごとの定期競技大会となった。信託統治領内の大会という当初の目的から, 当時の行政区が参加単位だったため, それが引き継がれてミクロネシア連邦の4州(ポンペイ, チューク, コスラエ, ヤップ)は, 州ごとの代表を送っている。その他の参加政治単位は, グアム, 北マリアナ諸島, マーシャル諸島, パラオ。さらに他のミクロネシア国家にも呼びかけたため, 2006年にサイパンで開催された第7回大会にはキリバスも参加して, 合計9国・地域による競技大会となった。競技種目は通常のスポーツに加え, 〈ヤシの皮むき〉〈木登り〉〈カヌー〉などの速さを競うこの地域ならではの種目がある。2010年の第8回大会はパラオ開催が予定されているが, 小規模自治体が多いために大会予算の工面が難しく, 積極的に

●ミクロネシア人
左―ディルカイと呼ばれる女性像。パラオ諸島。
右―舞踏用のくし。男性だけが着ける。チューク諸島。

開催地誘致をする政府は限られている。

小林 泉

ミクロネシアじん|ミクロネシア人|Micronesian

西太平洋の▶ミクロネシアの島々に住む人びと。低身長、やせ形、褐色の皮膚、薄い唇、黒髪、直毛などの身体的特徴から、かつての人種分類では、モンゴロイドとみなされた。しかし変異も大きく、パラオ諸島とヤップ島の住民は黒色、縮毛ないし波状毛、広鼻などの特徴から、▶メラネシア人(オセアニック・ニグロイド)に近似する。言語も地域による差はあるが、いずれもオーストロネシア(南島)語族に属する。ミクロネシアの主要な栽培作物はタロイモ、パンノキ、ココヤシで、ヤップ島とポンペイ(ボナペ)島ではヤムイモが加わる。家畜として豚、犬、鶏が飼われているが、動物性タンパク源は魚貝類に依存している。

[民族移動] ミクロネシア人の移住については、東方からと西方からとの二つのルートが考えられる。西方ルートは、東南アジアからの直接渡来で、フィリピンやインドネシアからマリアナ諸島、ヤップ島、パラオ諸島への移住である。グアム島やサイパン島へは前1500年ころ植民され、フィリピン出土の土器と類似した赤色土器を使用する人びとが住みついた。ヤップ島では前500年、パラオ諸島では紀元前後の土器が発見されているが、その担い手の起源地は定かでない。しかしパラオへは後7～8世紀にインドネシアからの文化的影響があったことが認められる。近年の花粉分析によれば、ヤップとパラオでは従来想定されていた紀元前後よりも1000年以上前に人が居住していた可能性が指摘された。また、パラオ諸島では沖合の隆起サンゴ島から前500～1300年前にさかのぼる遺跡も近年発見された。

次に東方ルートは、東部メラネシア(ソロモン諸島、ニューヘブリデス諸島の北部)からミクロネシアへの民族移動である。紀元後の早い時期に、▶ラピタ文化を担った人々の一派が、ギルバート諸島、マーシャル諸島へと島伝いに北上し、さらに西方のコシャエ(コスラエ)、ポンペイ、チューク(トラック)の島々へ移住がなされた。そしてチューク以西のカロリン諸島のサンゴ礁の島々には、チューク系の言語を話す人々が10世紀ころまでには住みついたと考えられる。コスラエ、ポンペイ、チュークのいずれの初期遺跡からも土器が出土しているが、文様などが微妙に異なっている。遺伝形質の研究成果とあわせて、これは東部メラネシアから異なった集団が定住したためであると考えられている。

このような2ルートからのミクロネシア

への民族移動のうち，西からの移住者は火山島であるパラオ諸島，ヤップ島，マリアナ諸島に定着したのに対し，東からのそれは人口増加，戦争，漂流などの要因で，長期間にわたり波状的に島々へ住みついていったものである。この移住を可能にした背景には，サンゴ礁島に住む人々が，大型▶カヌーの建造技術と航海術の知識を保有していたことにある。これら二つのルートに加えて，後700年頃にはポンペイ島の南方のヌクオロ島とカピンガマランギ島に，ツバルから拡散したポリネシア集団が定住している。

[社会] ミクロネシア社会の社会(親族)集団構成の原理は，ヤップ島の父系制，ギルバート諸島の選択的性格を除けば，母系制が卓越している。つまり女性の祖先からの女系の系譜を共有する人々によって土地が所有され，社会的地位が獲得されるのである。この原理で形成される集団は，家族レベルから数百人も含む氏族にまで発展する。ただし母系制社会でもポンペイ(ポナペ)島やトラック諸島では，ドイツと日本の統治政策の影響で男系相続・夫方居住様式がとられ，現在では母系制の原理が弱くなっている。

政治組織に関しては，ポンペイ島やコスラエ島では1人の首長に政治・社会的権限が集中し，複雑な称号・地位体系に基づいて社会階層化が進んだ▶首長制国家を生み出した。そのような政治的権力の反映として，巨大な石造建築物(ポンペイ島の▶ナン・マドール，コスラエ島のレレ)の遺跡が現存している。ヤップ島，マーシャル諸島，ギルバート諸島の各社会では，貴族，平民，奴隷という厳格な身分(社会)階層制がみられるが，トラック諸島やカロリン諸島中央部の島では年齢，性，親族関係に基づく地位以外にきわだった社会階層が存在しない。

[生活文化] ヨーロッパ人との接触まで金属器を知らなかったミクロネシア人の生産用具は，石製ないし貝製の斧，掘棒，貝やべっ甲製釣針，ココヤシの繊維で編まれた網などであった。土器を製作したパラオ諸島，ヤップ島，マリアナ諸島以外の島での料理法は，地炉による石蒸しである。住居もパラオ諸島，ヤップ島では石の基壇の上に鞍形屋根の家が建てられ，村ごとに大きな集会所が存在するが，それ以外の島では切妻屋根，地床式家屋が一般的である。またマリアナ諸島からは柱とみられる高さ5mもの石柱(▶ラッテ)が数多く発見されている。衣服は伝統的に腰部をおおう腰みのや腰布であるが，機織の技術はトラック諸島以西の島に限られる。バナナやハイビスカスの繊維を地機で織り上げる方式は，新しくインドネシアから伝播したと考えられる。西部の島では，東南アジアに分布するビンロウの実をかむ▶ベテル・チューイングの習慣があり，ポナペ島には儀礼用の飲物としてコショウ科の植物の根を砕いたシャカオが利用される。これはポリネシアに広く分布する▶カバと同じものである。このように，ミクロネシアの物質文化は，東部ではポリネシアと，西部では東南アジアと共通する文化要素がみられる。

ミクロネシア人の伝統的宗教は，万物に霊が宿るというアニミズムを特徴とする。死後，人間は身体と霊魂とに分離し，霊魂が他界へゆくと信じられている。そして航海者，船大工，呪医など伝統的知識の保有者は，守護霊の庇護によって超自然的な力を発揮できる存在と考えられている。しかし，マリアナ諸島では17世紀からの，その他の地域では19世紀後半からのキリスト教の布教で住民の多くはキリスト教徒となり，一部の島を除いて伝統的信仰体系は放棄されてしまっている。植民地化の過程で，パラオの▶モデクゲイなど，新宗教も発生した。

アメリカ統治下で生活様式の近代化が進み，在来の生業に加えて，輸入物の米，缶詰，インスタント食材の消費が伸びたため，肥満傾向や成人病の罹患率を高めた。一部の地域では，若者の自殺やアルコール中毒が深刻な社会問題となっている。アメリカとその海外領土への移民，出稼ぎも顕著に認められるが，本国との往来も頻繁である。グアムの▶チャモロ人は自決権獲得に向けた運動を展開しており，その他の地域でも国家形成のなかで，伝統文化に対する再評価が進んでいる。とくにミクロネシア人の伝統的航海術は，伝統的知識の保存の観点

からも，汎太平洋アイデンティティの媒介としても注目されている。→オセアニア

須藤 健一＋飯高 伸五

[美術]　ミクロネシアは造形美術に乏しいが，パラオ諸島など南部の島に注目すべきものがある。ミクロネシア東部にはポリネシア西部やメラネシア東部に共通した簡素な様式の木彫像がみられ，西部にはインドネシアのものと似た様式の家屋建築や，単綜絖水平機で織られる芭蕉布がみられる。パラオ諸島では，各村に普通2棟以上の集会所〈ア・バイ a-bai〉があった。2種の集会所が，島民の階層により区別して利用されたからである。集会所は平和時には村の会議や外来者の宿泊に利用され，戦闘時には外敵を防ぐ城塞となったという。村で最も重要で豪華な建築であり，柱，桁，敷居，欄干などに人物，鶏，コウモリなどさまざまなモティーフが彫刻される。とりわけ内部の巨大な梁や，切妻の破風面をおおう板には凹刻彩色で全体を埋め尽くすように，神話，伝説，歴史的事実などの情景が表現される。凹刻部には石灰や黄土が埋め込まれ，凸部には煤や赤土が塗られる。以前にはパラオ諸島の集会所にはすべて破風部分に〈ディルカイ Dilukai〉と呼ばれる木彫像が取り付けられていた。これは股を左右に大きく広げて陰部を露出した裸体の女性像である。この像の意味に関しては諸説あり，その起源を物語る神話も記録されている。またニューギニアのセピック川中流地方の〈精霊の家〉にもまったく同様の女性像が必ずみられるが，両者の関連は明らかではない。ミクロネシアでは一般に仮面がみられないが，例外的なものとしてカロリン諸島モートロック島 Mortlock の〈タプアヌ Tapuanu〉と呼ばれる人面があげられる。集会所の切妻のところに立てられる大柱を装飾するものと，豊饒祈願の舞踊に用いられる男女1対のものがある。平たい顔面，細長く直線的な鼻，互いに寄った横長の小さな目などの独特の目鼻だちと，抽象的な文様で周囲が縁取られた顔の輪郭との対比は，ニューギニア北東部の仮面の影響を示す。

福本 繁樹

[音楽，舞踊]　ミクロネシアは文化変容の激しい地域で，伝統音楽はマリアナ諸島では絶え，大部分保たれているヤップにおいても最年長層によって支えられているにすぎない。楽器は笛，口琴，太鼓などに限定される反面，踊り手がヤシやタコノキの葉でできた腰みの，腕・脚飾，扇子を動かすことによってかすかな音を楽しんだり，棒を打ち合わせてダイナミックな動きの踊りを展開するなど，関心が他へ向けられてきた。踊り歌，あるいは座唱，立唱などの声楽は，歴史，伝説，海洋知識などを盛り込んだ歌詞をうたいあげるというのがおもな伝統であった。しかし，外来文化の影響が著しく，ギターやハーモニカの伴奏による唱歌風の歌にのせて行進踊をみせたり，日本語や英語を原地語に混ぜた歌詞で身近な事件や恋物語をうたうのが新しい傾向となっている。

山口 修

ミッドウェー[諸島]｜Midway Islands
ハワイ諸島の北西2000kmに位置するアメリカ領の環礁。珊瑚島のイースタン島とサンド島から構成され，総面積は約6.4km²。1859年，アメリカ人 N. ブルックスによって発見され，67年にアメリカ領となった。1903年，海軍の管轄下に置かれ，海底ケーブル敷設など領土としての本格的な管理体制が敷かれた。42年6月にミッドウェー海戦の名で知られる日米の戦闘が展開されたのはこの諸島の周辺海域で，太平洋戦争後も重要な軍事基地となっていた。しかし，60年代から同諸島の自然や生態保護が謳われるようになり，88年に国立自然保護区に指定され，97年には最後の海軍職員が撤退。96年に始まった観光客受け入れは2002年に廃止され，現在は一般公開されていない。07年時点で40名のアメリカ自然保護スタッフが駐在している。

長戸 結未

ミード｜Margaret Mead｜1901-78
アメリカの文化人類学者。フィラデルフィアに生まれる。バーナード大学在学中 F. ボアズの講義を聞き，R. ベネディクトの指導をうけた。最初の調査は人間の発育と成長の研究をテーマに南太平洋のサモアでおこない，その報告《サモアで成人すること》(1928, 邦訳《サモアの思春期》)は高く評価された。ミードの研究生活の前半はニューギ

ア，サモア，マヌスの小社会に注目し，後半は文明社会とくにアメリカに関心を移している．彼女は，学習された行動としての文化に焦点をしぼり，世代をへて伝えられる文化の伝達様式を研究するという点では一貫していた．ミードの基本的立場は文化の相対主義であり，それぞれの文化はその言語をとおしてはじめて理解できるユニークなものであると主張する．1924年アメリカ自然史博物館の助手，64年同館主事，69年名誉主事となった．自伝《ブラックベリー・ウィンター》(1972, 邦訳《女として人類学者として》)がある．

松園万亀雄

みなみじゅうじせい |南十字星|
Southern Cross

天の南極に近い天の川沿いにある南十字座の星で，オーストラリア，ニュージーランド，サモアおよびパプアニューギニアの国旗に描かれ，これらの国および南半球の象徴的な星として親しまれている．オーストラリア国旗を例にとると，下の星がα星，左の星がβ星，上の星がγ星(以上1等星)，右の星がδ星(2等星)で，α星とδ星の間の小さめの星がε星(3等星)である．このうちα星，β星，γ星，δ星の四つの明るい星が十字形を形作る．γ星からα星方向の延長(国旗の場合，十字の長軸方向の下方)がほぼ天の南極の方向を指すので，古くから航海の目印とされてきた．南回帰線以南の土地からは一年中見えるが，季節，時刻により位置は変わる．オーストラリア南部の場合，とくに3～7月ころには晩の8～11時ころに天空のかなり高い位置にあるので見つけやすい．なお近くに〈にせ十字星〉と呼ばれるよく似た十字形の星(2等星)があり，慣れない人はしばしば見誤る．二つの十字形のうちでやや明るく小さいほう(四つの星の間の間隔の短いほう)が南十字星である．

谷内達

みなみたいへいよういいんかい |南太平洋委員会|
South Pacific Commission

▶太平洋共同体

みなみたいへいようおうようちがくいいんかい |南太平洋応用地学委員会|
Pacific Islands Applied Geoscience Commission

南太平洋の21の国・地域などで組織された国際機関．オーストラリア，ニュージーランドおよび島嶼国12ヵ国・2地域(クック諸島とニウエ)のほか，アメリカ領のサモア・グアム，フランス領のポリネシア・ニューカレドニア，ニュージーランド保護領のトケラウが参加．事務局はフィジーのスバに置かれている．略称はSOPAC．1972年に国連の経済社会理事会の下で，南太平洋海域における潜在的な鉱物資源の開発計画のために設立された．84年に加盟国，域外国および国際機関からの資金拠出により事務局が運営されるようになった．主として鉱物資源開発を支援し，自然システム調査，島嶼国の脆弱性減少，島嶼諸国の持続可能な成長，貧困削減に貢献することを目的としている．その事業は，発足当初の海域地図の作成や地質学調査にとどまらず，近年では，自然災害調査・危機管理・環境の脆弱性・海洋学・エネルギー・水と衛生・情報通信技術の各分野にまで守備範囲を広げている．SOPACは太平洋島嶼社会の〈持続可能な開発〉を，〈生活の質を確保する開発プロセスであり，開発の質は，良い統治を通じ，将来の世代の利用機会を危うくすることのない，社会・島嶼・海洋が受容できる変化の範囲内で，確保される〉ものと定義した．そして，それは島嶼社会が，生存可能な経済の中で，社会的公平性を備え，環境を破壊しないで生きる，伝統的な〈太平洋流の生活 Pacific Way of Life〉によって達成できる，としている．

東裕

みなみたいへいようけいざいきょうりょくきかん |南太平洋経済協力機関|
South Pacific Bureau for Economic Cooperation

▶太平洋諸島フォーラム事務局

みなみたいへいようだいがく |南太平洋大学|
University of the South Pacific

南太平洋の11の諸国・地域の共同で1968年に設置された大学．本部はフィジーの首都スバ．92年にマーシャル諸島が加盟し，現在はフィジー，サモア，トンガ，ツバル，ソロモン諸島，バヌアツ，キリバス，ナウル，マーシャル諸島の9独立国およびクック諸島，ニウエ，トケラウの3地域が加盟．フィジーのスバのラウカラキャンパス(本部)，西サモアのアラフアキャンパス(農学・食品加

工学部)、バヌアツのエマルスキャンパス(法学部)のほか、各加盟国・地域に14ヵ所の学習センターが設置され、通信衛星を利用した講義(USPネット)や通信教育による遠隔地教育が行われている。フィジー本部キャンパスでは、従来の人文学部、理工学部、社会経済開発学部の3学部が、近年、人文・法学部(Faculty of Arts and Law)、商学・経済学部(Faculty of Business and Economics)、理学・工学・環境学部(Faculty of Science, Technology and Environment)の3学部に再編され、各学部に多彩な学科が設置されている。南太平洋各国・地域からの学生が広大なキャンパスで学ぶ国際色豊かな大学である。1971年に32名の卒業生を出して以来、3万人を超える卒業生が域内各国の政府や民間部門で活躍している。2009年現在、通信教育を含め1万9000人の学生が学んでいる。　　　　　東裕

みなみたいへいようちいきかんきょうけいかく|南太平洋地域環境計画|South Pacific Regional Environmental Programme

南太平洋地域の環境保全を目的とした政府間組織。略称SPREP。南太平洋の島嶼諸国12ヵ国(パラオ・ミクロネシア連邦・マーシャル諸島・ナウル・キリバス・パプアニューギニア・ソロモン諸島・バヌアツ・フィジー諸島・ツバル・サモア・トンガ)と、10地域(北マリアナ諸島・グアム・米領サモア・クック諸島・ニウエ・トケラウ・ピトケアン・ニューカレドニア・ウォリス=フツナ・仏領ポリネシア)、および先進4ヵ国(オーストラリア・ニュージーランド・米・仏)で構成。1980年に南太平洋フォーラム(゚太平洋諸島フォーラム)と南太平洋委員会(゚太平洋共同体)の共同イニシアティブで発足し、95年に公式の法的に独立した政府間組織となった。本部は当初ニューカレドニアの首都ヌメアにおかれたが、92年に現在のサモアの首都アピアに移転した。目的は、環境関連の諸問題に対する域内協力の推進、域内共有の環境保護と改善を実施する構成国・地域の支援、持続可能な発展に向けた構成国・地域の取組への支援。SPREPとしては、①太平洋島嶼国・地域の資源と海洋生態系の持続可能な管理ならびに生命・生活の維持を目標とした〈島嶼生態系プログラム〉、および②島嶼・海洋システムへの脅威と圧力に対する太平洋島嶼国・地域の計画・対応を可能にすることを目標とした〈太平洋の将来プログラム〉を二本の柱とし、その下で多数のプロジェクトが実施されている。　　　　　東裕

みなみたいへいようちいきぼうえきけいざいきょうりょくきょうてい|南太平洋地域貿易経済協力協定|South Pacific Regional Trade and Economic Cooperation Agreement

1980年7月、南太平洋フォーラム(゚太平洋諸島フォーラム)加盟の12ヵ国・地域(オーストラリア、ニュージーランド、クック諸島、フィジー、キリバス、ナウル、ニウエ、パプアニューギニア、ソロモン諸島、トンガ、ツバル、西サモア)間で締結された貿易と経済協力に関する多国間協定。略称はSPARTECA(スパルテカ)。協定の目的は、島嶼諸国・地域の広範囲にわたる産品のオーストラリア・ニュージーランド市場への無関税・無制限輸出を達成し、島嶼諸国・地域の両国への輸出の拡大・多様化を図り、島嶼国・地域の発展を加速することにある。そのために、貿易障壁の撤廃・投資促進ならびに輸出産品の市場調査・販売促進、商業・工業・農業分野の技術協力を含む経済協力を行う。

協定により、オーストラリア・ニュージーランド市場への輸出で最大の恩恵を受けてきたのがフィジーの織物・縫製・製靴(TCF)産業であった。87年にオーストラリア政府がTCFの輸出割当を撤廃し関税を免除、88年にフィジー政府が免税工場・免税特区(TFF/TFZ)制度を導入した結果、97年にはフィジーのTCF製品が輸出総額の26%を占め、1万8000人の雇用を創出した。その後、製品の原産国の原価コストが50%を下回ってはならないという条項(第5条)が障害となって、04年には雇用者数が8000人にまで落ち込んだ。09年末現在、フィジー側では同条項の25〜30%への引き下げを含め、島嶼国・地域の経済規模に応じた協定の見直しを求めている。　　　　　東裕

みなみたいへいようひかくちたいじょうやく|南太平洋非核地帯条約

南太平洋の非核化を定めた条約。その実現への動きは、島嶼諸国の相次ぐ独立により1970年代に入って本格化し、83年、84年

に相次いで政権の座についたオーストラリアとニュージーランドの労働党政権によって急速に具体化した。そして85年8月6日、クック諸島ラロトンガ島での第16回南太平洋フォーラム（〝太平洋諸島フォーラム）で南太平洋非核地帯条約（SPNFZT、ラロトンガ条約ともいう）が成立、86年12月11日、オーストラリアの批准書付託（8ヵ国目）によって条約は発効した。

条約は、核爆発装置の開発、実験、貯蔵、取得を禁止し、放射性廃棄物の投棄を禁じている。条約の適用範囲は、東は1967年成立のトラテロルコ条約（ラテン・アメリカにおける核兵器の禁止に関する条約）、南は1959年成立の南極条約に接し、やがては中部太平洋への拡大の可能性もある。条約の第1の目的は、フランスによるムルロア環礁での地下核実験の即時停止・禁止の実現であり、条約に付属する三つの議定書は核保有国に対して条約内容の遵守を求めている。しかし、付属議定書に調印したのは中国とソ連のみで、イギリス、アメリカ、フランスは未調印である。この条約の成立とニュージーランドでの〈非核法〉の成立により、〝ANZUS条約体制は機能停止、分裂状態にある。また、太平洋諸島フォーラムに加盟する14ヵ国・2自治政府のうちミクロネシアの3ヵ国はいまだに調印していない。

大沼 久夫

みなみたいへいようフォーラム｜南太平洋フォーラム｜South Pacific Forum｜➡太平洋諸島フォーラム

みなみたいへいようフォーラムぎょぎょうきかん｜南太平洋フォーラム漁業機関｜South Pacific Forum Fisheries Agency｜➡太平洋諸島フォーラム漁業機関

ミラー｜George Miller｜1945-

オーストラリア娯楽映画の巨匠。ブリズベーン生れ。ニューサウスウェールズ大学医学部を卒業し、セント・ビンセンツ病院に勤務したが、1971年にプロデューサーのバイロン・ケネディに出会って映画製作に乗り出す。後に同姓同名の《スノー・リバー》の監督が出現したため、ドクター・ミラーと呼ばれるようになる。79年に最初の長編《マッドマックス Mad Max》でデビューしてたちまち大ヒット。〈マッドマックス・シリーズ〉として3作とも大きな人気を獲得した。アメリカに渡り《イーストウイックの魔女たち The Witches Eastwick》(1987)を監督したが、その後はケネディ＝ミラー・スタジオを拠点とするプロデューサー活動に比重を置く。プロデュースしたオーストラリア映画としては、ニコール・キッドマンをスターに送り出した《デッドカーム Dead Calm》(1989)と《ニコール・キッドマンの恋愛天国 Flirting》(1991)や、ノア・エイラーやベン・メンデルソンなどの俳優たちの出世作となった《君といた丘 The Year My Voice Broke》(1987)、世界的ヒット作となった子豚の冒険物語《ベイブ Babe》(1995)がある。

山野 浩一＋佐和田 敬司

ミラー｜Alex Miller｜1936-

オーストラリアの劇作家、小説家。ロンドンに生れ、17歳でオーストラリアに渡り、オーストラリア各地を旅して牧童の職などについたあと、メルボルン大学で歴史と英文学を修める。1980年代は、創作を教えるかたわらおもに劇作と上演にかかわり、1982年にはメルボルン・ライターズ・シアターの創設メンバーとなる。1990年代より小説に軸足を移して次々と話題作を発表、〝マイルズ・フランクリン賞をはじめ多くの文学賞を受賞している。《ストーン・カントリーへの旅》(2002)は、主人公の白人女性と先住民系男性が、ヨーロッパ人のオーストラリア入植と先住民の葛藤の歴史を振り返りつつ失われた土地の再生を試みる物語で、両者の側からの歩み寄りを模索する作品となった。《別れの風景》(2007)では、人間が繰り返し行ってきた他者淘汰の歴史を取り上げている。ドイツのホロコーストおよびオーストラリアの先住民と植民者間の虐殺の記憶を辿り、それを直視することにより、そこから新たな理解と和解が生れることを示唆した。

加藤 めぐみ

ミルフォードサウンド｜Milford Sound

ニュージーランド南島の南西部にあるフィヨルドの入江。U字の形状をした入江がタスマン海から15kmにわたって内陸に続き、両側は1200mを超える断崖絶壁になっている。この地域はニュージーランドで降水量

の多い地域の1つであり，多雨林が卓越し，フィヨルドランド国立公園の一部になっている。入江にはアザラシやペンギン，イルカが多く生息し，それらの動物を見ることも入江を遊覧する主要な観光アトラクションになっている。地名はウェールズにあるミルフォードヘブンにちなんでつけられた。

菊地 俊夫

ムーア｜George Thomas Donald Moore｜1923-2008

オーストラリアの世界的大騎手。クイーンズランド州マカーイに生まれる。最初にブリズベーンで騎手としてレースを始め，若手騎手として頭角を現した。1940年代にトミー・スミス調教師に認められ，シドニーに移り，タロックなど多くの名馬に乗って大成功する。G1レース生涯通算119勝という記録は今でも破られていない。1950年代末からはヨーロッパでも騎乗し，アリ・カーン公やエリザベス女王の馬に乗って一大ブームを呼んだ。このため世界競馬においてもオーストラリアのずば抜けた天才騎手として知られるようになった。71年に引退し，短期間フランスで，その後13年間香港で調教師として活躍した。98年にはシドニーで年間最優秀騎手に贈られる賞として，ジョージ・ムーア・メダルが創設された。

山野 浩一＋福嶋 輝彦

ムアヘッド｜Alan McRae Moorehead｜1910-83

オーストラリアのノンフィクション作家。メルボルン生れ。メルボルン大卒。《メルボルン・ヘラルド》記者を経て，1936年ロンドンの《デーリー・エクスプレス》記者となり，40年から北アフリカ戦線での戦場報道に活躍。46年作家生活に入ったが，おもにイタリアに住み，故国に帰らなかった。56年発表した，第1次世界大戦でANZAC軍が多大の犠牲を出した戦闘を描いた《ガリポリ》で国際的注目を浴びた。以後《白ナイル》(1960)，《青ナイル》(1962)，また自国に関係するものでは，バーク＝ウィルズ探検隊の運命を描いた《恐るべき空白》(原題《クーパーズ・クリーク》1963)，キャプテン・クックらの南太平洋到来を先住民の視点を取り入れて描いた《運命の衝撃》(1966)など，おびただしい傑作を残した。

越智 道雄

メイソン｜Bruce Mason｜1921-1982

ニュージーランドの劇作家，俳優，批評家，小説家。ウェリントン生れ。劇作の傍ら，《ドミニオン》紙，《イブニングポスト》紙などで演劇評論の筆を執った。マオリ関係省の雑誌《テ・アオ・ホウ》の編集者も務めた。30以上の戯曲を執筆し，代表作として《ポフトゥカワの木》，《素晴らしき天候の終わり》，《ラムの血》，《アワテア》がある。没後，ニュージーランドで最も権威ある戯曲賞として，ブルース・メイソン賞が設けられた。また1996年にはオークランドに劇場ブルース・メイソン・センターが建てられるなど，ニュージーランド演劇に最も大きな功績を果たした作家という評価が確立している。1955年に書かれた《ポフトゥカワの木》は，先祖伝来の土地を守ってきた誇り高いマオリ女性が，白人の差別によって傷つき，敬虔なキリスト教徒としての振るまいが家族との軋轢を生み，病んでマオリとしての誇りを胸に死ぬという物語。長年中等教育のカリキュラムに加えられていたためニュージーランドで最も有名な戯曲だが，上演に恵まれず，2009年，マオリの映画俳優リーナ・オーウェンの主演で史上2回目の上演が行われて話題を呼んだ。

佐和田 敬司

メートシップ｜mateship

白人入植期のオーストラリアに培われた気風。オーストラリアは1788年にイギリスの流刑植民地として入植が始められたが，当時の植民地の白人の多数派である流刑囚は，横暴を極める官憲の下で厳しい日々を強いられ，鞭打ち刑など官憲による理不尽な扱いにも，同じ囚人という仲間同士助け合いながら，じっと我慢するしかなかった。植民地で刑期を終えて自由な身になっても，多くの者には過酷な風土の下で季節労働者として農場を渡り歩く辛い仕事が待っていた。こうした彼らの間では，現実を受け入れて，仲間同士平等の立場に立ち，競争よりも協力しながら厳しい環境を何とか乗り越えていこう，という気風が定着していった。牧場主のような成功者であっても，過酷な風土に挑むうえで共同作業が不可欠という背景のもとに，開拓者，▶スワッグマ

ン、ゴールドラッシュ時の金鉱掘りなどの間で、〈マイトシップ〉と発音される助け合いの精神が国民の間で広く根付いていった。この気風は労働運動や軍隊組織と結びついて近代的に拡大されていったが、現状維持的、閉鎖的という性格を併せもっており、これがアジアに向けられたとき、白豪主義という悪しき結実をみせた。今日でもマイトシップの精神はオーストラリア社会に脈々と残されており、たとえば売店で初めてのしかも非白人であっても男の客ならば、仲間扱いするという意味で"Yes, mate."と呼びかけることがある。　　福嶋 輝彦

メラネシア｜Melanesia

南太平洋の島々のうち、ほぼ180°の経線以西の島々の総称。ギリシア語で〈黒い島々〉の意。南太平洋における地理的区分だけでなく、人々の皮膚の色により区別された民族領域でもある。西端のニューギニア島にはじまってビズマーク諸島、ソロモン諸島、バヌアツ(ニューヘブリデス諸島)、フィジー諸島、ニューカレドニア島と南東の方向に散在する島々である。フィジー諸島は地理的にも文化的にもメラネシアとポリネシアの接点である。陸地総面積は約95万8000km²で、そのほぼ90％がニューギニア島で、残りの大部分は25余りの大きな島々が占めている。島はサンゴ礁もあれば、熱帯雨林、山岳地帯をもつ火山島など、さまざまである。気候は西の方にいくにしたがって東南アジアの気候に似るが、島嶼群は海洋の影響を強くうけている。全体的には湿潤地帯で、人間の活動にいささか影響を与える。一方、熱帯雨林の植物界は生産性とバラエティに富んだ世界で、人がまったく植物に頼りきった生活法が容易に成りたつ世界である。大部分の地域で年平均雨量は2500mmであるが、ところによって1000mmから6000mmの大差がある。最大雨量は12〜3月に、最小雨量は5〜8月に記録される。ニューギニア島南部、ニューカレドニア島中部の南西斜面など比較的乾燥しているところはサバンナになっている。気温は最高気温が平均32℃、最低気温が平均14℃であるが、低地では年中変化がないのに比べて、高地では年較差よりも日較差の方が大きい。ニューギニア島では赤道下、南緯6°以内で標高4600〜7000mに雪線があり、高峰はその頂上に雪をいただく。メラネシア人は根茎類(タロイモ、サツマイモ、キャッサバ、ヤムイモなど)の栽培を主とする農耕民で、種子作物の栽培を主とする隣接の東南アジアの人々や、狩猟や採集に生計を依存してきたアボリジニとは異なった生活をする。主食のいも類以外にもパンノキの実、ヤシの実、パンダヌスの実、バナナ、サゴヤシからとるデンプンなどが副次的な食糧である。動物群は東南アジア大陸とはほとんど関係がないが、オーストラリアとの類似がニューギニア島で多くみられる。メラネシアでは犬と豚は人によりもたらされたといわれている。ニューギニア島は両生類、爬虫類、鳥類が豊富で、ゴクラクチョウ、ワニなど他島に生息しないものもいる。

メラネシアは19世紀以来、イギリス、フランス、オランダ、オーストラリアに島々が領有されてきたが、ニューカレドニア島(フランス領)、ニューギニア島西部(オランダ領を経てインドネシア領)を除いて独立した。1970年にフィジーが独立したのを皮切りに、75年にパプアニューギニア、78年にソロモン諸島、80年にバヌアツ(ニューヘブリデス諸島)がメラネシア人国家として誕生した。パプアニューギニアは人口約625万(2007推定)で、領土も人口も群を抜いている。資源のない小面積のポリネシアやミクロネシアの島々に比較して、メラネシアは木材、銅、ニッケル、金などの資源があり、開発が進められている。そのほかにヤシ油、茶、コーヒー、砂糖など農産物の輸出も増加の一途をたどっている。交通網および情報網の発達は遅れており、内陸部への道路建設は、換金作物の導入のみならず近代化を促進させるため急がれている。島嶼国間での海上輸送の発達および島嶼間の交通手段の確立が目ざされている。ニューギニア島では航空網が発達している。　　畑中 幸子

メラネシアじん｜メラネシア人｜Melanesian

西南太平洋のメラネシアに住む人々をパプア人も含めてさす広義の名称と、パプア人を除いてオーストロネシア諸語を話す人々をさす狭義の名称があるが、ここでは狭義

●メラネシア人
❶祖霊像．ニューアイルランド島．
❷樹皮布に描かれたサメ．ニューギニア島．
❸盾．ニューギニア島．
❹カヌー船首の装飾板．トロブリアンド諸島．
❺舞踏用仮面．ニューブリテン島．

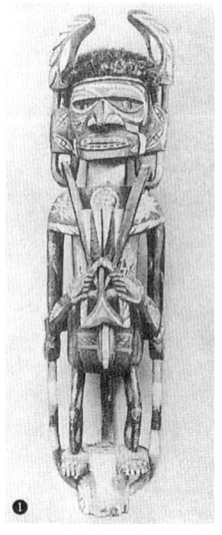

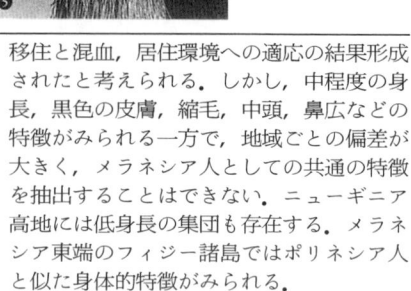

のメラネシア人について記述する．

[民族的特徴] メラネシアにおける人の居住は，更新世後期，オーストラリアと陸続きであったニューギニアに，オーストラロイド集団(サフル人)が移住したときにはじまった．かれらは3万年前頃にはニューギニア島嶼部からソロモン諸島まで到達したと推定される．前1300年頃には，オーストロネシア諸語を話すモンゴロイド集団が東南アジア島嶼部から入植した．ラピタ土器の使用者としても知られるかれらは，数百年の間にソロモン諸島を越えてメラネシアの全域に拡散するとともに，ニューギニアおよび島嶼部で先住の集団と混血した．現在のメラネシア人の身体的特徴は，これらの移住と混血，居住環境への適応の結果形成されたと考えられる．しかし，中程度の身長，黒色の皮膚，縮毛，中頭，鼻広などの特徴がみられる一方で，地域ごとの偏差が大きく，メラネシア人としての共通の特徴を抽出することはできない．ニューギニア高地には低身長の集団も存在する．メラネシア東端のフィジー諸島ではポリネシア人と似た身体的特徴がみられる．

メラネシア人の言語は▶オーストロネシア語族(南島語族，マレー・ポリネシア語族)に属する．ニューギニアのメラネシア諸語は，パプア諸語をはじめマレー語系の影響をうけているため方言の分化が著しく，同一言語を話す言語集団が小さいのも特徴である．

パプアニューギニアでメラネシア諸語を話す人口は約130万である。一方、メラネシアで広く話されている言葉に▶ピジン英語がある。19世紀に奴隷商人によってオーストラリアのクイーンズランドの農園に送られたソロモン諸島やニューヘブリデス諸島の島民たちの間で、コミュニケーションのため話され、発達した混成語である。現在ではメラネシアの共通語となり、島嶼間の相互理解に一役買うとともにメラネシア人の連帯意識を育てつつあるといえる。

[生活・社会] メラネシア地域の農耕は元来掘棒耕作で、根茎類(タロイモ、ヤムイモ、キャッサバ、サツマイモなど)を栽培する。主食を補うものとしてバナナ、パンノキの実、ヤシの実、サゴヤシのデンプンを好み、これらを栽培している。ビンロウの実を石灰と混ぜてコショウ科植物キンマの葉に包んでかむ習慣(▶ベテル・チューイング)が海岸地域で、またコショウ科植物の根を原料とする飲物▶カバがフィジーで好まれている。海岸地方では漁業も農業と同様に重要で、漁法も発達している。

メラネシア人の社会組織の特徴は、中央集権化された政治制度が欠けているため政治単位が小さいことである。この単位は低地や海岸地方で200〜300人を超えない。この政治単位は文化や言語集団とは一致しない。一般に政治単位は居住単位による集団である。メラネシアで複合的な政治組織が欠けている理由としては、人口規模、比較的単純な生業、分業の未発達など生態学的要因との関連が指摘されている。パプア人社会と同様▶ビッグマンと呼ばれる男によってリーダーシップがとられてきたが、その地位は世襲ではない。地縁集団と血縁集団の関係もさまざまで一概にいえないのも、土地所有の型、居住集団の安定度など多くの他の要因と相互関係をもっているからである。血縁集団レベルでは族外婚の規制をうけるが、地縁内婚がしばしばあり、そのため一つの村でほとんどの人々が親族、姻族の双方に結ばれている。

メラネシア人の財は主として豚と携帯できる小型の価値あるもの(一般に貝で作られたもの)で、花嫁代償や死への補償などの取引には欠かせなかった。財の蓄積と気前のよさは男にとって名声を獲得する手段となる。海上交易が発達するとともに、土器や魚と農作物との交換が盛んであった。近年になって現金収入を得る手段として定期的に市が設けられるようになった。儀礼的交易組織(とくにニューギニアのマッシム地域の▶クラは有名)もメラネシア人独特のものといえる。

土地所有権は経済活動をともにする集団にあり、その成員はおもに共通の出自をもつ人々から構成された。土地所有制度は部族社会によりさまざまであるが、多くの社会で土地の用益権は2〜3世代後には所有権に移りがちである。植民地期以降、土地所有権を確定する作業が行われたが、現在でも慣習的土地所有が広く認められている。ニューギニア内陸部のように、天然資源や森林資源の開発によって、補償金、ロイヤリティをめぐって紛争が起きている地域もある。

メラネシア人社会では体系的な宗教はなく、宗教と呪術の区別を明らかにすることは不可能である。東部のメラネシア人の間で超自然力の▶マナの存在が信じられていた。キリスト教の布教は19世紀半ばから始まり、現在では住民のほとんどが改宗している。植民地期から国家形成期にかけては、ヨーロッパ由来の富を希求する▶カーゴ・カルト(積荷崇拝)とよばれる運動が各地で頻発した。カーゴ・カルトは、有形物に精霊の存在を信じるメラネシア固有の信仰の延長として、あるいは急激な社会変化に直面した人々による文明へ異常なまでの憧れとしてとらえられてきたが、近年では反植民地主義運動、ナショナリズムの胎動としての側面も見直されている。

低地の彫刻や原始美術は、早くから注目されており、博物館の収集品の対象になってきた。今日、ニューギニアのセピック川流域、パプア湾沿岸地方、トロブリアンド諸島、ソロモン諸島の彫刻は人々の収入源である。踊りは一般に単純であるが、派手な身体装飾もみられ、儀礼には欠かせないのもパプア人社会と同様である。注目されるような口碑伝承は残っていない。現存する神話はしばしば聖書やカーゴ・カルトか

ら強く影響をうけたものである。また学校教育，労働移民を通して他地域のものも入っている。'B.マリノフスキーによると，メラネシアの神話はつねに人々に特定の習慣や制度の重要さの認識を説明することにあるというが，今日ではこのような神話を聞くことすらできない。

メラネシア人のヨーロッパ人との接触はポリネシア，ミクロネシアの人々に比較して時間の長さと頻度が異なる。18世紀には白檀，ナマコ，鯨，カメなどを求めてヨーロッパの商人が来島，19世紀後半には綿花，サトウキビ，ココナッツのプランテーションが各地で発達し，人々は'ブラックバーディングの対象となった。一方ニューギニアでは，北岸やニューブリテン島など一部の地域を除いて，20世紀初頭までヨーロッパ人との接触はなく，内陸部および高地の人々は1930年代に至るまで発見されなかった。

1970年以来，フィジー，パプアニューギニア，ソロモン諸島，バヌアツ（ニューヘブリデス諸島）が独立し，メラネシア人国家が誕生した。ニューカレドニアおよびローヤルティ諸島は依然としてフランスの海外領土である。メラネシア人国家の独立は，継続的な反植民地闘争，独立闘争を経て獲得されたものではなく，旧宗主国が構築した社会基盤のもとで平和的に獲得されたため，国民形成以前に国家形成がなされたと評価されることもある。多様な民族集団をかかえるメラネシア人国家は，国民統合のための文化的シンボルを創造してきたが，部族抗争，分離独立闘争も深刻な社会問題となっている。地域社会への国家機構の浸透は概して不十分で，ビッグマンや首長など在来の有力者に地方行政が一任される場合もある。　▷オセアニア　　畑中 幸子＋飯高 伸五

[美術]　オセアニアのなかでもメラネシアの美術はきわめて豊富で多彩である。〈精霊の家〉やカヌー・ハウスなどの祭儀用大建築や多種多様の仮面，神像，祭具，楽器，武具，生活用具，土器，カヌーなど，あらゆるものに精力的な彫刻・彩色の造形がみられる。メラネシアは世界的な民族美術の宝庫である。とりわけニューギニアの北東部，セピック川流域の美術が顕著である。

セピック川の沿岸に築かれた村々に，祭儀用広場に面してそびえる壮大な〈精霊の家〉を現在でも多くみることができる。屋根，破風，柱，棟，梁，天井，壁など，あらゆる部分に精霊やトーテムとなる動物の姿などが彫刻・彩色され，なかには祖先像，戦闘や狩猟または疾病の守護霊，仮面，楽器などが安置される。〈精霊の家〉は成年男子の'秘密結社のための神聖な場所で，'瘢痕文身はんこんの凄惨な手術を伴う'成人式や，主食となるヤムイモの収穫祭など，祭儀の中心となる。またメラネシアでは各地で死者崇拝，'頭蓋崇拝がみられ，セピック川流域などでは死者の頭蓋骨に粘土で肉づけして彫刻を施し化粧する。これらの造形作品は人々の生活に加護をもたらす精霊や祖霊に対する信仰や崇拝のためにあり，また成年男子の誕生，戦闘での成功，豊作祈願などのためにある。

メラネシアの美術を代表する'仮面は，オセアニアではメラネシア特有のものである。祖先崇拝，秘密結社に基づく仮面がメラネシア各地でみられるが，なかでもニューギニア島パプア湾沿岸の〈ヘベヘ Hevehe〉，ヒュオン湾にあるタミ Tami 島の〈タゴ Tago〉，ニューアイルランド島の〈マランガン Malanggan〉，ニューブリテン島の〈'ドゥクドゥク Dukduk〉，バンクス諸島の〈'タマテ Tamate〉などの仮面が詳しく研究されて有名である。またセピック川流域やダントルカストー諸島などには造形的に優れた土器があり，ニューギニアのタパ（'樹皮布）の彩色文様にも力強い表現がみられる。

メラネシアのきわめて多様な美術を個々に取り上げることはできないが，世俗的な機能をもつ作品にも，造形要素のみならず社会的機能の面からも興味あるものがみられる。ニューギニア島マッシム地方の，儀礼的な交易〈'クラ〉において交換される貝でつくった2種の財宝，ソロモン諸島の'貝貨，サンタクルーズ諸島の羽毛貨，ニューヘブリデス諸島北部のパンダヌス布の貨幣など各種の財貨，またニューヘブリデス諸島北部の特異な階層制度の位階を象徴する'彫像などは，それぞれ航海や交易での成功，財貨の消費力，獲得した位階など，住

民にとって最も重要視される威信を発揚する標章であり，高度な専門技術と膨大な労働力をかけて制作される．それぞれ独特の機能により，地域の生産と消費を刺激して経済のしくみに巧妙に働きかけ，住民の連帯と暮しの活性化に役だっている．
　　　　　　　　　　　　　　福本 繁樹

[音楽，舞踊] メラネシアの音楽舞踊は多様で，ポリネシアほどの統一感はもっていない．しかし，文化価値表現のための重要な手段として社会生活のなかに有機的に組み込まれた音楽と舞踊は，ゆるやかな発声，身体打奏，竹，木，動物性の材料にくふうをこらした楽器利用などを通じて，社会構成員の多くがパフォーマンスに参与することにより，伝統維持に貢献している．これはとくにソロモン諸島やニューギニア島内陸部で顕著であり，叙事的な歌詞と秘儀的なアンサンブルに端的にみられる．ただし沿岸部，とくに人口が流入する都会においては，オセアニア一般に通じるポップス風のバンドが人気を集め，それぞれの土地で伝統的な楽器や動作語法が取り入れられている．
　　　　　　　　　　　　　　山口 修

メラネシアン・スピアヘッド・グループ
Melanesian Spearhead Group
パプアニューギニア，ソロモン諸島，バヌアツ共和国，フィジーのメラネシア地域4ヵ国により構成される，貿易協定を目的にした協力関係．1988年3月にパプアニューギニア，ソロモン諸島，バヌアツ共和国の3ヵ国の代表がバヌアツの首都ポートビラに集まり，国連，南太平洋フォーラム(▶太平洋諸島フォーラム)との友好と協力をうたい，軍縮，国際緊張緩和に努力し，人権尊重や紛争の平和的解決のために貢献することを目的として政治協定が締結された．メラネシア地域の同盟に関しては，これ以前にもソロモン諸島の▶ママロニ首相により同国の政策の一部として発表されており，これは上記の3ヵ国(またはこれにフィジー，ニューカレドニアを加える)が政治，国防などで同盟関係を実現しようという構想であった．その後，上記3国で定期的な会合が開かれるにつれて経済協力関係の性格が強くなり，93年に3国間で貿易協定が結ばれ，97年にこれにフィジーが加わった．
　　　　　　　　　　　　　　豊田 由貴夫

メルバ | Nellie Melba | 1861-1931
オーストラリアのソプラノ歌手．本名ミッチェル Helen Porter Mitchel．幼いときから優れた美声をもち，6歳のときメルボルンで歌ったが，父は声楽家になることを好まず，ピアノ・オルガンを学んだ．ピアノ・オルガン奏者として知られるようになり，やがて教会や地方演奏会では歌った．1882年アイルランドの貴族の息子アームストロングと結婚したが離婚し，声楽家として立つ意志を固めた．86年ロンドンに渡って勉強を始めたが，同年パリで M.マルケージの弟子となって急速に天分を伸ばし，87年ブリュッセルで，ジルダ役でオペラの初舞台を踏んだ．故郷メルボルンをもじってメルバと名のったのはこの際であった．デビューの大成功により，88年コベント・ガーデン劇場，89年パリ，90年ペテルブルグで歌い，随所で絶賛を博した．93年スカラ座，メトロポリタン歌劇場にデビュー．またニューヨークのマンハッタン・オペラのほか欧米各地の歌劇場でも歌ったが，1926年コベント・ガーデン劇場で告別演奏会を開くまではおもに同歌劇場のプリマ・ドンナとして活躍した．1900年前後20年間はコロラトゥーラ・ソプラノの第一人者として知られた名歌手であり，清澄な美声と卓越した技巧により，ミミ，ジルダ，ルチア，ロジーナ，マルグリート，ラクメ，ビオレッタなどの役は当時彼女に比肩するものがなかったといわれる．サン・サーンスは彼女のためにオペラ《エレーヌ》を作曲している．
　　　　　　　　　　　　　　黒田 恭一

メルビル | Herman Melville | 1819-91
アメリカの小説家，詩人．ニューヨーク市の名門に生まれたが，12歳で父と死別した．これが彼の作品を貫く孤児のテーマに結びつく．19歳のときイギリス行きの商船の水夫になり，1841年には捕鯨船に乗り組む．船がマルキーズ諸島に寄港したとき，友人と脱走，約1ヵ月をタイピー(〈食人種〉の意)の谷で過ごしたほか，ハワイや南太平洋の島々を転々としたのち，44年イギリス軍艦で帰国．この放浪体験からメルビルは，所が変われば道徳も異なり，真理も相対的なもの

であるという認識を得た。また頭脳の所産である科学技術により自然を征服しようとする西欧文明とは異質の、心情の命ずるところに従い自然と親しむ南海の文明の存在を知った。そして異教の文明をキリスト教の名のもとに圧殺しようとする宣教師たちの行為に怒りを覚えた。

46年処女作《タイピー》、翌年続編《オムー》を発表、高貴な野蛮人たちの無垢な幸福を、堕落した西欧文明と対比しつつうたえて注目された。次の《マーディ》(1849)は、前2作が体験に基づく奇談だったのと作風を変え、《ガリバー旅行記》を思わせる風刺的・寓意的物語であったが、散漫な構成のため失敗に終わった。商船での体験を描いた《レッドバーン》(1849)、軍艦の生活を批判した《白ジャケット》(1850)は、ともにリアリスティックな筆致で好評を得る。このころからメルビルは、人間性にひそむ悪を追究し始めた。51年代表作で、自分の片脚を噛み切った鯨モービー・ディックをこの世界を支配する悪の化身と考え、復讐をいどむエーハブ船長の物語、《白鯨》を発表した。翌年出版した《ピエール》は主人公と異母姉との不倫の愛を中心に、象徴的技巧を駆使して善悪の規準の曖昧さを、人間の心の深淵をさぐる傑作であるが、あまりにも暗い主題のため不評であった。

《バートルビー》、ガラパゴス諸島のスケッチ《魔の島々》などの優れた短編を収めた《ピアザ物語》(1856)、ミシシッピ川を下る船を舞台に悪魔めいた人物がさまざまな扮装で登場して人間の醜さを暴く問題作《詐欺師》(1857)なども世間に認められなかったので、生活のため66年から20年間ニューヨークの税関に勤務する一方、詩作に転じた。南北戦争に取材した《戦争詩集》(1866)、20年前に聖地を訪れた記憶をもとに、信仰の問題を扱う2万行近い長編物語詩《クラレル》(1876)などを出版したほか、未完の短編《ビリー・バッド》(1924)を残して、世を去った。《ビリー・バッド》は、捨子で両親を知らぬ無垢な青年水夫ビリーが、悪人に陥れられたが、自分を理解してくれる船長に心の父親を見いだして、幸せに死んでいくという美しい物語である。

世間から忘れられたまま死んだメルビルだが、1921年R.ウィーバーにより最初の伝記が書かれ、続いて全集(1922-24)が出版されると再評価が始まり、今日ではアメリカ最大の小説家の一人と認められるにいたった。宇宙のよるべなき孤児、迷子として人間を実存的にとらえ、リアリズム文学とは異質の〈ロマンス〉の形式を借り象徴的手法を駆使し、なぜ神は無力な人間を不幸のまま放置するのかと真摯に問いかけ、宇宙にも人間の中にも遍在する悪について思索をこらしている点に、彼の偉大さがある。宇宙の迷子という発想は、裏返せば、宇宙を錯雑したなぞに満ちたものと見ることになる。そのような宇宙観を表現する文体も作品の構成も錯綜したものとならざるをえない。平凡な現実の描写が突然形而上的思索に変わったりする。例えば《白鯨》42章では、〈白い色〉の喚起するさまざまな具体的なイメージの積重ねるが、宇宙の虚無についての瞑想に飛躍するのである。このようなマニエリスト的な特色が、現代文学に大きな影響を与えている。　　　　島田太郎

メルボルン | Melbourne

オーストラリア南東部、ビクトリア州の州都。都市圏人口374万4400(2006)。シドニーに次ぐこの国第2の都市。平均気温は最暖月(2月)20.8℃、最寒月(7月)10.3℃、年降水量は659mm。都市圏はポートフィリップ湾の湾頭に注ぐヤラ川下流部に位置するメルボルン市(人口7万6700)を中心に30の地方自治体にまたがって広がり、都市圏の面積は南関東4都県の約6割に達する。メルボルンの歴史は1835年の私的入植に始まり、50年代のゴールドラッシュ以降、羊毛輸出や保護関税政策による工業化を背景に、19世紀後半にはオーストラリア第1の都市として成長した。連邦結成当初の1901-27年には連邦首都であった。56年にオリンピックが開催された。名称は公式開基(1837)当時のイギリス首相名に由来する。

シドニーと並んでこの国の産業、交通、文化の中心都市である。港湾は都心部付近から下流のヤラ川沿岸とポートフィリップ湾岸にあり、州の海外輸出入額の大部分を取り扱っている。市街地北西部のメルボ

ン(タラマリン)空港はこの国第2の国際空港で,東京への定期便もある。文化面では美術館とコンサートホールを兼ねたビクトリア芸術センター(1968開館)をはじめ博物館,図書館などがあり,メルボルン大学(1853創立),モナシュ大学(1961創立),ラトローブ大学(1967創立)がある。オフィス,商店の集中する都心部には古い建物や路面電車と現代的高層ビルとが共存し,周辺には王立植物園など多くの公園や,オリンピックの主会場となったクリケット場,メルボルン・カップ・レースで知られるフレミントン競馬場などがある。　　　　　　　谷内 達

メン・アット・ワーク│Men At Work

オーストラリアのロック・バンド。最初はメルボルンの小さなパブを回って演奏していたが,1枚もレコードを出していないころからオーストラリア一高い出演料をとっていた。1970年代後半はコリン・ヘイ(リード・ボーカル,ギター)とロン・ストリキット(リード・ギター)のコンビだったが,79年半ばにグレッグ・ハム(キーボード),ジェリー・スパイサー(ドラム),そして後にジョン・リース(ベース)が加わり,メンバーが完成した。81年5月CBSから最初のシングル《今度は誰なのか?/誰かテニスやらない?》が出て,国内では2位になる。以後《ダウン・アンダー/クレージー》(81年11月)でトップとなり,最初のアルバム《仕事はまあまあ》(81年10月)が国内やニュージーランドで大ヒット,82年4月英米でも発売され,同年後半はアメリカ各地で演奏旅行を展開,10月には《今度は誰なのか?》が全米1位になり,同年のグラミー賞を含めて四つの賞をさらった。83年1月には《ダウン・アンダー》と《仕事はまあまあ》が英米,カナダ,ヨーロッパでトップになる。しかもある時期には英米で同時トップという,ロック史上ビートルズを含む7バンドだけが仕遂げた快挙の8番目に仲間入りした。《仕事はまあまあ》が50余ヵ国で1000万枚以上売れ続けていたため,2枚目のアルバム《カーゴー》の発売が83年3月まで遅れた。このアルバムは全米でも予約だけで100万枚売れたが,その間《仕事はまあまあ》はまだ全米トップテンにとどまっていた。《ローリング・ストーン》誌83年6月23日号の表紙を,オーストラリアのバンドとしては史上初めて飾った。83年8月,自国外で500万枚以上売ったバンドに与えられるCBSのクリスタル・グローブ賞を受賞し,このバンドはボブ・ディランやサイモン・アンド・ガーファンクルと同格になった。86年までにバンドは消滅したが,96年に再結成。2000年シドニー・オリンピック閉会式で,クロコダイル・ダンディーことポール・ホーガン登場とともに《ダウン・アンダー》を演奏した。　越智 道雄+佐和田 敬司

メンジーズ│Robert Gordon Menzies│1894-1978

オーストラリアの政治家,首相(1939-41, 49-66)。ビクトリア州西部のウィメラ地方で生まれ,奨学金を得て名門私立高校からメルボルン大学に進学。兄2人が第1次世界大戦に従軍したため軍に志願しなかった。弁護士を経て州議会議員となるとたちまち頭角を現して州副首相となり,1934年には連邦議会へ。初当選で法務大臣となる。38年末には,日本向け銑鉄の輸出を阻止しようとした港湾労組と対決し,〈銑鉄ボブ Pig iron Bob〉のニックネームを得た。その後,ライオンズ首相の死によって39年統一オーストラリア党内閣の首相となったが,41年党内対立から辞任。44年,四分五裂状態の保守勢力を糾合し,▶自由党を結成した。49年に▶チフリー労働党政権を破ると,冷戦期の労働党分裂にも助けられ,66年まで首相の座にあり,その任期は歴代最長である。〈靴紐までイギリス人〉といわれたように英国と英王室への忠誠が強かったが,▶ANZUS条約やベトナム参戦開始など現実の外交政策は対米追随の傾向が濃い。共産党の非合法化を試みる(失敗に終わる),保守色が強いが,社会・経済政策では大学の新設,奨学金の拡充,私立学校への政府助成開始などリベラル的政策を進めた。　杉田 弘也

メンダーニャ│Alvaro de Mendaña de Neira│1542?-95

スペインの航海者,探検家。サラゴサの生れ。ペルー総督の甥であったメンダーニャは,うわさに聞く黄金のあふれる南方大陸を発見・領有すべく,1567年ペルーのカヤオ港を出帆,南太平洋に向かった。一行は

● **モア・ハンター**
モア Dinorijs maximus

エリス諸島を望見し，68年ソロモン諸島のサンタイザベル，ガダルカナル，マライタ，サンクリストバル島を〈発見〉した．サンクリストバル島に植民地を建設しようとしたが失敗し，68年カヤオに帰着した．

95年4月彼は再びソロモン諸島への入植者を乗せた4隻の船隊を率いてペルーのパイタ港を出帆し，同年7月マルキーズ諸島南部の4島を〈発見〉した．さらに船隊は西航を続けたが，目的のソロモン諸島はみつからず，ソロモン諸島南東方のサンタクルーズ諸島に到着した．航海中や上陸後の病気で多くの人命を失ったことで航海は失敗に終わり，メンダーニャ自身同年10月半ばに死亡した．残された一行は，航海士▶キロスの案内でフィリピンへ向かった．

石川栄吉+矢野 將

モア・ハンター | Moa Hunter
ニュージーランド原産の鳥モアを狩って暮らしていた先住民をモア・ハンターという．モアは無翼の巨鳥で，およそ1500万年前からニュージーランドの草原地帯に生息し，紀元1500年ころに絶滅したと推定されている．小型のモアから3mの高さのモアまで25種いた．人間と身の丈が同じくらいの Euryapteryx gravis は，肉づきがよく食料として珍重された．モア・ハンターは8世紀ころニュージーランドに渡来し，11世紀ころには南北両島に住みついていたと思われる．現在ニュージーランドにいる▶マオリと同じ東ポリネシア系に属する．遺跡に残るもののなかに戦闘用の武器が少なく，農業用の器具がある．農耕を営んで平和に暮らしていたらしい．モア・ハンターが滅びたのは，主たる食料のモアが（狩りすぎで）絶滅したため，あるいは有能な戦士を抱える新しい移住者マオリに放逐されたためという2説あるが，どちらも確証はない．

百々佑利子

モクマオウ | Casuarina stricta Ait.
枝がトクサのような特異な形態になるモクマオウ科の常緑高木．双子葉植物で，オーストラリア原産．オガサワラマツともいわれる．小枝は細く灰緑色で，縦に多数の細い溝があり，著しい節がある．葉は小さい鱗片状で9〜12枚が輪生するが，基部は互いに合着し，節をとりまく鞘となっている．雌雄同株．枝先に細長い雄花序を生じ，輪生する苞の腋に2小苞2花被に囲まれた1本のおしべからなる雄花をつける．雌花は短い柄の先に，ほぼ球形の花序をなし，苞の腋に2小苞に包まれて1本のめしべがある．花後，小苞が発達し，木質となり，互いに合わさってくちばし状となり，集まって球果をつくる．果実が熟し乾燥するとくちばしが開き，中から狭い翼を持つ果実を放出する．

トキワギョリュウ C. equisetifolia L.（英名 horsetail tree, swamp oak, Australian pine）は東南アジアから太平洋諸島に広く野生し，公園などにしばしば栽培されている．

モクマオウ属 Casuarina（英名 she-oak, beefwood）はオーストラリアを中心に約45種が分布し，東南アジア，ポリネシア，アフリカ東部に少数種がある．これ1属でモクマオウ科を形成する．特に近縁の群の見あたらない特異な植物である．この科の材はたいへん堅く，オーストラリア鉄木あるいはポリネシア鉄木と呼ばれるほどであるが，加工が困難である．根瘤を持ち，やせ地に耐えるので，特に海岸の砂地に植えて，防風防潮林とする．

岡本素治

もくようとう｜木曜島｜Thursday Island

オーストラリア北部，クイーンズランド州北端，ヨーク岬の北西35kmにある小島。面積3km²，人口2550（2006）。トレス海峡諸島の行政，経済，交通の中心地で，隣のホーン島に空港がある。1860年代以来の▶真珠貝採取で知られ，日本人も多数活躍したことがある。現在の主産業は真珠養殖とエビ漁である。1789年にバウンティ号の反乱で追放された▶ブライ艦長らが来航し，近くの水曜島，金曜島などとともに命名したといわれる。

谷内 達

モーソン｜Douglas Mawson｜1882-1958

オーストラリアの南極探検家。イギリスのヨークシャー生れ。シドニー大鉱山学科卒。1905年アデレード大講師。08年アーネスト・シャクルトン探検隊で恩師エジワース・デービッド教授に同行，磁南極を発見。11-14年当時イギリスが領有を主張していた南極のオーストラリア領土を探検，部下2人を失いながらも自らは生還。さらに29-31年，イギリス・オーストラリア・ニュージーランド合同探検隊長としてスコットが使用したディスカバリー号で南極大陸沿岸を巡航した。彼の名はオーストラリアの南極基地や海岸，タスマニアのモーソン山などに冠せられている。また，84-96年の100豪ドル紙幣には彼の肖像画が採用された。21-58年アデレード大の地質・鉱物学教授を務め，35-37年オーストラリア・ニュージーランド科学発展協会会長。著書《ブリザードの基地》（1915）は南極関係者の必読書になっている。

越智 道雄＋村上 雄一

もっこ｜木鼓｜→割れ目木鼓

モデクゲイ｜Modekngei

ミクロネシア，パラオ（ベラウ）の宗教。伝統的シャマニズムとカトリックの融合した新宗教で，1914年ころバベルダオブ島北端の村アコルで，タマダッドが神がかりになったことから始まる。間もなく彼の義弟オゲシ，友人ルゲールがこれに加わり，宗教活動を開始した。彼らが人々をひきつけたのは，病気治療と予言，利財などであった。彼らは早くからキリスト教の要素を教えの中に取り入れ，山に十字架を立てたり，賛美歌の中ではアコル村の伝統的な神ギラオムクールを，ギラオムクール・エスキリストとしてたたえた。また伝統的な神々によってこれまで課せられていた食物禁忌を除去した。日本の南洋庁はたびたびモデクゲイ指導者を取り締まった。そのためモデクゲイは反日運動集団として理解されている面もあるが，少なくとも初期においては反日的傾向があったとは考えにくい。当初は多くの信者をひきつけたが，現在の指導者には予言や病気治療の能力はなく，信者数は激減している。

青柳 真智子

モファット｜Tracey Moffatt｜1960-

オーストラリアの映画監督，写真家。アボリジニの血を引く。ブリズベーンに生まれ，クイーンズランド芸術学校で映画・ビデオを学んだ。写真は，オーストラリアの社会的文脈を色濃く反映し，物語の一場面のような，あえて時代がかったゴシック的要素を含んだ作品が多い。オーストラリア国立美術館をはじめ，いくつかの代表的美術館がモファットの作品を収集し，日本を含め世界中で個展が開かれている。またモファットは，アボリジニの映画監督としても先駆けとなる存在である。実験的短編映画《夜の叫び》（1989）は，〈盗まれた世代〉がオーストラリア社会で浮上してくる1990年代以前にこの問題を扱っており，同化政策によって〈親子〉になった白人の母とアボリジニの子どもの〈その後〉の関係を映し出す。老いた白人養母を黙々と介護するアボリジニ女性役を，今日社会学者として知られるマーシャ・ラングトンが演じた。さらに，▶ショーベル監督《ジェダ》と似たセットで撮影し，《ジェダ》が古典になることで人々の記憶に焼き付けられたアボリジニ表象を転覆させることをもくろんでいる。また，劇場用映画として《ビー・デビル》（1993）も監督している。

佐和田 敬司

モーム｜William Somerset Maugham｜1874-1965

イギリスの小説家，劇作家。パリ生れ。幼くして両親を失い，カンタベリーのキングズ・スクール卒業後，ハイデルベルクに遊学，作家を志す。医学修業中，ロンドンの貧民街の女を描いた《ランベスのライザ》（1897）で文壇に登場。その後のいくつかの

小説は世評に乏しく，劇作を試み《信義の人》《フレデリック夫人》(ともに1903)などを創作。1907年《フレデリック夫人》がロンドンで上演され大成功を収め，一躍流行の劇作家となった。彼の文筆生活は長いが，大作家として名声が定まったのは，第1次大戦中に執筆した半自伝的小説《人間の絆》(1915)が，次作の▶ゴーギャンをモデルにしたといわれる作品，つまり中年の株式仲買人が突如画家を志し妻子を捨ててタヒチに赴く話を平凡人の私が語る《月と6ペンス》(1919)の大成功にともなって見直されてからである。彼は生来旅行を好み，世界中を旅しているが，サモア，タヒチなどを訪れたことが，この《月と6ペンス》その他の南海ものを書かせる背景になっている。以来，小説家としては，中国を舞台にした《五彩のベール》(1925)，《お菓子とビール》(1930)，《片隅の人生》(1932)，《劇場》(1937)，宗教的な人間と俗人の対立を描いた《剃刀の刃》(1944)などの長編のほかに，《雨》《赤毛》などの傑作を含む短編集《葉のそよぎ》(1921)の大成功以来，百数十編の短編を発表している。また劇作でも機知とユーモアに富む風俗喜劇《おえらがた》(1917初演)，《ひとめぐり》(1921初演)などで非常な成功を収め，その創作力は晩年に至るまで衰えなかった。人生の価値への相対主義とそれを上回る熾烈な人間への好奇心が，巧みな小説技法，劇作術と相まって，彼を現代の第一級の通俗作家にした。日本でも翻訳が多い。1959年来日。

鈴木 建三

もりこべん｜森小弁｜1869-1945(明治2-昭和20)
明治期の▶南進論華やかなりしころ，▶チューク(トラック)諸島に渡り，現地に根を下ろして大活躍した日本人として名高い。高知市出身。東京専門学校を中退後の1891年に南洋専門商社の一屋商店に入社し，翌年，帆船天祐丸で横浜港から南洋に向かった。南洋めぐりの途中，チューク諸島モエン島で下船した小弁は，モエン島を中心にコプラの仲買と日用雑貨類の販売を手がけた。島での生活が気に入り，有力者の娘イザベルと結婚，定住を決めた。97年に南洋貿易日置合資会社に入社し，ドイツ統治下の島々で活躍するが，1914年に日本領になってからは，独立して南洋資源の対日輸出事業を拡大。地元の公共事業にも私財を投じた。39年には，南洋開発に多大な貢献をしたとして日本政府から勲八等瑞宝章が授与された。6男5女の子どもをもうけ，現在その子孫は2000人以上ともいわれ，一族はチュークの政治，経済の分野に多くのリーダーを送り出している。第7代のミクロネシア連邦大統領となったエマニュエル・モリは，小弁の曾孫にあたる。

大塚 栄子

モンテス｜Lola Montez｜1818-61
アイルランド生れの女優，芸能人。本名ギルバート Maria Dolores Eliza Gilbert。インドで育つ。ロンドンでスペイン・ダンサーとして売り出すものの挫折，以後ヨーロッパ社交界を渡り歩き，フランツ・リストや貴族らと浮名を流し，バイエルン王ルートウィヒ1世の寵を得て，伯爵夫人の称号を与えられた。それを怒った国民に王とともに地位を追われ，自身はアメリカに渡る。東部からカリフォルニアの金鉱地まで流れ歩き，劇場でくも踊りを披露した。1853年オーストラリアに渡り，とくにバララトなど金鉱地の興行で，彼女の芸を批判した新聞社主幹と酒場で鞭で打ち合うなど，強烈な印象を残した。アラン・バークほかのミュージカル《ローラ・モンテス》(1958)は，バララト滞在中の彼女を描いたもの。氏素性の定かでないアドベンチャレスを受け入れるヨーロッパの社交界と，そのまったくない新世界(アメリカ，オーストラリア)の金鉱地という対照的な二つの世界を股にかけた生き方は，非常に珍しい。ニューヨークで没した。

越智 道雄

ヤップ[島] | Yap Island

西太平洋，ミクロネシアのカロリン諸島西部にある島。北緯9°30′，東経138°10′に位置し，環太平洋造山帯上にある陸島で，大小四つの島で構成される。陸地総面積101km²，人口約5000。第2次世界大戦までは日本の委任統治領で，1947年以来アメリカを施政国とする国連信託統治領であった。82年にチューク，ポンペイ（ポナペ），コスラエ地区とともに▶ミクロネシア連邦としてアメリカとの間で▶自由連合協定に調印した。島民の言語であるヤップ語はオーストロネシア語族に属するが，中核ミクロネシア語とは系統上一線を画し，正確な言語系統上の位置づけは不明である。ヤップ島では比較的伝統的生活が営まれており，伝統的島民の生計は女性の耕作による▶タロイモ，ヤムイモなどのいも類と，男性による漁労に依存している。とりわけ水田で栽培されるタロイモ（キリストペルマ種）が重要な作物で，焼畑で栽培されるヤムイモは二次的な作物である。

ヤップ社会の基本的な生活単位は狭い範囲の父系的拡大家族で，それは特定の屋敷と結びついている。他方，周辺のカロリン諸島の島民と同様に，母系氏族にも各人は所属しているが，結婚後は女は夫方に居住するので，母系氏族の成員は各村に分散して特定の集団を形成せず，二重単系制社会である。前述した屋敷は基本的政治単位でもあって，この屋敷に位階，職能，特権が付属している。ヤップ社会の体系を貫いているのは土地であって，土地に力がある。個人はある特定の屋敷地を相続することを通じて，その土地に付与されている位階，職能，特権を継承する。島の政治体系を支配しているのは身分的階層秩序で，島は100余りの村落に分割されていて，村そのものに階級があり，上層階級（ピルン）の村と下層階級（ミリンガイ）の村に二分される。北部のカギール地区の村は，宗教的権威を背景に，北東方の離島ウリシー環礁を経て，チューク諸島北部のナモヌイト環礁に至る広大な海域における貢納・交易網（▶ヤップ帝国）を支配した。なお，島では親族，村落間の儀礼的交換において，▶石貨と▶貝貨が大きな役割を果たしている。　　　　　牛島巌

ヤップていこく | ヤップ帝国

ミクロネシアのカロリン諸島では，ヤップ島とその東方離島との間は一つの交易システムで合体していた。この交易の特色は，主島となる火山島（ヤップ）の側からは遠征交易に出ず，資源が限られている離島民（サンゴ島の住民）の方から交易を求めて来島したことである。これが，ヤップ島中部カギル地区のガチャパル村およびオネヤン村を頂点とし，近接するウリシー環礁のモグモグ島を介して，チューク諸島の離島にまで展開されていたサワイと呼ばれる朝貢・交易体系である。つまり，ヤップ島から東方へ1500kmの洋上に東西に連なる中央カロリン諸島のサンゴ島の住民は，火山島のヤップ島の傘下に組み込まれていて，経済的，政治的，宗教的な局面で統合されていた。この関係が研究者の間で〈ヤップ帝国〉と名づけられて知られている。これらの東方離島民はヤップ島の下層民と同等の扱いを受け，前記2村に主人をもち，来島中はその庇護を受ける。　　　　　牛島巌

やないはらただお | 矢内原忠雄

1893-1961（明治26-昭和36）

経済学者。愛媛県今治市富田村の生れ。第一高等学校に入学後，新渡戸稲造，次いで内村鑑三に私淑。1917年，東京帝国大学法科大学政治学科を卒業。住友別子鉱業所に勤務し，20年，東大経済学部助教授に就任。欧米に留学した後，23年に教授となり，植民政策を講じる。33-34年，政府の委嘱を

●ヤムイモ
ダイジョ

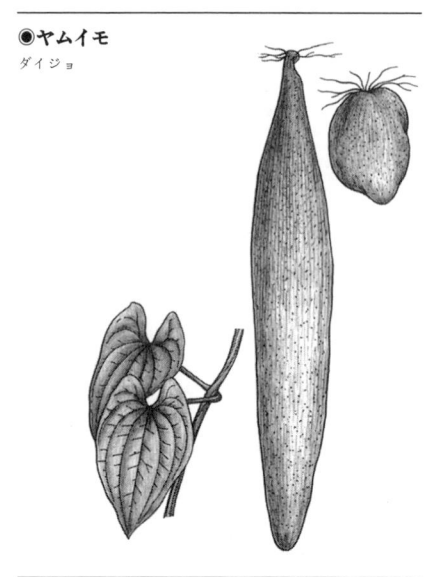

受けて南洋群島に2度赴き、島民の社会・経済生活の近代化と、日本人の南洋進出の問題をテーマに実態調査を行う。この調査を基に35年、《南洋群島の研究》を著し、キリスト教的人道主義の立場から、日本統治のあるべき姿を示す。37年、〈国家の理想〉(《中央公論》同年9月号掲載)が反軍反戦思想を表していると問題にされ、同年12月大学を辞職。以後敗戦まで内村鑑三門下のクリスチャンとして、信仰生活を送る。第2次大戦後、東大経済学部教授に復帰。経済学部長、初代教養学部長などを歴任して、51年に東大総長となる。
野畑 健太郎

ヤムイモ｜yam

ヤマノイモ科のヤマノイモ属 Dioscorea に属するイモを食用にするつる性植物の総称。単にヤム yam ともいう。▶タロイモとならんで根栽農耕文化の主要栽培作物である。栽培・利用されるヤムイモは約50種にのぼり、なかでも熱帯系のダイジョ D. alata は、西はアフリカのコンゴ盆地からギニア湾沿岸、東はポリネシアを含むオセアニアの島々にまで広く栽培されている。その原産地はインド東部からインドシナ半島域と推定される。温帯系のナガイモ D. opposita (= D. batatas) は日本や中国で栽培されている。このほかに、栽培あるいは半野生状のヤムイモも熱帯域に多いが、それらのなかには、加熱水さらしの毒消し法が必要な種もある。ヤムイモは、土中深くいもをつけるため、水はけのよい山腹斜面に植え付けたり、側溝を掘った高い畝で栽培することが多い。熱帯系のヤムイモでも、1年のうち植付け、収穫の時期はきまっており、掘り起こしたいもは通気性のよい貯蔵庫で保管する。オセアニアでは地味に乏しいサンゴ礁の島では生育せず、火山島や陸島における主要作物である。ヤムイモは、ミクロネシアやメラネシアでは、首長への貢納物、他部族との交換品、祖先への供物として高い価値がおかれている。いもを大量に保有するものが社会的名声をうけ、とくに首長はヤムイモを集積し、祭宴を催して人々に気まえよく分配することで地位を誇示する。男たちは大きないもをつくることが名誉とされている。畑に石をおき、その石に宿る霊的な力によって豊穣がもたらされるという呪術的信仰に基づいていもづくりがなされる。また、ニューギニアのセピック川流域の住民は、ヤムイモの収穫儀礼を盛大に行う。ヤムイモを人間にみたて、いもに仮面をつけたり化粧をほどこす。飾りたてたいもには死者の名前がつけられ、豊作への感謝と予祝の気持を表現すると同時に、祖先霊への崇拝の念が託される。
須藤 健一

ヤルート[島]｜Jaluit Island ➡ジャルート環礁
ヤング｜John Young｜1742?-1835
ハワイ王国、▶カメハメハ大王の腹心。生年、生誕地とも不確かであるが、おそらくはイギリス人と思われる。アメリカ船エリアノーラ号の掌帆長として1790年ハワイに来航。当時はハワイ王国統一前の戦乱の時代で、彼はハワイ島の一酋長カメハメハ(のちの1世、大王とも称される)に懇望されてその幕僚に加わり、ハワイ諸島の征服、統一に貢献するところ大であった。カメハメハに深く信任され、1796年以降オアフ島の知事、ハワイ島の知事を歴任し、カメハメハの政治に影響力を発揮した。ヤングの子孫もまた国政にかかわり、次男カネホアはマウイ島およびカウアイ島の知事、三男ケオニ・アナはカメハメハ3世の内閣で大臣を務め、

また孫娘エンマはカメハメハ4世の王妃に迎えられた。
　　　　　　　　　　　　　　　　石川栄吉

ヤンス｜Willem Jansz｜生没年不詳

オランダの航海者。1605年の暮れ、ヤンスの指揮するダイフケン号はバンダ諸島（現インドネシア領）を出航。この航海の目的はノバ・ギニア（ニューギニア）とテラ・アウストラリス（南方大陸）探検であった。06年、ニューギニアの南岸に沿って東に進んだが、途中で探検隊は向きを南に変え、オーストラリアのヨーク岬半島の西岸に達した。彼らは初めてオーストラリアに接したヨーロッパ人であった。しかし、彼らはニューギニアとオーストラリアの間に海峡があることを決定できなかった。この数ヵ月後、▶トレスがこの海域を東から通過する。このためオランダは、16年の▶ハルトフのオーストラリア西岸の発見、その後の西岸、南岸などの発見にもかかわらず、オーストラリアとニューギニアとが陸続きであると考えていた。
　　　　　　　　　　　　　　　　矢野 將

ゆうこうちゅう｜有孔虫｜Foraminifera

石灰質の殻と網状仮足をもつ原生生物の一種。通常は1mm以下だが、化石では15cmのものまで見つかっている。熱帯や亜熱帯の海が生態域だが、浅い海を好むものから深海底に生息するものまで、その種類は数万種を数えるという。沖縄土産で有名となった〈星の砂〉は、有孔虫の一種ホシズナ Baculogypsina の殻である。南の島の砂が白いのは、珊瑚礁、貝類、有孔虫など海の生物の死骸が堆積したものを主とするが、なかでも有孔虫が砂の生産に果たしている貢献度は大きい。近年の地球温暖化をめぐる議論では、珊瑚礁島の水没や海岸浸食の原因が海面上昇と結びつけられることが多いが、島を細らせているのは、環境汚染で有孔虫やサンゴ虫の生息地が侵された結果、砂の供給不足が生じているからだという指摘もある。
　　　　　　　　　　　　　　　　小林 泉

ゆうたいるい｜有袋類｜marsupial

発生の途中に未熟な状態で生まれた子が雌親の乳頭に吸いついて発生を続ける哺乳類の一群で、ふつう育児嚢があるためこの名がある。獣亜綱後獣下綱有袋目 Marsupialia に属し、二子宮類ともいう。オーストラリア大陸、タスマニア、ニューギニア（少数はソロモン諸島、ビズマーク諸島、モルッカ諸島）、南アメリカ（1種は北アメリカまで）に分布し、現在のものは16科（8科とすることもある）約254種がある。

形態は真獣類（一子宮類）に似て、頸椎に肋骨がなく、遊離した鎖骨をもち、肩甲骨には棘突起がある。心臓の右の房室間に三尖弁があり、陰茎は尿を通し、乳腺に乳頭がある。しかし、腰帯に上恥骨すなわち袋骨があり、大脳に脳梁がなく、網膜細胞に有色の脂肪小球があり、▶コアラや▶ウォンバットでは卵に角質の膜があるなどの点は真獣類と違い、単孔類に等しい。骨口蓋の後部が不完全で大きな口蓋窓が開き、先が二つに分かれた陰茎が陰嚢の後ろにあって肛門と共通のくぼみに開き、左右2本に分かれた腟が別々に尿生殖洞に開き、後者が肛門と共通の浅い総排出腔に開くこと、体温調節機構が不完全などの点も真獣類より原始的である。尾は基部が太く胴との境が不明瞭で、横縞が左右相称なのは爬虫類的である。

毛にふつう上毛と下毛の別がない。切歯（門歯）が上に5対、下に4対（真獣類では上下とも3対）、前臼歯が上下とも3対（真獣類では4対）、臼歯が上下とも4対（真獣類では3対）あるのが基本型で、第3前臼歯だけが生え代わること、育児嚢があること、胎盤がないか、あっても発達が悪いことも真獣類と違っている。胎盤がある場合は卵黄嚢胎盤で、バンディクート類だけ真獣類と同じ尿膜胎盤を生ずる。胎盤がない場合、胎児は子宮の分泌液を卵黄包で吸収して発育する。

妊娠期間はきわめて短く、オポッサムでは8日、他のものでも10～12日がふつうで、子は後肢が原基に過ぎず、前肢と口だけ異様に発達した状態で生まれ、つめの生えた前肢で匍匐前進して母親の乳頭に吸いつく。乳頭がのびて子の食道に達し、子の口裂が癒着するため、子は乳頭から離れられなくなる。子は自力で乳を吸わず、母親が腹筋を収縮して子の食道に注ぐ乳で発育する。乳頭の数はコアラ、ウォンバット、フクロモグラ、フクロギツネなどでは2個、フクロアリクイ、▶フクロオオカミ、▶カンガル

●有袋類 │ 図現世有袋類の系統図

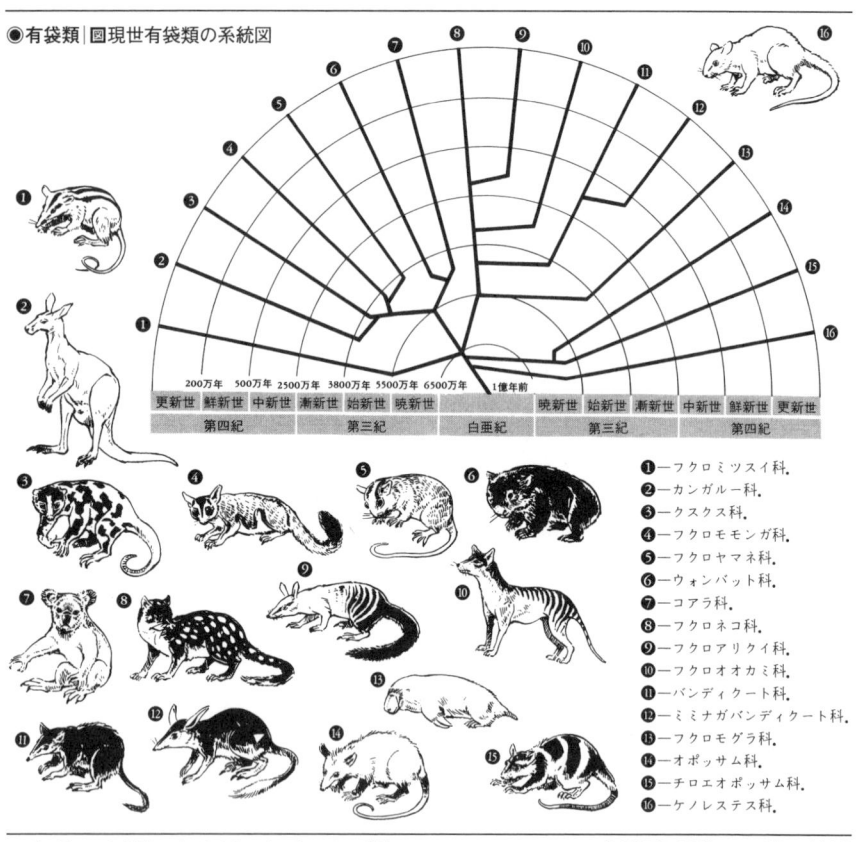

① ─ フクロミツスイ科.
② ─ カンガルー科.
③ ─ クスクス科.
④ ─ フクロモモンガ科.
⑤ ─ フクロヤマネ科.
⑥ ─ ウォンバット科.
⑦ ─ コアラ科.
⑧ ─ フクロモグラ科.
⑨ ─ フクロアリクイ科.
⑩ ─ フクロオオカミ科.
⑪ ─ バンディクート科.
⑫ ─ ミミナガバンディクート科.
⑬ ─ フクロモグラ科.
⑭ ─ オポッサム科.
⑮ ─ チロエオポッサム科.
⑯ ─ ケノレステス科.

─などでは4個であるが，オポッサム類では最後位のものが対をなさないため奇数で，キタオポッサムでは5～13個，ジネズミオポッサムの中には27個に達するものがある。

育児嚢はジネズミオポッサム，イタチオポッサム，ケノレステスなどにはなく，ウーリーオポッサムでは下腹部の両側に2条の皮膚のひだ，フクロネコ，フクロアリクイなどでは浅い円盤状の裸出したくぼみがあるに過ぎない。しかしウォンバットではくぼみに覆いができ，口が下に開いた育児嚢になる。コアラ，フクロモグラ，フクロオオカミには口が後ろに開いた，カンガルー，▶ワラビー，フクロギツネ，▶クスクスなどでは口が前に開いた深い育児嚢がある。

有袋類はオポッサム科のエオデルピスなどが上部白亜紀に北アメリカに現れ，続いてヨーロッパにも数属が現れたが後に絶滅し，南アメリカとオーストラリアで進化した。南アメリカでは中新世にハイエナに似たボルヒエナ，鮮新世に剣歯虎に似たチラコスミルスなどのボルヒエナ上科の猛獣も現れ，オーストラリアでは更新世に，ライオン大のチラコレオ，サイ大のディプロトドン（ともにクスクス上科）などが現れたが，中新世以前の化石は知られていない。

現生のものは，足の第2，3指が結合して毛をすく櫛状に変化したクスクス上科（下の切歯は1対．クスクス科，フクロヤマネ科，フクロモモンガ科，フクロミツスイ科，コアラ科，ウォンバット科，カンガルー科）とバンディクート上科（下の切歯は3対．バンディクート科，ミミナガバンディクート科），足の指が結合していないオポッサム上科（下の切歯は4対，盲腸がある。オポ

ッサム科, チロエオポッサム科), ケノレステス上科(下の切歯は3対, 盲腸がある。ケノレステス科)およびフクロネコ上科(下の切歯は3対, 盲腸がない。フクロネコ科, フクロアリクイ科, フクロオオカミ科, フクロモグラ科)がある。

今泉 吉典

ユーカリ｜(southern) blue gum⁝
Eucalyptus globulus Labill.

樹高45〜55m, 直径1.2〜2mになるフトモモ科の常緑高木で, オーストラリアの南東端部とタスマニア島に分布する。生長が早いので世界各地で造林用に用いられ, また公園などにも植えられる。日本には明治初めに入った。樹皮は灰色で, 薄片状に細長くはげ, 青灰色のはげ跡が残る。葉は著しい異型性を示し, 若木では長さ約10cmの卵形, 無柄で対生し, 成木では長さ約20cmの披針形, 全縁で, やや鎌形に曲がり, 柄があり互生する。花は両性花で, 葉腋に1(〜3)個生じ, つぼみは径約2cmの倒円錐形で, 上部を合着した萼片と花弁のふたがおおう。開花時にこのふたは脱落し, 多数の白色のおしべと中央に棒状のめしべを現す。花とほぼ同形の蒴果は多数の小さい種子を含む。材は心材淡黄褐色, 気乾比重0.75〜1.0で, 建築, 枕木, 電柱, 器具, パルプなど用途が広い。葉からユーカリ油をとり, 薬用, 駆虫剤, 香料に用いる。ユーカリの和名は本種を指すほか, ユーカリ属樹木の総称としても用いられる。

ユーカリ属 *Eucalyptus* は400〜500種の樹木からなり, そのほとんどがオーストラリアおよびタスマニア島に分布する。わずか数種がニューギニアにもあり, そのうち1種 *E. deglupta* Bl.(この種のみオーストラリアには分布しない)は樹高70mに達する高木で, さらにニューブリテン, チモール, セレベス, ミンダナオにまで分布する。オーストラリアには広くユーカリ類の林がみられるが, これは主として雨量と気温の関係で次の3型に分けられる。①湿潤ユーカリ林 南東部および南西端部の年雨量750〜1000mmの地域に発達し, 密生した高木のユーカリ林を形成する。樹高が数10mになる種類も少なくなく, 中でもセイタカユーカリ *E. regnans* F. Muell. は樹高97m, 直径7.5mという広葉樹としては世界最高の樹高のものが記録されている。②乾燥ユーカリ林 年雨量が500〜750mm(南部)または750〜1500mm(北部)の地域に成立し, 高木のユーカリ類を主体とする疎林を形成する。③マリ Mallee 南部の年雨量250〜500mmの範囲に成立し, 低木のユーカリ類がやや散生的に生育する叢林を形成する。

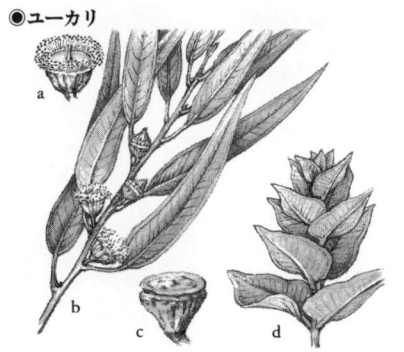

ユーカリ属はオーストラリアという隔離された地域内で多数の種に分化しているが, 属としてはきわめてよくまとまり, 次のような共通した特徴をもつ。葉は幼木では幅が広く, またしばしば無柄で対生するが, 成木では細長くなることが多く, 有柄で互生する。表裏とも青灰色を示し, 精油分を含むためすかしてみると油点が散在し, もむと芳香がする。とくにペパーミント Peppermint と呼ばれるグループには精油が多い。花のつぼみは萼筒が倒円錐形か鐘形で, 萼片と花弁の合着したふたがあり, 開花時にふたは落ちる。おしべ多数。果実は蒴果で多数の小さい種子がある。樹幹上にキノ kino と呼ばれる赤褐色の樹脂状物質を出すことが多く, そのためこの属の樹木を gum または gum-tree と総称することがある。ユーカリ類はオーストラリアの主要な林木であるので, その材は建築用からパルプ, 燃料用にいたる木材のほとんどあらゆる用途に利用されている。樹種により材質も軽軟〜重硬, 淡色〜濃色と多様だが, 気乾比重0.65〜1.10程度の重さ中庸〜重硬のものが多い。木材のほかに種類によっては葉からユーカ

●ユリーカ砦の反乱
ユリーカ採鉱場に築かれた砦における戦闘(12月3日未明).

リ油,樹皮からタンニン,樹液からキノ(医薬)が得られ,近年,石油植物としても注目されている。熱帯性のものから温帯性のものまで含むので,生長の早い種類は世界各地で造林用に用いられるが,ユーカリ類にとって湿潤すぎる日本ではあまり成功していない。

ユーカリ類の葉を食べる動物としてコアラが有名だが,それはユーカリ類のなかでも特定の十数種に限られる。　　緒方 健

ユリーカとりでのはんらん|ユリーカ砦の反乱|
Eureka Stockade

1854年にオーストラリアのビクトリア植民地の金鉱夫が起こした反乱。1851年に始まった▶ゴールドラッシュでその中心地バラト(メルボルンの西北西113km)に集中した約2万の鉱夫は,金発見のいかんに関係なく課せられる1人1ヵ月30シリングの採掘税に不満を募らせていた。54年10月鉱夫が殺された事件をきっかけに,犯人所有のユリーカ・ホテル焼打ちを経て,11月鉱夫たちは改革同盟を結成,青の下地に白の十字が描かれた〈南十字星旗〉を押し立ててユリーカ採鉱場に砦を築いた。12月3日,総勢300名近いイギリス兵・警官(仕官を含む)と約150名の鉱夫が交戦,20分にも満たない戦闘で前者に6名(仕官1名含む),後者に22名の死者を出して反乱は鎮圧され,負傷した鉱夫も後に10名近く死亡している。しかし反乱後,普通選挙権要求を含む鉱夫側の主張はほぼすべて認められ,主謀者ピーター・レイラら13名は1名を除いて無罪放免となった。

小規模ながらアメリカ独立革命に対比され,今日でもリベラルな共和制派の精神的支柱となっている一方,新自由(保守)主義派もナショナリズムを喚起させるオーストラリア的な出来事として称揚するようになってきている。61年の▶ラミングフラットの暴動では鉱夫たちが中国人鉱夫を排斥する際,〈南十字星旗〉が中心に描かれ〈中国人お断り〉と書かれたスローガン旗を掲げて行進するなど,後の▶白豪主義形成にも少なからぬ影響を与えた。今日では,左翼的な労働組合,共和制支持者,人種差別的な極右団体まで,〈南十字星旗〉をシンボルとして用いている。　越智 道雄+村上 雄一

ヨークみさきはんとう|ヨーク岬半島|
Cape York Peninsula

オーストラリア北部,クイーンズランド州北部の半島。北端のヨーク岬はオーストラリア大陸の最北端(南緯10°41′)である。半島東部は▶グレートディバイディング(大分水嶺)山脈の北端部にあたるが,西部は低平である。半島の大部分でのおもな土地利用は粗放な肉牛の放牧で,人口は少なく,一般に未開発である。北部西岸の▶ウェーパではボーキサイトが採掘されている。岬名は1770年に▶クックがヨーク公にちなんで命名した。　谷内 達

ヨット|yacht

オーストラリア人は,温暖な気候に恵まれ,野外スポーツに日ごろから親しんでいるが,とりわけヨットに関しては世界でも有数の愛好国民として知られる。オーストラリアほどではないが,ニュージーランドでもヨットは愛好されている。オーストラリア人

のヨット好きは，そもそも建国の歴史に由来している．流刑囚の海上輸送による入植以来，航空機による大量旅客輸送時代を迎えるまで，外界との往来はすべて海上の道に頼らざるをえなかったこと，また海洋民族としてのイギリス人の伝統を引き継いできたこと，19世紀後半には世界的にも高い生活水準を達成し，かつ人口の7割近くが大陸の東南海岸部に集中しており，子どものころから海洋スポーツに慣れ親しんできたという背景がある．オーストラリア人はヨットとセーリングを明確に使い分けている．高級レジャー，スポーツとしてオーストラリア人にヨットが定着したのは1850年代以降，各植民地に設立されたヨット・クラブによるところが大きい．ただこうしたクラブは，いわゆる外洋でのレースに耐えるキール艇が中心である．オリンピック種目としてなじみの深いセーリング・ボートは，第2次大戦後のグラスファイバー建造工法などの技術革新と建造コストの大幅低減によるところが大きい．セーリングについては各地域で年齢別・クラス別のクラブ・チャンピオンシップが盛んで，レースの頻度も高い．こうした底辺の広さ，そして日ごろの訓練と経験が，オリンピック大会でニュージーランドとともに多くのメダリストを輩出する背景となっている．外洋レースではシドニー～ホバート間レースが国際的にも有名で，毎年クリスマス翌日のボクシング・デーにシドニー湾からスタートするが，見物に集まるヨットがシドニー湾を埋め尽くす光景はシドニーのクリスマス時の風物詩となっている．

堀 武昭

オーストラリアとニュージーランドのヨットレースでの戦いぶりが，両国の多くの国民と世界の注目を惹きつけたのは，1980年代以降のアメリカズ杯での成功であろう．世界で最も古い伝統を誇るアメリカズ杯では，19世紀半ばの開始以来アメリカが無敗を続け，絶対的な強さを誇っていた．これに対し，オーストラリアは1962年以降アメリカの防衛艇に挑戦し続け，83年7回目にして〈オーストラリア2世号〉がアメリカの〈リバティ号〉を打ち破り，史上初めてアメリカ以外の国がタイトルを獲得した．アメリカはすぐにタイトルを奪回するが，今度はニュージーランドが台頭し，95年にニュージーランドが悲願のタイトルを獲得する．さらに，2000年にはアメリカ以外の国としては初めてタイトルの防衛に成功するという輝かしい成果を残した．ニュージーランドは2003年には敗れたものの，勝利したスイス艇のクルーの多くもニュージーランド人であった．ちなみに，1992年に日本が初めて同カップに挑戦したとき，〈ニッポンチャレンジ号〉のスキッパーを務め，挑戦艇決定戦の準決勝まで導いたクリス・ディクソンもニュージーランド人であった．

福嶋 輝彦

ら

ライアテア[島] | Île Raiatea

南太平洋のフランス領ポリネシア，ソシエテ諸島中の火山島．同諸島中，タヒチに次いで大きく，面積240km²，人口1万2545 (2007)．自然の景観にすぐれ，近年，欧米諸国などから訪れる観光客が多い．かつてこの島は中部ポリネシアの宗教的中心地として，独自の神学を発展させた．オポア村のタプタプアテアの*マラエ(祭祀場)には，遠方の島々から多数の巡礼者が訪問し，テメハニ火山(1032m)の火口は神々の住む冥界への入口であり，宇宙の中心と考えられていた．

石川 栄吉＋矢野 將

ライカート | Ludwig Leichhardt | 1813-48?

オーストラリアの探検家，植物学者．プロイセン(現ドイツ)生れ．1842年オーストラリアに移り住んだ．44年10名の探検隊を組織し，ブリズベーン西方のダーリングダウンズからダーウィン北方のエシントン湾岸まで約4800kmを15ヵ月で踏破，多くの河川と牧草地を発見して一躍有名になった．48年彼自身を含む7名の隊を組み，ブリズベーンから西オーストラリアのパースをめざして，大陸を東から西に横断する壮途についた．しかし途中で全員行方を断った．この2回の探検を指揮したライカートをモデルにしたのが*P．ホワイトの長編小説《ボス》(1957．邦訳あり)である．ライカートたちを捜して9度も捜索隊が出され，彼の探検行は*R．バークとJ．ウィルズの探検隊の遭難とともに，この国の探検史の悲劇となっている．

越智 道雄

ライト | Judith Arndell Wright | 1915-2000

オーストラリアの詩人．ニューサウスウェールズ州アーミデイル近くで大農場主の娘として生まれるが，大英帝国への恭順を示す家風に反発，自国文化の価値を求める心性を育んだ．詩集《移ろうイメージ》(1946)で*ブッシュをはじめオーストラリア的主題を象徴的次元を加味して取り上げ，また先住民社会を崩壊させた植民地化の罪を問い直すなどして，*ホープらとともにオーストラリア詩の確立に貢献．思想家の夫J．マッキニーを通じC.G.ユングの深層心理学に影響を受け，人間心理を洞察する作風も開拓した．批評家としても優れ，《オーストラリア詩の主要課題》(1965)は現在でも同主題を扱った最良の一冊．初期の詩〈クールーラ湖にて〉ででも私はよそ者，征服者の血筋で，／カオジロサギの落ち着きで湖を眺められない，／私の眼が歓びを汲み取る全てに愛されず，／不安になるのだ，昔の殺戮のせいで〉と歌った地点から，60年代に環境保護活動，さらに70年代より先住民権利回復運動に取り組んで思索を進め，20世紀オーストラリアを代表する知識人となった．最後期には俳句の影響を取り入れるなど新たな展開も見せたが，85年に詩作を止め，以後は政治活動に専念．

湊 圭史

ライン[諸島] | Line Islands

太平洋のハワイ南方の広大な海域に赤道を挟んで点在する11の環礁群．うち八つはキリバス共和国領，三つはアメリカ領．総面積478km²，人口8809 (2005)．気温は年間を通じあまり変化せず，26〜28℃くらいである．キリバスに属する北部のワシントン島，ファニング島，*クリスマス島のみにポリネシア人とミクロネシア人が混合して住む．これらの島ではココヤシのプランテーションが盛んで，重要な現金収入源となっている．クリスマス島はかつて核実験場として使われた．

石川 栄吉＋矢野 將

ラエ | Lae

パプアニューギニアのモロベ州の州都．人口11万8413 (2000)．首都ポートモレスビーとともに，市長，市議会をもつパプアニューギニア第2の都市．ニューギニア島の北東岸に面した良港をもち，その埠頭は全国

一の長さを誇る．空港は現在は市の郊外40kmのナザブにある．西欧化の進んだ都市で，科学技術大学があるほか，全国で最高クラスのゴルフ場もある．

吉岡 政徳

ラグビー | rugby

▶オールブラックスの輝かしい戦績が物語るように，19世紀後半にイギリスから伝わったラグビーは，ニュージーランドでは確実に定着していったが，オーストラリアでは異なる展開を見せた．▶オーストラリアン・フットボールが急速に拡大していったため，ラグビーが主流となったのは，メルボルンとの対抗意識が強いシドニーを擁するニューサウスウェールズと同じ東海岸のクイーンズランドだけであった．さらに，この2つの州では，通常の15人制ゲームのラグビー・ユニオンの主催者が中産階級として伝統的アマチュアリズムに固執したため，試合への拘束や負傷などが生活問題に直結する労働者階級出身の選手は強い不満を抱いていた．そこで，試合の興行をもくろむビジネス界と労働組合やカトリック勢力の連携によって，イングランド北部の工業地帯で発祥しプロ制度を導入していた13人制のラグビー・リーグが，1908年に東海岸2州でそれぞれ設立された．プロとして観客に見栄えのするトライ獲得を重視したため，以後両州ではユニオンよりもリーグの方が最も人気のフットボールとして発展していった．それに伴い，ユニオンからリーグへのテストマッチ代表級の有力選手の流出が続いた．この潮流を大きく変えたのが1995年のラグビー・ユニオンのプロ化で，同時にニュージーランド・オーストラリア・南アフリカの有力州代表チームを集めたスーパー12（現在はスーパー14にチーム増）という世界最高レベルの実力を競い合うリーグが立ち上げられた．試合の大勢がペナルティ・ゴールなどのキックで決まってしまうことが多かったユニオンでは，プロ化によって積極的にトライを狙うようになり，ゲーム展開も面白くなり，NZ豪のテストマッチで10万人超の観客数を記録するなど集客能力も大きく上がった．スポンサーも潤沢につくようになり，今日では以前とは逆にリーグからユニオンへの選手の流出が目立ってきている．

オセアニアの他の諸国でもラグビーは盛んで，パプアニューギニアではオーストラリアの植民地統治を受けていた関係からか，リーグの方が人気である．フィジー・サモア・トンガといった島嶼国では，ユニオンが盛んで，NZ豪ほどのレベルではないものの，世界のラグビー界では侮れぬ勢力として一目置かれている．これらの国は，選手個々の身体能力や個人技に優れていることから，7人制ラグビーでは世界的な強豪であり，とくにフィジーはこれまで数々の優勝を重ねてきた．2016年のロンドン大会から7人制ラグビーが正式種目として採用されることが決定し，南太平洋島嶼国初のオリンピックでの金メダル獲得が期待されている．

福嶋 輝彦

ラザフォード | Ernest Rutherford | 1871-1937

イギリスの物理学者．ニュージーランド南島のネルソン近郊に生まれた．クライストチャーチのカンタベリー・カレッジに学び，1895年奨学金（1851年ロンドン博覧会の収益による）を得て渡英，同年初めて他大学からの学生に対しても学位を与える学制改革を行ったケンブリッジ大学のキャベンディッシュ研究所の研究生となる．当初，磁気検波器の改良を手掛けていたが，所長J.J.トムソンの勧めでX線による気体の電離について共同研究し，次いで紫外線による気体の電離作用の研究に進み，気体の電離作用を原理とする定量的な電気的測定法をあみだした．98年カナダに渡りモントリオールのマッギル大学教授となる．99年，放射能の発見に刺激されて，電気的測定法によりウランの放射能を調べ，2種の放射線をつきとめて，これをα線，β線と名づけた．以後，放射能の本性と原因を解明する研究に邁進した．まず正体不明の放射能を放つトリウム化合物を調べ，トリウムエマネーション，励起（誘導）放射能を巧妙な検出容器を考案して捕らえた．続いて化学者F.ソディーと共同してトリウム放射能の化学的分離，液体空気製造装置を使っての液化を行い，トリウムXを確認して，放射性元素の変換系列を明らかにした．そして変換と放射線との関係を調べ，変換は放射線の放出を伴う原子

内部に起きる自発的崩壊過程であること（放射性変換説）を1902年発表した。こうして従来の恒久不変な原子観を打破し相互転化生成消滅する新しい原子観の礎が与えられた。この業績により08年にはノーベル化学賞をうけた。

1907年イギリスに戻りマンチェスター大学教授に就任，翌年H.ガイガーと共同でα粒子を電気的に数える計数管を完成させ，α粒子が電気素量の2倍の電荷をもつことを算出する一方，T.ロイズと共同で，精妙な検出容器にα粒子を取り入れスペクトルを調べ，α粒子がヘリウムイオンであることを確認した。09年ガイガーとE.マースデンが厚さ0.0006mmの金箔を使ったα粒子の拡散反射（大角散乱）を発見するに及んで，原子構造の解明に進んだ。後年，〈15インチ砲（α粒子）をちり紙（金箔）目掛けて発射したら，弾丸がはね返ってきたほどの信じがたいような話だ〉と回想しているが，この結果を散乱理論から解析し，α粒子がただ1回の散乱で大角度に散乱するためには，原子内部に強力な電場をもつ1点に凝縮した電荷（原子核）が存在すると考え（ラザフォード模型），11年に発表した。ここに原子の世界を記述するための出発点がすえられた。第1次大戦中，潜水艦探知の軍事研究に参加。19年窒素原子核にα粒子を衝突させて水素原子核をはじき出す原子核の人工破壊に成功し，翌年，中性二重子（今日の中性子）の存在を予言した。

19年，ラザフォードはトムソンの後をうけ継いでキャベンディシュ研究所の所長に就任，その組織運営に才をふるい，J.チャドウィック，P.M.S.ブラケット，F.W.アストン，J.D.コッククロフト，P.カピッツァらを擁して原子核研究に数々の国際的な業績をあげ，研究所の地位を不動のものとした。またローヤル・ソサエティの会長（1925-30），科学技術研究庁諮問委員会議長，亡命科学者のための学者救済委員会長などを歴任し，科学界の発展のための科学行政に尽くした。 兵藤 友博

ラスカル | Rascal

パプアニューギニアの主に都市部に出現する武装強盗団。外国人や観光客を集団で襲い，金品を略奪する。以前は，ブッシュナイフや棍棒を武器にしていたが，近年では銃を所持する者が増え，より凶暴化している。思想性や政治性などはなく，単純に金品奪取を目的とした粗暴行為のため，抵抗しなければ生命まで奪われる危険は少ないとされているが，このラスカルの存在がこの国の治安不安の最大原因となっている。平和なイメージがあるオセアニア地域で，この種の強盗団の出現はこの国だけにみられる。独立以前は，ほとんど文明に触れずに部族単位で暮らしていた人々が流入した都市には，彼らを受け入れる仕事も施設もない。結局，彼らができる生産行為は，山林でくり返していた狩りだが，これが人間に向けられると強盗となる。政府はこの問題の深刻さを認識しているが，産業・教育開発の難しさや部族主義の壁に阻まれて，徹底した取り締まりができないでいる。

小林 泉

ラタナきょうかい | ラタナ教会

ニュージーランドの先住民マオリのなかの指導者の一人，ラタナ Tahupotiki Wiremu Ratana（1870-1939）が1925年にワンガヌイ郊外に建てた教会。1860年代のニュージーランド土地戦争によりマオリは疲弊したが，その後19世紀末から20世紀初めにかけて，自由党政権のもとで政府とマオリ双方によりマオリ復興運動が起こされた。これはその後も続けられ，さまざまなマオリ指導者が現れたが，その一人がラタナである。ラタナは1918年彗星のごとく現れ，マオリを導くようにという神の啓示があったと述べた。従来のマオリ復興運動が青少年マオリ会を中心としマオリ人子弟に高い教育をほどこすことを主眼とし，またマオリ復興運動も高い教育を受けた人々を中心としていたのに対し，ラタナは，こうした運動から取り残された貧しい教育のない人々の間に，多くの信奉者を見いだした。ラタナ教会建設直後の1926年にマオリの18％がこの教会の信者となり，今日でも2万7000人のマオリがこの教会に属している。 地引 嘉博

ラッテ | ratte

ミクロネシア，マリアナ諸島の石造物。二列並行に並ぶ石（サンゴあるいは火山性石）に半

球状の載石をのせたもの。ふつう単軸は4m以内で長軸は最長22mまで，載石をのせた最高5.5mの例がある。初期スペイン人による文献では，柱石の上に家が建っていた記録があり，なかでも大型ラッテは▶男子集会所(男子小屋)か，カヌー小屋のためと考えられる。いちばん古いラッテの^{14}C資料はテニアン島から採取されたもので，西暦900年を示した。ラッテはこの時期から，当時マリアナ諸島に生活していた▶チャモロ人全員がグアム島に強制移住させられた17世紀まで実用されていたことが判明している。この石造物はマリアナ諸島で発生・発展したと考えるのが自然で，ラッテの機能は東南アジアの島世界で一般にみられる木製家台柱を，石に替えたものであろうと考えられる。

牛島 巌

ラッド｜Kevin Rudd｜1957-

オーストラリアの政治家，首相(2007-)。クイーンズランド州ナンボーで生まれ，父を11歳で失って困窮した生活を送る。15歳で▶労働党に入党。オーストラリア国立大学で中国語と中国史を専攻，卒業論文のテーマは反体制活動家の魏京生だった。1981年外務省に入省し，ストックホルムと北京に駐在する。帰国後クイーンズランド州ゴス首相の首席補佐官に就任。1998年2度目の挑戦でグリフィス選挙区から連邦議員となり，2001年に影の外務大臣に就任し，政権追及で名を挙げた。06年12月，労働党党首に就任すると一貫して▶ハワード政権に対するリードを維持し，07年の総選挙で勝利した。政権発足直後，COP13(国連気候変動枠組み条約第13回締約国会議)で京都議定書を批准。08年2月13日には，先住民族に対する謝罪決議を連邦議会で行った。08年後半に世界金融危機が勃発すると，対象を絞り込んだ財政政策をすばやく発動し，先進国のなかで金融危機の影響をもっとも軽微にとどめている。G20(20ヵ国・地域首脳会議)をG8に替わるもっとも重要な国際的協議の場とすることに奔走しており，また〈核非拡散と核軍縮のための国際委員会〉の設立や，アジア・太平洋共同体構想の発表など積極的な外交を行っている。北京大学における中国語による講演の中で中国政府のチベットにおける政策を批判した。

杉田 弘也

ラバウル｜Rabaul

ビズマーク諸島ニューブリテン島北端に位置する都市。パプアニューギニアの東，ニューブリテン州の州都であった。この町はバルカン山とタブルブル山の2つの火山に囲まれており，これまで度々噴火による被害を受けた。また，太平洋戦争時の1942年，この地に上陸した日本軍と連合軍との間でくり広げられた戦闘によっても町は破壊された。戦後は国内の主要都市としての開発が進み，人口も80年に1万5000，93年には約4万と着実に増加していった。しかし，94年9月に再び大規模な噴火が起こり，町は壊滅。その後も活発な火山活動を見せているため，州都を約20キロ南にあるココポKokopoに移転した。そのため，現在の人口は確認することが難しい。

長戸 結未

ラピタしきどき｜ラピタ式土器

南西太平洋，メラネシアのビズマーク諸島ニューブリテン島以東，西ポリネシアまでにわたって，紀元前1600年から紀元ころにかけて分布したオセアニア最古の土器。ニューブリテン島北東岸のワトム島から最初に発見されたが，ニューカレドニア島ラピタLapita遺跡からの出土により型式名となった。焼成温度の低いこわれやすい土器で，粘土の添加物として砂や貝殻粉が使われた。有文のものは30％以下で，文様は繊細な櫛歯や貝殻縁の圧文，隆起線文，沈線による幾何学文などが壺の上半部に施されている。オーストロネシア語を話す海洋民族のもたらした土器といわれ，海岸近くにその遺跡が発見される。北部ニューブリテン原産の黒曜石が土器とともにニューカレドニアまでにわたる地域で発見されることから，広大な海域を航海し，交易を行っていたことがわかる。類似の土器がフィリピンや台湾から発見され，ラピタ式土器の起源がこのあたりか東インドネシアあたりにあるのではないかといわれている。現在，ビズマーク諸島を中心に盛んに行われている国立オーストラリア大学のラピタ・ホームランドの調査の結果に期待がよせられている。

篠遠 喜彦

ラ・ペルーズ | Jean François de Galaup, comte de La Pérouse | 1741-88

フランスの太平洋探検家。1756年海軍に入り、七年戦争に参加、76-78年アメリカ独立革命に遠征した。85年ルイ16世に太平洋側からの北西航路の発見と太平洋調査を命ぜられ、フランスのブレスト港を出帆した。南アメリカ大陸を周航し、ハワイからアラスカまで北上後、北米沿岸をカリフォルニアまで南下し、ついで太平洋を横断して87年マカオに入った。再び北上して対馬海峡、日本海、間宮海峡まで行ったのち、ラ・ペルーズ海峡（宗谷海峡）を通過してカムチャツカに達した。それより南下してサモアを経て、88年オーストラリアのシドニーに入り、同年3月にシドニーを出港したのち消息を絶った。1827年にイギリス人ピーター・ディロンがサンタクルーズ諸島のバニコロ島でラ・ペルーズ一行の遺品の一部を発見、その翌年にはフランスの探検家デュモン・デュルビルが船体の一部を発見した。さらに1964年にも多数の遺品が発見されている。ラ・ペルーズが本国に送っていた航海日誌を編集した《世界周航記》が1797年に出版されている。
石川 栄吉＋矢野 將

ラーマン | Baz Luhrmann | 1962-

オーストラリアの映画監督、オペラ演出家。シドニーに生まれた。国立演劇学校（NIDA）在学中に作ったダンス・ドラマが評価され、オリジナルキャストのまま映画化されるチャンスを得た。ラーマンが監督をつとめて完成した《ダンシング・ヒーロー》(1992)は、社交ダンスにまつわるカラフルな青春ドラマで、スペイン人移民との心の交流という、オーストラリア多文化主義のポジティブなイメージも盛り込まれていた。また、1992年にはオペラ《ラ・ボエーム》を演出して若々しい青春劇に仕立て、異例の興行的成功をもたらした。アメリカに進出し《ロミオ＋ジュリエット》(1996)を撮った後、ニコール・キッドマンを起用して豪・米・英合作映画《ムーラン・ルージュ》(2001)を監督し、世界的ヒットをもたらした。製作費1億5000万ドル以上の大作《オーストラリア》(2008)は、キッドマン、ヒュー・ジャックマン、ガルピリルなどオーストラリア出身の映画スターたちを起用し、壮大な奥地の風景をバックにした牛の大移動と、第2次世界大戦における日本軍のダーウィン爆撃の中での人間模様を描いた。国内での興行成績は、自国産映画としては《クロコダイル・ダンディー》に次いで歴代2位となっている。
佐和田 敬司

ラミングフラットのぼうどう | ラミングフラットの暴動

1860-61年、オーストラリア、ニューサウスウェールズのヤング付近の金鉱地ラミングフラット Lambing Flat で、白人鉱夫が起こした反中国人暴動。61年初頭、白人鉱夫が自警団を組織、賭博師や泥棒のねぐら、居酒屋などを襲撃した。その際、中国人鉱夫も襲撃の対象になった。彼らが採金作業に水を使いすぎるというのが理由だった。中国人鉱夫は、白人鉱夫が採金した後の屑鉱からしか採金を許されなかったので、大量の水を必要とした。だが極度に乾燥したオーストラリアの風土では、水は貴重品だったのだ。60年12月から翌年7月までの間に、何百人もの中国人が襲撃を受け、2人が殺された。61年1～2月、中国人鉱夫は金鉱地から追い出されたが、また戻ってきた。6月約3000人もの白人鉱夫が、中国人を男女、子どもの見境なくつるはしをふるって襲い、略奪の限りをつくした。首謀者3人が留置されると、白人鉱夫が釈放を求めて留置場へデモをかけた。警官隊が蹴散らしたが、翌朝鉱夫らが態勢を立て直したので、首謀者らはヤスへ移され、軍隊が派遣された。しかし、軍隊が引き揚げると、約3000人の白人鉱夫がまた中国人を追い出し、略奪した。ついに警官隊が発砲、鎮圧した。数人が逮捕されたが、投獄されたのは1人にすぎなかった。この騒擾の結果、植民地政府は中国人移民制限及び規制法を通過させたが、ゴールドラッシュが下火になって中国人移民の流入が減少すると、その法律は67年に廃止された。
越智 道雄＋村上 雄一

ラム | rum

サトウキビからつくる蒸留酒。ラムはオーストラリアにとって特別な歴史的意味をもつ。

オーストラリア大陸に入植した初期開拓

者は不毛の土地を前にしてまたたく間に食糧を含む生活必需品に困窮してしまう。母国イギリスから遠く離れ、想像を超える困難と絶望のなかで彼らは気をまぎらわすはけ口を酒、とくにラムに求めた。植民地政府は囚人に対するラムの販売を禁止し、自由移民に対しても厳しい統制を行ったが、入手が困難であればあるほど需要は強く、密貿易が横行し、かつ値段もうなぎ登りであった。このようななかで政府が開拓促進のために自由入植者を中心に土地の払い下げを実施したことで、入植地は極端な労働力不足に陥った。政府がその緩和策として、一日のある一定時間、囚人を解放し、彼らを労務に貸し出す制度を採用したため、囚人は労働の対価をラムで支払うよう求めることとなった。そのためラムは一時、貨幣の役割を果たすほどであった。またイギリスでは、長期航海中の壊血病防止にラムが役立つと長いこと信じられてきたこともあり、とくにラムに対する嗜好が強かったことも影響している。

[**ラム反乱**] ラム反乱はオーストラリア史を彩る一大ドラマとして記憶される。1808年1月、ニューサウスウェールズ植民地総督であった▶ブライは自らの配下にある軍人将校によって逮捕され、1年余も軟禁されたのち、オーストラリアから追放された。一方、反乱に参加した将校らは、イギリスから後任の総督▶マックオリーがようやく到着した翌09年末に本国に召還され、処分は寛大であった。この反乱は、将校らが自由移民と結託、ブライ総督がラムの取引を制限しようとしたことに反対して決起したのが動機といわれてきた。しかし最近の定説では、ブライの土地制度を含む数々の制度改革が、支配層たる将校あるいは自由移民に対して大きな不利益をもたらすことへの不満が動機といわれている。反乱の背後で実際に指導したといわれる▶マッカーサーは、ブライ総督の改革で最も経済的被害をこうむったといわれる。反乱が原因で、マッカーサーは09年にイギリスを訪問した際、オーストラリアへの帰国を認められず、17年までイギリスで足止めをされるという制裁を受けている。　　　　　　堀 武昭

ラロトンガ[島] | Rarotonga Island

南太平洋、ポリネシアの▶クック諸島(ニュージーランド領)の主島。面積67km²、人口1万4155(2006)。火山島で最高点は652m、周囲はサンゴ礁に囲まれているため、大型の船は入港できない。海洋性熱帯気候で、年平均気温25℃、年平均降水量2000mm。内陸部は急峻な火山で熱帯樹林に覆われ、木材が豊富である。人々は河川はんらんなどによって土地が肥沃となった海岸部に住む。かつてのタヒチからニュージーランドへのポリネシア人の移動の中継地として、数多くの神話、伝説がある。　　石川栄吉＋矢野 將

ランギ | langi

トンガの▶トゥイ・トンガ王朝一族を埋葬したテラス状長方形墳墓。数段のテラスの周囲は、長方形の板状に成形したサンゴ板を立てたもので囲われている。45ヵ所で記録されたランギのうち28までもが、トンガタプ島のムアにあるトゥイ・トンガ儀式広場の周辺に存在している。それらのうちでもとくに精巧なものはパエパエ・オ・テレアと呼ばれ、16世紀ころに造られた。これは1.3mもある厚いサンゴ板で囲われた2段のテラスからなっており、角石のいくつかはL字形に造形したものが使われている。ランギが建造されはじめた年代は明らかではないが、紀元後1000年前後ころと考えられている。しかし、ランギという名はトンガを訪れた初期のヨーロッパ人の記録に現れないことから、この名称が最近使われだしたことが指摘されている。トンガにはランギのほかに、何の囲いもない平民用の円形小墳墓や、フィアトカと呼ばれる酋長用の円形墳丘墓もある。　　　　　　印東道子

ランギ | Rangi

ニュージーランドのマオリに伝わる創世神話に登場する天空の父、あるいは天界の神。この世の初めには天の神ランギが地の神パパをしっかり抱擁していたので、地の上には何も育つことができなかった。2人の結合の結果生まれた神々は父親であるランギの重みのため、動けなかった。そこで神々は順番にランギとパパを離そうとするがなかなか成功せず、最後にタネ・マフタがランギを地上から遠くに離すことに成功する。

タネはパパから離されて悲しむランギをかわいそうに思って星を天空にちりばめた。しかしそれ以来、ランギの涙は露となって地上へ落ち、パパが毎晩つくため息は霧となってランギのもとへ昇るようになった。

同様なモチーフの神話はポリネシアの他の島にも見いだされる。ランギの名前は島ごとに多少異なっていて、トゥアモトゥではランギ・アテア、ソシエテ諸島ではテ・トゥム、ハワイではアテアであるが、母神パパの名前は共通している。

印東 道子

ランギロア[島]|Rangiroa

フランス領ポリネシアの*トゥアモトゥ諸島北西部にある環礁島。島名は現地語で〈広い(roa)空(ragi)〉を意味する。南緯14°、西経148°に位置し、*タヒチ島から北東へ約350km、空路直行で約1時間弱の距離にある。礁湖の面積は琵琶湖の2.5倍を超え、ポリネシア地域では最大の環礁である。人口は2334(2002)で、トゥアモトゥ諸島の中で最も多い。ポリネシア人の到来は10世紀頃と推定されている。19世紀中頃からは輸出用コプラの生産が始まり、1960年代まではリン鉱石採掘で賑わった*マカテア島への海産物輸出も行われた。1965年に空港が開港してからは観光業が発達、現在ではダイビングの名所として多くの観光客が訪れているほか、黒真珠養殖やワインの生産も行われている。

小川 和美

ランブカ|Sitiveni Rabuka|1948-

フィジーの軍人、政治家。バヌアレブ島ナコンボの平民の家系の生まれ。1968年、士官候補生として王立フィジー軍入隊、73年ニュージーランド陸軍学校、79年インド防衛軍参謀カレッジ、82年豪州ジョイント・サービス・スタッフ・カレッジに留学。80年と81年には、国連平和維持軍フィジー歩兵大隊司令官として中東のレバノンに駐留。85年に帰国し、参謀将校としてフィジー軍ナンバー3の地位についた。87年4月の総選挙でフィジー人系の同盟党がインド人系の国民連合党=労働党の野党連合に敗北し、初のインド系政権の樹立を目にし、5月14日、軍事クーデタを決行し、新政権を放逐。行政権と軍の実権を握った。その後、総督任命による顧問評議会に政局運営を委ね、自らは内務大臣として評議会に入り、9月には総督の仲介で同盟党と労働党・国民連合党との暫定政権成立が決定したが、これを不服として再びクーデタを決行。10月にはフィジーの英連邦からの離脱と共和制移行を宣言した。12月、国家元首(大統領)の座を*ガニラウに譲り、自らは内務大臣に就任。89年末、大臣を辞し司令官として軍務に復帰したが、フィジー系国民の権利保障を強化した90年憲法の施行後、新たに結成されたフィジー人党(SVT)の党首に就任。92年の総選挙で下院議員に当選し、首相に選出された。97年7月にフィジー系とインド系の権利の平等化を図った新憲法が成立し、99年5月に新選挙制度の下で初の総選挙でランブカ首相のSVTがインド系のフィジー労働党に敗北、マヘンドラ・チョードリーが初のインド系首相となった。その後、ランブカは平民出身で初の大酋長会議議長に選出されたが、2000年の文民クーデタおよび同年11月の軍の反乱への関与疑惑により、01年5月その職を辞した。06年には00年11月の軍の反乱に関与した容疑で逮捕されたが、同年12月に裁判で無罪となった。

東 裕

リー|John Alfred Lee|1891-1982

ニュージーランドの政治家、作家。ダニーディン近くの極貧の家庭に生れ、少年院と最底辺の生活を経て第1次世界大戦に志願兵として参加。片腕を失いつつも戦果により特別功労賞を受ける。戦後、*労働党に入って政治活動を始め、1922年国会議員に当選。29年に始まる世界大恐慌がニュージーランドにも波及し、労働党が勢力を増すなかで、*サベッジらの労働党主流派に反逆し、独自の政策を経済、社会、外交の諸分野で唱えた。それはイギリスへの依存からの脱却を志向したものであったが、主流派から容れられず、40年の労働党大会で除名された。その後、作家としての仕事を続け、さまざまな作品を発表して売れっ子作家となった。

地引 嘉博

リチャードソン|Henry Handel Richardson|1870-1946

オーストラリア生れの小説家。本名 Ethel Florence Lindesay Richardson。メルボルン東

郊に生まれ，ドイツのライプチヒで3年間音楽修業の後，創作に転向。1895年ライプチヒで出会ったスコットランド人のドイツ文学者と結婚後はイギリスに住み，1912年に短期間帰国しただけだった。筆名と男性的筆致から，長らく男性作家と思われていた。ライプチヒ時代を扱った処女作《モリス・ジェスト》(1908)はサマセット・モームに感銘を与えた。次作《世に出るまで》(1910)はドイツ留学までの自国での音楽修業を描く佳作。代表作は，医師でありながらオーストラリアのゴールドラッシュに身を投じた実父の人生を描いた三部作《リチャード・マーニーの運命》(1930)。スケールの大きさでは後輩のステッドに匹敵する大女流作家だが，同じ離国作家同士でも，素材は故国に執着した点で，ステッドと対照的。

越智 道雄

リニ | Walter Lini | 1942-99

バヌアツの政治家。〈バヌアツ独立の父〉。ペンテコースト島の酋長の家系に生まれ，ソロモン諸島のセント・ピータース神学校およびニュージーランドのセント・ジョンズ神学校に学び，英国国教会の牧師となる。英仏共同統治時代に土着住民の声を代表するニューヘブリデス文化協会の設立に関わり，71年には同協会から発展した〈ニューヘブリデス国民党〉(バヌアアク党の前身)党首となり，74年には教会を離れ，バヌアアク党の党首に専念し，独立運動に取り組んだ。同党は，独立移行の遅滞に抗議して，77年の代表議会選挙をボイコットしたが，独立前年の79年の選挙で39議席中26議席を獲得し，初のバヌアツ共和国国会で絶対多数の議席を獲得し，リニが初代首相に就任した。その後11年間にわたり首相職にあったが，91年に同党の反リニ派と野党が共闘してリニ首相を不信任，同党のカルパコスが首相に選ばれた。同党を追われたリニは〈国民統一党〉(NUP)を結成し，99年に死去するまで党首の座にあった。リニ政権は，冷戦下で非同盟主義をとり，共産主義諸国との関係を維持，〈メラネシア社会主義〉を掲げ，ニューカレドニアのカナク人の独立運動や東ティモールの自治に支持を表明した。

東 裕

リバーズ | William Halse Rivers Rivers | 1864-1922

イギリスの心理学，人類学者。生理学的心理学に興味をもち，1897年イギリス最初の実験心理学研究所の所長となり，ケンブリッジ大学で実験心理学を講義。98年，トレス海峡へハッドンの率いるケンブリッジ大学調査団の一員として参加。この際，彼は遺伝による能力研究のため系譜を収集したが，系譜調査は遺伝よりも社会の理解に大いに役立つことを発見し，その後の人類学の主要手段となった。人類学的調査に興味をもち，1901-02年，南インドのトダ族を調査。その後，メラネシアを数度訪れる。著書に《トダ族》《メラネシア社会の歴史》などがあり，ポリネシア人がインドからインドネシアを経て移動したことを予想した。第1次大戦後はイギリス陸軍の神経学顧問となり，晩年は医療心理学の研究に没頭した。

矢野 將

リーブズ | William Pember Reeves | 1857-1932

ニュージーランドの政治家，作家。新聞記者を経て1887年国会議員に当選。90年の総選挙で〈自由党〉が勝利し，以後1910年前後まで自由党の全盛時代が続いたが，リーブズはロバート・スタウト，ジョン・バランス，ジョン・マッケンジー，ジョセフ・ワード，リチャード・セドンらとともに初期自由党の有力者として教育，司法，労働の各分野で貢献した。リーブズは1890年のバランス内閣に入閣し，93年以降のセドン内閣でも労働相を務め，労働争議調停仲裁法の制定などに尽力した。熱心なフェビアン社会主義者であり，後半生を過ごしたイギリスでは，ロンドン・スクール・オブ・エコノミクスの学長も務めた。また《白い雲のたなびく国(アオテアロア。マオリ語でニュージーランドのこと)》(1898)という初めてのニュージーランド通史を書いた歴史家でもあった。

地引 嘉博＋武田 真理子

リリウオカラニ | Liliuokalani | 1838-1917

ハワイ王国最後の女王。在位1891-93年。王族の家柄に生まれ，1862年アメリカ人のJ.ドーミニスと結婚した。74年兄のカラカウアが王位につくと，宮廷社交界の花形と

なり、78年にはハワイアンの名曲《アロハ・オエ》を作曲した。王の不在のときは摂政を務め、91年王としての多くの権利を奪われた兄の死後に女王となった。当時、ハワイの土地の2/3はアメリカ人をはじめとする外国人によって支配されていた。ハワイ人のためのハワイを主張する女王は、93年王位に権力を取り戻すための新憲法を公布しようとしたが、自分たちの地位や財産の失われることを恐れるアメリカ併合論者たちが、アメリカ公使に軍隊の動員を要請し、強制的に女王を退位させた。さらに94年併合論者はハワイ共和国を結成した。これに対して翌95年リリウオカラニは王位奪還をめざしたが失敗し、98年ハワイはアメリカ領となった。　　　　　　　　石川栄吉+矢野將

ルイジアード[諸島] | Louisiade Archipelago

南西太平洋、ニューギニア島南東端の東に位置する島群。パプアニューギニア国ミルンベイ州に属し、タグラ、ミシマ、ロッセルなどを中心に、多数の島や礁からなる。面積約1800km²、人口2万7356(2000)。山がちで、一般にマッシム人と呼ばれる島民はサツマイモやタロイモを多く栽培している。金を産出し、特にタグラ島ではほとんどの川すじで金が見つかったので、19世紀末ゴールドラッシュに見舞われた。主要な町はミシマ島のブワガオイア。1606年スペイン人トレスが発見し、1793年フランス人ダントルカストーが調査した。第2次大戦中、日本軍が一時占領した。　　　　小林繁樹

るけい | 流刑

刑事罰としての流刑がイギリスで制度として確立したのは1718年である。流刑に処せられた囚人は船長の監督下、いちばん適切と思われる海外植民地で刑期を終えるまで奴隷として売り渡されるのが最も普通であった。18世紀を通じ、産業革命と都市化の波のなかで犯罪が増加した結果、窃盗や追い剝ぎ、脅迫などでも流刑に相当する重犯罪とされるようになり、一つの大きな制度として定着するに至った。1770年まではアメリカ大陸に送られていたが、アメリカ独立戦争が始まるとともに、流刑を待つ囚人がイギリス本国にあふれるようになったため、76年オーストラリアを流刑地に加える

ことが決定された。

1788年に第1次流刑団が送り込まれてから1868年廃止に至るまでに、2万5000人の女性を含む16万人以上の囚人が送り込まれた。建国が流刑地として始まったことから、オーストラリアの歴史には、流刑に伴う多くの逸話がつきまとっている。イギリスからの輸送時における船内の定員を超える詰め込みと不衛生きわまりないずさんな管理、高い死亡率、上陸後の過酷な扱い、馬の代りに囚人を使ったトロッコ輸送、再犯者に対するむち打刑あるいは国内再流刑等々。これらについて歴史的実証は困難であるが、現在では入植のごく初期にかつ一部の限られた地域で起こったことが誇張して後世に伝えられたとする説が支配的である。

1802年以降、囚人の健康維持と安全輸送を図るべく、船医と船長に対しては高い成功報酬制度が採用されている。1803年以降の輸送時における平均死亡率は1%にすぎず、むしろ短期間に新大陸アメリカに移住する自由移民船のほうが高いほどになった。再犯者に対するむち打ち、あるいは再流刑は数多くの悪名高い話題を後世に伝えているが、とくにバンディーメンズランド(現タスマニア)、ノーフォーク諸島でのケースが多い。しかし植民地の経済的自立を急いだイギリスは、模範囚人を道路建設、石炭採掘といった公共の重労働から民間の事業に従事させることを許可した。統計的には全囚人の15%近くが再犯あるいは問題囚とみられ、彼らはむち打ち、再流刑、あるいは鎖につながれた状態で重労働を経験したと推定される。

女性は屋外での重労働が禁止される一方、家事奉公人になれるような人材は不足していた。そのため植民地政府は、仕事のない女性囚のため〈女性工場〉と呼ばれる施設を設け、縫製の仕事に従事させた。また女性にはむち打ちが禁止される一方、当局は女性囚を再流刑させない傾向が強かった結果、〈女性工場〉が再犯女性を収容する役目も果たすようになった。

イギリス本国からの流刑囚の出身地を出生地にするのか、または裁判を受けた場所にするのかで数字が異なるが、1787年から

1852年の間の流刑囚のうち，ロンドン18％，ランカスターおよびダブリン各12％など，都市部で判決を受けた者が多かったのは確かである．犯罪内容も，すり，万引，強盗，窃盗などが大半を占めた．1830年にはニューサウスウェールズおよびバンディーメンズランドの白人人口のうち，40％を囚人が，60％を自由移民および囚人の子供が占めるようになり，そのころから流刑に対する反対がオーストラリアのみならず本国でも訴えられるようになった．やがてイギリス本国における犯罪の減少もあり，オーストラリアへの流刑は1868年廃止となる．オーストラリアの建国は，まさに流刑囚の貢献なくして成立しなかったといえよう．

堀 武昭＋村上 雄一

ルナリロ | William Charles Lunalilo | 1835-74

ハワイ王国第6代目の王．1872年カメハメハ5世が死去して，カメハメハの直系は絶えた．以後，国会での選挙で選ばれた王が3代続く．ルナリロはその最初の王で，その家系は▶カメハメハ大王の弟に出自する．ルナリロはやがて彼に次いで王位に就くこととなる▶カラカウアに圧勝して，73年王に選出された．当時のハワイの主産業は製糖業で，その主要輸出先はアメリカ合衆国であったが，アメリカの高関税のために輸出は振るわなかった．ルナリロはその打開のためにアメリカと互恵条約を結ぶことに熱心であったが，原住ハワイ島民の反対にあって失敗し，その結果ハワイは深刻な財政難に陥った．肺結核に侵されていたルナリロは，失意のうちに在位わずか1年と25日で世を去った．

石川 栄吉

ル・メール | Jacob le Maire | 1585-1616

オランダの航海者．オランダの豪商で父のイサーク・ル・メールがスポンサーの私的な探検隊を▶スハウテンとともに指揮し，1615年エーンドラハト号とホーン号に乗ってオランダを出航．彼らの目的は，南方大陸の発見と当時オランダ東インド会社が通行権を独占していた喜望峰とマゼラン海峡以外を通過して，香料諸島へ至る新しい航路を発見することであった．彼らはマゼラン海峡の南にあるフェゴ島を南下した後，ホーン岬を通過して太平洋に入り，トゥアモトゥ諸島，トンガ，サモア諸島の一部を通過し，ニューアイルランドに至る．マヌス島を見ながらニューギニア北岸に沿って調査し，ビアクを経て，16年10月バタビア（現ジャカルタ）に到着．オランダ総督はこの新航路を信じず，船は没収され，2人はオランダへ送還される．船上で31歳で没．《航海記》が出版されている．

矢野 將

レイ | lei

ハワイで用いられる，頭や首，肩にかける装飾用のネックレス．日常のものから，ダンス，祭り，宗教儀礼などさまざまな場面で用いられる．現在みられる観光用のレイは花を主とするが，かつては芳香を放つ木の葉や草，シダ，海草，貝殻，羽毛，堅果，鯨歯など，その材料は多種多様であった．レイは尊敬すべき人，愛する人，貴族，神々に献じられ，旅する者はその地の伝説や特産物と関連した材料で作られたレイを携えていった．またレイには，けがれを防ぐ，豊饒を願う，別れる，母乳が出る，など，材料によって特定のシンボリックな意味が表現されていた．鯨歯のレイは首長の最高の財産であり，羽毛のレイの着用は貴族の女性に限られ，黄色が最も価値あるものとされた．レイを捨てる際は細心の注意を払い，他人の手に渡らないよう処分されたが，これは自分に危害を及ぼす邪術師の手に渡るのを防ぐためであった．

矢野 將

レガスピ | Miguel López de Legazpi | 1510?-72

スペインの探検家，植民地統治者．1545年メキシコに渡り，地方政庁の書記を務める．マゼランによるグアム島，フィリピン諸島の発見後も，ポルトガル，スペインによる植民はなかったが，スペイン王フェリペ2世により，これら地域のスペインへの領有宣言，キリスト教の布教，フィリピンからメキシコへの帰港路の発見などの命を受け，西方諸島探検の際，モルッカ諸島方面遠征艦隊司令官に任命される．64年11月21日，▶ウルダネータとともにメキシコのアカプルコ（ナビダード）からフィリピンに向け出航．5隻の艦隊を伴い太平洋を西行し，65年1月グアム島に到着，マリアナ諸島の領有を宣

言。その後，セブ島に到着し，現在のセブ市に最初の居留地を建設，初代フィリピン総督に就任。71年マニラ湾頭に貿易拠点を定め，マニラ市を創設，スペイン統治の基礎を築いた。
　　　　　　　　　　　　　　矢野 將

レーバー | Rodney George Laver | 1938-
通称ロッド・レーバー。オーストラリアの男子テニスプレイヤー。クイーンズランド州ロックハンプトン生れ。身長172cmという小柄ながらも，左腕からの強力なサーブとトップスピンを武器に，長いこと世界ランキング1位の座に君臨し，〈ロケット〉の異名をもつ。アマチュアとして1度，プロとして1度，合計2度，4大大会を同じ年にグランドスラムを飾った唯一の選手。おそらく史上最強のテニスプレイヤーであろう。4大大会通算11勝で世界歴代4位タイ。1位の今日のロジャー・フェデラー15勝には及ばないようにみえるが，レーバーは63年にプロに転向したため，オープン化された69年までの6年間は4大大会に出られなかった分を差し引くと，その記録の凄さがうかがわれよう。シングルスでは，全仏62，69年，全英61，62，68，69年，全米62，69年，全豪60，62，69年優勝。78年に引退。毎年全豪選手権が行われるメルボルンパークのセンターコートはロッド・レーバー・アリーナと命名されている。
　　　　　　　　　　　　　　福嶋 輝彦

レメリク | Haruo Remeliik | 1936-85
パラオ共和国の初代大統領。ハワイ大学卒業。信託統治領政府職員となり，パラオ地区行政副長官を長く務めた。地味な性格で，あまり目立たない存在だったが，行政手腕を買われて憲法制定委員会の委員長に選ばれてから，一躍島内リーダーの一人として注目されはじめた。パラオ共和国の初代大統領選挙では，個性の強い有力候補の票のつぶし合いの間隙を縫って当選，1981年1月の自治政府発足とともに大統領に就任した。4年後の選挙でも勝利し，再選を果たした。温厚な人柄は国民の人気を呼んだが，自ら推進した憲法の非核条項に阻まれ，アメリカとの"自由連合協定の締結が果たせず，国内政治は混乱し，反レメリク勢力の台頭を許した。85年6月30日未明，何者かによって銃撃され，死亡した。数年後，政敵だった有力政治家が大統領殺人教唆の罪で逮捕された。
　　　　　　　　　　　　　　小林 泉

レンネル[島] | Rennell Island
ソロモン諸島国レンネルベロナ州に属する隆起サンゴ礁島。人口約1600人(1999)。面積約630km²。島の東部にあるテンガノ湖は南太平洋島嶼部最大の湖で，その地域の特異な生態系から，1998年にユネスコの世界自然遺産に登録された。島民はすべてポリネシア系であり，1400年頃に現在のウベア島から来襲してこの島を征服した首長カイトゥウに率いられた人々の子孫である。根茎類の栽培や湖における漁撈を主たる生業とするが，生産量が多くないため，コメや輸入食料品への依存度も高い。1930年代後半にキリスト教の布教が本格化するまでは，全身の入墨，樹皮布づくり，伝統舞踊などが盛んに行われていた。
　　　　　　　　　　　　　　関根 久雄

れんぽうかがくさんぎょうけんきゅうきこう | 連邦科学産業研究機構 |
Commonwealth Scientific and Industrial Research Organization
略称CSIRO。オーストラリアで最も重要な科学技術研究機関。1926年創立。広く産業界や一般社会とも連携を進めており，オーストラリアの繁栄と発展は科学技術の研究開発にあるとの信念に立つ。近年の情報通信，科学技術の飛躍的進歩に対応して抜本的な組織替えも実施されており，現在のおもな研究活動分野としては，①情報・通信技術，宇宙開発，②製造業部門における産業用技術開発，新素材，バイオテクノロジー，③新エネルギー開発，鉱物資源，④畜産，保健・健康医療，⑤農業，林業，⑥環境，海洋開発，水資源，の六つに大別される。オーストラリア各地に100以上にのぼる研究所，実験場をもち，約7500人の職員を擁する。天体観測所，海洋観測船も保有している。
　　　　　　　　　　　　　　堀 武昭

ろうどうくみあい | 労働組合
[オーストラリア]　かつて，頻繁にストライキを行う戦闘性と50%を超える組織率で知られたオーストラリアの労働組合は，1980年代半ば以降産業構造・雇用形態の変化，民営化の影響，労使関係法制の改正，労働運動の議会部門である労働党の組織上の変

質などによって大きく様変わりした。過去にみられた大規模なストライキは影をひそめ、1998年4月の港湾争議は例外的存在である。2008年8月現在の組合員数は175万3000人、組織率は18.9%であり、男性(19.0%)と女性(18.8%)の間にそれほど大きな差はないが、公共部門(41.9%)に比べて民間部門(13.6%)の低率が目立つ。雇用の80%以上を占める民間部門における組織率の低下は、組合が労働者を代表するという主張の正当性に疑義を起こしかねない。労働組合運動の頂上団体は、*オーストラリア労働組合評議会(ACTU)であり、ジョージ、バロウ、カーニーと3代続けて女性議長が務めている。

オーストラリアは、政治・社会改革の先駆であり、労使関係では、一日8時間労働の原則が1856年には一部機種で実現していた。19世紀のオーストラリアの基幹産業は、牧畜・羊毛と鉱物資源であり、労働運動を特徴付けたのは、地方に居住する牧畜・羊毛産業に従事する労働者だった。オーストラリアの労働運動にとって、1890年代前半は大きな転機となった。組合は経営側に対し、賃金・雇用条件の上昇に加え、クローズドショップへの合意を要求した。経営側がこれを拒否すると、全植民地を巻き込んだ大ストライキに突入した。植民地政府は、軍や武装警察を動員してストライキを破り、オーストラリア始まって以来の恐慌のなか大きな打撃を受けた。しかしこの敗北は、労働運動が1891年*労働党を結成して議会に進出し、そこで労働者の権利を立法化するという新たな展開をもたらすこととなった。

恐慌が起こした社会の亀裂と労働党の攻勢を受けて、*ディーキンを中心としたリベラル勢力は、中立の立場にあり裁判所の強制力をもつ第3者機関が、〈公正で十分な〉賃金・労働条件を労働者に確保する強制仲裁制度を導入した。これが以後80年以上にわたって、長期保守政権の下でも、オーストラリアにおける賃金決定の中核となった。第1次産業が高い輸出収入を上げ、高関税によって保護された製造業が高コスト体質の輸入代替に専念し、強制仲裁制度が企業の収益を公正に労働者に分配するというこの体制は、すべての労働者が、同じ職種であれば企業の利益や生産性に関係なく同じ賃金・雇用条件を享受できる〈社会主義的〉制度であった。しかし、オーストラリア産業が国際競争力を求められる状況では重荷となるものであった。*ホーク・キーティング労働党政権は、ACTUとの物価・賃金協定(アコード)を通じた労働市場の改革と、強制仲裁制度に基づく生活賃金から生産性賃金(セーフティネットを備える条件付き)への移行を行った。とくにキーティングは、企業あるいは事業所単位の団体交渉であるエンタープライズ・バーゲニングを労使関係の中心とすることで、80年以上続いてきた強制仲裁制度の実質的な終焉をもたらした。

キーティングは、使用者が雇用者の給与の一定額を、就業形態にかかわらず退職年金保障拠出金)として各雇用者の退職年金口座に払い込む制度を導入した(現在は賃金の9%)。これは、国民の退職後収入を確保するとともに、国内資本蓄積不足を解決するねらいがあった。退職年金の多くは組合が管理する基金が運用しており、組合の資金力強化と市場経済への理解を増す効果もあげている。

1996年の*ハワード保守政権の誕生は、組合運動に危機的な状況をもたらした。ハワード政権初期の改革は、上院で過半数に満たなかったことから民主党によって緩和されたが、それでも98年、荷役大手のパトリック社と結託し、全従業員を解雇して代替の非組合員労働者を導入することで海運組合(MUA)を壊滅させようと企んだ。ACTUは、〈コミュニティ集会〉と名づけたピケラインを各港のパトリック社の埠頭入り口に張って対抗した。港湾争議はこのような労働運動の連帯と法廷闘争によって労働側が勝利を収めた。しかし、2004年の選挙で上院の過半数も確保すると、ハワード政権は、Work Choicesと称した急進的労使関係政策を導入した。この下で、賃金・雇用条件の決定は団体交渉から個人契約に転換されて条件の引き下げが容易となり、解雇が容易になる一方、組合活動やストライキは困難になった。労働組合の壊滅、労働党の弱体

化を狙った政権に対し，ACTU は大規模な TV コマーシャルを含む効果的なキャンペーンで対抗し，07 年労働党勝利の大きな要因となった．しかし，労働党に対する組合の影響は着実に減少しており，ラッド政権の政策は必ずしも組合が望むとおりにはなっていない．　　　　　　　　杉田弘也

[ニュージーランド]　ニュージーランドにおける労働問題は，1880 年代にこの国に工業が発展し，工場労働者が誕生したころにさかのぼる．しかし 1890 年代から 1900 年代にかけて政権をとった自由党は労働者の要求を先取りするかたちで労働者の保護立法を進めたため，深刻な労使紛争は起こらず，20 世紀初めにニュージーランドは〈労働立法の実験室〉という異名さえとるにいたった．しかし 1910 年代から 20 年代にかけて有資産農民層の支持のもとに革新党が政権をとる前後から，労働問題は深刻化し，組合活動も活発化した．これを受けて 1916 年には労働党が結成され，以後，労働組合はその政治的要求を，労働党を通して貫徹するようになった．29 年に始まる世界大恐慌の波及によって，30 年代前半には失業者と労働争議の増大がみられたが，35 年には労働党政権が樹立され，積極的な社会保障政策を実施することにより大不況からの脱却が試みられた．その際，労働党がとった社会保障制度，労働者保護政策は，以後 50 年間にわたって基本的にはなんら変更されずに存続した．36 年の産業調停仲裁修正法により，すべての労働者の組合加入が義務づけられて以降，労使の交渉は原則として組合と雇用者間で集団的に行われることとなった．84 年に発足した労働党政権は，87 年に労働関係法を制定して，個別企業とその労働組合が合意した労働協約の合意を認めることとした．

91 年，政権の座についた国民党は労働関係法を廃止し，雇用契約法を制定した．この法により，組合の交渉独占権は廃止され，労働者と雇用者の個人契約を自由に行えることとなった．さらにストライキやロックアウトも非合法とされた．このことにより労働組合員数は大幅に減少した．99 年に誕生した労働党連立政権は 2000 年に雇用関係法を廃止し，雇用関係法を制定した．この法律では雇用契約を結ぶにあたって，労働者が労働組合を通しての集団的交渉により契約を行うことも，また労働者個人で雇い主と契約を行うことも可能となった．労働者の労働組合への加入は任意とされた．ストライキやロックアウトを行うことが再び認められた．同法は，労使間で雇用関係について紛争が起こった場合の解決手段として調停サービスを設定した．

37 年に労働党の主導により労働者の全国組織として誕生したニュージーランド労働総同盟は，87 年に公務員連合も包括する，より広範なニュージーランド労働組合評議会 New Zealand Council of Trade Unions (NZCTU) に引き継がれた．すべての労働組合は NZCTU の傘下にある．労働組合は基本的には職能別であるが，企業別組合も併存している．たとえば運転手組合は職能別であるが，食肉労働者，船員などは企業別組合をつくっている．公的部門も同様で，警察官，看護婦，教員などは職能別，郵便業務者は事業所別組合といった具合である．現在 NZCTU 傘下の労働組合数は 166，労働者約 176 万 5000 人のうち，21.7％にあたる 38 万人が労働組合に属している (2006)．
地引嘉博＋澤邊みさ子

[島嶼国]　自給自足経済が広範に行われていた島嶼国では，一般に労働組合の結成は第 2 次大戦後に始まるが，1870 年代に砂糖産業，1930 年代には金鉱山の採掘開始による賃金労働者が誕生したフィジーでは，いち早く 1916 年に港湾労働者による組合結成が試みられ，30 年代までにサトウキビ農場労働者・金鉱山労働者・植民地行政府公務員による組合が結成され，42 年に産業組合・関係調整法の制定とともに政府に労働担当部門が設置され，51 年にはフィジー産業労働者会議 (FIWC) が結成された．英領植民地下のキリバス，ソロモン諸島，パプアニューギニア，バヌアツでも，戦後 60 年代末までに労働法が制定された．また，パプアニューギニアのパング党 (67 年) はじめ，フィジー (85 年)，バヌアツ (94 年)，ソロモン諸島 (89 年) で労働党の結成も進んだ．とくにフィジーでは，99 年の総選挙で労働党単独で

下院議席の過半数を獲得し，労働組合出身のマヘンドラ・チョードリー党首が首相に就任した．域内全体では，81年には域内諸国による太平洋労働組合フォーラム(86年に太平洋労働組合共同体(PTUC)に名称変更)が結成され，社会改革・非核太平洋・反植民地主義・労働組合の連帯と協力に取り組み，90年には域内諸国の労働組合の連携をさらに強化すべく，南太平洋・オセアニア労働組合評議会(SPOCTU)が組織された．現在，ミクロネシア連邦・パラオ・トンガ・ナウルを除く8ヵ国がILOに加盟している．
東 裕

ろうどうとう｜労働党
New Zealand Labour Party

ニュージーランドの二大政党の一つ．一方の▶国民党が保守的であるのに対して一般的に革新政党とみられているが，実際には両者とも国民政党であり，双方の間に支持層，政策などで特別に大きな相違があるわけではない．ニュージーランドにおける労働運動は20世紀初頭からあり，これに呼応して1901年には社会主義者党，04年には政治労働連盟，09年にはニュージーランド労働党，12年には統一労働党と，新しい政党が生まれては消えていった．このような背景のもとに，▶サベッジ，フレーザーらにより，本格的な労働者政党として16年に結成されたのが労働党である．世界大恐慌の到来のもとで35年に政権を獲得し，49年まで14年間にわたって戦中戦後の国政を指導した．その際に築かれた高度社会福祉国家としてのニュージーランドの性格は戦後の国民党の時代にもそのまま受け継がれた．57-60年のナッシュ政権，72-75年のカーク，ローリング政権を経て，84年の総選挙で誕生した▶ロンギ労働党政権は，70年代から続く経済・財政の危機的状況を打開するため行財政改革を断行した．しかし，従来の労働党支持層の支持を失い，90年の総選挙で国民党に敗北．99年の総選挙では，改革路線の一部修正を唱えた▶クラーク党首が国民党に勝利，元労働党国会議員のアンダートン率いる連合党(後の革新党)と連立を組み，2008年までの3期9年にわたって政権を担当した．08年の総選挙でキー国民党に敗北，下野した．
地引 嘉博＋和田 明子

ろうどうとう｜労働党｜Australian Labor Party

オーストラリアの政党．正称はオーストラリア労働党，略称ALP．1890年代，オーストラリアが深刻な不況に見舞われた際，労働争議という手段では組合員の利益を守れなかったことから，労働運動の議会部門として1891年にクイーンズランド州で結成された．第1次世界大戦，大恐慌，冷戦と3度の分裂を経験したため，連邦で政権を握っている期間は$\frac{1}{3}$に過ぎないが，オーストラリア史の節目に重要な政策を導入している．主な労働党出身の首相としては，フィッシャー，▶ヒューズ(保守へ転向)，▶カーティン，▶チフリー，▶ウィットラム，▶ホーク，▶キーティング，ラッドが挙げられる．労働運動が実権を握る党大会が最高意思決定期間であったが，1980年代，ALPは大衆組織政党から包括政党へと変身するにつれ，全国党大会は議員団の決定を追認する機関になってきた．イデオロギー的には，労働組合運動に起源をもつレイバーリズム，ウィットラム的社会民主主義，カトリックを中心としたキリスト教的社会主義，植民地時代のフロンティアに起源をもつ地方ラディカリズムなど，さまざまな糸がALPの伝統を織り上げている．党綱領に〈社会主義条項〉はあるが，〈搾取などの反社会的要素を取り除くため〉との但し書きつきであり，レーニンは，ALPを〈実際のところそれは自由主義的ブルジョワ政党で，指導者は全く平和的で純粋にリベラル〉と評している．
杉田 弘也

ローソン｜Henry Lawson｜1867-1922

オーストラリアの詩人，短編作家．ニューサウスウェールズ州グレンフェルで金鉱夫の家庭に生まれ，後に社会改革者として有名になる母ルイザを通じて文学に親しむ．83年にシドニーに移住，ルイザが中心となった知識人サークルで最先端の政治思想に開眼．87年《▶ブレティン》誌発表の〈共和国の歌〉をはじめ政治色の濃い詩は《世界が広かった日々に，その他の詩》(1896)としてまとめられた．以後バラッドや抒情詩も開拓して題材の幅も広げ，ジャーナリストとしても活動．《散文と韻文による短編物語集》(1894)は傑作短編〈家畜追いの妻〉を収録，

国民性とされる"メートシップをリアリズムで描き出し、オーストラリア文学の一典型を生んだが、〈広大なブッシュも鉄のレールで／世界に縛られてしまった〉〈荒々しく過ぎた日々〉とブッシュ神話を相対化して現実の貧困層を結びつけようとした作家の意図が真にくみ取られたとは言い難い。

湊 圭史

ロックハンプトン | Rockhampton

オーストラリア東部、クイーンズランド州中部東岸にある都市。人口7万3300(2006)。南回帰線のすぐ北、フィッツロイ川の河口から60kmの地点に位置し、肉牛をはじめとする農業地帯や炭鉱地帯を後背地とする、州中部の行政、経済、文化の中心都市である。かつては河港として栄え、現在も河口に港をもつが、輸送はおもに陸上輸送に依存する。空港がある。1855年開基、名称は建設者の出身地名に由来する。

谷内 達

ロッヘフェーン | Jacob Roggeveen | 1659-1729

オランダの航海者。オランダ最後の太平洋探検航海を指揮。1721年8月オランダを出航。南方大陸を調査のため、▶ル・メールの通過した南米最南端のホーン岬をさらに、氷と暴風の地域まで南下したが、その方向には役に立つ大陸がないことを確信した。太平洋に入り、22年4月6日、復活祭の日に一つの島を発見し、イースター島と命名した。トゥアモトゥ諸島北部を通過、マカテア島に初めて上陸。さらに、西に航行し、ソシエテ諸島の北部、サモア諸島の一部を発見、ニューアイルランド島に至る。ロッヘフェーンは9月にジャワに達するが、彼の船はオランダ東インド会社に没収された。彼の航海は商業目的をもった探検と南方大陸の探索であったが、次の18世紀の科学的関心への先触れであった。

矢野 將

ロティ | Pierre Loti | 1850-1923

フランスの小説家、海軍士官。本名Julien Viaud。ロシュフォールのプロテスタントの家庭に生まれ、市の収入役をしていた父親の失脚に伴い一家が困窮、教育を受ける方便として海軍兵学校を志願、以後海軍士官としての道を歩む。19世紀後半西ヨーロッパ列強の植民地獲得競争の機運にのって、いわゆる異国情緒(エキゾティシズム)に対する関心が高まった際に、海軍士官としてタヒチをはじめ世界各地に遠洋航海・寄港した体験をもとに、感傷的な淡いロマンティスムで味付けした恋愛物語を書いて、一時大いにもてはやされた。代表作としては《アフリカ騎兵》(1881)、《ロチの結婚》(タヒチを舞台にしている。1882)、《氷島の漁夫》(1886)などがある。日本にも3回寄港し、《お菊さん》(1887)、《お梅が三度目の青春》(1905)、《秋の日本風物》(1889)などの作品を書いている。最後の作品中の短編《江戸の舞踏会》は鹿鳴館の洋式舞踏会のありさまを描いて、芥川竜之介の短編《舞踏会》の粉本となったことでも知られている。

西本 晃二

ロトゥマ[島] | Rotuma Island

南太平洋、フィジーの首都スバの北方約400kmにある火山性の島。面積47km², 人口2002 (2007)。1881年にイギリス植民地フィジーに併合され、行政上は現在もフィジーの一部となっているが、ロトゥマ島人はメラネシア人であるフィジー諸島人と違ってポリネシア人であり、その影響が形質、文化の両面に強い。約7700人のロトゥマ島人のうち2000人強が島にいるだけで、大多数はスバ(ビティレブ島)などの都市部に移住し、あるいはそこで出生している。島は高温多雨であるが川はない。半分近くの土地にココヤシが植えられ、それからとれるコプラが輸出の中心で、これにオレンジが続いている。近年スバと空路で結ばれるようになった。

小川 正恭

ロトルア | Rotorua

ニュージーランド北島北部の火山台地にある都市。ロトルア湖の南西岸に位置する。人口6万5900(2006)。温泉、間欠泉のある観光保養地として知られる。周辺の火山台地での植林事業、土地改良事業の進展を背景に、製材、紙・パルプ、食品などの工業が発達してきている。道路、鉄道が通じ、空港がある。14世紀以来のマオリの主たる居住地の一つで、現在もマオリ系住民が多い。

谷内 達

ロバーツ | Tom Roberts | 1856-1931

オーストラリアの画家。イギリス生れ。1869年両親とともにオーストラリアに移住した。

この国の印象派の草分けL.ビュベロに師事し，81年渡英してローヤル・アカデミーに学び，オーストラリアの画家J.ラッセルと渡仏して印象派の影響を受けた。85年帰国し，メルボルン近くのハイデルバーグにF.マッカビン，▶A.ストリートン，C.コンダーらと美術村を作り，印象主義の手法を土着化，オーストラリア奥地（ブッシュbush）の風物を描いた。美術村は90年まで続き，このグループはハイデルバーグ派と呼ばれた。ロバーツはアトリエを出て戸外で風物を描く手法の紹介に努め，89年には《9×5展》と銘打って，葉巻タバコの箱のふた（9インチ×5インチ）に描いた印象主義絵画展を開いた。1901年オーストラリア連邦が発足したときには，依頼を受けて最初の議会のようすを描いた。代表作は奥地での生活を描いた《雄羊の毛刈り》《襲撃》など。　　　　越智 道雄

ロバートソン｜George Robertson｜1860-1933

オーストラリアの出版社アンガス＝ロバートソン社の創設者。イギリス生れ。スコットランドで書店員。1882年オーストラリアに来，86年デービッド・アンガスとシドニーで書店創設，88年出版部門創設。1900年病気のアンガスから権利を買収したフレデリック・ワイマークらと経営続行，07年株式を公開した。無名作家の才能発掘に慧眼を発揮，ローソン，パタソン，C.J.デニス，ケンドル，ブレナンらの作品を刊行，自国文芸の育成に多大の貢献をした。ローソンは彼を《ザ・チーフ》と呼んで敬意を表した。また収集家デービッド・ミッチェルらのためにオーストラリアに関する文献，地図の類を世界各地から収集，05年ミッチェル図書館設立の原動力となった。この百科事典的興味から，20年代最初の《オーストラリア百科事典》を刊行。77年より出版部門は販売部門と分離し，89年よりアメリカのハーパー＝ロー社，イギリスのウィリアム＝コリンズ社と合併，ハーパーコリンズ・オーストラリアを形成している。
越智 道雄＋加藤 めぐみ

ロメきょうてい｜ロメ協定｜Lome agreements｜
➡コトヌー協定

ロメリル｜John Romeril｜1945-

オーストラリアの劇作家。メルボルンに生まれ，モナッシュ大学在学中から小劇場ラ・ママに参加し，1970年以降オーストラリアン・パフォーミング・グループの中心メンバーとなり，前衛的な劇作を行う。劇団解散後，アジア，とくに日本との交流に携わり，近松門左衛門の翻案など，日本をテーマにした作品も多い。74年にメルボルンのプラムファクトリーで初演された代表作《フローティング・ワールド》は，ビルマ・タイ間鉄道建設工事で酷使された元オーストラリア兵が終戦後日本へ観光旅行に出かけ，その船中で戦争の記憶にさいなまれ狂気へと落ちていく物語。95年，日本人キャストで東京とメルボルンの両国際演劇祭で上演され，日豪芸術交流の記念的舞台となった。また，2009年には先住民映画監督レイチェル・パーキンズの映画《ワン・ナイト・ザ・ムーン》を舞台化，脚本を担当するなど，同世代の▶ウィリアムソンの風習喜劇などとは対照的に，真にアバンギャルドで政治的な演劇を追求し続けている。
佐和田 敬司

ローヤルティ［諸島］｜Loyalty Islands

フランス語ではロアイヨーテ諸島Îles Loyauté。南西太平洋，フランス領ニューカレドニアに属する群島で，ニューカレドニア本島の東約100kmの沖合にあって，本島の東岸とほぼ平行して連なっている。総面積約2000km²，人口2万2080（2004）。おもな島は北からウベア島，リフ島，マレ島で，諸島の行政の中心地はリフ島の町ウェである。隆起サンゴ礁（リフ島，マレ島）およびサンゴ礁（ウベア島など）より成り，標高100mをこえることはない。住民は基本的にメラネシア人であるが，ポリネシアからの移民の影響が強く，ウベア島では現在でもポリネシアのウォリス諸島の言語が話されている。住民はタロイモ，ヤムイモ，バナナ，ココヤシなどを栽培し，ニューカレドニアのコプラの大半はこの諸島から産出する。
吉岡 政徳

ローラー｜Ray Lawler｜1921-

オーストラリアの劇作家，俳優，演出家。彼の9作目の戯曲にして代表作である《17番目の人形の夏》は1955年にメルボルンのユ

ニオン・シアター・レパートリー・カンパニーで初演された。クイーンズランドでサトウキビを切る仕事につく二人の男性が、毎年レイオフの期間中メルボルンに戻り、彼らの女友達と会う。毎年人形を一つずつ持ってくるのだが、それが17個目になったとき、女友達の一人は結婚しており、違う女性が入れ替わり、男性の一人と結婚しようともくろんでいる、という物語だ。リアリズムの手法で、男性同士の▶メートシップや、時の移り変わりを受け入れられない女性の姿を描いたこの悲喜劇は、国内だけでなく、1957年にロンドンで7ヵ月のロングランをし、翌年アメリカ・ブロードウェイでも成功を収めた。ローラーはさらに二作品を加えて《人形三部作》とし、77年にメルボルン・シアターカンパニーがこの三部作を上演した。ローラーは一時ヨーロッパに移住するが、75年にはオーストラリアに戻り、87年までメルボルン・シアターカンパニーで演出とドラマトゥルグをつとめた。

佐和田 敬司

ロンギ|David Lange|1942-2005

ニュージーランドの政治家。オークランド大学卒業後弁護士を開業。1977年オークランド地区の国会議員補欠選挙に▶労働党から出馬して当選。またたく間に副党首、党首となり、84年の総選挙で労働党が勝利したのに伴い首相。87年の総選挙で労働党が再度勝利したため引き続き首相として再選されたが、89年8月、パーマーに首相の職を譲って辞任した。在任中、アメリカの艦船、航空機が核兵器を搭載して寄港することを拒んだため、アメリカ、オーストラリアと結んでいる集団安保▶ANZUS条約は破綻し、アメリカとの関係も悪化したが、90年代になって修復しつつある。国内的には▶ダグラス蔵相を起用して小さな政府実現のための諸改革を行った。96年の総選挙に出馬せず国会議員を引退。2005年病気のため死去。

地引 嘉博+和田 明子

ロンゴ|Rongo

神話や宗教儀礼に現れるポリネシアの偉大な神の一人。かつては各地で農業や豊饒の神として崇拝され、雷や雨と関係があるとされた。ニュージーランドではラギ(天)とパパ(大地)の子どもの一人であり、サツマイモや農作物の神であった。ハワイではロノといわれ、プレアデス星(昴)が現れだす11月に海のかなたから島を訪れ、2月に去って行く。ロノ神の滞在するシーズンはマカヒキと呼ばれ、戦争が中止される平和な祭りの季節であり、レスリングや槍投げなどの競技大会が行われた。ロノ神が島の村々を巡行すると、人々は農作物の初穂やさまざまな品物、歌、ダンスを供物として捧げた。キャプテン・クックの一行が11月にハワイを訪れたとき、ハワイの人々はクックをロノ神と解釈し、後に不幸な結果を招いた。

矢野 將

ローンセストン|Launceston

オーストラリア南東部、タスマニア島北東部にある同島第2の都市。人口10万3300(2006)。テーマー川河口から約60km上流に位置するが、河口付近にあるベルベイ Bell Bay やビューティポイント Beauty Point が外港として機能し、事実上一体となっている。繊維、機械、自動車などの工業があり、ベルベイにはアルミニウム精錬所がある。1826年開基、名称はタスマニア総督フィリップ・キングの出生地名に由来する。

谷内 達

ロンドンでんどうきょうかい|ロンドン伝道協会|London Missionary Society

海外の非キリスト教徒に福音をもたらすことを目的に、1795年ロンドンで設立された組織。おもな後援者は会衆派教会であった。当時のJ.クックの太平洋探検はイギリスの▶キリスト教界に強い興味を引き起こし、協会が最初に選んだ宣教の場所は太平洋地域であった。96年伝道船ダフ号はタヒチ島、トンガタプ島、マルキーズ諸島に向かう宣教師達を乗せて出航した。翌年にはタヒチに最初の宣教師が上陸し、以後南太平洋全域へのキリスト教布教の基地となった。しばらくの間タヒチではこれといった成果はあげられなかったが、1815年ポマレ2世王がキリスト教に改宗するや人々はただちにこれに従った。40年代には協会の仕事はタヒチから西方へと拡大され、クック、サモア、フィジーの各諸島、さらにはニューカレドニア島、ローヤルティ諸島、ニウエ島

などが活動の場となった。しかしタヒチでは41年以降，フランスの政治的支配が強化されるに伴い協会の活動は制限を受け，カトリックが取って代わった。タヒチを中心とするフランスの勢力圏からの撤退を余儀なくされた協会は，サモアで養成したサモア人宣教師を南太平洋各地に派遣するようになった。71年には2人の宣教師をニューギニアのトレス海峡諸島へ派遣し，以後もニューギニアへの派遣が続けられた。キリスト教の土着文化への浸透は，ヨーロッパ人との接触による新しい物質文化や武器，病気による人口の激減など，これまで経験したことのなかった大変動のなかで，ポリネシア人やメラネシア人が未来への幸せを願って福音を受け入れたことによるところが少なくない。なお協会は南太平洋だけでなく，アフリカなどにも宣教師たちを派遣しており，リビングストンのアフリカ探検も協会の後援によるものである。

石川栄吉＋矢野 將

わ

ワイアラ｜Whyalla
オーストラリア南部，サウスオーストラリア州南部，スペンサー湾北部西岸にある鉄鋼業・港湾都市。人口2万2300(2006)。乾燥地帯に位置するため，水は送水管（長さ374km）で▶マレー川から供給している。背後のミドルバック山地に鉄鉱山がある。1902年に対岸の▶ポートピリーでの鉛精錬用の鉄鉱石積出港として建設され，15年から▶ニューカスルの鉄鋼業向け積出港となり，39年から造船業，41年から鉄鋼業が開始された。名称は深い水域を意味するアボリジニ語に由来する。　　　　　　　　　　　谷内 達

ワイカト［川］｜Waikato River
ニュージーランド北島の中央部▶タウポ湖を源に北西に流れ，タスマン海に注ぐ同国最長の河川。長さ425km，流域面積1万3701km²。川の名はマオリ語の〈水の流れ〉に由来。水量が豊かであるため，上流から中流にかけて，8つのダムと9つの水力発電所が建設され，主にオークランド都市圏に電力を供給している。中流から下流にかけては沖積低地のワイカト平野を形成し，排水施設を充実させるなどして湿地の土地改良を進めることで肥沃な農地がつくられた。そこでは，大規模な集約的農業や酪農業が発達している。　　　　　　　　　　菊地 俊夫

ワイタンギじょうやく｜ワイタンギ条約
1840年2月6日，ニュージーランド北島のワイタンギ Waitangi でイギリスのビクトリア女王の代理ホブソン大佐 William Hobson (1793-1842) と50名弱のニュージーランド先住民東ポリネシア系のマオリ首長との間で締結された条約。英語とマオリ語の2版ある。条約は，①ニュージーランドの全主権はイギリス女王に譲渡される，②イギリス女王は先住民の文化，および森林，漁業場を含む土地における権利を保護する，③マオリ系ニュージーランド人は，パーケハー（イギリス系）市民と同じ全権利を与えられる，の3項目を明記している。このうち2番目の項目は，当時の植民地政府，入植者によってほとんど無視されたばかりでなく，条約に抵触する土地収用法ができたりし，それへの先住民の不満が1860年からの▶ニュージーランド土地戦争になった。　　百々 佑利子

その後も長い間，条約は実質的に無視され，マオリの土地，水産資源，言語などあらゆる財産や文化が失われたが，1970年代から2文化主義政策が正式な国策となり，マオリの復権運動も高揚した。そして，75年にワイタンギ条約法が制定され▶ワイタンギ審判所が設立された。これは，Crown（=政府）による条約違反に対するマオリの訴えに特化した司法機関であるが，その機能は裁判所とは異なり，申し立ての内容を調査することに主眼を置く。審理対象となる訴えは1980年代後半から徐々に増え，90年代に入ると，マオリ土地裁判所 Maori Land Court や，その裁定を受けて実質的な交渉を行なう条約問題和解事務所 The Office of Treaty Settlement も設置された。これらの機関で扱われる問題には，過去の歴史的な土地の〈収奪〉に関するものが多い。また，海浜の所有権問題もみられ，マオリの漁業権に関する申し立ても含まれる。91-96年にかけての南島最大部族 Ngai Tahu による広大な土地所有権の訴えや，2003-04年にかけての〈前浜および海底の所有権問題〉は主な事例であり，とくに後者は国全体を揺るがす議論に発展した。

現在では，ワイタンギ条約は悲しい過去をもつ単なる歴史遺産的な〈契約〉でなく，マオリを取り巻く不当な過去や現在の状況を是正するための〈理念〉と位置付けられ，これら諸機関による法的解決も含めた2民族2文化の対等な共存を推進する精神的な拠り所として機能している。　　　一言 哲也

ワイタンギしんぱんしょ｜ワイタンギ審判所

マオリの権利を審査する機関。マオリの権利回復運動が全国的な高まりをみせ、ワイタンギ条約が遵守されなかったことに起因するさまざまな先住民族問題への対応を迫られていたニュージーランド政府は、条約締結150周年を視野にすえた1975年に、ワイタンギ条約法を制定し、ワイタンギ審判所を設置した。審判所はマオリ側の訴えを受けて、それが先住民の土地、資源、文化などの権利を保障する条約第2条に抵触するか否かを審査し、抵触する場合には政府に対して適切な処置(公式な謝罪、土地の返還、金銭的補償など)をとることを勧告する。当初は1975年以降に生じた請求に限定されていたが、1985年のワイタンギ条約法の改定により、1840年まで遡及して不服の申し立てをすることが可能になった。審判所による勧告は法的な拘束力をもたないが、審判所には条約の解釈と適用をめぐる判断に関しての権威が付与されている。マオリと▶パーケハーに和解をもたらすことで、ニュージーランドの傷ついた過去の歴史を癒していくという精神的な意義も審判所は有している。
澤田 真一

ワイラウじけん｜ワイラウ事件

1843年6月17日に起きた、ニュージーランド南島北部のワイラウ平原の土地所有をめぐるマオリと白人の武力衝突。マオリ側が勝利した。1840年からネルソンの入植をすすめてきた▶ニュージーランド会社は、虚偽の記載により不正に獲得した土地契約書を盾にワイラウ平原の測量を開始したが、土地を売却した覚えのないナティ・トア族の首長テ・ランギハエアタとテ・ラウパラハは作業を妨害し、白人が土地に建てた小屋に火を放った。会社はアーサー・ウェイクフィールド大佐いる武装隊を首長らの逮捕に向かわせたが、小競り合いが高じて、マオリ側に4人、白人側に22人の死者を出す戦闘となった。戦いで妻を殺されたテ・ランギハエアタがウツ(復讐)を要求し、降伏した十数名の白人たち(▶ウェークフィールドを含む)をその場で打ち殺したことからくワイラウの虐殺〉とも呼ばれる。事件の調査を行ったロバート・フィッツロイ総督は白人側の非を認め、首長らを罰することはなかった。
澤田 真一

ワカティプ[湖]｜Lake Wakatipu

ニュージーランド南島の南西部の内陸部にある湖。面積291km²で、同国第3位。氷河に侵食されてできた湖(氷河湖)であるため、細長くS字形をしており、湖底は海面下100mに達するほど深い。長さは80kmと同国で最も長い。湖は周辺を2000m級の山々で囲まれ、その美しい風景は四季を通じて観光客を集める。湖中央の東岸にはクイーンズタウン(2006年現在の人口1万416)の町があり、さまざまな観光の拠点となっている。また、クイーンズタウン周辺の湖面では静振がみられ、約27分周期で湖面が約200mm上下する。
菊地 俊夫

ワカ・ネネ｜Tamati Waka Nene｜

1780ころ-1871

イギリスが1840年ニュージーランドの先住民マオリの代表と▶ワイタンギ条約を結び、ニュージーランドを植民地とした際、マオリ側にあって重要な役割を果たした人物。ワイタンギ条約締結のための1840年2月5,6日の会合には数百人のマオリ代表が集まり、当初、彼らの多くはイギリスとの条約締結に反対であった。しかし有力部族の酋長であったワカ・ネネが時代の変化とそれに順応する必要があることを力説し、これが受け入れられるところとなって45人の酋長が条約に署名した。その後3ヵ月半をかけてイギリス人総督▶ホブソンの使者が全土を回り、500人以上の酋長の署名を集めるのに成功した。
地引 嘉博

ワーキング・ホリデー｜Working Holiday

相互理解促進のため2国間に設けられた制度。相手国の文化と一般的な生活様式を理解するうえでより広範な機会を青少年に提供することを目的とし、相手国に長期間滞在する資金を補うために一定の就労を認める。日本・オーストラリア間では1980年、日本・ニュージーランド間では85年に取決めが行われ、休暇目的の青年(18～25歳)で往復旅費と渡航後当初の生活資金をもつ者に6ヵ月の滞在許可(1回のみ延長可)を与え、その間、この目的にそった健全な仕事に就くことを許可する。
地引 嘉博

●ワライカワセミ

ワトル│wattle

ワトルはオーストラリアに400種以上あるアカシア属の総称。ワトルやマルガ mulga（アカシア属の1種）は小枝を編んで壁や楯にした。マルガはアボリジニの言葉で〈楯〉の意味。だからこれらの植物に関する神話には，細工物の〈編組〉を主題にしたものがみられる。

グーラウィリール（トップノット・ピジョンという鳩）族の若者ヤガムは，小枝を編んで動物を作ったり，砂絵を描いたりして，若者の務めである狩猟をさぼってばかりいた。部族や家族の圧力をかわすために，彼はワトルの樹脂を集めて実物と変わらないみごとなカンガルーの塑像を作る。だが生存がかかった狩猟採集に身を入れないヤガムは厳しく罰せられ，以後，集団監視のなかで狩猟に駆り立てられる。これはトップノット・ピジョンが群をなして餌をあさる原因譚だが，同時にアボリジニ社会の芸術的才能が置かれた地位をも示す話である。〈編組〉の主題で最も劇的なのは，有名な*ウルルにまつわる神話だ。ウィンドゥルカ（マルガの種子）族はマラ（ウサギワラビー）族を皆殺しにして彼らの宝であるクドルン（ひなワシ）を奪おうと，部族の魔法医師にマルガの小枝を編んで巨大なディンゴを作らせ，それに悪霊を吹き込ませて，マラ族を襲わせた。悪霊ディンゴ，クルプンニャがマラ族を襲う事件自体がウルルの北面と西面を形作った。つまり北面と西面に残る浸食跡こそ，その出来事を語る古文書に当たるのだ。アボリジニの芸術的才能が生き伸びる道は，魔法医師になる道しか残されていなかったことがうかがえる。
　　　　　　　　　　　　　　越智 道雄

ワライカワセミ│笑翡翠│
laughing kookaburra│*Dacelo novaeguineae*

ブッポウソウ目カワセミ科の鳥。しわがれた長く続く鳴声が人間の哄笑する声に似ていることで有名で，オーストラリアを代表する鳥の一つ。明け方と夕方によく鳴く。全長が約45cmあり，カワセミ科としては最も大きい。カワセミには川辺にすみ魚を捕る鳥というイメージがあるが，本種は開けた森林やサバンナにすみ，樹木さえあれば都市公園や住宅地にも現れる。枝に止まって獲物を探し，地上で生活する小型の爬虫類，両生類，哺乳類，大型の昆虫などを大きなくちばしで捕らえて丸飲みにする。ソーセージを与えて餌付けすることもできる。枯木やシロアリの塚に掘った穴，ビルの壁のくぼみなどに巣をつくり，3卵を産む。つがい関係は永続する。東部に自然分布しており，南西部，タスマニアなどに移入されて増えている。羽の色は雌雄ほぼ同色で，頭部から背，翼は灰褐色，眉斑，首，胸，腹は白色，尾は赤褐色，翼の一部は青色。近似種のアオバネワライカワセミは，北部に分布し，雌雄の腰と雄の尾も青色，しわがれた短い声で鳴く。
　　　　　　　　　　　　　　竹下 信雄

[神話]　この鳥の不思議な笑い声は，アボリジニの間では夜明けを告げるニワトリの〈とき〉の代りになった。昔は空に月と星しかなく，薄明の世界でエミューのディネワンとゴウシュウヅルのブロルガがけんかしていた。ブロルガがディネワンの卵を空へほうり上げると，霊たちが積み上げてあった薪に当たって割れ，黄身が薪にこぼれたとたん，薪の山が燃え上がった。その強烈な明るさに魅せられた霊たちは，毎日この壮大なたき火をたき始めたが，薄明の世界に慣れた生き物たちはたき火が始まっても眠り続けた。霊たちはたき火が始まる合図に〈明けの明星〉をぶら下げたが，効き目はない。そこでけたたましい笑い声をたてるグールグールガーガ（ワライカワセミ）に，生き物たちの目覚し役を振り当てた。グールグールガーガの笑い声は，同時に霊たちに薪の山に火をつけろという合図でもあった。

霊たちは燃え残った埋み火を薄い雲にくるんで，翌朝の火種にとっておき，ワライカワセミの〈グールグールガーガ！〉という笑い声を合図に，薪の山に火種を置いたのである。
　　　　　　　　　　　　　　　　越智 道雄

ワラビー｜wallaby

有袋目カンガルー科に属する哺乳類のうち，姿がカンガルー（カンガルー属）に似るが，それよりも小型の動物。ウサギワラビー属 *Lagorchestes*，イワラビー属 *Petrogale*，ツメオワラビー属 *Onychogalea*，ヤブワラビー属 *Thylogale*，ワラビー属 *Protemnodon* などに属する動物の総称で，約35種あるが，狭義にはワラビー属に属する約10種を指す。大きさを除くと外観から区別することはむずかしいが，からだつきがカンガルーに比べてきゃしゃで，後足が小さく，尾が細いのが特徴。後足はカンガルー類では26cm以上あるのに対して，ワラビー類では16〜25cm。ウサギワラビー属，イワラビー属などは体長35〜50cm程度と小さく，ワラビー属では体長70〜100cmと比較的大型。ワラビー属はしばしばカンガルー属と同属として統合されることがあるほどカンガルー属に近い。オーストラリアとニューギニアに分布する。ひらけた草原に群れをなしてすむものが多いカンガルー類に対して，ワラビー類ではアカクビワラビー *Protemnodon rufogrisea* のように低木林やヒースの茂みなどの密閉された深いやぶに通路をつくってすむものが多い。また，シマオイワラビー *Petrogale xanthopus* のように険しい岩場にすみ，その敏しょうな身のこなしから〈オーストラリアのシャモア〉と呼ばれるものもあるなど，小さな体をうまく活かして生活しているといえる。しかし，よく発達した後肢でジャンプしながら高速で走る能力をもつ点や，子を育児嚢で育てるなどの基本的な生活のしかたはカンガルーと同じである。かつてシドニー南方に広大な面積を占めていた熱帯雨林に生息したといわれるパルマヤブワラビー *Thylogale parma* などのいくつかの種がおもに生息地の破壊のために絶滅に瀕しBRしている。→カンガルー
　　　　　　　　　　　　　　　　今泉 吉晴

［神話］この愛らしい動物の起源譚の一つは，以下のようなものである。若い母親ムージャの赤子はかわいく，だれもがうらやましがったが，ママンドゥルの赤子は醜かった。ある日，2人の母親は子連れで貝拾いに出かけた。赤子を木陰に置いて貝を拾ううち，ママンドゥルがたくさん拾ったからと断って，先に赤子たちのところへ戻った。そしてムージャの赤子を連れて，足跡を消しながら逃れ，クリーク上流のパンダヌスの木陰に潜んだ。後で赤子を置いた木陰に戻ってきたムージャは事態を悟り，ママンドゥルの醜い赤子を連れて，たいへん苦労をしながら消え残ったかすかな足跡を探り出しつつ，相手の隠れ場所にたどり着いた。そして醜い赤子をパンダヌスの木陰へほうり込んで，相手を難詰した。ムージャはヤムイモを掘る杖でママンドゥルの目を突き，ママンドゥルはムージャの両足をへし折った。ママンドゥルはムージャの赤子を背負ったままクリークへはい寄り，突かれた両目を洗おうとし，ムージャは折れた両足でとびはねながら木立に駆け込んで倒れた。以後，足を折られたムージャはワラビーに変身し，とびはねて移動するようになる。また目を突かれたママンドゥルは背負ったムージャの赤子ともども目の小さいジュゴンに変わり，彼女の醜い赤子は口の大きいカエルになった。
　　　　　　　　　　　　　　　　越智 道雄

われめもっこ｜割れ目木鼓｜
slit gong ; slit drum

体鳴音響器の一種で，木鼓，割れ目太鼓，スリット・ゴング，スリット・ドラムなどとも呼ばれる。通常は丸太の側面に縦長の細い穴をうがち，ここから内部をえぐり，空洞にしたものであるが，まれには板材の張合せによるものもある。設置方法は，地面または架台上に横置きにする，地面に立てて上端を手で支える，紐で縦につるすなどさまざまで，1〜2本の桴で打奏する。南中国から東南アジア，メラネシア，ポリネシアおよびアフリカ，中米の一部に分布し，地域により信号器または楽器，あるいは両方の目的で用いられている。中国では皮張り太鼓を皮鼓，割れ目木鼓を木鼓と呼び分けている。

太平洋地域ではバヌアツの俗称タムタムが手持ちの長さ数十cmのものから，神像を

●**割れ目木鼓**
ワニが彫刻されている。ニューギニア島，セピック川中流域。

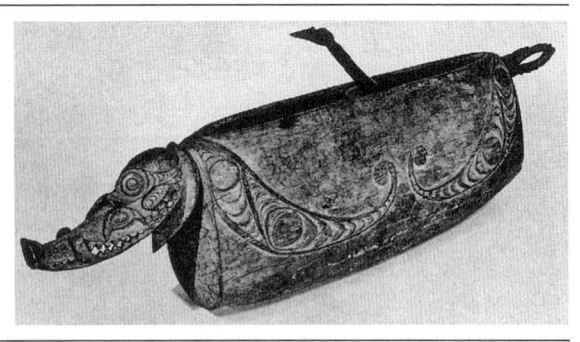

彫った数mのものまであり，楽器用，信号用として使われている。またパプアニューギニアの割れ目木鼓ガラムットと太鼓クンドゥによる演奏は，それ自体が舞踊用音楽となっているし，タヒチのオテアと呼ばれる舞踊も音高の違う数本の割れ目木鼓トエレと2種の太鼓パフとファテテによるポリリズムのアンサンブルで踊られる。

その他，フィジーやトンガではラリ，サモアではラリやパテ，クック諸島ではパテと呼ばれているが，ポリネシアン・トライアングルの頂点をなすハワイ，ニュージーランド，イースター島には割れ目木鼓は分布しない。また地域により竹製のものがあり，竹鼓または竹筒鼓などと呼ばれている。 ➡太鼓

小出 光

ワンガヌイ | Wanganui

ニュージーランド北島の南西岸，南タラナキ湾に面した港湾都市。日本でウォンガヌイとするのは誤り。人口4万3300(2005)。ファンガヌイ川(全長290km，国内第3)の河口に位置する。ファンガヌイ川は航行可能な流域が国内最長規模で，昔から水上交通に利用され，町は交通の要所として発展してきた。タラナキ，マナワツ両地方の酪農・牧羊地帯の中心都市の一つで，食品加工など各種工業がある。オークランドやウェリントンに航空路・道路が通じる。1841年入植。市名は〈大きな(nui)湾(wang)〉を意味するマオリ語に由来する。静岡県長泉町と姉妹都市提携(1988)。

新井 正彦

ワントク | Wantok

▶ピジン英語で〈同一言語を話す人〉あるいは〈同じ部族出身者〉を示す語。本来，ピジン英語で〈同じ言語を話す人〉(ワンは英語のoneに由来し，〈同じ〉という意味で使用され，トクは英語のtalkから〈言語，言葉〉を意味する)という意味であるが，多くの言語が存在しているメラネシア地域では〈同じ部族出身者〉を示すためにしばしばこの語が使用される。〈彼は私のワントクである〉とか，〈彼と私はワントクである〉という表現で使われる。メラネシア地域では同郷意識による団結が非常に強く，都市生活でも同部族・同郷出身者に対してはワントクであるということでさまざまな面で協力することが頻繁にみられ，また見ず知らずの相手でもワントク同士は互いに協力し合うことが期待されている。パプアニューギニアでは現在，《ワントク》というピジン英語による新聞も発行されている。

豊田 由貴夫

国名・地域編

アメリカ領サモア
オーストラリア
北マリアナ諸島
キリバス共和国
クック諸島
サモア独立国
ソロモン諸島
ツバル
トンガ
ナウル
ニウエ
ニューカレドニア
ニュージーランド
バヌアツ
パプアニューギニア
パラオ共和国
フィジー諸島共和国
フランス領ポリネシア
マーシャル諸島共和国
ミクロネシア連邦

アメリカ領サモア
American Samoa

面積＝199km² 人口(2007年アメリカ領サモア政府推計)＝6万8200人 主要都市＝パゴパゴ Pago Pago (日本との時差＝－20時間) 主要言語＝サモア語, 英語 通貨＝USドル USdollar

南太平洋中部，サモア諸島の東側を占める。1900年以降アメリカの支配下にある非併合領土。5つの火山島と2つの珊瑚環礁からなり，総面積は淡路島の約1/3である。

[住民，歴史] アメリカ領サモアの住民の9割以上はサモア系であり，残りはトンガ系，アジア系，ヨーロッパ系などが占める。隣国のサモア独立国とは共通の文化背景を有しており，サモア独立国からの移住者も多い。首長を中心とする社会体制や大家族生活などの伝統的側面も残っているが，最近はアメリカ化された考え方が浸透してきており，サモア独立国との間の文化間の違いが広がっているといわれている。

19世紀に入り，ヨーロッパ人によるキリスト教の布教活動が始まった。その後，帝国主義的対立の中，1899年に西経171°を境にサモアが東西に分割された際に，東側はパゴパゴ湾に軍港を造ろうとしていたアメリカが支配することで米独が合意(ベルリン条約)し，翌1900年にアメリカ海軍による統治が開始された。しかし，第2次世界大戦後はサモアはアメリカにとって戦略的意味合いが薄れ，51年に内務省に移管された。内務省はその後アメリカ領サモアを正式にアメリカに組み入れようとしたが，当時のアメリカ領サモア議会で否決されて実現しなかった。現在では，アメリカ領サモアはアメリカ連邦議会でサモアの自治を認める自治法が成立していないため，形式上は非自治領域である(国連でも非自治領に分類されている)が，実際は67年に発効した憲法により自治が行われている。

なお，2009年9月29日に沖合190kmの海底を震源としたマグニチュード8.0の大地震が発生し，アメリカ領サモアおよびサモア独立国双方に甚大な人的・物的被害をもたらした。

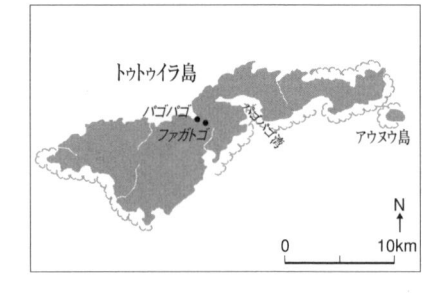

[政治] アメリカ領サモア自治領議会は上院と下院の二院制となっており，下院は住民代表21議席(任期2年)，上院は各地域の首長18議席(任期4年)により構成されている。行政面では，知事が行政執行権を有する。またアメリカの実質的な自治領として，連邦議会に議決投票権のないオブザーバー1名の参加が認められている。なお，アメリカ領サモアは連邦議会の自治法が成立していない地域であるため，住民はアメリカ国籍をもちつつも，少なくとも両親のうちの片方がアメリカ市民でない限り市民権をもっていない。

[経済] 隣国サモア独立国と同様に伝統的な農業は生活の基盤であり，タロイモ，ココナツ，バナナなどが人々の主食となっているが，多くの食品も輸入している。雇用面では政府，魚缶詰工場，その他民間部門がそれぞれ5000人規模となっていたが，2009年に，2社ある缶詰工場のうちの1社が撤退し，2000人の雇用が失われた。この背景には，連邦レベルで2007年に成立した公正最低賃金法により，時給が7.25ドルに到達するまで毎年0.5ドルずつ賃金を上昇させなければならなくなったことがある。最大の産業である魚缶詰工場における大量解雇による影響はあらゆる労働者に及んだが，周囲の島々より数倍も賃金が高いため，現地ではサモア独立国やトンガからの出稼ぎ労働者が多く働いている。

西川圭輔

オーストラリア
Australia

正式名称=オーストラリア連邦 Commonwealth of Australia
面積=768万6848km² 人口(2009年国連推計)=2129万3000人 首都=キャンベラ Canberra(日本との時差＝＋1時間) 主要言語=英語(公用語) 通貨=オーストラリア・ドル Australian Dollar

南太平洋にある世界最小の大陸オーストラリアを占める国。国名はラテン語のテラ・アウストラリス terra australis(南の大陸)に由来する。豪州とも略称する。イギリス連邦の一員。

【自然】

[地形,地質] オーストラリア大陸は、ユーラシア大陸などの六大陸の中で、面積(761万km²)が最も小さく、平均高度(330m)が最も低く、標高200m未満の低地の占める割合(39%)が最も大きく、標高1000m以上の高地の占める割合(2%)が最も小さいという、著しく低平で起伏に乏しい特色をもっている。海岸線も単調で、その延長はタスマニア島を含めても3万6700kmで、日本のおよそ1.1倍にすぎない。最北端は南緯10°41′(ヨーク岬)、最南端は南緯43°39′(タスマニア島サウス岬)、最西端は東経113°09′(スティープ岬)、最東端は東経153°39′(バイロン岬)である。

オーストラリア大陸は、西部台地、中央低地、東部高地の三つの大地形区に分けられ、ほぼ地質区分に対応している。西部台地は一般に著しく平たんで、局部的に残丘状の山地が見られるにすぎない。基盤はオーストラリア楯状地あるいは西部楯状地と呼ばれる先カンブリア層で、部分的にその上に古生代以後の堆積層がのっている。先カンブリア層は、金属鉱物資源の宝庫で、金属鉱床区の分布は、上記の堆積層を除く先カンブリア層の分布にほぼ一致する。その代表はウェスタンオーストラリア州北西部の鉄鉱石鉱床であるが、マウントアイザおよびブロークンヒルの非鉄金属鉱床もこの地帯の東端にあたる。中央低地(中央東部低地あるいは内陸低地とも呼ばれる)の北部は中生代の堆積層で、地下水利用で知られるグレートアーテジアン盆地(大鑽井盆地)にあたる。南部は主として第三紀の堆積層であるが、一部は地質的には東部高地の古生層の延長である。東部高地は、タスマン地向斜に堆積した古生層が中生代以降、とくに第三紀に隆起して形成されたものである。西部台地との比較から高地と呼ばれ、またグレートディバイディング山脈(大分水嶺山脈)とほぼ一致するが、高地の名に値するのは第三紀末のコジアスコ変動により隆起したオーストラリアアルプスなど一部のみで、その他は台地が断続的に連なったものにすぎない。西斜面はとくにゆるやかで、中央低地に連続する。東部高地の古生層にも西部台地の先カンブリア層に次いで金属鉱床の発達が見られ、またクイーンズランド中部およびニューサウスウェールズ中部の堆積層には主として古生代末期(二畳紀)に形成されたボーエン炭層およびシドニー炭層が見られる。さらにビクトリア東部の第三紀層では褐炭の埋蔵が知られている。

[気候] オーストラリア大陸は最も乾燥した大陸で、乾燥気候地域(砂漠、ステップ)の占める割合(57%)は六大陸中で最大である。降水量は海岸から内陸に向かって同心円状に減少する。年降水量が500mm以上の地域は国土の29%、800mm以上は11%にすぎない。さらに、水の利用の点からは、二つの制約を考慮しなければならない。第1は、変動度が内陸ほど大きく、年平均値の信頼度が低下することである。したがって干ばつおよび洪水がこの国の主要な災害である。第2は、降水量の多くが蒸発によって失われることである。年降水量に代えて、蒸発を考慮した作物生育期間の分布が、しばしば用いられる。これは、$P-4E^{0.75}>0$(ただしPは月降水量、Eは水面からの蒸発量、したがって$4E^{0.75}$は土壌からの蒸発量)の月、すなわち土壌からの蒸発量を上回るく有効な〉降水量のある月が年間何ヵ月あるかを示すものである。一般に5ヵ月以上なら農業が可能、1〜5ヵ月では粗放な牧畜のみ可能とされている。これに土壌条件などを加えると、農業の可能な地域はさらに限定される。

地形、降水、蒸発の条件から、恒常的に地表水の見られる地域は海岸地帯に限られ、内陸では一時河川あるいは地下水のみが利用可能な水資源である。なお、内陸の湖のほとんどは、干上がった湖床(プラヤ)である。

谷内 達

[植物] オーストラリア大陸は、古く中生代白亜紀の末にアジア大陸と分かれ、長い間孤立してきた大陸なので、多くの固有種を生み出している。その筆頭はフトモモ科(オーストラリア産は45属1200種)のユーカリ属(約500種)

●オーストラリア

とマメ科(同大陸産だけで約110属1000種)に属するアカシア属(約600種，ワトルwattleともいう)である。その他，前者に属するブラッシノキ属(約30種)やネズミモドキ属，ヤマモガシ科(世界で61属1200種，その半数はオーストラリア産)のバンクシア属(50種)，ドリアンドラ属(56種)およびワラタwaratah(テロペア属)なども特産の植物である。オーストラリアの植物分布は主として降水量に支配され，中央部の砂漠ではワジ沿いに葉のまばらな，やせた低木やイネ科ツキイゲの叢生が見られる。降水量の増加に伴って，砂漠はマルガmulga(アカシア属)やマレーmallee(丈の低いユーカリ属数種の総称)の灌木林，次いでサバンナへと移行し，ついにはマウンテン・アッシュmountain ashやカリーkarri(いずれもユーカリ属)などの巨木が優占する森林帯となる。また，低地の大河沿いには，うっそうとしたレッド・ガムred gum(ユーカリ属)の河辺林が成立する。大陸の南東部にある高山地帯では，特産のオーストラリアン・ヒースAustralian heath(エパクリス科，旧大陸のヒースはツツジ科)，叢生草本類，スノー・ガムsnow gum(ユーカリ属)などのアルプス要素が出現する。他方，北東部〜北部には，林床につる植物や着生植物がよく繁茂した亜熱帯林〜熱帯雨林が出現する。また，西部の内陸ではスタート・デザート・ピーSturt's desert pea(クリアンツス属)，紙細工のような花を咲かせるムギワラギク(ヘリクリスム属)，カイザイク(アムモビウム属)，ヒロハハナカンザシ(ハナカンザシ属，ローダンセまたはロダンテともいう)など乾燥に適応した一年草が自生

している。1科1属1種の食虫植物フクロユキノシタはオーストラリア南西端の湿地だけに野生する珍しい植物である。

[動物] オーストラリアを代表する動物の筆頭は、世界唯一の、卵を生む哺乳類の単孔類(*カモノハシと*ハリモグラ)および育児嚢をもつ*有袋類である。すでに述べたように、この大陸は早くに隔離されたために、有袋類は新興の真獣類(有胎盤類)との激しい競争を経験することなく生き長らえられたものの子孫である。これらは海と空を除くすべての環境に適応放散し、多種にわたっている。現存する同大陸の哺乳類(約240種)の種数の半ばを有袋類が占めている。つまり、地下生活に適応したフクロモグラ、樹上性で滑空するフクロモモンガやチビフクロモモンガ、ユーカリの葉だけを食物とする*コアラ、草食性で半砂漠にすむアカカンガルー、林縁性のハイイロカンガルー、食肉性の*フクロオオカミやフクロネコ、アリを専門に食べるフクロアリクイなどさまざまなものが生息する。残りの半分は比較的新しく入って来た真獣類のネズミとコウモリの仲間、先住のアボリジニが連れて来た野犬(*ディンゴ)、および植民後に白人がヨーロッパなどから導入したウサギ類、キツネ、シカ、ラクダなどである。オウム科(オーストラリア産52種)の原産地である同大陸からは、733種の鳥類が記録されている。*エミュー、ヒクイドリ、ツカツクリ、*ワライカワセミ、コトドリ、ニワシドリおよびツチスドリなどユニークな習性をもつものが多い。また、ミツスイ科の種類が多いこと(16属69種)でも有名である。爬虫類(約400種)のうちでは、エリマキトカゲ、マツカサトカゲ、モロコトカゲ、ナガクビガメなどが珍しい。両生類(約70種)はすべてカエルの仲間(無尾類)で、サンショウウオやイモリの仲間(有尾類)は生息しない。淡水魚(約180種)のうち、とくに有名なのは〈生きた化石〉ネオセラトダス(肺魚)である。無脊椎動物のうちで最も種類が多いのは昆虫類で約5万種。猛毒を持つジョウゴグモ、体長が3.6mもあるオオミミズなど珍奇な動物も少なくない。その他、クイーンズランド州の州都ブリズベーンのちょうど北からニューギニアにまで延びる長さ2000kmの大サンゴ礁(グレート・バリア・リーフ)は、世界最長、最大のサンゴ礁であるが、色とりどりの多数の熱帯魚とともに美しい海の花園をつくり出している。　　　　　　　　　　白石 哲

[住民] 総人口約2000万(2006)のうち、*アボリジニは混血も含めて45万を超え、1989年の23万から倍増している。第2次世界大戦終了時までは圧倒的にイギリス系住民が多く、非イギリス系との比率は10対1であった。1947年に始まる大規模な*移民受入れ計画の結果、89年までに約420万の移民、47万強の*難民があったが、イタリア、ギリシア、西ドイツをはじめ、非イギリス系の移民が増加し、さらにインドシナ難民の受入れなどで、アメリカ型の多民族社会に変貌、イギリス系・非イギリス系の比率は3対1となった。2006年の国勢調査によれば、オーストラリア生れが総人口の71%を占める一方、イギリス4.3%、ニュージーランド2%、中国(台湾を除く)およびイタリアが各1%、ベトナムが0.8%を占めるようになり、オーストラリアにおけるアジア出身者の割合が着実に増加している。

アボリジニの言語は膠着語系で、28の語族、約260の部族語がさらにその倍の方言に分かれていたが、不明の部分も多く(*オーストラリア諸語)、また今日ではほとんど使われていない。したがって、おもにイギリス都市部の方言を核として1830年ころに成立していたオーストラリア英語が国語となっている。英語の母音変化という英語史上の大事件の延長線上に出現したオーストラリア英語は、大陸全土にわたって均一性を保ち、方言はほとんどなく、野卑と洗練の相違だけがみられる。しかも、たいていのオーストラリア人が時と場所に応じて双方を使い分ける傾向がある。第2次大戦以降、イギリス本国の英語に対する劣等意識が克服され、近年では学校教育でもクイーンズ・イングリッシュ志向は排除され、オーストラリア英語が国語として確立した。

1986年の調査では、全国民の73%がキリスト教徒で、信仰をもつと表明する者の99%を占めた。そのうちアングリカン・チャーチ23.9%、カトリック26%、プロテスタント15%で、ギリシアおよび東ヨーロッパ系移民の急増で正教会は2.7%を占めていた。2006年の調査では、全国民の63.8%がキリスト教徒で、そのうちアングリカン・チャーチ18.7%、カトリック25.8%、ユナイティング・チャーチ5.7%(77年結成、プロテスタント)、長老派・改革派教会3.0%(プロテスタント)となっている。その他、86年から06年までに約15万人だったイスラム教徒は約34万人、約5万人だったユダヤ教徒は約9万人に増加、少数であった仏教徒は42万

人にまで急増した。一方で1960年代から無信仰を表明する者も増え、今日では全国民の18.7％に達している。

【歴史】

[入植から六大植民地設立まで] 約5万年前、海面が今日より120m以上低かったころ、アボリジニはおそらく小舟でスンダ大陸（現東南アジア）からサフル大陸（現オーストラリア）に渡来し、狩猟採集生活を営んでいた。15世紀初頭、中国人の船隊が大陸北岸に上陸したのを皮切りに、17世紀初めから後半にかけて*タスマンほかの海洋探検家による局地的上陸が行われた。1770年4月28日の*J.クックのシドニー郊外ボタニー湾上陸、同年8月のポゼッション島での大陸東部イギリス領宣言（全大陸のイギリス領宣言は1829年）によって、アボリジニの大陸占拠は終りを告げた。

1788年1月18日、フィリップ Arthur Phillip の第1船団（11隻、総員約1400名）がボタニー湾に到着、8日後の26日、よりよい入植地を数マイル北にあるポートジャクソン湾内のシドニーコーブに見いだし、男性囚約560名、女性囚約190名、水兵とその家族約250名など、合計約1000名強が入植を開始した（1月26日は現在*オーストラリア・デーと呼ばれる祝日になっている）。入植のおもな理由は、アメリカ植民地の独立（1776）で流刑入植地を失ったためであった。当時の刑法は極端に厳しく、ハンカチを盗んで流刑7年、1シリング以上の盗品をもらったかどで14年というものであった。このニューサウスウェールズ植民地は、1809年以後5代総督*マックオリーの統治によって軌道に乗った。入植はほかにバンディーメンズランド（のちのタスマニア）のホバート（1803）、のちのクイーンズランドのブリズベーン（1824）、ウェスタンオーストラリアのスワンリバー（のちのパース、1829）、ビクトリアのポートフィリップ（のちのメルボルン、1835）、サウスオーストラリアのアデレード（1836）に順次行われた。またフリンダーズ Matthew Flinders の大陸一周航海（1802-03）、そしてブラックスランド Gregory Blaxland らによるシドニー西方のブルーマウンテンズ越え（1813）をはじめとする内陸探検ラッシュによって、広大な農牧地発見が相次いだ。一方、有力入植者*マッカーサーとその一族が19世紀初めスペイン原産メリノー種羊を大陸の風土に合うよう改良し、羊毛産業の基礎を築いた。

初期のニューサウスウェールズ入植地では*エマンシピスト Emancipist（満期出獄した元流刑囚）とエクスクルージョニスト Exclusionist の対立が目だった。1840年代に入って元流刑囚とカレンシー・ラッドとラス currency lad and lass（イギリス本国生れをスターリング sterling と呼んだのに対して、植民地生れをこう呼んだ。流刑囚の子弟が多い）の数が自由移民を上回ると、この対立は*スクォッター（大牧場主）と小農場主および毛刈職人などの移動労働者との対立に転化し、51年に始まる*ゴールドラッシュによる人口急増でいっそう拍車がかかった。イギリス本国はスクォッターの土地占有を抑えるべく、初期には株式組織の土地開発会社、61年には新たな土地政策によって*セレクター selector と呼ばれる小農場主を創出した。

スクォッターによる植民地内のイギリス国有地解放要求が強まるにつれて、1840年代後半にはイギリス本国から大幅な自治権を得て土地を自由に手に入れたいという欲求が高まった。1823年ニューサウスウェールズに制限つき自治が認められて以来、59年までに他の4植民地も大幅な自治権を獲得した（ウェスタンオーストラリアのみ1890年）。各植民地議会はスクォッターに牛耳られていたが、各植民地間関税、中国人移民問題など、相互に調整すべき問題を討議すべく、63年以来各植民地の首相による会議がもたれ、1901年の連邦結成に向かう実務母体となった。

1838年の人民憲章発布を頂点として、イギリス本国に人道主義が広まり、流刑反対の気運が高まった。同時に刑法が緩められた分だけ、それまでよりも流刑囚の質が悪化した。オーストラリアの羊毛産業が隆盛を極め（1850年の対英羊毛輸出はイギリスが輸入した全羊毛の43％に達した）、熟練した農村労働者を必要としたので（流刑囚は都市貧民が多かった）、40年には流刑制廃止が実現した。ただし重罪人用のタスマニアほかの島嶼流刑地では53年、労働力不足のウェスタンオーストラリアでは68年に廃止された。流刑制の下に大陸に送られた囚人は約16万といわれる。

[ゴールドラッシュから連邦結成まで] 1851年から61年ころまで続いた第1次*ゴールドラッシュ（第2次は1890年代ウェスタンオーストラリアで）は、その総産金額（2億1100万ドル）よりも、植民地総人口が1850年の40万5000から60年に114万に、さらに70年までにもう50万増えたことに意義があった。1848年のカリフォルニアのゴールドラッシュは、ほとんど国

家体制を確立していたアメリカにはそれほど影響しなかったが,オーストラリアのそれは比較にならないほど影響が大きかった。経済面以外での影響には,ʼユーリカ砦の反乱に象徴されるアメリカ式共和主義と反英主義の高揚や,金鉱地への中国人鉱夫大量流入を契機とする中国人排斥運動(金鉱地では中国人鉱夫の方がはるかに多い所が続出し,同胞人女性を伴わない点でも中国人鉱夫は警戒された)があった。後者は,1855年のビクトリア植民地での中国人移民制限法決定以後,各植民地間首相会議の重要議題となり続け,ついに1901年のオーストラリア連邦結成,白豪主義政策の国是化(実務的には移民制限法で処理)を惹起した。前者は,その後の歴史潮流では逆に陰にまわり,連邦結成の契機としてははるかに弱かった。ただオーストラリアの伝統的辺境エートスであるʼメートシップmateshipを強化し,労働運動に結びつけた功績は大きい。

初期の労働運動は,熟練工組合による8時間労働制の確保(1856)が頂点となる。ゴールドラッシュの後半にいたって人口急増による経済不況が起こり,賃金カットと労働時間延長が常態化したことへの反動として,争議が頻発した。とくにナショナリズムの高揚,羊毛価格の下落と干ばつによる不況というまったく異質な現象に分裂した1890年代には,クローズド・ショップ制を要求する海員スト,毛刈職人組合ストなどの四大争議が勃発し,結果的に労資調停仲裁制度の設立(1904)をみた。

大陸中央部に馬蹄形の大内海が存在するという幻想が,内陸探検の大きな動機となっていたが,1860-62年のバーク=ウィルズ隊(ʼR.バーク),61-62年のʼスチュアート隊による〈大オーストラリア探検レース〉の結果,中央部は最も乾燥した荒野と判明し,アメリカ開拓の西進運動に似たオーストラリア開拓の求心運動は挫折した。しかし72年アデレード~ダーウィン間にスチュアート隊の探検ルート沿いに大陸縦断電信線が敷設され,さらにダーウィンからジャワ島へ連結され,ジャワ島を経てイギリスや世界各国との交信が可能となった。イギリスから2万2400km離れ,快速蒸気船でも46日かかっていたく距離の暴虐tirany of distance〉の克服であった。なおスチュアート隊の探検ルートは,現在,彼の名を冠したハイウェーとなっている。一方,鉄道建設は早くも1854年にメルボルンで始まったが,各植民地で軌間が異なるなど問題を残したまま,やっと1917年に東西横断鉄道が完成した(軌間統一は1970年)。ʼ南北縦断鉄道は1886年に着工されたものの,全通したのは2003年と,約120年もの歳月がかかった。

1879年には,ニコルEugene Nicolleが開発し,後継者たちが完成した食肉冷凍装置を備えた最初の船がロンドンに肉を運び,風土に適したブラマ牛の導入もあって,食肉は羊毛に次いで中心的な輸出商品になった。またファラーWilliam Farrerがこの大陸に適した,銹病とかびつに強い小麦の品種改良に着手し,1902年に新種を開発,新独立国家の国威発揚の象徴としてʼ連邦小麦〉と名づけた。1879年のシドニー国際博を皮切りに,90年代まで国内各都市で国際博が開かれ,ʼナショナリズムの高揚を裏づけた。1890年には兼松商店がシドニーに支店を開設,日豪通商の嚆矢となった。

前述したスクオッターとセレクターおよびʼスワッグマンの対立は,1890年アメリカ国勢調査局がフロンティア(辺境)の消滅を発表したのと時期を同じくして消滅した。オーストラリアでもすべての土地が台帳に登録された結果,対立も終息に向かったのである。しかしそれまでは,開拓初期から官憲に抵抗してきた伝統的な無法者ʼブッシュレーンジャーbushrangerが後者のグループから輩出し,ネッド・ケリーの逮捕・処刑(1880)によって対立はクライマックスを迎えた。1891,94年の毛刈職人組合の大争議もスクオッターへの抵抗であり(以後スクオッターの斜陽化が始まる),争議の場にはユリーカ砦の反乱の南十字星旗がひるがえった。以後,南十字星旗とネッド・ケリーは反英主義のシンボルとなった。1890年代は最初の文化興隆期であったが,ʼローソン,ʼファーフらの作家が踏まえたのもこのような気風であった。

1899年から1902年にかけて,オーストラリアは南アフリカのボーア戦争にイギリス側に立って義勇軍を派遣したが,これは初めての海外参戦であった。

[独立から第2次大戦まで] 1901年各植民地が連邦を結成してイギリスの自治領となってのち,ʼ労働党(1891結成)の支持もとりつけたリベラルな保守派政治家ʼディーキンの3度にわたる内閣によって,保護貿易主義とʼ白豪主義政策の下に国家の礎が築かれていった。首都はやっと1927年にメルボルンからキャンベ

ラに移った。

第1次大戦勃発をめぐるオーストラリアの熱狂は、前述ユリーカ砦の反乱に象徴される反英主義の底流を色あせたものにし、〈共和国に向かうのは健全だが、それだとイギリスの庇護を失ってアジアの強国の脅威にもろにさらされる。やはりイギリスとの絆を太くするしかない〉というこの国の本質的な保守性を際だたせた。イギリス防衛の名の下に、総人口500万未満のうち40万の壮丁が中東および欧州戦線に赴き、8万(一説には6万弱)が戦死した。イギリス軍参謀本部と時の海相W.チャーチルの無謀な作戦によって、*ANZAC(オーストラリア・ニュージーランド連合軍)が戦死約1万、負傷約2万3000の被害を出して敗退した。ダーダネルス海峡内の*ガリポリ半島での戦闘(1915年4〜12月)は、オーストラリア、ニュージーランド両国内で聖戦視され、あらゆる悪しき保守性の結節点となっている。1926年イギリスは自治領の内政・外交の自治権を認め、31年*ウェストミンスター憲章として法制化したが、カナダとアイルランド自由国は即座にそれを批准したのに、オーストラリアは42年、ニュージーランドは47年まで批准しなかった。対英依存はこの点にも強く現れている。

第2次大戦ではオーストラリアの掲げる白豪主義に反対し続けてきたアジアの強国日本と戦う羽目になったが、総人口743万中、ヨーロッパ、中東、東南アジア全域での死者・行方不明者3万4000弱、負傷者4万弱の被害ですんだ。また小規模の空襲を除いて、日本軍による本土侵攻はなかったが、ダーウィン空襲や特殊潜航艇によるシドニー湾攻撃など、外国勢力による初めての本土攻撃の衝撃は大きかった。1941年労働党内閣首相*カーティンはイギリスとの絆を断って対米依存に踏み切り、翌年のシンガポール失陥後、チャーチル首相の反対を押し切ってヨーロッパ戦線からビルマ戦線へ転送中の自国軍を本国に回収した。42年太平洋方面連合軍最高司令官マッカーサーはマニラを退去し、メルボルンにGHQを移した。この戦争は結果的にオーストラリア人をアジアに向かって強く目覚めさせることになった。

[冷戦構造の中での対アジア政策] 1945年に北の隣国インドネシアで発生したオランダ支配廃絶をめざす民族独立戦争が契機となって、白豪主義による国家存続政策はゆらぎ始めた。

またイギリス系や西ヨーロッパ系以外にナチスを逃れた東ヨーロッパ系移民が増え、小型の多民族社会に移行し始めた。その東ヨーロッパの社会主義化、そして社会主義中国の誕生によって、国民の恐怖の対象はアジアから共産主義へと徐々にすり変えられていった。しかし交戦国日本への恐怖は潜在し続け、対日講和条約には連合国中で最後まで反対した。50年に勃発した朝鮮戦争は、アジアと共産主義という二大恐怖が合体したものと受けとられ、オーストラリアは直ちに派兵した。戦死者339名、捕虜29名を出す一方、羊毛の特需で牧羊業者は大もうけした。

このような国内状況を巧みに外交政策と結びつけ、内心は対英依存、実質は対米依存の上に確実に国家を存続させたいという国民多数の心情を基に、1949年から66年まで長期政権を築いたのが後期自由党(1944結成)の*メンジーズであった。アメリカ、ニュージーランドとの*ANZUS条約(1951調印)、東南アジア条約機構への加盟(1955)によって反共政策を確立し、同時にアジアが共産化するのは生活水準の低さに起因するとの見地から、イギリス連邦諸国をまとめ、のちには日本、アメリカその他の国々もまじえ、東南アジア諸国への技術援助を軸とした*コロンボ計画を主導した。しかし国内では、共産党非合法化を目的とする憲法修正が1951年の国民投票の結果否決された。56年のメルボルン・オリンピックは、南半球最初のものとしてメンジーズ政権の最盛期を彩った。

60年代に入ると、イギリスのEC加盟(実現は1973年)がオーストラリア経済に及ぼす影響が懸念され始めた。しかし同時に、鉄、ボーキサイト、ウランなどの卑金属採掘ブームが起こり、日本、アメリカが最大の顧客となった。国民の生活水準は飛躍的に上がり、70年代の労働党による福祉政策の物質的基盤が築かれ始めた。66年に通貨をポンド制からオーストラリア・ドルの十進法に変更した。65年のベトナム派兵は国内に反戦運動を引き起こし、アメリカから入ってきたカウンターカルチャー的雰囲気を助長することになった。

[ウィットラム政権の輝きと70年代] 前述のように60年代には東ヨーロッパ、中東からの*移民、難民が増え、例えばメルボルンがアテネ、ニューヨークに次ぐ世界第3位のギリシア人人口を擁するなど、オーストラリアは*多民族社会化して、古い体制を打破する荒

ごなしが行われた。1967年には国民投票による憲法修正で、アボリジニに公民権が与えられた。ベトナムへの軍事介入削減、文化助成の強化などリベラルな政策を打ち出したゴートン John Gorton 内閣が、後に首相となるフレーザー国防相の離反によって1971年に挫折すると、保守の退潮はとどまることもなく、72年12月に23年ぶりにウィットラムの労働党政権が誕生した。新内閣は最初の1ヵ月間に中国承認(翌年には貿易協定を締結)、ベトナム介入中止、徴兵制撤廃を実現した。1950年代半ばからアボリジニの間に起こっていた土地権要求運動に、ウィットラムは歴代首相として初めて実現への手を打った(調整や実務化に手間どり、実現はフレーザー政権下の1977年になった)。また国連信託統治領ニューギニアとオーストラリア領パプアを1975年にパプアニューギニアとして独立に導き、自国を植民地主義から脱却させた。健康保険制度(メディバンク・システム。ホーク政権下の84年以降メディケアに改制)を中核とする社会福祉制度の確立や、大学授業料の廃止(ホーク政権下の87年以降は大学運営費をとり始めた)を含む教育予算の拡大も行った。1890年代の第1次文化興隆期の偏狭なナショナリズムを超克した新しい独自の文化創出を目的とする大幅な文化助成政策は、十分に浸透したカウンターカルチャーのオーストラリア文化界への刺激もあって、第2次文化興隆期の基を開いた。しかしこの高福祉政治は、1974年の国際的な石油危機とともに結果的にインフレと失業を増大させ、75年10月、野党が多数を占める上院が予算案通過を阻んだ。ウィットラムが上院半数改選で対抗すると、11月11日、カー John Kerr 総督は憲法第64条に基づいて、〈1975年の憲法(憲政)危機 Constitutional Crisis〉として歴史に残る首相解任、議会解散を断行した。国論沸騰する中で行われた総選挙では、フレーザーの率いる自由党・地方党(82年˚国民党と改称)連合が史上最高得票で政権党となった。

フレーザーは新しいタイプの強力な現実主義的保守政治家で、メンジーズのようにイギリス王室への感傷がなく、社会をエリート層中心に見はするものの、社会全体を強力な行政機構の統括下に置き、その上で一般大衆の政府への過大な要求を巧みに拒み、1960-70年代に高まった民衆の政府への期待度を下げていく形でインフレの鎮静にある程度成功し、以後2度の選挙にも勝ち抜いた。外交面では、旧ポルトガル領ティモール問題で前政権が対決していたインドネシアと融和政策をとる一方、アパルトヘイトの南ア共和国とはスポーツ・文化面の交流も断じ、ジンバブウェ独立ではイギリス連邦内で率先して独立を支持するなど、対米一辺倒でない政策を数多く打ち出した。ただソ連の原子力潜水艦によるインド洋制圧を恐れての強烈なソ連脅威論が保守の地金を露呈した。国内的には、インドシナ難民の大量受入れ(1993年までに13万人以上。アメリカに次いで2位)、アボリジニ土地権の実務化、各民族集団の母国語で放送する˚エスニック・ラジオ(1975開始)、〈文化多元テレビ〉(1980開始)など、前政権以上にリベラルな面で実績をあげた。しかし〈1975年の憲法危機〉を経ての政権成立という、後ろ暗い事情、さらにフレーザーの傲岸さなどが新聞関係者の不評を買い続けた上に、79年の石油値上げ以降の国際経済不況に対処するため、81年ころから従来の引締策を棄て国内経済刺激政策に転じた結果、再び年間インフレ率、次いで失業率ともに10％を超えるという最悪の事態に逆戻りし、83年3月、4度目の総選挙に敗れ、メンジーズ政権に次いで2番目に長い政権の幕を閉じた。

[ホーク労働党政権下の80年代と入植200年] 代わって登場した労働党政権の˚ホーク首相は、長く日本の総評にあたる˚オーストラリア労働組合評議会(ACTU)の議長を務め、また労働党党首の経験もへてきた大衆的カリスマ性の強いユダヤ系の政治家で、労働党議員団リーダーになってわずか1ヵ月余りで首相の座に就いた。しかし前政権が残した10億オーストラリア・ドルの財政赤字を抱え、オーストラリア・ドルの10％切下げ、政・労・資そして消費者各代表による〈経済サミット〉開催など、経済立直しに追われている。現状では、理想主義的だったウィットラム政権の轍を踏まないためにも、むしろ前保守政権より保守的な側面すら打ち出す必要に迫られ、ウィットラムの系譜を継ぐ党内左派との亀裂が生じた。

以後彼は84年、87年、90年の総選挙を勝ち抜き、労働党では最長不倒政権を維持しただけでなく、自由党のフレーザー政権が持つ史上第2の長期政権の記録を更新した(当時)。しかし、拡大した自国中流層に合わせて下層を切り捨て、自党の〈中流化〉を断行、政権存続を絶対命題にするプラグマティズム(例えばソ連敵視、外国銀行の開業許可、その他財政引締め緩和と民営化促進、党綱領に違反してウラニウム

禁輸をフランスに対して解禁。最後の例は、"南太平洋非核地帯条約の締結国である隣国ニュージーランドをも怒らせた。同国はフランスを、南太平洋での核実験の元凶の一国として非難してきた）は、自党左派の不満を募らせただけでなく、国民の左派層を民主党や無所属派に走らせ、これら中間派（労働党主流より左傾）の躍進をひき起こした。しかし、ホークは抜群に目先の利くブレーンを擁しており、彼らは自国の〈左派〉主流は、女性運動や環境問題など個別問題で急進的な以外は総体的に保守的、と見切っていて、例えば84年は女性層に、勝利の確率は35％しかないと言われた90年ですら環境保護派に、それぞれ集中的に働きかけ、僅差で自由党・国民党連合に勝利を収めてきた。このプラグマティズムは、レーガン政権や自国のフレーザー政権が大胆に革新派路線の一部（例えば後者は"多文化主義政策を労働党から横取りした）を奪うことで自らを活性化、膨大な革新票を獲得した経緯を逆手にとって保守を封じ込める戦略に支えられていた。

1980年代当時、オーストラリアは1400億ドルの対外債務を抱えていた。それは、日本がオーストラリアからの原料輸入を手控え、欧米も輸入抑制策に転じた困難な状況を打開すべく、ポール・キーティング蔵相が海外資本のオーストラリア民間企業への投資を推進した結果であった。政府の借金ではないし（政府としては黒字）、ゆくゆくは利益を生むものではあったが、当時の先進諸国の賃金上昇率が4％平均なのに対して、この国は8％に達していたため、投資の利益率を下げた。また投資を活かすためには環境開発を優先しなければならないので、結果的に環境保護派の票を失うというジレンマがあった。環境問題と同時にこの政権のいわば国際的倫理性の尺度とされるのが移民受入れと多文化主義政策だったが、これまた財政圧迫の重要な原因になっていた。

この困難の中でホーク政権は1988年この国のく入植200年〉を祝い、ブリズベーン万博（過去22回の世界各地の万博では最初の黒字）その他の行事を成功させた。また教育の平等を重要公約としてきただけに、前政権時代の就学率36％を62％にあげた。さらにウィットラム労働党政権をつぶす元凶になった自国憲法からイギリスの介入を許す未整備条項を排除した。

[**キーティング労働党政権からハワード自由・国民保守連合政権へ**] 1983年に誕生した労働党の"ホーク政権は、革新政党でありながら保守政党の表看板である規制緩和、民営化、小さな政府を基軸とする〈経済合理主義〉政策を横取りした点では、アメリカのクリントン政権を先取りしていた（これは保守の"フレーザー政権が多文化主義などの革新アジェンダを横取りした戦略と奇妙な対照をなしている）。しかしその経済政策の舵取役を担ったキーティング蔵相との軋轢が進み、1990年に4度目の総選挙連続勝利という、労働党はじまって以来の快挙をなし遂げながら、蔵相の造反で91年末、自党議員による評決でホークは首相の地位を追われ、キーティングが政権を引き継いだ。キーティングはアイルランド系では5人目の首相で、アイルランド系の台頭という点では、オーストラリアはアイルランド系大統領が3人のアメリカを凌いでいる。キーティング側はホークが1990年の総選挙勝利で政権を蔵相に禅譲するとしたくキリビリ合意〉(1988)を破った事実を、政治評論家を使って暴露するなど、なりふり構わぬ戦術を使ったが、ホークも政権への妄執を露呈し、晩節を汚す結果になった。

ホーク政権の長期化は、敵味方の合意を基礎にするホークと、果断な政策を強力に推進するキーティングという、対照的な取合せで最強のコンビを形成できたためだったが、片肺飛行となったキーティング政権は、1993年の総選挙では自由・国民両党連合の候補ヒューソン John Hewson の未熟さと彼の消費税政策を攻撃することで勝利を収めたものの、以後、苦戦を強いられる。売物の経済合理主義政策の結果、ホーク政権は160万人に就労を創出しながら、投資増による輸出増という政策がうまく作動せず、1990年代半ばから失業率が10％を超え、キーティングが政権を引き継いだ時点では60年ぶりの不況がこの国を締め上げていたにもかかわらず、新首相はくオーストラリアが経なければならなかった不況〉と発言するなど、傲岸な性格を露呈させ、人気は下降の一途を辿った。

しかしキーティングはイギリス君主を戴く自国の立憲君主制を共和制に変え、さらには南シナ海だけでなく、インドからアフリカに至るインド洋沿岸諸国にまで通商圏を拡大する遠大な構想（1995年、パースに関係28ヵ国の代表が集合）を打ち出し、また"アボリジニの土地権を認める最高裁判決（1992年。別名"マボ判決）を受けて、オーストラリア白人積年の罪科の贖罪を法制化する方向を打ち出す

など、きわめて理想主義的な政策を推進しようとした。自国を共和制に変えた2000年にシドニー・オリンピックを主導するのが彼の夢だったが、経済的失政を挽回できず、長年の自党支持層である労働党からも離反、さらにはアボリジニやアジア系優遇への反発からその支持層が右傾化し、1996年の総選挙に大敗、13年の長きにわたった労働党政権は自由・国民両党連合と交代した（国民党は元の地方党）。

[**ハワード保守連合政権の長期化**] 新首相・ハワード John Howard は1987年にホークに敗れながら不死鳥のようにカムバックしたベテラン政治家で、労働党につけた44議席という大差を基盤に、98年の総選挙でも辛うじて勝利を収めた。オーストラリアの失業率は改善されず、1997年のタイ・バーツ切下げに始まるアジア始発の世界不況で揺さぶられた国民はハワード政権が掲げる消費税を代替とする減税政策にしがみついたものの、主に農村部の白人労働者の間に不満が広がり、マボ判決を重視したキーティング政権後期にすでに登場していた、ハンソン Pauline Hanson が率いた人種差別的なワン・ネーション党が与党票を蚕食した。にもかかわらず労働党は敗れたから、13年の長期政権の負の遺産は深刻であった。

またキーティング政権の置き土産、共和制化も、君主制派のハワードの巧みな誘導で99年11月の国民投票では共和制派を敗北に追い込んだ。国民多数が共和制下では直接選挙の大統領を望んだにもかかわらず、首相選任の大統領とする案で投票に持ち込み、それに不満な本来の共和制派を結果的に君主制派側になびかせたハワード側の戦略勝ちだった。19世紀半ばから連綿と続いてきた共和制運動は、今もその実現のめどはたっていない。

同99年ハワードは、隣の大国インドネシアはもとより、東南アジア諸国連合（ASEAN）諸国の反発にもめげず、東ティモール救援で主導権をとった。これもまたキーティングの、アジアとの絆の強化策に水をさしたわけである。また、1998年頃から急増しはじめたアフガニスタンからのボートピープルに対しては、偽装難民だとして、容易に受け入れなかった。2001年8月から9月には、アフガニスタン人難民を救助したノルウェー船《タンパ号》がオーストラリアに寄港しようとしたところ、海軍を派遣して阻止、ニュージーランドやパプアニューギニア、ナウルなどに引き取らせた。これは〈太平洋ソリューション〉と呼ばれ、人権擁護団体等から非難されたが、同年11月の総選挙でハワードは再び勝利した。同年9月のアメリカ同時多発テロや、02年10月のバリ島爆弾テロでオーストラリア人犠牲者多数が出るなどしたため、国民の多くがアジア、特にイスラム圏からの難民に対して強攻策を採り続けるハワード政権を支持し続けた。03年3月対米協力の一環としてイラク戦争に参戦、以降、豪軍は主にイラク南部に駐留した。05年3月日本の陸上自衛隊が活動していたサマーワからオランダ軍が撤退すると、治安維持部隊は豪軍から増派された。

04年10月の総選挙でもハワード政権は、新自由主義経済に基づく規制緩和や、中国を中心とする資源ブームによる好景気に支えられ、労働党に圧勝、オーストラリア史上初めて4期続けて首相の座に就いた。また初めて上院議席の過半数を獲得したことで、これまで議会を通せなかった電気通信業テルストラ社の完全民営化法、大学生の自治会加入義務付け禁止、そして、オーストラリア労使関係委員会（AIRC）の権限を縮小する一方、労働組合に対する規制を強化し、労働市場の柔軟化促進を主眼においた新労使関係法〈ワーク・チョイス Work Choices〉を05年に成立させた。

このように磐石に見えたハワード政権であったが、〈ワーク・チョイス〉が06年3月に施行されると、同年中盤あたりから世論調査で労働党にリードされるようになった。それでも首相にふさわしい人物としてはハワードが優位を保っていたが、同年末、労働党党首にケビン・ラッド Kevin Rudd が就任すると、労働党への支持がさらに広がり、ラッドが首相にふさわしいと支持する人もハワードのそれを上回った。クイーンズランド州出身のラッドは中国語が堪能で、外交官の経験があり、01年から〈影の外相〉を務め、05年6月からは国際安全保障および貿易の影の大臣も兼任していた人物である。この劣勢を挽回すべくハワードは、07年2月には米国大統領選のオバマ民主党候補のイラク戦争への発言に対して、テロを助長するとして激しく非難、同年8月には、先住民の子供への性的虐待などの暴力鎮静化、および、コミュニティの生活状況改善のためとして〈ノーザンテリトリーにおける国家的危機への対応法〉を制定、先住民政策をノーザンテリトリー準州政府から連邦政府へと移管するなど、強い指導者像を再び前面に打ち出した。さらに同年9月地元シドニ

ーで開催されたAPECでハワードは議長を務めたが、世論の支持が回復することはなかった。

[ハワード長期政権の終幕とラッド労働党政権の誕生] 07年11月の総選挙は、ラッド率いる労働党が保守連合に大差をつけて圧勝した。ハワード首相自身も落選するなど、12年近く続いたオーストラリア歴代2位の長期政権はあまりにもあっけなく幕を閉じた。同年12月に第26代連邦首相に就任したラッドは、これまでの保守連合政権の政策を矢継ぎ早に転換、早くも同月には京都議定書に調印、イラク駐留のオーストラリア軍部隊を撤収させる交渉を関係各国と開始した（09年7月末撤退完了）。08年2月には連邦議会で先住民児童政策や〈盗まれた世代〉への謝罪演説を行った。同年6月首相として初来日したラッドは広島から訪問を始め、京都大学での講演では〈核不拡散・軍縮に関する国際委員会〉の設立を提案、核軍縮に取り組む姿勢を鮮明にした。この日本訪問時に〈アジア太平洋共同体〉構想も提唱している。同年9月に発生した世界金融危機が深刻化すると、2度にわたり総額525億豪ドルにものぼる景気対策を実施、中国への資源輸出も回復基調にあるため、18年ぶりに景気後退に入る危惧は出ているが、他の先進諸国と比べ経済成長の落ち込みは少ないであろうと予想されている。09年3月には労働者の公正な最低賃金及び労働条件を守ることを意図する〈フェア・ワーク法 Fair Work Act〉が成立、〈ワーク・チョイス〉に取って代わった（同年7月施行）。同年12月ラッド政権は3年目を迎えるが、首相就任以降の世論調査ではほぼ6〜7割の高い支持率を維持している。

越智 道雄＋村上 雄一

【政治・外交】

[政治] オーストラリアは、イギリス国王をオーストラリア国王として元首に抱く立憲君主制をとっており、国王の代理として連邦総督 Governor General が置かれている。連邦憲法を文字通りとれば、連邦総督は立法・行政に独裁的な権限を有しているが、実際は憲政上の慣習に従い内閣の助言によってのみ権限を行使する。連邦における唯一の例外は、1975年11月11日にカー総督が〈ウィットラム政権を解任した憲政危機である。

オーストラリアは、下院選挙で過半数の議席を獲得した政党ないし政党連合のリーダーが、総督の任命を受けて首相となり、内閣を組織する議院内閣制を採用している。ところが、成文憲法上は内閣も首相も存在していない。オーストラリアにおける議院内閣制は、憲法上の慣習によって支えられている。

オーストラリアは、1901年1月1日に6の植民地が対等に連邦を結成して成立した。6州は、連邦上院に同じ上院議員数を確保するなど、連邦憲法上確固とした地位を占めている。連邦憲法は、連邦議会に立法権限があるものとして40項目を列挙し、ここに明記されていない、たとえば初等・中等教育、公立病院、州内の交通、警察、土地管理、ギャンブル、上下水道、鉱山採掘、森林伐採、あるいは環境や水質といった住民の日常生活や経済活動に最も密接にかかわる権限は州の手にある。ただし、現実として州政府は、徴税権限の多くが連邦にあるため税収不足であり、連邦からの交付金に依存しているため（垂直的財政不均衡）、州から連邦への権限の移動が続いている。

議会制度をみると、連邦および1922年に上院を廃止したクイーンズランド州を除く5州は二院制を採っている。二院制を採っている連邦および州では、下院議員と上院議員が異なった選挙制度によって選出されており、党派の構成が二院で異なる可能性が強い。議会の任期は、連邦とクイーンズランド州が3年、それ以外は4年であり、また解散のない固定任期へ移行する州が増えている。連邦下院は、現在定数が150名で総選挙後の議会開会日から3年の任期であるが、実際には総選挙から3年近くで解散する場合が多い。76名（各州12名と2特別地域各2名）で構成される上院は任期が6年であり、下記の両院解散総選挙のとき以外は原則として3年ごとに半数が改選される。例外はACT（オーストラリア首都地域）とノーザンテリトリーであり、ここでは下院議員選挙のたびに上院議員も改選される。

オーストラリアの上院は、おそらく世界でもっとも強力な上院の1つであろう。憲法上、連邦上院は連邦政府の支出に関する法案や税金を課す法案（金銭法案）を発議、もしくは修正したり、その他の法案に関して国民の負担を増加させるような修正を提案したりすることはできない。しかし、金銭法案でも下院に対して期間の限定なく何度でも修正要求を行うことができ、またこれ以外の議案については上下両院の権限は同じである。さらに金銭法案であっても、下院が上院の満足する行動

をとらなければ，上院はその法案を否決できるのだから，実質的に上院は金銭法案に関しても修正権限をもっていると考えてよい。両院の意見が対立した場合，下院の多数党によって構成される政府は，一定条件下で下院と上院の両方を解散することができ，そのような選挙後は一定条件下で上下両院の合同議会を召集できる。

オーストラリアの政党制度は，'労働党とそれに対抗する政党との2党制が1909年以来今日に至るまで継続していると一般に考えられている。オーストラリアにおける純粋な2大政党制は，1909年から19年までのわずかな期間に過ぎないが，それ以降も60年近く実質上は2党制が続いていた。地方党(現'国民党)は，22年以来ほとんど常に'自由党との連立関係を維持しており，1950年代半ばから1974年まで存在した民主労働党も，反労働党勢力の明らかな一部であった。しかし，77年にオーストラリア民主党が登場し，80年の総選挙で上院の勢力均衡を得ると，オーストラリアの2党制は大きな変化の時を迎えた。近年は，民主党は議席を失ったが，グリーンズ(いわゆる緑の党)や無所属議員の進出が著しい。

杉田 弘也

[外交，安全保障] オーストラリアは，広大な国土に少ない人口が大陸南東部に偏在しており，国防困難な地理的環境に置かれている。くわえて，白人入植時に，遠く離れたイギリスから流刑地に連れて来られたという歴史的経験から，国民は孤立感を強くし，〈北からの脅威〉に大きな不安を抱いてきた。そこでオーストラリア政府は，自力で対処が可能な分野では，1906年にパプアニューギニアの統治権をイギリスから譲渡されたように，南太平洋での自国の勢力圏を拡大したり，'白豪主義を国是としたように，異質な集団を遠ざけようとした。日露戦争以後半世紀にわたって仮想敵と認識された日本のように，自らの手に余る脅威に対しては，文化的に同質で〈偉大にして強力な盟邦〉たるイギリスの軍事協力に頼る戦略を採用した。そこで，有事の際の支援を確実にすべく，第1次世界大戦時の'ANZACグンの奮闘に代表されるように，積極的に海外派兵して多くの若者の血をもって対英忠誠をアピールしたのである。大戦後も長期に国政を担った保守連立政権は，日本の軍事的野心が南方に迫ってきた段階でもなお，国防の対英依存戦略を墨守し続け，第2次世界大戦が勃発すると，貴重な戦力を欧州・中近東での対独戦に投入するほどの徹底した追随ぶりであった。

しかし，真珠湾攻撃の数ヵ月前に成立した，'カーティンを首班とする労働党政権は，本土防衛を重視する戦略に転換し，史上初めて国土が外敵に脅かされる危機に際しても，米軍との協力を通じて対日戦を闘い抜いた。45年からの'チフリー政権も，'エバット外相の主導もあり，国連総会での中小国の発言権確保やインドネシアの独立支持といった，新しい外交の方向性を試みた。

これに対して49年からの長期保守連立政権は，'ANZUS条約を締結して対米同盟を国防の基軸に据えた。反共主義的感情も手伝い，朝鮮・ベトナムと参戦し，海外派兵を通じて信頼できる同盟国であることを，新たな庇護者アメリカに印象付けようとしたのである。とはいえ，保守連立政権といえども，己が置かれた地理的環境という現実から逃避するわけにはいかず，'コロンボ計画の推進に積極的に取り組むなど，アジアと正面から向き合おうとした。伝統的イギリス市場が先細りとみるや，根強い国内の反日感情を超えて57年に'日豪通商協定を締結し，以後対日貿易は対外経済関係の中心的位置を占めるようになっていく。対して，61年にイギリスがヨーロッパ経済共同体に加入申請すると，これに大きなショックを受け，超親英派の'メンジーズ首相でさえも，アジア太平洋地域との関係拡大は不可避と認識し始めたが，一方でアメリカに追随してベトナム戦争の深みにはまるという，中途半端な対応をみせた。

この流れを一気に刷新しようとしたのが，72年に成立した'ウィットラム率いる23年ぶりの労働党政権で，〈より独立した〉対外関係を提唱したが，資源ナショナリズム的な方針を打ち出したこともあり，急激な路線転換として警戒を覚えたワシントンとの間に不協和音を招いた。また近隣のアジア諸国との友好を重視するあまり，ウィットラムはインドネシアの東ティモール侵攻・併合に不干渉方針で臨み，この政策はその後も継承されていった。その後のフレーザー保守連立政権は，75年の憲政危機をめぐる権力闘争の激しさとは裏腹に，反ソ・親米路線を鮮明にした以外は，アジア重視の外交方針を継承したのみならず，東南アジア諸国支援の立場から多くのインドシナ難民を受け入れて，ウィットラムが導入

した"多文化主義をコミュニティに定着させるうえで大きな役割を果たした。

83年に誕生した"ホーク労働党政権は，危なっかしいと有権者の不信を買ったウィットラム時代の教訓から，対米同盟を堅持する方針を貫き，ニュージーランドの労働党政権が反核運動を展開したのにも動じず，米艦船の寄港を容認し続けた。ホーク政権の最大関心事は，戦後最悪といわれた経済危機からの脱却であったから，その外交努力ももっぱら危機の原因である国際収支悪化の改善に向けられ，"ケアンズグループを結成したり，"アジア太平洋経済協力（APEC）の設立を主導して，オーストラリアの輸出環境の整備に努めた。91年にホークの後継として"キーティングを首相に冠した労働党政権は，経済が復調してきたこともあり，"エバンズ外相を先頭に，アジアとの連携と多国間協力を重視するミドルパワー外交を精力的に展開して，新生オーストラリアの存在感を冷戦後の世界に向けて強烈にアピールしようとした。またキーティングは，アジア近隣諸国との安全保障協力にも踏み込み，95年には60年代に軍事的に対峙したインドネシアとの間に安全保障維持協定を締結するに至った。

96年に政敵のキーティングを破った"ハワードを首班とする保守連立政権は，こうした前政権のシンボル重視の外交路線を次々と覆そうと試みた。政権奪取早々，対米同盟基軸をことさら強調すると，対中国包囲網強化の企てとして，北京の強い反発を買ってしまった。99年に国連東ティモール多国籍軍の主力として豪国軍が現地の騒擾に介入せざるをえない立場に置かれたときも，ハワードは米軍の参加を非常に強く願うあまりか，アメリカの〈副官〉としての役割を担う意向と報道されてしまった。それ以前の無神経な言動もあり，ハワードはアジア諸国から傲慢として強い非難にさらされていた。ところが，2001年はハワードの対地域外交に追い風となった。9.11全米同時テロの衝撃は強く，01年アフガン，03年イラクと，保守連立の伝統に則って豪国軍を米同盟国支援に派遣するのを正当化しただけでなく，02年以降もバリ島爆弾テロなどが続いたこともあり，インドネシアなど周辺アジア諸国との間に，テロや人間密輸対策など非伝統的分野を中心に安全保障協力を飛躍的に発展させた。また，脆弱化が深刻になってきたソロモン諸島など南太平洋島嶼国にも，治安の維持のため軍や警察の要員を介入させるようになった。

経済面では，21世紀に入ってから，中国への資源エネルギー輸出が急増し，インド市場も著しい成長をみせる一方で，シンガポールやタイなど二国間自由貿易協定を結ぶなど，着実にアジアとの関係を深めていった。97年のアジア通貨危機の際には，日本と並んでインドネシアなどに金融支援を続け，他の欧米諸国と一線を画したこともあり，2005年にはハワードは第1回東アジア首脳会議に招かれるまでに至った。07年の選挙でハワードは敗れ，流暢に中国語を操る外交官出身のラッドが率いる労働党政権が誕生したが，予想に反して対中接近に一気に走ることはせず，日本も含めた地域諸国との安全保障協力を重視するなどして，従来のアジア太平洋地域での蓄積のうえに，新たにインドも加えた形での協力の道を模索している。

福嶋 輝彦

【経済】 1901年，太平洋の南西端に位置する隔絶された大陸上の6つのイギリス植民地が連邦を形成してオーストラリアとなった。各植民地は主に羊毛，小麦，砂糖などを中心とする農畜産物および銀，銅，鉛などの鉱産物の輸出を通じ，19世紀末には全体として世界最高レベルの生活水準を実現していた。創設された連邦政府の経済政策の重点は国民の日常生活を守ることに置かれることとなり，早い段階から産業保護，労使紛争の調停・仲裁，移民規制，未就業者への所得分配システムが制度化されていった。産業保護は，〈幼稚産業保護論〉を背景としつつ，雇用対策，移民拡大策としても受け入れられ，高関税・輸入数量規制を通した製造業保護のみならず，価格支持などによって農業保護にも適用された（全産業保護 protection all round 政策）。第1次世界大戦，世界恐慌，第2次大戦により世界からの孤立と輸入製品の枯渇への国民の不安感が募ると産業保護レベルが引き上げられ，輸入代替工業化と生産品目多様化および都市・地方間格差是正の意味で〈バランスの取れた〉経済構造の確立が目指された。全産業保護政策は各産業の生産者・雇用者と労働組合に強固な既得権益を生み出した。

全産業保護政策による政府の過剰な市場介入と資源配分の歪みから生じる非効率性は，輸出志向の農業・鉱業および輸入原材料に依存する製造業から戦後一貫して批判されていたが，その声が高まったのは1960年代半ば以

降である。折からの鉱産資源ブームにより外貨獲得手段としての農産物の重要性が相対的に低下したのを受け，政府介入を漸減させる農業生産効率化プログラムが70年代を通して実施された。一方，70年代初頭まで続いた鉱産資源ブームはオーストラリアに大幅な経常収支黒字をもたらし，豪ドル引き上げ圧力が高まった。しかし当時政府が実施した豪ドル引き上げは小幅にとどまり，その影響で資本流入とマネーサプライが急増，インフレ圧力増大につながった。政府は73年，経常収支赤字削減のため輸入関税の全品目一律25％削減を実施する。これは全産業保護政策転換の第1歩とみることもできるが，直後に発生した石油危機によってアメリカ，EC，日本などの主要貿易相手国・地域の景気が後退し，農産物・鉱産資源国際価格が低迷，オーストラリア経済もまた不況に陥る。高インフレ，高失業率に見舞われた国内産業および労働組合による保護主義政策強化の主張が再燃した。

オーストラリアが本格的に経済構造調整に取り組み始めるのは，1980年代に入ってからだった。世界的な経済環境の変化(伝統的1次産品への需要減少)により70年代半ば以降オーストラリアの交易条件は悪化の一途をたどり，経済不況は長期化していた。消費財，資本財，中間財の輸入支払いを国際競争力のある1次産品の輸出で獲得した外貨に全面的に依存する従来の経済構造では新たな環境に適応できず，国民全体の生活水準を維持できないという危機感は産業団体・労働組合といった既得権益層にも共有されるようになり，80年代半ばまでに伝統的な保護主義政策への支持はほとんど影響力を失った。自由化・規制緩和はまず金融部門から着手され，為替レートの変動相場制への移行，外貨取引規制の撤廃，外国銀行の国内営業認可，銀行利子率の自由化などの措置が80年代に次々と実施された。同時に生産性向上，輸出拡大などを意図した製造業部門の特定産業(鉄鋼，自動車，造船，医薬品，情報技術分野など)に対する個別産業政策や労働組合との物価・賃金に関する政策協定(アコード)が導入された。その後，国営企業(カンタス航空，コモンウェルス銀行，テレコム[現テルストラ]など)の民営化も開始される。しかし，これらの施策はすぐには産業全体(とくに製造業)の生産性向上，競争力強化には結びつかず，ここに至って政府は産業保護措置の全面撤廃を決断する。87年にすべての輸入数量規制の段階的撤廃を発表，80年代末から90年代初頭にかけてはすべての製造業に対する段階的保護削減プログラムを発表し，実施に移された。農業についても残存していた保護措置(酪農製品の価格支持，砂糖輸入数量制限など)の多くを撤廃した。段階的自由化・規制緩和プログラムが一段落した現在，オーストラリアは世界で最も自由で開かれた経済の1つになっている。

これらの自由化・規制緩和措置のほとんどはオーストラリアが一方的に導入したものである。ゆえに市場規模の小さいオーストラリア経済にとっては，1次産品ばかりでなく，新たに競争力獲得を目指す製造業，サービス業部門でも可能な限り自由な貿易・投資が保証されている必要があった。このためオーストラリアはGATT/WTO体制の維持・強化に積極的に取り組むようになり，ウルグアイ・ラウンド(86～93年)ではいくつかの顕著な行動をとった。1つは農産物輸出国を糾合して▶ケアンズグループを結成し，米国，EC(EU)に続く農業交渉の第3勢力を形成したことである。オーストラリアは同グループのリーダーとして農業交渉に直接かかわり，GATT史上初めて農産物貿易にすべてのGATT規則を適用する合意形成に成功した。もう1つはAPEC(▶アジア太平洋経済協力)の創設である。80年代末から90年代初頭にかけてウルグアイ・ラウンド交渉が停滞すると，米国は二国間主義や北米自由貿易協定を通した地域主義に向かう傾向を示した。欧州もEUを形成し，政治・経済統合を加速した。巨大経済ブロックの出現を懸念したオーストラリアは，アジア太平洋地域での地域経済協力を足がかりに世界大の自由貿易・投資を促進する方針をとる。その具体化がAPECイニシアティブだった。89年に創設され，米国，カナダ，日本，韓国，ASEAN諸国などが参加したAPECは(98年までに中国，台湾，香港，ロシア，メキシコ，チリ，ペルーなど21ヵ国・地域が参加)，年次閣僚会議で一貫してウルグアイ・ラウンドの早期妥結を求め，同ラウンドの93年末の終了に寄与した。

80年代末以降のオーストラリアでは，経済構造調整とともに成長著しい東アジア諸国(日本，中国，NIEs，ASEAN諸国)との関係緊密化が不可欠と認識され，APECはそのための重要な枠組にもなった。97年のアジア通貨(金融)危機を契機としてAPEC活動が停滞し，東アジアで地域主義的な傾向が強まると，オ

【オーストラリア】表 オーストラリアの主要貿易相手国・地域　　　（商品輸出入総額に占める割合，%）

〈輸出〉

年度	EU諸国	アメリカ	日本	中国(含香港)	韓国	ASEAN諸国
1991/92	13.3	9.5	26.5	6.5	6.1	13.4
1995/95	11.5	6.1	21.6	9.0	8.7	15.4
2000/01	11.9	9.7	19.7	9.0	7.7	13.3
2005/06	12.4	6.4	20.4	13.8	7.7	11.1
2008/09	10.4	5.0	22.8	18.4	8.4	9.2

〈輸入〉

年度	EU諸国	アメリカ	日本	中国(含香港)	韓国	ASEAN諸国
1991/92	23.1	23.0	18.2	5.5	2.4	8.1
1995/95	25.1	22.6	13.9	6.4	2.9	9.5
2000/01	21.8	18.9	13.0	9.6	4.0	14.8
2005/06	21.7	13.6	10.3	14.9	3.9	19.8
2008/09	20.7	11.5	8.1	17.5	3.0	19.9

出所：オーストラリア統計局

ーストラリアは二国間ベースで東アジア諸国との経済関係緊密化に取り組むようになる。シンガポール(2003年発効)，タイ(05年発効)と自由貿易協定(FTA)を締結，マレーシア，日本，中国，韓国とはFTA交渉が継続している(09年時点)。その他にも米国(05年)，チリ(09年)とのFTAが発効している。二国間の取り組みは東アジア地域全体への広がりをみせ，ASEAN・オーストラリア・ニュージーランドFTAの締結(10年発効予定)や，ASEAN＋6枠組(ASEAN諸国，日本，中国，韓国，オーストラリア，ニュージーランド，インド)での地域経済協力，経済統合を模索する東アジア・サミット(05年〜)への参加を果たしている。07年に発足したラッド政権は翌08年に〈アジア太平洋共同体〉構想を発表し，同地域で政治・安全保障分野を含む地域協力，地域統合を推進する姿勢を見せている。

また，オーストラリアは，21世紀に入って(とくに08年のリーマン・ショックを引き金とする世界金融危機後に)，貿易・金融，地球温暖化などの国際交渉の場で発言力を増している新興国(中国，インド，ブラジル，ロシア，インドネシアなど)を含む枠組であるG20のメンバーでもある。

[経済構造]　国内総生産(GDP)に占める第1次産業の比率は11%(鉱業8%，農林水産業3%)，製造業は9%，第3次産業は80%となっている(2008年)。また就業人口全体に占める割合は第1次産業5%(鉱業2%，農林水産業3%)，製造業10%で，最も多いのは小売業(15%)，次いで不動産・ビジネスサービス業(12%)，健康・地域サービス業(11%)の順である(08年)。これらの指標は，本格的な工業化段階を経ずに〈脱工業化(サービス化)〉が進行したオーストラリア経済構造の特徴を表している。一方，輸出総額に占める農畜産物，鉱産物の比率は61%，製造業品は15%，サービスは19%で，輸入総額では消費財が22%，資本財(工作機械・設備など)が18%，中間財(製品原材料)が35%，サービスが20%を占める(08年)。外貨獲得を1次産品輸出に大きく依存する基本的な貿易構造は，経済構造調整に着手した1980年代から大きくは変化していない。08/09年度の輸出相手国は，上位から順に日本(商品＋サービス輸出総額の19.3%)，中国(含香港，17.3%)，韓国(7.4%)，インド(6.6%)，アメリカ(6.1%)，イギリス(5.6%)となり，同様に輸入元は中国(輸入総額の15%)，アメリカ(12.8%)，日本(7.3%)，シンガポール(6.4%)，イギリス(5.1%)，タイ(4.6%)の順になっている。輸出入総額の約半分はインドを含むアジア諸国との貿易である。日本は60年代後半から一貫してオーストラリアの最大の貿易相手国であったが，その地位は2000年代半ばに中国に奪われた(表参照)。

[農業]　年間収量は年ごとの降水量や国際価格変動に大きく左右されるとはいえ，オーストラリアは世界有数の農畜産物生産・輸出国である。農産物は小麦，大麦，モロコシ，綿実，菜種，エン麦，トウモロコシ，ジャガイモ，トマト，サトウキビ，バナナ，オレンジ，リンゴ，洋ナシ，ブドウ，マカダミア・ナッツなどが，畜産物は牛肉，豚肉，鶏肉，羊肉，羊毛などが，また酪農品は牛乳，バター，チーズなどが，気候条件の合う各州で生産，加工され，その多くが輸出される。

[鉱業] 主に中国やインドなど新興国の旺盛な資源・エネルギー需要を受け，2000年代のオーストラリア鉱産部門は基本的に好調な生産・輸出を維持した。計60種類以上の鉱産物を産出するが，主な品目は鉄鉱石（世界産出量の16%），石炭（7%），ニッケル（14%），ボーキサイト（35%），金（11%），銀（9%），銅（6%），ダイヤモンド（31%），鉛（23%），亜鉛（14%），石油（1%），天然ガス（1.5%），ウラン（23%）などである。08/09年度のオーストラリアの輸出額（含サービス）上位10品目のうち資源・エネルギーは7品目を占めた（石炭：輸出総額の19%，鉄鉱石：12%，金：6%，天然ガス：3.5%，原油：3%，ボーキサイト：2%，アルミニウム：2%）。鉱業部門には，BHPビリトン，リオティント，アングロアメリカン，エクストラータ，アルコア，ニュークレストなど多くの多国籍企業が参入している。2000年代に入ってからは既存企業の買収や出資を通した中国企業の進出が目立つ。

[製造業] 製造業のGDP比率，就業者数はともに長期的な漸減傾向にある。付加価値生産は主に食品加工，金属・資源加工，工業用・輸送用機械，化学の分野で行われている。1980年代以降の競争力増強，生産・輸出品目多様化の取り組みは，徐々にではあるが成果をみせている。資源および食料の国際価格の変化に大きく影響されるとはいえ，製造業全体の生産・輸出に占める高度加工品（自動車・自動車部品，機械，医薬品など）の割合は単純加工品（小麦粉，酪農製品，ビール，ワイン，精糖，鉄板，紙，セメントなど）に対して徐々に増加している。高度加工品の主な輸出先はアメリカ，アジアNIEs，ASEAN諸国である。

[サービス業] オーストラリア経済にとって付加価値生産および就業人口の面できわめて重要な産業であり，金融・保険，メディア・娯楽，ビジネスコンサルティング，流通，小売・飲食，観光，政府関係サービス（健康保険，教育，厚生）などの分野が含まれる。2000年代に入って，観光業が重症急性呼吸器症候群（SARS）や新型インフルエンザの影響を受けて伸び悩んだ時期があるのに対し，教育産業は2000年代後半に前年比20%以上のペースで成長している。アジア諸国からの留学生が全体の約80%を占め，とくに中国，インド，韓国からの留学生が人数，伸び率ともに他を圧倒している。しかし，これら留学生を受け入れる職業専門学校，語学学校の一部には適切な施設やプログラムを整備せず，事実上，未熟練労働者の受け入れ機関となっているものもあり，社会問題化している。

岡本次郎

[環境] オーストラリアに対して人々が抱く一般的な印象は，自然に恵まれた希少動物の宝庫であろう。したがって，環境問題にも積極的かつ先進的な取り組みをしているという誤解を生む。たしかに環境問題に熱心に取り組む人々や団体がある一方，発電には石炭火力それもエネルギー効率が悪く，地球温暖化に影響の大きい褐炭が使われるところもあり，いまだに有鉛ガソリンの車が走っている。

オーストラリアの環境は水資源によって左右されている。日本の21倍の面積をもちながら人口が2009年末現在2130万人であるのは，突き詰めれば水資源にたどり着く。ラッド首相は，2050年の人口を3500万とする長期目標を打ち出したが，ここでも水の確保が達成のカギになるだろう。水の豊かなタスマニアを除くオーストラリアの各州は海水の淡水化による飲料水の確保に着手し，すでに稼動しているものもある。クイーンズランド州では，下水の高度再処理によって飲料水を得る計画もある。

オーストラリア最大の河川系であるマリー・ダーリング水系は，1990年代から続く少雨・高温傾向の中で流量が減少し，それに伴ってアオコの発生，塩分濃度の上昇など水質が悪化している。最下流のサウスオーストラリア州は，とくに深刻な影響を受けており，マリー河口に位置するラムサール条約指定地で，コリン・ティーリー作の児童文学の傑作で映画化もされた《Storm Boy》の舞台としても知られる《クーロンCoorong》は，壊滅的な打撃を受けることが懸念されている。マリー・ダーリング水系の問題は，2つの意味で人災である。まず第1に，クイーンズランド州を中心に行われている綿花の栽培は，大量の水を取水することでおそらく限界を超える負荷を水系にかけており，オーストラリアで持続可能な農業や牧畜業が可能なのか，という疑問の声も生じている。第2に，連邦制のもつ限界が露呈された。連邦憲法が制定された際，河川・水資源の管理は州の権限とされたため，流域の4州1特別地域がそれぞれの利益最大化を目指す結果を生んできた。1988年になって連邦政府を議長とするマリー・ダーリング水系委員会が発足し，今日ではマリー・ダーリング水系公社となって連邦水資源大臣に属す

る形を整えたが、各州が自らの利益を全体の利益に優先させる構造は依然残っている。

州政府と環境問題のかかわりは、開発の許認可権限が州政府にあるためしばしば利権がらみの問題に発展しており、とくにニューサウスウェールズ州の労働党政権と開発業者の癒着は頻繁に新聞紙上をにぎわしている。環境保護と開発の主戦場は、なんといってもタスマニアである。敵役は、1970年代後半の（失敗に終わった）ペダー湖保存、1980年代前半の（こちらは成功した）フランクリン川ダム建設阻止などでみられるように、州政府より大きな権限をもつといわれた水力発電公社だった。今日その役割は、林業会社であるガンズ社が取って代わった。ガンズ社による原生林の伐採やその後の植林の手法、あるいは現在計画を進めているテイマー川下流のパルプ工場計画に強い批判が寄せられている。州政府は、ガンズ社の意向に従って環境アセスメントを有名無実にするなど、さまざまな便宜を図っているという非難が聞かれる。

オーストラリアは、諸大陸の中でもっとも深刻な気候変動の影響を受けるといわれている。京都議定書では地球温暖化ガスの排出量の1990年比8％増が認められ、森林による吸収の中に森林の伐採を減少させた効果も含めるといった主張がすべて盛り込まれた。にもかかわらず、▼ハワード政権はこれを批准しなかった。その理由は、第1に石炭を中心とした化石エネルギー産業やアルミニウムなど電力消費の多い産業がいわゆる炭素ロビーを形成してハワード政権に強く働きかけたこと、第2に反芻動物である牛が出すメタンガスがオーストラリアの排出量の相当部分を占めるため、農村を基盤とするジュニア・パートナーの国民党に配慮する必要があること、第3にアメリカのブッシュ政権が京都議定書拒否を打ち出したため、何事にもブッシュに追随するハワード（小型ブッシュということで、オーストラリアでは盆栽bonsaiと呼ばれた）も京都議定書に反対したという理由が考えられる。石炭産業はともかく、気候変動対策によって石炭からの転換が見込まれる天然ガスの大手ウッドサイド石油まで反対しているのは、実に不思議である。

政治的に、環境問題は労働党の得意分野と考えられている。保守側でもたとえばフレーザー政権は、全面的な商業捕鯨禁止に転換し、フランクリン川のダム建設にも反対はしたのだが、ハワード政権が気候変動対策に消極的であったことは強い印象を残している。労働党は、フランクリン川のダム建設を連邦政府の対外事項専管権を理由に中止させ、またクイーンズランド州の熱帯雨林の伐採を中止させるなど、1980年代から環境保護派の支持を得る努力を続けてきた。▼ラッド首相は、就任直後のCOP13（第13回気候変動枠組条約締約国会議）で京都議定書を批准し、COP15においても議長補佐として積極的に活動した。ラッド政権は、2020年までの目標として1990年比4～24％の削減を掲げ、▼ガーノー報告に沿って排出量取引制度法案の成立を目指しているが、野党は排出量取引制度反対を打ち出したため、2010年の総選挙での重要な争点になりそうである。

〔杉田 弘也〕

【社会・教育】

[社会]　1970年代より▼多文化主義を国是としてきたオーストラリアでは、これまで深刻な流血沙汰の民族対立に見舞われたことは、ほとんどないといってよい。とはいえ、いわゆる人種差別的な問題や事件と無縁であるわけではない。1990年代後半に、フィッシュ＆チップス店経営者から政治家に転身したポーリン・ハンソンが、オーストラリアはアジアに飲み込まれてしまうとして、公然とアジア移民批判を展開したことは、まだ記憶に新しい。日本では▼白豪主義の再来かという一面的な論調で報じられたこのハンソン現象の背景には、より複雑な社会的要因が存在していた。ハンソンへの支持は、一部のアジア系移民が経済的に台頭する一方で、相対的に社会的弱者の地位を余儀なくされた地方の白人系住民が多かったといわれている。ハンソンは多文化主義批判も行ったが、それは自らのアングロ・ケルト的な文化や価値観の優位がゆらぐことへ危機感をもっていた人々を代弁するものでもあった。ハンソン現象には、グローバル化と社会変革に取り残された人々の不安感が、色濃く反映されているといえる。

2005年には、シドニーのビーチでレバノン系を主とする中東系の若者が白人系の若者に襲われ、その報復を含む連鎖的な暴動事件が起こった。ここには、福祉国家の衰退を伴う新自由主義がいっそう浸透するなかで、移民層にも、またマジョリティの白人層にも、教育や就業の機会から疎外された若者が生み出され、かれらが社会への不満のはけ口を求めて相互に敵対するという構図をみることがで

きる。フェア・ゴー Fair Go という言葉に象徴されるように、オーストラリアでは歴史的に公平を重んじる社会政策がとられてきた。しかし、近年は格差の広がりや、とりわけ若年者の失業が深刻化しており、ラッド政権は社会的包摂 social inclusion を掲げてその対策に取り組んでいる。

さらに近年、オーストラリアとインドの外交問題にまで発展しているのが、メルボルンとシドニーでインド人留学生が相次いで襲われるという事件である。インド人留学生グループらによる抗議行動も起こっており、インド政府も事態の収拾を強く求めるに至っている。経済成長の著しいインドとの関係強化を重視するオーストラリア政府にとって、この問題は外交上の痛手であり、同政府首脳がインドを訪問するなどして鎮静化を図っている。インドからの留学生は、2002年には1万人強であったのが、09年には9万人を超える人数に急増した。そのなかには、オーストラリア側の移民規制を背景に、勉学が一義的な目的ではなく、一般技能移民 general skilled migration のビザを得る準備のために、そこで求められている職種の専門学校に入る人たちも増えつつある。他方、インド人留学生の事件を契機に、海外留学生を対象とする教育機関の質の問題も露呈された。営利に走り、適切な教育サービスを提供していない学校の存在が顕在化し、連邦教育省は措置を講じ始めている。

オーストラリア政府観光局は、同国で学ぶインド人留学生数が、2010年は09年よりも2割以上減少し、留学生関連事業の収入も09年より6900万ドル以上減収するという予測を発表した。インド人留学生の襲撃事件はインド以外の海外にも伝わっており、オーストラリアが安全な国であるというイメージが損なわれれば、教育輸出という、石炭と鉄鉱石に次ぐ一大産業が打撃を受ける可能性もある。

日本に関することで近年、オーストラリア社会で大きな注目を喚起しているのが捕鯨論争である。かねてより、日本は鯨の生態系を調べるために致死的な捕獲の必要性を主張し、オーストラリア側は殺さなくても調査は可能との立場から日本を批判し続けてきた(ちなみに、19世紀にオーストラリアは鯨油などを目的とした捕鯨大国の1つであった)。そして、前政権よりも強硬な反捕鯨を掲げるラッド労働党政権の登場により、捕鯨論争は一気に活気づ

いた。ラッド政権は、日本の南極海での捕獲を伴う調査捕鯨を残酷かつ野蛮であると厳しく非難し、場合によってはその違法性を国際司法裁判所に提訴することも辞さないとしている。メディアも、捕獲の写真を掲載するなどして反捕鯨キャンペーンを展開しており、鯨食の習慣への嫌悪とも相まって、反日感情が醸成されている。2009年12月、鳩山由紀夫首相は来日したラッド首相との会談において、国際捕鯨委員会に認められた活動として調査捕鯨への理解を求めるとともに、日本の調査捕鯨船に妨害を繰り返すアメリカの環境保護団体シー・シェパードに対して、寄港国のオーストラリアが適切な対応をとるよう要請した。

その矢先の2010年1月初旬、日本の調査捕鯨船第二昭南丸と、抗議行動を行っていたシー・シェパード所有の小型高速船が衝突事故を起こしたことにより、オーストラリアの捕鯨論争はいっそう過熱することとなった。これまで他の領域では総じて良好な関係を築いてきた日豪両国にとって、唯一影を落としているのがこの問題である。文化観が絡むだけに、冷静に議論することはなかなか容易ではない。今後の成り行きによっては、反日感情の高まりが反豪感情を誘発するといった懸念も否定できないだろう。　　　　　飯笹佐代子

［福祉］　オーストラリアの福祉制度に関するよくある誤解は、ゆりかごから墓場まで充実した普遍的福祉制度が存在しているというものである。たしかにオーストラリアは、19世紀末から20世紀初頭の時点では老齢年金、障害給付、出産一時金給付が導入されるなど、進歩的改革の社会的実験室として先駆的な存在であった。しかし、オーストラリアにおける福祉制度は、資産調査や所得調査を伴うものがほとんどであり、そのような調査を伴わない普遍的な国民健康保険制度(メディケア)は例外である。医療保険でも民間の医療保険が並存しており、ハワード政権は民間医療保険加入者に30％のリベートを用意した。メディケアは、ホーク政権が導入した政策の中で一貫して国民の強い支持を得ており、選挙結果分析のための世論調査では常に最も多くの有権者が医療と医療保険を最重要な争点としてあげている。

普遍的な制度がオーストラリアで遅れた原因は、連邦結成からこれまでの約110年の間、この制度を支持するはずの労働党政権が合計

で35年しかなかったことや，社会福祉の多くの部分が州の権限とされたことがあげられるが，賃金決定制度もこの遅れに貢献した。本来ならば福祉給付として考えられるべきものが生活費に基づいて決定される賃金（生活賃金）の構成要素とされていたため，労働組合は社会保険料拠出を生活賃金への実質的な課税であり手取り賃金の減少だとして反対し，使用者側も仲裁裁判所が保険料拠出分を賃金増加によって補塡するよう裁定することを恐れて反対した。

社会福祉費の対GDP（国内総生産）比は，1980年には11.3％であったが，90年には14.2％，2000年には18.6％へと上昇した。内訳をみると，老齢年金（3.2 → 3.3 → 5.3），医療（4.4 → 5.2 → 6.2），失業関連（0.7 → 1.4 → 1.5），障害・疾病・家族給付などそのほかの社会支出（3.0 → 4.3 → 5.6）となっている。社会支出の伸びに直面し，ハワード政権は，失業給付や母子家庭年金の受給に労働を義務付けるいわゆるワークフェア的政策を導入した。しかし，社会支出の伸びは，人々が怠惰であるからというよりもむしろ，賃金決定の基準が，実際に生活に必要な費用（生活賃金）から企業の生産性や収益性（生産性賃金）へと転換したことに原因がある。ホーク政権が導入した賃金政策は，実質賃金の上昇を抑制，あるいは引き下げる代わりに，メディケアや家族給付といった社会賃金によって補塡するものだった。生活賃金の終焉と社会賃金の整備に伴う社会給付の増大は，安定し拡大する徴税ベースを不可欠なものとしたため，1980年代以降オーストラリアでは税制改革が重要な争点となった。キーティングは，1985年消費税の導入を唱えたが，労働組合の強い反対に直面し，資産・ビジネスへの課税強化と，納税者番号の導入とそれによる税金逃れの防止を実施した。消費税はハワード政権の手により2000年7月から導入された。

生活賃金から生産性賃金への移行がもたらしたもう1つの改革に，退職年金の強制積立制度がある（労働組合の項を参照）。老齢年金の伸びが示すようにオーストラリアも高齢化が進んでおり，このままでは公的年金が十分な退職後の収入を保障できないことも明らかであった。キーティング政権によって導入されたこの制度により，老齢年金の対GDP比は，2000年をピークに減少している。　　杉田弘也

[教育]　オーストラリアの教育行政は，かな
りの部分，州が権限を有している。一般に，小学校は6〜12歳（タスマニア州では13歳）で，その前段階に幼稚園などのプレ・スクールがある。中等学校は15歳（タスマニア州は16歳）までで，ここまでが義務教育である。共学の普通科が多いが，中等学校の段階から専門別が現れ，農業，工業，商業，家政科専門中等学校が設けられている。進学希望者は義務教育年限を2年超過して中等学校に在籍する。高等教育機関への入学は州ごとの独自の共通テストの結果，あるいは中等学校での内部評価によって選抜される。歴史的にみると，開拓の過程において実際の仕事に役立つ専門家が求められたため，実学志向が強く，専門教育が重視されてきたのが特徴的である。

小・中学校レベルでは，宗教団体系の私立校もあり，カリキュラムは基本的に州の規定に従う。概して，プロテスタント系中等学校にはイギリス風のパブリック・スクールが多く，上流階級の子弟を対象としてきたのに対して，カトリック系の私立校は労働者階級の子弟を対象としてきた。キリスト系以外に，イスラム系やユダヤ系などの私立校もある。

高等教育機関は，大学（工科大学を含む），高等専門学校，TAFEとよばれる専門学校に大別される。最も古い大学は1850年創立のシドニー大学で，メルボルン大学は1853年に，大学院を主体とするオーストラリア国立大学は1946年に創立された。初の私立大学としては，1989年にボンド工科大学（クイーンズランド州）が発足した。現在，私立2校を含む39の大学がある。TAFEは各州によって運営される専門学校で，コンピュータや観光，会計学など，実務の即戦力となる多様なコースや，種々の成人教育コースを開設している。

遠隔地用の初等教育機関には，通信教育および無線通信教育がある。また，アボリジニに対しては，進学や教師養成などにおいて特別の配慮が払われている。移民に対しては，第2言語としての英語学習プログラムが提供され，同時に各民族集団の母語・文化教育も多文化教育プログラムとして具体化されている。

1990年代の教育界の主要な動向は，労働党，自由・国民両党連合という保革の政権がともに，経済政策の根幹としてきた経済合理主義による民営化が教育面にも反映されたことであった。まず中等教育では，1970年に約2割を占めていた私立校の生徒数比率が99年には

3割を超えた。自由・国民両党連合は，私立校の設立基準を緩和，公立校への連邦助成を減額して私立校に回し，私立校の授業料を低額に抑える措置をとったために〈教育民営化〉はいっそう拍車がかかった。

一方，高等教育では，長らく無料だった大学の授業料の有料化が'90年代に始まった。もともと，留学生から徴収する授業料はこの国の輸出額高として上位を占めており，連邦政府が自国の学生の有料化に乗り出すのは時間の問題だったともいえる。なお，初の学債発行の株式会社型大学として，メルボルン大学が1997年に開校したMUPはうまくいかず，2005年に閉鎖を余儀なくされた。

初・中等教育のカリキュラムに関して特筆すべきは，1999年，連邦政府による強力なイニシアティブのもとで，デモクラシーの発見Discovering Democracyと称されるシティズンシップ(市民性)教育のためのプログラムが導入されたことである。その目的は，オーストラリアの政治システムの歴史としくみ，ならびに同国のデモクラシーを支える諸原理を学び，能動的な市民として不可欠な価値や態度，技能を身につけることであるとされる(このプログラムは独立した教科ではなく，社会科などの科目に組み込まれている)。また，オーストラリアの歴史に対する青少年の関心や知識の低さへの懸念から，ハワード政権後半には歴史教育の見直しが重要課題とされた。2006年のキャンベラにおけるオーストラリア歴史サミットの開催をはじめ，全国的な歴史カリキュラムの構築が検討されたが，実現化の前に政権が交代した。

ラッド政権下は，早々に，歴史だけでなく，他の主要教科についても全国的カリキュラムの検討に着手した。また，2009年から，アジアの主要な貿易相手国の言語と文化への理解を深めることを目的に，全国アジア言語学習計画が実施され，日本語，インドネシア語，中国(北京)語，韓国語の公立学校における学習が奨励されている。高等教育については，大学教育や研究の拡充，低所得層の進学率の向上など，知識経済の時代に対応した高等教育の抜本的な改革が今後の課題となっている。

なお，オーストラリア統計局によると，15歳から64歳までの国民のうち，大学の学士号またはそれ以上の資格をもつ割合は，1997年の14%から2009年には23%へと上昇している。

越智 道雄＋飯笹 佐代子

[メディア] オーストラリアのメディアは，2つの大きな特徴をもつ。第1に高度の寡占状態であること，第2にメディア・バロンとよばれる政治力のあるメディア所有者の存在である。

新聞は，シドニー・モーニング・ヘラルド(SMH)，エイジ(メルボルン)，オーストラリアン・ファイナンシャルレビュー(AFR：全国経済紙)，キャンベラ・タイムズ，それにニューカースルやウォロンゴンの地方紙を発行するフェアファックス社(首都・州都での市場占有率26.4%)と，唯一の一般全国紙オーストラリアンやデイリー・テレグラフ(シドニー)，ヘラルド・サン(メルボルン)，クーリエ・メイル(ブリズベーン)，アドバタイザー(アデレード)，マーキュリー(ホバート)といった各州都や主要地方都市で発行されるタブロイド紙，それに無料配布される各地のコミュニティ紙の大多数を傘下におくニューズ社(首都・州都での市場占有率64.2%)に色分けできる。オーストラリアでクオリティ・ペーパーと目されるのは，フェアファックス4紙とオーストラリアンである。各州都で発行される新聞は，植民地時代まで起源を遡る。

既存の新聞は，たとえば政治分析で売り出しているCrikey.comのようなオンライン・ジャーナリズムの挑戦を受けている。しかし，新聞社にとってインターネットがもたらす最大の危機は，最重要収入源である広告収入である。各紙の土曜版の求人・不動産などの案内広告(classified advertisement)は，多額の収入をもたらす黄金の川と呼ばれていたが，オンライン広告の発達により新聞社の財政基盤は蝕まれている。ニューズ社のルパート・マードック社主は，オンライン・コンテンツの有料化を打ち出したが，先行きは不透明である。

政治的中立を標榜する日本の新聞とは異なり，オーストラリアの新聞は選挙時に社説でその旗幟を明らかにする。1972年総選挙ではウィットラム率いる労働党を支持したマードックが，1975年にフレーザー率いる保守へと支持を変えたことはよく知られる。2007年総選挙では，SMH，キャンベラ・タイムズ，オーストラリアン，デイリー・テレグラフ，クーリエ・メイルが労働党支持，AFR，ヘラルド・サン，アドバタイザーは保守連立支持，エイジは労働党寄りの論説だが最終決定は有権者の判断という立場をとった。社主の意向を強く反映し，ハワード政権を一貫して支持

していたマードック陣営が，各紙の編集長に決定を委譲したことは興味深い．

テレビは，公共放送の•ABC，民間放送のチャンネル7，9，10の3ネットワークに加え，多言語放送局として発足した•SBSが全国展開を行っている．そのほか地域放送局も存在し，たとえばアリススプリングスを本拠とするインパージャは，先住民族によって所有・運営され，オーストラリア中央部から東部海岸地帯やロードハウ島にいたるまで広範囲の遠隔地で先住民以外に向けても放送されている．有料のケーブル・衛星放送は，他国に比べると浸透していないようだ．ラジオの影響力が大きいこともオーストラリアのメディアの特徴である．ABCは高クオリティの時事番組，民間放送はトーク・バックとよばれるリスナー参加型番組が多くの聴取者をひきつける．

新聞メディアを代表するメディア・バロンがマードックだとすれば，テレビの代表はチャンネル9のケリー・パッカーだった．しかしケリーの死後，息子ジェイムズはカジノ事業に力を注ぎ，2006年にはメディアの持ち株のほとんどを売却した．その結果，128年続いていた雑誌《•ブレティン》は08年に廃刊とされた．現在テレビ局の所有者として動向が報じられるのは，チャンネル7を所有するケリー・ストークスである．

メディアの寡占状態のため，オーストラリア連邦政府は，同一地域で新聞，テレビ，ラジオのいずれか2つ以上の所有を禁じるクロス・メディア所有規制，および外国資本によるメディア所有規制（テレビは20%，大都市圏の新聞は30%，単独では25%が上限）を実施している．1990年代フェアファックス社の支配を狙ったカナダのコンラッド・ブラックは外国資本規制に阻まれ，ケリー・パッカーもクロス・メディア所有規制にフェアファックス社買収の夢を絶たれた．　　　　　　　杉田 弘也

【文化】

[文学]　初期の小説では，流刑囚，アボリジニやアジア人などへの差別虐待，スコッター（大牧場主）対小農場主・スワッグマンの対立などを背景に社会的写実主義が発達し，クラーク Marcus Clarke(1846-81)，ボルダーウッド Rolf Boldrewood(1826-1915)，20世紀になると，•J.ファーフィ，•ローソン，X.•ハーバートらが現れた．これには詩人たちのジンディウォロバク運動(1930年代末～50年代初め)のような文化ナショナリズム運動も連動した．

一方，•ブレナンの系譜に近く，社会性や文化ナショナリズムは個の神秘を共同体の中に解消し，オーストラリアの文学の不毛性の原因になるとしてそれらを拒否し，西欧現代文学の手法に依拠して個の内面を深く掘り下げる傾向の作家に，•リチャードソン，•ステッド，•P.ホワイト，ストー Randolph Stow(1935-)らがいる．1960，70年代世界的に開花したカウンターカルチャーのオーストラリア版代表作家は，ムアハウス Frank Moorhouse(1938-)，ワイルディング Michael Wilding(1942-)，ベイル Murray Bail(1941-)，•ケアリーらで，二大系譜を小規模ながら止揚した形になっている．一方，カウンターカルチャーとは関係なく，ムアハウスらの先駆となった作家に，強烈なパロディ的言語のコラージュを作り上げる短編作家•ポーター，超現実主義的作風のアイアランド David Ireland(1927-)がいる．

1980年代，小説の中心潮流は3つに絞られる．①70年代には短編中心だったカウンターカルチャー系統の作家たちが，南米作家ボルヘスらの傾向をとり入れた寓意性の強い長編小説を書き始め，ケアリーのブッカー賞授賞(1989，《オスカーとルシンダ》)はその最大の成果とみられた．②オーストラリア人主人公がアジアの迷路に行き迷う主題の作品が，コッシュ Christopher Koch(1932-)ら数多くの作家の手で発表され始め，アジアの最南端に位置するこの国ならではの文学ジャンルを形成した．③多文化主義政策の成果として，ジョンソン Colin Johnson(1939-)，ワンガー Banumbir Wongar(1936- ，本当はユーゴ系)らアボリジニ作家，リューイット Maria Lewitt(1924-)ら移民1世，ルーカキス Angelo Loukakis(1951-)，ツウィッキー Fay Zwicky(1933-)ら移民2世作家たちの手になる<エスニック文学>が台頭した．当然①が主流だが，②はアジア社会でオーストラリア人が体験する疎外，③は移民がオーストラリア社会で体験する疎外という痛烈な主題をもつだけに，文学が苦悩を養分に発達するという前提とすれば，これらは①をしのぐ可能性があるとも指摘された．とくに③は移民の母語・文化をオーストラリアの貴重な<資産>とみる多文化主義の視点を実証することになる．ただし②と③が①と融合すれば，オーストラリアの文学的発酵は目を見張る規模に達する可能性があり，その<融合役>の模範として，レバノン系3世でありながら<エスニック文学>の枠

をはるかに越え，さらにはオーストラリア文学の枠すら越えて国際的舞台を設定，詩と小説の分野で幾多の傑作を制作してきた"マルーフが先鞭をつけた。

越智 道雄

1990年代は，70年代末より政策として取り入れられた多文化主義と，1996年まで続いた労働党政権，また80年代以降より盛んになったポスト・コロニアリズム批評によって，保守連立政権への揺れ戻り以降もひきつづき多くの作家・批評家が知的左翼の立場をとり，オーストラリア文学の多様性・異種混合性 diversity, hybridity が合言葉のようになった。しかし，実際に主流であるのは英米で評価が定まったアングロ・ケルティクス系が多く，英語文学圏での評価獲得には一種のネオ・コロニアリズム的状況もうかがえた。

このような背景で主流派は，過去のパトリック・ホワイトやザビア・ハーバートとは異なり，いったん自己を非主流化してマイノリティに肩入れするという，反体制的にみえつつ現実は体制的立場から作品を多く書いている。加害者・支配者側 coloniser としてのアングロ・ケルティクスでなく，一入植者 settler としてのイギリス移民を独特のタッチで描いたケアリーに続き，トマス・キニーリーも〈ファクション〉の手法により《グレイト・シェイム》(1998)でアイルランド移民の悲哀を描いた。アングロ・レバノン系のマルーフは《リメンバリング・バビロン》(1993)でアボリジニ側と白人側の歴史の和解を試みた。バーメイン派の旗手だったワイルディングはシドニー大学の英文科教授といういわば〈体制側〉になり，前衛的で挑戦的な作品を書いていた1960年代を回顧する作品が多くなった。

女性作家では，大御所の1人，ヘレン・ガーナー Helen Garner(1942-)が自ら経験してきた女性運動と，すでに圧倒的な社会的発言力をもつ90年代フェミニストとの違いを取り上げた。一方，マイノリティの作家も確実に増加している。先住民アボリジニでは，80年代終りにベストセラーとなったルーツ探しのノンフィクション《マイ・プレイス》のサリー・モーガン Sally Morgan(1951-)に続き，アメリカのアリス・ウォーカーを思わせるロバータ・サイクス Roberta Sykes(1943-)らが活躍。"マドルーらによりアボリジニ文学を批評・研究の対象にするための理論化も進んでいる。ブライアン・カストロ Brian Castro(1950-)は香港生れだが，西と東を自由に越境するコスモポリタン的主題を展開した作品ですでに評価も定まり，"オーストラリア・カウンシル委員も務めた。また天安門事件以後増加した中国系作家の翻訳も進み，アジア系作家の英語文学圏参入の機会が生まれている。ウーマン・ユのように中国語と英語の両方で発信しつつオーストラリア社会を批判する作家も登場した。しかし，民族的マイノリティ珍重の状況下，それを〈売物〉にしようとイギリス系作家がウクライナ系を装って書いた小説が，"マイルズ・フランクリン賞をはじめ権威ある賞を受賞，その後詐称が発覚するという〈デミデンコ事件〉も起こり，作家のアイデンティティをめぐって議論が沸くと同時に，アングロ・ケルティクス系が被っている〈逆差別〉を提示した格好となった。ゲイ・レズビアン文学は1つのカテゴリーを形成，1993年にはオックスフォード大学出版より選集が出版された。

21世紀を迎え，他の国々と同様にオーストラリアでも高度な情報化やボーダーレス化が進んで社会の変化が著しく，文学そのものもインターネットをはじめとする代替的媒介に押され，その評価の方法が難しくなっている。また作家の越境も著しく，2002年より南アフリカからノーベル賞作家J. クーツェが移住するなど離国作家(エクスパトリエイト)が流入・流出し，もはやオーストラリア文学という範疇や呼称自体も曖昧なものになっている。オーストラリアでは文学は国家(ネイション)のアイデンティティ創設と密接に結びついてきたが，1980年代後半よりアングロ・ケルティクス系中心の歴史を見直す動きと連動し，非主流側から見たオーストラリアの歴史と社会の成立を描く作品が増加している。先住民系のキム・"スコットは植民地政府による先住民の人種的定義決定の歴史を，またベトナム系若手作家のナム・レィ Nam Le(1979-)は両親のボート難民としての経験を語り，オーストラリアの国としての成り立ちをさまざまな面から描いている。いわゆる主流派(アングロ・ケルティクス系)の作家による，このような歴史的経緯を踏まえた上で和解を模索する作品も増えている。アレックス・"ミラーの《ストーン・カントリーへの旅》やゲイル・ジョーンズ Gail Jones(1955-)の《ごめんなさい》(2007)は先住民とヨーロッパ系入植者の関係を修復しようとするものである。ジョーンズの《ドリームズ・オブ・スピーキング》(2006)は，被曝

者である日本の老人男性とオーストラリア女性の交流を軸に、オーストラリア社会一般には戦争終結のための正当な手段と見なされてきた原爆投下を被害者の目から描いた作品で、他者の視点による歴史の記憶を取り上げている。かつてのヘンリー・ローソンのシドニー、ハーバートのノーザンテリトリーやデビッド・マルーフのブリズベーン、近年のティム・ウィントンやスコットのウェスタンオーストラリア、アレクシス・ライト Alexis Wright (1950-) のカーペンタリア湾地域など、土地や地方に密着した物語を展開する作者の系譜が続いていることより、文学が多様化する中でむしろ地域性に特色を見出せるという指摘もある。

加藤 めぐみ

植民地時代の代表詩人ハーパー Charles Harpur (1813-68) は、諷刺詩や恋愛詩、ブッシュレーンジャーを主題とした長編詩などを書き分け、オーストラリア詩人のモデルとなった。彼を引き継いだ詩人のうちケンドルは形而上性をもつ自然詩を追求、ゴードン Adam Lindsay Gordon (1833-70) はオーストラリア的主題を歌い上げて人気を博した。1880年創刊の文芸誌《ブレティン》はオーストラリア人の気風として メートシップ、形式としてはバラッドに焦点を絞り、パタソン、ローソンら人気詩人を輩出した。一方ブレナンはケンドルの国際的な流れを引いて象徴主義に影響を受けた高踏的作品を残す。ニールセンはこの2つの流れとは別の個人体験に即した瞑想的抒情詩で評価が高い。第1次世界大戦後、オーストラリア詩はモダニズムの流れから取り残されるが、独自の近代性をもつ詩人にスレサーがいる。

第2次大戦後アカデミズムを背景にホープらが詩壇を成し、ライトは単純なナショナリズムを超えつつ自国の主題を取り上げるのに成功。60年代には、アメリカ文化の影響とリトルマガジンの隆盛により、抒情的自由詩を書くアダムソンら〈68年世代〉が登場、またハーウッド Gwen Harwood (1920-1995) ら女性詩人の活躍も目立った。以降田園詩人の立場を取りつつ言語的に高度な詩を書くマリー、実験的作風で国際的に活躍するトランター、定型をアイロニックに取り上げ直す〈73年世代〉のフォーブス、保守・前衛の枠にこだわらないキンセラなど多様化の時代に入った。

80年代からはエスニシティを前面に出した詩が盛んになり、現在では都市経験を実験的に表現するギリシア系のパイオΠО (1951-)、アボリジニ英語を活かし前衛的側面からも注目されるアボリジニ系のフォガティ Lionel Fogarty (1959-) など、従来のマイノリティ詩のイメージから脱した尖鋭な作品を生んでいる。また90年代からはインターネットを活かし、国際的にタイムラグなく活躍する詩人も増えた。代表的インターネット詩誌にトランター編集の《ジャケット》がある。

湊 圭史

[美術] 未知の大陸として学術的関心を集めたオーストラリアは、キャプテン・クックの探訪やファースト・フリート (1788年オーストラリアに初めて入植した第1次船団) の時代から数々の描写絵画の対象となった。このためイギリスからは多くのすぐれた画家が訪れ、珍しい動植物や異郷の風景画が無数に描かれている。初期のオーストラリア絵画はそうした博物画の延長上のもので、植民地の情景を本国に知らせるためのものだった。コンラッド・マーテンス (1801-78)、オイゲン・フォン・ゲラルド (1811-1901) といった19世紀の画家の作品はきわめてすぐれたものではあるが、ヨーロッパ絵画の手法をそのまま応用したもので、マーテンスの作品ではシドニーのパン・フォーカスな風景がなぜかイギリスのように白っぽい霧に包まれており、フォン・ゲラルドのオーストラリアの山々はアルプスのような遠近法で描かれている。

オーストラリア絵画がオリジナリティを獲得し、この特異な土地の風景画にアイデンティティを獲得していったのは、1880年代にメルボルン郊外のハイデルバーグに集まった数人の画家たちによってである。1885年にトム・ロバーツ (1856-1931) がヨーロッパ旅行から帰った時、メルボルン郊外のボックスヒルでフレデリック・マッカビン (1855-1917) と共同生活をしながら、寝る時以外は絵を描くだけという生活を始めた。やがてストリートン (1867-1943)、チャールズ・コンダー (1868-1909) らも加わり、ハイデルバーグの農家に拠点を移した時、オーストラリアの印象派というべきハイデルバーグ派が誕生した。

彼らはオーストラリア独特の光を発見し、それを正しく表現する手法を開発した。彼らの作風は決してセンセーショナルなものではなく、むしろヨーロッパ絵画の伝統にしっかり根を下ろした地道で堅実なものだったが、彼らがとらえたオーストラリアの風景はヨー

ロッパ絵画とまったく異なったものであった。それだけにハイデルバーグ派が正しい評価を獲得するまでには時間を要したが、彼らが好んで用いた〈ゴールデン・サマー〉という表題を冠した大規模な展覧会がオーストラリア全土を巡回するなど、あらためてハイデルバーグ派のオーストラリア文化の基盤としての大きな意味が認識されていった。ハイデルバーグ派は異郷としてのオーストラリアの風景を故郷としてのオーストラリアに変え、ヨーロッパの緑に代わるオーストラリアの黄色い光の中に独特のやすらぎを発見している。羊の毛刈りや炭坑での労働に喜びを見出し、怪しげなユーカリの姿に優しさをとらえている。しかし、彼らの作品からはオーストラリアのアウトバック(奥地)の厳しさや、アボリジニの悲惨な姿が消えていることも否定できない。

ハイデルバーグ派の土壌の上にそうしたオーストラリアの本質的な苦悩が掘り起こされていった時、独特の幻想性とプリミティブな美しさをもった現代オーストラリア絵画が実現していく。▶ドライズデール(1912-81)と▶ノーラン(1917-92)という現代オーストラリアを代表する2人の画家の作風はきわめて対照的ではあるが、同時に内なるアウトバックへのアイデンティティ追求と黄色と黒を基調としたオーストラリア独特の美意識には共通するものがある。ノーランは侠盗ネッド・▶ケリーを題材にした連作で、内面化した風景のメルヘン的優しさとアウトバックの厳しさをシュールレアリスティックに表現し、ドライズデールは乾いた砂漠の恐ろしげな風景の側から人間の内面に蓄積されたものをとらえている。ノーランやジョン・オルセン(1928-　)、アーサー・ボイド(1920-99)などのシュールレアリスティックな作風はオーストラリア現代絵画の最大の特徴というべきだろうが、ウィリアム・ドーベル(1899-1970)の人物画やジェフリー・スマート(1921-　)のポップアート的作品にすら同じようなオーストラリアの自然の巨大な圧力をしっかりと受け止める重厚さがあり、それがオーストラリア絵画の旧世界美術には不可能な表現力となっている。

また、オーストラリア絵画を語る上で欠かせないのは4万年もの伝統をもつアボリジニ絵画で、岩壁に描かれた簡素なアブストラクトにはオーストラリアの大地を濃縮したような完成した美学があり、クリフォード・ポッサム・チャパルチャリ、ティム・レウラ・チャパルチャリなどの伝統的アボリジニ絵画をキャンバスに再現した現代絵画も大きな評価を受けている。また▶ナマジラ(1902-59)のようにイギリス風景画を学んだアボリジニ作家もあり、アボリジニの芸術はそのままオーストラリア絵画全体に大きな影響を与えている。

山野浩一

[建築] オーストラリア先住民のアボリジニから、入植した白人が建築面で影響を受けるようなことはなかった。かれらの大半がイギリスの都市住民であったためか、ユーカリのような建材に不向きな自生樹木の中から、たとえば細工しやすくて丈夫な自生杉を見出すのに半世紀を要するなど、有用な素材を見つけるにも苦労を重ねた。ただ石材は褐色砂岩やブルーストーンが豊富だったし、のちに良質の陶土を産出するだけに煉瓦に適した粘土も豊富だった。入植したころ、本国では均衡を旨とする古典派のジョージア朝建築が主流だったので、これが19世紀前半までオーストラリアの本格的建築を支配した。イギリスに気候が似たタスマニアは別として、ニューサウスウェールズでは豪雨が建物の土台をえぐらないように軒庇を幅広くとり、きつい日差しを避けるためにベランダで建物を取り囲む点だけがオーストラリア独特の様式だった。この時期の建築家としてはマックオリー知事が抜擢した流刑囚建築家フランシス・グリンウェーが有名で、彼の代表的建築はシドニーの聖ジェームズ教会。

1830年代半ばまでには、母国のより装飾的な摂政時代風建築がワンテンポ遅れて到来した。代表的建築家はジョン・バージで、代表的建築はシドニーの〈ウォータールーの英雄〉ホテル。同時に、ギリシア・ローマ風とゴシック風という建築概念の対立(〈様式の戦い〉)が、ビクトリア女王時代に教会建築はゴシック風、非教会建築はヘレニズム風というように用途別の分離で一応おさまったころ、これらがオーストラリアに輸入されてきた。前者の代表建築は聖マルコ教会(シドニー南岸ダーリングポイント)、後者の典型はタスマニアの議事堂。オーストラリアは、宗教紛争が鎮まったころに入植が行われたため、アメリカに比べてはるかに穏やかな宗教風土になったように、建築面での対立が解決してから概念が輸入されたことは、この国の建築からアメリカ的積極性を奪うことになった。

1840年代にはイギリスにおいて産業革命で

建築機器や素材(鋳鉄製の手すり、トタン、サイズの大きなガラス板など)が大幅に改善され、オーストラリアもその恩恵に浴した。50年代にはゴールドラッシュで蓄積された富が産業革命による建材の大量生産とプレハブ化と結びついて、世界中から金掘りが押し寄せた民衆用の一般住宅(テラス・ハウス)が大量に建てられた。このテラス・ハウスは、テラス(ベランダ)に大量生産が可能になった唐草模様の鋳鉄製手すりが独特の装飾としてとりつけられ、はるか後の1960-70年代には改装され、ヒッピー、のちにはヤッピーたちが高値で購入、かつての労働者街が流行の最先端地帯に変貌する。ビクトリア朝特有の豪壮な装飾過多の大邸宅や公共建築の建設が相次ぎ、とくにシドニーにオーストラリア最初のデパートが出現(ビクトリア・ハウス、1873)した。またこの時期、大型建築の高層化が進み(高さ40m、10〜12階建て)、ゴールドラッシュ以前のジョージア朝や摂政時代建築は都心から駆逐された。この好景気の代表的建築家はジョン・ホーベリー・ハント。1890年代の大不況が終わるころ、ビクトリア朝風建築の一角を占めるクイーン・アン風が大流行した。これはとんがり屋根、破風つきの屋根、赤瓦、クリーム色の壁が特徴で、アメリカ西海岸でも大流行したように、シドニーのような沿岸都市に似合った。とんがり屋根のてっぺんにはカンガルーの先端装飾をつけたものも登場した。

産業が勃興し、倉庫群の需要が生じると、オーストラリア連邦を形成(1901)し、独立に向かう高揚の中で、頑丈な〈連邦様式倉庫〉が作られ始めた。その後、鉄筋コンクリートと鋼鉄構造の開発、そしてエレベーターの発明で高層化に拍車がかかり、装飾的なものではアール・デコ様式が登場すると、それに反発してアメリカ北東部から〈こけら板〉様式、西海岸から〈カリフォルニア・バンガロー〉が輸入されるなど、イギリスに代わってアメリカの影響が顕著になった。前者は破風のついた軒庇の大きい屋根に黒く塗ったこけら板をはり、白塗りの窓でアクセントをつけたもの、後者は黒塗りの木材、小石や大きな石で組み上げた煙突、灰色の瓦、破風、小さな窓、幅広いベランダを特徴としていたので、オーストラリアの風土にぴったりで、それぞれ人工的な高層建築に対抗して自然さを強調していた。もっとも後者はオーストラリアらしく、赤瓦、クリーム壁に模様変えされた。この様式は1950年代まで中流層住宅建築の主流になる。

第2次世界大戦後は建材の均質化がいっそう進み、独自の建築は影を潜めるが、60年代には地中海風と呼ばれる、ベランダで囲まれた白の漆喰壁に黒塗りの板をはった屋根を特徴とする様式が登場する。シドニー・オペラハウスは、オーストラリアの建築が初めて世界の建築界に貢献した例として記念碑的存在になった。戦後の建築家は組織に所属し、さらには都市環境、人間工学、社会心理学、生物学など多面的な目配りの下に、一つの建物ではなく、一つの地域全体の再開発を設計するのが世界的傾向になった。再開発には現代建築テクノロジーの精華を古い建物への郷愁と結びつける、いわゆるポストモダンの手法が重要な一角を形成、オーストラリアでも前述のように70年代からそれが始まった。とくにシドニーやメルボルンは古い倉庫街をたくさん抱えているだけに、それらを劇場、ショッピング・モール、レストラン街その他すべての街機能を含む〈コンプレックス〉に改装することが主流になる。その典型は1988年の入植200年を記念して進められたシドニーのダーリングハーバー再開発計画だったが、この中枢部分コンベンション・センターと国立水族館を担当したフィリップ・コックスが、83年にウルル(エアーズ・ロック)近くの一大観光都市ユラーラの設計も担当したことは、都心再開発と奥地の開発が連動している点で、広大な奥地を擁するオーストラリアの建築動向として注目すべきことであった。

1990年代初め、ダーリングハーバーに巨大国際会議場ホテル、ノボテルが開設され、東サーキュラー・キーをはじめとする各種港湾再開発計画が発表され、それに煽られるようにメルボルンがヤラ川沿いの鉄道施設を人工土地で覆って〈連邦広場〉を構築、南岸にまで都心の拡大を行った。メルボルンも大規模な港湾地区の再開発を手がけたが、水に流れはしたものの、目玉に世界最高のグロロ・タワーの企画が出たことは、全オーストラリアの拠点都市に及ぶ再開発の勢いと流れを印象づけた。この流れは小規模にはやはり90年代初め、メルボルンのゴールドラッシュの富の象徴プリンセス劇場や世界博覧会場(世界文化遺産)の復元をはじめ、膨大な数の古い建物の復元ラッシュとなって現れた。また古い建物と新しい建物を融合させる傾向も、90年代前半、大丸

の主導で再開発された巨大百貨店メルボルン・セントラルで，19世紀末の散弾製造工場を20階分の円錐形ガラス構造で包摂するなど，盛んにみられた。長年続いてきた郊外への移住が緩やかになり，シドニーのキーウェストの高層マンションなど都心回帰が目立ちはじめたことが都心再開発に拍車をかけた。

グローバリゼーションの流れはシドニーを直撃し，1990年代初頭にシドニー・ハーバー・トンネルを開通させ，さらには2000年オリンピックの会場建設ラッシュを引き起こした。これによりシドニーの人口は400万を超え，積年のライバルのメルボルンに水をあけ，シドニーはオーストラリア最大のメガシティへと離陸したことになる。比較的地味な建物に賞を出してきた建築家協会も，さすがにこの流れを無視できず，ホームブッシュ湾のオリンピック・パーク鉄道駅の建物（ハッセル社のケン・メイハーおよびロドニー・ユーレン設計）に，1998年，最も権威のあるサー・ジョン・サルマン賞（ローヤル・オーストラリア建築家協会）を授与したのをはじめ，いくつかの賞がオリンピック施設に集中した。　　　　　　越智 道雄

[演劇]　第一船団が現在のシドニーに到着した翌年（1789）に，囚人たちを役者として上演されたアイルランド劇《募兵官》が，この国で初めて上演された演劇である。その後，植民地時代初期に上演された芝居の多くはイギリスの戯曲で，メロドラマやシェイクスピア劇がよく上演された。一方，エドワード・ジョーガンの《カレンシー・ラス》など，オーストラリア在住の作家によって書かれた戯曲も1830年代頃から登場しはじめた。19世紀後半には，アルフレッド・ダンピアが，《命ある限り》(1886)，《武装強盗団》(1890)などの植民地小説の翻案を書いて大当たりをとった。また，19世紀前半までに各植民地の首都にロンドンの大劇場を真似た大規模な常設劇場が建設され，1850年代のゴールドラッシュの好景気で，各劇場は競ってアメリカやヨーロッパの劇団を呼び寄せて興業を行わせ，シドニーやメルボルンは国際的な演劇都市になった。

20世紀に入ると，映画の台頭とともにメロドラマは影を薄め，知識人たちはヨーロッパの演劇潮流を重要視し，とくにアイルランドの国民演劇運動が大きなインパクトを与えた。ルイ・エッソンは，自国にも国民演劇を打ち立てることを夢見，1921年にメルボルンで劇団パイオニア・プレイヤーズを結成したが，エッソンらによる数本の戯曲を上演しただけで2年後には活動を終了した。1930年代からは左翼作家たちの《ニュー・シアター》運動が盛んになり，アボリジニ問題，労働問題を扱った芝居を上演した。第2次世界大戦後は，《錆びたラッパ》のサムナー・ロック・エリオット，最初の国際的ヒット作となる《17番目の人形の夏》の▶ローラー，《ネッド・ケリー》のダグラス・スチュワート，《1年のその日》のアラン・シーモア，《聖テレジア・デーの虐殺》のピーター・ケナ，女性劇作家ドロシー・ヒューイットが登場し，また60年代の前半には▶ホワイトが戯曲を連作した。このように注目すべき劇作家は存在したが，60年代半ばまでは国内の劇場で上演される国産戯曲はまれで，圧倒的多数のイギリス戯曲が上演され，演技術，演出，舞台作りもイギリス式で行うことが常識となっていた。

大きな変革をもたらしたのは，60年代後半にメルボルンとシドニーで誕生した小劇場運動であった。メルボルンではラ・ママ，後のオーストラリアン・パフォーミング・グループ（APG）が誕生し，反戦，反米といった当時の学生文化を色濃く反映し，既存大劇場のリアリズムに反抗する過激で前衛的な演劇文化が形成された。シドニーでも，ニムロッド・ストリート劇場が運動の拠点となった。APGは，▶ヒバード，▶ロメリル，▶ウィリアムソンなど，きら星のような劇作家を輩出し，《ストレッチ・オブ・イマジネーション》や《引っ越し屋》《ディンブーラ》《フローティング・ワールド》など，今日オーストラリア演劇の〈古典〉とされる戯曲の大半を初演した。

この小劇場運動は70年代までに収束したが，現代オーストラリア演劇の基礎を築いたといってよく，そのエッセンスは，現在のオーストラリア演劇を牽引するシドニーのカンパニーB，グリフィン・シアターカンパニー，メルボルンのプレイボックス（現モルトハウス），ベル・シェイクスピア・カンパニーなどの劇団に受け継がれている。一方，今日のオーストラリア演劇のメインストリームを支えるのが各州にある〈ステイト・カンパニー〉で，たとえばシドニー・シアターカンパニーでは▶ブランシェットらを芸術監督に迎え，洗練された芝居で裕福な層の観客の獲得をめざしている。

今日の演劇界で人気劇作家の双璧は，ウィリアムソンと▶マレースミスである。ウィリアムソンは60・70年代小劇場運動出身でトッ

プ劇作家の地位を維持してきた。マレースミスは、普遍的な中流インテリ階層の悩み、ポストくウーマンリブ〉世代の女性たちの活写を得意とし、その作品は世界中で上演されている。続くのがルイ・ナウラ、L.で、80年代から上質の戯曲を提供し、いくつかは映画化もされてきた。また、欧州で高い評価を得ている作家にダニエル・キーンがおり、国籍を特定しない普遍性の中に人生の悲哀を淡々としたタッチで描く作品が多い。しかし今日のオーストラリア戯曲は普遍的なテーマをもったものだけでなく、現代オーストラリア演劇の起源である60、70年代小劇場の政治性を継承し、ポスト9.11、難民と不法入国者、先住権と白人の利害の衝突、都市と地方の格差などの問題に挑む作品が多い。キャサリン・トムソン、ハニー・レイソン、レグ・クリップ、スティーブン・スウェル、アンドリュー・ボベルなどの劇作家の作品は、政治的なテーマへの先鋭的な関心を示し続けている。また、トミー・マーフィー、ロス・ミューラー、トム・ホロウェイ、ベン・エリス、マット・キャメロンなど、新たな世代の劇作家たちがそれぞれ個性的な劇的世界を展開している。

オーストラリア演劇のユニークさを支えるのがマイノリティによる演劇だ。70年代初頭にアボリジニ権利活動家ケビン・ギルバートによって開始された先住民演劇は、80年代に劇作家デービスの活躍を経て、90年代以降、数多くの劇作家を輩出し、さらに演出家・劇作家ウェズリー・イノックという先住民演劇の旗手の登場があった。今日、オーストラリアにはビクトリア州のイルビジェリ、クィーンズランド州のクーエンバ・ジャダラ、ウェスタンオーストラリア州のイラ・ヤーキンという3つの先住民プロフェッショナル劇団が存在している。先住民演劇の代表作には、〈盗まれた世代〉の悲劇を扱ったジェーン・ハリソン作《ストールン》、イノックとデボラ・メイルマンの共作《嘆きの7段階》、ニンガリ・ローフォード作《ニンガリ》などに代表されるアボリジニ女性の一人芝居、アボリジニの初のミュージカル、ジミー・チャイ作《ブラン・ニュー・デー》などがある。また、移民系の演劇では、中国系でゲイであることを軸に、身近な物語をスライドとともに一人語りするウィリアム・ヤン。イタリア系劇団パラエロ。また地中海系移民に対する蔑称〈ウォグ〉を逆手に取り、ギリシア系の移民のアイデンティティを謳い上げたニック・ジアノポロスがおり、舞台のエッセンスは映画にもなった。

質の高い俳優養成教育は、オーストラリア演劇の優れた点だ。1958年シドニーに創設されたNIDA（国立演劇学校）や、パースのWAAPA（ウェスタンオーストラリア舞台芸術学院）は、国内のメインストリーム劇場に俳優を供給するだけでなく、メル・ギブソン、ブランシェット、ヒュー・ジャックマンなど世界的スターを生み出してきた。

またオーストラリアは、著名な芸術祭の存在で知られる。各州にはそれぞれ芸術祭があるが、最も権威があるのはアデレード芸術祭だ。2004年には、初めて先住民の芸術監督としてスティーブン・ペイジが起用された。アデレードはまた、世界に進出する日本現代演劇のショーケースの役割も果たしてきた。歌舞伎公演を皮切りに、転形劇場、岸田事務所+楽天団、トモエ静嶺と白桃房、維新派、ダムタイプなどがこれまでにアデレード芸術祭に参加した。

演劇の日豪交流では、1980年代から鈴木忠志や暗黒舞踏が、西洋演劇の系譜からの逸脱を目指す演劇人たちに多大な影響を与えてきた。1995年の戦後50周年には、日豪の戦争の記憶を扱ったロメリル作《フローティング・ワールド》が、佐藤信演出により東京とメルボルンの両国際芸術祭で上演された。2002年の東京国際芸術祭では《ストールン》の来日公演が果たされた。また06年の日豪交流年にはイノック作《クッキーズ・テーブル》の世界初演を含む数多くのオーストラリア戯曲が日本に紹介された。
〔佐和田 敬司〕

［映画］　オーストラリア映画は、救世軍が布教のためこの地で映画を作ったことに始まり、1906年には、世界でも最も早い部類の長編劇映画である《ケリー・ギャング物語》が制作された。サイレント映画時代の一時期、この国はブッシュレーンジャー映画の量産により世界有数の映画制作本数を誇る映画大国であった。しかし、徐々に米英の映画に市場を奪われて産業は衰退していき、《センチメンタル野郎》(1919)、《俺たちの農場》(1920)で知られる名匠レイモンド・ロングフォードも、晩年は活躍の場が失われ、不遇をかこった。

1960年代末から連邦と州レベルで映画振興政策が始まり、ようやく映画産業は復活する。復興の狼煙を上げたのは、オーストラリア人気質をデフォルメした〈オッカー映画〉で、ビ

ールをガブ飲みする下品きわまりない《オッカー》は，オーストラリア的素材を求めていた復興期にうってつけの素材だった。このような70年代のオッカー映画やセクシー映画，さらに1980年代のホラーアクションなど，B級映画の宝箱の様相を呈していた時代のオーストラリア映画は，2008年のドキュメンタリー《ノット・クワイト・ハリウッド》でも回想されている。この破天荒な系譜には，大ヒット作《クロコダイル・ダンディー》(1986)も数えられるし，近年でも，仮設トイレ業者ケニーが汚物にまみれながら，オッカー精神で人に優しく日々をたくましく生きる《ケニー》(2006)がヒットするなど，オッカー映画の系譜はいまだ健在である。

一方で，《ピクニックatハンギングロック》(1975)などの芸術性の高い作品が，アウトバックの映像を通して，オーストラリア人が畏怖を抱く心象風景を描き出そうとした。80年代に入ると，英国のスケープゴートにされた軍人の物語《英雄モラント》(1980)，ガリポリ神話を描く《誓い》(1981)，国民的詩人パタソンの世界の映画化《スノーリバー》(1982)など，ナショナル・アイデンティティの根幹に触れる作品群が作られた。

90年代は《第2の黄金時代》とも呼ばれ，シドニーのゲイカルチャーを背景にした《プリシラ》(1994)，70年代ポップスに彩られたコメディ《ミュリエルの結婚》(1994)，バズ・ラーマンの出世作となった《ダンシング・ヒーロー》(1992)など，前向きでカラフルな作品群が，国内はもとより世界の市場で成功を収めた。

その反動から2000年代に入って映画産業は停滞するが，この国ならではの個性的な作品が作られ続けている。その1つがマイノリティを描いた作品群で，《ホーム・ソング・ストーリーズ》(2007)の中国系，《ウォグボーイ》(2000)のギリシア系などの移民の物語に加えて，《ラッキー・マイルズ》(2007)のような作品もある。不法入国したカンボジア人とイラク人が，奥地をさまようコメディだが，白人のアイデンティティの聖地と言える《奥地》に，ネーションを最も不安定化させる存在の不法入国者を置いてみて，この大地が一体《誰のものか》を問う，極めてラディカルな作品といえる。

一方，先住民と映画の関わりは，根底から変化した。映画の誕生から最初の半世紀の間，アボリジニは人類学の研究対象としてドキュメンタリー映画の被写体に収められることはあっても，《アボリジニに演技は出来ない》と信じられ，俳優はみられなかった。その常識を覆したのが，アボリジニを俳優として起用したショーベルの記念碑的作品《ジェダ》(1955)だ。のちアボリジニ俳優はその層を増し，ガルピリルを筆頭に，ディンゴ，デボラ・メイルマンなどが活躍の場を広げてきた。

90年代には，アボリジニの映画監督が頭角を現す。先駆けであるモファットは，アボリジニとしての視点から生まれる作品と，まったく自由な1人の前衛芸術家として作り出す作品とが共存している。レイチェル・パーキンズは，劇作家ナウラ原作の《レイディアンス》(1998)，のちに劇作家ロメリルが舞台化した《ワン・ナイト・ザ・ムーン》(2001)，そしてジミー・チャイのアボリジニ・ミュージカルの映画化《ブラン・ニュー・デー》(2009)など，オーストラリア演劇とも近い作品世界を構築してきた。アイバン・セン《雲の下で》(2002)，カンヌ映画祭カメラドールを受賞したウォリック・ソーントン《サムソンとデリラ》(2009)など，貧困や暴力に瀕した現代のアボリジニ・コミュニティと子供たちの姿を淡々と描いた作品もみられるようになった。

また，《盗まれた世代》の悲劇を扱った《裸足の1500マイル》(2002)のフィル・ノイス，《トラッカー》(2002)，《10艘のカヌー》(2006)のデ・ヒーアのように，白人監督もアボリジニの表象をより多様なものにする。国内で《クロコダイル・ダンディー》以来のヒットを記録したラーマン《オーストラリア》(2008)も，ガルピリルを起用しながら，2008年のラッド首相によるアボリジニへの公式謝罪《後》のアボリジニの位置づけを，《国民的な》表象の中で描くことで目論んだ作品であった。

佐和田 敬司

[**音楽**] 現在のオーストラリアの音楽の大勢はヨーロッパから移住した白人がもたらしたものである。移民は18世紀の末から始まったが，19世紀後半の交通・通信の発達にも耐え得るだけの独自の民族的な音楽伝統を創り出すにはあまりに遅すぎた。第2次世界大戦以前のオーストラリアの作曲家の作品は，ほとんどヨーロッパのそれを模したもので，保守的な響きをもったものばかりである。この大陸に固有の唯一の音楽はアボリジニの伝統音楽である。したがって本項ではこれを先に述べる。

アボリジニは長い間，異民族との接触をもたず，その文化は孤立していたので，彼らの音楽はオセアニアの他の諸民族の音楽文化と共通するところがきわめて少ない。1950年代まではほとんど研究対象にされなかったため，不明な点が多いが，世界の他の音楽文化にない非常にユニークな要素を含んでいることは明らかである。広大な大陸に散在しているため，地域的な様式の違いはむろん存在するが，全体としてほぼ一つの音楽文化とみなすことができる。

その特徴は原則として歌が中心であること。その歌には祭事と結びついた宗教歌と，世俗歌の2種類がある。宗教歌の大半は霊魂の世界から伝えられたものと考えられ，個人あるいは特定の人々がもっている。世俗歌は▶コロボリーと呼ばれる集団舞踊会で歌われる娯楽のための歌が主体である。両方とも通常踊りを伴うが，踊りなしの歌もある。歌の演奏技法には非言語的な音声（例えば〈シューッ〉〈ウーウー〉〈ギャー〉など）や同音の朗唱から，広い音域の，各シラブルを引きのばして起伏をつけていくメリスマ的な歌い方も含まれている。旋律は概して下降的で，最高最強音から始まり，反復される最低最弱音で終わることが多い。リズム構造は，歌詞のアクセントにもとづいているが，概して複雑である。

歌の伴奏として使われる楽器とその用法は地域によって異なるが，リズム棒や狩猟用具でもある木製のブーメランのような単純な打楽器，そして手拍子や身体を打つ音などで踊りのリズムを強調する。堅い木に白蟻が孔をあけた木製の長いトランペット（またはドローン・パイプ）であるディジェリドゥー didjeridu は，北部にのみ演奏され，専門的な訓練を要求される複雑な演奏技法により，明確なリズムをもった低音の連続音が出される。さらに，成人式を受けた男性のみの秘密の儀式で，ブル・ロアラー（うなり木）なども用いられるが，これらの楽器は超自然的な存在，またその声を表すといわれている。

次に移住民の音楽，現代音楽に目を転ずると，白人の本格的な音楽活動が組織されるようになったのは1840年代以後，自由な移民とともに音楽家が移住するようになってからである。19世紀後半には音楽的な意識が高まり，最初の職業的オーケストラが1888年に設立された。20世紀初期の重要な2人の音楽家は作曲と指揮で活躍をしたニューサウスウェールズ州立音楽院の院長でもあったヒル Alfred Hill（1870-1960）と，すでに1930年代にオーストラリア音楽の大きな展開を予言していたグレーンジャー Percy Grainger（1882-1961）である。戦中派に属する作曲家の作品は保守的で，後期印象主義，新古典主義の傾向をもつ20世紀初期のヨーロッパにならっており，十二音技法などの前衛的な作法を導入した作曲家はきわめて少数であった。

第2次世界大戦以後，オーストラリアの音楽文化はその最も大きな展開を見せた。各都市にシンフォニー・オーケストラが組織され，各州の総合大学で音楽学部が設立され，各分野の音楽学会も開かれるようになり，先住民のアボリジニ，東アジアやオセアニア諸民族の音楽の歴史的研究や民族音楽学的な調査も行われるようになった。戦後の作曲家は20世紀の作曲技法を積極的に取り入れると同時に，アジアの伝統的音楽（ことに日本の雅楽，インドネシアのガムラン）への関心が高まり，両者を合成して新しいオーストラリア独自の音楽文化をつくり出そうという運動が今日にいたるまで続けられている。その代表的な作曲家はスカルソープ Peter Sculthorpe（1929- ）とミール Richard Meale（1932- ）であり，彼らの作品は国際的にも演奏されている。

スティーブン・G.ネルソン

オーストラリアの民謡は大きく分けて二つある。アボリジニのものと移民たちのものがそれである。

アボリジニの歌については，ようやくオーストラリア・アボリジニ研究所（AIAS）の調査・収録によって，ある程度知られるようになったものの，まだその全貌は明らかにされていない。特に独自の儀礼の場には集団の構成員以外はもちろん受け容れられず，年齢階梯制による制限もあって，まず見聞しえない。非儀礼的な音楽の場としての祭りコロボリーは，彼らの祖霊やアルチェリンガなどといわれる一種のトーテムを対象としたもので，集団の長老を中心に単調で呪文的な歌詞の歌を，拍子木やブーメランの伴奏でえんえんと歌う。内容はほとんどが彼らを取り巻く動植物や自然現象に関したものである。しかし最近は，そのような伝統に基づいた新しい民謡調の歌も作り出され，若者たちはロック・バンドを結成するようにもなっている。

アングロ・サクソン系を主体とする移民の民謡には，母国のバラッド調の歌づくりを踏

襲して、この200年にわたる歴史的内容を歌い込んだものが多い。オーストラリアの《民謡集》で歌の分類が、船歌や流刑囚の歌をはじめ、ブッシュレーンジャーの歌、ストックマン(牧夫)やドローバー(家畜追い)の歌、シェアラー(毛刈職人)やスワッグマンの歌、ゴールドラッシュの歌などと、それぞれの歌の生み出された時代的背景をそのまま表出しているところに、それは端的に示されている。

日本でも多少知られている民謡をみても、〈最初の艦隊(1788年オーストラリアに初めて入植した艦隊)〉が上陸した所《ボタニー湾》はもともとイギリス系のシャンティに、ストリート・バラッド調の歌詞をつけて流刑囚たちが歌い出したもの、《ウォルシング・マチルダ》は子羊を盗んで自分のずだ袋に詰め込んで騎馬警官に追われるスワッグマンの歌、《調子をそろえてクリック……》は大鋏を手にして牧場をわたり歩いた腕利きのシェアラーの歌、といったごとくである。　　　　江波戸昭

[ポピュラー音楽]　オーストラリアン・ロックの先駆けといえるのが、1950年代に活躍したジョニー・オキーフで、オーストラリア人として初めて全米ツアーを敢行した。一方同時期、カントリー・ミュージックではスリム・ダスティがヒット曲《ビールのないパブ》で脚光を浴び、以降奥地のパブからパブへと流して歩くツアーで伝説的存在となり、2000年シドニー・オリンピック閉会式の最後に大観衆とともに国民歌《ウォルシング・マチルダ》を歌った。1970年代にソロのシンガーソングライターの活動を開始したピーター・アレンは、後にカンタス航空のCMソングともなった国民歌《私はまだオーストラリアを故郷と呼ぶ I Still Call Australia Home》で知られ、波乱に満ちた生涯はミュージカル《OZから来た少年 The Boy from OZ》(1998)として舞台化され、ヒュー・ジャックマンの主演でブロードウェイでもロングランを果たした。

1970年代から80年代にかけて活躍したオリビア・ニュートンジョンは、アメリカでビルボードシングル1位を5度記録するなど大成功し、日本を含めて世界中で人気を博した。1980年代後半からトップスターに躍り出たのがカイリー・ミノーグで、オーストラリアの人気連続ドラマ《ネイバーズ》で役者として頭角を現したが、1987年のユーロビートに乗せた《ロコモーション》は国内80年代最大のヒットを記録した。その他、今日も活躍する女性歌手には、ティナ・アリーナ、ウェンディ・マシューズ、ケイト・セブラノ、カントリーのケイシー・チェンバーズなどがいる。

男性歌手では、1979年に世界的ヒット曲《ラブ・イズ・イン・ジ・エアー》を歌ったジョン・ポール・ヤングがいる。また、1960年代から伸びやかな高音の魅力で40年以上に渡るキャリアを積み上げてきたジョン・ファーナムがおり、彼はオーストラリア音楽界の権威ある賞であるARIA賞の最多受賞者でもある。特色のある歌手としては1980年代からソロ活動をしているジミー・バーンズで、1985年に国内ナンバーワンヒットを記録したアルバム名《労働者階級の男のために》にもあるとおり、荒々しさと暖かみ、迫力を兼ね備えた歌声が労働者階級の熱い支持を集める。また、1984年からザ・バッド・シーズとともに活動するニック・ケイブは独特の陰影を湛えた歌詞と暴力的な音で、カルト的人気を誇る。

さらに、60年代から登場してきたビージーズやイージービーツから、その後のスカイフックス、リトル・リバー・バンド、ザ・シーカーズ、メン・アット・ワーク、AC/DC、INXS、ハンターズ&コレクターズ、メンタル・アズ・エニシング、アイスハウス、クラウデッド・ハウス、90年代以降に台頭したクルーエル・シー、You Am I、サベージ・ガーデン、シルバーチェア、パワーフィンガーなど、数多くの個性的なロック・バンドがオーストラリアから生まれた。

先住民系ミュージシャンでは、先駆けといえるジミー・リトルが、1963年の《ロイヤルテレフォン》で一世を風靡した。しかし、その歌には、今日の先住民系ミュージシャンの楽曲のような伝統的要素やアボリジニの言語やアボリジナル・イングリッシュは含まれていなかった。現代の先住民系ミュージシャンの代表格、トレス海峡諸島人であるクリスティーン・アヌーは、故郷の海を歌ったヒット曲《マイ・アイランド・ホーム》を、オーストラリアという国に読み替え、2000年のシドニー・オリンピック開会式で披露した。ノーザンテリトリー出身でディジェリドゥーなどの楽器と伝統的装束をロックに融合させたアボリジニ・バンド、ヨス・インディは1986年から活動を開始した。彼らもシドニー・オリンピック開会式で、ヒット曲《トリーティー》を歌ったが、その後にピーター・ギャレット率いるミ

ッドナイトオイルが〈Sorry〉と書かれたTシャツを着て登場し，当時く˙盗まれた世代〉への政府としての謝罪を拒んでいたハワード首相への強烈な当てつけとなり，開会式のみならずオーストラリアン・ロック史に残る名場面となった。バンドの他に，1980年代後半に登場したレゲエ/ファンクバンドのカラード・ストーンが有名である。またソロでは，心に響く力強い歌声が持ち味のシンガーソングライターであるアーチー・ローチ，そのパートナーであるルビー・ハンターがいる。2人の盟友で白人シンガーソングライターのポール・ケリーが出演・音楽をつとめた映画《ワン・ナイト・ザ・ムーン》(2001)では，ローチの曲が印象的に使われ，ハンターは俳優として出演し，歌を披露している。また，かつてヨス・インディのメンバーだった盲目のミュージシャン，ジェフリー・グルムル・ユヌピングはアーネムランドのヨルングの言葉で歌うが，2009年に国民的な肖像画コンテストの優勝作品のモデルになるなど，全国的に高い知名度を誇っている。　　　　　　　　　　　　佐和田 敬司

[スポーツ]　オーストラリア人にとってスポーツとは，その文化の欠かすことのできない一部である。人口の都市集中率が高いにもかかわらず，19世紀後半にナショナリズムが高まりをみせたとき，国民は˙ブッシュと呼ばれる原野での生活をオーストラリア人の心の拠り所ととらえた。同時に，高度で均質的な生活水準を謳歌できたため，人々は余暇としてアウトドアでのスポーツを楽しむだけの余裕があった。それゆえオーストラリアのアスリートたちは，水泳，テニス，ゴルフといった個人競技でも，フットボール，˙ラグビー，˙クリケット，ヨットといった団体競技でも，世界的に高い水準の成績を残してきた。

オーストラリアは1896年の近代オリンピック発祥以来，夏季大会は皆勤である。1956年にはメルボルンで南半球初の大会を開催し，競泳では第2次世界大戦後国際舞台への復活を狙う日本と数々の名勝負を繰り広げた。閉会式の際に国別でなく，全選手が入り混じって入場する方式も，メルボルンから始まっている。2000年にはシドニーで2回目のオリンピックを開催したが，市の産廃場跡地を，メイン会場のホームブッシュベイとして環境に優しい仕様に造成し直すなど，今日のエコ重視のオリンピックの先駆けともなっている。

オーストラリアでは面白いことに，州によってフットボールという言葉が指す競技が異なってくる。東海岸ではラグビーが主流なのに対して，その他の州では˙オーストラリアン・フットボールが中心である。19世紀後半の植民地でのフットボール発展期に，最古の商都であるシドニーは，港町でアップダウンが多いうえに，人口が密集しており，オージー・ルールズに適した広さの土地を確保しにくく，グラウンドの建設が遅れた。その点，新興の街メルボルンは平坦で，公園やスポーツグラウンド用の土地を豊富に確保することができた。メルボルン・クリケットグラウンドの建設は，シドニーのそれに25年も先行している。さらにメルボルンでは，ゴールドラッシュを契機にさまざまな国からいろいろな出自の移民が集ってきて，若い中産階級層が成長して，彼らが市内の地区ごとに設けられたクラブ単位でのフットボールやクリケットの担い手に育っていった。

オーストラリアは広大で，業界保護のための規制もあって国内運賃が高く，スポーツ興行は長らく州単位，あるいは都市単位，地域単位で行われてきた。しかし，1980年代以降規制緩和が進み，国内航空運賃などが安くなるとともに，˙マードックや˙パッカーらの巨大メディアがスポーツを魅力的なコンテンツと捉えて積極的にプロモートし始めると，オーストラリアのスポーツのプロ化と巨大化が急速に進んでいった。さらに多文化主義の定着の一方で，グローバル化の進行により海外の情報が入手しやすくなると，従来は移民のスポーツとしてマイナー視されていたサッカーの人気が急上昇してきた。手頃で子供にプレーさせるにも比較的安全ということもあり，選手人口も他のフットボールを凌駕する勢いで増えている。2005年に本格的全国リーグとしてAリーグが発足する一方で，06年のドイツでのワールドカップに32年ぶりに出場を決めると，オーストラリア代表は緒戦で日本代表と対戦して3-1で初勝利を上げた。同年には代表チームの競争の機会の拡大を求めて，オセアニアからアジアへ連盟を移籍した結果，今後もアジア選手権などの場で好敵手として日豪代表チームの対決が繰り返されていく宿命となった。　　　　　　　　　福嶋 輝彦

【日本との関係】　日本がオーストラリア側にとって常に大きな存在であってきたのとは対照的に，戦前の日本にとって，オーストラリアは英帝国の一部くらいにしか意識されていな

かった。19世紀末にアラフラ海などで'真珠貝漁が盛んになると，素潜りの技能を生かして，和歌山県などから日本人ダイバーが，トレス海峡の木曜島やウェスタンオーストラリアのブルームなどに移住していった。しかし，それ以外は日本人移民の数はきわめて少なく，やがて'白豪主義が導入されても，日豪関係に大きく影響することはなかった。第1次大戦が始まると，日本は準同盟国として'ANZACの中東輸送に際して巡洋艦〈伊吹〉をその護衛につけた。1890年に兼松商店がシドニーに支店を開設してから本格化した豪州産羊毛輸入も順調に進み，とくに1930年代に入ると日本の豪毛買付は急増し，豪の第2位の顧客に成長し，首位イギリスに迫る勢いもみせた。しかし，対英肉類輸出促進を期待する豪州側は，英製品を駆逐して急速に輸出を伸ばしていた日本製繊維製品への関税を36年に一方的に引き上げた。豪州側の予想に反して，日本が報復的に9割近くのシェアを占めていた羊毛も含めて対豪輸入を全面停止し，半年後に通商再開のための交渉が妥結したものの，戦争機運が高まる下で日豪貿易は急速に縮小していった。その後日本の脅威が迫る中で，オーストラリアは対日宥和的姿勢もみせ，港湾労働組合が対日屑鉄積荷をボイコットすると，当時の'メンジーズ法相はこれに介入した。一方で，日本企業が英系企業と提携してウェスタンオーストラリアのヤンピサウンド鉄鉱山開発を計画していることが判明すると，オーストラリア政府は，資源の枯渇を理由に鉄鉱石禁輸措置を導入した。

'太平洋戦争が開戦されると，日本軍は，米豪軍の連携を断とうと，42年2月からダーウィンなどオーストラリア北海岸の都市を爆撃して，白人入植以来オーストラリア本土を初の外敵からの攻撃にさらした一方，5月にはシドニー湾に特殊潜航艇を進入させて，住民をパニックに陥れた。パプアニューギニア北岸を押さえた日本軍に対し，同年5月のサンゴ海海戦で米豪海軍の連携により一旦はその南進を阻止した。しかし，今度は日本軍が陸路ポートモレスビーに進軍を図ると，豪軍はオーエンスタンリー山脈をはさんで密林の中で日本軍と死闘を繰り広げた。このくココダ道の戦い〉は，手薄な兵力で困難な戦線を死守した豪州兵の奮戦の象徴として，今日でも'アンザック・デーなどに多くの国民が巡礼するほどである。戦後のオーストラリア国民

の反日感情を決定的にしたのは，シンガポールのチャンギ収容所に象徴される，2万人以上もの豪州人捕虜に対する劣悪な待遇である。彼らは泰緬鉄道建設などに徴用され，8000人もが収容中に死んだといわれている。

終戦後，豪軍は英連邦占領軍として広島県呉市に進駐した。日本占領期，チフリー政権の対日方針は日本の再軍国主義化の阻止であり，天皇開戦責任論や農地改革など民主化を唱え，日本の経済復興には懐疑的であった。しかし，49年にメンジーズ政権に交代すると，冷戦がアジアに波及する中，ANZUS条約の締結を見返りに，〈寛容な対日講和〉を受け入れた。とはいえ，対日警戒心は依然として強く，53年には北部水域への日本船の進入を排除したため，アラフラ海真珠貝紛争が起こった。しかし，伝統的なイギリスに代わる新規輸出市場開拓の現実的必要から，57年には'日豪通商協定を締結し，戦後の日豪経済関係は正常化した。60年には鉄鉱石輸出が解禁される一方で，日本が高度成長を遂げると，日豪資源貿易が急増し，67年には日本はイギリスに代わってオーストラリア最大の輸出市場に成長した。その間63年には両国の世界間の交流機関として初の日豪経済合同委員会が開かれたが，これは今日まで毎年もち回りで開催されてきただけでなく，その後'太平洋経済委員会設立を提案し，後の'太平洋経済協力会議の設立のパターンにみられるように，日豪発のアジア太平洋地域協力の発展の嚆矢となった。

70年代に入ると，日本のオーストラリア鉱山投資に対して，退役軍人連盟などを中心に，日本に土地を売り渡すとして批判が上がる一方で，成長が鈍化した日本が，資源や農産物の長期契約で設定された価格の引き下げと買付量の削減を求め，これに豪州側が激しく抵抗し，日豪経済摩擦が生じた。こうしたなかで日豪関係の重要性を改めて認識し直そうとする動きが出て，76年の'日豪友好協力基本条約の締結につながった。80年代に入り，日本の経済大国化が進み，円高豪ドル安傾向が定着すると，日本からの観光客や留学生の訪豪が急増し，ワーキング・ホリデイ制度も整備され，両国間の人的・文化的交流は一気に拡大した。一方で，日本からのリゾート不動産投資も目立つようになり，投資が集中したクイーンズランド州などでは日本人による土地買収に反対する声も上がったが，日豪関係

の大勢にはほとんど影響しなかった。むしろ日豪両国は，89年の"アジア太平洋経済協力(APEC)設立や90年代初めのカンボジア和平などをめぐって，表面では目立たないながらも着実な連携を重ねていく。90年代に入ると，日本経済の低調から観光やリゾート開発はピークを過ぎるが，代わって日本からの対豪投資が製造業などへ多様化する一方で，輸送機器などオーストラリアから製造業品の対日輸出も行われるようになった。

21世紀に入ると，オーストラリア経済にとって中国の比重が急上昇し，今日では日本が40年間守り続けてきた豪最大顧客国としての座を譲り渡そうとしている。逆に90年代半ばから好況が続くオーストラリアから日本へのスキー場リゾートなどを中心とした投資も行われるようになった。とはいえ，9.11全米同時テロ以後，日本が国際的安全保障上一定の役割を引き受けるようになると，大量破壊兵器関連物資など密輸容疑の船舶を臨検するための拡散に対する安全保障構想(PSI)での共同演習で日豪の部隊が連携するといった安全保障協力が行われるようになり，このような流れの上に2007年には"日豪安保共同宣言が結ばれるに至った。その後，両国で政権交代が起こったが，労働党のラッド首相がアジア太平洋共同体構想を呼びかける一方で，鳩山由紀夫首相は東アジア共同体構想を提唱しており，伝統的な経済に加えて，安保協力，さらに温暖化や災害救済，パンデミック対策なども含んだ広範な地域協力に向けての日豪連携の機運が訪れている。

福嶋 輝彦

北マリアナ諸島
Commonwealth of the Northern Mariana Islands

正式名称＝北マリアナ諸島 Commonwealth of the Northern Mariana Islands　面積＝463km2　人口（2000年センサス）＝6万9221　首都＝サイパン島ススペ Susupe（日本との時差＝＋1時間）　主要言語＝英語，チャモロ語，カロリン語　通貨＝ドル Dollar

西太平洋に位置する*マリアナ諸島のうち*グアムを除く島々から構成されるアメリカの自治領（コモンウェルス）。首都は*サイパン島にある。総陸地面積は約463km²。先住民は*チャモロ人。

[文化・歴史]　マリアナ諸島への人の居住は約3500年前に遡り，サイパン，テニアンなどの島々にモンゴロイド集団が拡散していった。紀元前1500年頃には，ミクロネシア最古の土器であるマリアナ赤色土器が製作されていた。紀元後800年頃には，チャモロ人によって*ラッテと呼ばれる石柱をもつ家屋群が建造され，貝斧や石斧，料理用の石焼き，*パンダヌスの葉の編み物，戦争用の槍や投弾などが使用された。3つの身分からなる独自の階層制度が発達するとともに，母系的出自集団が形成され，祖先崇拝が行われていた。在来の生業は，漁撈のほか，*タロイモ，*ヤムイモ，*バナナ，*パンノキ，*ココナツなどの栽培，そして稲作も行われていた。ヨーロッパ人との接触以降に持ち込まれたメイズやサツマイモも主要食物となった。

西洋人による発見は1521年，*マゼランによる。1565年には，探検航海中の*レガスピがスペインによる領有宣言をした。当初，島々は*泥棒の島*と呼ばれていたが，17世紀には当時のスペイン皇太后にちなんでマリアナ諸島と名付けられた。17世紀後半には，スペインによる布教活動への不満から反乱が相次いだため，ほぼすべてのチャモロ人はグアム島に強制移住させられた。この時，ロタ島に留まったチャモロは固有の文化を継承したという。マリアナ諸島は，新大陸の銀をメキシコからフィリピンへ運ぶガレオン船交易の中継地となり，先住民チャモロ人と流入してきたメキシコ人，フィリピン人，ハワイ人らとの混血が進んだ。ほとんどのチャモロ人は洗礼を受け，祖先崇拝などの固有の宗教観念は衰微したが，その一方で名付け親との間に擬制的親族関係が発達するなど，カトリックの

●北マリアナ諸島

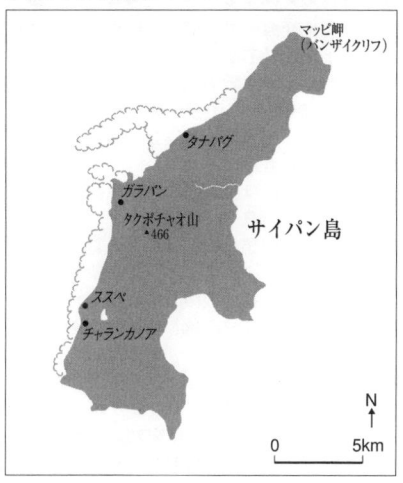

影響を強く受けた文化が形成された。また，土地の個人所有が進み，父から子への財産継承が一般化していった。

1898年の米西戦争におけるスペイン敗北後，米領となったグアムを除くマリアナ諸島はドイツに買収され，ニューギニア政庁の管轄下に入った。科学的植民地主義を掲げたドイツ統治政策の刷新を受けて1907年に行政区が再編，マリアナ諸島は西カロリン諸島を管轄するヤップ庁の下に置かれたサイパン支庁によって統治された。現地人には椰子植林，コプラ生産が奨励され，*パラオ諸島*アンガウル島でのリン鉱採掘労働者が徴用された。同時に，慣習法や土地制度の調査も行われ，サイパンでは地券が発行された。また，スペイン統治期の19世紀からドイツ統治期にかけては，台風被害を受けた*カロリン諸島から移住者が流入し，カロリニアンと呼ばれる民族集団を形成した。

第1次世界大戦中の1914年，日本がドイツ領ミクロネシアを占領すると，サイパンに支庁を設置した。軍政期からサイパン島では甘蔗栽培が行われていたが，21年に*南洋興発株式会社が設立されると，製糖業が軌道に乗った。その後，*テニアン島，ロタ島にも事業は拡大し，移出する砂糖に課された出港税は南洋庁の主要財源となった。これに伴い，邦人人口は増加の一途を辿り，23年には3200人余りの現地人を凌駕，30年に1万5656人，

389 北マリアナ諸島

35年に3万9728人を擁した。チャモロ人の不動産は日本人移住者に賃貸売買され，国際連盟では現地社会への破壊的な影響が懸念され，日本による土地不法取得を訴え出るチャモロ人もいた。太平洋戦争期には激戦地となり，米軍が44年7月にサイパン島，翌月にテニアン島に上陸，日本軍が玉砕したほか，民間人にも多数の死者を出した。

太平洋戦争後はアメリカ軍政を経て，国際連合の太平洋諸島信託統治領マリアナ地区としてアメリカ内務省の管轄に入った。1962年には高等弁務官の司令部がグアムからサイパンに移転され，統治の中心地となった。マリアナ地区は，信託統治終了後の政体として当初構想されていた統一ミクロネシアからの離脱をいち早く表明，75年に北マリアナ諸島としてアメリカ自治領(コモンウェルス)となる盟約を結んだ。78年1月には憲法が発布，自治政府が樹立され，86年11月には信託統治が終了し，現体制のアメリカ自治領となった。

[政治・社会] アメリカの自治領としての北マリアナ諸島は，独自の憲法をもち，内政自治権を有するものの，外交権と安全保障に関する事項はアメリカの権限の下にある。住民はアメリカ市民権を有するが，連邦下院代議員や大統領選挙人を送り込むことができない。また，アメリカによる軍事施設の建設，利用が認められると同時に，アメリカからは軍事施設の借地料や援助金が供与される。この関係には，1970年代にミクロネシアの若者によって暴露，批判された"ソロモン報告で提示された，アメリカによるミクロネシア恒久領有構想の骨子が実現されていると評されることもある。

北マリアナ諸島の行政の最高責任者は4年ごとの選挙で選出される知事で，1978年1月に初代のカルロス・カマチョが就任した。以後，知事は北マリアナ民主党ないし共和党から選出されていたが，2006年1月には盟約党のベニグノ・フィシャルが就任した。議会は二院制で，議員の任期は2年。上院議員は3選挙区(ロタ，テニアンとアーギガン，サイパンと北部諸島)から各3名の合計9名が選出される。北部諸島(火山活動により現在ほとんどが無人島)の人口数が1000人を越えた場合，同地域を新たな選挙区とし，さらに3名の議員が補充される。下院議員の定員はサイパンと北部諸島から12名，ロタから1名，テニアンとアーギガンから1名の合計14名が選出されるが，最大で20名まで増員できる。

現住人口は，サイパン島に6万2392人，テニアン島に3540人，ロタ島に3283人と，この3島にほぼすべてが居住している(2000)。主要な民族集団別にみると，チャモロ人が1万4749人，カロリニアンが2652人，その他の太平洋島嶼民が4600人，加えてフィリピン人や中国人をはじめとするアジア系住民が3万8610人にまで達し，その増加が顕著である。先住民チャモロはもはや多数派としての地位を失っており，1万8141人を擁するフィリピン人が多数派である。このため，学校教育におけるタガログ語の導入などの措置もとられている。将来的にはアメリカ市民権を獲得できる移民2世と先住民との間での対立も懸念される。

2008年4月，アメリカ連邦議会で北マリアナ諸島の移民および労働の監督権を連邦の管轄下に置くことが決定された。外国人労働者の問題や世界的な不況の影響による財政破綻からとられた措置であった。これにともなって，09年1月には，アメリカ連邦下院に対して，議会での投票権をもたないが，委員会での投票権をもつ代議員が送られることになった。

[経済] 北マリアナ諸島の通貨は米ドルで，1人あたりのGDPは8047米ドル，領内就労者数は4万2753(2000)。基幹産業は観光業と縫製業で，最低賃金は3.05米ドルとアメリカよりも低く，アジア系労働者の低賃金雇用によって，アメリカからの経済的自立と経済発展が支えられてきた。外国人労働者の流入にともない，1980年に1万6780だった北マリアナ諸島の人口は，90年には4万3345にまで増加した。訪問者数は80年に11万7149，90年に41万7146と飛躍的に増加し，96年には73万6117とピークに達した。しかし，1990年代末には日本の不況および韓国の金融危機の影響で約50万に減少，一時期改善傾向もみられたが，2007年には39万を割るまで落ち込んでいる。

1980年代半ばからサイパンで発達した縫製業は，アメリカを市場とし，観光業とならぶ基幹産業に成長した。しかし，アジア系労働者の低賃金と劣悪な労働条件が問題視され，クリントン政権下ではアメリカの移民法，労働法を北マリアナ諸島に適用しようとする動きもあった。この時期，労働者の雇用条件の見直しにより，閉鎖に追い込まれた工場もある。観光業と縫製業の不振が続く北マリアナ

諸島の経済の現状は厳しく，現職のフィシャル知事は，テニアン島に大規模なカジノとリゾートの建設を計画するなど，局面の打開を図っている。

[**日本との関係**] 北マリアナ諸島はアメリカの自治領であるため，日本との間に国交はないが，日本領事館が置かれている。観光資本と観光客の大半は日本人が占めており，2008年の観光客数39万7274のうち，約54％にあたる21万3299が日本人であった。太平洋戦争期には，日本人の軍人・軍属，民間人に多くの犠牲者を出したため，現在に至るまで遺族会・戦友会や慰霊団の訪問も継続されている。2005年6月には，天皇がサイパン島で遺族会・戦友会の代表者と接見し，バンザイ・クリフとスーサイド・クリフ，日本人戦没者碑のほか，アメリカ人戦没者碑，現地人戦没者碑，敬老センターなどを訪問した。

飯高 伸五

キリバス共和国
Kiribati

正式名称＝キリバス共和国 Republic of Kiribati　面積＝730km²（対馬とほぼ同じ）　人口（2008年世界銀行統計）＝9万6557人　首都＝タラワ Tarawa（日本との時差＝＋3時間、なおクリスマス島、ライン諸島は＋5時間）　主要言語＝キリバス語、英語　通貨＝オーストラリア・ドル Australian Dollar

中部太平洋にある島国。1979年7月12日にイギリスから独立した。旧ギルバート・エリス諸島のうちのギルバート Gilbert 諸島で、ポリネシア系のエリス Ellice（独立後ツバル）諸島から分かれたミクロネシア系住民の国。ギルバート、フェニックス、南ライン、北ラインの4島嶼グループからなる。

[自然，住民]　ギルバート諸島のオーシャン（バナバ）島を除く他の島々は、標高5m未満の小規模なサンゴ礁島で、人口の9割以上がギルバート諸島に集中している。ギルバート諸島は首都のあるタラワをはじめ、マキン（ブタリタリ）、アベママなど16の環礁と、隆起サンゴ礁のオーシャン島とからなる。降水量は島により、また年により変化するが、平均年降水量は北部で2000〜2500mm、南部で1000mm。ほとんどの島がサンゴ礁のため自然資源に乏しく、タロイモ、ヤムイモ、パンノキの実などを主食とする。ココヤシの実から取れるコプラが最も重要な産物で、漁業開発が将来の重要な課題である。

最近の考古学および言語学の成果によると、ギルバート諸島への民族移動は前2000年ころに西方のカロリン諸島からカヌーによって行われたと推定され、したがって住民はミクロネシア系の文化をもっている。たとえば言語はオーストロネシア語族のうちのキリバス（ギルバート）語で、他のミクロネシア諸言語と近親関係にある。しかしすぐ南隣のツバル（エリス諸島）は紀元後にポリネシアのサモア諸島より植民が行われたと推定されており、そのためギルバート諸島もポリネシア系の文化の影響を少なからず受けている。優れた伝統的航海術やカヌー建造技術などをもとに漁労や遠洋航海が活発に行われ、海洋文化が栄えた。しかし、18世紀に本格的に始まるヨーロッパ人との接触によって、伝統文化を喪失することになった。キリスト教や貨幣経済の導入によって伝統的生活様式が崩れ、急速に近代化が進んでいる。　　　　　　　　石森 秀三

[歴史]　キリバスの歴史には、いまだ不明な点が多いとされている。ギルバート諸島の名は、1788年にこの海域を航行したシャーロッテ号のトーマス・ギルバート船長の名に由来している。1892年、イギリスはギルバート諸島を保護領とし、やがてエリス諸島（現ツバル）とともに統治した。1900年、リン鉱石の発見によりイギリスはオーシャン（バナバ）島を併合し、16年にはギルバート・エリスを植民地とし、オーシャン、ファニング、ワシントンの3島も植民地に編入した。37年にはさらにフェニックス諸島の一部も編入した。41年の太平洋戦争の開始とともに、日本軍はマキン、タラワなどを占領したが、43年、アメリカ軍の反撃によりギルバートの日本軍は全滅した。56年から58年にかけて、イギリスがクリスマス島で核実験を行い、62年にはアメリカも行った。79年7月に独立、ギルバートの現地語発音〈キリバス〉を国名とした。キリバスは、95年に国内日付の統一を目的として、ラインおよびフェニックス諸島の日付をタラワと同じものとすることを決定、この結果、日付変更線はキリバス領域で大きく東に迂回することになり、ライン諸島が世界で最初に1日を迎えることになった。

[政治]　政体は共和制であるが、議院内閣制との混合形態をとっている。国会は一院制（定数46うち2名は司法長官とランビ島評議会代表、任期4年）で、議員の中から選出された複数の大統領候補の中から国民投票によって大統領が選出される。大統領（任期4年）は国家元首と政府代表を兼ねる。かつては政党がなく、いわゆる人脈・派閥が存在するだけであったが、1985年に、独立後から大統領の座にあるタバイに反対するグループがキリスト教民主党を結成した。

独立以来大統領を務めてきたタバイ大統領は、3期目の任期終了後、憲法の定める4選禁止規定により選挙に出馬できず、代わって副大統領であったテアンナキが出馬して当選、1991年7月に大統領に就任。94年の解散・総選挙で反テアンナキ勢力がマネアバン・テ・マウリ党（MTM）を結成し、過半数の議席を獲得し、大統領選挙ではテブロロ・シトが当選し、政権交代が行われた。シト大統領は、98年11月の大統領選挙で再選され、03年2月の大統領選挙でも3選を果たしたが、3月に不信任案が

可決されて辞任，議会は解散した。同年5月の議会選挙ではシト大統領率いるMTMが第1党に返り咲き，7月に行われた大統領選では4選禁止規定により立候補できないシトに代わってMTMから中国系のハリー・トンが出馬したが，実弟のアノテ・トン（ボウトカアン・テ・コアウア党＝BTK）に破れた。

トン政権は，シト大統領時代に導入された〈投資家パスポート〉を廃止した。このパスポート販売と在留許可手数料による収入は01年には130万ドルあった。買い手のほとんどが中国人だったため，中国との断交によりこの政策維持の意義が失われていたが，国際的なテロ対策に敏感になっているアメリカや近隣諸国からのパスポート販売への懸念を払拭することになった。トン政権は，漁業とコプラ生産を中心とした経済開発に積極的に取り組み，07年8月の議会選挙では，トン大統領率いるBTK党が最多の22議席を獲得し，同年10月に行われた大統領選挙で再選を果した。

外交面では，豪・NZを含む太平洋諸国との友好関係維持・強化をはかるとともに，経済的自立の達成と財政収入確保のため多様な国際関係を模索してきた。85年には，入漁料確保のためソ連と1年間の漁業協定を締結し，ソ連の南太平洋への進出と騒がれたが，翌86年には失効した。99年には国連に加盟した。2003年11月には，台湾と外交関係を樹立したため，中国はキリバスと断交した。　　東　裕

［経済］　キリバス経済は，従来，オーシャン島で産出していたリン鉱石によって支えられてきたが，1979年に枯渇した。政府はリン鉱石の枯渇後に備えて，1968年にリン鉱石輸出収入を基金とする収入均衡留保基金(RERF)を創設した。収入均衡留保基金は順調に再投資が進み，1998年現在，5億オーストラリア・ドルに達している。海外への船員出稼ぎも盛んで，1967年に設立された海員訓練学校内に日本向けの漁船員養成学校が併設され，89年には独立して漁業訓練学校ができた。同校の卒業生はその多くが日本のカツオ漁船に乗り組み，外貨獲得に貢献している。90年代初頭から海草〈キリンサイ〉の栽培が始まり，デンマークへの輸出が始まった。また，広大な排他的経済水域の入漁料収入も貴重な外貨獲得源

●キリバス共和国

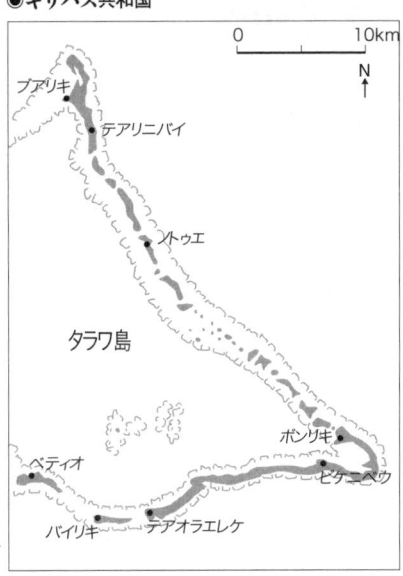

となっている。他方，離島部を中心に国民の多くは半自給自足の生活を営んでおり，また現金就労機会の多くがタラワに集中しているため，タラワへの人口集中が深刻な問題となっている。1人当たりGNI（国民総所得）は2000米ドル（2008年世界銀行統計）。

［日本との関係］　第2次大戦前はブタリタリ（マキン）島に南洋貿易株式会社が駐在員をおいていた。戦争中は日本軍がブタリタリ，タラワ，バナバ（オーシャン島）などを占領，日米両軍とも多数の戦死者を出した激戦地であるが，キリバス人も戦禍を被っている。漁業面でも結びつきが強く，キリバス漁船員が日本のカツオ漁船に乗り組んでいるほか，1994年には巻網の合弁会社が設立されている。このほか宇宙開発事業団がクリスマス島に衛星打上げ基地を建設する計画を進めており，独立以来最大規模の事業計画として期待されている。1980年代半ば以降は最大の援助国であり，2008年度までの累計で，無償資金協力172.31億円，技術協力37.91億円で，有償資金協力はない。　　小川和美

クック諸島
Cook Islands

正式名称=クック諸島 Cook Islands　面積=240km²　人口（2006年調査）=1万9569人　首都=ラロトンガ島アバルア Avarua（日本との時差=－19時間）　主要言語=クック諸島マオリ語,英語　通貨=ニュージーランド・ドル New Zealand Dollar（クック諸島内でのみ使えるニュージーランド・ドルと等価の硬貨も発行している）

南太平洋のサモアと・タヒチの間に位置し，15の島々からなる。人口1万9569で，うち1万4153人が主島の・ラロトンガ島に住む。エリザベス女王を君主としてニュージーランドと自由連合関係を結んでおり，地域内では独立国として扱われている。中国やドイツなど二十数ヵ国と国交を樹立しているが，日本は外交関係を有していない。住民は88%がポリネシア系・マオリで，このほかマオリ系混血6%，その他6%となっている。1人あたりのGDPは1万3588NZドル（2007年統計）。

[歴史]　最初の移住者は，東方のタヒチから6世紀頃に到達したとされている。西洋人との接触は，1595年にスペインの・メンダーニャによる・プカプカ島発見が最初。18世紀後半にイギリスのキャプテン・・クックが訪れたことで，19世紀前半から〈クック諸島〉と呼ばれるようになった。1888年にイギリスの保護下に入り，1901年にはニュージーランドの施政下となった。第2次世界大戦後，国連が進めた脱植民地化の流れの中で選択を迫られた住民は，〈ニュージーランドに外交と防衛を委ねる自由連合国〉という地位を選び，65年8月4日に憲法が制定され，内政自治権を獲得した。

[政治]　クック諸島は，イギリス女王を国家元首に戴く立憲君主制である。〈女王名代〉（現在は Sir Frederick Goodwin）が国家元首を代行し，行政は一院制議会（定員24,任期4年）の議員互選により選出された首相が担う。さまざまな分裂や合従連衡があったものの，おおむね自治政府樹立以来活動するクック諸島党と，1971年に結成された民党の2政党が政権を争う形での政党政治が行われており，2006年総選挙では政権与党の民主党が議席を伸ばして，ジム・マルライ Jim Marurai 首相が再選された。

[自由連合国としての地位]　クック諸島は外交と防衛をニュージーランドに委ねる形で1965年に自由連合国として出発したが，徐々にその主権行為を拡大している。1970年代に地域機関への加盟を開始し，80年代に入ると国連食糧農業機関（FAO）や世界保健機関（WHO）などの国際機関への正式加盟も果たした。1990年代以降は積極的に二国間外交関係も樹立しており，現在では中国やインド，フランスなど世界の主だった国々を含む20ヵ国以上と国交を有している。ニュージーランドはこうした動きを歓迎しており，クック諸島は国際社会において次第に独立国同様の待遇を受けはじめているが，日本は未承認である。なお，国連には財政上の理由で加盟していない。

[経済]　国家財政および輸入先としてニュージーランドへの依存度が高い。産業は主島ラロトンガを中心とする観光業が最大で，オーストラリア，ニュージーランドや欧米から年間9万人ほどが訪れる。また1990年代以降は，アメリカや日本へのマグロなどの鮮魚輸出や，マニヒキ島など北方諸島で生産された黒真珠の輸出に成功，新産業として発展した結果，現在ではこの2品目で輸出の75%を占めるに至り，観光業に次ぐ産業の地位を獲得している。住民はニュージーランド市民権をもっているため，自由にオーストラリアやニュージーランドに移住・就労ができる。1990年代前半に積極財政の失敗から財政危機となり，1996年から97年にかけて大規模な公務員削減を行った際には深刻な人口流出を招いた。現在クック諸島人は本国居住者の3倍以上が海外に暮らしており，こうした人口流出の傾向は，クック諸島経済を発展させ産業振興を図るうえで大きな障害となっている。また主に輸送面が問題となって離島部の開発が進まなかった結果，1990年代後半からはラロトンガ島への人口集中が目に見えて進行している。

[文化]　タヒチおよびニュージーランド・マオリとの近縁性が高い。木鼓（・割れ目木鼓）を中心とした打楽器の多重奏による軽快なリズムに合わせた独特の踊りは，タヒチと並び称される。また作曲も盛んで，クック諸島発の音楽はポリネシアを中心に太平洋各地で親しまれている。住民の98%はキリスト教徒で，プロテスタントのクック諸島教会派が69%を占める。

[日本との関係]　日本はクック諸島を国家承認しておらず，外交関係がないため，政府間で

直接接触するのは国際会議の場などに限られる。日本からの観光客も少なく，日本にとってはもっとも疎遠な太平洋島嶼地域の一つとなっている。他方，1990年代までは千葉県の行川アイランド(2001年閉園)に毎年ダンシンググループを送っていたため，日本に行ったことのある住民は意外に多い。1980年代にはラロトンガ島で，大島渚監督撮影の映画《戦場のメリークリスマス》が撮影されたこともある。また近年では鮮魚や黒真珠の輸出先として日本との貿易が伸びている。また，農業ではパパイヤが日本への輸出用として多く栽培されているほか，健康食品のノニジュースが日本向け農産物として伸びている。

小川 和美

● クック諸島

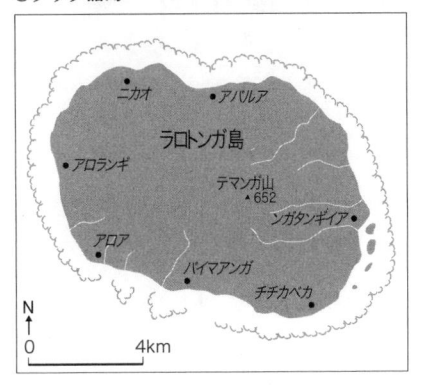

サモア独立国
Independent State of Samoa

正式名称=サモア独立国 Independent State of Samoa（旧称：西サモア）　面積＝2820km²　人口（2008年サモア統計局推計）＝18万8000人　首都＝アピア Apia（日本との時差＝－20時間）　主要言語＝サモア語，英語　通貨＝サモア・タラ Sāmoan Tala

南太平洋中部，*サモア諸島の西側を占める島国。ドイツ，ニュージーランドの統治を経て1962年に独立した。サモア語での国名はマーロー・サッオロト・トゥトゥアタシ・オ・サモア Mālō Sa'oloto Tuto'atasi o Samoa。総面積は佐賀県や神奈川県よりやや大きい。

[住民, 歴史]　サモアの住民は大部分がポリネシア系であり，中華系も若干存在する。人口は18万8000人であり，1950年代後半に10万人を超えてからも緩やかながら徐々に増加した。しかし，出生率が比較的高い一方で，1970年代以降，人口成長率は南太平洋地域の平均値よりも一貫して低い状態が続いている。これは，一部のポリネシア諸国に典型的にみられる，環太平洋先進国への移住によるものである。ニュージーランド市民権を有するニウエやクック諸島民ほど極端ではないものの，とくに20世紀後半に多くのサモア人がニュージーランドやアメリカ合衆国などに移住し，現在はサモア系の約半数がサモア諸島以外に居住しているといわれている。独立以降，ニュージーランドへの移住には特別なサモア人枠（Samoan Quota, 毎年1100人）がニュージーランド政府により設定されており，依然として移住希望者は多い（ただし，ニュージーランドにおけるサモア系の経済的水準は平均以下であり，生活は必ずしも楽ではない）。また，国内でも首都アピアおよびアピア西部地域への人口流入が進んでおり，緩やかながらも都市化が進行している。

文化面では，西洋諸国の来訪に伴い速やかなキリスト教受容や学校教育の普及などが進んだ一方で，大家族制に基づく首長制や原始貨幣として（くでざ）を用いた互酬的交換制度など，伝統文化をよく保存していることで知られている。都市住民を除き多くの人々が，主食用のタロイモ，ココナツ，バナナなどを栽培し，半自給自足的生活を営んでいるが，とくに海外に移住した家族・親類からの送金による現金収入への依存度はしだいに高まりつつある。

歴史をふりかえると，18世紀から19世紀のサモア諸島は数多くの部族の対立抗争の時代であった。この対立抗争にイギリス，アメリカ，ドイツが介入し，1889年に部族間の戦いに終止符が打たれた。99年にサモアは西経171°線を境に東西に分割された。西サモアはドイツ領，東サモアはアメリカ領となった。ドイツの統治に反対するサモア人の*マウ運動とよばれる独立抵抗運動がその後続けられたが，1909年にドイツはマウ運動の指導者たちをサイパン島へ流刑にした。しかし，第1次世界大戦でのドイツの敗北に伴い，西サモアは19年に国際連盟委任統治領としてニュージーランドの施政権下に置かれた。この間にもマウ運動は続き，29年にはアピアでデモ隊がニュージーランド警察と対峙し，タマセセ酋長以下計11名が射殺されるという暗黒の土曜日 Black Saturday事件も発生した。第2次大戦後も国際連合信託統治領としてニュージーランドによる統治が続いたが，自治，独立へと歩みはじめた。60年に憲法草案が起草され，国連監視下で住民投票が実施され，憲法に基づく独立が圧倒的支持を獲得，立憲君主国として62年1月1日に独立した。97年には国名を西サモアからサモア独立国へと変更した。なお，自動車などはアメリカなどと同じく道路の右側を走行していたが，2009年に法律が変更され，ニュージーランドやオーストラリアと同様に左側通行となった。

[政治]　サモアは伝統的な拡大家族アイガの家長であるマタイ（酋長）を中心とした社会を有しており，政治体制もこの*マタイを中心としている。投票権は1991年の選挙から21歳以上のサモア人に与えられている（それ以前は投票権もマタイのみ）が，各選挙区から立候補できるのはこのマタイの称号をもつ者に限られている。一院制の議会（フォノ）の定員は49名であり，うち47名がマタイの称号をもつ者により構成されねばならず，非マタイは2席を各選挙区との関連のない選挙人により選ばれなければならない。マタイの総数は2万5000人とも3万人ともいわれており，半数は海外に在住している。

2009年末現在，49議席のうちの35議席を人権擁護党などが占めており，1982年以来30年近くにわたって政権を維持している。現トゥイラエパ首相は1998年から同党を率いており，

2006年の総選挙では圧勝した。その後最大野党であったサモア民主統一党が内紛により最低議員数8名を割り込んだため、現在では公式に認められている政党は与党しか存在しない。議員のいない政党では、タウトゥア・サモア党および人民党などがある。首相は議会により選出され、その他の12名の大臣は首相が任命する。

[経済] 人々の暮らしにとって、タロイモ、バナナ、ココナツなどの1次産品の生産は不可欠であり、多くの人々が農業に従事している。1990年代前半に2度にわたる大型サイクロンの襲来およびタロイモの葉枯病が発生した結果、サモア経済はマイナス成長となった。しかし、政府の積極的な経済改革により、公的部門の民営化、金融自由化、ヤザキサモア社の誘致（大胆な優遇措置を実施して自動車部品工場を誘致し、国内最大の民間企業となった）が実施された。また1990年代後半以降は漁業や観光業が大きく進展し、経済成長をけん引した。自然災害の影響や国際的な経済悪化の影響を受けやすい小規模な経済であることに変わりはないが、他の南太平洋島嶼国と比較しても良好な経済成長を遂げている。

サモアの対外経済構造で特徴的なのは、他の島嶼国と同様に、輸入が輸出を大幅に超えていることである。しかし、大幅な貿易赤字はニュージーランドなどに移住した家族や親族からの送金により埋め合わされており、国全体として経常赤字は問題とはなっていない。また、後発開発途上国（LDC）として位置づけ

●サモア独立国

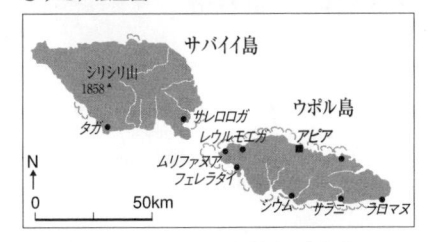

られているサモアには、海外援助も活発に行われており、1人当たりの被援助額は238ドル（2005）と同年の世界平均の15ドルを大幅に上回っている。

[日本との関係] 1971年に青年海外協力隊派遣取り決めが結ばれて以降、多くの協力隊員、最近ではシニアボランティアなどがサモアで活躍しており、対日感情も良好である。在留邦人は援助関係者を中心に120名程度、在日サモア人数は70名程度である（2008）。また、日本は1980年代後半以降、サモアにとって最大の援助国であり、長年にわたる技術協力や無償資金協力プロジェクトを実施してきた。さらに、2007年にはADB（アジア開発銀行）との協調の下に初めて円借款を供与した。

1997年以降3年毎に開催している"太平洋島サミット（PALM）にはトゥイラエパ首相がすべて来日しているほか、2009年には日本に大使館を開設するなど、両国は友好的な関係にある。

西川 圭輔

ソロモン諸島
Solomon Islands

正式名称＝ソロモン諸島 Solomon Islands　面積＝2万8369km²　人口（1999年センサス）＝40.9万人　首都＝ホニアラ Honiara（日本との時差＝＋2時間）　主要言語＝英語, ソロモン・ピジン英語　通貨＝ソロモン諸島ドル Solomon Islands Dollar（SBD）

西南太平洋の, 南緯6°9′～13°, 東経155°5′～170°5′の海域にある島々によって構成される独立国。一般に用いられる海洋部の分類では, メラネシアに属する。1893年にイギリスの保護領（植民地）に編入され, 1978年7月7日に独立した。

[住民, 社会]　比較的面積の広い6つの島（*チョイスル, *ニュージョージア, *サンタイザベル, *ガダルカナル, *マライタ, *サンクリストバル）を中心に, 陸島, 火山島, 無数の隆起サンゴ礁, 環礁で構成される。北西端に位置するショートランド諸島から南東端の*サンタクルーズ諸島まで直線距離で約1400km, 最大の島はガダルカナル島で5336km², 排他的経済水域は163万2964km²である。

住民はメラネシア系94.5%, ポリネシア系3%, ミクロネシア系（キリバス系）1.2%, 残り1.3%が主に中国系とヨーロッパ系である（1999）。人口の約88%は主に陸島や火山島の農村地域で暮らし, 残り約12%は首都*ホニアラや各州の州都などで賃金労働に従事する。最も人口の多い島はマライタ島で約12万（1999）。全国人口の約97%はキリスト教徒で, そのうちメラネシア教会（英国国教会系）, 南洋福音派教会（SSEC）, セブンスデイ・アドベンチスト, ユナイテッド教会（メソジスト派）, クリスチャン・フェローシップ教会などのプロテスタント諸派が主流である。*オーストロネシア語族に属する言語が約120種あるといわれ, 一部の島ではパプア語を母語とする人々もいる。住民は一般に50～1000人規模の村落に住み, チーフと呼ばれる伝統的政治リーダーや教会リーダー, 長老たちのもとで, 血縁的, 地縁的関係を基盤にした生活を送る。

主たる生業は*タロイモ, *サツマイモ, *キャッサバなどの根茎類やマメ類, 緑黄色野菜などを栽培する焼畑耕作であるが, リーフ周辺での小規模漁労や熱帯雨林における狩猟採集活動も行う。作物などは基本的には自給用であるが, 付近の青空市場などで販売し, 現金収入も得ている。村落にはたいていよろず屋的な小商店があり, 缶詰やコメなどの輸入食料品や日用品が販売される。人々はそれらの購入や子どもの教育などのために現金収入への欲求を抱えているが, 一般に村落では収入源が乏しいため, 就労機会を求めて首都へ向かったり, 森林伐採やアブラヤシ油農園などの大規模開発事業に期待を寄せる住民も少なくない。賃金労働に従事する者の割合は全国人口の約25%（2005）であり, しかもその多くは公務員である。

[歴史]　1568年にスペイン人の探検家*メンダーニャの一行がサンタイザベル島北東岸に到達したことによって, ヨーロッパ世界に知られるようになった。当時, 南米に住むスペイン人の間で, 西太平洋のどこかに旧約聖書に登場するソロモン王の失われた地が存在するという風説が流れており, メンダーニャは自らが到達した島にスペイン人の関心を惹きつけるため, ソロモン王の黄金の地にちなみ〈ソロモン諸島〉と命名した。その後300年間接触は途絶えるが, 19世紀後半期にキリスト教諸派の布教活動や捕鯨船の寄港, *ココヤシや*真珠貝, ベッコウ, *ナマコなどを扱う白人交易人の来島, *ブラックバーディングと呼ばれるオーストラリアやフィジーなどのサトウキビ農園における労働などがおこり, 島民は徐々に近代世界に組み込まれていった。

1893年にイギリスがソロモン諸島中部および東部の島々や, 西部のニュージョージア島の植民地化を宣言し, その後99年には当時ドイツ領であったソロモン諸島北西部がイギリスに割譲されて, 現在のソロモン諸島の全領域がイギリス領に編入された。1942年7月に日本軍がガダルカナル島北岸に飛行場を建設したことを機に, ソロモン諸島は第2次世界大戦における戦場となった。戦時中駐留米軍の労働部隊に志願した島民の中には米兵との対話から権利意識に目覚めた者がおり, 戦後反イギリス統治運動（マアシナ・ルール）が起こった。運動自体は首謀者の逮捕により1950年頃に終息したが, これを機に島民の政治参加（自治）が進み, 立法評議会の設置, 国会議員公選制の導入（1964）, 自治政府移行（1975）, 独立（1978）へとつながった。戦後, 地方村落と首都との間にみられた人々の環流的移動や地域間格差, 政治腐敗などをきっかけとして, 98年末からガダルカナル島を舞台にガダルカ

ナル島民とマライタ島出身者との間の武装闘争やクーデター騒動、それらによって私財や権利を侵害された人々に対する賠償金支払いをめぐる混乱などの社会不安がみられた。この一連の社会不安(国内紛争)はエスニック・テンションと呼ばれ、2003年7月に'太平洋諸島フォーラムによってオーストラリア主導の派遣団'RAMSIが警察・行政部門に介入するまで続いた。

[政治] 政体はイギリス女王を元首とする立憲君主制。国内には選挙で選出された総督Governor Generalが女王の代名を務める。国会は一院制(50名、任期4年)。もともと言語や慣習の異なる地域がイギリスによる植民地統治の都合で一つの行政単位に統合されたため、独立時より共和制および連邦制(地方分権)を指向する動きがある。1998年末に発生した国内紛争でも、中央集権体制から連邦制への移行が和平実現の条件とされた。1997年8月の総選挙の結果、ウルファアル自由党党首を首相とする連立政権が発足したが、国内紛争を収拾できない同政権は2000年6月にマライタの武装勢力が引き起こしたクーデター騒動によって退陣に追い込まれた。同年10月にオーストラリアやニュージーランドなど近隣諸国の仲介により、ソロモン諸島政府、ガダルカナル、マライタ両武装勢力間でタウンズビル和平協定(TPA)が結ばれた。TPAによって武装勢力間の直接的な戦闘は終息したが、紛争時に物的・経済的損害を被った多くの人々が政府に損害賠償を求め、ホニアラやマライタを中心に社会的に不安定な状態が続いた。

2001年12月に発足したケマケザ政権は自力による法秩序の回復と財政再建を断念し、03年7月にRAMSIを受け入れたことから、ソロモン諸島国内の治安、社会秩序は著しく改善した。しかし06年には、ケマケザ首相退任後に首班指名されたリニ首相に不満をもつマライタ系住民がホニアラ市内で暴動を起こし、主に華人系商店・ホテルなどを焼き討ちし、略奪に及んだ。その後政権の座についたソガバレ首相はオーストラリアが主導して介入するRAMSIのあり方に強い不満を抱き、オーストラリア政府と対立したが、与野党双方がソガバレ首相の強硬な対外姿勢を批判し、07年12月に内閣不信任案が可決された。その後ガダルカナル島出身のシクアが首相に選出され、RAMSIおよびオーストラリアなどとの関係を修復する政策をとる。

●ソロモン諸島

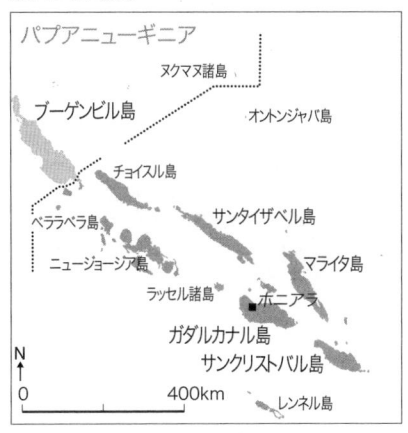

独立以前にソロモン諸島民の間で独立を求める動きは乏しく、むしろ植民地経営のコスト負担に苦しむイギリス政府の政策に沿う形で〈与えられた〉独立であった。メラネシア地域では、政治、経済、宗教など、特定の分野で他の人々より卓越した能力を示し、強いリーダーシップを発揮できる有力者、実力者のことを、ピジン英語で'ビッグマンと呼ぶ。ある人物の行動とその結果が特定の人々との間に互酬的な関係を築き、それが持続された時にはじめてその人物はビッグマンと認識される。国政や地方政治などは近代的政治制度に基づいてはいるが、実際には候補者と有権者との間の個人的な伝統的・互酬的関係が重視され、自分に何をしてくれたかが政党や政治家を選ぶ基準になっている。地方から国家レベルの政治において、それぞれの担い手となる人物は伝統的ビッグマンの延長であり、政策や理念の違いとは関わりのないところでめまぐるしく変化する。首相が第一党から選出されても支持層は狭い範囲に留まり、政権基盤は常に脆弱である。

[経済] 国民総所得(GNI)は3億6000万米ドル(2007)、1人あたりGNIは年730米ドルである。主要産業はアブラヤシ油、コプラ、ココア、木材、カツオ・マグロ加工品などであり、1990年代には外国資本による金の採掘事業も始められた。これらは国内消費だけでなく、中国、韓国、タイ、日本、フィリピンなどへの輸出にも向けられる。ほとんどの工業製品、石油製品、加工食品は、シンガポール、オースト

ラリア，日本，ニュージーランド，フィジーなどから輸入している．

独立以来，歴代政権の基本政策に大きな差異はなく，経済成長の実現，国民のための賃金労働機会の創出，開発利益のより公平な分配の達成，財政的安定，国民の結束と共通のアイデンティティの創出を目標として掲げてきた．オーストラリア，日本，ニュージーランドなどからの無償援助や直接投資，EUやアジア開発銀行，欧州開発基金などからの融資に依存する体質を脱しておらず，2000年前後に発生した国内紛争の影響もあり，これらの目標を達成できていない．1985年時点では，水産加工品，木材，コプラがほぼ拮抗していたが，国際市場の動向などから，86年以降には水産加工品へ，92年以降には木材関係へと，同国の最も中心的な輸出産業は移行した．93年に木材輸出の拡大と市場価格の上昇によって貿易収支は黒字に転じたものの，自然環境保護の世界的風潮や伐採事業に伴う村落社会の否定的変化などから，国民，NGO，援助供与国だけでなく，政府機関内部からも批判の声があがった．97年からはアジア経済危機に伴う木材需要の急激な低下がみられ，98年における経済成長率は前年比マイナス10%にまで落ち込んだ．同年にガダルカナル島ゴールドリッジにおいて金採掘事業が始められ，1990年代には主にウェスタン州において地元住民による観光開発も試みられたが，1998年から2003年まで続いた国内紛争の影響で事業自体の継続が一時的に頓挫した．

[日本との関係] 首都ホニアラのあるガダルカナル島は太平洋戦争における日米の激戦地として有名．現在のホニアラ国際空港は旧日本軍が建設した滑走路の場所に整備されてつくられた．他にショートランド諸島，ニュージョージア諸島などにも戦争の爪跡が残り，日本から毎年慰霊巡拝団が訪れている．戦争経験に伴う反日感情はなく，一般に親日的である．1973年に日本の大手水産会社と独立前のソロモン諸島政府との間で，カツオ漁と水産加工品の製造を主業務とする合弁会社〈ソロモンタイヨー社(STL)〉が設立された．同社が製造するツナ缶詰はヨーロッパや南太平洋島嶼国へ，荒節は日本へ輸出されていた．日系企業は国内紛争時の2000年に同事業から撤退したが，それまでの期間同社はソロモン諸島経済を支える存在であった．1979年には青年海外協力隊員の派遣が開始され，水産，教育，看護，農村開発などの分野を中心に，国内紛争時を除いて継続的に協力活動を行っている．日本はオーストラリア，ニュージーランド，台湾，EUなどと並ぶ同国の主要援助国の一つである．

〔関根 久雄〕

ツバル
Tuvalu

正式名称＝ツバル Tuvalu　面積＝26km²　人口(2007年末現在,ツバル政府統計局推定)＝1万1126人　首都(主島)＝フナフティ Funafuti(日本との時差＝＋3時間)　主要言語＝ツバル語,英語　通貨＝オーストラリア・ドル Australian Dollar(コインのみ自国で発行している)

●ツバル

キリバスの南，フィジーの北にある世界で3番目に人口の少ないミニ国家。国をつくる9つの島はいずれも珊瑚島で，最高点が標高数mしかなく，地球温暖化により水没の危機にある国として知られている。

[**自然・気候**]　南北560kmに点在する9つの島からなる。いずれも珊瑚島で，最高点でも海抜数mしかない。山川がなく，サンゴ質の土壌であるため農耕には適さず，わずかにプラカイモ，ココヤシ，パパイヤ，バナナなどが栽培されるに留まっている。年間を通じて高温多湿で，気温30℃，湿度70%前後。11月〜3月はやや気温が高くなり，一般に雨期とされるが，年間を通じて雨は多く，*フナフティ島では年間降雨量は3000mmを超える。

[**住民・社会**]　文化的にも民族的にもポリネシア系に属する。植民地時代に*キリバス(ギルバート諸島)とともに統治を受けていたこともあり，キリバス文化の影響および混血もみられる。全住民はツバル語を操るが，ヌイ島のみキリバス語に近い独自言語をもつ。一般に温厚で争いごとを好まない気質である。〈ツバル人〉としての国民意識をもつ一方，もともと無人島だったニウラキタ島を除く8つの島ごとにコミュニティを形成しており，その紐帯はたいへん強い。定住外国人は100人程度しかいない。

1860年代から主としてサモア経由でキリスト教(新教)の布教が行われ，今日では国民の大半がキリスト教を信仰している。国民の97%がツバル・プロテスタント教会(会衆派)に属しており，同教会のツバル社会への影響力は大きい。

[**歴史**]　ツバル人の祖先は，約2000年前にサモア方面からやってきたと考えられている。ヨーロッパ人の〈発見〉は，1568年にスペイン人*メンダーニャによるヌイ島発見が最初。1819年に現在のフナフティ島を発見したデ・パイスター船長が，船の所有者の名前にちなんでこの島をエリス島と命名，その後独立まで9つの島全体はエリス諸島 Ellice Islands と称された。19世紀中盤に行われた太平洋での奴隷貿易の舞台の一つとなり，1850年から75年までの間にペルー，ハワイ，タヒチなどへ多くの男たちが連れ去られ，人口が減少した経験をもつ。92年イギリスがギルバート諸島とともに保護領とし，1916年には植民地とされた。70年代に入って，イギリスが太平洋の各植民地を独立させようとした際，住民たちはキリバスからの分離独立を主張し，住民投票を経たのち75年にギルバート諸島から分離，ツバルと改称して78年に独立した。

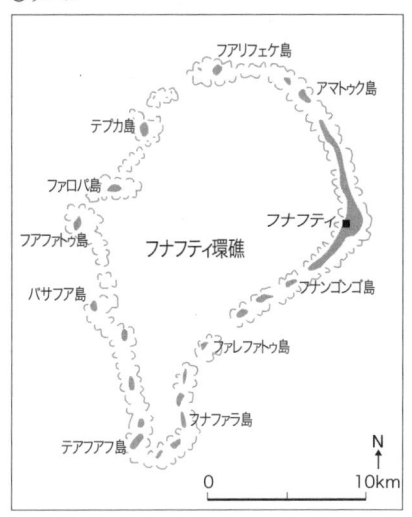

[**政治・経済**]　議会は一院制(定員15，任期4年)で，議院内閣制を採用している。国家元首はイギリス女王で，ツバル人の総督がこれを代行する。政党はなく，議員間の人間関係によって政治グループが形成される。議員数15による議院内閣制は政権を常に不安定にしているが，政治家間に大きな政策上の違いはないため，政治問題でニュースになることは少ない。2006年に首相の座に着いたイエレミア首相 Apisai Ielemia は，閣僚数を増やして与党側議員の結束を図り，近年では珍しく4年の任期をまっとうする見込みである。

燃油や食品・機械類を輸入に頼る一方，有望な輸出産業はない。かつて経済を支えたコ

プラ生産，切手販売収入，ナウルへの出稼ぎ収入は衰退し，経済は出稼ぎ船員からの海外送金や，入漁料やドメイン名（ドットTV）などの手数料収入，そして海外援助に支えられている。1987年に設立された*ツバル信託基金は，発足以来ほぼ順調に運用益を出し，ツバルの国家財政を下支えする役割を担ってきた。しかし，2008年のリーマンショックで資産価値が25％ほど目減りし，国家財政への影響が懸念されている。ツバルへのおもな援助国は，日本，台湾，オーストラリア，EUなど。消費物資のほとんどを輸入品に依存しているため消費物価は高い。IMF試算では2007年の1人あたりGDPは3000豪ドルを超えており，08年に国連は最貧国リストからの除外を決定したが，ツバル側は，こうした数字は実体経済を反映していないと反発している。

[地球温暖化と人口問題] 近年のツバルは，地球温暖化により水没の危機に瀕している国として有名である。ツバル政府は1990年代から海面上昇による危機を国際社会で繰り返し訴え，一時は全国民の集団移住（環境難民）の検討を表明したり，先進国を相手に温暖化の責任について国際司法裁判所に提訴する動きをみせたりしたこともあった。現在は〈一日でも長くツバルに住み続けるために可能な限りの努力をするという政策〉方針の下，気候変動枠組み条約締結国会合（COP）でも積極的に発言している。昨今ではツバルの海岸浸食の原因は必ずしも海面上昇のみが原因ではなく，むしろ人口集中などの社会的要因が大きいとする説も有力である。しかしながらIPCC（気候変動に関する政府間パネル）報告の予測上限値で推移している海面上昇がこのまま進み，今世紀末までに57センチの海面上昇が起きた場合には，ツバルの各島が居住に適さなくなる可能性も否定できない。なお，日本は2009年，砂の元となる*有孔虫の生育・堆積環境整備と増産対策を軸とし，自然メカニズムを用いたフナフティ島の海岸浸食対策研究プロジェクトを開始した。

ツバルでは，独立以来，首都を置いたフナフティへの人口集中が進み，社会問題を起こしている。1973年に900人足らずだったフナフティの人口は，現在では4500〜5000人ほどに達しており，廃棄物対策や初等学校の拡充が急務となっている。ツバル政府は国立中等学校を離島に維持してフナフティへの人口圧力の緩和を図っているが，離島開発をテコとした一極集中の是正はツバル政府長年の懸案事項である。他方，1990年代からはニュージーランドへの移住が進み，現在では3000人ほどのツバル人がニュージーランドに住んでいる。

[日本との関係] 第2次大戦中にフナフティ，ナヌメア，ヌクフェタウの3島にアメリカ軍の滑走路が建設され，フナフティは日本軍の爆撃を9回受けたが，独立までは日本との直接の関係は希薄であった。1978年の独立後，日本政府は直ちに国家承認を行い，翌79年4月には外交関係を樹立した。以後，政府主導での人的交流が続いているほか，東京と大阪に二つの交流団体が設立されている。また日本の援助で港や病院，発電所の改修が行われたこともあって，国民は概して親日的である。近年では環境問題で注目されたことから日本からの訪問客も増え，2007年政府統計によると，年間総訪問客数1127人中，日本人はトップの227人となっている。

小川 和美

トンガ
Tonga

正式名称＝トンガ王国 Kingdom of Tonga　面積＝747 km²　人口（2007年国連推定）＝10万人　首都＝ヌクアロファ Nukualofa（日本との時差＝＋4時間）　主要言語＝トンガ語, 英語（公用語）　通貨＝パアンガ Pa'anga

南太平洋のポリネシアに属し，大洋州で現存する唯一の王制国家。1900年から70年間イギリスの保護領であった以外は，植民地になることなく現在に至る。

［自然］　南太平洋で唯一の王国トンガは，ポリネシアに属し，南緯21°，西経175°に位置する。領土は約170の島からなる群島だが，そのうち有人島は45島で，隆起珊瑚礁，環礁，火山島からなる。国内最大の島で，首都ヌクアロファがあるトンガタプ島は石灰石などからなる珊瑚礁で，山や川がない。トンガの国土面積のうちトンガタプ島が半分を占め，その他は小さな島々がほとんどだが，排他的経済水域を含めると70万km²にもなる。

2009年3月，トンガタプ島沖で海底火山が噴火。さらに，小さな揺れを含めて3週間も地震が続いた。しかし，噴火も震源も陸から離れていたため，被害者は報告されていない。ところが，同年10月にサモア沖でマグニチュード8.0の地震が発生。これにより起こった津波で，トンガ国内最北に位置する諸島のニウアトプタプ島において9名が死亡するなど，大きな被害が生じた。

［歴史］　トンガ王国の起源は，紀元950年頃まで遡ることができる。最初の王朝はトゥイ・トンガ王朝と呼ばれ，代を重ねていったが，1470年頃，第24代目は弟にトゥイ・ハア・タカラウア王を名乗らせ，聖的・宗教的職務以外の世俗的・政治的職務を分担させた。これにより，徐々に実質的権力を増大させたタカラウア王が，自らも王朝を築くことになる。さらに1610年頃，第6代タカラウア王は息子にトゥイ・カノクポルという王位を与え，トンガタプ島の西半分を統治させた。これによりトンガには，トゥイ・トンガ，トゥイ・ハア・タカラウア，トゥイ・カノクポルの3王朝が併存することとなった。

トンガを最初に発見したとされる西洋人は，1616年にトンガ最北の島タファヒやニウアトプタプ沖を通過したオランダ人のアイザック・レ・マイルとウィリアム・シャウテンらであった。有名なイギリス人航海士クックは1773年10月から77年の間に3回トンガを訪れたが，地元民と争うことなく交易した。しかしこの頃，西洋からの文明の利器が流入するにつれて物資獲得競争による内乱が激しくなり，99年にはカノクポル王朝のトゥクアホ王が暗殺された。また，この内乱によってすっかり勢力を失ったタカラウア王朝は，第16代王が死亡するとともに消滅した。

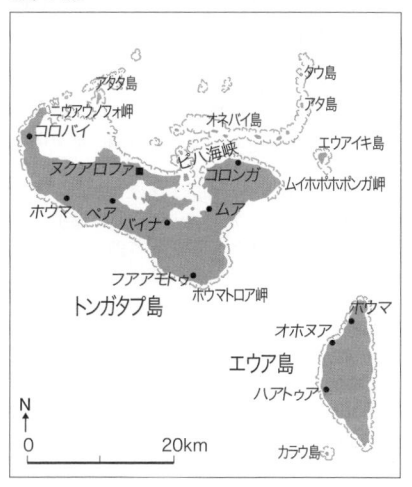

カノクポル王家のタウファアハウは，1822年から布教が始まったウェズリアン系キリスト教の教えがトンガの平和と近代化に必要だと考え，34年に自らも洗礼を受けた。また，彼は国王であった叔父の死により第19代トゥイ・カノクポル王に就任すると，キリスト教を国教とし，酋長と平民の両方からの代表で構成する議会を設立させるなど次々に指導力を発揮して戦乱の時代を終結させ，65年にはトゥイ・トンガ王朝を吸収し，併存していた王朝を統一した。こうした新体制を機に，王名をジョージ・トゥポウに改称して，自らトゥポウ1世を名乗った。

トゥポウ1世は，宣教師ベーカーから助言を受け，1875年11月に成文憲法を公布。この憲法はトンガを独立国家として知らしめ，76年にドイツ，79年にイギリス，88年にアメリカとそれぞれ条約を結んだ。こうして近代国家に導いた国王も93年に96歳で死亡，その曾

孫が王位を継承した。ところが、このトゥポウ2世時代は、国王の助言者であった宣教師ベーカーの権力が日に日に高まってきて政治が混乱することとなった。この状態を懸念したイギリスは、他の列強諸国による介入を恐れて、1900年5月18日にトンガとの友好条約を結び、保護領として外交権や国防権を確保した。

1918年、トゥポウ2世は45歳で死亡。その娘サローテが王位についた。その女王はとりわけトンガの平和を重んじる優しい行政を行ったため、多くの国民に慕われた。65年に逝去した女王の葬儀には世界各国からの要人が参列した。ついで王位を継承したトゥポウ4世の時代は、内政が安定したため1970年にイギリス保護領の地位を返上して完全独立し、99年には国連にも加盟した。トゥポウ4世は、日本の明治維新時の歴史にも詳しい親日的な国王で、幾度かの来日経験もある。2006年9月11日、入院先のニュージーランドの病院で死去、88歳だった。その後を継いだのは第一皇太子で、トゥポウ5世としての戴冠式は2年後の08年8月1日、ヌクアロファのフリー・ウェズリアン教会で開催された。その日は、イギリス王室だけでなく、タイやブータンの王族、日本の皇太子ら世界各国の要人約1000人が参列した。

［政治］ トンガは立憲君主制で、1875年のトンガ王国憲法およびその後の改訂法や制定法によって政治形態および行政の仕組みが細目にわたって定められている。同憲法によると、政府は国王、枢密院、内閣からなる。最高行政機関は国王が主宰する枢密院で、各大臣、ハアパイ諸島・ババウ諸島の両知事、および国王が適切とみなす者によって構成される。内閣は首相および副首相が主宰するが、構成員には閣僚とハアパイ諸島・ババウ諸島の両知事など枢密院と同じメンバーが多い。首相や閣僚は国王によって任命され、任期はなく、2つ以上の大臣を兼ねることも可能である。また、各諸島を地区に分けて地区担当者を置き、さらに各地区内の村に担当者を置いて地方行政が行われている。しかし、社会・文化的には、国王の下に貴族や酋長が決められた数の村を総括しているため、地区および村担当者は行政上の伝達者にすぎない。

立法部の機能をする国会は、一院制で国王が任命する議長1名、閣僚、ハアパイ諸島・ババウ諸島の両知事各1名と、33家の貴族の中から貴族によって選出される貴族議員9名、および国民の大半である平民の中から有権者によって選出される議員9名で構成されている。有権者とは21歳以上の男女を指し、被選挙権も全ての有権者に与えられている。貴族議員と平民議員の任期は3年で、選挙区別定員数はトンガタプ島が3名、ハアパイ諸島とババウ諸島が各2名、エウア島とニウア諸島が各1名。

司法部としての裁判所は、下級裁判所、土地裁判所、最高裁判所、そして上訴裁判所がある。ただし、土地裁判所で扱う土地や身分の相続に関する上訴は枢密院に行われ、それ以外の民事および刑事裁判に関する上訴を上訴裁判所が審査する。最高裁判所は、国王が任命し、枢密院の同意が取り付けられた裁判官と司法長官によって構成される。

このように三権分立が確立されているが、実際には多くの権限が国王に集中している。これは、トンガにおける伝統的な階級社会や身分制度がいかに厳格であったかを物語っている。しかし近年、立憲君主国でありながら実質的には国王の権力が強大で、資本主義に基づいた王族の不透明な行状を平民は疑問視したり〈富の独り占め〉と感じたりしている。また、1998年に台湾と断交し中国と国交を樹立してから、中国系の商人が急増して小売業などの商売を拡大させていくのを目の当たりにした国民は、これを王族と中国幹部の盛んな交流の結果だと捉えている。このため一般国民は、伝統的な身分制度自体に不満を感じるというより、国民の意向が国家政策に反映される民主主義国家を望み始めている。1992年にはトンガの民主化を進めようとする運動団体も設立された。

2006年11月、首都のセンター街で中国系ビジネスを狙った放火や暴動が起こった。7人の死者が発生し、多くの中国人が中国大使館に助けを求めて駆け込んだ。これに対してトンガ政府は、オーストラリアとニュージーランドに軍および警察の派遣を要請。両国は治安維持部隊を派遣して、事態の収拾と捜査に当たり、複数のトンガ人逮捕者も出した。現在、治安維持部隊は撤退し、治安も安定を取り戻しており、中国やオーストラリア、ニュージーランド、アジア開発銀行などからの資金でセンター街の復旧建設が行われている。

［経済］ 主要輸出物は魚、カボチャ、タロイモなどのイモ類、カバ、バニラで、主要輸

入物は肉・飲料などの食料，原油，車両を含む機械類など。輸出相手国は1位日本，2位ニュージーランド，3位アメリカ（ハワイや米領サモアを含む）で，輸入相手国は1位ニュージーランド，2位フィジー，3位オーストラリアである。

トンガ王国は太平洋地域で唯一植民地化を免れたが，他の太平洋島嶼国と輸出産物が類似しているため，自給的な農漁業から国際市場用の産業へ発展するには障害が多い。日本へ輸出するためのカボチャ栽培や観光業の振興などが図られたが，いずれも安定した基幹産業へと発展したとはいえない。貿易は著しい入超傾向で，先進諸国，国際機関からの国際援助に加え，海外移住者からの送金に依存した経済となっている。このように多くの国民が農耕や漁業といった採取食糧で生活を支える一方，現在では貨幣経済の浸透が行き届いている。2006年，トンガに流入した海外送金総額は1億4600万ドル（国際農業開発基金のデータ）。人口が約10万人であるため，単純計算では1人あたりの受領額が年間1460ドルとなる。07年のGDPは2億1900万ドルであり，極小国のトンガにとって海外からの送金がいかに重要部分を占めているかが理解される。

[**宗教・社会**] 2006年11月の政府統計によると，トンガ人口は10万1991（うち男5万1772，女5万219）。このうち15歳以下が約4割，15歳から59歳までが半数を占める。総世帯数1万7462で，一世帯あたりの平均人数は地域差がほとんどなく，約6人となっている。

1876年に無償の初等教育を義務化し，教育熱心な国民性で知られる。1974年の制定法は，6歳から14歳までの児童に対する無償教育を定めた。英語教育も初等教育から導入されているため，ほとんどのトンガ人が英語を理解する。

国民の大半がキリスト教徒。1797年，タヒチに太平洋の伝道本部を置いたロンドン伝道協会がトンガにも宣教師を派遣したが，布教活動は失敗。1817年に同協会から分派したウェズリアン伝道団が再びトンガに到来した。34年には国王であるトゥポウ2世が入信してキリスト教を広めたが，ウェズリアンの教義に反対する酋長もいたため，トンガ独自の分派やカトリックなど他のキリスト宗派も普及した。現在では，モルモンやアングリカンなどキリスト教会だけでも国内に9つの異なる宗派があるが，王室の信仰するメソジスト系フリー・ウェズリアンが最も多く信者を抱え，その数は総人口の約4割にあたる。次いでカトリックの信者が多かったが，近年モルモン教のラター・デイズ・セイントが急速に信者を増やしている。

[**生活・文化**] 王室や国民の大半がキリスト教を信仰しているため，トンガ人の生活には宗教が深く浸透している。子供は日曜学校，若年層はユースプログラムという青少年活動，成人は教会で行われる地域行事を通してなど，ほぼ全ての年齢層が教会と関わりをもっている。一日の礼拝回数は宗派や個人の判断に委ねられているものの，日曜日には大半の国民が礼拝に出かける。憲法で日曜日を安息日と定めているため，商業取引，洗濯などを含む全ての労働，スポーツや野外で騒がしく遊ぶことが禁止されている。例外的に日曜日も営業が認められているのは，観光業とパン屋。

[**日本との関係**] トンガは，国家規模こそ小さいものの王室や政府関係者が親日として知られる。日本との外交関係にも深い歴史があり，1972年から青年海外協力隊を派遣，80年代からは輸出農産品としてのカボチャ開発や水産部門でも協力してきた。日本は長きにわたって，トンガの最大輸出相手国でもある。また，トゥポウ4世がそろばんに関心をもっていたことから，70年代に日本の支援の一環としてそろばん指導が始まり，小学校の算数の授業に導入された。2009年1月には，大使が常駐する日本大使館が開設された。

長戸 結未

ナウル
Nauru

正式名称＝ナウル共和国 Republic of Nauru　面積＝21 km²　人口(2006年国勢調査)＝9086人　首都＝政府機関が島南のヤレン Yaren 地区にあるため、ヤレンが首都とされるが、正式な首都は定められていない(日本との時差＝＋3時間)　主要言語＝ナウル語、英語　通貨＝オーストラリア・ドル Australian Dollar

赤道の南約50kmの南緯0°、東経166°の太平洋上にある世界最小の共和国。国土面積はバチカン、モナコに次いで世界で3番目に小さい(伊豆大島の¼足らず)。1970～80年代には、リン鉱石の収入によって世界でもっとも豊かな国の1つといわれたが、資源の枯渇により経済が破綻し、再建に向けて模索が続いている。

[自然]　ナウル島は周囲19kmの隆起珊瑚礁で、最高点の標高は65m。島の中央部は、リン鉱石の採掘により、屹立した石灰柱(ピナクル)が並ぶ奇観を呈している。熱帯海洋性気候で、平均年降水量は2000mmであるが、年による変化が大きく、しばしば干ばつに見舞われる。

[住民,宗教]　考古学および言語学の調査が十分に行われていないため民族移動の詳細は不明だが、紀元前2000年頃に移住がなされたと推定されている。また地元の口承によると、数次にわたって異なる方角から別々の集団が来航してきたという。1990年代頃までは、住民の4割程度が外国人労働者であったが、採掘事業の縮小に伴って外国人は激減している。ナウル人の大多数はキリスト教徒である。さまざまな宗派が活動しているが、カトリックとプロテスタントのナウル会衆派教会が最も多い。

[歴史]　1798年にイギリスの捕鯨船がナウルを発見した。その後、1830年代から欧米人が居住しはじめ、1888年にドイツがマーシャル諸島とともに保護領とした。1906年からリン鉱石の採掘が始まり、多くの外国人労働者が導入された。14年の第1次世界大戦の開始とともに、オーストラリア軍がナウルを占領し、ドイツ敗北の結果、ナウルはイギリス、オーストラリア、ニュージーランド3国の国際連盟委任統治領となった。第2次世界大戦中の日本軍による占領を経て、戦後は再びイギリス、オーストラリア、ニュージーランド3国の信託統治下に置かれたが、68年1月31日に独立した。

独立後リン鉱事業を国営化したナウル政府は、莫大な収入を得ることとなった。無税、医療教育費の全額無償化のみならず、政府による無償住居提供、さらには周囲の島嶼国への経済援助など、1970年代から80年代にかけては、太平洋でもっとも豊かな国として知られた。20世紀末にはリン鉱石が枯渇するとみられていたため、独立以来ほぼ一貫して大統領の座にあったハンマー・デ・ロバートは、利益の多くを投資にまわし、航空・海運事業を展開するとともに、太平洋各地に不動産資産を保有した。しかし乱脈経営や不正行為などにより、投資事業のほとんどは失敗、やがてリン鉱石生産の減少に伴って次々と資産を手放していった。1989年、バーナード・ドウィヨゴが大統領の座につき改革を標榜したが、将来への展望を提示できないまま95年以降はめまぐるしく政権が交代して政局は混乱、なすすべもないまま債務不履行を繰り返し、海外資産を失う中で経済は破綻した。

2004年、デビッド・アデアンを中心とする若手改革派が選挙で圧勝、以来、改革派による経済再建への模索が続いている。05年には援助国を招いて建国以来初のドナー会議を開催して国際社会に支援を乞い、リン鉱石公社を改革してリン鉱石の2次採掘に取り組んでいる。2007年にはアデアン派が放逐され、重量挙げの国民的ヒーローだったマーカス・スティーブン Marcus Stephen が大統領に就任したが、改革路線を堅持する姿勢をみせている。

[政治]　ナウルは共和制を採用している。議会は18名の議員(任期3年)によって構成され、議員の互選によって選出される大統領が、4～5名の閣僚を指名して組閣する。現在の大統領はマーカス・スティーブン。

2001年にオーストラリアが違法難民対策として太平洋諸国に庇護希望者一時収容施設設置への協力を求めた(〝パシフィック・ソリューション政策〟)際に、ナウルは経済協力と引き替えにこれを受け入れた。しかし島流しの長期化に抗議した収容難民が2003年末にはハンガーストライキなどの抗議行動を展開、オーストラリア国内のみならず国際社会から人権問題として同施設に非難が集まった。ちなみに当時ナウル政府は、難民たちは一般ナウル人よりも遥かにいい生活をしていると反論している。同収容施設受け入れの見返りとして豪

州から得た経済援助は，21世紀初頭のナウル経済の命綱となったが，2007年にオーストラリアで労働党ラッド政権が成立すると，新政権は収容所の閉鎖を決定，同収容所は2008年に閉鎖された。

［経済］　リン鉱石の枯渇と海外資産喪失により，1990年代後半から経済は破綻状態となっていたが，2004年からの改革によって，状況は多少改善された。依然として政府歳入の50％以上がオーストラリアや台湾などの海外援助となっているが，リン鉱石の2次採掘が開始され，その収入が増加基調にある。今世紀に入って100万豪ドル以下に落ち込んでいたリン鉱石の輸出は，2次採掘の開始によって，2007年には2000万豪ドルまで回復した。ナウル政府は，緊縮財政により20〜30年程度はリン鉱石収入で生き延びられると計算，それまでに新産業の育成を進める方針で，現在は缶詰工場の誘致と石灰柱の商業利用に期待を寄せている。

［日本との関係］　第2次世界大戦中，ナウルを占領した日本軍は，戦闘に備えて住民をトラック島（現チューク島）に強制疎開させた歴史をもつ。飢えや病気で多くの死者を出したナウル人は，1968年の独立の際に，戦後ナウルに帰還した1月31日を独立の日とした。こうした不幸な歴史にもかかわらず，概して対日感情は悪くなく，とくにデ・ロバート初代大統領は日本贔屓であった。1971年には東京にナウル領事館が設置され（89年閉鎖），72年からしばらくの間は国営ナウル航空が鹿児島に就航していた。デ・ロバート失脚と財政悪化により次第に対日関係は疎遠となったが，今世紀に入ってからは，日本の国連安保理常任理事国入りを支持して国連改革の共同提案国になるなど，ナウル側からの秋波が続いているが，日本側の反応は鈍い。

小川 和美

●ナウル

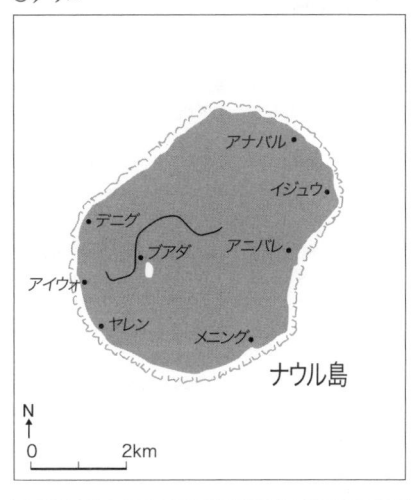

ナウル島
アナバル
イジュウ
デニグ
ブアダ
アニバレ
アイウォ
ヤレン
メニング

0　2km

ニウエ

Niue

正式名称=ニウエ Niue　面積=260km²　人口（2006年国勢調査，太平洋共同体事務局資料）=1625　首都=アロフィ Alofi（日本との時差=－20時間）　主要言語=ニウエ語，英語　通貨=ニュージーランド・ドル New Zealand Dollar（NZD）

ニウエは，ニュージーランドの北東2400kmの南太平洋に浮かぶサンゴの隆起した島からなっており，トンガ，サモア，クック諸島を結んだ三角形の間に位置している。サンゴの隆起した島としては世界最大級である。ニュージーランドとは自由連合関係にある。首都は同島南西部に位置するアロフィ。

[住民，歴史]　ニウエの人口は，1625人（2006）であり，1966年にピーク（5194人）を迎えた後，20世紀後半に激減した。この人数は本国に居住するニウエ人の数であり，急速な移住によりニュージーランドには2006年現在その10倍以上に上る2万人以上が居住している（混血を含む）。ニウエ人は，ニュージーランドの市民権を有し，ニュージーランド旅券をもち，往来も自由に行うことができる。ニウエの住民の大部分はポリネシア系のニウエ人である。公用語はニウエ語と英語である。

ニウエにポリネシア人が居住し始めたのは10世紀頃といわれているが，西洋社会との接触は1774年にキャプテン・クックが同島を発見したことにより始まった。クックは，3度にわたり上陸を試みたものの住民の敵対的な態度から許可されず，同島を Savage Island と名付けた。1846年になり，ロンドン伝道協会の来訪によりキリスト教の布教が徐々に始まり，イギリスの影響も強まっていった。87年から96年まで同島を治めたファタアイキ王は，イギリスに統治権を譲ることを申し出，1900年に正式にイギリス保護領となった。翌年にはニュージーランドの属領となり，74年にはニュージーランドとの自由連合関係に移行し，現在に至っている。

[政治]　ニウエの議会は一院制で20名の議員からなり（任期3年），最新の総選挙は2008年6月に開催された。首相は議員間の互選で選出される。首相は3名の大臣を指名して行政を行う。政治的地位はクック諸島と同じニュージーランドとの自由連合関係だが，ニウエは規模的制約から，外交活動や国際社会への進出にはあまり積極的ではなく，ユネスコ，世界保健機関（WHO），食糧農業機関（FAO）などには加盟を果たしたものの，国際会議への代表派遣も少なく，ニュージーランドに領事館をもつほかは在外公館はない。しかし，2007年12月に初めて中華人民共和国と国交を樹立した。

1992年12月，自治政府発足以来首相の座にあったレックス首相が死去，翌93年の総選挙によりルイ首相が誕生した。人口の少ないニウエでは政党が存在せず，人間関係によって与野党集団が形成されてきたが，94年にニウエ初の政党，ニウエ人民党（NPP）が結成された。NPP は99年3月の総選挙で過半数を確保，同党指導者のラカタニ議員が第3代首相に就任した。しかし，2003年に同党は解体し，再びニウエには政党は存在していない。そのため，現在のタランギ首相も所属政党はない。

[経済]　ニウエ経済は非常に規模が小さく，2003年の GDP は1700万 NZ ドルに過ぎない。ニュージーランドからの援助が大部分を占めており，政府の活動が国民経済の大きな割合を占めるという，典型的な小規模島嶼国の経済構造となっている。多くの住民は公務員ないし国営企業従業員として現金収入を得，農作物を栽培・消費して生活している。ニュージーランドの財政援助は1990年代後半から2000年代前半にかけて削減傾向にあったが，2004年にニウエに壊滅的な被害をもたらしたサイクロン・ヘタの後は再び大幅に援助額を増加させている。また，06年にニュージーランド，オーストラリア，ニウエの間でニウエ国際信託基金が設立され，14年に向けて徐々に基金への積立てが行われている。これにより，ニュージーランドによる毎年の財政援助の拠出から，基金の運用によるニウエ政府の財政状況の改善へとシフトすることが期待されている。ニウエには独自の通貨はなく，ニュージーランド・ドルが用いられている。

ニウエの主要輸出産品は，1970年代はコプラやパッションフルーツなどであったが，近年はバニラ，ノニジュース，また，特にニュージーランドやオーストラリアで人気の高いピンク・タロもニウエの主要な輸出作物である。

ニウエ政府は，農業・漁業の発展とともに，観光業の振興にも力を入れており，2006年には160万ドルを稼ぎ出す産業へと成長してき

ている．2009年現在，オークランドとの間に週にそれぞれ1便が就航(ニュージーランド航空)しているのみであり，便数の少なさが課題となっている．

［**日本との関係**］　日本はニウエを国家として承認しておらず，国交はない．このため政府間の接触は，˚太平洋島サミット(PALM)や˚太平洋諸島フォーラム(旧南太平洋フォーラム)域外国対話の際など，ごく限られたものになっている．またニウエ政府は観光には力を入れているものの，便数の少なさもあって日本からの旅行者もほとんどいない．一方ニウエからは，国際協力機構(JICA)の招きなどで研修生や各種交流事業参加者として毎年数名程度が日本を訪れている．しかし歴史的な関係もほとんどなく，ニウエと日本との関係はきわめて希薄である．なお，2008年の太平洋島サミット(PALM)では，タランギ議長はPIF議長として，当時の麻生首相とともに共同議長を務めた．
〔西川 圭輔〕

●ニウエ

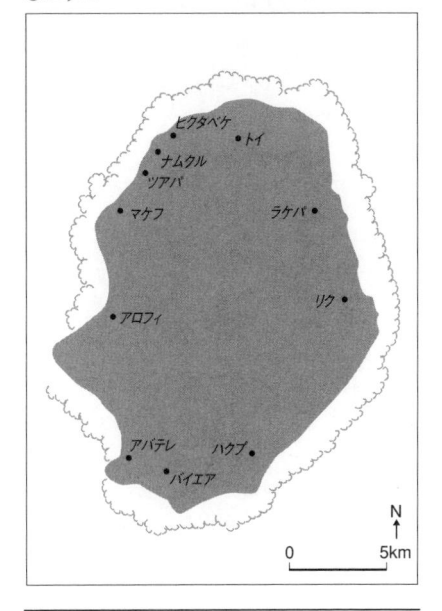

ニューカレドニア
New Caledonia Island

正式名称＝ニューカレドニア New Caledonia　面積＝1万9060(うち陸地1万8575)km²　人口(2009年7月CIA推計)＝22万7436人　主都＝ヌーメア Nouméa(日本との時差＝＋3時間)　主要言語＝フランス語(公用語)，33のメラネシアおよびポリネシア系の言語　通貨＝パシフィック・フラン(XPF)

南西太平洋，オーストラリアの東，東経164°～167°，南緯20°～22°に，北西から南東にかけて浮かぶ葉巻形の島。フランス語ではヌーベル・カレドニー Nouvélle Caledonie。ロイヤルティ諸島などとともにフランスの海外領域ニューカレドニアを形成し，主都は南東部のヌーメア。

[**自然，住民**]　サンゴ礁に囲まれた島で，美しい静かなラグーンがいたるところに見られる。中央を北西から南東にかけて分水嶺が走り，最高峰は北部のパニエ山(1628m)。熱帯性の気候で年平均気温は23℃であるが，南東貿易風のおかげで過ごしやすい。雨季は2～3月であるが，東海岸は西海岸の2倍の雨量がある。住民は，先住民であるメラネシア人(カナク人)が約10万300人(44.1%)で最大の民族グループを形成しているが，ヨーロッパ人も約7万7300人(34.1%)居住し，そのほとんどがフランス系である。宗教はキリスト教(カトリック60%，プロテスタント30%，その他10%)。

1774年，キャプテン・クックがこの地を訪れ，その松の茂った尾根から故国スコットランドを思い起こし，その古名カレドニアにちなんで命名した。1853年，フランスはこの地を流刑地として，またオーストラリアに近い航行・商業の基地としての価値を認め占領した。先住民との激戦が展開されたが，結局フランスが勝ち，島はフランス領となった。64-97年，フランスの政治犯，とくに社会主義者の流刑地として利用され，現在のフランス系ヨーロッパ人の大半はその子孫である。第2次世界大戦中は，アメリカ海軍・空軍の日本への反撃基地となった。

メラネシア人は，円錐形の屋根をもった円い小屋に住み，農耕と漁労で生計をたてていた。彼らはとくに灌漑技術にすぐれていた。植付けのための台地を人工的に造り，それをゆるやかに傾斜させることにより上方でせき止められた水は台地から台地へ流れてゆくように工夫し，水路延長は100kmにも達した。彼らのもっているこのような伝統文化は，現在においては急速に失われつつある。

吉岡 政徳

[**政治**]　1956年以来，フランスの海外領であるが，99年にそれまでの海外領(TOM)から広範な自治権をもつ特別な地位である海外領域 collectivite territoriale に移行した。第2次大戦後の1946年にフランスの海外領(DOM)となり，50年代後半にニューカレドニアとフレンチポリネシアの独立準備に取りかかることを決めたフランス政府は，56年にはニューカレドニア領域議会(定数30)を設置し，57年には自治政府を用意するための法律を制定し，両領域で議会選挙を実施する一方，フランス政府は国家を代表する総督を任命した。ところが，58年にドゴールが大統領になると非植民地化計画は白紙に戻された。

50年代に始まった独立運動は70年代に支持を拡大し，80年代半ばには暴動が発生して犠牲者を出した。その後フランスは和解を推進するため，88年にフランス政府とカナク人の独立推進派〈カナク社会主義民族解放戦線〉(FLNKS)およびフランス人移民の反独立派〈共和国の中のカレドニアのための再結集〉(RPCR)の3者の指導者間で〈マチニョン協定〉に合意，同協定はフランスとニューカレドニアで国民投票により採択された。協定により，89年7月にフランスによる直接統治が終了し，州評議会が自治権を獲得した。しかし，89年5月，同協定に署名したFLNKSのチバウ議長が急進派に暗殺される事件が起こった。

マチニョン協定をうけて制定された法律により98年までに領域内の組織を決めることが定められ，それに基づき98年11月8日に〈ヌーメア協定〉が住民投票で72%の賛成で採択された。同協定では，フランス政府から段階的に権限が委譲され，2013年から18年の間に完全独立が達成されることが定められ，その間はフランス政府が外交・軍事・移民・警察・通貨に関する管轄権を保持する。2000年1月から権限移譲が開始されている。

ニューカレドニアではフランス憲法が適用され，住民はフランス国民と同様の選挙権をもち，フランス国民議会および元老院にも代表議席を有している。ニューカレドニアでは3つの州の州議会から選出される議員で構成される領域議会(定員54，任期5年)があり，そ

こから選出される11人のメンバーからなる政府が組織され、さらにその中から政府首長が選ばれる。1999年5月に行われた領域議会選挙では、反独立派のRPCRが第一党の座を獲得し、同党は独立穏健派の独立主義者統合委員会同盟（FCCI）と提携し、両党の推すヌーメア市長のレクエが初代領域大統領に選出された。

2004年5月の領域議会議員選挙では、25年間にわたって第一党の地位を占めたRPCRが8議席減の16議席となり、同党から分裂した未来共同党（AE）と同数の議席にとどまった。残り22議席のうちFN（国民戦線）が改選前と同数の4議席で、その他の18議席は無所属が占めた。この選挙結果を受けて、RPCR設立以来27年間にわたって党首を務めてきたラフルールが党首を辞任した。6月に領域議会は11人の新閣僚を選出し、ともに女性議員であるAE党のテムローと独立推進派のゴロディが、それぞれ領域大統領と副大統領に就任した。07年7月にテムローが辞任、後任にマーチンが新大統領に選出され、親仏派7、独立派4の内閣となった。09年5月に州議会議員選挙が各州で行われ、その結果を受けて領域議会議員も決まり、親仏派の支持を受けたマーチン前大統領が議長に選出された。また、大統領にも親仏派のゴメが選出され、副大統領には独立推進派のナイオニが全会一致で選出された。議席数に比例して親仏派から7、独立推進派から4の各閣僚が任命された。14年に独立をめぐる住民投票が予定されている。

［経済］　国土一帯を覆うニッケルの採鉱が基幹産業であり、世界生産量の約25％を産出している。GDPの15％以上に相当する財政援助がフランスからあるほか、観光業が経済を支えている。農業に適した土地が少なく、食料の約20％を輸入に頼っている。ゴロ計画とコニアンボ計画とよばれる2件の新規ニッケル鉱山採掘計画が外国資本により進行中で、国際市場におけるニッケル価格の回復と相俟って、今後の経済見通しは明るい。GDPからみた産業構造は、農業15％、工業8.8％、サービス業76.2％で、1人あたりGDPは1万5000ドルに達している（2003年CIA推計）。　　　　東 裕

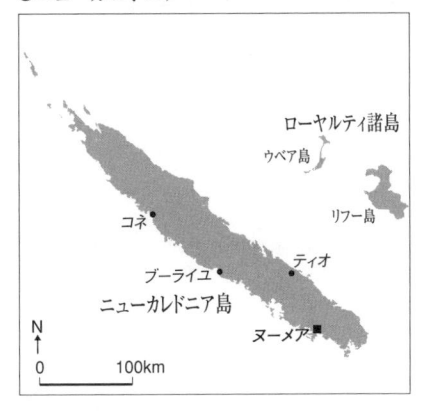

［日本との関係］　明治時代から日本人の移民が行われ、一時は2000人を超える日系人社会を形成していたこともあるが、第2次大戦の際、日本人は収容所に送られ、その多くは再びニューカレドニアに戻ることはなかった。現在では、成田から直行便で結ばれ、〈天国に一番近い島〉として多くの観光客が訪れるほか、日本はニューカレドニアの主産物であるニッケルの大輸出先国でもあり、輸出総額では、日本（18.3％）は、フランス（18.9％）に次ぐ第2位を占めている。しかし独立国ではないため政府間関係はなく、政府の援助・交流プログラムもほとんど実施されていない。

小川 和美＋東 裕

●ニューカレドニア

ローヤルティ諸島
ウベア島
リフー島
コネ
ブーライユ
ティオ
ニューカレドニア島
ヌーメア
100km

ニュージーランド
New Zealand

正式名称＝ニュージーランド New Zealand　面積＝26万8676km²　人口（2009年国連推計）＝426万6000人　首都＝ウェリントン Wellington（日本との時差＝＋3時間）　主要言語＝英語，マオリ語（ともに公用語）　通貨＝ニュージーランド・ドル New Zealand Dollar

南半球の中緯度地方（南緯34°～47°）に位置する南太平洋の島国。主に北島（面積11万5000K㎡）と南島（15万1000km²）から構成され，イギリス連邦の一員で，立憲君主制の国家。国名はオランダのゼーランド Zeeland 州にちなんで命名された。マオリ語ではアオテアロア（白く長い雲のたなびく地の意味）。国民の約68％はヨーロッパ系で，マオリ系の人々は国民の約15％を占める。酪農や牧羊業などが盛んな農業先進国として知られ，輸出品目の約30％は農産物が占める。イギリスのEU加盟以降，貿易ではアジア太平洋諸国との結びつきが強くなる傾向にある。

【自然】

[地形，地質]　日本と同様に環太平洋造山帯の花綵列島の一部をなす島国で，太平洋プレートとオーストラリアプレートの境界に位置する。プレートの変動の新期造山運動（カイコウラ造山運動）により急峻な脊梁山脈が形成され，南島のサザンアルプスから北島の中央高地にかけて南北に延びている。国土の約50％は標高1000m以上の高地や山地で，北島（約20％）よりも南島（約70％）で山地・高地が卓越している。標高200～300mの波浪状の高丘陵地は国土の約25％を占めるが，北島では約45％を占めて卓越する。低地は主に河川の沖積地として海岸に沿ってポケット状に分布し，国土全体の8％を占めるにすぎず，南島のカンタベリー平野が最も広い。このように，国土の大部分が耕地化困難な土地条件であることは，牧畜の基盤となる草地農業の導入の契機となる。北島を構成する地質は比較的新しく，大部分は白亜紀以降の堆積物で占められる。北島では脊梁山脈の西側に火山地形（タウポ火山帯）が卓越し，ルアペフ・ナルホエ・トンガリロの活火山やタウポ湖やロトルア湖などのカルデラ湖がみられるとともに，温泉や地熱発電所も立地する。脊梁山脈と丘陵地の間に小規模な沖積地が点在し，比較的広い沖積地は南部のマナワツ低地と北部のハウラキ低地である。南島では大部分の地域が白亜紀から第三紀にかけての堆積物に覆われていたが，表層が侵食されて，古い地層の花崗岩や変成岩があらわれている。それらの地質は北島よりも古い。脊梁山脈はクック山やタスマン山など3000m級の山々が連なり，偏西風によってもたらされる降水によってタスマン氷河やフォックス氷河などがつくられる。また，南島の山岳地域や山麓地域ではU字谷やフィヨルド，および氷河湖やモレーンなどの氷河地形が多くみられる。カンタベリー平野は氷河によって侵食された堆積物で形成されている。

[気候]　国全体は，西岸海洋性気候区に属すため，夏は涼しく，冬は比較的温暖である。夏季（1月）と冬季（7月）の平均気温は最北部で約18℃と約11℃，最南端で約15℃と8℃で，それらの差は少ない。また，気温の年較差も少ない。このような気候条件は，永年牧草の栽培と周年的な家畜の放牧を可能にしている。しかし，偏西風と大気の流れに直交する脊梁山脈の存在により，年降水量と日照時間に大きな地域差がある。年降水量は脊梁山脈の西側で多く（3000mm以上），東側で少ない（500mm以下）。降水の多少は植生の豊かさや，牧草の生産性に反映され，脊梁山脈の西側は豊かな植生と豊富な牧草生産で特徴づけられる。一方，日照時間は脊梁山脈の西側で少なく（年間1600時間未満），東側で多い（年間2000時間以上）。北島の北部から南部にかけての東岸地域，および南島の北部と内陸部は日照時間に恵まれ，リンゴやキウイフルーツなどの果樹栽培の適地となる。

菊地　俊夫

【住民】

全人口の7割弱がイギリス（スコットランド，アイルランドを含む），オランダなどヨーロッパ系の移住者の子孫（パケハ）で占められる。東ポリネシア系先住民マオリとのインターマリッジも盛んで，1980年代には南太平洋諸島から多くのパシフィック・アイランダーが移住し，ニュージーランドは最大のポリネシア人を抱える国となった。21世紀中には全ニュージーランド人が係累にポリネシア人をもつと予測されている。全住民の7割が北島に住み，6割強が南北両島の都市に集中している。

公用語は英語，マオリ語。英語はクイーンズ・イングリッシュだが，植民地特有の語彙，発音も残っている。1960年代以降のマオリ復興運動の実りとして，マオリ語が保育園

小学校のレベルから教えられている。英国国教会，長老派教会，カトリック，メソジスト派が四大教会である。キリスト教徒のマオリのなかには，固有の多神教を両立させている者も多い。
百々佑利子

【歴史】

[発見と先住民] ニュージーランドの先住民はポリネシア系の*マオリで，14世紀中ごろ，東ポリネシア，すなわちタヒチ島周辺のソシエテ諸島，あるいはクック諸島あたりから渡来したものとみられる。しかしマオリが渡来したとき，そこにはすでに先住民族がいた。彼らは同じくポリネシア系で，今は絶滅したモアという頭高3mにも及ぶ巨鳥を食用としたことから*モア・ハンターとも呼ばれるが，マオリによって絶滅された。ニュージーランドの発見者として最初に名を残した西欧人はオランダのアベル・*タスマンで，1642年のことである。ニュージーランドはその後127年間放置されていたが，1769年イギリス人探検家*クックが再発見し，周辺の詳細な地図を作ってから世界に知られるようになった。

[イギリスからの植民の開始] 1769年クックによって再発見されてからニュージーランドを訪れる者はしだいに多くなった。彼らは主として鯨，アザラシの捕獲，*カウリマツの積出し，亜麻の採取に従事する人々であった。1830年代後半イギリスのウェークフィールドにより設立された*ニュージーランド会社が植民活動を組織的に開始したことにより入植者は激増し，イギリス政府は40年，先住民マオリの代表と*ワイタンギ条約を締結してニュージーランドをイギリスの主権下に置いた。しかしその後，入植者とマオリとの土地をめぐる紛争が頻発し，60年代にはイギリスとマオリとの間に*ニュージーランド土地戦争が戦われた。

1872年この戦争が終結した前後から，蔵相*ボーゲルの指導のもとにイギリスからの借款による道路，港湾，鉄道，通信施設等，基礎的インフラストラクチャーの大規模開発が進められた。80年代は経済的不況の時代であったが，以上の国家開発，60年代の南島の*ゴールドラッシュの余熱，82年の冷凍船*ダニーディン号の就航による生鮮食肉のイギリス市場への輸出の成功，小規模ながら工業の発展などにより，ニュージーランドの経済は維持された。これより先，名総督*グレーのもとで議会が置かれ，法制が整備されたが，

●ニュージーランド

80年代までは議会には政党らしきものもなく，政治も大土地所有者の利益によって動かされることが多かった。

[大恐慌まで] 1880年代の工業化の進展により経営者，工場労働者などの階層が生まれ，これを背景として80年代末以降，議会を中心として政党の結成が図られた。まず最初にできたのは*自由党で，1890年から1912年まで続けて政権を維持した。自由党は工場労働者，小経営者，中小農民と幅広い支持層をもつ国民政党であった。中心的指導者は*セドンで，1893年から1906年まで13年間続いた彼の政権のもとで多くの労働者保護立法の制定，老齢年金法など社会保障制度の端緒の導入，土地改革などがなされ，ニュージーランドは〈社会立法の実験室〉と呼ばれ，各国から見学者が訪れるようになった。

1914年に始まった第1次世界大戦に，ニュージーランドは人口110万人のうちから12万人を送ってイギリスを支えた。しかもオーストラリアとの連合軍*ANZACは，最も激しい戦いが行われたトルコの*ガリポリ攻略に参加した。多くの犠牲者を出した戦争参加ではあったが，その結果ニュージーランドの国際社会における地位は向上した。すでに1907年大英帝国内でドミニオン(自治領)の地位を与えられていたが，大戦後の国際連盟には原

加盟国として参加した。このころにはニュージーランドの生んだ原子物理学者▶ラザフォードや女流文学者▶マンスフィールドが国際的に活躍するようになっていた。

第1次大戦の前後から20年代にかけて政権をとったのは革新党であった。革新党は農民層を母体として1909年にできたもので、その指導者▶マッセーは自由党(20年代に統一党と改称)、労働党との3党鼎立のなかで13年にわたり政権を維持した。20年代にマッセーは農地の拡大による外延的発展が困難となったニュージーランド農業の一層の向上を図るため、機械導入、肥料、品種改良などによる▶科学的農業の発展に尽力した。

[大恐慌から1984年まで] 1929年に始まる世界大恐慌はニュージーランドにも失業をはじめとする大きな経済的困難をもたらしたが、そのなかで35年には▶労働党が勝利し、以後14年間ニュージーランドの政務を担当した。労働党の政策は経済に対する国家の大規模介入を中心とするものであった。国家の保護のもとに積極的に工業化が進められ、農業部門では農産品支持価格制度が導入され、そのために為替管理、輸入管理が国家の手で行われた。また、従来この国の伝統であった労働者保護、社会福祉が拡充され、38年には世界で最初の包括的な社会保障法が制定された。

第2次大戦にニュージーランドは連合国の一員として参加したが、交戦することはなく、また従来イギリスに依存していた安全保障はイギリスの太平洋からの撤退に伴い協力の相手をアメリカにシフトさせることとなった。大戦の戦火を直接受けなかったこともあって、大戦後のニュージーランドは繁栄をみることとなり、60年代の▶ホリオーク政権のもとでそれは絶頂に達した。また、その国際的地位も向上した。しかし60年代後半以降70年代にかけて、農産品交易条件の悪化、2度にわたる石油危機、イギリスのEC加盟による伝統的輸出市場の喪失などによって、ニュージーランド経済は悪化した。75年から84年まで続いた▶マルドゥーン国民党政権は、大規模工業開発計画をナショナル・プロジェクトとして行う▶シンク・ビッグ計画の遂行により経済困難からの脱却を図ったが、はかばかしい成果をあげえないまま84年の総選挙では労働党に政権を譲ることとなった。

[現代] 1984年以降の労働党政権のもとでニュージーランドは、経済、社会の各分野で抜本的な大改革を図ることとなった。1935年に始まった労働党政権は、工業、農業各分野での生産者保護、為替管理、輸入管理、手厚い社会保障、国家の経済・社会に対する大規模介入策をとったが、この政策は戦後もほとんどそのままの形で引き継がれていた。84年に始まる労働党政権は▶ダグラス蔵相の指導のもとに、以上の産業保護策をほとんど撤廃してしまった。根本的な税制改革、行政改革を柱とする徹底した行財政改革は、その後に誕生する国民党政権、連立政権でも継続され、教育、医療、福祉分野における見直しも行われた。およそ15年にわたる一連の改革は経済・財政の回復・改善に大きく貢献したが、所得格差の拡大など国民の痛みも伴い、1999年には改革に終止符を打つことを公約に掲げたヘレン・クラーク労働党政権が誕生した。

ふりかえってみると、ニュージーランドは1840年に2民族国家として建国して以来、およそ50年おきに大規模な自己改革を図ることによって、自らの進む進路を変えてきた。1980年代後半は、ちょうどこの50年の節目にあたっており、いっそう大きい自由を求めての改革が図られたのも、この国の高い自己改革能力の伝統に基づくものといってよいだろう。南太平洋の一隅にありながら、ニュージーランドはその進む方向において常に世界の先端を走り続けてきた国である。

地引 嘉博+武田 真理子

【政治】

[政治制度] ニュージーランドは、イギリスのエリザベス女王を国家元首とする立憲君主制の国である。女王の名代としてニュージーランド人の総督が置かれており、議院内閣制を採用している。国会は一院制で、議員定数は120、任期は3年。国民党・労働党を2大政党としているが、1996年総選挙時からの比例代表選挙制度への変更により、多くの少数政党が議席を獲得できるようになった。2008年の総選挙では、キー首相率いる国民党政権が誕生している。同政権は少数政権で、ACT党、マオリ党、統一未来党が閣外協力をしている。そのほか緑の党など計7つの政党が国会に議席を得ている。

[選挙制度] 選挙制度は、小選挙区比例代表併用制である。これ以前は単純小選挙区制であったが、1992年と93年の2度の国民投票により、比例代表制である同制度への変更が決定された。同時に、議員定数も99から120に

増員された。選挙権は18歳以上の国民および永住権をもつ外国人に与えられ，被選挙権は18歳以上の国民に与えられる。なお，小選挙区は，一般選挙区とマオリ選挙区に分かれている。マオリ選挙区は，先住民族マオリの代表に国会の議席を確保させるために設けられたもので，マオリはどちらの選挙区で投票するかを選択できる。

[行政制度] 国家部門の組織は，省庁のほか，国有企業，クラウン・エンティティ Crown Entity，国会関係機関などからなる。省庁は，80年代以降の行政改革により再編が繰り返され，その中身・構成は大きく変わった。2009年現在の省庁数は35である。国有企業は，1986年国有企業法により創設されたもので，従来政府が直営していた郵便事業などの営利事業を国有株式会社化したものである。最終的には株式を売却して完全民営化することを目指していたが，99年からのクラーク労働党政権下で完全民営化は中止とされた。クラウン・エンティティは，89年財政法および2004年クラウン・エンティティ法により規定されたもので，大臣の直接指揮下で業務を遂行する省庁と異なり，大臣とは〈一歩距離を置いた at arm's length〉関係にある公的組織の総称である。国会関係機関は，会計検査院やオンブズマンなど政府から独立し国会にアカウンタビリティをもつ公的機関である。

[地方制度] 広域自治体と基礎自治体を基本とする二層制である。広域自治体は12あり，人口規模は約3万～140万，担当業務は環境保護・地域防災・公共交通機関など広域的対応が必要なものである。基礎自治体は16の市と57の町村からなり，人口規模は1万未満～約45万，担当業務は上下水道・道路・ごみ収集・地区公園・図書館など普段の生活に密着したものである。広域自治体の担当業務が比較的少ないため，広域自治体を基礎自治体が兼ねる統合自治体という形態も4つ存在している。また，基礎自治体の下には，地域協議会を置くことができる。こうした地方制度は，1989年の地方自治法改正に基づく自治体合併によって形作られたものである。

首長選挙と議会議員選挙は，国政選挙の前年の10月第2土曜に統一地方選として行われる。選挙制度は，連記投票制と単記移譲式のいずれかを各自治体が選択できる。投票は，郵送で行われる。なお，統一地方選では，地域協議会の選挙のほか公立病院を運営する病院委員会の選挙もあわせて行われる。公立病院は税金で運営されているので，その運営委員も有権者による選挙で選ぶのである。首長と議会の関係は，日本とは異なる。首長は議会の一員であり，議長の立場をもつ。行政のトップは，首長を含む議会が任命するチーフ・エグゼクティブである。

和田 明子

[外交，防衛] ニュージーランドは1840年のワイタンギ条約を基礎とし，イギリスの植民地として出発したが，19世紀後半のボーゲル首相の時代から彼自身使節として外国に赴くなど，独自の外交活動を行った。1907年には大英帝国内で自治領の地位を与えられ，第1次世界大戦後のベルサイユ会議には1つの国として出席し，国際連盟にも原加盟国として参加した。第2次大戦後の47年にはウェストミンスター憲章を採択してイギリスから形式的にも完全に独立した外交の運営を行った。建国以来，外交の基本はイギリスとの協調にあったが，20世紀初頭以来，オーストラリアとともに太平洋国家として南太平洋島嶼国の運命にかかわる事項に対しては積極的に介入する姿勢をとりはじめ，第2次大戦前後からは安全保障面でアメリカとの協調に重点を置いた。この外交姿勢に加えて，第2次大戦後は，農産品輸出国として独自の利益を国際経済の枠組みに反映させること，小国にとって国の安全を確保する最大の要件として国際平和の維持に最大の努力を払うこと，経済・文化等の交流の相手国を多角化することなどを主要な外交方針とした。さらに70年代から80年代にかけては，南太平洋における核実験反対，核艦船の入港拒否などの反核政策，環境保護（陸上・海中・空中での汚染防止，生物保護など）も重要な外交方針の1つとなった。

労働党政権の反核政策によって核をもつ疑いのある外国艦船の入港がいちじるしく困難なものとなったため，アメリカとの間の外交関係は冷却化し，1984年以来ANZUS理事会は開かれず，またニュージーランド政府の要人が訪米してもアメリカ政府の要人は会見を拒否した。しかし，94年には見直しが始まり，アメリカのクリントン大統領はその後訪米したボルジャー首相と会談した。これによりニュージーランドとアメリカとの間の外交関係は復旧した。他方，ANZUS理事会の事実上の凍結は，ニュージーランドがその後も反核政策をとり続けていることもあって依然として存続している。しかし米ソ冷戦の終結に

よりソ連の南太平洋進出は終わったので，ANZUSにとって当面の脅威はなくなり，実質的には大きな問題となっていない。またニュージーランドはフランスがムルロア環礁で行った核実験に抗議して駐フランス大使を召還したが，これは1970年代以来の外交の伝統に沿ったものといえる。

対外政策では，外交協力，貿易促進，人的交流を軸としたラテン・アメリカ政策を2000年に発表し，ブラジルに大使館を開設，また，04年にも首相が南米諸国を訪問して関係強化を求めている。対米関係では，非核政策の継続を明言しつつもブッシュ大統領と会談し，一方で，対イラク攻撃参加を完全否定するなど，対話維持の中で安易な対米追随を避けている。大国に左右されず独自外交を展開する姿勢は健在で，初代北朝鮮大使を任命し，国連を機軸とした対イラク政策や北朝鮮食糧援助などを実行している。イラクとアフガニスタンには軍を派遣しているが，国連チームとして活動するもので，01年の国防計画でも，陸軍の主目的は海外の平和維持活動とした。自国の国益は国連の効果的な機能にありとする外交政策を堅持している。

ニュージーランドは陸・海・空軍をもち，志願制をとる（正規の総兵力は約9000人）。その地理的位置からして，第2次大戦までは国土に対する軍事的脅威はほとんど存在しなかった。しかし太平洋戦争の初期，日本軍が南太平洋を作戦対象地域とし，またオーストラリアの一部を攻撃したことや，加えて太平洋地域でイギリス海軍が壊滅したことから，アメリカとの共同防衛政策をとるにいたった。この政策は戦後も引き継がれ，1951年にはアメリカ，オーストラリアとの間にANZUS条約が締結された。また，西側諸国の一員としてベトナム戦争にもわずかながら派兵した。また旧イギリス領植民地マラヤの共産ゲリラに対抗するためにつくられたANZAM軍に参加して，64年以降はタイ・マレーシア国境のゲリラ掃討作戦を引き受け，直接サラワクにも派兵した。これは71年にはイギリス，マレーシア，シンガポール，オーストラリア，ニュージーランド間の五ヵ国防衛取決めに発展し，オーストラリア軍がマレーシアに駐留したのに対し，ニュージーランド軍はシンガポールに駐留した。他方，国連などの平和維持活動にも積極的に参加しており，1990年代の湾岸戦争，ボスニア・ヘルツェゴビナ，ソマリア，カンボジアなどのPKO活動にはいずれも要員を派遣し，積極的にこれを助けている。ニュージーランドは，現状では周辺にとくに軍事的脅威をもたないが，21世紀における地域紛争に対する対処方法を模索している。
　　　　　　　　　　　　　　　　　　地引 嘉博

【アメリカとの関係】　1951年のANZUS条約締結以来，ニュージーランドはアメリカ，オーストラリアと軍事同盟関係にあったが，84年に誕生したロンギ労働党政権が非核宣言を行い，アメリカ軍の原子力艦船ブキャナンの寄港を拒否したことで，アメリカとの関係は冷え込み，87年にニュージーランドは地位を同盟国から友好国に降ろされた。91年の湾岸戦争，2001年のアフガン戦争にはアメリカを支持して参戦したが，国連の認可のないイラク戦争には，ヘレン・クラーク首相のもとで反意を表明し，派兵を拒んだ。首相の座を降りたクラークは，09年に国際連合開発計画総裁に女性として初めて就任した。ニュージーランドにとって，アメリカはオーストラリアに次ぐ主要な貿易相手国であり，経済，防衛に関する対米依存度は高いが，ニュージーランドは決してアメリカに追従することなく，外交努力を怠らずに独自の主義・路線の維持に努めている。
　　　　　　　　　　　　　　　　　　澤田 真一

【経済】　ニュージーランド経済の基本構造は，イギリスからの移民を受け入れ，対英貿易によって高度な経済を作り上げてきたということであった。すなわち，羊肉・牛肉，羊毛，酪農品の輸出によって高度な福祉国家を建設してきて，第2次大戦直後には1人当たり国民所得が豪州と並んで世界一であったこともあるほどである。しかし，英国経済の衰退とともに，この地位は次第に停滞・後退した。1973年は2つの意味でショックが起こった。1つは英国のEC加盟であり，もう1つは，オイル・ショックであった。

1960年代の後半から，英国はEC加盟を試みており，ニュージーランドはすでに対日接近や，対豪貿易を拡大しようとしていたが，貿易構造は，簡単には変化させることはできなかった。これをオイル・ショックや輸出不振が襲ったわけである。簡単にいえば，羊と牛を日本と豪州・米国が英国のように買うかということである。牛肉は米国が買ってくれたが，新たな商品を開発しなければ，ということになった。

豪州とは，自由貿易協定（*CER）により，日本とは，資源開発や野菜・果実，魚類，木材・

パルプなどの開発により時間はかかったが，なんとか輸出を拡大させることができた。しかし，スタッグ・フレーションの克服には抜本的改革を必要としたのである。肥大化した政府部門と高度福祉政策，そして経済各部門への政府の支援・負担が大きな問題となった。その結果，米国のレーガノミックスや英国のサッチャリズム以上に徹底した〈小さな政府〉と競争原理，市場メカニズム重視を目指した経済改革が行われた。

最近のニュージーランド経済は，極めて好調である。これには，従来の経済構造を強化してきた自助努力の結果という側面と，幸運という側面がある。まず，努力の結果という側面からみれば，いうまでもなく，1984年のロンギ＝ダグラスによる経済改革によって経済体質が強化されたということである。2期にわたる労働党政権のあと誕生した国民党連立政権も構造改革を続行するという長期にわたる経済マインドの重視により，この国の経済的楽観主義に基づく平等主義は解消した。もっともどちらの政権もその末期には経済優先の思想に迷いも生じてきていたのは，いかにもニュージーランド的ではあった。

長年にわたる改革によってその弊害も現れ，1999年に誕生した労働党クラーク政権は，3期にわたり貧富の差の拡大阻止をはじめ，社会政策の充実を図った。政権当初は産業界からの反応は芳しいものではなかったが，経済的側面にも重要な政策を打ち出し，企業家からも支持を得た。現在は，国民党のジョン・キー氏が政権を担当している。彼は，証券会社の出身の国会議員なので経済運営については問題が少ないと考えられている。

対日貿易でみると，最近は停滞気味である。その原因は，80年代のいわゆる"シンク・ビッグ計画や資源エネルギー関連のプロジェクトがすでに伸び悩んでいることの一因であり，とくに対日貿易の上位を占めていたアルミ，木材・紙パルプ以外の商品に拡大がみられないことである。すなわち，酪農品，食肉，魚介類，果実・野菜の不振である。不信の原因には日本側の輸入政策として農水省関係の保護政策もあるが，この国の資源管理法の厳格さや原住民マオリの漁業権保護の関係もある。

経済的好調の幸運な側面では，新興国関係の輸出が好調である。アジアNIEsや新興国の需要が拡大し，今やブームである。とくに対中輸出は好調で，資源をはじめ酪農品や野菜・果実など高品質食品の需要が拡大した。アジア諸国が経済成長に伴って生活水準を上昇させ，それにつれて輸出が拡大するという効果が表れている。シンガポール，台湾，韓国でも需要が拡大しているのは幸運な側面である。

将来的に不安な側面は，対豪州の関係である。経済改革および世界的ボーダレス化および国際競争の激化が進行した結果，この国の企業は英国，米国，豪州の企業による併合が行われた。その多くは買収され，統合された。その結果は対豪従属化であり，豪州企業の下請け化が進行している。もちろん製造品の対豪輸出は増えてはいるが両国間の企業内分業が進展した結果でもある。

以上みてきたように，この国の経済の基本構造は，依然として酪農，牧畜，農業，林業などの第1次産業に依存する脆弱性を有したままであり，その抜本的改革が待たれる。しかしながら経済の外的要因により景気が回復すると経済的思考を停止し，社会改革や分配に向かうという傾向をもっている。したがって，今後も世界経済の影響を受けやすい経済体質は変わらないと思われる。

岡田 良徳

【社会】

[多民族社会への模索] ニュージーランドは1990年に〈ワイタンギ条約締結150年，マオリ渡来1000年〉記念を祝っている。1840年に締結されたワイタンギ条約には，先住民マオリがニュージーランドの主権をイギリス女王に譲渡し，代りにイギリス市民と同等の保護と権利とを得ると明記されている。条約締結をもって，近代国家ニュージーランドの建設が始まった。一方〈マオリ渡来1000年〉の方は，確かな証拠に基づいたものではない。マオリやモア・ハンターなどポリネシア人の渡来の根拠は口頭伝承であり，その裏付けをめぐって諸説がある。それをあえて並列して記念するのは，ニュージーランド社会を支える2本の柱〈平等と共存〉のゆえである。

開拓者たちは，母国イギリスの中流階級の暮しから〈階層〉を差し引いた社会実現を夢見て入植した。150年の経済活動の結果として貧富の差は生じたものの，理想に掲げた平等の精神は重んじられている。開拓社会の揺籃期（1860年代）には，土地をめぐる内戦が"パーケハー（白人）とマオリの間に起こったし，不況時代にはマオリが失業保険の差別など〈不平等〉に扱われた。1980年代にワイタンギ裁定委員会が設けられ，ワイタンギ条約に従っ

てマオリが被った不平等が明らかにされている．その原因の多くは，パーケハー側がマオリの固有な伝統文化と言語を理解せず，尊重しなかった事実にある．裁定委員会は，パーケハーがマオリを吸収・融合する形での国造りを改め，複数の文化，複数の言語が共存する社会を実現する意味で重要な役割をはたしており，マオリの土地返却，ワイタンギ漁業懇談会によるマオリの捕鯨許可など，着実に権利回復の歩みをすすめている．

1987年マオリ語が公用語となり，Aotearoa/ New Zealand, Te reo maori/Maori language などのように公的に両言語が併記されるようになった．また1980年代初頭からマオリの長老を中心に始められた〈コハンガ・レオ（言葉の巣）〉運動は，〈幼児期から民族の言葉を〉という考えのもとにマラエ（集会所）でマオリの伝承の歌や踊りを教えるなど，マオリ文化復興の大きな柱であるマオリ語の普及をはかった．この運動はマオリ語委員会らと連動し，教育や出版，あるいはマオリ語のテレビ番組・ニュース放送などの実現にも貢献した．

ニュージーランド・マオリ評議会が設立された1962年当時，おもにパーケハーとマオリの共存，つまり2文化・2言語の共存が課題であった．しかし，"パシフィック・アイランダー"と呼ばれる，サモアやトンガなどからの南太平洋諸島人の移住がとくに第2次世界大戦後に増加してくると，ニュージーランド社会は2つ以上の文化を受容することを求められるようになった．現代ではニュージーランド生れの移民第2・第3世代が増え，言語をはじめそれぞれのエスニック・グループ固有の伝統文化の維持が課題となっているが，一方では新たなアイデンティティ形成や文化創造もみられるようになった．マオリは，パーケハーのみならず，これらアイランダーに対しても先住民族であることを誇り，いわゆる〈茶色い住人同士〉のトラブルがオークランド市など都市部の犯罪率を高めるようになった．

〈百々佑利子〉

[女性のあゆみ] 1893年に世界に先駆けて女性参政権の実現したニュージーランドには，女性にかかわる問題において先進的な国家という印象があるが，それは必ずしも急進的な思想に基づくものではない．むしろ，女性参政権運動が禁酒運動に端を発したことに象徴されるように，女性や生活にかかわる一つ一つの具体的な問題の解決を図ろうとするニュージーランド独特の実用主義の表れと捉えることができる．参政権の獲得後，法的な女性の権利の拡大は遅々として進まず，議会代表権の実現は1919年，実際に初の女性国会議員が誕生したのは33年のことだった．法制度上の著しい改革のみられなかった20世紀前半は，ともすれば女性運動の停滞期とみなされがちであるが，女性労働者による組織の結成や，当時の不穏な国際状況を受けての平和運動などを通じて，女性たちは着実に社会とのつながりを模索し続けていた．男女平等賃金制の導入を求める動きは19世紀末にすでにみられたが，国内で不足した男性労働力を補って女性が社会進出を始めた第2次世界大戦中にとくに高まりをみせ，これが公務員の平等賃金(1960)，さらには民間における平等賃金の導入(1972)につながっていく．

1960年の〈女性の役割変化の時代〉と70年の第二派フェミニズムのうねりは，19世紀の参政権運動指導者たちの業績を掘り起こすとともに，新しい時代に向けての女性の権利の実現を推し進める契機となった．84年には，女性の地位の向上および社会・政治・経済のあらゆる側面における男女平等を実現すべく，女性問題省が設立された．いまだその理念の完全な実現には至っていないが，管理職や専門職，政治家として活躍する女性は増えている．国民党内閣のジェニー・シップリー，労働党内閣のヘレン・クラークと，すでに2人の女性首相を輩出した．クラークは2009年に国連開発計画総裁に就任，その活躍の場を世界に広げている．09年現在，国会議員122名中女性議員は39名と，全体の約30％を占める．

〈原田真見〉

[教育ー多様性と個性の重視] 就学前教育の機関には，0〜5歳児対象の保育園 Care Centre，地域保育制度 Playcentre/Community Playgroup や，3〜5歳児対象の幼稚園 Kindergarten があり，近年は保育園に入る幼児数が増加している．義務教育は6歳の誕生日からであるが，5歳の誕生日から小学校に通学できるため，日本のような一斉入学はない．初等中等教育機関は日本に比べて多様で，6-2-5制(Primary-Intermediate-Secondary)，8-5制(Full Primary-Secondary)，6-7制(Primary-Form School)などがある．学年はYear 1〜13で表される．通常はYear 8までが初等教育学年で，13歳になるYear 9から17歳が終わるYear 13までの5年間が中等教育となる．1学年は2〜12月まで(12〜1月は夏

休み)で，4学期制を採り4月，7月，9〜10月に各2週間の休暇がある。中学・高校は400校以上あり，ハイスクール High School，グラマースクール Grammar School，カレッジ College などと呼ばれる。

　義務教育は16歳の誕生日で終わるため，Year 11途中で退学可能であるが，近年は多くの生徒がYear11の学年末やYear12ないし13まで在学し，▶国立資格審査局(NZQA)が実施する中等教育修了資格試験(NCEA)を受ける。この試験ではYear11〜13の3学年がそれぞれレベル1〜3とされ，レベル1では国語(つまり英語)8単位以上，数学・理科8単位以上の必修を含む80単位以上の取得が求められる。レベル2と3では全科目選択である。高等教育進学に備え，高校最後の2年間における学習分野とその内容を生徒が自主的に選ぶこの制度は，英国のAレベル制度を踏襲している。

　高等教育機関はほとんどが国立で，8つの大学のほか，技能専門大学校 Polytechnic/Institute of Technology20校，教員養成大学校4校，マオリ大学校3校がある。近年では私立の高等教育機関も設立されている。大学入学には通常NCEAのレベル3以上が条件となり，一般にYear 13を修了して18〜19歳で入学する。学部課程は日本と異なって3年間で，学士取得にはレベル7が必要とされる。技能専門大学校は学術教育・職業教育の両方を提供し，NCEAのレベル2が入学資格となっているが，最近では大学と同等の学位を取得できる課程も増えている。高等教育は長年にわたって無償であったが，現在では学生が負担する割合が1/3を超え，多くの学生は学費や生活費のためアルバイトをする。教育制度全体に多様性や個性を重視する伝統があるが，近年は教育水準の国際化に向け，国が策定した教育資格基準のもと，画一化や競争の原理が拡大しつつある。　　　　　　　　　〔一言 哲也〕

[**環境と反核**]　ニュージーランド社会の価値観は，自然と平和に重きを置く。ニュージーランドは，美しい自然に囲まれた国であり，飛べない鳥▶キーウィや▶シルバー・ファーン他200種にもおよぶシダ植物に代表されるように，世界でも稀な生態系をもつ動植物の宝庫である。ポリネシア系先住民が漂着したとき，国土の約80％を覆っていた原生林・原生植物は先住民やヨーロッパ系移民による伐採で現在約23％にまで減少し，体長3mを超す飛べない鳥モアも乱獲と環境の変化で絶滅してしまった。太古の自然に壊滅的な打撃を与えてきた歴史の教訓に学び，自然環境破壊に対する危機感をもつ国民の自然保護や環境問題への意識は高く，自然環境の管理と保護が重要であるという認識がたいへん強い。

それは，1887年に世界でいち早く国立公園制度を導入した事実，1987年の保全法による環境保全省 Department of Conservation の設置，91年の資源管理法 Resource Management Act (RMA)の制定などに表れている。ニュージーランドへの入国に際し，生鮮食料品や乳製品，植物の種や土までも持ち込みを禁止しているのは生態系保護の観点からである。国立公園はトンガリロ国立公園(1887)を筆頭に14あり，環境保全省管轄の下，可能な限り自然状態を保つよう規定されている。環境保全省は頭文字をとって通称ドク(DOC)と呼ばれ，医師をイメージする呼称にふさわしく，深刻な環境破壊に直面している21世紀に自然を治療するドクターの役割を果たしている。水質汚染の問題，南極のオゾンホールなど大気の問題，続々と明らかになる絶滅の危機にある固有種の保護と繁殖など(とくに鳥類が多い)，国有林の保護，植林，土地問題(先住民に返却する問題など)，埋立地(産業廃棄物など)，釣りや狩猟の問題，新しいトレッキングコースの建設や古いコースの管理など，ボランティアや民間団体と協力を取り合いながら，多くの課題に対応している。

　ニュージーランドの反核運動の歴史は古い。1966年，南太平洋のフランス領ムルロア環礁における核実験に端を発し，1970年代，ニュージーランドの反核運動は全国的な広がりをみせた。1984年に労働党が政権をとり，ロンギ政権下でその非核政策は具体化されていく。85年3月，アメリカの核兵器搭載可能な駆逐艦〈ブキャナン〉のニュージーランド寄港を拒絶し，アメリカへの強い反核姿勢を示した。これに対し，アメリカは▶ANZUS条約における安全保障義務の停止を宣言。また同年7月，フランスによるムルロア環礁での核実験の抗議に出航しようとしたグリーン・ピースの船〈虹の戦士〉号がフランスの秘密工作員によって爆破された事件では，ロンギ首相が国民の圧倒的な支持を背景にフランスへ抗議し(▶虹の戦士号爆破事件)，8月には核実験および放射性廃棄物の海洋投棄の禁止を規定した▶南太平洋非核地帯条約の調印に踏み切った。

　さらに87年，非核地帯・軍縮・軍備管理法を

制定し，自国の国土・領海・領空が非核地帯であることを宣言した。95年6月にフランスのシラク大統領が南太平洋のフランス領ポリネシアで核実験を再開すると発表してから，当時のボルジャー首相(国民党)は，南太平洋の環境保護のために積極的に動いた。国際司法裁判所(ハーグ)に〈フランス核実験差止めの訴え〉を提出，しかし，フランスが実験を続けているあいだの同年9月，国際司法裁判所はこれを却下。ボルジャーは国連50周年記念総会において中国とフランスを名指しで非難し，〈核実験継続は受け入れがたい。核兵器廃絶を目標にした戦略が必要である〉と演説，フランス製品のボイコットなど，同国との関係は一時悪化した。このような国をあげての環境問題への取り組みと反核運動，これがニュージーランドの基本姿勢となっている。

新井 正彦

[福祉] ニュージーランドは，1926年世界で最初の児童(家族)手当法を制定，38年にはアメリカに次いで世界で2番目に社会保障法を制定した。社会保障法はそれまでに実施されてきた諸種の年金，手当を集大成し，さらに推し進めたもので，これにより高齢者，寡婦，孤児，傷病者，失業者などに対する手当が保障され，医療・薬はすべての国民が無料で受けることができるという，画期的な内容であった。その後もさまざまな制度を制定し，ニュージーランドは社会福祉の先進国として歩んできた。

しかし，70年代のオイル・ショックを機にした経済・財政の悪化，さらには危機的状況への突入は，ニュージーランドの社会的施策を大きく後退させることになった。その動きは90年代に本格化し，社会保障や福祉の面では，教育，医療など，市民の暮しに直接響く領域において有料化が実施された。児童(家族)手当制度など一部の手当・給付の廃止をはじめ，失業，訓練，病気，ひとり親・寡婦，家事専従，障害などの各種給付・手当の削減などが実施された。高度福祉国家と称されたこの国の社会保障・福祉は大きく後退した。

99年に成立した労働党政権は，行財政改革の見直しを行った。社会福祉の先進国であった時代に比べると，その水準の低下は否めないが，政府がより必要性・緊急性の高い者に，より多く，より優先的に資金を提供するという方針をとることで，社会的不利を被っている人たちへの保障は保たれている。さらに，自治体，企業，非営利団体など幅広いセクターの協力・参画を呼びかけ，地域とともに，地域にねざした包括的な社会福祉サービスの提供を目指している。

ニュージーランドの社会福祉においては，原則として国が基礎にあたる最低限度あるいは基本的部分の責任を負い，対応している。社会福祉行政は，社会開発省が国民の国民年金の支給，所得保障，雇用支援などの業務を行っている。一方で，医療関連の政策立案とともに高齢者，障害者へのサービス提供は保健省が管轄している。児童福祉については児童・青少年・家庭サービス庁が担当している。実際のサービスの提供については，児童福祉，障害者福祉，高齢者福祉など，いずれの分野においても，主に民間社会福祉団体がその大部分を担っている。民間社会福祉団体は政府からの資金助成を受けたり，個々に募金活動を行ったりして，サービスを提供している。

澤邉 みさ子

[価値観と暮し] ニュージーランド社会の自然と平和に重きを置く価値観は，日々の暮しのなかにも息づいている。とくに若者が熱意をもって環境保護に取り組んでおり，国立公園などのレンジャーやガイドの職員募集には多くの若者が応募し，競争率はときに20倍にもなる。鯨や絶滅の恐れのある海の生物の保護のために，日本などの流し網漁に反対している。また非核政策，反アパルトヘイト政策の理解のために，高校に平和教育の時間が設けられ，講師は各界から選ばれる。1984年に労働党が政権をとり，その経済政策による貧富の差の増大などが原因で，国民党支持者が増えていった。労働党の非核政策，アパルトヘイトに対する断固たる態度，および男女の差別解消への積極的な姿勢はいまだに高く評価されている。こうした背景があったからこそ，フランスによるムルロア環礁での核実験に抗議する政府に国民は圧倒的な支持をみせたのである。

イギリスのEC加盟の影響によってイギリスの食料庫としての役割が減り，ニュージーランドの1人当りGNPはOECD加盟国の平均の6割強に落ちた。労働党の蔵相ロジャー・ダグラスの提案した経済改革(ロジャーノミクス)によって，社会保障制度の見直しや国際収支の改善が行われ，新税(物品サービス税)が導入された。失業率は高く，10%以上で，数字の上でのニュージーランドの生活水準はかつて

の世界一から後退した。しかし，20世紀前半に成立した完全な社会保障制度や，弱者に対する福祉と公営住宅の完備，低い物価，豊かな暮しを可能にする良質の住環境を含む諸設備や汚染されていない食料，レジャーを重視した労働条件，美しい自然環境などを総合的に判断すれば，いまだに満ち足りた暮しを営んでいるといえよう。

この150年の間に，ニュージーランド人は，〈イギリスの娘，息子〉であるよりも太平洋国家の一員であるという自覚を強めた。歴史家の*シンクレアがいうように，〈ナショナル・アイデンティティが揺るぎなく根づいたのは確か〉である。多くのニュージーランド人にとって，父祖の血イギリスとのつながりは，イギリスのEC加盟を機に弱くなり，代わって貿易の三大相手国，オーストラリア，アメリカ，日本への関心が高まった。アジアへの関心，なかでも中国へのあこがれは強く，鍼の研究を志す若者もいる。しかし若い世代が好む音楽などの芸術，ファッションなどの社会的・文化的流行にはアメリカの影響がみられる。

国民スポーツのラグビーのほかにも，スキー，登山，マラソン，ヨット，トレッキングなどは日常の暮しの大切な一部になっており，ほとんどのニュージーランド人が楽しむ。そのなかからアルピニストの*ヒラリーが生まれ，アメリカズ・カップやニッポン・カップの優勝者が生まれ，多くの長・中距離ランナーが生まれている。

百々佑利子

ラグビーはニュージーランドの代表的な競技であり，ナショナル・チームの*オールブラックスは世界的な強さを誇る。1870年にイギリスから導入されたラグビーは，雨天の多いニュージーランドの冬にも適したスポーツであり，19世紀の開拓者精神(力強さ，自制心，忍耐)へのノスタルジー，20世紀初頭のオールブラックスの海外遠征での圧倒的な勝率と人気，国民的伝統の創造を必要としていた未だ歴史の浅い社会の要請とあいまって，国民的なスポーツとしての地位を確立していく。試合前に選手が踊る*ハカ，マオリと白人選手の見事なチームプレーにみられるように，人種・階級差別のないフィールドは，二文化・二民族の融合と平等社会の象徴であるとされた。しかしながら，アパルトヘイト政策をとっていた南アフリカからの遠征チーム，スプリングボックスの受け入れをめぐって，1981年に国家は二分し，警察隊と市民の衝突が起きた。この事件は後に国内の差別問題を真剣に捉えなおす契機となった。4年に1度のワールドカップでは，オールブラックスは常に上位の成績を収めており(1987年優勝，1995年準優勝)，2011年はニュージーランドでの開催が決まっている。

澤田 真一

【文化】

[特徴] ニュージーランド文化の特徴は，多文化・多言語の共存にある。大きな2つの流れとして，先住民マオリや南太平洋諸島からの移住者が伝えるポリネシア文化と，イギリス系住民が伝える英語圏文化とがある。ニュージーランドがポリネシア人の土地であったときは，文字も鉄器もなく，豊かな口承文芸と，石器時代の武器や装飾品と，木と亜麻の家財道具があった。海を含む自然そのものがマオリの食料庫であり，亜麻の籠は2回分の食事に必要な魚や貝を入れる大きさに決まっていた。部族間の戦いは頻繁に行われたが，整列して歌い踊り，名乗ってから戦闘を開始した。*ポウナムという緑の軟玉で作られた棍棒で殴られて死ぬのが最も名誉ある死とされた。部族の結束は固く，語り部は何百年にもわたる系譜をそらんじ，航海などの重要な行事の際は，祈禱師が星と波を見て占い，部族民全員が各行事にふさわしい歌と踊りで祝した。昼は子どもの養育を集団で行い，夜は先祖の体を象徴する入念な彫刻が施された集会所に集まって部族に伝わる昔語りや踊りに興じた。

そのニュージーランドにもたらされた最古のヨーロッパ文化は，アベル・タスマンの一行が威力を見せつけた銃であり，キャプテン・クックがマオリの酋長に与えた釘であり，最古の英文学は開拓初期の宣教師が紹介した聖書，食文化は捕鯨業者や木材業者がマオリに栽培を教えたジャガイモである。パーケハー(白人)の守神とマオリがみなした銃は，19世紀後半にニュージーランドの土地の所有権を大幅に変えた。釘はパーケハーとマオリの友好の証として，長くマオリ首長の祭壇にまつられたが，同時にもたらされた毛布はマオリの伝統的な亜麻と羽毛の衣服を追放し，酒はマオリのアルコール中毒者を増やし，病気は免疫のないマオリ人口を減らしていった。初期の宣教師のウィリアムズ兄弟らは，マオリ語を熱心に学んで聖書のマオリ語版を発行したが，教育制度が整うにつれて英語が主たる言語となり，学校でマオリ語を使った子ども

は罰を受けた。若い世代は言語の違いによる不十分な意思疎通が原因となって、部族から離れ都会へ出ていくようになり、部族中心の文化は崩壊に至った。

1960年代に欧米の少数民族文化復興運動に呼応して高まったマオリの伝統文化の復興と保存の機運は、文化的な面だけでなく、日々の暮しの改善や歴史の見直しにまで波及効果をもたらした。長く放っておかれた集会所が建て直され、それにつれて木彫やポウナムの装飾などの伝統工芸も復活した。70年代から若者が中心となって語り部の口伝をテープに収めたり、あるいはクイア(年長の女性)らが保育園に出向いてマオリの伝承の歌や踊りを教えるなど、マオリ文化復興の大きな柱であるマオリ語の普及運動も盛んになっている。

[開拓初期] 北島のウェリントン(現在の首都)が開拓地として機能しはじめたとき、聖書を除くと、入植者がイギリスからもってきた本は全部合わせて100冊だった。彼らは母国の縁者に手紙を送り、日記をつけた。これらは現在ニュージーランド史を補強する重要な資料となっている。読物に不自由した入植者は、自ら読物を書いて近隣の人に配った。印刷の制約もあり、多忙な開拓社会では読書に多くの時間を使うことが罪悪視されたりで、書かれたのも読まれたのも、その多くは詩と短編だった。この伝統は今でも一般市民のなかに残っており、日本の俳句や短歌同様、詩と短編は国民的余技となっている。詩作を天職とした人々には、デニス・グローバー、ジェームズ・バクスター、アリステア・キャンベルがいる。

[マオリ口承文芸] 一方、報告書など物を書き慣れた人々、宣教師や植民地政府の役人は、新奇な素材〈マオリの言語や口承文芸〉を集め、分類し、解説を付けて本国で出版した。その代表的な2人に、ジョージ・グレー総督とウィリアム・ウィリアムズ師がいる。グレー総督は、マオリの創世神話、カヌー航海、部族伝説、系譜、祝詞、詠唱歌、ことわざを集めた《父祖の勲》(マオリ語、1854)と《ポリネシアの神話》(英語、1855)をロンドンで出版した。序文に山越え野越え採話をした苦労が綴られているが、実際には有能なマオリの酋長を秘書にし、彼に英語を学ばせて書かせていたことが今ではわかっている。ただし不道徳で品性に欠ける個所を削除、改変したのは総督自身である。ウィリアムズ師は1837年に新約聖書をマオリ語に翻訳し、44年に《ニュージーランド語と簡約文法》を出版した。この辞書の部分(《マオリ語辞典》)は、師の息子、孫息子、そして1975年にはマオリの学者らによって次々と改訂が行われ、いまだに最も役立つマオリ語辞典として使われている。

ほかにマオリの神話や伝説の採話、歴史や民族論を出版したのは、リチャード・テーラー《マウイの魚》(1855)、ジョン・ホワイト《マオリ古代史》(1887-90)、エルスドン・ベスト《マオリ》(1924)である。20世紀の実りのなかで、アントニー・アルパーズの《マオリ神話》(1964)は、ヨーロッパ的なフィルターをはずした思慮深い再話である。文字を獲得したマオリ系研究者の好著も多い。バック(テ・ランギヒロア)の《偉大なる航海者たち》(1938)と《マオリの渡来》(1949)は歴史的、人類学的にマオリを理解する必読書である。アピラナ・ナタの《マオリ詠唱歌集》(1929)は、彼の死後マオリの語り部の子孫フリヌイ・ジョーンズ博士が引き継ぎ、第3集まで刊行された。マオリ系の学者デービッド・シモンズの《偉大なるニュージーランド神話》(1976)は、航海、部族伝説、系譜の新しい解釈として注目される。本書によれば、伝説の大航海は実はニュージーランドの沿岸をめぐる〈引越し〉にすぎず、したがって故郷の島ハワイキは南島のどこかの地であったという。イギリス人が出したマオリ関係の図書の誤りや不十分さを、1世紀後にマオリ自身が訂正し補うようになった。

百々佑利子

[ニュージーランド文学] 1840年にイギリスの植民地として出発したニュージーランドにおいて、国文学が成熟をみるには約90年の年月を要した。開拓の最中での劣悪な執筆環境、読者人口の少なさ、若い国ゆえの歴史の浅さなどの理由から、作家としての大成を目論む若き才能はキャサリン・マンスフィールドのようにイギリスに渡った。

政治・経済のナショナリズムとも連動する1930〜40年代のニュージーランド文学の隆盛は、故国イギリスからの地理的および精神的距離を強く意識化することを通じて達成された。詩人アレン・カーナウは、故郷イギリスへのノスタルジーを排し、自国を代表する文学作品はニュージーランドの孤立状態から生じる圧迫と緊張のしるしを帯びていなければならないとした。ニュージーランドのユニークさを表現しようという試みは、〈国文学の

父》フランク・サージソンによる大胆な口語表現の使用や，ピューリタニズム，マオリ的価値観とヨーロッパ的価値観の相克，アイデンティティの探求といった独自の文学的テーマのうちに見出される。また，《フェニックス》や《ランドフォール》などの文芸誌の刊行は，作家の発掘と育成，文学の水準の維持に大きく貢献した。1940年代にはジェームズ・バクスター，50年代には後にノーベル賞候補となるジャネット・フレイム，60年代にはモーリス・ジー，モーリス・シャドボルトらが文壇に登場し，国文学賞の創設（1968）と相まって文学界は活況を呈するようになる。

1972年のウィティ・イヒマエラのデビューは，それまで白人作家により独占されてきた文壇に新風を吹き込んだ。彼は先住民族マオリの立場からニュージーランド社会を捉え直すことによって，白人主流の文化への異議申し立てを行い，白人によって書かれてきたナショナル・ヒストリーの見直しを迫った。彼の後にはパトリシア・グレイス，ブッカー賞受賞作家ケリ・ヒュームが続く。彼女たちは政府が標榜する二文化主義はマオリの側の白人文化への一方的な同化にすぎないことを明らかにし，真の二文化主義（あるいは"多文化主義)の在り方を探った。21世紀を迎えたニュージーランドの人種構成は，アジア及び太平洋諸島嶼国からの移民の急激な増加に伴い多種多様化してきており，サモア人作家アルバート・ウェントが提言するとおり，太平洋国家としてのより大きな枠組みの中で，文学は新たなアイデンティティと共生の思想を紡いでいくことが期待されている。　　澤田 真一

[映画] ニュージーランドで最初の映画は，先住民マオリの有名な恋愛物語のヒロインを題材にした無声映画《ヒネモア》（1914，製作年，以下同じ）とされている。1920～30年代には，ニュージーランド映画の父ともいわれるルーダル・ヘイワード監督がワイカト地方における白人とマオリとの土地紛争を題材にした映画《レヴィーズ・ラスト・スタンド》（無声：1925，有声：1939）をはじめとする数々の作品を世に送り出した。しかしその後，同じ英語圏に属する米国からのハリウッド映画の流入によって，ニュージーランド映画は暗黒の時代を迎え，本格的な映画の製作本数は1970年までにわずか3本，1970年代も15本に留まった。こうしたなか，政府はニュージーランドをニュージーランド人や世界に示すため，1978年にニュージーランド・フィルム・コミッション（以下，NZFC）を設立するに至った。NZFCは，宝くじの収益を財源として，製作費の資金調達や作品のマーケティングをサポートする役割を担うこととなった。

NZFCの設立を受けて，ニュージーランドの映画産業は発展の時代を迎える。1980年には，盗んだ黄色いミニカーでニュージーランドの北端から南端までを旅する2人の男を描いたジェフ・マーフィー監督のロード・ムービー《グッバイ・ポーク・パイ》が製作され，国内で大ヒットした。また，人里離れた農場で育つ孤独な少女を描いたヴィンセント・ウォード監督の作品《ビジル》（1984）もカンヌ国際映画祭で最高賞パルムドールの候補作品となり，ニュージーランド映画が世界的にも注目されるようになった。しかし，一方では，映画の成否にかかわらず投資家が損をしないような過度な保護策をニュージーランド政府が税制面で採用したことなどから，1980年代には多数のB級ホラー映画なども製作される結果となった。

1990年代に入ると，ジェーン・カンピオン監督が，実在のニュージーランド女流作家"フレームの人生を描いた《アン・エンジェル・アット・マイ・テーブル》（1990）や，19世紀にニュージーランドへと移住した白人女性とマオリに溶け込んだ白人男性との恋愛を描いた《ザ・ピアノ》（1993，邦題：ピアノ・レッスン）といった作品で頭角を現す。後者でカンピオンは，世界で女性初となるカンヌ国際映画祭のパルムドール獲得を果たし，米国アカデミー賞の最優秀脚本賞も受賞した。また，この映画に出演したニュージーランド人の少女アンナ・パキンもアカデミー賞最優秀助演女優賞をわずか11歳で受賞した。

《ザ・ピアノ》が国際的に成功したのとは対照的に，リー・タマホリ監督の《ワンス・ワー・ウォリアーズ》（1994）は，ニュージーランド映画としては過去最高の国内映画興行成績を収め，2005年までその座を譲ることはなかった。この作品は，現代マオリ家族のドメスティック・バイオレンスをテーマとした，アラン・ダフの原作を映画化したものだった。この時期の前後から，ニュージーランド映画には，暗い題材をテーマとした作品が多くなり，俳優のサム・ニールはニュージーランド映画の特性を不安なシネマと評したほどだった。

こうした状況を大きく変化させる転機とな

ったのが，2001〜03年にかけて公開された《ザ・ロード・オブ・ザ・リングス》3部作(1999〜2001)である。ハリウッド資本で製作された別格の大作であることから，NZFCはニュージーランド映画の統計にはこれらの作品を含んでいない。しかし，ニュージーランド人監督ピタ・ジャクソンによって，オール・ニュージーランド・ロケで撮影されたこのファンタジー作品は，ニュージーランドの映画製作力(とくに高品質かつローコストな特撮技術や，ロケに適した多様な自然景観の存在)を世界に強くアピールし，その後のニュージーランドにおける映画産業の人材育成や観光産業の活性化に大きく貢献する結果となった。最終作は，2004年のアカデミー賞で史上3作目となる11冠の最多最優秀賞受賞を成し遂げた。

21世紀に入ってからは他にも国際的な話題作がニュージーランドから生まれている。たとえば，ウィティ・イヒマエラ原作で，マオリの少女が伝統を乗り越えて部族の未来を切り開く姿を描いたニキ・カーロ監督の《ホエール・ライダー》(2002，邦題：クジラの島の少女)では，主演のニュージーランド人ケイシャ・キャッスル・ヒューズが13歳で史上最年少のアカデミー賞最優秀主演女優賞候補となった。また，1000cc以下のオートバイの地上最速記録の保持者である実在のニュージーランド人バート・マンローを主人公とするロジャー・ドナルドソン監督の《ザ・ワールズ・ファステスト・インディアン》(2005，邦題：世界最速のインディアン)は，ニュージーランド映画の国内映画興行成績において《ワンス・ワー・ウォリアーズ》を約10年ぶりに上回った。これら2つの映画は，90年代の作品に比べてより明るく前向きな内容となっている点で共通している。また，21世紀以降はサモア系，インド系，中国系ニュージーランド人を描いた国内での話題作も散見され，今後はニュージーランド映画の多様化に伴ういっそうの発展が期待される。

国内映画産業を支援する目的で設立されたNZFCは，①ニュージーランドで製作される映画，②製作者（プロダクション）がニュージーランド企業である映画，③ストーリーのプロットがニュージーランドに設定されている映画（必須条件ではないが理想的にいえば），をニュージーランド映画として扱い，援助の対象としている。一方，ニュージーランド映画産業は，ニュージーランド映画の製作だけでなく，ニュージーランドをロケ地とした映画，たとえば日本に関係するものでは，《戦場のメリー・クリスマス》(1983)，《ラスト・サムライ》(2003)，《どろろ》(2007)などの撮影や海外企業からの特撮技術の受注なども手掛けており，観客数の少ない国内映画よりもむしろ外国映画への関与によって高い収益を得ているとみられる。政府は，文化的な観点からニュージーランド映画を保護しつつ，経済的な観点からはニュージーランド映画産業の発展に向けて外国映画を積極的に誘致するという両面的な政策を推進することで，バランスの取れた芸術および産業振興を図っている。

堀 千珠

[工芸と園芸] 昔マオリは木彫を競い，今ニュージーランドの工芸家は陶芸を競う。木彫はマオリの歴史に素材を求めたものと自然の風物を題材にしたものと半々だった。緑石やときには人骨の道具を使って，集会所の羽目板や棟木に先祖の神格化した像を刻んだ。垂木には自然現象を様式化して描き，神聖な赤い色の彩色を施した。緑石のペンダントや棍棒，亜麻や羽毛の衣服，そして酋長や神官の身体中を覆った入墨も，伝統芸術である。現在，入墨以外は北島のロトルアの美術工芸センターを中心に若い世代へと伝えられ，海外からの研修者も多い。

陶芸のモデルはおもに自然の事物で，これは豊かに身の回りにある。日本の影響も強く，河井寛次郎を師とするグリーグは，定期的に日本で個展を開き，最期も京都で迎えた。バージニア・ウルフやバーナード・リーチが居を定めたイギリスのセント・アイブズ同様，文学者や陶芸家が集まる芸術家村もあり，R.モンローやT.ベーリスら国際的芸術家を生んでいる。素朴な民間工芸も盛んで，羊毛の産地ゆえに農家には紡ぎ車があり，手織の衣服や敷物が豊富で，こうした民芸品の質は非常に高い。点描画家のR.ハモン，油絵のD.ベニー，写真家ブライアン・ブレークも活躍している。

ニュージーランドの広い敷地，広い道路の町は，互いに庭園を観賞する文化を作り上げた。なかでもクライストチャーチ市は，ガーデンシティ(20世紀初めにイギリスで誕生したアイディア)の別名をもち，春，夏にはガーデン・コンテストが行われる。個人の庭を対象にしたコンテストと，通りごとのコンテストがある。個人の庭であっても，通りからの眺

めも採点の対象になるので, 高い塀で囲ったりしない。優勝した庭の持主は, 常に門を開放し, バスやタクシーで来る客を迎える。イギリス式庭園が手本だったが, 近年はニュージーランドの小鳥たちが喜ぶ自生の木を植える地味な庭造りも増えてきている。

百々 佑利子

【日本との関係】 日本とニュージーランドは太平洋の北と南に対称的な位置を占め, またともに19世紀の中葉に国際社会に仲間入りしたという類似点をもっている。日本とニュージーランドの交流の歩みは, 1882年から日本海軍の練習艦による定期的なニュージーランド訪問が始まり, 90年に初めて日本人がニュージーランドへ移住した頃から始まる。19世紀末からは, 日本国内においても, 世界の先頭を切って法制化・実施された労働施策・社会福祉施策などニュージーランドの社会・国家運営に関する紹介が, 初期社会主義者や思想家たちによって行われた。

両国間の交流が本格的な深まりをみせたのは1970年代以降, 両国をとりまく経済事情が急変してからのことである。73年イギリスがECに加盟したことにより, ニュージーランドはイギリスの〈海外農園〉として長く享受してきた対英輸出についての特恵的地位を失うことになり, 貿易先を多角化する必要に迫られた。そしてちょうどそのころ, グローバルな貿易国家として発展しつつあった日本とは, 産品の相互補完性からみても貿易相手国として互いに良きパートナーとなりうる可能性があったのである。

75年から9年近くにわたって政権を担当したマルドゥーン国民党首相は, 経済困難からの脱却を図って大規模工業開発計画に着手したが, そこにおいて中心的役割を果たしたのは, 南島最南端インバカーギルのアルミ製錬工場, 北島西岸タラナキ地方の石油化学工場, 北島東岸ネーピアのパルプ工場などであった。これらには日本企業が積極的に技術協力, 資本協力を行った。また, 両国は77年漁業協定を締結し, これは84年延長された。

以上のように70年代に両国間の交流は貿易, 技術, 資本等の面で飛躍的に拡大したが, この傾向はその後も続いている。2007年現在, ニュージーランドにとって日本は3番目に輸出規模の大きい貿易相手国（アルミニウム, 木材, 食品など）であり, 得意分野で互いを補完し合っている。

このような経済関係を背景に, 両国の首相・閣僚, その他の要人の相互訪問も多い。また, 1974年にはクライストチャーチ市と倉敷市で初めての姉妹都市協定が締結され, 現在までに50以上の姉妹都市や友好協会が活動している。日本人にとってニュージーランドは人気の観光スポットの1つとして定着しており, ワーキング・ホリデー制度, JETプログラム, 留学制度, スポーツ・文化交流などを通して草の根の人的交流も深まっている。

90年代以降はニュージーランドに関する学会, 研究所が日本各地につくられ, 国内外における学術交流も進んだ。同時期には, 行財政改革に果敢に取り組んだニュージーランドの経験から学ぼうと, 政治家, 研究者をはじめとする多くの日本人が視察に訪れた。

今後, 両国はアジア太平洋地域において民主主義という共通の価値観を志向する国として相互理解を深めつつ, 貿易, 経済面のみならず, 社会・政治面, さらにさまざまな文化面で幅広い交流を拡大していくことが必要であると考えられる。

地引 嘉博＋武田 真理子

バヌアツ
Vanuatu

正式名称＝バヌアツ共和国 Republic of Vanuatu　面積＝1万2190km²　人口(2008年世界銀行統計)＝23万1142人　首都＝ポートビラ Port-Vila(日本との時差＝＋2時間)　主要言語＝ビスラマ語,英語,フランス語　通貨＝バツ vatu

南西太平洋にある独立国。南緯13°〜21°, 東経166°〜171°の南西太平洋にY字形に連なる, イギリス・フランス共同統治領のニューヘブリデス New Hebrides(ヌーベルゼブリード Nouvelles Hébrides)諸島が1980年に独立してバヌアツ共和国となった。

[自然, 住民] ニューヘブリデス諸島は大小80余りの島々からなる。おもな島は北からトレス諸島, バンクス諸島, *エスピリトゥサント島(最大の島で全長112km, 最大幅72km), マエウォ島, アンバエ(アオバ)島, *ペンテコスト島, *マレクラ島, アンブリム島, エピ島, *エファテ島, エロマンガ島, *タンナ島, アナトム(アネイチュム)島である。首都のポートビラはエファテ島にある。気候は熱帯性であるが, 島々はほぼ南北に800kmにわたって連なっており, 南部の島々では亜熱帯性に近く, 南東貿易風の影響もあって比較的涼しく, 過ごしやすい。ほとんどが火山島で, バンクス諸島のガウア島やアンブリム島, タンナ島では火山が絶えず煙をはいている。平均年降水量は2360mmで, 北にゆくほど増え, エスピリトゥサント島では4000mmに達する。各島の標高は比較的低く, 最高峰はエスピリトゥサント島のタブウェマサナ山(1877m)。

住民のほとんどがメラネシア人(98.5%)で, ほかにイギリス人, フランス人, 中国人, ベトナム人などがいる。100以上もの異なった言語が話されているが, 国語はビスラマ Bislama 語(＝ニューヘブリデス諸島で話される*ピジン英語)で, 公用語としてほかに英語, フランス語が用いられている。首都のポートビラとエスピリトゥサント島のサント(ルガンビル)の2都市部を除けば, 農村部もしくは森林での, 人口の多くは自給自足の農耕を営んでいる。

ほとんどがキリスト教徒で, 現在は伝統的衣類の代りにズボン, Tシャツなどを身につけてはいるが, 伝統文化に対する愛着は強い。焼畑農耕を行い, タロイモ, ヤムイモなどのいも類を栽培している。農耕民であるが, 彼らの関心は豚にある。バヌアツの豚には牙があり, 下あごから生える牙は円曲し, その曲り方の大きなものほど価値がある。豚は食肉として価値をもつと同時に貨幣であり, 人々の生活の基盤でもある。北部および中部の島々には豚を殺す儀式があり, 数多く殺すにつれて地位が上がり, ついには首長の地位につくことができる。豚の牙は図案化され, 国旗の中にも用いられ, バヌアツのシンボルとなっている。

吉岡 政徳

[歴史] 1606年, ポルトガル人探検家*キロスは初めてこの地を訪れた。独立以前はニューヘブリデスと呼ばれ, 1774年に来航したイギリス人航海者J.クックが命名した。ニューヘブリデスは1906年の英仏両国の協定で, 両国の共同統治 condominium になった。しかし共同統治というより英仏による二重統治が実情で, そのため行政は複雑錯綜し, くパンデモニアム(伏魔殿)〉と呼ばれるほどであった。英仏それぞれの島民対策を異にし, 島嶼間の対立を生み出した。70年代に独立運動の中心となったナショナル党(77年にバヌアアク党 VP と改称)は, 全島的な基盤づくりを進め, 79年の総選挙で圧勝した。それに伴い独立機運が急速に盛り上がり, 英仏両政府の協力のもとで, 80年7月30日, バヌアツとして独立した。独立直前にエスピリトゥサント島では分離独立を求める*サントの反乱が起きた。

野畑 健太郎

[政治] 英・仏共同統治下から独立したため, 英語系とフランス語系の政党が政権争いを繰り返す不安定な状態が続いてきた。共和制で, 国家元首である大統領(任期5年)は, 国会議員および地方評議会議長からなる選挙人団により選出されるが, 行政権は内閣に属する議院内閣制。首相は一院制の国会(定員52, 任期4年)で選出される。1980年代は*独立時に首相を務めたウォルター・リニ首相率いるバヌアアク党が政権を担ったが, 90年代に入ると多党化が進み, 90年代後半からは各党派が合従連衡をくりかえす不安定な政治状況が続いている。

80年代後半からリニ首相が独裁的傾向を強めたため, 党内の反リニ派が野党と共闘してリニ首相を不信任し, 91年9月に同党のカルポカス新党首が首相に就任した。リニ派は新たに国民連合党(NUP)を結成, これにより旧 VP は, 先に離党したソペ議員率いるメラネシ

ア進歩党(MPP)を含めて3派に分裂した。91年末の総選挙では、万年野党だったフランス語系の穏健諸党連合(UMP)が第一党となり、UMPはNUPと連立政権を形成、フランス語系初のコーマン首相が誕生した。95年総選挙ではUMPとNUPが連立し、UMPのボホール党首が首相に就任した。しかしほどなくUMPは分裂し、96年2月にUMP造反議員が野党側と連携してコーマン前首相を擁立したものの、同年9月、再びボホールが政権に復帰した。その後も各派が与野党間を往来する不安定な状況が続き、98年3月の解散・総選挙で誕生したカルポカス政権も一部議員の離反にあって崩壊、99年11月にソペが新首相に就任した。

2001年3月、ソペ内閣は不信任され、代わってナタペイ首相によるバヌアアク党と穏健諸党連合の連立内閣が発足した。02年5月の総選挙後もナタペイ連立政権が維持され、03年11月に政府不信任動議が国会で出されたが、内閣改造によって連立政権は保持された。04年5月にナタペイ首相が国会を解散、7月の総選挙で、第一党であった穏健諸党連合は8議席と半減、バヌアアク党・国民連合党・緑の党の3党連合が21議席を獲得し、バヌアアク党・国民連合党・バヌアツ共和党・国民共同体協会・人民進歩党の5党が連立し、ボホール前首相が首相に返り咲いた。しかし、11月にボホール首相が単独で台湾を訪問し、中国と断交して台湾との外交関係を樹立すると発表したところ、多くの閣僚と与党議員が反対、12月に内閣不信任動議が可決され、新首相にウォルター・リニ首相の弟であるハム・リニが首相に選出された。ハム・リニ首相は、分裂含みの大連立を維持してきたが、08年9月の総選挙で、ナタペイ元首相率いるバヌアアク党が11議席、現職のリニ首相率いる国民連合党が8議席を獲得し、多数派工作の結果、ナタペイが首相に選出された。しかし、09年6月までに4回の不信任案が提出される不安定な状況が続いた。

外交関係では、域内のパプアニューギニア、ソロモン諸島のメラネシア諸国との連帯を強化し、首都ポートビラにはメラネシア・スピアヘッド・グループ(MSG)の本部が置かれている。

[経済] 主要産業は農業と観光業で、小規模農家によるコプラ生産と伝統的自給自足農業が基盤。農業人口が約7割を占めるが、GDPではサービス業が62％に対し、農業が26％(2000)。

●バヌアツ

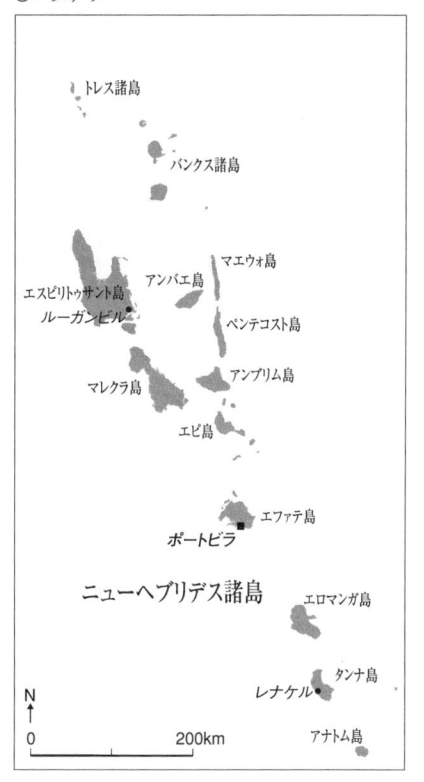

しかし、自給自足的農業に従事する人口が多いため、失業率はきわめて低い。07年には16万7000人をこえる訪問者があり、観光業が外貨獲得に寄与している。1997年半ばより政府はアジア開発銀行(ADB)の協力のもと大規模な行政・経済改革である〈包括的改革プログラム〉を実施し、03年には中期計画として〈優先課題・行動計画〉を策定。主な輸出品目は、コプラ、木材、カバ、牛肉、ココア。主要援助国は、豪州・ニュージーランド・フランス・日本。1人当たりGNI(国民総所得)は2330米ドル(2008年世界銀行)

[日本との関係] 第2次世界大戦前には数十人の日本人移民があったが、戦争により追放された。日本は1980年の独立時に特派大使を派遣、81年には正式な外交関係が樹立された。日本からの観光客は少ないが、バヌアツの基幹産業である牛肉の多くは日本に輸出されて

おり，経済的なつながりは強い．日本の政府開発援助の2008年度までの累計は，無償資金協力94.11億円，技術協力54.98億円で，有償資金協力は行われていない． 　小川 和美＋東 裕

パプアニューギニア
Papua New Guinea

正式名称=パプアニューギニア独立国 Independent State of Papua New Guinea 面積=46万2000km² 人口(2008年世界銀行)=645万人 首都=ポートモレスビー Port Moresby(日本との時差=+1時間) 主要言語=英語(公用語)の他,ピジン英語,モツ語など 通貨=キナ kina

●パプアニューギニア

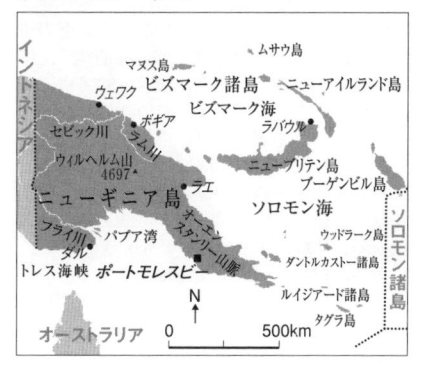

▸ニューギニア島の東半部、▸ビズマーク諸島、▸ブーゲンビル島および周辺の島々からなる国。面積は日本の約1.25倍。ニューギニア島南東部にある首都のポートモレスビーには域内各国のエリートが集まる▸パプアニューギニア大学がある。天然資源に恵まれ、銅・金・銀・石油・木材を産出し、南太平洋随一を誇るコプラ、ヤシ油の産出地でもある。

[自然] ニューギニア島の中央を東西に山脈が走り、分水嶺を形成している。主な山脈はスター山脈、ヒンデンブルグ山脈、ビズマーク山脈、オーエンスタンリー山脈などで、最高峰はウィルヘルム山(4697m)。オーエンスタンリー山脈を背後にするポートモレスビー地区を除けば、1年を通じて降水量が多い。ガルフ州のキコリでは年降水量が5080mmにも達する。降水量が多いため、ニューギニア島南部の大平原を流れるフライ川、北東部を流れるセピック川、ラム川など大河が多い。

[住民] 住民は主として▸メラネシア人と▸パプア人であるが、混血が著しく、今日両者を区別することは困難である。都市部を除けば、人々は伝統的な生活を守っており、みずからの伝統文化に強い誇りをもっている。互いに似てはいるが、それぞれ独自の文化をもった社会が言語の数だけ存在している。全国で数百もの異なった言語が話されており、共通語として▸ピジン英語とモツ語が使用されている。

ニューギニア島北東岸沖のマヌス州にある▸マヌス島では、伝統的に女が外で農耕を行い、男が育児と炊事を担当し、人形に興味をもつのは女児ではなく男児であったといわれている。ニューギニア島東端のミルン湾州の▸トロブリアンド諸島では、あらゆる男女の禁忌のなかで兄弟と姉妹のそれが最も強く、年ごろになると兄弟と姉妹は互いに顔も見ないようにしなければならない。この社会は現在も母系制で、子どもは母と同じ集団に属する。したがって父は子どもにとっては他の集団に属するよそ者であり、財産その他は母方のおじから譲られる。またニューギニア島北西部の東セピック州にいるムンドゥグモール族 Mundugumor では、人々はいくつかの集団(〈紐〉と呼ばれる)に属しているが、特異なのは、子どものうち男子は母の集団に属し、女子は父の集団に属するというルールをもっていることである。セピック地方の人々は、そのみごとな美術品によっても知られている。

吉岡 政徳

[歴史] 1526年、ポルトガルのJ.メネセスがヨーロッパ人として初めてニューギニアに来島。ニューギニアの名称は、1545年にこの地を探検したスペインのO.レーテスが、アフリカのギニア海岸地方の人々と身体的特徴が酷似していると感じ、〈新しいギニア〉と呼んだことによる。首都ポートモレスビーの名も1873年に寄港したイギリス人船長の名にちなんだものである。

19世紀後半になって、ニューギニア島の西半分をオランダ(現在はインドネシア領のイリアン・ジャヤ)、北東部とビズマーク諸島やブーゲンビル島をドイツ、南部をイギリスがそれぞれ領有し、分割統治が始まった。1905年に英領はオーストラリア領パプアとなり、第1次世界大戦後、独領はオーストラリアの国際連盟委任統治領となった。第2次大戦終了後は委任統治領が国際連合信託統治領となり、引き続きオーストラリアの施政下にあった。51年に信託統治領とパプアを一体化した議会が設けられ、73年にはパプア・アンド・ニューギニアとして自治政府樹立。75年9月16日に

英連邦加盟の立憲君主国として独立し、翌10月に国連に加盟した。

[政治]　英国女王を国家元首とする立憲君主制で、国会は一院制（定数109、任期5年）。国会議員のうち20名は州選出議席、89名は一般代表議席。内閣に当たる国家行政評議会は、すべての大臣で構成され、首相が議長を務める。部族主義・地域主義が現在も強く残り、10を越える数の政党が議席を占める極端な多党制で、連立政権が常態化し、議会内での政党の離合集散により頻繁に政権が交代する。しかし、政党は部族や出身地によって形成されているため、政権交代があっても国家政策はほとんど変化しない。国会議員の入れ替わりも激しく、選挙のたびに現職の50〜60%が落選する。選挙戦が部族間の抗争に発展し、選挙期間中に多数の死傷者が出る。投票所の焼き討ち、投票箱の持ち去りにより、選挙が無効になることも珍しくない。2007年の選挙でも同様の混乱が発生し、ハイランド地区では20人を超える死者が出た。この選挙では、ソマレ首相率いる国民同盟党が27議席を獲得して第一党となり、ソマレが5度目の首相の座についた。同首相は建国の父と呼ばれ、独立時に初代首相を務め、08年には政治生活40周年を迎え、世界最長の国会議員在職者の1人となった。

全国は20州（19州と首都特別区）からなり、州の自治権が強い。1998年春の停戦以来、政府とブーゲンビル分離独立派との間で続けられていた和平交渉が2001年8月に決着した。ブーゲンビル島に国家並みの自治権が付与され、11年〜16年の間に住民投票で完全独立の是非を問うことが決まった。04年10月には政府と分離独立派が自治政府樹立に向けた憲法草案に合意し、05年の選挙で独立運動指導者のジョセフ・カブイが自治政府大統領に選出された。

対外関係では1992年に ʼウィンティ首相が、アジア諸国との関係を重視する〈ルック・ノース〉政策を展開、93年11月にはアジア太平洋経済協力会議（APEC）加盟も果たした。しかし、今日でも旧宗主国オーストラリアの関係および影響力がもっとも強い。

[社会]　太平洋島嶼諸国の中では最も治安が悪く、ʼラスカルと呼ばれる若者の集団路上強盗が大都市周辺とハイランド地方のハイウェイ沿いで頻発。ʼワントクと呼ばれる同部族・同郷出身者のつながりが強く、相互扶助とネポティズム（縁故主義）が政治・行政から社会の隅々まで浸透している。異なるワントク間で加害行為があると被害者側が報復するという〈ペイバック〉の慣習があり、それに対しては警察の取り締まりも緩やかである。こうした社会構造と治安レベルが外資導入・観光開発の障害となり、国家の発展の阻害要因になっている。

[経済]　太平洋島嶼諸国で唯一の資源大国であり、鉱山開発・油田開発・木材輸出の拡大で、1990年代前半には伝統的産品の銅・コプラ・コーヒー・ココアの4Cに加え、金・原油・木材が主要産品となった。90年代後半の経済は、97年以降不振をむかえるが、2000年代に入り輸出の好調により、03年以降実質GDPがプラス成長となり、08年の経済成長率は5.8%（世界銀行統計）を記録し、輸出額50.0億米ドルに対し、輸入額は26.4億米ドルと大幅な貿易黒字を計上している。近年の輸出品目とその輸出額に占める割合は、銅(30.1%)、金(26.5%)、原油(21.5%)、パームオイル(4.9%)、木材(4.1%)、石油精製品(3.6%)、コーヒー(2.9%)、ココア(1.9%)の順になっている(2007)。しかし、依然として大多数の国民は伝統的な生活を営んでおり、1人当たりGNI（国民総所得）は、1010米ドル(2008)にとどまっている。

[日本との関係]　日本はオーストラリアに次ぐ第2の輸出相手国で、対日輸出930億円、同輸入187億円(2008)と重要な経済関係にある。日本の援助は、2008年までの累計で、無償資金協力317.53億円、技術協力248.27億円、有償資金協力621.85億円に上り、太平洋島嶼国で最大の援助供与国となっている。05年のブーゲンビル自治選挙では、日本は選挙監視要員を派遣した。太平洋戦争の戦場であったため、ʼラバウルを中心に慰霊団が訪問している。成田―ポートモレスビー間で直行便が週1便運航されているが、観光客は多くない。

東　裕

パラオ共和国
Republic of Palau

正式名称＝パラオ共和国；ベラウ Republic of Palau；Belau　面積＝489km²（パラオ統計局）　人口（2005年統計）＝1万9907人　首都＝マルキョク（日本との時差＝0時間）　主要言語＝パラオ語，英語（ともに公用語）　通貨＝米ドル Dollar

西太平洋の▶カロリン諸島の西端，北緯2～9°，東経131～135°に位置する島々から成る島嶼国家。▶パラオ諸島および南西の離島から構成される。19世紀末以降，ドイツ，日本，アメリカによる統治を順次経て，1994年にアメリカとの▶自由連合協定のもとで独立した。2006年まで▶コロールが暫定首都であったが，同年▶マルキョクに新首都が置かれた。

【文化・歴史】　パラオ諸島への人の定住は約2000年前と推定される。ヨーロッパ人との接触以前，パラオ諸島全体を統括する政体は存在せず，政治的組織化の単位は村落であった。通常，村落は複数の集落から構成され，ひとつの集落には特定の親族集団と結びついた10の屋敷が配置されていた。これらの親族集団の長である酋長は，切り妻造りの集会所（ア・バイ）に序列に応じて着座し，話し合いによって集落の政治を運営した。母系的な親族集団は，女性成員の子孫を中心に，男性成員の子孫も加わって柔軟に形成される。称号や財産の継承にあたっては，後者よりも前者の発言権が強いが，出自に加えて個人の資質や親族集団への貢献度も大きく影響する。

1783年，イギリス東インド会社商船アンテロープ号がコロール近くに座礁，マスケット銃が持ち込まれると，▶ナマコや鼈甲の交易をしていた西洋人商人や▶ビーチコーマーも巻き込みながら，コロール側とマルキョク側の村落同盟間の戦争が激化していった。1883年には，イギリスの仲裁でコロールの酋長▶アイバドールとマルキョクの酋長▶アルクライとの間で和平協定が締結された。86年にはスペイン領，99年にはドイツ領となった。ドイツ統治初期には，ジャマイカ系のビーチコーマー，ギボンが統治を代行していたが，1905年にドイツ人行政官ビンクレールが赴任，椰子植林とコプラ生産の奨励，年齢集団の活動の禁止，巡警の任命など現地社会への積極的な介入を行った。またドイツ南洋燐鉱株式会社によるリン鉱採掘が▶アンガウル島で始まった。

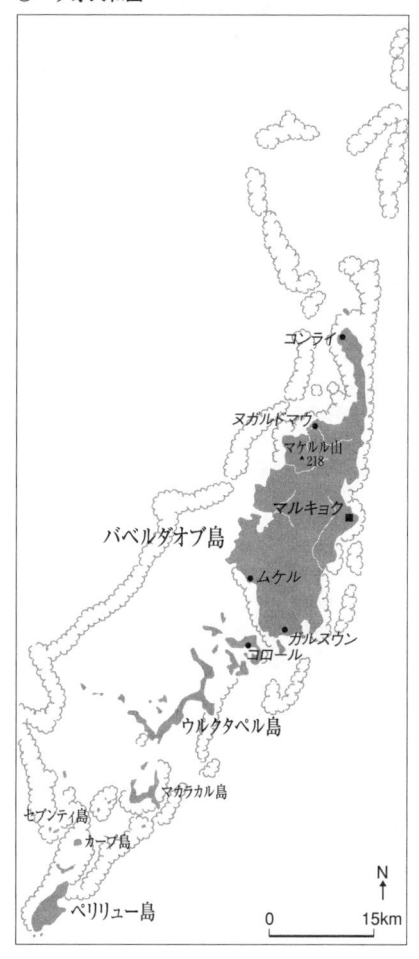

1914年には日本海軍がドイツ領ミクロネシアを占領，22年にはパラオのコロールに南洋庁が設置され，日本の委任統治の中心地となった。役所や官舎が建ち並ぶコロールは日本人移住者の都市として発達し，同時にカツオ漁や▶真珠貝採取，▶バベルダオブ島での農地開拓，アンガウル島でのリン鉱採掘などに従事する人々も流入した。日本人移住者数は35年に現地人を上回る6553人，39年には2万人

を超えた。現地社会の統治は，酋長の子弟から採用された巡警，酋長層から任命された村長を媒介に行われた。1926年にコロールに設立された木工徒弟養成所は，島民子弟の最高峰の学府と位置づけられ，南洋群島各地から生徒が集った。太平洋戦争末期の44年3月には米軍の空襲が始まり，同年7月にコロールは大規模な空襲を受け，同年9月に▸ペリリューとアンガウルに米軍が上陸した。

アメリカ統治下では民主政治が導入され，1960年代以降はコロールを中心にインフラ整備が進んだ。1974年，ミクロネシア議会においてパラオはミクロネシア連邦からの離脱を表明，アメリカの戦略構想で最重要拠点とされた利点を活かすべく，独自の政体交渉を行った。しかし，81年の自治政府樹立後，83年から90年までの間に合計7回実施された国民投票でアメリカとの自由連合協定は¾以上の賛成票が得られず，承認されなかった。当時の国際社会では，核兵器・核廃棄物の持ち込みを認めないパラオ憲法に注目が集まり，反米意識やナショナリズムとの関連が論じられたが，実際には1985年に初代大統領ハルオ・ルメリークが暗殺されるなど，国内政治の混迷が主な要因であった。結局，▸ナカムラ政権のもとで，国民投票の過半数で可決とする憲法改正が行われたことにより，協定は93年11月に承認，翌年パラオは独立国となった。2004年には，第9回▸太平洋芸術祭の地元開催を成功させるなど，国家としてのプレゼンスを国際社会に示す動きが顕在化している。

【政治・社会】 国政の最高責任者は4年ごとに選出される大統領。2008年の選挙では，大統領候補と副大統領候補がペアで本選に臨む選挙方式が初めて採用された。国政レベルで酋長は政治的実権をもたないが，各州を代表する酋長から構成される全国酋長評議会は，大統領の諮問機関として伝統的な法や慣習，それらと憲法や国家法との関係について助言を行う。重要な国家式典には大統領らとならんでアイバドールとアルクライが列席するなど，酋長の政治的権威は保持されている。立法府は二院制の議会から構成され，上院は議席配分是正委員会によって選挙区と議席が定められ，下院は各州から1人ずつ選出される代議員から構成される。任期はそれぞれ4年。

パラオ共和国は，伝統的村落の枠組みをおおむね引き継ぐ16の州から構成され，各州には独自の憲法が制定されている。地方政治における酋長の権限は一様ではなく，州議会のなかに選挙によらない議席を与えられている場合，州議会とは別の酋長会議を構成する場合などさまざまである。酋長が近代政治のなかに包摂されたために，州議会では酋長の正統性を巡って政治的対立が繰り広げられることもしばしばある。また，パラオ最高裁判所は，酋長として州政に参与しながら，国会議員になることはできないという見解を示している。

パラオ共和国の人口1万9907人のうち，パラオ国籍保持者は1万4438人で，その約75%がコロール州とアイライ州に集中している(2005)。フィリピン人をはじめとする東南アジア・東アジア出身の外国人労働者が4500人以上居住しており，安価な労働力として都市部でのサービス業や現地人家庭での家内労働に従事している。1990年代以降増加してきた外国人労働者と現地人との間には通婚関係もみられるが，労働条件の問題などで対立関係も懸念される。一方で，自由連合協定によって入国，就業，居住の自由が認められているアメリカとその海外領土には，6000人以上のパラオ国籍保持者が居住している。パラオ住民の大半はキリスト教徒で，カトリックが約9800人，プロテスタントが約4600人，セブンスデー・アドベンチストが約1000人である。また，新宗教▸モデクゲイの信者も約1700人存在する。

【経済】 パラオの国家財政は，諸外国からの援助によって命脈を保っている。2005年の国家歳入約8300万ドルの半分以上は，諸外国からの援助金で占められた。自由連合協定を結ぶアメリカのほか，旧宗主国である日本や1999年に国交を樹立した台湾からの技術協力や無償資金援助が顕著に認められる。なかでも，協定に基づくアメリカからの財政援助(コンパクト・マネー)は，協定期間の最初の15年にあたる1994年から2009年までの間に，総額約4億5000万米ドルが供与される。07年にはバベルダオブ島を周回する幹線道路，通称コンパクトロードが完成した。現在は10年以降の財政援助に向けてアメリカとの交渉が行われている。1人あたりのGDPは約7500米ドル(2000)と周辺諸国よりも高い。16歳以上の国籍保持者9748人に占める就労人口は5781人(2005)で，その約3割が政府関係に就業しており，公的部門への依存度が高い。基幹産業は漁業と観光業。2008年の観光客数は7万5829人。主な

出身国別にみると，日本が3万319人，韓国と台湾がそれぞれ約1万4000人，アメリカ合衆国本土およびカナダが約1万人である．

【日本との関係】 日本統治の中心地であったパラオでは，日本語教育をはじめ同化政策の浸透度が高かった．公学校教育に加えて，コロール公学校補習科在学中のパラオ人子弟は，放課後に日本人の家庭で練習生として家事手伝いを行った．現在でも流暢な日本語を話し，カタカナを書く年長者が存在し，パラオ語のなかには日本語の借用語も多く取り込まれている．また，統治政策として行われた内地観光への累計参加者数は〈南洋〉群島中最多で，参加者が帰村後に日本の町並みを再現したという口頭伝承も残っている．1960年代以降は，日本からの慰霊団，遺骨収集団が訪問を継続しており，コロールの日本人墓地のほか，日本軍玉砕の島であるペリリューやアンガウルでは慰霊祭が行われている．パラオ人と日本人との混血児は，パラオ・サクラ会を組織し，現地で慰霊団の受入体制を整えるとともに，慰霊碑建造の便宜を図ってきた．

自治政府樹立以来，日本はパラオへの援助や技術協力の実績がある．2002年には，総額約32億2000万円の無償資金協力によって，コロール島とバベルダオブ島を結ぶ全長432mの大橋梁が完成，日本－パラオ友好の橋と名付けられた．07年度のODA実績は，無償資金協力4億3600万円，技術協力3億2000万円．民間漁業協定が締結されているため，漁業分野での協力も盛んである．日本からの定期直行便はないが，日本航空が不定期に直行チャーター便を飛ばしている．不況などの影響で，一時期年間観光客数トップを台湾に譲ったが，08年には3万人を超える観光客を送り出している．在留邦人は320人（2007）． 〔飯高 伸五〕

フィジー諸島共和国
Fiji

正式名称=フィジー諸島共和国 The Republic of the Fiji Islands　面積=1万8333km²　人口(2007年フィジー政府統計局)=83万7271人　首都=スバ Suva(日本との時差=+3時間)　主要言語=英語,フィジー語,ヒンズー語　通貨=フィジー・ドル Fiji Dollar

南西太平洋の中央部,メラネシアの南東端に位置する国。330以上の島々からなり,総面積は四国より少し大きい。

[自然]　主要な島は火山島で,首都スバのあるビティレブ島(1万429km²)とバヌアレブ島(5556km²)だけで国土の総面積の87.2%を占める。この2島の中央部には標高1000m前後の山々がそびえ,南東貿易風の影響により山地の東側から南側は降水量が多く熱帯性の森林地帯で,西側から北側の降水量が少ない草原と疎林の多い地帯ではサトウキビが栽培されている。多数を占める小さな環礁島は,海抜数mの平坦な地形で,気候変動による海面上昇による海岸部の浸食などの影響が一部で報告されている。気候は一般に熱帯性海洋気候で,南東貿易風の風上に当たる山地の東側から南側はとくに多湿である。比較的高温でハリケーンの発生しやすい雨季(12〜4月)と,比較的涼しい乾季(5〜11月)に分かれるが,気温は年間を通じて25℃前後で,20℃を下回ったり,30℃を越えたりすることは少ない。

[住民]　土着の住民であるフィジー人は,ソロモン諸島やニューギニアなどのメラネシアの住民と形質上の類似性を有するが,ポリネシア人(おもにトンガ人)との混血の影響も強く,他のメラネシア地域の住民よりも立派な体格をもち,とくにトンガに近いフィジー諸島東部のラウ諸島方面の出身者にその特徴が著しい。イギリス植民地時代の1879年に最初のインド人契約労働者498人がフィジーに入り,その後1916年まで毎年約2000人のインド人が来島した。サトウキビ栽培のための労働者として5年間の年季契約であったが,契約終了後もフィジー定住を選択した者が大多数を占め,新たに移民してくる者も加わって1881年にはフィジー系11万5000人(91%),インド系1000人(3%)であったが,最初のクーデタの発生する前年の1986年にはフィジー人32万9000人(46.0%)に対し,インド人34万9000人(48.7%)となっていた。クーデタ後はインド人の海外移住が顕著になり,今日ではフィジー系47万5739人(56.82%),インド系31万3798人(37.48%)と人口比が再逆転している(07年フィジー政府人口統計)。

宗教では,フィジー人はキリスト教徒,インド人はヒンドゥー教徒が多いが,一部にイスラム教徒もいる。その他にもヨーロッパ系,中国系などの国民が4万7734人(5.7%)居住し,複合民族社会を形成している。

[歴史]　約8000年前,メラネシア系パプア人が初めて住みついたと考えられている。ビティレブ島で発掘された最古の土器類は,紀元前13世紀初めごろのものと推定されている。その後,トンガ人が移住し,ポリネシア文化の影響を強く受けた。1643年ヨーロッパ人として初めてオランダのタスマンが諸島の一部を発見し,1774年にはJ.クックが諸島を望見した。19世紀に入ると,ヨーロッパ商人によってサンダルウッド(白檀)の商品価値が注目された。当時,ザコンバウ王がフィジーの大半を支配していたが,部族抗争が絶えまなく,1874年にイギリスに領土を割譲し,翌年,イギリスは初代総督としてゴードン卿を派遣した。総督はサトウキビのプランテーション化を図り,79年から1916年までインドから契約労働者を入植させ,今日にいたる砂糖生産の基礎を築いた。1970年10月10日に英連邦加盟の立憲君主国として独立した。

独立以来,フィジー系の政党が政権を担当してきたが,87年4月の総選挙で,インド系の政権が誕生する結果となり,これに危機感を抱いたフィジー系のランブカ中佐が5月と9月にクーデタを起こして先住民系政権を樹立,87年末には,英連邦から離脱し,共和制に移行し,〈フィジー共和国〉となった。

90年には新憲法を制定したが,フィジー系に下院議席の過半数が配分され,フィジー系であることが首相の要件とされるなど,フィジー系の政治支配の恒久化が図られた。そのため,クーデタ以後増加したインド系の海外移住が加速し,移住者数は95年の半ばまでに総人口の10%近い約7万人に達した。また,国際社会からはく人種差別憲法への非難が高まり,92年6月以来政権を担当したランブカ首相の下で憲法改正作業が進み,97年7月に新憲法が成立した。注目の下院議席は,71議席中25議席が人種制限のない議席となり,残された人種別議席のうちフィジー系とインド系

は，それぞれ23議席と19議席となり，首相の人種要件も削除された．新憲法の成立を国際社会も歓迎し，97年9月に英連邦に復帰した．98年7月の新憲法の施行とともに国名が〈フィジー諸島共和国〉に変わった．

［政治］　1999年5月の総選挙で，労働党が過半数の議席を獲得し，インド系のチョードリー首相が誕生し，〈複数政党内閣 Multi-Party Cabinet〉が形成された．しかし，同政権誕生から1年目の2000年5月，同政権に反対する大規模なフィジー系住民によるデモが首都スバで行われ，そのさなかにフィジー系のジョージ・スペイト率いる武装集団が国会に乱入，首相や閣僚らを人質に取り，フィジー系の権利を強く保障する憲法の制定などを要求して国会を占拠する〈文民クーデタ〉が発生した．チョードリー政権は追放され，7月にはフィジー系のガラセを首班とする暫定文民政権が成立した．ところが，翌01年3月に憲法破棄は違憲とする控訴裁判所の判決を受け，ガラセ内閣は選挙管理内閣に変更された．8～9月に下院議員の総選挙が実施され，統一フィジー党（SDL）が過半数の議席を獲得し，党首のガラセが首相となって組閣を行った．しかし，同首相は，27議席を獲得した労働党に入閣を要請しなかったため，憲法の〈複数政党内閣〉条項に違反するとしてチョードリーが提訴した．03年7月，最高裁はガラセ首相の組閣は憲法違反として組閣のやり直しを命じたが，実行されないまま，06年5月に任期を前倒しする形で総選挙が実施され，SDLが過半数の議席を獲得し，再びガラセ政権が誕生した．

ガラセ政権は，民族主義的政策を推進する一方，2000年のクーデタに関与した者の恩赦を認める〈和解法案〉を国会に提出したことから，フィジー系のバイニマラマ国軍司令官は，06年12月5日，ガラセ政権下の腐敗を一掃する〈浄化作戦 clean-up campaign〉と呼ぶ軍事クーデタを実行し，ガラセ首相を追放し，自ら国家元首代行となった．その後，07年1月4日にはその地位を退き，イロイロ大統領（2001年就任）が復帰し，バイニマラマ国軍司令官は暫定政権首相に任命され，暫定政権が組織された．この事態に対して国際社会から非難の声が上がり，豪州やNZなどの数ヵ国は制裁措置をとり，英連邦はフィジーの資格を停止した．一方，国内においては国会議員や公務員の汚職追放への期待が強く，暫定政権を支持する声が多数を占めた．

●フィジー諸島共和国

バイニマラマ暫定政権首相は，当初09年3月までに総選挙を実施して民主政に復帰する意思を明らかにしていたが，フィジーの真の民主化のために選挙制度改革を初めとする諸改革の必要性を訴える〈人民憲章 People's Charter〉を作成し，これに基づく改革を先行させる意向を示した．また，ガラセ前首相が提起した軍事クーデタ後の国会解散などを違憲・違法とする訴訟の控訴裁判決が09年4月9日にあり，暫定政権下の諸行為が違憲・違法と判断されたことを受け，翌10日にイロイロ大統領は憲法を破棄し，自らを国家元首とする新体制の成立を宣言，あらためてバイニマラマ国軍司令官を首相に任命し，新政権を組織した．バイニマラマ首相は，人民憲章に示された方向で憲法を改正し，遅くとも14年9月までに選挙を実施し，民主政に移行することを明らかにした．これに対し，国際社会は一層反発を強め，5月1日には"太平洋諸島フォーラム（PIF）はフィジーの参加資格を停止した．

こうして，南太平洋ではパプアニューギニアと並ぶ大国で，欧米先進国と島嶼諸国間の交渉ではつねにリーダー的役割を果たしてきたフィジーであるが，国際社会，とりわけ近隣のオーストラリア・ニュージーランドとの関係悪化が深刻化する一方，内政不干渉の立場で接近する中国との関係が強化されている．

［経済］　フィジーは南太平洋の島嶼国では最

も開発が進んでいる。06年の1人当りGNI(国民総所得)は3720ドル。主要産業は,砂糖産業・縫製・観光業。2000年5月以後の政情不安はフィジー経済に大きな打撃を与えた。観光業は急激に落ち込み,サトウキビも大幅に減産し,イギリス・オーストラリアなどの制裁措置により縫製業などの輸出にも大きな影響が出たが,01年以降,徐々に回復した。現在,砂糖産業については,フィジー系が所有し,インド系が耕作するサトウキビ農地の賃貸借契約の更新拒否の問題やEUへの輸出の特恵関税の廃止などの問題に直面している。縫製業も,2004年にアメリカへの輸出割り当てが失効し,厳しい状況にある。一方,観光業は03年に43万人であった訪問者数が,04年に50万人台に乗り,06年には過去最高の54万8589人を記録した。06年12月のクーデタの影響により翌07年は53万9881人と若干の落ち込みを見せたが,08年には58万5031人と記録を更新した。

[日本との関係] かつては太平洋島嶼諸国で唯一日本から直行便(成田・名古屋・関西)で結ばれていたが,2009年3月末に最後に残っていた成田－ナンディ間のエア・パシフィックの直行便が廃止された。政府開発援助(ODA)については,日本は02年・03年は第1位,04年・05年・06年には第2位の援助供与国となっている。07年度までの累計は,無償資金協力が148億2700万円,技術協力が271億300万円,有償資金協力が22億8700万円。07年の対日輸出は53億5400万円,同輸入は47億4000万円。

東 裕

フランス領ポリネシア
Polynésie française

面積＝約4000km² 人口（2009年CIA推計）＝28万7032人 首都＝タヒチ島パペーテ（日本との時差＝－20時間） 主要言語＝フランス語, ポリネシア語 通貨＝CFPフラン

●フランス領ポリネシア

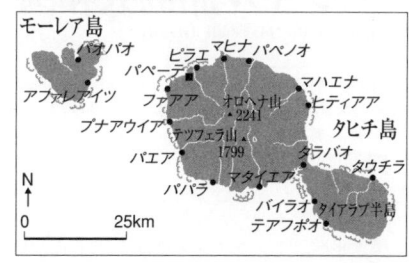

南太平洋，ポリネシアにあるフランスの海外国。ソシエテ，トゥアモトゥ，マルキーズ，オーストラル，マンガレバなどの各諸島，約130の島々からなる。陸地面積約4000Km²であるが，領域面積は約250万km²に及ぶ。住民はポリネシア系が78%，中国系12%，フランス系10%で，人口の約70%がタヒチに集中する。

[歴史, 政治] フランス領ポリネシアの近代以前の歴史は明らかではない。1521年にマゼランが世界一周の途中，トゥアモトゥ諸島を望見したとされている。その後，メンダーニャ，クックらの航海者が訪れるようになり，19世紀にはイギリスとフランスが対峙したが，1847年にフランスが保護領とした。フランス海外領（1946-2004）であったが，2004年2月から〈海外国〉となり，自治権が拡大された。

ムルロア環礁での核爆発実験設備建設工事の開始された1963年以降，独立運動に対する弾圧，規制が厳しくなると同時に，独立派と内政自治派の政党間での対立も激化した。仏領ポリネシアには領域議会（定数57，任期5年）と本国任命の高等弁務官と議会選出メンバーで構成される行政評議会があり，軍事，外交，通貨，司法を除く分野で自治を行っている。92年4月にミッテラン仏大統領は核実験モラトリアムを発表し，ムルロア，ファンガタウファ両環礁での核実験を停止したが，95年9月にシラク仏大統領は，包括的核実験禁止条約（CTBT）の調印前に通算135回目の核実験を強行した。これに対して仏領ポリネシアでは激しい抗議行動が展開され，空港や商店の焼討ちをするなどの暴動に発展した。フランスは実験を予定より1回減らしたものの，翌96年1月まで計6回の核実験を行った。

98年にニューカレドニアでヌーメア憲章が合意されたことを受けて，99年にフランス政府は，仏領ポリネシアに対しても内政に関する大幅な権限委譲を認め，その政治的地位を変更する方針を打ち出した。そして，2004年2月，仏領ポリネシアは〈海外領土〉から〈海外国〉に変わり，領域議会の議席数も49議席から57議席に増加した。議会内では独立推進派と親仏派の政権抗争が絶えず，政党間の合従連衡により政権が目まぐるしく交替する状況が続いている。 大沼久夫＋東裕

[経済] 1962年にフランスの軍事基地が置かれるようになってから，農業経済から基地と観光業に依存する経済に移行した。2005年のGDP構成比では第3次産業76.1%，第2次産業20.4%，第1次産業（農業）3.5%となっている。主な産業は，観光業と黒真珠の養殖である。産業別就業人口では，農業13%，工業19%，サービス業68%（2002）で，1人あたりGDP（2004）は，1万8000ドルと高い水準にある。核実験の停止後，軍関係の需要が激減した領域政府は，さらなる経済援助をフランス側に要求，フランスは核実験終了後の96年7月には今後10年間，毎年2億ドルの援助を行うことを約束した。 小川和美＋東裕

[日本との関係] 1995-96年の核実験再開の際には日本人観光客が激減し，90年代に入って始まった直行便も一時休止する事態となったが，その後は順調に観光客も増加している。フランス領ポリネシアはフランスの海外国であるため政府間関係はない。 小川和美

マーシャル諸島共和国
Republic of the Marshall Islands

正式名称＝マーシャル諸島共和国 Republic of the Marshall Islands　面積＝180km²　人口（2006年,世界銀行）＝5万6000人　首都＝マジュロ Majuro（日本との時差＝＋3時間）　主要言語＝英語,マーシャル語　通貨＝米ドル Dollar

中部太平洋，ミクロネシア東部の独立国。太平洋に浮かぶ〈真珠の首飾り〉とも称される。第2次世界大戦後，米国国連信託統治下におかれたが，1979年に自治政府を樹立し，86年に独立した太平洋島嶼国。

［住民・言語］住民はミクロネシア人で，住民はマーシャル語を話すが，英語も広く通用する。とりわけ政府機関などの公式書類は英語である。また，70代以上の年配者の中には日本語を話せる者もいる。

1857年にエボン環礁に最初の宣教師が上陸して以来，国民のほとんどがキリスト教徒。大部分はプロテスタントであるが，アセンブリー・オブ・ゴッドやカトリック，セブンスデー・アドベンチストなどもいる。

［歴史］マーシャル諸島は，1528年にスペイン人アルバロ・デ・サーベドラにより発見された。諸島名は，1788年に近くを通過したイギリス人船長の名にちなんでいる。スペインにより領土化が宣言されたが，実質的な統治は行われず，1885年にドイツの保護領となってから，環礁島でのココヤシ栽培，コプラ生産などの産業開発が進められた。

第1次大戦勃発と同時に日本がマーシャル諸島を含むドイツ領ミクロネシアを占領し，1919年には日本の国際連盟委任統治領となった。第2次大戦における日本の敗戦にともないアメリカがミクロネシアを占領し，47年にはアメリカの国連信託統治領となった。信託統治領はマーシャル諸島を含む7地区で構成されていたが，マーシャル諸島は将来の政体交渉で他地区とは分離独立してアメリカと〈自由連合協定〉を結ぶこととし，独自の憲法を制定，79年5月に自治政府を樹立した。86年10月21日，アメリカとの自由連合に移行し，信託統治を終了，独立した。88年12月には日本と外交関係を樹立した。

1979年に大統領に就任したカブアは伝統的首長家系の出身で，近代行政機構と伝統的支配体制の双方の頂点に立つ人物であったため，その卓越したリーダーシップの下で，国内政治は安定していた。しかし，96年に病死したカブア大統領の後は，いとこのイマタ・カブアが大統領に選出された。イマタ・カブアもまた伝統的な首長家系にあって選挙にも強かったが，アマタ・カブア前大統領ほどのカリスマ性もなく，若い新興勢力の台頭の中で，政権の混乱がみられるようになった。その後，マジュロ環礁内にカジノを建設することをめぐって，大統領と国会議員長のケサイ・ノートとの間で対立。1999年の総選挙で，ケサイ・ノート率いる統一民主党（UDP）が勝利し，同議長が第3代大統領に選出された。

ケサイ・ノートは米国との間で交渉を進め，自由連合協定を改定し，20年にわたる経済支援を確保することに成功した一方で，前政権までの政権のもと公共事業中心に膨れ上がった財政を健全化するため，厳しい財政緊縮政策を断行した。その結果，国会予算に基づく公共事業や政府資金で潤っていた民間企業を直撃し，大手企業の規模縮小など，経済の停滞を招き，景気後退を余儀なくされた。またクワジャリン環礁の土地を米軍基地に貸与している伝統的首長層との間で借料代をめぐる対立が続いた。その結果，2007年にUDPの主要メンバーであったリトクワ・トメイン国会議長率いるグループがUDPから離脱し，中立派を結成。総選挙後にく我が祖国党〉（AKA）と連立政権を組んで，08年1月にトメインが第4代大統領となった。

トメイン大統領は，当初，クワジャリン米軍基地借料代をめぐって米国との関係を悪化させたものの，自由連合協定に基づく経済支援が制限される中で政策を変更し，米国との交渉を重視するようになった。この結果，与党AKA議員が内閣不信任案を提出することをきっかけに，09年4月，トメイン大統領は内閣改造を実施し，自らを首班とするトメイン派グループとUDPとからなる連立政権を新たに結成した。

［政治］議会は，ニティジェラ Nitijera と呼ばれる一院制。議員定数は33名で，24選挙区（1人区～5人区）から完全連記制により選出される。任期は5年。政党は，平民層を中心に米国との関係を重視するUDP，伝統的首長階級を中心とした〈我が祖国党〉，および中立派に分かれるが，厳格な区別はない。また，伝統的首長で構成されるイロイジ議会が設けら

れており，立法権はないが，内閣に対していかなる問題についても意見表明ができるとともに，慣習ならびに土地所有権に関する法案の再審議を議会に求めることができる。

行政は，ニティジェラで大統領が選出され，大統領が議員の中から閣僚を指名する議院内閣制。大統領の任期は4年で，憲法に多選禁止規定がない。現在の大統領は2008年1月に就任したリトクワ・トメイン。行政府は10省からなる。司法機関として最高裁判所，高等裁判所，伝統権利裁判所，そのほか下級裁判所がある。

外交面では，米国との自由連合協定により，国防・安全保障の権限責任は米国に委ねられている。クワジャリン米軍ミサイル試射基地は弾道ミサイル迎撃実験などに利用されている。2001年自由連合協定が終了，2年の猶予期間の後，03年5月に改訂自由連合協定が両国間で調印された。新協定による米国の財政援助は今後20年間で約8億ドルになるが，ここから毎年一部を信託基金として積み立て，将来の財政基盤の安定化に備える。そのほかに，クワジャリン環礁の米軍基地借地料として23億ドルが地主らに支払われる。

近隣諸国との関係重視を進めているが，とくにミクロネシア連邦やパラオとの間で，毎年ミクロネシア三国共同サミットを開催している。また太平洋島嶼国を中心に構成されている太平洋諸島フォーラム(PIF)にも参加している。また独立当初は台湾と外交関係を結んでいたが，1990年に国連加盟との関係で中国と外交関係を樹立。その後98年に再び台湾と正式に外交関係を結んでいる。

[経済] マーシャル諸島は，国土の狭小性，遠隔性，あるいは環礁としての単純地形などの諸条件から，産業開発のインフラ整備ができにくく，国内の経済開発の潜在力はきわめて小さい。ドイツ時代に植えられたココヤシ

●マーシャル諸島共和国

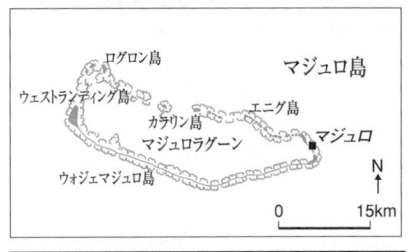

からのコプラ生産が最大の輸出産品になっている。また広範囲な海域を生かした漁業を国家の基幹産業へと育成したいと考えているが，現在の国家運営は他のミクロネシアの国々と同様，米国からの拠出金に依存している。その拠出金は自由連合協定に基づくもの，クワジャリン米軍基地の借地料収入以外にも，▶ビキニ環礁，▶エニウェトク環礁住民に対しての被曝補償基金，さらに米軍基地での労働雇用の恩恵などがあり，1人あたりの国内総生産は3295米ドル(2006)と比較的高い。

[日本との関係] マーシャル諸島の人々は，一般的に日本および日本人に親近感をもっており，また日本の経済協力および日本との漁業関係もあり，友好関係は深まっている。歴史を遡れば，明治時代以前から日本の漁師が細工用の具を求めてマーシャル諸島方面を訪問していたことが知られている。1914年に第1次世界大戦が勃発すると同時に日本軍がミクロネシアを無血占領し，20年から国際連盟委任統治領として，第2次世界大戦まで統治した。大戦後は遺骨収集団や慰霊巡拝など民間の交流が中心に行われてきたが，88年12月の正式な外交関係を樹立，91年12月に在京マーシャル大使館，97年に在マーシャル日本大使館が開設された。

黒崎 岳大

ミクロネシア連邦
Federated States of Micronesia

正式名称=ミクロネシア連邦 Federated States of Micronesia　面積=702km²　人口=(2007, ミクロネシア連邦)10万7665人　首都=パリキール Palikir (日本との時差=+2時間)　主要言語=ミクロネシア諸語, 英語　通貨=ドル Dollar

中部太平洋，ミクロネシア西部に位置し，アメリカの国連信託統治下から1986年11月3日に独立した連邦国家。カロリン諸島の600以上もの島々を有し，ポンペイ，ヤップ，チューク，コスラエの4州から成る。主な住民はミクロネシア人だが，広い地域に散在する島々には独自の言語や文化が形成されているため，異島間のコミュニケーションには英語を共通語として使用する。

[住民・歴史]　マゼランが1521年にグアム島に寄港し，マリアナ諸島の発見を報告して以降，29年のポンペイをはじめ，その他の島々の存在が次々と報告されていった。グアムはガレオン船のマニラ・メキシコ間の中継地やカトリックの最初の布教地となった。これによって，鉄製品，布，衣服が島の住民に取り入れられ，18世紀にはグアムとヤップやチュークなどの島嶼間で交易も開始され，やがて酋長や王の覇権争いの元にもなり，従来の社会秩序が混乱した。スペインやアメリカは，この状態を打開するためにいっそうキリスト教の教化に努めた。

島々でキリスト教への改宗が進み，社会も安定し始めると，1860年代から欧米の商社が積極的にコプラ貿易に乗り出した。こうした動きを警戒したスペインは，1874年にカロリン諸島の領有を宣言した。98年，米西戦争に敗れたスペインは財政難に陥り，マリアナ，カロリン，マーシャル諸島らをドイツに売却。ドイツはコプラを主とした農業促進，ボーキサイトやリン鉱山などの鉱業開発，布教の継続やドイツ語教育にも取り組んだ。

1914年に第1次世界大戦が勃発すると，南進政策をはかっていた日本はドイツ領ミクロネシアを無血占領。20年に発足した国際連盟は，日本の委任統治を認めた。これにより敗戦の45年まで，南洋群島という名でこの地を統治した。1940年頃には域内人口5万1000人に対して，約8万4000人の日本人がミクロネシアに居住していた。終戦時はアメリカ軍が占領し，約9万人の日本兵と数万人の民間人全てが日本に送還された。47年には，国連信託統治領としてアメリカの統治下に入ったが，日本人が去った後の島々では，公的機関からの賃金だけが地域の収入となったため，住民の生活は援助物資と自給的な農漁業に依存することとなった。

1965年，アメリカはミクロネシア人による〈ミクロネシア議会〉を発足させ，信託統治終了後の政治地位を検討させた。その結果域内はマリアナ，パラオ，マーシャル，そしてその他の島々に4分裂した。79年5月，その他の島々はポンペイ，ヤップ，チューク，コスラエの4州で構成する自治政府を発足させ，86年にアメリカと自由連合協定を結んでミクロネシア連邦として独立した。

[政治]　ミクロネシア連邦は，信託統治領下で使用されていたドルを国の通貨とし，自由連合協定の下で軍事・防衛権限をアメリカに委ねている。一方で，独立国としての内政や外交は，正副大統領ならびに大統領が議会の承認を得て国会外から指名した閣僚が行う。国会は一院制で，各州1名ずつの4年任期議員と州の人口比(チューク5，ポンペイ3，ヤップ1，コスラエ1)で選出される2年任期議員を合わせて14名から成る。政党はない。正副大統領は4年任期議員の中から国会で選出され，欠員となった州は補欠選挙により補充する。大統領の任期は4年で，最長2期まで。司法機関は最高裁判所と下級裁判所に分かれる。

首都はポンペイ州パリキール。中央政府は，諸外国との外交および各州間の調整にあたる。また，州ごとに社会構造や言語・習慣が異なるため，アメリカの行政を模倣して直接選挙で選ばれた各州の知事が地方自治を行っている。島によっては伝統的な長老の権威が色濃く残存しており，連邦制をとることでそれぞれの民族の独自性が保護されている。ただ，その伝統性が国の近代化や経済発展の障害になることもあり，一国家としての意識形成に時間を要している。

[経済]　2007年のGDPは2億3200万ドル。総人口が10万7665であるため，1人あたりのGDPは約2300ドル。同年におけるアメリカからの財政援助額は8170万ドルで，その他の諸外国からの援助総額は1530万ドル。1400万ドルの輸出に対して1億3300万ドルの輸入という大幅な入超だが，その差額は諸外国からの援助

や海外に住む家族などからの送金で賄われている。主な輸出品は魚, ▶カバ, ビンロウジだが, 輸出相手国はアメリカと日本で全体の約半分を占める。主な輸入品は食料品と車両などの工業・機械類で, 輸入相手国としてはアメリカが全体の半分, 日本は1割強を占める。

歳入は半分以上が財政支援金で, その他は入漁料, 政府公共事業, 援助, 国内税収である。歳出の多くが公務員の賃金で消える。公務員の給与額は民間で働く場合と比べて約2.5倍。対外債務は約6000万ドル。以上の統計数字は, この国の経済が依然として公的経済依存の構造であることを物語っている。

信託統治領時代にアメリカがミクロネシアへ拠出した総額は30年間で約15億ドル。1986年の独立直後の財政援助協定では, 2001年までの15年間で経済自立を果たすことを目標に国家建設に取り組むこととし, 年間7000～8000万ドルの国家運営費がアメリカから支払われた。しかし, 15年後の経済構造は, 独立直後と比べてほとんど変わらなかった。それは, めぼしい資源もなく, 極小島嶼が広域に散在するといった不利な条件が, この国の産業開発を阻んだからである。

そのため, 同連邦とアメリカが再協議し, 04年に第2次財政援助協定を結んだ。それによると, アメリカは年間9270万ドルを20年間にわたり供与する。ただし, 第3次財政援助協定は想定せず, 援助を一般財政費, 信託基金積立, 会計監査費に分け, 20年後に予想される財政不足については, 積み立てた信託基金の運用益で賄うよう計画された。

[社会・文化・宗教] 2000年の政府人口統計によると, チューク州5万3595人, ポンペイ州3万4486人, ヤップ州1万1241人, コスラエ州, 686人。それぞれが州憲法をもち, 財政管理も行っている。宗教は, 16世紀から布教が始まったためほぼ全ての国民がキリスト教徒であり, カトリックとプロテスタントが半数ずつとなっている。

ポンペイ島のシャカオの儀式, ヤップ島の▶石貨, コスラエのレロの遺跡など, この国には興味深い文化伝統が多い。また, 約30年間続いた日本統治の歴史もこの地域にさまざまな文化的影響を残した。なかでも顕著なのは日本語で, 日本語を話す世代は70歳以上に限られるためほとんど消えかかっているが, 現地語の中にベントウ, ウンドウカイ, カッ

●ミクロネシア連邦

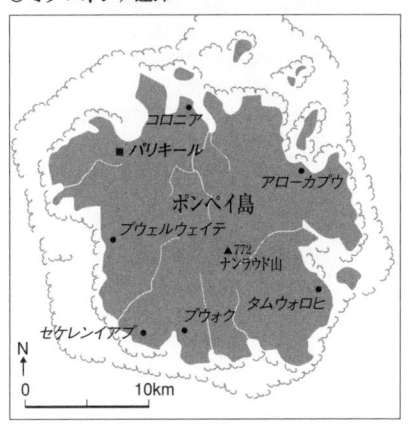

ソウロ, シュウカンなど多数の単語が残っている。また, 海苔巻き, 刺身, パパイヤの漬け物など, 現地の料理となった日本文化もみられる。日本人の血を少しでも引く者は全人口の約2割を占めるため, 日本風の姓・名も少なくない。ただし, ヤップを除いた島々の大半が母系制社会であったため, 彼らが日系人社会を形成することはなく, 現地に同化している。今では違う国になったパラオやマーシャルも, これとほぼ同様な状況下にある。このようにこの国の人々は, 共通の歴史や▶ミクロネシア人としての基本特性を共有している。

しかし, 4つの州(諸島)はそれぞれ独特の文化的特徴を有しており, 一つの国家としての共通文化やナショナリズムが形成されていない。各州の伝統性を重んじた国家建設を連邦国家の理念としてきたとはいえ, 実際には, 国内産業が育っていないために州間の人口移動がほとんどないこと, アメリカからの財政援助金が中央政府を経由せず直接各州に分配されることなどが主たる原因だと思われる。一方, 自由連合協定下においてアメリカへの出入が自由なため, 留学, 出稼ぎ, 移住を目的に流出する人口は多く, グアム7000人, 北マリアナ諸島3000人を含めた合計1万5000人のミクロネシア人がアメリカに居住している。このような人口流出は, よりよい就労機会の追求や祖国への送金を可能とするが, 長期的には良質な人材が国内に残らないという国家の重要な問題に繋がっている。

[日本との関係] ミクロネシア連邦は，自治政府時代の1984年に東京に政府事務所を開設し，独立後の89年には大使館に昇格させるなど，日本との関係を重視している。日本も95年からポンペイに公館を開設して臨時代理大使を送っていたが，08年には太平洋島嶼地域では3つ目となる大使が常駐する大使館を設置した。カツオ・マグロの好漁場，歴史的関係などから，日本も国家開発への積極的な協力姿勢を示し続けてきた。現在，日本のODAによる首都ポンペイの空港滑走路延長工事が11年春の完成を目指して進められている。これが完了すれば日本からの直行便就航が可能となり，日本とミクロネシア連邦のさらなる接近が期待されている。08年8月時点，日本が供与した援助の累計額は218.5億円。　長戸 結未

資料編

各国便覧
オセアニア略年表
文献案内
在日外国公館/在外日本公館
オセアニア関連のURLリスト
世界遺産［オセアニア］

各国便覧

対日貿易は《日本貿易会, 2009》，その他はIMF《Direction of Trade Statistics Yearbook 2009》および各国政府機関の資料を基に作成．

	オーストラリア	キリバス	サモア	ソロモン諸島	ツバル	トンガ
独立年	1901 (連邦発足)	1979	1962	1978	1978	1970
首都	キャンベラ	タラワ	アピア	ホニアラ	フナフティ	ヌクアロファ
面積(km²)	769万2024	726	2831	2万8896	26	747
人口	2137万(2008)	10万(08)	18万(08)	51万(08)	1万2373(09推定)	10万(08)
主要言語	英語	キリバス語, 英語	サモア語, 英語	ピジン語, 英語	ツバル語, 英語	トンガ語, 英語
通貨	オーストラリア・ドル	オーストラリア・ドル	タラ	ソロモン諸島ドル	オーストラリア・ドル	パアンガ
対ドル・レート(1米ドルあたりの各国通貨為替相場, 2010年1月6日付)	1.09	1.09	2.47	7.85	1.09	1.89
GDP(2006, ドル)	7786億100万	7500万	4億3500万	4億1600万	2600万	2億3200万
1人あたりGDP(2006, ドル)	3万7924	801	2348	860	2441	2328
貿易収支(輸出, ドル)	1869億6500万(08)	1166万豪ドル(07)	1100万(08)	1億2000万(06)	11万豪ドル(08)	900万(08)
貿易収支(輸入, ドル)	1911億5800万(08)	8363万豪ドル(07)	2億4900万(08)	2億1000万(06)	1838万豪ドル(08)	1億5000万(08)
主要貿易相手国(輸出)	日本, 中国, 韓国	アメリカ, オーストラリア, デンマーク	米領サモア, オーストラリア, ニュージーランド	中国, 韓国, タイ	フィジー, ニュージーランド	日本, アメリカ, ニュージーランド, フィジー
主要貿易相手国(輸入)	中国, アメリカ, 日本	オーストラリア, フィジー, 日本	ニュージーランド, オーストラリア, アメリカ	オーストラリア, シンガポール	フィジー, オーストラリア, ニュージーランド, 中国	ニュージーランド, オーストラリア, フィジー, アメリカ, 日本
対日貿易(2008, 輸出, 円)	4兆9216億	1.6億	1.0億	12.4億	78万	2.2億
対日貿易(2008, 輸入, 円)	1兆7933億	5.5億	11.8億	10.6億	35.0億	3.2億
対日主要輸出品	石炭, 鉄鉱石, 天然ガス	コプラ製品, 鑑賞用魚, 海草	コプラ製品, ノニ製品, ビール, ココナッツクリーム	魚介類, 木材, 魚類, ココア	魚介類	カボチャ, 魚類, バニラ
平均寿命2005-10, 男/女, 歳	79/84	64/70	69/75	63/65	64/68	72/74
出生率(%)	13.5(07)	30.2(09)	28.0(09)	27.7(09)	23.1(09)	19.8(09)
乳児死亡率(%)	4.1(07)	43.5(09)	24.2(09)	19.0(09)	18.4(09)	11.6(09)
識字率(%, 15歳以上)	99(09)	90(05)	99(07)	54.1(07)	98(09)	99.2(09)
初等教育	6または7年	7年	8年	6年	8年	6年

	ナウル共和国	ニュージーランド	バヌアツ	パプアニューギニア	パラオ共和国	フィジー	マーシャル諸島共和国	ミクロネシア連邦
独立年	1968	1907 (自治領発足)	1980	1975	1994	1970	1986 (自由連合発足)	1986 (自由連合発足)
首都	ヤレン	ウェリントン	ポートビラ	ポートモレスビー	マルキョク	スバ	マジュロ	パリキール
面積(km²)	21	27万5534	1万2189	46万2840	459	1万8274	181	702
人口	1万4019(09推定)	427万(08)	23万(08)	645万(08)	2万(08)	84万(08)	6万(08)	11万(08)
主要言語	ナウル語,英語	マオリ語,英語	ビスラマ語,英語,フランス語	ピジン語,モトゥ語,英語	パラオ語,英語	フィジー語,ヒンディー語,英語	マーシャル語,英語	ミクロネシア諸語,英語
通貨	オーストラリア・ドル	ニュージーランド・ドル	バツ	キナ	米ドル	フィジー・ドル	米ドル	米ドル
対ドルレート(1米ドルあたりの各国通貨為替相場,2010年1月6日付)	1.09	1.36	97.02	2.72	—	1.92	—	—
GDP(2006,ドル)	5500万	1059億8600万	3億6100万	61億3600万	1億6600万	31億300万	1億2800万	2億4500万
1人あたりGDP(2006,ドル)	5474	2万5603	1635	989	7698	3724	2204	2212
貿易収支(輸出,ドル)	495万(05)	305億8200万(08)	3500万(08)	57億(08)	1370万(05)	9億800万(08)	912万(00)	1298万(06)
貿易収支(輸入,ドル)	3368万(05)	343億7400万(08)	2億6500万(08)	31億6700万(08)	1億8670万(08)	22億4600万(08)	6849万(00)	1億3799万(06)
主要貿易相手国(輸出)	カナダ,韓国	オーストラリア,アメリカ,中国	インド,タイ,韓国	オーストラリア,日本,中国,ドイツ	アメリカ,日本,シンガポール	オーストラリア,アメリカ,イギリス,シンガポール,ニュージーランド	アメリカ,オーストラリア,日本	アメリカ,日本
主要貿易相手国(輸入)	オーストラリア,韓国	オーストラリア,中国,アメリカ	台湾,オーストラリア,日本	オーストラリア,シンガポール,ニュージーランド,中国	アメリカ,日本,シンガポール	シンガポール,オーストラリア,ニュージーランド,日本,中国	アメリカ,オーストラリア,日本	アメリカ,シンガポール,日本
対日貿易(2008,輸出,円)	417万	3007.4億	33.8億	956.9億	18.7億	54.7億	15.3億	3.6億
対日貿易(2008,輸入,円)	5.5億	2615.2億	49.0億	186.6億	7.8億	36.5億	805.7億	13.0億
対日主要輸出品	リン鉱石,魚介類	アルミニウム,林産品,肉類,酪農品,カボ,牛肉,果物,野菜	コプラ製品,木材,カバ,牛肉,ココア	金,原油,銅,木材,パーム油,コーヒー,ココア	魚類	衣類,砂糖,金,魚類,水産物,コプラ製品,木材チップ	魚類
平均寿命(2005-10,男/女,歳)	75/83	78/82	68/72	55/60	69/73	67/71	69/73	68/69
出生率(‰)	23.9(09)	13.9(09)	21.5(09)	27.6(09)	11.2(09)	21.9(09)	30.7(09)	23.1(09)
乳児死亡率(‰)	9.3(09)	4.9(09)	49.5(09)	45.2(09)	13.1(09)	11.6(09)	25.5(09)	26.1(09)
識字率(%,15歳以上)	—	99(03)	78.1(09)	58(07)	92(09)	92.9(09)	94.5(07)	92.4(09)
初等教育	6年	8年	6年	6年	8年	6年	8年	6年

オセアニア略年表

オーストラリア・ニュージーランド	島嶼部
4万〜5万年前　アボリジニ，オーストラリアへ渡来	
	前3000ころ　メラネシアへインドネシア方面から移住
	前2000ころ　西部ミクロネシアへアジア大陸，ニューギニアから移住
	前1000ころ　西部ポリネシアのサモア，トンガへフィジー方面から移住
	50ころ　ポリネシア人，サモアからマルキーズに移住
	350ころ　ポリネシア人，マルキーズからタヒチに移住
	500ころ　ポリネシア人，ハワイに移住
9〜14世紀　マオリ人，東ポリネシアのソシエテ諸島近くからニュージーランドへ渡来	950ころ　トンガ，トゥイ・トンガによって全土統一
	1521　マゼラン，初めて太平洋横断，グアム島に到着
	1568　メンダーニャ，ソロモン諸島へ来航
1642　タスマンがタスマニア島，ニュージーランド南島を発見	1643　タスマン，フィジー諸島へ来航
1699　ダンピアがオーストラリア西海岸を探検	
	1722　ロッヘフェーン，サモア諸島とイースター島へ来航
1769　クックがニュージーランド南北両島を踏査，地図作成	1767　ウォリス，タヒチ島へ来航
	1774　クック，ニューカレドニア島へ来航
1770　クックがオーストラリア東海岸を発見，ニューサウスウェールズと命名	1778　クック，ハワイ諸島へ来航(1779年ハワイで殺害される)
1788　フィリップ総督引率の流刑者船団がシドニーに到着，植民地を建設	1787　ラ・ペルーズ，トゥトゥイラ島に到着
1793　初めてイギリスの自由移民がニューサウスウェールズに到着	1789　バウンティ号の反乱
1814　ロンドン伝道協会のマーズデンがマオリにキリスト教の布教を始める	1810　カメハメハ大王，ハワイ全島での支配確立
1824　ニューサウスウェールズがイギリスの直轄植民地となる．オーストラリアの名称を正式決定	
1825　タスマニアが独立の植民地となる	
1829　ウェスタンオーストラリア植民地成立(1836年サウスオーストラリア植民地，59年クイ	1828　オランダ，ニューギニアの東経141度以西の領有宣言

| オーストラリア・ニュージーランド | 島嶼部 |

	オーストラリア・ニュージーランド		島嶼部
	ーンズランド植民地成立)		
1835	メルボルンへの入植が始まる		
1839	ニュージーランド会社(1838設立)のウェークフィールドがマオリから入植地を買収		
1840	ニューサウスウェールズへの流刑廃止 マオリ酋長とイギリスとの間でワイタンギ条約調印。マオリは主権をイギリス国王に譲渡, ニュージーランドはイギリスの植民地となり, オークランドが主都となる		
1840-41	エアがオーストラリア大陸横断に成功		
1844-45	ライカートがオーストラリア北部を探検		
1850	オーストラリア植民地政府法成立。オーストラリア最古のシドニー大学創立。シドニー〜パラマッタ間の鉄道建設開始		
1851	オーストラリアでゴールドラッシュ始まる。ビクトリア植民地成立		
1852	ニュージーランド憲法が成立, 自治植民地となる メルボルン大学創立		
1853	タスマニアへの流刑廃止	1853	フランス, ニューカレドニアを自国領と宣言
1854	ビクトリアでユリーカ砦の反乱 第1回ニュージーランド自治議会開会		
1855	ビクトリアで中国人移民制限法成立		
1856	ビクトリアで8時間労働制確立		
1860-61	ニューサウスウェールズでラミング・フラットの暴動。バークとウィルズが大陸縦断		
1860-72	ニュージーランド土地戦争(マオリ戦争)		
1861	ニュージーランドでゴールドラッシュ始まる。ニュージーランド銀行設立		
1863	ニュージーランド初の鉄道がクライストチャーチ〜フェリーミード間(7km)に開通		
1865	ニュージーランドの主都をウェリントンに移す		
1867	マオリ議席が設けられる		
1868	オーストラリアへの流刑者移民を最終的に廃止	1868	日本人移民, グアム島へ
1876	最後の純血タスマニア先住民が死亡	1874	イギリス, フィジー諸島を直轄植民地とする(ザコンバウが主権を譲渡)
1879	ニュージーランドで男子の普通選挙制を実施 オーストラリアからイギリスへ向けて冷凍船による食肉輸出開始	1879	フィジー諸島にインドからの移民団がサトウキビ農園労働者として到着
1880	メルボルンでネッド・ケリーが絞首刑となる		
1881	ニュージーランドで中国人移民法制定。80年代, マオリ復興運動起こる		
1882	ニュージーランドからイギリスへ向けて冷凍船による食肉輸出開始		
1883	シドニー〜メルボルン間の鉄道完成		

	オーストラリア・ニュージーランド		島嶼部
1886	第1回オーストラリア連邦会議開会	1885	マーシャル諸島，ドイツの保護領となる
		1888	イースター島，チリ領となる
			ナウル，ドイツの保護領となる
		1891	ゴーギャン，タヒチへ渡る
		1892	森小弁(冒険ダン吉のモデル)，トラック(チューク)諸島へ渡る
			ニューカレドニアへ初の日本人労働者到着
			イギリス，ギルバート諸島とエリス諸島を保護領化
1893	ニュージーランドで世界初の婦人参政権成立	1893	ハワイ，王制廃止(1894年共和国となる)
1896	オーストラリアで8時間労働制ほぼ確立		
1897	ニュージーランドで8時間労働制実施		
1898	オーストラリア連邦会議で憲法草案作成(1900年イギリス議会通過)	1898	米西戦争で敗北したスペイン，グアム島をアメリカへ譲渡，カロリン諸島とマリアナ諸島をドイツに売却
	ニュージーランドで世界初の老齢年金法制定		
1899	オーストラリア，ニュージーランドがボーア戦争に参戦	1899	西サモア，ドイツ領となる
	ニュージーランドで最低賃金制施行		ナウルでリン鉱石発見
1901	オーストラリア連邦成立，首都はメルボルン．移民制限法制定	1900	ハワイ，アメリカの准州となる
			トンガ，イギリスと保護領条約を結ぶ
1902	ニュージーランドで労働者災害補償法制定		ヤップから上海，グアム，メナドへの海底電線開通
1904	オーストラリアで世界初の労働党内閣成立．労働調停仲裁委員会設立	1904	東サモアの酋長，領土をアメリカへ譲る
		1905	イギリス領のパプア，オーストラリア領となる
1907	ニュージーランド，イギリスの自治領となる	1906	ニューヘブリデスでの英仏共同統治始まる
	オーストラリアで最低賃金制施行		
1908	オーストラリアの首都をキャンベラに決定(1913年建設開始)		
	ニュージーランドで母性保護法制定，移民制限法制定		
1912	オーストラリア連邦銀行開業		
1913	ニュージーランドで労働争議調停法制定		
1914	オーストラリア，ニュージーランド，第1次世界大戦に参戦	1914	第1次世界大戦開始，オーストラリア，ドイツ領のニューギニア，ナウルを占領．日本，ドイツ領ミクロネシアを占領．ニュージーランド，ドイツ領西サモアを占領
1915	ANZAC軍，ガリポリ上陸作戦に失敗		
1917	オーストラリア大陸横断鉄道(ポートオーガスタ～カルグーリー)完成		
		1920	国際連盟，ドイツ領ニューギニア，ビズマーク諸島をオーストラリアの，ドイツ領ミクロネシアを日本の，西サモアをニュージーランドのそれぞれ委任統治領とする
		1922	日本，パラオ諸島のコロール島に南洋庁を設置
1926	帝国会議がオーストラリア，ニュージーランドなどの内政・外交の自治権を宣言		
1927	オーストラリア連邦議会がメルボルンからキャンベラに移り，キャンベラが正式の首都になる		

	オーストラリア・ニュージーランド		島嶼部
1928	キングズフォード・スミス,世界初のアメリカ~オーストラリア間飛行	1929	西サモアでマウ運動のデモを弾圧,流血事件となる
1930	世界恐慌の影響がオーストラリア,ニュージーランドにも及びはじめる		
1932	シドニー・ハーバー・ブリッジ完成	1933	日本,国際連盟を脱退,委任統治領を南洋群島として併合
1934	オーストラリア~イギリス間の定期航空開始		
1935	ニュージーランド初の労働党内閣誕生		
1938	オーストラリアで国民健康保険法制定 ニュージーランドで社会改革法成立,週40時間労働を法制化	1938	大日本航空,飛行艇により横浜~サイパン~パラオ間に定期航空路開始
1939	オーストラリア,ニュージーランド,第2次世界大戦に参戦	1941	日本,真珠湾攻撃,対米戦開始.日本軍,グアム島占領
1942	マッカーサー将軍,マニラを脱出しメルボルンに到着.オーストラリア,ウェストミンスター憲章を批准	1942	日本軍,ニューギニア,ラバウルに上陸.ミッドウェー海戦,南太平洋海戦
		1944	マリアナ沖海戦
		1945	テニアン島から広島へ向けB29(原爆投下)発進.日本敗戦
		1946	ビキニ島で第1回原爆実験 ニューギニア(旧ドイツ領),ビスマルク諸島がオーストラリアの,西サモアがニュージーランドのそれぞれ国連信託統治領となる
1947	オーストラリア,ニュージーランド,米英仏蘭とともに南太平洋委員会(SPC)を結成 ニュージーランド,ウェストミンスター憲章を批准	1947	ミクロネシア(旧日本領南洋群島),アメリカの国連信託統治領となる(戦略的信託統治領)
1950	オーストラリア,ニュージーランド,朝鮮戦争に派兵,コロンボ計画に参加	1949	パプアとニューギニアを一つの行政単位に統合,パプア・アンド・ニューギニアとしてオーストラリアが統治
1951	オーストラリア,ニュージーランド,アメリカがANZUS条約に調印 ニュージーランド,上院を廃止し一院制とする	1951	アメリカの信託統治領の施政権が軍から内務省に移管
		1952	エニウェトク環礁で初の水爆実験
1953	ニュージーランドのヒラリーがエベレストに初登頂		
1954	オーストラリア,ニュージーランド,東南アジア条約機構(SEATO)に加盟 真珠貝採取について日豪漁業協定成立	1954	ビキニ環礁で第1回水爆実験,第五福竜丸被爆
1956	メルボルンで第16回オリンピック大会開催		
1957	オーストラリア,日本と通商協定を結ぶ		
1958	ニュージーランド,日本と通商協定を結ぶ	1959	ハワイ,アメリカの50番目の州となる
		1962	西サモア独立
1964	オーストラリア,ニュージーランド,ベトナム戦争に派兵	1965	ミクロネシア議会発足 太平洋諸島生産者事務局(PIPS)設立
1967	国民投票でアボリジニに市民権が与えられる 太平洋経済委員会(PBEC)結成	1968	ナウル独立 太平洋諸島生産者連合(PIPA)設立
1970	大陸横断鉄道(シドニー~パース)開通	1970	トンガ王国,イギリスとの保護領条約を改正し,完全独立を回復 フィジー独立

449 オセアニア略年表

	オーストラリア・ニュージーランド		島嶼部
			南太平洋大学が地域総合大学(本部スバ)を設立
1972	ニュージーランドで賃金平等法制定	1971	南太平洋フォーラム(SPF)発足
		1973	南太平洋経済協力機構(SPEC)設立
1975	オーストラリアのウィットラム首相(労働党),カー総督に解任される。フレーザー自由党・地方党内閣成立 ニュージーランド総選挙で労働党敗北,マルドゥーン国民党内閣成立	1975	パプアニューギニア独立 フィジーで第1回非核太平洋会議開催 ECとACP諸国,第1次ロメ協定に調印
1976	オーストラリア,インドシナ難民受入れ開始	1977	SPF加盟12ヵ国,200カイリ経済水域設定 南太平洋フォーラム漁業機関(FFA)発足
		1978	ソロモン諸島独立 ツバル独立 パラオ,マーシャル,ミクロネシア連邦,アメリカとの間でヒロ協定に調印
1979	オーストラリアでエスニック・ラジオ放送開始	1979	キリバス独立 ミクロネシア連邦,初代大統領にトシオ・ナカヤマを選出 パラオ,非核憲法第1回住民投票実施(賛成90.2%)
1980	オーストラリア,ニュージーランドと南太平洋フォーラム(SPF)加盟国との間で南太平洋地域貿易経済協力協定(SPARTECA)締結 シドニーで南太平洋非核化フォーラム開催	1980	バヌアツ独立 パラオ初代大統領にレメリクを選出 ECとACP諸国の第2次ロメ協定成立 日本政府,環太平洋連帯構想提唱 日本の放射性廃棄物投棄計画にSPF諸国反対 パプアニューギニア,中国のICBM発射実験に反対
		1981	パラオ自治政府発足,非核憲法発効 太平洋経済協力会議(PECC)開催 ビキニ元島民,4億5000万ドルの賠償請求をアメリカ連邦裁に提訴
		1982	マーシャル諸島,アメリカとの自由連合協定に調印
1983	オーストラリア総選挙で労働党大勝,ホーク政権成立	1983	フランス,南太平洋で中性子爆弾実験 パラオ,自由連合協定をめぐる第1回目の住民投票 ミクロネシア連邦,自由連合協定を住民投票で承認
1984	ニュージーランド総選挙で労働党勝利,ロンギ政権成立。アメリカの核艦船の寄港拒否声明発表,ANZUS体制の機能停止	1984	パラオ,自由連合協定をめぐる第2回目の住民投票 ニューカレドニアの独立推進派,〈カナーキー〉国宣言
1985	フランス情報部員,オークランド入港中のグリーン・ピースの〈虹の戦士〉号を爆破 南太平洋非核地帯条約採択(発効は1986年12月)	1985	パラオのレメリク大統領暗殺される ECとACP諸国の第3次ロメ協定成立 パプアニューギニア,ASEANの下部委員会に加盟 中曾根首相がオセアニア4ヵ国訪問,中国の胡耀邦総書記がオセアニア5ヵ国訪問 キリバスがソ連と漁業協定調印

オーストラリア・ニュージーランド	島嶼部
	1986　バヌアツがソ連，アメリカと国交樹立 パラオ，自由連合協定をめぐる第3，4回目の住民投票 マーシャル諸島共和国，ミクロネシア連邦がアメリカとの自由連合に移行，北マリアナ諸島はアメリカの自治領に移行 アメリカ，FFA加盟国との漁業協定に合意（1988年協定発効）
1987　ニュージーランドで〈非核地帯・軍縮・軍備管理法〉成立	1987　バヌアツ，ソ連と漁業協定調印 フィジーでインド人系連立内閣成立するも軍事クーデタで倒される．フィジー，共和国宣言 ツバル信託基金成立 倉成外相，オセアニア5ヵ国訪問 タヒチに夜間外出禁止令 国連総会，ニューカレドニアの独立促進決議を可決，日本は棄権 パラオ，自由連合協定をめぐる第5，6回目の住民投票
1988　オーストラリア建国200年祭，アボリジニ反対デモ	1988　バヌアツで政治混乱続く パプアニューギニアの都市部で社会不安広がる パラオのサリー大統領が自殺，後任にエピソン フランス，ニューカレドニアに関する国民投票を実施 日本がミクロネシア連邦，マーシャル諸島共和国と外交関係樹立
1989　ニュージーランドのロンギ首相辞任，後任にパーマー副首相 キャンベラでアジア太平洋経済協力閣僚会議（APEC）開催	1989　ニューカレドニアのFLNKSのチバウ議長，急進派に暗殺される パプアニューギニアのブーゲンビル銅山，土地問題をめぐる対立で閉鎖（内戦状況続く） SPF首脳会議，日本などの流し網漁を批判，禁止を求める ECとACP諸国の第4次ロメ協定成立
1990　ニュージーランドでワイタンギ条約150年記念式典，マオリの権利回復要求強まる オーストラリア総選挙で労働党勝利，ホーク政権4期目に入る	1990　パラオ，自由連合協定をめぐる第7回目の住民投票（今回も不成立） パプアニューギニア，ソ連と漁業協定調印（期間3年） フィジーで文民の新内閣成立 パプアニューギニアのブーゲンビル革命軍，独立宣言を発表 フィジーのマラ暫定政権，新憲法公布 アメリカのブッシュ大統領，ホノルルで南太平洋の指導者と会談
1991　ニュージーランドのボルジャー首相，非核政策の見直しを検討	1991　ミクロネシア連邦とマーシャル諸島共和国，国連に加盟
1992　オーストラリアのキーティング首相，共和制移行を表明	1992　フィジーの下院総選挙でフィジアン党勝利 フィジーでランブカが首相に就任

オーストラリア・ニュージーランド	島嶼部
	パプアニューギニアのウィンティ、首相に再任される
	パラオの大統領選挙で副大統領のナカムラが当選
1993 オーストラリアの総選挙の結果、キーティングが政権を維持 ニュージーランドの総選挙の結果、ボルジャーが政権を維持	1993 フィジーのガニラウ大統領死去、後任はカミセセ・マラ
1994 オーストラリア、イギリス連邦離脱の動き加速 ニュージーランド、共和制移行構想が浮上	1994 パプアニューギニアのJ.チャン、首相に再任 パラオ共和国独立 パプアニューギニアのブーゲンビル和平、実現せず ソロモン諸島のS.ママロニ、3度目の首相就任
1995 オーストラリア、ニュージーランド両国でフランスの核実験再開に反対する運動が活発化 ニュージーランド、先住民のマオリに政府謝罪補償金支払いで合意	1995 第26回SPFがマダンで開催され、フランスを非難する決議を採択、対話国資格を停止 核実験再開後フランス領ポリネシアで暴動 パラオ、SPFに正式加盟
1996 オーストラリア、労働党政権に幕、保守系連合政権のハワード内閣成立 ニュージーランドの与党国民党、過半数を割るが、連立によってボルジャー政権続投	1996 フランス、核実験終了宣言 南太平洋非核地帯条約にフランス、アメリカ、イギリスが調印 フランス、SPFの対話国に復帰 マーシャル諸島共和国初代大統領のカブア死去
1997 ニュージーランド、ボルジャー首相の後任にシップリー前運輸相が就任 日本の橋本首相、オーストラリア、ニュージーランド両国を訪問	1997 パプアニューギニアのJ.チャン首相が国軍司令官を解任、ブーゲンビル紛争への傭兵部隊導入をめぐって政治的混乱、総選挙でスケート内閣成立 ブーゲンビル紛争、停戦合意 フィジー、インド系住民の権利拡大のための憲法修正案を可決、イギリス連邦に復帰 西サモア、国名をサモアに変更 日本で初のSPFとの首脳会議開催
1998 オーストラリアの総選挙で保守連合が辛勝し、ハワード政権続投、共和制移行の是非を問う国民投票の実施が決定	1998 パプアニューギニアのブーゲンビル和平協定調印・発効 フィジー、新憲法施行 トンガ、中国と国交を樹立し、台湾と断交
1999 オーストラリア、共和制移行の是非を問う国民投票で君主制派が勝利 ニュージーランドの総選挙で労働党が第一党になり、クラーク党首が組閣	1999 ニューカレドニアの自治政府、初代領域大統領を選出 SPF、名称をPIFに変更 パプアニューギニアのモラウタ内閣成立 キリバス、ナウル、トンガが国連に加盟
2000 シドニーオリンピック大会開催	2000 ソロモン諸島の国内紛争、オーストラリアなどの仲介で和平協定 インド系のチョードリー政権に反対するフィジー系住民の国会占拠事件が発生 ニューカレドニア、フランスからの権限移譲開始

	オーストラリア・ニュージーランド		島嶼部
2001	オーストラリア，連邦結成100周年の祝賀行事を各地で開催。保守連合のハワード政権が3選 ニュージーランド航空の100％子会社で，カンタス航空に次ぐ規模のアンセット・オーストラリア航空が倒産。ニュージーランド航空も経営危機に陥り，政府は公的資金を投入して89年に完全民営化した同社を再び国営に	2001	ナウル，経済援助と引き替えにオーストラリアが抱える難民の受入に同意。 フィジーで総選挙，暫定首相のガラセが首相に就任 マーシャル諸島とミクロネシア連邦がアメリカと結んでいた自由連合協定による財政援助期間15年が終了，第2次財政援助協定の交渉が始まる
2002	10月12日にバリ島で爆弾テロ，88人のオーストラリア人が犠牲に。ハワード首相は対テロ戦争への積極的協力を明言。中国との経済関係強化の一環として，25年間で250億豪ドルの液化天然ガスの輸出契約に調印 ニュージーランドでは，労働党と進歩連合党の連立による第2次クラーク政権が発足。オーストラリア居住のニュージーランド人の失業手当など，各種給付制度をめぐって両政府が確執	2002	パプアニューギニアの総選挙で部族間抗争，30名以上の死者。総選挙後，独立時に首相を務めたソマレが3度目の首相に 紅海を航行中のトンガ籍船に50トン相当の武器積載をイスラエル軍が発見，トンガ政府は便宜置籍船の登録中止を余儀なくされた
2003	ハワード政権は，イギリス，スペインなどとともにアメリカが主体となるイラク戦争に参戦し，国内でも盤石な国民支持を獲得。経済面では，シンガポールとの自由貿易協定が発効 ニュージーランドのクラーク政権は，司法制度の一部を改めてイギリス王室との伝統的絆を弱めるために憲法を改正。また，年に2度行われていたナイトとデームの叙爵制度も撤廃	2003	キリバス，中国と断交，台湾と国交樹立 国内治安が乱れたソロモン諸島に，オーストラリア軍・警察が中心のソロモン諸島地域支援ミッション（RAMSI）が入る 小泉純一郎首相の呼びかけで，第3回太平洋島サミットを沖縄で開催（ナウル欠席）。フランスのシラク大統領が仏領ポリネシアの首都パペーテに島嶼国首脳を招き，初の仏版太平洋・島サミットを開催
2004	自由党と国民党の保守連合によるハワード政権が4選。この年，アメリカならびにタイとの自由貿易協定も実現 ニュージーランドの経済も堅調で通貨・金利も高水準を維持。インフレ抑制のため公定歩合を5％から6.5％に引き上げ。中国との自由貿易協定の交渉開始にも合意。内政では，人種・民族問題が争点となった	2004	PIF首脳会議，破綻国家ナウルの再建と仏領ポリネシアの自治権拡大問題が主要議題に バヌアツ，突如中国と断交して台湾と国交樹立，その直後の議会でボボール首相の不信任案可決。リニ新首相の下で対中関係復活
2005	オーストラリア，アメリカとの同盟関係を再確認し，テロとの戦い継続を確約。アジアの近隣諸国とのネットワーク強化を目指すと表明し，年末にクアラルンプールで開催された第1回東アジア首脳会議にも参加した クラーク首相率いる労働党が進歩党との連立で，からくも3期目の政権を維持。初の女性国会議長が誕生。シビル・ユニオン法の制定で，事実婚や同性同士のカップルへの法律上の差別を撤廃	2005	トンガ，民主化運動が高揚，史上初の1万人規模の集会 紛争が続いたパプアニューギニアのブーゲンビル州では，政府との合意に基づく自治憲法発布，J.カブイが初代の自治政府大統領に。PIF首脳会議で，地域の経済成長，持続可能な開発，良い統治，安全保障の4分野で域内協力を推進しようとするパシフィックプランを採択
2006	日本の自衛隊のイラク撤退後も，オーストラリア軍はアメリカ軍の支援行動を継続。	2006	国家再建中のソロモン諸島で首相指名選挙結果への反発から暴動に発展，中国人街が

| オーストラリア・ニュージーランド | 島嶼部 |

また、国家づくりや治安維持に積極的な支援活動をしてきた東ティモールやソロモン諸島で相次ぎ暴動が発生し、外交政策への反発が拡大。日豪友好協力基本条約の成立30周年で日豪関係の絆強化を再確認。32年ぶり2度目のサッカー・ワールドカップ出場を果たして決勝トーナメントに進出
ニュージーランドもソロモン諸島と東ティモールに治安部隊を派遣。マオリ女王のテ・アタイランギカーフが8月に75歳で死去

全焼。事件後に成立したソガバレ政権は、オーストラリアの内政関与を排除するために駐在高等弁務官を国外追放
フィジー、民族主義的色彩を強めながら汚職の噂が絶えないガラセ政権に対し、バイニマラマ准将による4度目のクーデタ発生
トンガでは41年間在位した国王ツポウ4世が死去。ツポウ5世は国民の民主化を望む声に原則同意したが、暴動が起こって首都の市街地が焼失
5月、日本政府主催の第4回太平洋島サミット(沖縄)開催。これに先立つ4月に中国の温家宝首相が、国交のある8ヵ国・地域の首脳をフィジーに集めて、経済協力開発会議を実施。これに対抗した台湾の陳水扁総統も9月に島嶼6ヵ国首脳をパラオに集めて地域首脳会議、さらにフランスも2度目のオセアニア諸国首脳会議をパリで開催

2007 オーストラリア、比較的順調だった経済が減速、準備銀行は政策金利を1%引き下げて6%に。4期続いた保守連合のハワード政権が敗れ、労働党のラッド首相が就任
ニュージーランドでは、インフレ懸念のために公定歩合を0.25%ずつ3回引き上げて8.0%に

2007 ソロモン諸島ギゾ沖合を震源に大規模地震発生、6000を超す家屋の全壊と52名の死者。パプアニューギニア、フィジーでサイクロンによる洪水被害拡大
ソロモン諸島のソガバレ首相がRAMSIの主権侵害を訴え、第38回PIF首脳会議への出席拒否
台湾が第2回太平洋友好国サミットをマーシャルで開催
ミクロネシア連邦の日系人トシオ・ナカヤマ初代大統領死去

2008 ラッド首相、最初の議会で先住民族への謝罪宣言。またポートモレスビー宣言として、新たな政策枠組による島嶼諸国への開発援助拡大を明言
ニュージーランド、中国との自由貿易協定に調印。国民党が9年ぶりに第一党、少数政党と連立してキー党首が新首相へ

2008 ソロモン諸島のシクア新首相、前首相のPIF首脳会議ボイコットを謝罪
PIF首脳会議、フィジーに対して09年3月までの総選挙実施を勧告
8月、トンガでツポウ5世の戴冠式、日本からも皇太子が出席
ナウルに設置していた難民の受入施設をオーストラリアが閉鎖

2009 豪・NZはASEAN10ヵ国と自由貿易協定に調印。また、両国首脳は、政治的、経済的絆の強化を再確認した。東京で日豪による経済連携協定の第10回交渉
日本・ニュージーランド科学技術協力協定調印。ウェリントンを訪問したベトナム共産党のノン・ドク・マイン書記長とキー首相が包括的パートナーシップ協力に関する共同声明を発表

2009 1月トンガに日本国大使館開設(ポリネシア地域で最初)
1月、フィジーの西部地域に大洪水発生、深刻な被害
3月末、エアパシフィックが東京・ナンディ一便を廃止
PIFのタランギ議長(ニウエ首相)、5月にフィジーの加盟資格停止を発表。これを受けて日本政府は同月主催の第5回太平洋島サミット(北海道トマム)にフィジー首相を招待せず
7月、島嶼国では6つ目となる駐日サモア大使館開設

文献案内

ここでは，現在でも比較的入手しやすい一般向きの文献，ならびに主要な日本語単行本を中心にした文献を選んで紹介することを基本とした．さらにそのあとにその他参考になる文献として，絶版や品切れになったものを含めて，ある種古典となった文献やその時点でのオセアニア理解に役に立った作品をリストアップしようと試みた．そのため旧版の文献案内（石川栄吉・小川和美・越智道雄・小林泉・斉藤尚文・地引嘉博・中山和芳の諸氏による作成）に，新たな文献を加え，大幅に再編した．

オセアニア全般

【事典，年鑑，雑誌など】

本事典刊行以前のオセアニアに関する事典類としては，

高橋康昌ほか編《オセアニア現代事典》(1987, 新国民社)

太平洋学会編《太平洋諸島百科事典》(1989, 原書房)

があったが，その後の改訂版が出ていないために，現時点でこれらの書籍は内容的に古くなってしまった．

国別の政治・経済動向を知りたいときは，毎年刊行されている，

《ブリタニカ国際年鑑》(ブリタニカ・ジャパン)

のオセアニア編がよい．

英文だが，オセアニア全域を詳しく網羅した，

Pacific Islands Yearbook (Angus & Robertson, Australia)

がある．数年ごとに改訂され，現在は11版．

最新の情報を知るには，日本でも入手しやすい次の2誌がよい．前者は月刊，後者は隔月刊．

Islands Business (Islands Business International, Suva, Fiji)

Pacific Magazine (Pacific Magazine, Honolulu, Hawaii)

インターネットでPacific Islands Reportを検索すると，域内新聞の大半を網羅した主要記事が読める．これは，ハワイ東西センターの太平洋諸島開発プログラムが編集しているサイト．

【総説，入門】

大陸から島嶼部まで，写真や図版を多用してオセアニアの全体像を描き出した作品として優れているのが，次の書である．

R. ナイル／渡辺昭夫監訳《オセアニア》(2008, 朝倉書店)

考古学，歴史の観点からオセアニア地域を理解するために，次の数冊が役に立つ．

ピーター・ベルウット／植木武・服部研二訳《太平洋——東南アジアとオセアニアの人類史》(1989, 法政大学出版局)

北大路弘信・北大路百合子《オセアニア現代史——オーストラリア・太平洋諸島》(1982, 山川出版社)

山本真鳥編《オセアニア史》(2000, 山川出版社)

増田義郎《太平洋——開かれた海の歴史》(2004, 集英社新書)

日本がオセアニアと歴史的にどのようにかかわってきたかを論証したものには，次の2冊がある．

矢野暢《「南進」の系譜》(1975, 中央公論社)

矢野暢《日本の南洋史観》(1979, 中央公論社)

オセアニア島嶼諸国全体を社会科学の視点からとらえるときに，欠かせないのが次の1冊．

小林泉《太平洋島嶼諸国論》(1994, 東信堂)

島嶼諸国の成り立ちを政治的枠組みからとらえようとするときに貴重文献となるのが，

東裕《太平洋島嶼国の憲法と政治文化》(2010, 成文堂)

太平洋島嶼地域の国際政治事情をレポートするのが，次の本である．

小林泉《中国・台湾の激突——太平洋をめぐる国際関係》(2009, 太平洋諸島地域研究所)

オセアニア世界の特徴を現代の政治，経済，社会のイシューとして考えるには，次の論文集が参考となる．

佐藤幸男編《太平洋世界叢書1　世界史の中の太平洋》(1998, 国際書院)

小柏葉子編《太平洋世界叢書4　太平洋島嶼と環境・資源》(1999, 国際書院)

春日直樹編《太平洋世界叢書3　オセアニア・ポストコロニアル》(2002, 国際書院)

佐藤幸男編《太平洋世界叢書5　太平洋アイデンティティ》(2003, 国際書院)

次の3冊は，考古学・文化人類学から現代の政治・経済までさまざまな視点からオセアニアを考察した論文集である．

大塚柳太郎ほか編《オセアニア①　島嶼に生きる》(1993, 東京大学出版会)

須藤健一ほか編《オセアニア②　伝統に生きる》

(1993，東京大学出版会)
清水昭俊ほか編《オセアニア③　近代に生きる》
(1993，東京大学出版会)
文化人類学の視点からまとめた次の論文集も参考になる。
須藤健一《オセアニアの人類学》(2008，風響社)
吉岡政德監修《オセアニア学》(2009，京都大学学術出版会)
　海と人々のかかわりのなかからオセアニア人の特徴を描き出している本として，
秋道智彌《海人の民族学》(1988，日本放送出版協会)
　オセアニアのイメージをつかむのには，以下の見聞記やエッセーが面白い。
C.ファロウ／野本二美訳《南太平洋紀行——滅びゆく楽園》(1992，心交社)
杉田房子《南太平洋物語——サンゴ礁からのささやき》(1993，めいけい出版)
おがわかずよし《天下太平洋物語》(1997，旅行人)
崎山克彦《南太平洋の旅——何もなくて豊かな島》(1999，新潮社)
堀武昭《南太平洋の日々——珊瑚海の彼方から》(1997，日本放送出版協会)

【人種・民族移動史】
　オセアニア原住諸民族は，いつ，どこから渡来したのか。これは，彼らの存在が外界に知られるようになった16世紀このかた繰り返し論じられてきた問題である。そして近年の新しい研究の成果は，第2次世界大戦前にはほぼ定説化していた古典的学説を覆すような結果をも招いている。日本人もその一員であるモンゴロイドが各地に移住し，地球の2/3を自らの世界とするまでに至った過程を追跡した叢書のオセアニア編が以下の本。オセアニアに移住したモンゴロイドはオーストロネシア語を話し，ポリネシアやミクロネシアに住み着いた。
大塚柳太郎編《モンゴロイドの地球2　南太平洋との出会い》(1995，東京大学出版会)
　オセアニア考古学者の研究の軌跡がわかるのが，
後藤明《海を渡ったモンゴロイド》(2003，講談社)
篠遠喜彦・荒俣宏《楽園考古学》(1994，平凡社，2000，平凡社ライブラリー)
　学会の定説と対立するポリネシア人のアメリカ起源を主張するヘイエルダールの論文集が次の本。
T.ヘイエルダール／国分直一・木村伸義訳《海洋の人類誌——初期の航海・探検・植民》(1990，法政大学出版局)
P.H.バック／鈴木満男訳《偉大なる航海者たち》(1966，社会思想社)
　第2次大戦直後，ヘイエルダールによって，ポリネシア人のアメリカ起源を主張するいわゆるコン・ティキ学説が唱えられた。次の2冊は，探検記の形をとったコン・ティキ学説の解説書である。
トール・ヘイエルダール／水口志計夫訳《コンティキ号漂流記》(1951，月曜書房)
トール・ヘイエルダール／山田晃訳《アク・アク》上・下(1958，光文社)
　そのコン・ティキ学説を批判し，戦後太平洋考古学の成果をもとに，ポリネシア人の起源と移動を論じた記念すべき最初の説が次の書。
ロバート・C.サッグス／早津敏彦・服部研二訳《ポリネシアの島文明》(1973，大陸書房)
　第2次大戦後，太平洋考古学の発展にはめざましいものがある。次の両書には，ミクロネシア考古学の新しい研究成果が述べられている。
植木武《南太平洋の考古学——ミクロネシアへの招待》(1978，学生社)
高山純《ミクロネシアの先史文化——その起源を求めて》(1983，海鳴社)
　ポリネシアの先史時代については，ポリネシア各地で発掘調査を手がけ，自らの新発見を次々発表している篠遠喜彦ほかの《半島と大洋の遺跡》(1970，新潮社)や総説の項で紹介したP.ベルウッドの著作も重要な文献である。
　従来の諸著とは視点が異なるが，環境への適応を中心に据えた民族考古学の労作として見逃せない作品が，メラネシアのレンネル島でのフィールドワーク成果を報告した
近森正《サンゴ礁の民族考古学——レンネル島の文化と適応》(1988，雄山閣出版)

【探検・航海史】
　コンパクトにまとまったオセアニアの探検・航海史の概説書で図版も豊富なのが，
E.タイユミット／中村健一訳《太平洋探検史——幻の大陸を求めて》(1993，創元社)
　西洋人の旅行記を集めた《17・18世紀大旅行記叢書》に，オセアニア関係のものが4冊。
W.ダンピア／平野敬一訳《最新世界周航記》(1992，岩波書店)
L.ブーガンヴィル／山本淳一訳《世界周航記》(1990，岩波書店)
J.クック／増田義郎訳《太平洋探検》上・下(1992，1994，岩波書店)
　クックの《太平洋探検》は，彼が行った3回の航海のうちの最初の2回の航海記の翻訳で，ハワイを訪れた3回目の航海記は翻訳されていない。クックの全航海については，簡潔な抄訳の以下の本で知ることができる。
J.バロウ／荒正人・植松みどり訳《キャプテン・ク

ク——科学的太平洋探検》(1992, 原書房)
　　クックの伝記として，
J.C. ビーグルホール／佐藤皓三訳《キャプテン　ジェイムス・クックの生涯》(1998, 成山堂書店)
　　ビーグルホールはクックの航海記を校訂したクック研究の第一人者．
　　さらに，クックに関して以下の諸著もある．
M. サーリンズ／山本真鳥訳《歴史の島々》(1993, 法政大学出版局)
多木浩二《ヨーロッパ人の描いた世界——コロンブスからクックまで》(1991, 岩波書店)
多木浩二《船がゆく——キャプテン・クック　支配の航跡》(1998, 新書館)
フィリップ・ホートン／片山一道訳《南太平洋の人類誌》(2000, 平凡社)
　　クックのハワイ寄航は，豊饒の神〈ロノ〉が来臨し，島中を回ってまた去っていくというハワイの宗教儀礼〈マカヒキ〉の最中であった．クックは神〈ロノ〉として迎えられた．サーリンズの本は，クックの死をハワイの世界観から読み解いたもの．多木は，前書で旅行記録として描かれた図からヨーロッパ人がオセアニアを含む非西洋社会をどのようにとらえていたかを，次の著ではクックを太平洋に送り出した西洋とは何だったのかを考察している．
　　太平洋の探検に出て消息を絶ったフランス人，ラ・ペルーズの航海の顛末を，フランスの作家ヴェルヌが描いたのが次の本．
J. ヴェルヌ／榊原晃三訳《ラ・ペルーズの大航海》(1997, NTT出版)
　　西洋人の航海記録の図を1冊にまとめたのが，
荒俣宏編著《ファンタスティック12　⑦熱帯幻想》(1991, リブロポート)
　　人はなぜ南の島に憧れるのか．作家荒俣宏の南島論が，
荒俣宏《南方に死す》(1994, 集英社)
　　以下にあげる3冊は，日本の漂流民が残したオセアニアの記録を民族誌に照らして丹念に考証したもの．
高山純《南太平洋の民族誌——江戸時代日本漂流民のみた世界》(1991, 雄山閣出版)
高山純《江戸時代パラウ漂流記——新史料の民族誌的検証》(1993, 三一書房)
高山純《江戸時代ハワイ漂流記——〈夷蛮漂流帰国録〉の検証》(1997, 三一書房)
　　漂流民や幕府の遣米使節が見たオセアニアの記録をもとに，当時の日本人がオセアニアの人々をどのように見ていたかを考察したのが，
石川栄吉《日本人のオセアニア発見》(1992, 平凡社)
　　日本の南洋探検の先駆ともいえる鈴木経勲の書

いた《南洋探検実記》は日本人の書いた最初の本格的なミクロネシアの民族誌とされる．しかしこの本には種本があったことを明らかにしたのが，次の本．
高山純《南海の大探検家　鈴木経勲——その虚像と実像》(1995, 三一書房)

【民族・文化】
　　オセアニアの原住諸民族を中心に据えて，その伝統的な文化と社会，および文化・社会変化を概観したものに，
石川栄吉編《民族の世界史14　オセアニア世界の伝統と変貌》(1987, 山川出版社)
石川栄吉《南太平洋の民族学》(1978, 角川書店)
　　オセアニア島嶼部の言語の大部分を占めるオーストロネシア諸語については，
崎山理《南島語研究の諸問題》(1974, 弘文堂)
泉井久之助《マライ・ポリネシア諸語》(1975, 弘文堂)
　　オーストロネシア諸語，パプア諸語，オーストラリア諸語の言語学上の位置づけと概説は下記の書中に得られる．
《講座言語6　世界の言語》(1981, 大修館書店)
　　オセアニアの神話を知るには，次の3冊．
R. ポイニャント／豊田由貴夫訳《オセアニア神話》(1993, 青土社)
後藤明《ハワイ・南太平洋の神話——海と太陽，そして虹のメッセージ》(1997, 中央公論社)
後藤明《〈物言う魚〉たち——鰻・蛇の南島神話》(1999, 小学館)
　　19世紀，西洋人が行った捕鯨業はオセアニアの島々に大きな影響を与えた．オセアニアの人々も漂着した鯨をさまざまに利用した．鯨と捕鯨については以下の本がある．
Y. ゴア／高橋啓訳《クジラの世界》(1991, 創元社)
秋道智弥《クジラとヒトの民族誌》(1994, 東京大学出版会)
森田勝昭《鯨と捕鯨の文化史》(1994, 名古屋大学出版会)
　　オセアニアの人々と海の関わりについては，次の2著．
秋道智弥《海洋民族学——海のナチュラリストたち》(1995, 東京大学出版会)
秋道智弥編著《イルカとナマコと海人たち——熱帯の漁撈文化史》(1995, 日本放送出版協会)
　　動植物との関わりを扱ったのが，
中尾佐助・秋道智弥編《オーストロネシアの民族生物学——東南アジアから海の世界へ》(1999, 平凡社)
　　政治・経済・文化などすべてに強大な力をもつ西洋とオセアニアの社会との関係を，文化人類学

の視点から論じたのが，以下にあげる2冊の論文集．

山下晋司・山本真鳥編《植民地主義と文化――人類学のパースペクティヴ》(1997，新曜社)

春日直樹編《オセアニア・オリエンタリズム》(1999，世界思想社)

都市に住むオーストラリアのアボリジニとニュージーランドのマオリについては，以下の本に5本の論文が収録されている．

青柳清孝・松山利夫編《先住民と都市――人類学の新しい地平》(1999，青木書店)

熊谷圭知・塩田光喜《都市の誕生――太平洋諸国の都市化と社会変容》(2000，アジア経済研究所)

【その他参考になる文献】

[総説，入門]

橋本征治編《現代社会と環境・開発・文化――太平洋地域における比較研究》(1998，関西大学出版部)

朝水宗彦《オーストラリアの観光と食文化》(1997，学文社)

塩田光喜編《海洋島嶼国家の原像と変貌》(1997，アジア経済研究所)

田辺裕監修・谷内達訳《図説大百科世界の地理23 オセアニア・南極》(1997，朝倉書店)

五十嵐正博《提携国家の研究――国連による非植民地化の一つの試み》(1995，風行社)

堀武昭《南太平洋とダイビング》(1994，丸善)

熊谷圭知・塩田光喜編《マタンギ・パシフィカ――太平洋島嶼国の政治・社会変動》(1994，アジア経済研究所)

ロニー・アレキサンダー《大きな夢と小さな島々――太平洋島嶼国の非核化にみる新しい安全保障観》(1992，国際書院)

高山純・石川栄吉・高橋康昌《地域からの世界史17 オセアニア》(1992，朝日新聞社)

C. ファロウ／野本二美訳《南太平洋紀行――滅びゆく楽園》(1992，心交社)

畑博行ほか編《南太平洋諸国の法と社会》(1992，有信堂高文社)

由比浜省吾編《新訂オセアニア》(1991，大明堂)

三輪公忠・西野照太郎編《オセアニア島嶼国と大国》(1990，彩流社)

鹿児島大学南太平洋海域研究センター編《オセアニア物語》(1989，めこん)

増田与・峰島旭雄編《太平洋共同体》(1989，原書房)

石毛直道《はじまりはトンガ》(1988，平凡社)

長嶋俊介《水半球の小さな大地》(1987，同文舘出版)

高橋康昌《南洋の喫茶店――オセアニア現代誌》(1986，筑摩書房)

読売新聞経済部編《環太平洋の時代》(1985，読売新聞社)

オセアニア研究所編《南太平洋の政治社会学》(1983，オセアニア研究所)

青木公《オセアニアだより》(1981，朝日イブニングニュース社)

青木公《失われゆく楽園》(1981，朝日ソノラマ)

西野照太郎《新・南方見聞録》(1979，朝日イブニングニュース社)

[人種・民族移動史]

P. ベルウッド／池野茂訳《ポリネシア》(1985，大明堂)

ロバート・C. サッグス／早津敏彦・服部研二訳《ポリネシアの島文明》(1973，大陸書房)

有光教一・小林知生・篠遠喜彦《半島と大洋の遺跡》(1970，新潮社)

[探検・航海史]

本多勝一《マゼランが来た》(1989，朝日新聞社)

R. A. スケルトン／増田義郎・信岡奈生訳《世界探検地図――大航海時代から極地探検まで》(1986，原書房)

榊原晃三《世界ノンフィクション全集24 南海の冒険者たち》(1984，ぎょうせい)

アリステア・マクリーン／越智道雄訳《キャプテン・クックの航海》(1982，早川書房)

ベンクト・ダニエルソン／山崎昂一訳《帆船バウンティ号の反乱》(1982，朝日新聞社)

ハモンド・イネス／池央耿訳《キャプテン・クック最後の航海》(1979，パシフィカ)

《図説・探検の世界史13 南十字星の国ぐに》(1976，集英社)

《図説・探検の世界史14 太平洋の航跡》(1976，集英社)

リチャード・ホフ／金田真澄訳《バウンティ号の叛乱》(1975，フジ出版社)

キャプテン・クック／荒正人訳《太平洋航海記》(1971，社会思想社)

アラン・ムーアヘッド／村上啓夫訳《運命の衝撃――南太平洋，未開と文明の邂逅》(1967，早川書房)

《大航海時代叢書Ⅰ》(1965，岩波書店)

[民族・文化]

藤井知昭監修《音と映像による世界民族音楽大系 第29・30巻 オセアニア編》(日本ビクター・平凡社，1988)

《講座言語6 世界の言語》(1981，大修館書店)

《世界の民族8 太平洋の島々》(1979，平凡社)

《世界の民族1 オーストラリア・ニューギニア・メラネシア》(1978，平凡社)

小出光《大いなる海の道――南太平洋歌録り紀行》(1977，ブロンズ社)

泉井久之助《マライ・ポリネシア諸語》(1975，弘文

堂)
崎山理《南島語研究の諸問題》(1974，弘文堂)
《民族地理　上巻　総論・日本・オセアニア》(1965，朝倉書店)

ポリネシア

ポリネシア人はなぜ大柄で太っているのか？ポリネシア人のユニークな身体的特徴を考察するのが，
片山一道《ポリネシア人——石器時代の遠洋航海者たち》(1991，同朋舎出版)
ポリネシア人の生活に関する次のエッセーも興味深い。
片山一道《ポリネシア——海と空のはざまで》(1997，東京大学出版会)
ハワイについては，旅行案内，観光案内のたぐいはたくさん出版されているが，生活や風土を綴ったエッセーに，
平野恵理子《ハワイ島アロハ通信》(1992，東京書籍)
中野次郎《ハワイ・マナ——楽園の風物詩》(1996，集英社)
《ワールド・カルチャーガイド　ハワイ　島・ひと・暮らしのもっと奥へ！》(1999，トラベルジャーナル)
ハワイの自然については，
柳宗民《ハワイの花　熱帯植物170種》(1996，日本交通公社)
清水善和《ハワイの自然——3000万年の楽園》(1998，古今書院)
日常意識とは次元を異にする意識，変性意識の世界が，ハワイの文化や風土のなかで示されるエッセーに，
吉福伸逸《処女航海——変性意識の海原を行く》(1993，青土社)
南の島の〈ゆったりした気分〉を味わう方法を教えてくれるのが，
P.ピアソール／藤井留美訳《ハワイアンリラックス——生きる喜びの処方箋》(1998，河出書房新社)
ハワイで恐怖体験をお望みの方にはこの1冊。オバケスポット・ガイド付。
G.グラント／藤野治美・河西理恵子訳《ハワイ妖怪ツアー》(1995，大栄出版)
以下の3冊は，作家の見たハワイ。
片岡義男《僕が書いたあの島》(1995，太田出版)
ハロラン芙美子《ホノルルからの手紙——世界をハワイから見る》(1995，中央公論社)
池沢夏樹《ハワイイ紀行》(1996，新潮社)
〈ハワイイ〉は〈ハワイ〉の本来の読み方。ハワイの英語綴りもHawaiiとiを2つ書く。
次は，ハワイの近現代史の本。日米関係の中で翻弄されたハワイの歴史を描く。
中嶋弓子《ハワイ・さまよえる楽園——民族と国家の衝突》(1993，東京書籍)
ハワイを統一したカメハメハ大王の生涯を小説化したのが，
小平豊《カメハメハ——戦国のハワイに生きた風雲児》上・下(1997，同時代社)
1881年(明治14)，ハワイ国王カラカウアは世界一周旅行に出かけた。随員が記録した旅行記が次の本。
W.アームストロング／荒俣宏・樋口あやこ訳《カラカウア王のニッポン仰天旅行記》(1995，小学館)
ハワイは世界有数の観光地。日本からの観光客も多い。そこで次の2冊。
山中速人《イメージの〈楽園〉——観光ハワイの文化史》(1992，筑摩書房)
久慈力《ハワイ・リゾート戦争——日系企業の乱開発と住民の抵抗》(1993，マルジュ社)
山中はハワイの楽園イメージがいかに形成されたかを跡づけ，久慈は現在の観光産業の問題点をリポートする。
次の2冊は，観光地ではない知られざるハワイの素顔を明らかにする。
山中速人《ハワイ》(1993，岩波書店)
R.ロス編／畑博行・紺谷浩司監訳《ハワイ　楽園の代償》(1995，有信堂高文社)
山中は，他民族社会・先住民，基地などの問題を扱い，ロスの本は政治・税・環境・人権などのさまざまな問題を論じる。
現在のハワイでは，伝統文化の復興が試みられている。星座・太陽・月・波のうねりから航路を読み解く伝統的航海術を復興させたハワイ人の記録として，次の本。
星川淳《星の航海師——ナイノア・トンプソンの肖像》(1997，幻冬舎)
ハワイの音楽の魅力については，
山内雄喜・サンディー《ハワイ音楽パラダイス——虹のアロハ・スピリッツ》(1997，北沢図書出版)
ハワイの日系人については，以下のように多くの本がある。
西山千《真珠湾と日系人》(1991，サイマル出版会)
堀江誠二《ある沖縄ハワイ移民の〈真珠湾〉——〈生みの国〉と〈育ちの国〉のはざまで》(1991，PHP研究所)
高木真理子《日系アメリカ人の日本観——多文化社会ハワイから》(1992，淡交社)
荒了寛編著《ハワイ日系米兵——私たちは何と戦ったのか？》(1995，平凡社)
P.S.サイキ／伊藤美名子訳《ハワイの日系女性——最初の100年》(1995，秀英書房)

柳田利夫・赤木妙子編著《ハワイ移民佐藤常蔵書翰――近代日本人海外移民史料》(1995, 慶應通信)
沖田行司《ハワイ日系移民の教育史――日米文化, その出会いと相剋》(1997, ミネルヴァ書房)
沖田行司編《ハワイ日系社会の文化とその変容――1920年代のマウイ島の事例》(1998, ナカニシヤ出版)
B. F. 川上／香月洋一郎訳《ハワイ日系移民の服飾史――絣からパラカへ》(1998, 平凡社)
前田孝和《ハワイの神社史》(1999, 大明堂)

次の本にもハワイの日系人の歴史が述べられている。

R. タカキ／阿部紀子・石松久幸訳《もう一つのアメリカン・ドリーム――アジア系アメリカ人の挑戦》(1996, 岩波書店)

思春期は問題の多い時期として通常知られているが, サモアでは気楽で楽しい時期だとした人類学者ミードの研究を批判して, 論争を巻き起こしたのが次の本。

D. フリーマン／木村洋二訳《マーガレット・ミードとサモア》(1995, みすず書房)

ミードはサモアを婚前交渉や自由恋愛が許される社会としたが, フリーマンは結婚まで処女性の掟が存在したと主張する。

結婚, 誕生, 死, 家長の就任, 家屋の完成といったさまざまな機会に行われるサモアの儀礼的交換を論じたのが,

山本泰・山本真鳥《儀礼としての経済――サモア社会の贈与・権力・セクシュアリティ》(1996, 弘文堂)

長年にわたる著者のトンガの文化人類学研究をまとめたのが次の本。

青柳まちこ《トンガの文化と社会》(1991, 三一書房)

トンガ滞在記として書かれた読み物として,

藤崎真理子《トンガの休日》(1990, 連合出版)

次の2冊は, クック諸島の旅行記。

さいとうなんぺい《南太平洋の浮島――ラロトンガ島紀行》(1993, ミリオン書房)

岩本宣明《ひょっこり クック諸島》(1998, NTT出版)

クック諸島民である著者が語る故郷マニヒキ島の民話集が,

K. カウラカ／生田節子ほか訳《おはなし島――南太平洋クック諸島から》(1996, 保育社)

タヒチとマルキーズに暮らした画家ゴーギャンについては次の2冊。

F. カシャン／田辺希久子訳《ゴーギャン――私の中の野性》(1992, 創元社)

湯原かの子《ゴーギャン――芸術・楽園・イヴ》(1995, 講談社)

タヒチやボラボラなどのソシエテ諸島の紀行文に, 芸術家が書いた次の本がある。

日比野克彦《海の向こうに何がある》(1997, 朝日出版社)

マルキーズ（マルケサス）諸島の写真集に考古学者が文章を付したものに,

佐藤英明写真・篠遠喜彦文《秘境マルケサス諸島》(1996, 平凡社)

イースター島の巨石文化については, 以下の書物がある。

C. オルリアック・M. オルリアック／藤崎京子訳《イースター島の謎》(1995, 創元社)

P. G. バーン／五十嵐洋子訳《開かれた封印 古代世界の謎14 沈黙の巨人》(1998, 主婦と生活社)

柳谷杞一郎《イースター島》(1998, 王様出版)

鈴木篤夫《イースター島の悲劇――倒された巨像の謎》(1999, 新評論)

海面上昇問題で有名になったツバルに関しては, 次の2冊がある。

神保哲生《ツバル 地球温暖化に沈む国》(2004, 春秋社)

石田進《ツバルよ 浮沈島を築け！》(2006, 芙蓉書房出版)

【その他参考になる文献】

鳥越皓之《沖縄ハワイ移民一世の記録》(1988, 中央公論社)

ミロスラフ・スティングル／坂本明美訳《ポリネシアン・トライアングル――古代南太平洋の文化と伝統》(1988, 佑学社)

秋道智彌《世界の文明・遺跡のなぞ6 イースター島》(1987, 日本テレビ)

ロナルド・タカキ／富田虎男・白井洋子訳《パウ・ハナ――ハワイ移民の社会史》(1986, 刀水書房)

前山隆編著《ハワイの辛抱人――明治福島移民の個人史》(1986, 御茶の水書房)

今野敏彦・藤崎康夫編《移民史Ⅱ アメリカ・カナダ篇》(1986, 新泉社)

ドウス・昌代《ハワイに翔けた女》(1985, 文芸春秋)

山崎俊一《ハワイ出稼人名簿始末記――日系移民の百年》(1985, 日本放送出版協会)

石川栄吉《南太平洋物語――キャプテン・クックは何を見たか》(1984, 力富書房)

杉本尚次《西サモアと日本人酋長――村落調査記1965-1980》(1982, 古今書院)

江戸淳子《西サモア》(1982, みずうみ書房)

ツイアビ／岡崎照男訳《パパラギ――はじめて文明を見た南海の酋長ツイアビの演説集》(1981, 立風書房)

ハーマン・メルヴィル／坂下昇訳《タイピー》（メルヴィル全集Ⅰ, 1981, 国書刊行会）

ベンクト・ダニエルソン，マリーテレーズ・ダニエルソン／淵脇耕一訳《モルロア》(1980，アンヴィエル)

石川栄吉《南太平洋——民族学的研究》(1979，角川書店)

小松左京監修《イースター島の謎》(1979，日本テレビ)

菊岡保江・小網律子《南太平洋の樹皮布，タパ・クロスの世界》(1978，源流社)

《最後の楽園・伝説の旅——知られざるポリネシア》(1977，産報)

A.コンドラトフ／中山一郎訳《イースター島の謎》(1977，講談社)

西野照太郎《イースター島紀行——語らざる島への誘い》(1976，花曜社)

マーガレット・ミード／畑中幸子・山本真鳥訳《サモアの思春期》(1976，蒼樹書房)

トール・ヘイエルダール／山田晃訳《ファツ・ヒバ——楽園を求めて》上・下(1976，社会思想社)

森本哲郎《イースター島——遺跡との対話》(1975，平凡社)

フランシス・マジエール／早津敏彦・服部研二訳《イースター島の巨石文明》(1972，大陸書房)

小谷秀雄《カオハ・マルキーズ》(1970，講談社)

藪内芳彦《ポリネシア——家族・土地・住居》(1967，大明堂)

畑中幸子《南太平洋の環礁にて》(1967，岩波書店)

祖父江孝男《ハワイ》(1967，講談社)

青柳真智子《秘境トンガ王国》(1964，二見書房)

M.フォーコンネ，G.H.リュケ／辻哲也訳《新大陸の神話——アメリカ・アフリカ・オセアニア》(1959，みすず書房)

ベンクト・ダニエルソン／奥又四郎訳《愛の島々》(1958，新潮社)

ミクロネシア

ミクロネシアのすべてをコンパクトに理解するのに便利なのは，次の本。

印東道子編《ミクロネシアを知るための58章》(2005，明石書店)

信託統治から独立に至る現代史を知るには，次の4冊がある。

小林泉《アメリカ極秘文書と信託統治の終焉——ソロモン報告・ミクロネシアの独立》(1994，東信堂)

矢崎幸生《ミクロネシア信託統治の研究》(1999，御茶の水書房)

松島泰勝《ミクロネシア》(2007，早稲田大学出版部)

小林泉《ミクロネシア 独立国家への軌跡》(2006，太平洋諸島地域研究所)

現代ミクロネシアの経済構造とその事情を解き明かした文献として，

小林泉《産業開発と伝統の変容——ミクロネシアの経済事情》(2007，太平洋諸島地域研究所)

次の書は，南洋群島時代の邦文文献を調べるのに必読。

山口洋児《日本統治下ミクロネシア文献目録》(2000，風響社)

ミクロネシアに残る日本人の子孫たちについては，

小林泉《ミクロネシアの日系人》(2007，太平洋諸島地域研究所)

日本統治時代の日本人を描いた渾身のルポルタージュ2冊。

高知新聞社編《夢は赤道に——南洋に雄飛した土佐の男の物語》(1998，高知新聞社)

野村進《日本領サイパンの一万日》(2005，岩波書店)

読み物としても興味深いミクロネシア事情を知る数冊。

上原伸一《海の楽園パラオ——非核憲法の国は今》(1990，あみのさん)

八坂由美《ミクロネシアで暮らす》(2000，明石書店)

中島洋《サイパン・グアム 光と影の博物誌》(2003，現代書館)

吉田靖・寄藤文平《アホウドリの糞でできた国 ナウル共和国物語》(2005，アスペクト)

中原聖乃ほか《マーシャル諸島ハンドブック——小さな島国の文化・歴史・政治》(2007，凱風社)

山口誠《グアムと日本人——戦争を埋め立てた楽園》(2007，岩波新書)

日本統治時代のパラオ，サタワルで暮らし，民族学的調査研究も行った彫刻家，土方久功の数多くの旧著が著作集としてまとめられた。

《土方久功著作集》全8巻(1990- ，三一書房)

人類学的フィールドワークの成果としては，次の作品がある。

河合利光《身体と形象——ミクロネシア伝承世界の民族史的研究》(2001，風響社)

遠藤央《政治空間としてのパラオ——島嶼の近代への社会人類学的アプローチ》(2002，世界思想社)

風間計博《窮乏の民族誌——中部太平洋・キリバス南部環礁の社会生活》(2003，大学教育出版)

キリバスを紹介した数少ない書物として，

助安博之／ケンタロ・オノ《キリバスという国》(2009，エイト社)

助安由吉《国が海に消えてゆく——キリバス共和国からのメッセージ》(1998，エイト社)

マーシャル諸島の核実験後に関しては，何人ものジャーナリストや研究者が取材しているが，ここでは以下のルポルタージュを紹介する。

森住卓《楽園に降った死の灰——マーシャル諸島共和国》(2009, 新日本出版社)
豊崎博光《マーシャル諸島核の世紀》上・下(2005, 日本図書センター)
島田興生《還らざる楽園——ビキニ被爆40年・核に蝕まれて》(1994, 小学館)

【その他参考になる文献】

郡義典《マウリ・キリバス》(1996, 近代文芸社)
須藤健一《母系社会の構造——サンゴ礁の島々の民族誌》(1989, 紀伊国屋書店)
牛島巌《ヤップ島の社会と交換》(1987, 弘文堂)
小林泉《ミクロネシア連邦——カセレリア！》(1986, アジア出版)
豊崎博光《グッドバイ・ロンゲラップ》(1986, 築地書館)
青柳真智子《モデクゲイ——ミクロネシア・パラオの新宗教》(1985, 新泉社)
石森秀三《危機のコスモロジー——ミクロネシアの神々と人間》(1985, 福武書店)
中村武久編《ポナペ島——その自然と植物》(1985, 第一法規出版)
武田ゆり子《アダラ・シャバがやって来た——母と子のてんやわんやのパラオ体験》(1984, クロスロード)
石上正夫《日本人よ忘るなかれ》(1983, 大月書店)
小林泉《ミクロネシアの小さな国々》(1982, 中央公論社)
前田哲男《棄民の群島》(1979, 時事通信社)
土井全二郎《きのこ雲の証言——ビキニの叫び》(1977, 新国民出版社)
土井全二郎《赤道直下——マーシャルの海から》(1976, 朝日ソノラマ)
今西錦司編《ポナペ島——生態学的研究》(1975復刻版, 講談社)
斉藤達雄《ミクロネシア》(1975, すずさわ書店)

メラネシア

旅行記や観光案内のようなものまで含めればメラネシア関係の文献はかなり多いが、パプアニューギニア関係への偏りが著しい。また、メラネシア諸民族の未開性を強調したり、猟奇的好奇心を刺激したりするような書物が少なくなかったが、最近では旅行記などでも開発とか環境の視点から地域を見る記述が増えている。人類学の定番となっている研究書がいくつも出版されているが、ここでは比較的新しい出版物から紹介したい。
ニューギニアのトロブリアンド諸島の研究で著名な文化人類学者のマリノフスキーが呪術・宗教を論じたのが次の本。

B. マリノフスキー／宮武公夫・高橋巌根訳《呪術・科学・宗教・神話》(1997, 人文書院)
　マリノフスキーは、母系社会のトロブリアンド諸島には、フロイトが言うエディプス・コンプレックスは存在しないと述べた。これを批判したのが、
M. E. スパイロ／井上兼行訳《母系社会のエディプス——フロイト理論は普遍的か》(1990, 紀伊国屋書店)
　パプアニューギニア各地でのフィールドワークの成果として刊行されたものに、
山田陽一《霊のうたが聴こえる——ワヘイの音の民族誌》(1991, 春秋社)
鈴木継美《パプアニューギニアの食生活——〈塩なし文化〉の変容》(1991, 中央公論社)
吉田集而《性と呪術の民族誌——ニューギニア・イワム族の〈男と女〉》(1992, 平凡社)
田和正孝《変わりゆくパプアニューギニア》(1995, 丸善)
伊谷純一郎・大塚柳太郎編《熱帯林の世界2　トーテムの住む森》(1996, 東京大学出版会)
塩田光audio《石斧と十字架——パプアニューギニア・インボング時代記》(2006, 彩流社)
　次の本は、風鳥(極楽鳥)を研究するアメリカ人鳥類学者のパプアニューギニアでの生活記。
B. M. ビーラー／長沢純夫・大曾根静香訳《風鳥の棲む島——ニューギニアの博物学者》(1996, 文一総合出版)
　ニューギニアの言葉について記したのが、次の本。
岡本徹《はじめてのピジン語——パプアニューギニアのことば》(2005, 三修社)
岡本徹《LANGUAGE IN PAPUA NEW GUINEA》(2007, ひつじ書房)
　メラネシアの物質文化・民族芸術に関しては、
福本繁樹《精霊と土と炎——南太平洋の土器》(1994, 東京美術)
小林真《魂の形象——南西ニューギニア・ミミカの図像》(1998, 審美社)
諏訪淳一郎《ローカル歌謡の人類学》(2005, 弘前大学出版会)
　メラネシア各地の経済・社会の変化をめぐるエッセーに、
西岡義治《メラネシア紀行——南太平洋の現実》(1997, 日本貿易振興会)
庄野護《パプアニューギニアの断章》(2004, 南船北馬舎)
　メラネシア各地における近代化の歩みを詳細に考察したのが次の本。
橋本征治《メラネシア——伝統と近代の相剋》(1992,

大明堂)
メラネシアの伝統的医療が注目されている。これについては、
堀口和彦・松尾光《パプアニューギニアの薬草文化――熱帯林に伝わる医療の知恵》(1998, アボック社出版局)
C. キルハム／衣川湍水訳《カヴァ――楽園に眠る自然薬》(1998, フレグランスジャーナル社)
植生や農耕方式からパプアニューギニアを描いているのが、
東京農業大学編《パプアニューギニア100の素顔――もうひとつのガイドブック 伝統農耕と植物資源の宝庫》(2001, 東京農業大学出版会)
独立以前のパプアニューギニアの歴史を記したものに、
J. グリフィン・H. ネルソン・S. ファース／沖田外喜治訳《パプア・ニューギニア独立前史――植民地時代から太平洋戦争まで》(1994, 未来社)
パプアニューギニアと日本との関わりの中で論ずるのが、
清水靖子《日本が消したパプアニューギニアの森》(1994, 明石書店)
川口築《パパとニューギニア――子供たちのパプアニューギニア、日本の中のパプアニューギニア》(2003, 花伝社)
ニューギニアの旅行記として興味深いのが、以下の作品。
辻丸純一《パプアニューギニア祭り紀行》(2002, 青弓社)
新井純子《パプアニューギニアからの風》(2002, 新風社)
小波涼《ぱぷあな生活――パプアニューギニア旅行記》(2004, 新風社)
山崎まゆみ《ラバウル温泉遊撃隊》(2009, 新潮社)
ソロモン諸島に関する百科事典として使えるのが、
秋道智弥ほか編《ソロモン諸島の生活誌――文化・歴史・社会》(1996, 明石書店)
大きく変化する時代を生きたソロモン諸島民のライフヒストリーが次の1冊。
J. フィフィイロ述／R. M. キージング編／関根久雄訳《豚泥棒から国会議員へ》(1994, 中山書店)
ソロモン諸島の開発問題を考察したのが次の2冊。
関根久雄《開発と向き合う人びと――ソロモン諸島における開発概念とリーダーシップ》(2001, 東洋出版)
大塚柳太郎《ソロモン諸島――最後の熱帯林》(2004, 東京大学出版会)
ソロモン諸島民と海との関わりを記したのが、

後藤明《海の文化史――ソロモン諸島のラグーン世界》(1996, 未来社)
オセアニアの島々は、おそらく世界で最もキリスト教徒の割合が高い地域。フィジーでもほぼ全員がキリスト教徒といっても過言ではない。キリスト教はフィジー人の間にどのように浸透していったのか、現在フィジー人が信仰するキリスト教はどのようなものなのかを論じたのが、次の本。
橋本和也《キリスト教と植民地経験――フィジーにおける多元的世界観》(1996, 人文書院)
バヌアツ(ニューヘブリデス)のラガ(ペンテコスト)島の親族・婚姻・交換・政治に関する詳細な民族誌が次の本。
吉岡政徳《メラネシアの位階階梯制社会――北部ラガにおける親族・交換・リーダーシップ》(1998, 風響社)
メラネシアでは〈人〉の概念がどのように形成されているかを論じたのが、
M. レーナルト／坂井信三訳《ド・カモ――メラネシア世界の人格と神話》(1990, せりか書房)
レーナルトは、25年間ニューカレドニアで宣教活動をした後、帰国して民族学者になったフランス人。本のタイトルの〈ド・カモ〉とは〈本当の人格〉の意。
稲作開発を実施した農業技術者の実践的フィールドワークを記した本に、
鈴木福松編《フィジー農村社会と稲作開発》(1997, 農林統計協会)
フィジーの伝統社会と独立前後の政治社会事情を理解するのに役立つのが、次の書。
カミセセ・マラ／小林泉ほか訳《パシフィック・ウェイ――フィジー大統領回想録》(2000, 慶應義塾大学出版会)
フィジーをフィールドにした人類学研究の成果として出たのが、次の2書。
河合利光《生命観の社会人類学――フィジー人の身体・性差・ライフシステム》(2009, 風響社)
丹羽典生《脱伝統としての開発――フィジーラミ運動の歴史人類学》(2009, 風響社)

【その他参考になる文献】
下島儀貞《フィジー島奇談――イサ・レイ・ビティ》(1992, めいけい出版)
N. ミクルホ=マクライ／畑中幸子・田村ひろ子訳《ニューギニア紀行――十九世紀ロシア人類学者の記録》(1989, 平凡社)
天理大学・天理教道友社共編《ひとものこころ第3期第1巻 パプアニューギニア》(1989, 天理教道友社)
岩佐嘉親《ニューギニア語入門》(1988, 泰流社)

S. フェルド／山口修・山田陽一・卜田隆嗣・藤田隆則訳《鳥になった少年——カルリ社会における音・神話・象徴》(1988, 平凡社)

吉田集而《不死身のナイティ——ニューギニア・イワム族の戦いと食い》(1988, 平凡社)

B. マリノフスキー／谷口佳子訳《マリノフスキー日記》(1987, 平凡社)

R. M. キージング／青柳まちこ監訳《マライタのエロタ老人》(1985, ホルト・サウンダース・ジャパン)

M. ミード／畑中幸子訳《フィールドからの手紙》(1984, 岩波書店)

谷内達《パプアニューギニアの社会と経済》(1982, アジア経済研究所)

畑中幸子《ニューギニア高地社会——チンブー人よ、いずこへ》(1982, 中央公論社)

P. ワースレイ／吉田正紀訳《千年王国と未開社会——メラネシアのカーゴ・カルト運動》(1981, 紀伊国屋書店)

B. マリノウスキー／高橋渉訳《バロマ——トロブリアンド諸島の呪術と死霊信仰》(1981, 未来社)

野田正彰《狂気の起源をもとめて——パプア・ニューギニア紀行》(1981, 中央公論)

バートン=ブラッドレー／荻野恒一訳《石器時代の危機》(1979, 星和書店)

A. マオリ・キキ／近森正訳《キキ自伝——未開と文明のはざまで》(1978, 学生社)

M. アレン／中山和芳訳《メラネシアの秘儀とイニシエーション》(1978, 弘文堂)

小林忠雄《ニューカレドニア島の日本人》(1977, 緑地社)

P. マタネ／原もと子訳《わが少年時代のニューギニア》(1976, 学生社)

豊臣靖《東ニューギニア縦断記》(1972, 筑摩書房)

B. マリノウスキー／泉靖一・蒲生正男・島澄訳《未開人の性生活》(1971, 新泉社)

石川栄吉《原始共同体——民族学的研究》(1970, 日本評論社)

NHK海外取材班《秘境ニューギニア》(1969, 日本放送出版協会)

沼沢喜市《ニューギニア・ピグミー探検》(1969, 大陸書房)

西丸震哉《さらば文明人——ニューギニア食人種紀行》(1969, 講談社)

B. マリノフスキー／寺田和夫・増田義郎訳《西太平洋の遠洋航海者》(抄訳が《世界の名著59》1967, 中央公論)

本多勝一《ニューギニア高地人》(1964初版, 1971, 講談社文庫. 1981, 朝日文庫)

H. ハーラー／近藤等・植日重雄訳《石器時代への旅——秘境ニューギニアを探る》(1964, 新潮社)

ピーター・マシーソン／大門一男訳《二十世紀の石器人——ニューギニア・ダニ族の記録》(1964, 文芸春秋)

オーストラリア

さすがにオーストラリアは大国だけに、多岐のジャンルにわたる書籍が出ているが、入門書としては次の書物が分かりやすい。

竹田いさみ・森健編《オーストラリア入門》(2007, 東京大学出版会)

越智道雄《オーストラリアを知るための55章》(2005, 明石書店)

世界遺産や観光スポットなど、ガイドブック的に楽しめるのが、

福田達朗ほか《オーストラリアの不思議100》(2004, 阪急コミュニケーションズ)

歴史や国の成り立ちを知るには、次の書物から入るのがいい。

遠藤雅子《オーストラリア物語——歴史と日豪交流10話》(2000, 平凡社)

竹田いさみ《物語オーストラリアの歴史——多文化ミドルパワーの実験》(2000, 中央公論新社)

ジェフリ・グレイニー／加藤めぐみ訳《オーストラリア歴史物語》(2000, 明石書店)

藤川隆男《オーストラリアの歴史——多文化社会の歴史の可能性を探る》(2004, 有斐閣)

先住民問題やアボリジニに焦点を当てたのが次の4冊。

池田まき子《オーストラリア先住民アボリジニのむかしばなし》(2002, 新読書社)

小山修・窪田幸子《多文化国家の先住民——オーストラリア・アボリジニの現在》(2002, 世界思想社)

早大オーストラリア研究所《オーストラリアのマイノリティー研究》(2005, オセアニア出版社)

青山晴美《アボリジニで読むオーストラリア——もうひとつの歴史と文化》(2008, 明石書店)

多文化主義に関する研究書籍は多数出ているが、ここでは数点の力作を挙げておきたい。

杉本良夫《オーストラリア——多文化社会の選択》(2000, 岩波書店)

飯笹佐代子《シティズンシップと多文化国家——オーストラリアから読み解く》(2007, 日本経済評論社)

塩原良和《ネオ・リベラリズムの時代の多文化主義——オーストラリアン・マルチカルチュラリズムの変容》(2005, 三天社)

移民政策や教育政策の研究成果として出版した作品として、次の3冊。

浅川晃広《オーストラリア移民政策論》(2006, 中央公論事業出版)

青木麻衣子《オーストラリアの言語教育政策——多文化主義における多様性と統一性の揺らぎと》(2008, 東信堂)

松田陽子《多文化社会オーストラリアの言語教育政策》(2009, ひつじ書房)
　欧州との比較で移民・教育問題を扱っているのが次の書である。

G. ルヒテンベルク／山内乾史監訳《移民・教育・社会変動——ヨーロッパとオーストラリアの移民問題と教育政策》(2008, 明石書店)
　文化人類学的な視点で移民社会を描きだそうとしているのが,

村上優子《移民 inオーストラリア》(2009, 風響社)

石田由香・関根政美《アジア系専門職移民の現在》(2009, 慶應義塾大学出版会)

浅川晃広《オーストラリア移民政策論》(2006, 中央公論事業出版)
　次の1冊は,移民社会の現状から現代オーストラリアを論じている。

大石信行《えいろー・オーストラリア——アジア化に揺れる豪州》(2003, 明石書店)
　対外政策や国際関係についてどのように考えているのかを知るには,次の書が役に立つ。

P. キーティング／山田道隆訳《アジア太平洋国家を目指して——オーストラリアの関与外交》(2003, 流通経済大学出版会)

岡本次郎《オーストラリアの対外経済政策とASEAN》(2008, アジア経済研究所)
　経済構造について論じた書籍も数点あるが,さしあたり次の1冊が参考になる。

石田高生《オーストラリアの金融・経済の発展》(2005, 日本経済評論社)
　日本との関係という視点に立ってオーストラリア理解を深めるためには,

嶋津拓《オーストラリアにおける日本語教育の位置政策——その100年の変遷》(2008, 凡人社)

ヨーコ・ピンカートン《ふたつの文化に生きる——日本とオーストラリア》(2009, さんこう社)

松田陽子《多文化社会オーストラリアの言語教育政策》(2009, ひつじ書房)
　地誌エッセーとして,この国の魅力を紹介しようとする作品には,以下のものがある。

島崎博《オーストラリア——未来への歴史》(2004, 古今書院)

社本一夫《オーストラリア歴史と自然の紀行》(2007, 西田書店)

長井幸一《ひと味違うオーストラリア》(2007, 東京図書出版会)
　写真や図を多用してこの国の全貌をコンパクトに描き出しているのが,

K. ターナーほか《オーストラリア　ナショナルジオグラフィック世界の国》(2008, ほるぷ出版)
　映画制作を切り口にこの国の文化を追究しているユニークな作品として紹介したいのが,

佐和田敬司《オーストラリアの映画史——映し出された社会・文化・文学》(1998, オセアニア出版会)
　旅行記は沢山あるが,鉄道に絞り込んだ旅はこの本ぐらいで,鉄道マニアには楽しい。本書ではニュージーランドの鉄道も同時に扱っている。

秋山芳弘《オセアニアの鉄道》(2007, 旺文社)

【その他参考になる文献】
［概説・地誌・自然・歴史］

越智道雄《カリフォルニアの黄金——ゴールドラッシュ物語》(1990, 朝日新聞社)

柳宗民《オーストラリア・ニュージーランド　花の旅》(1990, 筑摩書房)

関根政美・鈴木雄雅・竹田いさみ・加賀爪優・諏訪康雄《概説オーストラリア史》(1988, 有斐閣)

NHK取材班編《NHK地球大紀行2　残されていた原始の海》(1987, 日本放送出版協会)

クレイグ・マクレガー／櫛田照子監訳《オーストラリアの人々》(1987, PMC出版)

アラン・ムーアヘッド／浦本昌紀訳《ダーウィンとビーグル号》(1982, 早川書房)

北大路弘信・北大路百合子《オセアニア現代史——オーストラリア・太平洋諸島》(1982, 山川出版社)

飯田深雪《オーストラリアの花——大自然の美ここに息づく》(1981, 海竜社)

ハーマン・カーンほか／麻生雍一郎・堀武昭訳《オーストラリアは大丈夫か?》(1980, サイマル出版会)

D. D. ハリス／谷内達訳《世界の地理教科書シリーズ5　オーストラリア——その国土と人々》(1980, 帝国書院)

ジョフリー・ブレーニー／長坂寿久・小林宏訳《距離の暴虐——オーストラリアはいかに歴史をつくったか》(1980, サイマル出版会)

アラン・ムーアヘッド／木下秀夫訳《恐るべき空白》(1979, 早川書房)

《世界の野生動物　サンゴ礁の生物》(1979, タイム・ライフ社)

《世界の野生動物　カンガルー,コアラ,カモノハシ》(1979, タイム・ライフ社)

木崎甲子郎《幻の内陸海——オーストラリアの探検史話》(1978, 山と渓谷社)

マニング・クラーク／竹下美保子訳《オーストラリアの歴史——距離の暴虐を超えて》(1978, サイマル出版会)

ロン&バリー・テイラー《さんご礁の対話》(1977, マリン企画)

H.J. フリスほか／白石哲訳《世界の動物記5　カンガルー》(1974, 思索社)

ドナルド・ホーン／竹下美保子訳《オーストラリアの解剖——羊毛大陸から資源供給国へ》(1972, サイマル出版会)

《世界のどうぶつ5　オーストラリア・南極》(1971, 学習研究社)

[政治・経済・社会]

染谷俶子《オーストラリアの高齢者福祉——豊かな国の豊かな老後》(1999, 中央法規出版)

山中雅夫・川口章編《オーストラリアの産業政策と日本の多国籍企業》(1998, 八千代出版)

長淵満男《オーストラリア労働法の基軸と展開》(1996, 信山社出版)

V.J. カラン／関根政美・関根薫訳《オーストラリア社会問題入門》(1995, 慶應通信)

大塚勝夫《比較経済発展論——日本とオーストラリア》(1995, 早稲田大学出版部)

高野仁《福祉大国も楽じゃない——オーストラリアでは》(1995, 日本貿易振興会)

岩本祐二郎《オーストラリアの内政と外交・防衛政策》(1993, 日本評論社)

竹田いさみ《移民・難民・援助の政治学——オーストラリアと国際社会》(1991, 勁草書房)

《オーストラリア鉱業法要覧》(1989, 金属鉱業事業団資料センター)

《JETRO貿易市場シリーズ281　オーストラリア》(1988, 日本貿易振興会)

ジーン・マーチン／古沢みよ訳《オーストラリアの移民政策》(1987, 勁草書房)

《オーストラリア・ウール・インダストリー》(1987, オーストラリア羊毛公社)

ロス・マーチン／堀武昭訳《オーストラリアの労働組合》(1986, 勁草書房)

ブランシュ・デルピュージュ／小林宏訳《ホークとその時代》上・下(1985, 勁草書房)

ジャパナリシス編《ワーキング・ホリデー・ガイド》(1985, 語研)

《ジェトロ海外調査シリーズ216　豪州の資源・エネルギー開発プロジェクトの現状と展望》(1982, 日本貿易振興会)

関口末夫・日本経済研究センター編《環太平洋圏と日本の直接投資》(1982, 日本経済新聞社)

《オーストラリアの労働事情——日系企業と経営風土》(1982, 日本労働協会)

小島清・豪日調査委員会編《豪州経済ハンドブック》(1981, 日本経済新聞社)

クーパーズ・ライブランド《1980年代のオーストラリア——ビジネスマン及び投資家のためのガイド》(1981, インパクト・グラフィックス)

《ジェトロ海外調査シリーズ120　豪州のエネルギー資源》(1980, 日本貿易振興会)

《オーストラリアの法とビジネス》(1979, 日豪経済委員会)

《オーストラリアの鉱業と外資》(1978, 日本貿易振興会海外情報センター)

横田哲治《牛肉はなぜ高いか》(1977, サイマル出版会)

《わが国海外進出企業の労働問題——オーストラリア》(1976, 日本労働協会)

林潔《オーストラリア・ニュージーランド・太平洋地域の大学と学生相談》(1976, ブレーン出版)

オーストラリア天然ガス調査団《オーストラリア天然ガス資源調査報告書》(1971, 天然ガス鉱業会)

[文化・言語]

金田章裕《オーストラリア景観史　カントリータウンの盛衰》(1998, 大明堂)

石橋百代《オーストラリアの女性》(1997, ドメス出版)

大津彬裕《オーストラリア人物語》(1996, 大修館書店)

ベルリッツ《オーストラリア英語》(1996, 丸善)

大津彬裕《オーストラリア　変わりゆく素顔》(1995, 大修館書店)

鈴木清史《都市のアボリジニ——抑圧と伝統のはざまで》(1995, 明石書店)

松山利夫《ユーカリの森に生きる　アボリジニの生活と神話から》(1994, 日本放送出版協会)

堀武昭《オーストラリアA to Z》(1993, 丸善)

鈴木清史《アボリジニー——オーストラリア先住民の昨日と今日》(1993, 明石書店)

白石理恵《精霊の民アボリジニー》(1993, 明石書店)

小山修三《狩人の大地——オーストラリア・アボリジニの世界》(1992, 雄山閣出版)

斎藤枝代子《シドニー・カルチャー・シーン》(1992, 社会思想社)

杉本良夫《オーストラリア6000日》(1991, 岩波新書)

有川治男・喜多崎親編《オーストラリア絵画の200年——自然、人間、芸術》(1992, 日本経済新聞社)

中野不二男編《もっと知りたいオーストラリア》(1990, 弘文堂)

新保満《悲しきブーメラン》(1988, 未来社)

沢田敬也編著《オーストラリア・ニュージーランド英語辞典》(1987, オセアニア出版社)

森本勉《入門オージーイングリッシュ——オーストラリア英語の口語表現》(1987, 研究社出版)

中野不二男《マリーとマサトラ——日本人ダイバーとアボリジニーの妻》(1986, 文芸春秋)

K. マドック／松本博之訳《オーストラリアの原住民》(1986, 勁草書房)

中野不二男《アボリジニーの国──オーストラリア先住民の中で》(1985, 中央公論社)

越智道雄《新世界の文化エトス──オーストラリアの場合》(1984, 評論社)

ジェフリー・ブレーニー／越智道雄・高野真知子訳《アボリジナル》(1983, サイマル出版会)

金山宣夫《比較文化事典4　日本・オーストラリア・カナダ》(1983, 大修館)

新保満《オーストラリアの原住民──ある未開社会の崩壊》(1980, 日本放送出版協会)

新保満《野生と文明──オーストラリア原住民の間で》(1979, 未来社)

デュルケム／古野清人訳《宗教生活の初形態》上・下(1975改訳, 岩波書店)

[小説・エッセー]

伊藤伸平《旅大陸オーストラリア》(1998, 凱風社)

《オーストラリア辺境(フロンティア)物語》(1998, 大修館書店)

パトリック・ホワイト／越智道雄訳《ヴォス　オーストラリア探検家の物語》上・下(1997, サイマル出版会)

景山民夫《モンキー岬》(1991, 角川書店, 1995, 角川文庫)

メアリー・ホワイト／越智道雄訳《ぼくの中のぼく》(1990, 評論社)

牟田おりえ《オーストラリアの児童文学──ブッシュに消えた子どもたち》(1989, 中教出版)

日本ペンクラブ・越智道雄編《オーストラリア読本》(1989, 福武書店)

E.J. バンフィールド／越智道雄訳《渚の生活》(1988, リブロポート)

越智道雄・宮下嶺生・山崎真秬訳《帽子を回せ──ヘンリー・ローソン傑作短編集》(1987, サイマル出版会)

稲垣早苗《サニーサイドストーリー──私のオーストラリア留学体験記》(1987, 主婦の友社)

百々佑利子訳《悪魔の犬エリンチャ──オーストラリアの昔ばなし》(1986, 小峰書店)

ビル・ピーチ／越智道雄訳《南十字星下の黄金》(1986, リブロポート)

関楠生訳《世界の民話36　オーストラリア》(1986, ぎょうせい)

ジョフリー・ダットン編／越智道雄監訳《ペンギン版オーストラリア文学史》(1985, 研究社)

クレアモント康子編訳《二十世紀オーストラリア詩紹介》(1985, 玉川大学出版部)

J. グリーアオン／麻生雍一郎ほか訳《オーストラリア名画の旅》(1985, PMC出版)

山本秀哉・ACEカレッジ友の会編著《働いて旅したオーストラリア──ワーキング・ホリデー体験記》(1985, 御茶の水書房)

コリーン・マカラック／田中融二訳《ソーンバーズ》全3巻(1984, 講談社)

ウォルター・ハミルトン, ハミッシュ・マクドナルド／越智道雄訳《コアラの本》(1984, サイマル出版会)

玉井勝美《南十字星になったコアラの話》(1984, 講談社)

越智道雄・百々佑利子監訳《現代オーストラリア短編小説集》上・下(1983, 評論社)

粉川哲夫《遊歩都市──もうひとつのオーストラリア》(1983, 冬樹社)

アーサー・アップフィールド／越智道雄訳《ボニーと砂に消えた男》(1983, 早川書房)

同《ボニーと警官殺し》(1982, 早川書房)

同《ボニーと風の絞殺魔》(1982, 早川書房)

マイルズ・フランクリン／井上章子訳《わが青春の輝き》(1982, サンリオ)

パトリシア・ライトソン／猪熊葉子訳《星に叫ぶ岩ナルガン》(1982, 評論社)

キャス・ウォーカー／小野木淳子訳《夢のストラドブローク島》(1981, 門土社)

畑正憲《オーストラリア愛》(1981, 広済堂出版)

ヘンリー・G. ラモンド／越智道雄訳《魔の犬ディンゴ》(1980, パシフィカ)

司馬遼太郎《木曜島の夜会》(1977, 文芸春秋. 1980, 文春文庫)

ディック・ラウジイ／白石かずこ訳《大きな悪魔のディンゴ》(1980, 集英社)

チャールズ・P. モントフォード／水谷昭夫訳《ドリームタイム》(1980, サンリオ)

ノーマン・リンゼイ／小野章訳《まほうのプディング》(1979, 講談社)

ナン・チョンシー／町田日出子訳《わが家は世界の果て》(1979, 評論社)

ジョン・クリアリー／沢川進訳《悪女が笑うとき》(1979, 角川書店)

ザヴィア・ハーバート／越智道雄訳《かわいそうな私の国》全11巻(1978-83, サイマル出版会)

A. マッカーサー=オンスロー／神宮輝夫訳《森の子ユーフー》(1977, 小学館)

井上ひさし《黄色い鼠》(1977, 文芸春秋)

ヘスバ・フェイ・ブリンズミード／越智道雄訳《青さぎ牧場》(1976, 冨山房)

アイヴァン・サウソール／小野章訳《ジョシュ》(1975, 評論社)

エセル・ターナー／平松幹夫訳《七人のオーストラリアの子供たち》(1975, 学研)

パトリック・ホワイト／越智道雄訳《ヴォス──オーストラリア探検家の物語》上・下(1975, サイマ

ル出版会)
山本道子《ベティさんの庭》(1973, 新潮社)
ドロシー・ウォール／井出弘子訳《いたずらブリンキー》(1972, 童心社)
コリン・シンプソン／竹下美保子訳《今日に生きる原始人——オーストラリア原住民》(1972, サイマル出版会)
《オーストラリア・ジョッキー・クラブ競馬施行規程》(1965, 日本中央競馬会)
ネヴィル・シュート／井上勇訳《渚にて——人類最後の日》(1965, 東京創元社)

ニュージーランド

ニュージーランドについての邦文文献は案外に少ない。近年では紀行文, 留学案内を含めたガイドブック的なものは増えているが, オーストラリアとともに紹介される書物も少なくない。まず, 一般的, 全体的な理解に役立つのは,
ニュージーランド学会編《ニュージーランド百科事典》(2007, 春風社)
日本ニュージーランド学会編《ニュージーランド入門》(1998, 慶応義塾大学出版会)
青柳真智子編《ニュージーランドを知るための63章》(2008, 明石書店)
池上健一《ニュージーランドA to Z》(1998, 丸善)
この国の暮らしや文化をもう少し知りたいときは, 次の書が参考になる。
青柳真智子《もっと知りたいニュージーランド》(1997, 弘文堂)
旅行ガイドの類はたくさん出ているが, ちょっと視点を変えて見るとき役立つのが,
浅井隆ほか《ニュージーランド財産防衛計画》(2006, 第二海援隊)
斉藤完治《極楽ニュージーランドの暮らし方》(2004, 山と渓谷社)
オセアニア交流センター編《ワーキングホリデー in ニュージーランド》(2004, 三修社)
は, 頻繁に更新版が出版される。
写真を多用して易しく現状社会を紹介していて楽しめるのが,
岡崎務《体験取材！世界の国ぐに9 ニュージーランド》(2006, ポプラ社)
エッセー, 紀行文も多いが, その中でエコツーリズムの観点から見ているのが,
青柳光郎《ニュージーランドエコ紀行》(2008, 七つ森書館)
俳人が歩いた紀行文が
黛まどか《ニュージーランド 真夏の聖夜の旅》(2008, 東京書籍)
英文学者の紀行文が

金山等《白雲のたなびく国——ニュージーランド物語》(1997, 論創社)
その他にも楽しい旅行記は幾冊も出ている。
峯吉知子《ニュージーランドの休日》(2006, 東京書籍)
原田純一郎《ニュージーランド紀行》(1994, 彩流社)
川瀬勇《ニュージーランドの素顔——その魅力と喜悦・平安を求めて》(1994, 山手書房新社)
先住民の伝統文化を探るためには, 次の2書がある。
ロビン・カフキク／浜島代志子訳《タニファー ニュージーランドの民話》(1989, 偕成社)
アントニー・アルパーズ／井上英明訳《ニュージーランド神話——マオリの伝承世界》(1997, 青土社)
マオリ問題についての研究成果を発表した書籍には, 次のものがある。
伊藤泰信《先住民の知識人類学=マオリの知と社会に関するエスノグラフィー》(2007, 世界思想社)
平松紘・申恵豊《ニュージーランド先住民マオリの人権と文化》(2000, 明石書店)
ニュージーランドの政治やその社会問題について論じているのが, 次の数冊である。
和田明子《ニュージーランドの市民と政治》(2000, 明石書店)
高橋康昌《斜光のニュージーランド》(1997, 東宛社)
小松隆二《理想郷の過去・現在・未来》(1996, 論創社)
小さいながら, ニュージーランドが実施してきた福祉や医療, 教育行政に関して, 外国からの関心が高い。これらを紹介したり, 日本との比較を試みて論じようとしたりする研究者も多く, その関連の書物も少なくない。
永野和雄ほか《日本の医療崩壊を救う地域医療経営——ニュージーランドの医療革命に学ぶ》(2009, 税務経理協会)
ジョナサン・ホストンほか《ニュージーランド福祉国家の再設計》(2004, 法律文化社)
高橋文utility編《21世紀日本の再構築——ニュージーランドに学ぶ》(2002, 晃洋書房)
八巻正治《アオテアロア——ニュージーランドの福祉》(2001, 学苑社)
石附実ほか《オーストラリア・ニュージーランドの教育》(2001, 東信堂)
平松紘《ニュージーランドの環境保護——楽園と行革を問う》(1999, 信山社出版)
小松隆二《先進国の社会保障(2)——ニュージーランド・オーストラリア》(1999, 東京大学出版会)
八巻正治《羊の国で学んだこと——ニュージーランドの特別教育と福祉》(1995, 学苑社)
外国から注目される国家の形を作り上げてきた

この国の思想家たちを紹介しているのが，次の書．

ニュージーランド研究同人会《ニュージーランドの思想家たち》(2001，論創社)

経済構造の面から論じているのが，

パール・ダルジール《ニュージーランド・マクロ経済論──改革の成果と評価》(1998，梓出版)

【その他参考になる文献】

小松隆二《ニュージーランドの労働事情──その歴史と現状》(1988，日本労働協会)

地引嘉博《現代ニュージーランド》(1984，サイマル出版会)

青木公・百々佑利子訳《ニュージーランド史──南海の英国から太平洋国家へ》(1982，評論社)

アントニー・アルパーズ編著／井上英明訳《マオリ神話》(1982，サイマル出版会)

百々佑利子ほか訳《現代ニュージーランド短編小説集》(1981，評論社)

在日外国公館／在外日本公館

在日外国公館　2010年3月31日現在

オーストラリア大使館
〒108-8361　東京都港区三田2丁目1-14
TEL03-5232-4111

在大阪オーストラリア総領事館
〒540-6129　大阪市中央区城見2丁目1-61　Twin21 MIDタワー16階
TEL06-6941-9271

在福岡オーストラリア総領事館
〒810-0001　福岡市中央区天神1丁目6-8　天神ツインビル7階
TEL092-734-5055

在札幌オーストラリア領事館
〒060-0005　札幌市中央区北5条西6-2-2　札幌センタービル17階
TEL011-242-4381

在東京キリバス共和国名誉総領事館
〒107-0061　東京都港区北青山1丁目2-3　青山ビル13階
TEL03-5411-5967

在東京ソロモン諸島名誉領事館
〒102-0093　東京都千代田区平河町2-16-15　北野アームス10階
TEL03-3265-3470

サモア独立国大使館
〒104-0142　東京都中央区入船2-7-3　政光ビル3階
TEL03-6228-3692

在東京ツバル名誉総領事館
〒107-0061　東京都港区北青山1丁目2-3　青山ビル13階
TEL03-5411-5967

ニュージーランド大使館
〒150-0047　東京都渋谷区神山町20-40
TEL03-3467-2271

在福岡ニュージーランド名誉領事館
〒812-8566　福岡市博多区博多駅前3-25-21　九州旅客鉄道株式会社内
TEL092-474-2179

在大阪ニュージーランド名誉領事館
〒530-8323　大阪市北区中崎西2-4-12　梅田センタービル　ダイキン工業株式会社内

TEL06-6373-4583

在名古屋ニュージーランド名誉領事館
〒454-0802　名古屋市中川区福住町2-26　リンナイ株式会社内
TEL052-361-8211

在札幌ニュージーランド名誉領事館
〒001-0038　札幌市北区北38条西2-1-26
TEL011-802-9272

パプアニューギニア大使館
〒108-0073　東京都目黒区下目黒5丁目32-20
TEL03-3710-7001，03-3710-7040

パラオ共和国大使館
〒160-0001　東京都新宿区片町1番1-201号
TEL03-3354-5500

フィジー諸島共和国大使館
〒106-0041　東京都港区麻布台2丁目3-5　ノア・ビルディング14階
TEL03-3587-2038

在大阪フィジー諸島共和国名誉領事館
〒530-0046　大阪市北区菅原町11番11号　大作AMビル7階　伏見印刷株式会社内
TEL06-6312-0711

マーシャル諸島共和国大使館
〒160-0012　東京都新宿区南元町9-9　明治パークハイツ101号
TEL03-5379-1701

ミクロネシア連邦大使館
〒107-0052　東京都港区赤坂1-14-2　霊南坂ビルディング2階
TEL03-3585-5456

在伊丹ミクロネシア連邦名誉総領事館
〒664-0882　兵庫県伊丹市鈴原町4-7-6
TEL072-777-0301

＊http://www.mofa.go.jp/mofaj/annai/zaigai/list/index.html
を参考にした。

在外日本公館　2010年3月31日現在

在オーストラリア大使館
Embassy of Japan. 112 Empire Circuit, Yarralumla, Canberra

A. C. T. 2600, Australia
TEL(61-2)6273-3244 FAX(61-2)6273-1848
http://www.au.emb-japan.go.jp/

在シドニー総領事館
Consulate-General of Japan. Level 34, Colonial Centre, 52 Martin Place, Sydney, N. S. W. 2000, Australia (G. P. O. Box No. 4125, Sydney 2001)
TEL(61-2)9231-3455 FAX(61-2)9221-6157
http://www.sydney.au.emb-japan.go.jp/

在パース総領事館
Consulate-General of Japan. 21st Floor, The Forrest Centre, 221 St. George's Terrace, Perth, W. A. 6000, Australia (P. O. Box 7347, Cloisters Square, Perth W. A. 6850)
TEL(61-8)9480-1800 FAX(61-8)9321-2030
http://www.perth.au.emb-japan.go.jp/index_j.htm

在ブリスベーン総領事館
Consulate-General of Japan. 17th Floor, 12 Creek Street, Brisbane, Queensland 4000, Australia
TEL(61-7)3221-5188 FAX(61-7)3229-0878
http://www.brisbane.au.emb-japan.go.jp/

在ケアンズ出張駐在官事務所
Branch Office in Cairns, Consulate-General of Japan at Brisbane. Level 15, Cairns Corporate Tower, 15 Lake Street, Cairns, QLD 4870, Australia
TEL(61-7)4051-5177 FAX(61-7)4051-5377

在メルボルン総領事館
Consulate-General of Japan. 45th Floor, Melbourne Central Tower, 360 Elizabeth Street, Melbourne, Victoria, 3000, Australia
TEL(61-3)9639-3244 FAX(61-3)9639-3820
http://www.melbourne.au.emb-japan.go.jp/index_j.html

在ソロモン大使館
Embassy of Japan. 3rd Floor, National Provident Fund Building, Mendana Avenue, Honiara, Solomon Islands (P. O. Box 560)
TEL(677)22953/閉館時緊急電話(677)20607 FAX(677)21006
＊大使は在パプアニューギニア大使が兼務。

在トンガ大使館
Level 5, National Reserve Bank of Tonga Building, Salote Road, Fasi moe Afi, Nuku'alofa, Kingdom of Tonga (P. O. BOX 330)
TEL(676)22221 FAX(676)27025

在ニュージーランド大使館
Embassy of Japan. Level 18, Majestic Centre, 100 Willis Street, Wellington 1, New Zealand (P. O. Box 6340)
TEL(64-4)473-1540 FAX(64-4)471-2541
＊在ニュージーランド大使館は、サモアも兼轄。
http://www.nz.emb-japan.go.jp/index_j.htm

在クライストチャーチ出張駐在官事務所
Consular Office of Japan. Level 5, Forsyth Barr House, 764 Colombo Street, Christchurch 1, New Zealand
TEL(64-3)366-5680 FAX(64-3)365-3173
http://www.nz.emb-japan.go.jp/consular_office/index_j.htm

在オークランド総領事館
Consulate-General of Japan. Level 12, ASB Bank Centre, 135 Albert Street, Auckland 1, New Zealand (P. O. Box 3959)
TEL(64-9)303-4106 FAX(64-9)377-7784
http://www.nz.emb-japan.go.jp/auckland/index_j.htm

在パプアニューギニア大使館
Embassy of Japan. 1st & 2nd Floor, Cuthbertson House, Cuthbertson St. Port Moresby, NCD, Papua New Guinea (P. O. Box 1040, Port Moresby 121)
TEL(675)321-1800/1483/1305 FAX(675)321-4868
＊在パプアニューギニア大使は、ソロモン大使も兼務。

在ポートモレスビー総領事館
Consulate-General of Japan
＊事務所は、在パプアニューギニア大使館内。

在パラオ大使館
Embassy of Japan. Palau Pacific Resort, Arakebesang, Koror, Republic of Palau 96940 (P. O. Box 6050)
TEL(680)488-6455/6456 FAX(680)488-6458

在フィジー大使館
Embassy of Japan. 2nd Floor, Dominion House, 1 Suva, Fiji (G. P. O. Box 13045)
TEL(679)3304633 FAX(679)3302984
http://www.fj.emb-japan.go.jp/JapaneseVersion/index_j.html
＊在フィジー大使館は、バヌアツ、キリバス、ツバル、ナウルを兼轄。

在マーシャル大使館
Embassy of Japan. A-1 Lojkar Village, Majuro, Republic of the Marshall Islands (P. O. Box 300, Majuro, Marshall Islands, 96960)
TEL(692)247-7463/7483 FAX(692)247-7493
＊大使は在ミクロネシア大使が兼務。

在ミクロネシア大使館
Embassy of Japan. "Pami Building", 3rd Floor, Kolonia, Pohnpei, Federated States of Micronesia 96941 (P. O. Box 1837, Kolonia, Pohnpei, F. S. M. 96941)
TEL(691)320-5465 FAX(691)320-5470
http://www.micronesia.emb-japan.go.jp/index_j.html
＊在ミクロネシア大使は、マーシャル大使も兼務。

＊http://www.mofa.go.jp/mofaj/link/emblist/index.html を参考にした。電話番号の（ ）内は、（国番号-地域番号）を示す。

オセアニア関連のURLリスト

データは2010年1月現在
作成　長戸結未

国別/地域情報

世界の国旗ウェブ・サイト
　http://www.crwflags.com/fotw/flags/
　　各国の国旗とその歴史などを詳細に紹介する。
全米地理学協会
　http://www.nationalgeographic.com/
　　マップ・アトラスからアクセスできる。
アメリカ中央情報局CIAワールド・ファクト・ブック
　http://www.cia.gov/library/publications/the-world-factbook/index.html
　　地域・国別のページがあり、国際機関・団体の詳細なリスト、用語解説を掲載している。
ミシガン大学文献センター
　http://www.lib.umich.edu/government-documents-center
　　人口、経済指標、教育などの統計資料、地域研究などの多様な資料にアクセスできる。
オーストラリア国立大学のアジア研究バーチャル・ライブラリー
　http://coombs.anu.edu.au/WWWVL-AsianStudies.html
　　アジアと太平洋地域の広範な資料を提供する。
鹿児島大学多島圏研究センター
　http://cpi.kagoshima-u.ac.jp/index-j.html

国外/国際機関/団体/研究機関

国連機関
　http://www.unsystem.org/
　　国連食糧農業機関FAO
　http://www.fao.org/
世界銀行IBRDのオセアニア関連
　http://www.worldbank.org/eap
国際通貨基金IMF
　http://www.imf.org/
国連開発計画UNDP
　http://www.undp.org/
ユネスコUNESCOの世界遺産リスト
　http://whc.unesco.org/en/list
国連難民高等弁務官事務所UNHCR
　http://www.unhcr.org/
国連アジア太平洋経済委員会ESCAP
　http://unescap.org/
　　アジア諸国と太平洋諸国に関する統計を含む。
米国東西センター
　http://www.eastwestcenter.org/

国内/政府機関/団体/研究機関

外務省
　http://www.mofa.go.jp/mofaj/
　　外交政策（政府開発援助ODA、世界遺産）、渡航関連情報（海外危険・安全情報）、組織案内、出版物（外交青書・白書）、ワールド・ジャンプ（世界の国一覧、国別情報）などで構成。リンクページに在外日本公館、在日外国公館のリスト、国際協力機構JICAの任国情報、駐日国際機関など。
国際協力機構JICA
　http://www.jica.go.jp/
　　任国情報はJICA関係者が開発途上国に赴任する際、生活上必要な情報を提供するもの。リンクページに外務省、国際協力銀行、国連機関など。
国際協力銀行JBIC
　http://www.jbic.go.jp/ja/
日本貿易振興機構JETROアジア経済研究所
　http://www.ide.go.jp/Japanese/
日本ユネスコ連盟
　http://www.unesco.jp/
社団法人太平洋諸島地域研究所
　http://www.jaipas.or.jp/
　　太平洋島嶼地域に関する情報・研究論文などを掲載する。
国際機関　太平洋諸島センター
　http://www.pic.or.jp/

言語

民族言語Ethnologue世界の言語
　http://www.ethnologue.com/

博物館

国立民族学博物館
　http://www.minpaku.ac.jp/
京都大学総合博物館
　http://www.museum.kyoto-u.ac.jp/
　　リンクページに，学会や，内外の博物館をリストアップしている．スミソニアン博物館，大英博物館，オーストラリア国立博物館などにアクセスできる．

図書/文献

オランダのナイメーヘン大学，太平洋研究センター
　http://www.ru.nl/caos/cpas/
　　膨大な文献データベースがオンラインで利用できる．
文部科学省学術情報センター総合目録情報データベース検索NACSIS　Webcat
　http://webcat.nii.ac.jp/
国内の大学図書館・研究機関のサーバー
　http://www.libra.titech.ac.jp/libraries_Japan.html
世界の図書館サーバーLibweb-Library Servers via WWW
　http://berkeley.worldcat.org/
アメリカ議会図書館Library of Congress
　http://www.loc.gov/index.html
　　世界最大規模の蔵書を誇るアメリカ議会図書館に保存されている資料の閲覧．

世界遺産[オセアニア]

2010年1月現在のユネスコ世界遺産・総計890（文化遺産689，自然遺産176，複合遺産25）のうち，オセアニア地域にあるものを国別に示した。世界遺産をもたない締約国および未締約国は，末尾に示した。海外領などにある遺産は＊を付して表示した。Cは文化遺産，Nは自然遺産，N/Cは複合遺産を示す。

国名（世界遺産条約加盟年）と世界遺産名		登録年月日	種類
オーストラリア（1974）	ウィランドラ湖群地域	1981/10/30	N/C
	グレート・バリア・リーフ	1981/10/30	N
	カカドゥ国立公園	1981/10/30, 1987/12/11, 1992/12/14	N/C
	ロード・ハウ諸島	1982/12/17	N
	タスマニア原生地域	1982/12/17, 1989/12/15	N/C
	中東部オーストラリアの熱帯雨林保護区	1986/11/28, 1994/12/17	N
	ウルル・カタジュタ国立公園	1987/12/11, 1994/12/17	N/C
	クイーンズランドの湿潤熱帯地域	1988/12/9	N
	西オーストラリアのシャーク湾	1991/12/13	N
	フレーザー島	1992/12/14	N
	オーストラリアの哺乳類化石地帯（リバースリーとナラコーテ）	1994/12/17	N
	ハード島とマクドナルド諸島（南インド洋）	1997/12/6	N
	マッコリー島	1997/12/6	N
	グレーター・ブルー・マウンテンズ地域	2000/11/28	N
	パーヌルル国立公園	2003/7/5	N
	王立展示館とカールトン公園	2004/7/7	C
	シドニー・オペラハウス	2007/6/28	C
ソロモン諸島（1992）	東レンネル	1998/12/5	N
ニュージーランド（1984）	テ・ワヒポウナム（ニュージーランド南島の南西部）	1990/12/12	N
	トンガリロ国立公園	1990/12/12, 1993/12/11	N/C
	ニュージーランドの亜南極諸島	1998/12/5	N
＊ハワイ（アメリカ合衆国の州）	ハワイ火山国立公園	1987/12/11	N
＊ヘンダーソン島（イギリス領ピトケアン島群）	ヘンダーソン島	1988/12/9	N
＊イースター島（チリ領）	ラパ・ニュイ国立公園	1995/12/9	C
パプアニューギニア（1997）			
フィジー（1990）			
キリバス（2000）			
サモア（2001）			
トンガ（2004）			
バヌアツ（2002）			
パラオ共和国（2002）			
マーシャル諸島共和国（2002）			
ミクロネシア連邦（2002）			
ツバル（未締約）			
ナウル（未締約）			

ユネスコ・世界遺産のホームページ（http://whc.unesco.org/en/list）を参考にした。

索引

1
索引の見出し語のうち、本事典で独立項目となっているものは太字(ゴシック体)で示した。本文から採った索引項目は細字(明朝体)として区別した。

2
索引の見出し語の次に示す数字はページ数であり、aはページの左段、bはページの右段にあることを示す。また、fは図または図の解説にあることを示す。

3
ページ数や段が2つ以上ある索引項目については、ページ数の若い順、a、b、fの順に並べた。ただし、独立項目が含まれる場合は、最初にそのページ数と段を示した。

4
同一の事項であっても、読みや表記が異なる場合、あるいは別称などの場合も、それぞれ索引項目とした。

ア

アイアンマン・アイアンウマン・レース 133a
アイガ 295a
相沢進 22a
アイツタキ[島] **22a**
アイバドール 22b, 33a, 45a, 100a
アイランダー➡**パシフィック・アイランダー**(233a)
アウキ 300b
アウストロネシア語族 65b
アウトステーション 25a
アウトバック 379a
アウトリガー 88a
アオテアロア 291b, 412a
アオテアロア図書館情報協会 55b
アオバネワライカワセミ 352b
アオラキ[山] 106b
アカウレア 274b
アカカンガルー 96a, 96f
アカクビワラビー 96f
アカシア 352
《赤ちゃんの本棚》 236b
アガニャ 22b
《アク・アク》 275b
《悪魔の弁護士》 47a
アコル村 323a
朝日村 241a
アジア会館 43b
アジア協会 43b
アジア極東経済委員会 55a
アジア太平洋共同体 370a
アジア太平洋経済協力 23a

アダムソン, R. 23a
新しいオーストラリア人 42a
アーチバルド, J.F. 273a
アッシュズ・シリーズ 110b
アップフィールド, A.W. 23b, 50b
アテア 338a
アデアン, D. 406b
アテニシ大学 23b
アデレード 24a
アデレード芸術祭 382b
アトゥオナ 258b
Advance Australia Fair' 210a
アドミラルティ[諸島] **24a**
アナタハン[島] **24b**
ANAデー 64a
アニバーサリー・デー 64a
アヌー, C. 385b
アヌツ 76b
アーネムランド 24b, 192b
アーネムランド・アボリジニ 24b
ア・バイ 310a
アピア 25b
アフ 25b, 37b
アフェナ・ヘイアウ 274b
アフガン・エクスプレス 175a
アボリジナル 26a
アボリジニ 26a, 70b
アボリジニ(映画) 147a, 151a, 198a, 323b
アボリジニ(演劇) 198b, 208a
アボリジニ(音楽) 383b
アボリジニ(画家) 213a
アボリジニ(儀式) 126b
アボリジニ(言語) 63b, 359b

アボリジニ(混血児) 226b
アボリジニ(神話) 59a, 92b, 97a, 106a, 117a, 195b, 218a, 237b, 244a, 352a, 352b, 353a
アボリジニ(政治活動家) 252b
アボリジニ(タスマニア) 177b
アボリジニ(道具) 269c
アボリジニ(都市部) 202b
アボリジニ(俳優) 94a
アボリジニ(美術) 25a, 77a, 273a, 379a
アボリジニ(民族集団) 31b
アボリジニ・アイデンティティ 190b
アボリジニ権利運動 198b
アボリジニ省 30a
アボリジニ土地権法 25a, 30a
《アボリジニの滅亡》 276a
アボリジニ問題担当省 159a
アボリジニ和解委員会 30b, 204b
アーミデール 31a
アームストロング, G.A. **31a**
アメリカ自治領 390a
アメリカ信託統治領 438a, 440b
アメリカ領サモア 356a, 133b
アモク村 305c
アラバケツ 243b
アラフラ 279a
アラフラ海 31b
アラペシュ族 230a
アラワ 266a
アランタ 31b, 190b
アランダ族 31b
アランダ派 213b
アリイ 32a

アリイ・アイモク　248a
アリイ・ヌイ　32a
アリススプリングズ　32b, 190b
蟻塚　32b
アール, A.　33a
RSL　35a, 210b
アルクライ　33a, 22b, 45a, 304b
アルチェリンガ　384b
アルテア式井戸　264a
RPCR　410b
アルミナ精錬所　124b
アレアレ地域　300b
アレオイ　81b
アレオプ・エナプ　76a
アレグザンドラ牧場　51a
アレン, P.　33a, 385a
アレンズ, W.　147a
アロハ　33b
《アロハ・オエ》　245b, 340a
アロハシャツ　33b
アロハ・ステート　245b
アンガウル[島]　33b
アンガス, D.　347b
アンガス, G.F.　33b
アンガス＝ロバートソン社　347a
アングロ・ケルティック　209b
暗黒の土曜日　396a
アンザス危機　9b
ANZUS条約　34a, 249a, 313a, 348a
ANZAC　34b, 93a, 210a, 413b
アンザック協定　9b
ANZAC軍　93a
アンザック・デー　35a, 93b, 143a, 210b
アンセット・ニュージーランド　118b
アンダムーカ　79b
アンティポディーズ[諸島]　35b
アンテロープ号　45a
アーン・マレイ事件　35b

イ

イエレミア, A.　401b
イェンゼン, A.　147a, 149a
石杵　36a
石手斧　36a
石干見　36b
イースター[島]　37a, 25b, 191a, 191f, 225b, 346a
イースト・ウェスト・センター　38a
《偉大なるニュージーランド神話》　422a
イタリア系移民　184a
《一年このの一日》　34b
一妻多夫婚　304a
《5つの鐘》　154b
一夫多妻　27a
イディド地区　127b
イ・トカトカ　295b
イナシ　200a

犬　38b
イバイ[島]　113b
イヒマエラ, W.　39a, 131a, 423a
イプ　246b
イプスウィッチ　271b
イマタ・カブラ　438b
イメジ[島]　140b
移民　39a, 42a, 183b, 210a, 215a, 219b, 373a
移民制限法　41b
イリアンジャヤ　142a
イリイリ　78a, 246b
入墨　43a, 250a, 287b, 304a
イロイジ議会　438b
岩田喜雄　43b
印僑　40b
インターナショナル・パシフィック大学　242a
《インディアン・パシフィック》　174b
インドクワズイモ　186a
インド系移民　40b, 434a
インドシナ難民　101b, 215b
インド人留学生襲撃事件　373a
インド・西太平洋海洋生物地理区　166b
インドネシア語派　65b
インバカーギル　44a
インパージャ　376a

ウ

ウィアー, P.　44a, 93b
ウィック判決　159b
ウィットラム, E.G.　44b, 66a, 363a, 367b
ウィリアムズ, J.　44b
ウィリアムズ, W.　292b, 422a
ウィリアムソン, D.　44b, 381b
ウィルズ, W.　231a
ウィルソン, H.　45a
ウィングズ　271b
ウィンティ, P.　45a
ウィンドワード[群島]　161b
ウィントン, T.　45b
ウェ　347b
ウエキ, M.　46a
ウェーク[島]　46a
ウェークフィールド, E.G.　46b, 222b
ウェザーコースト　86a
ウェスタンオーストラリア[州]　46b
ウェスタンオーストラリア舞台芸術学院　382b
ウェスト, M.L.　47a
ウェストミンスター憲章　47a
ウェズリー派伝道団　47b, 275b, 405b
ウェーバ　47b
《ウエハラサイクル》　83a

ウェーラー　52a
ウェリントン　48a
ウェリントン港　48a
ウェント, A.　48a
ウェントワース, W.C.　57b
ウォーカー➡**ウジェルー**（51b）
ウォガウォガ　48b
ウォータービュー・ハウス　243a
ウォード, V.　423b
ウォドンガ　81b
ウォリス[諸島]　48b
ウォリス, S.　49a, 180b
《**ウォルシング・マチルダ**》　49a, 155a, 235a, 385a
ウォレス, A.　204a
ウォンガヌイ　354a
ウォンジナ　31a
ウォンバット　49b
ウクレレ　245b, 247a
鬱金（ウコン）　50a
兎　50b
牛　50b, 274a
ウシアイ人　299a
ウジェルー　51b
内南洋　51b
ウドウド　51b
うなり木　78a
ウベア　277b
ウベア[島]　48b, 347b
ウポル[島]　302b
馬　52a
海のモンゴロイド　73b
ウム　52b, 146a, 267b, 287b
羽毛貨　136b
ウーヤン・ユ　377b
ウラ　81b
ウラニウム　52b, 218b
ウリーウリー　51b
ウルダネータ, A. de　53b, 167b
ウルム, C.T.P.　104a
ウルル　53b, 26b, 352b
ウロンゴング　54a
《運命の衝撃》　314a

エ

エア[湖]　54a, 54b
エア, E.J.　54b
エアーズ・ロック➡**ウルル**（53b）
エア・ナウル　119a
エア・ニュージーランド　118a
エア・パシフィック　118b
エア・ミクロネシア　118b
映画テレビ学校　31a
エイト・アワーズ・デー　143a
APEC　23a
AFL　65a
ALP　345b
ECAFE　55a
エキスパトリエイト　54b

駅馬車　123a
エクスクルーシビスト　58a
エクスクルージョニスト⇒エマンシピスト(57b)　58a, 296b
エグモント[山]　55a
ACT党　176b
ACTU　64b, 343a
エスキャップ　55a
エスター・グレン賞　55b
エスニック・テンション　86b, 300b, 399a
エスニック・メディア　55b
エスニック・ラジオ　55b
SPREP　312a
SBS　56a, 55b
SPNFZT　313a
SPF　170b
SPC　169b, 211b
エスピリトゥサント[島]　56a, 136b
X線描法　30f, 31a, 230f
ATSIC　159a
エドナ・エバレッジ　252b
エニウェトク環礁　56a
NCEA　419a
NZQA　121a
NPC　208b
エバット, H. V.　56b
エバンズ, G. J.　56b
ABC　57a
APG　45a, 258b
エファテ[島]　57b
FFA　171a
FLNKS　188b
エマンシピスト　57b, 296b
エミュー　58a
エミュー戦争　58b
MTM　392b
エリザベス　24a
《エリザベス》　271a
エリス, W.　59b
エリス[諸島]　401b
塩害　95b
《園遊会》　306a

オ
オアフ[島]　59b, 123b
追込漁　60a
追剥強盗　268a
王国　60a
オーエンスタンリー[山脈]　60b
オオカンガルー　96b
大蝙蝠(オオコウモリ)　60b
大鳥島　46b
オオマダラキーウィ　98a
オガサワラマツ　322b
オキーフ, J.　385a
オキーフ, D. D.　61b
オクテディ　61b
オークランド　62a

オークランド[諸島]　62a
オークランド国際空港　62a
オークリー, B.　113b
オージー　62b
Oz　62b
オーシャン[島]　62b
オージールールズ　64b
オーストラリア　357a, 7a
《オーストラリア》　79b, 336a, 383b
オーストラリア・アボリジニ　26a
オーストラリアアルプス　62b
オーストラリア・アンセット航空　118a
オーストラリア映画委員会　63b
オーストラリア英語　359b
オーストラリア・カウンシル　63a, 240a
オーストラリア航空　117b
オーストラリア国民党　120a
オーストラリア国旗　67b
オーストラリア・サーフィン協会　133a
オーストラリア式投票　158a
オーストラリア自由党　141b
オーストラリア出生者協会　64a
オーストラリア諸語　63b
〈オーストラリア人, 海外へ〉　262a
オーストラリア戦記念日　174b
オーストラリア先住民　157a, 206b, 299b
オーストラリア大陸　357a
オーストラリア・デー　63b, 143a, 210b
オーストラリア鉄木　322b
〈オーストラリア2世号〉　331b
《オーストラリア百科事典》　347a
オーストラリア放送公社　57a
オーストラリア労働組合評議会　64b, 343a
オーストラリア労働党　345b
オーストラリアンキャピタルテリトリー　102a
オーストラリアン・ストックホース　52a
オーストラリアン・パフォーミング・グループ　45a, 258b, 347b
オーストラリアン・フットボール　64b
オーストラリアンフットボールリーグ　65a
オーストラル[諸島]　65b, 301a
オーストラレイジア帝国　79a
オーストラロイド　70b
オーストロネシア語族　65b, 72a
オセアニア　68a, 5a
オセアニア(神話)　75b
オセアニア(舞踊)　78b
オセアニア語派　65b
オセアニア帝国構想　79a

オセアニア文化史　113a
《恐るべき空白》　231a
オタゴ　126a
オタゴ大学　131a
オタゴ地方　179b
オッカー映画　277a, 382a
オテア　354a
《オナー》　305b
オニヒトデ　136a
オネヤン村　325b
オーバーランダー　79b
オパール　79b
OPM　142a
オボア村　332a
オマイ　80b
オリ　77a, 246b, 247a
オルガ[山]　53b
オルセン, J.　379a
オールブラックス　80b, 113b, 230b, 421b
オルベリー　81b
オレンジ　81b
オロ　81b
オロカイバ族　76b
オロンゴ岬　38c
オロンゴ村　191b
オントン・ジャワ　179a
《女族長》　39a
オンブズマン　81b

カ
カー, J.　363a
海外農園　425a
海外領域　410b
外食人　146b
海水温度差発電　83a
カイ・タフ部族　260b
《解放者たち》　110a
海面上昇　402a
海洋温度差発電　83a
海洋法　83b
カヴァ　88b
カウアイ[島]　83b
カウラ　84a
カウラ捕虜収容所　84a, 173b
カウリマツ　84b
カカオ　121a
科学的農業　84b
カーク, N.　85a, 249a
核実験　53b, 111b, 190b, 253a, 332b, 392b, 437b
革新党　120a, 141b, 223b, 297a, 414a
核の海　9b
核ミクロネシア　72b
《カーゴー》　321a
カーゴ・カルト　85a, 75a, 160b, 188a, 295b, 317b
風上群島　161b, 301a

477　かざかみ

風下群島　161b, 301a
火山島　69a, 135a
カジノキ　85b
カストロ, B.　377a
カースルヒル蜂起　57b
風の街　48a
家族移民　42b
カタジュタ　53b
カタマラン船　88a
片面締太鼓　77b
片面太鼓　77b
ガダルカナル[島]　86a, 172a, 398b
ガチャパル村　325a
カツオ・マグロ漁場　442a
楽弓　78a
カティタンダ　54a
ガーディナー, J.　79b
ガーディナー, F.　268b
カーティン, J.　86b
ガーデンシティ　424b
ガーナー, H.　377a
カーナ, A.　422a
カナカ族　87b
カナク社会主義民族解放戦線　188b
カニバリズム　146b
ガニラウ, P.　87a
カヌー　87b, 187a
カネ　180a
カネホア　326b
ガーノー, R.　88b
カノクポル王家　202a
カノクポル王朝　403b
ガーノー報告　88b
カバ　88b, 90a, 287b, 317a
カビエン　220a
カピンガマランギ[島]　89a
カピンガマランギ村　89b
カブア, A.　89b, 294b, 438b
カーペンタリア湾　89b
カマチョ, C.　390a
カマテプ　89b
カムデン　296b
カメハメハ[大王]　90a, 248a, 260a, 326b
カメハメハ[3世]　90b
カメハメハ王朝　247b
仮面　90b, 200b, 318b
仮面仮装者　259a
鴨嘴（カモノハシ）　92a
カラアウ　246b
カラエ岬　245b
カラカウア　93a, 205b
ガラセ, L.　435a
カラニオプウ　90a
ガラパン　129a
ガラム　77b
ガラムット　354a
ガリバー勧告　42a
ガリポリ　193a, 34b, 44a

《ガリポリ》　314a
カルグーリーボールダー　93b
ガルドック[湖]　304b
ガルピリル, D.　94a
ガレオン船交易　105a, 167a, 440a
カーロ, W.　424a
カロリニアン　105a, 129a, 389b
カロリン[諸島]　94a, 325b
《かわいそうな私の国》　238b, 268a
河田小竜　208b
灌漑　95a, 264a
カンガルー　95b
カンガルー[島]　95b
環境難民　402a
環境保全省　419b
カンショ　131b
環礁　69a, 135a
環礁国家　97a
環太平洋構想　170a
カンタス・グループ　117b
カンタス航空[会社]　97b
カンタス・ニュージーランド航空　118b
カントン[島]　98a
カンバルダ　94a
ガンビエ[諸島]　306a
カンピオン, J.　423b
岩壁画　25b
ガンボルグ　126b
官約移民　40a

キ

キーウィ　98a
キキ　99a
危険の島　265b
ギズボーン　99a
北マリアナ諸島　389a
北マリアナ諸島（出稼ぎ）　196b
キーティング, P.　99a, 364a
キニーリー, T.　99b
キノ　329b
技能移民　42b
キノコバエ　193a
ギボンズ, Y.　100a
キャッサバ　100b
キャプテン・クック　107a
キャブラマタ　101a
《キャプリコーニア》　238b
キャベンディシュ, T.　101b
キャンディシュ, T.　101b
キャンベラ　102a
キャンベラ協定　9b
牛車　274a
行財政改革　120a, 224a, 345a, 414b
強制仲裁制度　343a
強制投票制度　158a
競争政策改革法　261b
共同体保有地　203b
共和制運動　66a, 365a

共和制論議　210a
極東国際軍事裁判　174a
裾礁　134a
キラウエア[山]　102a
ギラオムクール　323a
キリウィナ[島]　207a
ギリシア系移民　184a
キリスト教　102b, 74b, 348b
キリスト教婦人禁酒同盟　103a
キリ・テ・カナワ基金　197b
キリバス共和国　392a, 15a
キリバス文化　401a
キリバス平衡準備基金　149b
キリビリ合意　364b
キリボブ　76b
キーリング[諸島]　121b
キルトスペルマ　186b
ギルバート[諸島]➡**キリバス共和国**(392a)
ギルバート, K.　382a
キロス, P.F. de　103b, 168a, 322a
キーン, D.　382a
キンギタンガ　103b
キング, T.　270a
キングズコート　95b
キングズフォード・スミス, C. E.　104a
キングズフォード・スミス空港　138b
金採掘人の反乱　243b
キンセラ, J.　104a
キンバリー台地　104b
キンバリー地方　104b
キンベ　224b
キンマ　276a

ク

グアノ　104b, 284b
グアム[島]　104b, 154a, 307a
グアム自治法　105a
クイルピー　79b
クイーンズタウン　351b
クイーンズランド[州]　105b
クイーンズランド・ノーザンテリトリー航空サービス会社　97b
クインビヤン　234a
クウィナナ　234a
クエジェリン[島]➡**クワジャリン環礁**(113a)
クオーター・ホース　52b
クカイリモク　285f
クサイ　122b
《クシュラの奇跡》　236b
鯨　287b
クスクス　105b
クック[山]　106a
クック[諸島]　106b
クック, J.　107a, 80b, 99a, 149a, 169a, 180a, 248a, 257a, 348b, 413a
クック海峡　107b

クック湿地遺跡　73b
クック諸島　394a
《グッバイ・ポーク・パイ》　423b
《クーナードゥー》　271b
クニング　24b
クハウラ，J.　175b
クーパーペディ　107b, 79b
首狩り産業　150a
クペ　108a
クーマ　63a
クラ　108a, 207a
《クライ・イン・ザ・ダーク》　151a
クライストチャーチ　108b, 424b
クライ族　146b
クラウン・エンティティ　415a
クラーク，H.　109a
クラ交易　108a
グーラゴング，E. F.　109a
グラッドストン　109b
クラ湾　127b
クリアリー，J. S.　109b
グリーグ，J.　110a
クリケット　110a, 235b
クリスチャン，F.　181a, 258b
クリスマス[島]　111b, 392b
クリスマスノキ　282b
グリンウェー，F.　379b
グリンジ　190b
グリーンストーン　279a
グリーン・ピース　218a
クルダイツ　51b
クルック師　240b
グルートアイランド[島]　111b
グレー，G.　111b, 141b, 422a
グレートアーテジアン盆地　112a
グレートディバイディング山脈　112a
グレートバリア・リーフ　112b, 134b
グレニーグルズ・アグリーメント　113a
グレープナー，F.　113b
グレンジャー，P.　384b
クロエミュー　59a
黒オパール　79b
《クロコダイル・ダンディー》　279b, 383a
クロスリー，G.　58a
クロチョウガイ　148b, 228f
クロナラビーチ人種暴動　271a
グローワーム　193b
クーロン　371b
クワイオ地域　300b
クワジャリン環礁　113b
クワジャリン米軍ミサイル試射基地　439f
クワズイモ　186b
グンウィング族　244b
クンドゥ　164b
群島水域　83b

ケ

ケアリー，P.　113b
ケアンズ　114a
ケアンズグループ　114a
競馬　114a, 143a
契約移民　40a
《ケニー》　383a
ケニロレア　115a
ケバナウォンバット　49b
K-Bブリッジ　127b
ケリー，N.　115a
ケリー一味　268b
ケリー・ギャング　115a
《ケリー・ギャングの真実の歴史》　113b
ケルマデク[諸島]　115b
言語事情　115b
原住民掃討作戦　178a
憲政危機　366a
ケンドル，H.　116a, 242b
憲法危機　363a

コ

コアラ　116b, 330a
《航海とその記録》　188b
公学校　117a
高貴な野蛮人　80b
口琴　77b
航空　117b
恒信風　278b
豪日交流基金　10b
小切手外交　241f
ゴーギャン，P.　119a, 258b, 304a
国際危機グループ　57a
国際連合アジア太平洋経済社会委員会　55a
国民党（オーストラリア）　120a, 150b, 260b
国民党（ニュージーランド）　119b, 141b, 249a, 283b, 304a
国立演劇学校　382b
国立公園　120b
国立公園制度　419b
国立資格審査局　121a
国立戦争記念館　210b
国連海洋法条約　83a
ココ　121a
ココス[諸島]　121b
ココダ道の戦い　173b, 387a
ココナッツ　121b
ココナッツミルク　122a
ココポ　335b
ココ椰子　121b, 60a, 224b
《コシ》　208a
コジアスコ[山]　122a
コジアスコ国立公園　62b
コシペ遺跡　73b
コシャエ　123a

コスラエ[島]　122b
コツェブー，O. von　123a
コックス，F.　380a
コップ，F.　123a
コップ駅馬車会社　123a
コトヌー協定　123b
《子供好きな男》　153a
コドリントン，R. H.　298a
ゴートン，G.　363a
ゴードン卿　434b
小錦八十吉　123a
コーハイ　124a
コパールノキ　84b
コハンガ・レオ運動　418a
コーヒー　124a
ゴーブ　124b
コプラ　122b
コプラ貿易　440a
コマダラキーウィ　98a
コミュニティ・ラジオ局　55b
コモリグマ　116b
コモンウェルス　390a
コモンウェルス文学　124b
コリンズ，T.　263a
コルー　125a
ゴールドコースト　125b
ゴールドラッシュ　125b, 156b, 231b, 279b, 360b
コルワール　221b
《これが人生さ》　263a, 274a
コロニア　126b
コロボリー　126b, 384b
コロレア　127a
コロール[島]　127a, 22b, 243b, 431a
コロール州　100a
コロンバンガラ[島]　127b
コロンボ計画　127b
コンダー，C.　378b
コンチネンタル・ミクロネシア航空　118b
コン・ティキ号　275f
《コン・ティキ号探検記》　275b
《今度は誰なのか？》　321a
ゴンドワナ大陸　166b
コンパクト派　134b
コンパクトマネー　142b
コンパクトロード　209a, 241b, 432b
棍棒　128a, 279a

サ

再活性化運動　204a
サイパン[島]　129a
彩帆神社　129a
サウスオーストラリア　41a
サウスオーストラリア[州]　129b
サウスパシフィック・ゲームズ→パシフィック・ゲームズ　(233b)
サウソール，I.　130a
ザ・ガン　175a

サゴデンプン　130a
サゴヤシ　130a
ザコンバウ, S.　130b, 213a
サザランド滝　130b
サザン・クロス号　104a
サージソン, F.　131a
作家助成金　131a
薩摩芋　131b
サトイモ　185b
サトウキビ　132a, 39b, 246a
《砂漠の炎》　80b
《ザ・ピアノ》　423a
サーフィン　132b, 139b, 245a
サブサブ　238a
サーフ・ライフセービング　133a
サフル人　70b, 316a
サフル大陸　70b
サフル陸棚　69b
サベッジ, M.J.　133b
《ザ・ボーン・ピープル》　260b
サモア[諸島]　133b, 290b, 295a, 302a
サモア王　302a
サモア沖地震　134a, 232b, 356a, 403a
サモア人　48b
《サモアで成人すること》　310a
サモア独立国　396a, 356a
ザ・ラストウェーブ　44a
サリー, L.　134a
サーリンズ, M.　147a, 149a
サルピー　156b
サローテ　134a, 404a
《ザ・ロード・オブ・ザ・リングス》　140a, 424a
サワイ　325a
《ザ・ワールズ・ファステスト・インディアン》　424a
サンクリストバル[島]　134b
3鉱山政策　53a
サンゴ(珊瑚)礁　134b, 36b, 60a, 112b, 284a
サンシャイン・スーパーガール　109a
サンタイザベル[島]　136a
サンダウナー　155a
サンタクルーズ[諸島]　136b
サンチャゴ・デ・ラセンシオン　126b
サンドウィッチ[諸島]　248a
サント島分離独立運動　136b
サントの反乱　136b
サンドハースト　277b
サンビトレス, D.L.de　154a

シ

ジー, M.G.　137a, 131a
CER　137a
CSIRO　256b, 342b
《ジェダ》　147a, 383b
ジェットスター航空　97b

シェパード, K.　137b
ジェリーフィッシュ・レイク　243a
資源管理法　419b
《仕事はまあまあ》　321a
刺痕文身　250b
シー・シェパード　373b
C式委任統治　51b
磁石アリ　32b
自然保護　137b
シダ　125a
73年世代　264a
自治植民地　105b, 129b, 177b, 253b
7人制ラグビー　333b
シップリー, J.M.　120a
シティズンシップ教育　375a
シド　76b
児童手当法　420a
シドニー　138b, 381a
シドニー・オペラ・ハウス　138b
シドニー・コップ　123a
シドニーコーブ　360a
シドニー・シアター・カンパニー　271a
シドニー・ハーバー・ブリッジ　139a
《島の中》　208a
清水村　241a
シャウ・テレウル王朝　289b
シャカオ　90a, 309b
ジャクソン, P.　139b, 424a
ジャクソンズ国際空港　281a
《ジャケット》　205b, 378b
シャコガイ　36a
シャコガイ手斧　36b
ジャッド, G.P.　140a
ジャーディーン兄弟　79b
シャープ, A.　140a
ジャボール　140a
ジャヤ[山]　221a
ジャルート環礁　140b
ジャンガウォ　31a
自由国民党　120a
《17才目の人形の夏》　347b
自由植民地　47a, 105b
自治植民地　222a
酋長議会議長　22a
酋長制　140a
酋長評議会　33a
自由党(オーストラリア)　141b
自由党(ニュージーランド)　141b, 119b, 156b, 223b, 339b, 413b
自由党リベラル派　194b
自由入植地　271a
自由パプア運動　142a
自由貿易派　194b
自由連合関係　408a
自由連合協定　142a, 134a, 432a, 438a, 440b
自由連合国　394a

シュガーキング像　296a
祝日　142b
首長　140b
樹皮画　25a, 230f
シュピシ, F.A.　150b
樹皮布　143b, 50a, 85b, 288a
シュライニッツ山脈　220a
ショアズール[島]→チョイスル[島](191a)
小インド　40b
浄化作戦　228b, 435a
小劇場運動　381b
礁湖　134b
条約問題和解事務所　350b
ジョカージの反乱　144a
《序曲》　306a
食事　144a
食人　146b, 304a
ジョージ・ムーア・メダル　314a
女性参政権　137b
ショーベル, C.　147a
《署名した手》　199a
ショワズール[島]　191a
ジョーンズ, P.　292b
ジョーンズ, G.　377b
ジョンストン[島]　147a
ジョンソン, C.　324a
ジョン・フラム運動　188a
ジョン万次郎　208a
シルバー・ファーン　147b, 125a
シロアリ　32b
《白い雲のたなびく国》　339b
白パール　80a
シロチョウガイ　148b
ジロング　148a
シンク・ビッグ計画　148a, 304b
シンクレア, K.　148b, 421a
真珠貝　148b, 31b, 298b, 323b
〈真珠の首飾り〉　438a
真珠湾　60a, 246a
シンシン　149a
人身供犠　149a
《新世界周航記》　188b
身体装飾　250b
身体変工　250b
信託基金　149b, 193b
信託統治　161a
人民進歩党　190a
人民民主運動　45b
新メラネシア語　254b

ス

スイギュウ　236a
頭蓋崇拝　149b, 318a
スカルソープ, P.　384b
スキスマトグロッティス　186a
スクオッター　150a, 156b, 268b, 360b
スクリーン・オーストラリア　63b

スクール・ジャーナル　150b
スケプシ, F. A.　150b
スコット, K.　151a
鈴木経勲　151b
スタート, C.　151b, 234b
スチュアート　32b
スチュアート［島］　152a
スチュアート, J. M.　152a
スチュアート・ハイウェー　152b
スチュワート, H.　35b
スティック・チャート　152b
ステイト・カンパニー　381b
スティーブンス, J.　137a
スティーブンソン, R. L.　152b
スティール・ギター　247a
スディルマン山脈　221a
ステッド, C.　153a, 339a
ステンハウス, D.　242b
ストリートン, A. E.　153a, 378b
《ストーン・カントリーへの旅》　313b
《スノーウィ川から来た男》　271a
スノーウー山地　62b
スノーウー山地水力開発事業　63a, 305a
スパ　153b
スハウテン, W. C.　154a, 341a
スーパー12　333a
SPARTECA　312b
スペイン・チャモロ戦争　154a
SPEC　171b
スマート, J.　379a
スモール・ナンバス　305a
スラッキー・ギター　247a
擦り木　78a
スリット・ゴング　353b
スリット・ドラム　353b
スレサー, K. A.　154b
スワッギー　154b
スワッグ　154b
スワッグマン　154b, 385a
スンダ陸棚　70b

セ

青少年マオリ会　334b
成人式　155a, 150a, 230a, 251a, 259a
セイタカユーカリ　329a
成年式　155a
精霊の家　229b, 318b
《世界周航記》　336a
赤道無風帯　284a
石板　78a
石斧⇒石手斧（いしちょうな）（36a）
石貨　156a, 61b
セドン, R. J.　156b, 103a, 413b
セピック［川］　156b, 91f, 192a, 221b, 229b, 318a, 326a
セブンティ・アイランド　243a
セーリング　331a
セレクション　150a, 157a, 230a

セレクター　156b, 150a, 268b
全国酋長評議会　432a
全国女性会議　137b
先住権原法　157a, 30b, 159b, 299b
先住民演劇　382a
先住民学研究所長　205a
先住民権利回復運動　159a, 332b
先住民政策　157b, 226a, 231b, 293a, 296b
先住民族委員会　159a
先住民評議員　159a
先住民文学　298a
センタニ　221b
銑鉄ボブ　321b
戦闘踊　78a
千年王国運動　160a, 85b
千年木　160b
戦略的信託統治領　161a

ソ

双胴船　88a
ソコマヌ, A. G.　161a
ソサエティ［諸島］　161b
ソシエテ［諸島］　161b, 81b, 199a, 301a
ソソム　76b
外南洋　51b
SOPAC　311b
ソマレ, M. T.　162a
《ソルト》　104a
ソロモン［諸島］　162a
ソロモン, A.　163a
ソロモン諸島　398a
ソロモン諸島地震　162b
ソロモン諸島争奪戦　172a
ソロモン諸島地域支援ミッション　162b
ソロモンタイヨー社　400b
ソロモン報告　163a
《ソーン・バーズ》　163b

タ

タアロア　81b
退役軍人連盟　35a
太鼓　164a
大鑽井盆地⇒グレートアーテジアン盆地（112a）
大酋長位　22b
大酋長会議議長　338b
ダイジョ　326a
大東亜共栄圏　214a
《タイピー》　304a
台風　165b
大分水嶺山脈⇒グレートディバイディング山脈（112a）
太平洋　165a
太平洋安全保障条約　34a
太平洋環境共同体　169a
太平洋共同体　169b

太平洋経済委員会　169b
太平洋経済協力会議　170a
太平洋経済緊急化協定　13b
太平洋芸術祭　170b
太平洋島サミット　170b, 15b
太平洋諸島信託統治領　94b, 142a, 161a
太平洋諸島フォーラム　170b, 13b, 211b, 253b
太平洋諸島フォーラム漁業機関　171a
太平洋諸島フォーラム事務局　171b
太平洋戦争　171b, 387a
太平洋の地獄　127a
太平洋の十字路　245b
太平洋のスラム　113b
太平洋流の生活　311b
太平洋労働組合フォーラム　345b
大堡礁　112b
大マヘレ　90b
大洋州　68a
大陸横断鉄道　174b
大陸縦断鉄道　175a
ダインガンガン　31a
ダーウィン　175a
ダーウィン爆撃　336b
タウ［島］　299b
タウファアハウ　403b
タウボ［湖］　175b
《ダウン・アンダー》　321a
タウンズビル　175b
タウンズビル和平協定　399a
タガの木　197b
髙見山大五郎　175b, 124a
タカラウア王　202a, 403b
タカラガイ　176b
田口卯吉　176a
ダークハートグ［島］　244b
ダグラス, R.　176a, 242a
タグラ［島］　340a
竹筒鼓　354a
竹筒口琴　78a
タゴ　318b
凧漁法　176b
タコ釣針　176b
タコノキ　251a
タシロイモ　177a
ダスティ, S.　385a
タスマニア［州］　177a
タスマニア・アボリジニ　177b
タスマニアオオカミ　265b
タスマニア原生地域　138a
タスマニア語　178a
タスマニア植民地　157b
タスマニア先住民族センター　178a
タスマニアタイガー　265b
タスマニアデビル　178b
タスマニア流刑地　268b
タスマン［山］　179a

タスマン, A. J.　179a, 413a
タスマン・エンパイア航空　118a
タスマン・パシフィック航空　118b
タテジマキーウィ　98a
タナ, T.　132b
ターナー, G.　179a
タナパグ　129a
ダニーディン　179b
ダニーディン号　179b
タネ　180a, 248b
タネ・マフタ　337b
タパ　50a, 143b, 287b, 288a
タパイ, I.　180a
タピオカ　100b
タヒチ[島]　180b, 119a
タヒチアン・チェストナッツ　288b
タヒチ真珠　148b
タヒチ・ヌイ航空　119a
ダービル, H.　199a
タブー　181b, 286b
タプ　195a
タブエラン　263a
タブアヌ　310a
ダフ号　348b
タプタプアテア　332a
WSC　111a
多文化社会　55b, 56b
多文化主義　182a, 29b, 159b, 184a, 210a, 372b, 423a
多文化主義(映画)　336a
タマテ　183a, 249b, 259b
タマハ　200a
タマホリ, L.　423a
多民族社会　183b
タムタム　353b
ターメリック　50a
タラナキ山　55a
タラナキ紛争　223a
タラマリン空港　321a
タラワ[島]　184b, 393b
ダラン　77a
タリパラウ　164b
ダーリング[川]　185a
ダーリングハーバー再開発　380a
タルガイ頭蓋骨　185a
タロ　185b
タロイモ　185b, 278a, 287b, 325a
タンガタ・マヌ　191b, 225b
タンガロア　186b, 81b, 200a
ダンク[島]　252b
男子舎屋　187a
男子集会所　187a, 335b
男子秘密結社　259b
《ダンシング・ヒーロー》　336a
ダントルカストー[諸島]　187b, 318b
ダントルカストー, J.-A. R. B.　188a
タンナ[島]　188a
タンパ号事件　215b, 234b
ダンピア, W.　188b
ダンピア海峡　188b
ターンブル委員会　66b

チ
地域保育制度　418b
チェリンガ　29a
チェンバレン事件　151a
チェーン・マイグレーション　41b
《誓い》　44a, 93b
地下水保持会議　264b
竹鼓　354a
チバウ, J.-M.　188b
チフリー, J. B.　188b
チャイナタウン　101a
チャタム[諸島]　189a
チャネルカントリー　112a
チャフィー兄弟　189a, 95a
チャモロ人　189b, 22b, 105a, 154a, 389a
チャモロ人の反乱　129a
チャランピアオ　129a
チャレンジャー海淵　302a
チャン, J.　189b
チャンギ収容所　387b
中央砂漠アボリジニ　190a
中央ミクロネシア文化　215a
中国人移民制限及び規制法　336b
中国人排斥運動　361a
忠信丸　151b
中等教育修了資格試験　419a
チューク[環礁]　190b, 74a
チョイスル[島]　191a
チョイセル[島]　191a
鳥人　225b
鳥人カルト　191b, 38a
彫像　192a
チョードリー, M.　435a
賃金平等法　192a

ツ
ツイアビ　238b
《月と6ペンス》　324a
ツシタラ　193a
ツチボタル　193a
ツバル　401a
ツバル(環礁国家)　97a
ツバル信託基金　193b, 149b
積荷崇拝　85a
釣針　193b

テ
テアナウ[湖]　194a
テ・アラワ　194b
ティアピア　238b
TAFE　374b
庭園の街　108a
ティキ　288a
ディーキン, A.　194b, 189a
テイク・アウェイ　145a
ディクソンストリート　101a
ティコピア[島]　195a, 194a, 263a
TCF製品　312b
ディジェリドゥ　126b
デイビ, N. F.　131b
TPA　399a
ディルカイ　310a
ディンゴ　195a, 38b
テ・ウア・ハウメネ　160b, 204a
出稼ぎ　196a
テ・カナワ, K. J.　197a
《デッド・ホワイト・メイルズ》　45a
テ・トゥム　338a
テニアン[島]　197b
デ・ヒーア, R.　198a
デービス, J.　198a
デビルズ・マーブルズ　198b
テ・フィーティ　198b
デミデンコ事件　199a
テムウェン[島]　214b
テメハニ火山　332b
デモクラシーの発見　375b
デュプティ・トゥアル, A. A.　199a
デューラック一族　79b
テラ・アウストラリス　327a, 357a
テラ・アウストラリス・インコグニタ　168a
テ・ラウパラハ　230a
テラス・ハウス　380a
テ・ランギハエアタ　351a
デ・ロバート, H.　208a, 406b
テンガノ[湖]　342b
天国に一番近い島　411b
《伝道事業》　44b
テント大使館　198b
天祐丸　176a
天祐丸ミクロネシア貿易巡航　151b

ト
ドイツ系移民　183b
ドイツ太平洋植民地　199b
トゥアモトゥ[諸島]　199b, 301a
トゥイ・カノクポル　200a
トゥイ・タトゥイ　228a
統一党　119b, 141b
統一民主党　438b
トゥイ・トンガ　200a, 228a, 337b
トゥイ・トンガ王朝　202a, 403a
トゥイ・トンガ・フェフィネ　200a
トゥイ・ハアタカラウア　200a
トゥンバ　200b
東京裁判　174a
ドックドック　200b, 259b
闘鶏　225b
島嶼間コミュニケーション　200b
島嶼間経済　201a
同性愛　305b
トゥトゥイラ[島]　201b

トゥブアン　200b
トゥポウ　201b
　トゥポウ1世　47b, 403b
　トゥポウ3世　134a
トゥンブアン　200b
トエレ　77b, 354a
トキワギョリュウ　322b
ドク　419b
ドクター・ミラー　313b
トク・ピシン　254b
トゲサゴ　130a
トケラウ[諸島]　202a
都市アボリジニ　202b
土地所有制　203a
土着主義運動　203b
ドッド, L.　204a
ドッドソン兄弟　204b
　トーテム信仰　28b
　ドド　76b
　トトイマ　76b
　ドナホウ, J.　268a
　ドナルドソン, R.　424a
　ドブ[島]　188a
　ドーベル, W.　379a
　トメイン, L.　438b
ドライズデール, R.　205a, 379a
《トラッカー》　94a, 198a
トラック[諸島]→**チューク**[環礁]
　(190b)　191a
　トラック諸島大酋長　22a
トランター, J. E.　205a
《トリーティー》　385b
《ドリーマーズ》　198b
　ドリーミング　26a
《ドリームズ・オブ・スピーキング》
　377b
ドール, S. B.　205a
　ドルフィン号　49a
　トル・プランテーション事件　173b
　奴隷貿易　401a
ドレーク, F.　205b
トレス, L. V. de　206a
　トレス海峡　206a, 206b
　トレス海峡諸島　206a
　トレス海峡諸島民　206a, 226a
　トレンズ[湖]　54b
　ドローバー　234b
トロブリアンド[諸島]　207a, 303b
　泥棒の島　389a
ドーン, K.　207a
トンガ　403a
　トンガ(タブー)　181b
《トンガ・英語辞書》　276a
　トンガ王国　60a, 201b
　トンガ11月暴動　197a, 226a, 404b
《トンガ諸島民記》　303a
トンガタプ[島]　207b, 228a, 337b
トンガリロ国立公園　207b, 120b

ナ

内食人　146b
ナウソリ　258a
ナウラ, L.　208a, 382a
ナウル　406a, 234a
　ナウル共和国　18b
　ナウル共和国リン鉱公社　208b
ナウル地方政府評議会　208a
　ナウル島評議会　208a
　ナウル独立　307a
ナウル・リン鉱公社　208a
　直江津収容所　174a
《長い白い雲》　197b
　ナガハシハリモグラ　244a
　中浜万次郎　208b
ナカムラ, K.　209a
　ナカムラ・クニヲ　209a
　ナカムラ・マモル　209a
ナカヤマ, T.　209b
《渚の生活》　252a
　ナグリアメル運動　136b, 137a
　ナゴール　251a
ナショナリズム　209b, 35a, 93b
　ナショナル・アジェンダ　182a
　ナショナル党　426a
ナショナル・トラスト　212a
ナータ, A.　212a
　ナタペイ, E.　427a
ナッシュ, W.　212b
　ナフエ　279a
　海鼠(ナマコ)　213a
ナマジラ, A.　213a
ナマリウ, R. L.　213b
　ナム・レィ　377b
　ナラ条約　219a
　ナレアウ神　76a
　南海の小パリ　226b
　南海泡沫事件　220a
　ナンケン　215a
南進論　213b
ナンディ　214a
　南島語族　65b
《南島巡航記》　151b
　南島商会　151b, 176a
　ナンドワス　214b, 289b
　ナンパス　305a
　南方大陸　49a, 103b, 168a, 327a
　南方農業開発　43b
ナン・マドール　214b, 289b
ナンマルキ　215a
難民　215b
　南洋　51b
南洋委任統治領　216a, 307a
　南洋群島　440a
《南洋群島の研究》　326a
　南洋経略論　176a
　南洋興発株式会社　216b, 129a, 276b,
　　295b, 389b

　南洋殖産株式会社　216b
南洋神社　217a
南洋拓殖株式会社　217a, 33a
　南洋玉　148a
《南洋探検実記》　151b
　南洋庁　117a, 127b, 216b, 217a,
　　431b
《南洋風物誌》　151b
　南洋貿易　324b
　南洋貿易株式会社　217a

ニ

　ニウアトプタプ[島]　403a
ニウエ　408a
　ニウエ国際信託基金　408b
　ニウエ人民党　408b
　ニオイネズミカンガルー類　96b
　ニコル, E.　361b
西サモア→**サモア独立国**(396a)
　　291a, 396b
西太平洋高等弁務官　217b
虹の戦士号爆破事件　218a
　西パプア政府　142a
虹蛇　218a, 198b
　西村拓殖株式会社　216b
〈にせ十字星〉　311a
日豪安保共同宣言　218b
　日豪経済合同委員会　387b
　日豪経済摩擦　387b
　日豪資源貿易　387b
日豪通商協定　219a
　日豪貿易　387a
日豪友好協力基本条約　219a
日系人　219b
　日系人知事　246a
　ニティジェラ　438b
二文化主義　423a
　日本軍守備隊　129a
　日本軍水上機基地　293b
　日本軍特殊潜航艇　174a
　日本軍歩兵第59連隊　33a
〈日本史〉　297a
　日本人墓地　84b, 127b, 433a
　日本ーパラオ友好橋　127b, 209a,
　　433b
　日本・PIF首脳会議　170b
　日本兵集団脱走事件　84a
　日本兵捕虜収容所　84a
　日本ミクロネシア協会　43b
　日本名誉領事　293b
ニューアイルランド[島]　220a
ニューカスル　220b
　ニューカム, J. D.　220b
ニューカレドニア　410a, 6b
ニューギニア[島]　220b, 315b
　ニューギニア(芸術)　156b
　ニューギニア(古地図)　74f
　ニューギニア(美術)　221b
　ニューギニア高地人　239b

ニューサウスウェールズ[州] 222a
ニューサウスウェールズ植民地 360a
ニュージョージア[島] 222a
ニュージーランド 412a, 11b
ニュージーランド亜南極諸島 35b, 62a
ニュージーランド会社 222b, 46b, 351a, 413a
《ニュージーランド史》 148a
ニュージーランド児童文学賞 55b
ニュージーランド戦争 222b
ニュージーランド・デー 143a
ニュージーランド土地戦争 222b, 148b, 211a, 350b
ニュージーランド農業 85a
ニュージーランド農民組合 223b
ニュージーランド・フィルム・コミッション 423b
ニュージーランド・ポスト児童およびヤングアダルト文学賞 223b
ニュージーランド・ポスト・マンスフィールド・プライズ 306b
ニュージーランド・マオリ 291b
ニュージーランド労働組合評議会 344b
ニュージーランド労働総同盟 344b
ニューズ社 297b
ニュートンジョン, O. 385a
ニュー・パブリック・マネジメント 224a
ニューブリテン[島] 224a
ニュープリマス 225a
ニューヘブリデス[諸島] ▶バヌアツ(42b), 17a, 136b, 426a
ニールセン, J. S. 225a
鶏 225b
《人間以下の肉体労働者の詩》 301a
ニンジ・ニンジ 126b

ヌ

ヌクアロファ 226a, 207b
盗まれた世代 226a, 29b, 157b, 204b, 231b
ヌーベル・カレドニー 410b
ヌーメア 226b

ネ

ネオ・メラネシアン 254b
ネオ・ロマンティシズム 23b
ネズミカンガルー 96f
ネッカー[島] 274b
熱帯植物研究所 43b
熱帯東風 278b
ネーティブ・ランド委員会 203a
ネーピア 226b
ネルソン 227a

ノ

《ノア・ノア》 119a
ノーザンテリトリー 227a
ノーザンテリトリー法 25a, 30a, 159a
《ノー・シュガー》 198b
ノート 438b
ノーフォーク[島] 227b
ノーラン, S. 227b, 379a

ハ

ハアパイ[諸島] 404a
ハアモンガ 200a
ハアモンガ・ア・マウイ 228a, 207b
ハイロクスクス 105b
パイオニア・プレイヤーズ 381a
貝貨 228a, 156a, 300b, 318b
排他的経済水域 83b
バイテパウア村 293b
ハイデルベルク派 153b, 347a, 378b
パイナップル 246a
バイニマラマ, V. 435a
バイニング, J. V. 228b
バイニング族 91f
バイパエ村 283b
ハイビスカス 229a
バイロン, J. 229b
パウ 78a
パウアヒ王女 254b
ハウス・タンバラン 229b
ハウドン, J. 79b
ハウハウ運動 160b, 204a
パウ・フラ 164b
バウンティ号の反乱 181a, 227b, 250a, 258b, 269b, 323a
バエア山 25b
パエパエ・オ・テレア 337b
ハカ 230a, 77a, 80f
バーガー, H. 247a
バーク 230b
バーク, R. 230b
バーク=ウィルズ隊 152b
白豪主義 231a, 34b, 209b, 273a, 330b
〈バークの奥〉 230b
ハーグレーブズ, E. H. 231b, 125b
ハグレルガム, J. 232a
バーケハー 232a
パゴパゴ 232b
バサースト 232b
バージ, J. 379a
パシフィック・アイランダー 233a
パシフィック・ウェー 233a, 211b
《パシフィック・ウェイ》 164b
パシフィック・ゲームズ 233b
パシフィック・ソリューション 233b, 216a, 406a
バージン・ブルー 118a

パース 234a
バス海峡 234b
パスクア[島] 37a
パストラリスト 150b
パズビー, J. 234b
バーズビル 234b
バーズビル・トラック 234b
《裸足の1500マイル》 226b
パタソン, A. B. 235a, 49a, 271a
《働く雄牛たち》 272a
パッカー, K. F. B. 235a, 111a
バック, P. H. 235b
バッファロー 236a
パテ 354a
ハートグ, D. 244a
バトラー, D. 236a
バナナ 236b
バナバ[島] 62b, 392a
バーニス・パウアヒ・ビショップ博物館 254b
バニップ 237b
バヌアク党 136b, 426a
バヌアツ 426a
バヌアツ共和国 17a
バヌアツ独立の父 339a
バヌアレブ[島] 238a
バーネット, F. M. 238a
バノバ[島] 62b
ハーパー, C. 378a
パパ 76a, 337b, 348b
パパウ[諸島] 404a
パパランギ 238b
パハル 52a
パヒヌイ, G. 247b
《バビロンを思い出す》 305a
パフ 164b, 246b
パプア州 142a
パプア諸語 238b, 71b
パプア人 239a, 71a
パプアディンゴ 195a
パフ・アナナフ 164b
パプアニューギニア 429a
パプアニューギニア(物産) 121a, 124a
パプアニューギニア大学 240a, 281b
パフ・フラ 164b
パフ・ヘイアウ 164b
パブリック・レンディング・ライト 240a
パペエテ 240b, 161b, 180b
バベルダオブ[島] 240b
パーマー, G. 241a
パーマストン 175b
パーマストンノース 242a
ハマーズリー山地 242a
ハミルトン 242a
バーメイン 242b

パラオ[諸島] 243a
パラオ共和国 431a
パラオ（出稼ぎ） 196b
パラオ憲法 432a
パラオ・サクラ会 46a, 433b
パラオ信託基金 149b
パラオ熱帯生物研究所 243b
パラオ本島 241a
パララト 243b, 330a
パランギ 238b
ハリス, M. 35b
《バリー・マッケンジーの冒険》 252b
針土竜（ハリモグラ） 243b
ハルトフ, D. 244b, 169a
パールハーバー 60a, 246a
バルフォア報告 47b
バルボア, V. N. de 244b, 167a
パルマー, G. 241a
ハレアカラ国立公園 290a
バロッサ地方 129b
ハワイ[州] 245a
ハワイ[島] 245a
ハワイ[諸島] 244b
ハワイアン 247a
ハワイアン・アロールート 177a
ハワイアン・ミュージック 247a, 79a
ハワイ王国 247b, 60b, 90a, 90b, 93a, 140a, 326b, 341a
ハワイ元年者移民 40a
ハワイキ 248b, 279a, 422b
ハワイ共和国 205b
ハワイ契約移民 40a
ハワード, J. W. 248b, 42a, 66b, 182b, 365a
ハワード政権 234a
汎アボリジニ主義 202b
反核運動 249a, 419b
バンカ島事件 173b
ハンガロア 37a
ハンギ 249a
バンクス[諸島] 249b
バンクス, J. B. 249b
パング党 45b, 99a, 162a
パングナ銅鉱 266a
バンクーバー, G. 250a
パンゲア 166b
瘢痕文身 250b
バンザイ・クリフ 129b
バンジージャンプ 251a
バンジョー 235a
バーンズ, J. 385b
バーンズ・フィルプ社 263a
ハンソン, P. 42a, 183a, 261b, 372b
バンダヌス 251a, 146a
バンダバーグ 251b
バンディーメンズランド 57b, 341a
ハント, J. H. 380a
バンノキ 251b, 86a, 146a

バンバンスプリングズ 236a
バンフィールド, E. J. 252a, 255b
ハンフリーズ, B. 252a
バンヤン 86a

ヒ

PIF 171a
ピアイルク, P. 280a
ピアソン, N. 252b
ピアミ 238a
ビーエッチピー・ビリトン[会社] 253a
BNZキャサリン・マンスフィールド・アワード 306b
非核地帯・軍縮・軍備管理法 249a, 419b
非核法 249a
東サモア 290b
東太平洋障害 166a
ヒカリキノコバエ 193a
ビキニ環礁 253a
ビクトリア[州] 253b
ビクトリア芸術センター 321a
ビクトリア植民地 157b
ビクトリア・フットボール・リーグ 65a
《ピクニックatハンギングロック》 44a, 383a
ピケタワ宣言 253b
土方久功 254a
ビショップ, G. 254a
ビショップ博物館 254a
《**ビジョン**》 154b
《**ビジル**》 423b
ピジン英語 254b, 115b, 317a
ビズマーク[山脈] 255a
ビズマーク[諸島] 255a
ビスラマ語 254b, 280b
ビーチ・カルチャー 132b
ビーチコーマー 255a, 213a, 238b
《ビーチコーマーの告白》 252b
ビーチャム, K. M. 306a
ビッグズ, B. 292b
ビッグ・ナンバス 305b
ビッグ・ブラザー 13b
ビッグマン 255b, 140b, 239b, 317a, 399b
羊 256a
ビットリア号 294f
PDM 45b
ビティレブ[島] 258a
ピトケアン[島] 258a
ヒバオア[島] 258b, 119a
ヒバード, J. 258b
PBL社 235b
ヒビスカス 229a
ビーフ（輸出量） 51a
PBEC 169b
秘密結社 259a, 183a, 187b, 200b

白檀（ビャクダン） 259b
白檀交易 259b
ヒューズ, W. 260a
ビューティポイント 348b
ヒューム, K. 260b
《漂巽紀略》 208b
瓢簞（ひょうたん） 260b
ヒラリー, E. P. 261a
ビリー 155a
ヒル, A. 384b
ビルア[島] 276b
ビルバラ 261a, 47a
ヒルマー報告 261b
ビルン 100a
ビルン 325b
ヒロ 262a, 162a
ヒングストン, J. 262a
ピンロウ 262b
檳榔子 262b

フ

ファ・サモア 211b
ファアテテ 164b
ファアモツ空港 207b
ファーガソン[島] 188a
ファース, R. 263a
ファストフード 145a
ファタアイキ王 408a
ファーナム, J. 385b
ファニング[島] 263b
ファヒネ[島] 161b
ファーフィ, J. 263b
ファラー, W. 361b
ファー・ラップ 263b
ファレアルポ村 274b
ファレリー, B. M. 133a
ファンガヌイ[川] 354a
ファンガレイ 263b
ファンディーメンスラント 177b, 179a
フィアトカ 337b
VFL 65a
フィジアン・アロールート 177a
フィジー医学校 264a
フィジー王 130a
フィジー諸島共和国 434a, 6b
フィジー（移民） 40b
フィジー（ナマコ） 213a
フィジー人党 338b
フィニー, B. R. 280c
フィヨルドランド国立公園 314a
ブーイリ 246b
フィリップ, A. 256a, 360a
風車 264a
フェア・ワーク法 366a
フェイバナナ 237a
フェザーストン事件 264b
フェニックス[諸島] 264b
フォシキング 80a

フォーブス, J. 264b
フォンガファレ[島] 268b
フォン・ゲラルド, E. 378b
フォンテラ[会社] 265a
フカ滝 175b
ブカブカ[島] 265b, 194a
ブキャナン, N. 79b
復員兵連盟 35a
フクロアナグマ 178b
フクロオオカミ 178b
袋狼(フクロオオカミ) 265b
フクログマ 116b
ブーゲンビル[島] 266a, 430a
ブーゲンビル, L. A. de 266b
ブーゲンビル問題 190a
ブーゲンビレア 266b
ブサマ族 155b
婦人参政権 103a
豚 267a, 187b, 255b
ブクスクス 105b
ブッシュ 267b
ブッシュ・バラッド 235a
ブッシュマン 268a
ブッシュレーンジャー 268a, 115a, 150b, 157a
ブッシュレーンジャー映画 382b
ブッソウゲ 229a, 229f
フットボール 386b
フナフティ[環礁] 268b, 402b
プーニウ 164b, 246b
ブー・ニ・バル 130b
ブーメラン 269a, 32a
フラ 269a, 78b, 246b, 247a
フラ・アーラアパパ 269a
フライ[川] 269b, 62a
ブライ, W. 269b, 337a
フライイング・ドクター・サービス 270a
ブラウン環礁 56b
フラ・ダンス 269a
ブラック・ウォー 178a
ブラック・サンデー事件 139b
ブラックスランド, G. 272b, 360a
ブラックバーディング 270a, 303b
ブラッドマン, D. 110b
フラ・パフ 269a
《プラム》 137b
ブララ 24b
PRAN 254a
ブランケット・ソサエティ 270b
ブランシェット, C. 271a
フランス領ポリネシア 437a
ブランビー 271a
《ブリザードの基地》 323a
ブリズベーン 271b
ブリチャード, K. 271b
フリーマン, C. A. 272a
フリマントル 234a
フリン, J. 270b

フリンダーズ, F. 360a
ブルー[山脈] 272b
ブルース・メイソン賞 314b
ブルーマウンテンズ 272b
ブレイニー, J. 42a
フレーザー, D. 272b
フレーザー, J. M. 272b, 363a
プレストン, M. 273a
《プレティン》 273a, 210a
プレナン, C. J. 273b
フレミントン競馬場 114b, 321a
フレーム, J. 273b
ブロークンヒル 274a, 185a
ブロークンヒル・プロプライエタリー 61b
ブロッキー 274a
《フローティング・ワールド》 382b
プロトゥ 274b
ブワガオイア 340a
文化多元主義⇒多文化主義(182a)
文身 250b
ブンラプ村 277b

ヘ

ヘイアウ 274b
ヘイエルダール, T. 275a
ベイバック 430b
ヘイポイント 293a
ヘイワード, R. 423a
ベーカー, S. 275b, 47b, 403b
ベーツ, D. M. 276a
PECC 170a
ベテル・チューイング 276a, 262b, 317a
ベテル・ナット 276a
ベトナム人コミュニティー 101b
《ベナン》 151a
ペニス・ケース 276b, 305a
ヘベヘ 318b
ベマラナ共和国 136b
ベララベラ[島] 276a
ペリリュー[島] 276b
ベルベイ 348b
ペレスフォード, B. 277a
ベロナ[島] 277a
辺縁ポリネシア 195a
ベンディゴ 277a
ペンテコスト[島] 277b

ホ

ポイ 278a, 36, 278a
ポイ・ダンス 278a
ホイットラム⇒ウイットラム(44b)
ボイド, A. 379a
ポイ・パウンダー 36a
貿易風 278b, 284b
《法王庁の身代金》 109b
冒険ダン吉 278b
ボウナム 279a

《ホエール・ライダー》 424a
ホーガン, P. 279a
ボーキサイト鉱山 47b, 124b
ホキティカ 279b
ホーク, R. J. L. 279b
ホーク, R.J.I. 363b
牧牛 51a
ボクシング・デー 331a
ホークスペイ 226a
北西航路 107a
北部地方 227a
北部特別地域 227a
ホグペン, G. 150b
ホクレア号 280a
捕鯨論争 373a
ボーゲル, J. 280a, 413a
母子健康促進協会 270a
ホシズナ 327a
堡礁 134b
《ボス》 332a
ポーター, H. 280a
《ボタニー湾》 385a
ポッサム 106a
ホッマアア 37a
《ボートがしずんだの, だれのせい?》 33a
ポートケンブラ 54a
ポートジャクソン湾 360a
ポートニコルソン 222a
ボートピープル 215a
ポートビラ 280b
ポートビリー 280b
ポートヘッドランド 280b
ポートモレスビー 281a, 172a
《ポナペ開拓論》 296a
ポニー 52b
ホニアラ 281a
ホニアラ国際空港 400b
帆の街 62a
ホノルル 281b
ホバート 282a
ホーピー, S. 247b
ホープ, A. D. 282a
ホブソン, W. 282b, 350a
ポフツカワ 282b
《ポフツカワの木》 314b
ポポイ 278a
ボホール, S. 427a
ポマレ王朝 282a, 181a
ポマレ5世 283a
ポマレ3世 283a
ポマレ2世 283a, 348b
ポマレ4世 283a
ホーム[島] 121b
ボラボラ[島] 283b, 161a
ホリオーク, K. J. 283b, 81b
ポリオヌウ地区 283a
掘抜き井戸 264a
ポリネシア 283b, 68a

ポリネシア（音楽）　288a
ポリネシア（神話）　75b
ポリネシア（彫像）　192b
ポリネシア（美術）　77a, 287b
ポリネシア（舞踊）　78b
ポリネシア航空　118b
ポリネシア人　285a, 72a
〈ポリネシア人への使徒〉　44b
ポリネシア調査報告　59b
ポリネシア鉄木　322b
ポリネシアン・チェストナッツ　288b
ポリネシアン・トライアングル　68b
ポリネシアン・ブルー　118a
ホワイト, P.　288b
ホワイトクリフス　80a
ホワイト・バックラッシュ　42a
ホンギ・ヒカ　289a, 43f
ホンサゴ　130a
ボンダイ　132b, 139b
ボーン・ピープル　260b
ポンペイ［島］　289a, 144a, 214b, 215a
ポンラケット集落　89a

マ

マー　146a
《マイ・アイランド・ホーム》　385b
マイトシップ　315a
マイルズ・フランクリン賞　290a
マウイ　290a
マウイ［島］　290a
マウイ（神話）　76a
マウナケア［山］　291a, 245b, 274b
マウナロア［山］　291a
マウピティ［島］　161b
マウントアイザ　291a
マウントクック国立公園　106b
マウントハーゲン　291a
マオプタシ　232b
マオリ　291b, 413a
マオリ（入墨）　43a
マオリ（映画）　314b
マオリ（オペラ歌手）　197a
マオリ（器具）　164b
マオリ（教会）　334b
マオリ（居住地）　346b
マオリ（工芸品）　161b
マオリ（作家）　39a, 260b
マオリ（指導者）　198b
マオリ（宗教運動）　160b
マオリ（習俗）　150a
マオリ（酋長）　289a
マオリ（神話）　337b
マオリ（政治家）　212b
マオリ（ダンス）　278a
マオリ（伝説）　108a, 248b
マオリ（美術）　77a, 292b
マオリ（武器）　279a

マオリ（舞踊）　230a
マオリ（文化）　421b
マオリ（民族運動）　204a
マオリ（民族集団）　194b
マオリ（文様）　125a
マオリ王擁立運動　103b, 223a
《マオリ語辞典》　292b, 422b
マオリ戦争➡ニュージーランド土地戦争（222b）
《マオリ戦争の起源》　148b
マオリ土地裁判所　350b
マオリの誇り　211a
マオリ復興運動　292b, 334b
マオリ・ルネッサンス　293a
マカーイ　293a
マカッサル　243b
マカテア［島］　293a
マカヒキ　149a, 348b
マカ・フェケ　176b
マカラック, C.　163b
マガリャンイス　294a
マーガレット・マーヒー賞　299b
マキラ［島］　134b
マキン環礁　293b
マークス, A.　293b
マグロ缶詰工場　232b
マケマケ神　38a, 191b
マコーミック, P.D.　210a
マコーリー, J.　35a
マサオ・ナカヤマ　209a
マシェーテ　245b
マーシナ・ルール　295b, 300b
マーシャル［諸島］　294a
マーシャル諸島共和国　438a
マジュロ環礁　294b
マスタ・リウ　281a
マゼラン, F. de　294a, 167b
マタイ　295a, 396a
マタガリ　203b
マタニコ村　281a
マタンガリ　295a, 203b
マタンケール人　299a
マチニョン協定　410b
マチァーフ　156b
マーチング・ルール　295b, 300b
松江春次　295b, 216b
松岡静雄　296a
マッカイビーディーバ　114b
マッカーサー, J.　296a, 58a, 256b, 296b, 337a
マッカビン, F.　378b
マックオリー, L.　296b, 58a, 337a
マッシム人　188a, 340a
マッセー, W.　296b, 84b, 414a
マッチー大学　85a
《マッドマックス》　313a
マーティン, J.　303a
マーテンス, C.　378b
マトゥウトゥ　48b

マードック, J.　297a
マードック, R.　297b, 57a
マドルルー　298a
マナ　298a, 32b, 72a, 76a, 91b, 181b, 194a, 246b, 286b, 317b
マニオク　100b
マニックス, D.　298b
マニヒ［島］　298b
マヌア［諸島］　299a
マヌス［島］　299a, 429a
マヌプ　76b
《魔の犬ディンゴ》　195b
マーヒー, M.　299b, 55b
マーフィー, J.　423a
マボ判決　299b, 30b, 157a, 159b
ママロニ, S.　299b, 319a
マラ, K.　300a, 233a
マライタ［島］　300a, 295b
マライタ人　86a
マラウ　86b
マラエ　301a, 25b, 37b
マラクラ［島］　305a
マランガン　192a, 220a, 318b
マランビジー［川］　301a, 151b
マランビジー灌漑地区　301a
マリー, L.A.　301a
マリアナ［諸島］　301b, 74a, 334b, 389a
マリアナ海溝　302a
マリアナ赤色土器　302a, 301b
マリエトア　302b
マリエトア・タヌマフィリ2世　302b
マリエトア・バイヌポー　302b
マリー・ダーリング水系公社　371b
マリナー, W.　302b
マリノフスキー, B.K.　303a, 108a, 318a
マルキーズ［諸島］　303b, 73b, 199a
丸木舟　88a
マルキョク　304a, 33a, 431b
マルケサス［諸島］　303b
マルドゥーン, R.D.　304b, 148b
マルーフ, D.　304b
マルー［川］　305a, 151b
マルイ, E.　35b
マレクラ［島］　305b, 150a, 259b
マレースミス, J.　305b, 382a
マレー・ポリネシア語族　65b
マンガレバ［諸島］　306a
マンガン鉱山　111b
マンゴ湖遺跡　73a
マンジマップ　306a
マンスフィールド, K.　306a
マンダルピング語　198b
マンリー　132a

ミ

ミクルーホ・マクライ, N.N.　306b
ミクロネシア　307a, 68a

ミクロネシア(音楽) 310a
ミクロネシア(信託統治) 161a
ミクロネシア(神話) 75b
ミクロネシア(美術) 310a
ミクロネシア(舞踊) 78b
ミクロネシア議会 134a, 432a, 440b
ミクロネシア・ゲームズ 307b
ミクロネシア人 308a, 72b
ミクロネシアの将来的な政体に関する委員会 134a
ミクロネシア連邦 440a, 17b
ミクロネシア連邦自治政府 209b
瑞穂村 241a
ミッチェル, H.P. 319b
ミッチェル図書館 347a
ミッドウェー[諸島] 310b
ミッドナイトオイル 385b
ミード, M. 310a
緑色の金 124b
南十字星 311a
南十字星旗 330a
南太平洋委員会➡太平洋共同体(169b) 9b, 43b, 169b, 170b, 211b, 233b
南太平洋応用地学委員会 311a
南太平洋・オセアニア労働組合評議会 345a
南太平洋経済協力機関 171a
南太平洋経済協力機関➡太平洋諸島フォーラム事務局(171b)
南太平洋大学 311b
南太平洋地域環境計画 312a
南太平洋地域貿易経済協力協定 312b, 13a
南太平洋の十字路 226b
南太平洋非核地帯条約 312b
南太平洋フォーラム➡太平洋諸島フォーラム(170b) 9b, 170b, 171a, 171b, 211b, 313a, 319a
南太平洋フォーラム漁業機関➡太平洋諸島フォーラム漁業機関(171a)
ミネラル・サンド 138a
ミノーグ, K. 385a
ミラー, G. 313a
ミラー, A. 313b
ミリンガイ 325b
ミール, R. 384b
ミルキーウェイ 243a
ミルフォードサウンド 313b
ミルフォードトラック 130b

ム

ムーア, G.T.D. 314a
ムアハウス, F. 242b
ムアヘッド, A.M. 314a
《無断立入禁止》 131a
ムームー 245b
ムルロア環礁 313b, 437a

ムンドグモール族 146b, 429b

メ

メイソン, B. 314b
メケトゥ[島] 162a
メディア・バロン 376a
メートシップ 314b, 79b, 155a
メニンディー貯水池 185a
メヘティア[島] 161b
メラネシア 315a, 68a
メラネシア(音楽舞踊) 319a
メラネシア(楽器) 77b
メラネシア(仮面) 91a
メラネシア(神話) 76b
メラネシア(彫像) 192a
メラネシア(美術) 77a, 318a
メラネシア(舞踊) 78b
メラネシア人 315b, 71a
メラネシア人国家 315b
《メラネシアの弓文化》 113a
メラネシアン・スピアヘッド・グループ 319a
メリノー種 256b
メルバ, N. 319b
メルビル, H. 319b
メルボルン 320a
メルボルン・カップ 114b
メルボルン・クリケット 386b
メレ 246b
メレ・フラ 269a
ロメ協定 123b
メン・アット・ワーク 321a
メンジーズ, R.G. 321b, 141b, 362b
メンダーニャ, A. de 321b, 168a

モ

モア 322a
モアイ 26a, 37b, 37f
モアヌス島 299a
モア・ハンター 322a, 413a
モエン[島] 324b
モーカン 146a
木製口琴 78a
モクマオウ 322b
木曜島 323a
《もしゃもしゃマクレリーおさんぽにゆく》 204b
モーソン, D. 323a
木鼓➡割れ目木鼓(353b)
モデクゲイ 323a
モートロック[島] 91f, 310a
モファット, T. 323b, 383b
モーム, W.S. 323b
モリ, E. 324b
森小弁 324b
モールゲワンケ 237b
モロ運動 86b
モンテス, L. 324b
モンロー, C.J. 227a

ヤ

ヤウテア 185b
ヤザキサモア社 397a
ヤシ酒 122b, 145b
ヤスール[山] 188a
ヤップ[島] 325a, 61b
ヤップ帝国 325b
矢内原忠雄 325b
ヤポン 230f
大和村 241a
《ヤマネコの墜落》 298a
ヤム 326a
ヤムイモ 326a, 186a, 200a
ヤルート[島]➡ジャルート環礁(140b)
ヤング, J. 326b, 90b
ヤンス, W. 327a, 169a

ユ

有孔虫 327a, 294a
有袋類 327a, 359a
UMP 427a
ユーカリ 329a, 116b
ユーカリ油 329b
ユダヤ系移民 184a
UDP 438b
ユヌピング, G.G. 386a
ユビムスビ 105b
ユリーカ砦の反乱 330a, 243a

ヨ

《夜明けは近い》 51b
洋島 68b, 135a, 284a
羊毛 256a
羊毛公社 257b
ヨーク岬 330a
ヨーク岬半島 330a, 206a
ヨス・インディ 385b
ヨット 330b
ヨルング 24b
《四万の騎兵》 147a

ラ

ライアテア[島] 332a, 80b, 81b, 161b
ライアンズ, H. 104a
ライカート, L. 332a
ライト, J.A. 332a
ライトニングリッジ 79b
ライマン・ハウス博物館 262a
ライン[諸島] 332b, 392b
ラウトカ 258a
ラエ 332b
ラガ[島] 277b
ラギ 348a
ラキウラ国立公園 152a
ラグビー 333a, 80b, 421a
ラグーン 69a, 134a

ラザフォード, E.　333b
ラザフォード, J.　123b
ラスカル　334a
ラタック[諸島]　294a
ラタナ, T.W.　334b
ラタナ教会　334b
ラッセル　127a
ラッテ　334b, 74a, 189b, 197b
ラッド, K.　335a, 365b
ラバウル　335b, 224b, 255a
ラバサ　238a
ラハ事件　173b
ラパニュイ[島]　37b
ラパヌイ語　65b
ラバール神父　306a
ラピタ式土器　335b, 73b
《ラブ・チャイルド》　305a
ラブラブ　146a
ラ・ペルーズ　336a
ラ・ママ　208a, 347b
ラーマン, B.　336a
ラミングフラットの暴動　336b, 330b
ラム　336b
RAMSI　162b, 254a, 399a
ラム酒の反乱　270a, 296b, 337b
ラリ　354a
ラリック[諸島]　294a
ラロトンガ[島]　337b, 44b, 394b
ラロトンガ条約　313a
ランガランガ・ラグーン　300b
ランギ　337b, 76a, 200a, 337b
ランギ・アテア　338a
ランギロア[島]　338a
卵生説話　191b
ランバサ　238a
ランプカ, S.　338a

リ

リー, J.A.　338b, 211a
陸島　68b, 135a, 284a
リシアンスキー[島]　151b
リチャードソン, H.　338b
《リチャード・マーニーの運命》　339a
リード, G.　126a
リトル, J.　385b
リトルトン港　108b
リニ, W.　339a, 426b
リバーズ, W.H.R.　339b
リフエ　83b
リーブズ, W.P.　339b
リフ[島]　347b
リベリナ　305a
隆起環礁　135a
隆起サンゴ礁　33b, 69a
領域議会　410b
領海　83b
リリウオカラニ　339b, 247a
リーワード[群島]　161b

リンカーン大学　85a
リン鉱石産地　62b, 69a, 208a, 293a, 393a
臨時南洋群島防備隊　216a

ル

ルイジアード[諸島]　340a
ルガンビル　56a
流刑　340a
流刑囚　57b
流刑植民地　47a, 105b, 177b, 227b
流刑入植地　271b
ルーセットコウモリ類　61a
ルック・ノース政策　430a
ルナリロ, W.C.　341a
ル・メール, J.　341a
ルーリー, M.　113b
ルリチャ　190b
ルーリック号　123a

レ

レイ　341b
《レイディアンス》　208a
レイラー, P.　330a
レオナード, W.　292b
レガスピ, M.L.　341b, 167b
レズリー, P.　79b
レーバー, R.G.　342a
レーバー・デー　143a
レプカ　153b
レメリク, H.　342a
レロ遺跡　123a
連鎖移民　184a
レンネル[島]　342b, 277b
連邦科学産業研究機構　342b, 256b
連邦小麦　361b
連邦政府直轄地区　102b, 227b

ロ

ロアイヨーテ[諸島]　347b
ロイ＝ナムル[島]　113b
労働運動　345a
労働組合　342b
《労働者階級の男のために》　385b
労働党(オーストラリア)　345b, 64b, 343a, 363b
労働党(ニュージーランド)　345a, 85a, 133b, 212b, 249a, 338b, 344a, 348a, 414a
労働立法の実験室　344a
68年世代　23a, 205a
ロケット　342a
ローソン, H.　345b
ロタ　389a
ロックハンプトン　346a
ロッセル山脈　220a
ロッド・レーバー　342a
ロッヘフェーン, J.　346a, 169a
ロティ, P.　346a

ロトゥマ[島]　346b
ロトルア　346b
ロノ　149a, 348b
ロバーツ, T.　346b, 378b
ロバートソン, G.　347a
ロムニー種　257a
ロメ協定→コトヌー協定(123b)
ロメリル, J.　347b
ローヤル国立公園　120b
ローヤルティ[諸島]　347b
ローヤル・フライング・ドクター・サービス　270b
ローラー, R.　347b
《ローラ・モンテス》　324a
ロレラ・ウドウド　52a
ロレンガウ　24b, 299a
ロンギ, D.　348a, 242a, 249a
ロングフォード, R.　382b
ロンゴ　348a
ロンゴ神　192f
ロンゴロンゴ　38a
ローンセストン　348b
ロンドン伝道協会　348b, 44b, 59b, 102b, 181a, 283a

ワ

ワイアラ　350a
ワイカト[川]　350a, 175b
ワイカト紛争　223a
ワイタンギ条約　350a, 293a, 351b, 417b
ワイタンギ審判所　351a, 293a, 350b
ワイテマタ湾　62a
ワイトモ洞窟　193a
ワイマーク, F.　347a
ワイラウ事件　351a
ワイルディング, M.　243a, 377a
和解運動の父　204b
和解に向けて　159b
《わが青春の輝き》　31b
我が祖国党　438b
ワカティプ[湖]　351b
ワカ・ネネ, T.　351b
《別れの風景》　313a
ワーキング・ホリデー　351b
《惑星Oの冒険》　137a
ワーク・チョイス　343b, 365b
《私たちは行く》　51b
《私の同胞》　51b
《私はまだオーストラリアを故郷と呼ぶ》　385b
渡辺大五郎　175b
ワトル　352a
笑翡翠(ワライカワセミ)　352b
ワラビー　353a, 96b
ワラビーズ　81b
ワラルー類　96b
ワリー[諸島]　48b
ワールドシリーズクリケット　111a

割れ目太鼓　77b, 353b
割れ目木鼓　353b, 77b
ワワラグ姉妹　218b
ワンガヌイ　354a

《ワンス・ワー・ウォリアーズ》　423b
ワントク　354b, 430b
ワン・ネーション党　42b, 183a, 261b

ン

ンガータ, A.　212b

執筆者/図版・資料協力者一覧

執筆者

青柳 真智子
秋道 智彌
新井 正彦
飯笹 佐代子
飯嶋 秀治
飯高 伸五
生田 滋
池田 清
池田 敬正
石井 真夫
石川 栄吉
石毛 直道
石森 秀三
今泉 忠明
今泉 吉典
今泉 吉晴
今田 由香
印東 道子
牛島 巌
江波戸 昭
大塚 栄子
大貫 良夫
大沼 久夫
大林 太良
小柏 葉子
緒方 健
岡田 良徳
岡部 牧夫
岡本 次郎
岡本 素治
岡谷 公二
小川 和美
小川 正恭
越智 武臣
越智 道雄
鍵谷 明子
加藤 めぐみ
鎌田 真弓
川北 稔
川崎 和也
菊地 俊夫
岸本 修
木村 重信
窪田 幸子
熊澤 喜久雄
栗田 博之
栗田 梨津子

黒崎 岳大
黒田 恭一
小池 滋
小出 光
香西 茂
小林 泉
小林 和男
小林 繁樹
斉藤 尚文
崎山 理
佐々木 宏幹
佐和田 敬司
澤田 真一
澤邊 みさ子
篠遠 喜彦
地引 嘉博
島岡 宏
島田 太郎
清水 昭俊
下坂 英
庄司 雅雄
白石 哲
杉田 弘也
鈴木 建三
鈴木 二郎
須藤 健一
瀬川 真平
関根 久雄
染田 秀藤
高野 健三
高林 成年
高山 純
竹下 信雄
武田 真理子
立花 吉茂
谷内 達
近森 正
土田 滋
角田 太作
徳久 球雄
豊田 由貴夫
長戸 結未
長野 敬
永野 隆行
中村 一明
中村 とうよう
中山 和芳
西川 圭輔
西本 晃二

ネルソン, スティーブン・G.
野畑 健太郎
橋本 和也
畑中 幸子
初島 住彦
花房 竜男
浜田 隆士
林 長閎
原田 真見
坂内 徳明
東 裕
一言 哲也
兵藤 友博
広野 好彦
深山 直子
福嶋 輝彦
福本 繁樹
船曳 建夫
古里 和夫
星川 清親
星野 醍醐郎
堀田 満
堀越 増興
堀 武昭
堀 千珠
正井 泰夫
松園 万亀雄
湊 圭史
向井 宏
村上 雄一
百々 佑利子
森岡 弘之
矢ヶ崎 典隆
矢崎 幸生
矢野 將
山岡 道男
山口 修
山下 晋司
山内 由理子
山野 浩一
山本 真鳥
吉岡 政徳
吉行 瑞子
和田 明

図版・資料協力者

飯高 伸五
イクィノックス
石川 栄吉
出光 洋
今井 真利子
梅林 正芳
大山 朋子
オーストラリア・ノーザンテリトリー政府観光局
オーストラリア・ビクトリア州政府観光局
オリオンプレス
木村 しゅうじ
国立民族学博物館
サンテレフォト
篠遠 喜彦
白砂 昭義
太平洋諸島センター
太平洋諸島地域研究所
玉川 秀彦
豊田 由貴夫
中島 睦子
ニューギニア航空日本支社
ニュージーランド政府観光局
沼尻 敏郎
パプアニューギニア政府観光局
PPS通信社
福本 繁樹
平凡社地図出版
松井 孝爾
丸山 郁雄
三島 三治
湊 圭史
宮本 孝
メトロポリタン美術館
モリヤマ
藪内 正幸
郵政研究所付属資料館

[新版]オセアニアを知る事典

1990年8月21日	初版第1刷発行
2000年3月21日	新訂増補版第1刷発行
2010年5月19日	新版第1刷発行

監修………小林泉＋加藤めぐみ＋石川栄吉＋
　　　　　越智道雄＋百々佑利子

発行者………下中直人

発行所………株式会社平凡社
　　　　　郵便番号112-0001
　　　　　東京都文京区白山2-29-4
　　　　　電話……[03]3818-0742[編集]
　　　　　　　　　[03]3818-0874[営業]
　　　　　振替……00180-0-29639
　　　　　ホームページ
　　　　　………http://www.heibonsha.co.jp/

印刷………株式会社東京印書館
製本………大口製本印刷株式会社
　　　　　本文用紙……三菱製紙株式会社
　　　　　クロス………ダイニック株式会社

装丁…………中垣信夫

©Heibonsha Ltd. 2010 Printed in Japan
NDC分類番号302　A5判(21.6cm)　総ページ494
ISBN978-4-582-12639-6

落丁・乱丁本のお取り替えは直接小社読者サービス係までお送りください
(送料は小社で負担します)

平凡社の関連図書

●地域文化を総合的に知る《エリア事典》シリーズ

新イスラム事典
監修＝日本イスラム協会＋嶋田襄平＋板垣雄三＋佐藤次高
B6判・672ページ・ビニール装　　　　　4,200円

新訂増補 朝鮮を知る事典
監修＝伊藤亜人＋大村益夫＋梶村秀樹＋武田幸男＋高崎宗司
A5判・624ページ・クロス装・上製　　　5,250円

新版 東南アジアを知る事典
編集＝桃木至朗＋小川英文＋クリスチャン・ダニエルス＋深見純生＋福岡まどか＋見市建＋柳澤雅之＋吉村真子＋渡辺佳成
A5判・732ページ・クロス装・上製　　　8,400円

新訂増補 アメリカを知る事典
監修＝斎藤眞＋金関寿夫＋亀井俊介＋阿部斉＋岡田泰男＋荒このみ＋須藤功
A5判・688ページ・クロス装・上製　　　5,670円

新訂増補 ラテン・アメリカを知る事典
監修＝大貫良夫＋落合一泰＋国本伊代＋恒川惠市＋福嶋正徳＋松下洋
A5判・624ページ・クロス装・上製　　　6,090円

新訂増補 アフリカを知る事典
監修＝伊谷純一郎＋小田英郎＋川田順造＋田中二郎＋米山俊直
A5判・608ページ・クロス装・上製　　　6,090円

新版 オセアニアを知る事典
監修＝小林泉＋加藤めぐみ＋石川栄吉＋越智道雄＋百々佑利子
A5判・464ページ・クロス装・上製　　　5,460円

新版 ロシアを知る事典
監修＝川端香男里＋佐藤経明＋中村喜和＋和田春樹＋塩川伸明＋栖原学＋沼野充義
A5判・1092ページ・クロス装・上製　　　8,400円

新訂増補 スペイン・ポルトガルを知る事典
監修＝池上岑夫＋牛島信明＋神吉敬三＋金七紀男＋小林一宏＋J.ソペーニャ＋浜田滋郎＋渡部哲郎
A5判・538ページ・クロス装・上製　　　5,040円

新訂増補 南アジアを知る事典
監修＝辛島昇＋前田専学＋江島惠教＋応地利明＋小西正捷＋坂田貞二＋重松伸司＋清水学＋成沢光＋山崎元一
A5判・1008ページ・クロス装・上製　　　8,400円

新訂増補 東欧を知る事典
監修＝伊東孝之＋直野敦＋萩原直＋南塚信吾＋柴宜弘
A5判・910ページ・クロス装・上製　　　7,980円

中央ユーラシアを知る事典
編集＝小松久男＋梅村坦＋宇山智彦＋帯谷知可＋堀川徹
編集協力＝総合研究開発機構（NIRA）
A5判・626ページ・クロス装・上製　　　6,825円

●民族間関係を深く知るために

新訂増補 世界民族問題事典
監修＝梅棹忠夫
編集＝松原正毅（代表）＋NIRA（総合研究開発機構）
＊総項目数3,200．新訂増補版で170項目改訂，31項目新設．
B5判・1400ページ・上製本　　　　　18,900円

●諸外国との関係を知るために

新版 対日関係を知る事典
監修＝平野健一郎＋牧田東一
世界約200ヵ国・地域の対日関係を国別に総覧する．
A5判・432ページ・クロス装・上製本　　4,410円

◎定価の表示は2010年4月現在のもので，5％の消費税を含んでいます．